Manual *didático* de Direito Constitucional

Série IDP/Saraiva
Conselho Científico

Presidente: Gilmar Ferreira Mendes
Secretário-Geral: Jairo Gilberto Schäfer
Coordenador-Geral: João Paulo Bachur
Coordenador Executivo: Atalá Correia

Alberto Oehling de Los Reyes
António Francisco de Sousa
Arnoldo Wald
Carlos Blanco de Morais
Elival da Silva Ramos
Everardo Maciel
Fábio Lima Quintas
Felix Fischer
Fernando Rezende
Francisco Balaguer Callejón
Francisco Fernández Segado
Ingo Wolfgang Sarlet
Jorge Miranda
José Levi Mello do Amaral Júnior
José Roberto Afonso
Katrin Möltgen
Laura Schertel Mendes
Lenio Luiz Streck
Ludger Schrapper
Maria Alicia Lima Peralta
Michael Bertrams
Miguel Carbonell Sánchez
Paulo Gustavo Gonet Branco
Pier Domenico Logroscino
Rainer Frey
Rodrigo de Bittencourt Mudrovitsch
Rui Stoco
Ruy Rosado de Aguiar (*in memoriam*)
Sérgio Antônio Ferreira Victor
Sergio Bermudes
Sérgio Prado
Walter Costa Porto

Gilmar Ferreira Mendes
João Trindade Cavalcante Filho

Inclui **MATERIAL SUPLEMENTAR**
- Videoaulas dos principais temas abordados na obra

Manual *didático* de Direito Constitucional

10ª edição
2025

- Esquemas gráficos;
- Quadros comparativos;
- Questões comentadas;
- Atualizado com as ECs n. 134 e 135, de 2024.

- Os autores deste livro e a editora empenharam seus melhores esforços para assegurar que as informações e os procedimentos apresentados no texto estejam em acordo com os padrões aceitos à época da publicação, *e todos os dados foram atualizados pelos autores até a data de fechamento do livro.* Entretanto, tendo em conta a evolução das ciências, as atualizações legislativas, as mudanças regulamentares governamentais e o constante fluxo de novas informações sobre os temas que constam do livro, recomendamos enfaticamente que os leitores consultem sempre outras fontes fidedignas, de modo a se certificarem de que as informações contidas no texto estão corretas e de que não houve alterações nas recomendações ou na legislação regulamentadora.

- Fechamento desta edição: 15/01/2025

- Os autores e a editora se empenharam para citar adequadamente e dar o devido crédito a todos os detentores de direitos autorais de qualquer material utilizado neste livro, dispondo-se a possíveis acertos posteriores caso, inadvertida e involuntariamente, a identificação de algum deles tenha sido omitida.

- Direitos exclusivos para a língua portuguesa
  Copyright ©2025 by
  Saraiva Jur, um selo da SRV Editora Ltda.
  Uma editora integrante do GEN | Grupo Editorial Nacional
  Travessa do Ouvidor, 11
  Rio de Janeiro – RJ – 20040-040

- **Atendimento ao cliente:** https://www.editoradodireito.com.br/contato

- Reservados todos os direitos. É proibida a duplicação ou reprodução deste volume, no todo ou em parte, em quaisquer formas ou por quaisquer meios (eletrônico, mecânico, gravação, fotocópia, distribuição pela Internet ou outros), sem permissão, por escrito, da **SRV Editora Ltda.**

- Capa: Lais Soriano
  Diagramação: Fabricando Ideias Design Editorial

- **DADOS INTERNACIONAIS DE CATALOGAÇÃO NA PUBLICAÇÃO (CIP)**
  VAGNER RODOLFO DA SILVA – CRB-8/9410

M538s Mendes, Gilmar Ferreira
Série IDP – Manual Didático de Direito Constitucional / Gilmar Ferreira Mendes, João Trindade Cavalcante Filho. – 10. ed. – São Paulo : Saraiva Jur, 2025.

792 p.
ISBN 978-85-5362-424-9 (Impresso)

1. Direito. 2. Direito Constitucional. I. Cavalcante Filho, João Trindade. II. Título.

2024-4606	CDD 342
	CDU 342

Índices para catálogo sistemático:
1. Direito constitucional   342
2. Direito constitucional   342

Respeite o direito autoral

SOBRE OS AUTORES

Gilmar Ferreira Mendes

Ministro do Supremo Tribunal Federal desde 2002. Mestre em Direito pela Universidade de Brasília e Doutor em Direito pela Universidade de Münster (Alemanha). Professor de Direito Constitucional dos cursos de Graduação e Pós-Graduação do Instituto Brasileiro de Ensino, Desenvolvimento e Pesquisa (IDP). Autor de obras jurídicas.

João Trindade Cavalcante Filho

Consultor legislativo do Senado Federal (área de Direito Constitucional, concurso de 2012). Doutor em Direito pela Universidade de São Paulo (USP) e Mestre em Direito Constitucional pelo IDP. Professor de Direito Constitucional dos cursos de Graduação e Pós-Graduação do Instituto Brasileiro de Ensino, Desenvolvimento e Pesquisa (IDP). Advogado e parecerista.

APRESENTAÇÃO

Olá!

O Direito Constitucional foi, por longa data, negligenciado no Brasil, como um ramo do Direito com menor importância, ou como mera análise de Política, ou ainda como algo que se confundiria com a Teoria Geral do Estado. A Constituição de 5 outubro de 1988, mesmo com todas as suas vicissitudes e todos os seus defeitos, foi responsável por quebrar esse paradigma. Mesmo que estejamos ainda muito longe de "construir uma sociedade livre, justa e solidária" (art. 3º, I), ou que uma administração pública plenamente regida pela impessoalidade e pela moralidade (art. 37, *caput*) ainda esteja distante, é inegável que, atualmente, o Direito Constitucional ganhou contornos de um verdadeiro super-direito, algo que embasa, informa e filtra todas as demais searas do conhecimento e das normas jurídicas.

Esse movimento foi também acompanhado pela "popularização" do Direito Constitucional. Questões constitucionais hoje movimentam multidões em redes sociais, são debatidas nas escolas e nas mesas de bar, são estudadas avidamente por pessoas das mais variadas áreas de formação que pretendem candidatar-se a um cargo público. E é justamente nesse ponto que a doutrina jurídica brasileira ainda se mostra muito tímida ou distante da realidade.

Não faltam, entre nós, tratados, cursos ou até mesmo manuais de Direito Constitucional voltados exclusivamente para juristas ou aplicadores do Direito. Um dos autores deste Livro, aliás, é coautor (junto com o Prof. Dr. Paulo Gustavo Gonet Branco) do consagrado *Curso de Direito Constitucional*, vencedor do Prêmio Jabuti. Entendíamos, porém, que faltava algo: faltava popularizar o conhecimento do Direito Constitucional para estudantes de graduação (que, muitas vezes, têm um primeiro contato com a matéria já nos primeiros semestres do curso de Direito e precisam, assim, ter acesso a um conhecimento com linguagem mais fluida), para quem pretende aprovação no exame da OAB (e que busca, assim, um conhecimento mais prático e direto desse ramo do Direito) e, principalmente, para pessoas de todas as áreas de formação e que se preparam para concursos públicos – e que precisam de uma obra que seja, ao mesmo tempo, profunda e clara.

Desculpem-nos os colegas juristas: este livro não é feito com o intuito de revolucionar o conhecimento do Direito, ou de trazer uma colaboração nova para os temas aqui tratados; para essas finalidades, os autores têm outras obras, outros momentos, outros locais para tratarem. Não. Aqui se busca tratar do Direito Constitucional de forma clara, direta, objetiva, sem excessivas referências ou rodeios. Trata-se de um livro completamente despretensioso e no qual a única "vaidade" dos autores foi tentar-se despir de qualquer vaidade acadêmica, a fim de poder "traduzir" para o maior público possível os principais pontos sobre a Constituição Brasileira. A preocupação didática foi tamanha que optamos por deixar os pontos mais intrincados separados – sob a rubrica "aprofundamento" – e nos esforçamos por comentar inclusive questões de concursos públicos, além de incluir quadros-resumo e esquemas, sempre que possível.

Não tentamos, no entanto, simplificar questões complexas. Não há, no Livro, reducionismos ou "fórmulas mágicas", mas apenas dois professores que, com várias anos de experiência de sala de aula somadas, resolveram tentar testar a possibilidade de colocar em prática a máxima segundo a qual "o grau máximo da sofisticação é a simplicidade". Esperamos ter chegado ao menos perto desse intento.

Boa leitura!

Os Autores

SUMÁRIO

Sobre os Autores V

Apresentação VII

Capítulo 1 Teoria da Constituição e do Direito Constitucional 1

1.1. DIREITO CONSTITUCIONAL – INTRODUÇÃO 1

    1.1.1. Conceito 1

    1.1.2. Relações com outras ciências sociais 1

    1.1.3. Relações com outros ramos do Direito 2

    1.1.4. Subdivisões do Direito Constitucional 3

    1.1.5. Teorias do Direito e Teorias do Direito Constitucional 3

1.2. CONCEPÇÕES DE CONSTITUIÇÃO 4

    1.2.1. Conceito sociológico (Ferdinand Lassalle) 5

    1.2.2. Conceito político (Carl Schmitt) 5

    1.2.3. Conceito jurídico (Hans Kelsen) 7

    1.2.4. Conceito pós-positivista (Konrad Hesse) 7

    1.2.5. Outros conceitos de Constituição 8

1.3. CLASSIFICAÇÃO DAS CONSTITUIÇÕES 10

    1.3.1. Quanto ao conteúdo 10

        1.3.1.1. Constituição material 10

        1.3.1.2. Constituição formal 11

    1.3.2. Quanto à forma 11

        1.3.2.1. Constituição escrita 11

        1.3.2.2. Constituição não escrita (= costumeira = consuetudinária) 11

    1.3.3. Quanto ao modo de elaboração 11

        1.3.3.1. Constituição dogmática 11

        1.3.3.2. Constituição histórica 12

1.3.4. Quanto à extensão 12
    1.3.4.1. Constituição sintética (= concisa = resumida) 12
    1.3.4.2. Constituição analítica (= prolixa) 12
1.3.5. Quanto à origem 12
    1.3.5.1. Constituição promulgada (= popular = democrática) 12
    1.3.5.2. Constituição outorgada 13
    1.3.5.3. Constituição cesarista (= plebiscitária = bonapartista) 13
1.3.6. Quanto à estabilidade (= alterabilidade) 13
    1.3.6.1. Constituição imutável 13
    1.3.6.2. Constituição rígida 13
    1.3.6.3. Constituição flexível 14
    1.3.6.4. Constituição semiflexível (semirrígida) 14
1.3.7. Quanto à ideologia 15
    1.3.7.1. Constituição socialista 15
    1.3.7.2. Constituição capitalista 15
        1.3.7.2.1. Constituição capitalista liberal (= negativa) 15
        1.3.7.2.2. Constituição capitalista social-democrata (= positiva = intervencionista) 15
1.3.8. Quanto aos objetivos 16
    1.3.8.1. Constituição-garantia 16
    1.3.8.2. Constituição dirigente 16
1.3.9. Quanto à correspondência com a realidade (= efetividade = classificação de Karl Loewenstein) 16
    1.3.9.1. Constituição normativa 16
    1.3.9.2. Constituição nominalista (= nominativa) 16
    1.3.9.3. Constituição semântica 17
1.3.10. Classificação da Constituição brasileira 17
1.3.11. Outras classificações 18

1.4. NORMAS CONSTITUCIONAIS 19
1.4.1. Características 19
1.4.2. Classificação quanto à eficácia e à aplicabilidade 19
    1.4.2.1. Classificação de José Afonso da Silva 19
    1.4.2.2. Classificação de Maria Helena Diniz 24

Capítulo 2   Poder Constituinte 29

2.1. CONCEITO 29

2.2. SURGIMENTO TEÓRICO 29
2.3. ESPÉCIES DE MANIFESTAÇÃO DO PODER CONSTITUINTE 30
2.4. PODER CONSTITUINTE ORIGINÁRIO 30
2.4.1. Titularidade 31
2.4.2. Características do poder constituinte originário 31
2.4.2.1. Inicial 31
2.4.2.2. Autônomo 32
2.4.2.3. Incondicionado 32
2.4.2.4. Juridicamente ilimitado 33
2.4.2.5. Permanente 36
2.4.3. Efeitos do poder constituinte originário (consequências da entrada em vigor de uma nova Constituição) 36
2.4.3.1. Desconstitucionalização 36
2.4.3.2. Repristinação 37
2.4.3.3. Recepção 38
2.4.4. Incidência imediata – para concursos de carreiras jurídicas 40
2.5. PODER CONSTITUINTE DERIVADO 48
2.5.1. Poder constituinte derivado reformador 48
2.5.1.1. Limitações procedimentais ou formais 49
2.5.1.2. Limitações circunstanciais 50
2.5.1.3. Limitações materiais (cláusulas pétreas) 52
2.5.1.4. Algumas cláusulas pétreas implícitas são reconhecidas de forma unânime pela doutrina; outras geram divergência doutrinária 54
2.5.2. Poder constituinte derivado revisor (ou revisional) 58
2.5.3. Poder constituinte derivado decorrente 58
2.5.3.1. Noção 58
2.5.3.2. Extensão 59
2.5.3.3. Limites 59
2.6. PODER CONSTITUINTE DIFUSO 60
2.6.1. Instrumento 60
2.6.2. Exemplos de mutação constitucional 61
2.6.2.1. Efeitos da decisão em mandado de injunção (MIs n. 708 e 712) 61
2.6.2.2. Vedação à progressão de regime em crimes hediondos (HC n. 82.959/SP) 61
2.6.2.3. Extensão do foro por prerrogativa de função (QO na AP n. 937/RJ) 62

Capítulo 3 Hermenêutica Constitucional	67

3.1. INTERPRETAÇÃO E HERMENÊUTICA 67
    3.1.1. O caráter necessário e "aberto" da interpretação jurídica 67
3.2. HERMENÊUTICA FILOSÓFICA DE HANS-GEORG GADAMER 68
3.3. CORRENTES DA HERMENÊUTICA 70
3.4. MÉTODOS DE INTERPRETAÇÃO CONSTITUCIONAL 72
    3.4.1. Métodos tradicionais ou jurídico-clássicos 72
        3.4.1.1. Método da interpretação gramatical (ou literal) 72
        3.4.1.2. Método da interpretação lógico-sistemática 73
        3.4.1.3. Método da interpretação histórica 73
        3.4.1.4. Método da interpretação teleológica 73
        3.4.1.5. Métodos específicos da interpretação constitucional (especificamente constitucionais) 74
        3.4.1.6. Método tópico-problemático 74
        3.4.1.7. Método hermenêutico-concretizador 74
        3.4.1.8. Método científico-espiritual 75
        3.4.1.9. Método normativo-estruturante 75
        3.4.1.10. Método comparativo 76
3.5. PRINCÍPIOS (OU POSTULADOS) DA INTERPRETAÇÃO CONSTITUCIONAL 78
    3.5.1. Unidade da Constituição 78
    3.5.2. Máxima efetividade 79
    3.5.3. Força normativa da Constituição 80
    3.5.4. Harmonização (= concordância prática = cedência recíproca = ponderação) ... 80
    3.5.5. Efeito integrador 81
    3.5.6. Conformidade funcional (correção funcional ou justeza) 82
    3.5.7. Interpretação conforme a Constituição 82
    3.5.8. Presunção de constitucionalidade das leis 83
3.6. LIMITES DA INTERPRETAÇÃO CONSTITUCIONAL 84

Capítulo 4 Princípios Fundamentais	89

INTRODUÇÃO: PRINCÍPIOS E REGRAS 89
4.1. FORMA DE GOVERNO 92
    4.1.1. Classificação de Aristóteles 92
    4.1.2. Classificação dualista de Maquiavel (mais adotada atualmente) 93

4.2. SISTEMA DE GOVERNO	94
4.2.1. Parlamentarismo	95
4.2.2. Presidencialismo	95
4.3. FORMA DE ESTADO	98
4.4. ESTADO DE DIREITO	100
4.4.1. Noção	100
4.4.2. Consequências do princípio do Estado de Direito	100
4.4.3. Paradigmas (fases) do princípio do Estado de Direito	101
4.4.3.1. Primeira fase	101
4.4.3.2. Segunda fase	101
4.4.3.3. Terceira fase	101
4.5. DEMOCRACIA	101
4.6. FUNDAMENTOS DA REPÚBLICA (art. 1º)	101
4.6.1. Soberania	102
4.6.2. Cidadania	102
4.6.3. Dignidade humana	102
4.6.4. Valores sociais do trabalho e da livre iniciativa	103
4.6.5. Pluralismo político	104
4.7. OBJETIVOS FUNDAMENTAIS (ART. 3º)	104
4.8. PRINCÍPIOS DAS RELAÇÕES INTERNACIONAIS (ART. 4º)	105
4.9. "SEPARAÇÃO" DOS PODERES	106
Capítulo 5 Teoria Geral dos Direitos Fundamentais	**119**
5.1. FUNDAMENTOS TEÓRICOS E FILOSÓFICOS	119
5.1.1. Dignidade humana	119
5.1.2. Estado de Direito	120
5.1.3. Os direitos fundamentais e as teorias do direito	120
5.1.4. Conceito de direitos fundamentais	120
5.2. CARACTERÍSTICAS DOS DIREITOS FUNDAMENTAIS	122
5.2.1. Historicidade	122
5.2.2. Relatividade	123
5.2.3. Imprescritibilidade	124
5.2.4. Indisponibilidade	125
5.2.4.1. Inalienabilidade	125

5.2.4.2. Irrenunciabilidade 125
5.2.5. Indivisibilidade 126
5.2.6. Eficácia vertical e horizontal 126
    5.2.6.1. Origens da teoria da eficácia horizontal 126
    5.2.6.2. As várias teorias sobre a eficácia horizontal dos direitos fundamentais 127
        5.2.6.2.1. Estados Unidos: as teorias da *state action* e da *public function*... 127
        5.2.6.2.2. Teoria da eficácia indireta e mediata 127
        5.2.6.2.3. Teoria da eficácia direta e imediata 128
5.2.7. Conflituosidade (concorrência) 130
5.2.8. Aplicabilidade imediata (art. 5º, § 1º) 130
5.3. CLASSIFICAÇÃO DOS DIREITOS FUNDAMENTAIS EM GERAÇÕES (OU DIMENSÕES) 130
    5.3.1. Direitos de primeira geração (individuais ou negativos) 131
    5.3.2. Direitos de segunda geração (sociais, econômicos e culturais ou direitos positivos) 131
    5.3.3. Direitos de terceira geração (difusos e coletivos, ou coletivos *lato sensu*) 131
    5.3.4. Direitos de quarta geração 134
5.4. TITULARIDADE 135
    5.4.1. Pessoas físicas 135
    5.4.2. Pessoas jurídicas 138
5.5. FONTES DOS DIREITOS FUNDAMENTAIS 139
    5.5.1. Tratados internacionais sobre direitos humanos 139
        5.5.1.1. O caso do depositário infiel 142
5.6. RESTRIÇÕES A DIREITOS FUNDAMENTAIS 144
    5.6.1. Relatividade dos direitos 144
    5.6.2. Limites dos direitos fundamentais 144
        5.6.2.1. Colisão de direitos 144
        5.6.2.2. Liberdade de conformação 146
        5.6.2.3. Reserva legal 147
    5.6.3. Teoria dos "limites dos limites" 148
        5.6.3.1. Proteção do núcleo essencial 148
            5.6.3.1.1. Teorias sobre o núcleo essencial 149
        5.6.3.2. Princípio (ou critério) da proporcionalidade 149
            5.6.3.2.1. Proporcionalidade em sentido negativo (proibição do excesso) 150
            5.6.3.2.2. Proporcionalidade positiva (proibição da proteção deficiente)... 150

Capítulo 6 Direitos Individuais e Coletivos 157

6.1. DIREITO À VIDA 157
    6.1.1. Abrangência 157
    6.1.2. Início (teorias) 157
    6.1.3. Pesquisa científica com células-tronco embrionárias 158
    6.1.4. Eutanásia, aborto e suicídio 158
        6.1.4.1 Interrupção da gravidez em caso de anencefalia fetal 159
    6.1.5. Proibição da tortura e do tratamento desumano ou degradante 159
    6.1.6. Pena de morte 160

6.2. IGUALDADE (ISONOMIA) 160
    6.2.1. Espécies de igualdade 161
    6.2.2. Igualdade entre homens e mulheres (art. 5º, I) 161
        6.2.2.1. Igualdade e uniões estáveis homoafetivas 164
    6.2.3. Igualdade e concurso público 164
        6.2.3.1. Teste psicotécnico 165
    6.2.4. Ações afirmativas e princípio da isonomia 166

6.3. PROPRIEDADE 168
    6.3.1. Função social da propriedade 168
    6.3.2. Restrições à propriedade 169
        6.3.2.1. Expropriação 169
            6.3.2.1.1. Confisco 169
            6.3.2.1.2. Desapropriação 172
        6.3.2.2. Requisição 177
            6.3.2.2.1. Distinções entre desapropriação e requisição 177
        6.3.2.3. Distinção entre desapropriação e confisco 177
    6.3.3. Proteção constitucional da pequena propriedade rural 179
    6.3.4. Propriedade intelectual 180
    6.3.5. Direito à sucessão 181

6.4. SEGURANÇA JURÍDICA 181
    6.4.1. Ato jurídico perfeito 181
    6.4.2. Coisa julgada 182
    6.4.3. Direito adquirido 182
    6.4.4. Segurança jurídica e princípio da anterioridade 185

6.5. LIBERDADE 186

6.5.1. O princípio da legalidade como garantia do direito à liberdade 186
    6.5.1.1. Reserva legal.. 187
6.5.2. Liberdade de manifestação do pensamento 188
    6.5.2.1. Primeiro limite à liberdade de expressão: a questão do "discurso do ódio" *hate speech* 188
    6.5.2.2. Segundo limite à liberdade de expressão: a proibição da apologia ao crime... 192
    6.5.2.3. Terceiro limite à liberdade de expressão: vedação do anonimato......... 192
6.5.3. Liberdade de consciência e de crença.. 193
    6.5.3.1. Escusa de consciência 194
6.5.4. Liberdade profissional.. 196
6.5.5. Liberdade de informação 197
    6.5.5.1. Liberdade de obter informações em órgãos estatais.............................. 197
    6.5.5.2. Direito à memória e à verdade 197
6.5.6. Liberdade de locomoção 198
6.5.7. Liberdade de reunião.. 198
6.5.8. Liberdade de associação 200
    6.5.8.1. Legitimidade das associações para o processo coletivo 202

6.6. INTIMIDADE E VIDA PRIVADA (CF, ART. 5º, X).. 204
6.6.1. Distinção 204
6.6.2. Indenização por dano moral, material e à imagem (CF, art. 5º, V)............... 205
6.6.3. Inviolabilidade do domicílio (CF, art. 5º, XI) 205
    6.6.3.1 Definição, titularidade e abrangência 205
    6.6.3.2. Hipóteses legítimas de entrada no domicílio sem consentimento do morador 206
    6.6.3.3. Desastre 206
    6.6.3.4. Socorro 206
    6.6.3.5. Flagrante delito 206
    6.6.3.6. Cumprimento, durante o dia, de ordem judicial.................................... 208
        6.6.3.6.1. Inviolabilidade do domicílio e ordem judicial cumprida à noite ... 208
6.6.4. Sigilo das comunicações telefônicas 209
    6.6.4.1. Previsão 209
    6.6.4.2. Definições... 209
    6.6.4.3. Quebra do sigilo das comunicações.. 210
    6.6.4.4. Comissões Parlamentares de inquérito e sigilo telefônico.................... 211

6.6.4.5. E-mail corporativo 212
6.6.4.6. Gravações ambientais 212
6.6.5. Sigilo bancário e fiscal 213
6.6.5.1. Sigilo bancário e Ministério Público 213
6.6.6. Proteção de dados pessoais 214

6.7. GARANTIAS PROCESSUAIS GERAIS 215
6.7.1. Distinção entre direitos e garantias 215
6.7.2. Inafastabilidade da jurisdição 215
6.7.2.1. Hipóteses (excepcionais) de exigência de prévio recurso à via administrativa: a jurisdição condicionada 215
6.7.3. Devido processo legal (*due process of Law*) 217
6.7.4. Ampla defesa e contraditório 219
6.7.4.1. Presença de advogado no processo disciplinar 219
6.7.4.2. Ampla defesa e contraditório nos processos perante o TCU 219
6.7.4.3. Ampla defesa e exigência de depósito prévio na via administrativa 220
6.7.4.4. Direito de acesso do advogado aos autos de inquérito policial 221
6.7.5. Proibição das provas obtidas por meios ilícitos 222
6.7.5.1. Ilicitude por derivação: a teoria dos frutos da árvore envenenada 223
6.7.5.2. Relativização da regra: o princípio da proporcionalidade e a admissibilidade da prova obtida por meios ilícitos para fins de defesa 223
6.7.6. Razoável duração do processo 224
6.7.7. Publicidade dos atos processuais 225

6.8. GARANTIAS PENAIS E PROCESSUAIS PENAIS 225
6.8.1. Reserva legal e anterioridade em matéria penal 225
6.8.2. Juiz natural 228
6.8.2.1. Princípio do juiz competente 228
6.8.2.2. Tribunal Penal Internacional (TPI) 229
6.8.2.3. Tribunal do Júri 229
6.8.2.3.1. Competência 230
6.8.2.3.2. Sigilo das votações 231
6.8.2.3.3. Plenitude de defesa 231
6.8.2.3.4. Soberania dos veredictos 231
6.8.3. Presunção de inocência (estado de inocência ou presunção de não culpabilidade) 231
6.8.3.1. Direito à não autoincriminação 232

6.8.3.2. Direito ao silêncio 232
6.8.4. Individualização da pena 233
6.8.5. Princípios da personalização da pena (intranscendência) 234
6.8.6. Penas proibidas... 235
6.8.7. Crimes referidos na Constituição (mandatos de criminalização)... 236
6.8.8. Não identificação criminal de quem possui identificação civil ... 237
6.8.9. Ação penal privada subsidiária da pública 237
6.8.10. Extradição 238
6.8.11. Regras constitucionais quanto à prisão 239
    6.8.11.1. Prisão civil por dívidas 239

6.9. REMÉDIOS CONSTITUCIONAIS (OU AÇÕES CONSTITUCIONAIS OU *WRITS*).. 240
6.9.1. *Habeas corpus* 240
6.9.2. *Habeas data*.. 242
6.9.3. Mandado de segurança... 244
    6.9.3.1. Introdução.. 244
    6.9.3.2. Subsidiariedade.. 244
    6.9.3.3. Objeto de proteção 244
    6.9.3.4. Legitimidade 246
        6.9.3.4.1. Legitimidade ativa 246
        6.9.3.4.2. Autoridade coatora: é aquela que praticou o ato ou da qual emanou a ordem para que fosse praticado............................ 247
    6.9.3.5. Condições específicas 247
6.9.4. Mandado de injunção.. 248
    6.9.4.4. Legitimidade ativa.. 250
6.9.5. Ação popular 254
6.9.6. Direito de petição e de certidão 259

Capítulo 7   Direitos Sociais 273

7.1. CONTEÚDO E NATUREZA 273
7.2. EFETIVAÇÃO 274
7.2.1. Teoria da reserva do possível.. 274
7.2.2. Proibição do retrocesso ou do regresso (efeito *cliquet*) 277
7.2.3. Mínimo existencial 278
7.3. DIREITOS INDIVIDUAIS DOS TRABALHADORES URBANOS E RURAIS (ART. 7º) 281

    7.3.1. Direitos relativos à proteção da relação de emprego 282

    7.3.2. Direitos relativos à jornada de trabalho e aos descansos 282

    7.3.3. Salário e adicionais 283

    7.3.4. Proteção ao trabalho do menor e da mulher 284

    7.3.5. Direito ao tratamento igualitário 285

    7.3.6. Reconhecimento das negociações coletivas de trabalho 285

    7.3.7. Prescritibilidade das ações trabalhistas 285

    7.3.8. Direitos dos empregados domésticos 286

7.4. DIREITOS COLETIVOS DOS TRABALHADORES 286

    7.4.1. Direito à sindicalização 286

    7.4.2. Direito de greve 287

7.5. DIREITOS SOCIAIS E CONTROLE JUDICIAL DE POLÍTICAS PÚBLICAS 288

    7.5.1. Direitos sociais/deveres estatais estabelecidos em norma de aplicabilidade imediata 292

    7.5.2. Direitos sociais/deveres estatais previstos em normas de eficácia limitada ... 292

Capítulo 8   Nacionalidade 297

8.1. CONCEITO 297

8.2. ESPÉCIES DE NACIONALIDADE 298

    8.2.1. Originária: 298

    8.2.2. Adquirida, derivada ou secundária 298

8.3. BRASILEIROS NATOS 298

    8.3.1 Critério do *jus sanguinis* (art. 12, I, *b*) 299

    8.3.2 Critério do *jus sanguinis* combinado com o registro ou a residência (art. 12, I, *c*)   299

8.4. BRASILEIROS NATURALIZADOS 301

    8.4.1 Naturalizados na forma da lei (art. 12, II, *a*, primeira parte) 301

    8.4.2 Originários de países lusófonos (art. 12, II, *a*, segunda parte) 301

    8.4.3. Estrangeiros de qualquer nacionalidade que residem no Brasil há muito tempo (art. 12, II, *b*) 301

8.5. DISTINÇÕES ENTRE BRASILEIROS (NATOS E NATURALIZADOS) 303

    8.5.1. Extradição 303

    8.5.2. Cargos privativos de natos 306

    8.5.3. Função de cidadão no Conselho da República 307

    8.5.4. Propriedade de empresa jornalística, de rádio ou TV 307

8.6. PERDA DA NACIONALIDADE (ART. 12, § 4º) 308

    8.6.1. Cancelamento, na forma da lei, da naturalização, por sentença judicial, em caso de fraude ou atentado ao Estado de Direito 308

    8.6.2. A pedido, desde que não gere apatridia (art. 12, § 4º, II, na redação da EC n. 131, de 2023) 309

8.7. REAQUISIÇÃO DA NACIONALIDADE BRASILEIRA 309

8.8. IDIOMA E SÍMBOLOS OFICIAIS 311

Capítulo 9   Direitos Políticos 313

9.1. CIDADANIA 313

    9.1.1. Ativa (capacidade eleitoral ativa) 313

    9.1.2. Passiva (capacidade eleitoral passiva) 313

9.2. SUFRÁGIO 314

9.3. VOTO 314

    9.3.1. Direto 315

    9.3.2. Secreto 316

    9.3.3. Periódico 316

    9.3.4. Paritário ou igualitário 317

    9.3.5. Obrigatório 317

9.4. ESCRUTÍNIO 317

9.5. ALISTAMENTO ELEITORAL 318

    9.5.1. Proibido 318

    9.5.2. Obrigatório 318

    9.5.3. Facultativo 319

9.6. CONDIÇÕES DE ELEGIBILIDADE (ART. 14, § 3º) 319

    9.6.1. Filiação partidária 319

    9.6.2. Domicílio eleitoral na circunscrição 320

    9.6.3. Idade mínima 320

9.7. INELEGIBILIDADE 321

    9.7.1. Inelegibilidades absolutas 322

        9.7.1.1. Inalistáveis 322

        9.7.1.2. Analfabetos 322

    9.7.2. Inelegibilidades relativas 322

9.7.2.1. Inelegibilidade em virtude de exercício prévio de dois mandatos seguidos no Executivo (art. 14, § 5º)	322
9.7.2.2. Inelegibilidade em virtude do parentesco (inelegibilidade reflexa) (art. 14, § 7º)	324
9.7.2.3. Outros casos previstos em lei complementar (art. 14, § 9º)	326
9.8. PERDA E SUSPENSÃO DOS DIREITOS POLÍTICOS – A VISÃO DAS BANCAS	**327**
9.8.1. Considerações teóricas	327
9.8.2. Posição do Cespe	330
9.8.3. Posição da FCC	331
9.8.4. Posição da FGV	331
9.9. ANTERIORIDADE DA LEI ELEITORAL (ART. 16)	**332**

Capítulo 10 — Partidos Políticos ... 337

10.1. NATUREZA, CRIAÇÃO E REGISTRO DOS PARTIDOS POLÍTICOS	**337**
10.2. LIBERDADE PARTIDÁRIA	**338**
10.2.1. Condicionamentos à liberdade Partidária	338
10.2.1.1. Cláusula de barreira "original": a Lei n. 9.096/95	339
10.2.1.2. A EC n. 97/2017 – vedação das coligações nas eleições proporcionais e "ressurreição" da cláusula de barreira	339
10.2.1.2.1. Vedação das coligações nas eleições proporcionais	340
10.2.1.2.2. Reinstituição da cláusula de barreira	341
10.3. DISCIPLINA E FIDELIDADE PARTIDÁRIAS	**343**
10.4. CONTROLE EXTERNO	**344**
10.5. ACESSO A RÁDIO E TV	**344**
10.6. VEDAÇÕES	**344**
10.7. DESTINAÇÃO DOS RECURSOS	**345**

Capítulo 11 — Organização do Estado (Parte Geral) ... 347

11.1. FEDERAÇÃO	**347**
11.1.1. Origens	349
11.1.2. Modelos	350
11.1.2.1. Federalismo centrípeto (por agregação): EUA	350
11.1.2.2. Federalismo centrífugo (por desagregação): Brasil	350
11.1.3. Características de qualquer Federação	350

XXII MANUAL DIDÁTICO DE DIREITO CONSTITUCIONAL

    11.1.3.1. Autonomia política 350

    11.1.3.2. Inexistência de direito de secessão.. 352

    11.1.3.3. Possibilidade de intervenção federal 352

    11.1.3.4. Existência de uma Constituição Federal.. 353

    11.1.3.5. Existência de um órgão legislativo representativo dos Estados 353

    11.1.3.6. Existência de um Tribunal Federativo.. 353

    11.1.3.7. Nacionalidade única 354

    11.1.3.8. Vedações federativas 354

11.2. ENTES FEDERATIVOS 356

11.3. ALTERAÇÕES NA ESTRUTURA DA FEDERAÇÃO 359

    11.3.1. Alteração na estrutura dos Estados (art. 18, § 3º) 360

    11.3.2. Municípios (art. 18, § 4º) 361

11.4. BENS DA UNIÃO E DOS ESTADOS (ARTS. 20 E 26) 363

11.5. FEDERAÇÃO 365

    11.5.1. Modelos: centrípeto (agregação) – modelo americano; centrífugo (desagregação) – modelo brasileiro 365

    11.5.2. Características 365

11.6. ENTES FEDERATIVOS 365

11.7. ALTERAÇÕES NA ESTRUTURA 365

11.8. BENS DA UNIÃO 365

Capítulo 12 Repartição de Competências Federativas 369

12.1. CRITÉRIOS 369

    12.1.1. Interesse predominante (ou predominância do interesse) 369

    12.1.2. Subsidiariedade 372

12.2. CLASSIFICAÇÃO 374

    12.2.1. Classificação das competências quanto à matéria (conteúdo) 375

        12.2.1.1. Competências materiais (administrativas) 375

        12.2.1.2. Competências legislativas 375

    12.2.2. Quanto à titularidade 376

        12.2.2.1. Competências atribuídas a um só nível federativo (só União, só Estados ou só Municípios) 376

        12.2.2.2. Competências atribuídas a mais de um nível (União, Estados, DF e Municípios ou União, Estados e DF) 378

12.3. HIPÓTESES MAIS COBRADAS DE REPARTIÇÃO DE COMPETÊNCIAS 388

12.3.1. Legislar sobre Direito Civil, Penal, Processual, Comercial, do Trabalho, Agrário, Marítimo, Aeronáutico e Espacial 388

12.3.1.1. Direito Processual x procedimentos em matéria processual............... 388

12.3.1.2. Direito do Trabalho 390

12.3.1.3. Direito Civil 391

12.3.1.4. Direito Penal 391

12.3.2. Legislar sobre Direito Tributário, Econômico, Financeiro, Penitenciário, Urbanístico, Ambiental, Consumidor 392

12.3.3. Cuidar da natureza, da saúde, da educação, do patrimônio público, construção de moradias.. 393

12.3.4. Legislar sobre sistemas de consórcios e sorteios, inclusive bingos e loterias 393

12.3.5. Fixar horário de funcionamento do comércio (em geral)........................... 394

12.3.6. Fixar horário de funcionamento dos bancos 394

12.3.7. Estipular tempo máximo de espera em fila de banco (ou em cartório etc.) 395

12.3.8. Exigir a instalação de equipamentos de segurança em agência bancária (detector de metais, porta giratória etc.).. 395

12.3.9. Explorar os serviços de gás canalizado 395

12.3.10. Legislar sobre trânsito e transporte 396

12.3.11. Legislar sobre propaganda comercial... 398

12.3.12. Legislar sobre normas gerais de licitações e contratos administrativos 398

12.3.13. Competência para desapropriar *versus* competência para legislar sobre desapropriação 398

12.3.14. Competência para legislar sobre telecomunicações............................... 398

12.3.15. Competência para legislar sobre polícias do DF 399

12.3.16. Competência para legislar sobre proteção de dados pessoais................ 399

12.3.17. Competência para legislar sobre material bélico................................... 400

12.3.18. Competência para legislar sobre diretrizes e bases da educação nacional 400

Capítulo 13 Intervenção	413

13.1. INTRODUÇÃO.. 413

13.1.1. Conceito... 413

13.1.2. Princípios.. 413

13.1.3. Competência para decretar a intervenção................................... 414

13.1.4. Entes que intervêm x entes que sofrem a intervenção..................... 415

13.2. INTERVENÇÃO DA UNIÃO NOS ESTADOS E NO DF (ART. 34) 415

    13.2.1. Procedimento da intervenção federal nos Estados ou no DF 416

        13.2.1.1. Intervenção espontânea 416

        13.2.1.2. Intervenção por solicitação 417

        13.2.1.3. Intervenção por requisição 417

            13.2.1.3.1. Por requisição do STF, a pedido do TJ local 417

            13.2.1.3.2. Por requisição do TSE, do STJ ou do TSE 418

            13.2.1.3.3. Requisição do STF, por iniciativa do PGR (representação interventiva ou "ADI interventiva") 418

13.3. INTERVENÇÃO ESTADUAL NOS MUNICÍPIOS (OU FEDERAL NOS MUNICÍPIOS SITUADOS EM TERRITÓRIO FEDERAL) 421

Capítulo 14   Poder Legislativo (Parte Geral) 423

14.1. ORIGEM 423

14.2. ESTRUTURA 423

14.3. FUNCIONAMENTO PARLAMENTAR 425

    14.3.1. Legislatura 425

    14.3.2. Sessão legislativa 426

14.4. IMUNIDADES PARLAMENTARES 426

    14.4.1. Imunidade material – inviolabilidade (art. 53, *caput*) 426

    14.4.2. Imunidades formais (procedimentais) 428

14.5. ÓRGÃOS INTERNOS DAS CASAS 431

14.6. PERDA DE MANDATO (ART. 55) 434

14.7. ATRIBUIÇÕES DAS CASAS 436

Capítulo 15   Fiscalização Contábil 463

15.1. CONTROLE DA ATIVIDADE FINANCEIRA DO ESTADO 463

    15.1.1. Controle externo 463

    15.1.2. Controle interno (autocontrole) e controle externo 463

    15.1.3. Parâmetros de controle (art. 70, *caput*) 464

    15.1.4. Extensão subjetiva do controle (sujeitos passíveis de controle) 465

15.2. TRIBUNAL DE CONTAS DA UNIÃO 466

    15.2.1. Natureza jurídica 466

    15.2.2. Sede: Distrito Federal (art. 73, *caput*) 467

15.2.3. Autoadministração	467
15.2.4. Composição: 9 Ministros (art. 73, *caput*)	467
15.2.4.1. Requisitos para escolha (§ 1º)	468
15.2.4.2. Recrutamento dos Ministros do TCU	468
15.3. TCU – ATRIBUIÇÕES	469
15.4. FISCALIZAÇÃO CONTÁBIL NAS ESFERAS ESTADUAL, DISTRITAL E MUNICIPAL	476
15.5. ESTUDO AVANÇADO: O PODER DE SUSTAÇÃO DE ATOS E CONTRATOS	479

Capítulo 16 Comissões Parlamentares de Inquérito 481

16.1. ORIGEM	481
16.2. NATUREZA JURÍDICA	481
16.3. OBJETO	483
16.3.1. Limites materiais ao inquérito parlamentar	484
16.3.1.1. Limites decorrentes da separação de poderes	484
16.3.1.2. Limites relacionados à competência federativa	485
16.4. MARCO NORMATIVO	485
16.5. CRIAÇÃO	486
16.6. PRAZO	488
16.7. DECISÕES	490
16.8. PODERES	490
16.8.1. Convocação de testemunha	490
16.8.2. Decretação de busca e apreensão	492
16.8.3. Quebra de sigilo telefônico (dados)	492
16.8.4. Quebra de sigilo bancário e fiscal	493
16.8.5. Prisão em flagrante	494
16.8.6. Impossibilidade de decretar medidas cautelares	494
16.8.6.1. Procedimento para requerer cautelares	495
16.9. CPIS EM ÂMBITO ESTADUAL	496
16.9.1. Relação entre federalismo e democracia	496
16.9.2. Requisitos para a criação de CPIs estaduais	496
16.9.3. Poderes investigatórios das CPIs estaduais: o caso da quebra de sigilo bancário	498
16.9.4. Conclusões parciais	499
16.10. CPIS EM ÂMBITO MUNICIPAL	499

Capítulo 17 Processo Legislativo	501

17.1. INTRODUÇÃO ... 501
17.2. PROCEDIMENTO COMUM ORDINÁRIO ... 502
    17.2.1. Iniciativa ... 504
        17.2.1.1. Iniciativa "privativa" (ou reservada ou exclusiva) ... 504
            17.2.1.1.1. Presidente da República ... 505
            17.2.1.1.2. Tribunais ... 512
            17.2.1.1.3. Ministério Público da União ... 512
            17.2.1.1.4. Câmara dos Deputados e Senado Federal ... 513
        17.2.1.2. Iniciativa geral ou comum ... 514
        17.2.1.3. Iniciativa popular ... 514
            17.2.1.3.1. Introdução ... 514
            17.2.1.3.2. Esfera federal ... 515
            17.2.1.3.3. Esferas estadual, distrital e municipal ... 516
    17.2.2. Discussão ... 517
        17.2.2.1. O poder de emendas ... 518
            17.2.2.1.1. Limitações ao poder de emenda ... 519
    17.2.3. Votação ... 520
        17.2.3.1. Espécies de quórum ... 520
        17.2.3.2. Resultados ... 521
    17.2.4. Sanção e veto ... 525
        17.2.4.1. Características do veto ... 529
            17.2.4.1.1. Relativo ... 529
            17.2.4.1.2. Motivado ... 529
            17.2.4.1.3. Irretratável ... 529
            17.2.4.1.4. Expresso ... 529
    17.2.5. Promulgação ... 530
    17.2.6. Publicação ... 530
17.3. PROCEDIMENTO COMUM SUMÁRIO (REGIME DE URGÊNCIA CONSTITUCIONAL – ART. 64, §§ 1º A 4º) ... 531
    17.3.1. Legitimidade para requerer a urgência ... 531
    17.3.2. Projetos em que pode ser requerida urgência ... 531
    17.3.3. Prazos ... 531
17.4. PROCEDIMENTO (COMUM) ABREVIADO ... 532

- 17.4.1. Característica 532
- 17.4.2. Objeto 533
- 17.4.3. Recurso 533
- **17.5. PROCEDIMENTOS LEGISLATIVOS ESPECIAIS** 534
  - 17.5.1. Emendas à Constituição 534
    - 17.5.1.1. Iniciativa 534
      - 17.5.1.1.1. Definição da Casa Iniciadora 534
    - 17.5.1.2 Número de turnos 535
    - 17.5.1.3. Quórum 536
    - 17.5.1.4. Irrepetibilidade absoluta na mesma sessão legislativa 536
    - 17.5.1.5. Inexistência da fase de deliberação executiva 537
    - 17.5.1.6. Promulgação 538
  - 17.5.2. Leis complementares 538
    - 17.5.2.1. Objeto (matéria) 538
    - 17.5.2.2. Quórum 539
    - 17.5.2.3. Conflitos entre lei ordinária e lei complementar 540
      - 17.5.2.3.1. Primeiro conflito: lei ordinária invade o assunto de lei complementar 540
      - 17.5.2.3.2. Segundo conflito: lei complementar invade assunto de lei ordinária 540
  - 17.5.3. Leis delegadas 542
  - 17.5.4. Decretos legislativos e resoluções 544
    - 17.5.4.1. Distinções entre decretos legislativos e resoluções 544
      - 17.5.4.1.1. Competência 544
      - 17.5.4.1.2. Matéria 544
      - 17.5.4.1.3. Efeitos 544
  - 17.5.5. Medidas provisórias 545
    - 17.5.5.1. Pressupostos de validade 546
    - 17.5.5.2. Competência 546
    - 17.5.5.3. Limitações materiais 547
    - 17.5.5.4. Efeitos 549
    - 17.5.5.5. Prazos 549
      - 17.5.5.5.1. Extensão do trancamento de pauta e "solução Temer" 550
    - 17.5.5.6. Tramitação 551
    - 17.5.5.7. Rejeição 553

17.5.5.7.1. Efeitos da rejeição.. 553
17.5.5.8. Aprovação 555
17.5.5.8.1 Aprovação sem emendas (de conteúdo) 555
17.5.5.8.2. Aprovação com emendas (de conteúdo)........................... 555

Capítulo 18   Poder Executivo 559

18.1. PRESIDENCIALISMO... 559
18.2. PRESIDENTE DA REPÚBLICA... 559
    18.2.1. Mandato 559
    18.2.2. Eleição 560
    18.2.3. Sucessão e substituição.. 560
        18.2.3.1. A "dupla vacância" 562
    18.2.4. Atribuições (art. 84) – rol exemplificativo................................. 563
        18.2.4.1. Atribuições delegáveis 567
18.3. VICE-PRESIDENTE DA REPÚBLICA 569
18.4. MINISTROS DE ESTADO... 569
18.5. PRERROGATIVAS (IMUNIDADES) DO PRESIDENTE DA REPÚBLICA..... 570
    18.5.1. Foro por prerrogativa de função 570
    18.5.2. Restrições à prisão 570
    18.5.3. Necessidade de autorização da câmara dos deputados para a instauração de processo criminal 571
    18.5.4. Imunidade processual temporária (irresponsabilidade temporária) 571
    18.5.5. Simetria e extensão das imunidades aos Governadores de Estado 574
18.6. RESPONSABILIDADE DO PRESIDENTE DA REPÚBLICA 574
    18.6.1. "Crimes" de responsabilidade 575
    18.6.2. Crimes comuns 577
    18.6.3. Comparação entre os crimes comuns e os de responsabilidade 578

Capítulo 19   Poder Judiciário (Disposições Gerais)... 589

19.1. AUTONOMIA, FUNÇÕES E ESTRUTURA DO JUDICIÁRIO....................... 589
    19.1.1. Funções 589
    19.1.2. Autonomia funcional e administrativa (art. 96)...................... 589
    19.1.3. Autonomia financeira e orçamentária (arts. 99 e 168) 590
    19.1.4. Estrutura do Judiciário brasileiro 591

19.1.4.1. Órgãos do Poder Judiciário	591
19.1.4.2. Conceitos importantes da organização judiciária	591
19.2. INGRESSO	**592**
19.2.1. Concurso público	592
19.2.2. Nomeação direta para os tribunais (arts. 101, 104, 94 etc.)	593
19.2.2.1. "Quinto" constitucional (art. 94)	593
19.2.3. Eleição	594
19.3. GARANTIAS DOS MEMBROS	**594**
19.3.1. Vitaliciedade (art. 95, I)	595
19.3.2. Inamovibilidade (art. 95, II), salvo por motivo de interesse público, decisão da maioria absoluta dos membros do tribunal respectivo ou do CNJ (art. 93, VIII) ou por motivo disciplinar, por decisão da maioria absoluta do CNJ (art. 103-B, § 4º, III, c/c art. 93, VIII)	595
19.3.3. Irredutibilidade de subsídios	596
19.4. VEDAÇÕES (ART. 95, PARÁGRAFO ÚNICO)	**596**
19.5. PROMOÇÃO	**597**
19.6. REQUISITOS DE VALIDADE DAS DECISÕES	**598**
19.6.1. Publicidade	598
19.6.2. Fundamentação	598
19.7. REGRAS ORGANIZATÓRIAS BÁSICAS	**599**
19.7.1. Órgão especial (art. 93, XI)	599
19.7.2. Reserva de plenário	599
19.7.3. Férias coletivas (art. 93, XII)	600
19.8. PRECATÓRIOS (ART. 100)	**600**
Capítulo 20 Poder Judiciário (Estrutura e Competências)	**615**
20.1. JUSTIÇAS FEDERAIS ESPECIALIZADAS	**615**
20.1.1. Justiça do Trabalho	615
20.1.2. Justiça Eleitoral	617
20.1.3. Justiça Militar (da União)	617
20.2. JUSTIÇA FEDERAL COMUM	**617**
20.3. ÓRGÃOS DE SUPERPOSIÇÃO	**620**
20.3.1. STF	620
20.3.2. STJ	628

20.4. JUSTIÇA ESTADUAL (ARTS. 125 E 126) 628
20.5. CONSELHO NACIONAL DE JUSTIÇA (CNJ) 628
20.6. APROFUNDAMENTO: COMPETÊNCIA PARA JULGAR ALGUNS REMÉDIOS CONSTITUCIONAIS.. 630
    20.6.1. Mandado de segurança: é definido com base na autoridade coatora 630

Capítulo 21 Funções Essenciais à Justiça (Especialmente o Ministério Público)........	647

21.1. FUNÇÕES ESSENCIAIS À JUSTIÇA: NOÇÃO 647
21.2. MINISTÉRIO PÚBLICO.. 648
    21.2.1. Origens.. 648
    21.2.2. Justificação e objetivos 649
    21.2.3. Posição constitucional do Ministério Público................................ 652
    21.2.4. Conselho Nacional do Ministério Público – CNMP (art. 130-A)............... 653
21.3. NOÇÕES SOBRE AS OUTRAS FUNÇÕES ESSENCIAIS À JUSTIÇA 655
    21.3.1. Advocacia Pública... 655
    21.3.2. Advocacia (privada) 656
    21.3.3 Defensoria Pública... 657

Capítulo 22 Controle de Constitucionalidade	661

22.1. SUPREMACIA DA CONSTITUIÇÃO 661
22.2. CONTROLE DE CONSTITUCIONALIDADE E ESPÉCIES DE CONTROLE DE VALIDADE 661
22.3. NORMA-PARÂMETRO DO CONTROLE DE CONSTITUCIONALIDADE............. 662
22.4. NORMA-OBJETO DO CONTROLE DE CONSTITUCIONALIDADE 663
22.5. COMPARAÇÃO ENTRE AS VÁRIAS ESPÉCIES DE CONTROLE DE VALIDADE ... 664
22.6. TEORIA DA INCONSTITUCIONALIDADE 669
    22.6.1. Classificação das espécies de inconstitucionalidade 669
        22.6.1.1. Quanto à natureza do vício... 669
        22.6.1.2. Quanto à conduta configuradora..................................... 670
        22.6.1.3. Quanto ao momento de surgimento (edição) da lei ou ato incompatível 670
22.7. CLASSIFICAÇÃO DO CONTROLE DE CONSTITUCIONALIDADE 671
    22.7.1. Quanto ao órgão 671
    22.7.2. Quanto ao momento 672
        22.7.2.1. Preventivo (= prévio).. 672

22.7.2.2. Repressivo (= posterior)	672
22.7.3. Quanto ao modo	673
22.8. DISTINÇÕES ENTRE O CONTROLE DIFUSO E O CONTROLE CONCENTRADO	676
22.9. INSTRUMENTOS DO CONTROLE CONCENTRADO	678
22.9.1. Objeto	679
22.9.1.1. ADI	679
22.9.1.1.1. Tipos de atos que podem ser combatidos	679
22.9.1.1.2. Origem federativa dos atos que podem ser combatidos	681
22.9.1.2. ADC	682
22.9.1.3. ADPF	682
22.9.1.3.1. Subsidiariedade	683
22.9.1.3.2. Legitimidade passiva	685
22.9.2. Notas sobre o procedimento das ações de controle concentrado	688
22.9.2.1. Participação do AGU	688
22.9.2.2. Participação do PGR	688
22.9.2.3. Vedação da intervenção de terceiros, salvo do *amicus curiae*	689
22.9.3. Impossibilidade de desistência	689
22.9.4. Não cabimento de recursos ou de ação de impugnação	690
22.9.5. Causa de pedir aberta	690
22.9.6. Quórum de decisão	690
22.9.7. Cautelar	691
22.9.8. Especificidades da ADC	692
22.10. CONTROLE DIFUSO	696
22.10.1. Instrumentos de controle difuso	697
22.11. CONTROLE DA OMISSÃO INCONSTITUCIONAL	699
22.11.1. Mandado de injunção	699
22.11.1.1. Natureza	699
22.11.1.2. Hipóteses de cabimento	699
22.11.1.2.1. Ausência de norma regulamentadora de direito assegurado na Constituição	699
22.11.1.2.2. Espécie de norma regulamentadora cuja ausência pode ser combatida	700
22.11.1.2.3. Omissões de atos do processo legislativo	702
22.11.1.3. Efeitos da decisão	703
22.11.2. Ação direta de inconstitucionalidade por omissão (ADO: art. 103, § 2º)	705

22.11.3. Distinções entre ADO e MI 706
22.12. EFEITOS DAS DECISÕES EM CONTROLE DE CONSTITUCIONALIDADE.......... 706
22.12.1. Efeitos temporais 706
22.12.2. Efeitos objetivos e subjetivos... 707
22.12.2.1. Controle concentrado (CF, art. 102, § 2º)..................... 707
22.12.2.2. Decisões em sede de controle difuso........................... 709
22.13. CONTROLE DE CONSTITUCIONALIDADE ESTADUAL 715
22.14. TENDÊNCIAS NO CONTROLE DE CONSTITUCIONALIDADE BRASILEIRO: A "ABSTRATIVIZAÇÃO" DO CONTROLE DIFUSO.. 717

Referências 751

Capítulo 1

Teoria da Constituição e do Direito Constitucional

1.1. DIREITO CONSTITUCIONAL – INTRODUÇÃO

1.1.1. Conceito

O Direito Constitucional pode ser definido como o ramo do Direito que estuda a Constituição e as relações entre os poderes políticos e os cidadãos. Em países de língua espanhola, é também conhecido como "Derecho Político" (Direito Político), o que já escancara as relações íntimas entre esse ramo do Direito e algumas ciências conexas, tais como a Ciência Política.

1.1.2. Relações com outras ciências sociais

Direito Constitucional e Ciência Política compartilham diversos assuntos, tais como a teoria das formas e dos sistemas de governo, os sistemas políticos e eleitorais, a temática da separação de poderes, os direitos fundamentais de natureza política etc. Todavia, enquanto o Direito Constitucional descreve o conjunto de *normas* que regem o funcionamento do Estado e os direitos fundamentais do cidadão, a Ciência Política preocupa-se em descrever o *funcionamento* do sistema político, tentando encontrar as regras que o regem na prática, mas sem um juízo de valor de conformidade ou desconformidade com a norma fundamental (a Constituição). Em outras palavras: a Ciência Política (assim também como a Sociologia Política) descreve a política *como ela é*, ao passo que o Direito Constitucional trata de como essas relações *devem ser*, à luz da norma fundamental.

O Direito Constitucional também não se confunde com a Filosofia Política. Ambos têm caráter normativo-prescritivo (dizem como as relações Estado-cidadão e cidadão-cidadão *devem ser*), mas com referenciais distintos: o Direito Constitucional dita como devem funcionar essas relações à luz da norma fundamental (Constituição), enquanto a Filosofia Política o faz com fundamento no que seja melhor para o bem comum. Assim, por exemplo, correntes da Filosofia Política como o Utilitarismo, o Liberalismo e o Comunitarismo vão discutir o que é melhor para o bem comum: adotar ou não a pena de morte, assegurar ou não liberdades individuais inegociáveis etc.; mas, para o Direito Constitucional, tais temas serão analisados sob outro prisma: se a Constituição permite a pena de morte, e em quais circunstâncias, se a dignidade humana traz em si valores inegociáveis etc.

Também há relações intensas do Direito Constitucional com a Sociologia. É da característica dessa ciência ser descritiva, isto é, *descrever* como a sociedade funciona. Se levarmos em conta que o Direito, em geral, e o Direito Constitucional, em particular, são ciências prescritivas (ou *deontológicas*, isto é, trabalham no campo do *dever-ser*, e não do *ser*), já se percebe que tais conhecimentos são complementares. A Sociologia, por exemplo, pode estudar o fenômeno da discriminação racial na sociedade brasileira (se existe, como funciona etc.), enquanto o Direito Constitucional estudará a compatibilidade de políticas de ação afirmativa com o princípio constitucional da igualdade, por exemplo.

1.1.3. Relações com outros ramos do Direito

Por se tratar de um ramo que estuda a norma jurídica fundamental, a Constituição, é natural que o Direito Constitucional guarde conexão com todos os demais ramos da Ciência Jurídica. Destacaremos, aqui, os principais casos.

A relação com o Direito Civil tem-se tornado cada vez mais íntima. A princípio, os conhecimentos eram quase que completamente separados, já que o Direito Constitucional é um ramo do Direito Público, ao passo que o Direito Civil integra o chamado Direito Privado. Porém, especialmente a partir da década de 1990 do século passado, os estudiosos do Direito Civil passaram a defender uma leitura desse ramo do Direito *à luz da Constituição*, ou *em conformidade com a Constituição*. Assim, passou-se a falar no fenômeno da *constitucionalização do Direito Civil*, com a leitura de institutos desse ramo do Direito à luz de princípios constitucionais como dignidade humana, função social da propriedade, entre outros. Se levarmos em conta que a CF traz inúmeras regras sobre propriedade, sucessões, empresas e contratos, não é estranho que esse fenômeno da *filtragem* do Direito Civil à luz da CF tenha ocorrido.

Já o Direito Penal tem praticamente todas as suas bases lançadas expressamente na própria CF. Princípios como os da reserva legal, da anterioridade, da intranscendência da pena, da presunção de inocência, da individualização da pena, estão todos expressamente previstos no texto constitucional, especialmente no que diz respeito aos direitos e garantias fundamentais. Isso sem contar os princípios constitucionais implícitos do Direito Penal, tais como os da subsidiariedade, da fragmentariedade, entre outros, que alguns autores derivam dos princípios constitucionais do Estado de Direito e da dignidade humana.

Em termos processuais, a CF de 1988 também trouxe inúmeras inovações e previsões, de modo que a conexão entre Direito Constitucional e Direito Processual é tão íntima que autores como Luiz Guilherme Marinoni, Kazuo Watanabe, Ada Pellegrini Grinover, Cândido Rangel Dinamarco e Luiz Miguel Garcia Medina chegam a falar na necessidade de se construir um *modelo constitucional do Direito Processual*. Temas como acesso à justiça, inafastabilidade do controle jurisdicional, devido processo legal, ampla defesa e contraditório, além da análise dos próprios instrumentos processuais citados e previstos na CF, são pontos de conexão bastante claros entre essas disciplinas.

Quanto ao Direito Administrativo, pode-se dizer que é uma disciplina-irmã do Direito Constitucional, tanto assim que toda a fonte normativa do Direito Administrativo está expressa e detalhadamente tratada no texto da CF de 1988, especialmente nos extensos e detalhados arts. 37 a 41. Mais ainda: há normas de Direito Administrativo espalhadas em toda a CF, até mesmo nas disposições relativas à ordem econômica (por exemplo, o campo de atuação das empresas estatais) e nos direitos e garantias fundamentais (regras sobre desapropriação, requisição etc.). É impressionante perceber, por exemplo, que o dispositivo constitucional que guarda mais conexões com os demais (mais citado e com mais remissões) não é o importante e extenso art. 5º, mas sim o art. 37, que trata justamente da Administração Pública na Constituição.

Finalmente, no que diz respeito a ramos como o Direito Tributário, o Direito Financeiro, o Direito Econômico e o Direito da Seguridade Social, mais não é preciso dizer, pois que a CF traz disposições específicas e detalhadas sobre sua teoria geral (respectivamente, nos arts. 145 a 162; 163 a 169; 170 a 192; e 193 a 204).

1.1.4. Subdivisões do Direito Constitucional

Alguns autores defendem que o Direito Constitucional se subdivide em três outros "sub--ramos". Seriam eles: a) o Direito Constitucional Geral, que estuda institutos da experiência constitucional genericamente considerados, sem adentrar no ordenamento interno de cada país (as classificações das constituições, por exemplo); b) o Direito Constitucional Comparado, cuja finalidade é estudar ordenamentos distintos para comparar suas origens, proximidades e diferenças (por exemplo, quando se estuda as diferenças entre a possibilidade de prisão após condenação em 2ª instância no Brasil e nos Estados Unidos); e c) o Direito Constitucional Positivo, que estuda o funcionamento da Constituição de um país específico, como é o caso da maior parte desta obra, que estudará como funciona a Constituição da República Federativa do Brasil de 1988.

1.1.5. Teorias do Direito e Teorias do Direito Constitucional

As Teorias do Direito são objeto de estudo da chamada Teoria Geral do Direito (que, em cursos de graduação, costumeiramente é nominada *Introdução ao Estudo do Direito*). Todavia, dadas as intrínsecas relações entre as Teorias do Direito e as Teorias do Direito Constitucional (e os próprios conceitos de constituição, que adiante estudaremos), torna-se relevante dizer algumas palavras sobre o tema.

Tradicionalmente, duas grandes correntes se digladiam para dizer o que é o Direito e quais as suas fontes: o Naturalismo Jurídico, ou *Jusnaturalismo*, e o Positivismo Jurídico, ou *Juspositivismo*. Mais recentemente, uma corrente tenta superar essa dicotomia, autointitulando-se de Pós-positivismo (ou Neoconstitucionalismo, quando especificamente aplicados seus pressupostos ao Direito Constitucional).

Em breveíssima exposição, pode-se dizer que o Jusnaturalismo defende que, acima do direito positivo (posto, criado) preexiste um direito pressuposto, seja ele derivado de Deus (direito natural de origem divina), seja derivado da razão humana (direito natural de origem racional). Em sentido contrário, os juspositivistas defendem que todas as normas jurídicas são criação humana, formando o direito posto (positivado), nada havendo de norma jurídica acima dele; para o Positivismo Jurídico, direito e moral são esferas distintas, e a validade de uma norma independe de sua concordância com a moral social ou com a vontade do aplicador (juiz, administrador etc.). Os "pós-positivistas", ou "neoconstitucionalistas" tentam superar essa dicotomia, propondo uma reaproximação entre o direito e a moral.

Para concursos jurídicos!

Em concursos de carreiras jurídicas, é necessário conhecer mais aprofundadamente a corrente neoconstitucionalista. Em linhas gerais, pode-se dizer que ela tem alguns pontos de "conflito" com o Positivismo (do qual um dos expoentes é Kelsen), por exemplo:

a) o reconhecimento de que os valores (incorporados na Constituição por meio de princípios) são parte essencial do ordenamento;

b) a busca de aproximar o direito positivo (posto) da ideia de justiça; e

c) por conseguinte, uma valorização da supremacia da Constituição sobre todos os demais ramos do Direito e uma maior confiança no Judiciário como mecanismo de efetivação dos valores constitucionais.

Como isso é cobrado em provas:

(Cespe/TRE-PI/Analista Judiciário – área judiciária/2016) O neoconstitucionalismo, ao promover a força normativa da Constituição, acarretou a diminuição da atividade judicial, dado o alto grau de vinculação das decisões judiciais aos dispositivos constitucionais.

Gabarito comentado: Errado.
O Neoconstitucionalismo **fortalece** o Poder Judiciário, e não o enfraquece. Se o Positivismo garantia a supremacia da lei (e do legislador), o Neoconstitucionalismo promove a supremacia da Constituição (e, por conseguinte, do Judiciário, entendido como guardião máximo desta).

 Cuidado!

Existem, porém, alguns "efeitos colaterais" do Neoconstitucionalismo, tais como a perda de segurança jurídica e de previsibilidade das decisões; a supervalorização do Judiciário em detrimento dos demais poderes, com a consequente "judicialização" da política e de quase todos os setores da vida social.

Podemos estabelecer uma comparação esquemática entre o Juspositivismo e o Neoconstitucionalismo:

Esquema 1.1 – JUSPOSITIVISMO X NEOCONSTITUCIONALISMO

JUSPOSITIVISMO	2ª GUERRA → PÓS-POSITIVISMO (NEOCONSTITUCIONALISMO)	
• VALE A NORMA POSTA • VALORIZA A LEI • BUSCA OBJETIVIDADE • SEGURANÇA JURÍDICA • VALORIZAM-SE AS REGRAS	• VALE A NORMA POSTA, MAS DEVE SER INTERPRETADA DA FORMA MAIS JUSTA • VALORIZA-SE O JUDICIÁRIO E A HERMENÊUTICA (E A INTERPRETAÇÃO) • JUSTIÇA • RECONHECE-SE QUE PODE HAVER COLISÃO ENTRE PRINCÍPIOS • VALORIZAM-SE OS PRINCÍPIOS	= APROXIMA-SE O DIREITO DA MORAL E DA JUSTIÇA RESOLVE-SE POR MEIO DA PONDERAÇÃO DE PRINCÍPIOS *Concordância Prática*

1.2. CONCEPÇÕES DE CONSTITUIÇÃO

 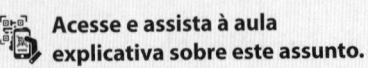

Acesse e assista à aula explicativa sobre este assunto.
http://uqr.to/1yj95

A Constituição pode ser vista sob diversos prismas (pontos de vista). Eis os mais cobrados em prova:

1.2.1. Conceito sociológico (Ferdinand Lassalle)

Para esse autor, a Constituição é conceituada como **a soma dos fatores reais de poder** que regem um país em determinado momento histórico, isto é, a Constituição efetiva é um equilíbrio de forças econômicas, sociais, religiosas, culturais etc. A Constituição verdadeira deve ser estudada por um ponto de vista sociológico: como as coisas são **na prática**. Por isso, Lassalle, em sua obra *A Constituinte Burguesa* ou *O que é uma Constituição? (A essência da Constituição)*, defendia que a **Constituição escrita não passava de uma folha de papel**. No conflito entre os fatos e a norma, os fatos prevalecem.

Uma possível utilização do conceito de Lassalle seria a análise do inciso IV do art. 7º da Constituição Federal de 1988, que garante o salário mínimo que atenda às necessidades básicas do trabalhador e de sua família. Ora, de nada adianta esse direito estar escrito (a Constituição escrita é apenas um pedaço de papel), se as forças políticas e econômicas não permitem que ele seja efetivado (ou seja, os fatores reais de poder impedem a realização prática desse direito).

Questão de Concurso

(FCC/Auditor-Fiscal do Tesouro Estadual-PE/2014) "Visto que as leis desapareceram e que vamos redigir outras completamente novas, desde os alicerces até o telhado, nelas não reconheceremos à monarquia as prerrogativas de que até agora gozou ao amparo das leis destruídas; mais ainda, não respeitaremos prerrogativas nem atribuições de espécie alguma. Enfim, não queremos a monarquia.
O monarca responderia assim: podem estar destruídas as leis, porém a realidade é que o exército subsiste e me obedece, acatando minhas ordens; a realidade é que os comandantes dos arsenais e quartéis põem na rua os canhões e as baionetas quando eu ordenar. Assim, apoiado neste poder real, efetivo, das baionetas e dos canhões, não tolero que venham me impor posições e prerrogativas em desacordo comigo.
Como podeis ver, um rei a quem obedecem o exército e os canhões é uma parte da Constituição".
O trecho acima, retirado de uma obra clássica do Direito Constitucional, expressa um conceito
a) econômico de Constituição.
b) processual de Constituição.
c) normativo de Constituição.
d) decisionista de Constituição.
e) sociológico de Constituição.

Gabarito comentado: E.
Veja que a questão dá algumas "pistas" de que se trata desse conceito: quando fala em "realidade" e quando demonstra que o que interessa é a força do rei em impor sua decisão, e não o que diz a norma jurídica.

1.2.2. Conceito político (Carl Schmitt)

Para Carl Schmitt, a Constituição deve ser conceituada por meio de uma **visão política**: a Constituição efetiva é a **decisão política fundamental do povo**. O povo (o titular do poder constituinte), ao elaborar uma Constituição, faz opções (diretamente ou por meio de representantes): qual será a forma de governo, a forma de Estado, o sistema de governo? Essas decisões políticas **fundamentais** formam a Constituição.

Questão de Concurso

(Cespe/TRF5/Juiz/2013) Conforme a concepção política, a Constituição é a soma dos fatores reais de poder que regem o país.

Gabarito comentado: Errado (trata-se da concepção sociológica, não da política).

Carl Schmitt, assim como Lassalle, não crê muito na Constituição escrita: para ele, valem mais as decisões políticas tomadas pelo povo. Por isso, sua teoria é conhecida como "**decisionismo**" (ou **teoria decisionista**). Também por isso, sua teoria contém um grande risco: a possibilidade de uma "ditadura da maioria", como aconteceu no nazismo, regime que foi, aliás, apoiado por Carl Schmitt.

A principal consequência da teoria de Carl Schmitt é a distinção entre a Constituição propriamente dita (decisões fundamentais) e as meras leis constitucionais (decisões secundárias, ainda que estejam contidas na Constituição escrita).

Assim, dentro do texto da Constituição (Constituição em sentido formal), haveria normas **realmente** constitucionais (materialmente constitucionais) – as que representam decisões políticas fundamentais; e outras que são constitucionais apenas formalmente – as chamadas **leis constitucionais** (assuntos que poderiam estar tratados em lei, mas que eventualmente foram escritos na Constituição).

Por exemplo: para essa visão de Constituição, a regra constitucional que trata da eleição e do mandato do Presidente da República faria parte da Constituição (propriamente dita) – seria uma norma constitucional em sentido formal (está escrita no texto da CF) e material (é uma decisão fundamental). Já a regra segundo a qual "O Colégio Pedro II, localizado na cidade do Rio de Janeiro, será mantido na órbita federal" (CF, art. 242, § 2º) seria mera lei constitucional (o que é a mesma coisa que dizer: é constitucional apenas formalmente, mas não materialmente, pois não constitui uma decisão política fundamental).

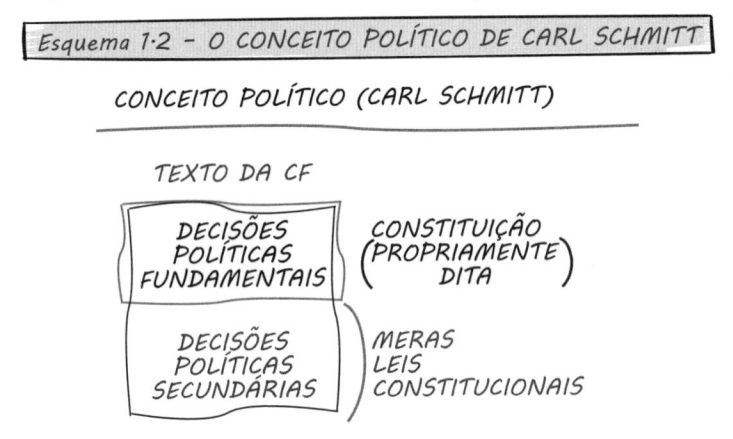

Esquema 1·2 – O CONCEITO POLÍTICO DE CARL SCHMITT

CONCEITO POLÍTICO (CARL SCHMITT)

TEXTO DA CF

- DECISÕES POLÍTICAS FUNDAMENTAIS → CONSTITUIÇÃO (PROPRIAMENTE DITA)
- DECISÕES POLÍTICAS SECUNDÁRIAS → MERAS LEIS CONSTITUCIONAIS

Questão de Concurso

(FCC/TCM-GO/Procurador/2015) "É necessário falar da Constituição como uma unidade e conservar, entretanto, um sentido absoluto de Constituição. Ao mesmo tempo, é preciso não desconhecer a relatividade das distintas leis constitucionais. A distinção entre Constituição e leis constitucionais só é possível, sem dúvida, porque a essência da Constituição não está contida numa lei ou numa norma. No fundo de toda a normatividade reside uma decisão política do titular do poder constituinte, ou seja, do povo na democracia e do monarca na monarquia autêntica."
O trecho acima transcrito expressa o conceito de Constituição de:
a) Karl Loewenstein, na obra *Teoria da Constituição*.
b) Carl Schmitt, na obra *Teoria da Constituição*.

c) Konrad Hesse, na obra *A Força Normativa da Constituição*.
d) Peter Häberle, na obra *Hermenêutica Constitucional*.
e) Ferdinand Lassalle, na obra *A Essência da Constituição*.

Gabarito comentado: B.
Perceba que, como o autor fala da diferença entre a Constituição (decisão política fundamental) e as leis constitucionais, já se pode concluir que se trata do conceito político de Carl Schmitt. Quanto ao nome da obra (que está certo), não se preocupe: desconhecemos questão em que esse seja o tema decisivo para respondê-la.

1.2.3. Conceito jurídico (Hans Kelsen)

Kelsen é um dos teóricos da corrente conhecida como o "Positivismo Jurídico", segundo a qual todas as normas jurídicas são postas (= criadas) pelo Estado. Assim, a Constituição é conceituada em sua obra mais famosa (*Teoria Pura do Direito*) como a **norma jurídica fundamental e suprema de um Estado**. Fundamental porque confere o fundamento de validade das demais normas (= leis, atos administrativos), que só são válidos porque são com ela compatíveis; suprema porque ocupa a mais alta hierarquia do ordenamento jurídico, invalidando (= anulando) toda e qualquer norma que lhe seja inferior.

📝 Questão de Concurso

(Cespe/TRF 5ª Região/Juiz Federal/2009) Segundo Kelsen, a CF não passa de uma folha de papel, pois a CF real seria o somatório dos fatores reais do poder. Dessa forma, alterando-se essas forças, a CF não teria mais legitimidade.

Gabarito comentado: Errado.
A afirmativa diz respeito ao conceito de Lassalle, não ao de Kelsen.

Para concursos jurídicos!

Em alguns concursos de carreiras jurídicas, cobra-se o desdobramento do conceito de Constituição com base em Kelsen: a Constituição em sentido lógico-jurídico (a norma fundamental, hipotética, pressuposta que manda respeitar todo o ordenamento jurídico) e a Constituição em sentido jurídico-positivo (a Constituição específica do país e em vigor em determinado momento).

1.2.4. Conceito pós-positivista (Konrad Hesse)

Hesse inspirou uma nova corrente, conhecida no Brasil como **Neoconstitucionalismo** ou **Pós-positivismo**. Essa corrente busca superar os problemas do Positivismo de Kelsen, aperfeiçoando-o.

A Constituição, segundo a visão desse autor, não deixa de ser uma norma jurídica. Contudo, não é mais considerada uma norma **fechada** em si mesma. Antes, está em constante diálogo com a sociedade, modificando-a e sendo também por ela modificada. Por isso se diz que a Constituição é um sistema aberto de regras e princípios (jurídicos).

Veja a diferença: para o conceito jurídico de Kelsen, a Constituição é um sistema fechado, que só muda se houver alteração formal do seu texto (por meio de emenda constitucional). Já para Konrad Hesse, não. A Constituição é um sistema **aberto**, que pode sofrer alterações tanto formais (emendas) quanto materiais (de conteúdo), derivadas de mudanças da própria sociedade. Essa alteração do significado das normas constitucionais, sem mudança do texto, conhecida como mutação constitucional, será mais bem estudada no Capítulo 2 (Poder Constituinte). Por agora, o que interessa saber é que, segundo o conceito **pós-positivista** de Hesse, a Constituição e a sociedade se influenciam e se alteram mutuamente.

Assim, a realidade social influencia a Constituição, mas a Constituição também altera a realidade social (a chamada **força normativa da Constituição**, justamente o título do livro mais conhecido desse autor alemão).

Questão de Concurso

(Esaf/Procurador do Distrito Federal/2007) Como decorrência do impacto que tiveram os trabalhos teóricos de Hans Kelsen e sua Teoria Pura do Direito, até hoje o conceito predominante de Constituição é essencialmente formal, isto é, técnico-jurídico.

Gabarito comentado: Errado.
O conceito que hoje predomina é o conceito pós-positivista de Konrad Hesse.

Algumas consequências importantes do conceito pós-positivista:

a) reconhecimento da possibilidade de mutações constitucionais – ver Capítulo 2 (Poder Constituinte);

b) solução de colisões de princípios pelo critério da ponderação – ver Capítulo 3 (Hermenêutica Constitucional);

c) reconhecimento de que todas as pessoas (= todos os grupos sociais) interpretam a Constituição – ver Capítulo 3 (Hermenêutica Constitucional).

1.2.5. Outros conceitos de Constituição

Eventualmente, alguns autores (e até algumas provas de concursos) citam outros conceitos de Constituição, além dos quatro "clássicos".

Podemos sumariamente citar:

a) Conceito procedimentalista: defende que a Constituição deve trazer apenas regras procedimentais para informar o debate democrático, sem preestabelecer valores substantivos.

b) Conceito sistêmico: baseando-se na teoria dos sistemas de Niklas Luhmann, define a Constituição como o acoplamento estrutural (ligação) entre o Direito e a Política.

c) Conceito culturalista: defendido por José Afonso da Silve, defende, na prática, que a Constituição seja definida na sua completude, como decisão política (valor), fato social e norma jurídica, ao mesmo tempo.

d) Conceito transconstitucionalista: proposto por Marcelo Neves, o transconstitucionalismo se baseia na ideia de que o ordenamento interno (Constituição) e o ordenamento internacional (tratados etc.) devem dialogar entre si, em vez de se defender a sobreposição de uma ordem sobre a outra.

Em resumo:

Esquema 1.3 – TEORIAS DO DIREITO X TEORIAS DA CONSTITUIÇÃO

A) SOCIOLOGISMO → CONCEITO SOCIOLÓGICO (LASSALLE)
B) DECISIONISMO → CONCEITO POLÍTICO (SCHMITT)
C) POSITIVISMO (JUSPOSITIVISMO) → CONCEITO JURÍDICO (KELSEN) (TEORIA PURA DO DIREITO)
D) TEORIA DOS SISTEMAS → ACOPLAMENTO ESTRUTURAL DE DIREITO E POLÍTICA (LUHMANN)
E) PÓS-POSITIVISMO → NEOCONSTITUCIONALISMO

CARACTERÍSTICAS:
- SUPREMACIA DA CF (ESTADO CONSTIT.)
- CONSTITUCIONALIZAÇÃO
- RECONHECIMENTO DOS "HARD CASES"
- PONDERAÇÃO DE BENS
- SUPREMACIA JUDICIAL
- RESERVA MÍNIMA DE MORAL E DE JUSTIÇA

E.1) SISTEMA ABERTO DE REGRAS E PRINCÍPIOS (KONRAD HESSE)
CONSEQUÊNCIA: MUTAÇÕES CONSTITUCIONAIS

E.2) PROCESSO PÚBLICO DE INTERPRETAÇÃO (PETER HÄBERLE)
CONSEQUÊNCIA: TODA A SOCIEDADE INTERPRETA A CONSTITUIÇÃO

Questões de Concurso

(Vunesp/Câmara de Aparecida/Procurador Legislativo/2023) Considerando o sentido sociológico atribuído à constituição, é correto afirmar que o conceito compreende
a) o conjunto de decisões políticas do titular do poder constituinte.
b) a somatória dos fatores reais do poder dentro de uma sociedade.
c) norma que define e trata das regras estruturais da sociedade.
d) norma introduzida por meio de um procedimento mais dificultoso.
e) norma positiva suprema, lei nacional no seu grau mais elevado.

Gabarito comentado: B.
O sentido sociológico foi cunhado por Ferdinand Lassalle, para quem a Constituição real e efetiva corresponde ao somatório dos fatores reais de poder que vigoram em uma sociedade, o que leva à alternativa B como resposta.
A alternativa A está errada porque corresponde ao conceito político de Constituição (Carl Schmitt), assim como a alternativa E trata do conceito jurídico de Hans Kelsen. A alternativa C não corresponde a nenhum conceito específico de Constituição, e a alternativa D trata da classificação da Constituição como rígida, e não de um conceito específico.

(Cespe/Cebraspe/TJMA/Juiz/2022) No sentido sociológico, a constituição é entendida como a decisão política fundamental do titular do poder constituinte.

Gabarito comentado: Errada.
A questão está errada, pois descreve, na verdade, o conceito político de Constituição, de Carl Schmitt. Segundo o conceito sociológico trazido por Ferdinand Lassale, a Constituição é a soma dos fatores reais de poder que regem uma sociedade.

(FCC/DPE-SC/Defensor/2021) A Constituição é definida como decisão política do titular do poder constituinte por:
a) Karl Loewenstein;
b) Ferdinand Lassalle;
c) Carl Schmitt;
d) Hans Kelsen;
e) Rudolf von Ihering.
Gabarito: C.

(AOCP/PC-PA/Delegado/2021) Ao conceber a constituição como a soma de fatores reais do poder que regem a nação, ou seja, um produto dos pleitos das forças sociais de determinada época, está se tratando da ideia de constituição concebida por:
a) Carl Schmitt;
b) José Afonso da Silva;
c) Hans Kelsen;
d) Ferdinand Lassalle;
e) Peter Häberle.
Gabarito: D.

1.3. CLASSIFICAÇÃO DAS CONSTITUIÇÕES

Acesse e assista à aula explicativa sobre este assunto.

http://uqr.to/1yj96

Cada autor adota uma classificação diferente, e as Constituições podem ser agrupadas segundo critérios diversos. Por conta disso, resolvemos citar os **principais critérios de classificação**, usando como parâmetro a cobrança em provas de concursos. Não se assuste se ler em outros materiais **milhares** de outras classificações. O custo-benefício de estudá-las é muito pequeno. **Vamos ao que realmente cai.**

Cuidado!

Cada Constituição de cada país pode ser classificada segundo os mais diferentes critérios que veremos daqui para a frente.

1.3.1. Quanto ao conteúdo

1.3.1.1. *Constituição material*

É aquela que trata apenas da matéria tipicamente constitucional (direitos fundamentais, separação dos Poderes e organização do Estado). *Ex.*: Constituição americana.

Cuidado!

Não confunda essa classificação das Constituições com o conceito material de Constituição, presente em alguns autores (como Carl Schmitt), que definem a Constituição pelo seu conteúdo (decisão fundamental), sua matéria, em oposição ao conceito formal de Constituição (que define a Constituição como o conjunto de dispositivos que compõem o texto constitucional, independentemente do seu conteúdo).

1.3.1.2. *Constituição formal*

Trata de várias outras matérias, além dos temas tradicionalmente constitucionais. *Ex.:* Constituição alemã ("Lei Fundamental de Bonn"), que cuida também de ordem econômica, tributária, financeira etc. A Constituição brasileira é **formal**!

Questão de Concurso

(Cespe/PC-TO/Delegado/2008) Quanto ao conteúdo, a Constituição material compreende as normas que, mesmo não sendo pertinentes à matéria constitucional, se encontram inseridas em um documento escrito e solene.

Gabarito comentado: Errado.
A questão se refere à Constituição formal.

1.3.2. Quanto à forma

1.3.2.1. *Constituição escrita*

Está contida em um único documento formal e solene (escrito), chamado de **Constituição**. *Ex.:* Constituição brasileira de 1988.

Cuidado!

Isso não impede que esse texto único seja acrescido de outras normas acessórias, desde que todas se refiram apenas a esse texto. É o caso da própria CF/88, que, além do chamado **articulado constitucional** (arts. 1º a 250), também se compõe:

a) do Ato das Disposições Constitucionais Transitórias (ADCT), arts. 1º a 98, que trata das regras feitas para valer apenas por algum período;

b) das **emendas constitucionais** (que possuem até mesmo artigos próprios, que não são inseridos formalmente na CF, geralmente relacionados a regras de transição); e

c) dos tratados internacionais com força de emenda constitucional (art. 5º, § 2º) – ver Capítulo 5 (Teoria Geral dos Direitos Fundamentais). Esse tema já caiu em prova da FCC de 2015 (Procurador do Tribunal de Contas dos Municípios de Goiás)!

1.3.2.2. *Constituição não escrita (= costumeira = consuetudinária)*

Está contida em vários documentos esparsos (= espalhados) e também em jurisprudência (decisões dos tribunais) e costumes não escritos. São tradições políticas que, escritas ou não, formam, em conjunto, o que se chama de Constituição. *Ex.:* Constituição inglesa.

1.3.3. Quanto ao modo de elaboração

1.3.3.1. *Constituição dogmática*

Elaborada de uma só vez ("de um só jato", diz a doutrina), em um momento histórico determinado. Resume os pensamentos (dogmas) do momento histórico em que foi elaborada. É a Constituição "com data de nascimento". Pode-se precisar quem (o órgão) e quando a fizeram. *Ex.:* Constituição brasileira de 5 de outubro de 1988; Constituição portuguesa de 1976.

1.3.3.2. *Constituição histórica*

Formada gradativamente, ao longo do tempo, pelo lento evoluir das tradições políticas, pela solidificação dos costumes. Não se pode precisar quem a fez nem em que momento. *Ex.*: Constituição inglesa.

Questão de Concurso

(Cespe/TJPB/Juiz/2011) Quanto ao modo de elaboração, a vigente CF pode ser classificada como uma Constituição histórica, em oposição à dita dogmática.
Gabarito comentado: Errado.
Nossa atual Constituição é dogmática, e não histórica.

Cuidado!

Embora sejam critérios diferentes, há relação entre a classificação quanto à forma e quanto ao modo de elaboração: as Constituições escritas são dogmáticas e as Constituições não escritas são históricas.

1.3.4. Quanto à extensão

1.3.4.1. *Constituição sintética (= concisa = resumida)*

Trata apenas das matérias principais, e, ainda assim, somente em linhas gerais; possui poucos artigos. *Ex.*: Constituição dos EUA.

1.3.4.2. *Constituição analítica (= prolixa)*

Trata de vários assuntos, nos seus mínimos detalhes; possui muitos artigos. *Ex.*: Constituição brasileira de 1988.

Questão de Concurso

(Cespe/FUB/Cargos de nível superior/2015) A CF, no tocante a sua extensão, classifica-se como sintética, uma vez que versa somente sobre os princípios gerais e as regras básicas de organização do Estado.
Gabarito comentado: Errado (a CF/88 é analítica).

1.3.5. Quanto à origem

1.3.5.1. *Constituição promulgada (= popular = democrática)*

Elaborada por representantes do povo legitimamente eleitos. *Ex.*: Constituição brasileira de 1988.

Questão de Concurso

(Cespe/PC-MA/Delegado/2018) De acordo com a doutrina majoritária, quanto à origem, as Constituições podem ser classificadas como promulgadas, que são ditas democráticas por se originarem da participação popular por meio do voto e da elaboração de normas constitucionais.
Gabarito: Correto.

1.3.5.2. *Constituição outorgada*

Imposta (unilateralmente) por um poder ditatorial. *Ex.*: Constituições brasileiras de 1824 (imposta por D. Pedro I), de 1937 (imposta por Getúlio Vargas, ao dar o golpe do Estado Novo), e de 1967, com a Emenda n. 1/69 (impostas pela Ditadura Militar).

Questão de Concurso

(Cespe/TCE-PB/Procurador/2014) As Constituições promulgadas são aquelas impostas pelo agente revolucionário, sem a participação do povo.

Gabarito comentado: Errado.
A afirmação refere-se ao conceito de Constituição outorgada.

1.3.5.3. *Constituição cesarista (= plebiscitária = bonapartista)*

É uma espécie de meio-termo: é imposta, mas submetida à aprovação popular. Exemplo histórico: as Constituições de Napoleão, na França.

Cuidado!

Questões históricas têm caído cada vez mais em concursos. Ultimamente, há algumas questões do Cespe que têm cobrado a classificação (quanto à origem) de todas as Constituições brasileiras. Por isso, cuidado!

Questão de Concurso

(Cespe/AGU/Advogado da União/2015) Constituições promulgadas – a exemplo das Constituições brasileiras de 1891, 1934, 1946 e 1988 – originam-se de um órgão constituinte composto de representantes do povo que são eleitos para o fim de as elaborar e estabelecer, ao passo que Constituições outorgadas – a exemplo das Constituições brasileiras de 1824, 1937 e 1967 – são impostas de forma unilateral, sem que haja participação do povo.

Gabarito comentado: Correto (veja que, para responder à questão, era preciso saber a classificação de todas as Constituições brasileiras).

1.3.6. Quanto à estabilidade (= alterabilidade)

1.3.6.1. *Constituição imutável*

Não pode sofrer alterações de espécie alguma. Atualmente, esse tipo de Constituição praticamente desapareceu.

1.3.6.2. *Constituição rígida*

Pode ser alterada, mas apenas por um **procedimento especial e mais difícil que o de aprovação das leis ordinárias** (é o procedimento das chamadas emendas constitucionais, que estudaremos mais adiante). *Ex.*: Constituição americana, que prevê a necessidade de aprovação de emendas por 2/3 da Câmara e do Senado, além da ratificação pelos Estados-membros.

Questão de Concurso

(Cespe/TCU/Auditor – Área Psicologia/2011) Constituição rígida é a que não pode ser alterada.
Gabarito comentado: Errado.
Constituição que não pode ser alterada é a imutável; a rígida pode ser alterada, mas só por um procedimento mais difícil.

Divergência doutrinária!

A maioria da doutrina entende que a atual Constituição brasileira é rígida. Entretanto, Alexandre de Moraes considera que, como existem as cláusulas pétreas, nossa Constituição deveria ser considerada rígida, mas no subtipo super-rígida (possui uma parte rígida e outra imutável).

Em provas de múltipla escolha, jamais haverá as duas opções: uma ou outra estará correta. Em provas de julgar o item, marca-se pela maioria, salvo se houver referência específica. Em provas dissertativas, vale a pena citar ambos os entendimentos.

Questão de Concurso

(Cespe/Cebraspe/Prefeitura de Boa Vista/Guarda Civil Municipal/2023) Quanto à estabilidade, as constituições podem ser classificadas conforme o modo como puderem ser alteradas. Segundo essa classificação, a doutrina predominante entende que a CF pode ser classificada como rígida, em virtude de

a) ser vedada qualquer alteração em seu texto.

b) o seu texto poder ser alterado por processo legislativo ordinário.

c) o processo de alteração de seu texto, em regra, ter que seguir um procedimento mais solene e dificultoso do que o existente para a edição das demais espécies normativas.

d) o processo legislativo ordinário poder alterar somente algumas de suas regras, sendo outras alteradas por um processo legislativo especial e mais complexo.

Gabarito comentado: C.
As chamadas Constituições rígidas podem ser alteradas (diferem das imutáveis), mas não pelo processo legislativo ordinário (diferem das flexíveis), e sim por um procedimento legislativo mais solene, mais difícil, especial, como corretamente descreve a alternativa C.

1.3.6.3. *Constituição flexível*

Pode ser modificada sem nenhum procedimento especial: pode ser alterada por meras leis ordinárias (= leis comuns). *Ex.:* Constituição inglesa (como não é escrita, pode ser alterada por qualquer lei escrita).

1.3.6.4. *Constituição semiflexível (semirrígida)*

Possui uma parte rígida (que só pode ser alterada por emendas) e outra flexível (que pode ser alterada por meras leis ordinárias). *Ex.:* Constituição brasileira de 1824, cujo art. 178 previa uma Constituição **dividida** em duas partes: as matérias tipicamente constitucionais, que só poderiam ser alteradas por emenda (parte rígida), e as demais matérias, que poderiam ser modificadas por mera lei ordinária (parte flexível).

Questão de Concurso

(Cespe/STM/Analista Judiciário – área judiciária/2018) A rigidez constitucional é marca de todas as Constituições brasileiras desde, e inclusive, a de 1824.

Gabarito comentado: Errado.
De todas as constituições da história brasileira, a Constituição Imperial de 1824 foi a única que não era rígida: era semirrígida (semiflexível), pois seu art. 178 permitia a alteração das normas "que não fossem materialmente constitucionais" por meras leis comuns.

1.3.7. Quanto à ideologia

1.3.7.1. *Constituição socialista*

Adota o socialismo como meio de produção. O socialismo escora-se em três pilares:
a) propriedade coletiva dos meios de produção;
b) economia planificada (= planejada pelo Estado);
c) busca da igualdade real entre as pessoas.
Ex.: Constituições de Cuba, da China e da Coreia do Norte.

1.3.7.2. *Constituição capitalista*

Adota o capitalismo como meio de produção, isto é, funda-se em três pilares:
1) propriedade privada;
2) livre iniciativa (livre busca pelo lucro);
3) busca da liberdade do indivíduo.

Capitalismo	Socialismo
Propriedade privada	Propriedade coletiva
Livre iniciativa	Economia planificada
Liberdade	Igualdade

1.3.7.2.1. Constituição capitalista liberal (= negativa)

O Estado não deve intervir na economia, que é assunto do mercado. *Ex.:* Constituição americana.

1.3.7.2.2. Constituição capitalista social-democrata (= positiva = intervencionista)

O Estado deve intervir na economia para dar bem-estar aos cidadãos (Estado de bem-estar social). *Ex.:* Constituição brasileira de 1988.

Questão de Concurso

(Cespe/TRF 1ª Região/Juiz Federal/2009) Considerando o conteúdo ideológico das Constituições, a vigente Constituição brasileira é classificada como liberal ou negativa.

Gabarito comentado: Errado.
Nossa Constituição é capitalista, mas do tipo social-democrata.

Divergência doutrinária!

Alguns autores usam a classificação quanto à ideologia de forma diversa: classificam as Constituições em ortodoxas (adotam apenas uma ideologia) ou heterodoxas (misturam várias influências ideológicas). Como essa versão é muito menos cobrada em prova, demos preferência à visão mais tradicional (que está exposta nos comentários principais), muito cobrada em provas do Cespe.

1.3.8. Quanto aos objetivos

1.3.8.1. *Constituição-garantia*

Apenas limita e legitima o poder do Estado, **sem estabelecer metas para o futuro**. Tem natureza retrospectiva: apenas garante os direitos já conquistados. *Ex.*: Constituição americana.

1.3.8.2. *Constituição dirigente*

Além de legitimar e limitar o poder do Estado, ainda **prevê objetivos e metas a serem alcançados no futuro**, vinculando os poderes públicos a atingir esses objetivos. Contém as chamadas normas programáticas. Dirige a atuação do Poder Público no futuro. Tem natureza prospectiva. *Ex.*: Constituição brasileira de 1988.

Questões de Concurso

(Cespe/PC-TO/Delegado/2008) Constituição-garantia é a que, além de legitimar e limitar o poder do Estado em face da sociedade, traça um plano de evolução política e metas a serem alcançadas no futuro.

Gabarito comentado: Errado.
A Constituição que fixa objetivos e metas para o futuro é a Constituição dirigente.

(Cespe/TCE-PA/Procurador/2019) No modelo da constituição dirigente, é ampla a discricionariedade do legislador sobre o planejamento econômico nacional.

Gabarito comentado: Errado.
Muito ao contrário: a Constituição-garantia, por não estabelecer objetivos e metas, é que assegura uma ampla discricionariedade (liberdade de escolha) ao legislador, na matéria de planejamento econômico. Já as Constituições dirigentes, que estipulam objetivos e metas a serem alcançados no futuro, vinculam o legislador a realizar os planos nelas previstos. Não à toa, a obra seminal de José Joaquim Gomes Canotilho sobre o tema chama-se *Constituição dirigente e vinculação do legislador*.

1.3.9. Quanto à correspondência com a realidade (= efetividade = classificação de Karl Loewenstein)

1.3.9.1. *Constituição normativa*

Possui efetividade máxima: todas as suas disposições são respeitadas. É totalmente respeitada na prática. Todo o processo de poder obedece aos mandamentos da Constituição. *Ex.*: Lei Fundamental de Bonn (Constituição alemã).

1.3.9.2. *Constituição nominalista (= nominativa)*

Possui efetividade média: é parcialmente respeitada na prática. É elaborada com a melhor das intenções, mas não consegue se impor na vida prática. *Ex.*: Constituição angolana (o país vive há décadas em guerra civil).

1.3.9.3. Constituição semântica

Possui efetividade mínima: não é respeitada na prática. Não é cumprida, pois é feita para ser descumprida. É um mero simulacro (= simulação) de Constituição, feito por um poder ditatorial apenas para fingir que o país tem uma Constituição. *Ex.:* Constituição brasileira de 1967.

Divergência doutrinária!

Parte da doutrina entende que a Constituição brasileira de 1988 é nominalista (Uadi Lammêgo Bulos), enquanto outros a consideram normativa (Pedro Lenza, por exemplo). Para concursos, é melhor adotar a segunda posição (majoritária), como já foi cobrado na prova Cespe/AGU/Agente/2010.

Questões de Concurso

(Cespe/TCE-PR/Analista Jurídico/2016) As Constituições semânticas possuem força normativa efetiva, regendo os processos políticos e limitando o exercício do poder.

Gabarito comentado: Errado (Constituições semânticas são meros simulacros, não limitam efetivamente o poder político).

(FGV/ALE MA/Técnico de Gestão Administrativa/Área: Contador/Finanças Públicas/2023) Após um processo revolucionário, o poder político no âmbito do País Alfa foi assumido por certo grupo armado. Em razão do total rompimento com a organização política então adotada, foi elaborado um novo texto constitucional por esse grupo, com ulterior submissão à população do País Alfa, que somente tinha a opção de aprová-lo ou rejeitá-lo.

Esse texto, ademais, foi estruturado de modo a tão somente chancelar os objetivos do grupo político, assegurando a sua continuidade no poder, não se destinando propriamente à disciplina normativa dos institutos constitucionais.

Com a aprovação do texto pela população, o líder do grupo armado, após ressaltar o seu compromisso com os "valores da revolução", editou um ato estabelecendo a sua vigência e tornando-o imperativo como Constituição do País Alfa.

Essa Constituição deve ser classificada como

a) cesarista e semântica.

b) nominal e promulgada.

c) outorgada e normativa.

d) bonapartista e semirrígida.

e) plebiscitária e compromissória.

Gabarito comentado: A.

Quanto ao modo de elaboração, essa Constituição é cesarista ou plebiscitária, uma vez que imposta, porém, submetida à aprovação popular. Quanto à efetividade (classificação ontológica de Karl Loewenstein), é semântica, já que é um mero simulacro, um mero "faz de conta", sem força normativa efetiva, com efetividade mínima.

1.3.10. Classificação da Constituição brasileira

A CF de 1988 é classificada pela maioria da doutrina como formal, escrita, dogmática, promulgada (= popular = democrática), rígida (ou, para Alexandre de Moraes, super-rígida), capitalista social-democrata, dirigente e normativa.

Questões de Concurso

(Cespe/Funpresp-Jud/Analista Jurídico/2016) Quanto à forma e à origem, a CF é classificada em escrita e promulgada; quanto ao modo de elaboração, é classificada como histórica.

Gabarito comentado: Errado.
A CF de 1988 é promulgada e escrita, mas não histórica (e sim dogmática).

(Cespe/Cebraspe/TCE MS/Procurador de Contas/2023) A respeito das classificações das Constituições, assinale a opção correta.
a) As Constituições não escritas são aquelas cujas normas não se encontram em documento único e solene, sendo constituídas pelos costumes, pela jurisprudência e por documentos dispersos, a exemplo da Constituição estadunidense.
b) Uma regra é considerada materialmente constitucional sempre que incluída no texto da Constituição escrita.
c) A CF é considerada flexível, uma vez que é possível a sua alteração por meio de emendas constitucionais.
d) A diferença fundamental entre a Constituição promulgada e a Constituição outorgada reside na participação popular no processo de sua elaboração.
e) A Constituição programática é aquela cujos princípios e regras se limitam a espelhar os fatores reais de poder.

Gabarito comentado: D.
A alternativa A está errada, porque, apesar de trazer um conceito correto de Constituição não escrita, traz um exemplo errado, já que a Constituição dos EUA é escrita.
A alternativa B está errada, porque uma regra é dita materialmente constitucional quando trata da matéria tipicamente constitucional (direitos fundamentais, separação de poderes e organização do estado), e não por meramente estar contida no texto constitucional (quando, então, é chamada de formalmente constitucional).
A alternativa C está errada, porque a CF de 1988 não é flexível (pode ser alterada por meras leis comuns), e sim rígida (só pode ser alterada por um procedimento especial).
A alternativa D está correta, porque, realmente, quanto à origem, a diferença entre as Constituições promulgadas e outorgadas está mesmo na participação popular: presente no caso das primeiras e ausente no caso das segundas.
Finalmente, a alternativa E está errada, porque a Constituição programática é aquela que fixa objetivos e metas a serem alcançados no futuro (o conceito trazido na alternativa diz respeito às chamadas Constituições semânticas).

1.3.11. Outras classificações

É absolutamente impossível mapear todas as classificações, até mesmo porque "cada autor tem a sua". Nesse tema, é de se questionar se vale a pena memorizar inúmeras outras classificações, dado que elas raramente são utilizadas na prática ou caem em provas de concursos. Destas ainda não citadas, merecem destaque as seguintes categorias:

a) Constituição dúctil (Gustavo Zagrebelski): o autor italiano assim designa as Constituições que são "porosas", ou seja, conseguem se adaptar às mudanças da sociedade (veja que há aqui uma convergência com o conceito pós-positivista de Konrad Hesse).

b) Constituição em branco: é aquela que não traz regras sobre como deve ser feita a sua reforma (ou seja, simplesmente deixa "em branco" a questão da reforma constitucional, não podendo ser classificada como rígida, flexível etc.).

c) Constituição fixa: é aquela que até admite mudança, mas apenas por uma nova reunião da assembleia constituinte (seria uma Constituição quase imutável).

1.4. NORMAS CONSTITUCIONAIS

1.4.1. Características

a) **Abertura** (as normas da Constituição, por serem mais genéricas, admitem normalmente mais de uma interpretação);

b) **Juridicidade** (as normas da Constituição são, antes de tudo, normas jurídicas e, portanto, obrigatórias; toda norma constitucional é obrigatória, possui algum grau de obrigatoriedade e eficácia).

1.4.2. Classificação quanto à eficácia e à aplicabilidade

1.4.2.1. *Classificação de José Afonso da Silva*

- **Normas de eficácia plena (e aplicabilidade imediata e integral):** são autoaplicáveis; produzem sozinhas de imediato todos os seus efeitos; não precisam de uma lei regulamentadora (detalhadora) para se aplicarem aos casos concretos, pois possuem todos os elementos (detalhamento) suficientes. Não precisam de lei regulamentadora, mas essa lei pode vir a ser feita. Porém, a lei regulamentadora não pode restringir (= diminuir) a eficácia da norma, pois ela é plena. *Ex.:* direito à vida (a norma constitucional que o garante é suficiente para aplicá-lo nos casos concretos; pode ser regulamentado, mas não restringido).

- **Normas de eficácia contida ou restringível (e aplicabilidade imediata, mas possivelmente não integral):** são autoaplicáveis; produzem sozinhas e desde já todos os seus efeitos; não precisam de uma lei regulamentadora (detalhadora) para se aplicarem aos casos concretos, pois possuem todos os elementos (detalhamento) suficientes. Não precisam de lei regulamentadora, mas essa lei pode vir a ser feita. E, caso seja feita, a lei regulamentadora poderá restringir o âmbito de incidência da norma, impondo condições, por exemplo. Isso porque a própria norma constitucional prevê essa possibilidade. Em outras palavras: as normas de eficácia contida são autoaplicáveis, mas restringíveis (têm aplicabilidade imediata, mas possivelmente não integral). *Ex.:* liberdade profissional (art. 5º, XIII): todos podem exercer qualquer profissão (aplicabilidade imediata, independentemente de lei regulamentadora), mas a lei pode impor algumas condições (aplicabilidade possivelmente não integral: pode ser restringida pela lei regulamentadora).

Questão de Concurso

(Cespe/SEFAZ-AL/Auditor/2020) Em se tratando de norma constitucional contida, enquanto não sobrevier condição que reduza sua aplicabilidade, considera-se plena sua eficácia.

Gabarito comentado: Correto.
As normas de eficácia contida, assim como as de eficácia plena, têm aplicabilidade imediata (produzem sozinhas todos os seus efeitos, não exigindo regulamentação por meio de lei). A diferença é que, em relação às normas de eficácia contida, a lei, se vier, pode restringir seu âmbito de incidência (criando exceções ou impondo condições não expressamente previstas na CF); desse modo, a norma de eficácia contida ainda não regulamentada produz seus efeitos da mesma maneira que a norma de eficácia plena (a diferença é que a primeira pode vir a ser restringida futuramente, a segunda, não).

- **Normas de eficácia limitada (e aplicabilidade mediata, reduzida e não integral):** não são autoaplicáveis; não produzem sozinhas todos os seus efeitos. Dependem da elaboração de uma lei regulamentadora para poderem aplicar-se a casos concretos. Isso porque a própria norma contém apenas uma disposição genérica, que não possui todos os elementos necessários para sua aplicabilidade prática. Precisam "desesperadamente" de uma lei regulamentadora. Por isso se diz que têm aplicabilidade mediata (para o futuro). *Ex.*: a norma que prevê o direito de greve dos servidores públicos (art. 37, VII), nos termos e nos limites que a lei estabelecer. Os servidores só podem fazer greve se houver uma lei regulamentadora estabelecendo os termos e os limites desse direito.

Questão de Concurso

(Cespe/DPU/Analista/2010) Normas constitucionais de eficácia limitada são aquelas por meio das quais o legislador constituinte regulou suficientemente os interesses relativos a determinada matéria, mas deixou margem à atuação restritiva por parte da competência discricionária do Poder Público, nos termos em que a lei estabelecer ou nos termos dos conceitos gerais por ele enunciados.

Gabarito comentado: Errado.
O conceito refere-se às normas de eficácia contida.

Cuidado!

As normas de eficácia limitada produzem, sim, efeitos. Elas apenas ainda não produzem todos os seus efeitos. Possuem efeitos imediatos (de eficácia negativa: impedem a edição de leis que lhes sejam contrárias; de eficácia vinculativa: obrigam o legislador a editar a lei regulamentadora).

Atenção!

As normas de eficácia limitada subdividem-se em dois grupos. As normas de eficácia limitada de princípio institutivo preveem a criação de um órgão ou pessoa jurídica (ex.: art. 37, XIX). Não criam o ente: dependem de uma lei regulamentadora para isso. Já as normas de eficácia limitada de princípio programático estabelecem objetivos e metas a serem alcançados no futuro (ex.: art. 3º).

Questão de Concurso

(Cespe/Sefaz-AL/Auditor/2020) Diferentemente das demais normas constitucionais de eficácia limitada, as normas programáticas não possuem qualquer eficácia imediata.

Gabarito comentado: Errado.
A questão tem dois erros: em primeiro lugar, as normas programáticas são espécies das normas de eficácia limitada, logo, não há que se falar em diferenciar uma e outra. Por outro lado, toda norma constitucional produz algum efeito, tem alguma eficácia, ao contrário do que se afirma no item (lembre-se de que mesmo as normas de eficácia limitada produzem imediatamente dois efeitos: o vinculativo – obrigar o legislador a regulamentá-las; e o negativo – prevalecem sobre quaisquer leis que as contrariem).

Veja Bem!

Não há **macete** nem **fórmula mágica** para saber se a norma tem eficácia plena, contida ou limitada. É preciso entender o assunto de que ela trata e, com base nisso, analisar se ela pode, sozinha, já ser aplicada a casos concretos, bem como se ela pode ser objeto de restrição por uma lei regulamentadora.

Questões de Concurso

(Cespe/TRT8/Analista Judiciário – área judiciária/2016) A norma constitucional que impõe o dever da inviolabilidade do domicílio, salvo em caso de flagrante delito ou desastre, ou para prestar socorro, ou, durante o dia, por determinação judicial, é exemplo de norma constitucional de eficácia plena.

Gabarito comentado: Correto.
Trata-se de norma (CF, art. 5º, XI) de aplicabilidade imediata (não depende de nenhuma lei para ter sua incidência aos casos concretos, já que, mesmo sem qualquer definição legal do que seja domicílio, essa norma já seria exigível) e que pode ser regulamentada (veja o art. 150 do CP), mas não restringida: uma lei ordinária jamais poderia criar novas hipóteses de entrada forçada no domicílio, além daquelas já previstas na CF.

(Cespe/PC-PE/Escrivão/2016) Segundo a classificação doutrinária, a norma constitucional segundo a qual é livre o exercício de qualquer trabalho, ofício ou profissão, atendidas as qualificações profissionais que a lei estabelecer é classificada como norma constitucional
a) de eficácia limitada.
b) diferida ou programática.
c) de eficácia exaurida.
d) de eficácia plena.
e) de eficácia contida.

Gabarito comentado: E.
Trata-se de exemplo clássico (CF, art. 5º, XIII) de norma de eficácia contida (restringível), já que possui aplicabilidade imediata (qualquer pessoa já é livre para trabalhar), mas a lei pode (discricionariedade do legislador) criar condições para o exercício de determinadas profissões (ou seja, pode restringir a liberdade assegurada na CF).

(Cespe/TJDFT/Juiz/2014) O dispositivo constitucional que assegura a gratuidade nos transportes coletivos urbanos aos maiores de sessenta e cinco anos não configura norma de eficácia plena e aplicabilidade imediata, pois demanda uma lei integrativa infraconstitucional para produzir efeitos.

Gabarito comentado: Errado.
De acordo com a jurisprudência do STF, tal norma (CF, art. 230, § 2º) possui eficácia plena e aplicabilidade imediata. Logo, independe de lei regulamentadora (aplicabilidade imediata) e esta, ainda que venha, nem sequer poderia criar exceções ou condições (norma não restringível, isto é, norma de eficácia plena).

(Cespe/STJ/Oficial de Justiça/2018) A disposição constitucional que determina que lei complementar regulamente a criação de território ou a sua transformação em estado-membro é exemplo de norma de eficácia contida.

Gabarito comentado: Errado.
Conforme o § 2º do art. 18 da CF, "Os Territórios Federais integram a União, e sua criação, transformação em Estado ou reintegração ao Estado de origem serão reguladas em lei complementar". Como se percebe, trata-se de norma constitucional que prevê a criação de entidades, no futuro, mediante lei complementar. Não há aplicabilidade imediata, mas apenas mediata: trata-se de uma norma constitucional de eficácia limitada (e, portanto, de aplicabilidade mediata, reduzida e parcial), mais especificamente uma norma de princípio institutivo (prevê criação de órgão ou pessoa).

(Cespe/MPCE/Promotor/2020) "Art. 5º. (...) LVIII – o civilmente identificado não será submetido a identificação criminal, salvo nas hipóteses previstas em lei;
Art. 18. (...) § 1º Brasília é a Capital Federal.
Art. 153. Compete à União instituir impostos sobre: (...)
VII – grandes fortunas, nos termos de lei complementar."
Quanto ao grau de eficácia, as normas constitucionais precedentes classificam-se, respectivamente, como de eficácia
a) programática, plena e contida.
b) limitada, plena e contida.
c) contida, limitada e plena.
d) plena, contida e limitada.
e) contida, plena e limitada.

Gabarito comentado: E.
A norma que prevê a não identificação criminal de quem tem identificação civil tem aplicabilidade imediata (já está proibido fazer identificação datiloscópica de quem tem RG), mas possivelmente não integral (a lei pode vir e criar exceções em que, mesmo o preso tendo RG, poderá ser submetido à identificação criminal) – trata-se, assim, de norma constitucional de eficácia **contida**. Já a regra segundo a qual Brasília é a capital federal, além de ter aplicabilidade imediata, não admite que a lei venha criar exceções, configurando-se como uma norma constitucional de eficácia **plena**. Finalmente, em relação ao imposto sobre grandes fortunas, só será exigível quando vier a lei complementar que defina sujeitos ativos e passivos, fato gerador, alíquota, base de cálculo etc.: é uma norma constitucional de eficácia **limitada**.

(Vunesp/Prefeitura/Procurador Jurídico/2023) "Art. 7º São direitos dos trabalhadores urbanos e rurais, além de outros que visem à melhoria de sua condição social: (...) participação nos lucros, ou resultados, desvinculada da remuneração, e, excepcionalmente, participação na gestão da empresa, conforme definido em lei."
O dispositivo constitucional transcrito acima é exemplo de norma constitucional
a) de eficácia contida.
b) de eficácia limitada.
c) programática.
d) de eficácia plena.
e) de eficácia simples.

Gabarito comentado: B.
A resposta correta é a alternativa B. Realmente, quando a CF assegura aos trabalhadores a participação nos lucros e resultados, faz isso de uma forma tão genérica (Quando? Quanto? Como? Quem tem direito?) que isso não tem como ser implementado na prática, antes que venha uma regulamentação por meio de lei. Logo, trata-se de uma norma de eficácia limitada e aplicabilidade mediata (depende de regulamentação posterior para poder produzir todos os seus efeitos).

	Plena	**Contida**	**Limitada**
Aplicabilidade (momento)	Imediata	Imediata	Mediata
Aplicabilidade (extensão)	Integral	Possivelmente não integral	Não integral
Autoaplicável?	Sim	Sim	Não
Precisa de lei regulamentadora	Não (a elaboração da lei é ato discricionário)	Não (a elaboração da lei é ato discricionário)	Sim (a elaboração da lei é ato vinculado)
Lei regulamentadora pode restringir?	Não	Sim	Não se aplica

Questões de Concurso

(FGV – ALE RO – Consultor Legislativo – Área Assessoramento Legislativo – 2018) De acordo com o art. 121, *caput*, da Constituição da República, "lei complementar disporá sobre a organização e competência dos tribunais, dos juízes de direito e das juntas eleitorais." Considerando a aplicabilidade das normas constitucionais, é correto afirmar que desse preceito se extrai uma norma de eficácia:
a) limitada e de princípio programático;
b) contida e aplicabilidade imediata;
c) limitada e de princípio institutivo;
d) direta e aplicabilidade imediata;
e) difusa e aplicabilidade direta.

Gabarito comentado: C (trata-se de norma que depende de regulamentação normativa para produzir todos os seus efeitos – eficácia limitada – uma vez que prevê a criação de órgãos e definição de suas competências – princípio institutivo).

(FGV – TJ SC – Analista Administrativo – 2018) De acordo com o art. 5º, XXXII, da Constituição da República, "o Estado promoverá, na forma da lei, a defesa do consumidor". Considerando a aplicabilidade das normas constitucionais, a norma constitucional que se extrai do referido preceito tem:
a) eficácia limitada de princípio consumerista;
b) eficácia limitada de princípio institutivo;
c) natureza programática;
d) eficácia contida;
e) eficácia plena.

Resposta: C (trata-se de norma constitucional que não produz a integralidade dos efeitos até que seja regulamentada – eficácia limitada – pois estabelece objetivos e metas para a atuação do estado – princípio programático; portanto, uma norma programática).

(FGV – PM AM – Oficial da Polícia Militar – 2022) Maria, estudante de direito, questionou o seu professor a respeito da classificação, quanto à eficácia e à aplicabilidade, da norma que se extrai do disposto no art. 39, *caput*, da Constituição da República de 1988, com a redação dada pela Emenda Constitucional n. 19/1998, preceito que foi considerado inconstitucional, pelo Supremo Tribunal Federal, em sede de cognição sumária. Eis o teor do preceito: "a União, os Estados, o Distrito Federal e os Municípios instituirão conselho de política de administração e remuneração de pessoal, integrado por servidores designados pelos respectivos Poderes". O professor respondeu corretamente que estamos perante norma de eficácia:
a) plena e aplicabilidade imediata;
b) contida e aplicabilidade imediata;
c) limitada e de princípio institutivo;
d) relativa e aplicabilidade integrativa;
e) limitada e de princípio programático.

Resposta: C (trata-se de norma que depende de regulamentação normativa para produzir todos os seus efeitos – eficácia limitada – uma vez que prevê a criação de órgãos e definição de suas competências – princípio institutivo).

(FGV – PC RJ – Inspetor de Polícia Civil – 2022) Nos termos do art. 26, I, da Constituição da República de 1988, estão incluídos entre os bens dos Estados "as águas superficiais ou subterrâneas, fluentes, emergentes e em depósito, ressalvadas, neste caso, na forma da lei, as decorrentes de obras da União". Esse preceito constitucional dá origem a uma norma de eficácia:

a) plena e aplicabilidade diferida;
b) limitada e princípio institutivo;
c) plena e aplicabilidade imediata;
d) contida e aplicabilidade imediata;
e) limitada e princípio programático.

Resposta: D (a norma, ao atribuir aos Estados a propriedade dos recursos hídricos, possui aplicabilidade imediata; contudo, tem eficácia contida, pois admite que a lei venha e restrinja essa disposição, excepcionando a propriedade das águas decorrentes de obras da União; trata-se, assim, de norma de eficácia contida ou restringível, que tem aplicabilidade imediata, porém possivelmente não integral, admitindo restrição por lei regulamentadora).

(FGV/Sefaz-AM/Auditor/2022) Maria e Joana, estudiosas do Direito Constitucional, travaram intenso debate a respeito da força normativa das normas programáticas, concluindo corretamente, ao fim, que normas dessa natureza:
a) somente terão força normativa, produzindo algum efeito na realidade, após sua integração pela legislação infraconstitucional;
b) somente adquirem eficácia após sua integração pela legislação infraconstitucional, não ostentando, até então, a natureza de verdadeiras normas;
c) somente podem ser utilizadas, no controle de constitucionalidade, quando inexistir norma de eficácia plena que possa ser utilizada como paradigma de confronto;
d) a exemplo de qualquer norma de eficácia contida, não ensejam o surgimento de posições jurídicas definitivas, já que seu alcance será delineado pela legislação infraconstitucional;
e) possuem eficácia, mas de modo limitado, devendo direcionar a interpretação dos demais comandos da ordem jurídica, além de revogar as normas infraconstitucionais preexistentes que se mostrem incompatíveis com elas.

Resposta: E (mesmo as normas de eficácia limitada produzem alguns efeitos de imediato, podendo servir de parâmetro para o controle de constitucionalidade, revogando as normas que lhe são contrárias – efeito negativo – e criando obrigação de legislar – efeito vinculativo).

1.4.2.2. Classificação de Maria Helena Diniz

Essa classificação cai muito pouco em concursos. De qualquer forma, vale a pena citá-la, para garantir que, caso seja cobrada, você saiba do que se trata. Esta é, na verdade, uma adaptação da classificação de José Afonso da Silva.

- **Normas de eficácia absoluta:** são as cláusulas pétreas (art. 60, § 4º), que possuem eficácia mais que plena, pois não podem sequer ser abolidas, nem mesmo por emenda constitucional.
- **Normas de eficácia plena:** a mesma conceituação adotada por José Afonso da Silva.
- **Normas de eficácia relativa restringível:** equivalem às normas de eficácia contida da classificação de José Afonso da Silva.
- **Normas de eficácia relativa complementável:** equivalem às normas de eficácia limitada da classificação de José Afonso da Silva.

QUADRO-RESUMO
TEORIA DA CONSTITUIÇÃO

	Conceito Sociológico	Conceito Político	Conceito Jurídico	Conceito Pós-positivista ou neoconstitucionalista
Autor	Ferdinand Lassalle	Carl Schmitt	Hans Kelsen	Konrad Hesse
Obra	O que é uma Constituição? (ou A Constituinte Burguesa)	Teoria da Constituição	Teoria Pura do Direito	A força normativa da Constituição
Conceito	Soma dos **fatores reais** de poder; a Constituição escrita é apenas uma folha de papel	**Decisão política** fundamental do povo (titular do poder constituinte); há distinção entre a Constituição e as meras leis constitucionais	Norma **jurídica** fundamental de um Estado	Sistema **aberto** de regras e princípios

CLASSIFICAÇÃO DA CONSTITUIÇÃO BRASILEIRA DE 1988

- **Conteúdo:** *formal*
- **Forma:** *escrita*
- **Modo de elaboração:** *dogmática*
- **Origem:** *promulgada (popular ou democrática)*
- **Extensão:** *analítica (prolixa)*
- **Estabilidade:** *rígida (para Alexandre de Moraes, é super-rígida)*
- **Ideologia:** *capitalista social-democrata (positiva)*
- **Objetivos:** *dirigente*
- **Efetividade:** *normativa (há divergência)*

NORMAS CONSTITUCIONAIS QUANTO À EFICÁCIA E APLICABILIDADE

- **Absoluta:** *cláusulas pétreas*
- **Plena:** *autoaplicável e não restringível*
- **Contida (restringível):** *autoaplicável, mas restringível*
- **Limitada:** *não autoaplicável. Pode ser institutiva ou programática*

Esquemas – TEORIA DA CONSTITUIÇÃO

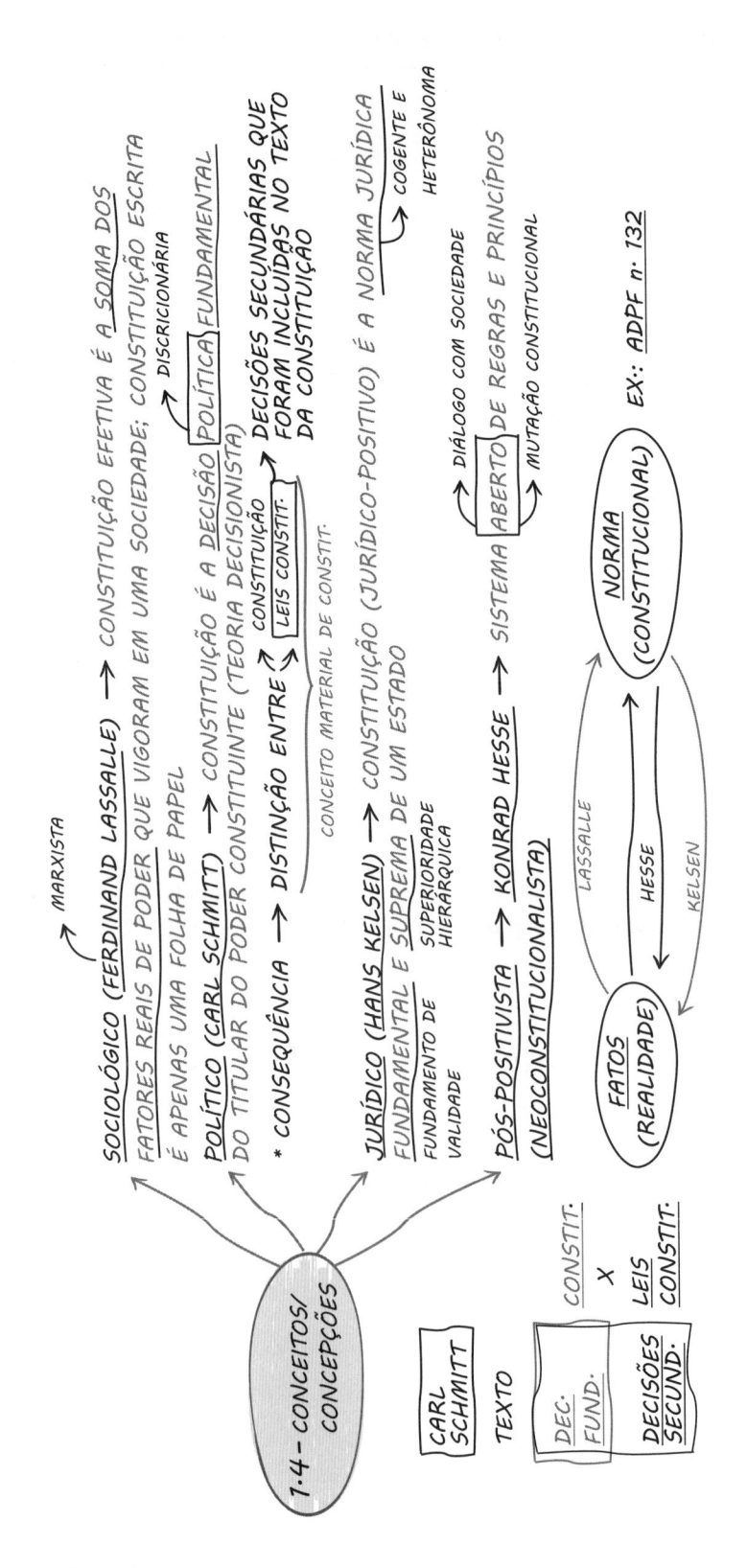

1.4 – CONCEITOS/ CONCEPÇÕES

- **SOCIOLÓGICO (FERDINAND LASSALLE)** → CONSTITUIÇÃO EFETIVA É A SOMA DOS FATORES REAIS DE PODER QUE VIGORAM EM UMA SOCIEDADE; CONSTITUIÇÃO ESCRITA É APENAS UMA FOLHA DE PAPEL
  - ↳ MARXISTA
  - ↳ DISCRICIONÁRIA

- **POLÍTICO (CARL SCHMITT)** → CONSTITUIÇÃO É A DECISÃO [POLÍTICA] FUNDAMENTAL DO TITULAR DO PODER CONSTITUINTE (TEORIA DECISIONISTA)
  - * CONSEQUÊNCIA → DISTINÇÃO ENTRE ⎱ CONSTITUIÇÃO
    ⎰ LEIS CONSTIT. → DECISÕES SECUNDÁRIAS QUE FORAM INCLUÍDAS NO TEXTO DA CONSTITUIÇÃO
  - *CONCEITO MATERIAL DE CONSTIT.*

- **JURÍDICO (HANS KELSEN)** → CONSTITUIÇÃO (JURÍDICO-POSITIVO) É A NORMA JURÍDICA FUNDAMENTAL E SUPREMA DE UM ESTADO
  - FUNDAMENTO DE VALIDADE
  - → COGENTE E HETERÔNOMA

- **PÓS-POSITIVISTA → KONRAD HESSE** → SISTEMA ABERTO DE REGRAS E PRINCÍPIOS (NEOCONSTITUCIONALISTA)
  - → DIÁLOGO COM SOCIEDADE
  - → MUTAÇÃO CONSTITUCIONAL

FATOS (REALIDADE) ⇄ NORMA (CONSTITUCIONAL)
- LASSALLE
- HESSE
- KELSEN

EX.: ADPF n. 132

CARL SCHMITT:
- TEXTO: CONSTIT. × LEIS CONSTIT.
- DEC. FUND. / DECISÕES SECUND.

▷▷ *continuação*

[Capítulo 1]   Teoria da Constituição e do Direito Constitucional   27

continuação ▷▷

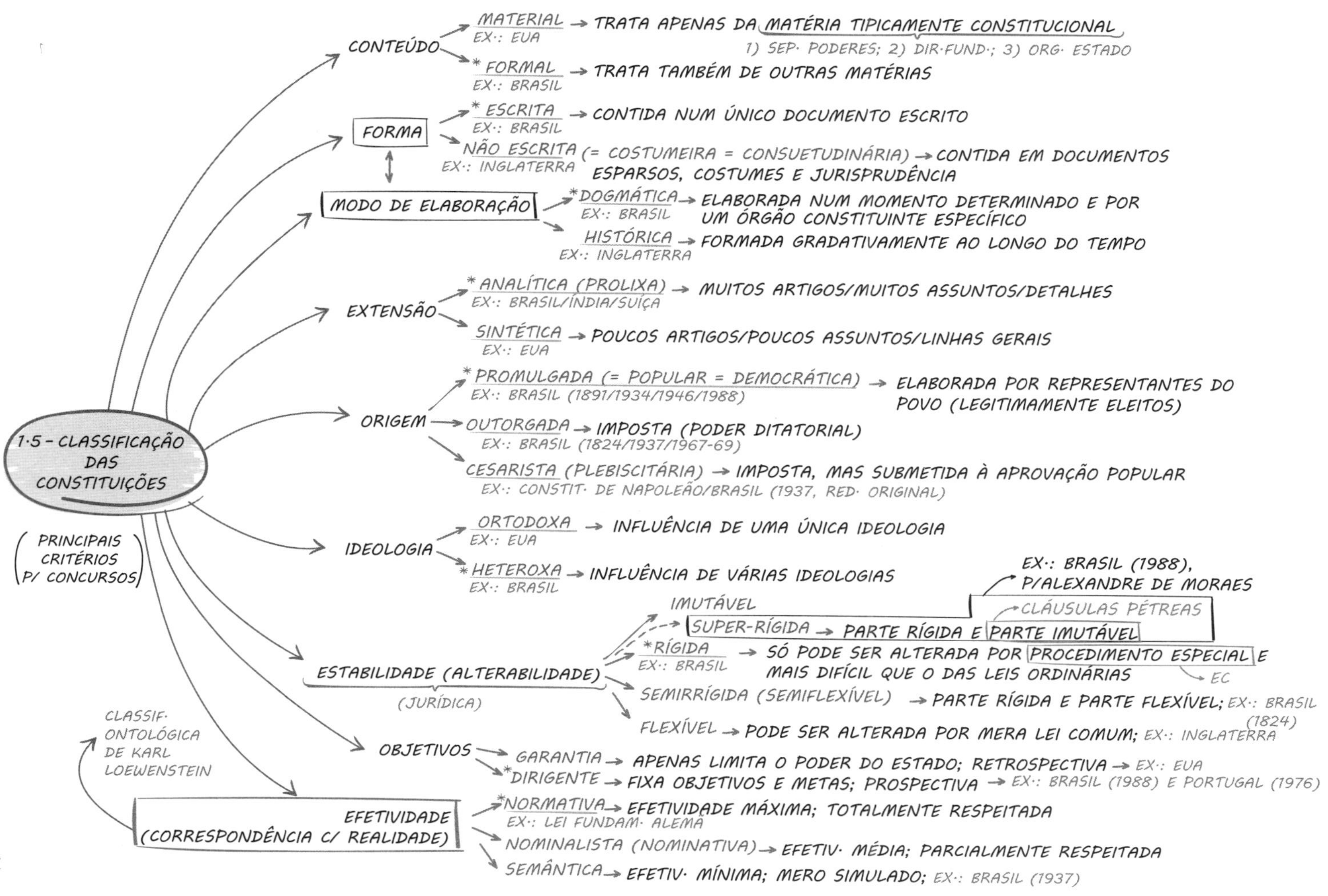

1.5 – CLASSIFICAÇÃO DAS CONSTITUIÇÕES
(PRINCIPAIS CRITÉRIOS P/ CONCURSOS)

- **CONTEÚDO**
  - MATERIAL → TRATA APENAS DA MATÉRIA TIPICAMENTE CONSTITUCIONAL (1) SEP. PODERES; 2) DIR. FUND.; 3) ORG. ESTADO) — EX.: EUA
  - *FORMAL → TRATA TAMBÉM DE OUTRAS MATÉRIAS — EX.: BRASIL

- **FORMA**
  - *ESCRITA → CONTIDA NUM ÚNICO DOCUMENTO ESCRITO — EX.: BRASIL
  - NÃO ESCRITA (= COSTUMEIRA = CONSUETUDINÁRIA) → CONTIDA EM DOCUMENTOS ESPARSOS, COSTUMES E JURISPRUDÊNCIA — EX.: INGLATERRA

- **MODO DE ELABORAÇÃO**
  - *DOGMÁTICA → ELABORADA NUM MOMENTO DETERMINADO E POR UM ÓRGÃO CONSTITUINTE ESPECÍFICO — EX.: BRASIL
  - HISTÓRICA → FORMADA GRADATIVAMENTE AO LONGO DO TEMPO — EX.: INGLATERRA

- **EXTENSÃO**
  - *ANALÍTICA (PROLIXA) → MUITOS ARTIGOS/MUITOS ASSUNTOS/DETALHES — EX.: BRASIL/INDIA/SUIÇA
  - SINTÉTICA → POUCOS ARTIGOS/POUCOS ASSUNTOS/LINHAS GERAIS — EX.: EUA

- **ORIGEM**
  - *PROMULGADA (= POPULAR = DEMOCRÁTICA) → ELABORADA POR REPRESENTANTES DO POVO (LEGITIMAMENTE ELEITOS) — EX.: BRASIL (1891/1934/1946/1988)
  - OUTORGADA → IMPOSTA (PODER DITATORIAL) — EX.: BRASIL (1824/1937/1967-69)
  - CESARISTA (PLEBISCITÁRIA) → IMPOSTA, MAS SUBMETIDA À APROVAÇÃO POPULAR — EX.: CONSTIT. DE NAPOLEÃO/BRASIL (1937, RED. ORIGINAL)

- **IDEOLOGIA**
  - ORTODOXA → INFLUÊNCIA DE UMA ÚNICA IDEOLOGIA — EX.: EUA
  - *HETEROXA → INFLUÊNCIA DE VÁRIAS IDEOLOGIAS — EX.: BRASIL

- **ESTABILIDADE (ALTERABILIDADE)** (JURÍDICA)
  - IMUTÁVEL
  - *RÍGIDA → SUPER-RÍGIDA → PARTE RÍGIDA E PARTE IMUTÁVEL — EX.: BRASIL (1988), P/ALEXANDRE DE MORAES ↳ CLÁUSULAS PÉTREAS
    - EX.: BRASIL → SÓ PODE SER ALTERADA POR PROCEDIMENTO ESPECIAL E MAIS DIFÍCIL QUE O DAS LEIS ORDINÁRIAS — EC
  - SEMIRRÍGIDA (SEMIFLEXÍVEL) → PARTE RÍGIDA E PARTE FLEXÍVEL; EX.: BRASIL (1824)
  - FLEXÍVEL → PODE SER ALTERADA POR MERA LEI COMUM; EX.: INGLATERRA

- **OBJETIVOS**
  - GARANTIA → APENAS LIMITA O PODER DO ESTADO; RETROSPECTIVA → EX.: EUA
  - DIRIGENTE → FIXA OBJETIVOS E METAS; PROSPECTIVA — EX.: BRASIL (1988) E PORTUGAL (1976)

- **EFETIVIDADE** (CORRESPONDÊNCIA C/ REALIDADE)
  - *NORMATIVA → EFETIVIDADE MÁXIMA; TOTALMENTE RESPEITADA — EX.: LEI FUNDAM. ALEMÃ
  - NOMINALISTA (NOMINATIVA) → EFETIV. MÉDIA; PARCIALMENTE RESPEITADA
  - SEMÂNTICA → EFETIV. MÍNIMA; MERO SIMULADO; EX.: BRASIL (1937)

CLASSIF. ONTOLÓGICA DE KARL LOEWENSTEIN

continuação ▷▷

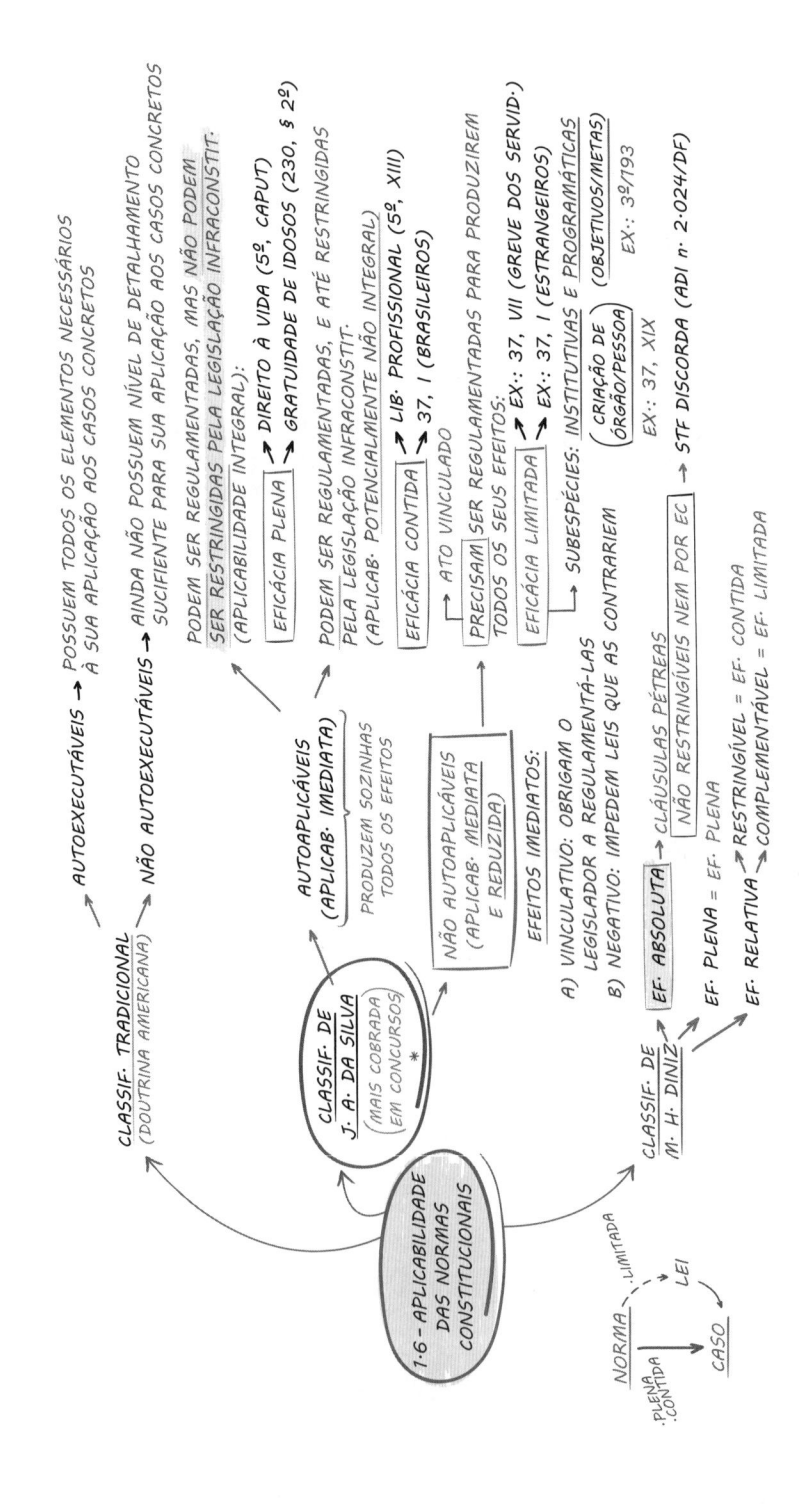

1.6 - APLICABILIDADE DAS NORMAS CONSTITUCIONAIS

CLASSIF. TRADICIONAL (DOUTRINA AMERICANA)
- AUTOEXECUTÁVEIS → POSSUEM TODOS OS ELEMENTOS NECESSÁRIOS À SUA APLICAÇÃO AOS CASOS CONCRETOS
- NÃO AUTOEXECUTÁVEIS → AINDA NÃO POSSUEM NÍVEL DE DETALHAMENTO SUFICIENTE PARA SUA APLICAÇÃO AOS CASOS CONCRETOS

CLASSIF. DE J. A. DA SILVA (MAIS COBRADA EM CONCURSOS) *
- **EFICÁCIA PLENA**: PODEM SER REGULAMENTADAS, MAS NÃO PODEM SER RESTRINGIDAS PELA LEGISLAÇÃO INFRACONSTIT. (APLICABILIDADE INTEGRAL):
  → DIREITO À VIDA (5º, CAPUT)
  → GRATUIDADE DE IDOSOS (230, § 2º)
- **EFICÁCIA CONTIDA**: PODEM SER REGULAMENTADAS, E ATÉ RESTRINGIDAS PELA LEGISLAÇÃO INFRACONSTIT. (APLICAB. POTENCIALMENTE NÃO INTEGRAL)
  → LIB. PROFISSIONAL (5º, XIII)
  → 37, I (BRASILEIROS)
  → ATO VINCULADO
- **EFICÁCIA LIMITADA**: PRECISAM SER REGULAMENTADAS PARA PRODUZIREM TODOS OS SEUS EFEITOS:
  SUBESPÉCIES:
  → INSTITUTIVAS → EX.: 37, VII (GREVE DOS SERVID.)
    EX.: 37, I (ESTRANGEIROS)
    CRIAÇÃO DE ÓRGÃO/PESSOA
  → PROGRAMÁTICAS (OBJETIVOS/METAS)
    EX.: 3º/193
    → STF DISCORDA (ADI nº 2.024/DF) EX.: 37, XIX

AUTOAPLICÁVEIS (APLICAB. IMEDIATA)
→ PRODUZEM SOZINHAS TODOS OS EFEITOS

NÃO AUTOAPLICÁVEIS (APLICAB. MEDIATA E REDUZIDA)
EFEITOS IMEDIATOS:
A) VINCULATIVO: OBRIGAM O LEGISLADOR A REGULAMENTÁ-LAS
B) NEGATIVO: IMPEDEM LEIS QUE AS CONTRARIEM

CLASSIF. DE M. H. DINIZ
- **EF. ABSOLUTA** → CLÁUSULAS PÉTREAS → NÃO RESTRINGÍVEIS NEM POR EC
- **EF. PLENA** = EF. PLENA
- **EF. RELATIVA** → RESTRINGÍVEL = EF. CONTIDA
  → COMPLEMENTÁVEL = EF. LIMITADA

NORMA ---LIMITADA--→ LEI
 · PLENA   ↓
 · CONTIDA   CASO

Capítulo 2

Poder Constituinte

2.1. CONCEITO

Poder constituinte é o poder de criar, modificar ou extinguir normas Constitucionais ou a própria Constituição. É o poder que cria ou modifica normas de uma constituição.

Como veremos, há diversas espécies de poder constituinte: o originário, o derivado e o difuso. O poder constituinte derivado, por sua vez, subdivide-se em *reformador, revisor, decorrente* e *difuso*.

2.2. SURGIMENTO TEÓRICO

O poder constituinte em si surgiu junto com a primeira Constituição. No entanto, a ideia teórica da existência de um poder constituinte foi primeiramente lançada por Emmanuel Joseph Sieyès, no célebre livreto *O que é o Terceiro Estado*.

Nesse opúsculo, escrito às vésperas da Revolução Francesa, o autor defendia que o poder de fazer a Constituição não se confundia com o poder de simplesmente fazer leis. Este é de titularidade do Legislativo, mas aquele seria de titularidade da nação. Trata-se da distinção entre os poderes constituídos (e, por isso, subalternos, limitados) e o poder constituinte (por natureza, ilimitado).

Canotilho adverte para o fato de que esse conceito é relativo e adequado apenas aos países que adotam o sistema jurídico romano-germânico (Europeu Continental) Contudo, isso não diminui a importância do conceito de Sieyès para o Direito brasileiro.

Questão de Concurso

(FCC/MP-PB/Promotor/2018) A distinção entre poder constituinte e poder constituído, sendo aquele exercido pela nação, por meio de representantes para tanto investidos, é devida a:
a) Jean-Jacques Rosseau, na obra "Do contrato social";
b) Emmanuel-Joseph Sieyès, na obra "O que é o Terceiro Estado?";
c) Alexis de Tocqueville, na obra "A democracia na América";
d) Alexis de Tocqueville, na obra "O Antigo Regime e a revolução";
e) Montesquieu, na obra "O espírito das leis".
Gabarito: B.

Na verdade, a teoria de Sieyès só abordava o que hoje consideramos **uma** das espécies de poder constituinte (o originário), e o atribuía à **nação** (quando hoje se atribui esse poder ao **povo**), mas, mesmo assim, essa ideia da distinção entre o poder constituinte e os poderes constituídos, por ele exposta, foi fundamental para a teoria do poder constituinte atual.

2.3. ESPÉCIES DE MANIFESTAÇÃO DO PODER CONSTITUINTE

O poder constituinte pode se manifestar de diversas maneiras; justamente por isso, fala-se em poder constituinte originário (poder de criar a própria Constituição) e poder constituinte derivado (verdadeira decorrência lógica do poder constituinte originário, trata-se da competência dele derivada de modificar, criar ou extinguir normas da Constituição, da maneira apontada pelo constituinte originário).

Exatamente por esse caráter derivado é que parcela da doutrina (Michel Temer e Ivo Dantas, por exemplo) critica essa nomenclatura, preferindo falar em "competência derivada" ou "poder constituído" ou "poder reformador". Para provas de concursos, é corriqueira a utilização do termo "poder constituinte derivado".

O poder constituinte derivado costuma ser classificado em: derivado reformador (mudança da Constituição por meio de emendas constitucionais), derivado revisor (mudança extraordinária, por meio de emendas constitucionais de revisão), e derivado decorrente (poder dos Estados de elaborarem suas próprias Constituições). Mais modernamente, passou-se a reconhecer também a existência de um poder constituinte **difuso** em toda a sociedade – o poder de, por meio de um processo **informal de mudança social**, mudar o próprio sentido das normas constitucionais, por meio das chamadas **mutações constitucionais**. Há divergência se se pode classificar o poder constituinte difuso como uma espécie de poder constituinte derivado, motivo pelo qual recomendamos que, em provas, utilize-se apenas a expressão "poder constituinte difuso".

2.4. PODER CONSTITUINTE ORIGINÁRIO

> Acesse e assista à aula explicativa sobre este assunto.
> http://uqr.to/1yj97

O poder constituinte originário pode ser definido como o poder que cria uma nova Constituição, o poder que "constitui a Constituição". É o poder que põe em vigor uma nova Constituição, seja de maneira propriamente originária (primeira Constituição de um país), seja derrubando o ordenamento constitucional anterior para instituir uma nova Constituição.

Tal poder é de manifestação episódica, espasmódica, em momentos de revolução ou ruptura institucional. O poder constituinte originário é o verdadeiro *big-bang* jurídico: antes dele, o nada, o caos; depois dele, o cosmos, a ordem jurídica.

⚠ Atenção!

O poder constituinte originário pode manifestar-se em duas situações:
a) quando o país acaba de surgir;
b) quando há uma revolução ou golpe de estado.
Note que o poder constituinte originário representa uma ruptura institucional. É um fato anormal (= excepcional) no funcionamento do sistema jurídico.

2.4.1. Titularidade

De acordo com a doutrina, o titular do poder constituinte originário é o povo (e não a nação, como na teoria de Sieyès). Como afirma a nossa Constituição, no parágrafo único do art. 1º: "Todo o poder emana do povo [..]".

"Povo", porém, é um conceito jurídico complexo, que abrange não só os atuais viventes, mas também as tradições e valores das gerações passadas e a preocupação com as gerações futuras (é o conjunto dos nacionais, vivos, mortos ou por nascer).

Interessante notar que a *titularidade* do poder originário é **sempre** do povo, mas nem sempre será por ele *exercido*. Assim, nas constituições *promulgadas*, o povo é o titular do poder constituinte originário, e o exerce, de forma indireta, por meio de representantes eleitos em Assembleia Constituinte. Porém, nas constituições *outorgadas*, o poder será *exercido* por um ditador, que impõe a Constituição. Todavia, presume-se que o povo *aceita passivamente* esse domínio, de forma que continua sendo o *titular* do poder constituinte originário, ainda que não o *exerça*. O ditador seria apenas um usurpador do *exercício* de tal poder.

Tipo de Constituição (quanto à origem)	Titularidade do poder constituinte	Exercício do poder constituinte
Promulgada	Povo	Povo (por meio de seus representantes)
Outorgada	Povo	Ditador/usurpador do poder

Veja Bem!

O titular do poder constituinte originário é sempre o povo, qualquer outra afirmação estará errada.

Questões de Concurso

(TRF3/Juiz Federal/2016) Sob o aspecto democrático, a titularidade do Poder Constituinte é do Estado, mas é o povo que o exerce.
Gabarito comentado: Errado.
O titular do poder constituinte é o povo, não o Estado.

(Cespe/TCE-PR/Analista Jurídico/2016) As assembleias nacionais constituintes são as entidades que titularizam o poder constituinte originário.
Gabarito comentado: Errado (quem titulariza o poder constituinte originário é o povo).

2.4.2. Características do poder constituinte originário

2.4.2.1. *Inicial*

Diz-se que o poder constituinte originário é *inicial* porque institui um novo ordenamento jurídico, uma nova Constituição, derrubando o ordenamento anterior. Em outras palavras: o poder originário cria um novo ordenamento jurídico *a partir do zero*. Derruba todas as normas jurídicas que eventualmente existam antes dele, e recria um novo sistema jurídico.

Quando se cria uma nova Constituição (manifestação do poder constituinte originário), a nova norma fundamental revoga (= derruba) a Constituição anterior. Como esta (a Constituição) é a base do ordenamento jurídico, na verdade a nova Lei Fundamental termina por retirar a validade e vigência de todo o ordenamento jurídico anterior a ela.

Veja que o poder constituinte originário não revoga apenas a Constituição, mas todo o ordenamento anterior. Assim, por exemplo, após convocada a Assembleia Nacional Constituinte, quando se promulgou a Constituição de 1988, derrubou-se todo o ordenamento jurídico oriundo da ditadura militar.

Justamente por isso, não se pode invocar contra o poder constituinte originário direito adquirido. Se havia algum tipo de direito adquirido, ele era protegido no ordenamento anterior (que foi derrubado).

Na verdade, como veremos, *algumas* normas do ordenamento anterior são aproveitadas, por meio do fenômeno da recepção.

2.4.2.2. *Autônomo*

O poder constituinte originário define livremente o conteúdo das normas da nova Constituição; trata-se de uma característica ligada ao aspecto material, de conteúdo – o constituinte originário pode dispor livremente sobre o conteúdo da nova Constituição.

Assim, por exemplo, uma nova Constituição poderia prever a instituição da pena de morte para todos os crimes, estabelecer a forma de governo monárquica etc.

2.4.2.3. *Incondicionado*

O poder originário é qualificado como incondicionado porque não se submete às normas e condições do ordenamento anterior; trata-se de uma característica ligada à forma – o constituinte originário pode aprovar a nova Constituição da forma que quiser.

Por exemplo: a nossa atual Constituição exige o quórum de 3/5 para a aprovação de qualquer modificação (art. 60, §2º). Entretanto, se houvesse uma revolução no Brasil e o povo resolvesse promulgar uma nova Constituição, poderia escolher aprová-la por maioria absoluta, ou qualquer outro quórum, pois não está submetido às formalidades (= procedimentos) previstos na Constituição anterior.

Em outras palavras: o poder constituinte originário elabora a Constituição pela maneira (procedimento) que ele mesmo definir.

⚠ Atenção!

Pelo fato de ser incondicionado, o constituinte originário elabora a Constituição da forma que entender e a veicula pela maneira que quiser. Pode ser por meio de um ato institucional, de um documento único, pode a nova constituinte ser convocada por meio de emenda à Constituição anterior (como aconteceu, entre nós, para a elaboração da CF de 1988) etc.

📝 Questão de Concurso

(Cespe/TRT10/Analista Judiciário – área judiciária/2013) Em determinado país, como resultado de uma revolução popular, os revolucionários assumiram o poder e declararam revogada a Constituição então em vigor. Esse mesmo grupo estabeleceu uma nova ordem constitucional consistente em norma fundamental elaborada por grupo de juristas escolhido pelo líder dos revolucionários. Com base nessa situação hipotética, julgue os itens a seguir.

> A nova Constituição desse país não pode ser considerada uma legítima manifestação do poder constituinte originário, visto que sua outorga foi feita sem observância a nenhum procedimento de aprovação predeterminado.
> **Gabarito comentado: Errado.**
> Justamente por ser incondicionado, o poder constituinte originário não precisa respeitar nenhum tipo de procedimento específico para elaborar a nova Constituição.

Veja Bem!

Poucos autores tratam da diferença entre o poder constituinte originário ser autônomo e ser incondicionado. Na verdade, a distinção é o fato de que a **autonomia** tem a ver com o **conteúdo** (definir livremente o que a nova constituição vai dizer), ao passo que o **incondicionamento** tem a ver com a **forma** (ser livre para veicular a Constituição pela forma que bem entender).

2.4.2.4. Juridicamente ilimitado

Até por uma questão de lógica jurídica, o poder constituinte originário é considerado ilimitado, em termos jurídicos. Veja-se: o poder originário cria a norma jurídica de mais alta hierarquia (a Constituição); logo, não há nenhuma norma *jurídica* à qual ele deva obediência. Assim, em termos estritamente jurídicos, o poder constituinte originário pode tudo, é absolutamente ilimitado.

Por exemplo: se a Constituição desejar, pode extinguir cargos públicos, desfazer atos jurídicos já praticados, desrespeitar direitos adquiridos. Não há nenhuma norma de direito que proíba o poder constituinte originário de adotar tais providências.

Está claro que o poder constituinte originário pode sofrer limitações de ordem social, histórica, política, mas em termos jurídicos não há qualquer limitação – como atesta a jurisprudência do STF (Pleno, ADI n. 815).

Aprofundamento:
teorias do direito e teorias do poder constituinte

De acordo com a teoria do direito que se adote, será dada uma definição mais ou menos ampliativa do poder constituinte originário.

Assim, caso se adote uma postura **jusnaturalista** (de que, além do direito criado, positivado, existe um direito "natural" acima, preexistente, imutável), certamente será defendida a tese de que o poder constituinte originário tem limites jurídicos. Nesse sentido (mas sem necessariamente admitir a postura jusnaturalista) se posiciona parte da doutrina francesa (Burdieu, por exemplo) e alemã (Otto Bachoff); e o próprio Tribunal Constitucional Federal alemão chegou a decidir, em determinado momento, que as normas da Lei Fundamental deveriam ser interpretadas à luz de "princípios de justiça material".

Por outro lado, se se adotar – como no Brasil – uma postura, nesse sentido, **positivista**, de que o direito é uma norma criada pelo ser humano, positivada, então será necessário reconhecer que, em termos estritamente jurídicos, não há qualquer tipo de limite ao poder constituinte originário, já que ele cria a norma mais alta do ordenamento posto, a própria Constituição.

📝 Questão de Concurso

(Cespe/TJBA/Juiz/2019) Para resguardar os interesses do povo, cabe à jurisdição constitucional fiscalizar a ação do poder constituinte originário com base no direito suprapositivo.

Gabarito comentado: Errado.
De acordo com a doutrina positivista do poder constituinte, adotada no Brasil, o poder constituinte originário é juridicamente ilimitado; logo, suas decisões são insuscetíveis de controle de constitucionalidade.

✋ Cuidado!

Ao se dizer que o poder constituinte originário não tem limites jurídicos, isso significa que ele não precisa respeitar nem mesmo direitos adquiridos. Imagine, por exemplo, alguém que recebia vencimentos de cargo público em valores acima do subsídio de Ministro do STF. Com a entrada em vigor da CF, esses valores podem ser reduzidos, não havendo que se falar em direito adquirido à remuneração (aliás, a própria CF afirma isso, em relação a esse tema, no art. 17 do ADCT). Em suma: **não há direito adquirido contra decisão do poder constituinte originário, contra norma constitucional originária**.

O constituinte originário até **pode** resguardar direitos adquiridos, mas apenas se ele assim **quiser**, **decidir** (discricionariamente). Não há essa obrigação.

Veja:

📝 Questões de Concurso

(Cespe/TCE-PR/Analista Jurídico/2016) O poder constituinte originário é incondicionado, embora deva respeitar os direitos adquiridos sob a égide da Constituição anterior, ainda que esses direitos não sejam salvaguardados pela nova ordem jurídica instaurada.

Gabarito comentado: Errado (o erro está na parte em que diz ser necessário respeitar direitos adquiridos).

(Cespe/TJBA/Juiz/2019) Os direitos adquiridos são oponíveis ao poder constituinte originário para evitar óbice ao retrocesso social.

Gabarito comentado: Errado.
O poder constituinte originário é juridicamente ilimitado, não se podendo contra ele alegar direito adquirido. Ademais, a própria noção de proibição do retrocesso não é invocável contra o poder que cria o próprio ordenamento jurídico.

⚠️ Atenção!

Há quem sustente que o poder constituinte originário seria limitado pelos tratados internacionais de direitos humanos (é o caso de Pedro Lenza e Flávia Piovesan). Contudo, essa tese é francamente minoritária no Direito brasileiro, não é adotada pelo STF e não deve ser levada em conta em concursos de Direito Constitucional. Obviamente, o descumprimento pelo Brasil de obrigações assumidas no plano internacional pode levar o país a sofrer sanções também no plano internacional – mas isso não significa, por exemplo, que a Constituição seja inválida. Um exemplo prático disso é a questão do duplo grau de jurisdição: segundo o Pacto de San José da Costa Rica, deve ser assegurado o direito ao julgamento por um segundo órgão, em grau de recurso, mesmo às autoridades com foro por prerrogativa de função; mas a CF não prevê recurso ordinário nesses casos, havendo inclusive quem, com foro no STF, seja julgado em única instância. A CF é nula, nesse ponto? Obviamente que não.

Veja essa questão:

📝 Questão de Concurso

(Cespe/TRT8/Analista Judiciário – área judiciária/2016) Embora seja, em regra, ilimitado, o poder constituinte originário pode sofrer limitações em decorrência de ordem supranacional, sendo inadmissível, por exemplo, uma nova Constituição que desrespeite as normas internacionais de direitos humanos.

Gabarito: Errado.

🔍 Veja Bem!

Não há limites jurídicos ao poder constituinte originário, o que não quer dizer que não haja outros tipos de limites (históricos, políticos e sociais). Imagine, por exemplo, que houvesse uma revolução ou golpe de estado, e se quisesse fazer uma nova constituição instituindo a monarquia absoluta no Brasil: juridicamente isso seria possível, mas política e socialmente, não.

Se a questão disser que esse poder é ilimitado, sem especificar, você deve considerá-la correta (afinal, salvo referência em contrário, estamos estudando a questão sob o ponto de vista jurídico). Contudo, se a questão afirmar que não há limites de espécie alguma, nem em termos sociais, ela estará errada.

Veja só:

📝 Questão de Concurso

(Cespe/Câmara dos Deputados/Consultor Legislativo – Área de Direito Constitucional, Eleitoral e Municipal/2014) O poder constituinte reformador é implícita e explicitamente limitado, ao passo que o poder constituinte originário é ilimitado, não devendo reverência ao direito anterior ou aos valores sociais.

Gabarito comentado: Errado.
A questão está incorreta só pela parte final: **aos valores sociais**. O poder constituinte originário não tem limites jurídicos, mas precisará, obviamente, respeitar minimamente os valores sociais.

Consequências Importantes!!!

Ao se reconhecer que o poder constituinte originário é juridicamente ilimitado, tem-se as seguintes consequências:

Trata-se de um poder político, **um poder de fato**, e não um poder **jurídico, diz-se que ele tem natureza fática, e não jurídica; é um poder de fato, não de direito**, ou seja, é um poder regulamentado pelos fatos políticos (faz a Constituição quem tiver força política para tanto). É um poder **pré-jurídico** (vem antes do Direito; ele é quem cria o Direito).

Não cabe qualquer forma de controle de constitucionalidade das normas constitucionais originárias (nem controle concentrado nem difuso), conforme já decidiu o STF ao julgar a citada ADI n. 815. **É impossível o controle de constitucionalidade de normas originárias**.

Questões de Concurso

(Cespe/AGU/Advogado da União/2015) Diferentemente do poder constituinte derivado, que tem natureza jurídica, o poder constituinte originário constitui-se como um poder de fato, inicial, que instaura uma nova ordem jurídica, mas que, apesar de ser ilimitado juridicamente, encontra limites nos valores que informam a sociedade.

Gabarito comentado: Correto.
O poder constituinte derivado é um poder que tem que seguir as regras jurídicas impostas pelo originário; este, contudo, é um poder de fato, que também é inicial, e juridicamente ilimitado – mas que, como vimos, submete-se a limites históricos, políticos e, como diz a questão, sociais.

(Cespe/TCE-PR/Analista Jurídico/2016) O caráter ilimitado do poder constituinte originário não impede o controle de constitucionalidade sobre norma constitucional originária quando esta conflitar com outra norma constitucional igualmente originária.

Gabarito comentado: Errado.
É impossível o controle de constitucionalidade de normas constitucionais originárias.

2.4.2.5. *Permanente*

Parte da doutrina cita também que o Poder Constituinte Originário é permanente, pois pode manifestar-se a qualquer tempo: **não se esgota com a elaboração da Constituição**. O poder constituinte originário pode ser considerado um vulcão: manifesta-se e se mantém inativo, mas permanentemente em possibilidade de voltar a irromper.

Não é que o poder constituinte originário esteja sendo permanentemente exercido; é que ele pode, a qualquer momento, se houver uma revolução ou golpe de estado, novamente se manifestar.

Questão de Concurso

(Cespe/MPE-PI/Analista Processual/2012) O poder constituinte originário, responsável pela elaboração de uma nova Constituição, extingue-se com a conclusão de sua obra.

Gabarito comentado: Errado (o poder constituinte originário não se extingue com a elaboração da CF, pois é permanente).

2.4.3. Efeitos do poder constituinte originário (consequências da entrada em vigor de uma nova Constituição)

Sempre que entra em vigor uma nova Constituição, suscitam-se algumas questões práticas relevantes, relativas à manutenção ou não das normas do ordenamento anterior.

2.4.3.1. *Desconstitucionalização*

A *desconstitucionalização* pode ser entendida como a automática manutenção em vigor das disposições da Constituição antiga (naquilo que não conflitassem com a nova Constituição), só que não mais com o *status* de normas constitucionais, mas como simples leis ordinárias. Dessa maneira, as normas da Constituição anterior que fossem compatíveis com a nova Carta permaneceriam em vigor, só que com força de meras leis (isto é, perdendo a força de norma constitucional, daí o nome de *desconstitucionalização*).

Tal efeito é rejeitado pela maioria da doutrina brasileira, que admite apenas quando expressamente referida pela nova Constituição. Afinal de contas, se foi instituída uma nova Constituição, é porque (presume-se) não se desejam mais as disposições da carta anterior.

Em alguns países, a desconstitucionalização é aceita como um efeito da nova Constituição (Portugal e França, por exemplo), mas não é o caso do Brasil.

Questões de Concurso

(FCC/TCM-GO/Procurador/2015) Na doutrina do Direito Constitucional intertemporal, a possibilidade de normas apenas formalmente constitucionais constantes da Constituição pretérita continuarem válidas sob a égide da nova Constituição, desprovidas, porém, de estatura constitucional, é denominada:
a) desafetação constitucional;
b) redução normativa;
c) recepção mitigada;
d) desconstitucionalização;
e) novação de fontes constitucionais.

Gabarito comentado: D.
Veja que a questão não está perguntando se esse fenômeno é adotado no Brasil, apenas quer saber o conceito dele.

(FCC/DPE-AP/Defensor/2022) Considerando o tema processo legislativo, a manutenção em vigor de Constituição anterior que, porém, perde a sua hierarquia constitucional para operar como legislação comum é conhecida como:
a) desclassificação constitucional;
b) desconstitucionalização;
c) desidratação constitucional;
d) repristinação;
e) recepção.

Gabarito: B.

2.4.3.2. Repristinação

Em linguagem comum, poderíamos afirmar que a repristinação é a "ressurreição" de uma norma jurídica que já estava revogada. Em termos técnicos, afirmamos que é a volta do vigor da lei revogada pela revogação da lei revogadora.

Hipoteticamente: a Lei A foi revogada pela Lei B; a repristinação ocorreria se a revogação da Lei B por uma Lei C fizesse com que a Lei A retomasse o vigor, "renascesse".

A repristinação é aceita no Direito brasileiro, desde que seja expressa; é dizer, não se aceita a repristinação tácita. Só se a Lei C expressamente prever a repristinação da Lei A é que esta voltará a vigorar. Nesse sentido, a Lei de Introdução às Normas do Direito Brasileiro (antigamente chamada de "Lei de Introdução ao Código Civil" – DL n. 4.657/42) prevê, no art. 2º, §3º, que "Salvo disposição em contrário, a lei revogada não se restaura por ter a lei revogadora perdido a vigência".

O mesmo fenômeno pode ocorrer com uma Constituição. Se a CF/88 quisesse, poderia ter ressuscitado (repristinado) dispositivos da Constituição de 1946, por exemplo, mas desde que houvesse previsão expressa nesse sentido.

2.4.3.3. Recepção

O surgimento de uma nova Constituição revoga a Constituição anterior. Com isso, o antigo ordenamento fica "acéfalo", e todas as normas infraconstitucionais que o compunham perdem o fundamento de validade (a compatibilidade vertical com a Constituição) e deixam de valer.

Porém, é muito difícil crer que fosse possível, a cada nova Constituição, refazer todo o ordenamento jurídico (elaborar um novo Código Penal, um novo Código Civil etc.). Por isso – por motivos pragmáticos, de ordem prática, ressalta Kelsen – se reconhece o fenômeno da recepção, por meio do qual continuam a valer (são recepcionadas) as normas infraconstitucionais do ordenamento anterior e que forem compatíveis com a nova Constituição.[1]

Na verdade, como bem ressalta Kelsen, não é que as normas continuem a valer, mas sim que elas adquirem um novo fundamento de validade (a nova Constituição).

Ainda sobre a recepção, é preciso anotar que se cuida de um fenômeno intrinsecamente ligado ao conteúdo: não importa a forma por meio da qual a norma surgiu, mas sim o conteúdo; a forma será adequada à nova Constituição.

Assim, por exemplo, o Código Penal foi instituído por um decreto-lei, instrumento normativo que não mais existe; porém, o que for compatível com a CF/88 é recepcionado com força de lei ordinária.[2]

Da mesma forma, o Código Tributário Nacional foi aprovado – antes da CF de 1988 – como lei ordinária; como a nova Constituição passou a exigir lei complementar para regulamentar a matéria, o CTN foi recepcionado, mas com força de lei complementar (tanto que só pode ser alterado por outra lei complementar[3]).

---

[1] Existe também outra possibilidade de "ressurreição" de uma lei: quando o STF julga procedente uma Adi (ação direta de inconstitucionalidade), retira uma lei do ordenamento jurídico. Com isso, volta a valer a lei que tenha sido por ela revogada. Assim, por exemplo: a Lei X revogou a Lei Y, mas depois aquela (Lei X) foi declarada inconstitucional pelo STF, em sede de controle abstrato de constitucionalidade (por meio de Adi, por exemplo). Nesse caso, em regra, a Lei X será expulsa do ordenamento como se nunca tivesse existido; por isso, a Lei Y voltaria a valer. A esse fenômeno o STF denomina "efeito repristinatório". Porém, não se trata de uma repristinação propriamente dita, pois: a) a repristinação propriamente dita pressupõe a validade da norma revogadora, o que não é o caso; b) a repristinação propriamente dita ocorre em virtude de lei, não em virtude de decisão judicial; c) a repristinação propriamente dita é um fenômeno no plano da existência da norma, não no plano da sua validade; e d) a repristinação propriamente dita jamais tem efeitos *ex tunc*, como ocorre, em regra, com a declaração de inconstitucionalidade. Para fins de concursos, é preciso ter cuidado, principalmente quanto à prova subjetiva. Recomendamos utilizar a expressão "repristinação" apenas para o efeito explicado primeiramente. A esse segundo efeito, verdadeiro resultado da declaração de inconstitucionalidade, é melhor chamar de efeito repristinatório (é como se fosse uma repristinação). São nesse sentido também as lições de Juliano Taveira Bernardes.

[2] Aliás, a Súmula Vinculante 8 considera inconstitucionais alguns dispositivos de leis ordinárias, justamente, por esse motivo: "São inconstitucionais o parágrafo único do art. 5º do Decreto-lei n. 1.569/77 e os arts. 45 e 46 da Lei n. 8.212/91, que tratam de prescrição e decadência de crédito tributário".

[3] Há, porém, exceção, já apontada por Juliano Taveira Bernardes e por Paulo Gustavo Gonet Branco: quando há transferência de uma competência federativa que era estadual para a esfera federal, não há recepção (por um motivo formal), em virtude da impossibilidade de se recepcionar como normas federais as 27 possíveis leis estaduais/distritais sobre o tema: normas federais podem ser recepcionadas como estaduais ou municipais, mas nunca o contrário (Cespe/AGU/Advogado da União/2009).

Questão de Concurso

(Cespe/MPCE/Promotor/2020) Norma anterior não será recepcionada se sua forma não for mais admitida pela Constituição superveniente, ainda que seu conteúdo seja compatível com esta.

Gabarito comentado: Errado.
Se a norma for incompatível do ponto de vista material, será realmente revogada. No entanto, se for incompatível apenas do ponto de vista formal, isso não impede a recepção. Assim, por exemplo, pode uma lei aprovada como ordinária sob a vigência da Constituição pretérita ser recepcionada pela nova Constituição como lei complementar – desde que seu conteúdo seja compatível com a nova Constituição.

Resta, porém, ainda uma pergunta: E o que acontece com as normas que não são recepcionadas: são inconstitucionais ou são automaticamente revogadas pela nova Constituição?

Trata-se de uma questão polêmica na doutrina, mas o STF tem jurisprudência no sentido de que as normas anteriores não recepcionadas são automaticamente revogadas. O STF não admite, então, a tese da inconstitucionalidade superveniente. Isso, em uma visão sistêmica, tem explicação: para que uma norma seja inconstitucional, é preciso que ela primeiro integre o sistema; as normas não recepcionadas nem sequer ingressam no novo ordenamento – motivo pelo qual não podem ser consideradas inconstitucionais, mas apenas revogadas. Trata-se, então, de um conflito de normas no tempo, e não de um conflito de hierarquia entre normas.

Esse posicionamento tem relevantes efeitos práticos: entre eles, o de que não cabe ação direta de inconstitucionalidade (ADI) contra lei ou ato normativo anterior à Constituição, pois não haveria inconstitucionalidade, mas mera revogação. No caso, a ação de controle concentrado cabível seria a ADPF (arguição de descumprimento de preceito fundamental: Lei n. 9.882/99, art. 4º). Realmente, a "ADPF, fórmula processual subsidiária do controle concentrado de constitucionalidade, é via adequada à impugnação de norma pré-constitucional" (ADPF n. 130/DF, relator Ministro Ayres Britto). Foi, aliás, o que a Corte já decidira na ADI n. 2.

Em resumo:

Portanto, sobre o que acontece com as normas infraconstitucionais anteriores cujo conteúdo seja incompatível com a nova Constituição, há duas correntes:

a) teoria da inconstitucionalidade superveniente (a norma deve ser declarada inconstitucional);

b) teoria do direito intertemporal (a norma deve ser declarada revogada). **O STF adota a segunda teoria, isto é, as normas anteriores que forem conflitantes com a Constituição são automaticamente revogadas, e não declaradas inconstitucionais.** O STF não aceita a teoria da inconstitucionalidade superveniente.

Questões de Concurso

(Cespe/MPCE/Promotor/2020) Constituição superveniente torna inconstitucionais leis anteriores com ela conflitantes.

Gabarito comentado: Errado.
A hipótese é de revogação (efeito), por ausência de recepção (causa). Logo, como veremos, não cabe ADI, e sim ADPF (ver Quadro 22.7 sobre o cabimento das ações de controle concentrado de constitucionalidade no capítulo próprio sobre essa matéria).

(Vunesp/TJ-SP/Cartórios/2016) A não recepção de uma norma infraconstitucional pela vigente Constituição traduz hipótese de inconstitucionalidade superveniente, inclusive passível de declaração pela via da ação direta.
Resposta: Errado.
À luz da jurisprudência do STF, especialmente da ADI n. 2, a constituição superveniente revoga as leis anteriores cujo conteúdo seja com ela incompatível (e não as torna inconstitucionais), motivo pelo qual a afirmativa encontra-se errada. "Com a adoção de uma nova Constituição, a lei anterior ou é compatível com ela e permanecerá em vigor, ou é incompatível com ela e será por ela revogada. Ao preparar projeto de legislação, o legislador observa os limites impostos pela Constituição em vigor, pois é obviamente impossível obedecer a termos e preceitos de uma Constituição futura, ainda inexistente" (STF, Pleno, ADI n. 2/DF).

Veja Bem!

Há autores que, por preciosismo, fazem distinção entre **revogação** (uma norma de mesma hierarquia) e não recepção (quando uma norma perde a vigência em virtude de norma de maior hierarquia). Não há necessidade dessa distinção, uma vez que a revogação é o efeito (retirada do ordenamento) gerado pela não recepção (causa). Em julgados do STF e em questões de concursos, encontra-se referência tanto ao termos revogação quanto ao termo não recepção, para explicar o fenômeno da perda de vigência de uma norma infraconstitucional incompatível com a CF.

Atenção!

A recepção é um fenômeno automático, não há nenhum ato declarando que as normas foram recepcionadas: isso ocorre de maneira automática, sem previsão expressa, e eventuais dúvidas serão resolvidas pelo Poder Judiciário, especialmente pelo Supremo Tribunal Federal.

Cuidado!

Por definição, a **recepção** atinge apenas as normas **infraconstitucionais**. Como, porém, o poder constituinte originário é juridicamente ilimitado, nada impede que ele recepcione **expressamente** normas da Constituição anterior. Foi o que aconteceu, segundo a doutrina, com o art. 34 do ADCT, que manteve as normas da CF de 1967 (com a Emenda n. 1, de 1969) relativas ao sistema tributário nacional em vigor, até que o novo sistema tributário (instituído pela CF de 1988) entrasse em vigor, cinco meses após a promulgação da CF. Esse tema já foi cobrado na prova Cespe/DPF/Delegado/2013. Só se deve levar em conta essa recepção material de normas constitucionais, contudo, caso a questão trate dessa temática de forma expressa.

2.4.4. Incidência imediata – para concursos de carreiras jurídicas

Uma vez promulgada a Constituição, os dispositivos nela contidos aplicam-se de forma imediata, inclusive quanto aos atos jurídicos anteriores (é a chamada *retroatividade mínima* ou *incidência imediata*). Por exemplo: a Constituição de 1988 instituiu um "teto" para as remunerações dos servidores públicos (CF, art. 37, XI): a partir de 5 de outubro de 1988, esse teto passou a ser aplicável, mesmo a quem tivesse entrado no serviço público antes da Constituição[4].

---

[4] Vale lembrar que a regra do chamado "teto constitucional" ainda seria alterada muitas e muitas vezes, sempre na tentativa de ser efetiva. A mais recente delas veio com a EC n. 135, de 20 de dezembro de 2024, que deixou claro que as verbas indenizatórias (as quais estão fora do teto) são apenas as definidas em lei ordinária federal (e não em resoluções de órgãos como CNJ e CNMP).

É a incidência imediata: a aplicação aos efeitos futuros (daqui para a frente) dos atos já produzidos anteriormente.

Essa é a regra geral. Porém, se o constituinte originário quiser – ele pode tudo – poderá determinar inclusive a aplicação de suas normas aos fatos já consumados no passado, desconstituindo-os (retroatividade *máxima*) ou sua aplicação às prestações vencidas e não pagas na data da promulgação da Carta (retroatividade média). Por exemplo: a Constituição previu que todos os que tivessem sido demitidos do serviço público, durante a ditadura militar, por motivos de perseguição política, retornariam imediatamente à ativa, com direito às promoções a que fariam jus se estivessem em atividade (retroatividade máxima: a CF desfez os efeitos passados dos atos jurídicos); porém, ressalvou que ninguém seria indenizado de forma retroativa (retroatividade mínima = incidência imediata)[5].

Da mesma forma, a CF poderia prever que a regra segundo a qual os juros máximos seriam de 12% ao ano (antiga redação do art. 192) aplicar-se-ia mesmo aos contratos firmados anteriormente à sua promulgação (retroatividade mínima), e inclusive quanto às prestações vencidas antes de 1988, mas ainda não pagas (retroatividade média).

A regra geral, porém, é a retroatividade mínima (incidência imediata)[6]; o desfazimento dos atos praticados anteriormente (retroatividade máxima) ou a aplicação das normas quanto às prestações vencidas anteriormente à Constituição, mas ainda não pagas (retroatividade média) são a exceção, e, embora admissíveis, só serão aplicadas se houver previsão expressa.

Veja-se a ementa do julgado clássico em que o STF adotou essa distinção:

> Aplicação imediata a elas da vedação da parte final do inciso IV do artigo 7º da Constituição de 1988. – Já se firmou a jurisprudência desta Corte no sentido de que os dispositivos constitucionais têm vigência imediata, alcançando os efeitos futuros de fatos passados (retroatividade mínima). Salvo disposição expressa em contrário – e a Constituição pode fazê-lo –, eles não alcançam os fatos consumados no passado nem as prestações anteriormente vencidas e não pagas (retroatividades máxima e média). (STF, RE n. 140.499).

Porém, o art. 3º da citada EC manteve em vigor, até que aprovada essa lei, as legislações que permitem contabilizar como verbas indenizatórias aquelas que não o são.

[5] ADCT, art. 8º "É concedida anistia aos que, no período de 18 de setembro de 1946 até a data da promulgação da Constituição, foram atingidos, em decorrência de motivação exclusivamente política, por atos de exceção, institucionais ou complementares, aos que foram abrangidos pelo Decreto Legislativo n. 18, de 15 de dezembro de 1961, e aos atingidos pelo Decreto-lei n. 864, de 12 de setembro de 1969, asseguradas as promoções, na inatividade, ao cargo, emprego, posto ou graduação a que teriam direito se estivessem em serviço ativo, obedecidos os prazos de permanência em atividade previstos nas leis e regulamentos vigentes, respeitadas as características e peculiaridades das carreiras dos servidores públicos civis e militares e observados os respectivos regimes jurídicos.

§ 1º O disposto neste artigo somente gerará efeitos financeiros a partir da promulgação da Constituição, vedada a remuneração de qualquer espécie em caráter retroativo".

[6] Ressalte-se, porém, que essa retroatividade mínima só é admissível quanto às normas constitucionais originárias: as leis infraconstitucionais e as emendas constitucionais não podem ter retroatividade (nem mesmo a mínima), se forem prejudicar direito adquirido, ato jurídico perfeito ou coisa julgada (CF, art. 5º, XXXVI). STF, Segunda Turma, RE n. 388.607-AgR/BA, Relator Ministro Joaquim Barbosa, *DJ* de 28-4-2006.

Consulte-se o seguinte precedente do STF:

> Já se firmou a jurisprudência desta Corte no sentido de que os dispositivos constitucionais têm vigência imediata, alcançando os efeitos futuros de fatos passados (retroatividade mínima). Salvo disposição expressa em contrário e a Constituição pode fazê-lo, eles não alcançam os fatos consumados no passado nem as prestações anteriormente vencidas e não pagas (retroatividades máxima e média)[7].

Quadro 2.1 – Retroatividade da Norma Constitucional

Retroatividade mínima	Retroatividade média	Retroatividade máxima
A norma constitucional incide imediatamente sobre os efeitos futuros dos atos preexistentes. Incidência imediata, mas daqui para a frente (*ex nunc*)	A norma constitucional incide sobre os efeitos pendentes dos atos preexistentes. Incidência imediata, inclusive quanto às prestações vencidas anteriormente, mas ainda não pagas	A norma constitucional desconstitui (= desfaz) atos praticados no passado, antes de sua vigência. A norma se aplica aos fatos passados, de modo retroativo (*ex tunc*)
Exemplo: servidores admitidos antes da CF/88 terão as remunerações limitadas pelo teto, mas a partir de 5-10-1988.	Exemplo hipotético: os contratos firmados antes de 1988 teriam juros máximos de 12% a.a., mesmo quanto às prestações vencidas antes da CF e ainda não pagas	Exemplo: os servidores que foram demitidos por motivo de perseguição política, antes de 1988, serão reintegrados, considerando-se nulo desde a época o ato de demissão
É a regra (não precisa vir expressa)	É a exceção (precisa vir prevista expressamente)	É a exceção (precisa vir prevista expressamente)

Aprofundamento:
características do poder constituinte originário

Tradicionalmente considera-se o poder constituinte originário como um verdadeiro momento fundacional, um fato anormal no funcionamento das instituições, por meio do qual se promove uma ruptura com o ordenamento jurídico-constitucional em vigor, com a finalidade de se instaurar um novo ordenamento.

Nas palavras de Raul Machado Horta,

> "Historicamente, o poder constituinte originário representa a irrupção de fato anormal no funcionamento das instituições estatais. Esse aparecimento está associado a um processo mais violento, de natureza revolucionária, ou a uma decisão do alto, geralmente materializada no "Golpe de Estado". A revolução como fenômeno que subverte a estrutura estatal e social. O Golpe de Estado como transformação do ordenamento estatal por atividade inconstitucional de órgão do próprio Estado.
>
> (...) O poder constituinte originário emana do fato revolucionário. Daí sua virulência e imprevisibilidade, que publicista espanhol [Luiz Sanches Agesta] condensou na seguinte imagem: "O poder constituinte não pode ser localizado pelo legislador,

---
[7] STF, Primeira Turma, RE n. 140.499/GO, Relator Ministro Moreira Alves, *DJ* de 9-9-1994.

nem formulado pelo filósofo, porque não cabe nos livros e rompe o quadro das Constituições. Surge como o raio que atravessa a nuvem, inflama a atmosfera, fere a vítima e desaparece"[8].

Essa mesma ideia de ruptura histórica – já trazida na seminal obra de Emmanuel Joseph Sieyès – é comungada por Carlos Ayres Britto[9], Manoel Gonçalves Ferreira Filho[10], José Joaquim Gomes Canotilho[11], André Ramos Tavares[12], entre vários outros estudiosos. Esse último, aliás, traz interessante compilação de conceitos e características do poder constituinte realizada por Genaro Carió:

> 1) é inicial, autônomo e incondicionado; 2) é por natureza insubordinado (Burdeau); 3) é unitário, indivisível e absolutamente livre (Schmitt); 4) é aquele que, sendo de forma vaga e imprecisa, forma todas as formas (Schmitt); 5) é a autoridade suprema, livre de toda formalidade, que se funda sobre si mesmo e em si mesmo (Xifras Heras); 6) é permanente e inalienável (Xifras Heras); 7) sua força vital e sua energia são inesgotáveis (Schmitt); 8) é uma faculdade ilimitada e incontrolável (Imaz)[13].

Trata-se, ressalte-se, de poder cuja existência é permanente. Não que seja permanentemente exercido (se não haveria apenas o caos e a instabilidade), mas no sentido de que não se exaure na elaboração de uma nova Constituição, permanecendo sempre – por assim dizer – à espreita para, quando a atual Constituição não se mostrar mais sustentável em termos sociais, substituí-la por outra. Ou, como afirma Carlos Ayres Britto:

> Sobre o destino do Poder Constituinte, contudo, nada pode ser normado. Esse Poder não se exaure jamais na obra que edita. Sobrevive ao seu próprio labor (mas sempre do lado de fora) e é assim que pode gestar quantas Constituições quiser. A qualquer tempo[14].

Nesse momento, já se percebem as potencialidades e os perigos da manifestação do poder constituinte originário: se, por um lado, tudo pode (em termos jurídicos, embora haja limitações de ordem histórica, política e social), também seu exercício e seu resultado são incontroláveis. A convocação de uma constituinte pode converter-se numa verdadeira "caixa

---

[8] HORTA, Raul Machado. Reflexões sobre a Constituinte. In: *Revista de Direito Público*, n. 79, p. 13, jul.-set.1986.
[9] BRITTO, Carlos Ayres. *Teoria da Constituição*. Rio de Janeiro: Forense, 2003. p. 26.
[10] FERREIRA FILHO, Manoel Gonçalves. Poder Constituinte e Direito Adquirido. In: *Revista dos Tribunais*, n. 745, p. 18, nov.1997.
[11] "O desencadeamento de procedimentos constituintes tendentes à elaboração de constituições anda geralmente associado a momentos constitucionais extraordinários (revolução, nascimento de novos estados, transições constitucionais, golpes de Estado, 'quedas de muros')". CANOTILHO, José Joaquim Gomes. *Direito Constitucional e Teoria da Constituição*. Coimbra: Almedina, 2001. p. 77.
[12] TAVARES, André Ramos. Reflexões sobre a legitimidade e as limitações do Poder Constituinte, da Assembleia Constituinte e da Competência Constitucional Reformadora. In: *Revista de Direito Constitucional e Internacional,* n. 21, p. 221, out.-dez.1997.
[13] Idem, ibidem.
[14] BRITTO, 2003. p. 45.

de pandora"¹⁵, da qual não se sabe sequer o rumo que o direito e a política irão tomar. Daí a impropriedade, inclusive, da paradoxal ideia de uma "assembleia constituinte exclusiva", pois, se é verdadeiramente constituinte, não possui amarras temáticas; e, se é exclusiva, não é uma verdadeira constituinte: "a contradição é evidente", como sintetizava Bernardo Cabral, sobre os que tentavam assim categorizar a Constituinte de 1987¹⁶.

Aprofundamento:
a difícil questão da legitimidade do exercício do poder constituinte originário

Afinal de contas, *quem pode convocar uma nova constituinte e quando pode fazê-lo? Obviamente, não há resposta jurídica a tais perguntas, uma vez que o próprio poder constituinte originário (ou, pelo menos, sua fundamentação) constituem aspectos fora do mundo jurídico.*

Para Carl Schmitt, *"uma constituição será legítima quando a força e a autoridade do poder constituinte em que assenta a sua decisão são reconhecidas"*¹⁷, isto é, não haveria uma legitimação *a priori, mas sim um reconhecimento social de que as decisões políticas fundamentais tomadas por quem detém o exercício do poder constituinte originário correspondem ao desejo do povo. É necessário que haja algum grau de apoio social – ainda que o momento de ruptura derive de um golpe de Estado – pois "o exercício desse Poder estará sempre dependente de uma força suficientemente capaz de obter o apoio da maiestas populi, ainda que tendo origem numa ação subversiva"*¹⁸.

É preciso, assim, que estejam presentes elementos sociais, políticos e históricos específicos para que haja uma manifestação do poder constituinte originário via ruptura constitucional:

> A quebra da ordem previgente só se torna possível pela presença de valores, princípios e critérios que, afastando os até então dominantes, vêm, do mesmo passo, carregar de legitimidade o ato revolucionário – e desencadear efeitos normativos múltiplos, extensos e suscetíveis de, por seu turno, adquirirem uma dinâmica própria¹⁹.

Como se percebe, uma manifestação do poder constituinte originário não exige apenas uma discordância pontual em relação a determinados aspectos da constituição em vigor. Antes, exige uma absoluta e total incompatibilidade dela com os objetivos da nova sociedade política que se quer construir. Claro que a CF de 1988, ao estabelecer um amplo rol de

---

[15] Na mitologia grega, "a humanidade vivia tranquila, ao abrigo do mal, da fadiga e das doenças, mas quando Pandora, por curiosidade (...), abriu a jarra de larga tampa, que que trouxera do Olimpo (...), dela evolaram todas as calamidades e desgraças que até hoje atormentam os homens". BRANDÃO, Junito de Souza. *Mitologia Grega*, v. I. Petrópolis: Vozes, 2009. p. 176.
[16] CABRAL, Bernardo. Poder Constituinte – Fonte Legítima – Soberania – Liberdade. In: *Revista de Direito Público*, n. 86, p. 14, abr.-jun.1988.
[17] TAVARES, André Ramos. *Curso de Direito Constitucional*. 19. ed. São Paulo: Saraiva, 2021. p. 151.
[18] COTRIM NETO, A. B. Constituição, Poder Constituinte e os Participantes de sua Realização. In: *Revista de Direito Público*, n. 81, p. 57, jan.-mar.1987.
[19] MIRANDA, Jorge. Poder Constituinte. In: *Revista de Direito Público*, n. 80, p. 245 (s), out.--dez.1986.

cláusulas pétreas, dificulta (ou mesmo impossibilita) a mudança de determinados temas e princípios, o que termina por induzir ou facilitar aos que defendem uma mudança desses pontos que se avente a ideia de ruptura[20].

À luz da teoria democrática do poder constituinte, há mais: é preciso que o movimento constituinte seja legitimado ou levada a cabo pelo seu titular: o povo. Isso porque, nas palavras de Canotilho,

> Só o povo entendido como um sujeito constituído por pessoas – mulheres e homens – pode "decidir" ou "deliberar" sobre a conformação da sua ordem político-social. Poder constituinte significa, assim, *poder constituinte do povo. Como já atrás foi referido, o povo*, nas democracias actuais, concebe-se como uma "grandeza pluralística" (P. Häberle), ou seja, como uma pluralidade de forças culturais, sociais e políticas tais como partidos, grupos, igrejas, associações, personalidades, decisivamente influenciadoras da formação de "opiniões", "vontades", "correntes", "sensibilidades" políticas nos momentos preconstituintes e nos procedimentos constituintes[21].

Aprofundamento:
ruptura constitucional x transição constitucional

Dentre os estudiosos do poder constituinte, no entanto, há quem entenda possível uma substituição da Constituição em vigor por outra por meio de um procedimento suave de mudança da norma jurídico-constitucional. Trata-se daquilo que Jorge Miranda chama de transição constitucional:

> O modo mais frequente de mudança de regime é a revolução; o outro é a passagem sem ruptura, a mudança na continuidade, a reforma política (*stricto sensu*) *ou a transição constitucional*[22].

A transição constitucional seria, portanto, um mecanismo de substituição do ordenamento jurídico-constitucional sem ruptura, mas com uma passagem suave (negociada, até) de uma realidade constitucional para outra. Mesmo esse não parece ser o caso do Brasil de hoje,

---

[20] Trata-se de uma das mais intrincadas coordenações que o Direito Constitucional se propõe a fazer: equilibrar a manutenção de determinados valores, a permanência, com a possibilidade de mudanças e alterações decorrentes da própria mutabilidade social. Nas palavras de Konrad Hesse: "É necessária a coordenação desses elementos [permanência e mudança] para que ambos possam cumprir sua tarefa. O persistente não deve converter-se em impedimento onde movimento e progresso estão dados; senão o desenvolvimento passa por cima da normalização jurídica. O movente não deve abolir o efeito estabilizador das fixações obrigatórias; senão a tarefa da ordem fundamental jurídica da coletividade permanece invencível". HESSE, Konrad. *Elementos de Direito Constitucional da República Federal da Alemanha*. Trad. Luís Afonso Heck. Porto Alegre: Sergio Antonio Fabris, 1998. p. 45. A CF de 1988, ao trazer um rol amplo de cláusulas pétreas, privilegia o elemento "persistente", o que obviamente dificulta a manifestação do elemento "movente", facilitando discursos de ruptura ou desconstituição.

[21] CANOTILHO, 2003. p. 75.

[22] Idem, ibidem.

pois, ainda que se trate de uma mudança suave, a transição constitucional possui "alcance negador do regime político precedente e criador de outro regime político", ou seja, "uma decisão fundamental, a adoção de uma nova ideia de Direito, o erigir de um novo fundamento de validade"[23].

Vários autores citam o movimento que culminou na Constituinte de 1987 como um exemplo de transição (e não ruptura) constitucional[24]. Realmente, a superação do arcabouço jurídico-constitucional do Regime Militar foi o resultado de um longo processo, como explica Leonardo Barbosa:

> A ideia de que a superação da ordem autoritária passava pela construção de uma nova Constituição para o Brasil iniciou sua trajetória de forma clandestina, nas teses de um encontro do Partido Comunista. No final da década de 70 e ao longo da primeira metade da década de 80, essa tese encontrava-se definitivamente incluída na agenda dos partidos de oposição e marcava presença nas reivindicações da Igreja, do movimento sindical e de instituições de classe, como a Ordem dos Advogados do Brasil e a Associação Brasileira de Imprensa, entre outros.
>
> Com a eleição de Tancredo Neves e José Sarney, a ideia de convocar uma Assembleia Constituinte chegara, finalmente, ao poder. De fato, Sarney não tardou a encaminhar ao Congresso uma proposta de emenda à Constituição destinada a convocar a Assembleia Nacional Constituinte, livre e soberana[25].

Os autores que comentaram o processo constituinte, aliás, concordam que se tratou de um processo lento e gradual – e peculiar, até mesmo na forma[26] – e que, mais ainda, sagrou-se vitorioso (não nas urnas, mas no Colégio Eleitoral) como a principal bandeira do grupo político que sucedeu aos militares[27]. Não foi algo realizado do dia para a noite, ao contrário: passaram-se quase duas décadas entre a exposição das teses clandestinas e a efetiva reunião da Constituinte[28].

---

[23] Idem, ibidem.
[24] HORTA, Raul Machado. Op. cit., p. 589. No mesmo sentido: MIRANDA, Jorge. Poder Constituinte e Democracia. In: *Revista de Direito Comparado Luso-Brasileiro*. n. 6. Rio de Janeiro: Forense, 1985. p. 31.
[25] BARBOSA, Leonardo Augusto Andrade. *História Constitucional Brasileira. Mudança constitucional, autoritarismo e democracia no Brasil pós-1964*. Brasília: Câmara dos Deputados, 2012. p. 186.
[26] FERRAZ JÚNIOR, Tércio Sampaio. Convocação da Constituinte como Problema de Controle Comunicacional. In: *Revista de Direito Público*, n. 81, p. 134, jan.-mar.1987.
[27] "Comprometido solenemente com a convocação de Assembleia Constituinte, desde sua escolha como candidato, o Presidente eleito, Dr. Tancredo Neves, confirmou essa decisão ao ser proclamado vitorioso". MARINHO, Josaphat. Constituição e Poder Constituinte. In: *Revista de Direito Público*, n. 75, p. 21, jul.-set.1985. No mesmo sentido: 1) CABRAL, Bernardo. 1988, p. 14. 2) MIRANDA, Jorge. Transição Constitucional e Anteprojeto. In: *Revista de Direito Público*, n. 80, p. 245, out.-dez.1986.
[28] "Though the Constituent Assembly took place between February 1, 1987 and October 5, 1988, the drafting of the Constitution, from different angles, is much longer and is anchored in the expressive effort by Brazilian society to overcome the military dictatorship (1964-1985)". REIS, Jane *et al*. Disponível em: http://www.iconnectblog.com/2020/07/why-replacing-the-brazilian-constitution-is-not-a-good-idea-a-response-to-professor-bruce-ackerman/.

Aprofundamento:
o Brasil precisa de uma nova constituinte?

Recentemente, o professor Bruce Ackerman, da Universidade de Yale, chegou a defender em artigo a convocação de uma assembleia constituinte que adotasse o parlamentarismo, como forma de evitar os problemas do presidencialismo da Nova República, inclusive em relação ao reforço dos extremismos[29]. O texto – aliás, com alguns erros factuais, como na parte em que confunde Fernando Henrique Cardoso com Ulysses Guimarães – defende que:

> Números crescentes de brasileiros estão perdendo a fé no sistema estabelecido em 1988. A corrupção política revelada pela Lava-Jato, culminando na resposta irresponsável de Bolsonaro à crise do coronavírus, levaram cidadãos comuns a temer que a democracia não tenha futuro.
>
> A melhor maneira de responder à alienação política crescente é convocar nova Assembleia Constituinte em 2023. Uma vez eleitos, os representantes deveriam reconsiderar as decisões-chave da Assembleia de 1988 já que elas, ao longo das décadas, geraram a atual crise de confiança pública.
>
> (...)
>
> Se a Assembleia Constituinte de 2023 adotar o parlamentarismo, a nova Constituição reduzirá bastante o risco de tomadas de poder extremistas. Mas, antes que isso aconteça, nenhum membro do governo eleito em 2022 deve figurar como constituinte. Caso contrário, eles irão previsivelmente obstar considerações sérias ao parlamentarismo e dedicarão energia ao fortalecimento do poder do presidente recém-eleito – permitindo novas vitórias extremistas no futuro.

Apesar disso, pode-se afirmar que, no debate público atual, a ideia da convocação de uma assembleia constituinte parece ainda bastante incipiente. Parece, a propósito, que o nível do debate se encontra ainda num estágio distinto, com algumas forças políticas pugnando por uma esdrúxula "intervenção militar constitucional" – mas como se ela estivesse (obviamente não está) albergada pelo art. 142 da CF, e não como uma verdadeira ruptura constitucional (veja discussão sobre o tema no capítulo sobre Princípios Fundamentais).

Em resposta ao artigo de Bruce Ackerman, vários professores de Direito Constitucional brasileiros publicaram texto em que se contrapõem à ideia de uma nova Constituição[30].

Não vemos na sociedade brasileira esse movimento. A pandemia de Covid-19 logicamente mudou muitos de nossos hábitos, costumes e até valores – alguns deles de forma irreversível – mas não representa uma mudança de paradigma jurídico segundo o qual o pacto social que sustenta a CF de 1988 se mostre falido. Dizemos isso porque concordamos com Jorge Miranda, quando afirma:

---

[29] ACKERMAN, Bruce. O Brasil precisa de uma nova Constituição. In: *Correio Braziliense,* 13-7-2020. Disponível em: https://www.correiobraziliense.com.br/app/noticia/opiniao/2020/07/13/internas_opiniao,871622/o-brasil-precisa-de-nova-constituicao.shtml. Acesso em: 10 jun. 2021.

[30] REIS, Jane *et al.* Why Replacing the Brazilian Constitution Is Not a Good Idea: A Response to Professor Bruce Ackerman. *Int'l J. Const. L. Blog,* jul. 28, 2020. Disponível em: http://www.iconnectblog.com/2020/07/why-replacing-the-brazilian-constitution-is-not-a-good-idea-a-response--to-professor-bruce-ackerman/. Acesso em: 10 jun. 2021.

Não é, com efeito, todos os dias que uma comunidade jurídica adota um novo sistema constitucional, fixa um sentido para a ação do seu poder, assume um novo destino; é apenas em tempos de 'viragem histórica', em épocas de crise, em ocasiões privilegiadas irrepetíveis em que é possível ou imperativo escolher. E estas ocasiões não podem ser catalogadas *a priori; somente podem ser apontados os seus resultados típicos – a formação de um Estado ex novo, a transformação da estrutura de um Estado, a mudança de um regime político*[31].

Não é o que ocorre no Brasil atual. As forças que hoje verberam contra a CF de 1988 – à direita e à esquerda – são praticamente as mesmas (do ponto de vista do espectro ideológico) que nunca a aceitaram por inteiro, ou por ser capitalista e liberal (extremistas à esquerda) ou por ser socialdemocrata e garantista (extremistas à direita). Em suma: não enxergamos na vida política nacional de hoje forças políticas digna de relevo que sequer ponham a questão de uma nova constituinte como pauta, ou como pauta prioritária; a pandemia de Covid-19 não alterou em linhas gerais esse quadro.

2.5. PODER CONSTITUINTE DERIVADO

É decorrência lógica (derivação) do poder constituinte originário – por isso, é condicionado e juridicamente limitado.

É, também, condicionado, pois não pode violar os mandamentos impostos pelo poder constituinte originário.

Podemos citar como espécies de poder constituinte derivado: o reformador; o revisor; e o decorrente.

2.5.1. Poder constituinte derivado reformador

> Acesse e assista à aula explicativa sobre este assunto.
> http://uqr.to/1yj98

Trata-se da competência (atribuída, no Brasil, ao Congresso Nacional, na esfera federal) de modificar normas constitucionais por meio de emendas constitucionais.

A reforma, em sentido amplo, abrange as modificações formais da Constituição, isto é, as modificações no texto da Constituição, seja pelo procedimento das emendas constitucionais (art. 60), abrangidas pelo poder constituinte derivado reformador, quanto pelas emendas de revisão (art. 3º do ADCT), manifestação do poder constituinte derivado revisor.

Em suma: "Reforma da Constituição" é a alteração (modificação, revogação ou inovação) de normas constitucionais, seja por meio de reforma propriamente dita (emendas constitucionais) ou de revisão (emendas constitucionais de revisão). A reforma é a manifestação do poder constituinte derivado reformador, enquanto a revisão é de competência do poder constituinte derivado revisional ou revisor.

---

[31] MIRANDA, Jorge. 1985, p. 29.

As emendas constitucionais (EC) são os instrumentos de mudança ordinária e cotidiana da Constituição.

Constituem o instrumento de atuação do Poder constituinte derivado reformador. Este – ao contrário do poder constituinte originário – é juridicamente limitado. Esses limites são instituídos pelo constituinte originário, e podem ser classificados da seguinte forma: limites formais (procedimentais), materiais, circunstanciais ou temporais.

2.5.1.1. *Limitações procedimentais ou formais*

O procedimento de aprovação das emendas é mais difícil que o de aprovação das leis ordinárias. Essa maior dificuldade de aprovação das emendas constitucionais, em comparação com as leis ordinárias, é o que permite classificar a Constituição brasileira como rígida.

- **Iniciativa:** a iniciativa de leis ordinárias é atribuída, em geral, a qualquer Deputado (isoladamente), qualquer Senador (idem), qualquer Comissão (da Câmara, do Senado ou do Congresso Nacional), ao Presidente da República, aos Tribunais Superiores, ao Procurador-Geral da República e até mesmo ao povo (CF, art. 61, *caput*). Isso não acontece com a iniciativa de propostas de emendas à Constituição (PEC). De acordo com o rol taxativo (fechado) do art. 60, podem propor emendas à Constituição Federal:
  a) 1/3 dos Deputados;
  b) 1/3 dos Senadores;
  c) o Presidente da República;
  d) a maioria absoluta (= mais da metade) das Assembleias Legislativas estaduais (incluindo a Câmara Legislativa do DF), manifestando-se, cada uma delas, pela maioria relativa (= maioria simples) dos seus membros.
- **Número de turnos:** enquanto as demais proposições legislativas só precisam, em regra, ser aprovadas em um turno em cada Casa do Congresso, as propostas de emenda à Constituição devem ser apreciadas em cada Casa duas vezes (dois turnos), totalizando quatro votações. A proposta será considerada aprovada se for acatada em todas as quatro votações. Perdendo em uma delas, estará rejeitada e será arquivada.

Questão de Concurso

(Cespe/STM/Técnico/2011) Proposta de emenda constitucional deve ser discutida e votada nas duas Casas do Congresso Nacional, em turno único, considerando-se aprovada se obtiver três quintos dos votos dos seus respectivos membros.

Gabarito comentado: Errado.
A PEC deve ser aprovada em cada Casa em dois turnos.

- **Quórum:** o quórum exigido para a aprovação de emendas à Constituição é substancialmente maior que o necessário para aprovar as demais proposições legislativas. Enquanto para as leis ordinárias basta o apoio da maioria dos votos dos presentes (maioria simples ou relativa), e para aprovar leis complementares exige-se a maioria do total de membros da Casa (maioria absoluta, mais de 50% do total), as PECs só podem ser consideradas aprovadas se obtiverem pelo menos 3/5 (= 60%) do total de votos dos membros da Casa em que se dá a votação.

- **Irrepetibilidade absoluta na mesma sessão legislativa:** alguns doutrinadores citam essa como sendo uma limitação formal, embora consideremos que seria mais adequado tratar dela no capítulo do processo legislativo, como efetivamente o faremos. Apenas a título de introdução ao tema, registre-se que o conteúdo de um projeto de lei rejeitado pode ser novamente proposto na mesma sessão legislativo em que houve a rejeição, desde que o novo projeto tenha apoio da maioria absoluta dos membros de qualquer das Casas do Congresso Nacional (trata-se da chamada **irrepetibilidade relativa**, consagrada no art. 67 da CF). Já em relação às PECs, a irrepetibilidade na mesma sessão legislativa é **absoluta** (não pode ser superada, na mesma sessão legislativa, nem mesmo com o apoio da maioria absoluta dos membros de qualquer das Casas do Congresso Nacional: art. 60, § 5º).

Algumas diferenças de procedimento entre emenda constitucional e lei ordinária:

Quadro 2.2 – Distinções entre Emenda Constitucional e Lei Ordinária

	Emenda Constitucional	Lei Ordinária
Iniciativa	Presidente da República; 1/3 dos Deputados; 1/3 dos Senadores; Mais da metade das Assembleias Legislativas Estaduais, manifestando-se cada uma delas pela maioria relativa dos seus membros.	Qualquer Senador; qualquer Deputado; Comissão da Câmara; Comissão do Senado; povo; Presidente da República; Procurador-Geral da República; Tribunais Superiores etc.
Quórum	3/5 do total de membros.	Maioria dos votos (maioria simples ou relativa).
Turnos de discussão e votação	2 em cada Casa.	1 em cada Casa.
Irrepetibilidade da proposta rejeitada na mesma sessão legislativa	Absoluta (art. 60, § 5º)	Relativa (art. 67)

2.5.1.2. *Limitações circunstanciais*

São momentos (= situações = circunstâncias) durante os quais a Constituição não pode ser emendada. São eles:

a) estado de defesa (art. 136);
b) estado de sítio (art. 137);
c) intervenção federal (art. 34).

Assim, se estiver em vigor alguma dessas medidas extremas, não poderá ser proposta, nem discutida, nem votada emenda à Constituição (art. 60, § 1º).

📝 Questão de Concurso

(FCC/TCM-GO/Procurador/2015) O poder de emenda da Constituição Federal não pode ser exercido durante o estado de sítio, o estado de defesa e as intervenções federais ou estaduais.

Gabarito comentado: Errado.
A existência de intervenção estadual (em município) não é limite circunstancial, não impede emenda constitucional.

⚠️ Atenção!

A mera vigência de intervenção estadual em município não impede emendas à CF.

Divergência doutrinária!

A maioria da doutrina (Pontes de Miranda, Manoel Gonçalves Ferreira Filho, Ives Gandra Martins) entende que a decretação de estado de defesa, estado de sítio ou intervenção federal impede toda e qualquer tramitação de proposta de emenda constitucional (PEC). Uma parcela minoritária considera que a PEC poderia ser proposta e discutida, mas não votada durante essas situações.

✋ Cuidado!

Esses limites são chamados de circunstanciais, e não de temporais. Limitações temporais são o estabelecimento de um prazo mínimo para se alterar a Constituição, um período de carência. Ex.: Constituição dos EUA, que previa que determinadas disposições só poderiam ser alteradas depois de 1808; Constituição Imperial de 1824, que só poderia ser modificada após 1829. **Segundo a maioria da doutrina, nossa atual Constituição não previu limitações temporais, visto que já poderia ser modificada no dia 6 de outubro de 1988.**

📝 Questões de Concurso

(Cespe/TCE-PB/Procurador/2014) A vedação à emenda da CF durante os estados de defesa e de sítio constitui uma limitação temporal ao poder constituinte derivado reformador.

Gabarito comentado: Errado.
Trata-se de limitações circunstanciais, e não temporais.

(Cespe/DPE-RS/Defensor/2022) As limitações ao poder de reforma constitucional incluem as temporais, como as que vedam emendas durante a vigência de intervenção federal, de estado de defesa ou de estado de sítio; as formais, as quais estabelecem obstáculos procedimentais; e as materiais, que definem núcleos essenciais inacessíveis ao poder constituinte derivado.

Resposta: errado. As limitações ao exercício do poder de emenda na vigência de estado de defesa, estado de sítio ou intervenção federal são limites circunstanciais (situações), e não temporais (prazo).

⚠️ Atenção!

O limite às emendas constitucionais é a efetiva decretação de estado de defesa, estado de sítio ou intervenção federal. Costuma cair em provas da FGV perguntando se a mera situação de calamidade pública é, por si só, impeditiva da aprovação de emenda constitucional. Não é! Só se for efetivamente decretado estado de defesa ou de sítio!

📝 Questão de Concurso

(FGV/TJ-PI/Escrivão/2015) Determinada proposta de emenda constitucional foi subscrita por quatorze Assembleias Legislativas, manifestando-se, cada uma delas, pela maioria absoluta dos seus membros.

Essa proposta foi aprovada, durante situação de calamidade pública, em cada Casa do Congresso Nacional, em dois turnos de votação, pelos votos de exatos três quintos dos respectivos membros presentes à sessão, sendo certo que apenas dez por cento dos parlamentares faltaram à votação. Por fim, a emenda constitucional foi promulgada. À luz da sistemática instituída pela Constituição da República Federativa do Brasil, é correto afirmar que essa emenda constitucional é inconstitucional

a) apenas por apresentar um vício de iniciativa
b) apenas por não ter sido aprovada pelo quórum exigido
c) por afrontar um limite circunstancial de reforma e por não ter sido aprovada pelo quórum exigido
d) apenas por afrontar um limite circunstancial de reforma
e) por apresentar vício de iniciativa e afrontar um limite circunstancial de reforma

Gabarito comentado: B.
Veja que a PEC foi proposta por 14 assembleias legislativas, número que atende a exigência do inciso I do art. 60 da CF. Em cada uma delas, a PEC foi apoiada pela maioria absoluta dos membros, até mais do que a maioria relativa exigida pela CF. Não há, portanto, vício de iniciativa. O fato de ter sido aprovada durante situação de calamidade pública, por si só, não é qualquer empecilho: só se tivesse sido efetivamente decretado estado de defesa é que incidiria um limite circunstancial ao poder de emenda. A única inconstitucionalidade é mesmo o quórum, que não foi atingido: com efeito, se são necessários os votos favoráveis de 3/5 do total de membros da Casa, e houve o voto a favor de 3/5 de 90% dos membros (já que 10% faltaram), a PEC deveria ter sido considerada rejeitada.

2.5.1.3. Limitações materiais (cláusulas pétreas)

As limitações materiais (ou cláusulas pétreas, ou núcleo duro da Constituição) são matérias protegidas de certas modificações. A elas o constituinte derivado atribuiu singular importância, a ponto de impedir que sejam banidas do sistema constitucional. Perceba-se que as matérias protegidas até podem ser modificadas – para melhor, por exemplo.

✋ Cuidado!

De acordo com a jurisprudência do STF, pode até haver modificação **para pior** (alteração restritiva), desde que isso não atinja o núcleo essencial das cláusulas (ou seja, não pode haver emenda **tendente a abolir** tais princípios). Em suma: matérias protegidas como cláusulas pétreas até podem ser modificadas, não podem é ser objeto de emendas tendentes a **aboli-las**. Ou, como já foi cobrado em prova: a caracterização de uma norma como cláusula pétrea não significa a intangibilidade (ser intocável) de seu texto.

Assim, por exemplo, a forma federativa de estado (existência da União, dos Estados, do DF e dos Municípios como entidades autônomas) é cláusula pétrea. Apesar disso, pode ser proposta e aprovada PEC que retire uma competência municipal e a transfira aos Estados; está-se alterando a forma federativa, mas num aspecto pontual, acessório, que não tem tendência de aboli-la ou, em outras palavras, não afeta o **núcleo essencial do conceito** (essa é a palavra-chave).

📝 Questões de Concurso

(Cespe/DPU/Defensor Público Federal/2015) A proteção dos limites materiais ao poder de reforma constitucional não alcança a redação do texto constitucional, visando sua existência a evitar a ruptura com princípios que expressam o núcleo essencial da CF.

Gabarito comentado: Correto.
O fato de uma norma ser cláusula pétrea não assegura que a redação do texto seja imutável; apenas impede EC que vise abolir essa norma.

(FGV/TCM-SP/Auditor – área jurídica/2015) Os limites materiais à reforma constitucional não protegem a literalidade da disposição constitucional, mas, sim, o núcleo essencial dos princípios e institutos a que se referem.

> **Gabarito comentado:** Correto.
> Realmente, o fato de uma norma ser qualificada como cláusula pétrea não significa que o texto (literalidade) seja intocável, mas sim que a essência do princípio (núcleo essencial) seja preservada.

Existem cláusulas pétreas **explícitas** (art. 60, § 4º: a forma federativa de Estado; o voto direto, secreto, universal e periódico; a separação dos Poderes; os direitos e garantias **individuais**) e **implícitas** (matérias que a CF não diz serem cláusulas pétreas, mas que, por implicitude, não podem ser abolidas, sob pena de desmoronar o próprio sistema constitucional).

Vejamos um quadro sobre as cláusulas pétreas explícitas, seu significado e extensão:

Quadro 2.3 – Cláusulas pétreas explícitas

Cláusula	Conteúdo jurídico	Previsão	Alcance
Forma federativa de estado	A autonomia política (e a própria existência) da União, dos Estados, do DF e dos Municípios	Art. 1º, *caput* Art. 18	Não impede a transferência de uma competência federativa de um ente para outro, desde que não se esvazie as atribuições de um ente
Voto direta, secreto, universal e periódico	O direito de votar em eleições periódicas, com sigilo do voto, elegendo representantes para todos os cargos eletivos (voto direto) e sem qualquer forma de discriminação odiosa (sufrágio universal)	Art. 14	Não impede a mudança do período dos mandatos (desde que mantida uma periodicidade mínima) A **obrigatoriedade** do voto não é cláusula pétrea (poder ser instituído o voto facultativo por EC)
Separação de poderes	Independência e harmonia entre o Legislativo, o Executivo e o Judiciário	Art. 2º, concretizado nos arts. 44 a 135	Não impede a criação de novos órgãos em um poder (vide o caso da criação do CNJ, pela EC n. 45/04: ADI n. 3.367/DF), nem a concessão de autonomia a um órgão do Executivo, desvinculando-o desse Poder (caso da Defensoria Pública: EC n. 74/13 e 80/14: ADI n. 5.296/DF)
Direitos e garantias individuais	Direitos de 1ª geração, assim como seus instrumentos de garantia	Art. 5º e também outros espalhados pela CF	Abrange também direitos e garantias individuais espalhados pela CF, tais como a anterioridade tributária, que é garantia individual do contribuinte (art. 150, III), assim como a anterioridade eleitoral (garantia individual do eleitor: art. 16)

2.5.1.4. Algumas cláusulas pétreas implícitas são reconhecidas de forma unânime pela doutrina; outras geram divergência doutrinária

Vejamos:

Quadro 2.4 – Cláusulas pétreas implícitas

Cláusula pétrea implícita	Quem defende como cláusula pétrea	Posição das bancas
Limites ao poder de emenda (não se pode fazer EC que altere os próprios limites – materiais, formais e circunstanciais ao poder reformador, vedando-se a chamada teoria da **dupla revisão**)	Unanimidade da doutrina brasileira. Em Portugal, autores como Jorge Miranda defendem a **teoria da dupla revisão** (uma EC pode abolir os limites ao poder de EC), mas o STF e a doutrina brasileira rejeitam essa teoria	Todas consideram cláusula pétrea. O Cespe já cobrou expressamente que o Brasil aceita a teoria da dupla revisão e a questão foi considerada **errada**
Titularidade do poder constituinte originário pelo povo	Unanimidade da doutrina (não pode o poder constituinte **derivado** alterar a titularidade do poder constituinte originário, seu criador)	Todas consideram cláusula pétrea
Direitos sociais	Ver quadro **Divergência doutrinária**	Ver quadro **Divergência doutrinária**
República (forma republicana de governo) e **Presidencialismo** (sistema presidencialista de governo)	**Doutrina minoritária:** são cláusula pétrea implícita, pois a CF previu a realização de um plebiscito em 1993, no qual se escolheu a República Presidencialista. É a posição de José Afonso da Silva e Paulo Gustavo Gonet Branco. **Doutrina majoritária:** não são cláusulas pétreas, podendo ser abolidas por EC, desde que antecedidas de novo plebiscito. Parece-nos a posição mais adequada, já que: *a)* uma decisão popular por plebiscito pode ser revogada, desde que baseada em outro plebiscito; e *b)* é difícil justificar a criação de uma cláusula pétrea **após** a manifestação do poder constituinte originário	Praticamente só o Cespe cobra esse tema, considerando que **não se trata de cláusula pétrea** (por exemplo: Cespe/TCU/Psicólogo/2011). Há, porém, questão de 2014 da FCC em que a banca dá a entender que considera esses dois princípios cláusulas pétreas
Existência do Ministério Público (só interessa para concursos jurídicos ou do próprio MP)	Poucos autores tratam do tema, mas os que o abordam consideram, na maioria, que a existência do MP é cláusula pétrea, pois a CF diz tratar-se de **instituição permanente**	O Cespe já cobrou questão considerando que se trata de cláusula pétrea

[📝] Questão de Concurso

(Cespe/PCAL/Delegado/2012) Para a doutrina constitucional majoritária, não existem limites implícitos ao poder constituinte derivado reformador. É possível, assim, adotar a teoria da dupla revisão.

Gabarito comentado: Errado.
O fato de uma norma ser cláusula pétrea não assegura que a redação do texto seja imutável; apenas impede EC que vise abolir essa norma.

Divergência doutrinária!

Parte da doutrina entende que a forma republicana de governo e o sistema presidencialista seriam cláusulas pétreas implícitas (José Afonso da Silva, Paulo Gustavo Gonet Branco). Isso porque, realizado o plebiscito de 1993 (ADCT, art. 2º), a escolha popular teria que ser respeitada. Todavia, a parte majoritária dos estudiosos considera que tais princípios poderiam ser alterados por emenda, desde que houvesse outro plebiscito e o povo decidisse pela monarquia parlamentarista (é posição, entre outros, de Pedro Lenza, Alexandre de Moraes e Ives Gandra Martins Filho). Para fins de concursos, é importante saber que:

a) *a República Presidencialista não é cláusula pétrea explícita (mesmo quem defende ser cláusula pétrea entende que seria de forma implícita);*

b) *o Cespe tem adotado a tese de que a República Presidencialista não é cláusula pétrea, nem de forma implícita.*

[📝] Questão de Concurso

(FGV/Câmara dos Deputados/Analista Legislativo/Consultor Legislativo/Área I: Direito Constitucional, Eleitoral e Municipal/2023) João, professor de direito constitucional, questionou Maria, sua aluna, em relação a alguns aspectos relacionados ao exercício do poder reformador, mais especificamente quanto à legitimidade para a apresentação de proposta, aos limites materiais ao exercício do poder reformador e à possibilidade de a matéria inserida em proposta havida por prejudicada ser objeto de nova proposta.

À luz da sistemática constitucional, Maria respondeu corretamente que

a) é admitida a iniciativa popular nessas propostas.

b) a forma de governo não está inserida entre os limites materiais.

c) a matéria constante de proposta havida por prejudicada somente pode ser objeto de nova proposta na legislatura seguinte.

d) a proposta havida por prejudicada, não propriamente rejeitada, pode ser objeto de nova proposta na mesma sessão legislativa.

e) a iniciativa das Assembleias Legislativas exige que a manifestação, em cada uma delas, se dê por maioria absoluta de seus membros.

Gabarito comentado: B.
A alternativa A está errada porque a CF não prevê iniciativa popular de Proposta de Emenda à Constituição (art. 60, I a III), diferentemente do que ocorre com os projetos de lei ordinária e complementar (art. 61, § 2°).
A alternativa B está correta e é a resposta da questão. Realmente, a CF prevê como cláusula pétrea a forma de estado (federação), não protegendo pela cláusula de imutabilidade do núcleo essencial nem a forma de governo (república) nem o sistema de governo (presidencialismo). Embora existam doutrinadores que defendam serem a república e o presidencialismo cláusulas pétreas implícitas, essa corrente é minoritária – e, como percebe-se nessa questão, não é adotada pela FGV.

A alternativa "C" está errada porque, de acordo com o art. 60, § 5º, a matéria constante de PEC rejeitada ou declarada prejudicada não pode ser objeto de nova proposta na mesma sessão legislativa (= ano parlamentar), e não na mesma legislatura (= 4 anos), como afirmou a questão.

Justamente por isso, a alternativa "D" está errada: tanto a rejeição quanto a declaração de prejudicialidade (perda do objeto ou da oportunidade) geram o efeito da irrepetibilidade absoluta da PEC na mesma sessão legislativa, conforme prevê expressamente o art. 60, § 5º.

A alternativa "E" está errada porque, de acordo com o art. 60, III, da CF, uma PEC pode ser apresentada pela maioria absoluta das assembleias legislativas (14), manifestando-se cada uma delas pela maioria relativa (simples) dos seus membros – não se exige, assim, que a manifestação de cada assembleia dê-se por maioria absoluta.

Divergência doutrinária!

Parte dos autores entende que os direitos sociais seriam cláusulas pétreas implícitas (José Afonso da Silva, Ingo Wolfgang Sarlet), enquanto outros entendem que, entre os direitos fundamentais, só os individuais são cláusulas pétreas, já que os limites materiais devem ser interpretados de forma restritiva (Ives Gandra Martins Filho). Em provas de concursos, geralmente tal questão só será cobrada na prova dissertativa (já que na prova objetiva fatalmente caberá recurso). Na prova objetiva, o que pode ser cobrado é se os direitos sociais são cláusulas pétreas explícitas: não, mesmo quem defende que seriam cláusulas pétreas diz que o seriam de forma implícita.

Questões de Concurso

(Cespe/STF/Analista Administrativo/2008) Todos os direitos e garantias fundamentais previstos na CF foram inseridos no rol das cláusulas pétreas.

Gabarito comentado: Errado.
Expressamente, só foram incluídos entre as cláusulas pétreas os direitos e garantias individuais.

(FCC/Defensor Público de São Paulo/2007) A exegese literal das cláusulas pétreas indica que os direitos sociais fazem parte do núcleo constitucional intangível conforme texto da nossa Constituição.

Gabarito comentado: Errado.
Numa interpretação literal, são cláusulas pétreas os direitos e garantias individuais.

Numa prova antiga (2002), o Cespe considerou os direitos sociais como cláusulas pétreas, mas, repita-se, essa prova é bastante antiga.

Questões de Concurso

(Cespe/Senado Federal/Consultor/2002) Considerando que a Constituição da República estabelece como cláusulas pétreas os direitos e garantias individuais, em respeito ao princípio hermenêutico geral de que exceções devem ser objetos de interpretação estrita, deve-se interpretar que apenas os direitos de primeira geração configuram cláusulas pétreas e, portanto, propostas de emenda constitucional tendentes a abolir direitos sociais podem ser objeto de deliberação do Congresso Nacional.

Gabarito: Errado.

(Iades/Seagri-DF/Administrador/2023) No que se refere aos diferentes tipos de manifestação do Poder Constituinte, assinale a alternativa correta.

a) A matéria constante de proposta de emenda rejeitada ou havida por prejudicada não pode ser objeto de nova proposta na mesma sessão legislativa.

b) A Constituição poderá ser emendada na vigência de intervenção federal, de estado de defesa ou de estado de sítio.

c) A proposta será discutida e votada em cada Casa do Congresso Nacional, em três turnos, considerando-se aprovada se obtiver, em ambas as Casas, dois quintos dos votos dos respectivos membros.

d) A proposta de emenda tendente a abolir o voto obrigatório não será objeto de deliberação.

e) A Constituição poderá ser emendada mediante proposta de mais da metade das Assembleias Legislativas das unidades da Federação, manifestando-se, cada uma delas, por dois terços de seus membros.

Gabarito comentado: A (art. 60, § 5º – trata-se da chamada regra da irrepetibilidade). B está errada pois incidem, no caso, os limites circunstanciais (art. 60, § 3º). C está errada pelo número de turnos (dois) e pelo quórum (3/5): art. 60, § 2º. D está equivocada porque o voto obrigatório não é cláusula pétrea (art. 60, § 4º, II). Finalmente, E está errada porque se exige que a maioria das assembleias se manifeste por maioria simples, e não por 2/3 (art. 60, III).

(FGV/Senado Federal/Advogado/2022) Um grupo de vinte e cinco senadores apresentou proposta de emenda constitucional, em período no qual uma região do país estava sendo atingida por calamidade de grandes proporções na natureza, visando a alterar o Art. 5º da Constituição da República de 1988, de modo a estender um direito ali previsto a pessoas que não eram contempladas.

Apesar de a matéria já ter sido rejeitada, no ano anterior, na mesma legislatura, o grupo de senadores tinha convicção de que o ambiente político era favorável à sua aprovação.

Ao final das discussões, a proposta foi aprovada em cada Casa do Congresso Nacional, em dois turnos de votação, por três quintos dos votos dos respectivos membros, sendo a Emenda Constitucional n. XX promulgada pelas Mesas da Câmara dos Deputados e do Senado Federal, com o respectivo número de ordem.

À luz da sistemática constitucional, sobre o processo legislativo que redundou na Emenda Constitucional n. XX, assinale a afirmativa correta.

a) Apresentou apenas vício de iniciativa.

b) Afrontou, apenas, os limites materiais e circunstanciais de reforma constitucional.

c) Afrontou, apenas, os limites temporais e circunstanciais para a reforma constitucional.

d) Apresentou vício de iniciativa e afrontou os limites temporais e circunstanciais para a reforma constitucional.

e) Apresentou vício formal, por ocasião da aprovação da proposta, além de afrontar os limites circunstanciais para a reforma constitucional.

Gabarito comentado: A.
Uma Proposta de Emenda à Constituição (PEC) pode ser apresentada por Senadores (CF, art. 60, I), mas desde que o número de assinatura perfaça pelo menos 1/3 dos membros da Casa, ou seja, 27 Senadores. Como no caso desta questão há apenas 20 assinaturas, há um vício (defeito) em relação ao aspecto da iniciativa.
Não há problema em relação ao fato de a PEC ter sido apresentada em situação de calamidade, pois, não tendo sido decretado expressamente estado de defesa, estado de sítio ou intervenção federal, não incidem os limites circunstanciais previstos no art. 60, § 1º, da CF. Aliás, esses limites são chamados de circunstanciais (circunstâncias, situações), não de temporais (prazo).
O fato de a PEC ter sido rejeitada no ano anterior, ainda que na mesma legislatura, não é impeditivo da nova apresentação do tema: o art. 60, § 5º, impede a reapresentação do mesmo conteúdo de PEC rejeitada ou havida por prejudicada apenas na mesma sessão legislativa (= ano parlamentar), e não na mesma legislatura.

> Da mesma maneira, embora os direitos e garantias individuais (art. 5º) sejam realmente cláusula pétrea (CF, art. 60, § 4º, IV), não há violação ao núcleo duro da CF, já que não existe tendência de abolir direito, muito pelo contrário, de modo que não há qualquer problema de conteúdo em relação à PEC.
> Em relação à promulgação, defeito também não há, já que as PECs são mesmo promulgadas pelas Mesas da Câmara dos Deputados e do Senado Federal, conjuntamente (art. 60, § 3º), e não pelo Presidente da República.
> Assim, o único problema da PEC diz respeito ao aspecto da iniciativa, de modo que a resposta correta é mesmo a alternativa A.

2.5.2. Poder constituinte derivado revisor (ou revisional)

Era a competência de modificar normas constitucionais, mas por meio de um instrumento extraordinário (as emendas constitucionais de revisão).

Na verdade, tanto a emenda quanto a revisão fazem parte da reforma em sentido amplo, a modificação do texto da Constituição. Porém, a reforma é um procedimento normal e cotidiano, regulamentado pelo art. 60 da CF, ao passo que a revisão era um procedimento extraordinário, realizado "uma vez na vida" (5 anos após promulgada a CF), e regulamentado pelo art. 3º do ADCT.

Aliás, a revisão constitucional já foi realizada e não pode ser repetida ou "ressuscitada". O art. 3º é norma de eficácia exaurida, que já produziu seus efeitos. No dizer de Paulo Bonavides, qualquer tentativa de ressuscitar a revisão é, na verdade, um golpe de Estado, uma fraude à Constituição.

Quadro 2.5 – Distinções entre Reforma e Revisão

	Reforma	Revisão
Natureza	Mudança ordinária, comum	Mudança extraordinária, apenas uma vez (cinco anos após promulgada a Constituição)
Instrumento	Emendas constitucionais (EC)	Emendas constitucionais de revisão (ECR)
Quórum de aprovação	3/5	Maioria absoluta
Turnos de discussão e votação	Dois turnos em cada Casa	Turno único
Votação	Em duas Casas	Sessão unicameral do Congresso Nacional

2.5.3. Poder constituinte derivado decorrente

2.5.3.1. Noção

É o poder dos Estados-membros (Estados federados) de elaborar suas próprias Constituições estaduais, respeitados os princípios da Constituição Federal (CF, art. 25, *caput*; art. 11). É um poder constituinte porque elabora uma Constituição; é derivado porque possui limites (deve respeitar a Constituição Federal); é decorrente porque decorre da adoção da forma federativa de Estado.

Questões de Concurso

(Esaf/PFN/Procurador/2012) O poder constituinte decorrente, típico aos Estados Nacionais unitários, é limitado, porém incondicionado.

Gabarito comentado: Errado.
O poder constituinte dos Estados-membros não é típico dos estados unitários; ao contrário, é uma decorrência da Federação, da forma federativa de Estado. Além disso, a questão está errada ao afirmar que esse poder é incondicionado (quem é inicial é o poder constituinte originário).

(Cespe/MPE-TO/Promotor/2012) Poder constituinte derivado decorrente é o poder que os entes da Federação (estados, DF e municípios) têm de estabelecer sua própria organização fundamental, nos termos impostos pela CF.

Gabarito comentado: Errado.
O poder constituinte decorrente pertence aos Estados, não ao DF nem aos Municípios, segundo a doutrina majoritária, adotada pelo Cespe.

2.5.3.2. Extensão

Embora exista divergência doutrinária, a maioria dos estudiosos do Direito Constitucional entende que o poder constituinte decorrente estende-se apenas aos Estados-membros, não abrangendo o DF e os Municípios, que são regidos por leis orgânicas (ADCT, art. 11, parágrafo único). Com efeito, apesar de a Lei Orgânica do DF ser equiparada a uma Constituição estadual, ela não é uma Constituição estadual.

Veja o que diz a CF, art. 25: "Os Estados organizam-se e regem-se pelas Constituições e leis que adotarem, observados os princípios desta Constituição". Já o art. 11 do ADCT dispõe que: "Cada Assembleia Legislativa, com poderes constituintes, elaborará a Constituição do Estado, no prazo de um ano, contado da promulgação da Constituição Federal, obedecidos os princípios desta. Parágrafo único. Promulgada a Constituição do Estado, caberá à Câmara Municipal, no prazo de seis meses, votar a Lei Orgânica respectiva, em dois turnos de discussão e votação, respeitado o disposto na Constituição Federal e na Constituição Estadual".

Questão de Concurso

(Cespe/MPE-TO/Promotor/2012) Poder constituinte derivado decorrente é o poder que os entes da Federação (estados, DF e municípios) têm de estabelecer sua própria organização fundamental, nos termos impostos pela CF.

Gabarito comentado: Errado.
Não abrange todos os entes da Federação, mas apenas, segundo a doutrina majoritária, os Estados-membros.

2.5.3.3. Limites

Na elaboração das Constituições estaduais, os Estados devem respeitar as regras básicas previstas na Constituição Federal. São os chamados princípios estabelecidos (= princípios da Constituição Federal que devem ser respeitados pela Constituição estadual).

Questão de Concurso

(Cespe/STM/Analista Judiciário – Área Judiciária/2011) No exercício de sua autonomia política, os estados podem adotar o regime parlamentar de governo.

Gabarito comentado: Errado.
Como a CF adota o sistema presidencialista de governo, a previsão do parlamentarismo na Constituição estadual violaria o *caput* do art. 25 da CF.

Para concursos jurídicos!

Há autores que, com base em José Afonso da Silva, destrincham os limites ao poder constituinte estadual em quatro espécies:

a) **Normas de preordenação:** normas previstas na CF, dirigidas especificamente aos Estados-membros; são normas que ordenam previamente o que a Constituição estadual deve dizer; ex.: regras de eleição e imunidades dos governadores e Deputados Estaduais (arts. 27 e 28 da CF);

b) **Princípios extensíveis:** previstos na CF para reger a União, mas se aplicam aos Estados por extensão (ou por simetria); ex.: regras de processo legislativo (a CF trata apenas do processo legislativo federal, mas essas regras se aplicam aos Estados, no que couber) e de orçamento;

c) **Princípios estabelecidos:** previstos na CF para se aplicarem a todos os entes federativos (União, Estados, DF e Municípios); ex.: direitos fundamentais e princípios da Administração Pública;

d) **Princípios sensíveis:** normas às quais os Estados devem obediência, sob pena de sofrerem intervenção federal (CF, art. 34, VII, a a e).

Lembrando que todos esses princípios são de observância obrigatória pela Constituição estadual.

2.6. PODER CONSTITUINTE DIFUSO

A mais moderna doutrina cita também o poder constituinte (derivado) difuso, consistente na possibilidade de alteração do significado das normas constitucionais, sem alteração do texto (trata-se de um processo informal de mudança da Constituição).

Como já vimos no estudo dos conceitos de Constituição, a concepção, hoje, prevalente é a de que a Constituição é uma norma aberta, em diálogo com a sociedade. Logo, as normas constitucionais podem ter o significado modificado mesmo sem que mude o texto. Esse é o fenômeno da *mutação constitucional*.

Pode-se dizer, então, que é o poder que toda a sociedade tem de mudar o significado das normas constitucionais, sem mudança do texto, por meio de um procedimento informal chamado de **mutação constitucional**. Assim, mesmo sem haver alteração formal do texto da Constituição, pode haver uma mudança da sua interpretação, caso haja uma mudança de valores na sociedade, por exemplo. Perceba-se que, embora essa mudança seja confirmada, geralmente pelo STF, ela nasce da própria sociedade, por isso esse poder é chamado difuso.

2.6.1. Instrumento

O mecanismo de mudança do significado sem mudança do texto chama-se **mutação constitucional**. Há duas grandes formas de mudar a Constituição: a reforma (mudança formal do texto, seja por meio de emenda, seja por meio de revisão) e a mutação (mudança informal, mutação do significado sem mudança do texto).

Questões de Concurso

(Cespe/TCE-ES/Auditor/2012) Denomina-se mutação constitucional o processo informal de mudança da constituição por meio do qual a ela se atribui novo sentido, sem que se altere seu texto.
Gabarito comentado: Correto.
A mutação não modifica o texto, mas apenas o significado (interpretação).

(Cespe/Anatel/Analista Jurídico/2009) Mutações constitucionais são alterações no texto da CF decorrentes de novos cenários na ordem econômica, social e cultural do País.
Gabarito comentado: Errado.
Mutação é a mudança informal, sem mudança do texto.

(FGV/TCM-RJ/Procurador/2008) Mutação constitucional é:
a) o mesmo que reforma da Constituição;
b) o mesmo que emenda da Constituição;
c) o processo não formal de mudança de Constituição flexível;
d) o processo não formal de mudança de Constituição rígida;
e) o processo formal de alteração do texto constitucional.
Gabarito comentado: D.
A mutação constitucional é um processo informal (não formal) de mudança (não se altera o texto, apenas o significado). Como se opõe ao conceito de reforma (mudança formal), é um conceito utilizado em relação às Constituições rígidas.

(IADES/Seagri/Técnico/2023) A mutação constitucional está associada à plasticidade das normas constitucionais e permite a transformação do sentido e do alcance de normas da Constituição, sem que se altere a redação do seu texto.
Resposta: correto. A mutação consiste na alteração do sentido das normas constitucionais, sem mudança formal (sem mudança do texto), o que só é possível em virtude da plasticidade (adaptabilidade) das normas constitucionais.

2.6.2. Exemplos de mutação constitucional

2.6.2.1. *Efeitos da decisão em mandado de injunção (MIs n. 708 e 712)*

Antigamente, a decisão em mandado de injunção (art. 5º, LXXI) tinha efeitos meramente declaratórios (apenas confirmava que estava faltando a lei, mas não resolvia o caso concreto); posteriormente, por pressão da própria sociedade, o STF mudou sua interpretação e passou a entender que a decisão em mandado de injunção regulamenta provisoriamente a matéria, permitindo o exercício do direito, até que seja feita a lei regulamentadora faltante. Mudou a interpretação, sem mudança do texto constitucional.

2.6.2.2. *Vedação à progressão de regime em crimes hediondos (HC n. 82.959/SP)*

Em um primeiro momento, o STF considerou constitucional a regra da Lei de Crimes Hediondos, que estabelecia o regime integralmente fechado (proibição da progressão de regime); depois, no julgamento do citado *habeas corpus*, mudou sua posição, passando a entender que a previsão de regime integralmente fechado viola o princípio constitucional da individualização da pena (art. 5º, XLVI). Mudou a interpretação sem que tenha sido alterado o texto da Constituição.

2.6.2.3. *Extensão do foro por prerrogativa de função (QO na AP n. 937/RJ)*

Recentemente, o STF, alterando a interpretação que tradicionalmente dava às regras da CF, passou a entender que o foro por prerrogativa de função dos parlamentares abrange apenas os crimes cometidos em razão do cargo; não atinge, portanto, fatos anteriores ao mandato, ou que não guardem relação com este. Como isso importou uma mudança de entendimento (já que, anteriormente, o STF considerava que o foro aplicava-se a todo e qualquer processo criminal contra parlamentares), sem que tenha havido qualquer mudança formal no texto (até existe PEC aprovada pelo Senado Federal restringindo o foro, mas aguarda deliberação da Câmara dos Deputados), esse é um belo exemplo de uma mutação constitucional

[Capítulo 2] Poder Constituinte   63

Esquemas

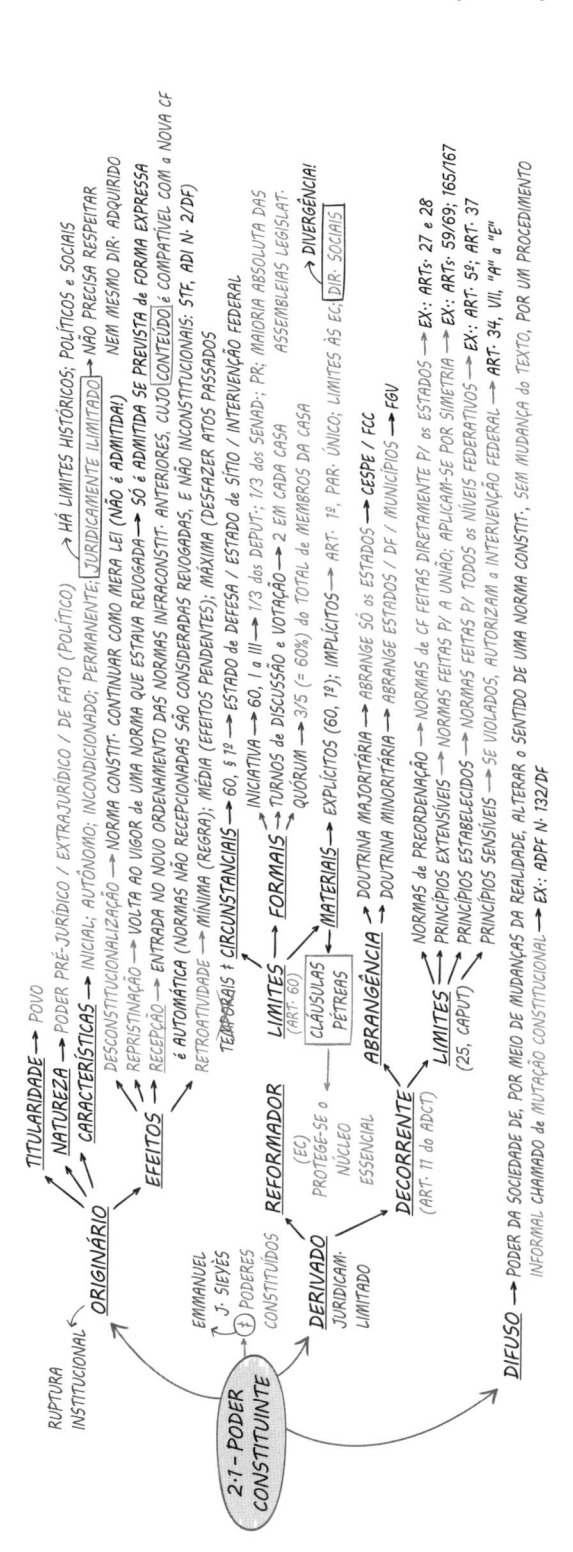

2.1 - PODER CONSTITUINTE

- **ORIGINÁRIO** (RUPTURA INSTITUCIONAL)
  - EMMANUEL J. SIEYÈS (+) PODERES CONSTITUÍDOS
  - **TITULARIDADE** → POVO
  - **NATUREZA** → PODER PRÉ-JURÍDICO / EXTRAJURÍDICO / DE FATO (POLÍTICO)
  - **CARACTERÍSTICAS** → INICIAL; AUTÔNOMO; INCONDICIONADO; PERMANENTE; JURIDICAMENTE (I)LIMITADO → HÁ LIMITES HISTÓRICOS; POLÍTICOS e SOCIAIS → NÃO PRECISA RESPEITAR NEM MESMO DIR. ADQUIRIDO
  - **EFEITOS**
    - DESCONSTITUCIONALIZAÇÃO → NORMA CONSTIT. CONTINUAR COMO MERA LEI (NÃO é ADMITIDA!)
    - REPRISTINAÇÃO → VOLTA AO VIGOR de UMA NORMA QUE ESTAVA REVOGADA → SÓ é ADMITIDA SE PREVISTA de FORMA EXPRESSA
    - RECEPÇÃO → ENTRADA NO NOVO ORDENAMENTO DAS NORMAS INFRACONSTIT. ANTERIORES, CUJO CONTEÚDO é COMPATÍVEL COM a NOVA CF é AUTOMÁTICA (NORMAS NÃO RECEPCIONADAS SÃO CONSIDERADAS REVOGADAS, E NÃO INCONSTITUCIONAIS: STF, ADI N- 2/DF)
    - RETROATIVIDADE → MÍNIMA (REGRA); MÉDIA (EFEITOS PENDENTES); MÁXIMA (DESFAZER ATOS PASSADOS

- **DERIVADO** JURIDICAM. LIMITADO
  - **REFORMADOR** (EC) PROTEGE-SE O NÚCLEO ESSENCIAL
    - **LIMITES** (ART. 60)
      - **TEMPORAIS** ≠ **CIRCUNSTANCIAIS** → 60, § 1º → ESTADO de DEFESA / ESTADO de SÍTIO / INTERVENÇÃO FEDERAL
      - **FORMAIS**
        - INICIATIVA → 60, I a III → 1/3 dos DEPUT.; 1/3 dos SENAD.; PR; MAIORIA ABSOLUTA DAS ASSEMBLEIAS LEGISLAT.
        - TURNOS de DISCUSSÃO e VOTAÇÃO → 2 EM CADA CASA
        - QUÓRUM → 3/5 (= 60%) do TOTAL de MEMBROS DA CASA
      - **MATERIAIS** → CLÁUSULAS PÉTREAS
        - EXPLÍCITOS (60, 1º); IMPLÍCITOS → ART. 1º, PAR. ÚNICO; LIMITES ÀS EC; DIR. SOCIAIS → DIVERGÊNCIA!
    - **ABRANGÊNCIA**
      - DOUTRINA MAJORITÁRIA → ABRANGE SÓ os ESTADOS → CESPE / FCC
      - DOUTRINA MINORITÁRIA → ABRANGE ESTADOS / DF / MUNICÍPIOS → FGV

  - **DECORRENTE** (ART. 11 do ADCT)
    - **LIMITES** (25, CAPUT)
      - NORMAS de PREORDENAÇÃO → NORMAS de CF FEITAS DIRETAMENTE P/ os ESTADOS → EX.: ARTs. 27 e 28
      - PRINCÍPIOS EXTENSÍVEIS → NORMAS FEITAS P/ A UNIÃO; APLICAM-SE POR SIMETRIA → EX.: ARTs. 59/69; 165/167
      - PRINCÍPIOS ESTABELECIDOS → NORMAS FEITAS P/ TODOS os NÍVEIS FEDERATIVOS → EX.: ART. 5º, ART. 37
      - PRINCÍPIOS SENSÍVEIS → SE VIOLADOS, AUTORIZAM a INTERVENÇÃO FEDERAL → ART. 34, VII, "A" a "E"

- **DIFUSO** → PODER DA SOCIEDADE DE, POR MEIO DE MUDANÇAS DA REALIDADE, ALTERAR o SENTIDO DE UMA NORMA CONSTIT., SEM MUDANÇA do TEXTO, POR UM PROCEDIMENTO INFORMAL CHAMADO de MUTAÇÃO CONSTITUCIONAL → EX.: ADPF N- 132/DF

▷▷ *continuação*

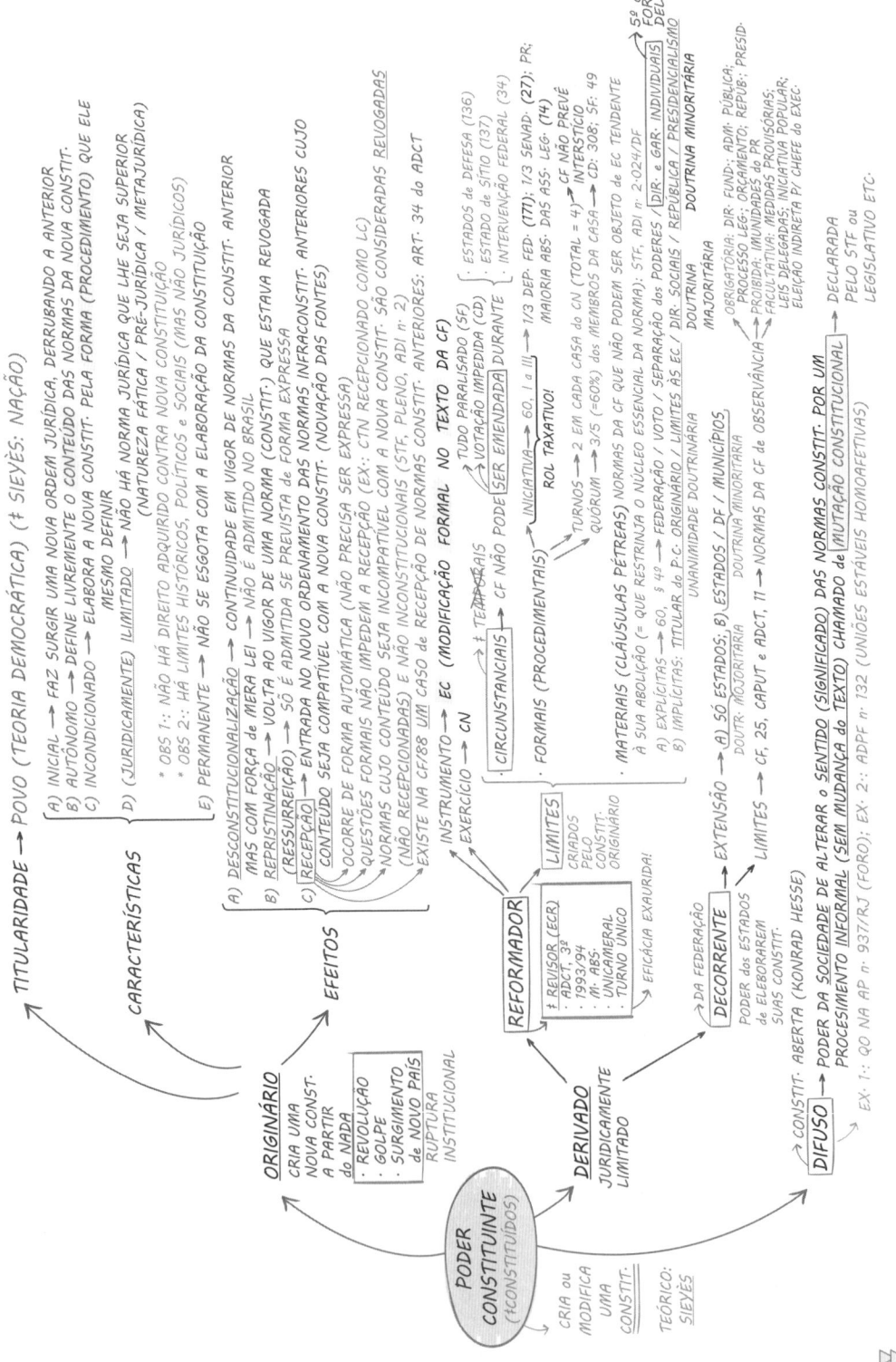

continuação ▷▷

PODER CONSTITUINTE (↑CONSTITUÍDOS)

CRIA ou MODIFICA UMA CONSTIT.
TEÓRICO: SIEYÈS

TITULARIDADE → POVO (TEORIA DEMOCRÁTICA) (≠ SIEYÈS: NAÇÃO)

CARACTERÍSTICAS

A) INICIAL → FAZ SURGIR UMA NOVA ORDEM JURÍDICA, DERRUBANDO A ANTERIOR
B) AUTÔNOMO → DEFINE LIVREMENTE O CONTEÚDO DAS NORMAS DA NOVA CONSTIT.
C) INCONDICIONADO → ELABORA A NOVA CONSTIT. PELA FORMA (PROCEDIMENTO) QUE ELE MESMO DEFINIR
D) (JURIDICAMENTE) ILIMITADO → NÃO HÁ NORMA JURÍDICA QUE LHE SEJA SUPERIOR (NATUREZA FÁTICA / PRÉ-JURÍDICA / METAJURÍDICA)
   * OBS 1:: NÃO HÁ DIREITO ADQUIRIDO CONTRA NOVA CONSTITUIÇÃO
   * OBS 2:: HÁ LIMITES HISTÓRICOS, POLÍTICOS e SOCIAIS (MAS NÃO JURÍDICOS)
E) PERMANENTE → NÃO SE ESGOTA COM A ELABORAÇÃO DA CONSTITUIÇÃO

EFEITOS

A) DESCONSTITUCIONALIZAÇÃO → CONTINUIDADE EM VIGOR DE NORMAS DA CONSTIT. ANTERIOR MAS COM FORÇA DE MERA LEI → NÃO É ADMITIDO NO BRASIL
B) REPRISTINAÇÃO → VOLTA AO VIGOR DE UMA NORMA (CONSTIT.) QUE ESTAVA REVOGADA (RESSURREIÇÃO) → SÓ É ADMITIDA SE PREVISTA DE FORMA EXPRESSA
C) RECEPÇÃO → ENTRADA NO NOVO ORDENAMENTO DAS NORMAS INFRACONSTIT. ANTERIORES CUJO CONTEÚDO SEJA COMPATÍVEL COM A NOVA CONSTIT. (NOVAÇÃO DAS FONTES)
   OCORRE DE FORMA AUTOMÁTICA (NOVA PRECISA SER EXPRESSA)
   QUESTÕES FORMAIS NÃO IMPEDEM A RECEPÇÃO (EX: CTN RECEPCIONADO COMO LC)
   NORMAS CUJO CONTEÚDO SEJA INCOMPATÍVEL COM A NOVA CONSTIT. SÃO CONSIDERADAS REVOGADAS (NÃO RECEPCIONADAS) E NÃO INCONSTITUCIONAIS (STF, PLENO, ADI n: 2)
   EXISTE NA CF/88 UM CASO DE RECEPÇÃO DE NORMAS CONSTIT. ANTERIORES: ART. 34 do ADCT

ORIGINÁRIO
CRIA UMA NOVA CONST. A PARTIR do NADA
· REVOLUÇÃO
· GOLPE
· SURGIMENTO DE NOVO PAÍS
RUPTURA INSTITUCIONAL

DERIVADO (JURIDICAMENTE LIMITADO)

REFORMADOR
≠ REVISOR (ECR)
· ADCT, 3º
· 1993/94
· M· ABS·
· UNICAMERAL
· TURNO ÚNICO
→ EFICÁCIA EXAURIDA!

LIMITES CRIADOS PELO CONSTIT. ORIGINÁRIO

INSTRUMENTO → EC (MODIFICAÇÃO FORMAL NO TEXTO DA CF)
EXERCÍCIO → CN

· CIRCUNSTANCIAIS → CF NÃO PODE SER EMENDADA DURANTE
   ↳ TEMPORAIS
   ↳ TUDO PARALISADO (SF)
   ↳ VOTAÇÃO IMPEDIDA (CD)
   · ESTADOS de DEFESA (136)
   · ESTADO de SÍTIO (137)
   · INTERVENÇÃO FEDERAL (34)

· FORMAIS (PROCEDIMENTAIS)
   INICIATIVA → 60, I a III → ROL TAXATIVO!
   TURNOS → 2 EM CADA CASA da CN (TOTAL = 4)
   QUÓRUM → 3/5 (=60%) dos MEMBROS DA CASA
   1/3 DEP. FED. (177); 1/3 SENAD. (27); PR; MAIORIA ABS. DAS ASS. LEG. (14)
   CD: 308; SF: 49
   CF NÃO PREVÊ INTERSTÍCIO

· MATERIAIS (CLÁUSULAS PÉTREAS) NORMAS DA CF QUE NÃO PODEM SER OBJETO de EC TENDENTE À SUA ABOLIÇÃO (= QUE RESTRINJA O NÚCLEO ESSENCIAL DA NORMA): STF, ADI n: 2·024/DF
   A) EXPLÍCITAS → 60, § 4º → FEDERAÇÃO / VOTO / SEPARAÇÃO dos PODERES / DIR. e GAR. INDIVIDUAIS → 5º ou FORO DELE
   B) IMPLÍCITAS: TITULAR do P.C. ORIGINÁRIO / LIMITES ÀS EC / DIR. SOCIAIS / REPÚBLICA / PRESIDENCIALISMO

   DOUTRINA MAJORITÁRIA → DOUTRINA MINORITÁRIA

   OBRIGATÓRIA: DIR. FUND; ADM. PÚBLICA; PROCESSO LEG; ORÇAMENTO; REPUB; PRESID.
   PROIBIDA: IMUNIDADES do PR
   FACULTATIVA: MEDIDAS PROVISÓRIAS; LEIS DELEGADAS; INICIATIVA POPULAR; ELEIÇÃO INDIRETA P/ CHEFE do EXEC.

DECORRENTE
→ DA FEDERAÇÃO
PODER dos ESTADOS de ELABORAREM SUAS CONSTIT·

EXTENSÃO → A) SÓ ESTADOS; B) ESTADOS / DF / MUNICÍPIOS;
   DOUTR· MAJORITÁRIA   DOUTRINA MINORITÁRIA

LIMITES → CF, 25, CAPUT e ADCT, 11 → NORMAS DA CF de OBSERVÂNCIA
   UNANIMIDADE DOUTRINÁRIA

DIFUSO
→ CONSTIT· ABERTA (KONRAD HESSE)
→ PODER DA SOCIEDADE DE ALTERAR o SENTIDO (SIGNIFICADO) DAS NORMAS CONSTIT. POR UM PROCEDIMENTO INFORMAL (SEM MUDANÇA do TEXTO) CHAMADO de MUTAÇÃO CONSTITUCIONAL

EX. 1:: QO NA AP n: 937/RJ (FORO); EX· 2:: ADPF n: 132 (UNIÕES ESTÁVEIS HOMOAFETIVAS)

DECLARADA PELO STF ou LEGISLATIVO ETC·

▷▷ continuação

[Capítulo 2] Poder Constituinte 65

continuação ⇨

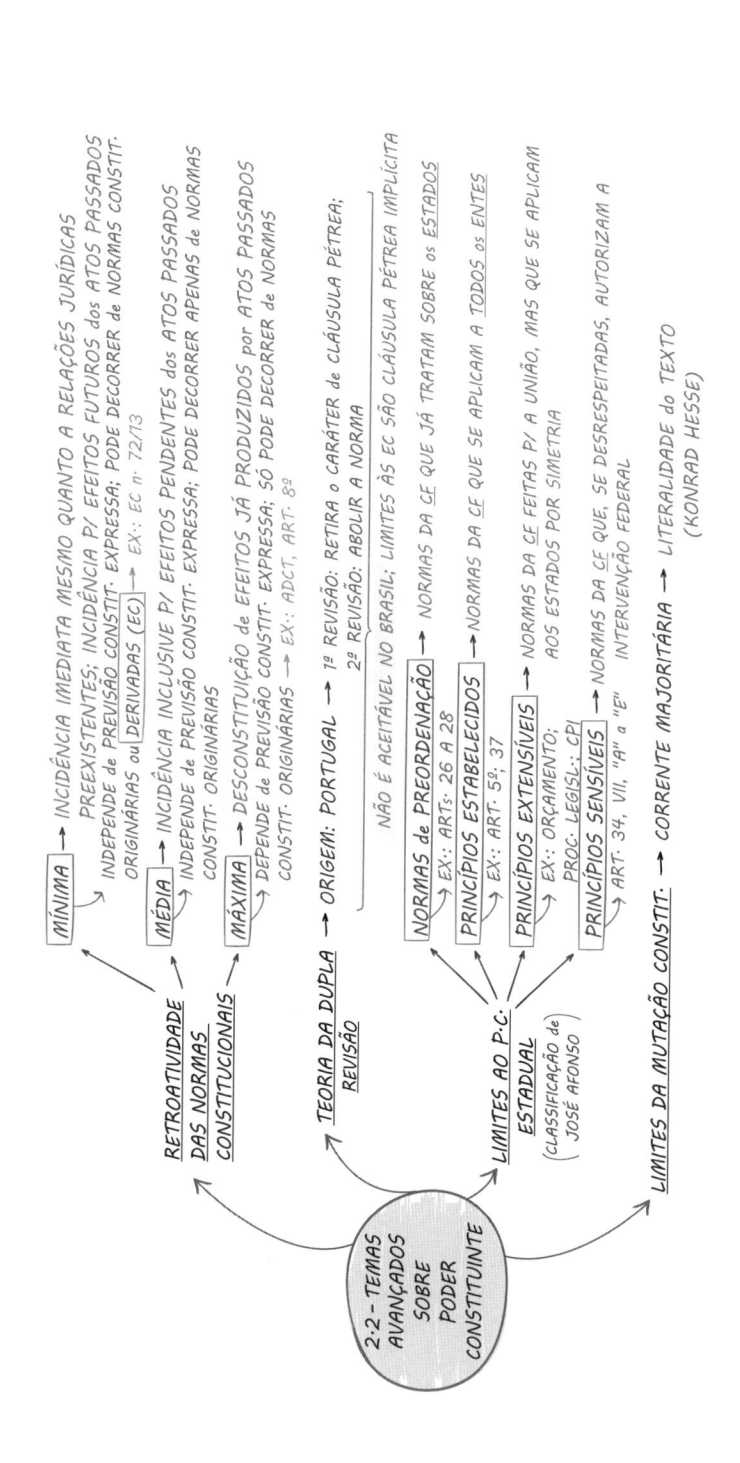

2.2 - TEMAS AVANÇADOS SOBRE PODER CONSTITUINTE

- **RETROATIVIDADE DAS NORMAS CONSTITUCIONAIS**
  - **MÍNIMA** → INCIDÊNCIA IMEDIATA MESMO QUANTO A RELAÇÕES JURÍDICAS PREEXISTENTES; INCIDÊNCIA P/ EFEITOS FUTUROS dos ATOS PASSADOS INDEPENDE DE PREVISÃO CONSTIT. EXPRESSA; PODE DECORRER de NORMAS CONSTIT. ORIGINÁRIAS ou DERIVADAS (EC) → EX.: EC n. 72/13
  - **MÉDIA** → INCIDÊNCIA INCLUSIVE P/ EFEITOS PENDENTES dos ATOS PASSADOS. INDEPENDE de PREVISÃO CONSTIT. EXPRESSA; PODE DECORRER APENAS de NORMAS CONSTIT. ORIGINÁRIAS
  - **MÁXIMA** → DESCONSTITUIÇÃO de EFEITOS JÁ PRODUZIDOS por ATOS PASSADOS. DEPENDE de PREVISÃO CONSTIT. EXPRESSA; SÓ PODE DECORRER DE NORMAS CONSTIT. ORIGINÁRIAS → EX.: ADCT, ART. 8º

- **TEORIA DA DUPLA REVISÃO** → ORIGEM: PORTUGAL → 1ª REVISÃO: RETIRA o CARÁTER de CLÁUSULA PÉTREA;
  2ª REVISÃO: ABOLIR A NORMA

  NÃO É ACEITÁVEL NO BRASIL: LIMITES ÀS EC SÃO CLÁUSULA PÉTREA IMPLÍCITA

- **LIMITES AO P.C. ESTADUAL** (CLASSIFICAÇÃO de JOSÉ AFONSO)
  - **NORMAS de PREORDENAÇÃO** → NORMAS DA CF QUE JÁ TRATAM SOBRE os ESTADOS → EX.: ARTs. 26 A 28
  - **PRINCÍPIOS ESTABELECIDOS** → NORMAS DA CF QUE SE APLICAM A TODOS os ENTES → EX.: ART. 5º, 37
  - **PRINCÍPIOS EXTENSÍVEIS** → NORMAS DA CF FEITAS P/ A UNIÃO, MAS QUE SE APLICAM AOS ESTADOS POR SIMETRIA → EX.: ORÇAMENTO; PROC. LEGISL.; CPI
  - **PRINCÍPIOS SENSÍVEIS** → NORMAS DA CF QUE, SE DESRESPEITADAS, AUTORIZAM A INTERVENÇÃO FEDERAL → ART. 34, VII, "a" a "e"

- **LIMITES DA MUTAÇÃO CONSTIT.** → CORRENTE MAJORITÁRIA → LITERALIDADE do TEXTO (KONRAD HESSE)

Capítulo 3

Hermenêutica Constitucional

3.1. INTERPRETAÇÃO E HERMENÊUTICA

Interpretar é **atribuir** significado a um determinado texto. Os dispositivos constitucionais (texto da Constituição) também necessitam ser interpretados, pois nenhum texto possui significado *a priori*. É por isso que a moderna doutrina afirma que é o intérprete que **constrói** a norma. Em outras palavras: o **dispositivo normativo** (texto) precisa ser **interpretado** (ter seu significado atribuído) pelo **intérprete** para que surja a **norma**. Em suma: a norma é o resultado da interpretação, não seu ponto de partida.

> ⚠️ **Atenção para provas discursivas e orais!**
>
> Na doutrina mais tradicional, costuma-se dizer que a interpretação é a tarefa de **descobrir** o sentido do texto. Isso, porém, segundo a mais moderna hermenêutica, está errado, já que o significado não é algo que está pronto e possa ser descoberto: o significado é **atribuído** (=construído) pelo intérprete. Cuidado, portanto, com os termos, quando for escrever uma dissertação sobre o tema, ou responder a uma pergunta sobre esse assunto, em eventual prova oral.

Se **interpretação constitucional** é a atividade do **intérprete** de **atribuir o significado** a um texto, **hermenêutica**, de outra parte, é o **ramo da filosofia** que estuda como se dá a interpretação. Então, temos que a interpretação é a atividade; a hermenêutica, o estudo de como essa atividade deve ser levada a cabo.

Essa diferença já foi cobrada em prova dissertativa, para Consultor Legislativo da Câmara dos Deputados, na área de Direito Constitucional, Eleitoral e Municipal (Cespe/2014). Pedia-se que o candidato dissertasse, em até 90 linhas, sobre a hermenêutica e a interpretação constitucional, abordando especificamente: a) a distinção entre ambas; b) os métodos da hermenêutica constitucional; e c) os princípios da interpretação constitucional (os itens *b* e *c* serão estudados ainda neste capítulo).

3.1.1. O caráter necessário e "aberto" da interpretação jurídica

As leis e a Constituição são escritas, isto é, compõem-se de signos escritos, que precisam ser decodificados (interpretados). Nesse sentido, todo dispositivo normativo precisa de interpretação; não existe norma que dispense a interpretação. Justamente por isso, a doutrina mais recente critica a expressão latina "*in claris cessat interpretatio*" (no claro cessa a interpretação), porque até mesmo para se saber que uma regra é clara, é preciso interpretá-la. A interpretação jurídica é, pois, algo imanente ao próprio Direito. Bem se vê que há certa margem de subjetividade na tarefa de interpretar. Por isso, reconhece-se a influência das pré-compreensões do intérprete. É claro que a interpretação sobre o que seja "livre iniciativa" varia entre um intérprete liberal e um comunista. Mas não se pode fugir de um limite: o texto normativo. O que se busca é reduzir, controlar essa margem de subjetividade.

Outro fator que contribui para essa "margem de dúvida" na interpretação constitucional é o caráter aberto das normas constitucionais. Dessa maneira, tais normas comumente admitem dois ou mais significados possíveis (são signos ambíguos ou equívocos ou plurívocos). Cabe, então, ao intérprete fixar, com base nos métodos de interpretação constitucional, qual a interpretação que é (mais) adequada.

3.2. HERMENÊUTICA FILOSÓFICA DE HANS-GEORG GADAMER

Em concursos mais avançados, especialmente de carreiras jurídicas de topo (juiz, defensor, promotor, procurador etc.) vez por outra se cobra – às vezes em provas dissertativas ou orais, mas até mesmo na prova objetiva – a chamada **hermenêutica filosófica de Gadamer**.

Hans-Georg Gadamer foi um filósofo alemão, que escreveu o livro *Verdade e Método*, em que, analisando e sintetizando os pressupostos da moderna hermenêutica filosófica, lançou as bases da moderna hermenêutica constitucional. Pode-se dizer que da hermenêutica filosófica nasce a hermenêutica especificamente constitucional.

Os principais aspectos da hermenêutica filosófica de Gadamer são os seguintes:

1) Não é possível encontrar a "vontade do legislador" e, ainda que o fosse, não seria útil essa descoberta; em primeiro lugar, porque, para encontrar a "vontade do legislador", seria preciso encontrar a intenção de uma multiplicidade de pessoas (parlamentares, assessores, presidente etc.) e também porque, uma vez editada a norma, seu significado se "objetiva", passando a ter uma vida própria, independentemente da vontade original de quem a editou. Logo, não faz sentido buscar a chamada *mens legislatorem* (vontade do legislador), assim como não há que se falar em buscar a *mens legis* (vontade da lei), pois a lei, como texto, não tem vontade. A interpretação é um ato de atribuição de significado do texto aqui e agora, segundo as influências do contexto presente, e não escrava da vontade de quem a editou. Esse raciocínio permite, por exemplo, a existência e o reconhecimento das mutações constitucionais.

2) É inevitável a influência das pré-compreensões (ou pré-concepções) do intérprete, que são inseparáveis de sua atividade. Nas palavras do próprio Gadamer, "a lente da subjetividade é um espelho deformante" – se puder, cite isso na prova dissertativa ou oral – isso porque só temos como ver o mundo através da "lente" da nossa subjetividade (nossas preferências políticas, nossa experiência de vida etc.), mas essa lente é também um espelho (que reflete a nós mesmos) deformante (que deforma a realidade). O intérprete é inseparável de suas pré-compreensões. Ou, em outras palavras, não há uma separação total, completa ou absoluta entre **o sujeito cognoscente (quem interpreta) e o objeto cognoscido (o que se interpreta)**.

3) Interpretar e aplicar são dois aspectos do mesmo fenômeno. Na doutrina jurídica tradicional, fala-se que interpretar seria descobrir o significado, ao passo que aplicar a norma seria verificar sua incidência no caso concreto. Porém, segundo Gadamer, quando inter-

pretamos uma norma já estamos imaginando sua aplicação a um caso prático (real ou hipotético). Logo, são inseparáveis as tarefas de interpretar e de aplicar uma norma.

Questões de Concurso

(Cespe/DPE-RN/Defensor/2015) A hermenêutica filosófica de matriz gadameriana assemelha-se à hermenêutica clássica, na medida em que trabalha com a atribuição de sentido às normas.

Gabarito comentado: Errado.
Ao contrário da hermenêutica clássica, para quem cabe ao intérprete "descobrir" o significado das normas, a hermenêutica gadameriana defende que o intérprete constrói/atribui significado a elas. Ou seja: o erro da afirmativa está apenas na parte "assemelha-se à hermenêutica clássica".

(FGV – PC RN – Delegado de Polícia Substituto – 2021) No processo de interpretação constitucional, a pré-compreensão do intérprete não pode ocupar uma posição hegemônica e incontrastável, de modo a tornar esse processo uma encenação que busque tão somente justificar conclusões prévias, indiferentes aos limites do texto constitucional, aos aspectos circunstanciais e às exigências de ordem metódica. Na interpretação constitucional, a narrativa acima se mostra:

a) errada, pois a pré-compreensão não pode ser utilizada na interpretação constitucional, sob pena de consagrar o subjetivismo em detrimento do caráter objetivo da norma;

b) correta, pois o conhecimento adquirido pelo intérprete é apenas condição de desenvolvimento da compreensão, que resulta na atribuição de significado ao texto;

c) correta, pois a interpretação evidencia uma total separação entre o sujeito cognoscente e o objeto cognoscido, de modo que a compreensão é da alçada do legislador;

d) errada, pois o intérprete, em sua atividade intelectiva, deve se limitar a conhecer o sentido imanente ao texto, não participando da construção do significado;

e) contraditória, pois a pré-compreensão e a compreensão apresentam uma relação de sobreposição, não ocupando planos sucessivos.

Resposta: B (à luz da hermenêutica filosófica de Hans-Georg Gadamer, não há uma separação total entre sujeito que conhece e objeto que é conhecido, pois as pré-compreensões do intérprete sempre "contaminam" o conhecimento que se tem da realidade; nesse contexto, cabe ao intérprete construir sentido para as normas, e não encontrar significados prontos ou imutáveis; o intérprete tem uma atividade construtiva, e não meramente descritiva).

(FGV – PM RJ – Oficial da Polícia Militar – 2021) Ana e Maria, estudiosas do Direito, travaram intenso debate a respeito de aspectos da interpretação constitucional. Ana sustentava que a separação rígida entre sujeito cognoscente e objeto cognoscido, própria do formalismo, não se ajustava ao modo como a ordem constitucional brasileira vinha sendo compreendida. Maria, no entanto, ressaltava que a afirmação de Ana era incompatível com o conceito de mutação constitucional. Sobre a hipótese apresentada, assinale a afirmativa correta.

a) Maria está errada, pois o conceito de mutação constitucional está ínsito no formalismo, decorrendo das constantes alterações formais do texto da Constituição.

b) Ana está errada, pois o formalismo é a base de toda a interpretação constitucional, apontando para a ilegitimidade de toda argumentação que dele se distancie.

c) Ana está errada, pois, na interpretação constitucional, a separação rígida entre sujeito cognoscente e objeto cognoscido decorre da separação de poderes.

d) Ana está errada, pois os significantes constitucionais veiculam significados preexistentes, que não são influenciados pela pré-compreensão do intérprete ou por modificações da realidade.

e) Maria está errada, pois a mutação constitucional está embasada na atividade argumentativa e decisória desenvolvida pelo intérprete, que não permanece atrelado a significados preexistentes.

> Resposta: E (Ana está correta, pois não há uma separação total entre sujeito que conhece e objeto que é conhecido, já que as pré-compreensões do intérprete sempre "contaminam" o conhecimento que se tem da realidade; Maria, porém, está errada, pois, como os significados não são encontrados/descobertos, mas sim construídos, podem alterar-se ao longo do tempo e das mudanças da realidade fática, sem que haja mudança formal do texto, o que se conhece como mutação constitucional).

3.3. CORRENTES DA HERMENÊUTICA

Por influência da doutrina norte-americana, costuma-se discutir qual seria a corrente hermenêutica mais adequada: a dos interpretativistas (ou interpretacionistas ou originalistas) ou a dos não interpretativistas (ou não interpretacionistas ou construtivistas).

Para a corrente dos **interpretativistas (interpretacionistas ou originalistas)** o papel do juiz e do intérprete é **apenas interpretar, nunca criar a norma**. Ou seja, o intérprete deve buscar o sentido original da norma, nunca criar um significado. Interpretativistas – o juiz só interpreta, não cria.

Já para a corrente **não interpretativista (não interpretacionista ou construtivista)** o papel do juiz/intérprete é essencialmente criativo, cabendo-lhe não (só) interpretar, mas também criar a norma, adaptando-a à realidade concreta e aos valores da sociedade.

Embora uma postura não interpretacionista radical possa ser considerada uma forma de dar excessivo poder ao intérprete, é de se reconhecer que a corrente não interpretacionista é mais compatível com os pressupostos da moderna hermenêutica filosófica de Gadamer.

✋ Cuidado!

Em provas objetivas de concursos, é muito que o examinador tente induzir o candidato em erro, dando a entender que a corrente interpretativista defende a atividade criadora do intérprete, ou que os não interpretativistas restringem o poder do intérprete, quando a realidade é o contrário. Entenda e lembre da seguinte forma: interpretativista – o juiz **só** interpreta, não cria; não interpretativista – o juiz não (só) interpreta, mas também cria o direito.

📝 Questões de Concurso

(Cespe/TRF5/Juiz Federal/2015) A corrente doutrinária denominada não interpretacionismo defende que os juízes, ao decidirem questões constitucionais, devem limitar-se a fazer cumprir as normas explícitas ou claramente implícitas na Constituição escrita.

Gabarito comentado: Errado.
Ao contrário! O "não interpretacionismo" defende que o intérprete *não só* interpreta, como também cria o direito, exatamente ao contrário do que diz a questão.

(FCC/DPE-SP/Defensor/2015) O originalismo norte-americano consagra a living Constitution, ou seja, a abertura das normas constitucionais à realidade e às mutações da sociedade para a contínua evolução do texto constitucional.

> **Gabarito comentado: Errado.**
> O originalismo equivale ao interpretacionismo, corrente segundo a qual o juiz deve limitar-se a interpretar a constituição, mas não deve criar o direito. Logo, nada tem a ver com a ideia de *living constitution* (constituição viva), que, por pressupor que a interpretação da constituição é algo vivo, que se adapta às mudanças da realidade, tem relação, na verdade, com a corrente *não interpretacionista*.

Em resumo:
SUJEITOS DA INTERPRETAÇÃO CONSTITUCIONAL

Todos os que vivenciam uma Constituição a interpretam. Eis a lição de Peter Häberle (pronuncia-se "Réberli"), na célebre obra *A Sociedade Aberta dos Intérpretes da Constituição* (traduzida por um dos autores desta obra, o prof. Gilmar Mendes). Assim, a interpretação não é tarefa que caiba unicamente aos poderes públicos, muito menos apenas ao Tribunal Constitucional. Todos nós, quando vivemos em sociedade, estamos contribuindo com nossos valores e experiências, para que a própria Constituição se adapte ao "mundo real".

Por isso que se diz que a Constituição é um ser vivo, em constante mutação. Adapta-se constantemente às mudanças da sociedade. Logo, todos nós, direta ou indiretamente, interpretamos o texto constitucional.

Questão de Concurso

> (CESPE/Procurador do Município de Natal/2008) A sociedade aberta dos intérpretes da Constituição, defendida por Peter Häberle, propõe que a interpretação constitucional seja tarefa desenvolvida por todos aqueles que vivem a norma, devendo ser inseridos no processo de interpretação constitucional todos os órgãos estatais, os cidadãos e os grupos sociais.
> **Gabarito: Correto.**

Essa noção tem sido muito prestigiada no Brasil, e podemos apontar-lhe algumas consequências relevantes: a) a realização de audiências públicas no Supremo Tribunal Federal, procedimento por meio do qual a Corte "abre-se" para ouvir o que a sociedade e os *experts* em determinada matéria pensam (por meio da intervenção da figura do *amicus curiae*, o "amigo da Corte", um especialista que se habilita para esclarecer ao Tribunal questões técnicas); b) o reconhecimento de um poder do toda a sociedade de mudar o significado das normas constitucionais, sem mudança do texto, por meio do procedimento informal chamado de mutação constitucional (é o chamado *poder constituinte difuso*); c) a previsão de abertura do processo legislativo à participação social e popular, por meio da realização de audiências públicas, por exemplo.

Questão de Concurso

> (Cespe/STF/Analista Judiciário – área judiciária/2013) Para Peter Häberle, jurista alemão cujo pensamento doutrinário tem influenciado o direito constitucional brasileiro, a constituição deve corresponder ao resultado, temporário e historicamente condicionado, de um processo de interpretação levado adiante na esfera pública por parte dos cidadãos e cidadãs.

> **Gabarito comentado: Correto.**
> As palavras-chave aqui são "processo de interpretação" (algo que é necessariamente determinado por circunstâncias históricas, como diz a questão) e "esfera pública"/"cidadãos e cidadãs".

Porém, à parte essa teoria, pode-se classificar a interpretação quanto ao sujeito que a realiza: a) interpretação legislativa ou autêntica: ocorre quando o próprio legislador (no nosso caso, o constituinte, seja ele originário ou derivado) explica o conteúdo de uma norma; b) interpretação judicial: decorre da atividade do poder Judiciário – que, hoje em dia se reconhece, exerce uma atividade eminentemente criativa (principalmente na interpretação constitucional); não mais subsiste a ideia de Montesquieu de que o juiz seria apenas "a boca que pronuncia as palavras da lei". Importante, então, conhecer a jurisprudência (conjunto das repetidas decisões de um tribunal sobre determinada matéria). Aliás, ressalte-se que muitas decisões judiciais do STF possuem força vinculante (ex.: decisão final de mérito em ADI/ADC/ADPF; recurso extraordinário contra decisão em controle abstrato estadual; súmulas de efeitos vinculantes); c) interpretação doutrinária: é aquela feita pelos juristas, pelos entendidos em Direito.

3.4. MÉTODOS DE INTERPRETAÇÃO CONSTITUCIONAL

Método é um conjunto de técnicas que devem ser seguidas para que se possa chegar a um determinado resultado. Com base nesse conceito, podemos afirmar que os métodos da interpretação constitucional são os diversos caminhos, os diversos conjuntos de técnicas que são propostos para que o intérprete possa chegar a um resultado seguro, ou pelo menos minimamente controlável, criticável. São os caminhos hermenêuticos para que o intérprete possa fazer uma boa interpretação (ou seja, uma interpretação segura, consistente, constitucionalmente adequada). Isso porque, em virtude do caráter vago e aberto de muitas normas constitucionais, muitas vezes o texto constitucional não é unívoco (ou seja, não possui apenas uma interpretação correta). Nesse sentido, deve-se buscar a interpretação constitucionalmente mais adequada.

Esses métodos geralmente não se excluem, antes se complementam. Aliás, um bom exercício hermenêutico é fazer uma "prova dos nove": testar mais de um método para saber se é possível chegar a um mesmo significado.

3.4.1. Métodos tradicionais ou jurídico-clássicos

Esses métodos foram sistematizados por Savigny para a interpretação das leis em geral, mas também são válidos (com algumas ressalvas) para a interpretação constitucional. De acordo com o que defende **Ernst Forsthoff**, são os métodos que bastam para interpretar a Constituição, pois esta não difere, na estrutura, de uma lei. Enfim, de acordo com o método (ou conjunto de métodos) jurídico clássico, interpretar a CF nada tem de diferente ou peculiar em relação a interpretar o Código Civil ou o Código Penal, por exemplo.

A maioria da doutrina, porém, entende que esses métodos – embora úteis – não são suficientes para se interpretar a Constituição.

São métodos jurídicos clássicos de interpretação os seguintes:

3.4.1.1. Método da interpretação gramatical (ou literal)

Cuida-se de apreender o significado da assertiva normativa, ao pé da letra, colhendo apenas o significado das palavras. Não é suficiente para a construção de uma interpretação adequada, mas é imprescindível para fixar os limites dos quais o intérprete não pode se afastar, sob pena de violentar o texto da norma. Ex.: o art. 20, IV, determina que são bens da União "as ilhas oceânicas e as costeiras, excluídas, destas, as que contenham a sede de Municípios". Nesse caso, é preciso realizar uma interpretação gramatical para fixar que "destas" se refere a "as [ilhas] costeiras".

3.4.1.2. Método da interpretação lógico-sistemática

Tem como pressuposto a visão da lei como um todo, um conjunto. Assim, não se pode interpretar uma disposição da lei sem ter em mente os demais dispositivos. Deve-se interpretar a lei em conjunto, e não aos pedaços. Ex.: de acordo com o art. 12, §3º, alguns cargos são privativos de brasileiros natos.

Porém, só tendo lido o §2º do mesmo art. 12 é que se pode saber que esse rol de cargos privativos é exaustivo (não admite ampliação), salvo outra previsão também constitucional.

3.4.1.3. Método da interpretação histórica

Leva em conta a evolução do sistema normativo e as próprias discussões no seu processo de elaboração para fixar o conteúdo da norma. Por exemplo: a antiga redação do art. 12, §1º, da CF, previa que "aos portugueses [...] serão atribuídos os direitos inerentes aos brasileiros natos"; após a ECR n. 3/1994, retirou-se a palavra "natos", o que sugere, em uma interpretação histórica, que os direitos agora reconhecidos são os de brasileiro naturalizado.

3.4.1.4. Método da interpretação teleológica

Busca fixar o significado da norma de acordo com a finalidade (*telos*) que razoavelmente dela se espera. De acordo com esse método, visa-se a realizar a finalidade para a qual a norma foi feita, a finalidade que ela deve cumprir no contexto da CF.

Por exemplo: na interpretação da alínea *d* do inciso XXXVIII do art. 5º da CF (competência constitucional do tribunal do júri), verifica-se que o texto normativo dispõe que "é reconhecida a instituição do júri (...) assegurada (...) a competência para o julgamento dos crimes dolosos contra a vida". A questão é: poderia a competência constitucional ser ampliada por lei? Essa é uma competência mínima ou máxima? Pode o Código de Processo Penal atribuir ao júri o julgamento dos crimes conexos aos dolosos contra a vida? Embora haja certa divergência doutrinária, a opinião majoritária é de que sim, a lei pode ampliar a competência do júri, uma vez que a atribuição constitucionalmente conferida representa uma competência mínima, já que a **finalidade** da norma é **assegurar** a competência do júri, e não a limitar. Trata-se de uma argumentação baseada no método teleológico.

Questão de Concurso

(Cespe/TRE-PI/Analista Judiciário – área judiciária/2016) A interpretação da Constituição sob o método teleológico busca investigar as origens dos conceitos e institutos pelo próprio legislador constituinte.

Gabarito comentado: Errado.
A questão deveria referir-se, na verdade, ao método histórico, e não teleológico.

3.4.1.5. Métodos específicos da interpretação constitucional (especificamente constitucionais)

São métodos que não se aplicam às normas jurídicas em geral, mas sim foram desenvolvidos tendo em mente especificamente a interpretação da Constituição, com suas peculiaridades: a doutrina geralmente cita o método tópico-problemático; o método hermenêutico-concretizador; o normativo-estruturante; e o científico-espiritual.

3.4.1.6. Método tópico-problemático

Sistematizado por **Theodor Viehweg** (pronuncia-se – cuidado em provas orais – "fívêg"), no livro *Tópica e Jurisprudência*, tal método se baseia no fato de que a interpretação é uma constante resolução de problemas. Isso deve, então, ser feito com base na argumentação, utilizando pontos de vista aceitos pela sociedade (*topoi*), de modo que a melhor interpretação é aquela que consiga melhor convencer.

Deve-se, então, **partir da resolução do problema concreto** para, então, **fixar a melhor interpretação da norma constitucional**. De acordo com esse método, portanto, valoriza-se a solução mais justa para o caso concreto, e só depois, a partir dessa solução, busca-se qual a interpretação da norma constitucional que se adapta a ela. **Parte do problema (caso) para a norma, do concreto para o abstrato.** Por isso, aliás, que se chama método "tópico-*problemático*" (prioriza a resolução do problema, do caso concreto).

Esse método, embora tenha seus méritos, é criticado por abrir demais a Constituição, aceitando qualquer significado, desde que haja uma boa argumentação. Também sofre críticas pelo fato de que subverte a lógica "normal" da interpretação, que seria a partir da norma, resolver o caso.

Em provas de concursos, esse método costuma ser confundido com o hermenêutico-concretizador, que é seu exato oposto, conforme veremos a seguir.

Questão de Concurso

(Cespe/TJPI/Cartórios – remoção/ 2013) Ernst Forsthoff, com sua obra Topik und Jurisprudenz (1953), foi o grande responsável pela retomada da tópica no campo jurídico, de modo que é considerado por muitos o pai do método tópico-problemático.

Gabarito comentado: Errado.
Forsthoff defendia o método jurídico-clássico. O autor de "Tópica e Jurisprudência", que é o pai do método tópico-problemático, é Theodor Viehweg.

3.4.1.7. Método hermenêutico-concretizador

Tem por base a ideia de que interpretar e aplicar o Direito são uma só tarefa; interpretar é utilizar uma norma geral para resolver um problema específico; é partir do geral e abstrato para o individual e concreto; é, pois, concretizar a norma. É o método que mais internaliza as lições da hermenêutica filosófica de Gadamer (tratada no item 2 deste capítulo). É defendido, entre outros, pelos prof. Português José Joaquim Gomes Canotilho.

As duas características básicas desse método são: a) o reconhecimento das pré-compreensões do intérprete, das quais ele parte para concretizar a norma; b) o reconhecimento da "espiral hermenêutica", processo por meio do qual o intérprete fixa uma interpretação da norma, aplicando-a a um caso concreto (real ou hipotético), depois volta a verificar se aquela solução é compatível com a interpretação dada, até chegar a um resultado adequado do ponto de vista hermenêutico.

De acordo com esse método, deve-se primeiro fixar a interpretação da norma (geral), para aplicá-la ao caso concreto (problema). Defende, portanto, o inverso do método tópico-problemático.

Cabe, então, ao intérprete-concretizador, elaborar um constante "ir e vir" (círculo ou espiral hermenêutico) da norma ao fato e do fato à norma, para então concretizar a Constituição.

Em suma:

a) Método tópico-problemático: do problema (caso concreto) para a norma;
b) Método hermenêutico-concretizador: da norma para o problema (caso concreto).

3.4.1.8. *Método científico-espiritual*

Elaborado por Rudolf Smend, esse método parte do pressuposto de que a Constituição não se esgota na "letra seca", mas contém também um espírito, um conjunto de valores que lhe são subjacentes.

Cabe ao intérprete, pois, interpretar a Constituição como algo dinâmico, em constante modificação e tendo em vista os valores da sociedade, não se atendo apenas à "lei seca", mas também ao espírito da Constituição.

Essa metodologia tem o inegável mérito de evidenciar a importância dos valores e do "olhar para a sociedade" para interpretar a Constituição. Trata-se de interpretar a Constituição adaptando-a aos valores da sociedade, buscando efetivar o "espírito" da Constituição. Por exemplo: dado que o contexto histórico ("espiritual") da elaboração da CF de 1988 foi a redemocratização, é preciso, então, buscar interpretá-la sempre tendo esse contexto e esses valores em mente.

Para fins de provas de concursos, existem algumas "palavras-chave" essencialmente associadas a esse método: valores, espírito, interpretação holística etc.

3.4.1.9. *Método normativo-estruturante*

Esse método traz em si um debate sobre a estrutura da norma. Sabe-se que o texto constitucional nada mais é do que um conjunto de signos que, em si, nada significam. A norma é um significado – por isso se diz que só existe norma depois de haver uma interpretação, e que é o intérprete que constrói a norma.

Com base nisso, Friedrich Müller enxergou uma diferença entre a norma (significado, resultado da interpretação) e o texto da norma (dispositivo normativo, o ponto de partida): o dispositivo é um dado; a norma, algo construído pelo intérprete. É fundamental para o intérprete, antes de chegar à norma (significado), promover uma integração entre o programa normativo (texto da norma) e o âmbito normativo (o conjunto de fatos com os quais o texto da norma está "envolvido").

Em suma: texto (dispositivo) + contexto (ambiente normativo, contexto social) = NORMA (significado, resultado da interpretação).

Chama-se método "normativo-estruturante" porque trabalha com a estrutura da norma para entender sua construção, mediante a adaptação do texto ao contexto social.

Por exemplo: o instituto da iniciativa popular (CF, art. 61, § 2º) precisa ser interpretado à luz do seu contexto social, até mesmo para definir os limites dessa iniciativa, suas potencialidades, etc. O texto da CF não diz nada sobre os limites da iniciativa popular; mas, analisando o dispositivo à luz do seu contexto social, é possível, por meio da aplicação do método normativo-estruturante, defender que a iniciativa popular pode abranger quaisquer assuntos que não sejam de iniciativa privativa, uma vez que o contexto social da CF de 1988 é a busca pelo fortalecimento dos mecanismos de participação popular (veja que, nesse caso, poderíamos chegar ao mesmo resultado com a utilização do método científico-espiritual).

Esse é um dos métodos que explica/justifica a existência de mutações constitucionais. Afinal, se norma (sentido) = texto (dispositivo) + contexto (realidade social), pode haver uma mudança da norma ou pela mudança formal do texto (emenda) ou por meio de uma mudança informal da realidade social (mutação).

Questão de Concurso

(FGV – TCE AM – Auditor – Área: Auditoria Governamental – 2021) Lucas, estudioso do direito constitucional, chegou à conclusão de que o texto constitucional pode sofrer mudanças de significado ainda que não seja objeto de qualquer alteração formal. Essas alterações, delineadas a partir de atividade intelectiva conduzida pelo intérprete, sob influência das modificações na realidade sociopolítica, não importariam em usurpação de uma função própria do Poder Constituinte originário. À luz da compreensão contemporânea a respeito da interpretação constitucional, a argumentação de Lucas é:

a) incorreta, pois o texto e a norma constitucional apresentam uma relação de sobreposição, o que impede a alteração da última sem a realização de modificações no primeiro;

b) correta, já que o texto e a norma constitucional não apresentam uma relação de sobreposição, sendo esta última delineada a partir da interação entre o primeiro e a realidade;

c) correta, já que a norma pode se distanciar da sobreposição com o texto caso seja identificada uma situação de nulidade parcial deste último;

d) incorreta, já que a interpretação constitucional é realizada *in abstracto*, dissociada da realidade subjacente ao momento de aplicação da norma;

e) incorreta, já que o objetivo do intérprete é descobrir o significado imanente do texto constitucional.

Gabarito comentado: B (como os significados não são encontrados/descobertos, mas sim construídos, podem alterar-se ao longo do tempo e das mudanças da realidade fática, sem que haja mudança formal do texto, o que se conhece como mutação constitucional; texto e norma não se sobrepõem, pois, segundo a metódica estruturante de Friederich Müller, norma = texto + contexto, ou norma = dispositivo normativo + âmbito normativo; em outras palavras, a norma – significado construído – não se sobrepõe ou iguala ao texto – ponto de partida –, e uma alteração da norma pode acontecer por mudança do texto – emenda – ou do contexto – mutação)

3.4.1.10. *Método comparativo*

Alguns autores citam, ainda, o método comparativo, que consiste em pesquisar as experiências estrangeiras para verificar qual a solução que é dada a determinada situação. Trata-se da aplicação das técnicas e dos métodos do direito comparado ao direito constitucional.

⚠ Atenção!

Não há uma hierarquia de métodos. Não há métodos certos ou errados. A adoção de um ou de outro ou de vários deriva da sua utilidade específica, no caso concreto, e também da sua compatibilidade entre si.

A rigor, os únicos dois métodos incompatíveis entre si são o tópico-problemático e o hermenêutico-concretizador.

✋ Cuidado!

Em algumas provas de concursos, a banca cobra o nome dos autores que defendem cada método. Discordamos dessa prática; mas, como ela existe, somos forçados a destacar isso.

📋 Em resumo:

Quadro 3.1 – Métodos hermenêuticos

Método	Autor principal	Conteúdo	Palavras-chave
Tópico-problemático	Theodor Viewheg	Parte-se do caso concreto (problema) para encontrar a melhor interpretação da norma	Do problema (caso) para a norma
Hermenêutico-concretizador	Canotilho e Gadamer	Parte-se da norma para encontrar a melhor interpretação e aplicá-la ao caso concreto	Da norma (abstrata) para o caso (concreto); pré-compreensões do intérprete
Científico-espiritual	Rudolf Smend	Deve-se interpretar os dispositivos constitucionais à luz do espírito da Constituição (seus valores fundamentais)	Espírito da Constituição, reforço dos valores constitucionais
Normativo-estruturante	Friederich Müller	O intérprete de adaptar o texto da norma (dispositivo normativo) ao ambiente (contexto social), para então encontrar a interpretação (norma)	Dispositivo normativo, ambiente normativo, norma como resultado da interpretação
Jurídico (clássico)	Ernest Forsthoff	A interpretação da Constituição não se distingue da interpretação das demais normas jurídicas; devem ser usados os métodos gramatical, sistemático, teleológico e histórico	Identidade entre interpretação constitucional e interpretação das leis

📝 Questão de Concurso

(MPE-BA/Promotor/2015) A relevância dos problemas envolvidos na interpretação da Constituição tem motivado a proposta de métodos a serem seguidos nesta tarefa. Todos eles tomam a Constituição como um conjunto de normas jurídicas, como uma lei, que se destina a decidir casos concretos. Ocorre que nem todo o problema concreto acha um desate direto e imediato num claro dispositivo da Constituição, exigindo que se descubra ou se crie uma solução, segundo um método que norteie a tarefa. (...). (MENDES, Gilmar Ferreira; BRANCO, Paulo Gustavo Gonet. Curso de Direito Constitucional, 9 ed., IDP, 2014, p. 91) Levando-se em consideração a doutrina dos autores acima, bem como a caracterização dos Métodos de Interpretação da Constituição, é possível AFIRMAR que o método jurídico-estruturante

a) Toma a Constituição como um conjunto aberto de regras e princípios, dos quais o aplicador deve escolher aquele que seja mais adequado para a promoção de uma solução justa ao caso concreto que analisa. O foco, para este método, é o problema, servindo as normas constitucionais de catálogo de múltiplos e variados princípios, em que se busca argumento para o desate adequado de uma questão prática.
b) Enxerga a Constituição como um sistema cultural e de valores de um povo, cabendo à interpretação aproximar-se desses valores subjacentes à Carta Maior. Tais valores, contudo, estão sujeitos a flutuações, tornando a interpretação da Constituição fundamentalmente elástica e flexível, submetendo a força de decisões fundamentais às vicissitudes da realidade cambiante.
c) Enfatiza que a norma não se confunde com o seu texto (programa normativo), mas tem a sua estrutura composta, também, pelo trecho da realidade social em que incide (o domínio normativo), sendo esse elemento indispensável para a extração do significado da norma.
d) Preconiza que a Constituição seja compreendida com os mesmos recursos interpretativos das demais leis, segundo as fórmulas desenvolvidas por Savigny: a interpretação sistemática, histórica, lógica e gramatical. A interpretação constitucional não fugiria a esses padrões hermenêuticos, não obstante a importância singular que lhe é reconhecida para a ordem jurídica.
e) Parte do pressuposto de que a interpretação constitucional é concretização, entendida como uma norma preexistente na qual o caso concreto é individualizado. Aqui, o primado não é do problema, mas do texto constitucional. A tarefa hermenêutica é suscitada por um problema, mas, para equacioná-lo, o aplicador está vinculado ao texto constitucional. Para obter o sentido da norma, o intérprete arranca da sua pré-Compreensão o significado do enunciado, atuando sob a influência das suas circunstâncias históricas concretas, mas sem perder de vista o problema prático que demanda a sua atenção.

Gabarito comentado: C.
A grande característica do método normativo-estruturante é justamente distinguir a norma (resultado da interpretação) do texto (ou programa ou dispositivo normativo).
Análise item a item:
a) Errado.
A alternativa refere-se ao método tópico-problemático (foco na solução mais justa para o caso concreto), e não ao normativo-estruturante.
b) Errado.
A alternativa refere-se ao método científico-espiritual (reforço dos valores da sociedade), e não ao normativo-estruturante.
d) Errado.
O método segundo o qual a Constituição deve ser interpretada da mesma forma que as leis é o método jurídico-clássico, não o normativo-estruturante.
e) Errado.
A alternativa refere-se ao método hermenêutico-concretizador, não ao normativo-estruturante

3.5. PRINCÍPIOS (OU POSTULADOS) DA INTERPRETAÇÃO CONSTITUCIONAL

São diretrizes básicas a serem observadas pelo intérprete para que possa bem alcançar a tarefa de interpretar as normas constitucionais sem, contudo, violentá-las. São os princípios que o intérprete deve seguir, para tentar extrair do texto da norma o significado constitucionalmente mais adequado. Esses princípios não se excluem; antes, complementam-se.

3.5.1. Unidade da Constituição

A Constituição é um todo uno, indivisível e harmônico; dessa forma deve ser entendida e interpretada. Deve o intérprete, então, analisar a Constituição como um sistema em que todas as normas estão interligadas, **buscando compatibilizar suas normas e evitando-se**

conflitos, contradições e antinomias entre elas. Por exemplo: o art. 61, § 1º, II, *d*, da CF, atribui ao Presidente da República a iniciativa privativa de leis sobre organização do Ministério Público da União. Porém, tal norma não pode ser interpretada como uma "ilha". Não se interpreta o direito em tiras, por pedaços, como adverte Eros Grau. É preciso – nesse exemplo que estamos expondo – atentar para o fato de que o art. 128, § 5º, também atribui ao Procurador-Geral da República a iniciativa de leis sobre o MPU. Logo, pode-se dizer que a iniciativa pode, nesse caso, ser exercida tanto pelo Presidente da República, quanto pelo Procurador-Geral da República.

Duas consequências importantes advêm desse princípio: 1) não há verdadeiros conflitos entre normas constitucionais – essas contradições são apenas aparentes, cabendo ao intérprete harmonizar os diversos dispositivos da Constituição; 2) não há hierarquia entre normas constitucionais: todas estão no mesmo patamar hierárquico, de modo que o Brasil não adota, nesse ponto, a teoria das normas constitucionais inconstitucionais de Otto Bachof (para quem algumas normas constitucionais originárias poderiam ser declaradas inconstitucionais quando em conflito com outras normas, também originárias, só que mais importantes).

Assim, por exemplo, o STF aceita a declaração de inconstitucionalidade de norma constitucional oriunda do constituinte derivado, mas não de norma constitucional originária.

As principais palavras-chave que identificam esse princípio em provas de concursos são: evitar contradições, eliminar conflitos, evitar antinomias.

📝 Questão de Concurso

(Cespe/TCE-PR/Auditor/2016) Em decorrência do princípio interpretativo da unidade da Constituição, existindo duas normas constitucionais incompatíveis entre si, deverá o intérprete escolher entre uma e outra, não sendo possível uma interpretação que as integre.

Gabarito comentado: Errado.
Muito pelo contrário: em virtude do princípio da unidade, o intérprete deve buscar a compatibilização das normas constitucionais.

3.5.2. Máxima efetividade

As normas constitucionais, por serem mais abertas que as normas jurídicas em geral, comumente são passíveis de mais de uma interpretação. Deve-se, então, preferir a interpretação que mais valorize a eficácia e efetividade da Constituição.

Esse princípio é muito importante na interpretação das normas programáticas e das normas definidoras de direitos fundamentais.

Por exemplo: o art. 5º, XI, da CF, determina que "a casa é asilo inviolável do indivíduo, ninguém nela podendo penetrar sem consentimento do morador, salvo em caso de flagrante delito ou desastre, ou para prestar socorro, ou, durante o dia, por determinação judicial". Existem, então, duas interpretações possíveis: uma que dá ao vocábulo "casa" uma interpretação mais restrita (apenas local utilizado para moradia) e outra mais ampla ("casa" é qualquer compartimento habitado em que alguém exerce a privacidade). Deve-se preferir, então, a interpretação mais ampla, pois é a que mais efetividade dá ao direito fundamental previsto na CF.

3.5.3. Força normativa da Constituição

As normas constitucionais são, antes de mais nada, normas jurídicas. Por isso, possuem uma força obrigatória, a força de mudar os fatos – a força normativa, no dizer de Konrad Hesse.

Desse modo, quando a norma constitucional (dever-ser) apontar uma realidade e os fatos (ser) mostrarem outra situação, deve sempre prevalecer a norma constitucional. No conflito entre a norma e os fatos, aquela (a norma) deve prevalecer.

Não se trata de menosprezar a importância dos fatos sociais para a interpretação constitucional, mas de reconhecer que a norma tem uma pretensão de modificar os fatos que lhe sejam contrários.

Por exemplo: o art. 5º, III, da CF, proíbe a tortura e o tratamento desumano ou degradante. Todavia, sabemos nós que existem ainda muitas dessas situações Brasil afora. Isso significa que norma constitucional "não serve" e deve ser deixada de lado? Não! Isso significa que devemos lutar para que os fatos sociais adaptem-se ao mandamento da norma constitucional. A força está com a norma (força normativa, mandamental).

Trata-se de valorizar a Constituição e lutar pelo respeito a ela: é o que Konrad Hesse denomina de *vontade de Constituição*, que deve subjugar a vontade de abusar do poder (*vontade de poder*).

Questão de Concurso

(Vunesp/TJRJ/Juiz/2016) No estudo da Hermenêutica Constitucional se destaca a importância do constitucionalismo contemporâneo de uma Constituição concreta e historicamente situada com a função de conjunto de valores fundamentais da sociedade e fronteira entre antagonismos jurídicos-políticos. A Constituição não está desvinculada da realidade histórica concreta do seu tempo. Todavia, ela não está condicionada, simplesmente, por essa realidade. Em caso de eventual conflito, a Constituição não deve ser considerada, necessariamente, a parte mais fraca. O texto ressalta corretamente o seguinte princípio:

a) força normativa da Constituição.
b) tópico-problemático constitucional.
c) senso comum que norteia a eficácia constitucional.
d) nova retórica constitucional.
e) hermenêutica clássica.

Gabarito comentado: A.
A "pista" está na parte em que se diz que, no conflito com os fatos, a Constituição não é a parte mais fraca – ou seja, deve prevalecer.

3.5.4. Harmonização (= concordância prática = cedência recíproca = ponderação)

Como os conflitos entre normas constitucionais são apenas aparentes, cabe ao intérprete harmonizar as normas que sejam aparentemente conflitantes. Isso se faz com base na ponderação de valores, percebendo que, no conflito entre duas normas constitucionais, qualquer delas pode prevalecer, o que só se saberá de acordo com o caso concreto.

Apesar disso, deve-se sempre buscar a máxima efetividade dos valores em confronto. Esse princípio possui especial relevância no estudo dos conflitos entre direitos fundamentais.

Por exemplo: no conflito entre o direito à vida e a liberdade de religião, tanto a vida pode prevalecer, quanto pode a liberdade de religião "ganhar" esse conflito aparente (cedência recíproca) – isso só se resolverá de acordo com o caso concreto. Mas, em qualquer caso, afirmar que "a vida ganha" não significa retirar a validade da liberdade de religião.

Outro exemplo: no conflito entre o direito à intimidade e a liberdade de imprensa, qual deles deve prevalecer? Não há uma resposta pronta, *a priori*, pois tudo depende do caso concreto. Dependendo da situação concreta, pode prevalecer o direito à intimidade (caso se trate de uma pessoa que foi filmada, dentro de sua casa, sem autorização) ou o direito à liberdade de imprensa – caso uma modelo (exemplo hipotético) seja filmada mantendo relações sexuais com o namorado em plena praia, é claro que, nesse caso deverá prevalecer a liberdade de imprensa. Qualquer das duas decisões, contudo, não significa que o direito que não prevaleceu naquele caso não seja válido: apenas cedeu diante de outro direito que, naquele caso, se mostrava mais importante.

Essa ideia de ponderação obviamente só é possível quando as duas normas em confronto são do tipo princípios. Para a distinção entre regras e princípios, contudo, remetemos o leitor ao item 1 do capítulo sobre Princípios Fundamentais.

As palavras-chave do princípio da harmonização são: *harmonizar* os bens jurídico em *conflito, ponderar* para ver qual deles deve prevalecer *no caso concreto*, mas de forma a *evitar o sacrifício total de qualquer um deles*.

Questões de Concurso

(Cespe/TCE-PR/Auditor/2016) Dado o princípio da máxima efetividade ou da eficiência, o intérprete deve coordenar a combinação dos bens jurídicos em conflito de forma a evitar o sacrifício total de uns em relação aos outros.
Gabarito comentado: Errado.
Na verdade, a questão deveria referir-se ao princípio da harmonização (ou cedência recíproca ou concordância prática), e não à máxima efetividade.

(Cespe/TRE-PI/Analista Judiciário – área judiciária/2016) A derrotabilidade de uma norma constitucional ocorrerá caso uma norma jurídica deixe de ser aplicada em determinado caso concreto, permanecendo, contudo, no ordenamento jurídico para regular outras relações jurídicas.
Gabarito comentado: Correto.
A derrotabilidade da norma – que deriva diretamente do princípio da cedência recíproca – significa que ela pode sair "derrotada" em um determinado caso concreto, mas sair "vitoriosa" em outro. No caso de colisão de princípios, qualquer um deles pode ganhar ou perder, a depender das circunstâncias do caso concreto.

3.5.5. Efeito integrador

Deve o intérprete preferir a interpretação que causa maior estabilidade social, maior integração política e social. Entre uma interpretação que causará desordem e uma que aumentará a integração social, deve-se, se possível, preferir a segunda. Ou, na definição de Canotilho, sempre cobrada em provas, pode-se dizer que, na resolução de problemas jurídico-constitucionais, o intérprete, no eu labor hermenêutico, deve buscar a interpretação que gere o reforço da unidade política, paz social, integração social e política.

3.5.6. Conformidade funcional (correção funcional ou justeza)

O intérprete deve interpretar a Constituição de modo a evitar conflitos entre os poderes constituídos; deve buscar realizar o equilíbrio entre os poderes, nunca a desarmonia institucional.

Assim, o STF não pode "aproveitar-se" do poder que detém para dominar os demais poderes, nem pode aceitar a dominação de um por outro. Ou seja, na tarefa de interpretar a Constituição, deve-se respeitar o equilíbrio entre os poderes.

Aliás, Canotilho adverte que o órgão judicante "*não pode chegar a um resultado que subverta ou perturbe o esquema organizatório funcional constitucionalmente estabelecido*". A correção funcional, ou conformidade funcional, configura um paradigma a ser observado pelo Judiciário, "*nas suas relações com o legislador e o governo*".

Como se percebe, esse princípio tem por base as lições de Montesquieu, e sua teoria da divisão dos poderes.

Uma aplicação prática desse princípio se dá no controle de constitucionalidade das leis: ao interpretar as leis e a Constituição, o intérprete (principalmente o intérprete máximo, ou seja, o STF) deve respeitar as decisões políticas do legislador (mesmo que delas discorde), evitando declarar inconstitucionais as normas por mera discordância política (é o que os americanos denomina de *self-restraint*, ou autocontenção); mas, por outro lado, também não pode compactuar com o eventual desrespeito à Constituição, não se privando de apontar eventuais inconstitucionalidades, sob pena de permitir ao Legislativo suplantar os demais poderes.

As palavras-chave desse princípio são: *equilíbrio de poderes, evitar subverter o esquema organizatório-funcional* (a separação de poderes).

3.5.7. Interpretação conforme a Constituição

Sempre que a lei apresentar mais de um significado possível, deve-se preferir aquele que é constitucional, dando à norma uma interpretação conforme a Constituição. Tal princípio é um mandamento de aproveitamento da lei, tentando "salvá-la", quando possível, da declaração de inconstitucionalidade.

A interpretação conforme a Constituição é uma técnica de controle de constitucionalidade ou, antes, da própria interpretação constitucional – consistente em, ao fixar os significados atribuíveis a um determinado texto, afastar aqueles incompatíveis com as normas constitucionais. Trata-se de técnica, portanto, intrinsecamente ligada à moderna ideia de abertura do texto constitucional e de diferenciação entre norma (significado) e texto da norma (significante).

A interpretação conforme a Constituição tem o claro objetivo de "salvar" da inconstitucionalidade uma norma, cujas disposições possam ser com a norma suprema compatibilizadas. Promove-se uma seleção, dentre os possíveis significados atribuídos a um dispositivo, dos que cumprem as exigências para ingresso no sistema constitucional, de maneira a construir uma norma constitucional (em sentido adjetivo, isto é, uma norma compatível com a Constituição).

É, como dissemos, uma técnica de interpretação constitucional, antes mesmo de integrar o hoje bastante amplo repertório instrumental do controle de constitucionalidade. Justamente por isso – e ao contrário da declaração de nulidade parcial sem redução do texto – não se submete à regra de reserva de plenário (*full bench*) prevista no art. 97 da CF para o controle difuso. Ademais, convola-se em um verdadeiro dever do intérprete, servo constante e primeiro da Constituição.

Temos, então, que o **fundamento** para se adotar a interpretação (das leis) em conformidade com a Constituição é, em primeiro lugar, a supremacia constitucional (a CF deve informar a interpretação de todo o ordenamento jurídico); e, em segundo lugar, a presunção de constitucionalidade das leis (só se declara uma lei inconstitucional quando não houver outro jeito, é dizer, quando ela não for compatível com a constituição em nenhuma de suas possíveis interpretações).

Uma **condição** para a aplicação desse princípio é a **ambiguidade ou equivocidade ou plurivocidade da norma** (a norma possuir mais de um sentido possível). Com efeito, se a norma só puder ser interpretada em um sentido, não há como se fazer "interpretação conforme". Da mesma maneira, se uma lei possuir vários significados, mas todos eles forem incompatíveis com a constituição, mais uma vez não haverá o que se fazer, a não ser declarar a norma inconstitucional.

3.5.8. Presunção de constitucionalidade das leis

De acordo com esse princípio hermenêutico, as leis devem ser consideradas constitucionais, até que se prove o contrário, isto é, até que sejam declaradas inconstitucionais pelo Poder Judiciário, como ensina Luís Roberto Barroso.

Quadro 3.2 – Palavras-chave dos princípios da hermenêutica

Princípio hermenêutico	Palavras-chave
Unidade da Constituição	Evitar contradições, antinomias e conflitos
Harmonização (cedência recíproca ou concordância prática)	Resolver conflitos, harmonizar os bens jurídico em conflito, ponderar os princípios à luz do caso concreto e, principalmente, **evitar o sacrifício total de qualquer dos princípios**
Força normativa	Constituição (norma) prevalece sobre os fatos, em caso de divergência
Máxima efetividade (eficiência)	Dar à norma constitucional o **sentido que maior eficácia lhe conceda**
Conformidade funcional (justeza)	Evitar o desequilíbrio entre os poderes, evitar a interpretação que **subverta ou perturbe o esquema organizatório-funcional**
Efeito integrador	Preferir a interpretação que gere **reforça da unidade política, integração social**
Interpretação conforme a Constituição	Numa norma **polissêmica (vários sentidos)** escolher **aquele (ou aqueles) que é (são) constitucional(is)**, afastando-se os demais
Presunção de constitucionalidade	Toda lei deve ser considerada constitucional, até que seja julgada inconstitucional pelo poder judiciário

Questão de Concurso

(UFMT/Procurador do Município de Rondonópolis/2016) No que diz respeito à interpretação constitucional e, em conformidade com a doutrina dominante do direito constitucional, analise as assertivas.

I – Este princípio orienta o aplicador da Constituição, ao construir resoluções para os problemas jurídicoconstitucionais, a dar maior primazia aos critérios favorecedores da integração social e da unidade política, uma vez que a coesão sociopolítica é condição de possibilidade para criação de qualquer sistema jurídico.

II – Segundo este princípio, o aplicador das normas constitucionais, ao se deparar com situações de concorrência entre bens jurídicos constitucionalmente protegidos, deve adotar a solução que otimize a realização de todos eles, de forma a evitar o sacrifício total de uns em relação aos outros.

III – De acordo com este princípio, os órgãos que atuam como intérpretes supremos da Constituição não podem chegar a resultados que subvertam, alterem ou perturbem o esquema organizatório-funcional constitucionalmente estabelecido.

Essas assertivas referem-se, respectivamente, aos seguintes princípios interpretativos das normas constitucionais

a) Da unidade da Constituição, da força normativa da Constituição e do efeito integrador.
b) Da justeza, da unidade da Constituição e da harmonização.
c) Do efeito integrador, da força normativa da Constituição e da harmonização.
d) Do efeito integrador, da harmonização e da justeza.

Gabarito: D.
Comentário item a item:
I – Trata-se do princípio do efeito integrador ("integração social", "reforço da unidade política").
II – Trata-se do princípio da harmonização (ou cedência recíproca ou concordância prática).
III – A alternativa se refere ao princípio da justeza (conformidade funcional).

Aprofundamento para provas discursivas:
para praticar, segue abaixo uma questão de prova dissertativa de concurso

(Cespe/Câmara dos Deputados/Consultor Legislativo – área de Direito Constitucional, Eleitoral e Municipal/2014) Oficialmente, compete ao Poder Judiciário aplicar o direito ao caso concreto, mediante a exegese das normas constitucionais. Do ponto de vista informal, qualquer ser pensante que se depare com problemas jurídico-constitucionais tem o dever, se não a missão, sacrossanta, de pré-compreender o que está escrito nas constituições. Essa foi a mensagem que Peter Häberle procurou transmitir com a tese da sociedade aberta dos intérpretes da constituição. BULOS, Uadi Lammêgo. *Direito Constitucional ao alcance de todos*. 4. ed., rev. e atual. São Paulo: Saraiva, 2012. p. 167 (com adaptações).

Considerando que o fragmento de texto acima tem caráter unicamente motivador, redija um texto dissertativo acerca do seguinte tema.

A HERMENÊUTICA E A INTERPRETAÇÃO CONSTITUCIONAL NO DIREITO BRASILEIRO

Ao elaborar seu texto, aborde, necessariamente, os seguintes aspectos:

a) diferença entre hermenêutica e interpretação constitucional; [valor: 10% da pontuação]

b) métodos clássicos e modernos de interpretação constitucional; [valor: 45% da pontuação]

c) princípios de interpretação constitucional. [valor: 45% da pontuação]
Máximo de 90 linhas.

3.6. LIMITES DA INTERPRETAÇÃO CONSTITUCIONAL

Na teoria hermenêutica de Kelsen, a interpretação é um ato de vontade, e não de conhecimento. O intérprete escolhe, dentre as várias possibilidades de significado, aquela que considere mais adequada. Dito em termos "modernos": o intérprete "constrói" a norma a partir do enunciado (= texto).

Todavia, ao intérprete não é dado escolher significados que não estejam abarcados pela *moldura* da norma. Interpretar não pode significar *violentar* a norma[24]. Ao contrário, a hermenêutica deve propor critérios para, de um lado, permitir o pleno desenvolvimento da atividade criativa e volitiva do intérprete, mas, de outra parte, impondo-lhe limites.

Realmente, como sustenta Grau, o intérprete "não é um criador *ex nihilo*; ele produz a norma, mas não no sentido de fabricá-la, porém no de reproduzi-la. [...] [a norma] já se encontra, potencialmente, no invólucro do *texto normativo*"[25].

Assim, se reconhecêssemos ao intérprete liberdade absoluta, já passaríamos da seara da interpretação para a legislação; transformaríamos o poder do intérprete em um poder sem limites – o que não é Direito, mas sua frontal negação.

É correto afirmar, portanto, que o intérprete não se pode converter em legislador. Embora seja quase um truísmo dizer que é o intérprete quem cria a norma, esse postulado não pode indicar a irrestrita liberdade hermenêutica.

Com efeito, interpretar significa decodificar uma mensagem enviada por outrem (no caso constitucional, pelo poder constituinte). Assim, não pode o intérprete desrespeitar certos limites. O grande problema é definir quais são esses limites.

Em primeiro lugar, o texto da norma surge como limite insuperável da atividade interpretativa. Costuma-se afirmar, com inteira razão, que, mesmo para dizer que uma norma é clara, é preciso interpretá-la. Porém, quando se chega à conclusão de que o sentido possível para a norma é apenas um, esse significado não pode ser afastado pelo intérprete – a não ser que a norma não seja aplicável ou não seja válida.

Em outras palavras: em termos de *hermenêutica*, quando o significado da norma for unívoco, não cabe ao intérprete "corrigi-lo" ou "adequá-lo", ainda que seja injusto o resultado. Será possível, porém, considerar inconstitucional a norma objeto da interpretação, em virtude de violar algum princípio constitucional. Só que, aqui, já não estamos no âmbito da interpretação, mas sim no terreno da *validade* das normas. E, como os atos normativos gozam de presunção de constitucionalidade, caberá ao aplicador desincumbir-se do grave dever de provar que a norma é inválida.

Nesse contexto, o texto da norma é o limite insuperável da atividade interpretativa.

É claro que há uma dificuldade ao impor limites aos limites da interpretação: o que é o texto constitucional? Logicamente, não há textos que falem por si, logo, como já dissemos, mesmo para a determinação do que "diz" o texto, é necessário algum tipo de interpretação. Todavia, como defende Gadamer, o intérprete deve assumir um compromisso de "honestidade hermenêutica", ao determinar qual o significado do texto, limite de sua atividade.

Questão de Concurso

(Cespe/TCE-PR/Analista Jurídico/2016) Na interpretação da Constituição, prepondera a teleologia, de modo que a atividade do hermeneuta deve priorizar a finalidade ambicionada pela norma; o texto da lei, nesse caso, não limita a interpretação nem lhe serve de parâmetro.

Gabarito comentado: Errado.
O texto serve, sim, de limite à interpretação constitucional, por delimitar quais as interpretações que são possíveis e quais as que não são.

Estudo de caso:

A Constituição não aborda a questão da punição pelos crimes cometidos durante a ditadura militar e que foram objeto da lei de anistia (os arts. 8º e 9º do ADCT tratam apenas da anistia em matéria administrativa).

Abrem-se, então, duas possibilidades: a) entender que a CF recepcionou a lei de anistia; ou b) "ressuscitar" a discussão sobre os crimes cometidos durante a ditadura. Obviamente, a primeira opção é mais adequada, pois a segunda causaria conflitos sociais grandiosos – e o fim do Direito é a resolução dos conflitos (e não a criação de outros).

Foi isso que decidiu o Supremo Tribunal Federal, ao julgar a ADPF n. 153/DF, em que a OAB questionava a compatibilidade da lei de anistia com a atual Constituição:

> LEI N. 6.683/1979, A CHAMADA "LEI DE ANISTIA". ARTIGO 5º, *CAPUT*, III E XXXIII DA CONSTITUIÇÃO DO BRASIL; PRINCÍPIO DEMOCRÁTICO E PRINCÍPIO REPUBLICANO: NÃO VIOLAÇÃO. CIRCUNSTÂNCIAS HISTÓRICAS. DIGNIDADE DA PESSOA HUMANA E TIRANIA DOS VALORES. INTERPRETAÇÃO DO DIREITO E DISTINÇÃO ENTRE TEXTO NORMATIVO E NORMA JURÍDICA. CRIMES CONEXOS DEFINIDOS PELA LEI N. 6.683/1979. CARÁTER BILATERAL DA ANISTIA, AMPLA E GERAL. JURISPRUDÊNCIA DO SUPREMO TRIBUNAL FEDERAL NA SUCESSÃO DAS FREQUENTES ANISTIAS CONCEDIDAS, NO BRASIL, DESDE A REPÚBLICA. INTERPRETAÇÃO DO DIREITO E LEIS-MEDIDA. CONVENÇÃO DAS NAÇÕES UNIDAS CONTRA A TORTURA E OUTROS TRATAMENTOS OU PENAS CRUÉIS, DESUMANOS OU DEGRADANTES E LEI N. 9.455, DE 7 DE ABRIL DE 1997, QUE DEFINE O CRIME DE TORTURA. ARTIGO 5º, XLIII DA CONSTITUIÇÃO DO BRASIL. INTERPRETAÇÃO E REVISÃO DA LEI DA ANISTIA. EMENDA CONSTITUCIONAL N. 26, DE 27 DE NOVEMBRO DE 1985, PODER CONSTITUINTE E "AUTOANISTIA". INTEGRAÇÃO DA ANISTIA DA LEI DE 1979 NA NOVA ORDEM CONSTITUCIONAL. ACESSO A DOCUMENTOS HISTÓRICOS COMO FORMA DE EXERCÍCIO DO DIREITO FUNDAMENTAL À VERDADE.
>
> 1. Texto normativo e norma jurídica, dimensão textual e dimensão normativa do fenômeno jurídico. O intérprete produz a norma a partir dos textos e da realidade. A interpretação do direito tem caráter constitutivo e consiste na produção, pelo intérprete, a partir de textos normativos e da realidade, de normas jurídicas a serem aplicadas à solução de determinado caso, solução operada mediante a definição de uma norma de decisão. A interpretação/aplicação do Direito opera a sua inserção na realidade; realiza a mediação entre o caráter geral do texto normativo e sua aplicação particular; em outros termos, ainda: opera a sua inserção no mundo da vida.
>
> 2. O argumento descolado da dignidade da pessoa humana para afirmar a invalidade da conexão criminal que aproveitaria aos agentes políticos que praticaram crimes comuns contra opositores políticos, presos ou não, durante o regime militar, não prospera.
>
> [...] 4. A lei estendeu a conexão aos crimes praticados pelos agentes do Estado contra os que lutavam contra o Estado de exceção; daí o caráter bilateral da anistia, ampla e geral, que somente não foi irrestrita porque não abrangia os já condenados – e com sentença transitada em julgado, qual o Supremo assentou – pela prática de crimes de terrorismo, assalto, sequestro e atentado pessoal.
>
> 5. O significado válido dos textos é variável no tempo e no espaço, histórica e culturalmente. A interpretação do direito não é mera dedução dele, mas sim processo de contínua adaptação de seus textos normativos à realidade e seus conflitos. Mas essa afirmação aplica-se exclusivamente à interpretação das leis dotadas de generalidade e abstração, leis que constituem preceito primário, no sentido de que se impõem por força própria, autônoma. Não àquelas, designadas leis-medida (Massnahmegesetze), que disciplinam diretamente determinados interesses, mostrando-se imediatas e concretas, e consubstanciam, em si

mesmas, um ato administrativo especial. No caso das leis-medida interpreta-se, em conjunto com o seu texto, a realidade no e do momento histórico no qual ela foi editada, não a realidade atual. É a realidade histórico-social da migração da ditadura para a democracia política, da transição conciliada de 1979, que há de ser ponderada para que possamos discernir o significado da expressão crimes conexos na Lei n. 6.683. É da anistia de então que estamos a cogitar, não da anistia tal e qual uns e outros hoje a concebem, senão qual foi na época conquistada. Exatamente aquela na qual, como afirma inicial, "se procurou" [sic] estender a anistia criminal de natureza política aos agentes do Estado encarregados da repressão. A chamada Lei da anistia veicula uma decisão política assumida naquele momento – o momento da transição conciliada de 1979. A Lei n. 6.683 é uma lei-medida, não uma regra para o futuro, dotada de abstração e generalidade. há de ser interpretada a partir da realidade no momento em que foi conquistada.

1) A Lei n. 6.683/1979 precede a Convenção das Nações Unidas contra a Tortura e Outros Tratamentos ou Penas Cruéis, Desumanos ou Degradantes – adotada pela Assembleia Geral em 10 de dezembro de 1984, vigorando desde 26 de junho de 1987 – e a Lei n. 9.455, de 7 de abril de 1997, que define o crime de tortura; e o preceito veiculado pelo artigo 5º, XLIII da Constituição – que declara insuscetíveis de graça e anistia a prática da tortura, entre outros crimes – não alcança, por impossibilidade lógica, anistias anteriormente a sua vigência consumadas. A Constituição não afeta leis-medida que a tenham precedido.

2) No Estado democrático de direito o Poder Judiciário não está autorizado a alterar, a dar outra redação, diversa da nele contemplada, a texto normativo. Pode, a partir dele, produzir distintas normas. Mas nem mesmo o Supremo Tribunal Federal está autorizado a rescrever leis de anistia.

3) Revisão de lei de anistia, se mudanças do tempo e da sociedade a impuserem, haverá – ou não – de ser feita pelo Poder Legislativo, não pelo Poder Judiciário.

9. A anistia da lei de 1979 foi reafirmada, no texto da EC 26/1985, pelo Poder Constituinte da Constituição de 1988. Daí não ter sentido questionar-se se a anistia, tal como definida pela lei, foi ou não recebida pela Constituição de 1988; a nova Constituição a [re]instaurou em seu ato originário. A Emenda Constitucional n. 26/1985 inaugura uma nova ordem constitucional, consubstanciando a ruptura da ordem constitucional que decaiu plenamente no advento da Constituição de 5 de outubro de 1988; consubstancia, nesse sentido, a revolução branca que a esta confere legitimidade. A reafirmação da anistia da lei de 1979 está integrada na nova ordem, compõe-se na origem da nova norma fundamental. De todo modo, se não tivermos o preceito da Lei de 1979 como abrogado pela nova ordem constitucional, estará a coexistir com o § 1º do artigo 4º da EC 26/1985, existirá a par dele [dicção do § 2º do artigo 2º da Lei de Introdução ao Código Civil]. O debate a esse respeito seria, todavia, despiciendo. A uma porque foi mera lei-medida, dotada de efeitos concretos, já exauridos; é lei apenas em sentido formal, não o sendo, contudo, em sentido material. A duas porque o texto de hierarquia constitucional prevalece sobre o infraconstitucional quando ambos coexistem. Afirmada a integração da anistia de 1979 na nova ordem constitucional, sua adequação à Constituição de 1988 resulta inquestionável. A nova ordem compreende não apenas o texto da Constituição nova, mas também a norma-origem. No bojo dessa totalidade – totalidade que o novo sistema normativo é – tem-se que "[é] concedida, igualmente, anistia aos autores de crimes políticos ou conexos" praticados no período compreendido entre 02 de setembro de 1961 e 15 de agosto de 1979. Não se pode divisar antinomia de qualquer grandeza entre o preceito veiculado pelo § 1º do artigo 4º da EC 26/1985 e a Constituição de 1988".

Pode-se afirmar que o STF, nesse julgado aplicou algum princípio da hermenêutica constitucional? Qual deles?

Esquema

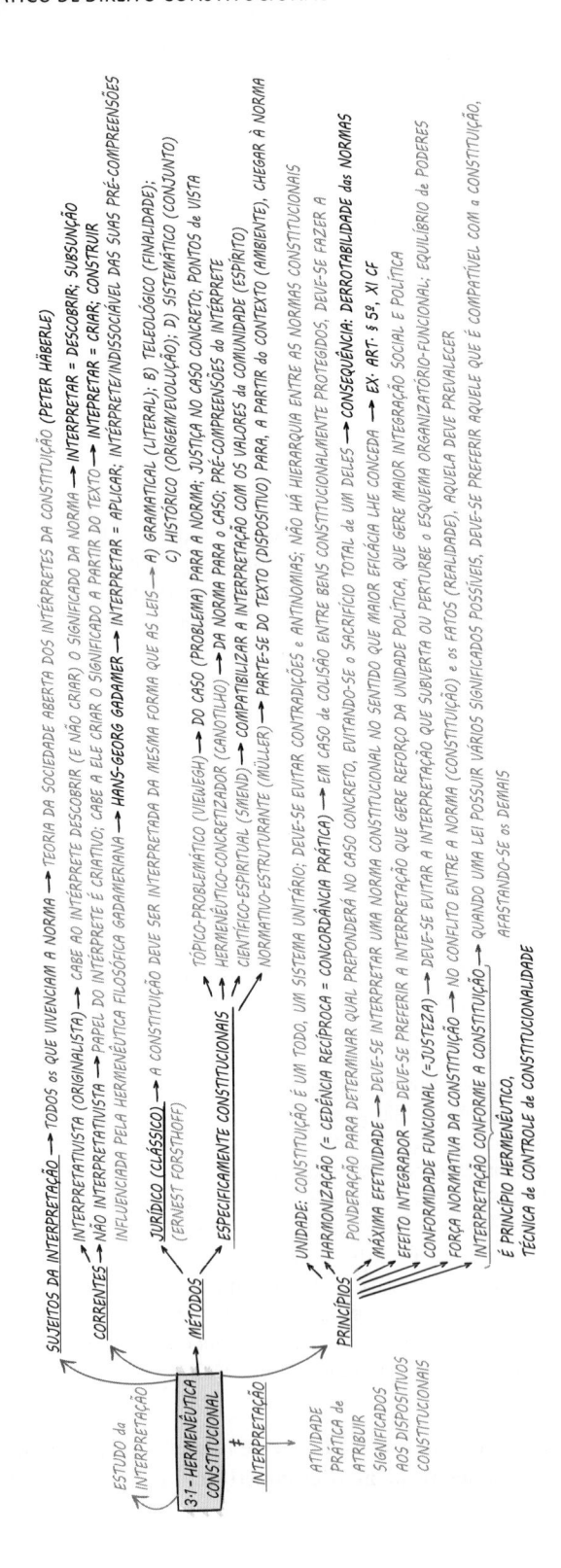

3.1 - HERMENÊUTICA CONSTITUCIONAL ≠ INTERPRETAÇÃO

- ESTUDO da INTERPRETAÇÃO
- ATIVIDADE PRÁTICA de ATRIBUIR SIGNIFICADOS AOS DISPOSITIVOS CONSTITUCIONAIS

SUJEITOS DA INTERPRETAÇÃO → TODOS os QUE VIVENCIAM A NORMA → TEORIA DA SOCIEDADE ABERTA DOS INTÉRPRETES DA CONSTITUIÇÃO (PETER HÄBERLE)

CORRENTES
- INTERPRETATIVISTA (ORIGINALISTA) → CABE AO INTÉRPRETE DESCOBRIR (E NÃO CRIAR) O SIGNIFICADO DA NORMA → INTERPRETAR = DESCOBRIR; SUBSUNÇÃO
- NÃO INTERPRETATIVISTA → PAPEL DO INTÉRPRETE É CRIATIVO; CABE A ELE CRIAR O SIGNIFICADO A PARTIR DO TEXTO → INTERPRETAR = CRIAR; CONSTRUIR
- INFLUENCIADA PELA HERMENÊUTICA FILOSÓFICA GADAMERIANA → HANS-GEORG GADAMER → INTERPRETAR = APLICAR; INTÉRPRETE/INDISSOCIÁVEL DAS SUAS PRÉ-COMPREENSÕES

MÉTODOS
- JURÍDICO (CLÁSSICO) (ERNEST FORSTHOFF) → A CONSTITUIÇÃO DEVE SER INTERPRETADA DA MESMA FORMA QUE AS LEIS → A) GRAMATICAL (LITERAL); B) TELEOLÓGICO (FINALIDADE); C) HISTÓRICO (ORIGEM/EVOLUÇÃO); D) SISTEMÁTICO (CONJUNTO)
- ESPECIFICAMENTE CONSTITUCIONAIS
  - TÓPICO-PROBLEMÁTICO (VIEHWEG) → DO CASO (PROBLEMA) PARA A NORMA; JUSTIÇA NO CASO CONCRETO; PONTOS de VISTA
  - HERMENÊUTICO-CONCRETIZADOR (CANOTILHO) → DA NORMA PARA o CASO; PRÉ-COMPREENSÕES do INTÉRPRETE
  - CIENTÍFICO-ESPIRITUAL (SMEND) → COMPATIBILIZAR A INTERPRETAÇÃO COM OS VALORES da COMUNIDADE (ESPÍRITO)
  - NORMATIVO-ESTRUTURANTE (MÜLLER) → PARTE-SE DO TEXTO (DISPOSITIVO) PARA, A PARTIR DO CONTEXTO (AMBIENTE), CHEGAR À NORMA

PRINCÍPIOS
- UNIDADE: CONSTITUIÇÃO É UM TODO, UM SISTEMA UNITÁRIO; DEVE-SE EVITAR CONTRADIÇÕES e ANTINOMIAS; NÃO HÁ HIERARQUIA ENTRE AS NORMAS CONSTITUCIONAIS
- HARMONIZAÇÃO (= CEDÊNCIA RECÍPROCA = CONCORDÂNCIA PRÁTICA) → EM CASO de COLISÃO ENTRE BENS CONSTITUCIONALMENTE PROTEGIDOS, DEVE-SE FAZER A PONDERAÇÃO PARA DETERMINAR QUAL PREPONDERA NO CASO CONCRETO, EVITANDO-SE o SACRIFÍCIO TOTAL de UM DELES → CONSEQUÊNCIA: DERROTABILIDADE das NORMAS
- MÁXIMA EFETIVIDADE → DEVE-SE INTERPRETAR UMA NORMA CONSTITUCIONAL NO SENTIDO QUE MAIOR EFICÁCIA LHE CONCEDA → EX: ART. 5º, XI CF
- EFEITO INTEGRADOR → DEVE-SE PREFERIR A INTERPRETAÇÃO QUE GERE REFORÇO DA UNIDADE POLÍTICA, QUE GERE MAIOR INTEGRAÇÃO SOCIAL E POLÍTICA
- CONFORMIDADE FUNCIONAL (=JUSTEZA) → DEVE-SE EVITAR A INTERPRETAÇÃO QUE SUBVERTA OU PERTURBE o ESQUEMA ORGANIZATÓRIO-FUNCIONAL; EQUILÍBRIO de PODERES
- FORÇA NORMATIVA DA CONSTITUIÇÃO → NO CONFLITO ENTRE A NORMA (CONSTITUIÇÃO) e os FATOS (REALIDADE), AQUELA DEVE PREVALECER
- INTERPRETAÇÃO CONFORME A CONSTITUIÇÃO → QUANDO UMA LEI POSSUIR VÁRIOS SIGNIFICADOS POSSÍVEIS, DEVE-SE PREFERIR AQUELE QUE É COMPATÍVEL COM a CONSTITUIÇÃO, AFASTANDO-SE os DEMAIS
  - É PRINCÍPIO HERMENÊUTICO,
  - TÉCNICA de CONTROLE de CONSTITUCIONALIDADE

Capítulo 4

Princípios Fundamentais

INTRODUÇÃO: PRINCÍPIOS E REGRAS

Na doutrina mais moderna, costuma-se fazer uma distinção entre duas espécies de normas constitucionais: as normas do tipo regra (ou simplesmente regras) e as normas principiológicas (ou simplesmente princípios). Essa distinção remonta a dois grandes juristas cujas obras se distanciam em muitos pontos, mas que, mais ou menos ao mesmo tempo, apresentaram essa diferenciação: trata-se de Robert Alexy (em sua obra *Teoria dos Direitos Fundamentais*) e Ronald Dworkin (cuja obra mais conhecida é *Levando os Direitos a Sério*).

Pode-se dizer que há várias diferenças entre regras e princípios, mas as mais cobradas em prova são:

a) Diferença quantitativa (de grau): regras são normas mais específicas, mais concretas, ao passo que os princípios são normas mais genéricas, mais abstratas. Por exemplo: a impessoalidade é um princípio (genérico), ao passo que a proibição de que constem nomes de servidores nas propagandas governamentais é uma regra (mais específica);

b) Diferença estrutural (estrutura da norma): regras são normas que impõem condutas (dizem que algo é proibido, permitido ou obrigatório), enquanto os princípios impõem valores a serem perseguidos. A impessoalidade, por exemplo, não diz diretamente o que se deve ou não fazer: ela impõe um valor a ser perseguido pelo administrador; já a regra da vedação dos nomes de pessoas em propagandas governamentais é uma proibição, já está dito que uma determinada conduta é vedada; por causa disso:

c) Regras seguem a chamada "lógica do tudo ou nada", ao passo que os princípios admitem graus de realização: pode-se cumprir **mais** ou **menos** um princípio, mas não uma regra: pode-se ter uma conduta mais ou menos impessoal ou eficiente, mas uma regra como a da vedação dos nomes ou imagens de pessoas em propagandas governamentais não admite meio termo – ou foi cumprida, ou foi desrespeitada; regras são como "disjuntores" – ou estão ligadas ou desligadas, tudo ou nada; princípios são como botões de volume – admite vários níveis de realização;

d) A contradição entre duas regras deve ser resolvida pela prevalência de uma em detrimento da outra: o conflito de regras resolve-se pelo critério hierárquico (regra mais alta invalida regra mais baixa), cronológico (regra mais nova revoga norma mais antiga) e da especialidade (regra mais específica prevalece sobre a regra geral); já a colisão entre princípios resolve-se não pela derrogação ou revogação de um pelo outro, mas sim pela sua compatibilização (harmonização) à luz do caso concreto, de modo que, em um determinado caso, um deles prevaleça, mas de forma que, mudando as circunstâncias fáticas, deve-se fazer a **ponderação** para ver qual deles prevalece.

✋ Cuidado!

O **conflito** de **regras** resolve-se pelo "botão liga-desliga": não se pode ligar as duas ao mesmo tempo, ou se liga uma, ou se liga outra.

A **colisão** de **princípios** resolve-se pela ponderação, encontrando, em cada caso concreto, um ponto de equilíbrio que efetive da forma máxima possível cada um deles – é como uma "gangorra": pode estar mais para um lado ou mais para o outro, ou em qualquer estágio intermediário.

DOIS EXEMPLOS:

Caso um deputado federal cometa crime doloso contra a vida *relacionado ao exercício do mandato*, há um conflito entre a regra que lhe assegura foro no STF (art. 102, I, *b*) e a que prevê a competência do júri para julgar esse tipo de delito (art. 5º, XXXVIII, *d*). O STF entende que, nesse caso, pelo critério da especialidade, prevalece a regra do foro. Logo, nesse conflito de regras, o foro previsto na CF sempre ganha da competência do júri (Súmula Vinculante 45).

Na colisão entre os princípios da intimidade e do acesso à informação, qualquer um pode ganhar ou perder: tudo depende das circunstâncias do caso concreto. Assim, por exemplo, em relação a divulgar nome e remuneração dos servidores, prevalece o acesso à informação; mas, no caso do endereço e do CPF, a intimidade prevalece. Essa ponderação foi realizada, à luz de cada caso concreto, pelo STF.

Atenção: "É legítima a publicação, inclusive em sítio eletrônico mantido pela Administração Pública, dos nomes dos seus servidores e do valor dos correspondentes vencimentos e vantagens pecuniárias" (Tema n. 483 da Repercussão Geral do STF).

Em resumo:

	REGRAS	PRINCÍPIOS
Grau de abstração	Menor (mais concretas)	Maior (mais abstratos, diretrizes)
Estrutura normativa	Impõem condutas (obrigatórias, proibidas ou permitidas)	Impõem valores, diretrizes a serem alcançadas, exigindo uma concretização maior pelo intérprete
Conflitos/colisões	Resolvidos em tese (*a priori*), por meio dos critérios cronológico, hierárquico ou da especialidade	Resolvidos apenas à luz do caso concreto, por meio da ponderação (= balanceamento = sopesamento = harmonização), sem que a prevalência de um signifique a invalidação do outro
Liberdade interpretativa	Menor (mas ainda existe)	Maior (demandam maior esforço concretizador do intérprete)
Palavras-chave (Dworkin)	Lógica do "tudo ou nada"	Ponderação/dimensão de peso
Palavras-chave (Alexy)	Razões definitivas	Mandatos de otimização

[📝] Questão de Concurso

(FGV/MP-RJ/Técnico/2016) Ednaldo, estudante de direito, observou que os direitos fundamentais à honra e à liberdade de expressão estavam constantemente em conflito, tendo sérias dúvidas de como proceder para superar esse estado de coisas. Pedro, emérito professor de direito constitucional, observou que a solução passava pela classificação desses direitos fundamentais como princípios constitucionais. Em atenção à observação de Pedro, é correto afirmar que, na situação referida por Ednaldo, o conflito:

a) será resolvido a partir da ponderação dos princípios envolvidos, conforme as circunstâncias do caso concreto.

b) não pode ser resolvido, pois tanto o direito à honra como à liberdade de expressão devem ser protegidos.

c) será resolvido conferindo-se, sempre, maior importância ao princípio democrático, presente na liberdade de expressão.

d) não pode ser resolvido pelo Poder Judiciário, pois somente o Legislativo pode disciplinar o conteúdo dos princípios.

e) será resolvido conferindo-se, sempre, maior importância ao princípio da privacidade, presente no direito à honra.

Gabarito comentado: A.
Como se trata da colisão de princípios, não há uma resposta pronta, abstrata, mas sim à luz da ponderação dos princípios, à luz do caso concreto.

[📚] Aprofundamento:
a distinção entre a teoria dos princípios de Alexy e de Dworkin

No Brasil, muitas vezes se costuma atribuir a teoria dos princípios a Robert Alexy e Ronald Dworkin, como se ambos defendessem ideias semelhantes sobre o Direito. Na verdade, embora ambos tenham publicado no mesmo ano (1976) obras que tratavam da distinção entre regras e princípios, e não obstante ambos defendam que a diferença entre regras e princípios não é meramente quantitativa, os dois são autores que defendem concepções bem distintas do Direito, em geral, e do Direito Constitucional, em particular.

Para Dworkin, mesmo num caso de choque entre princípios, há uma e somente uma resposta correta *em cada caso concreto*. Assim, cabe ao Juiz (ou ao aplicador da lei, em geral) encontrar *a* resposta correta para *aquele* caso específico. Claro que, para isso, o Juiz precisa ser quase onisciente, conhecendo todos os aspectos relevantes (inclusive do ponto de vista moral, ou do "direito como integridade", como Dworkin o defendeu) – em outras palavras, deve ser o chamado "Juiz-Hércules" (termo usado pelo próprio Dworkin para se referir ao personagem mitológico que precisava cumprir 12 trabalhos quase inatingíveis). Uma consequência importante da teoria de Dworkin para o Direito Administrativo, por exemplo, reside no fato de que, como há *uma* e *somente uma* resposta correta para o caso concreto, admitir-se-ia que o Juiz substituísse o administrador público, quando a solução encontrada por este não fosse *a melhor para o caso*, ainda que razoável. Pode-se afirmar que uma aplicação radical da teoria de Dworkin embasaria um controle judicial muito forte dos atos administrativos, até de forma exacerbada.

Já Alexy entende que, para cada colisão, existem várias respostas corretas, várias ponderações defensáveis. Assim, quando dois princípios colidem, pode-se, em algumas circunstâncias, defender mais de um resultado da ponderação como sendo possível ou admissível. Nesse sentido, mantendo nosso exemplo do controle judicial dos atos administrativos, Alexy defenderia um controle jurisdicional menos intenso e invasivo do que Dworkin, por exemplo.

Como se percebe, é uma simplificação perigosa encarar as teorias de Dworkin e de Alexy como sinônimas ou próximas. Talvez o único ponto de contato entre elas seja realmente o reconhecimento da normatividade dos princípios, e da diferença *qualitativa* entre estes e as normas do tipo regra.

Aprofundamento:
as críticas à ponderação

A teoria da ponderação, de Robert Alexy, sofre duras críticas da doutrina constitucionalista mundial, assim como ocorre no Brasil.

Afirma-se, por exemplo, que a ponderação resulta em perda de segurança jurídica e de previsibilidade, instituindo um verdadeiro decisionismo. Em contraponto, os defensores (por exemplo, Paulo Gustavo Gonet Branco, na tese de doutorado que trata sobre o tema) da técnica afirmam que a ponderação resulta de um procedimento lógico-argumentativo, sujeito a controle, e baseado em premissas que precisam ser demonstradas pelo Juiz. Justiça seja feita, aliás, à necessidade de fundamentação reforçada das decisões que usam a técnica da ponderação, conforme reconhece o próprio Alexy.

Outra crítica, especialmente da doutrina brasileira (principalmente Lênio Streck e Marcelo Neves) diz respeito ao abuso dos princípios, ou *panprincipiologismo*. Para os críticos desse fenômeno, vivencia-se um momento de utilização desmedida dos princípios, inclusive muitas vezes em detrimento de regras expressas da Constituição, e também frequentemente como forma de ativismo judicial, a fim de realizar ponderações onde o próprio legislador já a realizou. Essa crítica, porém, diz mais respeito ao abuso da técnica da ponderação do que à sua própria concepção teórica.

A partir de agora, passaremos à análise dogmática (do direito posto, positivado) dos vários princípios fundamentais, nomenclatura que abrange, genericamente, todas as normas (expressas ou implícitas) que constam da CF, nos arts. 1º a 4º.

O Título I da CF – que estudaremos neste capítulo – destina-se a estudar os **princípios** fundamentais, isto é, basilares para a toda a Constituição.

4.1. FORMA DE GOVERNO

É o modo de escolha dos governantes, o título no qual os governantes são investidos no poder.

Embora, especialmente no direito comparado, o termo "forma de governo" seja muitas vezes usado de forma variada, no Brasil costuma-se utilizá-lo para referir-se à forma, ao modo, como os governantes são escolhidos (mediante eleição, ou mediante outro critério, por exemplo), e também, como dissemos, ao título no qual são investidos no poder (título vitalício ou temporário, por exemplo).

Das várias classificações das formas de governo, as duas mais utilizadas – e, por conseguinte, mais importantes, são as de Aristóteles e a de Maquiavel.

4.1.1. Classificação de Aristóteles

Aristóteles, em *A Política*, diferencia as formas **puras** (aquelas nas quais o governante busca o bem comum, a realização do interesse público) das **impuras ou viciadas** (aquelas nas quais o governante busca seu próprio bem, o proveito próprio). Cada forma pura pode degenerar-se e transformar-se numa forma impura. Classificam-se as formas de governo atentando, também, para o número de pessoas que exercem o poder.

Dessa forma, teríamos:

Quadro 4.1 – Distinção entre Forma pura e Forma impura de governo

	Forma pura	Forma impura
Governo de uma só pessoa	Monarquia (governo de um só visando ao interesse público)	Tirania (governo de um só, visando ao seu bem particular)
Governo de poucas pessoas	Aristocracia (governo dos melhores, governo das elites intelectuais)	Oligarquia (governo de poucos, governo das elites para as elites)
Governo de todos	Democracia (governo do povo)	Demagogia (governo em que uma pessoa manipula a vontade da maioria; hoje em dia, poderíamos aproximar do populismo)

⚠ Atenção!

A depender da tradução do grego antigo, o termo "democracia" pode ser citado como "politeia".

Aprofundamento:
a "degeneração" e o "paradoxo da democracia"

Karl Popper formulou o famoso "paradoxo da tolerância": como podemos ser tolerantes com alguém que é intolerante? Como podemos ser tolerantes com alguém que não reconhece o outro como pessoa (discurso do ódio, por exemplo)? Defende o filósofo que, nesses casos, a liberdade de expressão não deve ser garantida a quem deseja utilizar-se dela para suprimir a liberdade do outro. Na mesma linha de raciocínio, formula-se o chamado "paradoxo da democracia", ou: como podemos ser democráticos com pessoas que defendem ideais antidemocráticos?

A democracia *indefesa* pode ser mesmo capturada por pessoas que desejem destruí-la, mas que usem de meios (aparentemente) democráticos para fazer ruir o edifício da democracia. Foi o que aconteceu, por exemplo, na Alemanha, durante a chamada República de Weimar (1919-1933): a chamada Constituição de Weimar era, segundo alguns, tão democrática, que não conseguiu impedir a ascensão de Hitler ao cargo de primeiro-ministro por meio do voto popular. Essa questão dialoga fortemente com a teoria aristotélica das formas de governo, que alerta para a possibilidade de a democracia (como a chamamos hoje) degenerar-se em uma demagogia.

Para fazer frente a esses e outros desafios, o Tribunal Constitucional Federal Alemão defende a adoção da ideia de uma "democracia militante", uma democracia que estimula a adoção de ideiais democráticos, justamente para se defender dos que buscam atacá-la.

4.1.2. Classificação dualista de Maquiavel (mais adotada atualmente)

Segundo Maquiavel, logo no início de sua famosa obra *O príncipe,* existem apenas duas formas de governo:

a) Monarquia (o poder é exercido de forma vitalícia, e o rei é escolhido, geralmente, pelo critério da hereditariedade);

b) República (o poder é exercido de forma temporária, com a existência de mandatos fixos, e os governantes são escolhidos por eleição).

Veja-se que Maquiavel busca instituir uma chamada classificação dualista, reduzindo as seis formas de governo da classificação aristotélica a apenas duas categorias.

🖐 Cuidado!

Essas são apenas algumas características das formas de governo. Outras podem ser associadas, como por exemplo a existência de privilégios pessoais é associada (e talvez até pressuposta) na monarquia, já que existem duas categorias de pessoas: os membros da Família Real e os plebeus. Já na república, por exemplo, vigora a igualdade formal (igualdade de todos perante a lei), já que qualquer um que preencha os requisitos legais de elegibilidade pode ser escolhido governante.

Também são associados por alguns autores ao princípio republicano: a) a obrigação de prestação de contas da Administração Pública, já que a *res* é pública (a "coisa" estatal é pública, os bens são públicos, e não estão à disposição do gestor público, que é mero administrador de interesses alheios, mas não *dono* ou *proprietário* dos bens públicos); b) a impessoalidade, já que o gestor público não pode atuar visando aos seus interesses particulares, sob pena de não tratar os bens como *públicos*; c) a transparência, uma vez que o gestor público tem obrigação de evidenciar aos governados (verdadeiros donos da coisa pública) como está gerindo os bens.

⚠ Atenção!

O Brasil adotou primeiramente a forma monárquica de governo (1822-1889). Em 1889, proclamou-se a República, convocando-se a constituinte que viria a promulgar a Constituição de 1891. Desde então, temos adotado, sem qualquer forma de interrupção, a forma *republicana* de governo.

📑 Veja Bem!

Diferentemente da Constituição passada, que considerava a república cláusula pétrea expressa, a CF de 1988 não incluiu a forma republicana de governo no rol de cláusulas pétreas (CF, art. 60, § 4º), até porque previu a realização de um plebiscito para escolher a forma de governo (ADCT, art. 3º). Existe divergência doutrinária sobre se depois do plebiscito de 1993 a república tornou-se cláusula pétrea, mas a posição majoritária da doutrina é no sentido negativo (bastaria que fosse realizado um novo plebiscito, no qual se sagrasse vencedora a tese monárquica, para que uma emenda monarquista pudesse ser aprovada).

De qualquer forma, mesmo não sendo cláusula pétrea (ao menos não de forma expressa), a república é princípio sensível (CF, art. 34, VII, a), justificando a intervenção federal nos Estados ou no DF, caso estes desrespeitem o princípio republicano.

4.2. SISTEMA DE GOVERNO

É o modo de relacionamento entre os Poderes, especialmente entre os chamados *poderes políticos em sentido estrito* (o Legislativo e o Executivo). Existem no mundo, em linhas gerais, dois sistemas de governo: o Parlamentarismo e o Presidencialismo. Eis as principais diferenças:

4.2.1. Parlamentarismo

É o sistema de governo em que o Parlamento (Legislativo) possui certa superioridade sobre o Executivo. O governo (chefia do Executivo) é exercido por um gabinete (grupo de ministros) cujos membros são indicados pelo Parlamento. O principal desses membros é o Primeiro-Ministro, que, geralmente, é indicado pelo partido que tem o maior número de cadeiras no Legislativo.

Como se vê, o chefe de Governo (quem exerce a chefia interna do Poder Executivo) chama-se Primeiro-Ministro e depende do apoio da maioria parlamentar para manter-se no cargo. Caso receba uma moção de repúdio ou de desconfiança do Parlamento, ou caso seu partido perca o comando do Legislativo, deverá renunciar (em regra), como aconteceu recentemente na Inglaterra: o Partido Trabalhista, do Primeiro-Ministro Gordon Brown, perdeu a maioria parlamentar, que foi assumida pela coligação de centro-direita, indicando David Cameron para o cargo de chefe de Governo.

Outra característica marcante do sistema parlamentar é que as funções de chefia de Estado (representação internacional do país) e chefia de Governo (chefia interna do Poder Executivo) são exercidas por pessoas diferentes. Por exemplo: caso se trate de uma Monarquia Parlamentarista (forma de governo monárquica e sistema de governo parlamentarista), o Rei será o chefe de Estado, tendo a tarefa de representar internacionalmente o país; ao passo que o Primeiro-Ministro será o chefe de Governo, incumbindo-lhe a tarefa de cuidar dos assuntos internos do Poder Executivo. É o caso da Inglaterra, da Suécia e da Espanha. Em contrapartida, caso se trate de uma República Parlamentarista (forma de governo republicana e sistema de governo parlamentarista), o Presidente da República será o chefe de Estado, enquanto o Primeiro-Ministro atuará como Chefe de Governo. É o caso de países como Portugal e Itália.

4.2.2. Presidencialismo

No sistema presidencial – inaugurado nos Estados Unidos da América, com a Constituição de 1787 –, o Chefe de Governo se chama Presidente, e não Primeiro-Ministro. Todavia, a distinção não é apenas de nomenclatura: o Presidente não depende da maioria parlamentar para manter-se no cargo (ao menos em teoria), pois é eleito para um mandato preestabelecido (no Brasil, são quatro anos). É por isso que se diz que a separação dos Poderes é mais rígida no Presidencialismo.

Além disso, o Presidente acumula as funções de Chefe de Estado e Chefe de Governo, cabendo à mesma pessoa física representar o país no âmbito internacional e chefiar o Poder Executivo, internamente.

Exemplos de países que adotam a forma republicana e o sistema presidencialista de governo não faltam: Argentina, EUA, Chile etc. No entanto, surge uma pergunta crucial: pode, em tese, haver uma Monarquia "Presidencialista"? Apesar de parecer estranho, a resposta é afirmativa. Basta imaginar uma Monarquia em que o Rei seja Chefe de Estado e de Governo ao mesmo tempo, como ocorre, atualmente, no Vaticano.

Ressalte-se que as formas de governo admitem mais de um sistema de governo: a República pode ser Presidencialista ou Parlamentarista; e a Monarquia (ao menos em tese), também pode adotar o Parlamentarismo ou o Presidencialismo.

Quadro 4.2 – Comparação entre Parlamentarismo e Presidencialismo

PARLAMENTARISMO	PRESIDENCIALISMO
Superioridade do Parlamento (Legislativo)	Equilíbrio entre os Poderes
Chefe do Executivo se chama Primeiro-Ministro e depende da confiança do Parlamento	Chefe do Executivo se chama Presidente e não depende do apoio da maioria parlamentar
Chefia de Estado e Chefia de Governo são exercidas por pessoas diferentes	Chefia de Estado e Chefia de Governo são exercidas pela mesma pessoa

- O Brasil adota o Presidencialismo como sistema de governo.

Veja Bem!

No Brasil, nem sempre o Presidencialismo e a República andaram juntos. Entre 1961 e 1963, houve um curto período em que o Brasil foi uma República Parlamentarista.

Numa linha do tempo (levando em conta a data da Constituição ou da Emenda Constitucional que modificou a situação jurídica), temos:

Esquema 4.1 – Linha do tempo: sistemas de Governo do Brasil

1824	1891	1961	1963	1988	1993
Monarquia	República	República	República	República	República
Parlamentarismo	Presidenc.	Parlament.	Presidenc.	Presid.	Presid.
Constituição Imperial	Constituição Republicana	EC n. 4/61 (emenda parlamentarista)	Plebiscito (retorno ao Presidencialismo)	CF (República Presidencialista, mas com plebiscito 5 anos depois)	Plebiscito (vence a República Presidencialista)

Questão de Concurso

(TRF3/Juiz Federal/2016) O presidencialismo sempre acompanhou a forma republicana de governo desde que esta foi implantada com a queda do Império.

Gabarito comentado: Errado.
Não se pode dizer que o Presidencialismo *sempre* acompanhou a forma republicana de governo, já que, entre 1961-1963, adotou-se a República Parlamentarista.

Aprofundamento:
outros sistemas de governo

Obviamente, a multiplicidade de países do Mundo não pode caber numa classificação dicotômica (Parlamentarismo/Presidencialismo). Existem vários outros arranjos entre os poderes, como é o sistema francês, chamado de Semiparlamentarismo ou Semipresidencialismo. Em linhas gerais, lá o Presidente da República é eleito, e possui poderes de Executivo, mas também compartilha poderes com um Primeiro-Ministro, que é indicado pelo partido com maioria parlamentar. Esse sistema tenta equilibrar as forças políticas quando o detentor do cargo majoritário (Presidente) não tem o apoio da maioria parlamentar (representada pela pessoa do Primeiro-Ministro). O semipresidencialismo é adotado em países como França, Portugal e Rússia, existindo discussão sobre sua possibilidade de adoção no Brasil (a Câmara dos Deputados chegou a montar, em 2022, um Grupo de Trabalho sobre o tema[1]).

Aprofundamento:
o "presidencialismo de coalizão"

Autores especialmente da Ciência Política – o pioneiro foi Sérgio Abranches, ainda na década de 1980 – caracterizam o presidencialismo brasileiro como "de coalizão", em virtude da necessidade de o Presidente da República eleito montar uma base de apoio parlamentar para conseguir implementar sua agenda e aprovar suas proposições legislativas.

Trata-se de uma realidade política (e não de uma norma jurídica): como o Brasil "misturou" o sistema presidencialista com um legislativo multipartidário (ao contrário do bipartidarismo mais frequente na maioria dos países presidencialistas), o Chefe do Executivo se vê "obrigado" (politicamente) a cooptar (no sentido de "convencer, arrebanhar") apoios parlamentares para conseguir capacidade governativa (capacidade de colocar em prática sua agenda político--ideológica vencedora nas urnas). Essa montagem da base de apoio parlamentar frequentemente se dá na base do "toma-lá-dá-cá", como é pejorativamente conhecido: o Presidente cede Ministérios para determinados partidos e libera a execução de emendas parlamentares ao orçamento (verbas que os parlamentares escolhem para quais investimentos serão destinadas), em troca de apoio no Congresso Nacional. Isso garante (ou pelo menos frequentemente tem garantido) governabilidade, caracterizando o Presidencialismo brasileiro como algo próprio, por essa necessidade (mais frequente no parlamentarismo) de se montar uma coalizão.

Não à toa, os dois Presidentes da República que expressa ou implicitamente refutaram essa prática sofreram *impeachment*.

Questões de Concurso

(Cesgranrio/Concurso Nacional Unificado/2024) No Brasil, o presidencialismo foi instituído a partir da Proclamação da República, em 1889, e desde então vem sendo o sistema de governo adotado ao longo de toda a evolução histórica republicana, previsto em todas as Constituições brasileiras desse período.
O presidencialismo brasileiro se configura como forma de governo
a) popular
b) unificador
c) ideológico
d) de garantias
e) de coalizão
Gabarito: E.

---

[1] A íntegra do Relatório do citado grupo de trabalho pode ser consultada em: https://www.camara.leg.br/proposicoesWeb/prop_mostrarintegra?codteor=2195168. Acesso em: 10 dez. 2024.

(Consulplan/Câmara de Cotia/Agente de Vigilância Patrimonial/2024)
Concentração e autonomia expõem rusgas do presidencialismo de coalizão
A concentração de poder e as autonomias dos poderes constituídos, paradoxalmente, expuseram as fissuras do chamado presidencialismo de coalizão. Essa conclusão foi obtida na mesa "O que Fica do Presidencialismo de Coalizão?", que aconteceu nesta durante o XII Fórum de Lisboa, organizado pelo Instituto Brasileiro de Ensino, Desenvolvimento e Pesquisa (IDP), pelo Lisbon Public Law Research Centre (LPL) da Faculdade de Direito da Universidade de Lisboa e pelo Centro de Inovação, Administração e Pesquisa do Judiciário da Fundação Getúlio Vargas (FGV Justiça).
(Disponível em: https://www.conjur.com.br/. Acesso em: outubro de 2024.)
O termo "Presidencialismo de Coalizão" é utilizado para definir:
a) Uma forma de governo, semelhante à dos Estados Unidos, em que os estados têm autonomia em relação ao governo federal, podendo constituir e criar políticas públicas divergentes entre si.
b) O período do governo, normalmente no final de cada mandato, em que o chefe do executivo precisa se adequar aos critérios dos demais poderes (legislativo e judiciário), para concluir sua gestão.
c) O tipo de situação política em que o presidenciável, principalmente em períodos pré-eleitorais, precisa contar com a adesão de todos os partidos políticos à sua proposta, para que seja de fato eleito.
d) O sistema de governo em que a presença do presidente é apenas fisiológica, ou seja, na verdade ele não tem de fato representatividade política para quaisquer que sejam as atividades propostas.
e) Uma característica do sistema político brasileiro em que o presidente da República, ao assumir o cargo, precisa construir uma aliança (mesmo temporária) no Congresso Nacional para garantir apoio legislativo às suas políticas públicas.

Resposta: E.

4.3. FORMA DE ESTADO

É a repartição territorial do poder, isto é, o modo como se organiza o poder político, em termos territoriais. Existem duas formas básicas de Estado: a unitária e a federal. No Estado unitário, o poder é territorialmente centralizado. Existe apenas um nível de poder, e os entes regionais não possuem autonomia política, e sim mera autonomia administrativa (*ex.*: Portugal). Já nos Estados que adotam a forma federativa existem várias esferas de governo (no caso brasileiro, União, Estados, DF e Municípios), visto que o poder é territorialmente descentralizado. Os vários entes federativos possuem autonomia política (poder de elaborar suas próprias leis, eleger os próprios governantes, elaborar sua própria Constituição ou lei orgânica e gerenciar seus próprios recursos).

- **No Brasil, adota-se a forma federativa de Estado (desde a Proclamação da República e a Constituição de 1891)**

Quadro 4.3 – Comparação entre Estado Unitário e Estado Federal

ESTADO UNITÁRIO	ESTADO FEDERAL
Poder político territorialmente centralizado	Poder político territorialmente descentralizado
Uma só esfera de poder	Várias esferas de poder
Um só nível de governo	Vários níveis de governo
Exemplo: Portugal	*Exemplo*: Estados Unidos

[Capítulo 4] Princípios Fundamentais 99

💬 Observação!

1. A Federação é cláusula pétrea! De acordo com o inciso I do § 4º do art. 60, a forma federativa de Estado é cláusula pétrea. Logo, não pode ser abolida nem mesmo por emenda à Constituição. Lembre-se de que a forma republicana de governo e o sistema presidencialista não são cláusulas pétreas explícitas, e boa parte da doutrina considera que sequer são cláusulas pétreas.
2. Não há direito de secessão! Isso quer dizer que nenhum Estado-membro pode retirar-se da Federação, já que a República Federativa do Brasil é formada pela união indissolúvel dos Estados, do DF e dos Municípios. Aliás, se qualquer Estado tentar se retirar da Federação, deve ser decretada a intervenção federal (art. 34, I).

A soberania é atributo da Federação, do todo, da República Federativa do Brasil! União/Estados/DF/Municípios são apenas autônomos! De acordo com o art. 1º, *caput*, e o art. 18, a Federação é que é titular da soberania (poder absolutamente livre). A União, embora represente externamente a República, não é soberana, é apenas autônoma (é pessoa jurídica de direito público interno). As principais bancas adotam esse entendimento (Cespe, FCC), com exceção da Funiversa, que considerou correta, na prova Caje-DF/2007, a afirmação de que a União é soberana quando representa a República (!).

✋ Cuidado!

A União é pessoa jurídica de direito público **interno** (assume direitos e obrigações no âmbito do Brasil), ao passo que a República Federativa do Brasil é pessoa jurídica de direito público **externo** (assume direitos e obrigações no âmbito internacional). Apesar disso, é a União que representa a República externamente. Na prova, se for cobrado que a União **exerce** a soberania, está certo. Mas, se for cobrado que a União é soberana, ou **possui** soberania, a afirmativa estará incorreta, pois quem é soberana é a República Federativa do Brasil.

💬 Observação!

No Brasil, adota-se o federalismo de terceiro grau, pois os municípios também são considerados entes federativos autônomos!

📚 Aprofundamento:
os aprofundamentos sobre a Federação e as formas de estado serão vistos no capítulo sobre a Organização do Estado

⚠️ Atenção!

Não confunda *forma de governo* (monarquia ou república) com *forma de estado* (unitário ou federal), nem com *sistema de governo* (Presidencialismo e Parlamentarismo)

📝 Questões de Concurso

(MPE-PR/Promotor/2019) O princípio federativo tem por elemento informador a pluralidade consorciada e coordenada de mais de uma ordem jurídica incidente sobre um mesmo território estatal, posta cada qual no âmbito de competências previamente definidas.

> Gabarito comentado: Correto.
> A federação é caracterizada pela pluralidade de ordenamentos jurídicos em vigor num mesmo território, daí se falar em pluralidade de ordens jurídicas. Essas ordens jurídicas (leis federais, estaduais, municipais etc.) devem ser harmônicas entre si (consorciadas) e não têm hierarquia umas em relação às outras (coordenadas, e não subordinadas entre si), o que exige uma repartição constitucional de tarefas (repartição de competências federativas).

> (Cespe/MPCE/Promotor/2020) Ao tratar dos princípios fundamentais, a CF estabelece, em seu art. 1º,
> a) a forma republicana de Estado, cláusula pétrea expressa, caracterizada pela eletividade, temporariedade e responsabilidade do governante.
> b) a forma republicana de governo, caracterizada pela eletividade, temporariedade e responsabilidade do governante.
> c) a forma federativa de Estado, cláusula pétrea implícita, caracterizada pela tripartição dos poderes da União.
> d) a forma federativa de Estado e o sistema presidencialista de governo.
> e) a forma republicana de governo e a forma federativa de Estado, cláusulas pétreas expressas.
>
> Resposta: B.
> A forma federativa de estado é cláusula pétrea expressa (CF, art. 60, § 4º, I), mas a forma republicana de governo, não (mesmo a doutrina minoritária, que a considera cláusula pétrea, entende que o seria de forma implícita). Logo, estão erradas as alternativas *a*, *c* e *e*. O erro da letra C está em que o art. 1º não fala expressamente do sistema presidencialista de governo, que é encontrado em outras disposições da CF (art. 76, art. 84 etc.). A resposta correta, portanto, é mesmo a letra *b*, que traz características realmente associadas ao conceito de república.

4.4. ESTADO DE DIREITO

4.4.1. Noção

É o estado de poderes limitados, por oposição ao estado absoluto (ou policial), em que o Rei tinha poder de vida e de morte sobre os cidadãos. Estado de Direito = estado de poderes limitados, estado em que o Poder Público respeita as leis e a Constituição.

4.4.2. Consequências do princípio do Estado de Direito

Da previsão de que o poder do Estado deve ter limites, derivam-se algumas consequências que demonstram o porquê de esse ser considerado um princípio *fundamental* da Constituição Federal de 1988:

a) Possibilidade de responsabilização política dos governantes (por meio de crimes de responsabilidade, quebra de decoro ou improbidade administrativa: arts. 85, 55, II, e 37, § 4º); com efeito, a possibilidade de punição política dos governantes pressupõe que o poder que lhes é concedido tenha limites; na época do Absolutismo, vigorava o princípio da irresponsabilidade do Monarca (*The King can do no wrong*, o Rei não erra), o que era inclusive positivado na Constituição Imperial de 1824, segundo a qual (art. 99): "A Pessoa do Imperador é inviolavel, e Sagrada: Elle não está sujeito a responsabilidade alguma." (grafia da época)

b) Existência de direitos fundamentais dos cidadãos (arts. 5º a 17); realmente, só se pode falar na existência de direitos fundamentais do cidadão quando se reconhece que o poder do Estado está sujeito a limitações; antes do Estado de Direito havia apenas o estado de sujeição do indivíduo a um poder maior, sem que fosse titular de qualquer tipo de direito (aquilo que Georg Jellinek chamava de *status passivo*);

c) Prestação de contas da administração pública: quando se reconhece que o poder do Estado tem limites, torna-se imprescindível que o próprio Estado preste contas do que está fazendo à população, até mesmo para que se possa fiscalizar para saber se o poder está ou não sendo exercido dentro dos limites. Aqui não se fala apenas de prestação de contas no sentido de fiscalização contábil (CF, arts. 70 a 75), mas também em relação à obrigação de transparência e controle da administração (*accountability*), que se concretiza nos princípios da publicidade (CF, art. 37, *caput*), acesso à informação (CF, art. 5º, XXXIII), entre vários outros.

4.4.3. Paradigmas (fases) do princípio do Estado de Direito

4.4.3.1. *Primeira fase*

Estado Liberal de Direito: nessa primeira fase, inspirada pelos ideais das revoluções liberais burguesas, em especial da Revolução Francesa, buscava-se limitar o poder do Estado, pondo fim ao absolutismo, garantindo a liberdade dos cidadãos em face do Estado.

4.4.3.2. *Segunda fase*

Estado Social de Direito: sob a influência do socialismo e da socialdemocracia, busca-se que o estado garanta direitos sociais aos cidadãos, para que estes possam ser realmente livres.

4.4.3.3. *Terceira fase*

Estado Democrático de Direito: sob a influência da revolução tecnocientífica (3ª Revolução Industrial, ou revolução dos meios de transporte e de comunicação), defende-se que o verdadeiro Estado de Direito é aquele em que a sociedade participa das decisões políticas, principalmente por meio de audiências e consultas públicas etc.

4.5. DEMOCRACIA

Na definição clássica de Abraham Lincoln, é o "poder do povo, pelo povo e para o povo". É o princípio segundo o qual "todo o poder emana do povo" (art. 1º, parágrafo único).

Existem três modelos de democracia:
a) **direta (= participativa)**: o povo vota diretamente todas as leis (modelo grego ateniense);
b) **indireta (representativa)**: o povo elege representantes, que votam as leis;
c) **semidireta (mista)**: o povo elege representantes, mas também participa diretamente em algumas situações, por meio dos institutos da democracia semidireta (plebiscito, referendo, iniciativa popular etc.).

No Brasil, adota-se a democracia semidireta (mista), pois todo o poder emana do povo, que o exerce por meio de representantes eleitos ou diretamente, nos termos da Constituição (art. 1º, parágrafo único).

4.6. FUNDAMENTOS DA REPÚBLICA (ART. 1º)

São as bases do ordenamento jurídico brasileiro; determinados princípios que o Brasil deve respeitar imediatamente, por serem indispensáveis. São normas de eficácia plena e aplicabilidade imediata!

Esses fundamentos da República tem uma importante função *nomogenética*: são princípios que geram outros princípios e também regras.

4.6.1. Soberania

É o poder absolutamente livre. Como já vimos, a soberania é atributo da Federação, do Estado brasileiro, da República Federativa do Brasil, e não de seus entes internos.

Divergência doutrinária!

Existe divergência doutrinária sobre se o conceito de "soberania" a que se refere o inciso I do art. 1º da CF diz respeito à soberania da Federação brasileira (posição de Alexandre de Moraes) ou à soberania popular (posição de José Afonso da Silva). Como o sujeito da frase do *caput* do art. 1º é a *República Federativa do Brasil*, e como o princípio da soberania popular já está positivado no parágrafo único do art. 1º ("todo o poder emana do povo..."), a corrente majoritária interpreta a referência à "soberania" no inciso I do art. 1º como realmente dizendo respeito ao poder soberano da República Federativa do Brasil.

4.6.2. Cidadania

Em sentido estrito, cidadania significa o direito de votar ou ser votado, a capacidade eleitoral (ativa ou passiva). Em sentido amplo, quer dizer o direito de ter direitos, o direito de acesso aos direitos, o direito à não marginalização. A distinção entre o sentido estrito e o sentido amplo do termo cidadania vai depender do contexto constitucional em que se utiliza o princípio. Assim, por exemplo, quando se estabelece que qualquer cidadão é parte legítima para propor ação popular, utiliza-se o termo em sentido estrito (qualquer eleitor pode ajuizar ação popular). Já, ao contrário, quando se estabelece que um dos objetivos da educação é promover cidadania, obviamente o termo aqui está sendo utilizado em seu sentido amplo.

É nesse segundo sentido (amplo) que a Constituição considera a cidadania um fundamento da República.

4.6.3. Dignidade humana

Na definição de Immanuel Kant, significa que toda pessoa tem um valor intrínseco: o ser humano deve ser encarado sempre como um fim, nunca como um meio. Nas palavras do autor de *Fundamentação da Metafísica dos Costumes,* as coisas têm preço (valor de troca, valor relativo), ao passo que as pessoas têm dignidade (ou seja, valor absoluto). Todo ser humano tem um mínimo de direitos que têm que ser respeitados (os direitos fundamentais).

Algumas consequências da dignidade humana:

a) obrigatoriedade de o Estado fornecer medicamentos a quem deles necessite: "Cabe ao Estado fornecer, em termos excepcionais, medicamento que, embora não possua registro na ANVISA, tem a sua importação autorizada pela agência de vigilância sanitária, desde que comprovada a incapacidade econômica do paciente, a imprescindibilidade clínica do tratamento, e a impossibilidade de substituição por outro similar constante das listas oficiais de dispensação de medicamentos e os protocolos de intervenção terapêutica do SUS" (Tema n. 1.161 da Repercussão Geral do STF);

b) proibição do uso abusivo de algemas, que só podem ser utilizadas quando forem estritamente necessárias (Súmula Vinculante 11);

c) proibição do corte no fornecimento de serviços públicos essenciais, quando colocar em risco a vida humana.

✋ Cuidado!

Por aplicação direta do princípio da dignidade humana, o STF reconheceu às pessoas transgêneros (que se identificam com gênero diferente do sexo biológico, de nascimento) o direito de alterarem o prenome e a classificação de gênero diretamente em cartório, sem necessidade de laudo de terceiros, de procedimento cirúrgico ou de acesso à via judicial, e até mesmo de maioridade (ADI n. 4.275, relator Ministro Edson Fachin), posição reafirmada no RE n. 670.422, relator Ministro Dias Toffoli, quando se fixou a seguinte tese, em sede de repercussão geral (Tema n. 761):

"1 – O transgênero tem direito fundamental subjetivo à alteração de seu prenome e de sua classificação de gênero no registro civil, não se exigindo para tanto nada além da manifestação de vontade do indivíduo, o qual poderá exercer tal faculdade tanto pela via judicial como diretamente pela via administrativa.

2 – Essa alteração deve ser averbada à margem do assento de nascimento, vedada a inclusão do termo 'transgênero'.

3 – Nas certidões do registro não constará nenhuma observação sobre a origem do ato, vedada a expedição de certidão de inteiro teor, salvo a requerimento do próprio interessado ou por determinação judicial.

4 – Efetuando-se o procedimento pela via judicial, caberá ao magistrado determinar, de ofício ou a requerimento do interessado, a expedição de mandados específicos para a alteração dos demais registros nos órgãos públicos ou privados pertinentes, os quais deverão preservar o sigilo sobre a origem dos atos."

📝 Questão de Concurso

(MPE-PR/Promotor/2019) Os cidadãos transgêneros têm direito à alteração de prenome e gênero diretamente no registro civil, cujos pedidos podem ser baseados unicamente no consentimento livre e informado pelo solicitante, independentemente da cirurgia de transgenitalização ou da realização de tratamentos hormonais ou patologizantes, sendo desnecessário qualquer requisito atinente à maioridade, ou outros que limitem a adequada e integral proteção da identidade de gênero autopercebida, constituindo a exigência da via jurisdicional limitante incompatível com essa proteção.

Gabarito comentado: Correto (ADI n. 4.275).

4.6.4. Valores sociais do trabalho e da livre iniciativa

Como nossa Constituição é capitalista, mas social-democrata, deve harmonizar a livre busca pelo lucro (livre iniciativa) com a valorização do trabalhador (valor social do trabalho).

⚠️ Atenção!

"São inconstitucionais as leis que obrigam os supermercados ou similares à prestação de serviços de acondicionamento ou embalagem das compras, por violação ao princípio da livre-iniciativa (arts. 1º, IV, e 170 da Constituição)." (Tema n. 525 da Repercussão Geral do STF).

4.6.5. Pluralismo político

É o livre debate de ideias, o fato de que qualquer ideologia política pode ser publicamente sustentada. Passa também pelo pluripartidarismo (existência de vários partidos), mas a ele não se resume. Foi com base nesse princípio que o STF declarou inconstitucional a chamada cláusula de barreira, regra que dificultava o funcionamento dos partidos políticos pequenos.

4.7. OBJETIVOS FUNDAMENTAIS (ART. 3º)

São metas a serem alcançadas no futuro. São normas de eficácia limitada de princípio programático e de aplicabilidade mediata (para o futuro). Não se confundem com os fundamentos da República. Vejamos:

Quadro 4.4 – Distinções entre Fundamentos da República e Objetivos fundamentais

	Fundamentos	Objetivos fundamentais
Previsão	Art. 1º, I a V	Art. 3º, I a IV
Enumeração	Soberania; cidadania; dignidade da pessoa humana; valores sociais do trabalho e da livre iniciativa; pluralismo político	Construir uma sociedade livre, justa e solidária; garantir o desenvolvimento nacional; erradicar a pobreza e a marginalização e reduzir as desigualdades sociais e regionais; promover o bem de todos, sem preconceitos de origem, raça, sexo, cor, idade e quaisquer outras formas de discriminação
Conteúdo	Valores que o Brasil tem que ter agora, imediatamente, pois sem eles não existirá o Estado, tal como imaginado pelo constituinte	Metas que o Brasil um dia quer alcançar, que devendo lutar para poder consegui-las no futuro
Aplicabilidade	Normas de eficácia plena e aplicabilidade imediata	Normas de eficácia limitada e de aplicabilidade mediata
Estrutura normativa	Previstos na CF na forma de substantivos (valores)	Previstos na CF na forma de verbos (ações)

⚠️ Atenção!

Os objetivos fundamentais impõem ao Estado e aos poderes públicos tanto atuações negativas (não discriminar, não impedir a busca da felicidade), mas também obrigações positivas (políticas públicas com vistas a reduzir desigualdades, por exemplo).

✋ Cuidado!

Não confunda! As desigualdades fazem parte da adoção de um modo de produção capitalista (CF, arts. 1º, IV, 5º, XXII, 170, entre outros): elas não podem, porém, ser tão grandes que tornem disfuncional a economia, ou que ameacem a própria dignidade humana. Por conta disso, é objetivo fundamental da República *reduzir* as desigualdades (tanto entre classes sociais, como entre regiões). Já a pobreza e a marginalização busca-se *erradicar*, acabar. Tome cuidado porque, em provas de concursos, é costumeiro inverter a locução ("erradicar as desigualdades e reduzir a pobreza"), o que a torna *errada*.

4.8. PRINCÍPIOS DAS RELAÇÕES INTERNACIONAIS (ART. 4º)

São princípios que devem nortear a atuação do Brasil nas relações internacionais, isto é, no relacionamento com outros países.

A independência nacional (I) decorre da soberania e assegura a não submissão a autoridades estrangeiras. Quanto à prevalência dos direitos humanos (II), cumpre registrar que, como Estado democrático de Direito, o Brasil não só reconhece direitos fundamentais aos seus cidadãos, mas também luta para que outros Estados assim procedam.

Autodeterminação dos povos (III), não intervenção (IV) e igualdade entre os Estados (V) são conceitos correlatos, integrantes dos costumes internacionais. Do mesmo modo, defesa da paz (VI), solução pacífica dos conflitos (VII) e repúdio ao terrorismo e ao racismo (VIII) também estão interligados com o objetivo de defender a prevalência dos direitos humanos e a cooperação entre os povos para o progresso da humanidade (IX).

Por outro lado, a concessão de asilo político (X) significa que, como forma de combater os regimes ditatoriais, o Brasil deve conceder asilo político a todos os perseguidos que dele necessitem. O asilo político é o ato do Brasil de abrigar em seu território alguém que esteja sofrendo perseguição política em outro país.

⚠️ Atenção!

A concessão de asilo político não é uma regra, mas um princípio. A concessão do asilo pelo Brasil configura ato discricionário (analisa-se a conveniência e oportunidade) e não vinculado!

📝 Questão de Concurso

(Cespe/MRE/Diplomata/2015) A concessão de asilo político a estrangeiro é princípio que rege a República Federativa do Brasil nas suas relações internacionais, mas, como ato de soberania estatal, o Estado brasileiro não está obrigado a realizá-lo.

Gabarito comentado: Correto (a concessão é discricionária, o Estado não está obrigado a conceder o asilo).

Por fim, a integração latino-americana (parágrafo único) tem o significado de que o Brasil, apesar de ser uma nação soberana, buscará integrar-se aos outros países da América Latina, com objetivo de construir uma comunidade internacional (Mercosul).

📝 Questão de Concurso

(FCC/Sefaz-PE/Auditor/2014) A República Federativa do Brasil rege-se, nas suas relações internacionais, pelos seguintes princípios:

a) concessão de refúgio e asilo político.
b) observância das decisões dos organismos internacionais e defesa da paz.
c) repúdio ao terrorismo, ao racismo e à discriminação de gênero.
d) cooperação entre os povos para o progresso da humanidade e autodeterminação dos povos.
e) solução pacífica dos conflitos e respeito à neutralidade.

Gabarito comentado: D.
Ver art. 4º da CF.

4.9. "SEPARAÇÃO" DOS PODERES

Na verdade, os Poderes não são separados entre si, já que se inter-relacionam. Entretanto, como essa é a nomenclatura tradicional, pode-se utilizá-la em provas.

Essa teoria foi propagada por Montesquieu, em sua famosa obra *O espírito das leis*. Tem o intuito de prevenir o abuso de poder do Estado, por isso busca promover uma divisão de funções entre os órgãos legislativos, executivos e judiciais.

Desdobra-se tal norma em dois subprincípios:

a) a independência entre os Poderes, em que cada Poder é autônomo em relação aos demais;

b) a harmonia entre os Poderes, que se baseia no princípio inglês dos freios e contrapesos (*checks and balances*), para defender que os Poderes se fiscalizem reciprocamente.

Por conta da conjugação desses dois princípios, é que se diz que cada Poder exerce uma função típica, mas também exerce outras funções, de forma secundária (funções atípicas).

Aliás, é em razão da existência desses dois subprincípios que o art. 2º da Constituição prevê que: "São poderes da União, independentes e harmônicos entre si, o Legislativo, o Executivo e o Judiciário".

Aprofundamento:
origens e desenvolvimento histórico da teoria da "separação" de poderes

Concorda a maioria dos autores em atribuir a Aristóteles o primeiro registro de uma separação entre as funções estatais; vislumbrava o sábio grego a necessidade de haver uma Assembleia, que elaborasse as leis, um Corpo de Magistrados, que colocasse em prática os preceitos da lei, e um Corpo Judicial, para aplicar a Justiça, de acordo com a lei.

Considerava ele que só uma pólis com tal organização estaria precavida contra a tirania. É, sem dúvida, um gérmen da atual teoria da independência entre os poderes, embora pertinente a ressalva de Celso Ribeiro Bastos, para quem "o valor da descoberta aristotélica é muito relativo. Em nada influenciou a vida política durante, no mínimo, o milênio que se seguiu à sua vida. Durante esse imenso lapso histórico, dominou sem contestação a vontade do monarca, que reunia em si mesmo as três funções estatais." (*Curso de Direito Constitucional*, Saraiva, p. 182).

O importante é que, com o desenrolar da modernidade, diversos autores resgataram e modernizaram a teoria de Aristóteles, conferindo-lhe adaptação ao regime absolutista que germinava. Assim, doutrinadores tão díspares quanto Grotius, Bodin, Tomás de Aquino, Swift e Puffendorf procuraram na distinção das funções estatais a justificativa para os próprios pontos de vista.

Caberia a John Locke estabelecer um dos pontos fulcrais da moderna separação de poderes: a necessidade de que feitura e execução das leis fossem atribuídas a órgãos distintos. Considerava a existência de quatro poderes: o Executivo, o Legislativo, o Judicial e o Confederativo, ou Prerrogativa; o Poder Judicial não era, porém, autônomo em relação ao Executivo, e o Legislativo primava sobre os outros, sobrelevava-se. Finalmente, o titular do Poder Confederativo era o Príncipe, que devia "promover o bem comum onde a lei fosse omissa".

Foi Montesquieu o grande propagador da teoria da separação dos poderes. Com a publicação da obra "O Espírito das Leis", passou-se a atentar para a necessidade de se entregarem as distintas funções do Estado a titulares distintos, já que "todo homem que tem poder tende a abusar dele. [...] Para que não possa abusar do poder, precisa que, pela disposição das coisas, o poder freie o poder". Por isso, prossegue, em lição que se tornou clássica, afirmando que:

> Quando, na mesma pessoa ou no mesmo corpo de magistratura, o poder legislativo está reunido ao poder executivo, não há liberdade [...].
>
> Tampouco existe liberdade se o poder de julgar não for separado do poder legislativo e do poder executivo. Se estivesse unido ao poder legislativo, o poder sobre a vida e a liberdade dos cidadãos seria arbitrário, pois o juiz seria legislador. Se estivesse unido ao poder executivo, o juiz poderia ter a força de um opressor[2].

Por meio das palavras do iluminista, o conceito de independência entre os poderes deixou de ser uma confabulação doutrinária para se revestir de uma importância capital, chegando, inclusive, a ser considerado um dogma constitucional.

Distinguia Montesquieu três "poderes": o Legislativo, o Executivo das Coisas que dependem do Direito das Gentes (equivalente ao Executivo) e o Executivo das Coisas que dependem do Direito Civil (Judiciário). Embora tenha formulado um conceito insatisfatório do Poder Executivo ("faz a paz ou a guerra, envia ou recebe embaixadas, estabelece a segurança, previne as invasões"), já que dele excluiu a aplicação da lei no caso concreto e a administração pública, a doutrina defendida no Espírito das Leis, além de sistematizar o desenvolvimento doutrinário a ela anterior, inseriu características importantíssimas, como a necessidade de independência entre os poderes (notadamente o Judiciário) e a chamada divisão orgânica das funções (cada função deve ser exercida por um órgão distinto, de maneira que três órgãos diferentes exerçam, cada um, uma função, preponderantemente).

Estabeleceu ainda o filósofo francês um conceito que seria muito caro à doutrina inglesa do século XVIII: o equilíbrio entre os poderes. Para que um poder não se estabeleça de maneira absoluta, devem eles se contrabalançarem, um servindo de limite para o outro, evitando o despotismo.

Bolingbroke iria estabelecer, ainda no século XVIII, a teoria dos freios e contrapesos (*checks and balances*), desenvolvendo a noção de equilíbrio entre os órgãos do poder estatal, já antevista por Montesquieu. Assim, à independência irá se acrescentar a harmonia entre os poderes, garantindo não só a autolimitação do poder estatal, como também uma melhor administração das funções, já que o "peso" exercido por um será contrabalançado pelo "contrapeso" do outro. Daí a expressão freios (limitações) e contrapesos (harmonia).

Essa teoria ficou conhecida como "teoria da separação de poderes", embora o poder do Estado seja uno e indivisível, e Montesquieu tenha usado apenas a expressão "divisão de poderes". A teoria de Montesquieu teve excelente aceitação e, após várias adaptações, ficou assentado que: a) o Poder Legislativo deve ficar incumbido, principalmente, da função legislativa; b) ao Poder Judiciário cabe, de maneira primordial, a função jurisdicional; c) por fim, ao Poder Executivo toca, de forma primeira, o desempenho da função administrativa.

---

[2] MONTESQUIEU, Charles-Luois de Secondat, Barão de la Brède e de. *Do espírito das leis*. Trad. Cristina Murachco. São Paulo: Martins Fontes, 2000. p. 118 e 168.

Mas também é certo que os poderes devem controlar (fiscalizar) uns aos outros, de maneira que cada um serve de freio (limite) e contrapeso (compensação) para o outro.

Dessa necessidade de haver um equilíbrio entre os poderes surge a necessidade de que cada um deles possua meios para frear excessos de outros poderes.

Assim, por exemplo, cabe ao Legislativo editar normas gerais abstratas (leis), mas que podem ser invalidadas pelo Judiciário (declaração de inconstitucionalidade), cujos membros, no órgão de cúpula (Supremo Tribunal Federal – STF) são escolhidos pelo Executivo, com aprovação do Legislativo, e que podem sofrer *impeachment*, se abusarem de sua função, em julgamento realizado pelo Senado Federal (CF, art. 52, II).

Dessa forma, tendo em vista que os poderes do Estado não se subordinam uns aos outros, mas se fiscalizam reciprocamente, podemos falar na existência de um princípio da independência e harmonia entre os poderes. Justamente por isso, o art. 2º da CF dispõe que "São poderes da União, **independentes e harmônicos** entre si, o Legislativo, o Executivo e o Judiciário".

Aprofundamento:
o papel do princípio da "separação" de poderes na atualidade

O princípio da independência e harmonia entre os poderes, revestido ainda – e cada vez mais – de capital importância no ordenamento jurídico-constitucional democrático, desempenha importante papel como garantidor das liberdades constitucionais.

Com efeito, embora o constituinte de 1988 não se tenha comprometido com uma visão de independência e harmonia dos órgãos da soberania à moda de Montesquieu (ou da leitura que tradicionalmente se faz *d'O espírito das leis*); e não obstante a atualidade mostre uma verdadeira reorganização das funções estatais para além do tradicional modelo tripartite, é inegável a importância do preceito do art. 2º como garantia do Estado de Direito e dos direitos fundamentais.

Podemos elencar, então, os seguintes objetivos e funções atuais desse preceito: 1. Garantia dos direitos fundamentais: função tradicional, mas agora estendida, em virtude das relações com os princípios da legalidade e da juridicidade, e aliada à proteção aos direitos sociais e difusos (segunda e terceira gerações, respectivamente). 2. Postulado básico do Estado Democrático Constitucional, já em virtude da função acima aludida, uma vez que, como aponta José Afonso da Silva, uma das características desse ordenamento estatal é a "divisão de poderes, que separe de forma independente e harmônica os Poderes Legislativo, Executivo e Judiciário, como técnica que assegure [...] a independência e a imparcialidade do último em face dos demais e das pressões dos poderosos particulares [...]. Essas exigências continuam a ser postulados básicos do Estado de Direito". 3. Garantia da independência do Poder Judiciário, e, consequentemente, de uma prestação jurisdicional efetiva ao cidadão. Relaciona-se, mais uma vez, dessa forma, à garantia dos direitos do cidadão (neste caso, quando submetidos a juízo). 4. Fundamentação apriorística do princípio da legalidade, já que, como adverte Celso Ribeiro Bastos, "A teoria da separação dos poderes diz que, qualquer que seja a atividade estatal, esta deverá ser sempre precedida por normas [...] abstratas e gerais, denominadas leis. Os atos concretos [...] só serão legítimos na medida em que forem praticados com fundamento nas normas gerais." 5. Mecanismo de defesa da Constituição, o que, de certa forma, absorve os aspectos já analisados, pois, nas palavras de Canotilho, "Embora não sejam tradicionalmente incluídos nos mecanismos de defesa da Constituição, tem também caráter garantístico a ordenação constitucional das funções e o esquema de controles interorgânicos e intraorgânicos dos órgãos da soberania. O princípio da separação e interdependência dos órgãos da soberania tem, assim, uma função de garantia da constituição, pois os esquemas de responsabilidade e controle entre os vários órgãos transformam-se em relevantes fatores de observância da constituição.".

Tal função, por si só, já bem resume o papel desempenhado, atualmente, pelo princípio da independência entre os poderes.

Outro aspecto primordial para se entender a importância atribuída à independência entre os poderes é a atribuição do *status* de cláusula pétrea a esse princípio. As cláusulas pétreas (ou núcleo duro, no dizer da doutrina alemã) constituem técnica das Constituições super-rígidas (ou semi-imutáveis), para impedir, no processo de revisão ou reforma da Constituição, que o Poder Reformador venha a abolir determinados princípios e garantias basilares do ordenamento constitucional.

Com isso, cria-se um "cerne intangível da Constituição". A inclusão de um princípio no rol das cláusulas pétreas é sintomática sobre a importância (mais ainda, a fundamentalidade) desse preceito. Nosso texto constitucional, atento à função de garantia ao cidadão desempenhada pelo sistema da independência e harmonia entre os poderes, incluiu esse princípio entre as cláusulas pétreas, até por simetria em relação aos direitos e garantias individuais.

Dispõe o art. 60, § 4º, que "Não será objeto de deliberação a proposta de Emenda tendente a abolir: [...] III – a separação dos Poderes", o que torna esse princípio imune a pretensões ab-rogatórias ou mesmo derrogatórias, ainda que manifestadas pelo constituinte derivado.

Aprofundamento:
críticas à teoria da "separação" de poderes

Vários autores – principalmente no Século XX – revisitaram a teoria clássica da "separação de poderes". Podemos citar, por exemplo, Marcel de La Bigne de Villeneuve, que, em 1934, já enxergava o esgotamento e a decadência do princípio da separação de poderes. Numa monografia intitulada *La fin du principe de séparation des pouvoirs* ("O fim do princípio da separação de poderes"), cuja segunda parte era sintomaticamente denominada *Elimination de la théorie de la séparation des pouvoirs*, o francês defendia que, no contexto histórico do século XX, era impossível fazer reviver o dogma em questão, ainda que de forma adaptada ou relativizada.

Pregava, arrimado no declínio do Estado Liberal – que já vinha dando mostras de saturação, uma atuação forte e centralizadora do Executivo, enfeixando em si as prerrogativas de ação e direção, numa nova doutrina de todo adaptada aos movimentos intervencionistas da década de 1930, como o *new deal* que Roosevelt implantaria nos Estados Unidos da América para fazer frente à crise econômica desencadeada com o *crack* da Bolsa de Nova Iorque, em 1929.

Para tanto (dizia), era necessário abolir a teoria da separação dos poderes, com vistas a se permitir uma concentração de poderes na esfera do Executivo, para que esse pudesse desempenhar satisfatoriamente o fim estatal do bem comum. Como toda teoria revolucionária, é certo que a doutrina engendrada por Villeneuve não foi isenta de exageros e de uma boa dose de radicalismo. Mas também é certo que, se por um lado defendia uma desmesurada concentração de poderes na esfera do Executivo, por outro alertou para o esgotamento da "separação de poderes" como dogma e para o redesenho das relações entre os órgãos da soberania com o declínio do Estado Liberal. E já defendia que o Executivo forte, exigido pelo Estado Social, deveria ter uma parcela do poder de legislar.

Bem se percebe que, apesar da força das críticas, elas se dirigem não à ideia de separação de poderes *em si*, mas a uma eventual interpretação literal, absoluta, que a ela se atribuiu, especialmente no século XIX.

Atualmente, em especial no pós-2ª Guerra, o princípio encontrou um resgate doutrinário, passando a ser defendido não mais como um *dogma*, mas como uma *doutrina* e um *princípio jurídico* de limitação do poder estatal. Está ligado, assim, à ideia de direitos fundamentais e de Estado de Direito. Não seria abusivo afirmar, inclusive, que, numa releitura moderna do princípio da separação de poderes, dificilmente se poderia pensar, hoje em dia, no Ocidente, em uma Constituição que seja efetiva sem assegurar o equilíbrio entre os órgãos da soberania.

O professor português Nuno Piçarra, estudioso do tema, esclarece o conteúdo atual do princípio, assim como suas consequências:

> 1º Distinção entre os conceitos de legislativo, executivo e judicial, para designar quer funções estaduais distintas quer os órgãos que respectivamente as exercem.
>
> 2º Independência ou imunidade de um órgão estadual, quanto ao(s) seu(s) titular(es) ou quanto aos seus actos, perante a acção ou interferência de outro.
>
> 3º Limitação ou controlo do poder de um órgão estadual mediante o poder conferido a outro órgão de anular ou impedir a perfeição dos actos do primeiro, ou mediante a responsabilização de um perante o outro.
>
> 4º Participação de dois ou mais órgãos, independentes entre si, da mesma função estadual, em ordem à prática de um acto imputável a todos.
>
> 5º Incompatibilidade de exercício simultâneo de cargos em diferentes órgãos estaduais.

Aprofundamento:
os riscos da desarmonia entre os poderes

A "separação dos poderes" protegida no texto constitucional se desdobra, nos termos do art. 2º, em dois parâmetros básicos: a independência e a harmonia. A ideia de órgãos separados é atenuada com o sistema de freios e contrapesos legado pela doutrina inglesa. Nesse ponto ressalta a íntima ligação entre independência e harmonia: nem os poderes podem ser tão independentes a ponto de se comprometer a atividade estatal, nem os mecanismos de harmonia podem ser tão intensos que mitiguem a independência, gerando, ao revés, uma desarmonia.

Estabelece José Afonso da Silva, com grande acuidade, que "A independência dos poderes significa: (a) que a investidura e a permanência das pessoas num dos órgãos de governo não dependem da confiança nem da vontade dos outros [...]. **A desarmonia, porém, se dá sempre que se acrescem atribuições, faculdades ou prerrogativas de um em detrimento do outro**"[3].

Percebe-se, pois, que o mecanismo dos freios e contrapesos não pode, como já salientamos, avançar a ponto de cometer a um dos Poderes a investidura dos membros de outro Poder, sob

---

[3] SILVA, José Afonso da. *Curso de Direito Constitucional Positivo*. São Paulo: Malheiros, 2006. p. 98.

pena de se constituir uma contradição entre o princípio da harmonia e o princípio-irmão da independência entre os órgãos da soberania.

Ora, se ficou estabelecido que uma das principais funções da separação de poderes é frear o abuso e o arbítrio, assegurando direitos fundamentais, resta claro que os riscos de desarmonia entre os poderes são riscos de soçobrar o próprio Estado de Direito. Não se fala, aqui, da mera divergência pontual de entendimentos, mas de uma atitude de crescente desrespeito institucional, da constante exorbitância de um poder, o que pode levar ao desmoronamento do próprio sistema constitucional.

Um dos exemplos dessa situação de crescente abuso de prerrogativas, colocando em risco a separação de poderes, é a edição abusiva de medidas provisórias pelo Poder Executivo.

Outro risco bastante atual à separação de poderes é o fenômeno do ativismo judicial. Trata-se de situação em que, como o próprio nome já indica, a Justiça toma a iniciativa de expansão, adentrando, muitas vezes de forma excessiva ou imprudente, ao nosso ver, em esferas outras da estrutura social, utilizando-se de estratégias de protagonismo e muitas vezes sobrepondo questões pretensamente jurídicas e decisões tomadas em outras instâncias sociais.

Para uma leitura aprofundada sobre o tema do ativismo judicial, o texto clássico é o artigo de Bradley Cannon, *Defining the dimensions of judicial activism*. (In: *Judicature*, v. 66, n. 6, dec.--jan. 1983).

Ao apontar tanto os riscos de juízes amedrontados (passivistas), quanto excessivamente poderosos e abusivos (ativistas), Ronald Dworkin já alertava que:

> **O ativismo é uma forma virulenta de pragmatismo jurídico. Um juiz ativista ignoraria o texto da Constituição, a história de sua promulgação, as decisões anteriores da Suprema Corte que buscaram interpretá-la e as duradouras tradições de nossa cultura política. O ativista ignoraria tudo isso para impor a outros poderes do Estado o seu próprio ponto de vista sobre o que a justiça exige.**
>
> [...] **A alternativa ao passivismo não é um ativismo tosco, atrelado apenas ao senso de justiça de um juiz**, mas um julgamento muito mais apurado e discriminatório, caso por caso, que dá ligar a muitas virtudes políticas mas, ao contrário tanto do ativismo quando ao passivismo, não cede espaço algum à tirania[4].

Dessa forma, pode-se afirmar que, em certa medida, o ativismo judicial pode, a depender do grau, representar um risco à separação de poderes e à própria democracia. Não se pode depender, por exemplo, da vontade de um juiz singular, integrante de um órgão colegiado, para afastar o Presidente de um Poder, sem sequer ouvir os outros membros do órgão jurisdicional. Não podem a democracia, a separação de poderes e as instituições dependerem tanto assim de um voluntarismo unilateral, que nem sequer representa necessariamente a vontade da maioria dos membros de um órgão jurisdicional colegiado.

---

[4] DWORKIN, Ronald. *O império do direito*. Trad. Jefferson Luiz Camargo. São Paulo: Martins Fontes, 1999. p. 451.

Aprofundamento:
os conflitos entre poderes como um fato inerente ao sistema democrático (e o afastamento da tese de uma "intervenção militar constitucional" com base no art. 142)

A inacreditável celeuma sobre a possibilidade de uma "intervenção (?) militar constitucional", com "fundamento" no art. 142 da CF, parece ter surgido após manifestação do prof. Ives Gandra da Silva Martins. Em artigo publicado em 2011 na Revista Brasileira de Direito Constitucional, o professor levantava a possibilidade de o Legislativo – com fundamento no art. 49, XI, da CF – sustar decisão do STF sobre a questão do aborto de fetos anencéfalos (Arguição de Descumprimento de Preceito Fundamental – ADPF n. 54/DF):

> E, na hipótese de fazê-lo e de a Suprema Corte não acatar a anulação, caberia até mesmo a intervenção das Forças Armadas para restabelecer a lei e a ordem turbadas pela quebra de harmonia entre os poderes da República, obrigando o Supremo Tribunal Federal a cumprir a Constituição[5].

Idêntica "solução" é aventada pelo professor para outras decisões do STF, como aquelas referentes ao reconhecimento de uniões estáveis homoafetivas (ADPF n. 132/DF) e à autorização não vinculante para a extradição de Cesare Battisti (Extradição n. 1.085/IT).

Ultimamente, têm sido mais frequentes em manifestações de rua e nas redes sociais – algumas, inclusive, com a participação do Presidente da República[6] – solicitando a atuação das Forças Armadas para destituir membros do STF ou do Congresso Nacional. A Ordem dos Advogados do Brasil[7], juristas de renome[8,9 e 10], Ministros do STF[11], o Procurador-Geral da República[12] e a

---

[5] MARTINS, Ives Gandra da Silva. O Ativismo Judicial e a Ordem Constitucional. In: *Revista Brasileira de Direito Constitucional (RBDC)*, n. 18, jul./dez. 2011, p. 33.

[6] O Presidente da República chegou a divulgar, em mensagem postada no Twitter em 28 de maio, *live* do professor Ives Gandra, com a seguinte legenda: "Live com Ives Gandra: a politização no STF e a aplicação pontual da 142". Disponível em: https://twitter.com/jairbolsonaro/status/1266101269975924744. Acesso em: maio 2021.

[7] ORDEM DOS ADVOGADOS DO BRASIL. Conselho Federal. Parecer (assinado por Felipe Santa Cruz Oliveira Scaletski, Marcus Vinícius Furtado Coelho e Gustavo Binembojm. Disponível em: http://s.oab.org.br/arquivos/2020/06/682f58de-5b3e-46cc-bda6-7397b1a93009.pdf. Acesso em: maio 2021.

[8] STRECK, Lenio Luiz. Ives Gandra está errado: o artigo 142 não permite intervenção militar! In: *Consultor Jurídico*, 21 de maio de 2020. Disponível em: https://www.conjur.com.br/2020-mai-21-senso-incomum-ives-gandra-errado-artigo-142-nao-permite-intervencao-militar. Acesso em: maio 2021.

[9] FONTELES, Samuel Sales. Pareidolia Constitucional. In: *Migalhas*, 5 de junho de 2020. Disponível em: https://www.migalhas.com.br/coluna/olhar-constitucional/328426/pareidolia-constitucional. Acesso em: maio 2021.

[10] PEREIRA, Thomaz; ARGUELHES, Diego Werneck. Intervenção Militar é Golpe: é só ler a Constituição. In: *JOTA*. Disponível em: https://www.jota.info/stf/supra/intervencao-militar-e-golpe-e-so-ler-a-constituicao-02062020. Acesso em: maio 2021.

[11] PODER360. Gilmar Mendes diz que intervenção militar é "tese de lunático". *Poder360*, 4 de junho de 2020. Disponível em: https://www.poder360.com.br/justica/gilmar-mendes-diz-que-intervencao-militar-e-tese-de-lunatico/. Acesso em: maio 2021.

[12] "A Constituição não admite intervenção militar. Ademais, as instituições funcionam normalmente. Os Poderes são harmônicos e independentes entre si. Cada um deles há de praticar a autocon-

Secretaria-Geral da Mesa da Câmara dos Deputados[13] repudiaram veementemente qualquer dessas interpretações do art. 142. O próprio STF chegou a também decidir pelo afastamento de qualquer interpretação da CF nesse sentido[14].

No Direito Comparado, a tendência é reservar a utilização das forças armadas para missões específicas, constitucional e taxativamente determinadas[15]. A separação entre poder civil e poder militar (com a consequente subordinação deste àquele) tem importância fundamental num modelo de Estado de Direito[16]. Pressuposto de qualquer interpretação constitucional sobre o tema é, aliás, essa impossibilidade de revolta das Forças Armadas contra a ordem constitucional ou civil, como advertia, já em 1947, Seabra Fagundes:

> Se as corporações armadas têm na Constituição e na lei as fontes da sua legitimidade, não se concebe possam agir legitimamente se contra elas procedem. A rebelião nesse caso situar-se-ia num plano pré ou super-constitucional, como mero ato de fôrça, importando em destruir ou substituir as bases mesmas do Estado, e, portanto, não se poderia analisar à luz do princípio do art. 176 [da Constituição de 1946], que supõe a lei (constitucional ou ordinária) como elemento de delimitação do dever de obediência[17].

O art. 142 da CF não se distancia desse contexto, ao prever, de forma específica, no *caput* do dispositivo, qual a natureza e o papel das Forças Armadas:

> **Art. 142.** As Forças Armadas, constituídas pela Marinha, pelo Exército e pela Aeronáutica, são instituições nacionais permanentes e regulares, organizadas com base na hierarquia e na disciplina, sob a autoridade suprema do Presidente da República, e destinam-se à defesa da Pátria, à garantia dos poderes constitucionais e, por iniciativa de qualquer destes, da lei e da ordem.

Todos os elementos linguísticos desse dispositivo – todos – são incompatíveis com qualquer ideia de "intervenção militar".

---

tenção para que não se venha a contribuir para uma crise institucional. Conflitos entre Poderes constituídos, associados a uma calamidade pública e a outros fatores sociais concomitantes, podem culminar em desordem social." MINISTÉRIO PÚBLICO FEDERAL. Procuradoria-Geral da República. Nota Pública. Para PGR, Constituição não admite intervenção militar. 2 de junho de 2020. Disponível em: http://www.mpf.mp.br/pgr/noticias-pgr/para-pgr-constituicao-nao-admite-intervencao-militar. Acesso em: maio 2021.

[13] CÂMARA DOS DEPUTADOS. Secretaria-Geral da Mesa. Parecer (assinado por Leonardo Augusto de Andrade Barbosa, Roberto Carlos Martins Pontes e Alexandre Sankievicz). 3 de junho de 2020. Disponível em: https://www.camara.leg.br/midias/file/2020/06/parecer.pdf. Acesso em: maio 2021.

[14] STF, MC na ADI n. 6.457, Relator Ministro Luiz Fux.

[15] HESSE, Konrad. *Elementos de Direito Constitucional da República Federal da Alemanha*. Trad. Luís Afonso Heck. Porto Alegre: Sergio Antonio Fabris, 1998. p. 410.

[16] VERGOTTINI, Giuseppe de. *Diritto Costituzionale Comparato*. Padova: Cedam, 1991. p. 275.

[17] FAGUNDES, Miguel Seabra. As Fôrças Armadas na Constituição. In: *Revista de Direito Administrativo*, n. 9, 1947, p. 13.

Há três funções que podem ser exercidas pelas Forças Armadas. A primeira delas é a defesa da Pátria, é dizer, a defesa da República Federativa do Brasil contra inimigos externos.

A segunda é a "garantia dos poderes constitucionais". Não se trata, aqui, de defender um Poder dos demais: para isso existem os mecanismos constitucionais de freios e contrapesos, qualificados inclusive como cláusula pétrea (CF, art. 2º, c/c art 60, § 4º, III). A "garantia dos poderes constitucionais" refere-se à garantia do respeito *a todos os três Poderes* contra ameaças externas a essa tríade. Assim, por exemplo, cabe às Forças Armadas reprimir eventual tentativa de golpe de Estado por grupos armados, crime referido na CF como inafiançável e imprescritível. Trata-se, portanto, da atuação do Exército, da Marinha e da Aeronáutica na "defesa das instituições democráticas"[18] contra ameaças de golpe, sublevação armada ou movimentos do tipo.

Finalmente, temos a possibilidade de mobilização das Forças Armadas para, por iniciativa de qualquer dos três Poderes, atuar na "garantia da lei e da ordem". Trata-se da expressão aparentemente mais misteriosa do dispositivo, mas que, a partir de uma interpretação histórica e sistemática, adquire sentido bastante mais claro – e que em interpretação alguma pode significar permissivo para que as Forças Armadas "intervenham" em qualquer Poder.

A Constituição de 1934 foi a que primeiro previu a possibilidade de atuação das Forças Armadas não apenas para fins de defesa externa, ao prever a possibilidade de atuação "para defesa da ordem e da lei". A Constituição de 1946, por sua vez, altera a ordem dos termos, dispondo sobre a atuação das Forças para "defesa da lei e da ordem" e que prevalece até os dias de hoje.

Segundo os estudiosos da CF, a expressão "lei e ordem" diz respeito à segurança pública, tarefa que não lhes cabe de forma típica, por isso só agem por provocação de qualquer Poder. Ou seja: as Forças Armadas atuam para a defesa externa do Brasil, para a defesa interna em estados de defesa ou de sítio, ou ainda para a manutenção da segurança pública – mas, nesse caso, apenas por provocação de qualquer dos Poderes[19]. Pode-se interpretar a expressão também como referência aos Estados de Defesa e de Sítio (estados de legalidade extraordinária), já que se usa a expressão "ordem" no *caput* do art. 136 da CF. Finalmente, embora não se possa cair na tentação de interpretar a CF à luz das leis, é certo que a legislação que trata das atribuições das Forças Armadas (Lei Complementar n. 97, de 9 de junho de 1999) deixa claro que a atuação para garantia da lei e da ordem refere-se ao exercício (excepcional) das segurança pública pelas Forças Armadas, quando dispõe que tal atuação só deve ocorrer "após esgotados os instrumentos destinados à preservação da **ordem pública e da incolumidade das pessoas e do patrimônio, relacionados no art. 144 da Constituição Federal**" (art. 15, § 2º, grifo nosso).

De toda forma, nenhum comentador da Constituição ao qual tivemos acesso defende a visão de "poder moderador" – exceção seja feita, claro, ao professor Ives Gandra da Silva Martins. Não é de se estranhar essa quase unanimidade, a propósito. "Poder moderador" é ideia fun-

---

[18] SILVA, José Afonso da. *Curso de Direito Constitucional Positivo*. São Paulo: Malheiros, 2006. p. 772.
[19] SILVA, José Afonso da. Op. cit., p. 772. No mesmo sentido: PEDRA, Adriano Sant'ana; PEDRA, Anderson Sant'ana. Arts. 142 a 144. In: AGRA, Walber de Moura *et al. Comentários à Constituição Federal de 1988*. Rio de Janeiro: Forense, 2009. p. 1708.

dada nas teses de Benjamin Constant sobre a *quadripartição* dos poderes, adotada entre nós apenas na Constituição Imperial de 1824, e absolutamente incompatível com a separação de poderes definida na CF de 1988; mesmo na Constituição do Império, o exercício do "poder moderador" era previsto de forma expressa (art. 10), e cabia ao Imperador (arts. 98 e 101), não às Forças Armadas.

A Constituição de 1988, ao adotar a *tripartição* dos Poderes (mais próxima da fórmula clássica propagada por Montesquieu no célebre Capítulo Sexto do Livro XI de *O espírito das leis*), logicamente refutou qualquer ideia de um "poder moderador". Na dinâmica da "separação" de poderes, aliás, os objetivos de comedimento, limitação do poder e defesa contra o arbítrio são conseguidos a partir da interação de um Poder com os demais, da necessidade de acordo entre eles para que a ação estatal possa ocorrer[20], do mecanismo de *checks and balances*, não da intervenção de um elemento externo. Evita-se o abuso e o arbítrio por meio da divisão, não da atribuição de uma moderação.

A própria redação do *caput* do art. 142 da CF de 1988, ao exigir que a atuação das Forças Armadas para a garantia da lei e da ordem se dê por iniciativa de qualquer dos Poderes afasta qualquer hipótese de "intervenção". Afinal, se as Forças só podem agir se provocadas por um Poder, estão também elas, obviamente, sujeitas à separação de poderes. Mesmo quando as Forças Armadas atuam em operações de garantia da lei e da ordem por iniciativa de outros Poderes, o fazem com subordinação ao Presidente da República, chefe supremo delas[21]; logo, a tal função nunca poderá ser exercida por um Poder em relação aos outros, ou, pior ainda, servir de garantia da separação de poderes. O constituinte de 1988 precisaria ser insano para atribuir a guarda da separação de poderes a uma Força que é subordinada ao chefe de um desses Poderes; e, como se sabe, a hermenêutica jurídica não pode pressupor a loucura do legislador[22].

Diga-se, ainda, que a interpretação do art. 142 no sentido de atribuir às Forças Armadas um poder de intervir nos demais Poderes ou na relação entre uns e outros significaria atribuir-lhes, na prática, o poder de resolver até mesmo conflitos interpretativos sobre normas da Constituição. Embora atualmente se questione a existência de uma "palavra final" sobre questões constitucionais[23], é certo que, se deve haver uma interpretação final sobre alguma norma da CF, ela deveria ser do STF, a quem o próprio texto constitucional atribui, "precipuamente, a guarda da Constituição" (CF, art. 102, *caput*).

Apenas para fim de argumentação, registre-se que, mesmo se houvesse espaço para defender uma "intervenção militar" com base numa interpretação literal do art. 142 – e não há – essa leitura seria desmentida com base na interpretação sistemática da CF. Não se pode dar aos

---

[20] AMARAL JÚNIOR, José Levi. Sobre a Organização de Poderes em Montesquieu. Comentários ao Capítulo VI do Livro XI de *O espírito das leis*. In: *Revista dos Tribunais*, São Paulo, v. 97, n. 868, p. 53-68, fev. 2008.

[21] ARAÚJO, Luiz Alberto David; NUNES JÚNIOR, Vidal Serrano. *Curso de Direito Constitucional*. São Paulo: Verbatim, 2011, p. 471. No mesmo sentido: DEZEN JÚNIOR, Gabriel. *Constituição Federal*. Brasília: Alumnus, 2015. p. 1184.

[22] COELHO, Inocêncio Mártires. *Interpretação constitucional*. Porto Alegre: Sergio Antonio Fabris, 2003.

[23] MENDES, Conrado Hübner. *Direitos fundamentais, separação de poderes e deliberação*. São Paulo: Universidade de São Paulo [Tese de Doutorado], 2008. p. 99 (s).

dispositivos constitucionais o sentido que se bem entenda, pois, nas palavras de Konrad Hesse, "onde o intérprete passa por cima da Constituição, ele não mais interpreta, senão ele modifica ou rompe a Constituição"[24]. É preciso atender ao princípio hermenêutico da unidade da Constituição, para interpretar todos os seus dispositivos de maneira coerente[25]. Nesse sentido, seria absolutamente bizarro que a CF afirmasse que todo o poder emana do povo (art. 1º, parágrafo único); que os poderes da União devem ser independentes e harmônicos entre si (art. 2º); que a separação de poderes é cláusula pétrea (art. 60, § 4º, III); que a República se constitui num Estado Democrático de Direito (art. 1º, *caput*); e, apesar de tudo isso, criasse um superpoder armado para tutelar o exercício democrático – e por isso mesmo muitas vezes dissonante – dos poderes civis constituídos.

Aliás, ao invés de permitir a "intervenção militar", a CF na verdade prevê que a lei deve definir como crime inafiançável e imprescritível "a ação de grupos armados, civis ou militares, contra a ordem constitucional e o Estado Democrático" (art. 5º, XLIV).

QUADRO-RESUMO
PRINCÍPIOS FUNDAMENTAIS

Quadro 4.5 – Comparação entre Forma de Governo, Sistema de Governo e Forma de Estado

	Forma de Governo	Sistema de Governo	Forma de Estado
Conceito	Modo de escolha dos governantes	Modo de relacionamento entre os Poderes	Repartição territorial do poder
Espécies	Monarquia/República	Parlamentarismo/Presidencialismo	Unitária/Federativa
Brasil	República	Presidencialista	Federativa
Cláusula pétrea explícita	Não	Não	Sim (art. 60, § 4º, I)

Quadro 4.6 – Estado de Direito

Estado de Direito	Significado	Estado de poderes limitados
	Consequências	Responsabilização política dos governantes, prestação de contas pela Administração Pública e direitos fundamentais
	Paradigmas	1. Estado Liberal de Direito 2. Estado Social de Direito 3. Estado Democrático de Direito

Democracia

Todo poder emana do **povo**. No Brasil, adota-se a democracia **semidireta** (**mista**).

---

[24] HESSE, Konrad. Op. cit., p. 69-70.
[25] CANOTILHO, José Joaquim Gomes. *Direito Constitucional e Teoria da Constituição*. Coimbra: Almedina, 2001. p. 1223.

Quadro 4.7 – Fundamentos da República e objetivos fundamentais

	Fundamentos	Objetivos fundamentais
Previsão	Art. 1º, I a V	Art. 3º, I a IV
Enumeração	Soberania; cidadania; dignidade da pessoa humana; valores sociais do trabalho e da livre iniciativa; pluralismo político	Construir uma sociedade livre, justa e solidária; garantir o desenvolvimento nacional; erradicar a pobreza e a marginalização e reduzir as desigualdades sociais e regionais; promover o bem de todos, sem preconceitos de origem, raça, sexo, cor, idade e quaisquer outras formas de discriminação
Conteúdo	Valores que o Brasil tem que ter agora, imediatamente, pois sem eles não existirá o Estado, tal como imaginado pelo constituinte	Metas que o Brasil um dia quer alcançar, devendo lutar para poder consegui-las no futuro
Aplicabilidade	Normas de eficácia plena e aplicabilidade imediata	Normas de eficácia limitada e de aplicabilidade mediata
Estrutura normativa	Previstos na CF na forma de substantivos (valores)	Previstos na CF na forma de verbos (ações)

Princípios das relações internacionais: regem o Brasil nas suas relações com outros países

Separação dos Poderes: subdivide-se nos princípios da independência e da harmonia entre os Poderes (art. 2º).

Esquema

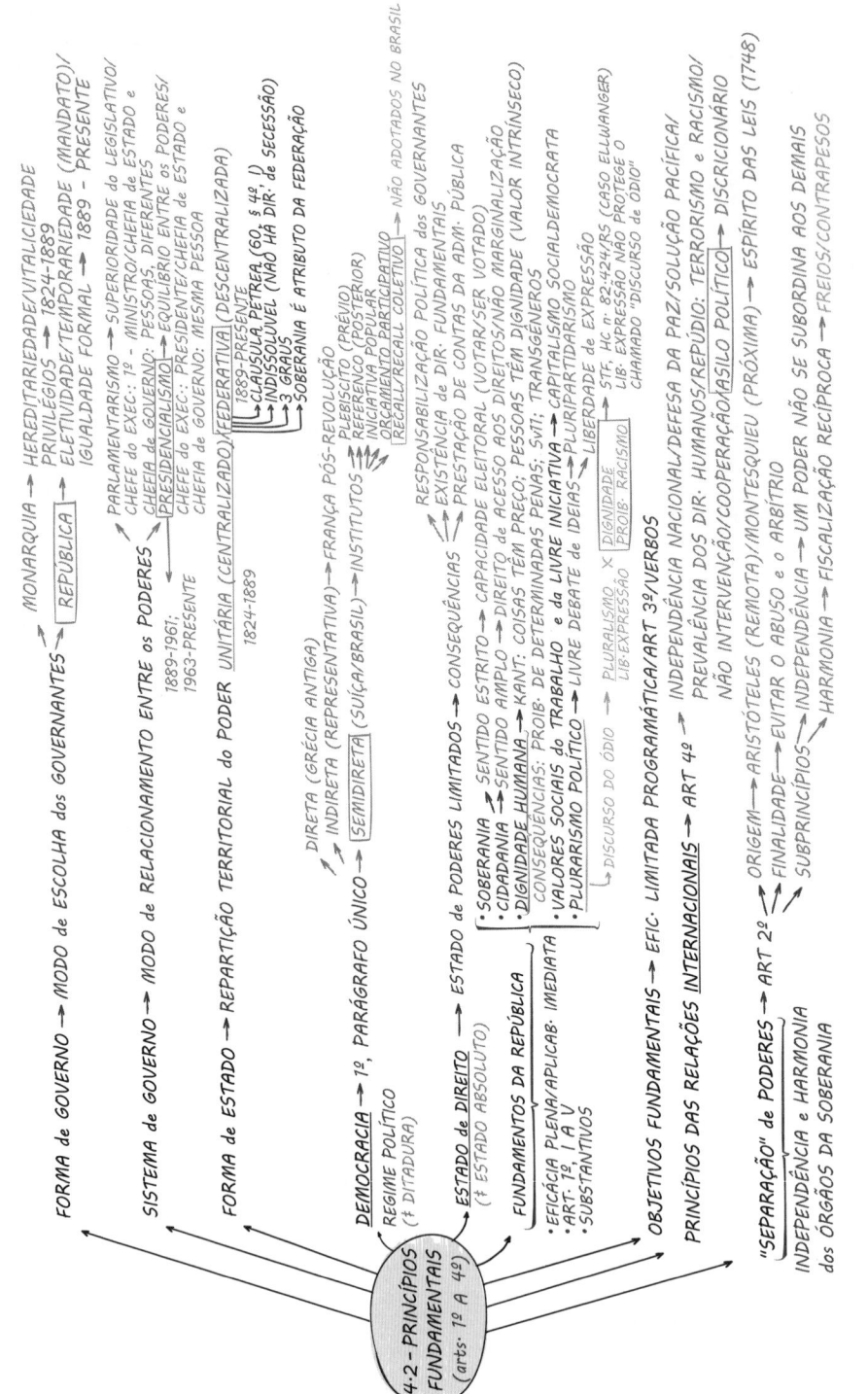

4.2 - PRINCÍPIOS FUNDAMENTAIS (arts: 1º A 4º)

- **FORMA de GOVERNO** → MODO de ESCOLHA dos GOVERNANTES
  - MONARQUIA → HEREDITARIEDADE/VITALICIEDADE / PRIVILÉGIOS / 1824-1889
  - REPÚBLICA → ELETIVIDADE/TEMPORARIEDADE (MANDATO)/ IGUALDADE FORMAL / 1889 - PRESENTE

- **SISTEMA de GOVERNO** → MODO de RELACIONAMENTO ENTRE os PODERES
  - PARLAMENTARISMO → SUPERIORIDADE do LEGISLATIVO/ CHEFE de EXEC.: 1º - MINISTRO/CHEFIA de ESTADO e CHEFIA de GOVERNO: PESSOAS DIFERENTES / 1889-1961; 1963-PRESENTE
  - PRESIDENCIALISMO → EQUILÍBRIO ENTRE os PODERES/ CHEFE do EXEC.: PRESIDENTE/CHEFIA de ESTADO e CHEFIA de GOVERNO: MESMA PESSOA

- **FORMA de ESTADO** → REPARTIÇÃO TERRITORIAL do PODER
  - UNITÁRIA (CENTRALIZADO)
  - FEDERATIVA (DESCENTRALIZADA) → 1889-PRESENTE
    - CLÁUSULA PÉTREA (60, § 4º) INDISSOLÚVEL (NÃO HÁ DIR. de SECESSÃO)
    - 3 GRAUS
    - SOBERANIA É ATRIBUTO DA FEDERAÇÃO / 1824-1889

- **DEMOCRACIA** → 1º, PARÁGRAFO ÚNICO
  - DIRETA (GRÉCIA ANTIGA)
  - INDIRETA (REPRESENTATIVA) → FRANÇA PÓS-REVOLUÇÃO
  - SEMIDIRETA (SUÍÇA/BRASIL) → INSTITUTOS
    - PLEBISCITO (PRÉVIO)
    - REFERENDO (POSTERIOR)
    - INICIATIVA POPULAR
    - ORÇAMENTO PARTICIPATIVO
    - RECALL/RECALL COLETIVO → NÃO ADOTADOS NO BRASIL

- **REGIME POLÍTICO** (≠ DITADURA)

- **ESTADO de DIREITO** (≠ ESTADO ABSOLUTO) → ESTADO de PODERES LIMITADOS → CONSEQUÊNCIAS
  - RESPONSABILIZAÇÃO POLÍTICA dos GOVERNANTES
  - EXISTÊNCIA de DIR.: FUNDAMENTAIS
  - PRESTAÇÃO DE CONTAS DA ADM. PÚBLICA

- **FUNDAMENTOS DA REPÚBLICA**
  - SOBERANIA → SENTIDO ESTRITO → CAPACIDADE ELEITORAL (VOTAR/SER VOTADO)
  - CIDADANIA → SENTIDO AMPLO → DIREITO DE ACESSO AOS DIREITOS/NÃO MARGINALIZAÇÃO
  - DIGNIDADE HUMANA → KANT: COISAS TÊM PREÇO; PESSOAS TÊM DIGNIDADE (VALOR INTRÍNSECO)
    - CONSEQUÊNCIAS: PROIB: DE DETERMINADAS PENAS; SvT; TRANSGÊNEROS
  - VALORES SOCIAIS do TRABALHO e da LIVRE INICIATIVA → CAPITALISMO SOCIALDEMOCRATA
  - PLURARISMO POLÍTICO → LIVRE DEBATE de IDEIAS → PLURIPARTIDARISMO
    - LIBERDADE de EXPRESSÃO
      - DISCURSO DO ÓDIO → PLURALISMO X LIB:EXPRESSÃO
        - DIGNIDADE → PROIB: RACISMO
        - STF, HC n: 82.424/RS (CASO ELLWANGER) LIB: EXPRESSÃO NÃO PROTEGE O CHAMADO "DISCURSO de ÓDIO"

- **EFICÁCIA PLENA/APLICAB: IMEDIATA**
  - ART: 1º, I A V
  - SUBSTANTIVOS

- **OBJETIVOS FUNDAMENTAIS** → EFIC: LIMITADA PROGRAMÁTICA/ART 3º/VERBOS

- **PRINCÍPIOS DAS RELAÇÕES INTERNACIONAIS** → ART 4º
  - INDEPENDÊNCIA NACIONAL/DEFESA DA PAZ/SOLUÇÃO PACIFICA/ PREVALÊNCIA DOS DIR. HUMANOS/REPÚDIO: TERRORISMO e RACISMO/ NÃO INTERVENÇÃO/COOPERAÇÃO/ASILO POLÍTICO → DISCRICIONÁRIO

- **"SEPARAÇÃO" de PODERES** → ART 2º
  - ORIGEM → ARISTÓTELES (REMOTA)/MONTESQUIEU (PRÓXIMA) → ESPÍRITO DAS LEIS (1748)
  - FINALIDADE → EVITAR O ABUSO e o ARBÍTRIO
  - SUBPRINCÍPIOS
    - INDEPENDÊNCIA → UM PODER NÃO SE SUBORDINA AOS DEMAIS
    - HARMONIA → FISCALIZAÇÃO RECÍPROCA → FREIOS/CONTRAPESOS

- **INDEPENDÊNCIA e HARMONIA dos ÓRGÃOS DA SOBERANIA**

Capítulo 5

Teoria Geral dos Direitos Fundamentais

5.1. FUNDAMENTOS TEÓRICOS E FILOSÓFICOS

É preciso estudar quais os fundamentos dos direitos fundamentais, ou seja, quais os princípios jurídicos básicos que justificam logicamente a existência dos direitos fundamentais.

Podemos apontar, basicamente, dois princípios que servem de esteio lógico à ideia de direitos fundamentais: o Estado de Direito e a dignidade humana.

5.1.1. Dignidade humana

Trata-se, como se sabe, de um princípio aberto, mas que, em uma apertada síntese, podemos dizer tratar-se de reconhecer a todos os seres humanos, pelo simples fato de serem humanos, alguns direitos básicos – justamente os direitos fundamentais.

Embora não se trate de unanimidade, a doutrina majoritária concorda que os direitos fundamentais "nascem" da dignidade humana. Dessa forma, haveria um tronco comum do qual derivam todos os direitos fundamentais.

Essa é a posição da maioria da doutrina brasileira (é o caso, por exemplo, de Ingo Wolfgang Sarlet[1], Paulo Gustavo Gonet Branco[2], Paulo Bonavides[3] e Dirley da Cunha Jr.[4]). há que se registrar, porém, a crítica de José Joaquim Gomes Canotilho, para quem reduzir o fundamento dos direitos fundamentais à dignidade humana é restringir suas possibilidades de conteúdo[5].

É certo que o conceito de dignidade humana é aberto, isto é, não admite um único conceito concreto e específico. Vários filósofos já tentaram defini-la, nem sempre com sucesso.

---

[1] SARLET, Ingo Wolfgang. *Dignidade Humana e Direitos Fundamentais*. Porto Alegre: Livraria do Advogado, 2001.
[2] BRANCO, Paulo Gustavo Gonet, *et al. Curso de Direito Constitucional*. São Paulo: Saraiva, 2007.
[3] BONAVIDES, Paulo. *Curso de Direito Constitucional*. São Paulo: Malheiros, 2003.
[4] CUNHA JR., Dirley da. *Curso de Direito Constitucional*. Salvador: JusPodivm, 2010.
[5] CANOTILHO, José Joaquim Gomes. *Direito Constitucional e Teoria da Constituição*. Coimbra: Almedina, 2007.

5.1.2. Estado de Direito

O conceito de Estado de Direito (CF, art. 1º, *caput*) pode ser entendido, em poucas palavras, como o *Estado de poderes limitados*, por oposição ao chamado *Estado Absoluto* (em que o poder do soberano era ilimitado).

Nesse sentido, José Afonso da Silva adverte que o conceito clássico de Estado de Direito abrange três características: a) submissão (dos governantes e dos cidadãos) ao império da lei; b) separação de poderes; c) garantia dos direitos fundamentais[6].

É certo que, hoje, fala-se mais em submissão à *Constituição*, antes mesmo da submissão à lei, com o que ganha corpo o conceito de Estado *Constitucional* de Direito. Mesmo assim, logo se vê que o conceito de Estado de Direito traz como consequência lógica a existência (e garantia) dos direitos fundamentais.

É por isso mesmo que José Afonso da Silva prossegue: "A concepção liberal do Estado de Direito servirá de apoio aos direitos do homem, convertendo súditos em cidadãos livres"[7].

5.1.3. Os direitos fundamentais e as teorias do direito

Jorge Miranda anota a dificuldade em se apontar qual a teoria do direito que justifica os direitos fundamentais. Na verdade, esse problema deriva do fato de que, hoje, quase todas as teorias jurídicas defendem a existência de direitos básicos do ser humano.

Para o **jusnaturalismo**, os direitos fundamentais são direitos pré-positivos, isto é, direitos anteriores mesmo à própria Constituição; direitos que decorrem da própria natureza humana, e que existem antes do seu reconhecimento pelo Estado.

Já o Positivismo Jurídico (**juspositivismo**) considera que direitos fundamentais são aqueles considerados como básicos na norma positiva (= norma posta), isto é, na Constituição. Isso não impede que se reconheça a existência de direitos implícitos, em face do que dispõe, por exemplo, o art. 5º, § 2º, da CF[8].

Por fim, o **Realismo Jurídico** norte-americano considera (em posição bastante interessante) que os direitos fundamentais são aqueles *conquistados* historicamente pela humanidade[9].

5.1.4. Conceito de direitos fundamentais

Há uma verdadeira balbúrdia terminológica que assola a doutrina. Podemos registrar, por exemplo, autores que usam nomes tão díspares quanto "direitos humanos", "direitos humanos fundamentais", "liberdades públicas", "direitos dos cidadãos", "direitos da pessoa humana", "direitos do homem" etc. É preciso, porém, sedimentar uma terminologia adequada, pois se trata de uma questão essencial[10].

---

[6] SILVA, José Afonso da. *Curso de Direito Constitucional Positivo*. São Paulo: Malheiros, 2006. p. 113.
[7] SILVA, 2006. p. 113.
[8] DIMOULIS, Dimitri. *Positivismo jurídico*. São Paulo: Método, 2005. No mesmo sentido, de forma mais específica: DIMOULIS, Dimitri; MARTINS, Leonardo. *Teoria Geral dos Direitos Fundamentais*. São Paulo: RT, 2007.
[9] TAVARES, André Ramos. *Curso de Direito Constitucional*. São Paulo: Saraiva, 2010. p. 527.
[10] TAVARES, André Ramos. *Curso de Direito Constitucional*. São Paulo: Saraiva, 2010.

Consideramos que, no direito interno, a nomenclatura mais adequada é a que ora utilizamos, ou seja, *direitos fundamentais*. Essa é a posição, também, de Dirley da Cunha Jr., Paulo Gustavo Gonet Branco e Dimitri Dimoulis/Leonardo Martins[11]. Isso porque a Constituição utiliza essa terminologia (Título II). Ademais, as outras nomenclaturas são inadequadas, por vários motivos.

"Liberdades públicas" é demasiadamente restrito, pois se refere apenas aos chamados *direitos de primeira geração*. "Direitos do homem" e "direitos da pessoa humana" são, ao mesmo tempo, excessivamente genéricos e indefinidos. Afinal, só existem direitos da pessoa.

Por outro lado, "direitos humanos" parece ser mais adequado na esfera internacional[12]. Realmente, direitos fundamentais e direitos humanos, estes (humanos) são direitos atribuídos à humanidade em geral, por meio de tratados internacionais (Declaração Universal dos Direitos humanos, da ONU, 1948, por exemplo). Já os direitos fundamentais são aqueles positivados em um determinado ordenamento jurídico (Constituição brasileira, Lei Fundamental alemã etc.). Essa tese é corroborada pela CF: quando trata de assuntos internos, a Constituição costuma se referir a "Direitos e garantias *fundamentais*", ao passo que, quando trata de tratados internacionais, se refere a direitos *humanos*.

Em verdade, o conteúdo de ambos é bastante semelhante. São conjuntos diferentes que possuem grande área de intersecção. A diferença é mais de fonte normativa que de conteúdo.

Essa é a teoria prevalente na doutrina brasileira, como noticia Dirley da Cunha Jr, embora haja posições contrárias[13].

Com base nisso, poderíamos definir os direitos fundamentais como os direitos considerados básicos para qualquer ser humano, independentemente de condições pessoais específicas. São direitos que compõem um núcleo intangível de direitos dos seres humanos submetidos a uma determinada ordem jurídica.

Em resumo:

Direitos fundamentais – assegurados no plano *interno* de cada país, por meio da Constituição; direitos humanos – assegurados no plano internacional por meio de tratados.

Cuidado!

Apesar de, segundo a doutrina majoritária, constituírem ordens diversas, não é incomum que, em provas de concursos, as expressões "direitos fundamentais" e "direitos humanos" sejam usadas uma no lugar da outra (questões, por exemplo, que perguntam sobre "características dos direitos humanos"). Claro que a questão é de contexto. Como orientação geral, pode-se dizer que, a não ser que a questão verse especificamente sobre a distinção, pode-se admitir que o enunciado trate de um ao se referir ao outro.

---

[11] DIMOULIS, Dimitri; MARTINS, Leonardo. *Teoria Geral dos Direitos Fundamentais*. São Paulo: RT, 2007. p. 53.

[12] Embora haja autores que adotem como sinônimas as expressões "direitos fundamentais" e "direitos humanos" (é o caso, por exemplo, de Alexandre de Moraes. MORAES, Alexandre de. *Direito Constitucional*. São Paulo: Atlas, 2010); essa, porém, não é a tese majoritária.

[13] LIMA, George Marmelstein. *Curso de Direitos Fundamentais*. São Paulo: Atlas, 2009. p. 28.

Aprofundamento:
existem direitos fundamentais que não são direitos humanos? E vice-versa?

Para a teoria que distingue os direitos humanos dos direitos fundamentais (aqui adotada), pode haver direitos que fazem parte de um conjunto, mas não do outro.

Como exemplo, podemos citar a garantia de não identificação criminal de quem possui identificação civil. Trata-se de algo garantido no plano interno brasileiro (no art. 5º, mais especificamente no inciso LVIII), em virtude de nosso histórico (especialmente no período da Ditadura Militar, o procedimento da "identificação criminal" era bastante utilizado mesmo em relação a presos que possuíam identificação civil, como forma de humilhação). Não tem correspondente, porém, no plano de internacional (tratados). Logo, trata-se de um direito *fundamental*, mas que não integra o rol dos direitos *humanos*.

Por outro lado, a recíproca também é verdadeira: existem direitos *humanos* que não foram albergados em nosso ordenamento constitucional. É o caso, segundo a jurisprudência do STF, da garantia do duplo grau de jurisdição (garantia de recurso a um órgão superior). É direito *humano*, uma vez que garantida no art. 8º do Pacto de San José da Costa Rica; mas não pode ser qualificada como um direito fundamental, já que não só não tem previsão na CF como esta, em diversos casos, simplesmente não prevê o direito a recurso em caso de condenação (um exemplo muito claro são as autoridades que possuem foro por prerrogativa de função: são julgadas originariamente em um tribunal, sem direito a qualquer recurso de natureza ordinária para um órgão superior). Exatamente por isso, a jurisprudência do STF possui reiterado entendimento no sentido de que **o duplo grau de jurisdição não é uma garantia constitucional**.

Aprofundamento:
comunicação entre os sistemas de direitos humanos e de direitos fundamentais

De acordo com a doutrina prevalente, o Brasil adotou o chamado *dualismo moderado* em relação ao direito internacional. Reconhece-se, por exemplo, que o direito *interno* e o direito *internacional* são fontes distintas (o que justifica, inclusive, a diferenciação entre direitos *fundamentais* e direitos *humanos*). Mas, de outro lado, também se admite que normas de um ordenamento sejam "internalizadas" por outro: existe a possibilidade, por exemplo, de direitos previstos em tratados serem internalizados e passarem a ser qualificados como direitos fundamentais. É o que preveem os §§ 2º e 3º do art. 5º da CF, adiante explicados.

5.2. CARACTERÍSTICAS DOS DIREITOS FUNDAMENTAIS

> Acesse e assista à aula explicativa sobre este assunto.
> http://uqr.to/1yj99

5.2.1. Historicidade

Os direitos fundamentais são uma construção histórica, isto é, a concepção sobre quais são os direitos considerados fundamentais varia de época para época e de lugar para lugar. Na

França da Revolução, por exemplo, os direitos fundamentais podiam ser resumidos a liberdade, igualdade e fraternidade; atualmente, porém, o conceito de direitos fundamentais alcança até mesmo questão inimaginável naquela época, como o direito ao meio ambiente ecologicamente equilibrado (CF, art. 225, *caput*). Da mesma forma, a igualdade entre os sexos é um direito fundamental no Brasil (CF, art. 5º, I), mas não o é nos países de tradição muçulmana.

Como afirmava Norberto Bobbio:

> Os direitos do homem, por mais fundamentais que sejam, são direitos históricos, ou seja, nascidos em certas circunstâncias, caracterizadas por lutas em defesa de novas liberdades contra velhos poderes, e nascidos de modo gradual, não todos de uma vez e nem de uma vez por todas.
>
> [...] o que parece fundamental numa época histórica e numa determinada civilização não é fundamental em outras épocas e em outras culturas[14].

5.2.2. Relatividade

Nenhum direito fundamental é absoluto. Com efeito, "direito absoluto" é uma contradição em termos. Mesmo os direitos fundamentais sendo básicos, não são absolutos, na medida em que podem ser relativizados. Primeiramente, porque podem colidir entre si – e, nesse caso, não se pode estabelecer *a priori* (em tese, sem analisar o caso concreto) qual direito vai "ganhar" o conflito, pois essa questão só pode ser analisada tendo em vista o caso concreto. E, em segundo lugar, nenhum direito fundamental pode ser usado para a prática de ilícitos (a liberdade de expressão não autoriza a pessoa a estimular o racismo, por exemplo, como decidiu o STF no Caso Ellwanger – HC n. 82.424/RS). Então – repita-se – nenhum direito fundamental é absoluto.

Em geral, a doutrina cita como exemplo do direito à vida, que mesmo sendo absolutamente relevante, pode ser relativizado, inclusive no único caso em que se admite a pena de morte no Brasil (ou seja, em caso de guerra declarada: CF, art. 84, XIX).[15]

Questão de Concurso

(Cespe/MPCE/Analista Jurídico/2020) Os direitos fundamentais não podem ser considerados absolutos, posto que todos os direitos são passíveis de relativização e podem entrar em conflito entre si.

Gabarito comentado: Correto.
Todo e qualquer direito fundamental pode sofrer relativização, ou quando for usado para a prática de atos ilícitos, ou quando colidir com outros direitos de mesma estatura (isto é, outros direitos fundamentais).

Todavia, como veremos em breve, essas limitações que os direitos fundamentais sofrem não são ilimitadas, ou seja, não se pode limitar os direitos fundamentais além do estritamente necessário.

Por outro lado, a restrição aos direitos fundamentais só é admitida quando compatível com os ditames constitucionais e quando respeitados os princípios da razoabilidade e da pro-

---

[14] BOBBIO, Norberto. *A era dos direitos*. Rio de Janeiro: Campus, 1992. p. 5-19.
[15] BRANCO, Paulo Gustavo Gonet, et al. *Curso de Direito Constitucional*. São Paulo: Saraiva, 2007. p. 230-231.

porcionalidade. Segundo a jurisprudência alemã, acolhida pelo Supremo Tribunal Federal, o princípio da proporcionalidade – que se subdivide nos subprincípios da adequação, da necessidade e da proporcionalidade em sentido estrito – é parâmetro de controle das restrições levadas a cabo pelo Estado em relação aos direitos fundamentais dos cidadãos.

De acordo com Konrad Hesse:

> A limitação de direitos fundamentais deve, por conseguinte, ser adequada para produzir a proteção do bem jurídico, por cujo motivo ela é efetuada. Ela deve ser necessária para isso, o que não é o caso, quando um meio mais ameno bastaria. Ela deve, finalmente, ser proporcional em sentido restrito, isto é, guardar relação adequada com o peso e o significado do direito fundamental[16].

Aprofundamento:
o direito à não tortura seria absoluto?

Alguns autores, especialmente Norberto Bobbio, sustentam que o único direito fundamental absoluto seria o direito de não ser torturado. Na doutrina, no entanto, essa questão é bem controversa, já que existe quem considere que a garantia de não ser torturado não é em si um direito fundamental "à parte", mas apenas um aspecto da dignidade humana e do direito à vida; outros, de forma mais heterodoxa, chegam mesmo a sustentar que não se poderia afirmar o caráter absoluto de tal direito, quando estivessem em jogo interesses mais relevantes.

Cita-se frequentemente o chamado "dilema do terrorista": um terrorista escondeu uma bomba em algum lugar de uma metrópole, mas se nega a confessar onde. Nesse caso, como última medida, seria lícito interrogá-lo com uso de tortura, a fim de salvar a vida de milhares de inocentes? Obviamente, não há resposta fácil, justamente por isso que se trata de um dilema.

De qualquer forma, a jurisprudência do STF é peremptória em afirmar que "nenhum direito fundamental é absoluto", o que deve inclusive ser levado para provas de concursos.

5.2.3. Imprescritibilidade

Os direitos fundamentais são imprescritíveis, é dizer, não são perdidos pela falta de uso ou pela passagem do tempo (prescrição). Assim, por exemplo, não é porque alguém passou 30 anos sem usar da liberdade de religião que terá perdido esse direito.

Trata-se de uma regra geral, mas não absoluta, pois alguns direitos são prescritíveis, como é o caso da propriedade, que pode ser perdida pelo instituto da *usucapião*.

Na verdade, a expressão "imprescritibilidade" não é utilizada de forma muito técnica. Realmente, na Teoria Geral do Direito, a perda do direito é denominada *decadência*, sendo que a prescrição é a perda da *pretensão*. Todavia, no Direito Constitucional, dizer que os direitos fundamentais são imprescritíveis significa dizer que não podem (em regra) ser perdidos pela passagem do tempo.

---

[16] HESSE, Konrad. *Elementos de Direito Constitucional da República Federal da Alemanha*. Porto Alegre: Sergio Antonio Fabris, 1998. p. 256.

5.2.4. Indisponibilidade

Em regra, o titular dos direitos fundamentais não pode livremente dispor deles (vender, permutar, renunciar). Portanto, os direitos fundamentais, ao menos como regra geral, são indisponíveis (ex.: direito à vida, direito à incolumidade física).

Essa indisponibilidade deriva do fato de que os direitos fundamentais até podem ter *titulares* determinados (o titular dos direitos fundamentais individuais é cada indivíduo específico, por exemplo), mas não possuem *donos*. Os direitos interessam não apenas ao seu titular (eficácia para o sujeito, ou subjetiva), mas a toda a coletividade (eficácia objetiva).

Essa *indisponibilidade* se abrange a *irrenunciabilidade* e a *inalienabilidade*.

5.2.4.1. Inalienabilidade

Alienar significa transferir a propriedade. Em regra, os direitos fundamentais não podem ser vendidos, nem doados, nem emprestados etc. Possuem uma eficácia objetiva, isto é, não são meros direitos pessoais (subjetivos), mas são de interesse da própria coletividade. Por isso não se pode vender um órgão, mesmo com a concordância do doador-vendedor. Claro que existem exceções: por exemplo, o direito à propriedade é, por óbvio, alienável.

5.2.4.2. Irrenunciabilidade

O aspecto específico da irrenunciabilidade consiste na impossibilidade de se abrir mão de um direito fundamental, ainda que se seja o titular dele.

Os exemplos aqui são vários: não se pode tirar a própria vida (o suicídio, como sabido, não é crime no Brasil, mas também não pode ser considerado um ato lícito: não existe o direito de tirar a própria vida); não se pode abrir mão de direitos ligados à dignidade humana como parte das obrigações de um contrato.

É interessante notar os reflexos penais dessa característica: sendo o direito à vida e à incolumidade física irrenunciável, é crime induzir, instigar ou auxiliar alguém a cometer suicídio ou automutilação (art. 122 do CP, **na redação dada pela Lei n. 13.968, de 26 de dezembro de 2019**).

Questão de Concurso

Foi cobrada na prova FCC/DPE-PR/Defensor/2017 questão que perguntava sobre a licitude de contrato em que uma das partes (empregada, por exemplo) se comprometia a realizar esterilização irreversível. Obviamente, ainda que tal "opção" fosse feita sem qualquer vício de consentimento (ou seja, de livre e espontânea vontade), logicamente tal cláusula seria nula, uma vez que feriria a indisponibilidade dos direitos fundamentais (especificamente em relação à irrenunciabilidade).

Mais uma vez, existem exceções em relação à irrenunciabilidade, pois existem alguns direitos fundamentais que são disponíveis, tais como a intimidade e a privacidade. Isso, ressalte-se, é a exceção. Mesmo assim, a renúncia a direitos fundamentais só é admitida de forma temporária, e se não afetar a dignidade humana.

✋ Cuidado!

A indisponibilidade dos direitos fundamentais tem outras consequências relevantes para o ordenamento jurídico, tais como a definição da esfera de atuação de instituições estatais.

Dessa forma, por exemplo, cabe ao Ministério Público defender os interesses sociais e os interesses individuais – mas, em relação a esses últimos, apenas se forem indisponíveis.

Assim, por exemplo, não pode o MP ajuizar ação civil pública em defesa dos contribuintes, pois o direito à propriedade é um direito individual *disponível*, mas pode fazê-lo em relação à proteção da incolumidade física das pessoas (direito individual *indisponível*).

5.2.5. Indivisibilidade

Alguns autores elencam, entre as características dos direitos fundamentais, a indivisibilidade. Isso porque, segundo essa visão, os direitos fundamentais são um conjunto, não podem ser analisados de maneira separada, isolada. Assim, o desrespeito a um deles é, na verdade, o desrespeito a todos. Abrir exceção com relação a um é fazê-lo em relação a todos. Não se pode desrespeitar direitos fundamentais "só um pouco", ou "só para uma pessoa".

5.2.6. Eficácia vertical e horizontal

Antigamente se pensava que os direitos fundamentais incidiam apenas na relação entre o cidadão e o Estado. Trata-se da chamada "eficácia **vertical**", ou seja, a eficácia dos direitos fundamentais nas relações entre um poder "superior" (o Estado) e um "inferior" (o cidadão).

Em meados do século XX, porém, surgiu na Alemanha a teoria da eficácia **horizontal** dos direitos fundamentais, que defendia a incidência destes também nas relações privadas (particular-particular). É chamada eficácia *horizontal* ou *efeito externo* dos direitos fundamentais (*horizontalwirkung*), também conhecida como eficácia dos direitos fundamentais contra terceiros (*drittwirkung*).

Em suma: pode-se que dizer que os direitos fundamentais se aplicam não só nas relações entre o Estado e o cidadão (eficácia vertical), mas também nas relações entre os particulares--cidadãos (eficácia horizontal).

5.2.6.1. *Origens da teoria da eficácia horizontal*

Aceita-se como caso-líder dessa teoria o "Caso Lüth", julgado pelo Tribunal Constitucional Federal Alemão em 1958.

Erich Lüth era crítico de cinema e conclamou os alemães a boicotarem um filme, dirigido por Veit Harlam, conhecido diretor da época do nazismo (dirigira, por exemplo, *Jud Süß*, filme-ícone da discriminação contra os judeus). Harlam e a distribuidora do filme ingressaram com ação cominatória contra Lüth, alegando que o boicote atentava contra a ordem pública, o que era vedado pelo Código Civil alemão.

Lüth foi condenado nas instâncias ordinárias, mas recorreu à Corte Constitucional. Ao fim, a queixa constitucional foi julgada procedente, pois o Tribunal entendeu que o direito fundamental à liberdade de expressão deveria prevalecer sobre a regra geral do Código Civil que protegia a ordem pública[17].

---

[17] Narrativa completa do caso, inclusive com a ementa do julgado, em DIMOULIS, Dimitri; MARTINS, Leonardo. *Teoria Geral dos Direitos Fundamentais*. São Paulo: RT, 2007. p. 264 (s).

Esse foi o primeiro caso em que se decidiu pela aplicação dos direitos fundamentais também nas relações entre os particulares (*drittwirkung*, eficácia horizontal).

5.2.6.2. *As várias teorias sobre a eficácia horizontal dos direitos fundamentais*

5.2.6.2.1. Estados Unidos: as teorias da *state action* e da *public function*

Nos Estados Unidos, por força da tradição liberal vigente, não é muito aceita a incidência dos direitos fundamentais nas relações entre os particulares. Por isso, a Suprema Corte considera que os direitos fundamentais só são exigíveis nas relações dos particulares com o poder público ou com particular no exercício de função delegada do poder público (*state action theory*) – por exemplo, as concessionárias de serviço público – ou, pelo menos, com um particular que desenvolva atividade nitidamente pública (*public function theory*).

É dizer: nos Estados Unidos, a Suprema Corte reconhece uma versão bastante atenuada da eficácia horizontal, aplicável apenas às situações em que o particular atua no exercício de função pública delegada.

5.2.6.2.2. Teoria da eficácia indireta e mediata

Para os partidários dessa teoria, os direitos fundamentais aplicam-se nas relações jurídicas entre os particulares, mas apenas de forma *indireta* (mediata), por meio das chamadas *cláusulas gerais* do Direito Privado.

Em outras palavras: a regra geral, no Direito Privado (relações entre os particulares), seria a autonomia privada; os direitos fundamentais incidiriam apenas por meio de cláusulas gerais existentes no próprio Direito Privado, como *ordem pública, liberdade contratual, boa-fé* etc.

Exemplificando: se alguém aderir ao estatuto de uma associação, e essa norma prever a possibilidade de exclusão sumária, tal regra seria admissível, pois derivou da autonomia privada do associado em aceitá-la. O direito à ampla defesa não incidiria diretamente na relação entre o associado e a associação, mas apenas de forma indireta (mediata), quando, *v.g.*, a associação tomasse uma posição contrária à boa-fé objetiva, induzindo o associado a crer que tal norma não seria aplicada: nessa situação, a cláusula geral da boa-fé autorizaria a incidência (indireta) dos direitos fundamentais.

No dizer do Tribunal Constitucional Alemão, os direitos fundamentais serviriam como uma "eficácia irradiante" sobre a interpretação do Direito Privado, mas não incidiriam diretamente nas relações particular-particular.

Foi a posição que o Tribunal tomou no julgamento do já citado "Caso Lüth"[18].

Essa tese é criticada por Canaris, que sustenta a incompatibilidade desse pensamento com a Lei Fundamental alemã: "Se [...] se partir do artigo 1º, n. 3 da LF, esta conclusão não pode ser considerada correcta, pois esta disposição impõe, justamente, uma eficácia normativa imediata dos direitos fundamentais"[19].

---

[18] Nesse sentido: TAVARES, André Ramos. *Curso de Direito Constitucional*. São Paulo: Saraiva, 2010. p. 530.

[19] CANARIS, Claus-Wilhem. *Direitos Fundamentais e Direito Privado*. Trad. Ingo Wolfgang Sarlet; Paulo Mota Pinto. Coimbra: Almedina, 2006. p. 29.

Sendo assim, de forma idêntica se poderia sustentar a incompatibilidade dessa teoria com o ordenamento brasileiro, já que o artigo 5º, § 1º, prevê que as normas definidoras de direitos fundamentais possuem *aplicabilidade imediata*.

5.2.6.2.3. Teoria da eficácia direta e imediata

Defendida na Alemanha por setores minoritários da doutrina e da jurisprudência, essa foi a tese que prevaleceu no Brasil, inclusive no Supremo Tribunal Federal[20].

Segundo o que preconiza essa corrente, os direitos fundamentais se aplicam diretamente às relações entre os particulares. É dizer: os particulares são tão obrigados a cumprir os ditames dos direitos fundamentais quanto o poder público o é. As obrigações decorrentes das normas constitucionais definidoras dos direitos básicos têm por sujeito passivo o Estado (eficácia vertical) e os particulares, nas relações entre si (eficácia horizontal direta ou imediata).

Como já dissemos, essa teoria é aceita no Brasil, tanto pelo STF quanto pelo STJ. Um exemplo de aplicação prática da eficácia horizontal foi a decisão do STF que impôs à Air France (empresa privada) igualdade de tratamento entre trabalhadores franceses e brasileiros[21]; bem como o acórdão, também do Supremo Tribunal Federal, que impôs a obrigatoriedade do respeito à ampla defesa para a exclusão de associado em associação privada (o famoso e já cobrado em prova "Caso UBC"): STF, Segunda Turma, RE n. 201.819/RJ, Relator Ministro Gilmar Mendes, *DJ* de 27-10-2006:

> SOCIEDADE CIVIL SEM FINS LUCRATIVOS. UNIÃO BRASILEIRA DE COMPOSITORES. EXCLUSÃO DE SÓCIO SEM GARANTIA DA AMPLA DEFESA E DO CONTRADITÓRIO. EFICÁCIA DOS DIREITOS FUNDAMENTAIS NAS RELAÇÕES PRIVADAS. RECURSO DESPROVIDO.
>
> a) EFICÁCIA DOS DIREITOS FUNDAMENTAIS NAS RELAÇÕES PRIVADAS.
>
>> As violações a direitos fundamentais não ocorrem somente no âmbito das relações entre o cidadão e o Estado, mas igualmente nas relações travadas entre pessoas físicas e jurídicas de direito privado. Assim, os direitos fundamentais assegurados pela Constituição vinculam diretamente não apenas os poderes públicos, estando direcionados também à proteção dos particulares em face dos poderes privados.
>
> b) OS PRINCÍPIOS CONSTITUCIONAIS COMO LIMITES à AUTONOMIA PRIVADA DAS ASSOCIAÇÕES. A ordem jurídico-constitucional brasileira não conferiu a qualquer associação civil a possibilidade de agir à revelia dos princípios inscritos nas leis e, em especial, dos postulados que têm por fundamento direto o próprio texto da Constituição da República, notadamente em tema de proteção às

---

[20] Nem toda a doutrina brasileira, porém, concorda com a adoção da teoria da eficácia direta ou imediata. Para uma postura crítica, inclusive considerando que há uma tendência no STF a reverter essa posição, confira-se: TAVARES, André Ramos. *Curso de Direito Constitucional*. São Paulo: Saraiva, 2010. p. 530. No mesmo sentido: DIMOULIS, Dimitri; MARTINS, Leonardo. *Teoria Geral dos Direitos Fundamentais*. São Paulo: RT, 2007. p. 57.

[21] STF, RE n. 161.243, Relator Ministro Carlos Velloso, *DJ* de 19-12-1997.
STF, RE n. 158.215-4/RS, Relator Ministro Marco Aurélio, *DJ* de 7-6-1996.

liberdades e garantias fundamentais. O espaço de autonomia privada garantido pela Constituição às associações não está imune à incidência dos princípios constitucionais que asseguram o respeito aos direitos fundamentais de seus associados. A autonomia privada, que encontra claras limitações de ordem jurídica, não pode ser exercida em detrimento ou com desrespeito aos direitos e garantias de terceiros, especialmente aqueles positivados em sede constitucional, pois a autonomia da vontade não confere aos particulares, no domínio de sua incidência e atuação, o poder de transgredir ou de ignorar as restrições postas e definidas pela própria Constituição, cuja eficácia e força normativa também se impõem, aos particulares, no âmbito de suas relações privadas, em tema de liberdades fundamentais. [...].

Veja a comparação entre as três teorias principais:

Teoria	*State action*	Eficácia indireta e mediata	Eficácia direta e imediata
Origem/adoção	EUA	Alemanha (majoritária)	Alemanha (minoritária) e Brasil
Descrição	Direitos fundamentais só têm eficácia horizontal quando o particular está exercendo função pública ou equiparada	Direitos fundamentais têm eficácia horizontal de forma indireta (mediante interposição legislativa) e mediata (legislação deve ser interpretada à luz desses direitos), mas não se aplicam diretamente aos contratos	Direitos fundamentais aplicam-se diretamente aos contratos e relações privadas, independentemente de previsão expressa na lei ou estatuto, ou seja, adota-se a eficácia horizontal independentemente de interposição legislativa
Predominante no Brasil	Não	Não	Sim (ex.: Caso UBC)

Questões de Concurso

(Cespe/TCE RJ/Técnico de Controle Externo/2022) Por força da eficácia horizontal dos direitos fundamentais, a exclusão de um dos associados de determinada associação privada deve ser precedida pela ampla defesa, em respeito à sua garantia constitucional.

Gabarito comentado: correto. Trata-se do que decidiu o STF, no "Caso UBC".

(FGV/Senado Federal/Consultor Legislativo – Área Direito Constitucional, Administrativo, Eleitoral e Processo Legislativo/2022) Em uma gincana jurídica, os dois grupos envolvidos na disputa deveriam analisar a temática da eficácia dos direitos fundamentais nas relações privadas. Após amplas discussões, o grupo Alfa concluiu que a doutrina da *state action* é contrária à referida eficácia, pois os direitos fundamentais seriam oponíveis apenas ao Estado. O grupo Beta, por sua vez, sustentou que os direitos fundamentais somente podem incidir nas relações privadas de maneira indireta, exigindo a interposição legislativa. Ao fim da gincana, os jurados concluíram corretamente que o grupo:

a) Beta está totalmente certo, pois a consagração dos direitos fundamentais, na ordem constitucional, é essencialmente direcionada à proteção da pessoa humana contra o aparato estatal, daí a exigência de lei para que essa proteção seja estendida às relações privadas;

b) Alfa e o Beta estão totalmente errados, pois os direitos fundamentais devem formar uma esfera de proteção individual, imune à intervenção do Estado ou de outros particulares, sendo esse o alicerce de sustentação da doutrina da *state action*;

c) Alfa está totalmente certo, pois a doutrina da *state action* justifica a existência do dever de proteção em razão da posição superior do Estado, somente se harmonizando com a eficácia vertical dos direitos fundamentais;

d) Alfa está totalmente errado, pois a doutrina da *state action* defende que os direitos fundamentais devem incidir nas relações privadas sempre que o particular seja equiparado ao Estado;

e) Beta está totalmente errado, pois a interposição legislativa acarreta a incidência direta dos direitos fundamentais nas relações privadas, não indireta, como preconizado.

> **Gabarito comentado:** D. Dizer que a doutrina da *state action* é incompatível com a eficácia horizontal está incorreto, pois ela defende, ainda que de forma tímida, alguma incidência dos direitos fundamentais nas relações privadas, quando o particular exercer função pública delegada ou por equiparação. "A" está errada porque, no Brasil, reconhece-se a eficácia horizontal direta e imediata, independentemente de previsão legal expressa. "B" amplia demais a doutrina da *state action*, equiparando-a à da eficácia direta e imediata, portanto está errada. "C" está errada porque, como se disse, a teoria da *state action* reconhece não apenas a eficácia vertical, mas também alguma eficácia horizontal. Finalmente, "E" está errada porque a interposição legislativa é, sim, característica da teoria da eficácia indireta e mediata.

5.2.7. Conflituosidade (concorrência)

Os direitos fundamentais podem entrar em conflito uns com os outros. Ex.: direito à vida *x* liberdade de religião; direito à intimidade *x* liberdade de informação jornalística. Nesses casos de conflito, não se pode estabelecer abstratamente qual o direito que deve prevalecer: apenas analisando o caso concreto é que será possível, com base no critério da proporcionalidade (cedência recíproca), definir qual direito deve prevalecer. Mesmo assim, deve-se buscar uma solução "de consenso", que, com base na ponderação, dê a máxima efetividade possível aos dois direitos em conflito (não se deve sacrificar totalmente nenhum dos direitos em conflito).

5.2.8. Aplicabilidade imediata (art. 5º, § 1º)

O art. 5º, § 1º, determina que as normas definidoras de direitos e garantias fundamentais têm aplicação imediata. Logo, cabe aos poderes públicos (Judiciário, Legislativo e Executivo) desenvolver esses direitos.

Isso, porém, não quer dizer – como ressalta José Afonso da Silva – que todos os direitos e garantias fundamentais venham sempre expressos em normas de eficácia plena ou contida. Não. Essa é a regra, mas há normas definidoras de direitos que são claramente de eficácia limitada, como o art. 5º, XXXII, o qual prevê que "o Estado promoverá, na forma da lei, a defesa do consumidor".

5.3. CLASSIFICAÇÃO DOS DIREITOS FUNDAMENTAIS EM GERAÇÕES (OU DIMENSÕES)

Trata-se de uma classificação que leva em conta a cronologia em que os direitos foram paulatinamente conquistados pela humanidade e a natureza de que se revestem. Importante ressaltar que uma geração não substitui a outra, antes se acrescenta a ela, por isso a doutrina prefere a denominação "dimensões".

⚠ Atenção!

> Alguns autores refutam o nome gerações e preferem falar em dimensões, justamente porque as gerações somam-se, não se substituem umas às outras.

5.3.1. Direitos de primeira geração (individuais ou negativos)

Foram os primeiros a ser conquistados pela humanidade e se relacionam à luta pela liberdade e segurança diante do Estado. Por isso, caracterizam-se por conterem uma proibição ao Estado de abuso do poder: o Estado não pode desrespeitar a liberdade de religião, nem a vida etc. Trata-se de impor ao Estado obrigações de não fazer.

São direitos relacionados às pessoas, individualmente. Ex.: propriedade, igualdade formal (perante a lei), liberdade de crença, de manifestação de pensamento, direito à vida etc.

5.3.2. Direitos de segunda geração (sociais, econômicos e culturais ou direitos positivos)

São direitos *sociais* os de segunda geração, assim entendidos os direitos de grupos sociais menos favorecidos, e que impõem ao Estado uma obrigação de fazer, de prestar (direitos positivos, como saúde, educação, moradia, segurança pública e, com a EC n. 64/2010, também a alimentação, além do transporte, incluído pela EC n. 90/2015).

Baseiam-se na noção de igualdade material (= redução de desigualdades), no pressuposto de que não adianta possuir liberdade sem as condições mínimas (educação, saúde) para exercê-la. Começaram a ser conquistados após a Revolução Industrial, quando grupos de trabalhadores passaram a lutar pela categoria.

Nesse caso, em vez de se negar ao Estado uma atuação, exige-se dele que preste saúde, educação etc. Trata-se, portanto, de direitos positivos (impõem ao Estado uma obrigação de fazer). Ex.: saúde, educação, previdência social, lazer, segurança pública, moradia, direitos dos trabalhadores.

⚠️ Atenção!

Algumas bancas de concursos vêm cobrando questões afirmando que os direitos fundamentais impõem tão somente ao Estado um dever de se abster – o que está errado, ainda mais se levarmos em conta a existência dos direitos sociais. Veja, por exemplo, essa questão:

📝 Questão de Concurso

(Cespe/Sefaz-AL/Auditor/2020) Mais do que se prestarem à defesa do cidadão contra os poderes estatais, os direitos fundamentais impõem uma atuação positiva do Estado no sentido de concretizar determinados direitos.

Resposta: Correto.
Os direitos fundamentais, na sua versão clássica, eram entendidos como direitos de defesa, ou seja, direitos apenas para evitar o abuso do poder do estado. Atualmente, contudo, entende-se que tais direitos também impõe ao Estado uma obrigação de fazer, de concretizá-los. Isso acontece mesmo em relação aos direitos fundamentais individuais, de primeira geração (o Estado, por exemplo, tem a obrigação de proteger a propriedade privada contra agressões de terceiros), mas fica ainda mais evidente quando se analisa os chamados direitos sociais, direitos prestacionais ou de segunda geração (saúde, educação etc.).

5.3.3. Direitos de terceira geração (difusos e coletivos, ou coletivos *lato sensu*)

São direitos transindividuais, isto é, direitos que são de várias pessoas, mas não pertencem a ninguém isoladamente. Transcendem o indivíduo isoladamente considerado. São também conhecidos como direitos *metaindividuais* (estão além do indivíduo) ou *supraindividuais* (estão acima do indivíduo isoladamente considerado).

Os chamados direitos de terceira geração têm origem na revolução tecnocientífica (terceira revolução industrial), a revolução dos meios de comunicação e de transportes, que tornaram a humanidade *conectada* em valores compartilhados, A humanidade passou a perceber que, na sociedade de massa, há determinados direitos que pertencem a *grupos* de pessoas, grupos esses, às vezes, absolutamente indeterminados.

Por exemplo: a poluição de um riacho em uma pequena chácara em Brazlândia-DF atinge as pessoas que lá vivem. Mas não *só* a elas. Esse dano ambiental atinge também a todos os que vivem em Brasília, pois esse riacho deságua na barragem que abastece de água todo o Distrito Federal. E mais: atinge todas as pessoas *do mundo*, pois é interesse mundial manter o meio-ambiente ecologicamente equilibrado.

Questão de Concurso

(Cespe/TCE-PA/Procurador/2019) A titularidade dos direitos fundamentais de terceira dimensão é sempre individual.
Gabarito comentado: Errado.
Ao contrário: os direitos de terceira geração são, por natureza, indivisíveis, sendo impossível atribuir-lhes a titularidade de forma individual, isolada.

Exemplos de direitos de terceira geração: direito ao meio ambiente ecologicamente equilibrado, direito à paz, ao desenvolvimento, direitos dos consumidores.

No Direito Processual Civil, faz-se a distinção entre direitos coletivos *em sentido estrito*, direitos *individuais homogêneos* e direitos *difusos*. A definição desses direitos está no art. 81, parágrafo único, do Código de Defesa do Consumidor:

> I – interesses ou direitos difusos, assim entendidos, para efeitos deste código, os transindividuais, de natureza indivisível, de que sejam titulares pessoas indeterminadas e ligadas por circunstâncias de fato;
>
> II – interesses ou direitos coletivos, assim entendidos, para efeitos deste código, os transindividuais, de natureza indivisível de que seja titular grupo, categoria ou classe de pessoas ligadas entre si ou com a parte contrária por uma relação jurídica base;
>
> III – interesses ou direitos individuais homogêneos, assim entendidos os decorrentes de origem comum.

Embora se trate, repitamos, de um assunto mais afeto ao Direito Processual Civil, podemos citar, ainda que de passagem, a distinção entre esses três grupos de direitos. Os direitos *difusos* são direitos de *todos*, mas que não pertencem a ninguém isoladamente. São de grupos cuja titularidade é absolutamente indeterminada. Ex.: direitos dos consumidores contra a propaganda abusiva (atinge a todos, mesmo que não tenham uma ligação jurídica uns com os outros)[22].

---

[22] Sobre o tema, Teori Zavascki ensina: "[...] os direitos individuais homogêneos são [...] um conjunto de direitos subjetivos individuais ligados entre si por uma relação de afinidade, de semelhança, de homogeneidade, o que permite a defesa coletiva de todos eles" (ZAVASCKI, Teori Albino. *Processo coletivo*. São Paulo: RT, 2007. p. 42).

Já os direitos coletivos *em sentido estrito* são direitos de *grupos determinados*, mas que não pertencem a nenhum membro *isoladamente*, mas ao *grupo como todo*. Ex.: direito da classe dos advogados de participar dos tribunais por meio do "quinto constitucional" (art. 94 da CF): trata-se de um direito de uma classe determinada (advogados), mas que não pertence a nenhum advogado específico, mas ao *grupo*.

Por fim, citam-se também os chamados direitos *individuais homogêneos*. Apesar do nome ("individuais") e da discordância de parte da doutrina[23], a maior parte dos estudiosos[24] considera que esses direitos são uma subespécie dos direitos coletivos[25]. Ou seja: de individuais, só teriam o nome. São direitos de cada pessoa isoladamente, mas que podem ser protegidos em conjunto (de forma "homogênea"). Ex.: direito dos consumidores lesados com um brinquedo defeituoso. Trata-se de um direito de cada consumidor, mas que podem ser tutelados (= protegidos) em conjunto.

Pode-se fazer um quadro comparativo entre essas três espécies de direitos de terceira geração:

Quadro 5.1 – Comparação entre as três principais gerações de direitos

	1ª geração	2ª geração	3ª geração
Titularidade	Indivíduo	Grupos sociais	Difusa
Natureza	Negativos	Positivos	Supraindividuais
Contexto	Revoluções liberais	Revolução Industrial e Revolução Russa	Revolução Tecnocientífica
Exemplos	Vida, liberdade, propriedade, igualdade formal	Saúde, educação, moradia, lazer, assistência aos desamparados, garantias trabalhistas	Meio ambiente, comunicação social, criança, adolescente, idoso
Valor-objetivo	Liberdade	Igualdade real (material)	Solidariedade e fraternidade

Questão de Concurso

(Vunesp/TJ SP/Titular de Serviços Notariais e Registrais – Remoção/2022) A história dos direitos fundamentais pode ser dividida em gerações, também conhecidas como dimensões. Cada geração ou dimensão é produto de processos de lutas e reivindicações, que culminaram na incorporação, pelos textos constitucionais, de direitos invocados pela coletividade. A terceira geração ou dimensão tem início no período posterior ao pós--Segunda Guerra Mundial, ou seja, a partir da segunda metade do século XX. Assinale o direito fundamental que corresponde a esse período.
a) Democracia.
b) Liberdade.
c) Proteção jurídica do patrimônio genético.
d) Meio ambiente ecologicamente equilibrado.
Gabarito: D.

---

[23] DIDIER JR., Fredie; ZANETTI JR., Hermes. *Curso de Direito Processual Civil*. v. 4. Processo Coletivo. Salvador: JusPodivm, 2009.

[24] Essa foi a posição adotada pelo Pleno do STF no RE n. 163.231-3/SP, Relator Ministro Maurício Corrêa, *DJ* de 29-6-2001.

[25] O quadro é baseado em esquema semelhante elaborado por: GARCIA, Leonardo de Medeiros. *Direito do consumidor*. Salvador: JusPodivm, 2008. p. 138.

5.3.4. Direitos de quarta geração

Há autores que se referem a essa categoria, mas ainda não há consenso na doutrina sobre qual o conteúdo desse tipo de direitos. há quem diga tratarem-se dos direitos de engenharia genética (é a posição de Norberto Bobbio[26]), enquanto outros referem-nos à luta pela participação democrática (corrente defendida por Paulo Bonavides).

Por isso mesmo, é discutível a importância dessa categoria. Para provas de concursos, é muito improvável que isso seja cobrado, até porque a questão do Cespe mais recente sobre o tema é de... 2012!

Aprofundamento:
outras gerações de direitos

Até por certo "modismo", vários autores – especialmente nacionais – resolveram defender a existência de uma quinta, sexta, sétima e até oitava gerações de direitos fundamentais.

Muitas dessas "novas gerações", no entanto, nada mais são do que desdobramento de gerações anteriores. Veja-se o caso, por exemplo, do "direito à água potável", que para alguns seria a oitava geração de direitos fundamentais, mas que, na verdade, é um aspecto do direito (de terceira geração) ao meio ambiente ecologicamente equilibrado.

Para provas de concursos e mesmo para a vida prática, o que realmente importa são as três clássicas gerações.

Aprofundamento:
outras classificações – a teoria dos "quatro *status*" de Jellinek

Georg Jellinek defendeu uma classificação distinta para os direitos fundamentais – baseada não na cronologia da conquista desses direitos, mas sim na função por eles exercida (ou seja, no *status* que o cidadão pode ter perante o Estado.

O primeiro é o *status passivo*, o pior de todos, em que o cidadão não era titular de direitos, só de obrigações. Era o *status* que era vigente, por exemplo, no Absolutismo, ou, ainda hoje, em países que adotam regimes políticos totalitários.

O segundo é o *status negativo*, que atribui ao cidadão o direito de exigir do Estado que se abstenha de fazer algo.

Já no *status positivo*, exige-se do Estado uma prestação positiva, exige-se que faça algo.

Finalmente, no *status ativo* (ou *status activae civitatis*), o cidadão é titular do direito de exigir participar da gestão pública e da formação da vontade política do Estado.

Percebe-se de pronto que há uma semelhança entre o *status negativo* e os direitos de primeira geração, assim como entre o *status positivo* e os direitos de segunda geração. Contudo, essa equivalência é apenas parcial, já que mesmo direitos de primeira geração podem gerar ao cidadão o direito de exigir algo (o direito de propriedade faz com que se exija a atuação das forças policiais do Estado para protegê-la).

---

[26] BOBBIO, Norberto. *A era dos direitos*. Rio de Janeiro: Campus, 1992. p. 6.

Aprofundamento:
outras classificações – a eficácia subjetiva e a eficácia objetiva

Outra forma de classificar os direitos fundamentais diz respeito à eficácia (função) deles. Não se trata exatamente de classificar os direitos fundamentais em si, mas sim as funções que eles podem desempenhar no ordenamento.

Assim, a eficácia *subjetiva* diz respeito aos direitos fundamentais como direitos subjetivos (aqueles direitos que um titular – sujeito ativo – pode exigir de um destinatário – sujeito passivo, titular da obrigação). Fala-se na eficácia subjetiva dos direitos fundamentais quando se diz, por exemplo, que o cidadão (titular) tem que ter a propriedade (direito, no aspecto subjetivo) respeitada pelo Estado e pelos outros particulares (destinatários, titulares da obrigação de respeitar o direito).

Porém, os direitos fundamentais têm ainda uma eficácia *objetiva*, assim entendida aquela que deriva da sua função como *norma jurídica*. Dessa maneira, os direitos fundamentais são vetores de interpretação de todo o ordenamento jurídico – é o chamado "efeito irradiante", pois os direitos fundamentais são como "lâmpadas" que iluminam todo o ordenamento jurídico, de modo que qualquer norma deve ser interpretada *à luz* dos direitos fundamentais. Igualmente, os direitos fundamentais, por serem normas, vinculam os poderes públicos, que são titulares de obrigações de realizá-los (não a obrigação de respeitar um direito específico – pois isso estaria ligado à eficácia subjetiva –, mas sim a obrigação de efetivar os direitos "em geral", legislando ou formulando políticas públicas).

Em palavras simples, quando se fala do direito fundamental como "o meu direito", está-se focando no titular, abordando-se a eficácia *subjetiva* desses direitos. Ao contrário, quando se fala dos direitos fundamentais como *normas* que informam a interpretação de todo o ordenamento jurídico (direito objetivo), está-se focando na questão da eficácia *objetiva*.

Num exemplo: a CF determina que todos são iguais perante a lei; aqui, tem-se a igualdade em seu aspecto *subjetivo* (*todos* – titular – têm o direito de serem tratados de forma igualitária). Mas, por outro lado, quando se diz que as *normas* de um regulamento administrativo têm que ser interpretadas à luz da igualdade, está-se usando a igualdade não como um direito fundamental de *alguém* (eficácia subjetiva), mas como uma norma, que influencia a interpretação de outras normas (eficácia objetiva).

Questão de Concurso

(Quadrix – COREN AP – Analista Administrativo – Área Advogado – 2022) Os direitos fundamentais são, a um só tempo, direitos subjetivos e elementos fundamentais da ordem constitucional objetiva.

Gabarito comentado: correto. Os direitos fundamentais têm uma eficácia subjetiva (direitos subjetivos, direitos a serem exigidos por um sujeito, seu titular), mas também são normas jurídicas que vinculam a interpretação dos poderes públicos, constituindo-se a chamada eficácia objetiva.

5.4. TITULARIDADE

5.4.1. Pessoas físicas

Costuma-se dizer que os direitos fundamentais são universais. Porém, como observa Paulo Gustavo Gonet Branco, essa afirmação deve ser encarada com ressalvas, uma vez que alguns direitos fundamentais são voltados a destinatários específicos (veja-se, por exemplo, o direito à nacionalidade).

Poderíamos acrescentar que os direitos fundamentais, como são reconhecidos em um determinado Estado (e momento histórico), limitam-se, necessariamente, ao âmbito de incidência do ordenamento jurídico desse País. Seria um tanto quanto pretensioso, por exemplo, o Brasil declarar que os direitos fundamentais previstos na CF são destinados a todos os indivíduos, universalmente.

Pois bem. O art. 5º, *caput*, da CF, declara que "Todos são iguais perante a lei [...] garantindo-se aos brasileiros e estrangeiros residentes no Brasil a inviolabilidade dos direitos [...]". Uma interpretação meramente gramatical poderia levar à conclusão de que apenas os brasileiros (natos ou naturalizados) e os estrangeiros *residentes no país* seriam titulares de direitos fundamentais.

Porém, o STF entende que estrangeiros de passagem pelo país também podem ser protegidos – embora, obviamente, não possam titularizar **todos** os direitos fundamentais (pois alguns são privativos de brasileiro, e outros de brasileiros natos). Nesse sentido: STF, 1ª Turma, RE n. 215.267/SP, Relatora Ministra Ellen Gracie.

Aliás, a Corte Suprema tem um entendimento bastante ampliativo dos direitos fundamentais. Considera-se que tal espécie de direitos é aplicável até mesmo a estrangeiros fora do país, caso sejam atingidos pela Lei brasileira. Por exemplo: um estrangeiro que mora em outro país, mas que está sendo processado no Brasil, terá direito a se defender. Se a lei brasileira o alcança para acusar, tem de alcançá-lo também para dar meios de defesa ("Caso Boris Berezowski").

Jurisprudência[27]:

> *HABEAS CORPUS* [...] ESTRANGEIRO NÃO DOMICILIADO NO BRASIL IRRELEVÂNCIA – CONDIÇÃO JURÍDICA QUE NÃO O DESQUALIFICA COMO SUJEITO DE DIREITOS E TITULAR DE GARANTIAS CONSTITUCIONAIS E LEGAIS – PLENITUDE DE ACESSO, EM CONSEQUÊNCIA, AOS INSTRUMENTOS PROCESSUAIS DE TUTELA DA LIBERDADE – NECESSIDADE DE RESPEITO, PELO PODER PÚBLICO, ÀS PRERROGATIVAS JURÍDICAS QUE COMPÕEM O PRÓPRIO ESTATUTO CONSTITUCIONAL DO DIREITO DE DEFESA [...]. O SÚDITO ESTRANGEIRO, MESMO AQUELE SEM DOMICÍLIO NO BRASIL, TEM DIREITO A TODAS AS PRERROGATIVAS BÁSICAS QUE LHE ASSEGUREM A PRESERVAÇÃO DO *STATUS LIBERTATIS* E A OBSERVÂNCIA, PELO PODER PÚBLICO, DA CLÁUSULA CONSTITUCIONAL DO *DUE PROCESS*.
>
> O súdito estrangeiro, mesmo o não domiciliado no Brasil, tem plena legitimidade para impetrar o remédio constitucional do *habeas corpus*, em ordem a tornar efetivo, nas hipóteses de persecução penal, o direito subjetivo, de que também é titular, à observância e ao integral respeito, por parte do Estado, das prerrogativas que compõem e dão significado à cláusula do devido processo legal. – A condição jurídica de não nacional do Brasil e a circunstância de o réu estrangeiro não possuir domicílio em nosso país não legitimam a adoção, contra tal acusado, de qualquer tratamento arbi-

---

[27] STF, HC n. 94.016/SP, 2ª Turma, Relator Ministro Celso de Mello, *DJe* de 16-9-2008.

trário ou discriminatório. Precedentes. – Impõe-se, ao Judiciário, o dever de assegurar, mesmo ao réu estrangeiro sem domicílio no Brasil, os direitos básicos que resultam do postulado do devido processo legal, notadamente as prerrogativas inerentes à garantia da ampla defesa, à garantia do contraditório, à igualdade entre as partes perante o juiz natural e à garantia de imparcialidade do magistrado processante.

Em resumo:

Poderíamos dizer, então, que podem ser titulares de direitos fundamentais (pessoas físicas): a) brasileiros natos; b) brasileiros naturalizados; c) estrangeiros residentes no Brasil; d) estrangeiros em trânsito pelo território nacional; e) qualquer pessoa que seja alcançada pela lei brasileira (pelo ordenamento jurídico brasileiro).

É preciso, porém, fazer uma ressalva: existem determinados direitos fundamentais cuja titularidade é restringida pelo próprio Poder Constituinte. Por exemplo: existem direitos que se direcionam apenas a quem esteja pelo menos em trânsito pelo território nacional (garantias contra a prisão arbitrária); outros direcionam-se apenas aos brasileiros, sejam natos ou naturalizados (direito à nacionalidade, direitos políticos); e, por sua vez, outros são destinados apenas aos brasileiros natos (direito à não extradição, direito de ocupar determinados cargos públicos). Pode-se dizer que existe, então, uma verdadeira *gradação* na ordem enumerada anteriormente: os brasileiros natos possuem mais direitos que os brasileiros naturalizados que possuem mais direitos que os estrangeiros residentes etc.

Questão de Concurso

(FGV – CBM AM – Soldado Bombeiro Militar – 2022) Marie, de nacionalidade francesa, está residindo no território nacional há alguns meses. Para se inteirar dos distintos aspectos de sua situação jurídica, procurou um advogado e o questionou se possuía, ou não, direitos fundamentais. O advogado respondeu corretamente que Marie:

a) possui direitos fundamentais, desde que tenham sido provisoriamente deferidos no início do processo de naturalização;

b) possui direitos fundamentais, desde que tenha requerido a sua fruição no momento de ingresso no território nacional;

c) não possui direitos fundamentais, que somente são titularizados pelos brasileiros natos;

d) não possui direitos fundamentais, que somente serão obtidos ao fim do processo de naturalização;

e) possui direitos fundamentais, já que se encontra residindo no território nacional.

Gabarito comentado: E (o art. 5º, *caput*, assegura direitos fundamentais inclusive aos estrangeiros residentes no País: "Todos são iguais perante a lei, sem distinção de qualquer natureza, garantindo-se aos brasileiros e aos estrangeiros residentes no País a inviolabilidade do direito à vida, à liberdade, à igualdade, à segurança e à propriedade, nos termos seguintes: (...)")

Aprofundamento:
direitos fundamentais exclusivos de estrangeiros

Existem direitos fundamentais que são *exclusividade* dos estrangeiros? Essa questão já foi cobrada em prova de concurso para juiz (Cespe/TJDFT/Juiz/2016), e a resposta é afirmativa!

O direito de requerer a naturalização, por exemplo (CF, art. 12, II), obviamente não tem como ser exercido por alguém que já seja brasileiro. Na mesma linha, o direito de não ser extraditado por crime político e de opinião (CF, art. 5º, LII) se aplica apenas aos estrangeiros, já que os brasileiros (natos e naturalizados) são regidos por outro dispositivo (CF, art. 5º, LI), inclusive mais protetivo.

5.4.2. Pessoas jurídicas

Os direitos fundamentais também se aplicam às pessoas jurídicas (inclusive as de Direito Público), desde que sejam compatíveis com a natureza delas. Assim, por exemplo, pessoas jurídicas têm direito ao devido processo legal, mas não à liberdade de locomoção, ou à integridade física.

A doutrina reluta em atribuir às pessoas jurídicas (empresas, associações etc.) direito à vida; com razão, prefere-se falar em "direito à existência". É polêmico afirmar que teriam direito "à vida" (pois isso exigiria o clico vital: nascer, alimentar-se, crescer, reproduzir-se e morrer).

Por outro lado, é pacífico que pessoas jurídicas não possuem direito à liberdade de locomoção. Justamente por isso é que em favor delas não se pode impetrar *habeas corpus* (pois esse é um remédio constitucional que protege apenas a liberdade de locomoção: art. 5º, LXVIII).

Nesse sentido: STF, HC n. 92.921/BA, 1ª Turma, Relator Ministro Ricardo Lewandowski, *DJe* de 25-9-2008. A ementa do acórdão dá a entender que o HC teria sido concedido, mas a leitura do inteiro teor revela: "*A Turma, preliminarmente, por maioria de votos, deliberou quanto à exclusão da pessoa jurídica do presente* habeas corpus, *quer considerada a qualificação como impetrante, quer como paciente;* vencido o Ministro Ricardo Lewandowski, Relator".

A jurisprudência considera que as pessoas jurídicas (empresas, associações, partidos políticos etc.) podem pleitear indenização por danos morais: "A pessoa jurídica pode sofrer dano moral" (STJ, Súmula 227).

Segundo entendemos, as pessoas jurídicas podem também ser vítimas de crimes contra a honra, exceto injúria. Com efeito, calúnia e difamação atingem a honra *objetiva* (como a pessoa é vista pelos outros), o que é compatível com a situação das pessoas jurídicas. Apenas a injúria, que atinge a honra *subjetiva* (a autoimagem da pessoa) é impossível de ser perpetrada contra pessoa de existência meramente jurídica.

Todavia, essa não é a posição dos tribunais. O STJ considera que as pessoas jurídicas não podem ser consideradas sujeito passivo de nenhum crime contra a honra (STJ, Quinta Turma, HC n. 42.781/SP, Relator Ministro Arnaldo Esteves Lima, *DJ* de 5-12-2005). Já no STF há um precedente segundo o qual a pessoa jurídica "*pode ser vítima de difamação, mas não de injúria e calúnia*" (27 STF, Primeira Turma, RHC n. 83.091/DF, Relator Ministro Marco Aurélio, *DJ* de 26-9-2003).

É de se relevar, ainda, que mesmo as pessoas jurídicas de direito público podem ser titulares de direitos fundamentais. Tal afirmação não deixa de ser peculiar: se os direitos fundamentais surgiram para defender o *cidadão* contra o *Estado*, como justificar que uma *pessoa jurídica de direito público* (isto é, integrante do próprio Estado) possa ter direitos fundamentais?

Simples. Com o agigantamento da Administração Pública, os órgãos e entidades passaram a atuar de forma autônoma uns dos outros, o que pode ensejar conflitos de interesses, quando surge a necessidade de garantir direitos básicos. *Vide* o exemplo de um órgão que impetre mandado de segurança em defesa das próprias prerrogativas.

Em resumo:

Podemos dizer que as pessoas jurídicas (inclusive as de direito público) são titulares dos direitos fundamentais compatíveis com a sua natureza.

Aprofundamento:
existem direitos fundamentais exclusivos de pessoas jurídicas?

Sim. Regras como as que preveem que as associações só podem ser dissolvidas mediante decisão judicial transitada em julgado têm como único titular (imediato) as próprias associações (pessoas jurídicas). Claro que a finalidade última é proteger as pessoas físicas que compõem a associação, mas, em termos jurídicos, o titular do direito é a própria pessoa jurídica

5.5. FONTES DOS DIREITOS FUNDAMENTAIS

Passando ao largo da discussão entre jusnaturalistas, positivistas e realistas (item 1.3.), a pergunta que agora se faz é a seguinte: *onde* podemos encontrar a informação sobre *quais* direitos podem ser considerados fundamentais?

Primeiramente, é claro, na Constituição. Porém, o rol de direitos e garantias fundamentais expressos na Carta Magna **não é fechado, exaustivo, mas sim meramente exemplificativo** (art. 5º, § 2º). Logo, não é porque um direito não está expressamente previsto que não será reconhecido. Nunca esqueça isso, cai irritantemente em provas.

Questão de Concurso

(Cespe/DPDF/Analista de Apoio à Assistência Judiciária – Área: Judiciária/2022) Os direitos e garantias previstos pela Constituição Federal de 1988 estão dispostos em rol taxativo, em razão da ampla rede de proteção a eles destinada.

Gabarito comentado: errado, o rol não é taxativo, mas sim meramente exemplificativo (art. 5º, § 2º).

5.5.1. Tratados internacionais sobre direitos humanos

A questão interessante é saber: e os tratados internacionais sobre direitos humanos ingressam no ordenamento brasileiro com que hierarquia?

A jurisprudência tradicional do STF considerava que os tratados internacionais ingressavam no sistema constitucional brasileiro com força de mera lei ordinária, o que autorizava até a revogação por uma lei posterior. A EC n. 45/2004, no entanto, incluiu um § 3º no art. 5º, prevendo que "Os tratados e convenções internacionais sobre direitos humanos que forem aprovados, em cada Casa do Congresso Nacional, em dois turnos, por três quintos dos votos dos respectivos membros, serão equivalentes às emendas constitucionais".

Após a referida Emenda, portanto, passou-se a ter a seguinte situação: a) os tratados internacionais que não fossem sobre direitos humanos continuavam a valer com força de meras leis ordinárias; mas b) os tratados *sobre direitos humanos* e que *forem aprovados pelo mesmo trâmite das emendas constitucionais* (3/5 dos votos de cada Casa do Congresso, por dois turnos em cada uma delas) passaram a ter força de *emenda constitucional*, isto é, força de *norma constitucional (derivada)*, incorporando-se ao texto da Constituição.

Repita-se: a partir de 2004, os tratados internacionais que versam sobre direitos humanos ingressarão como se fossem emendas à Constituição, se forem aprovados de acordo com o trâmite de reforma (emenda) previsto no art. 60 da CF: dois turnos de discussão e votação em cada Casa do Congresso (Câmara e Senado), com aprovação pelo quórum de 3/5 (= 60%) dos membros de cada Casa.

Porém, uma questão ficou ainda em aberto: e os tratados internacionais *de direitos humanos*, mas que tinham sido aprovados *antes de 2004*, quando ainda não havia o trâmite de aprovação equiparado ao das emendas constitucionais? Deveriam ter qual hierarquia?

Após longa discussão, o STF refutou a tese de que esses tratados teriam força de mera lei ordinária. Com efeito, isso seria equiparar os tratados *de direitos humanos* aos demais pactos internacionais. Por outro lado, a Corte também se distanciou da tese de que os tratados de direitos humanos aprovados antes de 2004 teriam força de emenda constitucional. Afinal de contas, tal proceder equipararia esses tratados à Constituição, mesmo sem terem sido aprovados pela regra do art. 5º, § 3º.

E então, o que fazer com esses tratados? O STF decidiu que eles teriam uma força *intermediária*, é dizer, *supralegal*. Estão *acima das leis*, mas *abaixo da Constituição*. Estão acima das leis porque tratam de direitos humanos; estão abaixo da CF porque não foram aprovados pelo trâmite das emendas constitucionais. Revogam todas as *leis* que lhes sejam contrárias, mas não alteram o que está na Constituição (ver mais à frente transcrição da ementa do julgado).

De modo que, hoje, os tratados internacionais podem ter no ordenamento brasileiro três diferentes posições hierárquicas: a) hierarquia *constitucional* (tratados de direitos humanos aprovados pelo trâmite das emendas constitucionais: art. 5º, § 3º); b) hierarquia *supralegal* (tratados de direitos humanos aprovados antes de 2004 – e, portanto, sem ser pelo trâmite de emenda constitucional); c) hierarquia *legal*, força de *lei ordinária* (tratados que não sejam sobre direitos humanos).

Alguns exemplos podem tornar mais clara a questão.

1) *Convenção Internacional sobre os Direitos das Pessoas com Deficiência* (Convenção de Nova York): tratado internacional de direitos humanos aprovado em 2007, pelo trâmite de emenda constitucional – hierarquia constitucional. Assim também a Convenção de Marraqueche sobre direito de acesso de deficientes visuais a livros em braile.

2) *Convenção de Varsóvia sobre indenização tarifada em caso de extravio de bagagem em voos internacionais*: tratado que não é de direitos humanos – hierarquia legal (força de mera lei ordinária).

3) *Convenção Americana sobre Direitos Humanos* (Pacto de São José da Costa Rica): tratado de direitos humanos, mas aprovado antes de 2004 (em 1992) – hierarquia supralegal.

Acesse e assista à aula explicativa sobre este assunto.
http://uqr.to/1yj9a

Quadro 5.2 – Hierarquia dos Tratados Internacionais

Espécie	Hierarquia	Previsão
Tratados de direitos humanos e aprovados por trâmite especial	Constitucional (força de EC)	Art. 5º, § 3º
Tratados de direitos humanos e aprovados por trâmite comum (antes de 2004, p. ex.)	Supralegal (acima das leis, mas abaixo da CF)	Jurisprudência do STF
Tratados sobre outros temas	Legal (força de lei)	Jurisprudência do STF

⚠️ Atenção!

Em 10 de janeiro de 2022, foi publicado e entrou em vigor no Brasil a Convenção Americana de Combate ao Racismo, à Discriminação Racial e formas correlatas de intolerância, tratado de direitos humanos aprovado pelo rito especial do art. 5º, § 3º. Trata-se, inclusive, da primeira norma brasileira **com hierarquia constitucional** a prever de forma expressa a política de cotas raciais (art. 5º). Dessa forma, temos atualmente com *status* constitucional no Direito brasileiro:

a) Convenção de Nova Iorque sobre pessoas com deficiência;
b) Tratado de Marraqueche;
c) Convenção Americana de Combate ao Racismo[28].

📝 Questões de Concurso

(FGV – MPE GO – Promotor de Justiça Substituto – 2022) A República Federativa do Brasil celebrou tratado internacional, direcionado à proteção de determinado grupo minoritário. Nesse ajuste, os Estados-partes assumiram a obrigação de adotar medidas internas voltadas ao reconhecimento de direitos de liberdade e de direitos prestacionais. À luz da sistemática vigente, mais especificamente do entendimento do Supremo Tribunal Federal, esse tratado internacional, após a aprovação do Congresso Nacional, pode ser incorporado à ordem interna:

a) como norma constitucional, emenda constitucional, norma supralegal ou lei ordinária;
b) apenas como emenda constitucional, norma supralegal ou lei ordinária;
c) apenas como emenda constitucional ou norma supralegal;
d) apenas como emenda constitucional;
e) apenas como norma supralegal.

Gabarito comentado: C. Já que se cuida de um tratado sobre direitos humanos, sua hierarquia será constitucional (se aprovado pelo rito especial) ou, na pior das hipóteses, supralegal (se aprovado pelo rito comum), já que apenas os tratados que não são sobre direitos humanos têm hierarquia legal.

(FGV – TCE AM – Auditor Técnico de Controle Externo – Área: Tecnologia da Informação – 2021) A República Federativa do Brasil celebrou uma convenção internacional sobre direitos humanos, que foi devidamente aprovada pelo Congresso Nacional, em dois turnos, por três quintos dos votos dos respectivos membros. A convenção internacional assim aprovada é equivalente a:

a) emenda constitucional;
b) lei complementar;
c) ato supralegal;
d) lei ordinária;
e) decreto.

Gabarito comentado: A (se o tratado é sobre direitos humanos e foi aprovado por rito especial, tem força de Emenda à Constituição, nos termos do art. 5º, § 3º; note que não é necessário citar que o tratado foi aprovado "em ambas as Casas, já que isso é pressuposto, por ocorrer com qualquer tratado).

---

[28] Alguns autores citam um quarto documento, o protocolo facultativo à Convenção de Nova Iorque, mas é possível considerá-lo abrangido na letra *a*.

5.5.1.1. O caso do depositário infiel

É importante lembrar que foi por reconhecer o *status* supralegal do Pacto de San José da Costa Rica que o STF declarou revogadas todas as normas infraconstitucionais que previam a prisão civil do depositário infiel, pois tal constrição é vedada pelo citado Pacto (art. 7º, 7).

Confira-se a ementa do caso-líder:

> PRISÃO CIVIL. Depósito. Depositário infiel. Alienação fiduciária. Decretação da medida coercitiva. Inadmissibilidade absoluta. Insubsistência da previsão constitucional e das normas subalternas. Interpretação do art. 5º, inc. LXVII e §§ 1º, 2º e 3º, da CF, à luz do art. 7º, § 7, da Convenção Americana de Direitos Humanos (Pacto de San José da Costa Rica). Recurso improvido. Julgamento conjunto do RE n. 349.703 e dos HCs n. 87.585 e n. 92.566. É ilícita a prisão civil de depositário infiel, qualquer que seja a modalidade do depósito (STF, Pleno, RE n. 466.343/SP, Relator Ministro Cezar Peluso, *DJe* de 4-6-2009.)

Aliás, o entendimento de que a prisão civil do depositário infiel não mais subsiste no ordenamento brasileiro foi objeto de súmula vinculante e súmula do STJ:

> É ilícita a prisão civil de depositário infiel, qualquer que seja a modalidade do depósito (Súmula Vinculante 25).

> Descabe a prisão civil do depositário judicial infiel (STJ, Súmula 419).

Desnecessário acrescentar a importância prática do tema, bem como sua relevância para fins de concursos públicos.

Dessa forma:

1) Hoje em dia, pode haver prisão civil por dívidas? **Sim** (art. 5º, LXVII).
2) Em quantos casos pode haver prisão civil por dívidas? **Só um.**
3) Qual? **Inadimplemento voluntário e inescusável da prestação alimentícia.**
4) Ainda pode haver prisão civil por dívidas do depositário infiel? **Não** (Súmula Vinculante 25).
5) A proibição da prisão civil por dívidas do depositário infiel está prevista na Constituição? **Não, está prevista no pacto de São José da Costa Rica, tratado com hierarquia supralegal reconhecida pelo STF.**

Questão de Concurso

(FCC/TRE-SP/Analista Judiciário – Área Judiciária/2012) Suponha que, num processo judicial, após a constatação do desaparecimento injustificado de bem que estava sob a guarda de depositário judicial, o magistrado decretou a prisão civil do depositário. Considerando a jurisprudência do Supremo Tribunal Federal sobre a matéria, a prisão civil foi decretada:
a) regularmente, uma vez que a essa pena está sujeito apenas o depositário judicial, e não o contratual.
b) regularmente, uma vez que a essa pena está sujeito o depositário infiel, qualquer que seja a modalidade do depósito.
c) irregularmente, uma vez que a pena somente pode ser aplicada ao depositário infiel que assuma contratualmente o ônus da guarda do bem.
d) irregularmente, uma vez que é ilícita a prisão civil de depositário infiel, qualquer que seja a modalidade do depósito.
e) irregularmente, uma vez que é inconstitucional a prisão civil por dívida, qualquer que seja seu fundamento.

> **Gabarito comentado:** D.
> Não pode mais haver prisão civil por dívidas do depositário infiel, qualquer que seja o tipo de depósito (Súmula Vinculante 25). Veja que a alternativa e está errada porque ainda pode haver prisão civil por dívidas alimentícias.

Aprofundamento:
outros tratados com hierarquia diferenciada

Há autores de Direito Tributário e de Direito Processual Civil, que sustentam existirem tratados com hierarquia diferenciada, nessas respectivas áreas. Para o Direito Constitucional, porém, essa informação não é relevante, até mesmo porque essas hierarquias diferenciadas seriam concedidas por legislação infraconstitucional (respectivamente, lei complementar – Código Tributário Nacional – e lei ordinária – Código de Processo Civil).

Questão de Concurso

> (Cespe/DPU/Defensor/2015) De acordo com a jurisprudência do STF, os tratados de direitos humanos e os tratados sobre direito ambiental possuem estatura supralegal.
>
> **Gabarito comentado:** Errado.
> O *status* (de no mínimo) supralegal é reconhecido pelo STF apenas aos tratados de direitos humanos, não necessariamente àqueles em matéria ambiental.

Aprofundamento:
limites materiais aos tratados com força de EC

Mesmo os tratados internacionais de direitos humanos aprovados na forma do § 3º do art. 5º da CF têm limites. Com efeito, se terão *status* equivalente aos das emendas à Constituição, submetem-se aos mesmos limites delas, inclusive no que diz respeito à necessidade de observarem as cláusulas pétreas (limites materiais).

Aprofundamento:
podem ser aprovados tratados supralegais após a EC n. 45/2004?

Aqui temos uma divergência doutrinária, consistente em saber se o trâmite especial para os tratados de direitos humanos, após a EC n. 45/2004, configura uma obrigação ou uma faculdade.

Para os autores que consideram ser esse trâmite obrigatório, todos os tratados de direitos humanos celebrados pelo Brasil pós-EC n. 45/2004 teriam que ser submetidos a dois turnos, exigindo-se o quórum de 3/5. Logo, só teriam hierarquia supralegal os tratados de direitos humanos *anteriores* à EC n. 45/2004.

Contudo, para Gilmar Mendes e Alexandre de Moraes, a adoção do trâmite especial para os tratados de direitos humanos é uma faculdade, uma discricionariedade. Assim, poderíamos ter, mesmo após a EC n. 45/2004, tratados de direitos humanos com força de EC (os aprovados pelo trâmite especial) ou com hierarquia supralegal (os que forem aprovados pelo trâmite comum). Essa segunda tese tem prevalecido no direito brasileiro, especialmente porque, como aponta André de Carvalho Ramos, há diversos exemplos práticos de tratados de direitos humanos aprovados após 2004 com rito comum – ou seja, com força supralegal, mas infraconstitucional[29].

---

[29] RAMOS, André de Carvalho. *Curso de Direitos Humanos.* São Paulo: Saraiva, 2022, p. 620.

5.6. RESTRIÇÕES A DIREITOS FUNDAMENTAIS

5.6.1. Relatividade dos direitos

Como já dissemos, os direitos fundamentais são relativos, quer dizer, nenhum direito fundamental é absoluto.

É costumeiro dizer isso por dois motivos:

1) Os direitos fundamentais podem entrar em colisão uns com os outros, o que determina se imponham limitações recíprocas. Assim, por exemplo, o direito à liberdade de expressão não é absoluto, porque pode chocar-se com o direito à intimidade.

2) Nenhum direito fundamental pode ser usado como escudo para a prática de atos ilícitos. Com efeito, os direitos fundamentais só protegem o seu titular quando este se move na seara dos atos lícitos, pois seria uma contradição em termos definir uma mesma conduta como um direito e um ilícito. Logo, se o direito define uma conduta como ilícito (crime, por exemplo), não se pode considerar como justo o exercício de um direito fundamental que leve a essa conduta. Não é válido, por exemplo, alegar liberdade de manifestação do pensamento para propagar ideias racistas ou discriminatórias, conforme reiterada jurisprudência do STF.

Ora, como nenhum direito fundamental é absoluto, faz-se necessário estudar os mecanismos de limitação desses direitos.

Estudemos, a partir de agora, as limitações que podem ser impostas aos direitos fundamentais.

5.6.2. Limites dos direitos fundamentais

5.6.2.1. *Colisão de direitos*

O primeiro limite que os direitos fundamentais encontram é a própria existência de outros direitos, tão fundamentais quanto eles. É daqui que surgem os conflitos (aparentes) entre os direitos.

Uma vez adotada a teoria externa, como parece ser a tendência do Supremo Tribunal Federal, o conflito entre direitos fundamentais deve ser resolvido com base na técnica da *ponderação*.

Relembre-se, a propósito, que há direitos fundamentais sob a forma de princípios e sob a forma de regras. Quando têm a natureza de princípios, os direitos fundamentais podem colidir entre si (veja o capítulo sobre Princípios fundamentais, Introdução). Nesse caso, qualquer direito pode "ganhar" ou "perder", a depender do caso concreto. Em outras palavras: qualquer desses direitos pode sofrer restrição, a depender das circunstâncias do caso concreto.

Por exemplo: no conflito entre o direito à vida e a segurança do Estado, qual deve prevalecer? Resposta: **depende**. De acordo com as condições do caso concreto, pode ser que prevaleça a vida (por exemplo: um homicida não pode ser morto "para segurança do estado"), ou pode ser que ceda à segurança do Estado (existe a pena de morte em caso de guerra declarada). Por isso, nenhum direito é absoluto, nem mesmo a vida.

Casos e mais casos podem ser citados como exemplo de concorrência entre direitos fundamentais:

- direito à vida *v.* liberdade de religião, quando alguém que professa a crença das "Testemunhas de Jeová" recusa submeter-se a tratamento que demande transfusão de sangue ou transplante de órgãos (Tema n. 1069 da Repercussão Geral);
- direito à liberdade de informação jornalística *v.* direito à intimidade, quando atriz é filmada mantendo relações sexuais na praia (Caso Cicarelli) ou quando pessoa pública é fotografada dentro de um clube privado (Caso Caroline de Mônaco: *Hannover v. Alemanha*, julgado pela Corte Europeia de Direitos Humanos, dando ganho de causa à Princesa);
- direito à liberdade de expressão *v.* proibição do racismo (Caso Ellwanger: STF, HC n. 82.424/RS);
- direito à liberdade de expressão *v.* proibição da incitação à prática de crimes, como foi o caso da banda *Bidê ou Balde*, obrigada a deixar de executar publicamente a música "E por que não?", cuja letra retratava, em uma das interpretações possíveis, relação de pedofilia;
- direito à liberdade de expressão *v.* proibição de atos obscenos, como no Caso Gerald Thomas, em que o STF considerou que a prática do diretor de teatro de mostrar as nádegas ao público, em retaliação às vaias sofridas em peça de teatro voltada ao público adulto não poderia ser criminalizada como ato obsceno[30];
- direito à autodeterminação/liberdade de consciência *v.* direito à saúde da população, tendo o STF decidido ser legítimo prever a obrigatoriedade de vacinação[31].

⚠️ Atenção!

Depois de vários anos de discussão, o STF considerou constitucional a recusa a tratamento de saúde (por pessoa livre e capaz) por motivos religiosos. Veja como ficou o tema de repercussão geral:

"1. É permitido ao paciente, no gozo pleno de sua capacidade civil, recusar-se a se submeter a tratamento de saúde, por motivos religiosos. A recusa a tratamento de saúde, por razões religiosas, é condicionada à decisão inequívoca, livre, informada e esclarecida do paciente, inclusive, quando veiculada por meio de diretivas antecipadas de vontade. 2. É possível a realização de procedimento médico, disponibilizado a todos pelo sistema público de saúde, com a interdição da realização de transfusão sanguínea ou outra medida excepcional, caso haja viabilidade técnico-científica de sucesso, anuência da equipe médica com a sua realização e decisão inequívoca, livre, informada e esclarecida do paciente." (Tema n. 1069/RG).

No mesmo sentido, a Corte também considerou que é lícito à pessoa que recusar tratamento buscar formas terapêuticas alternativas, ainda que em outra localidade:

"1. Testemunhas de Jeová, quando maiores e capazes, têm o direito de recusar procedimento médico que envolva transfusão de sangue, com base na autonomia individual e na liberdade religiosa. 2. Como consequência, em respeito ao direito à vida e à saúde, fazem jus aos procedimentos alternativos disponíveis no Sistema Único de Saúde – SUS, podendo, se necessário, recorrer a tratamento fora de seu domicílio." (Tema n. 952/RG)

---

[30] STF, Segunda Turma, HC n. 83.966/RJ, Relator Ministro Gilmar Mendes, DJ de 26-8-2005.
[31] "É constitucional a obrigatoriedade de imunização por meio de vacina que, registrada em órgão de vigilância sanitária, (i) tenha sido incluída no Programa Nacional de Imunizações ou (ii) tenha sua aplicação obrigatória determinada em lei ou (iii) seja objeto de determinação da União, Estado, Distrito Federal ou Município, com base em consenso médico-científico. Em tais casos, não se caracteriza violação à liberdade de consciência e de convicção filosófica dos pais ou responsáveis, nem tampouco ao poder familiar" (Tema n. 1.103 da Repercussão Geral).

✋ Cuidado!

A recusa terapêutica (recusa a tratamento) é uma conduta válida e decisão individual; difere, porém, da recusa vacinal, pois nesse caso já está em jogo a saúde da coletividade, tratando-se de questão que envolve uma política de saúde coletiva. Tanto assim que o STF, embora considere válida a recusa a tratamento (recusa terapêutica), entende que é válida a vacinação compulsória (prevista, entre outras, na Lei de Combate à Covid-19, antes mesmo que as vacinas fossem desenvolvidas: Lei n. 13.979/2020).

Sobre o tema, vale registrar o ensinamento de Cláudio Siqueira Barbosa, com fundamento nas lições de Henderson Fürst: "em situações que afetem a sociedade e nas quais a recusa terapêutica pode representar um risco não apenas para o indivíduo em questão, mas também para outras pessoas, a imposição do tratamento, mesmo contra a vontade do indivíduo, visa a proteger os interesses coletivos, resguardando, assim, a comunidade. Isso nos parece ser adequado, uma vez que as escolhas individuais, no exercício da liberdade, não devem impor danos a terceiros que não tenham consentido. Ao contrário da recusa ao tratamento, em que o paciente recebe orientações médicas com as quais decide se vai aceitar ou não o tratamento proposto, a recusa a medidas profiláticas por meio de vacinas, por exemplo, frequentemente envolve o desconhecimento dos riscos e a divulgação de notícias falsas sobre seus efeitos, o que pode resultar em graves consequências para terceiros e para toda a comunidade. Assim, em resumo parcial, constranger alguém a submeter-se a tratamento médico hospitalar com base no argumento da supremacia do direito à vida, seria desconsiderar a dignidade humana de poder escolher como deseja viver e qual o ideal de felicidade que cada ser humano tem o direito de buscar. Mesmo que a recusa ao tratamento médico-hospitalar seja baseada em uma crença religiosa ou convicção ideológica que não compartilhamos ou compreendemos, a liberdade de escolha de outras pessoas deve de ser respeitada. Isso não necessariamente se aplica, contudo, no caso de medidas profiláticas ou mesmo de tratamentos que possam por em risco interesses de terceiros ou de toda a coletividade"[32].

Isso é assim porque, "diferentemente da recusa terapêutica, que representa uma importante conquista no direito dos pacientes, a recusa vacinal representa uma um problema de saúde pública que atrapalha a efetividade do direito fundamental à saúde da coletividade"[33].

5.6.2.2. Liberdade de conformação

Alguns direitos fundamentais precisam ser concretizados pelo legislador. Nesses casos, admite-se que o legislativo possui uma esfera discricionária de definição do direito, chamada de *liberdade de conformação* (= liberdade de definição).

É o que explicam Dimoulis e Martins:

> Alguns direitos fundamentais são enunciados de forma extremamente genérica. É o caso da garantia da propriedade (art. 5º, *caput* e inciso XXII, da CF), pois a Constituição federal nem sequer oferece uma definição de seu conteúdo. Em tais casos, a lei infraconstitucional deve concretizar o direito fundamental, isto é, indicar seu conteúdo e função, tal como faz o Código Civil em relação ao direito de propriedade. Aqui o constituinte oferece ao legislador comum um amplo *poder de definição*[34].

---

[32] BARBOSA, Cláudio Siqueira. *Liberdade e autonomia privada*: a recusa da pessoa natural a tratamento médico-hospitalar e os limites da atuação do Estado. Brasília: Instituto Brasileiro de Ensino, Desenvolvimento e Pesquisa [dissertação de mestrado], 2024, p. 42.

[33] FÜRST, Henderson. *Teoria do Biodireito*. Belo Horizonte: Letramento/Casa do Direito, 2023, p. 184.

[34] DIMOULIS, Dimitri; MARTINS, Leonardo. *Teoria Geral dos Direitos Fundamentais*. São Paulo: RT, 2007. p. 152.

5.6.2.3. Reserva legal

Como já dissemos no item anterior, é importante entender, também, que o legislador pode especificar e delimitar o conteúdo dos direitos fundamentais, usando da chamada liberdade de conformação. Admite-se, em tal caso, a restrição a um direito fundamental, uma vez que expressamente outorgada pela Constituição essa tarefa ao legislador ordinário. Nesse sentido, Canotilho adverte:

> Quando nos preceitos constitucionais se prevê expressamente a possibilidade de limitação dos direitos, liberdades e garantias, fala-se em direitos sujeitos a reserva de lei restritiva. Isso significa que a norma constitucional é simultaneamente: (1) uma norma de garantia, porque reconhece e garante um determinado âmbito de proteção ao direito fundamental; (2) uma norma de autorização de restrições, porque autoriza o legislador a estabelecer limites ao âmbito de proteção constitucionalmente garantido[35].

Há, porém, casos em que a própria Constituição determina que o legislador regulamente um determinado direito fundamental, especificando-o, *desde que o faça por meio de lei*. É o caso da chamada *reserva de lei* (*reserva legal*).

É preciso, porém, diferenciar a reserva legal *simples* da *qualificada*. Realmente, a reserva legal é a determinação constitucional de que um determinado assunto seja tratado apenas por meio de lei em sentido formal (reserva legal simples) – como, por exemplo, quando exige lei para a definição de crimes e penas. Fala-se em reserva legal qualificada quando a Constituição exige lei específica para tratar de um determinado assunto e a própria Constituição já estabelece as restrições que a lei pode estabelecer (como, por exemplo, na quebra do sigilo das comunicações telefônicas, em que a Constituição já prevê as possibilidades de quebra).

Perceba-se: o princípio da legalidade é a submissão genérica à lei; a reserva legal (que muitas vezes está ligada ao princípio da legalidade) é a reserva que a Constituição impõe para que determinada matéria só seja objeto de regulamentação por meio de lei (ex.: art. 88: "*A lei* [e não o decreto etc.] *disporá sobre a criação e extinção de Ministérios e órgãos da administração pública*").

Quadro 5.3 – Distinção entre Reserva legal simples e Reserva legal qualificada

	Reserva legal simples	Reserva legal qualificada
Distinção	CF exige lei para tratar de determinado tema (mas nada diz sobre como a lei deverá regulamentá-lo)	CF exige lei para tratar do tema e já traz diretrizes de conteúdo
Finalidade	Conferir maior estabilidade ao tema	Conferir maior estabilidade ao tema, garantindo também o respeito a determinados princípios de conteúdo
Exemplos	"não há crime sem lei anterior que o defina"; "A lei disporá sobre a criação e extinção de Ministérios e órgãos da administração pública"	"é inviolável o sigilo [...] das comunicações telefônicas, salvo [...] por ordem judicial, nas hipóteses e na forma que a lei estabelecer para fins de investigação criminal ou instrução processual penal"; "a lei considerará crimes inafiançáveis e insuscetíveis de graça ou anistia a prática da tortura, o tráfico ilícito de entorpecentes e drogas afins, o terrorismo e os definidos como crimes hediondos [...]".

---

[35] CANOTILHO, José Joaquim Gomes. *Direito Constitucional e Teoria da Constituição*. Coimbra: Almedina, 2007. p. 788.

5.6.3. Teoria dos "limites dos limites"

Embora os direitos fundamentais sejam realmente limitados, é preciso que essas restrições não sejam tão profundas a pontos de torná-los verdadeiras conchas vazias. Para garantir que a atividade do legislador ordinário não possa efetivamente esvaziar de conteúdo os direitos fundamentais, surge a teoria segundo a qual as próprias limitações a tal classe de direitos sofre limitações: é a *teoria dos limites dos limites*.

Como adverte o professor Dimitri Dimoulis, "é proibido proibir o exercício do direito além do necessário".

Em outras palavras: os direitos fundamentais podem sofrer limitações? Sim, mas essas limitações não podem ser tão intensas que venham a esvaziar ou tornar inúteis tais direitos. É o que diz a **teoria dos limites dos limites**: os direitos podem sofrer limites, mas esses limites têm limites.

Questão de Concurso

(Cespe/DPE-RN/Defensor/2015) Os direitos fundamentais poderão ser limitados quando conflitarem com outros direitos ou interesses, não havendo restrição a tais limitações.

Gabarito comentado: Errado (há restrição a essas limitações, sim: trata-se da teoria dos limites dos limites).

Podemos apontar como limites aos limites dos direitos fundamentais: a necessidade de respeito ao *núcleo essencial* desses direitos e a obrigatoriedade de adequação ao princípio da *proporcionalidade*.

5.6.3.1. *Proteção do núcleo essencial*

De acordo com essa teoria, muito difundida na Alemanha, o legislador, ao restringir os direitos fundamentais, não pode ultrapassar uma determinada fronteira, isto é, não pode esvaziá-los. Em outras palavras: o legislador é autorizado a *restringir* os direitos fundamentais; não pode, contudo, restringi-los tanto que os torne inócuos ou vazios.

Um exemplo pode esclarecer essa distinção. O próprio texto constitucional permite (CF, art. 5º, XIII) que o Congresso Nacional edite leis regulamentando o exercício de algumas profissões, ao exigir, por exemplo, determinadas qualificações técnicas para o desempenho de algumas tarefas. É legítimo, portanto, exigir que alguém só possa clinicar se possuir o curso superior de Medicina.

Porém, seria constitucional exigir que só podem exercer a advocacia pessoas que ostentassem o título de doutor em Direito? Certamente não. E por quê? Porque essa restrição desbordaria do razoável, restringiria tanto o direito fundamental que o tornaria vazio. Dito de outra forma: porque essa restrição violaria o próprio *núcleo essencial* (= essência) do direito em questão.

Nesse sentido, o STF já decidiu que a exigência de diploma de jornalista para exercer essa profissão é exagerada, violando o próprio núcleo essencial do direito. Em outras palavras: **a reserva legal estabelecida pelo art. 5º, XIII, não confere ao legislador o poder de restringir o exercício da liberdade profissional a ponto de atingir o seu próprio núcleo essencial.**

A proteção ao núcleo essencial dos direitos fundamentais não é citada expressamente na Constituição brasileira, ao contrário do que se vê, por exemplo, na *Grundgesetz* (Lei Fundamental Alemã), cujo art. 19, 2, dispõe que "Em nenhum caso pode um direito fundamental ser desrespeitado em seu núcleo essencial".

Porém, é inequívoco que essa teoria é adequada ao ordenamento jurídico brasileiro. Afinal de contas, quando a Constituição prevê, no § 4º do art. 60, que não podem ser objeto de deliberação as propostas de emenda *tendentes a abolir* os direitos e garantias individuais, impõe uma proteção ao *núcleo essencial* desses direitos. Foi o que já reconheceu o STF: "[...] as limitações materiais ao poder constituinte de reforma, que o art. 60, § 4º, da Lei Fundamental enumera, não significam a intangibilidade literal da respectiva disciplina na Constituição originária, mas apenas a proteção do núcleo essencial dos princípios e institutos cuja preservação nelas se protege".

Pode-se dizer, então, que o Brasil adota a teoria do núcleo essencial dos direitos fundamentais, mas que tal regra não está expressamente prevista na Constituição.

5.6.3.1.1. Teorias sobre o núcleo essencial

É preciso, ainda que *en passent*, referir a existência de duas teorias sobre o núcleo essencial: a teoria *absoluta* e a teoria *relativa*.

De acordo com a teoria *absoluta*, o núcleo essencial dos direitos fundamentais não pode ser violado em hipótese alguma. Já de acordo com a corrente *relativa*, esse núcleo básico poderia variar de acordo com o caso concreto.

Consideramos mais correta a teoria absoluta. Afinal, defender que existe um núcleo essencial, mas que ele é relativo significaria, na prática, retirar-lhe qualquer utilidade. Mas cuidado! Não se está dizendo que os direitos são absolutos. Não. O que se diz é que o *núcleo essencial* de tais direitos é que tem essa característica.

Esse aspecto já foi cobrado em diversas provas, tais como FGV/AGE-MG/Procurador de Estado/2023.

5.6.3.2. *Princípio (ou critério) da proporcionalidade*

O vocábulo "proporcional" deriva do latim *proportio*, que se refere principalmente à divisão em partes iguais ou correspondentes a uma dada razão. É umbilicalmente ligado à ideia de quantidade, de justa medida, de equilíbrio.

Começou a ser utilizado na Ciência Jurídica moderna por influência do direito germânico, notadamente da jurisprudência do *Bundesverfassungsgericht* (Tribunal Constitucional Federal Alemão), que, na resolução de casos concretos, formulou uma verdadeira teoria sobre o princípio.

Por meio desse princípio, é possível analisar a legitimidade das restrições a direitos fundamentais, para verificar se respeitam a justa medida, a proporção entre causa e efeito, entre meio e fim.

Assim, podemos afirmar, com base no que explica Jairo Schäfer, que a proporcionalidade é um critério para analisar a constitucionalidade das restrições a direitos fundamentais, quando entrem em colisão com outros direitos também fundamentais.

Esse é o critério utilizado quando da colisão de direitos, a fim de evitar restrições excessivas e, também, evitar que se deixe um dos direitos desprotegido. Desdobra-se em duas vertentes (tema já cobrado na prova discursiva para Delegado da PCDF/2015):

5.6.3.2.1. Proporcionalidade em sentido negativo (proibição do excesso)

A proporcionalidade em sentido negativo impede que se restrinja em excesso (além do necessário) um direito fundamental. De acordo com ela, deve-se restringir um direito fundamental no mínimo possível.

Para verificar se a proporcionalidade em sentido negativo foi atendida, deve-se realizar um triplo teste: se a restrição ao direito fundamental passar nos três aspectos, então ela não é excessiva (ou seja, é válida). Esse **triplo teste** baseia-se nos seguintes subprincípios da proporcionalidade:

a) **Adequação:** saber se a restrição vai atingir a finalidade, o objetivo que dela se espera. Assim, se, por exemplo, uma restrição a um direito não for atingir o objetivo de efetivar um outro direito fundamental, essa restrição será excessiva, já que não é adequada;

b) **Necessidade (=exigibilidade):** saber se a restrição é estritamente necessária, ou seja, se não há outro meio menos gravoso (menos restritivo de se alcançar aquele objetivo. Por exemplo: pode-se efetivar o princípio da segurança pública bloqueando o sinal de celular de um bairro inteiro em que se localiza um presídio; mas essa restrição, embora adequada (vai atingir a finalidade de impedir o uso de celular dentro da prisão) é excessiva, pois restringe o direito das pessoas que moram nas vizinhanças da penitenciária, quando há uma forma menos gravosa de se conseguir isso (aumentando a fiscalização no acesso ao presídio): seria uma medida desproporcional, porque falha no teste da necessidade;

c) **Proporcionalidade em sentido estrito (=ponderação propriamente dita, sopesamento ou balanceamento):** é atendida quando a restrição possui um custo-benefício favorável, isto é, quando o que se vai perder com a restrição a um direito vai ser **compensado** pelo **ganho de efetivação do outro direito.**

Cuidado!

Uma restrição a direito fundamental só pode ser considerada proporcional quando passa em todos os três testes (adequação, necessidade e proporcionalidade em sentido estrito).

Atenção!

Os três testes devem ser analisados nessa ordem: a) adequação; b) necessidade; c) proporcionalidade em sentido estrito. Logo, se por exemplo, a medida não for considerada apta a atingir os objetivos que dela se esperam (se não for adequada, portanto), nem é necessário analisar sua necessidade ou sua proporcionalidade em sentido estrito: ela já falhou, já é excessiva, já viola a proporcionalidade negativa.

5.6.3.2.2. Proporcionalidade positiva (proibição da proteção deficiente)

A proporcionalidade tem, também, uma outra vertente, nem sempre comentada, mas que **já caiu em provas de concursos de nível médio**! Trata-se da proporcionalidade positiva, ou **proibição da proteção deficiente**.

Por esse princípio, não se pode efetivar "de menos" um direito fundamental; não se pode admitir que, para não restringir um direito, deixe-se de efetivar outro; ou seja: exigem-se meios para efetivar um direito fundamental. Não se pode proteger um direito de forma deficiente, insuficiente.

Assim, por exemplo: seria possível, para evitar que se restrinja demais a intimidade, vedar a que jornalistas fizessem quaisquer fotos sobre quaisquer pessoas em quaisquer lugares? Sim, seria, isso atenderia à proporcionalidade negativa (não se estaria restringindo demais a intimidade). Mas isso violaria a proporcionalidade positiva, uma vez que significaria deixar completamente desprotegida, esvaziada a liberdade de imprensa, que estaria sendo protegida de forma deficiente, insuficiente.

Lembre-se!!!

A proporcionalidade é como uma gangorra: não se pode restringir demais um dos direitos em colisão (proporcionalidade negativa), mas também não se pode proteger de menos o outro (proporcionalidade positiva). São dois lados da mesma moeda.

Questão de Concurso

(Cespe/FUB/Cargos de nível médio/2015) Por meio da aplicação do princípio da proporcionalidade, coíbem-se excessos que afrontem os direitos fundamentais e exigem-se mecanismos que os efetivem.

Gabarito comentado: Correto (a primeira parte refere-se à proporcionalidade negativa, e a parte "exigem-se mecanismos que os efetivem" diz respeito à proporcionalidade positiva).

Atenção! – CASO IMPORTANTE

INTIMIDADE/PRIVACIDADE X ACESSO À INFORMAÇÃO/PUBLICIDADE

O STF analisou essa colisão quando julgou a constitucionalidade de lei estadual paulista que permitia a divulgação de nome, endereço, CPF e remuneração de servidores públicos (no caso concreto, estaduais).

Nesse julgamento, o STF considerou que a divulgação de nomes e remunerações dos servidores na internet restringe intimidade/privacidade do servidor, mas efetiva o princípio do acesso à informação. Proteger apenas a intimidade, mas deixar totalmente inefetiva a publicidade seria evitar restrições à primeira, porém deixando de efetivar a segunda (o que violaria a proporcionalidade positiva). Por outro lado, proteger excessivamente o acesso à informação, vedando até mesmo a divulgação do nome e da remuneração, representaria uma restrição excessiva à publicidade (o que violaria a proporcionalidade negativa). Em suma: divulgar nome e remuneração efetiva a publicidade, mas publicizar CPF e endereço seria restringir demais a intimidade.

Por isso, no caso concreto, o STF decidiu que: "É legítima a publicação, inclusive em sítio eletrônico mantido pela Administração Pública, dos nomes dos seus servidores e do valor dos correspondentes vencimentos e vantagens pecuniárias." (STF, Pleno, Agravo no Recurso Extraordinário n. 652.777/SP, Relator Ministro Teori Zavascki).

Podemos então, para resumir, usar um questionário para verificar se a restrição ao direito fundamental é ou não proporcional:

1. A restrição é adequada para garantir o respeito ao direito que se quer assegurar?
   1.1. **não**: a restrição é desproporcional, por violar o subprincípio da adequação
   1.2. **sim**: passa-se ao teste seguinte.
2. A restrição configura um meio estritamente necessário? Trata-se do meio menos gravoso para restringir o direito preterido e assegurar o direito garantido?

2.1. **não**: a restrição é desproporcional, por violar o subprincípio da necessidade.
2.2. **sim**: passa-se ao teste seguinte.
3. O direito restringido foi mitigado em uma medida compatível com a garantia dada ao direito assegurado? Há um equilíbrio entre a vantagem obtida e a restrição aplicada?
    3.1. **não**: a restrição é desproporcional, por violar o subprincípio da ponderação (proporcionalidade em sentido estrito).
    3.2. **sim**: a restrição é proporcional e, portanto, admissível.

Aprofundamento:
as teorias sobre os limites dos direitos fundamentais (interna e externa)

Existem duas grandes teorias que tentam explicar a existência dos limites dos direitos fundamentais: a teoria interna e a teoria externa.

a) teoria interna

De acordo com a teoria interna, não existem restrições externas aos direitos fundamentais, mas sim limites imanentes a eles; isto é, não há um direito e uma restrição com existências autônomas: a limitação já está incluída (está dentro) do próprio conceito do direito. Para essa teoria, portanto, não há um direito à liberdade que abrange dizer qualquer coisa e que sofre restrição pela proibição do racismo: ao contrário, a proibição do racismo já é uma exceção prevista, inerente, imanente, intrínseca à própria liberdade. Nesse caso, não uma liberdade em tese que sofre uma restrição vinda de fora (de outro direito), mas sim uma liberdade que não protege determinada conduta – direitos são razões definitivas, não algo variável, ponderável. A teoria interna, então, enunciaria: a liberdade de expressão não abrange a veiculação de conteúdos racistas. Ou, como resume Virgílio Afonso da Silva: "O direito cessa onde o abuso começa".

Essa teoria sofre críticas por "esconder" ou "camuflar" a conflituosidade dos direitos fundamentais, "disfarçando" de limites imanentes o que verdadeiramente é uma colisão de direitos antagônicos.

b) teoria externa

À luz da teoria externa, existem dois momentos diferentes de interpretação do direito fundamental: sua análise em tese (direito *prima facie*), o direito fundamental isoladamente considerado; e a análise no caso concreto, em sua possível colisão com outros direitos fundamentais, o que pode resultar numa restrição (externa), uma compressão do direito fundamental por causa da necessidade de se proteger outros direitos de igual *status*. Ou seja: existe um direito *prima facie* e um direito que pode sofrer restrições, decorrentes da necessidade de se ponderar direitos em colisão, realizando-lhes a concordância prática, à luz do caso concreto.

Assim, para a teoria externa, nem todas as exceções ou limitações a um direito estão prefixadas, preestabelecidas, predeterminadas, previstas na sua definição: algumas surgem em casos concretos, a partir da ponderação para proteger outro direito colidente. Assim, no caso do conflito entre a liberdade de expressão e a proibição do racismo, diria a teoria externa que "a liberdade de expressão cede à proibição do racismo em determinado contexto".

Perceba-se que conceitos já vistos como colisões de direitos, ponderação, concordância prática, núcleo essencial são todos oriundos da teoria externa, o que demonstra ser ela francamente predominante no Brasil. Isso não a isenta de críticas, contudo, sendo a principal delas a de que fortalece o decisionismo, a criação de limites caso a caso.

c) Comparação entre as teorias

Teoria	Interna	Externa
Conceito	Os direitos fundamentais possuem limites intrínsecos, internos ao seu próprio conceito; não há restrições externas aos direitos fundamentais, mas sim a delimitação do seu âmbito de incidência	Direitos fundamentais *prima facie* (considerados em tese) podem sofrer restrição decorrente da colisão com outro direito fundamental, num caso concreto; as restrições não se confundem com o direito, vêm "de fora" dele
Palavras-chave	Limites imanentes, limites intrínsecos, direitos definitivos, direito e restrição unificados	Ponderação, colisão, proporcionalidade, núcleo essencial, conteúdo essencial, restrições distintas do direito, concordância prática
Adoção no Brasil	Minoritária	Majoritária

Questões de Concurso

(FGV/Senado Federal/Consultor Legislativo – Área Direito Constitucional, Administrativo, Eleitoral e Processo Legislativo/2022) José foi instado por Maria a apresentar a justificação teórica para a colisão entre direitos fundamentais e a imposição de restrições a esses direitos, o que deveria ser feito na perspectiva da teoria interna. José respondeu corretamente que, para essa teoria:

a) a restrição não tem existência autônoma em relação ao direito, que tem um limite imanente;

b) a solução da colisão entre direitos fundamentais é normalmente resolvida com um juízo de ponderação;

c) o direito tem um conteúdo *prima facie*, somente dando origem a uma posição definitiva após o cotejo com outras normas;

d) esses direitos devem se expandir até que seja identificada a necessidade de concordância prática com outros direitos, resolvendo-se o conflito no plano da aplicação;

e) a existência de restrições aos direitos é indissociável da necessidade de concordância prática, mas somente devem incidir após a individualização de cada direito.

Gabarito comentado: A. Se a alternativa fala em direitos *prima facie* (direito em tese, diferente de sua aplicação a um caso concreto), colisão, concordância prática etc., está sempre referindo-se à teoria externa, pois é segundo essa teoria que o direito em tese sofre restrições no caso concreto, ao enfrentar outro direito também fundamental (colisão). A única alternativa que descreve a teoria interna é a A, segundo a qual as limitações seriam imanentes (intrínsecas) ao direito: para a teoria interna a limitação está dentro do próprio direito, não fora dele.

(FGV/AGE-MG/Procurador do Estado/2023) Maria, João e Antônia travaram intenso debate a respeito do denominado "conteúdo essencial" dos direitos fundamentais.

Maria defende que essa teoria associa os direitos fundamentais a sentidos imanentes, de modo que sempre expressam posições jurídicas definitivas.

João ressalta que a construção do "conteúdo essencial" é uma emanação da teoria externa dos direitos fundamentais.

Antônia, por sua vez, defende que o denominado "conteúdo essencial", ainda que adotada a teoria relativa, não é compatível com a ponderação de interesses.

Em relação às referidas afirmações, considerando o desenvolvimento das construções teóricas a respeito do "conteúdo essencial" dos direitos fundamentais, assinale a opção correta.

a) Apenas a afirmação de João está correta.
b) Apenas a afirmação de Maria está correta.
c) Apenas as afirmações de João e Antônia estão corretas.
d) Apenas as afirmações de Maria e Antônia estão corretas.
e) As afirmações de Maria, João e Antônia estão corretas.

Gabarito comentado: A. A afirmativa de Maria está errada, pois o conceito de "núcleo essencial" (ou, como chama a questão, "conteúdo essencial") está associado à teoria externa, não à teoria interna, que foi por ela descrita ("posições definitivas", "limites imanentes". Por isso mesmo, a afirmação de João está correta. De outra parte, a afirmação de Maria está errada: como a noção de núcleo essencial deriva da teoria externa, jamais se poderia dizer que ela é incompatível com a ponderação de direitos.

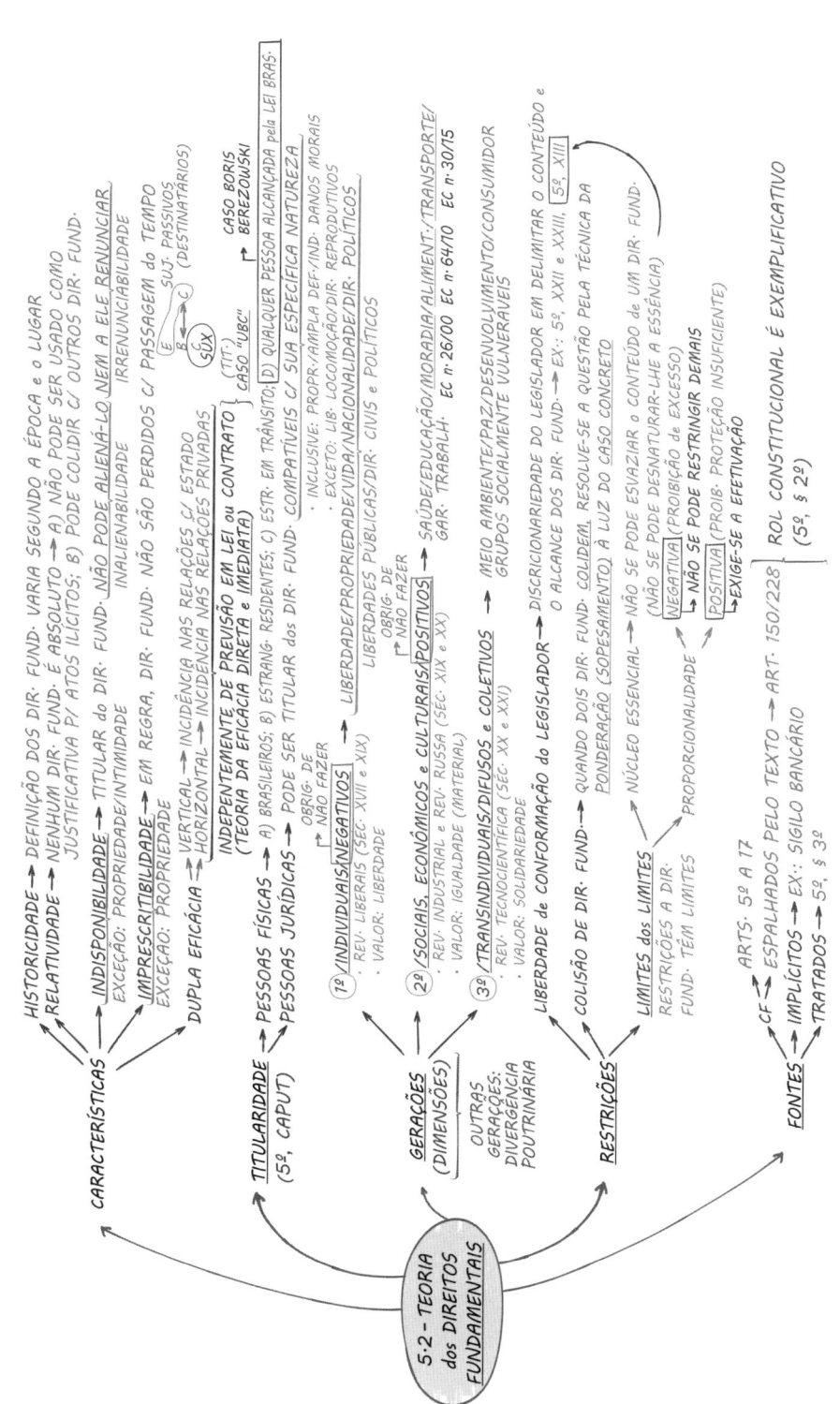

Esquema

5.2 – TEORIA dos DIREITOS FUNDAMENTAIS

- **CARACTERÍSTICAS**
  - HISTORICIDADE → DEFINIÇÃO DOS DIR. FUND. VARIA SEGUNDO A ÉPOCA E O LUGAR
  - RELATIVIDADE → NENHUM DIR. FUND. É ABSOLUTO → A) NÃO PODE SER USADO COMO JUSTIFICATIVA P/ ATOS ILÍCITOS; B) PODE COLIDIR C/ OUTROS DIR. FUND.
  - INDISPONIBILIDADE → TITULAR do DIR. FUND. NÃO PODE ALIENA-LO NEM A ELE RENUNCIAR
    - EXCEÇÃO: PROPRIEDADE/INTIMIDADE
      - INALIENABILIDADE
      - IRRENUNCIABILIDADE
  - IMPRESCRITIBILIDADE → EM REGRA, DIR. FUND. NÃO SÃO PERDIDOS C/ PASSAGEM do TEMPO
    - EXCEÇÃO: PROPRIEDADE
  - DUPLA EFICÁCIA → VERTICAL → INCIDÊNCIA NAS RELAÇÕES C/ ESTADO
    - HORIZONTAL → INCIDÊNCIA NAS RELAÇÕES PRIVADAS
  - INDEPENDENTEMENTE DE PREVISÃO EM LEI ou CONTRATO (TEORIA DA EFICÁCIA DIRETA e IMEDIATA)

- **TITULARIDADE** (5º, CAPUT)
  - PESSOAS FÍSICAS → A) BRASILEIROS; B) ESTRANG. RESIDENTES; C) ESTR. EM TRÂNSITO; D) QUALQUER PESSOA ALCANÇADA pela LEI BRAS.
  - PESSOAS JURÍDICAS → PODE SER TITULAR dos DIR. FUND. COMPATÍVEIS C/ SUA ESPECÍFICA NATUREZA
    - OBRIG. DE NÃO FAZER
    - INCLUSIVE: PROPR./AMPLA DEF./IND. DANOS MORAIS
    - EXCETO: LIB. LOCOMOÇÃO/DIR. REPRODUTIVOS
    - (TIT.) CASO "UBC"
    - SUJ. PASSIVOS (DESTINATÁRIOS) — CASO BORIS BEREZOWSKI

- **GERAÇÕES (DIMENSÕES)**
  - 1º / INDIVIDUAIS/NEGATIVOS
    - REV. LIBERAIS (SÉC. XVIII e XIX)
    - VALOR: LIBERDADE
    - LIBERDADE/PROPRIEDADE/VIDA/DIR.: CIVIS E POLÍTICOS
    - LIBERDADES PÚBLICAS/DIR.: CIVIS E POLÍTICOS
    - OBRIG. DE NÃO FAZER
  - 2º / SOCIAIS, ECONÔMICOS e CULTURAIS/POSITIVOS
    - REV. INDUSTRIAL e REV. RUSSA (SÉC. XIX e XX)
    - VALOR: IGUALDADE (MATERIAL)
    - SAÚDE/EDUCAÇÃO/MORADIA/ALIMENT./TRANSPORTE/ GAR.: TRABALH. EC nº 26/00 EC nº 64/10 EC nº 30/15
  - 3º / TRANSINDIVIDUAIS/DIFUSOS e COLETIVOS
    - REV. TECNOCIENTÍFICA (SÉC. XX e XXI)
    - VALOR: SOLIDARIEDADE
    - MEIO AMBIENTE/PAZ/DESENVOLVIMENTO/CONSUMIDOR → GRUPOS SOCIALMENTE VULNERÁVEIS
  - OUTRAS GERAÇÕES: DIVERGÊNCIA DOUTRINÁRIA

- LIBERDADE de CONFORMAÇÃO do LEGISLADOR → DISCRICIONARIEDADE DO LEGISLADOR EM DELIMITAR O CONTEÚDO E O ALCANCE DOS DIR. FUND. → EX.: 5º, XXII e XXIII, 5º, XIII

- COLISÃO DE DIR. FUND. → QUANDO DOIS DIR. FUND. COLIDEM, RESOLVE-SE A QUESTÃO PELA TÉCNICA DA PONDERAÇÃO (SOPESAMENTO) À LUZ DO CASO CONCRETO

- **RESTRIÇÕES**
  - LIMITES dos LIMITES → RESTRIÇÕES À DIR. FUND. TÊM LIMITES
    - NÚCLEO ESSENCIAL → NÃO SE PODE ESVAZIAR o CONTEÚDO DE UM DIR. FUND. → NÃO SE PODE DESNATURAR-LHE A ESSÊNCIA
    - PROPORCIONALIDADE
      - NEGATIVA (PROIBIÇÃO DE EXCESSO) → NÃO SE PODE RESTRINGIR DEMAIS
      - POSITIVA (PROIB. PROTEÇÃO INSUFICIENTE) → EXIGE-SE A EFETIVAÇÃO
  - ROL CONSTITUCIONAL É EXEMPLIFICATIVO (5º, § 2º)

- **FONTES**
  - CF → ARTS. 5º A 17
  - ESPALHADOS PELO TEXTO → ART. 150/228
  - IMPLÍCITOS → EX.: SIGILO BANCÁRIO
  - TRATADOS → 5º, § 3º

Capítulo 6

Direitos Individuais e Coletivos

6.1. DIREITO À VIDA

6.1.1. Abrangência

O direito à vida – o primeiro dos direitos fundamentais citado no art. 5º, *caput* – significa não só o direito de estar vivo (direito à existência), mas também o direito a uma vida digna (direito ao mínimo existencial).

6.1.2. Início (teorias)

Todavia, um dos aspectos mais polêmicos quanto ao direito à vida consiste na definição do início desse direito. Sobre o tema, existem basicamente cinco teorias: a) teoria concepcionista: a vida começa com a concepção, isto é, com a fecundação do óvulo pelo espermatozoide, gerando o zigoto (que tem carga genética diferente do pai e da mãe); b) teoria da nidação: a vida só começa com o início da gravidez, com a nidação (fixação do embrião na parede do útero); c) teoria do tubo neural: o início da vida se dá com a formação do tubo neural do embrião; d) teoria do impulso elétrico: assim como a vida, para fins médicos, termina quando não há impulso elétrico no cérebro (morte cerebral[1]), deve começar quando houver o primeiro impulso elétrico no sistema nervoso do embrião; e) teoria natalista: a vida só começa a partir do nascimento com respiração. Essa última é a adotada, para fins civis, pelo art. 2º do Código Civil[2], assim como pelo Código Penal, que distingue o homicídio (matar alguém, ou seja, *após o parto*) do delito de aborto (interrupção da gravidez).

Entre os autores de Direito Constitucional, a maioria adota a teoria concepcionista[3]. André Ramos Tavares, por sua vez, adverte que, se a morte ocorre com o fim da atividade elétrica no cérebro (Lei n. 9.434/97), o início da vida poderia ser marcado, também, com o início da atividade elétrica no cérebro do embrião[4].

---

[1] STJ, Segunda Turma, REsp. 1.185.474/SC, Relator Ministro Humberto Martins, *DJe* de 29-4-2010. No mesmo sentido: 1) MORAES, Alexandre de. *Direito Constitucional*. São Paulo: Atlas, 2009. p. 36; 2) TAVARES, André Ramos. *Curso de Direito Constitucional*. São Paulo: Saraiva, 2010. p. 569.
[2] NAMBA, Edison Tetsuzo. *Manual de Bioética e Biodireito*. São Paulo: Atlas, 2009. p. 27.
[3] 1) SILVA, José Afonso da. *Curso de Direito Constitucional Positivo*. São Paulo: Malheiros, 2006. p. 203; 2) MORAES, 2009. p. 36; 3) VARGAS, Denise. *Manual de Direito Constitucional*. São Paulo: RT, 2010. p. 294.
[4] TAVARES, 2010. p. 572.

Todavia, o mesmo autor adverte que o Pacto de São José da Costa Rica – tratado com hierarquia supralegal reconhecida pelo STF – prevê que a vida deve ser protegida "desde a concepção" (art. 4º). A discussão, como se vê, está longe de ter um fim. A questão principal diz respeito à distinção entre o início da vida *propriamente dita* (em que momento a pessoa se torna sujeito de direitos) e a existência de *estágios juridicamente protegidos* (desde a concepção, por exemplo).

6.1.3. Pesquisa científica com células-tronco embrionárias

O STF não decidiu expressamente sobre o momento a partir do qual tem início o *direito à vida*. Porém, no julgamento da ADI n. 3.510 (impetrada pelo Procurador-Geral da República para declarar inconstitucionais dispositivos da Lei de Biossegurança – Lei n. 11.105/2005 – que permitiam a pesquisa com células-tronco embrionárias), decidiu pela constitucionalidade de tal pesquisa[5].

No julgamento, embora não tenha sido adotada uma corrente específica, o STF parece ter afastado implicitamente a teoria concepcionista, pois permitiu a pesquisa com embriões *in vitro* e não implantados. Com efeito, se a Corte adotasse a teoria da concepção, entendemos que teria declarado a Lei de Biossegurança inconstitucional, ao contrário do que ocorreu.

6.1.4. Eutanásia, aborto e suicídio

A proteção à vida tem sede constitucional e se reflete na legislação infraconstitucional. Assim, são punidos como crime a eutanásia (ao pé da letra, "morte doce", a morte de alguém para evitar-lhe ou minorar-lhe o sofrimento[6]) – art. 121, §1º, e art. 122 do CP – e o aborto, fora das hipóteses excepcionais em que é admitido (para salvar a vida da gestante e quando a gravidez for decorrente de estupro) – arts. 124 a 126 e 128 do CP.

⚠️ **Atenção!**

É preciso distinguir as figuras da eutanásia (antecipação da morte) e da ortotanásia (ou seja, "a morte correta, no tempo correto, nem abreviada nem prolongada, mas no esgotamento da vida"[7]). Eutanásia é, por exemplo, a situação em que alguém aplica em outra pessoa uma substância letal, para minorar seu sofrimento; ortotanásia significa deixar que a vida siga seu fluxo, quando a situação do paciente não tem mais como ser revertida, recorrendo-se aos cuidados paliativos. Enquanto a eutanásia é crime, a ortotanásia obviamente é figura atípica, não podendo ser considerada inconstitucional, muito menos prática delituosa.
Esse tema foi cobrado na prova de 2012 de Consultor Legislativo do Senado Federal (terceira prova dissertativa), para a área de Direito Penal e Processual Penal.

---

5 STF, Pleno, ADI n. 3.510/DF, Relator Ministro Ayres Britto, *DJe* de 27-5-2010.
6 Resolução do Conselho Federal de Medicina (CFM) autorizou a chamada ortotanásia, consistente na prática de não levar adiante um tratamento que prolongaria artificialmente a vida do paciente. Na verdade, tal conduta já não era criminalmente enquadrada como homicídio, nem como omissão de socorro (mesmo porque uma Resolução do CFM não poderia descriminar uma conduta), como já advertia José Afonso da Silva. Cf. SILVA, 2006. p. 203: "[...] não nos parece caracterizar eutanásia a consumação da morte pelo desligamento de aparelhos que, artificialmente, mantenham vivo o paciente, já clinicamente morto. Pois, em verdade, vida já não existiria mais, senão vegetação mecânica". Tal Resolução chegou a ser suspensa por decisão judicial cautelar, mas voltou a produzir seus efeitos.
7 FÜRST, Henderson. *Teoria do Biodireito*. Belo Horizonte: Letramento/Casa do Direito, 2023, p. 188.

O suicídio, embora não seja crime (o que seria um contrassenso, além de violar o princípio da alteridade do Direito Penal), não é um ato lícito. O que é crime é induzir, instigar ou auxiliar alguém a cometer suicídio ou automutilação (art. 122 do CP).

6.1.4.1 *Interrupção da gravidez em caso de anencefalia fetal*

Questão polêmica e interessante diz respeito à possibilidade (ou não) de aborto do feto que não possui formação completa do encéfalo (feto anencefálico). Em termos científicos, pode-se definir a anencefalia como "o resultado da falha de fechamento do tubo neural, decorrente de fatores genéticos e ambientais, durante o primeiro mês de embriogênese"[8]. Tal hipótese de exclusão da tipicidade do aborto não está prevista expressamente no art. 128 do Código Penal, que estabelece explicitamente apenas duas hipóteses em que o aborto não é considerado crime: quando praticado por médico para salvar a vida da gestante (aborto terapêutico) ou quando a gravidez é decorrente de estupro (aborto sentimental) – hipóteses estas que, como relembra Henderson Fürst, foram estabelecidas ainda em 1940[9].

Por isso, a Confederação Nacional dos Trabalhadores de Saúde – com base na dignidade da pessoa humana e na liberdade da mãe de não se submeter a uma gravidez de um feto cuja vida é cientificamente inviável – ingressou com uma ADPF (Arguição de Descumprimento de Preceito Fundamental) para que o STF declare inconstitucional essa ausência de permissão (ADPF-54)[10].

Em 2012, o STF, por maioria de votos, julgou **procedente** a ADPF, para excluir qualquer interpretação do art. 128 do CP que criminalize a interrupção da gravidez em caso de anencefalia fetal. Percebe-se que a Corte evitou utilizar-se do termo *aborto*, falando sempre em **interrupção da gravidez**. Isso porque – embora não tenha sido objeto de decisão – no voto do Ministro Marco Aurélio (Relator), chegou-se a afirmar que, não havendo formação do cérebro, não haveria que se falar em vida.

6.1.5. Proibição da tortura e do tratamento desumano ou degradante

A proibição da tortura e do tratamento desumano ou degradante, contida no art. 5º, III, é decorrência imediata do direito à vida (não no aspecto do direito de estar vivo, mas no aspecto do direito a uma vida digna) e do princípio constitucional fundamental da dignidade da pessoa humana.

Tortura é a imposição de sofrimento a alguém com o intuito de obter alguma vantagem ou informação. Existem sob duas formas, ambas igualmente repudiadas pela Constituição: a tortura física e a psicológica.

Tratamento desumano é aquele que desprestigia por completo a dignidade intrínseca a todo ser humano (escravização, por exemplo); já o tratamento degradante é aquele que, embora não chegue a negar totalmente a dignidade humana, desrespeita-a (ex.: submissão a condições insalubres de trabalho).

---

[8] NAMBA, Edison Tetsuzo. *Manual de bioética e biodireito*. São Paulo: Atlas, 2009. p. 45.
[9] FÜRST, Henderson. *Teoria do Biodireito*. Belo Horizonte: Letramento/Casa do Direito, 2023, p. 178.
[10] STF, Pleno, ADPF 54-QO/DF, Relator Ministro Marco Aurélio, *DJe* de 31-8-2007.

6.1.6. Pena de morte

Nenhum direito fundamental é absoluto, nem mesmo a vida. Com efeito, é expressa na Constituição uma hipótese de relativização desse direito: a adoção da pena de morte, embora apenas nos casos de guerra declarada.

Perceba-se que existe pena de morte no Brasil. Apenas em um caso (guerra declarada), mas existe. O Código Penal Militar dispõe, no art. 56, que "A pena de morte é executada por fuzilamento". O mesmo CPM prevê a pena capital para diversos crimes cometidos em tempo de guerra, tais como traição, covardia, espionagem, motim, incitamento, rendição, entre outros.

🖐 Cuidado!

A situação excepcional que autoriza a aplicação da pena de morte é apenas a situação *jurídica* de guerra, nos termos do art. 84, XIX, da CF, isto é, guerra declarada pelo Presidente da República, com prévia autorização do Congresso Nacional.

📝 Questão de Concurso

(FCC.TRT-6/Analista Judiciário-Área Administrativa/2018) É vedada, sem exceção, a pena de morte no Brasil.
Gabarito comentado: Errado.
Questão bastante fácil, uma vez que a CF veda a pena de morte, mas traz uma exceção (caso de guerra declarada): CF, art. 5º, XLVII, a, c/c art. 84, XIX.

⚠ Atenção!

Na vigência da situação de guerra externa (mais precisamente, o caso é de decretação de estado de sítio, nos termos do art. 137, II, da CF), não é qualquer crime que pode ser punido com a pena de morte. A pena capital é prevista como a pena *máxima*, e, ainda assim, apenas para alguns crimes *propriamente militares*, na forma previamente definida no CPM.

6.2. IGUALDADE (ISONOMIA)

Em termos jurídicos, igualdade não é tratar todos de maneira igual. É, na fórmula clássica de Aristóteles, aperfeiçoada por Rui Barbosa, tratar igualmente os iguais e desigualmente os desiguais, na medida de sua desigualdade.

Nesse ponto é importante a advertência de Celso Antônio Bandeira de Mello: qualquer fator pode ser usado para discriminar (separar) as pessoas, desde que seja racional e constitucionalmente justificável. Assim, por exemplo, a discriminação de cor é, via de regra, inconstitucional. Mas se descobrirmos que as pessoas negras têm maior imunidade a uma doença, nada impede que a seleção para agente de combate a essa epidemia use como critério de seleção a cor/raça do candidato. O que importa não é o critério usado, mas sim se ele é compatível para, naquela situação, realizar o valor constitucional da igualdade[11].

---

[11] MELLO, Celso Antônio Bandeira de. *O conteúdo jurídico do princípio da igualdade*. São Paulo: Malheiros, 2003. p. 32.

6.2.1. Espécies de igualdade

Quando se fala em *direito à igualdade*, na verdade estamos falando no respeito a dois aspectos da igualdade: o aspecto *formal* e o *material*.

Igualdade formal é a igualdade de todos **perante** a lei. Trata-se de um mandamento para o aplicador do direito, para que, na hora de aplicar a lei, faça-o de maneira igual, sem perseguições nem predileções. Já a igualdade material é um mandamento para o legislador, para que, na hora de elaborar a lei, faça-o de maneira a reduzir desigualdades. É a igualdade **na** lei.

Em outras palavras: a igualdade formal é a garantia de ser tratado de forma não discriminatória por parte daquele que tem a obrigação de aplicar a lei (por exemplo: proibição da preferência de marca em licitações), ao passo que a igualdade material é o direito a exigir do legislador que, ao elaborar a lei, dê a esse ato jurídico um conteúdo que vise a reduzir as desigualdades (por exemplo, criando alíquotas diferenciadas de imposto de renda de acordo com o poder aquisitivo de cada pessoa).

Podemos sintetizar essas diferenças em um quadro comparativo:

	Igualdade Formal	Igualdade Material
Realização	Igualdade perante a lei	Igualdade N
Mandamento	Para o aplicador da lei	Para o legislador
Fundamento	Evitar perseguições ou privilégios	Reduzir desigualdades

Cuidado!

Nem todos os autores aceitam essa clássica distinção entre igualdade formal e igualdade material. Todavia, por ser clássica e muito utilizada na prática, deve ser conhecida com atenção.

6.2.2. Igualdade entre homens e mulheres (art. 5º, I)

Quando se fala na igualdade entre homens e mulheres – tão importante que veio prevista já no primeiro inciso do art. 5º – não se trata, obviamente, de uma igualdade absoluta, mesmo porque as mulheres são historicamente menos privilegiadas que os homens.

Trata-se da proibição da discriminação das pessoas em virtude do gênero.

Também por isso, a Constituição impõe um (justificado) tratamento desigual quando prevê a licença-maternidade maior que a licença-paternidade (120 dias/5 dias são os prazos mínimos fixados na CF: art. 7º, XVIII e XIX); quando prevê condições mais vantajosas para a aposentadoria voluntária da mulher (arts. 40 e 201, § 7º, I); quando prevê a possibilidade de a presidiária ficar com o filho durante a lactação (art. 5º, L); quando determina a proteção ao mercado de trabalho da mulher (art. 7º, XX); quando as isenta do serviço militar obrigatório (art. 143, §2º) etc.

Observe-se que outras distinções podem ser feitas pela legislação infraconstitucional, desde que sejam justificadas. É o caso, por exemplo, da Lei Maria da Penha (Lei n. 11.340/2006), que veio a punir de forma mais severa quem pratica violência contra a mulher, no ambiente doméstico (seja o agressor homem ou mulher). No mesmo sentido, a alteração do Código Penal para tipificar de forma específica o *feminicídio* (homicídio qualificado por ter sido cometido em razão do gênero).

Questões de Concurso

(FCC.TRT-6/Técnico Judiciário-Área Administrativa/2018) Homens e mulheres são iguais em direitos e obrigações, sendo inconstitucional todo dispositivo legal que estabeleça qualquer forma de distinção entre os gêneros.

Gabarito comentado: Errado.
As distinções entre homens e mulheres podem ser feitas por meio de lei, desde que a finalidade seja a de reduzir desigualdades (princípio da igualdade material). Lembre-se de que o rol de casos de tratamento distinto entre homens e mulheres na CF é apenas exemplificativo.

(Cespe/Sefaz-DF/Auditor/2020) Embora a Constituição Federal de 1988 preveja expressamente não distinção entre brasileiros, o próprio constituinte estabeleceu, no texto constitucional, hipóteses de tratamentos distintos entre homens e mulheres.

Gabarito comentado: Correto.
A CF, ao assegurar a igualdade jurídica entre homens e mulheres (art. 5º, I), faz ressalva de que isso se dá nos termos que ela mesma, CF, determina. Assim, o próprio texto constitucional prevê hipóteses de tratamento diferenciado em prol das mulheres, com a finalidade de reduzir uma desigualdade fática existente: é o caso da proteção ao mercado de trabalho da mulher e da licença-maternidade maior do que a licença-paternidade (art. 7º), das regras beneficiadas para algumas modalidades de aposentadoria (arts. 40 e 201) e do serviço militar, que é obrigatório apenas para os homens (art. 143). Ressalte-se que, além dessas hipóteses, outras podem ser criadas pela legislação infraconstitucional (ou seja, o rol constitucional não é taxativo), sempre que a finalidade for reduzir a desigualdade (é dizer, realizar a igualdade material).

Atenção!

O STF decidiu que o princípio da igualdade exige que a mulher grávida tenha direito a remarcar o teste de aptidão física (TAF) em concursos públicos, ainda que o edital não preveja tal possibilidade. A remarcação não é possível, porém, por outros motivos (RE n. 1.058.333/PR, Relator Ministro Luiz Fux): "É constitucional a remarcação do teste de aptidão física de candidata que esteja grávida à época de sua realização, independentemente da previsão expressa em edital do concurso público" (Tema n. 973 da Repercussão Geral do STF).

Questão de Concurso

(Cespe/MPPI/Promotor/2019) Edital de concurso público para o cargo de policial civil de determinado estado da Federação vedou a possibilidade de remarcação de teste de aptidão física dos candidatos em razão de eventual problema temporário de saúde. De acordo com o entendimento jurisprudencial do STF, a referida cláusula editalícia
a) ofende o princípio da isonomia.
b) contraria o princípio da impessoalidade.
c) trata com desigualdade os candidatos.
d) depende de previsão legal anterior.
e) coaduna-se com a Constituição Federal de 1988.

> Gabarito comentado: E (perceba-se que a vedação à remarcação se refere a problema de saúde, o que não abrange, portanto, a gravidez, único caso em que a remarcação seria possível).

✋ Cuidado!

Em atenção ao princípio da igualdade – especialmente entre os filhos, já que não pode haver tratamento diferenciado entre filhos "biológicos" e "adotivos", o STF considera inconstitucional qualquer lei que traga prazos diferenciados entre a licença gestante e a licença adotante: "Os prazos da licença adotante não podem ser inferiores aos prazos da licença gestante, o mesmo valendo para as respectivas prorrogações. Em relação à licença adotante, não é possível fixar prazos diversos em função da idade da criança adotada" (Tema n. 782 da Repercussão Geral do STF).

Aprofundamento:
as origens da tipificação específica do feminicídio

O projeto de lei que deu origem à alteração do CP para tipificar de forma específica o feminicídio foi apresentado pela Comissão Parlamentar de Inquérito (CPI) da Violência contra a Mulher, do Senado Federal. Isso porque a citada CPI, ao analisar dados sobre homicídios contra mulheres, deparou-se com a situação em que simplesmente não havia dados sobre a quantidade desse tipo de crime cometido em razão do gênero. Por conta disso, com o apoio de várias entidades (tais como a ONU Mulheres), foi proposta a tipificação específica do homicídio cometido contra a mulher por razão de gênero.

✋ Cuidado!

As hipóteses legítimas de tratamento diferenciado entre homem e mulher podem estar previstas na CF *ou na legislação infraconstitucional*, desde que tenha por objetivo reduzir desigualdades já existentes. Logo, se a questão afirmar que o rol constitucional de hipóteses de tratamento diferenciado entre homens e mulheres é taxativo, ela deverá ser considerada *errada*.

✋ Cuidado!

O STF decidiu – e isso é muito importante – que é inconstitucional limitar a porcentagem de mulheres aprovadas nos concursos, mesmo em carreiras policiais. Assim, por exemplo, alguns concursos que limitavam em 10% o número de aprovadas foram considerados como violadores da igualdade entre os sexos (e da igualdade no concurso público).

Veja a ementa do julgado, publicada em 14-8-2024:

"1. O critério utilizado pela norma como discrímen para o ingresso nos quadros da Polícia Militar e do Corpo de Bombeiros do Estado do Acre ofende as normas constitucionais que vedam a criação de distinções desarrazoadas entre indivíduos, sendo certo que, especificamente no que diz respeito às relações de trabalho, a Constituição Federal proíbe a diferenciação de critério de admissão por motivo de sexo, preceito extensível à admissão no serviço público por expressa disposição constitucional (art. 7º, inciso XXX, e art. 39, § 3º).

2. O tratamento desigual só se justifica quando o critério de distinção eleito é legítimo, à luz dos preceitos constitucionais e dos compromissos internacionais assumidos pelo país, e quando tem por finalidade emancipar indivíduos em desvantagem, o que não ocorre no caso da norma impugnada, a qual desconsidera o difícil processo histórico de inserção das mulheres no mercado de trabalho.

3. Embora a Constituição Federal preveja que os cargos públicos são acessíveis "na forma da lei", não pode o Poder Legislativo erigir condição de admissão que viole direitos fundamentais e aprofunde a desigualdade substancial entre indivíduos"[12].

Questão de Concurso

(FGV/Prefeitura de São José dos Campos/Procurador/2024) O Estado Beta editou norma sobre regras do concurso público para ingresso na carreira da Polícia Militar, fixando limite máximo de vagas para candidatas do sexo feminino.
Diante do exposto e da jurisprudência predominante do Supremo Tribunal Federal, é correto afirmar que a referida norma é
a) constitucional, por observância ao princípio da razoabilidade.
b) inconstitucional, por violação ao princípio da impessoalidade.
c) inconstitucional, por ofensa ao princípio da isonomia.
d) constitucional, por observância ao princípio da isonomia.
e) inconstitucional, por violação ao princípio da moralidade.

Gabarito: C (*vide* ADI n. 7.557/AC).

6.2.2.1. Igualdade e uniões estáveis homoafetivas

Com base no princípio da igualdade, da busca da felicidade e na dignidade humana, o STF reconheceu que as uniões estáveis homoafetivas (pessoas do mesmo sexo) equiparam-se, para todos os fins, às uniões estáveis entre pessoas de sexos diferentes (ADPF n. 132).

Como decorrência dessa igualdade *para todos os fins*, as uniões estáveis homo ou heteroafetivas podem ser convertidas em casamento. Dessa maneira, atualmente pode haver o casamento entre pessoas do mesmo sexo.

6.2.3. Igualdade e concurso público

A questão da igualdade é particularmente sensível no que diz respeito à exigência de requisitos para a assunção de cargos públicos. Como regra geral, pode-se afirmar que, em concursos públicos, podem-se fazer exigências outras que não as do art. 5º da Lei n. 8.112/90 (Estatuto dos Servidores Públicos Federais), desde que essa exigência: a) esteja prevista na lei e não só no edital (princípio da legalidade); e b) seja compatível com as atribuições normais do cargo.

Assim, por exemplo, é possível estabelecer altura mínima em um concurso para agente de polícia, mas não para escrivão.

Nesse sentido: "**o limite de idade para a inscrição em concurso público só se legitima em face do art. 7º, XXX, da Constituição, quando possa ser justificado pela natureza das atribuições do cargo a ser preenchido**". (STF, Súmula 683). Por outro lado: "**não é admissível, por ato administrativo, restringir, em razão da idade, inscrição em concurso para cargo público**" (Súmula 14). Isso porque **só por lei se pode fazer tal exigência**, em atenção ao princípio da legalidade (CF, art. 5º, II).

---

[12] STF, Pleno, ADI n. 7.557/AC, Relator Ministro Dias Toffoli, *DJe* de 14-8-2024.

Há outros temas correlatos que são muito cobrados em prova, confira:

- "Editais de concurso público não podem estabelecer restrição a pessoas com tatuagem, salvo situações excepcionais em razão de conteúdo que viole valores constitucionais." (Tema n. 838 da Repercussão Geral do STF).
- "É constitucional a regra inserida no edital de concurso público, denominada cláusula de barreira, com o intuito de selecionar apenas os candidatos mais bem classificados para prosseguir no certame." (Tema n. 376 da Repercussão Geral do STF).

Questão de Concurso

(FCC.AL-SE/Analista Legislativo-Processo Legislativo/2018) Com objetivo de recompor os quadros da Polícia Militar do Estado, o Governador autorizou a abertura de concurso público para o preenchimento de 200 cargos que se encontravam vagos. Ao elaborar o edital do referido concurso, a Polícia Militar do Estado, a despeito da inexistência de disposição nesse sentido em lei, incluiu entre os requisitos para a ocupação do cargo as alturas mínimas de 1,75 m para homens e 1,65 m para mulheres. Considerando o quanto disposto na Constituição da República, bem como a jurisprudência do Supremo Tribunal Federal, a exigência feita se mostra,

a) ilegítima, já que o princípio da isonomia veda qualquer espécie de discriminação, impondo tratamento igualitário a todos, por meio da chamada igualdade formal.

b) legítima, na medida em que se mostra razoável, quando analisadas as atividades inerentes aos cargos que se busca preencher através do concurso público que está sendo realizado.

c) ilegítima, uma vez que, embora prevista no edital do concurso, não havia lei em sentido formal e material amparando tal exigência.

d) legítima, pois, sendo a Polícia Militar organizada com base na hierarquia e disciplina, o seu Comandante goza da faculdade de condicionar o acesso à carreira ao preenchimento dos requisitos que entender pertinentes, desde que relacionados às atividades do cargo.

e) ilegítima, uma vez que estabelecida pela própria Polícia Militar, quando da elaboração do edital, e não pelo Governador, quando da concessão de autorização para abertura do concurso.

Gabarito comentado: C.
De acordo com a jurisprudência do STF, a exigência de altura mínima em concursos públicos exige, além da compatibilidade com as atribuições normais do cargo, a previsão em lei (em sentido estrito), não sendo suficiente a mera previsão editalícia (já que o edital é ato infralegal).

Atenção!

Tema n. 22 da Repercussão Geral do STF:
Sem previsão constitucionalmente adequada e instituída por lei, não é legítima a cláusula de edital de concurso público que restrinja a participação de candidato pelo simples fato de responder a inquérito ou ação penal.

6.2.3.1. Teste psicotécnico

Especificamente em relação ao teste psicotécnico, porém, a jurisprudência do STF exige mais dois requisitos:

a) que o teste tenha base em critérios objetivos e científicos, e

b) que haja direito a recurso administrativo. **Essa decisão foi reafirmada pela Corte no julgamento do AI n. 758.533-QO-RG/MG (Relator Ministro Gilmar Mendes), com repercussão geral reconhecida.**

Nesse sentido: "É ilegítimo o exame psicotécnico realizado com base em critérios subjetivos ou sem a possibilidade de exercício do direito a recurso administrativo" (STF, Primeira Turma, AI n. 660.840-AgR/RR, Relator Ministro Ricardo Lewandowski, *DJe* de 16-4-2009). "Só por lei se pode sujeitar a exame psicotécnico a habilitação de candidato a cargo público." (STF, Súmula 686).

Em resumo:

Além do requisito da legalidade, a jurisprudência exige mais três condições para que seja válida a exigência de exame psicotécnico em concurso público:

a) ser pautado em critérios objetivos e científicos (AI n. 529.219-AgR/RS);
b) ser compatível com as atribuições normais do cargo (AI n. 456.086-AgR/BA); e
c) haver direito a recurso na via administrativa (AI n. 660.840-AgR/RR).

Essa questão já foi cobrada em provas de concursos, inclusive de nível médio.

6.2.4. Ações afirmativas e princípio da isonomia

As ações afirmativas se pautam na chamada discriminação reversa: a atuação estatal de modo a contra-atacar a discriminação, estabelecendo vantagens para determinados grupos tradicionalmente excluídos (negros, índios, mulheres, homossexuais etc.). Dessa maneira, pode-se definir ação afirmativa como *a política pública temporária de concessão de benefícios a um grupo historicamente discriminado, de forma a reduzir as desigualdades a que está submetido.*

Na verdade, a maioria das ações afirmativas (a política de cotas para o ingresso em universidades é um exemplo de ação afirmativa) não está prevista expressamente na Constituição. São constitucionais porque se pautam na **igualdade material** (redução de desigualdades). E – lembre-se – o grande problema está não no critério de discriminação, mas na pertinência e adequação desse critério.

É importante ressaltar que as ações afirmativas são o gênero, que pode ser instrumentalizado por meio de diferentes tipos, tais como a concessão de bolsas, a reserva de vagas etc.

De longe, a mais polêmica das ações afirmativas diz respeito à reserva de vagas (política de cotas). A Constituição só previu expressamente as cotas para deficientes em concurso público (CF, art. 37, VIII), mas nada afirmou sobre a possibilidade, ou não, da adoção de outros critérios de reserva de vagas.

O STF, quando provocado, considerou constitucionais as políticas de cotas para negros, tanto em relação ao acesso a universidades públicas, quanto em concursos públicos.

Atenção!

Tema n. 203 da Repercussão Geral do STF: "É constitucional o uso de ações afirmativas, tal como a utilização do sistema de reserva de vagas ('cotas') por critério étnico-racial, na seleção para ingresso no ensino superior público."

Questão de Concurso

(Cespe/MPCE/Analista Jurídico/2020) Ações afirmativas, como a reserva de vagas para negros em concursos públicos, são uma forma de garantia dos direitos fundamentais e visam minimizar ou eliminar uma situação histórica de desigualdade ou discriminação.

Gabarito comentado: Correto.
Realmente, a reserva de vagas em concursos públicos (política de cotas) é uma espécie do gênero "ações afirmativas", cuja finalidade é realizar a igualdade material, reduzindo ou minimizando uma situação fática preexistente de discriminação histórica contra um grupo (trata-se de uma política de reparação, de compensação). Nesse sentido, inclusive, o STF declarou, por exemplo, a constitucionalidade da Lei Federal que estabelece cotas para negros em concurso público (ADC n. 41).

De outra parte, é importante frisar que é absolutamente inconstitucional a reserva de vagas de acordo com a origem (local de nascimento) do candidato, pois o art. 19, III, proíbe União, Estados, DF e Municípios de criar distinções entre brasileiros[13].

Aprofundamento:
cotas para candidaturas e para financiamento eleitoral em razão do sexo

Como forma de tentar reduzir a desproporção entre os sexos no Legislativo brasileiro, a Lei n. 9.504/97 (Lei de Eleições) prevê que, nas candidaturas pelo sistema proporcional, não haja mais do que 70% dos candidatos do mesmo sexo. Assim, por exemplo, pode haver 65% de candidatos homens e 35 % de candidatas mulheres (e vice-versa), mas não 75% de candidatos homens e apenas 25% de candidatas (assim como também não pode haver o contrário).

Apesar disso, muitas candidatas ressentiam-se de que as vagas "para mulheres" eram ocupadas por candidatas "de fachada", muitas vezes inclusive subfinanciadas. Por conta disso, em **15 de março de 2018, o STF, ao julgar a ADI n. 5.617/DF (ajuizada pela primeira Procuradora-Geral da República titular), determinou que também 30% dos recursos do Fundo Partidário sejam utilizados para financiar campanhas de mulheres (aumentando-se a porcentagem se o percentual de candidaturas femininas for maior). Posteriormente, entendimento semelhante foi alçado ao patamar de norma constitucional, com a inclusão dos §§ 6º e 7º do art. 17 da CF.**

Atenção!

De acordo com a jurisprudência do STF, é **inconstitucional** a reserva de vagas de acordo com a origem (local de nascimento) do candidato, pois o art. 19, III, proíbe União, Estados, DF e Municípios de criar distinções entre brasileiros. Mais ainda: até a bonificação na nota em virtude do local de nascimento ou residência é considerada inconstitucional, inclusive por violar a isonomia. Veja-se, por exemplo, o que decidiu o STF:

"É inconstitucional — por violar o princípio da igualdade — o estabelecimento de bonificação de inclusão regional incidente sobre a nota final do Exame Nacional do Ensino Médio (Enem), no Sistema de Seleção Unificada (Sisu), para o ingresso em universidade federal, a beneficiar os alunos que concluíram o ensino

---

[13] Em sentido semelhante: STF, Pleno, ADI n. 3.583/PR, Relator Ministro Cezar Peluso, *DJe* de 14-3-2008.

> médio nas imediações da instituição de ensino, mesmo que o bônus seja fixado tão somente para o ingresso no curso de medicina, sob a justificativa da dificuldade de arregimentação de médicos para a localidade." (STF, 1ª Turma, Reclamação n. 65.976/MA, Relatora Ministra Cármen Lúcia, j. 21-5-2024.)

6.3. PROPRIEDADE

O direito à propriedade pode ser definido, de forma sintética, como sendo o *direito real pleno*. Direito *real* porque incidente sobre uma *res*, uma coisa; *pleno*, porque que dá ao titular (proprietário) as faculdades de usar (aproveitar a utilidade da coisa), gozar (perceber as vantagens econômicas da coisa, como alugueis etc.) e dispor (vender, emprestar etc.) a coisa.

Existem vários direitos reais, previstos no Código Civil. Porém, alguns deles dão ao titular apenas o direito de usar a coisa (uso, habitação); outros, permitem ao titular usar e gozar da coisa, mas vendê-la (usufruto, por exemplo); outros, porém, permitem ao titular vender a coisa para quitar uma dívida, mas não lhe permitem usar a coisa (hipoteca, penhor). De todos os direitos reais, o único que traz para o titular a tríplice capacidade de *usar*, *gozar* e *dispor* da coisa é a propriedade[14].

A garantia constitucional da propriedade privada (art. 5º, XXII) é mais uma nota que comprova a adoção do modo capitalista de produção pela Constituição brasileira.

6.3.1. Função social da propriedade

O direito real de propriedade não é mais entendido, hoje, com o viés meramente individualista da época do liberalismo clássico. Justamente por isso, a Constituição determina que "a propriedade atenderá a sua função social" (art. 5º, XXIII).

Com isso se quer dizer que a propriedade deve atender aos interesses do proprietário, mas também servir à coletividade. Não atende à função social, por exemplo, a propriedade de um terreno urbano que não é utilizado para permitir a especulação.

Registre-se que a função social da propriedade é também um princípio da ordem econômica (art. 170, III). O art. 182, §2º, prevê que: "A propriedade urbana cumpre sua função social quando atende às exigências fundamentais de ordenação da cidade expressas no plano diretor; e o art. 186 determina que:

> A função social é cumprida quando a propriedade rural atende, simultaneamente, segundo critérios e graus de exigência estabelecidos em lei, aos seguintes requisitos: I – aproveitamento racional e adequado; II – utilização adequada dos recursos naturais disponíveis e preservação do meio ambiente; III – observância das disposições que regulam as relações de trabalho; IV – exploração que favoreça o bem-estar dos proprietários e dos trabalhadores.

Acrescente-se que, se a propriedade não cumprir sua função social, o proprietário sujeita-se até mesmo à desapropriação com base no interesse social.

---

[14] DINIZ, Maria Helena. *Curso de Direito Civil Brasileiro*: Direito das Coisas. v. 4. São Paulo: Saraiva, 35. ed., 2021. p. 38.

6.3.2. Restrições à propriedade

Como qualquer direito fundamental, a propriedade não é absoluta. Sujeita-se a diversas restrições (as chamadas *limitações administrativas em sentido amplo*), tais como desapropriação, confisco, requisição, servidão administrativa, limitação administrativa em sentido estrito[13].

6.3.2.1. *Expropriação*

É a tomada da propriedade pelo Estado. Pode ocorrer mediante duas formas:

a) desapropriação (tomada da propriedade com indenização – como já decidiu o STF no julgamento da Ação Cautelar (AC) n. 82/MG – em casos de necessidade pública, utilidade pública ou interesse social, nos termos do art. 5º, XXIV);

b) confisco (tomada da propriedade sem indenização, como punição por ato ilícito, nos termos do art. 243).

⚠ Atenção!

No Direito Administrativo, existem autores que consideram a desapropriação como sinônimo de expropriação (gênero), ou seja, consideram que o confisco seria uma espécie de desapropriação. Não é a classificação utilizada pelo STF, que trata a expropriação (tomada da propriedade pelo Estado) como o gênero, que pode ocorrer sem indenização, com caráter sancionatório (confisco), ou com indenização, na forma de medida administrativa (desapropriação).

Recentemente, o Plenário do STF reafirmou que a hipótese de expropriação prevista no art. 243 da CF não é desapropriação, e sim confisco, porque tem caráter sancionador (punitivo) e não é indenizada.

6.3.2.1.1. Confisco

É a expropriação com caráter punitivo, sem qualquer indenização ao proprietário, porque derivada da prática de ato ilícito. Justamente por isso, trata-se de medida sancionatória incidente sobre a propriedade, mas sem prejuízo de outras sanções aplicáveis (cíveis ou criminais).

O art. 243 teve a redação alterada pela EC n. 81/2014, que prevê a expropriação sem indenização (confisco) dos imóveis usados para o trabalho escravo, assim como de qualquer bem utilizado para essa finalidade. Essa hipótese foi incluída (antes, o confisco abrangia apenas glebas em que houvesse o cultivo ilegal de plantas psicotrópicas).

A mudança, contudo, não está só aí. Ao alterar a redação do art. 243, ampliou-se também o confisco em relação aos imóveis usados para o tráfico de drogas: antes, eram só as glebas (terras rurais) que eram previstas no caput do artigo; agora, fala-se na expropriação de imóveis (genérico) urbanos ou rurais.

Perceba-se, aliás, que em relação ao trabalho escravo, a norma é de eficácia limitada: precisa, portanto, de lei regulamentadora, para poder ser aplicável, o que já está sendo estudado no âmbito do Congresso.

📝 Veja Bem!

Ainda de acordo com o STF, o confisco das glebas usadas para o plantio de drogas deve abranger **toda a terra, e não apenas a área cultivada**.

Além disso, em 14 de dezembro de 2016, o Plenário do STF decidiu que, **como o confisco previsto no art. 243 da CF é uma pena, deve ser exigida a demonstração de dolo (ou, pelo menos, culpa**, seja ela a culpa *in vigilando* – o proprietário da terra não ter fiscalizado devidamente o uso da propriedade – ou *in eligendo* – má escolha da pessoa que iria utilizar a propriedade) por parte do proprietário, para que a medida seja aplicada (STF, Pleno, RE n. 635.336/PE, Relator Ministro Gilmar Mendes, j. em 14-12-2016).

Tema n. 399 da Repercussão Geral do STF: "A expropriação prevista no art. 243 da Constituição Federal pode ser afastada, desde que o proprietário comprove que não incorreu em culpa, ainda que *in vigilando* ou *in eligendo*."

Tema n. 647 da Repercussão Geral do STF: "É possível o confisco de todo e qualquer bem de valor econômico apreendido em decorrência do tráfico de drogas, sem a necessidade de se perquirir a habitualidade, reiteração do uso do bem para tal finalidade, a sua modificação para dificultar a descoberta do local do acondicionamento da droga ou qualquer outro requisito além daqueles previstos expressamente no art. 243, parágrafo único, da Constituição Federal."

Questões de Concurso

(FCC/MPE-PA/Promotor/2014) A expropriação, sem qualquer espécie de indenização ao proprietário, somente se dá nas hipóteses de utilização da propriedade para culturas ilegais de plantas psicotrópicas ou exploração de trabalho escravo, estabelecendo, ainda, a Constituição que todo e qualquer bem de valor econômico, apreendido em decorrência do tráfico ilícito de entorpecentes e drogas afins e da exploração de trabalho escravo, será confiscado e reverterá a fundo especial com destinação específica, na forma da lei.

Gabarito comentado: Correto. Cópia da nova redação do art. 243.

(FGV/OAB/2019) Agentes do Ministério do Trabalho, em inspeção realizada em carvoaria situada na zona rural do Estado K, constataram que os trabalhadores locais encontravam-se sob exploração de trabalho escravo, sujeitando-se a jornadas de 16 horas consecutivas de labor, sem carteira assinada ou qualquer outro direito social ou trabalhista, em condições desumanas e insalubres, percebendo, como contraprestação, valor muito inferior ao salário mínimo nacional. Diante da situação narrada, com base na ordem constitucional vigente, assinale a afirmativa correta.

a) Diante da vedação ao confisco consagrada na Constituição de 1988, o descumprimento da função social, agravado pela situação de grave violação aos direitos humanos dos trabalhadores, enseja responsabilização administrativa, cível e criminal do proprietário, mas não autoriza a expropriação da propriedade rural.

b) O uso de mão de obra escrava autoriza a progressividade das alíquotas do imposto sobre a propriedade territorial rural e, caso tal medida não se revele suficiente, será possível que a União promova a expropriação e destinação das terras à reforma agrária e a programas de habitação popular, mediante prévia e justa indenização do proprietário.

c) A hipótese narrada enseja a desapropriação por interesse social para fins de reforma agrária, uma vez que o imóvel rural não cumpre a sua função social, mediante prévia e justa indenização em títulos da dívida agrária.

d) A exploração de trabalho escravo na referida propriedade rural autoriza sua expropriação pelo Poder Público, sem qualquer indenização ao proprietário e sem prejuízo de outras sanções previstas em lei, admitindo-se, até mesmo, o confisco de todo e qualquer bem de valor econômico apreendido na carvoaria.

Gabarito comentado: D (ver art. 243, *caput* e parágrafo único).

(FGV/TJPR/Juiz/2021) Após ampla investigação conduzida pelas autoridades competentes, foi descoberta a cultura ilegal de plantas psicotrópicas em pequena área territorial na extremidade de um latifúndio privado, separada da sede por uma área de preservação ambiental. Em situações como essa, à luz da sistemática constitucional, é correto afirmar que:

a) apenas a área em que se encontra a cultura ilegal deve ser desapropriada, na forma da lei, sem o pagamento de indenização ao proprietário, que não pode invocar nenhuma excludente de ordem subjetiva;

b) a íntegra da propriedade em que se encontra a cultura ilegal deve ser desapropriada, na forma da lei, com o pagamento de indenização em títulos da dívida pública ao proprietário, que não pode invocar nenhuma excludente;

c) apenas a área em que se encontra a cultura ilegal deve ser desapropriada, na forma da lei, sem o pagamento de indenização, podendo o proprietário comprovar que não incorreu em culpa, ainda que *in vigilando* ou *in eligendo*;

d) a íntegra da propriedade em que se encontra a cultura ilegal deve ser desapropriada, na forma da lei, sem o pagamento de indenização, podendo o proprietário comprovar que não incorreu em culpa, ainda que *in vigilando* ou *in eligendo*;

e) a desapropriação punitiva alcançará a íntegra da propriedade em que se encontra a cultura ilegal, independentemente do conhecimento, ou não, do proprietário, que é alcançado pela teoria do risco integral.

Gabarito comentado: D (o confisco do art. 243 atinge a propriedade inteira – STF, Pleno, RE 543.974, Rel. Min. Eros Grau, julgamento em 26-3-2009, Plenário, *DJe* de 29-5-2009 –, e o proprietário pode alegar, em defesa, a ausência de culpa, inclusive em relação ao dever de vigiar – *in vigilando* – ou em escolher mal – *in eligendo*: "A expropriação prevista no art. 243 da CF pode ser afastada, desde que o proprietário comprove que não incorreu em culpa, ainda que *in vigilando* ou *in eligendo*". STF, Pleno, RE 635.336, rel. min. Gilmar Mendes, j. 14-12-2016, *DJe* de 15-9-2017, Tema 399.)

Aprofundamento:
utilização do confisco como política criminal

As convenções internacionais[15], adotadas por diversos países do mundo, inclusive pelo Brasil, observaram que a pena de confisco de bens caracteriza-se como alternativa penal mais justa e adequada para os delitos econômicos, os crimes contra a Administração Pública e aqueles praticados por pessoas jurídicas. Além disso, a perda de patrimônio se revela muito menos lesiva ao indivíduo do que a pena de privação da liberdade.

Os Estados modernos vêm dotando suas legislações de vários instrumentos relacionados à perda de bens decorrentes de atividade ilícita. Além da perda de bens clássica, que decorre dos produtos ou proveitos do crime, foram criadas leis para combater a lavagem de dinheiro e o

---

[15] Como exemplo, o texto da Convenção das Nações Unidas contra a Corrupção (Convenção de Mérida), aprovada pelo Decreto n. 5.687, de 31 de janeiro de 2006, nestes termos:

"Art. Embargo preventivo, apreensão e confisco:

1. Cada Estado-parte adotará, no maior grau permitido em seu ordenamento jurídico interno, as medidas que sejam necessárias para autorizar o confisco:

a) Do produto de delito qualificado de acordo com a presente Convenção ou de bens cujo valor corresponda ao de tal produto;

b) Dos bens, equipamentos ou outros instrumentos utilizados ou destinados utilizados na prática dos delitos qualificados de acordo com a presente Convenção.

2. Cada Estado-parte adotará as medidas que sejam necessárias para permitir a identificação, localização, embargo preventivo ou a apreensão de qualquer bem a que se tenha referência no parágrafo 1 do presente artigo com vistas ao seu eventual confisco.

[...]

8. Os Estados-partes poderão considerar a possibilidade de exigir de um delinquente que demonstre a origem lícita do alegado produto de delito ou de outros bens expostos ao confisco, na medida em que ele seja conforme com os princípios fundamentais de sua legislação interna e com a índole do processo judicial ou outros processos".

"branqueamento" de capitais. Do mesmo modo, parte dos ordenamentos jurídicos criminalizou a figura do enriquecimento ilícito, para alcançar servidores públicos que apresentassem aumento patrimonial incompatível com seus rendimentos.

Igualmente, as legislações começaram a prever o confisco de bens de origem desconhecida que se encontrassem na posse ou titularidade do agente condenado por crimes econômicos (confisco alargado). Também foram criadas lei que previssem um procedimento *in rem*, de natureza administrativa, dirigido contra coisas de origem suspeita (a *civil forfeiture* do direito estadunidense e a *civil recovery* do direito britânico), impondo aos pretensos titulares que provem a legitimidade da sua pretensão ou a titularidade dos bens, sob pena de os perderem para o Estado[16].

6.3.2.1.2. Desapropriação

6.3.2.1.2.1. *Conceito*

Desapropriação (art. 5º, XXIV) é a transferência compulsória da propriedade (geralmente particular) para o Estado, em caso de necessidade ou utilidade pública ou interesse social, mediante justa indenização.

Como dissemos, no Direito Administrativo, há quem defenda que a desapropriação pode ser ou não indenizada. Nos termos constitucionais, o que se prevê é a expropriação das glebas usadas para o plantio de plantas psicotrópicas e dos bens apreendidos em decorrência de tráfico ilícito de entorpecentes (CF, art. 243, e Lei n. 8.257/91). Isso, porém, caracteriza o confisco – perda da propriedade sem indenização, tal como previsto no art. 5º, XLVI, *b* (uma penalidade, portanto).

Na verdade, em termos constitucionais, a expropriação (perda da propriedade) é o gênero que admite duas espécies: a desapropriação (indenizada) e o confisco (sem indenização). Essa é a posição adotada pelo Supremo Tribunal Federal[17].

A desapropriação é iniciada mediante um procedimento administrativo, a partir de uma declaração do Estado afirmando ter interesse na desapropriação, dando início às medidas com a finalidade de transferência do bem, podendo todo o processo expropriatório ser encerrado nessa esfera, se não houver oposição do proprietário. Porém, em muitas vezes é acompanhada de uma fase judicial, na medida em que, não concordando o particular, o Estado deverá consumar o procedimento pela via judicial.

Aprofundamento:
com a desapropriação eventuais ônus que incidam sobre o bem desapropriado permanecem?

Não. A desapropriação é forma originária de aquisição de propriedade, porque não decorre de nenhum título anterior, tornando-se o bem expropriado insuscetível de reivindicação, bem como a liberação de quaisquer ônus que sobre ele incidam (ex.: hipoteca), ficando eventuais credores sub-rogados no preço.

---

[16] Podem ser citados os seguintes países que adotaram legislações de confisco alargado e/ou perda civil de bens: Espanha, Países Baixos, França, Alemanha e Itália. CAEIRO, 2013. p. 453.

[17] Primeira Turma, AC n. 82/MG, Relator Ministro Marco Aurélio, *DJ* de 28-5-2004.

Por ser aquisição originária de propriedade, mesmo que a indenização seja paga a pessoa que não seja o verdadeiro proprietário do bem, este não retornará ao domínio do expropriado. Prevê o art. 35, do Decreto-lei n. 3.365/41 que os bens expropriados, uma vez incorporados à Fazenda Pública, não podem ser objeto de reivindicação, ainda que fundada em nulidade do processo de desapropriação. Qualquer ação julgada procedente resolver-se-á em perdas e danos. Ademais, a ação judicial de desapropriação prossegue, independentemente de saber a Administração quem seja o proprietário e os eventuais ônus que incidem sobre o bem objeto da desapropriação se extinguem e ficam sub-rogados no preço (art. 31, Decreto-lei n. 3.365/41).

Aprofundamento:
competência para desapropriar (competência material) x competência para legislar sobre desapropriação (competência legislativa)

A competência para **legislar** sobre desapropriação é privativa da União, nos termos do art. 22, II, da Constituição. Portanto, apenas a União poderá disciplinar, legalmente, sobre o assunto. Essa competência privativa poderá, porém, ser delegada aos Estados e ao Distrito Federal, para o trato de questões específicas, desde que a delegação seja efetivada por meio de lei complementar (CF, art. 22, parágrafo único).

A competência para **declarar** a utilidade pública ou o interesse social do bem, visando à futura desapropriação é da União, dos Estados, do Distrito Federal e dos Municípios, pois a cada ente cabe verificar os casos de utilidade pública e de interesse social que justifiquem a desapropriação. Desse modo, todos os entes federativos podem declarar a utilidade pública ou o interesse social. Entretanto, a desapropriação por interesse social para fins de **reforma agrária** é privativa da **União**. Quanto à desapropriação de imóveis urbanos não aproveitados de forma adequada (art.182, CF), a competência é exclusiva do **Município**.

A competência **executória**, que se refere à atribuição para promover, efetivamente, a desapropriação, providenciando todas as medidas e exercendo as atividades que culminarão na transferência da propriedade é mais ampla, alcançando, além das entidades da Administração direta e indireta, os agentes delegados do Poder Público, como os concessionários e permissionários.

Portanto, além da União, dos Estados, do Distrito Federal, dos Municípios e das entidades da Administração Indireta desses entes políticos (autarquias, fundações públicas, sociedades de economia mista e empresas públicas), também, as empresas que executam serviços públicos por meio de concessão ou permissão podem **executar** a desapropriação, figurando, no processo, com todas as prerrogativas, direitos, obrigações, deveres e respectivos ônus, inclusive o relativo ao pagamento da indenização.

Entretanto, para as pessoas que exercem funções delegadas do Poder Público, a competência é condicionada, visto que só podem propor ação de desapropriação se estiverem expressamente autorizados em lei ou contrato (Decreto-lei n. 3.365/41, art. 3º).

6.3.2.1.2.2. *Requisitos constitucionais*

Para que seja válida a desapropriação, exige a Constituição que pelo menos uma das três hipóteses seguintes esteja configurada:
1) **Necessidade pública** (urgência, algo imprescindível de ser realizado): segurança nacional, defesa do Estado, socorro público em caso de necessidade, salubridade pública, preservação e conservação do patrimônio público e cultural (DL n. 3.365/41,

art. 5º, alíneas *a, b, c, d, k* e *l*). Ex.: desapropriar um terreno à margem do lago para realizar obras de combate à erosão;

2) **Utilidade pública** (melhoramento, algo que trará maior utilidade, mas não é imprescindível): criação e melhoramento de centros populacionais, aproveitamento de minas e jazidas, exploração e conservação de serviços públicos, execução de planos de urbanização, funcionamento de transportes coletivos, construções de edifícios, monumentos, hospitais etc. Ex.: desapropriação de um terreno para duplicação de uma rodovia;

3) **Interesse social** (para garantir o cumprimento da função social da propriedade): aproveitamento de bens improdutivos, cumprimento do zoneamento agrícola, instalação ou manutenção de colônias agrícolas, manutenção de posseiros em terrenos urbanos, construção de casas populares, proteção do solo/ subsolo/águas, aproveitamento turístico (Lei n. 4.132/62, art. 2º); para fins de reforma agrária (Lei n. 8.629/92); para fins de aproveitamento do solo urbano e cumprimento do plano diretor (Lei n. 10.257/2001 – Estatuto da Cidade: art. 8º).

Ressalte-se que a desapropriação por motivo de interesse social é autorizada somente à União (imóveis rurais improdutivos – art. 184) e aos Municípios (imóveis urbanos não utilizados ou subutilizados – art. 182, § 4º, III).

Comparando:

FUNDAMENTOS		
	Necessidade pública	Urgência
	Utilidade pública	Conveniência
	Interesse social	Justa distribuição da propriedade ou condicionar o seu uso ao bem-estar social

Aprofundamento:
a competência para desapropriar com base no interesse social[18]

A desapropriação por **interesse social** é tratada, atualmente, na Lei n. 4.132/62. Sua inserção na ordem constitucional deu-se com a Constituição de 1946.

O interesse social consiste nas situações em que mais se destaca a função social da propriedade. A Lei n. 4.132/62 determina que a desapropriação por interesse social será decretada para promover a justa distribuição da propriedade ou condicionar o seu uso ao bem-estar social.

A desapropriação por interesse social comporta três espécies:

1) desapropriação por interesse social "genérica";

2) desapropriação por interesse social para fins de reforma agrária;

3) desapropriação por interesse social – desapropriação urbanística.

Denominamos **desapropriação genérica**, uma vez que não terá disciplina própria, ao contrário do que ocorre com as demais, desapropriação para fins de reforma agrária e desapropriação urbanística. No entanto, é importante destacar que a desapropriação "genérica" deve ter um

---

[18] SILVA, Gustavo Scatolino; CAVALCANTE FILHO, João Trindade. *Manual Didático de Direito Administrativo*. Salvador: JusPodivm, 2018. cap. 14.

fim específico, uma vez que para o poder público realizar qualquer desapropriação deve se ater a uma das hipóteses previstas em lei.

São casos de interesse social, conforme a Lei n. 4.132/62, entre outros: aproveitamento de todo bem improdutivo ou explorado sem correspondência com as necessidades de habitação, trabalho e consumo dos centros de população a que deve ou possa suprir por seu destino econômico; estabelecimento e manutenção de colônias ou cooperativas de povoamento e trabalho agrícola; construção de casas populares.

Apesar da desapropriação por interesse social ser de competência de todos os entes federativos (União, Estados, DF e Municípios), a **desapropriação por motivo de interesse social de terras rurais para fins de reforma agrária** a fim de condicionar o uso da terra à sua função social é de competência **exclusiva da União**.

A desapropriação de imóveis rurais para fins de reforma agrária, que tem como fundamento o interesse social, é disciplinada pelos arts. 184 a 191 da CF; pela Lei n. 8.629/93, arts. 18 a 23 do Estatuto da Terra (Lei n. 4.504/64) e seu procedimento judicial, regido pela Lei Complementar n. 76/93.

⚠ Atenção!

Não há impedimento para que Estados e Municípios promovam desapropriação de imóveis rurais. O que não pode ocorrer é a desapropriação pelos Estados e Municípios de imóveis rurais para fins de **reforma agrária**, cuja competência pertence à União.

Há, ainda, a **desapropriação urbanística** que tem como pano de fundo o interesse social, de competência dos Municípios, originada pela Constituição de 1988, em seu art. 182, § 4º, que possui o caráter de punir o proprietário que não utiliza a propriedade urbana conforme sua função social.

Tanto a desapropriação para fins de reforma agrária como a urbanística são denominadas pela doutrina **desapropriação-sanção**. Isso se justifica porque haverá a desapropriação pelo fato de o particular não utilizar a propriedade visando a atender a função social que nela deve estar presente. No caso da desapropriação urbanística, para a consumação da desapropriação, o Município deve promover medidas que visem a "incentivar" o proprietário a adequar a propriedade à função social; caso isso não ocorra, será efetivada a desapropriação.

Desapropriação por interesse social	Genérica	União, Estados, DF e Municípios
	Terras rurais para fins de reforma agrária	União
	Urbanística	Municípios

6.3.2.1.2.3. *Indenização*

De acordo com o art. 5º, XXIV, a desapropriação deve ser indenizada, e essa indenização deve ser prévia (antes da transferência de propriedade), justa (mediante avaliação e pelo valor de mercado) e em dinheiro.

⚠️ Atenção!

A justa indenização deve refletir não só o valor atual do bem expropriado, como também os danos emergentes e os lucros cessantes decorrentes da perda da propriedade, além da atualização monetária, das despesas judiciais e dos honorários advocatícios. Nesse contexto, a justa indenização engloba o valor do bem, demais despesas advindas da expropriação, o que o particular deixou de ganhar com a retirada do imóvel e a compensação pela diminuição patrimonial.

Porém, há exceções, casos previstos na própria Constituição em que a indenização *não será paga em dinheiro*:
1) imóvel rural desapropriado para fins de reforma agrária (CF, art. 184), cuja indenização não é em dinheiro, e sim em TDA (Títulos da Dívida Agrária) e posterior (resgatáveis em até 20 anos a partir do segundo ano de emissão); as benfeitorias úteis e necessárias são indenizadas em dinheiro (art. 184, §1º);
   a) imóvel urbano que não esteja cumprindo a função social definida no plano diretor (CF, art. 182, §4º, III), cuja indenização não é em dinheiro, e sim em TDP (Títulos da Dívida Pública) com emissão previamente autorizada pelo Senado Federal, resgatáveis em até 10 anos.

✋ Cuidado!

Mesmo no caso de desapropriação para fins de reforma agrária, em que o pagamento da indenização (principal) é feito em TDA, **as benfeitorias úteis e necessárias serão indenizadas em dinheiro (§ 1º, art. 184, CF)**.

De acordo com o art. 96 do Código Civil:

"Art. 96. As benfeitorias podem ser voluptuárias, úteis ou necessárias.

§ 1º São voluptuárias as de mero deleite ou recreio, que não aumentam o uso habitual do bem, ainda que o tornem mais agradável ou sejam de elevado valor.

§ 2º São úteis as que aumentam ou facilitam o uso do bem.

§ 3º São necessárias as que têm por fim conservar o bem ou evitar que se deteriore".

Assim, temos que, mesmo no caso do art. 184 da CF, teremos:

a) valor principal da indenização e benfeitorias *voluptuárias*: pagamento em TDA;

b) benfeitorias *necessárias* e *úteis*: pagamento em dinheiro.

⚠️ Atenção!

É possível a desapropriação para fins de reforma agrária de imóvel rural que não esteja cumprindo sua função social. Essa forma de desapropriação não atinge, porém, todas as propriedades, em razão da seguinte proteção constitucional:

"Art. 185. São insuscetíveis de desapropriação para fins de reforma agrária:

I – a pequena e média propriedade rural, assim definida em lei, desde que seu proprietário não possua outra;

II – a propriedade produtiva.

Parágrafo único. A lei garantirá tratamento especial à propriedade produtiva e fixará normas para o cumprimento dos requisitos relativos à sua função social".

Mas cuidado! A pequena e média propriedade rural improdutivas podem ser desapropriadas por interesse social, se o proprietário possuir outra propriedade rural.

Aprofundamento:
a definição do caráter prévio da indenização

Mesmo nos casos em que a indenização é paga em TDA ou TDP, considera-se atendido o requisito da indenização *prévia*. Isso porque, segundo a doutrina majoritária e a jurisprudência, o fato de a indenização só ser resgatável *a posteriori* tem a ver como o tipo de pagamento (em títulos, não em dinheiro), mas o expropriado recebe a indenização *antes* da transferência de propriedade.

Esse é, aliás, outro aspecto bem relevante: quando se diz que a indenização deve ser prévia, isso tem como marco temporal a transferência da propriedade (registro em cartório), e não a *imissão na posse* (ocupação do bem).

Com efeito, segundo o Supremo Tribunal Federal, "só a perda da propriedade, ao final da ação de desapropriação – e não a imissão provisória na posse do imóvel – está compreendida na garantia da justa e prévia indenização". De acordo com essa orientação, o valor definitivo da indenização somente se dá com a transferência do bem, ao final do procedimento de desapropriação, e não desde logo, na oportunidade do depósito prévio para fins de imissão provisória na posse do imóvel.

6.3.2.2. *Requisição*

A requisição (art. 5º, XXV) é a utilização coativa (forçada) de bem ou serviço particular pela Administração em caso de iminente perigo público, com indenização ulterior e condicionada.

Ex.: utilização de imóvel para abrigar tropas; utilização de gêneros alimentícios para saciar a população. A indenização é ulterior e condicionada (só se houver dano).

6.3.2.2.1. Distinções entre desapropriação e requisição

	Requisição	Desapropriação
Indenização	Condicionada (se houver dano) e ulterior	Sempre; em regra, prévia, justa e em dinheiro
Fundamento	Iminente perigo público	Utilidade ou necessidade pública ou interesse social

6.3.2.3. *Distinção entre desapropriação e confisco*

A Constituição se refere poucas vezes à desapropriação. O art. 5º, XXIV, dispõe que "a lei estabelecerá o procedimento para desapropriação por necessidade ou utilidade pública, ou por interesse social, mediante justa e prévia indenização em dinheiro, ressalvados os casos previstos nesta Constituição".

Já no art. 22, II, se prevê que é competência privativa da União legislar sobre desapropriação. No art. 182, §§3º e 4º, a CF prevê a desapropriação com pagamento em títulos da dívida pública para os imóveis urbanos que não cumpram a função social. Semelhante é a disposição dos arts. 184 e 185, acerca da desapropriação para fins de reforma agrária do imóvel rural que não cumpra a função social; essa desapropriação se dá com pagamento em títulos da dívida agrária.

Por fim, o art. 216, §1º, trata da desapropriação como instrumento de proteção ao patrimônio histórico e cultural, ao passo que o art. 78, §3º, do ADCT cuida dos precatórios referentes a indenizações de bens desapropriados.

Perceba-se que a Constituição sempre se refere à desapropriação com indenização. Mesmo a ressalva final do art. 5º, XXIV – "mediante justa e prévia indenização em dinheiro, ressalvados os casos previstos nesta Constituição" – refere-se à desapropriação cuja indenização não é prévia nem em dinheiro (em TDAs ou TDPs, arts. 184 e 182, respectivamente). Trata-se, pois, como notado por Hely Lopes Meirelles, de uma exceção não à existência da indenização, mas sim ao caráter de tal valor ser em dinheiro.

Expropriação é o gênero do qual desapropriação é a espécie. Com efeito, expropriar vem do latim *ex proprietatem*, "fora da propriedade", e significa "retirar alguém de sua propriedade", como anota André Albuquerque. Assim, teríamos na expropriação um gênero das intervenções do Estado na propriedade que culminariam por retirar do proprietário a coisa.

A doutrina classifica as intervenções do Estado na propriedade (limitações administrativas em sentido amplo) em restritivas ou parciais (não retiram a propriedade, apenas limitam o uso, como as servidões e o tombamento) e ablativas ou totais (retiram a propriedade). A expropriação é a intervenção ablativa ou total, que retira a propriedade, atingindo o caráter perpétuo, e que abrange duas espécies: a desapropriação e o confisco.

De igual forma, desapropriação e confisco guardam uma diferença entre si: a desapropriação é sempre indenizada, ao passo que o confisco, por natureza, não traz o direito à indenização. Isso porque, enquanto a desapropriação se baseia em necessidade pública, utilidade pública ou interesse social (art. 5º, XXIV, da CF), o confisco integra a categoria de sanção por um ato ilícito (art. 5º, XLVI, *b*).

Sistematicamente, teríamos:

- **EXPROPRIAÇÃO:** tomada da propriedade pelo Estado:
    - **desapropriação:** expropriação com indenização, baseada em necessidade pública, utilidade pública ou interesse social;
    - **confisco:** expropriação sem indenização, como sanção por um ato ilícito.

Note-se que essa categorização é compatível com as disposições constitucionais, notadamente com os arts. 5º, XXIV, e 243. Aliás, o art. 243 se refere, no *caput*, à expropriação sem indenização e, no parágrafo único, utiliza a expressão "confiscadas".

Podemos apresentar as seguintes conclusões, baseadas em uma visão constitucional da intervenção do Estado na propriedade:

1) A desapropriação é sempre indenizada, por força da disposição constitucional do art. 5º, XXIV;
2) expropriação, desapropriação e confisco não são conceitos sinônimos;
3) expropriação é conceito genérico, que se identifica com as formas ablativas de restrição da propriedade, e significa "tomada da propriedade";
4) a expropriação abrange duas categorias: a desapropriação e o confisco;
5) desapropriação é a expropriação com indenização, com base em necessidade pública, utilidade pública ou interesse social;
6) já o confisco é a expropriação sem indenização, como sanção por um ato ilícito, inclusive nos casos do art. 243.

Quadro 6.1 – Distinções entre Desapropriação e Confisco

Limitação/característica	Desapropriação	Confisco
Natureza	Ablativa	Ablativa
Indenização	Sempre; prévia, justa e em dinheiro (regra)	Nunca
Fundamento	Utilidade ou necessidade pública ou interesse social	Ato ilícito

6.3.3. Proteção constitucional da pequena propriedade rural

A Constituição, na busca por assegurar a função social da propriedade, protegeu a pequena propriedade rural de uma forma mais nítida e profunda (art. 5º, XXVI).

Dessa maneira, tal propriedade está isenta de ser penhorada para pagamento de débitos decorrentes de sua atividade produtiva. Por exemplo: o financiamento de um trator para ajudar na colheita não pode ser convertido em penhora da propriedade. É preciso, porém, que a propriedade atenda a alguns requisitos: a) deve ser a pequena propriedade rural, assim definida em lei; e b) deve ser trabalhada pela família.

O Estatuto da Terra define a propriedade familiar como "o imóvel rural que, direta e pessoalmente explorado pelo agricultor e sua família, lhes absorva toda a força de trabalho, garantindo-lhes a subsistência e o progresso social e econômico, com área máxima fixada para cada região e tipo de exploração, e eventualmente trabalho com a ajuda de terceiros" (Lei n. 4.504/64, art. 4º, II).

Questões de Concurso

(FCC.DPE-AM/Analista Jurídico de Defensoria – Ciências Jurídicas/2018) Em certa pequena propriedade rural reside família que cultiva produtos agrícolas no mesmo local, tendo o imóvel sido dado em garantia de empréstimo contraído para custear o combate a pragas existentes na plantação. Não sendo liquidado o pagamento da dívida no prazo convencionado, o credor promoveu a respectiva cobrança judicial, motivo pelo qual foi expedido mandado judicial de penhora do referido imóvel. Ao cumprir o mandado de penhora, o oficial de justiça foi impedido pela família, tanto durante o dia, quanto durante a noite, de ingressar no imóvel. De acordo com a Constituição Federal, ao determinar a penhora da referida propriedade rural na situação narrada, o juiz agiu,

a) incorretamente, não podendo o oficial de justiça, ademais, ingressar no imóvel sem consentimento do morador, sem que haja ordem judicial do juízo penal competente requisitando o auxílio de força policial.
b) incorretamente, não podendo o oficial de justiça, ademais, ingressar no imóvel durante a noite, sem o consentimento do morador, para cumprimento de determinação judicial.
c) incorretamente, mas o oficial de justiça poderia ingressar no imóvel em qualquer horário, ainda que sem o consentimento do morador, para cumprimento de determinação judicial.
d) corretamente, podendo o oficial de justiça, ademais, ingressar no imóvel em qualquer horário, ainda que sem o consentimento do morador, para cumprimento de determinação judicial.
e) corretamente, podendo o oficial de justiça, ademais, ingressar no imóvel durante o dia, ainda que sem o consentimento do morador, para cumprimento de determinação judicial.

Gabarito comentado: B.
A pequena propriedade rural, desde que trabalhada pela família, não poderá ser objeto de penhora para o pagamento de dívidas decorrentes de sua atividade produtiva (CF, art. 5º, XXVI). Logo, a decisão judicial está incorreta. De qualquer forma, porém, em se tratando de ordem judicial, pode o oficial de justiça entrar no domicílio contra a vontade do morador, mas apenas durante o dia, não à noite (CF, art. 5º, XI). A alternativa que congrega essas duas informações é a letra B.

180 MANUAL DIDÁTICO DE DIREITO CONSTITUCIONAL

(FCC.TRT-6/Analista Judiciário-Oficial de Justiça Avaliador/2018) Acerca do que dispõe a Constituição Federal sobre os direitos e deveres individuais e coletivos:

a) A pequena propriedade rural, assim definida em lei, desde que trabalhada pela família, poderá ser objeto de penhora para pagamento de débitos decorrentes de sua atividade produtiva, mas não de desapropriação.

b) A lei estabelecerá o procedimento para desapropriação por necessidade ou utilidade pública, ou por interesse social, mediante justa e prévia indenização com pagamento mediante títulos da dívida pública de emissão previamente aprovada pelo Congresso Nacional.

c) Todos têm direito a receber dos órgãos públicos informações de seu interesse particular, ou de interesse coletivo ou geral, que serão prestadas no prazo da lei, sob pena de responsabilidade, ressalvadas aquelas cujo sigilo seja imprescindível à segurança da sociedade e do Estado.

d) A lei assegurará aos autores de inventos industriais privilégio perpétuo de sua utilização, bem como proteção às criações industriais, à propriedade das marcas, aos nomes de empresas e a outros signos distintivos, tendo em vista o interesse social e o desenvolvimento tecnológico e econômico do país.

e) No caso de iminente perigo público, a autoridade competente poderá usar de propriedade particular, assegurada ao proprietário indenização prévia, sujeita a complementação posterior, na hipótese de ocorrência de dano.

Gabarito: C. Cópia do art. 5º, XXXIII.
Comentários item a item:

a) **Errado.** Não poderá ser objeto de desapropriação *para fins de reforma agrária* (CF, art. 185, I), mas, para outras finalidades, estará sujeita a esse instituto. Ademais, a pequena propriedade rural *não* estará sujeita a penhora para pagamento de débitos relacionados à sua atividade produtiva: CF, art. 5º, XXVI.

b) **Errado.** De acordo com o art. 5º, XXIV, a indenização será paga, em regra, em dinheiro; existem casos em que a própria CF prevê o pagamento em títulos da dívida, mas ela mesma ressalta que isso é a exceção.

d) **Errado.** De acordo com o art. 5º, XXIX, o privilégio de utilização para os inventores não é perpétuo, mas sim pelo tempo que a lei definir.

e) **Errado.** Segundo o art. 5º, XXV, a indenização será *ulterior* (posterior), e mesmo assim condicionada à existência de dano.

6.3.4. Propriedade intelectual

A Constituição protege não só a propriedade de coisas físicas, mas também a de direitos, de inventos, marcas, patentes etc. Assim, por exemplo, são objeto de proteção constitucional os seguintes aspectos da propriedade imaterial:

1) direitos autorais (art. 5º, XXVII), que podem ser transmitidos aos herdeiros pelo tempo que a lei fixar;

   a) marcas e patentes de inventos ou modelos de utilidade (art. 5º, XXIX): os inventos são protegidos por patentes, que asseguram aos inventores privilégio temporário para a utilização. Essa patente, porém, pode ser quebrada "tendo em vista o interesse social e o desenvolvimento tecnológico e econômico do País". Ex.: patente sobre a fórmula de um medicamento.

   b) direito de receber pela participação individual em obras coletivas (*shows*, competições desportivas etc.) – ex.: direito de imagem que recebem os jogadores de futebol quando o jogo é transmitido pela televisão; e direito de fiscalizar o aproveitamento que é feito da obra (art. 5º, XXVIII).

6.3.5. Direito à sucessão

A Constituição garante não só a propriedade, como também a transmissão *mortis causa* (em razão da morte) dos bens do *de cujus* (aquele que morreu) para os sucessores (herdeiros e legatários). É o conteúdo do art. 5º, XXX.

É de se notar, ainda, que, quando se tratar de bens de estrangeiros – bens esses situados, localizados no Brasil – a sucessão deve ser regulada pela lei brasileira. Apenas se a lei do país estrangeiro (a lei pessoal do *de cujus*) for mais benéfica ao cônjuge e aos filhos brasileiros é que a sucessão será por ela regulada (art. 5º, XXXI).

6.4. SEGURANÇA JURÍDICA

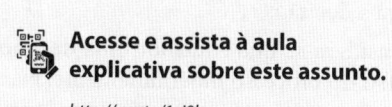

Acesse e assista à aula explicativa sobre este assunto.
http://uqr.to/1yj9b

A segurança de que trata o *caput* do art. 5º não é a segurança pública: esta é um direito social, previsto no art. 6º. A segurança jurídica é a estabilidade das relações jurídicas, a garantia de que uma situação consolidada hoje continuará a vigorar amanhã, mesmo que haja uma mudança na lei.

Nesse sentido, a segurança jurídica significa o respeito à estabilidade das relações jurídicas; a garantia de que o direito pode mudar, mas tem que respeitar as situações consolidadas (mudança, em regra, *ex nunc*, dali para a frente). É nesse sentido que se derivam da segurança jurídica alguns mandamentos, como a defesa de situações jurídicas consolidadas (coisa julgada, ato jurídico perfeito, direito adquirido), a proteção contra mudanças bruscas ou abruptas (princípio da não surpresa) e garantia de regras de transição, quando há mudanças de grande relevo.

Uma das principais regras de segurança jurídica previstas na CF é o art. 5º, XXXVI, segundo o qual a lei não prejudicará o direito adquirido, o ato jurídico perfeito nem a coisa julgada. Estudemos cada uma dessas hipóteses.

6.4.1. Ato jurídico perfeito

É o ato que já está completo, feito, terminado, que já esgotou o trâmite de formação. "Perfeito" encerra não um juízo de valor (ato bem feito), mas de fato (ato que já se aperfeiçoou). Assim, por exemplo, um contrato celebrado hoje não será atingido por uma nova lei que entre em vigor amanhã, ainda que se trate de uma lei de ordem pública. Porém, se o contrato ainda não tinha sido firmado, já será regulado pela nova lei.

Outro exemplo diz respeito à posse em um cargo público: se alguém com nível médio toma posse em um cargo, que, no dia seguinte, é transformado em cargo de nível superior, obviamente não será exonerado, pois a posse (investidura no cargo) é um ato jurídico que já se aperfeiçoou (e que, portanto, não pode ser atingido por uma lei nova).

Reitere-se que, conforme a jurisprudência do STF, a garantia do respeito ao ato jurídico perfeito dirige-se mesmo às leis "de ordem pública", ou seja, leis que tratam de proteger o interesse da coletividade. É por isso, por exemplo, que **o Código de Defesa do Consumidor (Lei n. 8.038/90) não se aplica aos contratos firmados antes de sua entrada em vigor, ainda que** as prestações vençam quando o Código já estava produzindo efeitos (o marco temporal para a aplicação da nova lei é a celebração do contrato, não o vencimento das prestações).

6.4.2. Coisa julgada

A coisa julgada (material) é a característica das decisões judiciais transitadas em julgado de não poderem mais ser modificadas (tornando-se materialmente imutáveis, mesmo que a lei mude).

Trânsito em julgado é o estado das decisões judiciais das quais não cabe mais recurso; ou porque a decisão é por si mesma irrecorrível (decisão do Pleno do STF, por exemplo) ou porque a parte perdeu o prazo para recorrer.

Quando a decisão judicial transita em julgado (ou passa em julgado), passa a ser coberta por um manto de imutabilidade: a coisa julgada material. Ainda que a lei seja alterada, essa mudança não alcançará a decisão.

Nesses casos, considera-se que é melhor uma decisão errada, mas definitiva do que o prolongamento do curso do processo indefinidamente. Na verdade, mesmo a sentença transitada em julgado pode ser modificada, por meio de ação rescisória (CPC, art. 966) ou revisão criminal (CPP, art. 621), ou mesmo em caso de lei posterior benéfica ao réu (CF, art. 5º, XL), mas essas são hipóteses excepcionais.

📝 Questão de Concurso

(Cespe/TJDFT/Juiz/2014) A lei penal retroage em benefício do agente, respeitada a coisa julgada.

Gabarito comentado: Errado.
A lei penal benéfica ao réu (*novatio legis in mellius*) retroage (CF, art. 5º, XL), mesmo contra coisa julgada (ou seja, o inciso XL prevalece sobre o inciso XXXVI).

6.4.3. Direito adquirido

Cuida-se de um dos conceitos mais difíceis e controvertidos da ciência do Direito. Aliás, conta-se que Léon Duguit, famoso professor francês, autor do magnífico *Traité de Droit Constitutionnel*, em três volumes, disse, ao palestrar na Universidade do Cairo, em 1926: "Dentro de poucos meses fará meio século que ensino Direito. E até hoje não sei o que é direito adquirido". Atualmente, pode-se defini-lo como aquele que já se incorporou ao patrimônio jurídico de alguém; é o direito já conquistado, que até pode não ter sido (ainda) utilizado, mas pode sê-lo a qualquer momento.

Difere, portanto, da *expectativa de direito*, que é o mero direito de esperar.

Por exemplo: se ocorrer uma alteração legislativa às vésperas de alguém completar o tempo de aposentadoria, essa pessoa será atingida, pois ainda não tinha conquistado o direito à aposentadoria. Se, porém, já tinha adquirido todos os requisitos, não será alcançada pela nova lei, mesmo que ainda não se tenha aposentado efetivamente.

Dessa forma, expectativa de direito, direito adquirido e direito exercido são estágios de aquisição e fruição do direito. A partir do segundo estágio (direito adquirido), a situação jurídica não mais poderá ser afetada por uma lei nova.

Por exemplo:
a) Alguém toma posse em cargo público e começa a contribuir para a previdência: tem expectativa de direito de se aposentar, quando completar os requisitos.
b) Alguém completa os requisitos para obter a aposentadoria: já possui direito adquirido, ainda que não tenha feito o requerimento de aposentadoria.

c) Alguém completa os requisitos e requer a aposentadoria: já tem o direito adquirido e exercido.

📝 Questões de Concurso

(FGV/TJCE/Técnico/2019) João, servidor público, preencheu todos os requisitos exigidos para o recebimento de determinado benefício pecuniário, mas decidiu que iria requerê-lo somente na semana seguinte. Ocorre que, no dia anterior àquele em que apresentaria o seu requerimento, foi editada a Lei n. XX, que extinguiu o benefício. À luz da sistemática constitucional, a edição da Lei n. XX:

a) impede que João receba o benefício;
b) não impede que João receba o benefício, pois a lei não pode prejudicar a coisa julgada;
c) não impede que João receba o benefício, pois a lei não pode prejudicar o direito adquirido;
d) não impede que João receba o benefício, pois a lei não pode prejudicar o ato jurídico perfeito;
e) somente impedirá que João receba o benefício caso não o requeira no dia imediato à promulgação da lei.

Gabarito comentado: C.
Como João já tinha preenchido os requisitos, já possuía direito adquirido (mesmo que ainda não exercido), protegido pelo art. 5º, XXXVI.

(FGV – PC RJ – Inspetor de Polícia Civil – 2022) Eunice, servidora pública estadual, preencheu os requisitos para a fruição de determinado benefício assegurado pelo regime jurídico único dos servidores. Ocorre que, no dia anterior àquele em que iria requerê-lo, a lei foi alterada, e o benefício, suprimido. Apesar disso, um amigo lhe informou, corretamente, que o seu direito ao benefício não seria afetado pela nova lei, o que decorria da garantia constitucional do(a):

a) coisa julgada;
b) direito adquirido;
c) ato jurídico perfeito;
d) expectativa legítima;
e) legalidade imanente.

Resposta: B (art. 5º, XXXVI: "a lei não prejudicará o direito adquirido, o ato jurídico perfeito e a coisa julgada"; registre-se que o direito não precisa ter sido exercido para estar protegido, basta que já tenha sido adquirido, conquistado, isto é, que o titular já tenha completado todos os requisitos para o exercício).

✋ Cuidado!

O direito adquirido não pode ser desrespeitado pela lei nova, mesmo que o direito ainda não tenha sido exercido. Cai muito em provas de concursos questão em que se apresenta a situação de alguém que já tem o direito, mas não o requereu ainda, quando sobrevém uma lei nova: essa legislação nova não atinge a situação jurídica do sujeito, que já tinha o direito adquirido (ainda que não exercido).

⚠️ Atenção!

Como a segurança jurídica é um direito individual, qualifica-se como cláusula pétrea a proteção ao direito adquirido, ao ato jurídico perfeito e a coisa julgada; logo, podem ser opostos até mesmo a Emendas Constitucionais. Assim, por exemplo, a Reforma da Previdência (EC n. 103/2019) não atinge pessoas que já tinham preenchido todos os requisitos para se aposentarem quando da publicação da nova norma (ainda que não tivessem feito o requerimento de aposentadoria).

Por fim, ressalte-se que não há direito adquirido a regime jurídico, na firme jurisprudência do STF. Assim, por exemplo, quando a Lei n. 9.527/97 extinguiu a licença-prêmio por assiduidade, os servidores que ainda possuíam períodos de licença não gozados continuaram a tê-los; mas não puderam invocar direito adquirido às regras de aquisição da licença para continuarem conquistando outros períodos.

✓ Observação!

Obs. 1: Não há direito adquirido a regime jurídico.

Obs. 2: A garantia constitucional da irretroatividade das leis não é invocável pela entidade estatal que a tenha editado (STF, Súmula 654). Isso significa que a garantia da irretroatividade das leis é uma garantia do cidadão, e não do Estado. Se, por exemplo, a União editar uma lei conferindo aumento aos servidores públicos ou desconto em um tributo, de maneira retroativa, não poderá, depois, alegar que não vai cumprir a lei (que ela mesma editou).

⚠ Atenção!

Tema n. 24 da Repercussão Geral do STF:
Não há direito adquirido a regime jurídico, notadamente à forma de composição da remuneração de servidores públicos, observada a garantia da irredutibilidade de vencimentos.

📝 Questões de Concurso

(Cespe/MPOG/Técnico de Nível Superior/2015) O direito adquirido, entendido como aquele que já se incorporou ao patrimônio do seu titular, não poderá ser prejudicado por lei posterior.

Gabarito comentado: Correto.
Realmente, o direito se torna adquirido quando já estiver incorporado ao patrimônio jurídico do titular (as condições já foram todas implementadas). Esse tipo de direito é protegido contra alterações legislativas posteriores (CF, art. 5º, XXXVI).

(FGV/TCM-SP/Auditor/2015) Enquanto não requerido o benefício previdenciário, ainda que preenchidos os requisitos previstos em lei, há mera expectativa de direito, não verdadeiro direito adquirido.

Gabarito comentado: Errado.
O momento de verificação da aquisição do direito se dá quando são preenchidas as condições, e não quando é requerido o benefício. Em outras palavras: se as condições já foram preenchidas, já há direito adquirido, ainda que não tenha sido exercido (apresentação do requerimento).

✋ Cuidado!

Um dos autores deste livro (prof. Gilmar Mendes) aponta, em obras doutrinárias, para a insuficiência da ideia de direito adquirido para a proteção da segurança jurídica. Muitas vezes, faz-se necessária a criação de uma regra de transição, para evitar que pessoas que estavam prestes a adquirir o direito não sejam afetadas de forma desproporcional (é a tese, também, da profa. Marilda Silveira). Veja-se o caso da Reforma da Previdência (EC n. 103/2019): o aumento de requisitos de idade e de tempo de contribuição não pode atingir igualmente alguém que acabou de ingressar no mercado de trabalho e alguém que estava a um mês de adquirir o direito à aposentadoria, daí a necessidade de se criarem regras de transição.

Nesse sentido, a Lei de Introdução às Normas do Direito Brasileiro dispõe, no art. 23, que "a decisão administrativa, controladora ou judicial que estabelecer interpretação ou orientação nova sobre norma de conteúdo indeterminado, impondo novo dever ou novo condicionamento de direito, deverá prever regime de transição quando indispensável para que o novo dever ou condicionamento de direito seja cumprido de modo proporcional, equânime e eficiente e sem prejuízo aos interesses gerais".

Essa é a razão de ser, também, de que as leis com repercussão direta na sociedade tenham um período de *vacatio legis*, a fim de que os destinatários da norma possam a ela se adaptar.

6.4.4. Segurança jurídica e princípio da anterioridade

A garantia da segurança jurídica passa, também, pela exigência de que a lei só possa incidir quanto a fatos ocorridos *depois* de sua vigência, no que se convenciona chamar de *princípio da anterioridade*. Nesse sentido, as diversas regras de anterioridade contidas na Constituição configuram aspectos do direito à segurança jurídica – direito individual e, por conseguinte, cláusulas pétreas, nos termos do art. 60, § 4º, IV.

O primeiro aspecto da anterioridade é a chamada *anterioridade penal*, a regra de que a lei penal deve ser anterior ao fato: "não há crime sem lei anterior que o defina, nem pena sem prévia cominação legal", diz o art. 5º, XXXIX.

Em dispositivo derivado dessa ideia, a Constituição também afirma que a lei penal não pode retroagir (= atingir fatos anteriores à sua vigência), *a não ser que tal fato se dê em benefício do réu* (art. 5º, XL). Por exemplo: a Lei n. 11.343/2006 aumentou a pena para o delito de tráfico de drogas. Porém, como se trata de lei penal prejudicial para o réu, só se aplica aos crimes cometidos desde a sua vigência, não alcançando fatos anteriores.

Questão de Concurso

(FCC/PC-AP/Agente/2017) A Constituição Federal de 1988, ao tratar dos direitos e deveres individuais e coletivos, excepciona o princípio da irretroatividade da lei penal ao permitir que a lei seja aplicada aos crimes cometidos anteriormente a sua entrada em vigência, quando for mais benéfica ao réu, regra essa que incide, inclusive, quando se tratar de crime hediondo.

Gabarito comentado: Correto.
Com efeito, o art. 5º, XL, excepcionalmente admite a retroatividade da lei penal benéfica ao réu, independentemente da gravidade do crime cometido. É clássica essa questão em provas da FCC, mas é preciso lembrar que as garantias penais e processuais penais se aplicam independentemente da gravidade do delito.

Por outro lado, também devemos noticiar a existência do princípio da anterioridade na matéria tributária, de modo a evitar que o contribuinte seja pego de surpresa com a criação de um novo tributo "do dia para a noite". Por isso, a Constituição prevê (art. 150, III, *b* e *c*), em regras que dizem respeito diretamente à segurança jurídica, que é vedado ao poder público criar impostos para serem cobrados no mesmo ano (anterioridade geral) ou antes de 90 dias do ato que criou o tributo ou aumentou a alíquota (anterioridade nonagesimal).

Por exemplo: caso seja aprovada, em janeiro de 2019, lei aumentando a alíquota do IPTU, o novo valor só poderá valer a partir de 1º de janeiro de 2020 (anterioridade geral: art. 150, III, *b*). Por outro lado, se a lei fosse aprovada em 31 de dezembro de 2018, a nova alíquota só poderia passar a valer a partir de 31 de março de 2019 (anterioridade nonagesimal: art. 150, III, *c*).

Cuidado!

Alguns impostos fogem a essas regras gerais. Uns precisam respeitar a anterioridade nonagesimal, mas não a geral (IPI, por exemplo), ao passo que outros precisam respeitar a anterioridade geral, mas não a nonagesimal (definição da base de cálculo do IPVA, por exemplo). Por fim, existem ainda os impostos que não devem respeito *nem* à anterioridade geral *nem* à nonagesimal (IOF). Essa questão é importante no estudo do Direito Tributário. Para o Direito Constitucional, se a questão se referir genericamente a uma lei que crie imposto ou majore sua alíquota, sem especificar qual imposto é, deve-se presumir que será preciso respeitar ambas as regras de anterioridade (a que for maior, portanto).

Por fim, outro aspecto da anterioridade diz respeito à matéria eleitoral (art. 16). Assim, para se garantir a estabilidade do ordenamento jurídico, proíbe-se que a lei que alterar o *processo eleitoral* seja aplicável à eleição realizada há menos de um ano de sua vigência. Por exemplo: uma lei aprovada em novembro de 2019, alterando o processo eleitoral, não pode ser aplicável às eleições de outubro de 2020. Esse foi um dos temas discutidos quando chegou ao STF recurso extraordinário questionando a famosa "Lei da Ficha Limpa" (LC n. 135/2010).

Atenção!

Não custa lembrar que as garantias da anterioridade (todas elas) configuram *cláusulas pétreas*, pois são aspectos do direito individual à segurança jurídica, ainda que não estejam previstas no art. 5º da Constituição. CAI SEMPRE!!!!

6.5. LIBERDADE

Acesse e assista à aula explicativa sobre este assunto.

http://uqr.to/1yj9c

Liberdade não é fazer tudo o que se quer: é, no dizer de Kant, impor-se limites e conseguir respeitá-los. Da mesma forma, a liberdade constitucionalmente assegurada não é a de fazer tudo, mas a de poder fazer tudo o que a lei não proíbe e só ser obrigado a fazer o que a lei expressamente determina. Esse é, aliás, o conteúdo do princípio da legalidade.

6.5.1. O princípio da legalidade como garantia do direito à liberdade

A Constituição prevê, no art. 5º, II, o chamado *princípio da legalidade*, segundo o qual "ninguém será obrigado a fazer ou a deixar de fazer alguma coisa senão em virtude de lei".

Trata-se, então, de um princípio de liberdade: só haverá proibição ou imposição de um determinado comportamento por meio de norma jurídica que expressamente o proíba. No silêncio jurídico, presume-se que o cidadão é livre para escolher como agir.

Aprofundamento:
o princípio da legalidade e os "modais deônticos"

No âmbito da Teoria Geral do Direito, chama-se "modais deônticos" as locuções que traduzem uma obrigação ("é obrigatório x"), uma proibição ("é proibido y") ou uma faculdade ("é permitido z"). O princípio da legalidade trata dos dois primeiros modais deônticos, ao dizer que ninguém será obrigado a fazer algo (obrigação) ou a deixar de fazer algo (obrigar a deixar de fazer = proibir), salvo disposição expressa do ordenamento jurídico.

Perceba-se que, de acordo com as lições de Norberto Bobbio (na sua célebre obra *Teoria da Norma Jurídica*), os modais obrigação e proibição são intercambiáveis, uma vez que: a) proibir de deixar de fazer algo = obrigar a fazer algo; b) proibir algo = obrigar a não fazer algo. Em outras palavras: toda obrigação ou proibição deve estar expressa no ordenamento; o silêncio atribui ao cidadão uma faculdade, ou permissão.

Aprofundamento:
legalidade para os particulares x legalidade para a Administração

Embora o princípio da legalidade seja aplicável tanto aos particulares (CF, art. 5º, II) quanto à Administração Pública (CF, art. 37, *caput*), é inegável que assume vertentes e significados distintos.

Com efeito, para os particulares, o princípio da legalidade é uma garantia de *liberdade*, de que o cidadão pode fazer *tudo o que a lei não proíbe*. Por outro lado, em relação à Administração Pública, esse mesmo princípio atua como fator limitador de poder, no sentido de que o administrador público só pode fazer aquilo que a lei prevê.

6.5.1.1. *Reserva legal*

Não confunda o princípio da legalidade com seu subprincípio da reserva legal. Legalidade é o princípio geral de submissão e respeito à lei. Reserva legal é a previsão constitucional de que determinados temas só podem ser regulamentados por meio de lei em sentido estrito, em sentido formal, isto é, ato aprovado com forma de lei pelo Congresso Nacional. Assim, por exemplo, não se pode obrigar alguém a trabalhar, pois não há essa obrigação legal (legalidade); e as hipóteses em que alguém pode ser considerado criminoso devem ser previstas em lei em sentido formal (reserva legal), e não por meio de decreto ou medida provisória.

É importante entender, também, que o legislador pode especificar e delimitar o conteúdo dos direitos fundamentais (principalmente do direito à liberdade), usando da chamada liberdade de conformação. Admite-se, em tal caso, a restrição a um direito fundamental, uma vez que expressamente outorgada pela Constituição essa tarefa ao legislador ordinário. Nesse sentido, Canotilho adverte:

> Quando nos preceitos constitucionais se prevê expressamente a possibilidade de limitação dos direitos, liberdades e garantias, fala-se em direitos sujeitos a reserva de lei restritiva. Isso significa que a norma constitucional é simultaneamente: (1) uma norma de garantia, porque reconhece e garante um determinado âmbito de proteção ao direito fundamental; (2) uma norma de autorização de restrições, porque autoriza o legislador a estabelecer limites ao âmbito de proteção constitucionalmente garantido[19].

Há, porém, casos em que a própria Constituição determina que o legislador regulamente um determinado direito fundamental, especificando-o, *desde que o faça por meio de lei*. É o caso da chamada *reserva de lei* (*reserva legal*).

---

[19] CANOTILHO, José Joaquim Gomes. *Direito Constitucional e Teoria da Constituição*. Coimbra: Almedina, 2003. p. 788.

É preciso, porém, diferenciar a reserva legal *simples* da *qualificada*. Realmente, a reserva legal é a determinação constitucional de que um determinado assunto seja tratado apenas por meio de lei em sentido formal (reserva legal simples) – como, por exemplo, quando exige lei para a definição de crimes e penas. Fala-se em reserva legal qualificada quando a Constituição exige lei específica para tratar de um determinado assunto e a própria Constituição já estabelece as restrições que a lei pode estabelecer (por exemplo, na quebra do sigilo das comunicações telefônicas, em que a Constituição já prevê as possibilidades de quebra).

Perceba-se: o princípio da legalidade é a submissão genérica à lei; a reserva legal (que muitas vezes está ligada ao princípio da legalidade) é a reserva que a Constituição impõe para que determinada matéria só seja objeto de regulamentação por meio de lei (*ex.*: art. 88: "A lei [e não o decreto etc.] disporá sobre a criação e extinção de Ministérios e órgãos da administração pública").

Essa diferença já tinha sido exposta quando do estudo da Teoria Geral dos Direitos Fundamentais, por isso a ela fizemos apenas essa breve remissão.

6.5.2. Liberdade de manifestação do pensamento

Obviamente, o pensamento, em si, é livre; o importante é que a Constituição garante a liberdade de *manifestação* do pensamento (art. 5º, IV) e a liberdade de *expressão* das atividades artísticas, científicas e literárias, independentemente de censura ou licença (art. 5º, IX), sendo proibido apenas o anonimato.

Nesse sentido, pode-se livremente expressar os pensamentos – mas esse direito, por óbvio, não é ilimitado. Se houver abuso, pode haver a responsabilidade penal e civil. Justamente por isso, não se tolera o anonimato.

Ademais, garante-se o sigilo da fonte, sempre que seja indispensável para o exercício profissional (atividade jornalística, por exemplo).

De outra parte, em casos de abuso da liberdade de expressão, sujeita-se o autor da mensagem à responsabilização por danos morais, materiais e à imagem, além de se garantir ao ofendido direito de resposta proporcional à agressão. Também é importante notar que a Constituição proíbe qualquer tipo de censura – o que se prevê é o controle de horário da programação televisiva e/ou o controle etário de acesso a determinados espetáculos.

Questão de Concurso

(Cespe/ABIN/Oficial de Inteligência/2018) O direito à liberdade de expressão artística previsto constitucionalmente não exclui a possibilidade de o poder público exigir licença prévia para a realização de determinadas exposições de arte ou concertos musicais.

Gabarito comentado: Errado.
Conforme o inciso IX do art. 5º da CF, é vedada qualquer forma de censura ou de licença para o exercício da liberdade de expressão.

6.5.2.1. Primeiro limite à liberdade de expressão: a questão do "discurso do ódio" hate speech[20]

O chamado "discurso do ódio" (*hate speech*) representa um dos temas mais polêmicos e atuais, no estudo dos limites dos direitos fundamentais, em geral, e do direito à liberdade de expressão, especificamente[21].

---

[20] CAVALCANTE FILHO, João Trindade. *O discurso do ódio na jurisprudência alemã, americana e brasileira*. São Paulo: Saraiva, 2018.
[21] ROSENFELD, Michel. *Hate speech in constitutional jurisprudende: a comparative analysis*. Working

Já vimos que nenhum direito fundamental pode ser considerado absoluto. Isso significa que todo e qualquer direito encontra limites – no mundo dos fatos e no próprio ordenamento jurídico. A grande questão, contudo, reside em delimitar quais os limites de determinado direito fundamental.

Especificamente quanto à liberdade de expressão, pergunta-se se está protegido por esse direito fundamental o chamado "discurso do ódio", em que se propaga uma ideia ou preceito de conteúdo discriminatório. O entendimento sobre a legitimidade desse discurso reflete bem a visão que cada sociedade tem acerca dos limites da liberdade de manifestar o pensamento.

Por exemplo: nos Estados Unidos, em que a liberdade de expressão ocupa posição de quase primazia entre os direitos fundamentais, por força da ideologia *liberal* predominante (prioriza-se a liberdade individual, ainda que em detrimento de valores da comunidade), são tolerados discursos que propaguem ideologias racistas, por exemplo, desde que não haja perigo concreto de violência. Já na Alemanha, ainda assolada pelos fantasmas do nazismo, e caracterizada por uma forte tendência *comunitarista* priorização do reforço aos valores da comunidade, em detrimento da liberdade individual), a liberdade de expressão cede, frequentemente, a outros direitos fundamentais, como a igualdade e a não discriminação, o que resulta em legislação e jurisprudência fortemente tendentes a rejeitar qualquer discurso que implique discriminação contra grupos minoritários.

Por outro lado, no Brasil, não há uma linha jurisprudencial definida acerca dos limites da liberdade de expressão, muito menos, especificamente, sobre a legitimidade constitucional, ou não, do discurso do ódio. Talvez isso se deva, especialmente, à pluralidade de ideologias políticas e jurídicas que caracteriza a sociedade brasileira e, por conseguinte, também a composição do Supremo Tribunal Federal.

Nos Estados Unidos da América, país de nítida tradição liberal, predomina a ideia de que eventuais abusos da liberdade expressão devem ser combatidos ou neutralizados com ainda mais liberdade, isto é, o Estado não deve intervir diretamente nesse assunto, a não ser permitindo que as eventuais vítimas do discurso discriminatório possam rebater as acusações. A liberdade de expressão desfruta de uma verdadeira "posição preferencial" em face de outros direitos fundamentais (v. caso *United States v. Carolene Products*), até mesmo por ser o primeiro dos direitos citados na Primeira Emenda[22].

Na Alemanha, o tratamento constitucional e legal do discurso do ódio é diametralmente oposto ao que se desvela nos Estados Unidos. Seja por força da tradição comunitarista que vige na Europa – em que se estimam determinados valores da coletividade, como dignidade e honra –, seja por causa da vivência histórica recente de políticas estatais de discriminação, o Tribunal Constitucional Federal alemão não reconhece, em regra, a legitimidade do discurso do ódio como uma manifestação constitucionalmente protegida pela regra da liberdade de expressão.

Na verdade, a própria Lei Fundamental alemã (*Grundgesetz*), no art. 5º, prevê diversas limitações à liberdade de expressão, o que também serve de fundamento (jurídico) para as decisões do Tribunal Constitucional negarem a proteção constitucional ao discurso do ódio.

Paper Series 41/11, 2001. p. 41. Disponível em: http://papers.ssrn.com/paper.taf?abstract_id=265939. Acesso em: maio 2021.

[22] BRUGGER, Winfried. Proibição ou proteção do discurso do ódio? Algumas observações sobre o Direito Alemão e o Americano. In: *Direito Público*, Brasília, n. 15, jan.-mar. 2007, p. 117-136.

Outro fator que pode ser citado para explicar a menor amplitude de tolerância constitucional ao discurso intolerante é a proteção que é devida ao direito à honra e à dignidade, na própria Lei Fundamental e no Código Penal alemão (principalmente os arts. 130 e 185), que tipifica os crimes de insulto (crimes contra a honra), inclusive contra a chamada *honra subjetiva* (em um tipo penal muito próximo à injúria, tal como tratada no Código Penal brasileiro).

No Brasil, a experiência histórica não registra políticas estatais institucionalizadas de utilização sistemática do discurso do ódio (embora isso não signifique a irrelevância dessa prática na realidade brasileira). Além disso, a notória miscigenação de culturas formou um país cujas ideologias são fragmentárias e difusas, sem uma definição clara (ao contrário de Estados Unidos e Alemanha).

Por conta (também) desses fatores, e da composição plural do Supremo Tribunal Federal, não há uma linha jurisprudencial firme de tratamento do tema da liberdade de expressão (e seus limites) e da legitimidade constitucional do discurso do ódio.

É certo que nossa Constituição prevê diversas limitações expressas à liberdade de expressão (por exemplo: arts. 5º, IV, IX, XLII, e 220), no que se aproxima da normatização constitucional alemã (*Grundgesetz*, art. 5º). Todavia, a jurisprudência do STF possui uma linha tradicionalmente liberal, no que se refere à defesa da liberdade de expressão.

Especificamente quanto ao "discurso do ódio", o caso pioneiro na Suprema Corte parece ter sido o HC n. 44.161/PR, julgado pela Primeira Turma (Relator, o Ministro Victor Nunes Leal), em 1967 (em plena ditadura militar). Acusado de utilizar termos subversivos em um discurso (acusação de que o golpe militar de 1964 fora insuflado pelo serviço de inteligência dos Estados Unidos) em uma rádio, Márnio Fortes de Barros (advogado de um sindicato de metalúrgicos) foi absolvido das imputações criminais. Embora o Ministro Djaci Falcão tenha concedido o *habeas corpus* por questões formais (inépcia da denúncia), o Ministro Relator, no voto seguido pela unanimidade dos integrantes da Primeira Turma, chegou a afirmar que "se êsses dispositivos [da Lei de Segurança Nacional então vigente] forem interpretados com tamanho zêlo punitivo, ficará impossibilitada a campanha dos candidatos oposicionistas, nos pleitos eleitorais" (sic). Também foi levado em conta pelo Tribunal o fato de as "ofensas" terem sido produzidas durante campanha eleitoral.

Outro caso em que – embora não tratando especificamente sobre o discurso do ódio – a Corte teve oportunidade de discutir os limites da liberdade de expressão foi o HC n. 83.966/RJ, julgado pela Segunda Turma em 2005 (Relator, o Ministro Gilmar Mendes). No conhecido *Caso Gerald Thomas*, o STF, analisando o conflito entre liberdade de expressão e proibição dos atos obscenos, considerou que a prática do diretor de teatro de mostrar as nádegas ao público, em retaliação às vaias sofridas em peça de teatro voltada ao público adulto, não poderia ser criminalizada como ato obsceno.

Antes desse último julgamento citado, contudo, deu-se o julgamento do mais importante caso da jurisprudência do Supremo Tribunal Federal acerca do conflito entre a liberdade de expressão e o discurso do ódio (no caso, incitação ao racismo): o conhecidíssimo *Caso Ellwanger* (HC n. 82.424/RS, julgado pelo Tribunal Pleno em 2003).

Em decisão importantíssima (embora não imune a críticas, até de ordem técnica jurídico-penal), Siegfried Ellwanger Castan foi condenado por racismo, pelo fato de ter publicado obra na qual defendia que o holocausto não teria existido. Confira-se trecho da ementa:

> [...] Liberdade de expressão. Garantia constitucional que não se tem como absoluta. Limites morais e jurídicos. O direito à livre expressão não pode abrigar, em sua abrangência, manifestações de conteúdo imoral que implicam ilicitude penal.[14] As liberdades públicas não são incondicionais, por isso devem ser exercidas de maneira harmônica, observados os limites definidos na própria Constituição Federal (CF, art. 5º, §2º, primeira parte). O preceito fundamental de liberdade de expressão não consagra o "direito à incitação ao racismo", dado que um direito individual não pode constituir-se em salvaguarda de condutas ilícitas, como sucede com os delitos contra a honra. Prevalência dos princípios da dignidade da pessoa humana e da igualdade jurídica.

A decisão, tomada por maioria, dividiu a doutrina. Tal situação já demonstra que não há unidade de entendimento, na sociedade brasileira nem no seio do próprio Supremo Tribunal Federal.

Embora o "Caso Ellwanger tenha-se tornado paradigma nas discussões, não se pode afirmar a existência de uma verdadeira *jurisprudência* do STF em tema de *hate speech*, uma vez que julgou apenas um caso isolado; a decisão foi tomada por maioria (8x3), e muitos dos Ministros que denegaram o *writ* já estão aposentados (a composição da Corte mudou, radicalmente, de 2003 até hoje).

Aprofundamento:
um caso de prevalência da liberdade de expressão – a proibição da exigência de diploma de nível superior para a profissão de jornalista

Em julgado tão polêmico quanto importante, o Supremo Tribunal Federal se deparou com um conflito entre a liberdade de expressão e a exigência de requisitos profissionais; e entre a liberdade de expressão e os limites legais a esse direito. A Corte se pronunciou pela prevalência do direito à liberdade de expressão, como atesta o seguinte trecho da ementa:

> O jornalismo é uma profissão diferenciada por sua estreita vinculação ao pleno exercício das liberdades de expressão e de informação. O jornalismo é a própria manifestação e difusão do pensamento e da informação de forma contínua, profissional e remunerada. Os jornalistas são aquelas pessoas que se dedicam profissionalmente ao exercício pleno da liberdade de expressão. O jornalismo e a liberdade de expressão, portanto, são atividades que estão imbricadas por sua própria natureza e não podem ser pensadas e tratadas de forma separada. isso implica, logicamente, que a interpretação do art. 5º, inciso XIII, da Constituição, na hipótese da profissão de jornalista, se faça, impreterivelmente, em conjunto com os preceitos do art. 5º, incisos IV, IX, XIV, e do art. 220 da Constituição, que asseguram as liberdades de expressão, de informação e de comunicação em geral.
>
> [...] A exigência de diploma de curso superior para a prática do jornalismo – o qual, em sua essência, é o desenvolvimento profissional das liberdades de expressão e de informação – não está autorizada pela ordem constitucional, pois constitui uma restrição, um impedimento, uma verdadeira supressão do pleno, incondicionado e efetivo exer-

cício da liberdade jornalística, expressamente proibido pelo art. 220, §1º, da Constituição. (STF, Pleno, RE n. 511961, Relator Min. Gilmar Mendes, j. em 17-6-2009).

6.5.2.2. Segundo limite à liberdade de expressão: a proibição da apologia ao crime

O Código Penal define como crime contra a paz pública a apologia de crime ou criminoso, definida como a conduta de "Fazer, publicamente, apologia de fato criminoso ou de autor de crime".

Dessa maneira, a liberdade de expressão não protege a pessoa que faça apologia a um crime ou a um criminoso. Todavia, o STF é bastante cauteloso ao interpretar esse dispositivo. Considera-se que, por exemplo, a defesa pública da descriminalização de condutas constitui mero e regular exercício da liberdade de manifestação do pensamento, conforme decidido por unanimidade no célebre caso da "Marcha da Maconha" (STF, Pleno. ADPF n. 187/DF, Relator Ministro Celso de Mello). Naquele caso, entendeu a Corte que defender a mudança da lei para que seja considerada lícita uma conduta não se confunde com a conduta (vedada) de fazer o elogio ou o estímulo dessa conduta. Em outras palavras: pode-se defender a descriminalização da maconha, sem se apoiar o uso da substância entorpecente.

✋ Cuidado!

O STF autorizou a realização de marcha para protestar contra a legislação em vigor, mas obviamente isso não inclui o *consumo* de droga, ainda que com o objetivo alegado de protestar.

📝 Questão de Concurso

(Cespe/TJBA/Juiz/2019) De acordo com o STF, o consumo de droga ilícita em passeata que reivindique a descriminalização do uso dessa substância é assegurado pela liberdade de expressão.
Gabarito comentado: Errado.
O consumo de droga ilícita constitui crime, nos termos do art. 28 da Lei de Drogas (Lei n. 11.343/2006).

6.5.2.3. Terceiro limite à liberdade de expressão: vedação do anonimato

Conforme já vimos, a CF, ao mesmo tempo que assegura a liberdade de expressão, veda o anonimato. Isso porque é preciso saber a quem acionar, em caso de abuso da liberdade de expressão (ataque à honra de pessoas, por exemplo).

A jurisprudência do STF trata também desse tema ao analisar a questão complexa das denúncias anônimas. Se, por um lado, a CF veda o anonimato, por outro lado, em determinados crimes, essa é uma informação que não pode ser simplesmente desconsiderada. A fórmula encontrada foi a seguinte: admite-se a utilização de denúncias anônimas (apócrifas), mas elas não autorizam *sozinhas* a instauração de inquérito ou processo disciplinar.

Em outras palavras: recebida uma denúncia anônima plausível e embasada, a Administração Pública, no exercício do seu dever de agir, instaurará uma *investigação preliminar*, para ver se há outros indícios que corroborem a denúncia. Se houver, deverá ser instaurado inquérito policial ou processo administrativo disciplinar *de ofício* (como se fosse uma iniciativa da própria Administração, com base nos *outros indícios* colhidos); se, porém, não forem encontrados outros indícios, a investigação preliminar deverá ser arquivada.

Para fins de provas, tome cuidado com a forma como o item está redigido: estará errado se afirmar que a denúncia anônima é inadmissível, *ou* se afirmar que ela *por si só* autoriza a instauração de inquérito ou processo.

Questão de Concurso

(Cespe/ABIN/Oficial de Inteligência/2018) De acordo com o entendimento do Supremo Tribunal Federal, a denúncia anônima não pode ser base exclusiva para a propositura de ação penal e para a instauração de processo administrativo disciplinar.

Gabarito comentado: Correto.
A questão diz respeito à vedação do anonimato (CF, art. 5º, IV, segunda parte). Admite-se a denúncia anônima, mas ela não pode ser usada como base exclusiva para a instauração de ação penal ou PAD – o correto seria a administração instaurar, de ofício, investigação preliminar, e, se houver outros indícios, instaurar o PAD, o inquérito, ou até ação penal.

6.5.3. Liberdade de consciência e de crença

O Brasil é um Estado laico ou leigo (art. 19, I), de modo que não há uma religião oficial. Mesmo assim, protege-se a liberdade de crença religiosa (e também a liberdade de não ter crença, ou seja, de ser ateu – não acreditar em Deus – ou agnóstico – não professar religião alguma) e se impõe ao Estado a proteção aos locais de culto e suas liturgias. Da mesma forma, nas unidades civis e militares de internação coletiva (quartéis, hospitais, presídios etc.), deve o Estado permitir a assistência religiosa aos internados.

Aprofundamento:
a liberdade de religião na Constituição de 1824

Interessante notar que a única Constituição Brasileira que adotou uma religião oficial foi a de 1824, cujo art. 5º dispunha: "A Religião Catholica Apostolica Romana continuará a ser a Religião do Imperio. Todas as outras Religiões serão permitidas com seu culto domestico, ou particular em casas para isso destinadas, sem fórma alguma exterior do Templo" (grafia original).

Aprofundamento:
símbolos religiosos em órgãos públicos

Há uma discussão sobre o princípio do estado laico, em relação à presença de símbolos religiosos em órgãos públicos. Em relação especificamente ao Poder Judiciário, a questão já foi enfrentada pelo CNJ, que entendeu que a existência de crucifixos em salas de audiência não viola a laicidade do estado.

Aprofundamento:
feriados religiosos

Apesar de o Estado ser laico, a religião é um aspecto fundamental da sociedade brasileira. Por isso mesmo, no capítulo relativo à cultura, o art. 215, § 2º, prevê que "A lei disporá sobre a fixação de datas comemorativas de alta significação para os diferentes segmentos étnicos nacionais", o que abrange também os feriados religiosos, respeitado sempre o pluralismo.

> **Aprofundamento:**
> ensino confessional em escolas públicas

Ao interpretar o art. 210, § 1º, da CF ("O ensino religioso, de matrícula facultativa, constituirá disciplina dos horários normais das escolas públicas de ensino fundamental"), o STF entendeu pela "constitucionalidade do ensino religioso confessional como disciplina facultativa dos horários normais das escolas públicas de ensino fundamental". Ou seja: nas escolas públicas, o ensino religioso (cuja matrícula é facultativa) pode ter por objeto os dogmas de uma religião específica (ensino confessional).

6.5.3.1. Escusa de consciência

Decorrência do direito à liberdade de consciência e de crença é a regra constitucional da chamada *escusa de consciência* (art. 5º, VIII).

É, em princípio, possível recusar-se a cumprir, por motivo de consciência ou de crença, obrigação imposta por lei a todos, desde que se cumpra prestação alternativa fixada em lei. Trata-se da chamada escusa (desculpa) de consciência – que, porém, só é possível quando se tratar de uma obrigação que importe grave violação das crenças ou da consciência do escusante.

Como ensina José Afonso da Silva:

> Reconhece-se o direito da *escusa* ou *imperativo de consciência*, mas a lei pode impor ao recursante prestação alternativa, que, por certo, há de ser compatível com suas convicções. há, assim, a liberdade de escusa, como um direito individual reconhecido mediante norma de eficácia contida, contenção esta que só se concretiza por meio da referida lei restritiva, que fixe prestação alternativa.

O principal (mas não único) exemplo é a prestação de serviço militar obrigatória (pode-se cumprir prestação alternativa de cuidar de uma escola, p. ex.).

> **Questão de Concurso**
>
> (Cespe/MPCE/Técnico/2020) Se, com o intuito de eximir-se de obrigação legal a todos imposta, uma pessoa se recusar a cumprir prestação alternativa, invocando convicção filosófica e política ou crença religiosa, os direitos associados a tais convicções poderão ser restringidos.
>
> Gabarito comentado: Correto.
> De acordo com o art. 5º, VIII, é admitida a escusa de consciência; contudo, nesse caso, a pessoa precisará cumprir a obrigação alternativa fixada em lei. A dupla recusa (a cumprir a obrigação legal e a prestação alternativa) pode ensejar a restrição de direitos.

Perceba-se que a recusa a cumprir a obrigação legal e a prestação alternativa importa a perda dos direitos políticos (art. 5º, VIII, c/c art. 15, IV).

⚠️ Atenção!

Em 26 de novembro de 2020, o STF julgou a questão sobre a escusa de consciência do servidor em estágio probatório, em relação ao cumprimento de obrigações legais incompatíveis com sua crença religiosa (trabalhar aos sábados, por exemplo). A Corte fixou a seguinte tese de repercussão geral: "Nos termos do artigo 5º, VIII, da Constituição Federal é possível à Administração Pública, inclusive durante o estágio probatório, estabelecer critérios alternativos para o regular exercício dos deveres funcionais inerentes aos cargos públicos, em face de servidores que invocam escusa de consciência por motivos de crença religiosa, desde que presentes a razoabilidade da alteração, não se caracterize o desvirtuamento do exercício de suas funções e não acarrete ônus desproporcional à Administração Pública, que deverá decidir de maneira fundamentada".

Sobre tema semelhante (escusa de consciência e concurso público), a Corte, no mesmo dia, fixou outra tese com repercussão geral: "Nos termos do artigo 5º, VIII, da Constituição Federal é possível a realização de etapas de concurso público em datas e horários distintos dos previstos em edital, por candidato que invoca escusa de consciência por motivo de crença religiosa, desde que presentes a razoabilidade da alteração, a preservação da igualdade entre todos os candidatos e que não acarrete ônus desproporcional à Administração Pública, que deverá decidir de maneira fundamentada" (Tema n. 1021 da Repercussão Geral do STF).

📝 Questão de Concurso

(FGV - DPE MS - Defensor Público Substituto – 2022) Maria foi nomeada e empossada no cargo de professora municipal, após aprovação em concurso público. Durante seu estágio probatório, Maria foi designada para lecionar em diversas turmas, uma delas com aula em dia e horário em que sua crença religiosa a impedia de trabalhar. Maria comunicou formalmente o fato à direção da escola e à Secretaria Municipal de Educação que, além de não lhe oportunizarem atividade diversa, alegaram violação do dever funcional de assiduidade e determinaram a instauração de processo administrativo disciplinar (PAD), que foi determinante para a reprovação da servidora no estágio probatório. Inconformada, Maria buscou assistência jurídica na Defensoria Pública, que impetrou mandado de segurança, alegando que, com base no Pacto de São José da Costa Rica e na jurisprudência do Supremo Tribunal Federal, é possível a Administração Pública estabelecer critérios alternativos para o regular exercício dos deveres funcionais inerentes aos cargos públicos, em face de servidores que invoquem escusa de consciência por motivos de crença religiosa:

a) para eximir-se de obrigação legal imposta a todos servidores, podendo Maria recusar-se a cumprir prestação alternativa, para evitar violação ao princípio da isonomia com os demais servidores aprovados no mesmo concurso;

b) desde que presente a razoabilidade da alteração, não se caracterize o desvirtuamento no exercício de suas funções e não acarrete ônus desproporcional à Administração Pública, que deverá decidir de maneira fundamentada;

c) desde que o servidor já tenha adquirido a estabilidade após estágio probatório, mas que, no caso em tela, Maria não pode ser duplamente sancionada pelo mesmo fato, devendo incidir somente falta funcional leve, e não reprovação no estágio probatório;

d) pois o princípio da laicidade se confunde com laicismo, de maneira que, em ponderação de interesses, o direito à liberdade religiosa deve prevalecer sobre o princípio da laicidade estatal, e Maria não está obrigada a aceitar as atividades alternativas que lhe forem ofertadas.

Gabarito comentado: B ("Nos termos do art. 5º, VIII, da CRFB, é possível a Administração Pública, inclusive em estágio probatório, estabelecer critérios alternativos para o regular exercício dos deveres funcionais inerentes aos cargos públicos, em face de servidores que invocam escusa de consciência por motivos de crença religiosa, desde que presente a razoabilidade da alteração, não se caracterize o desvirtuamento no exercício de suas funções e não acarrete ônus desproporcional à Administração Pública, que deverá decidir de maneira fundamentada." STF, Pleno, ARE 1.099.099, rel. min. Edson Fachin, j. 26-11-2020, DJe de 12-4-2021. Tema 1.021.)

6.5.4. Liberdade profissional

Tendo em vista os valores sociais do trabalho e da livre iniciativa (CF, art. 1º, IV), a Constituição cuida de garantir a todos que possam exercer qualquer trabalho, ofício ou profissão. Ofício está ligado a trabalhos manuais (sapateiro, carpinteiro etc.), enquanto profissão é a atividade laborativa regulamentada (químico, odontólogo etc.). Justo por isso, para o exercício de profissão podem ser exigidos alguns requisitos, desde que não sejam discriminatórios: curso superior, inscrição no órgão de classe etc. Por fim, trabalho é qualquer atividade econômica, em sentido amplo.

Perceba-se que estamos diante de uma norma de eficácia contida: em regra, é livre o exercício de qualquer trabalho, ofício ou profissão, mas a lei pode impor restrições (condicionamentos) a esse direito, para o bem da coletividade.

Relembre-se que, no julgamento do RE n. 511.961/SP, o Plenário do STF considerou não recepcionado decreto-lei que exigia o diploma de curso superior para o exercício da profissão de jornalista, por considerar que esse condicionamento era por demais rígido, tolhendo a própria liberdade de manifestação do pensamento23.

Questão de Concurso

(Cespe/Sefaz-DF/Auditor/2020) A Constituição Federal de 1988 prevê expressamente a exigência de inscrição em conselho de fiscalização para o exercício de qualquer atividade profissional.

Gabarito comentado: Errado.
A CF não traz qualquer exigência de que a pessoa tenha que estar vinculada a um conselho profissional para que possa trabalhar. Muito pelo contrário: o art. 5º, XIII, embora permita que a lei exija tal inscrição, deixa bem claro que isso é a exceção, apenas para aquelas profissões que venham a ser regulamentadas. E, além disso, o STF entende que só devem ser regulamentadas as profissões cujo exercício coloque em risco a coletividade.

Especificamente em relação à profissão de músico, o STF já ficou o entendimento de que "É incompatível com a Constituição a exigência de inscrição na Ordem dos Músicos do Brasil, bem como de pagamento de anuidade, para o exercício da profissão." (Tema n. 738 da Repercussão Geral)

Por outro lado, o STF considerou constitucional a previsão legal de pena de suspensão do direito de dirigir para o motorista que comete homicídio culposo no trânsito: "É constitucional a imposição da pena de suspensão de habilitação para dirigir veículo automotor ao motorista profissional condenado por homicídio culposo no trânsito." (Tema n. 486 da Repercussão Geral)

Questão de Concurso

(FGV – DPE MS – Defensor Público Substituto – 2022) Ernesto, motorista profissional, em fatídico evento, praticou homicídio culposo na direção do caminhão que conduzia. Ao fim do processo penal, veio a ser

---

[23] SILVA, José Afonso da. *Curso de Direito Constitucional Positivo*. São Paulo: Malheiros, 2006. p. 242. Há certa controvérsia sobre se tratar de caso de perda ou de suspensão dos direitos políticos. Consulte-se, a respeito, o capítulo relativo aos Direitos Políticos.

condenado, com base na legislação vigente, à pena alternativa de pagamento de prestação pecuniária e à proibição de dirigir veículo automotor por dois anos. Considerando que Ernesto possui família a sustentar, é correto afirmar, à luz da sistemática constitucional, que:

a) o direito ao exercício da profissão de motorista profissional se enquadra na perspectiva da dignidade humana, logo, não poderia ser restringido;

b) a proibição de dirigir veículo automotor é legítima, considerando o objetivo de proteger bens jurídicos relevantes de terceiros, como vida e integridade física;

c) a aplicação da penalidade de proibição de dirigir veículo automotor afronta o princípio da individualização da pena, por não ter considerado a condição pessoal de Ernesto;

d) a ponderação de interesses não pode gerar a ineficácia de um dos princípios envolvidos, sendo ilícita a proibição imposta a Ernesto ao eliminar o conteúdo essencial do direito.

Gabarito comentado: B ("É constitucional a imposição da pena de suspensão de habilitação para dirigir veículo automotor ao motorista profissional condenado por homicídio culposo no trânsito." STF, Pleno, RE 607.107, Relator Ministro Roberto Barroso, DJe de 14.04.2020, tema 486 da Repercussão Geral).

6.5.5. Liberdade de informação

Na verdade, a liberdade de informação possui dois significados possíveis: a) liberdade de informação ativa – é a liberdade de informar, intimamente ligada à liberdade de imprensa e à liberdade de expressão; b) liberdade de informação passiva – é a liberdade de obter informações, seja por intermédio dos meios de comunicação, seja do próprio Estado.

É o que ensina André Ramos Tavares: "Essa liberdade segue duas grandes vertentes. Na primeira, garante-se a liberdade na divulgação da informação. De outra parte, garante-se a liberdade de acesso à informação"[24].

Aliás, é certo que todos podem obter informações de interesse coletivo, geral ou particular, desde que isso não importe ofensa à segurança da sociedade e do Estado (art. 5º, XXXIII). O instrumento hábil a tutelar a liberdade de informação é, como veremos, o *habeas data* ou o mandado de segurança, conforme o caso (ver item acerca dos remédios constitucionais).

6.5.5.1. *Liberdade de obter informações em órgãos estatais*

Informações de interesse pessoal ou coletivo/geral devem ser acessíveis a todos: esta é a regra. Apenas pode ser negado o acesso a informações cujo segredo seja imprescindível para a segurança da sociedade e do Estado (táticas de guerra etc.).

Essa liberdade de informação, como veremos, pode ser tutelada tanto por meio de *habeas data* (informação de caráter pessoal) quanto por intermédio de mandado de segurança (informação de interesse coletivo ou geral).

6.5.5.2. *Direito à memória e à verdade*

Questões historicamente recentes e sempre polêmicas dizem respeito ao chamado *direito à memória e à verdade*. Consiste esse direito – que não está previsto expressamente na Constituição, mas é verdadeira decorrência lógica do art. 5º, XXXIII, e do próprio Preâmbulo

---

[24] TAVARES, André Ramos. *Curso de Direito Constitucional*. São Paulo: Saraiva, 2010. p. 640.

constitucional – na prerrogativa que todo cidadão tem de conhecer os fatos ligados à História do país e dos próprios familiares[25].

No Brasil, a questão ganha contornos mais polêmicos devido à recente ditadura militar, finda definitivamente com a promulgação da Constituição de 1988, e que deixou para trás muitos desaparecidos políticos e um rastro de perseguição ainda não totalmente esclarecido. Nesse contexto, o direito à memória e à verdade consiste também no acesso aos documentos históricos dessa época – algo que muitos setores ainda resistem em admitir.

Várias normas infraconstitucionais regulamentaram – com base no art. 8º, do ADCT – a responsabilização do Estado brasileiro pelos atos ilícitos cometidos durante a ditadura militar, bem como a questão do acesso a informações sobre esse período.

A questão passou a ganhar novos contornos com a publicação, de 2011, da Lei de Acesso à Informação (Lei n. 12.527/2011), que inclusive trouxe novas diretrizes para a obtenção de informações, inclusive por meio de obrigações de transparência ativa (informações que os órgãos públicos são obrigados a divulgar na *internet*) e passiva (informações que os órgãos públicos são obrigados a informar, se assim demandados).

6.5.6. Liberdade de locomoção

É a liberdade ambulatorial, a liberdade de ir, vir, ficar e permanecer. Nos termos constitucionais, é livre a locomoção no território nacional em tempos de paz, quando qualquer pessoa, **desde que cumpridos os requisitos da lei**, pode entrar no território nacional ou dele sair, inclusive com seus bens (art. 5º, XV).

Como veremos, a principal garantia dessa liberdade é o remédio constitucional do *habeas corpus* (CF, art. 5º, LXVIII).

6.5.7. Liberdade de reunião

É a liberdade de se unir a outras pessoas para manifestar a opinião sobre alguma coisa. É umbilicalmente ligada à liberdade de expressão, mas nela não se esgota. De acordo com o Ministro Celso de Mello (no voto vencedor na ADPF n. 187/DF), a liberdade de expressão é o direito-fim (finalidade que se busca alcançar, de veicular ou defender determinada ideia), ao passo que a liberdade de reunião é o direito-meio (mecanismo de que se utilizam as pessoas para veicular suas ideias).

Trata-se, na feliz nomenclatura de José Afonso da Silva, de um direito individual de feição coletiva, já que é um direito do indivíduo (direito de 1ª geração), mas que só pode ser exercido em grupo.

A reunião é a aglomeração temporária de pessoas, unidas por um determinado fim de protestar, comemorar etc. Perceba-se que, se a união entre as pessoas não for eventual, episódica (embora combinada), teremos o exercício da liberdade de associação, e não de reunião.

Realmente, a reunião é algo passageiro, momentâneo, ao passo que a associação é algo perene e duradouro (associação de moradores de bairro, por exemplo).

De acordo com a Constituição (art. 5º, XVI), a reunião pode ser livremente exercida, desde que de maneira pacífica e sem armas.

---

[25] GALLO, Carlos Arthur. O direito à memória e à verdade no Brasil pós-ditadura civil-militar. *Revista Brasileira de história & Ciências Sociais*, v. 2, n. 4, dez. 2010. p. 134-145.

É de se notar também que a reunião pode ocorrer em lugares acessíveis ao público (não necessariamente públicos), e *não depende de autorização do poder público*, mas apenas de *prévio aviso* (comunicação).

Essa comunicação, que deve ser feita com antecedência razoável, serve apenas para que as autoridades sejam informadas da reunião e possam providenciar segurança, ordenação de trânsito etc.

Como observa José Afonso da Silva:

> [...] apenas cabe um *aviso*, mero aviso, à autoridade que terá o dever, de ofício, de garantir a realização da reunião. Não tem a autoridade que designar local, nem sequer aconselhar outro local, salvo se comprovadamente já estiver ciente, por aviso insofismável, de que outra reunião já fora convocada para o mesmo lugar[26].

Saliente-se: uma reunião não pode impedir a realização de outra anteriormente marcada para a mesma hora e lugar (mais um motivo para a exigência de prévio aviso).

Ademais, "é preciso observar que durante o estado de defesa e o estado de sítio poderá o direito de reunião ser restringido ou suspenso (art. 136, §1º, I, *a*, e art. 139, IV, respectivamente"[27].

Questão de Concurso

(Cespe/TJPA/Oficial de Justiça/2020) Um grupo de pais apresentou requerimento a determinado município, solicitando autorização para realizar manifestação pacífica na praça pública onde está sediada a prefeitura, a fim de protestar contra políticas públicas municipais. A autoridade pública competente negou o pedido, sob o fundamento de que frustraria outra reunião anteriormente convocada para o mesmo horário e local. Nessa situação hipotética, para realizar a referida manifestação, o grupo de pais utilizou o instrumento

a) inadequado, porque o direito de reunião não requer autorização, mas apenas prévio aviso.

b) inadequado, entretanto a autoridade competente não poderia ter negado o direito com base no fundamento utilizado.

c) adequado, porque o direito de reunião requer prévia autorização administrativa, cabendo ao grupo ajuizar ação popular contra a decisão que negou o referido pedido.

d) adequado, porque o direito de reunião requer prévia autorização administrativa, cabendo ao grupo impetrar habeas corpus contra a decisão que negou o referido pedido.

e) adequado, porque o direito de reunião requer prévia autorização administrativa, cabendo ao grupo impetrar mandado de segurança contra a decisão que negou o referido pedido.

Gabarito comentado: A.
Conforme a previsão do art. 5º, XVI, da CF, o exercício do direito à liberdade de reunião pacífica em locais abertos ao público *independe* de autorização (ato governamental discricionário): depende apenas de prévio *aviso* (comunicação). Nesse caso, portanto, o instrumento utilizado pelo grupo de pais (pedido de autorização) é inadequado.

---

[26] SILVA, José Afonso da. *Curso de Direito Constitucional Positivo*. São Paulo: Malheiros, 2006. p. 264.
[27] TAVARES, André Ramos. Op. cit., p. 645.

Cuidado!

Para o STF, o requisito do prévio aviso é cumprido com a divulgação em redes sociais convocando a reunião: "A exigência constitucional de aviso prévio relativamente ao direito de reunião é satisfeita com a veiculação de informação que permita ao poder público zelar para que seu exercício se dê de forma pacífica ou para que não frustre outra reunião no mesmo local." (Tema n. 855 da Repercussão Geral do STF).

6.5.8. Liberdade de associação

É outro direito individual de feição coletiva. Porém, se a reunião é episódica, a associação é duradoura. É livre (art. 5º, XVIII), então, a criação de associações (sem fim lucrativo) e, na forma da lei (norma de eficácia contida), a de cooperativas.

Não pode o Estado intervir no funcionamento das associações, nem a criação delas depende de autorização do Poder Público. Apenas é certo que a liberdade de associação deve ser para fins lícitos, e é vedada a de caráter paramilitar (formação de milícias armadas, por exemplo) – art. 5º, XVII.

Aprofundamento:
tipos especiais de associações (*lato sensu*) que dependem de registro

O direito de pessoas se associarem abrange também a criação de outras entidades, não necessariamente classificadas no direito civil como associações em sentido estrito. Assim, por exemplo, podem ser instituídas entidades religiosas, partidos políticos, sindicatos etc.

Em relação a partidos políticos e sindicatos, também não se exige *autorização* (ato discricionário) do Poder Público para a sua criação; é exigível, contudo, o *registro* (ato vinculado), até para que se possa verificar a regularidade formal e o preenchimento dos requisitos constitucionais.

Os partidos políticos, *após adquirirem personalidade jurídica na forma da lei civil* (isto é, com registro em cartório), devem *registrar* seus estatutos no Tribunal Superior Eleitoral (TSE), para que adquiram a capacidade de disputarem eleições. Cabe ao TSE verificar se os partidos preenchem o requisito de terem *caráter nacional* (CF, art. 17, I, e § 2º).

Já em relação aos sindicatos, faz-se necessário que sejam registrados no órgão competente (art. 8º, I), que é o Ministério do Trabalho, ao qual cabe verificar se o requerente cumpre o requisito da unicidade sindical (art. 8º, II).

De qualquer forma, mesmo em relação a partidos políticos ou sindicatos, *não se exige autorização estatal*, mas apenas o mero *registro*.

Caso a associação passe a buscar fins ilícitos, poderá haver a intervenção do Estado para suspender-lhe o funcionamento ou dissolvê-la (art. 5º, XIX). Ambas as medidas têm que ser tomadas por autoridade judicial (e não policial ou administrativa – trata-se de mais uma reserva de jurisdição): a *suspensão* pode ser levada a cabo por *qualquer decisão judicial*, ainda que cautelar, mas a *dissolução* compulsória (contra a vontade dos associados) só pode ocorrer por *sentença judicial transitada em julgado*.

Questões de Concurso

[ANALISTA JUDICIÁRIO – ÁREA ADMINISTRATIVA TRT 24ª REGIÃO 2017 FCC] A associação dos metalúrgicos aposentados da cidade X está causando grande tumulto na cidade em razão das suas reivindicações e manifestações realizadas semanalmente na praça pública central. Assim, o Prefeito da cidade, através de Decreto, determinou que a associação será compulsoriamente dissolvida, devendo seus associados pagarem uma multa em caso de funcionamento após a data prevista para a sua dissolução. Neste caso, de acordo com a Constituição Federal,

a) o Prefeito agiu corretamente uma vez que as associações podem ser compulsoriamente dissolvidas por decreto do Chefe do Poder Executivo Municipal quando praticarem atos ilegais ou perturbarem a ordem.

b) a referida associação só poderá ser compulsoriamente dissolvida por decisão judicial transitada em julgado.

c) a referida associação só poderá ser compulsoriamente dissolvida por decisão judicial, não sendo exigido o trânsito em julgado.

d) o Prefeito agiu corretamente uma vez que as associações podem ser compulsoriamente dissolvidas, em qualquer hipótese, por decreto do Chefe do Poder Executivo Municipal, sendo permitida a aplicação de multa na hipótese narrada.

e) o Prefeito agiu corretamente uma vez que as associações podem ser compulsoriamente dissolvidas mediante decreto do Chefe do Poder Executivo Municipal, sendo vedado, porém, a previsão de multa na hipótese narrada

Gabarito: B
De acordo com o art. 5º, XIX, as associações só podem ser compulsoriamente dissolvidas por decisão judicial transitada em julgado.
Comentários item a item:
a) Errado. De acordo com o art. 5º, XIX, as associações só podem ser compulsoriamente dissolvidas por decisão judicial transitada em julgado.
c) Errado. Isso estaria correto se a questão falasse da suspensão compulsória; contudo, para a dissolução, exige-se sim o trânsito em julgado da decisão (CF, art. 5º, XIX).
d) Errado. De acordo com o art. 5º, XIX, as associações só podem ser compulsoriamente dissolvidas por decisão judicial transitada em julgado.
e) Errado. De acordo com o art. 5º, XIX, as associações só podem ser compulsoriamente dissolvidas por decisão judicial transitada em julgado.

[ANALISTA JUDICIÁRIO – ÁREA ADMINISTRATIVA TRE SP 2017 FCC] A constituição de associação que pretenda, independentemente de autorização governamental, dedicar-se ao estudo da forma de governo monárquica, com vistas a defender sua implantação no Brasil, percebendo, para tanto, auxílio técnico e financeiro de associações estrangeiras simpáticas à causa, será

a) compatível com a disciplina da liberdade de associação na Constituição da República.

b) incompatível com a Constituição da República, por possuir a associação fim ilícito.

c) incompatível com a Constituição da República, no que se refere à possibilidade de recebimento de auxílio financeiro de entidades estrangeiras.

d) incompatível com a Constituição da República, por possuir a associação caráter paramilitar.

e) compatível com a Constituição da República, desde que obtenha autorização governamental para sua constituição e funcionamento.

Gabarito comentado: A.
O objeto da associação é lícito (estudar a forma monárquica de governo nada tem de ilegal, não obstante ela não tenha sido adotada pela CF de 1988). Demais disso, as associações podem receber recursos financeiros de entidades estrangeiras (que não os pode receber são os partidos políticos: art. 17).

Aprofundamento:
crimes decorrentes do mau exercício da liberdade de associação

Conforme vimos já várias vezes, os direitos fundamentais não podem ser usados de escudo para a prática de atos ilícitos. Por conta disso, se uma associação passar a perseguir finalidades criminosas, pode-se configurar o crime de *associação criminosa* (CP, art. 288: "Associarem-se 3 (três) ou mais pessoas, para o fim específico de cometer crimes") ou *constituição de milícia privada* (CP, art. 288-A: "Constituir, organizar, integrar, manter ou custear organização paramilitar, milícia particular, grupo ou esquadrão com a finalidade de praticar qualquer dos crimes previstos neste Código").

Ademais, note-se que ninguém pode ser obrigado a se filiar a uma determinada associação – e, uma vez filiado, pode-se desfiliar no momento que bem entender (art. 5º, XX); esse princípio é extensível aos sindicatos (art. 8º, V).

Foi com base nesse princípio que o Supremo Tribunal Federal declarou inconstitucional lei que, por meios disfarçados, forçava os pescadores a se filiarem a colônias da categoria para poderem receber seguro-desemprego na época do defeso.

6.5.8.1. Legitimidade das associações para o processo coletivo

As associações têm poder de representar os filiados, desde que expressamente autorizadas por estes (art. 5º, XXI). Esse dispositivo traz para as entidades associativas a possibilidade de ingressarem com processos coletivos, em defesa do interesse dos seus associados.

A questão crucial, porém, consiste em definir se se trata de *representação processual* (em que se exige a autorização expressa do titular do direito para o ajuizamento da ação) ou de *substituição processual* (em que a autorização expressa é dispensada, pois já é dada diretamente pela lei).

A jurisprudência tradicional do STF sempre entendeu tratar-se, no caso do art. 5º, XXI, de hipótese de representação processual, para a qual se exige autorização expressa dos associados, seja por meio de votação da assembleia geral, seja por previsão no estatuto da associação, não sendo necessário colher procuração assinada por todos os associados.

Para concursos, o que é importante saber é que a hipótese do art. 5º, XXI, configura-se como representação processual. Logo, para entrar com ações judiciais em defesa dos associados, a associação depende de autorização expressa destes (essa é a regra geral).

Diferente é a situação quando se trata da legitimidade da associação para impetrar *mandado de segurança coletivo* (art. 5º, LXX, b) ou *mandado de injunção coletivo*: nesse caso, a própria CF exige apenas um ano de funcionamento, de modo que não é necessária a autorização expressa dos associados (STF, Súmula 629). Aqui, sim, o caso é de *substituição processual*.

Em resumo:

Para o ajuizamento de ações judiciais em defesa dos associados, as associações precisam de autorização expressa destes (regra geral: art. 5º, XXI). Porém, no caso de mandado de segurança coletivo e mandado de injunção coletivo, não é necessário cumprir tal condição (art. 5º, XXI; Súmula 629 do STF).

Aprofundamento:
a distinção entre representação processual e substituição processual

Há que se distinguir devidamente a *representação processual* e a *substituição processual*.

Na representação processual, pleiteia-se direito alheio em nome alheio. Por exemplo: uma associação ajuíza ação para defender direito dos seus associados (o direito não é dela, é de terceiros), mas como se a ação fosse ajuizada em nome dos próprios associados (ação ajuizada em nome alheio). Por isso, faz-se necessária a autorização *expressa* e *específica* destes. A autorização específica é aquela conferida mediante procuração ou decisão da assembleia geral, não sendo suficiente a mera autorização genérica prevista no estatuto da associação. Em outras palavras: para cada ação será necessária uma autorização. Trata-se de um caso que a teoria geral do processo considera legitimação ordinária (o próprio titular do direito ajuíza a ação, embora representado pela associação): "A previsão estatutária genérica não é suficiente para legitimar a atuação, em Juízo, de associações na defesa de direitos dos filiados, sendo indispensável autorização expressa, ainda que deliberada em assembleia, nos termos do artigo 5º, inciso XXI, da Constituição Federal" (Tema nº 82 da Repercussão Geral do STF).

Já no caso da substituição processual, pleiteia-se direito alheio em nome próprio: o direito defendido é dos associados, mas a ação é ajuizada em nome da própria associação. Nesse caso, dispensa-se a autorização expressa dos associados, uma vez que essa autorização é dada diretamente pela lei (ou pela CF). Trata-se de um caso de legitimação extraordinária (quem ajuíza a ação é um terceiro, e não o titular do direito pleiteado).

A legitimidade *genérica* das associações (CF, art. 5º, XXI) é um caso de *representação processual* (autorização expressa e específica necessária); já no caso de ajuizamento de MS coletivo ou MI coletivo, dispensa-se essa autorização, já que se trata de um caso de *substituição processual*.

	Representação processual	Substituição processual
Definição	Defender direito alheio em nome alheio	Defender direito alheio em nome próprio
Legitimação	Ordinária (titular do direito material é o autor da ação)	Extraordinária (titular do direito material é diferente do autor da ação)
Fundamento	CF, art. 5º, XXI	CF, art. 5º, LXX, *b*, e outros casos expressos em lei
Autorização dos associados	Necessária	Desnecessária
Casos	Ações em geral	MS Coletivo MI Coletivo

Aprofundamento:
associação pode defender direitos de apenas uma parte da categoria?

Sim! De acordo com a Súmula 630 do STF, "A entidade de classe tem legitimação para o mandado de segurança ainda quando a pretensão veiculada interesse apenas a uma parte da respectiva categoria".

Aprofundamento:
como fica a legitimidade dos sindicatos?

Os sindicatos são *substitutos processuais* (e não apenas representantes) da *categoria* (e não apenas dos sindicalizados). Logo, podem ajuizar demandas em favor da categoria (ou de parte dela), *independentemente de autorização* (CF, art. 8º, III, na interpretação jurisprudencial). Confira: "Os sindicatos possuem ampla legitimidade extraordinária para defender em juízo os direitos e interesses coletivos ou individuais dos integrantes da categoria que representam, inclusive nas liquidações e execuções de sentença, independentemente de autorização dos substituídos." (Tema nº 823 da Repercussão Geral do STF).

6.6. INTIMIDADE E VIDA PRIVADA (CF, ART. 5º, X)

6.6.1. Distinção

Não se trata de conceitos sinônimos, uma vez que a lei não possui palavras inúteis. Dessa forma, podemos dizer que a intimidade diz respeito à esfera subjetiva da pessoa, seus pensamentos, sentimentos, desejos, manias, peculiaridades.

Já a privacidade, como respeito à vida privada, faz-se referência ao *"direito de ser deixado tranquilo, em paz, de estar só"*, nas palavras do Juiz Cooly, proferidas em 1873. Cuida-se, portanto, do direito de opor aos outros um círculo do qual só participem as pessoas escolhidas.

É sempre bom lembrar, com José Afonso da Silva, que o que a Constituição protege é a vida privada; a vida pública, exterior, social, pode ser livremente pesquisada. Estão protegidos com base na intimidade, por exemplo, gravações ambientais feitas em local privado sem o consentimento dos interlocutores e dados bancários[28].

Há diversas teorias jurídicas que buscam distinguir entre a *intimidade* e a *privacidade* (ou, para usar os termos da CF, *vida privada*). A mais adotada entre nós é a *teoria dos círculos concêntricos de Heinrich Henkel*. De acordo com esse autor alemão, temos que distinguir a vida pública da vida privada (conforme a lição de José Afonso da Silva, já citada). Dentro dessa última esfera, teríamos três camadas (círculos concêntricos): a) a privacidade (camada mais externa, que inclui informações que compartilhamos com colegas de trabalho, por exemplo; para alguns autores, aqui estariam protegidas informações privadas, mas não tão sensíveis, como o sigilo dos dados telefônicos); b) a intimidade (esfera intermediária, à qual têm acesso apenas amigos íntimos, por exemplo, tais como questões de domicílio, sigilo bancário, sigilo das comunicações telefônicas); e c) segredo (esfera mais próxima do Eu, à qual apenas a própria pessoa tem acesso – questões como orientação sexual, preferências, sentimentos etc.).

Essa teoria, apesar de não adotada expressamente na jurisprudência do STF, explica muitas decisões da Corte, tais como a que permite que as CPIs quebrem o sigilo dos dados

---

[28] SILVA, José Afonso da. *Curso de Direito Constitucional Positivo*. São Paulo: Malheiros, 2006. p. 206. Se um consumidor comprar um produto defeituoso e, ao utilizá-lo, tenha sido exposta ao ridículo, fará jus a indenização por dano moral e por dano material. É o que consta da Súmula 37 do STJ, segundo a qual "são cumuláveis as indenizações por dano material e dano moral oriundos do mesmo fato".

telefônicos (lista de ligações), mas não o sigilo das comunicações telefônicas (interceptação telefônica): ou seja, a CPI pode ter acesso à esfera de privacidade, mas não ao conteúdo da intimidade (essa última, só com ordem judicial).

6.6.2. Indenização por dano moral, material e à imagem (CF, art. 5º, V)

A violação da intimidade, mesmo que não importe desonra, pode justificar indenização por danos morais (sofrimento psíquico), materiais (prejuízo financeiro) ou à imagem (utilização indevida da imagem das pessoas).

Havia, na doutrina do Direito Civil, uma grande controvérsia sobre a possibilidade de indenização por danos morais – discussão que perdeu sentido quando a Constituição expressamente garantiu tal possibilidade, no art. 5º, V e X.

Importante salientar que a indenização por danos materiais não exclui a possibilidade de indenização por danos morais, ainda que decorrentes do mesmo fato, pois são duas reparações diferentes, em virtude de dois danos diferentes. Assim, por exemplo,

A propósito, vale relembrar que, ainda de acordo com a jurisprudência do STJ, a pessoa jurídica pode ser vítima de dano moral (Súmula 227).

6.6.3. Inviolabilidade do domicílio (CF, art. 5º, XI)

6.6.3.1 *Definição, titularidade e abrangência*

A Constituição garante a inviolabilidade da casa, sem consentimento do morador, ressalvadas algumas hipóteses excepcionais (art. 5º, XI)

Primeiramente, destaque-se que, para o ingresso no domicílio, deve haver o consentimento do **morador**, isto é, de quem rotineiramente habita o local, independentemente de ser o proprietário ou não.

Em segundo lugar, a palavra "casa" deve ser entendida em sentido amplo, como qualquer compartimento habitado em que alguém exerce a sua privacidade com exclusão de todos os demais. Podem ser enquadrados no conceito de domicílio, por exemplo, quarto de hotel ocupado[29], barraca de *camping*, escritório profissional (parte não acessível ao público em geral) etc.

De acordo com o art. 150 do CP (que define o crime de violação de domicílio):

§4º A expressão "casa" compreende:

I – qualquer compartimento habitado;

---

[29] STF, Segunda Turma, RHC 90.276/RJ, Relator Ministro Celso de Mello, *DJe* de 17-5-2007: "Para os fins da proteção jurídica a que se refere o art. 5º, XI, da Constituição da República, o conceito normativo de 'casa' revela-se abrangente e, por estender-se a qualquer aposento de habitação coletiva, desde que ocupado (CP, art. 150, §4º, II), compreende, observada essa específica limitação espacial, os quartos de hotel. Doutrina. Precedentes. Sem que ocorra qualquer das situações excepcionais taxativamente previstas no texto constitucional (art. 5º, XI), nenhum agente público poderá, contra a vontade de quem de direito (invito domino), ingressar, durante o dia, sem mandado judicial, em aposento ocupado de habitação coletiva, sob pena de a prova resultante dessa diligência de busca e apreensão reputar-se inadmissível, porque impregnada de ilicitude originária. Doutrina. Precedentes (STF)".

II – aposento ocupado de habitação coletiva;

III – compartimento não aberto ao público, onde alguém exerce profissão ou atividade.

§5º Não se compreendem na expressão "casa":

I – hospedaria, estalagem ou qualquer outra habitação coletiva, enquanto aberta, salvo a restrição do n. II do parágrafo anterior;

II – taverna, casa de jogo e outras do mesmo gênero.

6.6.3.2. *Hipóteses legítimas de entrada no domicílio sem consentimento do morador*

São quatro as hipóteses constitucionalmente previstas, nas quais se pode entrar no domicílio de alguém, mesmo sem o consentimento do morador. Três delas podem ocorrer de dia ou à noite; uma, apenas durante o dia. Estudemo-las.

6.6.3.3. *Desastre*

Caso haja um incêndio ou um desabamento, é claro que pode haver a legítima violação de domicílio, seja de dia ou à noite. Desastre é a tragédia, a situação de calamidade.

6.6.3.4. *Socorro*

Não necessariamente em caso de desastre, se for preciso socorrer alguém que se encontra no interior da residência, será possível violá-la, mesmo sem o consentimento do morador.

6.6.3.5. *Flagrante delito*

De acordo com o CPP, temos que:

> Art. 301. Qualquer do povo poderá e as autoridades policiais e seus agentes deverão prender quem quer que seja encontrado em flagrante delito.
> Art. 302. Considera-se em flagrante delito quem:
> I – está cometendo a infração penal;
> II – acaba de cometê-la;
> III – é perseguido, logo após, pela autoridade, pelo ofendido ou por qualquer pessoa, em situação que faça presumir ser autor da infração;
> IV – é encontrado, logo depois, com instrumentos, armas, objetos ou papéis que façam presumir ser ele autor da infração.
> Art. 303. Nas infrações permanentes, entende-se o agente em flagrante delito enquanto não cessar a permanência.

Cabe ao Direito Processual Penal – e, portanto, refoge ao nosso objeto de estudo aqui – definir as espécies de flagrante. Cuida-se de um tema sujeito à liberdade de conformação do legislador (que, porém, não pode ampliar tanto as hipóteses de flagrante que termine por atingir o núcleo essencial do conceito de domicílio).

De qualquer forma, é preciso se ter cuidado com a situação do flagrante de crime permanente: nesses casos, em que a execução do delito se prolonga no tempo, a qualquer momento em que se ingressar no domicílio do morador, será possível realizar a prisão flagrante. Por exemplo: se a autoridade policial invadir um domicílio e lá encontrar drogas em depósito, por exemplo, legítima terá sido a invasão, já que a manutenção de substância entorpecente em depósito é um exemplo de crime permanente (Lei n. 11.343/2006, art. 33, *caput*, cuja execução se prolonga no tempo). Foi o que decidiu, em fevereiro de 2018, a 6ª Turma do STJ (HC n. 423.838, Relator Ministro Sebastião Reis Júnior), ao analisar caso em que policiais sentiram forte cheiro de maconha vindo de uma casa e a invadiram, mesmo sem mandado judicial, tendo encontrado lá grande quantidade de maconha e *crack*.

Por outro lado, as meras suspeitas genéricas não autorizam a entrada no domicílio, sem mandado judicial, tornando ilícitas as provas assim colhidas pela polícia[30]: "A entrada forçada em domicílio sem mandado judicial só é lícita, mesmo em período noturno, quando amparada em fundadas razões, devidamente justificadas a posteriori, que indiquem que dentro da casa ocorre situação de flagrante delito, sob pena de responsabilidade disciplinar, civil e penal do agente ou da autoridade, e de nulidade dos atos praticados." (Tema nº 280 da Repercussão Geral do STF).

Questão de Concurso

(CESPE.PC-MA.Delegado de Polícia.2018) De acordo com o entendimento do STF, a polícia judiciária não pode, por afrontar direitos assegurados pela CF, invadir domicílio alheio com o objetivo de apreender, durante o período diurno e sem ordem judicial, quaisquer objetos que possam interessar ao poder público. Essa determinação consagra o princípio do(a)

a) legalidade
b) reserva da jurisdição
c) ampla defesa
d) contraditório
e) direito ao sigilo

Gabarito comentado: B.
Conforme o art. 5º, XI, a entrada forçada no domicílio de alguém fora das hipóteses de flagrante delito, desastre ou para prestar socorro só seria possível durante o dia e por meio de ordem judicial – logo, a situação descrita viola o princípio da reserva de jurisdição (decisão que só pode ser tomada pelo Judiciário).

Aprofundamento:
os indícios veementes de flagrante delito e o abuso de autoridade

Questão complexa se verifica quando a polícia invade o domicílio de alguém, crendo firmemente que há o consumo de drogas (ou a prática de qualquer outro crime), mas encontra a casa "limpa", sem qualquer tipo de delito sendo cometido. Nesse caso, há crime de abuso de autoridade, na modalidade de atentado à inviolabilidade de domicílio (Lei n. 4.898/1965, art. 3º, *b*)?

---

[30] STF, 2ª Turma, HC n. 138.656, Relator Ministro Ricardo Lewandowski.

Se havia realmente indícios *veementes* de prática de um delito, mas que depois não se confirmaram, não há crime de abuso de autoridade, pois esse tipo de responsabilização penal exige a conduta dolosa, e não meramente culposa. Porém, se não havia elementos concretos, pode sim haver a responsabilização dos agentes públicos que invadem um domicílio sem ordem judicial, ao menos na forma de dolo eventual (assumir o risco de produzir o resultado).

Por fim, é preciso registrar nosso entendimento de que, em se tratando do Presidente da República, que só pode ser preso em virtude de sentença judicial (art. 86, §3º), não se pode ingressar no domicílio do Chefe do Executivo, nem mesmo em caso de flagrante, a não ser para salvar uma pessoa.

Do mesmo modo, quanto aos Parlamentares Federais, que só podem ser presos em flagrante de crimes *inafiançáveis* (art. 53, §2º), também entendemos que só nessas hipóteses estará autorizado o ingresso no domicílio, com base na justificativa do flagrante delito.

6.6.3.6. Cumprimento, durante o dia, de ordem judicial

Primeiramente, deve-se perceber que a ordem deve ser autoridade judicial. Trata-se da chamada reserva de jurisdição, de modo que somente autoridade judicial (nem mesmo CPI) pode determinar a violação de domicílio com base nessa hipótese.

Pode a invasão decorrer de mandado de prisão, busca e apreensão etc. É possível a expedição de mandado de prisão para ser executado de dia ou à noite; o que não pode ocorrer é a violação de domicílio, à noite, com base nesse mandado. Isso porque essa hipótese de violação só é possível durante o dia.

O conceito de dia é controvertido na doutrina: há a corrente cronológica (dia é o período entre 6h e 18h); a corrente astronômica (dia é o período entre a aurora e o crepúsculo); e, por fim, a corrente mista (dia é o período entre 6h e 18h ou entre a aurora e o crepúsculo, o que for mais amplo) – esta parece ser a teoria majoritária.

O STF ainda não se manifestou sobre o assunto. Para fins de concursos públicos, geralmente a questão cobra uma situação concreta em que se terá certeza de ser dia ou não, qualquer que seja a corrente adotada.

6.6.3.6.1. Inviolabilidade do domicílio e ordem judicial cumprida à noite

A CF é clara ao dispor que o mandado judicial *de entrada forçada em domicílio* (seja mandado de prisão, busca e apreensão etc.) só pode ser cumprido, sem consentimento do morador, ser for durante o dia. Todavia, é preciso lembrar que nenhum direito fundamental é absoluto.

Com base nesse entendimento, o STF autorizou, *excepcionalmente*, e *tendo em vista as particularidades do caso* concreto, a Polícia Federal a instalar escuta ambiental, à noite, em escritório de advocacia que vinha sendo utilizado como antro para a prática de ilícitos (informativo n. 529).

Confira-se o trecho da ementa que nos interessa:

> PROVA. Criminal. Escuta ambiental e exploração de local. Captação de sinais óticos e acústicos. Escritório de advocacia. **Ingresso da autoridade policial, no período noturno, para instalação de equipamento. Medidas autorizadas por**

decisão judicial. Invasão de domicílio. Não caracterização. Suspeita grave da prática de crime por advogado, no escritório, sob pretexto de exercício da profissão. Situação não acobertada pela inviolabilidade constitucional. Inteligência do art. 5º, X e XI, da CF, art. 150, §4º, III, do CP, e art. 7º, II, da Lei n. 8.906/94. Preliminar rejeitada. Votos vencidos. **não opera a inviolabilidade do escritório de advocacia, quando o próprio advogado seja suspeito da prática de crime, sobretudo concebido e consumado no âmbito desse local de trabalho, sob pretexto de exercício da profissão**[31].

Veja Bem!

Esse posicionamento só será levado em consideração se a questão fizer expressa referência a esse caso concreto. Em regra, continua valendo que, para ingressar no domicílio contra a vontade do morador para cumprir mandado judicial, só durante o dia.

6.6.4. Sigilo das comunicações telefônicas

6.6.4.1. *Previsão*

De acordo com o art. 5º, XII, da CF, "é inviolável o sigilo da correspondência e das comunicações telegráficas, de dados e das comunicações telefônicas, salvo, no último caso, por ordem judicial, nas hipóteses e na forma que a lei estabelecer para fins de investigação criminal ou instrução processual penal".

6.6.4.2. *Definições*

Correspondência é a missiva, a epístola, a carta; *comunicação telegráfica* é a hoje desusada comunicação por meio de impulsos elétricos, codificados e decodificados de acordo com o Código Morse; *comunicação de dados* é a transmissão de informações, por exemplo, entre agência e terminal de caixa eletrônico; e, por fim, *comunicação telefônica* é a feita por meio da codificação e decodificação da voz, transformando-a em impulsos elétricos ou eletromagnéticos.

Pergunta-se: e as comunicações por *e-mail*? Enquadram-se em qual categoria? Embora haja precedente em que o Ministro Eros Grau, em *obiter dictum* (dito de passagem), referiu-se a *e-mail* como se fosse correspondência, preferimos ficar com a disposição da Lei n. 9.296/96 – que, ao tratar da interceptação de comunicações telefônicas, previu que: "O disposto nesta Lei aplica-se à interceptação do fluxo de comunicações em sistemas de informática e telemática" (art. 1º, parágrafo único).

Assim, pode-se afirmar que **as comunicações telemáticas estão protegidas sob a mesma regra das comunicações telefônicas**.

---

[31] STF, Pleno, Inq 2.424/RJ, Relator Ministro Cezar Peluso, *DJe* de 25-3-2010.

6.6.4.3. *Quebra do sigilo das comunicações*

Sabe-se que, em se tratando de proteger a intimidade e a privacidade, o sigilo é a regra; a quebra dele, a exceção.

Nesse sentido, a CF principia por dizer que é *inviolável* o sigilo das comunicações... *salvo, no último caso* (comunicações telefônicas/telemáticas), *por ordem judicial, nas hipóteses e na forma que a lei estabelecer para fins de investigação criminal ou instrução processual penal.*

Caso se fizesse uma leitura literal do art. 5º, XII, chegar-se-ia à conclusão de que o sigilo das correspondências, comunicações telegráficas e de dados não poderia ser quebrado; só poderia ser quebrado o sigilo das comunicações telefônicas, e apenas nos casos previstos na CF. Essa interpretação, embora possível, não é a mais adequada, uma vez que nenhum direito fundamental é absoluto.

Na verdade, a interpretação constitucionalmente mais adequada – e adotada pelo STF – é a de que a regra é a inviolabilidade do sigilo; pode haver, porém, a quebra, nos casos previstos em lei (reserva legal); em relação ao sigilo das correspondências e das comunicações de dados e telegráficas, basta a previsão legal (reserva legal simples), já que a CF não faz exigências especiais sobre o conteúdo desse ato normativo que regulamente a quebra do sigilo. Porém, em relação à quebra do sigilo das comunicações *telefônicas* (e telemáticas), a CF instituiu uma proteção *maior*, uma reserva legal qualificada, já que a quebra só poderá ser feita *nos casos previstos em lei* (reserva legal) *e a lei deverá prever que a quebra ocorra apenas por decisão judicial e somente para fins penais* (reserva legal qualificada).

Assim, teríamos o seguinte:

a) Sigilo das correspondências, das comunicações telegráficas e de dados: pode ser quebrado, nos casos previstos em lei (reserva legal simples): não é necessário que a quebra se dê por ordem judicial, por absoluta falta de previsão constitucional nesse sentido. Aliás, o STF já julgou ser compatível com a CF o parágrafo único do art. 41 da Lei de Execuções Penais (Lei n. 7.210/84), que prevê poder o diretor do presídio (autoridade administrativa, portanto) interceptar a correspondência dos presos.

⚠ Atenção!

"Sem autorização judicial ou fora das hipóteses legais, é ilícita a prova obtida mediante abertura de carta, telegrama, pacote ou meio análogo." (Tema nº 1041 da Repercussão Geral do STF).

b) Sigilo das comunicações: especificamente quanto à quebra do sigilo das *comunicações* telefônicas, é preciso observar que o sigilo pode ser quebrado apenas por ordem judicial, na forma da lei, para fins de investigação criminal ou instrução processual penal.

Assim, temos que são elementos essenciais à constitucionalidade da quebra de sigilo:

b.1) ordem judicial (trata-se de reserva de jurisdição);

b.2) nas hipóteses estabelecidas em lei: cuida-se da chamada reserva legal qualificada (exige-se lei em sentido formal e, ademais, que trate especificamente sobre esse assunto, com as restrições já impostas pela Constituição); temos, nessa parte, uma norma de eficácia limitada, que só passou a produzir todos os efeitos com a vinda da lei regulamentadora (Lei n. 9.296/96) – por isso, o STF declara ilícita qualquer escuta telefônica realizada antes da vinda da lei regulamentadora; a Lei n. 9.296/96 não permite, ademais, interceptações por prazo superior a 15 dias (embora se admitam várias renovações), nem as interceptações realizadas para investigar crime punível apenas com detenção (é preciso que o crime seja mais grave, isto é, seja punível com pena de reclusão).

b.3) para fins de investigação criminal (inquérito policial) ou instrução processual penal (processo penal) – logo, não há possibilidade de quebra para fins de processo disciplinar contra servidor público, ou ação civil de investigação de paternidade ou de improbidade administrativa.

Aprofundamento:
encontro fortuito de provas e serendipidade

O STF admite a aplicação da teoria da *serendipidade*, ou do encontro fortuito de provas. Assim, se se está realizando interceptação telefônica em relação a uma pessoa, mas esta recebe a ligação de uma terceira pessoa, contra a qual também se verifica a prática de delitos, esta prova será válida; do mesmo modo, se se investiga a prática de um delito punível com reclusão (por exemplo: associação criminosa – CP, art. 288), mas se encontram provas da prática de crime punível apenas com detenção (por exemplo: crimes licitatórios), essa prova também será válida.

Claro que a validade dessas provas pressupõe a boa-fé dos agentes públicos, bem como a competência do juiz para decretar a interceptação *original*, sob pena de ilicitude das provas colhidas. Do mesmo modo, em caso de encontro de provas do envolvimento de autoridades com foro por prerrogativa de função, as provas devem ser imediatamente encaminhadas ao Tribunal competente.

Aprofundamento:
prova emprestada

O STF aceita a possibilidade de utilizar, em processo administrativo disciplinar contra servidor público, degravação telefônica realizada em processo penal – trata-se da chamada prova emprestada.

O STJ também aceita essa possibilidade, que foi inclusive sumulada, originando a Súmula 591 da Corte: "É permitida a 'prova emprestada' no processo administrativo disciplinar, desde que devidamente autorizada pelo juízo competente e respeitados o contraditório e a ampla defesa".

6.6.4.4. *Comissões Parlamentares de inquérito e sigilo telefônico*

As CPIs (comissões parlamentares de inquérito) podem quebrar o sigilo telefônico do acusado (acesso à lista de ligações), mas não podem quebrar o sigilo das *comunicações* telefônicas (interceptação telefônica), pois essa última hipótese encontra-se sob reserva de jurisdição.

Consulte-se, por exemplo, a lição de Denise Vargas:

O sigilo das comunicações telefônicas não se confunde com o sigilo telefônico. Este envolve o extrato das ligações (hora, duração, origem, destino). Aquele envolve o teor da conversa telefônica (voz).

[...] A quebra do sigilo telefônico tem sido aceita quando realizada, dentro dos limites da proporcionalidade, pelo Judiciário, pelas Comissões Parlamentares de Inquérito e por requisição do Ministério Público[32].

Em resumo:
CPI pode quebrar *sigilo telefônico* (*dados telefônicos, lista de chamadas*), mas não pode quebrar sigilo das *comunicações* telefônicas (*interceptação telefônica*).

6.6.4.5. E-mail *corporativo*

É firme a jurisprudência no sentido de que o monitoramento de *e-mail* corporativo pode ser realizado pela empresa, pois nesse caso não se pode opor à própria empregadora e mantenedora (proprietária) do *e-mail* qualquer sigilo.

6.6.4.6. *Gravações ambientais*

Não se pode confundir a gravação/interceptação telefônica com a gravação ambiental, realizada em um determinado ambiente, por meio de microfones. No primeiro caso, aparelhos eletrônicos captam os pulsos telefônicos ou a voz decodificada pelo telefone; no segundo, microfones captam as vozes humanas proferidas em um determinado ambiente.

A primeira é protegida pelo art. 5º, XII; a segunda é tutelada não com base no sigilo das comunicações, mas sim com base no direito geral à intimidade (art. 5º, X).

Assim, é **lícita** a gravação ambiental quando feita em lugares públicos, por exemplo, ou em situações nas quais não se possa alegar intimidade[33]. Com efeito, o STF já decidiu que "é lícita a gravação ambiental de diálogo realizada por um de seus interlocutores"[34].

O STF já considerou **ilícita** gravação ambiental feita por carcereiros, em que presos confessavam a prática de crimes – a ilicitude derivou, porém, não da gravação em si, mas da violação do direito ao silêncio, já que os presos não sabiam que a conversa era gravada[35].

Resumindo: gravação de conversa *telefônica* sem autorização judicial *ou* sem conhecimento de um dos interlocutores – em regra é *ilícita*; gravação *ambiental* – em regra é *lícita*; só é ilícita se violar a intimidade ou privacidade. *A contrario sensu*, a gravação feita por um dos interlocutores, mesmo sem o conhecimento do outro, é prova *lícita*.

Tema nº 237 da Repercussão Geral do STF: "É lícita a prova consistente em gravação ambiental realizada por um dos interlocutores sem conhecimento do outro."

---

[32] VARGAS, Denise. *Manual de Direito Constitucional*. São Paulo: RT, 2010. p. 337.
[33] STF, Pleno, Inq 2.424/RJ, Relator Ministro Cezar Peluso, *DJe* de 25-3-2010.
[34] STF, Ap n. 447/RS, Informativo n. 536/2009.
[35] STF, Primeira Turma, HC n. 80.949/RJ, Relator Ministro Sepúlveda Pertence, *DJ* de 14-12-2001.

Questão de Concurso

(Cespe/ABIN/Oficial/2018) Conforme a jurisprudência do Supremo Tribunal Federal, a gravação de conversa telefônica feita por um dos interlocutores sem o conhecimento do outro não é considerada prova ilícita, desde que ausente causa legal específica de sigilo

Gabarito comentado: Correto.
De acordo com a jurisprudência do STF, o participante de conversa pode gravá-la, independentemente de conhecimento ou de consentimento do interlocutor, a não ser que haja alguma cláusula legal de conversa.

A Lei de Organizações Criminosas (Lei n. 12.850/2013) prevê expressamente como meios de prova "a captação ambiental de sinais eletromagnéticos, ópticos ou acústicos".

6.6.5. Sigilo bancário e fiscal

O sigilo bancário e fiscal não se confunde com o sigilo das comunicações. É tutelado, portanto, com base no princípio geral de tutela da intimidade (art. 5º, X).

Por isso, a regra é a manutenção do sigilo bancário, mas que pode ser acessado até por determinação de CPI ou da Receita Federal (LC n. 105/2001, art. 3º).

De acordo com essa Lei Complementar, podem quebrar sigilo bancário:

a) Judiciário;

b) CPI (inclusive as CPIs estaduais, segundo entendimento do STF[36]);

c) Receita Federal, em procedimento administrativo fiscal regularmente autuado.

Atenção!

Após diversas idas e vindas, o STF passou a aceitar que a autoridade tributária (=autoridade fazendária=Receita) possa ter acesso, *independentemente de ordem judicial*, a movimentações bancárias sigilosas dos contribuintes.

Essa questão já caiu diversas vezes em provas de concursos 2019/2020!

6.6.5.1. *Sigilo bancário e Ministério Público*

Existe controvérsia sobre a possibilidade, ou não, de quebra do sigilo bancário *diretamente* por órgão do Ministério Público.

A maioria da doutrina entende pela impossibilidade, destacando que não há autorização na LC n. 105/2001.

---

[36] A Lei Complementar n. 105/2001 silencia sobre a matéria, o que ocasionou a profusão de ações cíveis originárias no Supremo Tribunal Federal, pois as instituições bancárias públicas federais se recusavam a fornecer os dados requeridos. Ao julgar as ações, o Supremo considerou ser intrínseco ao poder investigatório das CPIs o poder de decretar a quebra do sigilo bancário dos indiciados. Por exemplo: STF, Pleno, ACO 730-5/RJ, Relator Ministro Joaquim Barbosa; 1ª Turma, MS n. 27.351/SP, Relator Ministro Celso de Mello.

Porém, Alexandre de Moraes[37] e Denise Vargas[38] consideram que o MP poderia determinar a quebra, diretamente, quando se tratasse de investigação sobre recursos públicos.

O STF posicionou-se, porém, no sentido de que o Ministério Público, nesse caso, deveria requisitar a quebra ao Poder Judiciário[39].

Comentando a jurisprudência das Cortes Superiores, Douglas Fischer e Eugênio Pacelli afirmam que "atualmente, na jurisprudência nacional, qualquer que seja o motivo, impõe-se o socorro da autoridade judicial, sem cuja autorização não será possível a quebra do sigilo bancário. Exceção feita [...] às Comissões Parlamentares de Inquérito"[40] e à Receita Federal, como já vimos.

Mais recentemente, a 1ª Turma do STF autorizou o acesso a dados bancários sigilosos por determinação do MP, independentemente de ordem judicial – mas o caso era peculiar, pois se tratava de acesso a dados de movimentações bancárias de uma prefeitura.

Para fins de concursos públicos, a questão ainda é bastante polêmica.

6.6.6. Proteção de dados pessoais

Dos direitos fundamentais à intimidade e à privacidade, deriva-se o direito fundamental à proteção de dados pessoais, segundo o qual o titular dos dados é senhor de qualquer utilização por terceiros de informações sobre si mesmo.

Entendia-se que o direito à proteção dos dados pessoais decorria da própria garantia constitucional da privacidade (CF, art. 5º, X). Tanto assim, que o Supremo Tribunal Federal (STF) suspendeu cautelarmente os efeitos da Medida Provisória (MPV) n. 954, de 2020, que determinava o compartilhamento de dados dos usuários de telefonia com o Instituto Brasileiro de Geografia e Estatística[41]. Entendeu a Corte que, mesmo em se tratando de compartilhamento de dados pessoais não sensíveis com entidade do Poder Público, deveriam ser atendidos os princípios da finalidade e da proporcionalidade, especialmente no seu aspecto de estrita necessidade[42].

Em nível legal, a proteção dos dados pessoais é regida pela Lei Geral de Proteção de Dados Pessoais (LGPD), Lei n. 13.709, de 14 de agosto de 2018.

Finalmente, em 2022, a EC nº 115 inseriu um novo inciso no art. 5º da CF (LXXIX), para dispor que "é assegurado, nos termos da lei, o direito à proteção dos dados pessoais, inclusive nos meios digitais", competindo privativamente à União legislar sobre esse tema.

---

[37] MORAES, Alexandre de. Op. cit., p. 83.
[38] VARGAS, Denise. Op. cit., p. 337.
[39] STF, Pleno, Inq 2.245/DF, Relator Ministro Joaquim Barbosa (Caso do "Mensalão").
[40] FISCHER, Douglas; OLIVEIRA, Eugênio Pacelli. *Comentários ao Código de Processo Penal e sua Jurisprudência*. Rio de Janeiro: Lumen Juris, 2010. p. 326-327.
[41] STF, Pleno, Ações Diretas de Inconstitucionalidade (ADI) n. 6.387, 6.388, 6.389, 6.390 e 6.393/DF, Relatora Ministra Rosa Weber, j. em 7-5-2020.
[42] Sobre tais princípios, especificamente aplicados em relação à proteção de dados pessoais, MENDES, Laura Schertel. *Privacidade, proteção de dados e defesa do consumidor*. São Paulo: Saraiva, 2014. p. 149 e 188-189.

6.7. GARANTIAS PROCESSUAIS GERAIS

6.7.1. Distinção entre direitos e garantias

De acordo com a clássica doutrina, defendida por Rui Barbosa, os direitos têm natureza declaratória, enquanto as garantias têm natureza assecuratória. Isto é: direitos conferem a alguém uma determinada vantagem que, se for desrespeitada, será efetivada por meio da garantia. Assim, por exemplo, declara-se o direito à liberdade de locomoção; este, se for violado, será protegido por uma garantia constitucional: o *habeas corpus*.

Quadro 6.2 – Distinções entre Direitos e Garantias

Direitos		Garantias
Natureza declaratória	X	Natureza assecuratória
Preveem		Cumprem

6.7.2. Inafastabilidade da jurisdição

Também é conhecido como princípio da inafastabilidade do controle jurisdicional ou da proteção judiciária ou do acesso à justiça. Expresso no art. 5º, XXXV, determina que a lei não pode excluir da apreciação do Poder Judiciário lesão ou ameaça de lesão a qualquer direito. Logo, o Judiciário pode, no Brasil, analisar quaisquer questões de legalidade.

É com base nessa garantia de acesso à Justiça que se afirma que o Brasil adota o sistema da jurisdição una, em que qualquer questão de legalidade deve ser dirimida pelo Judiciário – ao contrário da França, por exemplo, que, por adotar o sistema da jurisdição dual ou do contencioso administrativo, exclui determinados assuntos da órbita do Judiciário e os entrega à deliberação da Administração. No Brasil, o contencioso administrativo (processo administrativo) não faz coisa julgada, de modo que uma decisão administrativa pode ter a legalidade questionada perante o Judiciário[43].

Ademais, não se pode (em regra) exigir o prévio recurso à via administrativa para o ajuizamento de ação judicial: dessa forma, pode-se ingressar com o processo judicial antes de terminado o processo administrativo, depois de concluído e até mesmo sem que tenha sido iniciado.

6.7.2.1. Hipóteses (excepcionais) de exigência de prévio recurso à via administrativa: a jurisdição condicionada

Como vimos, não se exige – em regra – o prévio recurso à via administrativa, antes de se ingressar com uma ação no Poder Judiciário. É o princípio geral da *independência entre as instâncias* judicial e administrativa.

Contudo, há algumas hipóteses – excepcionais – em que é exigido do jurisdicionado provar que, antes de mover o Judiciário, recorreu, previamente, à esfera administrativa, sem obter sucesso. São as chamadas hipóteses de *jurisdição condicionada*:

---

[43] DI PIETRO, Maria Sylvia Zanella. *Direito Administrativo*. São Paulo: Atlas, 2009. p. 4-5.

a) disputas desportivas (CF, art. 217), em que é preciso primeiro recorrer à Justiça Desportiva (administrativa) e, só depois da decisão de mérito, ou de decorridos 60 dias sem resposta, é que se poderá ingressar com a ação judicial;

b) *habeas data*, com o qual só se pode ingressar se se provar a negativa da Administração em fornecer ou corrigir a informação sobre a pessoa do impetrante (CF, art. 5º, LXXII; Lei n. 9.507/97, art. 8º);

c) mandado de segurança, que não é cabível contra ato administrativo do qual ainda caiba recurso administrativo que possua efeito suspensivo (Lei n. 12.016/2009, art. 5º).

d) súmula vinculante (CF, art. 103-A), cujo descumprimento por autoridade administrativa pode ser combatido por reclamação ajuizada no STF, mas só depois do exaurimento da via administrativa (Lei n. 11.417/2006); mandado de segurança, pois a Lei n. 12.016/2009 previu que tal remédio constitucional não é cabível quando "caiba recurso administrativo com efeito suspensivo, independentemente de caução" (art. 5º, I).

e) benefícios previdenciários: "A concessão de benefícios previdenciários depende de requerimento do interessado, não se caracterizando ameaça ou lesão a direito antes de sua apreciação e indeferimento pelo INSS, ou se excedido o prazo legal para sua análise. É bem de ver, no entanto, que a exigência de prévio requerimento não se confunde com o exaurimento das vias administrativas. A exigência de prévio requerimento administrativo não deve prevalecer quando o entendimento da administração for notória e reiteradamente contrário à postulação do segurado" (STF, Pleno, RE n. 631.240, Relator Ministro Roberto Barroso).

⚠ Atenção!

Não confunda jurisdição condicionada com esgotamento (ou exaurimento) da via administrativa. Jurisdição condicionada consiste na exigência de que se tenha uma negativa administrativa, para se poder ajuizar ação. Já o esgotamento da via administrativa é uma exigência ainda maior: nesses casos se faz necessário obter uma negativa *na última instância administrativa* – para, só então, recorrer ao Judiciário.

Os casos de esgotamento da via administrativa são apenas dois: a) competições desportivas; e b) reclamação no STF por descumprimento administrativo de súmula vinculante.

✋ Cuidado!

O descumprimento de súmula vinculante pode ser combatido mediante *reclamação* ajuizada diretamente no STF (CF, art. 103-A, § 3º). No caso de descumprimento de súmula vinculante por autoridade *judicial* (juiz, tribunal etc.) é cabível a reclamação, *independentemente do cabimento de um recurso judicial ordinário*. Então, por exemplo, se um juiz de primeira instância determinar a prisão civil do depositário infiel, cabe reclamação ao STF **e/ou** *habeas corpus* **e/ou** recurso (apelação, agravo etc.). Só quando o descumprimento é feito por autoridade *administrativa* é que se exige o esgotamento da via administrativa, como condição para o ajuizamento da reclamação ao STF.

O tema é bastante cobrado em provas da FCC!!!

Esquema 6.1 – JURISDIÇÃO CONDICIONADA

① HABEAS DATA → LEI n· 9·507/97
    ART· 8º, PAR· ÚNICO
② MANDADO de SEGURANÇA → LEI N· 12·016/2009
    ART· 5º, III
③ BENEFÍCIOS PREVIDENCIÁRIOS → JURISPRUD·
    do STF
④ JUSTIÇA DESPORTIVA → CF, ART· 217, § 1º
⑤ RECLAMAÇÃO (AO STF) POR DESCUMPRIMENTO
    de SÚMULA VINCULANTE → LEI N· 11·417/2006,
    ART· 7º, § 1º

↳ ESGOTAMENTO DA VIA ADMINISTRATIVA!

6.7.3. Devido processo legal (*due process of Law*)

O princípio do devido processo legal, positivado na CF (art. 5º, LIV, conforme já citado), na verdade tem origem histórica muito mais antiga, ligada ao próprio surgimento do Estado de Direito e dos direitos fundamentais. Deriva da cláusula inglesa do *law of the land*, garantia constante da *Magna Cartha Libertatum* (1215), por meio da qual se assegurava a qualquer pessoa ser julgada segundo "a lei da terra".

Por uma indevida tradução, a formulação mais moderna do conceito do *due process of Law* foi consagrada, em Língua Portuguesa, como "devido processo legal". Na realidade, esse conceito é reducionista e esconde a real magnitude do preceito em questão: o justo (e não apenas devido) processo jurídico (e não apenas legal)[44]. O julgamento que assegure o respeito à justiça e aos procedimentos devidos.

Na atualidade, o significado do citado princípio entre nós é muito mais concreto e direto: relaciona-se com a garantia de ser julgado segundo as leis processuais em vigor, com todo o direito de participação processual e produção probatória (devido processo legal *formal* ou *adjetivo*); mas também com a garantia de ter um julgamento justo, proporcional, razoável, imparcial (devido processo legal *substantivo* – ou, na dicção da 14ª Emenda à Constituição Norte-americana, o direito à igual consideração)[45].

O direito a um julgamento por um juízo imparcial, assim, faz parte da essência do próprio *justo processo*. Não se trata, aqui, de apenas positivar garantias orgânicas ou pessoais à magistratura, mas também de exigir de cada julgador, *in concreto*, uma postura epistomologicamente imparcial. Sabe-se que a neutralidade é impossível, já que "a lente da subjetividade é um espelho deformante", nas palavras de Hans-Georg Gadamer[46]; isso, contudo, não exime o julgador do dever de se manter neutro, e considerar todas as partes do processo como iguais;

---

[44] TAVARES, André Ramos. *Curso de Direito Constitucional*. São Paulo: Saraiva, 2015. p. 596.
[45] Para uma distinção mais aprofundada, à luz da Teoria Geral do Direito, que aqui seria excessiva, confira-se DWORKIN, Ronald. *O império do direito*. São Paulo: Martins Fontes, 2007. especialmente p. 203 e seguintes.
[46] GADAMER, Hans Georg. *Verdade e Método*. São Paulo: Vozes, 2007. p. 367-368.

trata-se, em verdade, de verdadeira derivação e exigência exatamente do fato de que, se a neutralidade é impossível, a imparcialidade é imperativa.

É por conta disso que a doutrina do direito comparado afirma que as garantias de independência do juiz possuem, na verdade, um caráter instrumental: existem para assegurar a imparcialidade do julgador. Nesse sentido, Konrad Hesse leciona que: "[...] o juiz deve ser imparcial; ele deve decidir como terceiro não participante e deve somente à lei estar submetido [...] À garantia dessa imparcialidade e vinculação exclusiva ao direito serve a garantia da independência material e pessoal do juiz"[47].

Há mais, porém. É preciso que o raciocínio do julgador esteja claro, congruente, além de conforme às normas legais. São as justificações *interna* e *externa* exigidas como requisito de validade das decisões jurídicas, em geral, e judiciais, em particular, como ensina Robert Alexy[48].

É nesse ponto que exsurge, com especial relevo, um dos aspectos do devido processo legal substantivo, qual seja, a necessidade de fundamentação concreta e congruente das decisões proferidas pelo Poder Judiciário. Tal exigência, positivada no inciso IX do art. 93 da Constituição Federal, constitui verdadeira garantia de legitimidade e legitimação do Poder Judiciário. Com efeito, se os poderes políticos em sentido estrito (Legislativo e Executivo) legitimam-se *a priori*, pelo mecanismo de eleição e representatividade, o Judiciário legitima-se *a posteriori*, por meio de *accountability* de suas decisões, da legitimação pelo procedimento (*lato sensu*) de que fala Niklas Luhmann[49].

Apesar de sua formulação original ser fortemente voltada para o processo de natureza judicial, hoje em dia parece inconteste que a cláusula do *due process* aplica-se também (e com igual magnitude) aos processos administrativo e legislativo. Na seara especificamente desse último tipo de processo estatal, surge, então, a ideia de um *devido processo legislativo*, reconhecida inclusive na jurisprudência já não tão recente do Supremo Tribunal Federal (STF). Podem ser citados, inclusive, como exemplos de aplicação e discussão sobre essa cláusula os mandados de segurança (MS) n. 20.257/DF (*leading case*, ainda sob a égide da Constituição pretérita) e 32.033/DF.

De forma ainda mais próxima ao momento presente, já têm sido objeto de pesquisa as conexões entre a garantia do devido processo legal e o chamado *direito à justificativa* – que, para alguns, seria um verdadeiro direito fundamental integrado na cláusula maior e mais ampla do direito à devida elaboração normativa[50].

Como aplicação específica do devido processo legal à elaboração normativa, por meio do processo legislativo, podemos apontar como decorrências normativas desse conceito: a) a necessidade de respeito às fases e etapas do processo legislativo, sem supressão de procedimentos essenciais ao respeito ao princípio majoritário e aos direitos da minoria parlamentar; b) o direito de participação popular nas discussões parlamentares; c) o dever de transparência na tramitação de proposições legislativas; d) a busca por uma decisão legislativa que seja racional,

---

[47] HESSE, Konrad. *Elementos de Direito Constitucional da República Federal da Alemanha*. Porto Alegre: Sergio Antonio Fabris, 1999. p. 414-415.
[48] ALEXY, Robert. *Teoria da Argumentação Jurídica*. Rio de Janeiro: Forense, 2013. p. 10 e seguintes.
[49] LUHMANN, Niklas. *Legitimação pelo procedimento*. Brasília: UnB, 1985. p. 53 e seguintes.
[50] BARCELLOS, Ana Paula de. *Direitos Fundamentais e Direito à Justificativa*. Belo Horizonte: Fórum, 2016, *passim*.

justificada e materialmente justa, dentro da necessidade de composição de conflitos típica da democracia; e) a possibilidade de excepcional recurso ao Judiciário, para barrar tramitações que violem o processo legislativo constitucional; e f) a necessidade de um efetivo controle prévio de constitucionalidade, como garantia dos cidadãos contra a elaboração/aprovação de leis inconstitucionais.

6.7.4. Ampla defesa e contraditório

São princípios que caminham juntos, embora não sejam sinônimos.

A ampla defesa traduz o direito que tem o interessado de, quando acusado, defender-se das acusações da maneira mais ampla e livre possível. Traduz-se nos direitos de presença, audiência e petição.

Por outro lado, o princípio do contraditório (associado ao princípio da paridade de armas) determina que o interessado tem o direito de se manifestar no processo, contraditando (contradizendo) as argumentações que lhe sejam contrárias. Assim, sempre que a Administração produzir uma prova, deve ser dada ao interessado a oportunidade de também produzir prova ou sobre ela se manifestar. Contraditório, então, é prova e contraprova, argumentação e contra-argumentação.

6.7.4.1. *Presença de advogado no processo disciplinar*

De acordo com a Súmula Vinculante 5, "A falta de defesa técnica por advogado no processo administrativo disciplinar não ofende a Constituição".

> Logo, a presença de advogado no processo disciplinar é realmente FACULTATIVA. Na realidade, a presença de advogado em processo *judicial* é, em regra, obrigatória (CF, art. 133). Porém, em se tratando de processo administrativo (mesmo no caso de PAD – processo administrativo disciplinar contra servidor público), a presença do profissional de advocacia se torna mera faculdade do acusado, não sendo a ausência de defesa feita por advogado uma causa de nulidade do processo.

6.7.4.2. *Ampla defesa e contraditório nos processos perante o TCU*

O Tribunal de Contas da União, órgão administrativo de estatura constitucional, precisa respeitar o direito do administrado à ampla defesa e ao contraditório, sempre que da decisão da Corte possa resultar prejuízo ao indivíduo (anulação ou revogação de ato administrativo benéfico ao interessado). Essa é a regra geral contida na Súmula Vinculante 3.

Assim, por exemplo, caso o TCU aprecie a legalidade do recebimento de determinada gratificação por um servidor público federal, não poderá determinar a anulação o ato, sem antes dar ao interessado o direito à ampla defesa e ao contraditório.

Contudo, a própria Súmula excepciona alguns casos, em que o TCU *não precisa dar ampla defesa e contraditório ao interessado*: no caso de apreciação inicial da legalidade do ato que concede aposentadoria, reforma (aposentadoria do militar) ou pensão. Isso porque, segundo o STF, a concessão de aposentadoria é ato complexo; logo, ao negar-lhe o registro, o TCU não estaria *anulando* um ato já feito, mas apenas negando sua formação.

Eis a redação da Súmula: "Nos processos perante o Tribunal de Contas da União asseguram-se o contraditório e a ampla defesa quando da decisão puder resultar anulação ou revogação de ato administrativo que beneficie o interessado, excetuada a apreciação da legalidade do ato de concessão inicial de aposentadoria, reforma e pensão".

⚠️ Atenção!

Alterando sua jurisprudência tradicional, o STF passou em 2020 – a entender que o TCU não pode negar registro a um ato de aposentadoria realizado há mais de 5 anos, salvo má-fé do administrado, uma vez que já ocorreu a decadência do direito da Administração Pública em anular ou revogar (ou, no caso, em não registrar) o ato.
Tema n. 445 da Repercussão Geral do STF: "Em atenção aos princípios da segurança jurídica e da confiança legítima, os Tribunais de Contas estão sujeitos ao prazo de 5 anos para o julgamento da legalidade do ato de concessão inicial de aposentadoria, reforma ou pensão, a contar da chegada do processo à respectiva Corte de Contas".

6.7.4.3. Ampla defesa e exigência de depósito prévio na via administrativa

A exigência de pagamento de custas é feita para o ingresso no Poder Judiciário. Porém, para propor um processo administrativo, não é exigido o pagamento antecipado de qualquer valor, pois o art. 5º, XXXIV, *a*, assegura a gratuidade do direito de petição perante os poderes públicos.

Com base nesse entendimento, o STF editou a Súmula Vinculante 21, segundo a qual não se pode exigir, para o ingresso de recurso *administrativo*, qualquer valor a título de depósito prévio ou caução (garantia de instância).

Eis o teor do enunciado: "É inconstitucional a exigência de depósito ou arrolamento prévios de dinheiro ou bens para admissibilidade de recurso administrativo".

📝 Questão de Concurso

(FGV/Sefaz-AM/Auditor/2022) A Lei n. XX, do Estado Alfa, foi editada com o objetivo de disseminar responsabilidade no manejo dos recursos administrativos pela população em geral, o que se devia à alarmante estatística de que 90% das irresignações eram infundadas. Para tanto, exigiu que, nos processos administrativos em que ocorresse a aplicação de multa aos administrados, a admissibilidade do recurso estava condicionada ao depósito prévio de 50% do valor da penalidade. Irresignada com o teor da Lei n. XX, a Associação dos Comerciantes do Estado Alfa consultou um(a) advogado(a) a respeito da sua compatibilidade com a ordem constitucional, sendo-lhe respondido, corretamente, que o referido diploma normativo é:

a) inconstitucional, pois os processos administrativos são direcionados aos atos internos da Administração Pública, não podendo resultar em penalidades aos administrados;

b) constitucional, caso o referido diploma normativo tenha assegurado a possibilidade de o depósito prévio ser substituído pelo arrolamento de bens;

c) constitucional, pois compete aos Estados legislar sobre o processo administrativo estadual e a medida se ajusta ao princípio da proporcionalidade;

d) inconstitucional, na medida em que o depósito prévio, nos recursos administrativos, afronta a gratuidade inerente ao direito de petição;

e) constitucional, pois compete ao Estado instituir taxas e outras exações tributárias pelos serviços que presta.

> Gabarito comentado: D (CF, art. 5º, XXIV, a, e SV nº 21: "É inconstitucional a exigência de depósito ou arrolamento prévios de dinheiro ou bens para admissibilidade de recurso administrativo.").

6.7.4.4. Direito de acesso do advogado aos autos de inquérito policial

O inquérito policial é um procedimento administrativo inquisitorial, isto é, nele não há, em regra, ampla defesa e contraditório, que serão reservados à fase judicial (ação penal).

Isso não significa, porém, que o advogado do indiciado não possa ter acesso aos autos do inquérito – até mesmo para poder ter conhecimento da acusação que pesa contra seu cliente.

Para afirmar esse direito – que, apesar de óbvio, vinha sendo sistematicamente violado por algumas autoridades policiais – o STF editou a Súmula Vinculante 14, que dispõe: "É direito do defensor, no interesse do representado, ter acesso amplo aos elementos de prova que, já documentados em procedimento investigatório realizado por órgão com competência de polícia judiciária, digam respeito ao exercício do direito de defesa".

Questão de Concurso

(FGV – PC RN – Delegado de Polícia Substituto – 2021) Maria, advogada de João, compareceu à Delegacia de Polícia da Circunscrição XX, e requereu vista do Inquérito Policial n. 123, no qual seu cliente figurava como um dos investigados. O requerimento foi negado pelo delegado de polícia sob o argumento de que a investigação dizia respeito a uma perigosa organização criminosa, o que levou à decretação do sigilo, para que fosse assegurado o êxito das investigações. A decisão está:

a) incorreta, pois deveria ser assegurado o direito de acesso aos elementos já documentados, associados ao direito de defesa;
b) correta, pois, no caso concreto, a ponderação dos valores envolvidos conduz à preponderância do interesse público;
c) correta, desde que a decretação do sigilo tenha sido devidamente fundamentada;
d) incorreta, pois o sigilo do inquérito policial é incompatível com o princípio republicano;
e) incorreta, pois o sigilo do inquérito policial não é oponível a nenhum advogado.

> Gabarito comentado: A (Súmula Vinculante n. 14: "É direito do defensor, no interesse do representado, ter acesso amplo aos elementos de prova que, já documentados em procedimento investigatório realizado por órgão com competência de polícia judiciária, digam respeito ao exercício do direito de defesa.")

Em resumo:

Quadro 6.3 – Súmulas vinculantes que tratam de ampla defesa e contraditório

N.	Texto	Explicação	Observação
5	"A falta de defesa técnica por advogado no processo administrativo disciplinar não ofende a Constituição."	No processo administrativo (ao contrário do processo judicial), mesmo no PAD, a presença de advogado é facultativa.	Nos processos judiciais, a presença de advogado é obrigatória, salvo situações especiais, como o *habeas corpus*.

continuação

continuação ▷▷

N.	Texto	Explicação	Observação
3	"Nos processos perante o Tribunal de Contas da União assegura-se o contraditório e a ampla defesa quando da decisão puder resultar anulação ou revogação de ato administrativo que beneficie o interessado, excetuada a apreciação da legalidade do ato de concessão inicial de aposentadoria, reforma e pensão."	Em regra, o TCU assegura ampla defesa e contraditório sempre que for determinar a anulação ou revogação de um ato administrativo benéfico ao interessado. Só não é preciso dar ampla defesa e contraditório quando for apreciar a concessão de aposentadoria, reforma (aposentadoria do militar) ou pensão.	TCU não pode negar registro a aposentadorias, reformas ou pensões concedidas inicialmente há mais de 5 anos (decisão do STF 2020, alterando sua jurisprudência tradicional)
21	"É inconstitucional a exigência de depósito ou arrolamento prévios de dinheiro ou bens para admissibilidade de recurso administrativo".	A exigência de pagamento de custas é feita para o ingresso no Poder Judiciário. Porém, para propor um processo administrativo, não é exigido o pagamento antecipado de qualquer valor, pois o art. 5º, XXXIV, a, assegura a gratuidade do direito de petição perante os poderes públicos.	Para processos judiciais, é preciso pagar as chamadas custas processuais.
14	"É direito do defensor, no interesse do representado, ter acesso amplo aos elementos de prova que, já documentados em procedimento investigatório realizado por órgão com competência de polícia judiciária, digam respeito ao exercício do direito de defesa".	Trata-se do direito do defensor de ter vista dos autos do inquérito, a fim de defender o cliente.	Ressalvam-se as provas ainda não documentadas (= as que ainda estão sendo produzidas), como escutas telefônicas.

6.7.5. Proibição das provas obtidas por meios ilícitos

Em respeito ao devido processo legal, o Estado e os particulares só podem utilizar-se, no processo, de provas obtidas por meios lícitos, constitucionalmente legítimos. Por isso, a regra é a inadmissibilidade, no processo, das provas obtidas por meios ilícitos (art. 5º, LVI).

Assim, por exemplo, uma interceptação telefônica obtida sem a autorização judicial não pode ser usada para a condenação de alguém, ainda que seja a única prova existente, pois se o estado busca condenar alguém, deve fazê-lo pelos meios lícitos, constitucionalmente adequados[51].

Consulte-se a lição de Douglas Fischer e Eugênio Pacelli:

> A ilicitude da prova e sua inadmissibilidade decorrem de uma opção constitucional perfeitamente justificada em um contexto democrático de um Estado de Direito. A afirmação dos direitos fundamentais, característica essencial de tal modalidade política de

---

[51] Há quem defenda a distinção doutrinária entre provas ilícitas, ilegítimas e ilegais. Todavia, com a reforma do Código de Processo Penal (Lei n. 11.690/2008), que deu nova redação ao *caput* do art. 157, a diferenciação perdeu todo o sentido, pois o CPP agora adotou um conceito amplo de provas ilícitas, "assim entendidas as obtidas em violação a normas constitucionais ou legais". ARAÚJO, Fábio Roque; TÁVORA, Nestor. *Código de Processo Penal para concursos*. Salvador: JusPodivm, 2010. p. 224.

Estado, exige a proibição de excesso, tanto na produção de lei quanto na sua aplicação. Não se pode buscar a verdade dos fatos a qualquer custo. [...] Daí a inadmissibilidade da prova ilícita, à maneira das *exclusionary rules* do direito estadunidense[52].

6.7.5.1. Ilicitude por derivação: a teoria dos frutos da árvore envenenada

Trata-se de uma teoria americana, adotada pelo STF, de acordo com a qual a ilicitude da prova se comunica às demais dela decorrentes. Assim, a simples existência de uma prova ilícita não anula todo o processo, mas as provas que sejam consequência lógica da prova ilícita também serão alcançadas, pois de uma árvore envenenada não podem surgir frutos bons.

Atualmente, tal regra está prevista expressamente no Código de Processo Penal, que prevê, no art. 157, §1º: "São também inadmissíveis as provas derivadas das ilícitas, *salvo quando não evidenciado o nexo de causalidade entre umas e outras, ou quando as derivadas puderem ser obtidas por uma fonte independente das primeiras*".

Porém, é preciso lembrar (e isso já foi cobrado em prova de concurso) que, segundo a doutrina e a jurisprudência, a existência de uma prova ilícita não contamina todo o processo, mas apenas os elementos derivados *diretamente* da prova ilícita. Assim, é válida a condenação, se houver, nos autos, provas lícitas suficientes para atestar a ocorrência do crime.

Idêntico é o entendimento de Alexandre de Moraes:

> [...] **as provas ilícitas não têm o condão de gerar a nulidade de todo o processo**, pois, como ressalta o Ministro Moreira Alves, a previsão constitucional não afirma serem nulos os processos em que haja prova obtida por meios ilícitos.
>
> [...] Em conclusão, as provas ilícitas, bem como todas aquelas delas derivadas, são constitucionalmente inadmissíveis, devendo, pois, serem desentranhadas do processo, não tendo, porém, o condão de anulá-lo, **permanecendo válidas as demais provas lícitas e autônomas delas não decorrentes**[53].

6.7.5.2. *Relativização da regra: o princípio da proporcionalidade e a admissibilidade da prova obtida por meios ilícitos para fins de defesa*

Excepcionalmente, aceita-se o uso como lícita de uma prova obtida por meios ilícitos, quando para fins de *defesa*, e, cumulativamente, quando esta for uma prova necessária, indispensável (não necessariamente a única prova), pois é melhor aceitar o uso de uma prova colhida em desacordo com a Constituição do que condenar um inocente.

Só se admite invocar o princípio da proporcionalidade para excluir a ilicitude da prova quando em benefício da defesa, jamais para embasar a acusação.

No mesmo sentido se manifesta a doutrina majoritária:

> **na jurisprudência pátria,** somente se aplica o princípio da proporcionalidade **pro reo,** entendendo-se que a ilicitude é eliminada por causas excludentes de ilicitude, em prol do princípio da inocência[54].

---

[52] FISCHER, Douglas; OLIVEIRA, Eugênio Pacelli. *Comentários ao Código de Processo Penal e sua jurisprudência*. Rio de Janeiro: Lumen Juris, 2010. p. 312-313.
[53] MORAES, Alexandre de. *Direito Constitucional*. São Paulo: Atlas, 2008. p. 114 (original sem grifos).
[54] MORAES, Alexandre de. *Direito Constitucional*. São Paulo: Atlas, 2008. p. 11.

> É visível a necessidade de se colocar freios na atividade policial, com o objetivo de impedir a obtenção de provas mediante a violação de direitos fundamentais materiais. [...] nessa situação há um processo em que se enfrentam o estado – titular da pretensão punitiva – e o particular – titular do direito de liberdade. **nesse caso, porém,** há nítida preferência pelo direito de liberdade, que se coloca em posição de supremacia em relação à pretensão punitiva estatal[55].

Em suma:
1) REGRA: são inadmissíveis no processo as provas obtidas por meios ilícitos;
2) TEORIA DOS FRUTOS DA ÁRVORE ENVENENADA: a simples existência de uma prova ilícita não anula todo o processo, mas as provas que sejam consequência lógica da prova ilícita também serão alcançadas, pois de uma árvore envenenada não podem surgir frutos bons;
3) EXCEÇÃO: aceita-se o uso de provas ilícitas para fins de defesa, quando necessária, pois é melhor aceitar o uso de uma prova colhida em desacordo com a Constituição do que condenar um inocente.

6.7.6. Razoável duração do processo

Trata-se de uma garantia fundamental – hoje prevista *expressamente* na Constituição (art. 5º, LXXVIII) – que foi incluída na CF por força da n. EC n. 45/2004, buscando tornar mais ágil a prestação jurisdicional.

Cabe, então, ao legislador desenvolver esse mandamento, para deixar em níveis pelo menos aceitáveis a demora na atividade jurisdicional brasileira.

Ressalte-se que não há um prazo predeterminado para o término do processo, pois tudo depende das particularidades do caso concreto.

A questão do excesso de prazo na duração do processo deve ser analisada sob o prisma da razoabilidade e à luz do caso concreto[56].

Esse princípio tem especial relevância quando se trata de analisar a duração das prisões cautelares, que deverão ser relaxadas em caso de *excesso de prazo*.

Nesse sentido, a doutrina mais abalizada adverte que:

> Evidente que ninguém pode ficar recolhido à prisão por tempo superior ao prescrito em lei.
>
> Quando o indiciado é preso, e sendo a prisão um mal, às vezes até irreparável, o inquérito e o processo devem andar bem rapidamente para evitar que o cidadão venha a sofrer maior restrição no seu *status libertatis*.
>
> [...] Como toda e qualquer prisão provisória é um mal necessário, mas um mal, procurou o legislador estabelecer prazos razoáveis para a prática de diversos atos, a fim de evitar que o *jus libertatis* não sofresse maior constrangimento.

---

[55] MARINONI, Luiz Guilherme. Prova Ilícita. In: MARTINS, Ives Gandra da Silva; REZEK, Francisco (orgs.). *Constituição Federal*: avanços, contribuições e modificações no processo democrático brasileiro. São Paulo: RT/CEU, 2008. p. 201.

[56] STF, Segunda Turma, HC n. 95.314/SP, Relatora Ministra Ellen Gracie, *DJe* de 7-11-2008.

[...] Sabe-se que a prisão provisória, por ser medida odiosa, coarcta, ainda mais, o *status libertatis* do réu e, por isso mesmo, sempre que ele estiver preso em caráter provisório, não só o procedimento informativo deve ficar concluído em diminuto espaço de tempo, como também a instrução criminal deve terminar com celeridade.

[...] Se o réu não pode ser culpado pela inobservância do prazo, é o *habeas corpus* o meio idôneo para pôr cobro à prisão cautelar, por não se conter esta nos limites temporais em que a lei permite a vulneração da incoercibilidade no âmbito da liberdade de ir e vir[57].

6.7.7. Publicidade dos atos processuais

A regra é que os atos processuais sejam públicos e acessíveis ao público (art. 93, IX), até mesmo para permitir um controle social da atividade do juiz (art. 5º, LX).

Essa publicidade só poderá ser restringida em casos excepcionais, quando a intimidade ou o interesse social assim exigirem (casos de família, ou matéria penal, por exemplo, geralmente correm em segredo de justiça, com o acesso restrito às partes e aos advogados ou só aos advogados).

6.8. GARANTIAS PENAIS E PROCESSUAIS PENAIS

6.8.1. Reserva legal e anterioridade em matéria penal

Ambos os princípios estão previstos no art. 5º, XXXIX.

O princípio da reserva legal significa que crimes e penas somente podem ser disciplinados mediante lei em sentido formal, isto é, ato devidamente aprovado pelo Congresso Nacional. Com isso, não pode haver a previsão de crimes e penas em decretos: não há crime sem **lei** anterior que o defina, nem pena sem prévia cominação **legal**[58]. É o velho brocardo latino: *nullum crimen, nulla poena sine legem*. Em decorrência disso, vige no Direito Penal o princípio da estrita tipicidade: ou a conduta se amolda perfeitamente ao tipo (modelo) previsto em lei, ou o fato é penalmente irrelevante (atípico) – não há, no Direito Penal, analogia em prejuízo do réu (analogia *in malam partem*).

Por outro lado, o princípio da anterioridade tem o significado de que não basta que exista lei prevendo o crime e a pena – é preciso que a lei seja anterior ao fato, seja prévia: não há crime sem lei **anterior** que o defina, nem pena sem **prévia** cominação legal.

Como decorrência disso, a Constituição prevê que a lei penal, em regra, não pode retroagir, ou seja, não pode alcançar fatos anteriores à entrada em vigor. Exceção se faz apenas com relação à lei que beneficia o réu de qualquer maneira: nesse caso, admite-se a retroatividade, em benefício do acusado (art. 5º, XL). Temos, então: lei prejudicial – não retroage; lei benéfica – retroage.

Veja-se a precisa lição de Rodrigo Larizzatti:

---

[57] TOURINHO FILHO, Fernando da Costa. *Código de Processo Penal Comentado*, v. 2. São Paulo: Saraiva, 1999. p. 460.

[58] Nem mesmo medida provisória pode criar novos tipos penais, apesar de ter força de lei: CF, art. 62, § 1º, I, *b*.

Derivado do princípio da anterioridade, o *princípio da irretroatividade* prega que uma lei penal não poderá voltar no tempo para alcançar fatos praticados antes de sua vigência, salvo se de qualquer forma beneficiar seu autor, seja abrandando a pena, seja desconsiderando uma circunstância qualificadora etc.[59].

Trata-se de duas garantias verdadeiramente basilares para o Direito Penal moderno, e de extrema relevância prática, como demonstram as grandes discussões sobre a aplicação retroativa parcial, ou não, da nova Lei de Drogas (Lei n. 11.343/2006) aos condenados antes da vigência desse Diploma.

Aprofundamento:
os quatro aspectos da legalidade penal

A doutrina do Direito Penal costuma destrinchar a legalidade em quatro exigências específicas. Dessa forma, a lei penal deve ser:

a) escrita;

b) estrita;

c) prévia;

d) certa.

A exigência de lei **escrita** faz com que o costume não possa ser fonte formal de norma penal incriminadora. Assim, não há crime sem lei **escrita** que o defina. Não por coincidência, esse aspecto da legalidade foi relativizado... na Alemanha Nazista.

Luigi Ferrajioli narra que: Na Alemanha nazista uma lei de 28 de junho de 1935 substituiu o velho artigo 2º do Código Penal de 1871, que enunciava o princípio da legalidade penal, pela seguinte norma: "será punido quem pratique um fato que a lei declare punível ou que seja merecedor de punição segundo o conceito fundamental de uma lei penal e segundo o são sentimento do povo". Se, opondo-se ao fato, não houver qualquer lei penal de imediata aplicabilidade, o fato punir-se-á sobre a base daquela lei cujo conceito fundamental melhor se ajuste a ele[60].

Demais disso, a lei penal deve ser **estrita** (princípio da estrita legalidade, ou da **reserva legal**). Assim, não se admite que normas penais incriminadoras sejam criadas mediante decretos, portarias, ou mesmo medidas provisórias (CF, art. 62, § 1º, I, *b*).

Há uma discussão doutrinária sobre a constitucionalidade das chamadas normas penais em branco heterogêneas (normas penais que exigem uma complementação normativa por meio de ato infralegal), como é o caso do crime de tráfico de drogas (Lei n. 11.343/06, art. 33, *caput*), que exige a complementação por meio de Resolução da Anvisa (que define "substância entorpecente"). De qualquer forma, a corrente majoritária admite a constitucionalidade desse tipo de norma, desde que a lei penal em sentido estrito já contenha a definição do núcleo típico (conduta propriamente dita, ou seja, os "verbos").

Além disso, a lei penal deve ser **prévia** (anterior ao fato), conforme já estudado por nós em momentos anteriores.

---

[59] LARIZZATTI, Rodrigo. *Compêndio de Direito Penal*. Brasília: Gran Cursos, 2010. p. 16.
[60] FERRAJOLI, Luigi. *Direito e razão*. São Paulo: Revista dos Tribunais, 2002.

Finalmente, a lei penal deve ser **certa**, não se admitindo a descrição típica genérica, até mesmo por violar o princípio da segurança jurídica. Nesse sentido, há quem aponte a inconstitucionalidade de crimes cuja definição é extremamente aberta ou incerta, como acontece com alguns crimes contra o sistema financeiro. É o caso, por exemplo, dos crimes de gestão fraudulenta e gestão temerária de instituição financeira, cuja definição típica é paupérrima: "Gerir fraudulentamente instituição financeira: Pena – Reclusão, de 3 (três) a 12 (doze) anos, e multa. Parágrafo único. Se a gestão é temerária: Pena – Reclusão, de 2 (dois) a 8 (oito) anos, e multa".

Aprofundamento:
a discussão sobre a constitucionalidade das normas penais em branco

Existem determinadas normas penais que exigem a complementação de outros atos normativos, as chamadas "normas penais em branco".

Segundo a doutrina, normas penais "em branco" são aquelas que dependem de complementação por algum outro ato normativo. Geralmente utilizam-se da expressão "assim definido em lei", ou "assim determinado pela autoridade competente", ou equivalentes; derivam da necessidade do legislador de dar alguma flexibilidade a definições ou listas constantemente mutáveis, sem necessidade de alteração da definição do tipo penal, como é o caso da lista de substâncias entorpecentes (Lei n. 11.343/2006, art. 33, *caput*).

Assim,

> [...] embora haja uma descrição da conduta proibida, essa descrição requer, obrigatoriamente, um complemento extraído de um outro diploma – leis, decretos, regulamentos etc. – para que possam, efetivamente ser entendidos os limites da proibição ou imposição feitos pela lei penal, uma vez que, sem esse complemento, torna-se impossível a sua aplicação[61].

Em julgado monocrático da Ministra Rosa Weber, do STF, já se consignou o seguinte:

> A doutrina classifica essas normas em homogêneas – aquelas em que seu complemento é emanado da mesma fonte legislativa – e heterogêneas – quando utilizam preceitos de fontes diversas, como atos meramente regulamentares. De um modo geral, a doutrina admite a utilização da norma penal em branco como técnica legislativa, permitindo que o legislador remeta a outras fontes normativas, em melhor posição para complementar a proibição. Por exemplo, nas hipóteses em que a definição da proibição depende de conhecimento técnico, o legislador poderia remeter a complementação por órgão estatal competente. Sendo justificável a remissão, não haveria inconstitucionalidade[62].

Há, na doutrina, diversos trabalhos que defendem a inconstitucionalidade das normas penais em branco heterogêneas em geral[63] – o que já é problemático, pois geraria a inconstituciona-

---

[61] GRECO, Rogério. *Curso de direito penal*: parte geral. Rio de Janeiro: Impetus, 2016. p. 68.
[62] STF, RE n. 891200/SP, Decisão da Ministra Rosa Weber, j. 25-9-2017.
[63] A título meramente exemplificativo: CUNHA, Luiza Fontoura da. Normas penais em branco:

lidade de leis que tipificam, por exemplo, o tráfico de drogas –, mas não apenas das normas que dependem de complementação normativa estadual ou municipal. Nesse sentido, a posição amplamente majoritária é de que a remissão a atos administrativos – inclusive normativos – é admitida como constitucional e legítima quando "nada mais faça do que concretizar o que é exatamente o risco permitido em determinado dispositivo"[64].

6.8.2. Juiz natural

O princípio do juiz natural é um dos postulados do Estado Democrático de Direito. Significa, em suma, que qualquer pessoa seja processada e julgada apenas pela autoridade competente e já instituída antes da prática do fato.

Com efeito, o estabelecimento de tribunais de exceção (tribunais formados depois da prática do fato, apenas para analisá-lo) viola a garantia que todos têm de ser julgados por um juiz imparcial. A história já nos mostra, com o Tribunal de Nuremberg, formado pela ONU para julgar os nazistas Após a 2ª Guerra, quão grande é a perda de legitimidade e de imparcialidade que se vê nos tribunais de exceção.

Na verdade, como ensinam Ada Pellegrini Grinover, Antônio Scarance Fernandes e Antonio Magalhães Gomes Filho, "na tradição do direito brasileiro, o princípio do juiz natural inseriu-se, desde o início, em sua dupla garantia nas Constituições, correspondendo à proibição de tribunais de exceção, *ex post facto*, e à garantia do juiz competente"[65].

Dessa maneira, podemos dizer que o princípio do juiz natural se divide em dois subprincípios: o da *proibição dos tribunais de exceção* (art. 5º, XXXVIII) e a *garantia do juiz competente* (art. 5º, LIII).

6.8.2.1. *Princípio do juiz competente*

É, ao lado da proibição dos tribunais de exceção, um aspecto do princípio do juiz natural. Qualquer pessoa só pode ser processada e julgada (sentenciada) se o for pela autoridade competente, pelo juiz competente, isto é, o juiz apontado em lei **antes do fato** como aquele que deve julgar determinada causa.

Assim, em regra, quem cometa um crime em Goiás não pode ser julgado por um juiz do Distrito Federal; e quem cometeu um crime não pode ser julgado pelo juiz titular da Vara de Fazenda Pública.

---

uma breve análise sobre a sua constitucionalidade. In: *Direito Público*. Porto Alegre, ano 8, n. 39, p. 113-134, maio/jun. 2011.

[64] GRECO, Luís. A relação entre o direito penal e o direito administrativo no direito penal ambiental: uma introdução aos problemas da acessoriedade administrativa. In: *Revista Brasileira de Ciências Criminais*, v. 58. São Paulo: RT, jan./2006, p. 169. Também no sentido da constitucionalidade das normas penais em branco heterogêneas, Guilherme Nucci escreve que: "as normas penais em branco não ofendem a legalidade, porque se pode encontrar o complemento da lei penal em outra fonte legislativa extrapenal, previamente determinada e conhecida. É preciso, no entanto, que se diga que o complemento da norma em branco é, como regra, de natureza intermitente, feito para durar apenas por um período" (NUCCI, Guilherme de Souza. *Código Penal Comentado*. Rio de Janeiro: Forense, 2014. p. 48).

[65] GRINOVER, Ada Pellegrini; FERNANDES, Antônio Scarance; GOMES FILHO, Antônio Magalhães. *As Nulidades no Processo Penal*. São Paulo: RT, 1994. p. 43.

Claro que a garantia não se esgota aí: impede também a distribuição direcionada para determinada Vara. Quando há mais de um juiz competente, deve-se fazer a devida distribuição, por sorteio. Obviamente, não se tem aqui um direito do réu de escolher o juiz que vai julgá-lo, mas apenas o de só ser julgado pelo juiz declarado em lei como a autoridade competente.

Aprofundamento:
a criação de varas especializadas viola o princípio do juiz natural?

A jurisprudência do STF considera que, se houver a criação de vara especializada, os feitos em tramitação podem ser para ela redistribuídos, sem ofensa ao princípio do juiz natural[66].

Aprofundamento:
julgamento em tribunal por turma ou câmara formada por juízes convocados

É comum que julgamentos de órgãos fracionários de tribunais (turmas ou câmaras) sejam feitos por meio de colegiado composto majoritariamente por juízes de primeira instância convocados para substituir desembargadores. Houve grande polêmica sobre se, nesses casos, haveria violação ao princípio do juiz natural. Atualmente, ambas as turmas do STF entendem que não. Confira-se: "Não viola o postulado constitucional do juiz natural o julgamento de apelação por órgão composto majoritariamente por juízes convocados"[67].

6.8.2.2. *Tribunal Penal Internacional (TPI)*

Instituído pelo Tratado de Roma, ao qual o Brasil aderiu, o Tribunal Penal Internacional tem por competência o julgamento de crimes contra a humanidade.

A inclusão constitucional (art. 5º, § 4º, incluído pela EC n. 45/2004) tem por objetivo legitimar a adesão do Brasil ao Tratado. Argumenta-se que tal regra violaria a proibição de extradição do brasileiro nato, que deveria ser julgado pelo Brasil. Embora a matéria não tenha sido ainda decidida pelo STF, parece prosperar a tese de constitucionalidade da adesão ao TPI, uma vez que a submissão do Brasil à jurisdição desse Tribunal não importa extradição de brasileiro nato para lá ser julgado.

6.8.2.3. *Tribunal do Júri*

O Júri é o juízo competente para o julgamento dos crimes dolosos contra a vida (art. 5º, XXXVIII).

A instituição remonta à Magna Charta, de 1215. Naquela época, significava o direito do réu de ser julgado pelos seus pares, pessoas da comunidade, e não por um juiz (muitas vezes alheio à realidade do local).

---

[66] STF, 1ª Turma, Agravo Regimental no Agravo em Recurso Extraordinário n. 802.238/SP, Relator Ministro Luiz Fux). No mesmo sentido: 2ª Turma, HC n. 108.749/DF, Relatora Ministra Cármen Lúcia.

[67] STF, 1ª Turma, Segundo Agravo Regimental no Agravo em Recurso Extraordinário n. 806.489/PE, Relatora Ministra Rosa Weber, *DJe* de 11-6-2018; no mesmo sentido: 2ª Turma, RHC 122.002/RJ, Relatora Ministra Cármen Lúcia, *DJe* de 12-6-2014.

Por isso mesmo, o julgamento do Júri não é estritamente técnico, mas antes um juízo de reprovabilidade social da conduta; quem decide pela culpa ou inocência não é o juiz togado, a quem cabe apenas presidir a sessão e, se for o caso, dosar a pena: quem decide mesmo são os jurados.

Sobre o júri, vale a pena transcrever o que diz Eugênio Pacelli de Oliveira:

> O tribunal do Júri foi instituído no Brasil pela Lei de 28 de junho de 1822, para os delitos de imprensa [...]. Atualmente, para fins de julgamento, o Tribunal é composto pelo Juiz Presidente e pelo Conselho de Sentença. Este é integrado por sete jurados leigos, isto é, por pessoas do povo, escolhidas por meio de sorteio [...]. Ao Juiz Presidente caberão a direção e a condução de todo o procedimento, bem como a lavratura da sentença final, após as conclusões apresentadas pelo corpo de jurados, por meio de respostas aos quesitos formulados previamente sobre as questões de fato e de direito[68].

6.8.2.3.1. Competência

Embora a maioria da doutrina entenda que a competência fixada na CF é apenas a competência mínima do Júri, podendo ser ampliada por lei ordinária, é certo que a atribuição do Tribunal Popular, no Brasil, é atualmente apenas em matéria criminal, para julgar os crimes **dolosos** (quando o agente atua com a intenção de praticar o fato ou assume os riscos de causar o resultado) E **contra a vida** (CP, arts. 121 a 126: homicídio; instigação, induzimento ou auxílio ao suicídio; infanticídio e aborto), sejam os crimes consumados ou tentados.

Os demais crimes, mesmo que tenham resultado morte, não são de competência do Júri, mas do juiz singular[69].

É importante lembrar que, segundo o STF, "A competência constitucional do Tribunal do Júri prevalece sobre o foro por prerrogativa de função estabelecido, exclusivamente, pela Constituição estadual." (Súmula Vinculante 45). *A contrario sensu*, pode-se dizer que a competência do júri não prevalece sobre o foro por prerrogativa de função previsto na Constituição federal. Assim, se um Deputado Federal cometer crime doloso contra a vida (crime relacionado ao mandato, claro, se não nem incidirá foro especial), será julgado pelo STF, e não pelo Júri.

Observe-se que crimes culposos (sem intenção, imperícia, imprudência e negligência) não vão a júri (salvo se conexos com crimes dolosos contra a vida).

Aprofundamento:
a competência constitucional do júri para o julgamento de crimes dolosos contra a vida é máxima ou mínima? Poderia ser ampliada por lei?

Uma questão controvertida diz respeito a saber se a competência para o julgamento dos crimes dolosos contra a vida é uma competência *máxima* ou *mínima*. Se se considera que é máxima, não se poderia atribuir ao Tribunal Popular o julgamento de nenhum outro crime, que não os dolosos contra a vida. A doutrina majoritária entende que se trata de competência mínima, podendo ser ampliada (por Emenda Constitucional, para alguns; por mera lei ordinária, para

---

[68] OLIVEIRA, Eugênio Paccelli de. *Curso de Processo Penal*. Belo horizonte: Del Rey, 2008. p. 542.
[69] STF, Súmula 603: "a competência para o processo e julgamento de latrocínio é do juiz singular e não do tribunal do júri".

outros). O Cespe/UnB já cobrou esse tema na prova para Analista Judiciário/área Judiciária/STF/2008, e considerou que a competência é mínima (pode ser ampliada).

Nesse sentido se posiciona Guilherme de Souza Nucci: "[...] entendemos ser mínima a competência para os crimes dolosos contra a vida, nada impedindo que a lei ordinária aumente a possibilidade do júri julgar outros delitos. Note-se que a Constituição (art. 5º, XXXVIII) preleciona que é reconhecida a instituição do júri, com a organização que lhe der a lei, assegurados, dentre outros, a competência"[70].

6.8.2.3.2. Sigilo das votações

As votações dos jurados (que formam o *Conselho de Sentença*) devem ser sigilosas, de modo a garantir-lhes a incolumidade física e psicológica e permitir uma reflexão íntima sobre a culpa ou a inocência do réu. Trata-se de uma importante exceção à regra que exige a fundamentação das decisões judiciais (CF, art. 93, IX).

6.8.2.3.3. Plenitude de defesa

Como a decisão dos jurados é sigilosa, até mesmo para protegê-los de eventuais retaliações, é preciso também ampliar a possibilidade de defesa do réu. Temos, então, não só a ampla defesa, mas a defesa *plena*, quase irrestrita.

6.8.2.3.4. Soberania dos veredictos

A Constituição prevê a soberania dos veredictos, a prevalência da decisão dos jurados: de nada adiantaria instituir o Júri se a decisão do Conselho de Sentença pudesse ser substituída por uma decisão do Tribunal de Justiça, por exemplo, uma vez que esse tribunal realizaria um julgamento técnico, e não social.

A soberania dos veredictos não significa que das decisões do Júri não caiba recurso; porém, mesmo que o TJ ou TRF dê provimento ao recurso (da acusação ou da defesa, por exemplo, caso a decisão dos jurados seja manifestamente contrária à prova dos autos), fará apenas para anular o julgamento e determinar a realização de outro, nunca para entrar no mérito da decisão e proferir outra.

Nesse sentido, o veredito do júri é soberano. Porém pode haver recurso da decisão do júri (Ex.: quando a manifestação do júri for contrária às provas dos autos) será então realizado um novo júri, pois só o júri pode julgar. Após o segundo júri não cabe, em regra, outro recurso com o mesmo fundamento (CPP, art. 593, III, *d*).

É certo, porém, que a possibilidade excepcional de revisão das decisões do júri pelos Tribunais Locais não viola o princípio da soberania dos veredictos, como já pacificado na jurisprudência[71].

6.8.3. Presunção de inocência (estado de inocência ou presunção de não culpabilidade)

A Constituição determina que "ninguém será considerado culpado até o trânsito em julgado de sentença penal condenatória" (art. 5º, LVII).

---

[70] NUCCI, Guilherme de Souza. *Código de Processo Penal Comentado*. São Paulo: RT, 2009. p. 44.
[71] STF, Segunda Turma, RHC n. 93.248/SP, Relatora Ministra Ellen Gracie, *DJe* de 22-8-2008.

Não cabe ao acusado provar-se inocente; antes, cabe ao Estado provar a culpa de quem é acusado. Por isso, todos são inocentes até que sobrevenha a condenação criminal transitada em julgado (ou seja, a condenação da qual não cabe mais recurso).

Isso significa que a pessoa só deixa de ser primária depois do trânsito em julgado da condenação. Isso não quer dizer, porém, que não possa haver prisão antes do trânsito em julgado. Essas prisões antes de transitar em julgado a condenação realmente existem (prisão preventiva, temporária, em flagrante etc.), mas com nítida natureza cautelar, e nunca satisfativa, nunca para antecipar pena. Assim, por exemplo, pode-se decretar a prisão preventiva de acusado ou réu que esteja destruindo provas (CPP, art. 312), mas não com fundamento na sua possível culpabilidade.

Cuidado!

"A existência de inquéritos policiais ou de ações penais sem trânsito em julgado não pode ser considerada como maus antecedentes para fins de dosimetria da pena." (Tema n. 129 da Repercussão Geral do STF).

Divergência doutrinária!

Divergência doutrinária e jurisprudencial: o princípio constitucional da presunção de inocência é compatível com a execução provisória da pena?

*Há profunda discussão sobre se o princípio constitucional da presunção de inocência permite ou não o início do cumprimento da pena (execução provisória – ou, segundo os críticos, execução **antecipada** da pena).*

Após várias idas e vindas o Plenário do STF, por apertada maioria de votos (6x5) decidiu que a execução provisória da pena criminal, após a condenação em segunda instância (TJ ou TRF) é Inconstitucional, isto é, viola a presunção de inocência.

*Essa decisão – que tem eficácia **erga omnes** e vinculante, já que foi proferida no julgamento das ADCs n. 44 e 45.*

6.8.3.1. Direito à não autoincriminação

Derivado do princípio da presunção de inocência o direito que qualquer acusado (preso ou solto) tem de *não produzir prova contra si mesmo* (*nemo tenetur se detegere*). De acordo com essa garantia, o réu não pode ser obrigado a colaborar com o Estado na sua própria incriminação, pois a presunção é de *inocência*, e cabe ao Estado-acusação provar a culpa do acusado.

6.8.3.2. Direito ao silêncio

O réu tem o direito constitucional de permanecer calado (CF, art. 5º, LXIII), tem direito ao silêncio – e, óbvio, esse silêncio não pode ser interpretado em prejuízo da defesa, como decorrência do direito de não produzir provas contra si mesmo.

O STF considera, inclusive, que o acusado pode até mesmo mentir acerca do fato criminoso[72], de negar a verdade, sem que com isso cometa qualquer irregularidade, pois a defesa

---

[72] STF, Pleno, HC n. 68.929, Relator Ministro Celso de Mello, *RTJ* 141/512.

tem de ser ampla. É o chamado **direito de mentir** – que não é aceito no Direito americano, por exemplo, mas que no Brasil é considerado expressão da autodefesa.

Advirta-se que é diferente a situação da **testemunha**, a qual tem o dever de dizer a verdade e responder a todas as perguntas que lhe são feitas, sob pena de cometer o delito de falso testemunho (CP, art. 342).

A única situação em que a testemunha passa a ser titular do direito ao silêncio/direito de mentir é quando ela é perguntada acerca de fato que a possa incriminar – mas, nesse caso, a questão precisará afirmar isso de forma expressa.

🖐 Cuidado!

Investigado tem direito ao silêncio? Sim, seja na fase de inquérito (investigação), ainda que em Comissão Parlamentar de Inquérito (CPI), seja na fase da ação penal propriamente dita.

Testemunha tem direito ao silêncio? Não, a não ser que seja perguntada sobre fato que a possa incriminar.

Atenção, porém, porque o Cespe vem considerando CORRETA a afirmação genérica de que a testemunha pode ter direito ao silêncio (possibilidade, afirmativa), sem mais especificações, como ocorreu na prova Cespe/DPDF/Defensor/2019.

Assim, para a sua prova do Cespe, é recomendável marcar que a testemunha PODE TER direito ao silêncio como verdadeiro (pressupondo que se trata da situação em que ela seja perguntada sobre algo que a pode incriminar).

⚠ Atenção!

O **direito de mentir** – que é, como vimos, decorrência do próprio direito ao silêncio – **não abrange, porém, o direito de mentir sobre a própria identidade** no interrogatório. Quem se atribui a identidade de terceiro comete o crime de falsa identidade (CP, art. 307), como já decidiu o STF: "O princípio constitucional da autodefesa (art. 5º, inciso LXIII, da CF/88) não alcança aquele que atribui falsa identidade perante autoridade policial com o intento de ocultar maus antecedentes, sendo, portanto, típica a conduta praticada pelo agente (art. 307 do CP)". (STF, Pleno, RE n. 640.139/DF, Relator Ministro Dias Toffoli – julgado em regime de repercussão geral, tema n. 478).

6.8.4. Individualização da pena

Verdadeira decorrência do princípio da igualdade ou isonomia, essa garantia impõe que as penas sejam fixadas de acordo com o crime cometido e as circunstâncias pessoais do réu. Obviamente, não se pode impor a mesma pena a um *serial killer* e a um homicida primário. É por isso que a lei penal prevê penas mínima e máxima, para que o juiz, de acordo com o critério trifásico estabelecido no Código Penal, fixe a pena concreta a ser imposta ao condenado.

Aliás, foi justamente com base nesse princípio que o STF, ao julgar o famoso HC n. 82.959/SP, considerou inconstitucional o art. 2º, §1º, da Lei n. 8.072/90, que vedava a progressão de regime para quem cometesse crimes hediondos.

Veja-se a ementa desse julgado:

> Pena – Regime de cumprimento – Progressão – Razão de ser.
>
> A progressão no regime de cumprimento da pena, nas espécies fechado, semiaberto e aberto, tem como razão maior a ressocialização do preso que, mais dia ou menos dia, voltará ao convívio social.

Pena – Crimes hediondos – Regime de cumprimento – Progressão – Óbice – Artigo 2º, §1º, da Lei n. 8.072/90 – Inconstitucionalidade – Evolução jurisprudencial. Conflita com a garantia da individualização da pena – Artigo 5º, inciso XLVI, da Constituição Federal – A imposição, mediante norma, do cumprimento da pena em regime integralmente fechado. Nova inteligência do princípio da individualização da pena, em evolução jurisprudencial, assentada a inconstitucionalidade do artigo 2º, §1º, da Lei n. 8.072/90[73].

Inclusive, esse entendimento hoje encontra-se contido no enunciado da Súmula Vinculante 26, que dispõe: "Para efeito de progressão de regime no cumprimento de pena por crime hediondo, ou equiparado, o juízo da execução observará a inconstitucionalidade do art. 2º da Lei n. 8.072, de 25 de julho de 1990, sem prejuízo de avaliar se o condenado preenche, ou não, os requisitos objetivos e subjetivos do benefício, podendo determinar, para tal fim, de modo fundamentado, a realização de exame criminológico".

Posteriormente, a Lei de Crimes Hediondos foi alterada pela Lei n. 11.464/2007, que extinguiu a obrigatoriedade do regime *integralmente* fechado, mas previu essa forma como o regime *inicial* de cumprimento da pena, estabelecendo condições mais difíceis para a progressão de regime prisional.

Na verdade, o princípio da individualização da pena (CF, art. 5º, XLVI) abrange três fases bem definidas: a cominação, feita pelo legislador; a aplicação, responsabilidade do magistrado sentenciante; e a execução, atribuída à Vara competente[74]. Cabe ao legislador, com base em critérios de política criminal, determinar as penas, máxima e mínima, aplicáveis ao crime, bem como o regime de cumprimento da reprimenda.

Aprofundamento:
pode a lei impor o regime inicialmente fechado para o cumprimento da pena?

O STF, depois de julgar inconstitucional a previsão legal de regime *integralmente* fechado, passou a também considerar inconstitucional (por violar o princípio da individualização da pena) a fixação em lei do regime *inicialmente* fechado, quando tal previsão se dá independentemente do *quantum* da pena: "É inconstitucional a fixação *ex lege*, com base no art. 2º, § 1º, da Lei n. 8.072/1990, do regime inicial fechado, devendo o julgador, quando da condenação, ater-se aos parâmetros previstos no art. 33 do CP"[75].

6.8.5. Princípios da personalização da pena (intranscendência)

As penas têm caráter personalíssimo; não podem passar da pessoa do condenado (art. 5º, XLV). Não existe, hoje, qualquer possibilidade de que a pena do pai seja "herdada" pelo filho. O que pode haver é apenas a transmissão aos sucessores da *obrigação de reparar o dano*

---

[73] STF, Pleno, HC n. 82.959/SP, Relator Ministro Marco Aurélio, *DJ* de 1º-9-2006.
[74] GRECO, Rogério. *Curso de Direito Penal*, Parte Geral. Niterói: Impetus, 2009. p. 72.
[75] STF, Pleno, Agravo em Recurso Extraordinário n. 1.052.700, rel. Min. Edson Fachin, j. 3-11-2017, pendente de publicação, Tema 972 da Repercussão Geral.

(obrigação civil, ainda que decorrente de ato ilícito), mas sempre no limite do valor da herança (ou melhor, do patrimônio transferido).

Assim, se o pai morre deixando R$ 100 mil de herança para o filho, e mais a obrigação de reparar o dano de R$ 80 mil, o herdeiro receberá apenas R$ 20 mil. Se a obrigação de reparar o dano fosse no valor de R$ 100 mil, o herdeiro nada receberia. Se, porém, a obrigação fosse no valor de R$ 120 mil, o herdeiro nada recebe, mas não fica obrigado a pagar os R$ 20 mil de "saldo". Em outra palavra: não se herdam dívidas.

6.8.6. Penas proibidas

A Constituição, depois de elencar as penas que podem ser impostas (art. 5º, XLVI), prevê quais as que são proibidas (art. 5º, XLVII): a) a pena de morte, que é adotada no Brasil, mas apenas em um caso – guerra declarada, nos termos do art. 84, XIX; b) pena perpétua; c) pena de trabalhos forçados; d) pena de banimento, ou seja, a expulsão pelo Brasil de um brasileiro; e e) penas cruéis, conceito aberto que necessita de uma integração do intérprete para que se possa fixar-lhe o significado.

Atenção!

O STF considera que a imposição de demissão do servidor público com proibição de retorno sem prazo fixado é inconstitucional, por ser uma pena de caráter perpétuo.

Questão de Concurso

(FGV – MPE GO – Promotor de Justiça Substituto – 2022) No ano de 2015, João, então secretário de Saúde do Estado Beta, aplicou e desviou ilegalmente verba pública, razão pela qual, após regular processo administrativo disciplinar, foi demitido. Em 2021, João foi aprovado na prova objetiva do concurso público para o cargo de médico no Estado Beta, mas foi eliminado do certame, em razão do disposto em um artigo do Estatuto dos Servidores Públicos do Estado Beta que estabelece que "não poderá retornar ao serviço público estadual o servidor que for demitido ou destituído do cargo em comissão por aplicação irregular de dinheiros públicos". Inconformado, João impetrou mandado de segurança, com o escopo de anular o ato administrativo que o excluiu do concurso. Ao ofertar parecer na qualidade de órgão interveniente, o promotor de justiça deve observar que, de acordo com a jurisprudência do Supremo Tribunal Federal, a citada norma do Estatuto dos Servidores Públicos é:

a) constitucional, pois o dispositivo constitucional de vedação de pena perpétua se refere ao direito penal e não se aplica ao direito administrativo sancionador;

b) inconstitucional, por violar norma constitucional que estabelece que não haverá penas de caráter perpétuo e pela aplicação do princípio da proporcionalidade como proibição do excesso;

c) objeto de interpretação conforme a Constituição, sendo vedada a sanção de caráter perpétuo, mas incidindo a proibição temporária de assunção de cargos públicos pelo prazo de oito anos, em analogia à inelegibilidade constante da Lei da Ficha Limpa;

d) constitucional, pois o ilícito administrativo independe do ilícito penal, de maneira que a norma em questão tem como objetivo preservar o interesse público e a continuidade dos serviços prestados, e não impor pena de caráter perpétuo;

e) constitucional, pois, em ponderação de interesses entre a vedação de pena perpétua e o princípio da moralidade administrativa, o segundo deve prevalecer, de maneira a manter afastado da administração os que demonstrarem desprezo com a coisa pública.

> Gabarito comentado: B ("Art. 137, parágrafo único, da Lei 8.112/90. Direito Administrativo Disciplinar. Sanção perpétua. Impossibilidade de retorno ao serviço público. Inconstitucionalidade material. Afronta ao art. 5º, XLVII, *b*, da Constituição da República. Norma impugnada que, ao impedir o retorno ao serviço público, impõe sanção de caráter perpétuo. Ação direta julgada procedente para declarar a inconstitucionalidade da norma questionada, sem pronúncia de nulidade. Comunicação ao Congresso Nacional, para que eventualmente delibere sobre o prazo de proibição de retorno ao serviço público a ser aplicável nas hipóteses do art. 132, I, IV, VIII, X e XI, da Lei n. 8.112/90. STF, Pleno, ADI 2.975, Relator Ministro Gilmar Mendes, j. 7-12-2020, *DJe* de 4-2-2021. A previsão de proibição de retorno eterna, além de pena de caráter perpétuo, restringe o direito mais do que o necessário, violando a proporcionalidade negativa, ou proibição do excesso).

6.8.7. Crimes referidos na Constituição (mandatos de criminalização)

O art. 5º trata não só dos direitos individuais, mas também dos deveres que temos o principal deles, o de respeitar os direitos fundamentais das outras pessoas. Por isso, a lei deve punir as discriminações que sejam injustificáveis, as que atentem contra os direitos fundamentais (que, repita-se, não são todas e quaisquer discriminações, como já estudamos ao analisarmos o princípio da igualdade).

É de se notar que a Constituição não *define* crimes – essa tarefa cabe ao Código Penal ou às leis penais extravagantes. O que a Constituição faz é traçar um estatuto mínimo para esses delitos.

A CF institui, então, os chamados *mandatos de criminalização* (casos em que a CF determina ao legislador que preveja como crime determinadas condutas).

Todos os crimes referidos no art. 5º são inafiançáveis, isto é, em caso de prisão em flagrante, não pode ser concedida ao réu a liberdade provisória mediante o pagamento de fiança. Logo, o que os pode distinguir é que uns são inafiançáveis e imprescritíveis (não se extingue nunca a pena pela simples passagem do tempo, como ocorre com os crimes em geral), enquanto outros são inafiançáveis e insuscetíveis de graça (perdão individual concedido pelo Presidente da República) e de anistia ("perdão" geral conferido pelo Congresso Nacional, por meio de lei).

São, então, inafiançáveis e insuscetíveis de graça ou anistia os TTTH (Tortura, Terrorismo, Tráfico e Hediondos). Os demais (racismo e ação de grupos armados contra o Estado) são inafiançáveis e imprescritíveis.

Quadro 6.4 – Mandatos de criminalização

Crime	Inafiançável	Imprescritível	Insuscetível de graça (indulto) e anistia
Racismo	SIM	SIM	NÃO
Ação de grupos armados contra o Estado e a ordem democrática	SIM	SIM	NÃO
Terrorismo	SIM	NÃO	SIM
Tortura	SIM	NÃO	SIM
Tráfico de drogas	SIM	NÃO	SIM
Crimes hediondos	SIM	NÃO	SIM

⚠️ Atenção!

Nenhum dos crimes citados na CF tem as três características ao mesmo tempo. Logo, tais delitos podem ser inafiançáveis e imprescritíveis, *ou* inafiançáveis e insuscetíveis de graça ou anistia. Nenhum deles, porém, será inafiançável, imprescritível *e* insuscetível de graça ou anistia.

✋ Cuidado!

A CF prevê expressamente que os crimes citados no inciso XLIII do art. 5º são apenas insuscetíveis de graça ou anistia, nada dizendo sobre o indulto. Contudo, a jurisprudência do STF entende que o termo "graça", aqui, é utilizado em sentido amplo, o que proíbe também a concessão de indulto.

📋 Veja Bem!

Os mandatos de criminalização constituem hipóteses de reserva legal qualificada: exige-se lei para a definição dos crimes, e a CF já especifica diretrizes de conteúdo que a lei terá que seguir (inafiançabilidade, por exemplo).

✋ Cuidado!

Na ADO n. 26 (Relator Ministro Celso de Mello), o STF entendeu que, diante da inércia do Congresso Nacional em legislar, devem ser considerados equiparados ao racismo (inclusive com a mesma característica de inafiançabilidade e imprescritibilidade) os atos de segregação contra alguém em virtude orientação sexual (homofobia) ou identidade de gênero (transfobia). Tal decisão, que gerou tentativas de reação no Congresso Nacional, foi considerada polêmica, não tanto pelo conteúdo, mas pela criação de crime sem lei em sentido estrito, relativizando-se o princípio da estrita legalidade em matéria penal.

6.8.8. Não identificação criminal de quem possui identificação civil

A Constituição proíbe que a pessoa, já civilmente identificada (quem possui documento de identificação, como RG), seja submetida ao constrangimento de "tocar piano", de ter de sujar as mãos para que seja feita a identificação datiloscópica (art. 5º, LVIII).

A identificação criminal para quem já possui identidade civil é a exceção, admitida, na forma da lei, apenas quando haja fundada suspeita de falsidade do documento, ou dúvida sobre a identidade da pessoa, ou em alguns crimes taxativamente elencados na lei (reserva legal simples).

6.8.9. Ação penal privada subsidiária da pública

Os crimes podem ser de ação penal pública ou privada (CP, art. 100[76]). No primeiro caso (que é a regra), o processo penal inicia-se por meio de um ato formal de acusação, movido

---

[76] "A ação penal é pública, salvo quando a lei expressamente a declara privativa do ofendido. §1º A ação pública é promovida pelo Ministério Público, dependendo, quando a lei o exige, de representação do ofendido ou de requisição do Ministro da Justiça. §2º A ação de iniciativa privada é promovida mediante queixa do ofendido ou de quem tenha qualidade para representá-lo".

pelo Ministério Público, chamado de *denúncia*. Já nos crimes de ação penal privada, o processo só é desencadeado se houver interesse da vítima ou da sua família, interesse demonstrado por meio da propositura de um ato formal de acusação chamado de *queixa* (ou queixa-crime).

Perceba-se que, na ordem constitucional atual, só quem pode ofertar a denúncia (desencadeando a ação penal pública) é o Ministério Público. Na verdade, quando há inquérito policial antes do oferecimento da denúncia (o que não é obrigatório, embora seja o comum), o inquérito é encaminhado ao membro do Ministério Público, que poderá adotar uma das seguintes providências: a) se estiver convencido de que ocorreu o delito, oferecerá denúncia; b) se estiver convencido de que não houve crime, requisitará o arquivamento do inquérito pelo juiz; c) se desejar que sejam feitas novas investigações, devolverá o inquérito à polícia para novas diligências. Se o membro do MP tomar qualquer uma dessas atitudes, a vítima nada poderá fazer. Se, porém, quedar-se inerte dentro do prazo legal (geralmente 15 dias), a vítima ou os familiares poderão oferecer queixa substitutiva da denúncia, exercendo o direito fundamental de mover a ação penal privada subsidiária da pública (CF, art. 5º, LIX), mediante o oferecimento de *queixa substitutiva da denúncia*.

6.8.10. Extradição

Nos termos do dicionário Aurélio, extradição é "Entrega dum indivíduo, feita pelo governo do país onde ele se acha refugiado ao do país que o reclama, para ser julgado perante os tribunais deste ou cumprir a pena que lhe foi imposta".

Existe a extradição ativa, em que o Brasil pede a outro país que entregue um prisioneiro, e a extradição passiva, na qual o Brasil entrega para outro país um prisioneiro aqui refugiado. É da extradição passiva que trata a CF (art. 5º, LI e LII).

Tem-se uma verdadeira gradação: o brasileiro nato **nunca será extraditado pelo Brasil**, qualquer que seja o motivo (art. 5º, LI); o brasileiro naturalizado, **em regra, não pode ser extraditado**, *salvo* por crime comum cometido **antes** da naturalização ou em caso de envolvimento em tráfico de drogas, **antes ou depois** da naturalização; por fim, o estrangeiro, em regra, **pode ser extraditado**, a não ser que se trate de crime político ou de opinião (art. 5º, LII).

Saliente-se que, de acordo com a atual jurisprudência do STF, somente se concede a extradição se o país requerente se comprometer a comutar as penas de morte ou perpétua em penas privativas de liberdade com a duração máxima prevista na lei brasileira.

Quadro 6.5 – Distinções entre Brasileiro Nato, Naturalizado e Estrangeiro

Condição Pessoal	Regra	Exceção
Brasileiro NATO	Não pode ser extraditado	Não há
Brasileiro NATURALIZADO	Não pode ser extraditado	Só pode ser extraditado em caso de crime comum cometido ANTES de se naturalizar OU em virtude de tráfico de drogas, cometido ANTES OU DEPOIS da naturalização
ESTRANGEIRO	Pode ser extraditado	Só NÃO pode ser extraditado por crime político ou de opinião

A competência para deferir ou não a extradição é do Presidente da República (art. 84, VII), desde que autorizada a medida pelo Supremo Tribunal Federal (art. 102, I, *g*), como decidiu a própria Corte no caso "Cesare Battisti".[77]

6.8.11. Regras constitucionais quanto à prisão

A Constituição Federal prevê diversas regras relativas às formalidades da prisão e aos direitos do preso. Vamos, agora, resumir os principais dispositivos a respeito do assunto.

Em primeiro lugar, a prisão do civil (quem não é militar) só pode ocorrer em duas situações: flagrante delito ou ordem escrita e fundamentada (motivada) de autoridade judiciária competente (art. 5º, LXI). Logo, caso não se trate de prisão em flagrante, não pode haver prisão por ordem verbal de juiz, ou ainda por ordem policial, muito menos a malfadada "prisão para averiguações".

A Carta também prevê que a prisão *ilegal* deve ser imediatamente relaxada pelo juiz, ainda que de ofício (art. 5º, LXV). Por outro lado, a prisão cujos motivos não mais subsistem deve ser revogada (prisão preventiva) ou concedida a liberdade provisória, com ou sem fiança (nos casos de prisão em flagrante). Perceba-se: prisão ilegal é relaxada; prisão desnecessária é revogada; liberdade provisória se usa apenas no caso de prisão em flagrante que não se mostra mais necessária.

Em suma:

Prisão ilegal	Prisão cujos motivos não mais subsistem
Deve ser relaxada	• Deve ser revogada – prisão preventiva • Deve-se conceder liberdade provisória, com ou sem fiança (nos casos de prisão em flagrante)

Ainda sobre a prisão, é de se lembrar a Súmula Vinculante 11: "Só é lícito o uso de algemas em casos de resistência e de fundado receio de fuga ou de perigo à integridade física própria ou alheia, por parte do preso ou de terceiros, justificada a excepcionalidade por escrito, sob pena de responsabilidade disciplinar, civil e penal do agente ou da autoridade e de nulidade da prisão ou do ato processual a que se refere, sem prejuízo da responsabilidade civil do Estado".

6.8.11.1. *Prisão civil por dívidas*

Como já vimos, ao estudar a teoria geral dos direitos fundamentais e a hierarquia dos tratados internacionais sobre direitos humanos, atualmente não pode haver mais prisão civil por dívidas do depositário infiel, por conta da proibição contida no art. 7º, §7º, do Pacto de São José da Costa Rica.

Aliás, o entendimento de que a prisão civil do depositário infiel não mais subsiste no ordenamento brasileiro foi objeto de súmula vinculante:

> É ilícita a prisão civil de depositário infiel, qualquer que seja a modalidade do depósito (Súmula Vinculante 25).

---

[77] STF, Pleno, Ext 1085/República Italiana, Relator Ministro Cezar Peluso, *DJe* de 15-4-2010.

6.9. REMÉDIOS CONSTITUCIONAIS (OU AÇÕES CONSTITUCIONAIS OU *WRITS*)

São garantias constitucionalmente previstas para assegurar a efetividade dos direitos fundamentais. São eles o *habeas corpus*, o *habeas data*, o mandado de segurança (individual e coletivo), o mandado de injunção (individual e coletivo) e a ação popular. Os direitos de petição e de certidão também são apontados pela doutrina como remédios constitucionais, embora não possuam a natureza de ação judicial.

6.9.1. *Habeas corpus*

> Acesse e assista à aula explicativa sobre este assunto.
> http://uqr.to/1yj9d

O *habeas corpus* não é uma garantia nova. É anterior à própria Carta Magna, de 1215. Significa, literalmente, "tome o corpo": era uma ordem dada pelo juiz para que o carcereiro apresentasse o prisioneiro. Perceba-se que, hoje, o *habeas corpus* tutela apenas e tão somente a liberdade de locomoção. Assim, questões que não possuam a ver diretamente com tal liberdade não podem ser suscitadas em sede de *habeas corpus*.

- **Modalidades de *habeas corpus*:** são duas: uma, o HC preventivo, é utilizada quando há ameaça de violência ou coação na liberdade de locomoção (alguém está sendo ameaçado de ser preso se se negar a responder a uma pergunta, mesmo sendo acusado e não testemunha) – nesse caso, expede-se em favor de alguém um salvo-conduto; mas existe, também, o HC repressivo ou liberatório, que serve para sanar uma violência ou coação que já existe – quando alguém, por exemplo, está preso há mais tempo do que prevê a lei.
- **Partes: são partes no *habeas corpus*:** a) o impetrante, que é quem entra com o pedido – pode ser qualquer pessoa, mesmo que não seja advogado; b) o paciente, em favor de quem se impetra o HC – impetrante e paciente podem coincidir, quando teremos o *habeas corpus* impetrado em favor próprio, como acontece em muitos casos envolvendo presos de baixo poder aquisitivo; e c) autoridade coatora, ou simplesmente coator, a quem se atribui a violência ou coação. Note-se que têm legitimidade passiva (ou seja, podem ser apontados como coatores) pessoas físicas ou jurídicas, públicas ou privadas. Assim, por exemplo, se o diretor de um hospital se nega a dar alta a um paciente que ainda não pagou a conta, em face dele pode ser impetrado um *habeas corpus*.
- **Gratuidade:** a ação de *habeas corpus* é gratuita; o impetrante não precisa pagar custas processuais. Ademais, relembre-se, não precisa ser assistido por advogado. Isso porque o HC é uma ação extremamente informal, tanto que pode até mesmo ser concedido de ofício por qualquer autoridade judicial que verifique a existência de ilegalidade em um processo criminal, como determina o art. 654, §2º, do CPP. Além disso, o HC é a ação de tramitação mais rápida que existe: o HC com paciente preso tem prioridade sobre qualquer outro processo.

✓ Observação!

Obs. 1: NEM TODO *HABEAS CORPUS* É EM MATÉRIA PENAL; NEM TODA MATÉRIA PENAL PODE SER TUTELADA EM SEDE DE *HABEAS CORPUS*. Costuma-se fazer uma certa confusão com isso, mas o

HC tutela qualquer violação da liberdade de locomoção. Assim, por exemplo, caso haja uma indevida prisão civil por dívidas, cabe sim *habeas corpus*. Do mesmo modo, não é porque se trata de matéria penal que caberá *habeas corpus* – essa ação só pode ser utilizada para proteger liberdade de locomoção. Dessa forma, não cabe HC em favor de pessoa jurídica, pois essa não possui liberdade de locomoção; nem cabe HC contra pena de multa, pois não está em jogo diretamente a liberdade de locomoção. Perceba-se que pessoa jurídica pode impetrar HC, mas em favor de pessoa física: pode ser impetrante, mas nunca paciente. Jurisprudência: STF, Informativo n. 516/2008: "A pessoa jurídica não pode figurar como paciente de *habeas corpus*, pois jamais estará em jogo a sua liberdade de ir e vir, objeto que essa medida visa proteger".

Obs. 2: Não cabe *habeas corpus* contra punição disciplinar militar, nos termos do art. 142 da CF. Isso não quer dizer que ilegalidades sejam toleradas, mas apenas significa que o mérito da punição não pode ser analisado pelo Judiciário, que se limita a questionar legalidade e competência para a aplicação da punição.

Obs. 3: Pessoas jurídicas não possuem direito à liberdade de locomoção. Justamente por isso é que em favor delas não se pode impetrar *habeas corpus* (remédio que protege apenas a liberdade de locomoção). Nesse sentido: STF, HC n. 92.921/BA, 1ª Turma, Relator Ministro Ricardo Lewandowski, *DJe* de 25-9-2008.

Obs. 4: A Súmula 691 do STF prevê que não se pode conhecer *habeas corpus* impetrado contra a denegação de liminar em outro *writ*. Em suma: não pode haver supressão de instâncias, isto é, não pode um órgão apreciar um *habeas corpus* antes de outro da instância inferior. Porém, o próprio Tribunal tem relativizado esse entendimento, quando há flagrante ilegalidade, como atestam vários julgamentos, inclusive do Plenário.

Obs. 5: O HC é uma ação tão importante e singular que "quebra" até mesmo a inércia do Judiciário (princípio segundo o qual o judiciário só age quando provocado). Com efeito, verificada ilegalidade manifesta no curso do processo, é possível a expedição *ex officio* da ordem de *habeas corpus*, nos termos do art. 654, §2º, do Código de Processo Penal: "Os juízes e os tribunais têm competência para expedir de ofício ordem de *habeas corpus*, quando no curso de processo verificarem que alguém sofre ou está na iminência de sofrer coação ilegal".

Obs. 6: De acordo com a doutrina e a jurisprudência majoritárias, não podem ser objeto de *habeas corpus* questões fáticas complexas, que necessitem de amplo reexame de provas, pois o HC é uma ação de rito sumaríssimo.

⚠ Atenção!

Súmula 693 do STF: "Não cabe *habeas corpus* contra decisão condenatória a pena de multa, ou relativo a processo em curso por infração penal a que a pena pecuniária seja a única cominada." Isso se dá porque, nesses casos, não há sequer risco à liberdade de locomoção. No mesmo sentido: **Súmula 395 do STF:** "não se conhece de recurso de *habeas corpus* cujo objeto seja resolver sobre o ônus das custas, por não estar mais em causa a liberdade de locomoção."

Aprofundamento:
a doutrina brasileira do *habeas corpus*

Na redação original da Constituição Republicana de 1891, o cabimento do HC não era expressamente restrito à liberdade de locomoção. Isso porque se previa o seguinte: "Dar-se-á o *habeas corpus*, sempre que o indivíduo sofrer ou se achar em iminente perigo de sofrer **violência ou coação** por ilegalidade ou abuso de poder" (art. 71, § 22). Por conta dessa previsão genérica, vários autores – inclusive Rui Barbosa – passaram a defender a utilização do HC para casos que não envolvessem liberdade de locomoção (por exemplo, o ajuizamento de HC contra demissão de servidor público), o que foi aceito pelo STF. Essa interpretação ampliativa do uso do HC ficou conhecida como "doutrina brasileira do *habeas corpus*" e durou até 1926, quando a EC n. 3/26 restringiu o uso do HC aos casos que envolvessem a liberdade de locomoção. A nova redação ficou da seguinte forma: "Dar-se-ha o habeas-corpus sempre que alguém soffrer ou se achar em imminente perigo de soffrer violencia por meio de prisão ou constrangimento illegal **em sua liberdade de locomoção**" (grifo nosso).

Aprofundamento:
HC coletivo

Apesar de não haver previsão constitucional, há quem sustente o cabimento de HC coletivo, quando a potencial vítima da violação ou ameaça à liberdade de locomoção for um grupo de pessoas. O STF admitiu essa figura, ao conceder HC coletivo às mulheres grávidas que respondem a processos penais, a fim de que não lhes seja aplicada a prisão preventiva; no caso – e isso foi cobrado em prova do Cespe 2020 – utilizou-se como regra para a legitimidade ativa a mesma regra aplicável ao mandado de injunção coletivo (confira mais abaixo).

Questão de Concurso

(Cespe/MPCE/Analista Jurídico/2020) Segundo o STF, por aplicação analógica, os legitimados ativos para ingressar com *habeas corpus* coletivo são os mesmos indicados na lei que disciplina a ação civil pública.

Gabarito comentado: Errado.
No julgamento do primeiro HC coletivo (HC n. 143.641, 2ª Turma, Relator Ministro Ricardo Lewandowski), o STF decidiu o seguinte: "A legitimidade ativa do *habeas corpus* coletivo, a princípio, deve ser reservada àqueles listados no art. 12 da Lei n. 13.300/2016, por analogia ao que dispõe a legislação referente ao mandado de injunção coletivo". Logo, a legitimidade ativa do HC coletivo é equivalente à dos legitimados à impetração de MI coletivo, não da ação civil pública.

6.9.2. *Habeas data*

Previsto no art. 5º, LXII, *a* e *b*, da CF e regulamentado pela Lei n. 9.507/97, o *habeas data* é, ao lado do mandado de injunção, uma das novidades trazidas pela CF de 1988. Tem natureza ação constitucional mandamental (o objeto é uma ordem judicial de obrigação de fazer).

A competência para julgar o HD depende da autoridade coatora. Será o STF, originariamente, quando for impetrado "contra atos do Presidente da República, das Mesas da Câmara dos Deputados e do Senado Federal, do Tribunal de Contas da União, do Procurador-Geral da República e do próprio Supremo Tribunal Federal" (CF, art. 102, I, *d*). Compete ao STJ julgar o habeas data "contra ato de Ministro de Estado, dos Comandantes da Marinha, do Exército e da Aeronáutica ou do próprio Tribunal" (CF, art. 105, I, *b*). Será o TRF competente para julgar o habeas data "contra ato do próprio Tribunal ou de juiz federal" (art. 108, I, c, da CF). Caso se trate de outras autoridades federais, a competência para julgar *habeas data* é do juiz federal de primeira instância (CF, art. 109, VIII).

Atenção!

O *habeas data* segue a lógica do MS: *habeas data* contra tribunal é julgado pelo próprio tribunal, com recurso ordinário para o tribunal acima dele.

✋ Cuidado!

Também pode haver *habeas data* de competência da Justiça do Trabalho e da Justiça Eleitoral.

A finalidade do *habeas data* é: a) obter informação sobre a pessoa do impetrante e que foi negada; b) corrigir informação sobre a pessoa do impetrante e que está errada; c) "para a anotação nos assentamentos do interessado, de contestação ou explicação sobre dado verdadeiro mas justificável e que esteja sob pendência judicial ou amigável" (art. 7º da Lei n. 9.507/97).

Essa última hipótese não está expressamente consignada na CF, apenas na lei regulamentadora. Por conta disso, alguns autores a entendem inconstitucional (é a posição de Alexandre de Moraes, por exemplo). Para fins de provas de concurso, porém, a hipótese é válida e vigente.

✋ Cuidado!

"O *habeas data* é a garantia constitucional adequada para a obtenção, pelo próprio contribuinte, dos dados concernentes ao pagamento de tributos constantes de sistemas informatizados de apoio à arrecadação dos órgãos da administração fazendária dos entes estatais." (Tema n. 582 da Repercussão Geral do STF).

⚠ Atenção!

Por se tratar de ação personalíssima, não cabe *habeas data* para obter informação sore terceiro, ou mesmo informação de interesse coletivo ou geral (nesses casos, pode caber MS).

Veja Bem!

O *habeas data* protege apenas a liberdade de informação pessoal. Se o que se quer é um documento, uma certidão, então o que cabe, segundo a jurisprudência, é mandado de segurança. Ex.: MS para obter uma certidão de tempo de serviço: o que o impetrante busca não é saber seu tempo de serviço, mas ter um documento que o comprove.

Quanto à legitimidade ativa (quem pode ser requerente), apenas o próprio titular da informação pode ajuizar o *habeas data* (ação personalíssima), devidamente assistido por advogado.

Têm legitimidade ativa as autoridades responsáveis pela negativa de acesso às informações constantes de bancos de dados governamentais (integrante da administração pública) ou de caráter público (cujas informações sejam compartilhadas com terceiros, isto é, não sejam de uso privativo: art. 1º, parágrafo único, da Lei n. 9.507/97); a lei não deixa claro, mas, em regra, a ação deve ser ajuizada em face da *autoridade coatora*, nos moldes do que acontece em relação ao MS.

⚠ Atenção!

O *habeas data* é uma hipótese de jurisdição condicionada. Logo, só cabe se houve tentativa frustrada de resolver a situação administrativamente. Por isso, é preciso haver prova juntada na inicial de (art. 8º, parágrafo único, I e II, da Lei n. 9.507/97):

a) Recusa ou mais de dez dias sem decisão – para obter informação

b) Recusa ou mais de quinze dias sem decisão – para requerimento de retificação ou anotação de informação

✋ Cuidado!

Não há pagamento de custas judiciais (art. 5º, LXXVIII, da CF, e art. 21 da Lei n. 9.507/97).

6.9.3. Mandado de segurança

6.9.3.1. *Introdução*

É criação brasileira, tendo sido positivado constitucionalmente em 1934, para cobrir os "vazios" deixados pela reforma constitucional de 1926, que pôs fim à chamada "doutrina brasileira do *habeas corpus*" e limitou o HC à proteção da liberdade de locomoção. Dessa forma, as ilegalidades provenientes do poder público que não dissessem respeito à locomoção passaram a ser protegidas pelo mandado de segurança. Só por aqui já se percebe o caráter subsidiário deste *writ*.

6.9.3.2. *Subsidiariedade*

Só cabe MS quando não couber *habeas corpus* nem *habeas data*. Trata-se, portanto, de um remédio de cabimento subsidiário. Assim, por exemplo, como o HC tutela apenas liberdade de locomoção, ilegalidade em imposição de pena de multa pode ser resolvida em sede de MS (porque não cabe HC). Lembrando-se que nem toda matéria penal pode ser tratada em sede de HC, existe, sim, o MS em matéria penal, embora a ação em si de mandado de segurança, mesmo com objeto penal, tem sempre natureza de ação cível. Da mesma forma, o cabimento do MS também é subsidiário em relação ao *habeas data*. Caso se trate de informação sobre a pessoa do impetrante, informação essa constante de banco de dados públicos ou acessível ao público, caberá HD. Caso se trate, porém, de informação de interesse coletivo (e não personalíssimo), o remédio a ser usado será o MS, e não o HD.

⚠️ Atenção!

O mandado de segurança é subsidiário até mesmo em relação à ação popular (Súmula 101/STF).

6.9.3.3. *Objeto de proteção*

É o direito líquido e certo, assim entendido o direito que é embasado em fatos comprováveis de plano, no momento da impetração, por meio de documentos (prova documental). Por exemplo, caso haja preterição na ordem de nomeação para concurso público, esse direito pode ser provado apenas mediante documentos, que precisam ser juntados já com a petição inicial: não haverá outra oportunidade para produzir provas, pois no MS não há dilação probatória. Então, repita-se: direito líquido e certo é aquele comprovável de plano, com base em prova, exclusivamente, documental. Note-se que o que tem de ser líquido e certo, na verdade, é o fato sobre o qual se funda o direito alegado pelo autor, como já reconheceu o STF (Súmula 625: "Controvérsia sobre matéria de direito não impede concessão de mandado de segurança."). A doutrina é importante para entender o que seja *direito líquido e certo*:

direito líquido e certo, segundo o posicionamento já consolidado, é aquele direito titularizado pelo impetrante, embasado em situação fática perfeitamente delineada e comprovada de plano por meio de prova pré-constituída. É, em síntese, a pré-constituição da prova dos fatos alçados à categoria de causa de pedir do *writ*.[78]

Líquido e certo é o direito subjetivo que independe de prova testemunhal ou pericial (independe de dilação probatória), isto é, aquele que é comprovável com provas exclusivamente documentais.

✋ Cuidado!

Na petição inicial de MS, não se deve fazer referência a perícias ou testemunhas.

⚠️ Atenção!

As provas (documentais) devem estar pré-constituídas, e ser protocoladas juntamente com a petição inicial do MS. É possível, porém, pedir a exibição de documentos em guarda de autoridade pública que se negou a fornecê-los (art. 6º, § 1º, da Lei n. 12.106/2009)

📝 Questão de Concurso

(Quadrix/CFM/Advogado/2019) O mandado de segurança pressupõe direito líquido e certo, de modo que a controvérsia acerca de matéria jurídica não autorizará a concessão da segurança.
Gabarito comentado: Errado (ver Súmula 625/STF).

✋ Cuidado!

Não cabe MS contra lei em tese (Súmula 266/STF), isto é, o MS pode ser usado apenas para o controle difuso (incidental) de constitucionalidade, nunca como instrumento do controle concentrado. O MS NÃO SUBSTITUI A ADI. Então, se o que se deseja é atacar a lei em si mesma, ajuíza-se ADI; o MS pode ser utilizado para atacar um ato concreto e, incidentalmente, se alegar a inconstitucionalidade da lei, mas a inconstitucionalidade surgirá sempre como causa de pedir (argumento que embasa o pedido), pois o pedido será sempre de anulação do ato concreto.

⚠️ Atenção!

Cabe MS contra ato de dirigente empresa pública, sociedade de economia mista ou concessionária de serviço público? SIM, mas apenas no que for relacionado à prestação de serviço público, pois "Não cabe mandado de segurança contra os atos de gestão comercial praticados pelos administradores de empresas públicas, de sociedade de economia mista e de concessionárias de serviço público." (art. 1º, § 2º, da Lei n. 12.016/2009).

---

[78] SODRÉ, Eduardo. Mandado de Segurança. In: DIDIER JR., Fredie (org.). *Ações Constitucionais*. 2. ed. Salvador: JusPodivm, 2007. p. 102.

6.9.3.4. Legitimidade

6.9.3.4.1. Legitimidade ativa

a. MS individual: é a própria pessoa (física ou jurídica) titular do direito

b. MS coletivo:

b.i. Partido político com representação no Congresso Nacional (basta que possua um deputado ou um senador)

b.ii. Organização sindical (sindicato)

b.iii. Entidade de classe

b.iv. Associação legalmente constituída e que comprove estar em funcionamento há pelo menos um ano. Note-se que a exigência de um ano de funcionamento é apenas com relação à associação.

🖐 Cuidado!

MS coletivo é aquele que tem por objeto proteger direitos coletivos, como, por exemplo, os de uma determinada categoria profissional. Perceba-se que a diferença entre o MS individual e o coletivo NÃO ESTÁ NO NÚMERO DE IMPETRANTES, MAS SIM NA NATUREZA DO DIREITO PROTEGIDO. Se o direito protegido é individual "puro", teremos MS individual, ainda que haja mais de um impetrante (cada um, sempre, lutando conjuntamente cada um pelo seu direito); de outra parte, se se tratar de direito coletivo ou direito individual homogêneo (várias pessoas possuem coletivamente um mesmo direito individual), teremos um MS coletivo, mesmo que haja um só impetrante. Assim, por exemplo, é coletivo o MS impetrado por um sindicato em favor da categoria profissional. Assim, para usar a nomenclatura de Teori Albino Zavascki (Processo Coletivo, 2007), o MS individual é um caso de tutela individual de direitos individuais, enquanto o MS coletivo é uma forma de tutela coletiva de direitos (individuais homogêneos) ou de tutela de direitos coletivos.

⚠ Atenção!

É possível ajuizar MS coletivo ainda que em relação a direito de apenas parte da categoria (STF, Súmula 630).

🔍 Veja Bem!

Para o ajuizamento de MS coletivo, a associações **não** precisam estar expressamente autorizadas pelos associados (STF, Súmula 629).

📝 Questão de Concurso

(FGV – OAB – Advogado – XXXI Exame de Ordem Unificado – 2020) Alfa, entidade de classe de abrangência regional, legalmente constituída e em funcionamento há mais de 1 ano, ingressa, perante o Supremo Tribunal Federal, com mandado de segurança coletivo para tutelar os interesses jurídicos de seus representados. Considerando a urgência do caso, Alfa não colheu autorização dos seus associados para a impetração da medida. Com base na narrativa acima, assinale a afirmativa correta.

a) Alfa não tem legitimidade para impetrar mandado de segurança coletivo, de modo que a defesa dos seus associados em juízo deve ser feita pelo Ministério Público ou, caso evidenciada situação de vulnerabilidade, pela Defensoria Pública.

b) Alfa goza de ampla legitimidade para impetrar mandado de segurança coletivo, inclusive para tutelar direitos e interesses titularizados por pessoas estranhas à classe por ela representada.

c) Alfa possui legitimidade para impetrar mandado de segurança coletivo em defesa dos interesses jurídicos dos seus associados, sendo, todavia, imprescindível a prévia autorização nominal e individualizada dos representados, em assembleia especialmente convocada para esse fim.

d) Alfa possui legitimidade para impetrar mandado de segurança coletivo em defesa dos interesses jurídicos da totalidade ou mesmo de parte dos seus associados, independentemente de autorização.

Gabarito comentado: D (art. 5º, LXX: "o mandado de segurança coletivo pode ser impetrado por: a) partido político com representação no Congresso Nacional; b) organização sindical, entidade de classe ou associação legalmente constituída e em funcionamento há pelo menos um ano, em defesa dos interesses de seus membros ou associados"; não há necessidade de autorização dos associados – Súmula n. 629/STF: "A impetração de mandado de segurança coletivo por entidade de classe em favor dos associados independe da autorização destes" – ainda que sejam parte deles a serem defendidos – Súmula n. 630/STF: "A entidade de classe tem legitimação para o mandado de segurança ainda quando a pretensão veiculada interesse apenas a uma parte da respectiva categoria").

6.9.3.4.2. Autoridade coatora: é aquela que praticou o ato ou da qual emanou a ordem para que fosse praticado

✋ Cuidado!

Na inicial, é preciso apontar qual a pessoa jurídica (União, estados, DF, Municípios, autarquia etc.) que a autoridade coatora integra (art. 6º, *caput*, da Lei n. 12.106/2009)

⚠️ Atenção!

É possível ajuizar MS coletivo ainda que em relação a direito de apenas parte da categoria (STF, Súmula 630).

📄 Veja Bem!

"Praticado o ato por autoridade, no exercício de competência delegada, contra ela cabe o mandado de segurança ou a medida judicial" (Súmula 510/STF). Assim, por exemplo, se um servidor público for demitido por ato de Ministro de Estado, atuando por delegação do Presidente da República (CF, art. 84, XXV, c/c parágrafo único), a competência para julgar eventual MS contra esse ato é do STJ (MS contra Ministro de Estado), e não do STF (MS contra o Presidente da República). Foi o que decidiu o STF no MS n. 32.814.

6.9.3.5. *Condições específicas*

a. Jurisdição condicionada: não se exige – em regra – o prévio recurso à via administrativa, antes de se ingressar com uma ação no Poder Judiciário. É o princípio geral da independência entre as instâncias judicial e administrativa. Contudo, há algumas hipóteses – excepcionais – em que é exigido do jurisdicionado provar que, antes de mover o Judiciário, recorreu, previamente, à esfera administrativa, sem obter sucesso. É o caso do MS, já que a Lei n. 12.016/2009 previu que tal remédio constitucional não é cabível quando "caiba recurso administrativo com efeito suspensivo, independentemente de caução" (art. 5º, I).

a.i. MAS VEJA BEM! Se não couber recurso administrativo; ou se couber recurso administrativo sem efeito suspensivo; ou mesmo se já tiver passado o prazo de interposição do recurso administrativo, será possível ajuizar o MS.

a.ii. Também é cabível o MS, ainda que caiba recurso administrativo com efeito suspensivo, quando se tratar de ação movida contra omissão de autoridade pública (Súmula 429/STF).

b. Prazo decadencial: depois de violado o direito líquido e certo, a legislação infraconstitucional impõe o prazo decadencial de 120 dias para que o titular do direito impetre MS. Nesse sentido, o art. 23 da Lei n. 12.106/2009 dispõe que "O direito de requerer mandado de segurança extinguir-se-á decorridos 120 (cento e vinte) dias, contados da ciência, pelo interessado, do ato impugnado".

6.9.4. Mandado de injunção

- **Previsão:** art. 5º, LXII, *a* e *b*, da CF. Atualmente, a ação é regulamentada pela Lei n. 13.300, de 23 de junho de 2016 (Lei do MI). De acordo com esse mesmo ato (art. 14), aplicam-se ao MI, subsidiariamente, as regras do CPC e da Lei do Mandado de Segurança (Lei n. 12.016/2009).
- **Natureza:** ação constitucional mandamental (o objeto é uma ordem judicial de obrigação de fazer).
- **Objeto:** em primeiro lugar, é preciso notar que não é a mera ausência de uma norma regulamentadora que justifica a impetração de mandado de injunção. É necessária uma espécie de omissão qualificada, é dizer, é preciso que se trate de uma omissão que impeça a efetivação e realização/fruição de um direito assegurado pela Constituição e dependente dessa norma regulamentadora. Isso, por si só, já exclui o cabimento de MI para obter a regulamentação de normas infraconstitucionais[79] (CF, art. 5º, LXXI; Lei do MI, art. 2º, *caput*). Por exemplo: um direito previsto em lei, mas pendente de regulamentação por meio de decreto: nesse caso, não é cabível MI, pois tal remédio só pode ser manejado quando a omissão impeça o exercício de um direito previsto na Constituição[80]. Por outro lado, só cabe MI quando o direito fundamental violado estiver previsto em norma constitucional de eficácia limitada. Com efeito, as normas de eficácia contida e plena (para usar a sempre citada classificação de José Afonso da Silva) possuem aplicabilidade imediata: produzem, desde já, todos os seus efeitos. Logo, não necessitam de uma norma regulamentadora para que o direito nelas previsto seja usufruído. Se a norma regulamentadora (= detalhadora) não é necessária, não cabe o mandado de injunção[81]. Nesse sentido, André Ramos Tavares adverte que "não cabe o mandado de injunção se a norma constitucional invocada for autoaplicável"[82]. Dito de outra forma: só cabe MI quando a ativida-

---

[79] TAVARES, André Ramos. *Curso de Direito Constitucional*. São Paulo: Saraiva, 2010. p. 1007. No mesmo sentido: MORAES, Alexandre de. *Direito Constitucional*. São Paulo: Atlas, 2009. p. 171.

[80] STJ, Corte Especial, MI n. 211/DF, Relatora Ministra Nancy Andrighi, *DJe* de 14-10-2011.

[81] No mesmo sentido, de forma bastante didática: SUNDFELD, Carlos Ari. Mandado de Injunção. In: CLÈVE, Clèmerson Merlin; BARROSO, Luís Roberto. *Doutrinas Essenciais: Direito Constitucional*, v. V. São Paulo: RT, 2011. p. 582.

[82] TAVARES, André Ramos. Op. cit., p. 1007.

de normatizadora remontar diretamente à Constituição (ausência de norma regulamentadora de um direito constitucional) e possuir natureza vinculada (= regulamentação de norma de eficácia limitada, em que a atividade integradora do legislador é uma obrigação imposta pela própria Constituição). Ou, ainda de outro modo, o mandado de injunção é o instrumento adequado para combater o descumprimento do dever constitucional de regulamentar determinado direito assegurado em norma constitucional de eficácia limitada[83]. É de se ressaltar, ademais, que o MI é cabível para assegurar a fruição de todo e qualquer direito constitucional previsto em norma de eficácia limitada, e não apenas "prerrogativas inerentes à nacionalidade, à soberania ou à cidadania" (art. 5º, LXXI). Na verdade, esse rol de hipóteses é meramente exemplificativo.

Questões de Concurso

(FCC/Prefeitura de São Luís-MA/Procurador/2016) O Sindicato das Casas de Diversões de determinado Estado da federação, que desde o início dos anos 2000 congrega empresas que atuam no setor do entretenimento e eventos, impetra mandado de injunção no Supremo Tribunal Federal, diante da inércia do Congresso Nacional em regulamentar a atividade de jogos de bingo no país. Nessa hipótese, à luz da Constituição da República e da jurisprudência do Supremo Tribunal Federal sobre a matéria, o mandado de injunção não é cabível, por inexistir direito constitucionalmente assegurado cujo exercício seja inviabilizado pela ausência de norma regulamentadora.

Gabarito comentado: Correto.
O MI só é cabível para exigir a regulamentação de um direito previsto na Constituição, o que não é o caso da questão.

(Cespe/TJPA/Oficial de Justiça/2020) A Constituição Federal de 1988 prevê o uso do mandado de injunção como uma garantia constitucional sempre que a falta de norma regulamentadora tornar inviável o exercício dos direitos e das liberdades constitucionais e das prerrogativas inerentes à nacionalidade, à soberania e à cidadania. Nesse sentido, segundo o STF, o cabimento do mandado de injunção pressupõe a demonstração da existência de omissão legislativa relativa ao gozo de liberdades ou direitos garantidos constitucionalmente pelas normas constitucionais de eficácia
a) plena *lato sensu*.
b) contida *lato sensu*.

---

[83] Porém, como toda ação judicial, o mandado de injunção submete-se ao preenchimento de determinadas "condições" (CPC, art. 267, IV), como a legitimidade das partes, a possibilidade jurídica do pedido e o interesse processual. Esse último requisito poderá estar ausente, impedindo o manejo do *mandamus*, ainda que se trate de um direito previsto em norma constitucional de eficácia limitada. Veja-se o exemplo do art. 7º, I, da CF, que assegura ser direito dos trabalhadores "relação de emprego protegida contra despedida arbitrária ou sem justa causa, nos termos de lei complementar, que preverá indenização compensatória, dentre outros direitos". Existe, aqui, um direito fundamental protegido por norma constitucional de eficácia limitada. Porém, a própria Constituição, antevendo a possibilidade de mora do legislador em regulamentar tal dispositivo, já previu que "Até que seja promulgada a lei complementar a que se refere o art. 7º, I, da Constituição: I – fica limitada a proteção nele referida ao aumento, para quatro vezes, da porcentagem prevista no art. 6º, caput e § 1º, da Lei n. 5.107, de 13 de setembro de 1966; II – fica vedada a dispensa arbitrária ou sem justa causa: a) do empregado eleito para cargo de direção de comissões internas de prevenção de acidentes, desde o registro de sua candidatura até um ano após o final de seu mandato; b) da empregada gestante, desde a confirmação da gravidez até cinco meses após o parto" (ADCT, art. 10). Como se vê, nesse caso concreto, mesmo em se tratando de um direito fundamental previsto em norma de eficácia limitada, não há interesse processual, já que a ausência não causa prejuízo ao titular do direito.

c) plena *stricto sensu*.
d) contida *stricto sensu*.
e) limitada *stricto sensu*.

Gabarito comentado: E.
O cabimento do mandado de injunção exige a demonstração cumulativa de: a) um direito fundamental previsto na CF; b) em uma norma de eficácia limitada (que depende de regulamentação para produzir a integralidade dos seus efeitos); c) ainda não regulamentada ou regulamentada de forma insuficiente. Logo, a relação do MI se dá com direitos fundamentais previstos em normas de eficácia limitada.

Cuidado!

O mandado de injunção é cabível contra omissão total ou parcial da norma regulamentadora. Por exemplo: se não é editada a lei que defere a revisão geral anual aos servidores públicos (CF, art. 37, X), tem-se uma omissão total. Mas, se a lei é editada, mas confere a revisão a apenas algumas categorias, e a outras não, tem-se uma omissão parcial. Perceba-se, porém, que, no caso de omissão parcial, não é cabível o MI apenas para questionar o conteúdo de determinada lei (para isso existem os outros mecanismos do controle de constitucionalidade), mas, sim, para combater a omissão do ato, o fato de não ter incluído em seu âmbito de incidência determinadas hipóteses que lá deveriam estar. **atualmente, a própria lei do MI admite sua impetração contra a "falta total ou parcial de norma regulamentadora"** (art. 2º, *caput*), definindo ainda que se considera parcial "a regulamentação quando forem insuficientes as normas editadas pelo órgão legislador competente".

6.9.4.4. Legitimidade ativa

- **MI individual (protege direitos individuais do impetrante):** o impetrante pode ser o próprio titular do direito não regulamentado, devidamente assistido por advogado; ou, nos termos do art. 3º da Lei n. 13.300/2016, "São legitimados para o mandado de injunção, como impetrantes, as pessoas naturais ou jurídicas que se afirmam titulares dos direitos, das liberdades ou das prerrogativas".
- **MI coletivo:** de acordo com o parágrafo único do art. 12 da Lei n. 13.300/2016, utiliza-se o MI coletivo para proteger os direitos "os pertencentes, indistintamente, a uma coletividade indeterminada de pessoas ou determinada por grupo, classe ou categoria" – isto é, direitos coletivos em sentido estrito (pertencentes a uma classe) ou individuais homogêneos (pertencentes a indivíduos, mas que podem ser tutelados coletivamente). São legitimados ativos do MI coletivo:
  - Ministério Público (art. 12, I, da Lei n. 13.300/2016).
  - Partido Político com representação no Congresso Nacional (art. 12, II) – por analogia com a jurisprudência sobre o MS, pode-se afirmar que "representação no Congresso Nacional" significa o partido ter um Deputado Federal ou um Senador.
  - Organização sindical, entidade de classe ou associação legalmente constituída e em funcionamento há pelo menos 1 (um) ano.

Cuidado!

Não é necessária autorização especial dos associados ou sindicalizados (Súmula 629/STF, aplicável por analogia, e art. 12, III, parte final, da Lei n. 13.300/2016), desde que haja previsão no estatuto da entidade de que ela deve defender o direito objeto do MI.

  - Defensoria Pública

> **⚠ Atenção!**
>
> De acordo com o art. 12 da Lei n. 13.300/2016, os legitimados ao MI coletivo não são os mesmos do MS coletivo: Ministério Público e Defensoria Pública podem ajuizar MI coletivo, mas não podem ajuizar MS coletivo (art. 21, *caput*, da Lei n. 12.016/2009).

Note que o MI coletivo (a mesma regra foi utilizada pelo STF para o HC coletivo) tem mais legitimados ativos que o MS coletivo:

Quadro 6.6 – Distinções entre Mandado de Segurança Coletivo, Mandado de Injunção Coletivo e *Habeas Corpus* Coletivo

MS COLETIVO	MI COLETIVO E HC COLETIVO
Partido político com representação no CN	Partido político com representação no CN
Organização sindical	Organização sindical
Entidade de Classe	Entidade de Classe
Associação (legalmente constituída e em funcionamento há pelo menos um ano)	Associação (legalmente constituída e em funcionamento há pelo menos um ano)
	Ministério Público
	Defensoria Pública

- **Legitimidade passiva (impetrados):** a legitimidade passiva para o mandado de injunção será determinada pela autoridade à qual é atribuível a omissão. **Segundo o art. 3º da Lei n. 13.300, de 2016, são legitimados passivos "o Poder, o órgão ou a autoridade com atribuição para editar a norma regulamentadora".** Geralmente, em se tratando da falta de lei, o omisso será o Congresso Nacional. Porém, situações há em que a autoridade à qual é imputável a omissão é outra. Por exemplo: caso se trate de matéria cuja iniciativa é privativa de outro Poder (art. 61, § 1º – iniciativa privativa do Presidente da República; art. 93, *caput* – iniciativa privativa do STF; art. 127, § 2º – iniciativa privativa do Ministério Público da União etc.), é contra esse Poder que deve ser dirigida a impetração[84]. Isso é assim pelo simples fato de que, em casos tais, o Congresso simplesmente não pode iniciar o processo legislativo *sponte* sua[85]. Distinta é a situação em que o projeto de lei já foi proposto, mas há demora na discussão ou votação. Nessas situações, ainda que não haja prazo constitucionalmente estabelecido para o término do processo legislativo (exceto em casos extraordinários, como o art. 64, § 1º; o art. 62; o art. 57, § 2º), a demora desarrazoada na tramitação do projeto já autoriza o manejo do *mandamus*[86].

---

[84] Nesse sentido: 1) TAVARES, André Ramos. *Curso de Direito Constitucional*. São Paulo: Saraiva, 2010. p. 1009; 2) MORAES, Alexandre de. *Direito Constitucional*. São Paulo: Atlas, 2009. p. 173; ARAÚJO, Luiz Alberto David; NUNES JÚNIOR, Vidal Serrano. *Curso de Direito Constitucional*. São Paulo: Verbatim, 2011. p. 237.
[85] O caso-líder: STF, Pleno, MI n. 153-AgR/DF, Relator Ministro Paulo Brossard, *DJ* de 30-3-1990, p. 2339.
[86] STF, Pleno, MI n. 283/DF, Relator Ministro Sepúlveda Pertence, *DJ* de 14-11-1991, p. 16355. Em sentido idêntico, embora se tratasse de ação direta de inconstitucionalidade por omissão: ADI n. 3.682/MT, Relator Ministro Gilmar Mendes, *DJe* de 6-9-2007.

- **Custas:** há. Lembre-se de que só são gratuitos o HC, o HD e, sob determinadas condições, a ação popular.
- **Efeitos da decisão em MI:** a doutrina majoritária classifica os possíveis efeitos da decisão em MI em dois grupos:
  - decisão não concretista (meramente declaratória; apenas declara, confirma a falta da norma regulamentadora, comunicando a omissão à autoridade, para que esta a supra);
  - decisão concretista (o Judiciário pode, numa decisão mandamental, ordinatória, editar uma regra provisória que permita o imediato exercício do direito fundamental). Num primeiro momento, o Supremo Tribunal Federal adotou a teoria não concretista, conferindo ao mandado de injunção caráter meramente declaratório, semelhante aos efeitos da decisão em ação direta de inconstitucionalidade por omissão[87]. Depois de certa insegurança e variação de posições, a Corte adotou, nos MIs n. 721[88] e 758[89], a posição concretista individual (o Tribunal dá uma regulamentação provisória à matéria, mas que atinge apenas o impetrante, e não terceiros). Por fim, no julgamento de três mandados de injunção que tratavam do direito de greve dos servidores públicos (CF, art. 37, VII)[90], a Corte restou por adotar a teoria concretista geral, segundo a qual o Judiciário confere uma regulamentação provisória à matéria, até que seja editada a norma regulamentadora. Porém, diferentemente da teoria concretista individual, nessa teoria geral a decisão regulamenta o caso concreto com efeitos erga omnes. Tem-se, então, uma verdadeira sentença aditiva. Segundo a doutrina italiana, sentenças aditivas, ou modificativas, são aquelas que inovam no ordenamento jurídico, não se limitando à aplicação "passiva" de normas preexistentes. Sentenças aditivas de caráter moderado são compatíveis com a Constituição, principalmente, quando a omissão do legislador traduza um verdadeiro desrespeito à Constituição. Dessa forma, quando o Supremo Tribunal regulamenta provisoriamente questões que ficaram à margem da atividade legislativa, está, na verdade, cumprindo sua função de defender a Carta Magna. Para Gilmar Mendes, "em regra, a decisão em mandado de injunção, ainda que dotada de caráter subjetivo, comporta uma dimensão objetiva, com eficácia erga omnes, que serve para tantos quantos forem os casos que demandem a concretização de uma omissão geral do Poder Público"[91]. No mesmo sentido, no próprio STF, temos outros casos[92].

---

[87] O *leading case*, sempre citado, foi a questão de ordem no MI n. 107/DF, Relator Ministro Moreira Alves, *RTJ* 133.

[88] STF, Pleno, MI n. 721, Relator Ministro Marco Aurélio, *DJe* de 30-11-2007.

[89] STF, Pleno, MI n. 758/DF, Relator Ministro Marco Aurélio, *DJe* de 26-9-2008.

[90] STF, Pleno, MI n. 670/DF, Relator Ministro Maurício Corrêa, Relator para o acórdão Ministro Gilmar Mendes, *DJe* de 31-10-2008; MI n. 708/DF, Relator Ministro Gilmar Mendes, *DJe* de 31-10-2008; MI n. 712/PA, Relator Ministro Eros Grau, *DJe* de 31-10-2008.

[91] MENDES, Gilmar Ferreira; BRANCO, Paulo Gustavo Gonet. *Curso de Direito Constitucional*. São Paulo: Saraiva, 2011. p. 1335. No mesmo sentido: BUENO, Cassio Scarpinella. Op. cit., p. 126.

[92] STF, Presidência, Rcl n. 6.200/RN. Cf. também a decisão monocrática do Ministro Eros Grau no MI n. 755/DF, *DJe* de 19-5-2009. Ressalve-se, porém, que, em se tratando do caso específico de concessão aos servidores públicos das regras de aposentadoria especial do regime geral de previdência (MI n. 721 e 758), a Corte tem adotado decisão com eficácia individual, até mesmo por conta do acórdão original (anterior à viragem jurisprudencial). Confira-se, por exemplo, Pleno, MI n. 788/DF, Relator Ministro Ayres Britto, *DJe* de 8-5-2009; MI n. 998/DF, Relatora Ministra Cármen Lúcia, *DJe* de 22-5-2009. Mesmo assim, ao apreciar questão de ordem suscitada pelo Ministro Joaquim Barbosa nesse último MI, o Pleno autorizou os Relatores a decidirem monocraticamente a questão, reconhecendo,

- A Lei n. 13.300/2016, detalhou a questão dos efeitos da decisão – positivando, em grande medida, a jurisprudência do STF sobre o tema. De acordo com a nova Lei, teremos:
    - **MI individual:** a decisão produz efeitos apenas para as partes envolvidas (art. 9º, *caput*); excepcionalmente, porém, **poderá ser conferida eficácia ultra partes ou *erga omnes* à decisão, quando isso for inerente ou indispensável ao exercício do direito** (art. 9º, § 1º). Efeitos *ultra partes* são os que vão além dos impetrantes (atingindo, por exemplo, todos os que tenham ajuizado idêntica ação), ao passo que os efeitos *erga omnes* atingem a todos, tenham ou não ingressado com ação judicial. Por exemplo, no julgamento do já citado caso da greve dos servidores públicos, o STF deu efeitos *erga omnes* à sua decisão. Depois que já transitado em julgado o MI, poderá o precedente ser aplicado pelo ministro-relator aos casos semelhantes, sem necessidade de julgamento por órgão colegiado (art. 9º, § 2º).

Veja Bem!

Pode-se dizer que a Lei n. 13.300 adotou a teoria concretista individual **como regra**, e a teoria concretista geral **como exceção**.

Questão de Concurso

(Cespe/PC-PE/Escrivão/2016) A sentença em mandado de injunção gera efeitos *erga omnes*, alcançando, de maneira indistinta, todos aqueles privados de exercer quaisquer direitos e liberdades constitucionais por falta de norma regulamentadora.

Gabarito comentado: Errado.
Embora a decisão em mandado de injunção (MI) até possa ter efeitos *erga omnes*, isso é a exceção, e a questão afirmou como se esse fosse o efeito da decisão nesse tipo de ação.

-
    - **MI coletivo:** a decisão atinge as **pessoas integrantes da coletividade, do grupo, da classe ou da categoria substituídos pelo impetrante** (art. 13) – isto é, os filiados ao partido político, ou os membros da associação, ou os integrantes da categoria substituída pelo sindicato etc.[93]. Excepcionalmente, podem ser aplicadas as regras dos §§ 1º e 2º do art. 9º (efeitos *erga omnes*, *ultra partes* ou aplicação monocrática do relator aos casos idênticos – essa última situação, após o trânsito em julgado).
- Em termos temporais, a decisão produzirá efeitos até que sobrevenha a lei regulamentadora da matéria (art. 9º, *caput*, segunda parte); nesse caso, a lei se aplica *ex nunc* (de agora em diante) aos beneficiados pelo MI, a não ser que a lei lhes seja mais favorável (quando, então, a nova lei retroagirá[94] – art. 11, *caput*, parte final). Se a lei sobrevier antes do julgamento da

---

mesmo nessas hipóteses, uma eficácia geral do MI. Esse entendimento (da possibilidade de efeitos *erga omnes*, bem como da aplicação de precedentes monocraticamente pelo Relator, foi referendado pela Lei n. 13.300/2016).

[93] Obviamente, essa regra terá difícil aplicabilidade quando o impetrante do MI coletivo for o Ministério Público ou a Defensoria Pública.

[94] Apesar da taxatividade do art. 11, parece-nos que essa retroatividade dependerá de previsão na lei que regulamentar o tema, ou seja, apenas se isso for previsto nela ou, pelo menos, não for incompatível com seu regramento. De qualquer forma, não custa lembrar que devem ser respeitados o direito adquirido, o ato jurídico perfeito e a coisa julgada (CF, art. 5º, XXXVI).

ação, o MI estará prejudicado (art. 11, parágrafo único). Após o julgamento, poderá ser a decisão do MI revista, quando sobrevierem relevantes modificações das circunstâncias de fato ou de direito (art. 10, *caput*).

⚠️ Atenção!

O julgamento de procedência do MI (art. 8º): *a)* dará "prazo razoável" para que o impetrado edite a norma; e *b)* determinará as condições para o exercício do direito, caso não seja cumprido o prazo estabelecido.

✋ Cuidado!

Se comprovado que o impetrado já deixou de cumprir prazo fixado em MI anterior, será desnecessária a fixação de novo prazo, podendo o Judiciário determinar, desde já, as condições para o exercício do direito.

Exemplo: nos Mandados de Injunção n. 690, 708 e 712, o STF declarou a omissão do Congresso Nacional em regulamentar o direito de greve dos servidores públicos (art. 37, VII). Além disso, determinou que, enquanto não editada a lei regulamentadora, os servidores poderiam fazer greve, com base na lei de greve da iniciativa privada. E, embora os mandados de injunção tenham sido impetrados por sindicatos de servidores, a decisão não atingiu apenas as categorias que ajuizaram as ações, mas, sim, todos os servidores públicos brasileiros (por aplicação da teoria concretista geral). Caso o STF tivesse adotado a posição jurisprudencial anterior, teria apenas declarado a omissão legislativa, sem resolver o caso concreto. Porém, se já estivesse em vigor a nova Lei do MI, o STF não poderia ter imediatamente regulamentado a matéria: deveria, primeiro, ter dado prazo razoável para que o Legislativo editasse a norma faltante.

6.9.5. Ação popular

> Acesse e assista à aula explicativa sobre este assunto.
>
> http://uqr.to/1yj9e

Prevista na CF, art. 5º, LXXIII, e regulamentada pela Lei n. 4.717, de 29 de junho de 1965, tem natureza de ação mandamental, de natureza civil e sede constitucional; pode ter também natureza condenatória (pedido de condenação em perdas e danos)

É julgada sempre no juízo de primeira instância competente para conhecer das causas contra a Fazenda Pública. Pode ser Juiz de Direito (Estados/DF) ou Juiz Federal, a depender do caso.

✋ Cuidado!

Não existe foro por prerrogativa de função na ação popular, pois se trata de ação anulatória de ato, e não de responsabilização do agente público!!!

📋 Questão de Concurso

(Cespe/MPCE/Analista – Biblioteconomia/2020) Compete originariamente ao Tribunal de Justiça do Estado do Ceará julgar ação popular que tenha a finalidade de impugnar ato praticado pelo governador do estado.

> **Gabarito comentado:** Errado.
> A ação popular é julgada em primeira instância, mesmo que seja ajuizada contra ato do governador do Estado; apenas em grau de recurso é que chegará ao TJ.

📑 Veja Bem!

> Existe uma possibilidade de ação popular de competência originária do STF: quando a ação buscar anular ato lesivo praticado por Tribunal, por decisão colegiada. É que incide, nessa hipótese específica a alínea *n* do inciso I do art. 102 da CF, segundo a qual compete ao STF julgar originariamente "a ação [não só ação popular] em que todos os membros da magistratura sejam direta ou indiretamente interessados, e aquela em que mais da metade dos membros do tribunal de origem estejam impedidos ou sejam direta ou indiretamente interessados"

A finalidade da ação popular é anular ato lesivo a: a) o patrimônio público; e/ou b) o patrimônio histórico e cultural (inclusive artístico, estético ou turístico: art. 1º, § 1º, da Lei n. 4.717/65); e/ou c) o meio ambiente (não só natural, mas também urbano, paisagístico, cultural etc.); e/ou d) a moralidade administrativa.

✋ Cuidado!

> Segundo a jurisprudência do STJ e do STF, a ação popular é cabível contra ato lesivo à moralidade administrativa, ainda que não haja prejuízo financeiro. Ex.: para anular ato de nomeação de parente, ainda que não haja prejuízo ao erário.
> Confira: "Não é condição para o cabimento da ação popular a demonstração de prejuízo material aos cofres públicos, dado que o art. 5º, inciso LXXIII, da Constituição Federal estabelece que qualquer cidadão é parte legítima para propor ação popular e impugnar, ainda que separadamente, ato lesivo ao patrimônio material, moral, cultural ou histórico do Estado ou de entidade de que ele participe." (Tema n. 836 da Repercussão Geral do STF).

⚠️ Atenção!

> O ato lesivo atacado por meio da ação popular pode lesar **qualquer** dos bens jurídicos (interesses difusos) previstos acima, **isolada ou conjuntamente**.

📑 Veja Bem!

> Ato lesivo ao patrimônio público abrange não só as entidades integrantes da Administração Pública direta ou indireta, mas também entidades de que o Estado participe com maioria do patrimônio, ou até mesmo entidades em que o Poder Público tenha contribuído de forma minoritária para a formação do capital (nesse último caso, apenas em relação à parcela pública do patrimônio cabe ação popular) – Lei n. 4.717/65, art. 1º, *caput*
> Embora esse ponto específico seja relativamente raro de ser cobrado em provas de concursos, pode haver condenação dos réus em perdas e danos (arts. 11 e 14 da Lei n. 4.717/65)

Um tema essencial sobre a ação popular diz respeito à legitimidade ativa (quem pode ser autor): a legitimidade ativa é exclusiva do cidadão, isto é, o brasileiro com direitos políticos. Pessoa jurídica não pode ajuizar tal ação (STF, Súmula 365). **Não é qualquer pessoa, nem qualquer brasileiro, nem qualquer do povo, mas sim qualquer** cidadão.

⚠️ Atenção!

A prova da cidadania é feita com a juntada de cópia do título de eleitor ou documento equivalente (art. 1º, § 3º, da Lei n. 4.717/65).

MP PODE AJUIZAR AÇÃO POPULAR?

Não (mas pode, em substituição, ajuizar ação civil pública: CF, art. 129, III, e Lei n. 7.347/85, art. 5º). O membro do MP pode ajuizar ação popular, mas não no exercício das funções institucionais, e sim na qualidade de cidadão.

Pessoa maior de 16, mas menor de 18 anos, que é eleitora, pode ajuizar ação popular?

Há divergência doutrinária, a maioria entende que SIM.

Pessoa que teve os direitos políticos perdidos ou suspensos pode ajuizar ação popular?

NÃO (CF, art. 15, I a V), pois não está no pleno gozo dos direitos políticos.

✋ Cuidado!

O autor precisa estar representado por advogado (CF, art. 133).

ADMITE-SE DESISTÊNCIA?

SIM (art. 9º, primeira parte, da Lei n. 4.717/65). Porém, nesse caso, serão publicados editais, podendo qualquer cidadão ou o MP prosseguir na ação.

Em relação à legitimidade passiva (requeridos), podem ser apontados como réus na ação popular os responsáveis pela edição do ato lesivo e/ou os beneficiários desse ato (esses últimos podem ser pessoas públicas ou privadas).

A causa de pedir (argumento que embasa o pedido) na ação popular pode ser a contrariedade do ato a: a) normas sobre patrimônio público (constitucionais ou infraconstitucionais); b) normas sobre patrimônio histórico e cultural (constitucionais ou infraconstitucionais); c) normas ambientais (constitucionais ou infraconstitucionais); d) normas (princípios ou regras) sobre moralidade administrativa (em nível constitucional ou infraconstitucional).

⚠️ Atenção!

Admite-se a utilização da ação popular como mecanismo para suscitar o controle incidental e difuso de constitucionalidade (assim como ocorre com a ação civil pública), desde que a questão de inconstitucionalidade da norma surja sempre de forma incidental, como causa de pedir. Ex.: ação popular para anular ato de licenciamento ambiental que se baseou em lei que se reputa inconstitucional – pedido: anulação do ato de licenciamento; causa de pedir: inconstitucionalidade da lei em que se baseou o ato.

Observação!

É cabível o pedido de cautelar (art. 5º, § 4º, da Lei n. 4.717/65). A Lei refere-se apenas à liminar em relação à tutela do patrimônio público; mas, por analogia, é possível utilizar o pedido de cautelar em qualquer ação popular. É preciso, como em toda cautelar, comprovar a plausibilidade jurídica do pedido (*fumus boni juris*) e a urgência ou perigo da demora (*periculum in mora*).

Questão de Concurso

(FGV/CGU/Técnico de Finanças e Controle/2022) Ilana, deputada estadual, tomou conhecimento de que o prefeito do Município Alfa decidira construir uma escola pública no Bairro X, iniciativa muito comemorada pelos moradores do local. No entanto, ao analisar as características dos terrenos em que a escola seria construída, Ilana descobriu que se tratava de uma unidade de preservação ambiental. Ao consultar um advogado sobre a ação constitucional que poderia ajuizar para obstar a construção, Ilana foi corretamente informada de que:

a) seria possível ajuizar ação popular, considerando o dano que seria potencialmente causado ao meio ambiente com a construção da escola;

b) seria possível impetrar mandado de segurança, única ação constitucional que se presta a evitar irregularidades praticadas em detrimento do interesse público;

c) seria possível ajuizar ação popular, mas apenas se houvesse prova de irregularidades na contratação da construtora, causando danos ao patrimônio público;

d) não seria possível ajuizar qualquer ação, pois tanto a decisão política de construir a escola como o local em que tal ocorreria eram da alçada exclusiva do prefeito municipal;

e) seria possível impetrar mandado de segurança, ação mais célere para obstar a consumação do dano ambiental, desde que houvesse prova pré-constituída da narrativa.

Gabarito comentado: A (art. 5º, LXXIII: "qualquer cidadão é parte legítima para propor ação popular que vise a anular ato lesivo ao patrimônio público ou de entidade de que o Estado participe, à moralidade administrativa, ao meio ambiente e ao patrimônio histórico e cultural, ficando o autor, salvo comprovada má-fé, isento de custas judiciais e do ônus da sucumbência"; note-se que o dano ambiental é, por si só, hipótese autorizadora de ajuizamento de ação popular, não havendo necessidade de comprovação de dano ao Erário).

Aprofundamento:
ação popular *versus* ação civil pública

Ação civil pública (Lei n. 7.347/85):

É uma ação coletiva movida para defender direitos difusos, coletivos ou individuais homogêneos.

Segundo o art. 1º da Lei n. 7.347/85:

> Art. 1º Regem-se pelas disposições desta Lei, sem prejuízo da ação popular, as ações de responsabilidade por danos morais e patrimoniais causados:
>
> I – ao meio ambiente;
>
> II – ao consumidor;
>
> III – a bens e direitos de valor artístico, estético, histórico, turístico e paisagístico;
>
> IV – a qualquer outro interesse difuso ou coletivo.

V – por infração da ordem econômica;

VI – à ordem urbanística.

VII – à honra e à dignidade de grupos raciais, étnicos ou religiosos.

VIII – ao patrimônio público e social.

Parágrafo único. Não será cabível ação civil pública para veicular pretensões que envolvam tributos, contribuições previdenciárias, o Fundo de Garantia do Tempo de Serviço – FGTS ou outros fundos de natureza institucional cujos beneficiários podem ser individualmente determinados.

É de lembrar que, embora haja essa enumeração na lei, a ACP pode ser manejada para proteger quaisquer interesses difusos ou coletivos (CF, art. 129, III)[95].

Observe-se, por outro lado, que a atribuição do MPU para ingressar com ACP não é exclusiva, mas concorrente, pois outras instituições também são legitimadas a tal fim, como dispõe o art. 5º da Lei:

Têm legitimidade para propor a ação principal e a ação cautelar: (*Redação dada pela Lei n. 11.448/2007*).

I – o Ministério Público;

II – a Defensoria Pública;

III – a União, os Estados, o Distrito Federal e os Municípios;

IV – a autarquia, empresa pública, fundação ou sociedade de economia mista;

V – a associação que, concomitantemente:

a) esteja constituída há pelo menos 1 (um) ano nos termos da lei civil;

b) inclua, entre suas finalidades institucionais, a proteção ao meio ambiente, ao consumidor, à ordem econômica, à livre concorrência ou ao patrimônio artístico, estético, histórico, turístico e paisagístico.

O objeto da ação civil pública é a condenação em dinheiro ou em obrigação de fazer ou não fazer (art. 3º).

Segundo o STF e o STJ, o Ministério Público pode ajuizar ação civil pública em defesa dos interesses dos consumidores (Lei n. 7.347/85, arts. 1º, II, e 5º, I), mas não pode ajuizar ACP em defesa dos contribuintes, para buscar o não pagamento de tributo, porque não há relação de consumo[96].

---

[95] É o caso, por exemplo, dos interesses dos idosos, segundo o art. 74 do Estatuto da Pessoa Idosa (Lei n. 10.741/2003). Nesse sentido, Renan Paes Felix leciona que "não há qualquer problema em se conceder ao Ministério Público a condição de substituto processual, por clara autorização constitucional (CF, art. 127)" (FELIX, Renan Paes. *Estatuto do Idoso*, p. 77. Salvador: JusPodivm, 2008). Na jurisprudência, cotejada pelo autor já citado: STJ, Informativo 297: "Tal quando objetiva proteger o interesse individual do menor carente (arts. 11, 201, V; 208, VI e VII, da Lei n. 8.069/90), o Ministério Público tem legitimidade *ad causam* para propor ação civil pública diante da hipótese de aplicação do Estatuto do Idoso". Igualmente: "O STJ, recentemente, pacificou entendimento de que o Ministério Público detém legitimidade para propor ação civil pública em defesa de direito individual indisponível à saúde do idoso" (STJ, 2ª Turma, REsp n. 878.9600/SP, Relator Ministro João Otávio de Noronha, *DJ* de 13-9-2007).

[96] "O Ministério Público não tem legitimidade para propor ação civil pública que verse sobre tribu-

Por fim, é preciso diferenciar a ação civil pública da ação popular. São, basicamente, duas diferenças: o objeto e a legitimidade. Quanto ao objeto, a ação popular defende apenas quatro interesses difusos: patrimônio público, patrimônio histórico e cultural, meio ambiente e moralidade administrativa (CF, art. 5º, LXXIII), ao passo que a ACP tem campo de ação mais amplo, podendo defender quaisquer interesses difusos e coletivos. De outra parte, a legitimidade também é distinta: quem pode ingressar com ação popular é apenas o cidadão (brasileiro no pleno gozo dos direitos políticos), ao passo que a ACP pode ser ajuizada pelo MP, Defensoria Pública, entidades da Administração direta ou indireta ou associações.

Quadro 6.7 – Distinções entre Ação Popular e Ação Civil Pública

	Ação Popular	Ação Civil Pública
Objeto	Patrimônio público, patrimônio histórico e cultural, meio ambiente ou moralidade administrativa.	Quaisquer interesses difusos e coletivos (ou até individuais homogêneos).
Legitimidade	Cidadão.	MP, Defensoria Pública, entidades da Administração Pública ou associações.
Previsão	CF, art. 5º, LXXIII; Lei n. 4.717/65.	CF, art. 129, III; Lei n. 7.347/85.

6.9.6. Direito de petição e de certidão

O direito de petição é o direito de reclamar do poder público, na via administrativa, direitos que se tem ou de abusos de que se teve notícia. Assim, por exemplo, se um guarda de trânsito aplica uma multa indevidamente, é direito do cidadão representar, peticionar, para o poder público a fim de que tome as devidas providências.

Por outro lado, o direito de certidão é o direito de obter documentos públicos para a defesa de direitos ou para se esclarecer uma situação de interesse pessoal. Dessa forma, é direito de todos obter uma certidão que indique o tempo de contribuição para o INSS, a fim de instruir ação judicial contra a autarquia; do mesmo modo, é direito de qualquer pessoa conseguir uma certidão negativa de débitos na Receita Federal, para provar que nada deve à União.

Cuidado!

Conforme já registramos, para proteger o direito de obter certidão em órgãos públicos, o remédio adequado é o mandado de segurança, e não o *habeas data*.

---

tos. Precedentes." STF, 2ª Turma, RE n. 559.985/AgR, Relator Ministro Eros Grau, *DJe* de 1-2-2008. Igualmente: "A jurisprudência predominante desta Corte é no sentido de que o Ministério Público não tem legitimidade para promover ação civil pública com o objetivo de impedir a cobrança de tributos na defesa de contribuintes, pois seus interesses são divisíveis, disponíveis e individualizáveis, oriundos de relações jurídicas assemelhadas, mas distintas entre si" (STJ, 2ª Turma, AgRg no REsp n. 757.608/SP, Relator Ministro Mauro Campbell Marques, *DJe* de 18-8-2009.

– STJ, Súmula 329: "O Ministério Público tem legitimidade para propor ação civil pública em defesa do patrimônio público".

– STF, Súmula 643: "O Ministério Público tem legitimidade para promover ação civil pública cujo fundamento seja a ilegalidade de reajuste de mensalidades escolares".

Esquemas

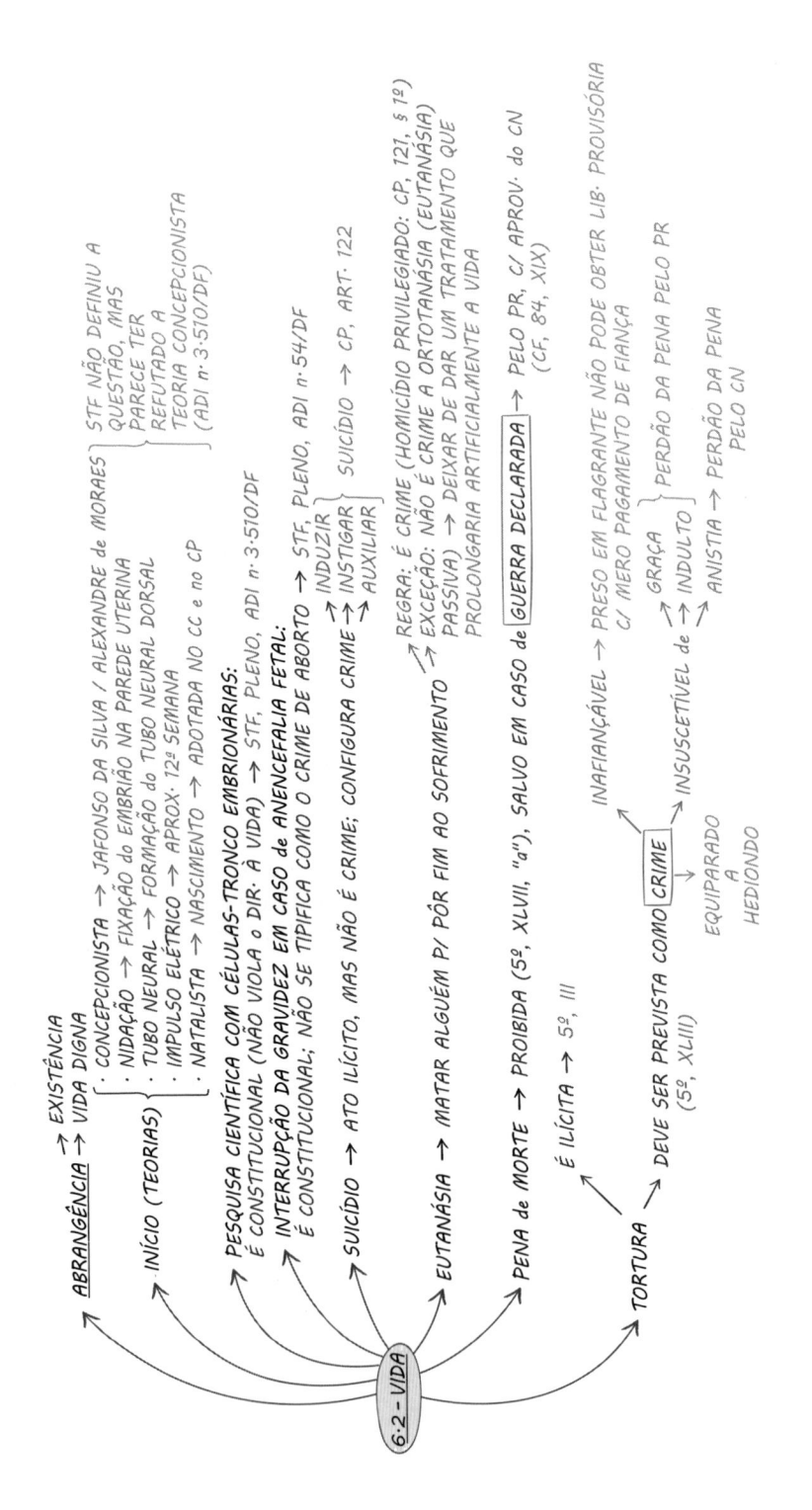

6.2 - VIDA

- *ABRANGÊNCIA* → EXISTÊNCIA
- → VIDA DIGNA

- *INÍCIO (TEORIAS)*:
  - CONCEPCIONISTA → J. AFONSO DA SILVA / ALEXANDRE DE MORAES
  - NIDAÇÃO → FIXAÇÃO DO EMBRIÃO NA PAREDE UTERINA
  - TUBO NEURAL → FORMAÇÃO DO TUBO NEURAL DORSAL
  - IMPULSO ELÉTRICO → APROX. 12ª SEMANA
  - NATALISTA → NASCIMENTO → ADOTADA NO CC e no CP

  STF NÃO DEFINIU A QUESTÃO, MAS PARECE TER REFUTADO A TEORIA CONCEPCIONISTA (ADI n. 3.510/DF)

- *PESQUISA CIENTÍFICA COM CÉLULAS-TRONCO EMBRIONÁRIAS*: É CONSTITUCIONAL (NÃO VIOLA o DIR. À VIDA) → STF, PLENO, ADI n. 3.510/DF

- *INTERRUPÇÃO DA GRAVIDEZ EM CASO de ANENCEFALIA FETAL*: É CONSTITUCIONAL; NÃO SE TIPIFICA COMO O CRIME DE ABORTO → STF, PLENO, ADI n. 54/DF

- *SUICÍDIO* → ATO ILÍCITO, MAS NÃO É CRIME; CONFIGURA CRIME →
  - INDUZIR
  - INSTIGAR   SUICÍDIO → CP, ART. 122
  - AUXILIAR

- *EUTANÁSIA* → MATAR ALGUÉM P/ PÔR FIM AO SOFRIMENTO →
  - REGRA: É CRIME (HOMICÍDIO PRIVILEGIADO: CP, 121, § 1º)
  - EXCEÇÃO: NÃO É CRIME A ORTOTANÁSIA (EUTANÁSIA PASSIVA) → DEIXAR DE DAR UM TRATAMENTO QUE PROLONGARIA ARTIFICIALMENTE A VIDA

- *PENA de MORTE* → PROIBIDA (5º, XLVII, "a"), SALVO EM CASO de GUERRA DECLARADA → PELO PR, C/ APROV. do CN (CF, 84, XIX)
  - É ILÍCITA → 5º, III
  - INAFIANÇÁVEL → PRESO EM FLAGRANTE NÃO PODE OBTER LIB. PROVISÓRIA C/ MERO PAGAMENTO DE FIANÇA
  - INSUSCETÍVEL de
    - GRAÇA → PERDÃO DA PENA PELO PR
    - INDULTO
    - ANISTIA → PERDÃO DA PENA PELO CN

- *TORTURA* → DEVE SER PREVISTA COMO CRIME (5º, XLIII)
  - EQUIPARADO A HEDIONDO

▷▷ *continuação*

[Capítulo 6] Direitos Individuais e Coletivos

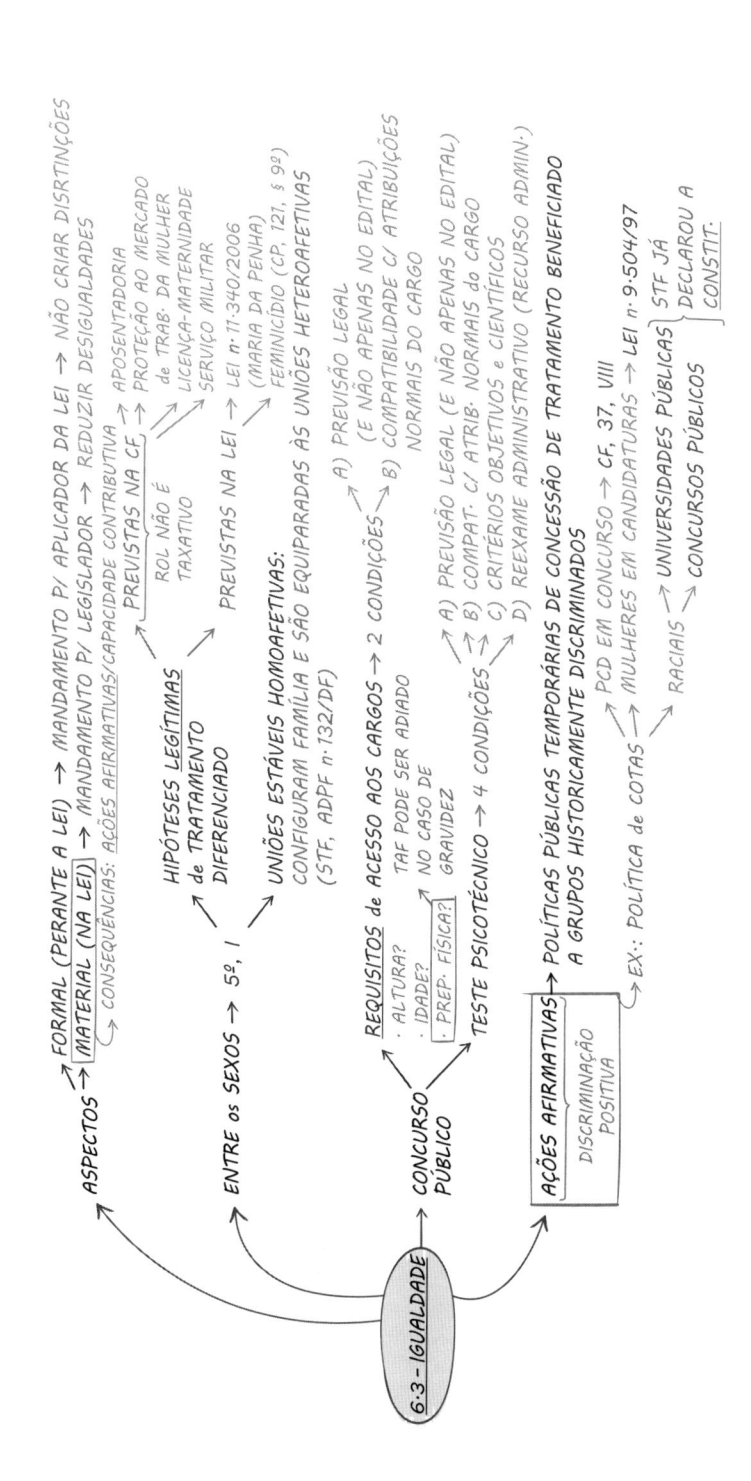

continuação ▷▷

6.3 - IGUALDADE

- **ASPECTOS**
  - FORMAL (PERANTE A LEI) → MANDAMENTO P/ APLICADOR DA LEI → NÃO CRIAR DISTINÇÕES
  - **MATERIAL (NA LEI)** → MANDAMENTO P/ LEGISLADOR → REDUZIR DESIGUALDADES
    - ↳ CONSEQUÊNCIAS: AÇÕES AFIRMATIVAS/CAPACIDADE CONTRIBUTIVA
      - PREVISTAS NA CF → APOSENTADORIA
        - PROTEÇÃO AO MERCADO de TRAB. DA MULHER
        - LICENÇA-MATERNIDADE
        - SERVIÇO MILITAR
      - ROL NÃO É TAXATIVO
      - PREVISTAS NA LEI → LEI n: 11.340/2006 (MARIA DA PENHA)
        - FEMINICÍDIO (CP. 121, § 9º)

- **ENTRE os SEXOS** → 5º, I
  - HIPÓTESES LEGÍTIMAS de TRATAMENTO DIFERENCIADO
  - UNIÕES ESTÁVEIS HOMOAFETIVAS: CONFIGURAM FAMÍLIA E SÃO EQUIPARADAS ÀS UNIÕES HETEROAFETIVAS (STF, ADPF n:132/DF)

- **CONCURSO PÚBLICO**
  - REQUISITOS de ACESSO AOS CARGOS → 2 CONDIÇÕES
    - A) PREVISÃO LEGAL (E NÃO APENAS NO EDITAL)
    - B) COMPATIBILIDADE C/ ATRIBUIÇÕES NORMAIS DO CARGO
  - . ALTURA?
  - . IDADE?
  - . PREP. FÍSICA?
  - TAF PODE SER ADIADO NO CASO DE GRAVIDEZ
  - TESTE PSICOTÉCNICO → 4 CONDIÇÕES
    - A) PREVISÃO LEGAL (E NÃO APENAS NO EDITAL)
    - B) COMPAT. C/ ATRIB. NORMAIS do CARGO
    - C) CRITÉRIOS OBJETIVOS e CIENTÍFICOS
    - D) REEXAME ADMINISTRATIVO (RECURSO ADMIN.)

- **AÇÕES AFIRMATIVAS** → POLÍTICAS PÚBLICAS TEMPORÁRIAS DE CONCESSÃO DE TRATAMENTO BENEFICIADO A GRUPOS HISTORICAMENTE DISCRIMINADOS
  - DISCRIMINAÇÃO POSITIVA
  - EX.: POLÍTICA de COTAS
    - PCD EM CONCURSO → CF, 37, VIII
    - MULHERES EM CANDIDATURAS → LEI n: 9.504/97
    - RACIAIS → UNIVERSIDADES PÚBLICAS
    - CONCURSOS PÚBLICOS
    - STF JÁ DECLAROU A CONSTIT.

▷▷ *continuação*

continuação ▷▷

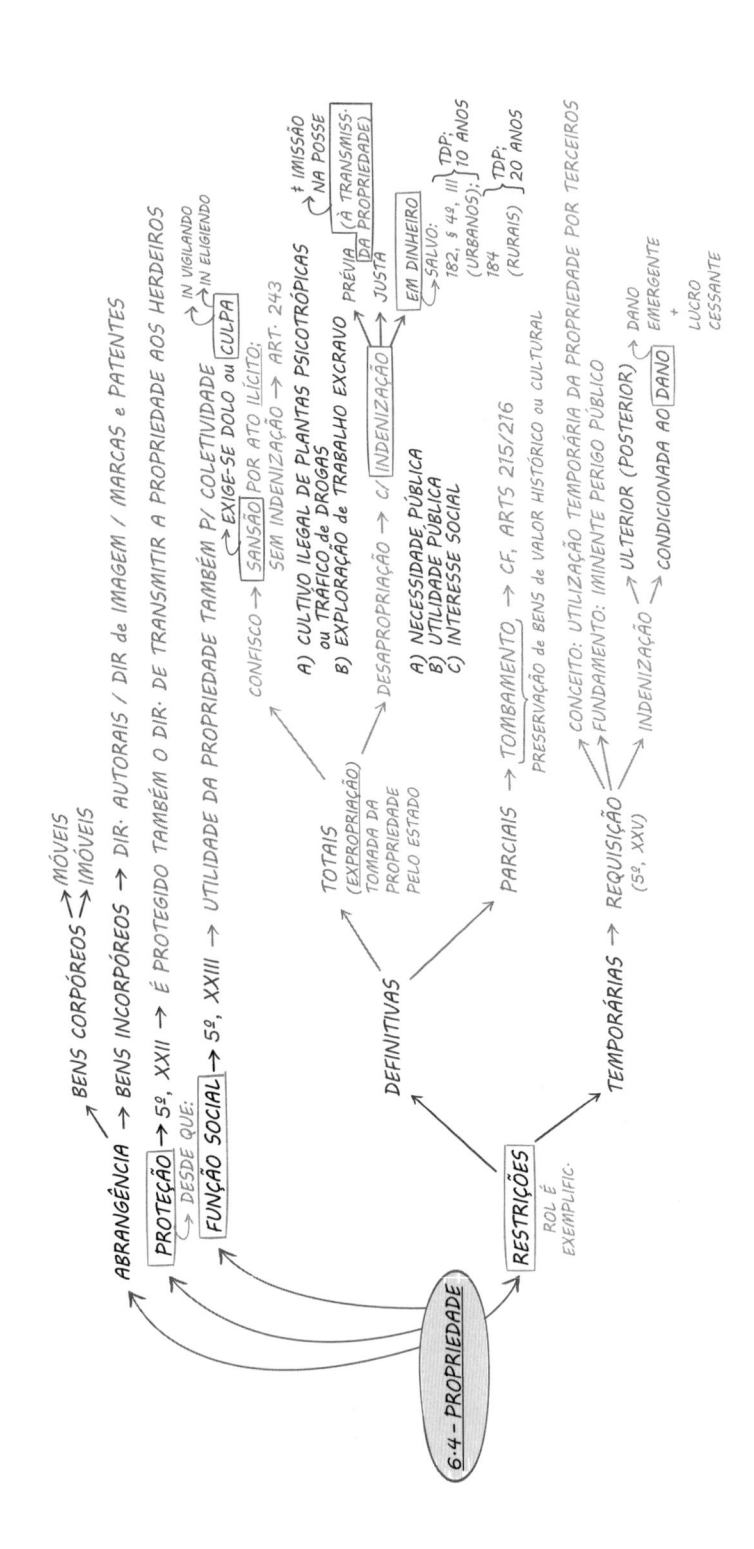

6.4 – PROPRIEDADE

ABRANGÊNCIA → BENS CORPÓREOS → MÓVEIS / IMÓVEIS
→ BENS INCORPÓREOS → DIR. AUTORAIS / DIR. de IMAGEM / MARCAS e PATENTES

PROTEÇÃO → 5º, XXII → É PROTEGIDO TAMBÉM O DIR. DE TRANSMITIR A PROPRIEDADE AOS HERDEIROS
↳ DESDE QUE:

FUNÇÃO SOCIAL → 5º, XXIII → UTILIDADE DA PROPRIEDADE TAMBÉM P/ COLETIVIDADE
→ EXIGE-SE DOLO ou CULPA
↳ IN VIGILANDO / IN ELIGENDO

CONFISCO → SANSÃO POR ATO ILÍCITO:
SEM INDENIZAÇÃO → ART. 243
A) CULTIVO ILEGAL DE PLANTAS PSICOTRÓPICAS ou TRÁFICO de DROGAS
B) EXPLORAÇÃO de TRABALHO ESCRAVO

RESTRIÇÕES (ROL É EXEMPLIFIC.)

DEFINITIVAS
- TOTAIS (EXPROPRIAÇÃO) TOMADA DA PROPRIEDADE PELO ESTADO
  - DESAPROPRIAÇÃO → C/ INDENIZAÇÃO
    - A) NECESSIDADE PÚBLICA
    - B) UTILIDADE PÚBLICA
    - C) INTERESSE SOCIAL
  - PRÉVIA (À TRANSMISS- DA PROPRIEDADE)
  - JUSTA
  - EM DINHEIRO
    ↳ SALVO:
    182, §4º, III (URBANOS) → TDP: 10 ANOS
    184 (RURAIS) → TDP: 20 ANOS
  - ± IMISSÃO NA POSSE

- PARCIAIS → TOMBAMENTO → CF, ARTS 215/216
  PRESERVAÇÃO de BENS de VALOR HISTÓRICO ou CULTURAL

TEMPORÁRIAS → REQUISIÇÃO (5º, XXV)
CONCEITO: UTILIZAÇÃO TEMPORÁRIA DA PROPRIEDADE POR TERCEIROS
FUNDAMENTO: IMINENTE PERIGO PÚBLICO
INDENIZAÇÃO → ULTERIOR (POSTERIOR) → CONDICIONADA AO DANO
→ DANO EMERGENTE + LUCRO CESSANTE

▷▷ *continuação*

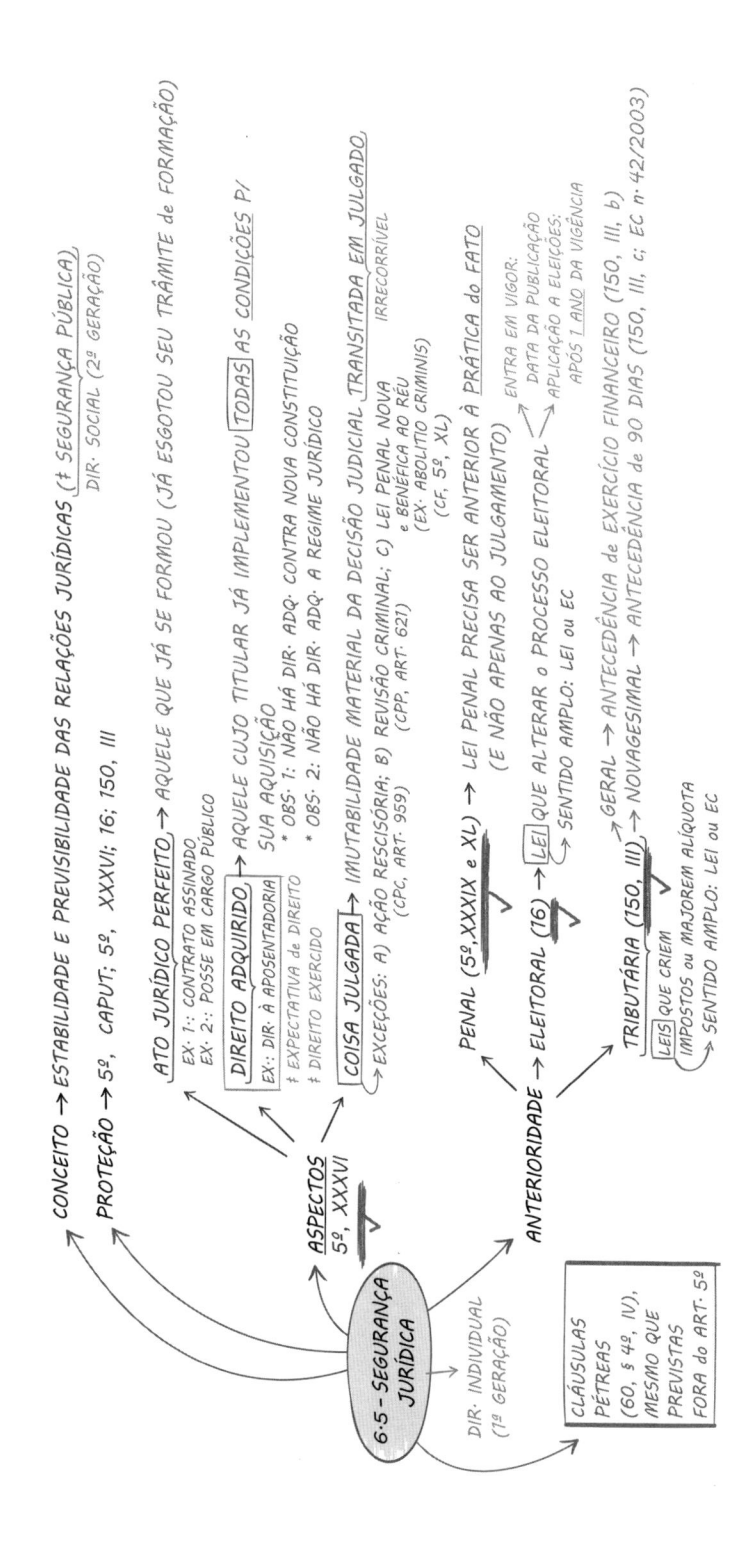

[**Capítulo 6**] Direitos Individuais e Coletivos   **263**

continuação
▷▷

6.5 - SEGURANÇA JURÍDICA

→ CONCEITO → ESTABILIDADE E PREVISIBILIDADE DAS RELAÇÕES JURÍDICAS (≠ SEGURANÇA PÚBLICA)
  DIR. SOCIAL (2ª GERAÇÃO)

→ PROTEÇÃO → 5º, CAPUT; 5º, XXXVI; 16; 150, III

→ ASPECTOS 5º, XXXVI
  ↗ ATO JURÍDICO PERFEITO → AQUELE QUE JÁ SE FORMOU (JÁ ESGOTOU SEU TRÂMITE de FORMAÇÃO)
     EX. 1: CONTRATO ASSINADO
     EX. 2: POSSE EM CARGO PÚBLICO
  ↗ DIREITO ADQUIRIDO → AQUELE CUJO TITULAR JÁ IMPLEMENTOU TODAS AS CONDIÇÕES P/ SUA AQUISIÇÃO
     EX.: DIR. À APOSENTADORIA
     ≠ EXPECTATIVA de DIREITO
     ≠ DIREITO EXERCIDO
     * OBS. 1: NÃO HÁ DIR. ADQ. CONTRA NOVA CONSTITUIÇÃO
     * OBS. 2: NÃO HÁ DIR. ADQ. A REGIME JURÍDICO
  → COISA JULGADA → IMUTABILIDADE MATERIAL DA DECISÃO JUDICIAL TRANSITADA EM JULGADO IRRECORRÍVEL
     EXCEÇÕES: A) AÇÃO RESCISÓRIA; B) REVISÃO CRIMINAL; C) LEI PENAL NOVA
     (CPC, ART. 959)   (CPP, ART. 621)   E BENÉFICA AO RÉU
                                                          (EX: ABOLITIO CRIMINIS)
                                                          (CF, 5º, XL)

→ ANTERIORIDADE
  ↗ PENAL (5º, XXXIX e XL) → LEI PENAL PRECISA SER ANTERIOR À PRÁTICA do FATO
     (E NÃO APENAS AO JULGAMENTO)
  → ELEITORAL (16) → LEI QUE ALTERAR o PROCESSO ELEITORAL ⇒ ENTRA EM VIGOR:
     ↪ SENTIDO AMPLO: LEI ou EC   DATA DA PUBLICAÇÃO
                                                          APLICAÇÃO A ELEIÇÕES:
                                                          APÓS 1 ANO DA VIGÊNCIA
  ↘ TRIBUTÁRIA (150, III) ↗ GERAL → ANTECEDÊNCIA de EXERCÍCIO FINANCEIRO (150, III, b)
     LEIS QUE CRIEM   ↘ NOVAGESIMAL → ANTECEDÊNCIA de 90 DIAS (150, III, c; EC n. 42/2003)
     IMPOSTOS ou MAJOREM ALÍQUOTA
     → SENTIDO AMPLO: LEI ou EC

→ DIR. INDIVIDUAL (1ª GERAÇÃO)

→ CLÁUSULAS PÉTREAS (60, § 4º, IV), MESMO QUE PREVISTAS FORA do ART. 5º

▷▷
continuação

continuação ▷▷

6.6 – LIBERDADE

LEGALIDADE → NINGUÉM É OBRIGADO A FAZER ou DEIXAR DE FAZER ALGO, SENÃO EM VIRTUDE da [LEI] → SENTIDO AMPLO: LEI ou ATO INFRALEGAL
(5º, II)

↳ ≠ [RESERVA LEGAL] (LEGALIDADE ESTRITA) → CF EXIGE QUE DETERMINADO TEMA SÓ SEJA TRATADO POR LEI (SENTIDO ESTRITO)
  ↳ SIMPLES → CF APENAS EXIGE LEI P/ TRATAR DO TEMA → EX.: 5º, XXXIX; 88
  ↳ QUALIFICADA → CF EXIGE LEI P/ TRATAR DO TEMA E DEFINE DIRETRIZES (CONTEÚDO) P/ A LEI SEGUIR EX.: 5º, XLIII; 5º, XII

LIB. CONSCIÊNCIA e CRENÇA → 5º, VI a [VIII], [19.I] (ESTADO LAICO)
  → FERIADOS RELIGIOSOS → ASSEGURADOS c/ PLURALISMO
  → ENSINO RELIGIOSO EM ESCOLAS PÚBLICAS: OFERECIMENTO OBRIGATÓRIO: MATRÍCULA FACULTATIVA / PODE SER CONFESSIONAL
  → DUPLA RECUSA ACARRETA RESTRIÇÃO AOS DIR. POLÍTICOS (15, IV)

{ ESCUSA DE CONSCIÊNCIA
  PRESTAÇÃO ALTERNATIVA }

→ VEDAÇÃO DO ANONIMATO → NÃO IMPEDE DENÚNCIAS ANÔNIMAS, QUE NÃO PODEM, PORÉM, SER USADAS COMO ÚNICO ELEMENTO P/ INSTAURAR INQUÉRITO POLICIAL ou P-A-D
→ HONRA E IMAGEM DAS PESSOAS
→ PROIBIÇÃO DA APOLOGIA AO CRIME (CP, ART. 287)
  MAS A DEFESA DA DESCRIMINALIZAÇÃO DE CONDUTAS É LÍCITA [ADPF n:187] "MARCHA DA MACONHA"
  CRIMINALIZAÇÃO DO "DISCURSO DO ÓDIO"
  CASO "ELLWANGER": HC n:82.424/RS

LIB. MANIF. PENSAMENTO → 5º, IV, IX, XIV → LIMITES

↳ INDEPENDE DE CENSURA ou LICENÇA

LIB. de REUNIÃO → 5º, XVI → INDEPENDE DE AUTORIZAÇÃO, MAS DEPENDE DE PRÉVIO AVISO
  ↳ DISCRICIONÁRIA   COMUNICAÇÃO
↳ PACÍFICA / SEM ARMAS / LOCAIS ABERTOS AO PÚBLICO

LIB. de ASSOCIAÇÃO 5º, XVII A XXI

CRIAÇÃO INDEPENDE de AUTORIZAÇÃO ESTATAL; É LIVRE, EXCETO ASSOCIAÇÕES CRIMINOSAS ou PARAMILITARES
* OBS. 1: PARTIDOS PRECISAM REGISTRAR SEUS ESTATUTOS NO TSE (17, § 2º)
* OBS. 2: SINDICATOS PRECISAM REGISTRAR-SE NO ÓRGÃO COMPETENTE (8º, I) PARA QUE SEJA ASSEGURADA A UNICIDADE SINDICAL (8º, II)

NINGUÉM PODE SER OBRIGADO A ASSOCIAR-SE ou A PERMANECER ASSOCIADO
(APLICA-SE TAMBÉM AOS SINDICATOS)

SUSPENSÃO COMPULSÓRIA → DECISÃO JUDICIAL (NÃO PRECISA SER DEFINITIVA)
DISSOLUÇÃO COMPULSÓRIA → DECISÃO JUDICIAL (PRECISA SER TRANSITADA EM JULGADO)
  ↳ RESERVA de JURISDIÇÃO

REPRESENTAÇÃO PROCESSUAL → ASSOCIAÇÕES PODEM DEFENDER DIR. dos ASSOCIADOS, DESDE QUE POR ELES EXPRESSA e ESPECIFICAMENTE [AUTORIZADAS] (5º, XXI)
· PROCURAÇÃO ou DECISÃO DA ASSEMBLEIA GERAL → AUTORIZ. GENÉRICA do ESTATUTO NÃO SERVE!
  ↳ SUBSTITUIÇÃO PROCESSUAL
* OBS: É DISPENSADA AUTORIZAÇÃO P/ SINDICATOS; MS COLETIVO; MI COLETIVO
  (8º, III)   (SÚM. 629/STF) (LEI n: 13.300/2016, ART. 12)

▷▷ *continuação*

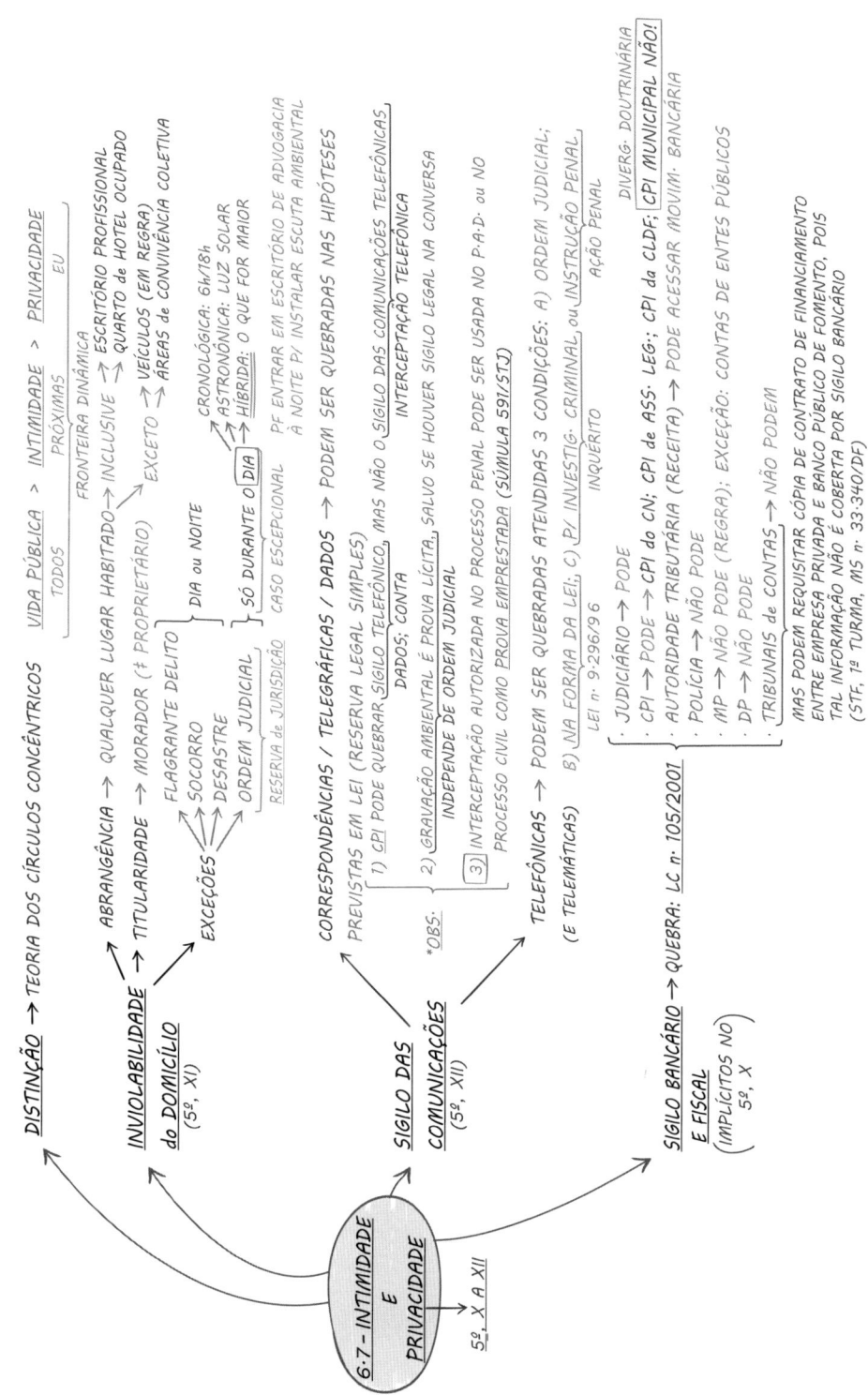

[**Capítulo 6**] Direitos Individuais e Coletivos **265**

continuação ▷▷

6.7 - INTIMIDADE E PRIVACIDADE
5º, X A XII

- **DISTINÇÃO** → TEORIA DOS CÍRCULOS CONCÊNTRICOS → VIDA PÚBLICA > INTIMIDADE > PRIVACIDADE
  - TODOS / PRÓXIMAS / EU
  - FRONTEIRA DINÂMICA

- **INVIOLABILIDADE do DOMICÍLIO** (5º, XI)
  - ABRANGÊNCIA → QUALQUER LUGAR HABITADO → INCLUSIVE → ESCRITÓRIO PROFISSIONAL
    - EXCETO → QUARTO de HOTEL OCUPADO
    - → VEÍCULOS (EM REGRA)
    - → ÁREAS de CONVIVÊNCIA COLETIVA
  - TITULARIDADE → MORADOR (≠ PROPRIETÁRIO)
  - EXCEÇÕES:
    - FLAGRANTE DELITO ⎫
    - SOCORRO   ⎬ DIA ou NOITE
    - DESASTRE   ⎪
    - ORDEM JUDICIAL → SÓ DURANTE O DIA
      - CRONOLÓGICA: 6h/18h
      - ASTRONÔMICA: LUZ SOLAR
      - HÍBRIDA: O QUE FOR MAIOR
    - RESERVA de JURISDIÇÃO
    - CASO EXCEPCIONAL: PF ENTRAR EM ESCRITÓRIO DE ADVOCACIA À NOITE P/ INSTALAR ESCUTA AMBIENTAL

- **SIGILO DAS COMUNICAÇÕES** (5º, XII)
  - CORRESPONDÊNCIAS / TELEGRÁFICAS / DADOS → PODEM SER QUEBRADAS NAS HIPÓTESES PREVISTAS EM LEI (RESERVA LEGAL SIMPLES)
    - *OBS.*:
      1) CPI PODE QUEBRAR SIGILO TELEFÔNICO, MAS NÃO O SIGILO DAS COMUNICAÇÕES TELEFÔNICAS; CONTA INTERCEPTAÇÃO TELEFÔNICA
      2) GRAVAÇÃO AMBIENTAL É PROVA LÍCITA, SALVO SE HOUVER SIGILO LEGAL NA CONVERSA INDEPENDE DE ORDEM JUDICIAL
      [3] INTERCEPTAÇÃO AUTORIZADA NO PROCESSO PENAL PODE SER USADA NO P.A.D. ou NO PROCESSO CIVIL COMO PROVA EMPRESTADA (SÚMULA 591/STJ)
  - TELEFÔNICAS (E TELEMÁTICAS) → PODEM SER QUEBRADAS ATENDIDAS 3 CONDIÇÕES: A) ORDEM JUDICIAL; B) NA FORMA DA LEI; C) P/ INVESTIG. CRIMINAL ou INSTRUÇÃO PENAL
    - LEI n: 9.296/96 → INQUÉRITO / AÇÃO PENAL
    - DIVERG. DOUTRINÁRIA
    - · JUDICIÁRIO → PODE
    - · CPI → PODE → CPI do CN; CPI de ASS. LEG.; CPI da CLDF; CPI MUNICIPAL NÃO!
    - · AUTORIDADE TRIBUTÁRIA (RECEITA) → PODE ACESSAR MOVIM. BANCÁRIA
    - · POLÍCIA → NÃO PODE
    - · MP → NÃO PODE (REGRA); EXCEÇÃO: CONTAS DE ENTES PÚBLICOS
    - · DP → NÃO PODE
    - · TRIBUNAIS de CONTAS → NÃO PODEM
    - MAS PODEM REQUISITAR CÓPIA DE CONTRATO DE FINANCIAMENTO ENTRE EMPRESA PRIVADA E BANCO PÚBLICO DE FOMENTO, POIS TAL INFORMAÇÃO NÃO É COBERTA POR SIGILO BANCÁRIO (STF, 1ª TURMA, MS n: 33.340/DF)

- **SIGILO BANCÁRIO** → QUEBRA: LC n: 105/2001 **E FISCAL** (IMPLÍCITOS NO 5º, X)

▷▷ *continuação*

6.8 - DIREITOS × GARANTIAS

NATUREZA DECLARATÓRIA	NATUREZA ASSECURATÓRIA
NATUREZA SUBSTANTIVA	NATUREZA ADJETIVA
BEM DA VIDA	MECANISMOS ou INSTRUMENTOS
PRINCIPAL	ACESSÓRIA

- LIBERDADE → LEGALIDADE
- PROPRIEDADE → DEVIDO PROCESSO LEGAL
- LIB. LOCOMOÇÃO → ANTERIORIDADE TRIBUTÁRIA
- → HC
- → ACESSO À JUSTIÇA

6.9 - JUIZ NATURAL

→ VEDAÇÃO dos TRIBUNAIS de EXCEÇÃO (5º, XXXVII)
- TURMAS SUPLEMENTARES → NÃO SÃO PROBLEMA
- TURMAS SUPLEMENTARES FORMADAS MAJORITARIAMENTE POR JUÍZES CONVOCADOS: SEUS JULGAMENTOS SÃO NULOS
- CRIAÇÃO de NOVAS VARAS ESPECIALIZADAS → NÃO É PROBLEMA

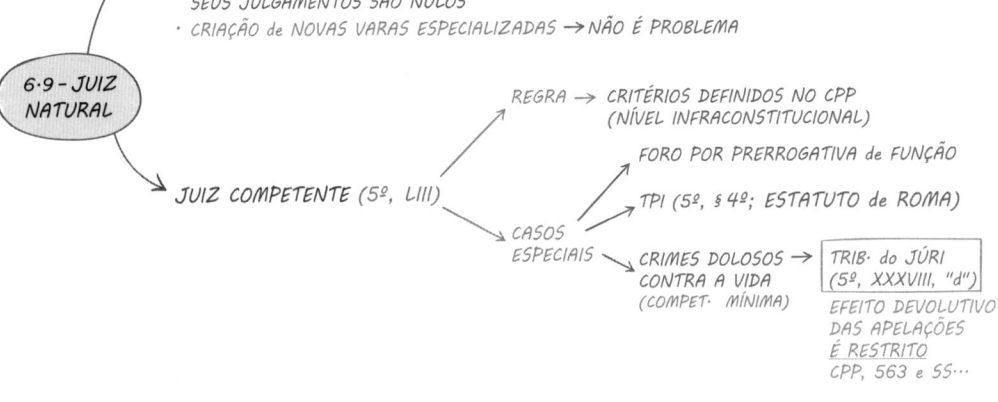

→ JUIZ COMPETENTE (5º, LIII)
- REGRA → CRITÉRIOS DEFINIDOS NO CPP (NÍVEL INFRACONSTITUCIONAL)
- CASOS ESPECIAIS:
  - FORO POR PRERROGATIVA de FUNÇÃO
  - TPI (5º, §4º; ESTATUTO de ROMA)
  - CRIMES DOLOSOS CONTRA A VIDA (COMPET. MÍNIMA) → TRIB. do JÚRI (5º, XXXVIII, "d")
    EFEITO DEVOLUTIVO DAS APELAÇÕES É RESTRITO
    CPP, 563 e ss...

6.10 - INTRANSCENDÊNCIA (PESSOALIDADE) DAS PENAS

- QUESTÃO PENAL (CUMPRIMENTO DA PENA) → INTRANSCENDÊNCIA ABSOLUTA
  PRIVATIVA/ RESTRITIVA/ PECUNIÁRIA

- QUESTÃO CÍVEL (OBRIGAÇÃO de + REPARAR o DANO)
  PODE SER FIXADA NA SENTENÇA PENAL ou NA SENTENÇA PROFERIDA EM AÇÃO CIVIL EX DELICTO
  - REGRA → TRANSMITIDA AOS HERDEIROS
    AUTOR do CRIME DÍVIDA 1 mi → PATRIM. P/ HERD. 100 mil = SALDO ZERO
  - EXCEÇÃO → NÃO É TRANSMITIDA AOS HERDEIROS CASO SUPERE (ou A PARTE QUE SUPERE) o VALOR do PATRIMÔNIO TRANSFERIDO

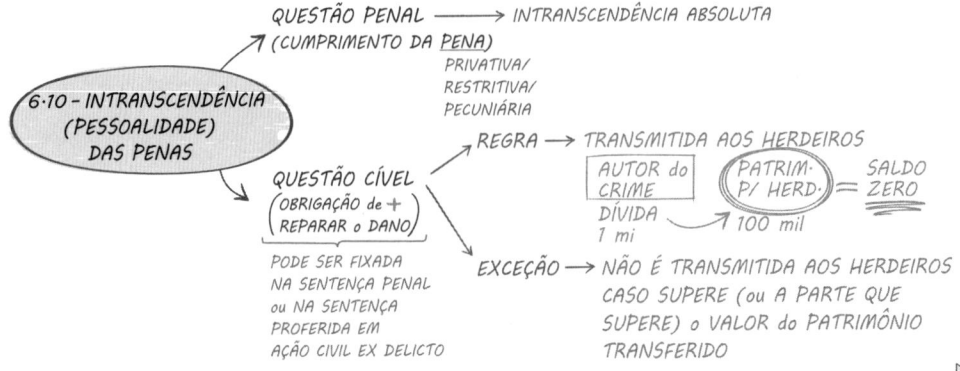

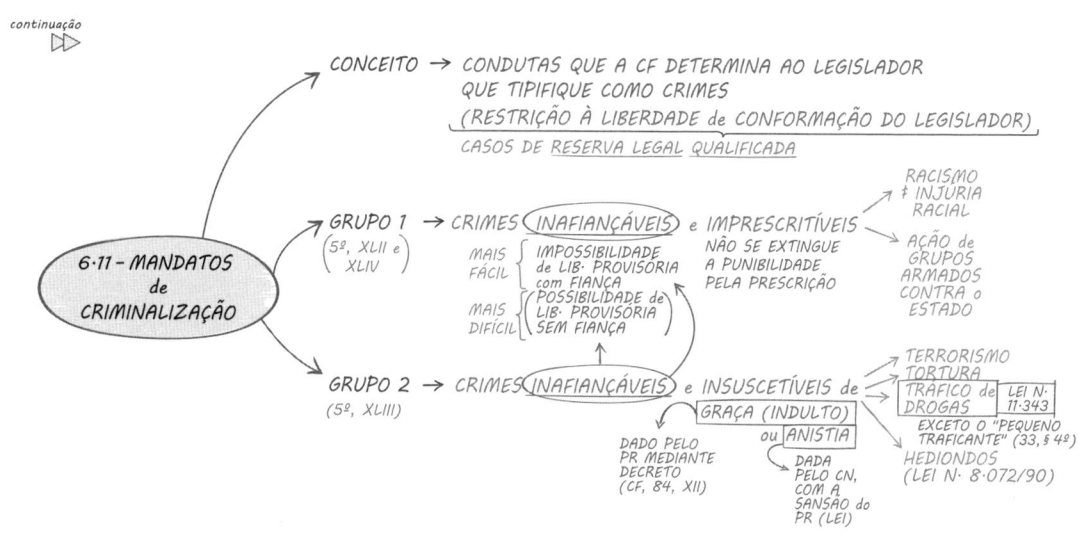

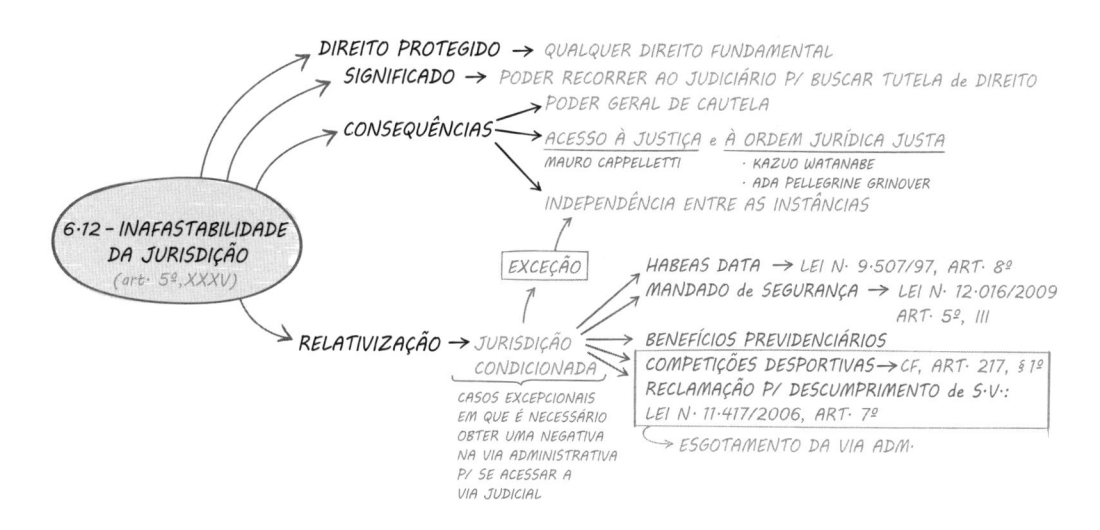

[Capítulo 6] Direitos Individuais e Coletivos 267

6.11 – MANDATOS de CRIMINALIZAÇÃO

- **CONCEITO** → CONDUTAS QUE A CF DETERMINA AO LEGISLADOR QUE TIPIFIQUE COMO CRIMES (RESTRIÇÃO À LIBERDADE de CONFORMAÇÃO DO LEGISLADOR)
  - CASOS DE RESERVA LEGAL QUALIFICADA

- **GRUPO 1** → CRIMES INAFIANÇÁVEIS e IMPRESCRITÍVEIS
  (5º, XLII e XLIV)
  - MAIS FÁCIL: IMPOSSIBILIDADE de LIB· PROVISÓRIA com FIANÇA
  - MAIS DIFÍCIL: POSSIBILIDADE de LIB· PROVISÓRIA SEM FIANÇA
  - NÃO SE EXTINGUE A PUNIBILIDADE PELA PRESCRIÇÃO
    - RACISMO ≠ INJÚRIA RACIAL
    - AÇÃO de GRUPOS ARMADOS CONTRA o ESTADO

- **GRUPO 2** → CRIMES INAFIANÇÁVEIS e INSUSCETÍVEIS de GRAÇA (INDULTO) ou ANISTIA
  (5º, XLIII)
  - DADO PELO PR MEDIANTE DECRETO (CF, 84, XII)
  - DADA PELO CN, COM A SANÇÃO do PR (LEI)
    - TERRORISMO
    - TORTURA
    - TRÁFICO de DROGAS — LEI N· 11·343 — EXCETO O "PEQUENO TRAFICANTE" (33, § 4º)
    - HEDIONDOS (LEI N· 8·072/90)

6.12 – INAFASTABILIDADE DA JURISDIÇÃO (art· 5º, XXXV)

- **DIREITO PROTEGIDO** → QUALQUER DIREITO FUNDAMENTAL
- **SIGNIFICADO** → PODER RECORRER AO JUDICIÁRIO P/ BUSCAR TUTELA de DIREITO
- **CONSEQUÊNCIAS**
  - PODER GERAL DE CAUTELA
  - ACESSO À JUSTIÇA e À ORDEM JURÍDICA JUSTA
    - MAURO CAPPELLETTI
    - KAZUO WATANABE
    - ADA PELLEGRINI GRINOVER
  - INDEPENDÊNCIA ENTRE AS INSTÂNCIAS

- **RELATIVIZAÇÃO** → JURISDIÇÃO CONDICIONADA
  - EXCEÇÃO
    - HABEAS DATA → LEI N· 9·507/97, ART· 8º
    - MANDADO de SEGURANÇA → LEI N· 12·016/2009 ART· 5º, III
    - BENEFÍCIOS PREVIDENCIÁRIOS
    - COMPETIÇÕES DESPORTIVAS → CF, ART· 217, § 1º
    - RECLAMAÇÃO P/ DESCUMPRIMENTO de S·V·: LEI N· 11·417/2006, ART· 7º
      → ESGOTAMENTO DA VIA ADM·
  - CASOS EXCEPCIONAIS EM QUE É NECESSÁRIO OBTER UMA NEGATIVA NA VIA ADMINISTRATIVA P/ SE ACESSAR A VIA JUDICIAL

6.13 – LEGALIDADE

- **DIREITO PROTEGIDO** → LIBERDADE / PROPRIEDADE
  → IMPOSIÇÃO DE OBRIGAÇÃO/PROIBIÇÃO
- **SIGNIFICADO** → SÓ SE PODE RESTRINGIR A LIBERDADE POR MEIO DE LEI → NORMA JURÍDICA EXPRESSA
- **DISTINÇÃO** → LEGALIDADE
  - ADMINISTRATIVA → CF, 37, CAPUT → LIMITAÇÃO de PODER
  - CIDADÃO → CF, 5º, II → GARANTIA de LIBERDADE
- **ESPÉCIES**
  - LEGALIDADE AMPLA → LEI (SENTIDO AMPLO) → LEI ou ATO INFRALEGAL
  - LEGALIDADE ESTRITA (RESERVA LEGAL) → EXIGE LEI em SENTIDO ESTRITO
    → SENTIDO FORMAL
    → DIR· FINANCEIRO; DIR· TRIBUTÁRIO, DIR· PENAL

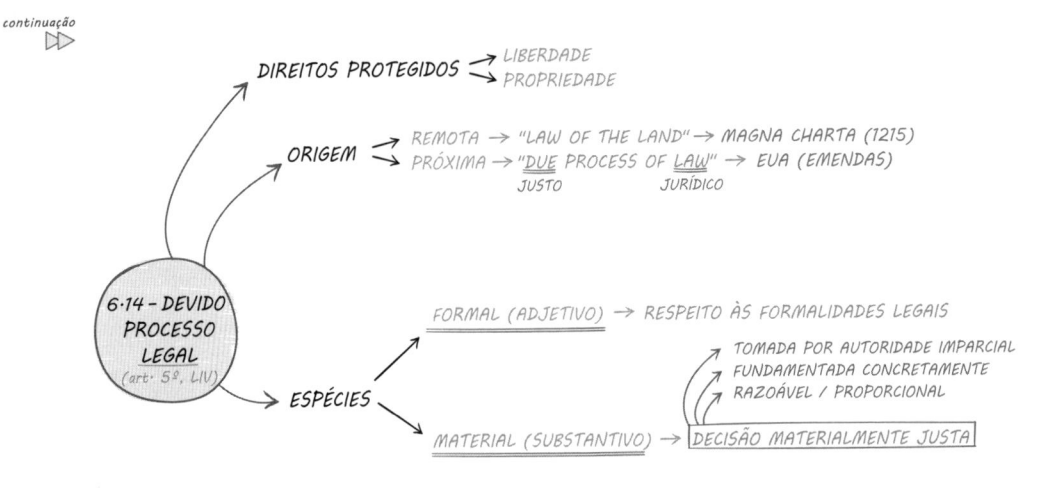

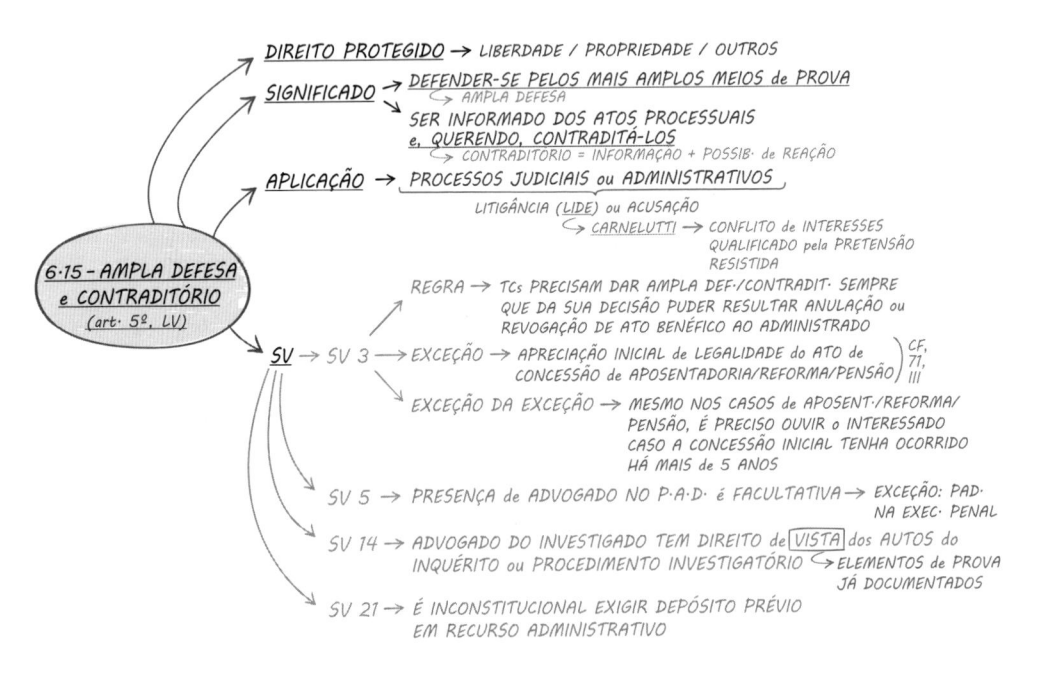

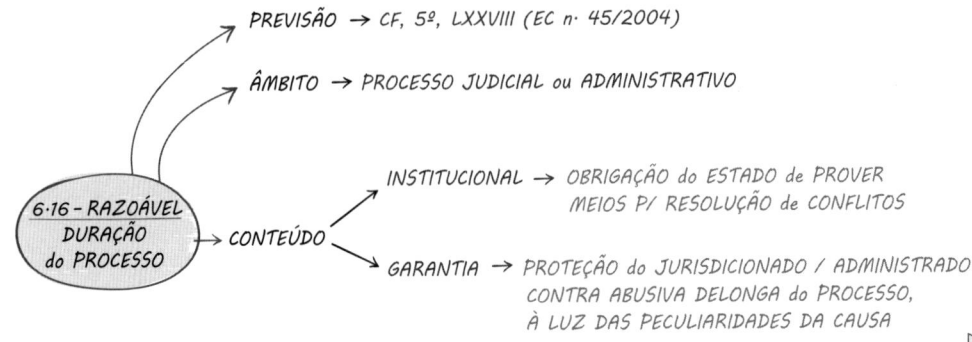

continuação
▷▷

6.14 – DEVIDO PROCESSO LEGAL (art. 5º, LIV)

- **DIREITOS PROTEGIDOS** → LIBERDADE / PROPRIEDADE
- **ORIGEM**
  - REMOTA → "LAW OF THE LAND" → MAGNA CHARTA (1215)
  - PRÓXIMA → "*DUE* PROCESS OF *LAW*" → EUA (EMENDAS)
    - JUSTO / JURÍDICO
- **ESPÉCIES**
  - FORMAL (ADJETIVO) → RESPEITO ÀS FORMALIDADES LEGAIS
  - MATERIAL (SUBSTANTIVO) →
    - TOMADA POR AUTORIDADE IMPARCIAL
    - FUNDAMENTADA CONCRETAMENTE
    - RAZOÁVEL / PROPORCIONAL
    - **DECISÃO MATERIALMENTE JUSTA**

6.15 – AMPLA DEFESA e CONTRADITÓRIO (art. 5º, LV)

- **DIREITO PROTEGIDO** → LIBERDADE / PROPRIEDADE / OUTROS
- **SIGNIFICADO** →
  - DEFENDER-SE PELOS MAIS AMPLOS MEIOS de PROVA
    - ↳ AMPLA DEFESA
  - SER INFORMADO DOS ATOS PROCESSUAIS e, QUERENDO, CONTRADITÁ-LOS
    - ↳ CONTRADITÓRIO = INFORMAÇÃO + POSSIB. de REAÇÃO
- **APLICAÇÃO** → PROCESSOS JUDICIAIS ou ADMINISTRATIVOS
  - LITIGÂNCIA (LIDE) ou ACUSAÇÃO
    - ↳ CARNELUTTI → CONFLITO de INTERESSES QUALIFICADO pela PRETENSÃO RESISTIDA
- **SV**
  - REGRA → TCs PRECISAM DAR AMPLA DEF./CONTRADIT. SEMPRE QUE DA SUA DECISÃO PUDER RESULTAR ANULAÇÃO ou REVOGAÇÃO DE ATO BENÉFICO AO ADMINISTRADO
  - SV 3 → EXCEÇÃO → APRECIAÇÃO INICIAL de LEGALIDADE do ATO de CONCESSÃO de APOSENTADORIA/REFORMA/PENSÃO } CF, 71, III
    - EXCEÇÃO DA EXCEÇÃO → MESMO NOS CASOS de APOSENT./REFORMA/PENSÃO, É PRECISO OUVIR o INTERESSADO CASO A CONCESSÃO INICIAL TENHA OCORRIDO HÁ MAIS de 5 ANOS
  - SV 5 → PRESENÇA de ADVOGADO NO P.A.D. é FACULTATIVA → EXCEÇÃO: PAD. NA EXEC. PENAL
  - SV 14 → ADVOGADO DO INVESTIGADO TEM DIREITO de **VISTA** dos AUTOS do INQUÉRITO ou PROCEDIMENTO INVESTIGATÓRIO ↳ ELEMENTOS de PROVA JÁ DOCUMENTADOS
  - SV 21 → É INCONSTITUCIONAL EXIGIR DEPÓSITO PRÉVIO EM RECURSO ADMINISTRATIVO

6.16 – RAZOÁVEL DURAÇÃO do PROCESSO

- **PREVISÃO** → CF, 5º, LXXVIII (EC n. 45/2004)
- **ÂMBITO** → PROCESSO JUDICIAL ou ADMINISTRATIVO
- **CONTEÚDO**
  - INSTITUCIONAL → OBRIGAÇÃO do ESTADO de PROVER MEIOS P/ RESOLUÇÃO de CONFLITOS
  - GARANTIA → PROTEÇÃO do JURISDICIONADO / ADMINISTRADO CONTRA ABUSIVA DELONGA do PROCESSO, À LUZ DAS PECULIARIDADES DA CAUSA

▷▷
continuação

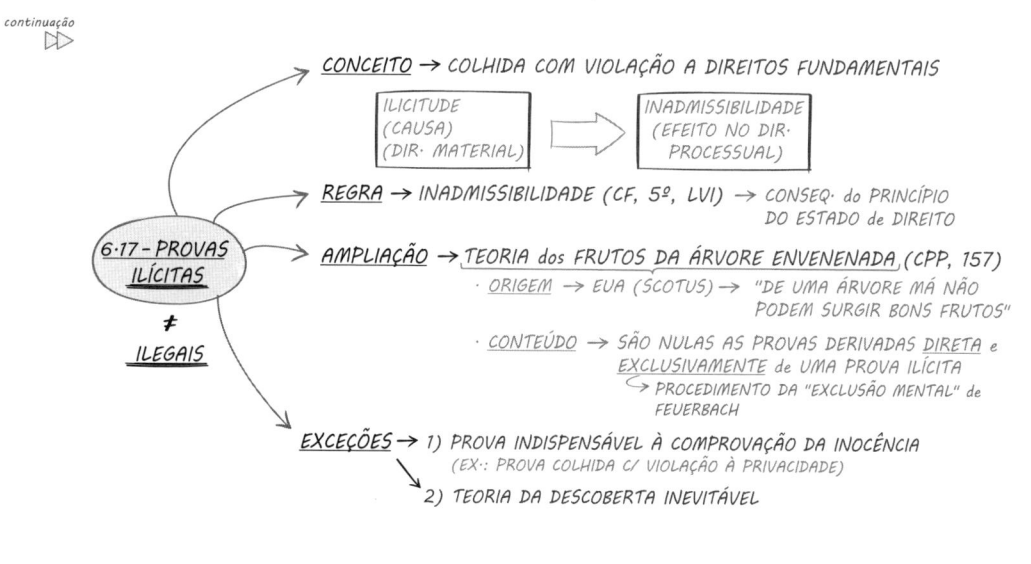

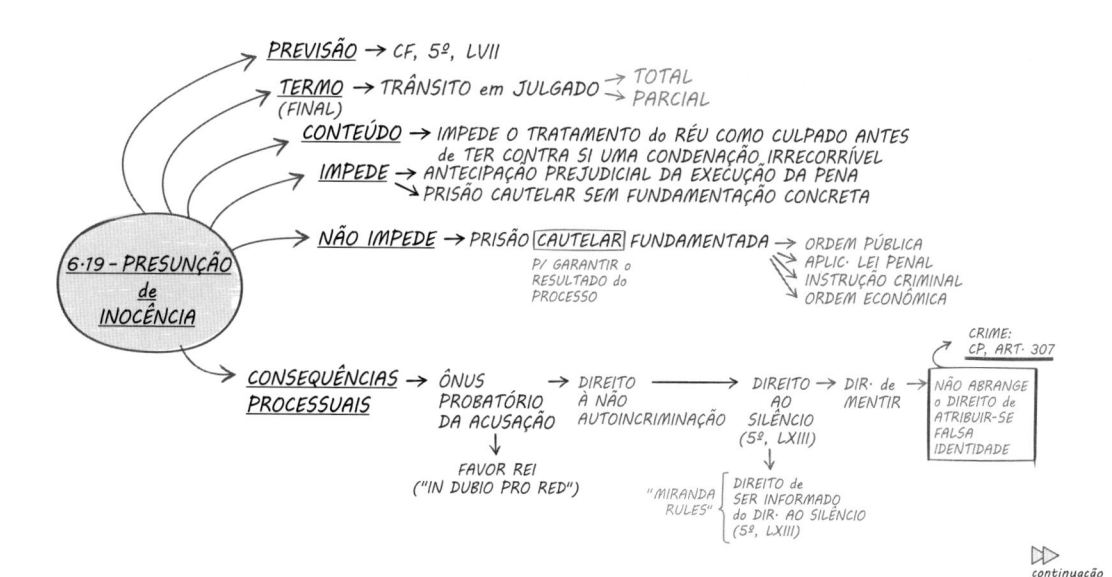

[Capítulo 6] Direitos Individuais e Coletivos

continuação ▷▷

6.17 – PROVAS ILÍCITAS ≠ ILEGAIS

- **CONCEITO** → COLHIDA COM VIOLAÇÃO A DIREITOS FUNDAMENTAIS
  - ILICITUDE (CAUSA) (DIR. MATERIAL) ⇒ INADMISSIBILIDADE (EFEITO NO DIR. PROCESSUAL)
- **REGRA** → INADMISSIBILIDADE (CF, 5º, LVI) → CONSEQ. do PRINCÍPIO DO ESTADO de DIREITO
- **AMPLIAÇÃO** → TEORIA dos FRUTOS DA ÁRVORE ENVENENADA, (CPP, 157)
  - ORIGEM → EUA (SCOTUS) → "DE UMA ÁRVORE MÁ NÃO PODEM SURGIR BONS FRUTOS"
  - CONTEÚDO → SÃO NULAS AS PROVAS DERIVADAS DIRETA e EXCLUSIVAMENTE de UMA PROVA ILÍCITA
    ↳ PROCEDIMENTO DA "EXCLUSÃO MENTAL" de FEUERBACH
- **EXCEÇÕES** →
  1) PROVA INDISPENSÁVEL À COMPROVAÇÃO DA INOCÊNCIA (EX.: PROVA COLHIDA C/ VIOLAÇÃO À PRIVACIDADE)
  2) TEORIA DA DESCOBERTA INEVITÁVEL

6.18 – LEGALIDADE PENAL

- **PREVISÃO** → 5º, XXXIX → ESTRITA LEGALIDADE
- **CONTEÚDO** → NÃO HÁ CRIME NEM PENA SEM [LEI]
  - **ESCRITA** → LEI FORMAL É A ÚNICA FONTE PRIMÁRIA de NORMAS PENAIS INCRIMINADORAS
  - **ESTRITA** → LEI EM SENTIDO FORMAL (ATO APROVADO pelo CONGRESSO NACIONAL SOB A FORMA de LEI)
    - CONSEQUÊNCIA: 62, § 1º, I, "b"
    - EXCEÇÃO → FORMA PENAL em BRANCO HETEROGÊNEA
  - **PRÉVIA** → PRINCÍPIO DA ANTERIORIDADE
  - **CERTA** → NÃO PODE SER GENÉRICA ou OBSCURA

6.19 – PRESUNÇÃO de INOCÊNCIA

- **PREVISÃO** → CF, 5º, LVII
- **TERMO (FINAL)** → TRÂNSITO em JULGADO → TOTAL / PARCIAL
- **CONTEÚDO** → IMPEDE O TRATAMENTO do RÉU COMO CULPADO ANTES de TER CONTRA SI UMA CONDENAÇÃO IRRECORRÍVEL
- **IMPEDE** → ANTECIPAÇÃO PREJUDICIAL DA EXECUÇÃO DA PENA
  ↳ PRISÃO CAUTELAR SEM FUNDAMENTAÇÃO CONCRETA
- **NÃO IMPEDE** → PRISÃO [CAUTELAR] FUNDAMENTADA → ORDEM PÚBLICA / APLIC. LEI PENAL / INSTRUÇÃO CRIMINAL / ORDEM ECONÔMICA
  - P/ GARANTIR o RESULTADO do PROCESSO
- **CONSEQUÊNCIAS PROCESSUAIS** →
  - ÔNUS PROBATÓRIO DA ACUSAÇÃO → FAVOR REI ("IN DUBIO PRO REO")
  - DIREITO À NÃO AUTOINCRIMINAÇÃO → DIREITO AO SILÊNCIO (5º, LXIII) → DIR. de MENTIR → NÃO ABRANGE o DIREITO de ATRIBUIR-SE FALSA IDENTIDADE (CRIME: CP, ART. 307)
  - "MIRANDA RULES" { DIREITO de SER INFORMADO do DIR. AO SILÊNCIO (5º, LXIII)

▷▷ *continuação*

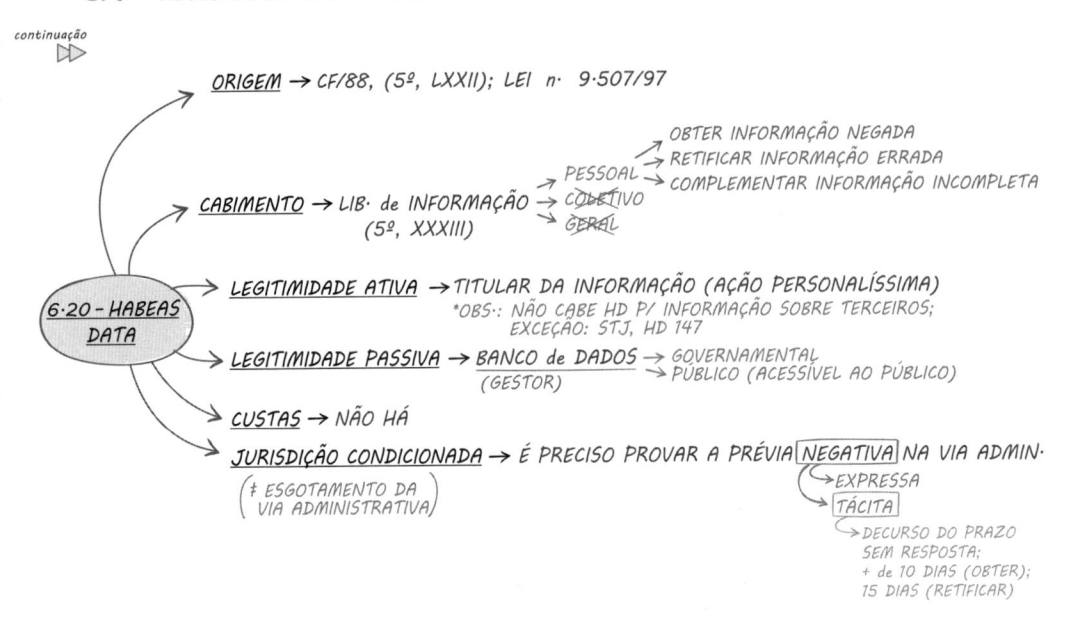

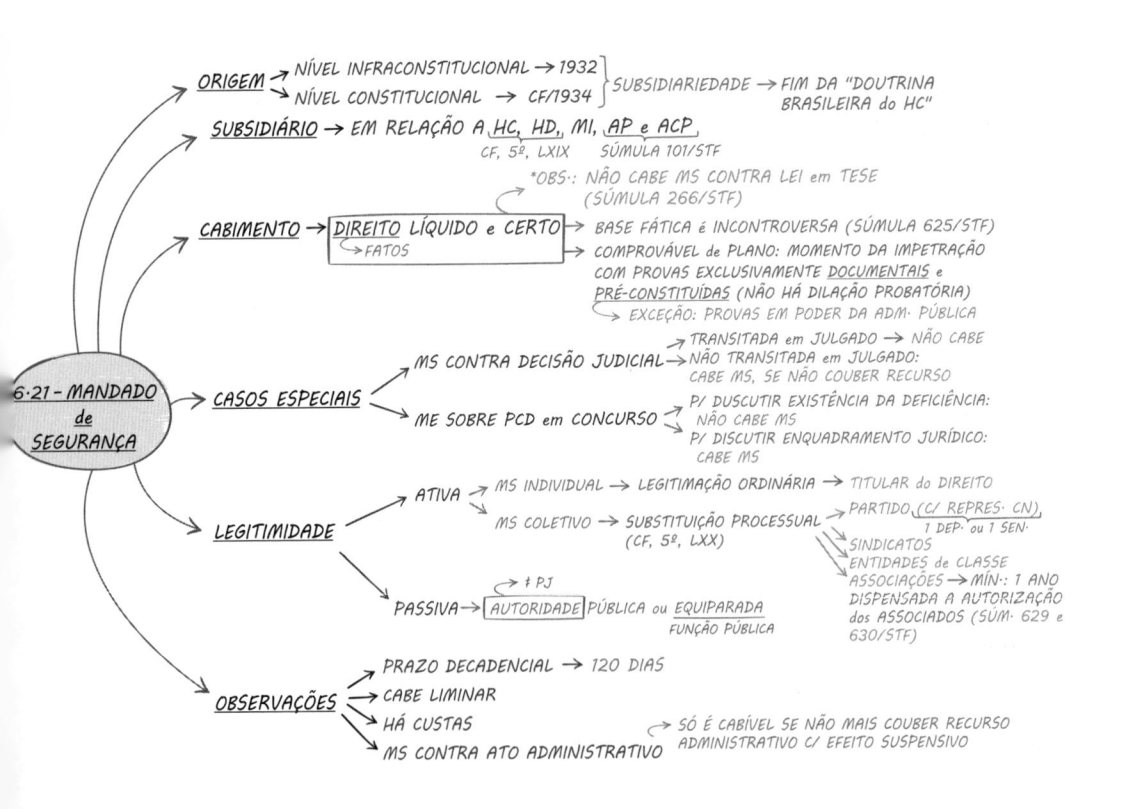

continuação ▷▷

6.20 – HABEAS DATA

- **ORIGEM** → CF/88, (5º, LXXII); LEI n. 9.507/97

- **CABIMENTO** → LIB. de INFORMAÇÃO (5º, XXXIII)
  - PESSOAL
    - OBTER INFORMAÇÃO NEGADA
    - RETIFICAR INFORMAÇÃO ERRADA
    - COMPLEMENTAR INFORMAÇÃO INCOMPLETA
  - COLETIVO
  - GERAL

- **LEGITIMIDADE ATIVA** → TITULAR DA INFORMAÇÃO (AÇÃO PERSONALÍSSIMA)
  - *OBS.: NÃO CABE HD P/ INFORMAÇÃO SOBRE TERCEIROS; EXCEÇÃO: STJ, HD 147

- **LEGITIMIDADE PASSIVA** → BANCO de DADOS (GESTOR)
  - GOVERNAMENTAL
  - PÚBLICO (ACESSÍVEL AO PÚBLICO)

- **CUSTAS** → NÃO HÁ

- **JURISDIÇÃO CONDICIONADA** → É PRECISO PROVAR A PRÉVIA [NEGATIVA] NA VIA ADMIN.
  (≠ ESGOTAMENTO DA VIA ADMINISTRATIVA)
  - EXPRESSA
  - TÁCITA → DECURSO DO PRAZO SEM RESPOSTA; + de 10 DIAS (OBTER); 15 DIAS (RETIFICAR)

6.21 – MANDADO de SEGURANÇA

- **ORIGEM**
  - NÍVEL INFRACONSTITUCIONAL → 1932
  - NÍVEL CONSTITUCIONAL → CF/1934
  - SUBSIDIARIEDADE → FIM DA "DOUTRINA BRASILEIRA do HC"

- **SUBSIDIÁRIO** → EM RELAÇÃO A HC, HD, MI, AP e ACP
  - CF, 5º, LXIX   SÚMULA 101/STF
  - *OBS.: NÃO CABE MS CONTRA LEI em TESE (SÚMULA 266/STF)

- **CABIMENTO** → [DIREITO LÍQUIDO e CERTO] → FATOS
  - BASE FÁTICA é INCONTROVERSA (SÚMULA 625/STF)
  - COMPROVÁVEL de PLANO: MOMENTO DA IMPETRAÇÃO COM PROVAS EXCLUSIVAMENTE DOCUMENTAIS e PRÉ-CONSTITUÍDAS (NÃO HÁ DILAÇÃO PROBATÓRIA)
    - EXCEÇÃO: PROVAS EM PODER DA ADM. PÚBLICA

- **CASOS ESPECIAIS**
  - MS CONTRA DECISÃO JUDICIAL
    - TRANSITADA em JULGADO → NÃO CABE
    - NÃO TRANSITADA em JULGADO: CABE MS, SE NÃO COUBER RECURSO
  - MS SOBRE PCD em CONCURSO
    - P/ DISCUTIR EXISTÊNCIA DA DEFICIÊNCIA: NÃO CABE MS
    - P/ DISCUTIR ENQUADRAMENTO JURÍDICO: CABE MS

- **LEGITIMIDADE**
  - ATIVA
    - MS INDIVIDUAL → LEGITIMAÇÃO ORDINÁRIA → TITULAR do DIREITO
    - MS COLETIVO → SUBSTITUIÇÃO PROCESSUAL (CF, 5º, LXX)
      - PARTIDO (C/ REPRES. CN), 1 DEP. ou 1 SEN.
      - SINDICATOS
      - ENTIDADES de CLASSE
      - ASSOCIAÇÕES → MÍN.: 1 ANO DISPENSADA A AUTORIZAÇÃO dos ASSOCIADOS (SUM. 629 e 630/STF)
  - PASSIVA → ≠ PJ / [AUTORIDADE] PÚBLICA ou EQUIPARADA / FUNÇÃO PÚBLICA

- **OBSERVAÇÕES**
  - PRAZO DECADENCIAL → 120 DIAS
  - CABE LIMINAR
  - HÁ CUSTAS
  - MS CONTRA ATO ADMINISTRATIVO → SÓ É CABÍVEL SE NÃO MAIS COUBER RECURSO ADMINISTRATIVO C/ EFEITO SUSPENSIVO

▷▷ continuação

[**Capítulo 6**] Direitos Individuais e Coletivos **271**

continuação

6.22 – AÇÃO POPULAR

- **ORIGEM**
  - REMOTA → DIR. ROMANO
  - PRÓXIMA → CF/34; LEI n. 4.717/65
- **CABIMENTO** → PROTEGER DIR. DIFUSOS
  - PATRIMÔNIO PÚBLICO
  - PATRIMÔNIO HISTÓRICO e CULTURAL
  - MEIO AMBIENTE
  - MORALIDADE ADMINISTRATIVA
- **PEDIDOS**
  - MÉRITO
    - TUTELA REPARATÓRIA → ANULAR ou EVITAR o ATO; PERDAS e DANOS
    - TUTELA INIBITÓRIA
  - LIMINAR
- **LEGITIMIDADE**
  - ATIVA → QUALQUER CIDADÃO → BRASILEIRO (PESSOA FÍSICA) COM DIREITOS POLÍTICOS
    - MESMO o MENOR de IDADE, SE JÁ ALISTADO COMO ELEITOR
    - PROVA: TÍTULO de ELEITOR
    - MP NÃO PODE SER AUTOR, MAS PODE ASSUMIR o POLO ATIVO em CASO de DESISTÊNCIA do AUTOR DA AÇÃO POPULAR
  - PASSIVA → PESSOA (FÍSICA ou JURÍDICA) RESPONSÁVEL pelo ATO ou DELE BENEFICIÁRIA
- **CUSTAS**
  - REGRA → NÃO HÁ
  - EXCEÇÃO → COMPROVADA MÁ-FÉ

6.23 – MANDADO de INJUNÇÃO

COMBATE A INCONSTIT. POR OMISSÃO

- **ORIGEM** → CF/88; LEI n. 13.300/2016
- **OBJETO** → FALTA de NORMA REGULAMENTADORA de DIR. FUNDAM. PREVISTO NA CF EM NORMA de EF. LIMITADA (EXIGE REGULAMENTAÇÃO)
  - OMISSÃO INCONSTIT.
    - TOTAL → NÃO HÁ LEI ALGUMA → EX.: GREVE dos SERVIDORES (37, VII)
    - PARCIAL → HÁ LEI, MAS é INSUFICIENTE → EX.: APOSENTADORIA ESPECIAL dos SERVIDORES (40, § 4º, I a III)
- **LEGITIMIDADE**
  - ATIVA
    - MI INDIVIDUAL → TITULAR do DIREITO
    - MI COLETIVO
      - PARTIDO C/ REPRESENTAÇÃO NO CN (1 DEP. FED. ou 1 SENADOR)
      - ORGANIZAÇÃO SINDICAL
      - ENTIDADES de CLASSE
      - ASSOCIAÇÕES → FUNCIONAM. HÁ PELO MENOS 1 ANO DISPENSADA AUTORIZAÇÃO dos ASSOCIADOS
      - MP*
      - DP*
  - PASSIVA → AUTORIDADE PÚBLICA OMISSA (JAMAIS UM PARTICULAR) → TEORIA CONCRETISTA MITIGADA
- **EFEITOS**
  - OBJETIVOS (CONTEÚDO da DECISÃO)
    - FIXAR PRAZO RAZOÁVEL P/ EDIÇÃO DA NORMA
    - LEI n. 13.300/2016 ESTABELECER REGULAMENTAÇÃO PROVISÓRIA DA MATÉRIA, P/ O CASO de o PRAZO RAZOÁVEL SER DESCUMPRIDO
  - SUBJETIVOS (QUEM é ATINGIDO)
    - REGRA → INTER PARTES (IMPETRANTES ou SUBSTITUÍDOS)
      - MI INDIVIDUAL / MI COLETIVO
    - EXCEÇÃO → ULTRA PARTES ou ERGA OMNES
      - TERCEIROS / TODOS

6.24 – AÇÃO CIVIL PÚBLICA

- **ORIGEM** → LEI n. 7.347/85; CF/88, ART. 129, III
- **OBJETIVO** → PROTEGER DIREITOS DIFUSOS, COLETIVOS ou INDIVIDUAIS HOMOGÊNEOS
  - DIFUSOS: INDIVISÍVEIS; TITULARIDADE INDETERMINÁVEL; EX.: MEIO AMBIENTE
  - COLETIVOS: INDIVISÍVEIS; TITULARIDADE DETERMINÁVEL; EX.: GESTÃO PARTICIPATIVA NO FGTS
  - INDIVIDUAIS HOMOGÊNEOS: DIVISÍVEIS; TITULARIDADE INDIVIDUAL; RELAÇÃO JURÍDICA de BASE; EX.: DIREITO dos CONSUMIDORES A UMA INDENIZAÇÃO
  - DIREITOS COLETIVOS "LATO SENSU"
- **LEGITIMIDADE**
  - ATIVA → A) MINISTÉRIO PÚBLICO; B) DEFENSORIA PÚBLICA; C) ENTIDADES DA ADM. PÚBLICA; D) ASSOCIAÇÕES → PERTINÊNCIA TEMÁTICA + FUNCIONAM. HÁ PELO MENOS 1 ANO (REPRESENTATIVIDADE ADEQUADA) DISPENSÁVEL pelo JUIZ
    - ÚNICO QUE PODE INSTAURAR INQUÉRITO CIVIL → PROCEDIMENTO ADMINISTRATIVO FACULTATIVO PREPARATÓRIO DA ACP
  - PASSIVA → AUTORIDADES PÚBLICAS / ENTIDADES PÚBLICAS / PARTICULARES
- **EFEITOS**
  - TUTELA REPARATÓRIA ou INIBITÓRIA (MÉRITO)
  - LIMINAR

Capítulo 7

Direitos Sociais

7.1. CONTEÚDO E NATUREZA

Acesse e assista à aula explicativa sobre este assunto.
http://uqr.to/1yj9f

Direitos sociais (ou direitos sociais, econômicos e culturais) são, como já dissemos, os direitos de segunda geração, em que se exige uma prestação positiva do Estado. O art. 6º enumera, num **rol meramente exemplificativo**, quais são esses direitos sociais. Destaque-se a segurança pública, que, nos termos do art. 144, *caput*, é dever do Estado e direito e responsabilidade de todos.

✋ Cuidado!

O direito à moradia e o direito à alimentação foram incluídos por emendas constitucionais (respectivamente, EC n. 26/2000 e EC n. 64/2010). Por isso, são dois dos mais cobrados em provas!

⚠ Atenção!

Em 2015, foi incluído também no rol do art. 6º o direito ao **transporte** (EC n. 90, de 15 de setembro de 2015).

📝 Questão de Concurso

(Cespe/DPE-RN/Defensor/2015) O transporte e a felicidade são direitos fundamentais sociais assegurados pelo Estado a todo cidadão brasileiro como garantia individual.
Gabarito comentado: Errado.
Em primeiro lugar, o direito ao transporte é previsto de forma expressa na CF (art. 6º, na redação dada pela EC n. 90, de 2015), mas o direito à felicidade, não. Por outro lado, mesmo o direito ao transporte não é previsto como uma garantia individual de qualquer cidadão, mas sim como um direito social, que depende de implementação de políticas públicas pelo Estado.

Aprofundamento:
a discussão sobre a fundamentalidade dos direitos sociais

Especialmente no âmbito do direito comparado, existe controvérsia sobre se dos direitos sociais podem mesmo ser qualificados como direitos fundamentais.

No direito português, por exemplo, há uma distinção entre os direitos, liberdade e garantias (equivalentes aos nossos direitos individuais, em linhas gerais) e os "direitos e deveres econômicos, sociais e culturais" (próximos dos nossos direitos sociais), qualificados como "direitos fundamentais de natureza análoga" (art. 17º da Constituição da República Portuguesa, de 1976).

Entre nós, contudo, não há maior polêmica doutrinária em considerar que a CF de 1988 instituiu um sistema indivisível de direitos fundamentais, em que os direitos sociais são tão fundamentais quanto quaisquer outros.

7.2. EFETIVAÇÃO

O grande problema dos direitos de 2ª geração não é a previsão na Constituição (como se vê do amplo rol de direitos do art. 7º), mas sim a transformação dessas declarações em realidade. Em outras palavras: o grande problema dos direitos sociais é a **efetivação de tais direitos**. Ou, nas palavras do professor Dimitri Dimoulis, o problema é "transformar o direito à moradia em casas e tijolos".

7.2.1. Teoria da reserva do possível

Um dos grandes obstáculos para essa efetivação é justamente a falta de recursos financeiros do Estado. Por isso, se desenvolveu na Alemanha a teoria da "reserva do possível", segundo a qual o Estado não seria obrigado a efetivar direitos sociais se não houvesse recursos disponíveis. O Estado se reserva o direito de realizar os direitos sociais na medida do possível, nas medidas das disponibilidades financeiras e orçamentárias.

Nas palavras de Andreas Joachim Krell, essa teoria "vê a efetivação dos direitos sociais, econômicos e culturais dentre de uma 'reserva do possível' e aponta sua dependência dos recursos econômicos. A elevação do nível de sua realização estaria sempre condicionada pelo volume de recursos suscetível de ser mobilizado para esse efeito. Nessa visão, a limitação dos recursos públicos passa a ser considerada verdadeiro limite fático à efetivação dos direitos sociais prestacionais"[1].

A doutrina costuma dividir a reserva do possível em dois aspectos: a) reserva do possível fática – a limitação da efetivação de direitos sociais em virtude de inexistência de recursos orçamentários (autorização legal para a despesa) ou financeiros (inexistência de "dinheiro em caixa"); e b) reserva do possível jurídica – consistente na razoabilidade da pretensão, isto é, em saber se é exigível que a sociedade inteira arque com aquele custo.

Questões de Concurso

(Cespe/TRT-7/Analista/2017) A concretização dos direitos sociais previstos na CF, dada a natureza prestacional desses direitos, submete-se aos limites do financeiramente possível.

---

[1] KRELL, Andreas Joachim. *Direitos Sociais e Controle Judicial no Brasil e na Alemanha*, Porto Alegre: SAFE, 2002. p. 51.

> **Gabarito comentado: Correto.**
> (Um dos princípios que regem a efetivação dos direitos sociais – limitando-a – é o da chamada "reserva do possível". A questão aborda, aliás, a chamada "reserva do possível fática": a limitação à efetivação dos direitos sociais decorrente da limitação de recursos orçamentários e financeiros.)

(Cespe/STM/Juiz Auditor/2013) A realização prática dos direitos sociais, subordinada à reserva do possível, exige apenas a disponibilidade financeira do Estado para tornar efetivas as prestações positivas pleiteadas.

> **Gabarito comentado: Errado (virtude da palavra "apenas").**
> (A efetivação [ou "realização prática"] dos direitos sociais está mesmo subordinada [na dependência] do princípio da reserva do possível. Este, contudo, segundo a doutrina, possui dois aspectos: a reserva do possível fática [disponibilidade financeira e orçamentária de recursos] e jurídica [razoabilidade da pretensão]. Logo, o atendimento ao princípio [implícito] da reserva do possível não exige apenas a disponibilidade financeira, mas também que se trate de uma pretensão razoável [algo que razoavelmente se pode exigir da coletividade que assuma como responsabilidade sua]).

(FGV – OAB – Advogado – XXXI Exame de Ordem Unificado – 2020) Preocupado com o grande número de ações judiciais referentes a possíveis omissões inconstitucionais sobre direitos sociais e, em especial, sobre o direito à saúde, o Procurador-Geral do Estado Beta (PGE) procurou traçar sua estratégia hermenêutica de defesa a partir de dois grandes argumentos jurídicos: em primeiro lugar, destacou que a efetividade dos direitos prestacionais de segunda dimensão, promovida pelo Poder Judiciário, deve levar em consideração a disponibilidade financeira estatal; um segundo argumento é o relativo à falta de legitimidade democrática de juízes e tribunais para fixar políticas públicas no lugar do legislador eleito pelo povo. Diante de tal situação, assinale a opção que apresenta os conceitos jurídicos que correspondem aos argumentos usados pelo PGE do Estado Beta.

a) Dificuldade contraparlamentar e reserva do impossível.

b) Reserva do possível fática e separação dos Poderes.

c) Reserva do possível jurídica e reserva de jurisdição do Poder Judiciário.

d) Reserva do possível fática e reserva de plenário.

> **Gabarito comentado: B** (doutrina: a reserva do possível fática limita a efetivação dos direitos sociais segundo as disponibilidades financeiras e orçamentárias; por outro lado, cabe ordinariamente aos poderes políticos – Legislativo e Executivo – e não ao Judiciário formular políticas públicas, em atenção à separação de Poderes).

Aprofundamento:
a reserva do possível e a teoria dos custos dos direitos

Há quem sustente a inaplicabilidade da teoria da reserva do possível ao Direito brasileiro. Andreas Krell afirma:

> [...] se os recursos não forem suficientes, deve-se retirá-los de outras áreas (transporte, fomento econômico, serviço da dívida) onde sua aplicação não está tão intimamente ligada aos direitos mais essenciais do homem: sua vida, integridade física e saúde. Um relativismo nessa área pode levar a "ponderações" perigosas e antihumanistas do tipo "por que gastar dinheiro com doentes incuráveis ou terminais?".

Esse raciocínio, contudo, é por demais simplista: em primeiro lugar, não é pelo simples remanejamento orçamentário que surgirão recursos para atender a todas as demandas sociais em todos os níveis; em segundo lugar, a ideia de tirar recursos da área de fomento (responsável por estimular o crescimento da economia e, portanto, fazer surgirem mais recursos) é imediatista e economicamente insustentável (resolve o problema a curtíssimo prazo, mas cria ainda mais problemas a médio e longo prazo); e, em terceiro lugar, porque o não pagamento da dívida, além de contraria outros dispositivos constitucionais (art. 167, por exemplo) geraria ainda maior dificuldade em angariar recursos, especialmente em épocas de déficit fiscal.

Na verdade, a discussão sobre a reserva do possível passa pela questão dos custos dos direitos: não há direitos sem custos, pois, conforme a conhecida máxima econômica, "não há almoço grátis". Assim, sempre que se cria um direito, cria-se também um custo financeiro, o que leva a ainda maiores disputas orçamentárias sobre qual dos setores da vida social devem ser priorizados ou não.

Obviamente, vale a correta advertência de Cass Sunstein e Stephen Holmes, mesmo os direitos de primeira geração implicam custos (já que a manutenção do próprio aparato estatal para protegê-los demanda investimentos). É inegável, contudo, que a questão se torna ainda mais dramática quando se trata de direitos sociais, cuja natureza eminentemente positiva (obrigacional) exige intensivo custeio (veja-se o exemplar caso do direito à saúde, garantido de forma universal e gratuita). Nesse sentido, resta quase inevitável reconhecer que o Estado está limitado a efetivar os direitos sociais na medida do financeiramente possível.

A questão se coloca, por exemplo, em relação à formulação e implementação de políticas públicas. Num sistema como o SUS, calcado na universalidade e na gratuidade, é melhor custear medicamentos "tradicionais" para diabetes tipo II para todos os doentes do país, ou medicamentos de ponta (que podem chegar a custar até 100 vezes mais), apenas para alguns? Trata-se de uma escolha difícil, mas que não pode deixar de levar em conta a questão dos custos dos direitos.

É reflexo dessa inegável realidade econômica – mais do que jurídica – o § 5º do art. 195 da CF, segundo o qual "Nenhum benefício ou serviço da seguridade social poderá ser criado, majorado ou estendido sem a correspondente fonte de custeio total".

Nesse contexto, é útil recorrer à lição de Canotilho (apud CIARLINI, p. 36-37), para quem é preciso atentar aos "pressupostos de direitos fundamentais", uma vez que:

> Os direitos econômicos, sociais e culturais e respectiva proteção andam estreitamente associados a um conjunto de condições – econômicas, sociais e culturais [...] Considera-se pressupostos de direitos fundamentais a multiplicidade de fatores – capacidade econômica do Estado, clima espiritual da sociedade, estilo de vida, distribuição de bens, nível de ensino, desenvolvimento econômico [...] – que condicionam, de forma positiva e negativa, a existência e proteção dos direitos econômicos, sociais e culturais. Esses pressupostos são pressupostos de todos os direitos fundamentais. Alguns deles, porém, como os da distribuição dos bens e da riqueza, o desenvolvimento econômico e o nível de ensino, têm aqui particular relevância.

O STF possui precedente no qual acata a teoria da reserva do possível, mas assevera que tal cláusula não poderá ser utilizada pelo Estado para justificar o descumprimento de obrigações constitucionais (STF, ADPF n. 45, decisão monocrática do Ministro Celso de Mello).

Por exemplo: o Estado pode alegar a reserva do possível para justificar a inexistência de vagas em creches *de um determinado bairro*; mas não pode alegar a reserva do possível para simplesmente justificar a inexistência de vagas.

Sobre a questão específica do fornecimento de medicamentos, o STF já decidiu: "1. O Estado não pode ser obrigado a fornecer medicamentos experimentais. 2. A ausência de registro na ANVISA impede, como regra geral, o fornecimento de medicamento por decisão judicial. 3. É possível, excepcionalmente, a concessão judicial de medicamento sem registro sanitário, em caso de mora irrazoável da ANVISA em apreciar o pedido (prazo superior ao previsto na Lei n. 13.411/2016), quando preenchidos três requisitos: (i) a existência de pedido de registro do medicamento no Brasil (salvo no caso de medicamentos órfãos para doenças raras e ultrarraras); (ii) a existência de registro do medicamento em renomadas agências de regulação no exterior; e (iii) a inexistência de substituto terapêutico com registro no Brasil. 4. As ações que demandem fornecimento de medicamentos sem registro na ANVISA deverão necessariamente ser propostas em face da União." (Tema n. 500 da Repercussão Geral do STF).

7.2.2. Proibição do retrocesso ou do regresso (efeito *cliquet*)

De acordo com parte da doutrina mais moderna, é um princípio implícito na Constituição a proibição do regresso, isto é, as vantagens sociais conquistadas não podem ser perdidas, as garantias não podem regredir.

Em outras palavras: a efetivação dos direitos sociais é gradativa, mas não pode retroceder. Os direitos já conquistados estão garantidos e não podem ser "perdidos". Um bom exemplo é o salário mínimo: embora não cumpra todos os objetivos previstos no art. 7º, IV, da CF, não pode ser diminuído.

Esse princípio é também chamado de "efeito *cliquet*", por analogia com o instrumento usado pelos alpinistas e que impede a cadeira de escalada de descer: a partir daquele ponto, o aventureiro só sobe.

Segundo Canotilho, o princípio da proibição do retrocesso pode ser assim resumido:

> O núcleo essencial dos direitos sociais já realizado e efectivado através de medidas legislativas [...] deve considerar-se constitucionalmente garantido, sendo inconstitucionais quaisquer medidas estaduais [estatais] que, sem a criação de outros esquemas alternativos ou compensatórios, se traduzam, na prática, numa "anulação", "revogação" ou "aniquilação" pura e simples desse núcleo essencial.

Cuidado!

O princípio da proibição do retrocesso não se refere a uma determinada política pública, mas sim ao grau de efetivação dos direitos sociais. Assim, um específico programa de políticas públicas pode ser descontinuado ou extinto, quando se verifica que não está sendo efetivo, ou já cumpriu seus objetivos, ou mesmo quando será substituído por outro, desde que não haja piora do *grau* de efetivação dos direitos sociais.

Veja Bem!

Apesar de ser um princípio implícito, a proibição do retrocesso já foi aplicada pela jurisprudência do STF em várias hipóteses.
Podemos citar, de forma meramente exemplificativa:

a) reconhecimento dos direitos sucessórios do companheiro (quem vive em união estável) iguais aos do cônjuge (pessoa casada): RE n. 878.694/MG, Relator Ministro Roberto Barroso;
b) obrigação do Estado de manter rede de assistência à saúde de crianças e adolescentes: Agravo Regimental (AgR) no Agravo em Recurso Extraordinário (ARE) n. 745.745/MG, Relator Ministro Celso de Mello;
c) custeio pelo Estado de serviços hospitalares prestados por instituições privadas para pacientes atendidos pelo Samu (Serviço de Atendimento Móvel de Urgência), quando não existe leito de UTI disponível na rede pública: AgR no ARE n. 727.864/PR, Relator Ministro Celso de Mello;
d) inconstitucionalidade da exigência de emissão de voto impresso pela urna eletrônica: ADI-MC n. 4.543/DF, Relatora Ministra Cármen Lúcia.

Perceba-se que, inclusive, o STF tem-se utilizado desse princípio em relação a casos que sequer têm a ver com direitos sociais (proibição do voto impresso), transformando-o quase em um "princípio geral".

Aprofundamento:
aspectos do princípio da proibição do retrocesso

Parte da doutrina reconhece no princípio da proibição do retrocesso dois aspectos: a) proibição negativa – proibição de *piora* do grau de efetivação dos direitos sociais; b) proibição positiva – dever de buscar sempre a *melhora* do grau de efetivação dos direitos. Assim, por exemplo, não se poder reduzir o valor do salário mínimo seria uma decorrência da proibição negativa do retrocesso; já a obrigação de promover reajustes periódicos seria um aspecto da proibição positiva.

Esse segundo aspecto não é aceito pela maioria da doutrina.

Aprofundamento:
a fonte normativa do princípio da proibição do retrocesso

Por se tratar de um princípio implícito, obviamente não há previsão do princípio da proibição do retrocesso em artigo algum da CF. A maioria da doutrina, porém, deriva-o do objetivo fundamental da República de "construir uma sociedade livre, justa e solidária" (CF, art. 3º, I). Assim, enquanto não atingido esse objetivo, não poderia o Estado atuar contra sua consecução.

7.2.3. Mínimo existencial

Tal princípio impõe ao Estado o dever de assegurar que os direitos sociais sejam respeitados, pelo menos para garantir o mínimo vital (mínimo existencial), isto é, um patamar mínimo que respeite a dignidade humana. Trata-se de princípio implícito, derivado do fundamento da República da dignidade humana (CF, art. 1º, III).

Cuidado!

O princípio em questão se refere ao mínimo *existencial*, não apenas ao mínimo necessário para assegurar a sobrevivência. Trata-se do mínimo de efetivação de direitos necessário para assegurar uma existência *digna*. Nesse sentido, por exemplo, a educação (ao menos a educação básica) faz parte do mínimo necessário a uma existência digna.

Veja Bem!

É preciso sempre atentar para uma ponderação entre os princípios da reserva do possível, de um lado, e do mínimo existencial e da proibição de retrocesso, do outro. Como se trata de princípios colidentes (a reserva do possível *limita* direitos sociais, ao passo que a proibição do retrocesso e o mínimo existencial *asseguram* determinado patamar de efetivação desses direitos), deve-se utilizar a técnica da ponderação para verificar qual deles deve prevalecer.

Um caso interessante nesse contexto foi a discussão sobre o dever do Estado de indenizar presos por condições degradantes na prisão (STF, Pleno, RE n. 580.252/MS, Redator para o Acórdão Ministro Gilmar Mendes). Decidiu a Corte que, em tais situações, a alegação de inexistência de recursos suficientes (reserva do possível) não era escusa válida para o desrespeito especialmente à obrigação estatal manter condições mínimas de dignidade para os presos, condenando-se o Estado a pagar indenização de R$ 2.000,00 para cada preso submetido a tal circunstância.

Em 16 de dezembro de 2021, a EC n. 114 positivou, num, certo sentido, o direito ao mínimo existencial, ao inserir o seguinte parágrafo único no art. 6º da CF: "Todo brasileiro em situação de vulnerabilidade social terá direito a uma renda básica familiar, garantida pelo poder público em programa permanente de transferência de renda, cujas normas e requisitos de acesso serão determinados em lei, observada a legislação fiscal e orçamentária". Trata-se de norma de eficácia limitada (depende de regulamentação para produzir a integralidade dos seus efeitos), mas que reconhece o direito à chamada "Renda Básica de Cidadania", um aspecto do mínimo existencial.

Aprofundamento:
a questão da judicialização da saúde e do fornecimento de medicamentos

Depois de muitos anos de discussão, o STF definiu parâmetros para o Judiciário decidir a questão das ações acerca de fornecimento de medicamentos no âmbito do SUS.

Do ponto de vista do direito material (quem tem direito ou não), a questão se transformou no Tema n. 6 da Repercussão Geral e na Súmula Vinculante 61:

> "1. A ausência de inclusão de medicamento nas listas de dispensação do Sistema Único de Saúde – SUS (RENAME, RESME, REMUME, entre outras) impede, como regra geral, o fornecimento do fármaco por decisão judicial, independentemente do custo.
>
> 2. É possível, excepcionalmente, a concessão judicial de medicamento registrado na ANVISA, mas não incorporado às listas de dispensação do Sistema Único de Saúde, desde que preenchidos, cumulativamente, os seguintes requisitos, cujo ônus probatório incumbe ao autor da ação:
>
> (a) negativa de fornecimento do medicamento na via administrativa, nos termos do item '4' do Tema 1234 da repercussão geral;
>
> (b) ilegalidade do ato de não incorporação do medicamento pela Conitec, ausência de pedido de incorporação ou da mora na sua apreciação, tendo em vista os prazos e critérios previstos nos artigos 19-Q e 19-R da Lei n. 8.080/1990 e no Decreto n. 7.646/2011;

c) impossibilidade de substituição por outro medicamento constante das listas do SUS e dos protocolos clínicos e diretrizes terapêuticas;

(d) comprovação, à luz da medicina baseada em evidências, da eficácia, acurácia, efetividade e segurança do fármaco, necessariamente respaldadas por evidências científicas de alto nível, ou seja, unicamente ensaios clínicos randomizados e revisão sistemática ou meta-análise;

(e) imprescindibilidade clínica do tratamento, comprovada mediante laudo médico fundamentado, descrevendo inclusive qual o tratamento já realizado; e

(f) incapacidade financeira de arcar com o custeio do medicamento.

3. Sob pena de nulidade da decisão judicial, nos termos do artigo 489, § 1º, incisos V e VI, e artigo 927, inciso III, § 1º, ambos do Código de Processo Civil, o Poder Judiciário, ao apreciar pedido de concessão de medicamentos não incorporados, deverá obrigatoriamente:

(a) analisar o ato administrativo comissivo ou omissivo de não incorporação pela Conitec ou da negativa de fornecimento da via administrativa, à luz das circunstâncias do caso concreto e da legislação de regência, especialmente a política pública do SUS, não sendo possível a incursão no mérito do ato administrativo;

(b) aferir a presença dos requisitos de dispensação do medicamento, previstos no item 2, a partir da prévia consulta ao Núcleo de Apoio Técnico do Poder Judiciário (NATJUS), sempre que disponível na respectiva jurisdição, ou a entes ou pessoas com *expertise* técnica na área, não podendo fundamentar a sua decisão unicamente em prescrição, relatório ou laudo médico juntado aos autos pelo autor da ação; e

(c) no caso de deferimento judicial do fármaco, oficiar aos órgãos competentes para avaliarem a possibilidade de sua incorporação no âmbito do SUS."

Por outro lado, as questões processuais e federativas (qual ente federativo pode ser demandando em juízo) foram objeto de um acordo entre os entes federativos, mediado pelo STF, e que se tornou o Tema n. 1234 da Repercussão Geral, transformado na Súmula Vinculante n. 60:

I – Competência

1) Para fins de fixação de competência, as demandas relativas a medicamentos não incorporados na política pública do SUS, mas com registro na ANVISA, tramitarão perante a Justiça Federal, nos termos do art. 109, I, da Constituição Federal, quando o valor do tratamento anual específico do fármaco ou do princípio ativo, com base no Preço Máximo de Venda do Governo (PMVG – situado na alíquota zero), divulgado pela Câmara de Regulação do Mercado de Medicamentos (CMED – Lei 10.742/2003), for igual ou superior ao valor de 210 salários mínimos, na forma do art. 292 do CPC.

1.1) Existindo mais de um medicamento do mesmo princípio ativo e não sendo solicitado um fármaco específico, considera-se, para efeito de competência, aquele listado no menor valor na lista CMED (PMVG, situado na alíquota zero).

1.2) No caso de inexistir valor fixado na lista CMED, considera-se o valor do tratamento anual do medicamento solicitado na demanda, podendo o magistrado, em caso de impugnação pela parte requerida, solicitar auxílio à CMED, na forma do art. 7º da Lei 10.742/2003.

1.3) Caso inexista resposta em tempo hábil da CMED, o juiz analisará de acordo com o orçamento trazido pela parte autora.

1.4) No caso de cumulação de pedidos, para fins de competência, será considerado apenas o valor do(s) medicamento(s) não incorporado(s) que deverá(ão) ser somado(s), independentemente da existência de cumulação alternativa de outros pedidos envolvendo obrigação de fazer, pagar ou de entregar coisa certa.

II – Definição de Medicamentos Não Incorporados

2.1) Consideram-se medicamentos não incorporados aqueles que não constam na política pública do SUS; medicamentos previstos nos PCDTs para outras finalidades; medicamentos sem registro na ANVISA; e medicamentos off label sem PCDT ou que não integrem listas do componente básico.

2.1.1) Conforme decidido pelo Supremo Tribunal Federal na tese fixada no tema 500 da sistemática da repercussão geral, é mantida a competência da Justiça Federal em relação às ações que demandem fornecimento de medicamentos sem registro na Anvisa, as quais deverão necessariamente ser propostas em face da União, observadas as especificidades já definidas no aludido tema.

(...)"

Em resumo, temos a seguinte situação:
a) medicamento registrado na ANVISA e incorporado à lista do SUS – pode ser exigido judicialmente;
b) medicamento registrado na ANVISA e não incorporado à lista do SUS – em regra não pode ser fornecido por ordem judicial, salvo se demonstradas algumas situações excepcionais;
c) medicamento não registrado na ANVISA – não pode ser fornecido por ordem judicial, cabendo ação para exigir da ANVISA que realize a análise para o registro em tempo hábil.

7.3. DIREITOS INDIVIDUAIS DOS TRABALHADORES URBANOS E RURAIS (ART. 7º)

Nem todos os direitos sociais são de fruição (gozo) coletivo. Existem direitos sociais que podem ser exercidos coletivamente (associação sindical) e existem aqueles que podem ser exigidos de maneira individual.

Os direitos sociais coletivos dos trabalhadores são tratados nos arts. 8º a 11; já os direitos individuais dos trabalhadores urbanos e rurais estão destacados no art. 7º.

Cuidado!

Cuida-se de um rol aberto, meramente exemplificativo.

Importante lembrar que a Constituição de 1988 positivou vários direitos dos trabalhadores, incluindo-os na lista dos direitos sociais, como verdadeiros *direitos fundamentais*.

Dentre esses direitos que podem ser usufruídos pelos trabalhadores individualmente, destacaremos alguns, considerados de maior relevância para o estudo do Direito Constitucional.

7.3.1. Direitos relativos à proteção da relação de emprego

Como a busca pelo pleno emprego é um dos objetivos da ordem econômica (CF, art. 170, VIII), o Constituinte preocupou-se bastante em dar garantias aos trabalhadores quanto à manutenção da relação de emprego.

Como exemplo disso, temos a regra do inciso I do art. 7º, segundo o qual é direito dos trabalhadores "relação de emprego protegida contra despedida arbitrária ou sem justa causa, nos termos de lei complementar, que preverá indenização compensatória, dentre outros direitos". Como se vê, é um caso de norma de eficácia limitada, que só produzirá todos os seus efeitos depois de regulamentada pelo Congresso Nacional, por meio de lei complementar (até hoje não aprovada). Contudo, já prevendo essa possibilidade de omissão inconstitucional, o Constituinte inseriu uma regra transitória, para vigorar enquanto não for aprovada a lei complementar a que se refere o art. 7º, I: trata-se da indenização de 40% do FGTS, a ser paga pelo empregador, em caso de demissão sem justa causa (dispensa imotivada): ADCT, art. 10.

Outro exemplo de proteção à relação de emprego são as diversas regras de estabilidade do empregado contidas na Constituição. Como se sabe, a antiga estabilidade decenal no emprego (estabilidade após dez anos de serviço) foi substituída pelo Fundo de Garantia por Tempo de Serviço (FGTS, que é também um direito fundamental do trabalhador, como afirma o inciso III do art. 7º). Todavia, a Constituição previu diversas formas de estabilidade *temporária* dos empregados, em virtude de situações específicas, tais como[2]: a) estabilidade da gestante, desde a **confirmação da gravidez** até **cinco meses depois do parto** (ADCT, art. 10, II, *b*); b) estabilidade do dirigente sindical, desde o **registro da candidatura** até **um ano depois do término do mandato** (art. 8º, VIII); c) estabilidade do "cipeiro" (diretor da comissão interna de prevenção de acidentes – CIPA), desde o **registro da candidatura** até **um ano após o término do mandato** (ADCT, art. 10, II, *a*).

Por outro lado, também ganhou *status* constitucional a garantia do seguro-desemprego, em caso de dispensa sem justa causa (art. 7º, II). Também é o caso da norma de eficácia limitada que prevê a proteção em face da automação (inciso XVII) e o direito ao aviso prévio, proporcional ao tempo de serviço, *mas nunca inferior a trinta dias* (inciso XXI, que revogou as normas da CLT que previam aviso prévio de 7 ou 15 dias, por exemplo).

7.3.2. Direitos relativos à jornada de trabalho e aos descansos

Uma das preocupações maiores da proteção ao trabalhador diz respeito à busca por evitar jornadas de trabalho excessivas. Por isso, a Constituição impôs limites à jornada de trabalho semanal e diária (art. 7º, XIII e XIV). Assim, temos: a) jornada *semanal* máxima: 44 horas (salvo acordo ou convenção coletiva de trabalho); b) jornada *diária* máxima: b.1) em

---

[2] MARTINS FILHO, Ives Gandra da Silva. *Manual de Direito e Processo do Trabalho*. São Paulo: Saraiva, 2009. p. 130.

regra: 8 horas (salvo acordo ou convenção coletiva de trabalho); b.2) para turnos ininterruptos de revezamento, em que há alternância do horário de trabalho: 6 horas (salvo apenas em caso de convenção coletiva de trabalho).

Perceba-se que a própria Constituição abriu margem para a flexibilização dessas regras, mas sempre mediante negociação coletiva (acordo ou convenção). Ademais, no caso da jornada para quem trabalha em turnos ininterruptos de revezamento (art. 7º, XIV), só se admite a flexibilização por meio de convenção coletiva de trabalho (nas demais hipóteses, admite-se também a relativização da garantia por acordo coletivo).

Ademais, a Constituição prevê o direito a férias (inciso XVII) e ao repouso semanal remunerado, *preferencialmente* (mas não obrigatoriamente) aos domingos (inciso XV) – denominado por parte da doutrina de "repouso hebdomadário".

Também é de se notar que ganharam *status* constitucional a licença-maternidade (de no mínimo 120 dias: XVIII) e a licença-paternidade (com duração de no mínimo 5 dias: art. 7º, XIX, c/c art. 10 do ADCT). Por fim, ressalte-se a previsão constitucional do direito à aposentadoria (arts. 6º, 7º, XXIV e 201).

Cuidado!

A Lei n. 11.770/2008 instituiu o programa empresa-cidadã, que faculta ao empregador – estabelecendo, em contrapartida, benefícios fiscais – estender a licença à gestante por mais 60 dias, num total de 180 dias. Relembre-se, porém, que a duração mínima constitucional da licença é de 120 dias, pois esses 60 dias adicionais são uma discricionariedade do empregador. Posteriormente, a Lei n. 13.257/2016 também previu a utilização do mesmo sistema para estender por mais 15 dias a duração da licença-paternidade.

7.3.3. Salário e adicionais

Vários dos incisos contidos no art. 7º destinam-se à proteção do salário do trabalhador, verba impenhorável, por ter caráter alimentar (para a subsistência).

Inicialmente, é previsto o salário mínimo (art. 7º, IV), nacionalmente unificado, isto é, deve haver um valor mínimo a ser respeitado em todas as regiões do país (inclusive para quem recebe remuneração variável: inciso VII), pois é fixado por lei ordinária federal. Da mesma forma, a Constituição proíbe a vinculação do salário mínimo para qualquer fim. Interpretando essa norma, o STF editou duas súmulas vinculantes, esclarecendo que: a) a remuneração das praças (recrutas em serviço militar obrigatório) não precisa respeitar o salário mínimo, pois não se trata de relação de emprego, mas de prestação obrigatória do serviço militar, nos termos do art. 143 (Súmula Vinculante 6); b) o salário mínimo não pode ser utilizado como base de cálculo para adicionais, tal como acontecia em relação ao adicional de insalubridade, pois a CF veda a sua vinculação para qualquer fim (Súmula Vinculante 4).

Eis o teor dos dispositivos citados:

> Não viola a Constituição o estabelecimento de remuneração inferior ao salário mínimo para as praças prestadoras de serviço militar inicial (Súmula Vinculante 6).

> Salvo nos casos previstos na Constituição, o salário mínimo não pode ser usado como indexador de base de cálculo de vantagem de servidor público ou de empregado, nem ser substituído por decisão judicial (Súmula Vinculante 4).

Por outro lado, o texto constitucional previu o respeito ao piso salarial de cada categoria profissional (art. 7º, V), bem como a irredutibilidade salarial, a não ser por meio de negociação coletiva (acordo ou convenção): art. 7º, VI.

⚠️ Atenção!

Não confunda o salário mínimo com a garantia do piso salarial de cada categoria:

Quadro 7.1 – Distinções entre Salário Mínimo e Piso Salarial

	Salário-mínimo	Piso Salarial
Previsão	CF, art. 7º, IV	CF, art. 7º, V
Conteúdo	Patamar salarial mínimo para todos os trabalhadores brasileiros	Patamar salário mínimo (acima, obviamente, do salário mínimo) para trabalhadores de determinada categoria ou região
Abrangência	Nacional	Nacional ou Regional
Fontes	Lei	Lei ou negociação coletiva
Regulamentação	Lei ordinária federal	Lei ordinária federal (categorias específicas) Lei ordinária estadual, por delegação de lei complementar federal (CF, art. 22, I, c/c parágrafo único; Lei Complementar n. 103, de 2000)

Além disso, foram previstos vários adicionais e gratificações, tais como: a) décimo-terceiro salário (VIII); b) adicional noturno (IX); c) salário-família (XII); d) adicional de férias, na alíquota de 1/3 do valor destas (XVII); e) adicional por hora extra, com alíquota mínima de 50% sobre o valor da hora normal (XVI); f) adicional de periculosidade, penosidade ou insalubridade (XXIII).

⚠️ Atenção!

Tema n. 25 da Repercussão Geral do STF: Salvo nos casos previstos na Constituição, o salário mínimo não pode ser usado como indexador de base de cálculo de vantagem de servidor público ou de empregado, nem ser substituído por decisão judicial.

7.3.4. Proteção ao trabalho do menor e da mulher

Para manter a saúde e a higiene do ambiente de trabalho (art. 7º, XXII), a CF previu regras especiais para a mulher e o menor trabalhadores.

Para a mulher, além da precitada licença à gestante, também se previu a regra da proteção ao seu mercado de trabalho(XX).

Já em relação ao menor, a Constituição impôs algumas regras básicas (XXXIII): a) o menor de 14 anos não pode exercer nenhum tipo de trabalho; b) o menor entre 14 e 16 anos somente pode trabalhar como aprendiz; c) o menor entre 16 e 18 anos pode exercer qualquer trabalho, *menos* se for à noite, ou perigoso, ou insalubre.

Igualmente, pode-se dizer que trata também da proteção ao menor a regra constitucional que prevê o direito assistência gratuita, em creches e pré-escolas, aos filhos ou dependentes até a idade de cinco anos (inciso XXV, na redação da EC n. 53/2006).

7.3.5. Direito ao tratamento igualitário

Em diversos incisos do art. 7º, o Constituinte Originário teve o cuidado de prever regras que garantam a isonomia na relação de trabalho, evitando a discriminação do trabalhador[3].

Dessa forma, por exemplo, há regras que asseguram proibição de diferença salarial por motivos discriminatórios (XXX); proibição da discriminação contra deficientes (XXXI); proibição da distinção entre trabalho manual, técnico ou intelectual (XXXII); igualdade entre o trabalhador permanente e o avulso (XXXIV).

⚠ Atenção!

Trabalhador avulso é aquele que presta serviços de movimentação de mercadorias, sem vínculo empregatício com uma empresa específica, mediante intermediação do OGMO (órgão gestor de mão de obra), na forma da Lei n. 12.023, de 2009, e da Lei n. 12.815/13 (Lei de Portos). Trata-se de uma situação muito específica em que – nos portos, por exemplo – qualquer empresa que precise movimentar mercadorias deve contratar estivadores que, logicamente, não terão vínculo empregatício com aquela empresa, mas terão todos os direitos trabalhistas assegurados.

7.3.6. Reconhecimento das negociações coletivas de trabalho

A Constituição reconheceu as negociações coletivas de trabalho como uma importante fonte do Direito do Trabalho, pois permite aos empregadores e empregados equalizar melhor suas necessidades e seus interesses (art. 7º, XXVI).

Negociação é o gênero, que abrange duas espécies: a) *acordo coletivo de trabalho*: negociação envolvendo o sindicato *dos empregados* e um empregador específico (ex.: negociação do sindicato dos metalúrgicos com a Ford); b) *convenção coletiva de trabalho*: negociação entre o sindicato dos empregados e o sindicato dos empregadores (ex.: negociação entre o sindicato dos trabalhadores gráficos e o sindicato das gráficas)[4].

Henrique Correia esclarece a distinção entre os institutos:

> A diferença entre acordos e convenções reside no fato de a convenção coletiva ser mais abrangente, pois envolve os sindicatos de ambas as categorias. Já o acordo tem abrangência mais restrita, envolvendo apenas os empregados da empresa ou empresas que o celebraram[5].

Interessante notar que alguns direitos trabalhistas constitucionalmente previstos podem ser relativizados por acordo ou convenção coletiva de trabalho; outros, só por meio da convenção.

7.3.7. Prescritibilidade das ações trabalhistas

Outra importante regra constitucional prevê a prescritibilidade das ações e dos créditos trabalhistas (art. 7º, XXIX). A prescrição da *reclamação trabalhista* é de dois anos, a contar do

---

[3] MARTINS FILHO, Ives Gandra da Silva. Op. cit., p. 47.
[4] MARTINS FILHO, Ives Gandra da Silva. Op. cit., p. 55.
[5] CORREIA, Henrique. *Direito do Trabalho para os concursos de analista do TRT e do MPU*. Salvador: JusPodivm, 2010. p. 385.

rompimento do vínculo; ao passo que a prescrição dos *créditos* é de cinco anos, a contar da data do fato[6].

Por exemplo: alguém trabalhou em uma empresa de 2000 a 2015, quando foi demitido. Durante esse período, nunca recebeu as horas extras trabalhadas. Poderá entrar com a ação trabalhista até 2017 (dois anos), mas só poderá cobrar os créditos de até cinco anos para trás. Se entrar com a ação em 2015, poderá cobrar as horas extras desde 2010; se só entrar com ação em 2016, só poderá cobrar a partir de 2011; e assim sucessivamente.

7.3.8. Direitos dos empregados domésticos

Aos empregados domésticos eram previstos direitos, mas não todos aqueles estabelecidos para os trabalhadores em geral (art. 7º, parágrafo único). Essa situação só veio a se alterar com a aprovação da EC n. 72/2013.

> **Cuidado!**
>
> Com a EC n. 72/2013 (conhecida popularmente como a **PEC das domésticas**), foi alterada a redação do art. 7º, parágrafo único, para estender aos trabalhadores domésticos os direitos que antes eram exclusivos das demais categorias. Porém, em alguns casos, essa extensão foi automática (autoaplicável) – ex.: limitação de jornada, enquanto para outros direitos a situação depende de regulamentação (ex.: FGTS).

7.4. DIREITOS COLETIVOS DOS TRABALHADORES

7.4.1. Direito à sindicalização

A Constituição, ao reconhecer a estrutura sindical como um direito fundamental dos trabalhadores, reconheceu-lhes a possibilidade de se associarem coletivamente para lutarem pela defesa dos próprios direitos.

Embora a sede adequada para o estudo detalhado da organização sindical seja o Direito do Trabalho (especificamente a disciplina *Direito Coletivo do Trabalho*), devemos expor, ainda que de forma sumária, as regras constitucionais sobre a organização sindical brasileira.

Em primeiro lugar, a CF prevê a liberdade de associação sindical e profissional (art. 8º, *caput*): como decorrência da liberdade de associação, o Estado não pode interferir na liberdade sindical. Por outro lado, ninguém será obrigado a se sindicalizar nem a se manter sindicalizado (art. 8º, V)[7].

A Constituição ainda prevê o princípio da unicidade sindical (art. 8º, II), segundo o qual não pode haver mais de um sindicato representativo da mesma categoria na mesma base territorial, que é, no mínimo, o Município. Assim, por exemplo, não pode existir mais de um sindicato dos professores da rede pública de um mesmo Estado.

Por fim, o texto constitucional assegura aos sindicatos representatividade para atuar em defesa dos interesses da categoria. Trata-se da possibilidade de substituição processual (art. 8º, III): os sindicatos podem atuar em defesa dos interesses da categoria, em substituição processual (independentemente de autorização destes).

---

[6] Súmula 308 do TST.
[7] MARTINS FILHO, Ives Gandra da Silva. Op. cit., p. 51.

Aprofundamento:
a questão da contribuição sindical obrigatória ("imposto sindical")

A CF prevê a liberdade de se filiar ou não a sindicatos. Prevê ainda, porém, a possibilidade de se criar contribuição "prevista em lei" – obrigatória, portanto. Trata-se da questão de distinguir a contribuição *sindical* da contribuição *confederativa*.

A *contribuição sindical* é criada por lei e descontada anualmente, mesmo de quem não é sindicalizado; já a contribuição *confederativa* é fixada pela assembleia geral do sindicato, é descontada mensalmente, e é facultativa (só atinge quem é sindicalizado)[8]. A contribuição sindical é um tributo; a contribuição confederativa é uma mensalidade. É o que se colhe da redação do art. 8º, IV: "a assembleia geral fixará a contribuição [contribuição confederativa: mensal e facultativa] que, em se tratando de categoria profissional, será descontada em folha, para custeio do sistema confederativo da representação sindical respectiva, independentemente da contribuição prevista em lei [contribuição sindical, anual e obrigatória, porque imposta por lei]"[9].

Realmente, como leciona Ives Gandra da Silva Martins Filho a contribuição sindical está "prevista constitucionalmente como contribuição parafiscal (CF, art. 149)", consistindo em uma "prestação anual devida por todos os membros da categoria, mesmo não sindicalizados (recolhida geralmente em janeiro ou março)". Por outro lado, continua, a contribuição confederativa é "fixada por assembleia geral da categoria e descontada em folha para custeio do sistema confederativo da representação sindical respectiva (CF, art. 8º, IV). O STF, apreciando a questão da aplicabilidade imediata da norma constitucional instituidora da contribuição, admitiu sua cobrança independentemente da edição da lei regulamentadora, mas restrita aos associados do sindicato (RE n. 198.092-3/SP, Rel. Min. Carlos Velloso, *DJ* de 13-2-1997)"[10].

Recentemente, com a chamada "Reforma Trabalhista" (Lei n. 13.467, de 2017), foi revogada a previsão de pagamento obrigatório da contribuição sindical (ou "imposto sindical", como a ele se refere a CLT), que só passará a ser descontado dos trabalhadores que assim o autorizarem. Como a instituição de uma tal contribuição obrigatória é uma possibilidade deixada ao legislador, o STF, recentemente (29-6-2018), considerou *constitucional* a nova redação do art. 545 da CLT (STF, Pleno, ADI n. 5.794 e ADC n. 55, Redator para o acórdão Ministro Luiz Fux). Claro que nada impede a reinstituição dessa contribuição por meio de lei, mas a questão foi deixada à discricionariedade do legislador ordinário.

7.4.2. Direito de greve

Greve é o direito dos trabalhadores de se recusarem a trabalhar, para lutarem por determinados direitos ou interesses que os próprios trabalhadores definem, livremente (art. 9º). Deve haver, porém, o respeito às atividades essenciais e às necessidades inadiáveis (§1º) e existe a responsabilidade por eventuais abusos cometidos (§2º).

Para os trabalhadores da iniciativa privada, a Lei n. 7.783/89 dispõe sobre o exercício do direito de greve e sobre as atividades essenciais. É preciso ter cuidado, porém, para o fato de

---

[8] STF, Súmula 666: "A contribuição confederativa de que trata o art. 8º, IV, da Constituição é exigível dos filiados ao sindicato respectivo".
[9] CORREIA, Henrique. Op. cit., p. 369.
[10] *Idem, ibidem*, p. 200-202.

que a definição dos objetivos a serem alcançados com a greve é feita pelos trabalhadores; enquanto a definição dos limites do direito de greve cabe à lei. É preciso destacar, porém, que o art. 9º trata do direito de greve dos trabalhadores *celetistas*. A greve dos servidores públicos *estatutários* é prevista no art. 37, VI (norma de eficácia limitada).

7.5. DIREITOS SOCIAIS E CONTROLE JUDICIAL DE POLÍTICAS PÚBLICAS

Como já expusemos, a grande questão relativa aos direitos sociais não é sua previsão normativa, mas sim sua efetivação.

Nesse ponto, é importantíssimo o tema relativo ao *controle judicial de políticas públicas*. A questão central, nesse aspecto, diz respeito aos limites da atuação do Judiciário no controle da atuação administrativa de implementação de políticas públicas.

Inicialmente, ressalte-se que a formulação (idealização) e a implementação (execução) de políticas públicas são tarefas tipicamente atribuídas aos poderes Legislativo e Executivo, respectivamente. Todavia, um grande problema quando não são disponibilizados recursos suficientes (principalmente pelo Executivo) para efetivação de direitos como saúde e educação. Nesses casos, admite-se que o Judiciário exerça um controle (fiscalização) sobre a implementação das políticas públicas, pois os direitos fundamentais vinculam a todos os órgãos estatais, inclusive jurisdicionais (art. 5º, §1º).

Não obstante isso, existem vários argumentos favoráveis e contrários ao controle de políticas públicas levado a cabo pelo Judiciário. Podemos citar:

a) argumentos *contrários* à atuação do Judiciário:

- desrespeito ao princípio da separação de poderes (art. 2º) e ao postulado hermenêutico da conformidade funcional;
- inviabilidade do controle judicial, pois o Judiciário não possui a base técnica para apreciar a complexa questão das políticas públicas, além do que não tem como solucionar a questão crucial da falta de recursos.

b) argumentos *favoráveis* ao controle judicial:

- a lei não pode excluir da apreciação do poder Judiciário nenhuma lesão, ou ameaça de lesão, a um direito (CF, art. 5º, XXXV): assim, cabe ao Judiciário proteger os direitos, sobretudo os direitos fundamentais, inclusive determinando aos poderes públicos que os implementem à força, sem que, com isso, esteja violando a separação de poderes, mas apenas exercendo sua função típica de proteger os direitos violados[15];
- a questão da falta de recursos é relativa, uma vez que o que geralmente se percebe não é a insuficiência de recursos, mas sim a má-distribuição destes (faltam recursos para a saúde, por exemplo, porque grandes quantias foram gastas em propaganda governamental).

O debate segue, embora o Judiciário – em movimento que já chega aos Tribunais Superiores – já comece a tomar para si a prerrogativa de controlar a constitucionalidade da implementação de políticas públicas. Deve-se ter cuidado, porém, para não transformar o julgador em um verdadeiro governante: é preciso sempre atentar para uma ponderação entre os princípios da reserva do possível e da garantia do mínimo existencial.

Em precedente sempre lembrado nesse sentido, o Ministro Celso de Mello proferiu decisão monocrática na ADPF n. 45-MC/DF, tratando, de passagem, sobre a necessidade de compatibilizar a reserva do possível com o direito ao mínimo existencial.

> **É certo que não se inclui, ordinariamente, no âmbito das funções institucionais do Poder Judiciário e nas desta suprema corte, em especial, a atribuição de formular e de implementar políticas públicas** (JOSÉ CARLOS VIEIRA DE ANDRADE, *Os Direitos Fundamentais na Constituição Portuguesa de 1976*, p. 207, item n. 05, 1987, Almedina, Coimbra), **pois, nesse domínio, o encargo reside, primariamente, nos Poderes Legislativo e Executivo. Tal incumbência, no entanto, embora em bases excepcionais, poderá atribuir-se ao Poder Judiciário, se e quando os órgãos estatais competentes, por descumprirem os encargos político-jurídicos que sobre eles incidem, vierem a comprometer, com tal comportamento, a eficácia e a integridade de direitos individuais e/ou coletivos impregnados de estatura constitucional**, ainda que derivados de cláusulas revestidas de conteúdo programático. Cabe assinalar, presente esse contexto – consoante já proclamou esta Suprema Corte – que o caráter programático das regras inscritas no texto da Carta Política não pode converter-se em promessa constitucional inconsequente, sob pena de o Poder Público, fraudando justas expectativas nele depositadas pela coletividade, substituir, de maneira ilegítima, o cumprimento de seu impostergável dever, por um gesto irresponsável de infidelidade governamental ao que determina a própria Lei do Estado.

Aprofundamento:
a relação entre direitos sociais e políticas públicas (ou a Constituição de 1988 como matriz de políticas públicas)

No contexto de uma Constituição analítica como a que foi promulgada no Brasil em 5 de outubro de 1988 – e constantemente "relida" e "reformulada" pelas já 99 Emendas editadas desde então – e, mais ainda, uma Norma voltada para a efetivação de direitos sociais, torna-se impossível falar de políticas públicas sem recorrer à Lei Maior. Dificilmente haverá, em nosso sistema constitucional, uma política pública que não tangencie – para dizer o mínimo – direitos constitucionalmente assegurados, deveres estatais constitucionalmente impostos ou objetivos traçados para a atuação do poder público. Nesse sentido, pode-se assumir como verdadeira a afirmação de que a Constituição Federal de 1988 é uma verdadeira matriz para as políticas públicas no ordenamento brasileiro, isso no sentido de que toda e qualquer política governamental que vise a efetivar direitos sociais terá que ser constitucionalmente embasada e lida à luz dos preceitos constitucionais.

Para um segundo ponto de análise: como distinguir, no próprio sistema constitucional, o que são *direitos* sociais, quais os *deveres* impostos ao Estado e o que são os *objetivos* traçados para a atuação do poder público? Em outras palavras: existe um critério minimamente seguro para distinguir direitos (imediata ou mediatamete) exigíveis do Estado das normas que, ainda que com certa força vinculante (mas mais fraca que as normas definidoras de direitos, claro), apenas estabelecem objetivos para a atuação estatal? Como diferenciar *direitos sociais* previstos em normas de eficácia limitada (para usar a nomenclatura consagrada de José Afonso da Silva[11]) de normas programáticas que estabelecem objetivos sem assegurar direitos?

Logicamente, essa distinção tem grande relevância prática, inclusive para a delimitação do que é passível ou não de judicialização, de controle judicial, no âmbito das políticas públicas.

Em primeiro lugar – e antes mesmo de tratarmos da conexão entre as políticas públicas e os direitos fundamentais sociais –, é preciso definir o que tradicionalmente se entende por essa expressão: "políticas públicas".

Em uma definição concisa, afirma-se que "políticas públicas são programas de ação governamental visando a coordenar os meios à disposição do Estado e as atividades privadas, para a realização de objetivos socialmente relevantes e politicamente determinados"[12].

Como se nota, alguns elementos são centrais nessa definição: o fato de que a política pública é um *programa*, isto é, um conjunto coordenado de ações; a adjetivação de que se trata de ações *governamentais*, ou seja, levadas a cabo, ao menos prioritariamente, pelo Estado; e, por fim, os objetivos, que devem ser socialmente relevantes. Nesse sentido, percebe-se uma nítida conexão entre *políticas públicas* e *direitos fundamentais sociais*, na medida em que a primeira é um meio para a efetivação dos segundos[13].

Pode-se afirmar, de forma metafórica, que políticas públicas e direitos sociais são, portanto, dois lados de uma mesma moeda: as políticas públicas servem de instrumento para a realização (efetivação) de direitos sociais constitucionalmente assegurados. Também, nessa mesma toada, são modos de o Estado cumprir seus deveres constitucionais de efetivação dos direitos assegurados na Lei Maior.

Ao mesmo tempo, contudo, que se reconhece as políticas públicas como faces de um dever estatal de efetivar direitos sociais, também é de se aceitar a possibilidade de que cabe aos poderes políticos, de forma discricionária, definir modos de realizar essa obrigação. Não se pode descartar, demais disso, políticas públicas que realizem objetivos fundamentais, ainda que não se encontre necessariamente um direito social judicialmente exigível ou um dever estatal imediatamente vigente. Dito de outra forma: os deveres sociais de atuação estatal são efetivados e cumpridos mediante a formulação e implementação de políticas públicas, mas não se pode afirmar, *a contrario sensu*, que toda política pública corresponda a um dever estatal.

Nuno Piçarra, ao comentar as novas conformações do princípio da separação de poderes, afirma que a função política abrange "a orientação e a direcção da sociedade política em geral, a determinação do interesse público, a interpretação dos fins do Estado, a fixação de suas tarefas e a escolha dos meios [...] adequados para as realizar"[14]. Para exercer essa tarefa, exige-se um entrelaçamento e uma atuação conjunta entre Legislativo e Executivo, numa

---

[11] SILVA, José Afonso da. *Processo Constitucional de Formação das Leis.* São Paulo: Malheiros, 2006. p. 180.
[12] BUCCI, Maria Paula Dallari. *Direito Administrativo e Políticas Públicas.* São Paulo: Saraiva, 2006. p. 241.
[13] SARMENTO, Daniel. *A Proteção Judicial dos Direitos Sociais:* Alguns Parâmetros Ético-Jurídicos. Disponível em: http://www.danielsarmento.com.br/wp-content/uploads/2012/09/A-Protecao-o-Judicial-dos-Direitos-Sociais.pdf. Acesso em: 16 jan. 2013.
[14] PIÇARRA, Nuno. *A Separação de Poderes como Doutrina e como Princípio.* Coimbra: Coimbra Editora, 1989. p. 252.

verdadeira "conexão de funções legislativas, regulamentares, planificadoras, administrativas e militares"[15].

Logicamente, já é possível perceber que a CF será sempre e sempre a fonte última, a grande matriz das políticas públicas. Essas, contudo, podem servir para efetivar direitos sociais/deveres estatais imediatamente exigíveis; direitos sociais/deveres estatais exigíveis de forma apenas mediata (futura); ou apenas perseguir objetivos fundamentais que não atribuam necessariamente direitos sociais/deveres estatais.

Uma fonte normativa importante para se defender a obrigatoriedade de implementação de *determinadas* políticas públicas reside no § 1º do art. 5º da CF. Segundo esse dispositivo, as normas definidoras de direitos e garantias fundamentais (entre as quais se incluem as que definem direitos sociais) têm aplicação imediata[16].

De acordo com a doutrina, uma das emanações normativas desse dispositivo relaciona-se à obrigatoriedade de que os poderes públicos – Legislativo inclusive[17] – atuem de modo a realizar os direitos fundamentais da forma mais ampla possível[18]. Essa vinculação do Legislador impõe que os direitos fundamentais sejam legislativamente desenvolvidos, inclusive por meio das chamadas leis *promotoras* desses direitos, assim entendidas aquelas que, segundo José Carlos Vieira de Andrade, visam a "criar condições favoráveis ao exercício dos direitos"[19].

Obviamente, porém, o art. 5º, § 1º, não é a única fonte normativa dessa obrigação, podendo ser apontados, ainda, o inciso III do art. 1º[20] e o próprio art. 3º, que elenca os objetivos fundamentais da República, dentre os quais o de "promover o bem de todos" (art. 3º, IV).

Mesmo dentre as normas definidoras de direitos fundamentais, que têm aplicação imediata (art. 5º, § 1º), isto não significa que todas elas possuam aplicabilidade *integral* imediatamente. Normas há em que o próprio constituinte define o direito de forma tão abstrata e incompleta que não se pode aplicá-las a situações concretas sem que essa aplicabilidade seja intermediada pelo legislador ordinário, mediante a devida e exigível regulamentação.

Do que até este momento se afirma, pode-se colher que as políticas públicas podem realizar (ter como fonte) direitos sociais imediatamente exigíveis de forma integral (isto é, direitos definidos em sede daquilo que José Afonso da Silva chamaria de normas de eficácia plena ou contida), direitos sociais não imediatamente exigíveis de forma integral (normas de eficácia limitada, na dicção de José Afonso) ou, ainda, "meros" objetivos fundamentais que não constituam direitos subjetivos direta nem imediatamente exigíveis.

Vejamos alguns exemplos.

---

[15] Idem, ibidem, p. 253.
[16] Vale lembrar que, "no entanto, [...] esta afirmação não basta para resolver o problema da aplicação dos preceitos constitucionais, antes suscita uma série de questões normativas". ANDRADE, José Carlos Vieira de. *Os Direitos Fundamentais na Constituição Portuguesa de 1976*. Coimbra: Almedina, 2009. p. 192.
[17] BRANCO, Paulo Gustavo Gonet; MENDES, Gilmar Ferreira. *Curso de Direito Constitucional*. São Paulo: Saraiva, 2011. p. 167.
[18] SILVA, José Afonso da. *Curso de Direito Constitucional Positivo*. São Paulo: Malheiros, 2006. p. 180.
[19] Idem, ibidem, p. 215.
[20] Aqui se tem uma hipótese de aplicação direta do princípio da dignidade humana, embora sejamos forçados a reconhecer que essa norma sofreu uma incrível banalização.

7.5.1. Direitos sociais/deveres estatais estabelecidos em norma de aplicabilidade imediata

O inciso XXV do art. 7º da CF (na redação da Emenda Constitucional n. 53, de 2006, reconhece ser direito dos trabalhadores urbanos e rurais a "assistência gratuita aos filhos e dependentes desde o nascimento até os 5 (cinco) anos de idade em creches e pré-escolas". A partir da técnica de análise da aplicabilidade da norma – já desenvolvida em trabalhos específicos sobre o tema e largamente aplicada/utilizada na jurisprudência do STF – pode-se considerar a norma decorrente da interpretação desse dispositivo como autoaplicável. É dizer: o enunciado normativo já prevê todos os elementos formais necessários à aplicação da norma a casos concretos, não demandando mediação legislativa (regulamentação).

Tem-se, nesse caso, o que poderíamos chamar de 'grau máximo" de vinculação dos poderes públicos, a "obrigação maior" que pode ser constitucionalmente imposta na forma de deveres sociais: a obrigação de efetivar uma norma que atribui um direito social e dotada de aplicabilidade imediata. Logicamente, a premência da formulação e implementação de políticas públicas, nesse caso, é nítida e inquestionável. E, na mesma toada, a possibilidade de controle (jurisdicional ou legislativo) sobre o cumprimento dessa obrigação será naturalmente muito maior do que em outras situações.

7.5.2. Direitos sociais/deveres estatais previstos em normas de eficácia limitada

Situação juridicamente distinta é a que se verifica quando a CF atribui um direito, mas o faz mediante a fórmula do que a doutrina costuma denominar norma de eficácia limitada. Nesses casos, embora muitas das vezes o direito social seja politicamente muito relevante ou até constitucionalmente central, não se pode exigir (ou ao menos não em todos os graus de todos os órgãos estatais) o mesmo nível de urgência na implementação de políticas públicas que efetivem esse direito. Isso se dá simplesmente porque, muitas vezes, depende-se da edição de uma lei (ou outro tipo de norma) regulamentadora até mesmo para definir precisamente o alcance do direito.

Em uma ou em outra hipótese de direitos sociais previstos em normas de eficácia limitada (ou decorrentes da falta de consenso ou da impossibilidade técnica de detalhamento), a implementação de políticas públicas pode ficar faticamente obstada pela ausência de um marco legislativo. Como, por exemplo, implantar um programa de seguro-desemprego sem que o legislador defina as condições (mínimas que sejam) para o acesso a esse benefício? É aqui que entram os mecanismos (judiciais, inclusive) de se buscar combater a omissão legislativa inconstitucional, tais como o mandado de injunção (CF, art. 5º, LXXI)[21] e a ação direta de inconstitucionalidade por omissão (CF, art. 103, § 2º).

Na verdade, não é que, nos casos dos direitos sociais previstos em normas de eficácia limitada, a força normativa da CF como matriz de políticas públicas esteja em si mesma diminuída ou reduzida: apenas existe uma condição prévia à exigibilidade plena da formulação – e especialmente da implementação – de políticas públicas, condição essa que é a regulamentação infraconstitucional do direito.

Dito de outra forma: o dever de se implementar uma política pública realizadora de um direito social independe do fato de esse direito estar previsto em uma norma de eficácia plena,

---

[21] SUNDFELD, Carlos Ari. Mandado de Injunção. In: CLÈVE, Clèmerson Merlin; BARROSO, Luís Roberto. *Doutrinas Essenciais:* Direito Constitucional, v. V. São Paulo: RT, 2011. p. 582.

contida ou limitada. Contudo, o momento de exigibilidade dessa implementação é que irá variar entre a exigibilidade imediata (direitos sociais previstos em normas autoaplicáveis) e a sua versão mediata (após a regulamentação, no caso de direitos encartados em normas de eficácia limitada).

Ou, como se queira, a exigibilidade da formulação das políticas públicas poderá variar em termos de sujeito passivo: pode-se exigir a formulação principalmente do Poder Executivo (no caso de direitos sociais autoaplicáveis) ou especialmente do Poder Legislativo (na situação daquelas prerrogativas que dependem de prévia regulamentação para serem exigidas).

Se tomarmos como exemplo o programa de assistência em creches e pré-escolas (CF, art. 7º, XXV) e o seguro-desemprego (CF, art. 7º, II), pode-se afirmar que hoje, regulamentado que está o segundo dispositivo, a exigibilidade tem graus idênticos. Mas, enquanto o primeiro direito já poderia ser plenamente exigido desde a edição da norma constitucional, o segundo só passou a sê-lo depois de regulamentada a norma constitucional que o positivou.

A identificação da fonte primária de uma política pública vai determinar o grau de exigibilidade a que estará submetida e, até mesmo, a intensidade da intervenção judicial no seu controle.

Assim, políticas públicas que efetivam direitos fundamentais sociais previstos em normas autoaplicáveis realizam um dever estatal de atuação bastante intenso, o que significa um grau alto de exigibilidade e uma possibilidade de controle judicial mais intenso.

Por outro lado, políticas que efetivem direitos sociais estabelecidos em normas de eficácia limitada traduzem um dever estatal de atuação intermediário (ou forte apenas em relação à regulamentação da norma, como se queira), o que correspondem em linhas gerais, a um patamar também intermédio de exigibilidade/controle jurisdicional. Isso, claro, enquanto não regulamentado o direito, já que, desse ponto em diante, a intensidade do controle judicial se torna intenso e o grau de exigibilidade pode ser considerado alto.

Por fim, no caso de políticas públicas que cuja matriz seja a realização de um objetivo que não constituía direito fundamental social, o grau de exigibilidade em relação à implementação dessa política será baixo, assim como a intensidade do controle jurisdicional será fraca – até mesmo em virtude dos objetivos de longo prazo e da necessária deferência do Judiciário pelos planos dos demais poderes.

Em suma:

Quadro 7.2 – Implementação de políticas públicas

Fundamentação constitucional da política pública	Obrigação estatal	Grau de exigibilidade (da implementação)	Intensidade do controle judicial
Direito social previsto em norma constitucional de aplicabilidade imediata	Dever estatal de atuação imediato	Alto	Forte
Direito social previsto em norma constitucional de aplicabilidade mediata	Dever estatal de atuação imediato (via legislativa) ou mediato (implementação)	Médio	Médio
Direito social previsto em norma constitucional de aplicabilidade mediata e já regulamentado	Dever estatal de atuação imediato (pois já regulamentado)	Alto	Forte
Objetivo	Dever de atuação a longo prazo	Baixo	Fraco

Aprofundamento:
o papel do Judiciário nas políticas públicas de combate à pandemia de Covid-19

Em regra, a imposição de restrições à liberdade individual em tempos de Covid-19 compete ao Poder Legislativo, por meio de lei (a citada Lei n. 13.979, de 2020, que também pode ser suplementada por leis estaduais ou até municipais, em virtude de se tratar de competência concorrente, nos termos do art. 24, XII, da CF), e ao Poder Executivo, a quem cabe, com a rapidez e flexibilidade necessárias, adotar medidas para evitar a propagação da doença, sem comprometer em demasia os outros direitos fundamentais (lazer, cultura, educação, liberdade de locomoção, livre iniciativa etc.). Temos assistido, contudo, à prolação de decisões judiciais que decretam bloqueio total de atividades não essenciais (*lockdown*) em localidades, tais como o Maranhão (região metropolitana de São Luís[22]). No Distrito Federal, foi judicializada a possibilidade de edição de decreto pelo Governador flexibilizando a restrição ao funcionamento do comércio[23].

Tradicionalmente, o papel do Judiciário na formulação de políticas públicas restringe-se ao controle da legalidade e constitucionalidade destas (seja pela a adoção em desconformidade com o ordenamento, seja pela omissão inconstitucional em formular e implementar políticas). Em outros termos: o Judiciário não é formulador, mas controlador de políticas públicas[24].

A situação se agrava quando as justificativas para a adoção de medidas restritivas são eminentemente técnicas, como no caso de combate a uma pandemia. Que tipo de conhecimento de infectologia, epidemiologia, imunologia possui – ou é exigível que possua – um magistrado, para ter a prerrogativa e a responsabilidade de isolar ou não uma cidade inteira? Trata-se daquilo que a doutrina, em nomenclatura bastante criticável, chama de "discricionariedade técnica". A nosso ver, o caso é de reserva de administração, um campo de atuação técnica do Poder Executivo (via Ministério da Saúde e Secretarias de Saúde) que lhe é exclusivo, tal como já reconhecido pelo STF em relação à competência para registrar medicamentos[25].

Nesse contexto, caberia ao Judiciário invalidar eventuais atos normativos ou administrativos estatais (de qualquer esfera) que exorbitassem as competências federativas, ou que impusessem restrições excessivas a direitos fundamentais (violação da proporcionalidade negativa, ou proibição do excesso); ou, ainda, responsabilizar civil e penalmente autoridades que deixassem de atuar para proteger a vida e a saúde da população (violação da proporcionalidade positiva ou proibição da proteção insuficiente[26]). Mas não nos parece ser esfera regular de atuação jurisdicional determinar quem entra ou sai de uma cidade, ou quais atividades podem ou não ter funcionamento regular, ou mesmo quem pode ou não (e por quais motivos) circular em vias públicas.

---

[22] RICHTER, Daniel. *CovidCovid-19Covid-19Covid-19Covid-19:* Justiça decreta lockdown na região metropolitana de São Luís. Agência Brasil, 30.4.2020. Disponível em: https://agenciabrasil.ebc.com.br/justica/noticia/2020-04/covidcovid-19covid-19covid-19covid-19-justica-decreta-lockdown-na-regiao-metropolitana-de-sao-luis.

[23] Justiça suspende reabertura de comércio em Brasília no dia 11. *Folha de S. Paulo*, 7.5.2020. Disponível em: https://www1.folha.uol.com.br/cotidiano/2020/05/justica-suspende-reabertura-de-comercio-em-brasilia-no-dia-11.shtml

[24] STF, Medida Cautelar (MC) na ADPF n. 45, decisão monocrática do Ministro Celso de Mello, *DJ* de 4-5-2004.

[25] STF, Pleno, MC na ADI n. 5.501/DF, Relator Ministro Marco Aurélio, *DJe* de 1º-8-2017.

[26] STF, ADI n. 3112/DF, voto do Ministro Gilmar Mendes.

[Capítulo 7] Direitos Sociais 295

Esquema

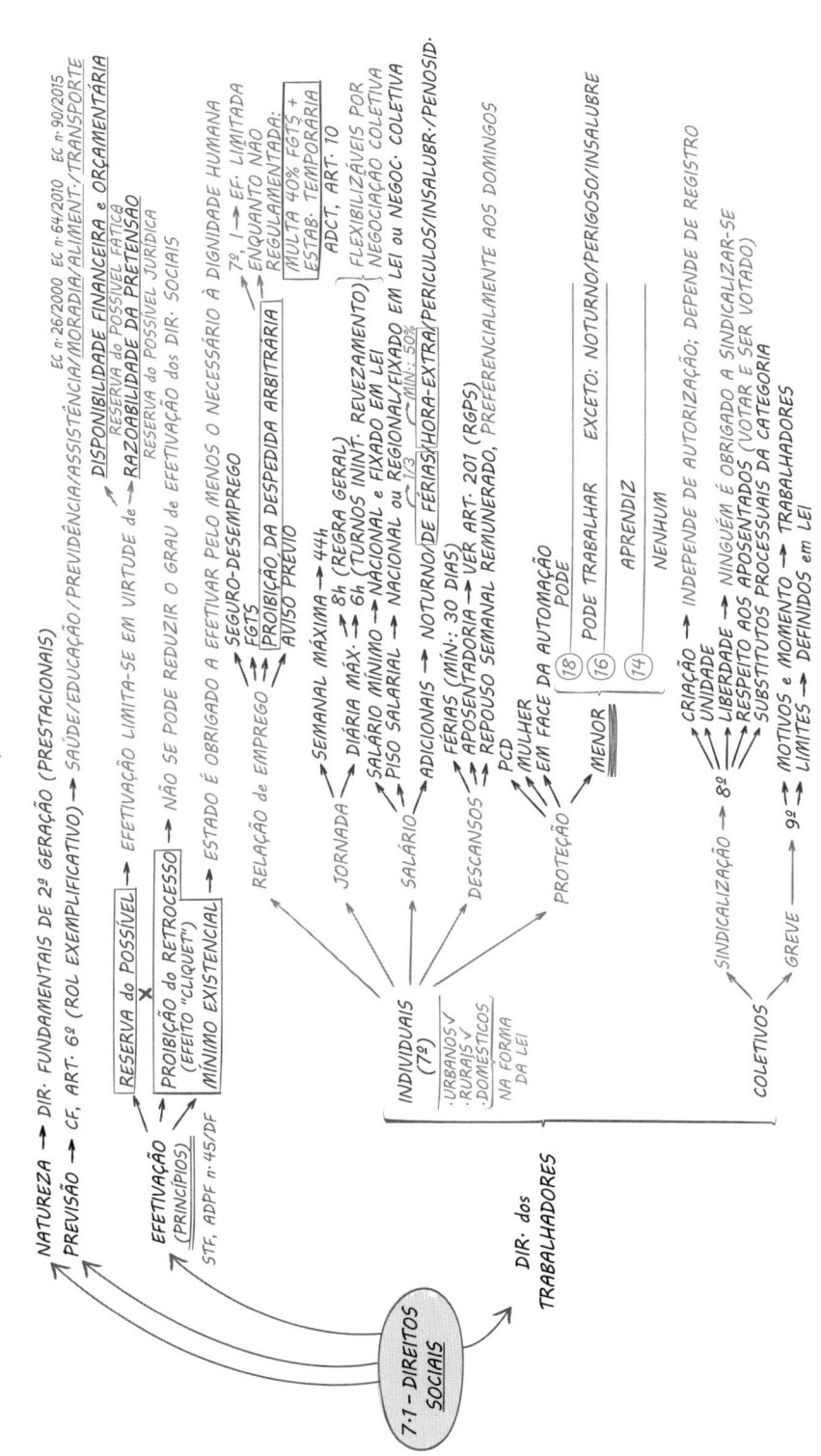

```
                                                                EC n.26/2000  EC n.64/2010  EC n.90/2015
                    ┌── NATUREZA → DIR- FUNDAMENTAIS DE 2ª GERAÇÃO (PRESTACIONAIS)
                    │                                        ↗ SAÚDE/EDUCAÇÃO/PREVIDÊNCIA/ASSISTÊNCIA/MORADIA/ALIMENT./TRANSPORTE
                    │── PREVISÃO → CF, ART. 6º (ROL EXEMPLIFICATIVO)
                    │                                        ↘ DISPONIBILIDADE FINANCEIRA e ORÇAMENTÁRIA
                    │                                              ↗ RESERVA do POSSÍVEL FÁTICA
                    │── EFETIVAÇÃO → EFETIVAÇÃO LIMITA-SE EM VIRTUDE de → RAZOABILIDADE DA PRETENSÃO
                    │   (PRINCÍPIOS)                               ↘ RESERVA do POSSÍVEL JURÍDICA
                    │   STF, ADPF n.45/DF
                    │   ┌─ RESERVA do POSSÍVEL
                    │   │         X              → NÃO SE PODE REDUZIR O GRAU DE EFETIVAÇÃO dos DIR- SOCIAIS
                    │   ├─ PROIBIÇÃO do RETROCESSO
                    │   │     (EFEITO "CLIQUET") → ESTADO É OBRIGADO A EFETIVAR PELO MENOS O NECESSÁRIO À DIGNIDADE HUMANA
                    │   └─ MÍNIMO EXISTENCIAL                                         ↗ SEGURO-DESEMPREGO      ↗ 7º, I → EF. LIMITADA
                    │                                                                 │  FGTS                  │    ENQUANTO NÃO
                    │                        ┌─ RELAÇÃO de EMPREGO ───┤  PROIBIÇÃO DA DESPEDIDA ARBITRÁRIA ────┤    REGULAMENTADA:
                    │                        │                                        ↘  AVISO PRÉVIO          │    MULTA 40% FGTS +
                    │                        │                                                                 │    ESTAB. TEMPORÁRIA
                    │                        │                        ↗ SEMANAL MÁXIMA → 44h                  ↘    ADCT, ART. 10
                    │                        │                        │                  ↗ 8h (REGRA GERAL)
                    │                        │── JORNADA ─────────────┤ DIÁRIA MÁX. ────┤ 6h (TURNOS ININT. REVEZAMENTO) ┐ FLEXIBILIZÁVEIS POR
                    │                        │                        │                                                 │ NEGOCIAÇÃO COLETIVA
                    │                        │                        │  SALÁRIO MÍNIMO → NACIONAL e FIXADO EM LEI     │ FIXADO EM LEI ou NEGOC. COLETIVA
                    │                        │── SALÁRIO ─────────────┤  PISO SALARIAL  → NACIONAL ou REGIONAL          │
                    │                        │                        └  ADICIONAIS → NOTURNO/DE FÉRIAS/HORA-EXTRA/PERICULOS/INSALUBR./PENOSID.
                    │                        │                                                                      ↘ MÍN. 50%
                    │                        │                        ↗ FÉRIAS (MÍN.: 30 DIAS)                           1/3
                    │                        │── DESCANSOS ───────────┤ APOSENTADORIA → VER ART. 201 (RGPS)
                    │                        │                        └ REPOUSO SEMANAL REMUNERADO, PREFERENCIALMENTE AOS DOMINGOS
                    │                        │                        ↗ PCD
                    │── DIR. dos             │── PROTEÇÃO ────────────┤ MULHER
                    │   TRABALHADORES        │                        │ EM FACE DA AUTOMAÇÃO
                    │                        │                        └ MENOR ═════ ┤ ⑱ PODE TRABALHAR    EXCETO: NOTURNO/PERIGOSO/INSALUBRE
                    │                        │                                       │ ⑯ PODE
                    │                        │                                       │ ⑭ APRENDIZ
                    │   ┌─ INDIVIDUAIS ──────┘                                       └   NENHUM
                    │   │    (7º)
                    │   │   ·URBANOS ✓
                    │   │   ·RURAIS ✓                                 ↗ CRIAÇÃO → INDEPENDE DE AUTORIZAÇÃO; DEPENDE DE REGISTRO
                    │   │   ·DOMÉSTICOS                               │ UNIDADE
                    │   │    NA FORMA                ┌ SINDICALIZAÇÃO → 8º ─┤ LIBERDADE → NINGUÉM É OBRIGADO A SINDICALIZAR-SE
                    │   │    DA LEI                  │                      │ RESPEITO AOS APOSENTADOS (VOTAR E SER VOTADO)
                    │   │                            │                      └ SUBSTITUTOS PROCESSUAIS DA CATEGORIA
                    │   │                            │
                    │   └─ COLETIVOS ────────────────┤                      ↗ MOTIVOS e MOMENTO → TRABALHADORES
                    │                                └ GREVE → 9º ─────────┤
                    │                                                       └ LIMITES → DEFINIDOS em LEI
     ╭──────────╮
     │ 7.1 - DIREITOS │
     │   SOCIAIS      │
     ╰──────────╯
```

Capítulo 8

Nacionalidade

8.1. CONCEITO

Podemos conceituar o Estado (aqui como sinônimo de País) *como a pessoa jurídica que exerce o poder político sobre determinado grupo de pessoas situadas em um determinado território*. Essa conceituação é analítica, isto é, baseia-se na ideia de que o Estado é composto de três elementos: o território, o povo e o poder político soberano.

Um dos elementos indispensáveis para que exista um Estado é o povo, o elemento humano, o conjunto de pessoas que se submetem ao poder político soberano exercido pelo Estado. Não há Estado se não houver um grupo de pessoas que a ele se submetam, no intuito de obter algumas vantagens (proteção, segurança etc.). Povo é um conceito jurídico (conjunto de pessoas a quem o Estado reconhece a nacionalidade e que, por isso, tem com ele um conjunto de direitos e obrigações) que difere do conceito demográfico de população (conjunto de pessoas que habitam um Estado, sejam nacionais ou não). Por fim, povo não se confunde com o conjunto de cidadãos (nacionais que possuem o direito de votar e serem votados).

Em suma: existem pessoas que formam o povo de um Estado, mas não participam da população, porque nele não residem (brasileiro que mora nos Estados Unidos); por outro lado, há pessoas que formam a população brasileira mas não integram o povo (estrangeiro residente no Brasil).

Nesse contexto, **nacionalidade** é a qualidade de pertencer ao povo de um determinado Estado (no caso, o Brasil). Em outras palavras, é o **vínculo jurídico-político de Direito Público interno entre uma pessoa física e um Estado**. Vínculo porque estabelece uma ligação entre o Estado e a pessoa – pessoa física, porque empresa não possui, no sentido aqui analisado, nacionalidade. Vínculo jurídico porque gera direitos e obrigações para ambas as partes (o nacional tem o direito de ser protegido pelo Estado, mas também possui deveres, como o de defender o país em caso de guerra, por exemplo); e político porque cada Estado decide livre e soberanamente acerca de quem é e de quem não é nacional seu. E, por fim, vínculo de Direito Público interno porque tal matéria, além de ser definida internamente por cada país, é matéria de Direito Público, pois demonstra uma relação desigual entre o Estado e o nacional.

Aprofundamento:
conflitos de nacionalidade

Como cada país escolhe livremente quem é nacional e quem não é, podem surgir conflitos de nacionalidade:

a) **Conflito positivo**: mais de um país reconhece alguém como nacional – nesse caso, a pessoa passa a ter dupla nacionalidade (o que não é ruim, antes beneficia a pessoa).

b) **Conflito negativo**: a pessoa possui ligação com mais de um Estado, mas nenhum deles a considera nacional. Temos, então, a figura do apátrida ou *heimatlos* (pessoa que não possui nacionalidade alguma). Isso deriva da adoção pelos Estados de diferentes critérios para estabelecer quem é ou não nacional.

Como medida humanitária, e como forma de combater a situação de apatridia, a Lei de Migração (Lei n. 13.445, de 2017) prevê a existência, nesses casos, de procedimento de naturalização simplificada (art. 26).

8.2. ESPÉCIES DE NACIONALIDADE

8.2.1. Originária:

Considera-se nacionalidade **originária (ou primária)** aquela que se possui (ou se pode possuir) desde o nascimento. É a nacionalidade que se tem em virtude do nascimento (vincula-se a elementos como sangue, território, ou a ambos) – o que não quer dizer, obviamente, que se tenha tal nacionalidade desde o nascimento. Possuem esse tipo de nacionalidade os brasileiros **natos**. Geralmente, sua atribuição decorre de atribuição unilateral (imposição) do próprio Estado; uma importante exceção é a situação do filho de brasileiros que, nascido no exterior, opta pela nacionalidade brasileira (CF, art. 12, I, *c*, segunda parte), caso em que a nacionalidade originária deriva de escolha individual.

8.2.2. Adquirida, derivada ou secundária

Assim se designa a nacionalidade aquela que se adquire por outros fatos, que não o nascimento (naturalização, casamento etc). Deriva de uma manifestação de vontade. É o caso, entre nós, dos brasileiros **naturalizados** (CF, art. 12, II). Decorre de um ato de vontade, por isso tem natureza bilateral.

Quadro 8.1 – Espécies de nacionalidade

Espécie	Origem	Condição	Aquisição
ORIGINÁRIA ou PRIMÁRIA	Nascimento	Brasileiro NATO	Imposição pelo Estado, em virtude de critérios como sangue ou território
SECUNDÁRIA ou DERIVADA ou ADQUIRIDA	Pedido de naturalização	Brasileiro NATURALIZADO	Bilateral, a pedido do sujeito e por aceitação do Estado

8.3. BRASILEIROS NATOS

A definição dos que ostentam a condição de brasileiros natos encontra-se (**em rol taxativo!**) nas alíneas *a* a *c* do inciso I do art. 12 da CF.

Critério do *jus solis* (art. 12, I, *a*)

São brasileiros natos aqueles que nascerem em território brasileiro, mesmo que sejam filhos de pais estrangeiros. Os nascidos no Brasil só não serão brasileiros natos se ambos os pais forem estrangeiros e estiverem a serviço do país de origem.

> **Observação!**
>
> **A serviço do país** significa a serviço da Administração Pública daquele Estado.

> **Questão de Concurso**
>
> (Cespe/PMDF/Capelão/2007) Um casal de cidadãos argentinos passou as férias do último verão no litoral de Santa Catarina. A mulher, grávida de 8 meses, deu à luz Henrique, em hospital da rede pública da cidade. Nessa situação, segundo a Constituição Federal, Henrique é considerado brasileiro nato.
>
> Gabarito comentado: Correto.
> Henrique nasceu no Brasil. Embora seja filho de pais estrangeiros, seus pais não estavam a serviço do país de origem. Logo, é brasileiro nato (art. 12, I, *a*).

8.3.1 Critério do *jus sanguinis* (art. 12, I, *b*)

De acordo com esse critério, serão brasileiros natos os nascidos no estrangeiro, desde que sejam filhos de pai brasileiro ou mãe brasileira, e esse pai brasileiro ou mãe brasileira esteja a serviço do Brasil. Por exemplo: filho de embaixador brasileiro que nasce no exterior.

> **Questão de Concurso**
>
> (Cespe/STM/Analista Judiciário – Área Judiciária/2011) O filho de um embaixador do Brasil em Paris, nascido na França, cuja mãe seja alemã, será considerado brasileiro nato.
>
> Gabarito comentado: Correto. Ver art. 12, I, *b*.

8.3.2 Critério do *jus sanguinis* combinado com o registro ou a residência (art. 12, I, *c*)

Consoante a regra do art. 12, I, *c*, serão brasileiros natos os nascidos no estrangeiro, filhos de pai brasileiro ou mãe brasileira (que não esteja a serviço do Brasil, pois, se assim estivesse, já se configuraria a hipótese prevista na alínea *b*).

Para isso, será preciso que sejam registrados na repartição brasileira competente (embaixada ou consulado) ou, então, que venham a residir (= morar) no Brasil e optem a qualquer tempo depois da maioridade pela nacionalidade brasileira, isto é, desde que demonstrem a vontade de se tornar brasileiros.

De acordo com a Lei de Migração (Lei n. 13.445/2017), essa opção se mediante o ajuizamento de ação própria: "O filho de pai ou de mãe brasileiro nascido no exterior e que não tenha sido registrado em repartição consular poderá, a qualquer tempo, promover ação de opção de nacionalidade". Essa ação – como, de resto, todas aquelas relacionadas à nacionalidade – é de competência da Justiça Federal (CF, art. 109, X).

Questões de Concurso

(Cespe/DPU/Defensor/2017) Situação hipotética: Laura, filha de mãe brasileira e pai argentino, nasceu no estrangeiro e, depois de ter atingido a maioridade, veio residir no Brasil, tendo optado pela nacionalidade brasileira. Assertiva: Nessa situação, a homologação da opção pela nacionalidade brasileira terá efeitos ex tunc e Laura será considerada brasileira desde o seu nascimento.

Gabarito comentado: Correto.
De acordo com a doutrina e com a jurisprudência, a opção pela nacionalidade brasileira, prevista no art. 12, I, c, tem efeitos retroativos. Logo, mesmo a pessoa fazendo a opção após a maioridade (como exige a CF), será considerada brasileira nata (isto é, desde o nascimento) – e, portanto, com efeitos retroativos (*ex tunc*).

(Cespe/TRT8/Analista Judiciário – área administrativa/2016) Configura-se a denominada nacionalidade adquirida no caso em que o indivíduo nascido no estrangeiro, filho de pai ou mãe brasileiros, passa a residir no Brasil e opta pela nacionalidade brasileira depois de ter atingido a maioridade.

Gabarito comentado: Correto.
Nesse caso, a pessoa será reconhecida como brasileira nata (CF, art. 12, I, c), e não naturalizada. Perceba que o termo "nacionalidade adquirida" ou "secundária" ou "derivada" refere-se aos naturalizados.

(FGV – TJ RO – Analista Judiciário – Área Oficial de Justiça – 2021) Ingrid nasceu no território da Bélgica à época em que seu pai, brasileiro, ali atuava em uma indústria privada de conectores eletrônicos. Sua mãe era belga. Considerando que Ingrid foi registrada apenas perante o órgão competente belga, não perante uma repartição brasileira, ela é considerada:
a) estrangeira, somente lhe restando a opção de se naturalizar brasileira, na forma da lei;
b) brasileira nata, já que seu pai era brasileiro e se encontrava em território belga a trabalho;
c) brasileira nata, pois a ordem constitucional brasileira adota, em caráter conjunto, os modelos do *jus soli* e do *jus sanguinis*;
d) estrangeira, mas, caso venha a residir no território brasileiro e opte, a qualquer tempo, após atingir a maioridade, pela nacionalidade brasileira, adquiri-la-á em caráter nato;
e) estrangeira, mas pode adquirir a nacionalidade brasileira, em caráter nato, caso o requeira, em território belga, perante repartição consular brasileira, no ano seguinte à maioridade.

Gabarito comentado: D (art. 12, I, c: são brasileiros natos "os nascidos no estrangeiro de pai brasileiro ou de mãe brasileira, desde que sejam registrados em repartição brasileira competente ou venham a residir na República Federativa do Brasil e optem, em qualquer tempo, depois de atingida a maioridade, pela nacionalidade brasileira"; como Ingrid não foi registrada, resta-lhe a opção de se tornar brasileira nata por sua vontade – nacionalidade potestativa – em caso de vir residir no Brasil E optar a qualquer tempo – depois da maioridade – pela nacionalidade brasileira).

(FGV – CBM AM – 2º Tenente – Bombeiro Militar – 2022) John, filho de pais brasileiros, nasceu nos Estados Unidos da América, enquanto seus pais ali se encontravam a serviço de empresa privada que desenvolvia programas destinados à automação de indústrias automobilísticas. Considerando a sistemática constitucional, é correto afirmar que John:
a) é brasileiro nato, independentemente de qualquer ato suplementar, considerando a nacionalidade brasileira dos seus pais;
b) é brasileiro nato, apenas se tiver sido registrado em repartição brasileira nos doze meses subsequentes ao nascimento;
c) pode vir a se naturalizar brasileiro, após atingir a maioridade, desde que cumpra os requisitos que alcançam qualquer estrangeiro;
d) tem o direito subjetivo de se naturalizar brasileiro, caso venha a residir no território brasileiro e o requeira a qualquer tempo após atingir a maioridade;

e) é brasileiro nato, desde que tenha sido registrado em repartição brasileira competente ou venha a residir no território brasileiro e opte, a qualquer tempo, por essa nacionalidade.

Gabarito comentado: E (art. 12, I, c: são brasileiros natos "os nascidos no estrangeiro de pai brasileiro ou de mãe brasileira, desde que sejam registrados em repartição brasileira competente ou venham a residir na República Federativa do Brasil e optem, em qualquer tempo, depois de atingida a maioridade, pela nacionalidade brasileira")

8.4. BRASILEIROS NATURALIZADOS

8.4.1 Naturalizados na forma da lei (art. 12, II, a, primeira parte)

A lei a que se refere o dispositivo é a Lei de Migração (Lei n. 13.445/2017) – que, por sua vez, revogou o antigo Estatuto do Estrangeiro – e que estabelece regras rígidas para a naturalização. De acordo com o art. 65 da Lei de Migração (Lei n. 13.445/2017):

> Art. 65. Será concedida a naturalização ordinária àquele que preencher as seguintes condições:
> I – ter capacidade civil, segundo a lei brasileira;
> II – ter residência em território nacional, pelo prazo mínimo de 4 (quatro) anos;
> III – comunicar-se em língua portuguesa, consideradas as condições do naturalizando; e
> IV – não possuir condenação penal ou estiver reabilitado, nos termos da lei.

Justamente por essa dificuldade da chamada "naturalização ordinária", a própria CF prevê regras de naturalização mais fáceis para casos específicos.

8.4.2 Originários de países lusófonos (art. 12, II, a, segunda parte)

Para os originários de países de Língua Portuguesa, exigem-se apenas dois requisitos:

a) residência no Brasil há um ano ininterrupto; e
b) idoneidade moral (comprovada por testemunhas e documentos, por exemplo).

📝 Questão de Concurso

(Cespe/MPE-SE/Promotor/2010) Os estrangeiros originários de países de língua portuguesa adquirirão a nacionalidade brasileira se mantiverem residência contínua no território nacional pelo prazo mínimo de quatro anos, imediatamente anteriores ao pedido de naturalização.

Gabarito comentado: Errado.
O prazo exigido pela Constituição é de um ano (art. 12, II, a, segunda parte).

8.4.3. Estrangeiros de qualquer nacionalidade que residem no Brasil há muito tempo (art. 12, II, b)

No caso de estrangeiros que estão no Brasil há muito tempo, independentemente da nacionalidade, exigem-se apenas dois requisitos:

a) residência no Brasil há mais de 15 anos ininterruptos; e
b) não possuírem condenação criminal (ao longo desse tempo de residência no Brasil).

Trata-se da chamada "naturalização extraordinária" (Lei de Migração, art. 67).

✋ Cuidado!

Para os originários de países lusófonos, o requisito temporal é menor (um ano), mas a exigência moral é mais rígida (idoneidade moral). Já para os originários de qualquer nacionalidade que estão no Brasil há muito tempo, o requisito de residência é mais duro (mais de quinze anos), mas a exigência moral é menor (basta não ter condenação criminal).

⚠️ Atenção!

Segundo a jurisprudência do STF, a hipótese da alínea *b* do inciso II do art. 12 é a única em que a concessão da naturalização pelo Brasil configura ato vinculado (naturalização extraordinária) – cf. RE n. 264.848, Rel. Min. Carlos Britto, julgamento em 29-6-2005, *DJ* de 14-10-2005. Nas demais hipóteses, a concessão da naturalização é ato discricionário (naturalização ordinária).

Veja Bem!

No caso da alínea *b*, ademais, a decisão que concede a nacionalidade é meramente declaratória, de modo que retroage à data do pedido. Assim, por exemplo, filhos do naturalizando nascidos antes do reconhecimento da naturalização, mas após a formulação do requerimento, serão considerados, para todos os fins, filhos de brasileiro.

Observação!
Portugueses equiparados (art. 12, § 1º) e "quase nacionalidade"

Para os portugueses que residam permanentemente no país (a CF não especifica um prazo), serão concedidos os mesmos direitos do brasileiro (naturalizado), desde que esse direito também seja assegurado aos brasileiros residentes em Portugal. São os portugueses equiparados, que, embora não sejam brasileiros, possuem os mesmos direitos de brasileiro naturalizado. Também aqui a concessão da nacionalidade é um ato **discricionário** do Brasil.

A doutrina denomina essa situação de "quase-nacionalidade", porque se trata de uma situação jurídica **precária**, isto é, que pode ser extinta a qualquer momento, porque condicionada à existência de reciprocidade.

Veja Bem!

Um português equiparado **não é brasileiro naturalizado**, embora seja **tratado como se o fosse** (enquanto houver reciprocidade). Pode, por exemplo, assumir cargos públicos, bem como exercer mandatos eletivos (exceto, em ambos os casos, se houver reserva em favor dos brasileiros **natos**). Mas, se por algum motivo perder a condição de equiparação, deverá deixar o cargo ou mandato eletivo.

✋ Cuidado!

O português equiparado pode se naturalizar brasileiro? Sim, seja pela regra dos originários de países lusófonos, seja pela naturalização na forma da lei. Nesses casos, a pessoa deixa de ter uma situação jurídica **precária** (quase-nacionalidade) para se colocar numa posição jurídica **estável** (nacionalidade, que só pode ser perdida nos casos previstos na CF e adiante comentados).

8.5. DISTINÇÕES ENTRE BRASILEIROS (NATOS E NATURALIZADOS)

De acordo com a própria CF, as distinções entre brasileiros natos e naturalizados não podem ser estabelecidas por mera lei (ordinária ou complementar). São admitidas apenas as hipóteses de tratamento diferenciado previstas na própria CF (art. 12, §2º), e adiante estudadas (**rol taxativo**):

8.5.1. Extradição

O art. 5º, LI, prevê que o brasileiro nato não será extraditado (pelo Brasil) em hipótese alguma. Já o naturalizado, em regra não será extraditado, salvo por crime comum cometido antes da naturalização, ou por comprovado envolvimento em tráfico de drogas (nesse último caso, pouco importa que o crime tenha sido cometido antes ou depois de o estrangeiro se naturalizar brasileiro). Por fim, não custa lembrar que o estrangeiro em regra pode ser extraditado: só não pode por crime político ou de opinião.

Em suma:

Quadro 8.2 – Distinções entre brasileiro nato, naturalizado e estrangeiro para extradição

Condição Pessoal	Regra	Exceção
Brasileiro NATO	Não pode ser extraditado	Não há
Brasileiro NATURALIZADO	Não pode ser extraditado	Só pode ser extraditado em caso de crime comum cometido ANTES de se naturalizar OU em virtude de tráfico de drogas, cometido ANTES OU DEPOIS da naturalização
ESTRANGEIRO	Pode ser extraditado	Só NÃO pode ser extraditado por crime político[1] ou de opinião

Questão de Concurso

[Analista Judiciário – Área Administrativa TRE SP 2017 FCC]
À luz da Constituição da República, brasileiro naturalizado que, comprovadamente, esteja envolvido em tráfico ilícito de entorpecentes, na forma da lei:

a) não poderá ser extraditado, pois é expressamente vedada a extradição de brasileiro;

b) somente poderá ser extraditado se ficar caracterizado crime político ou de opinião, casos em que a Constituição veda expressamente a extradição apenas de estrangeiro;

c) somente poderá ser extraditado se, antes, for cancelada a naturalização, por ato da autoridade administrativa competente, em virtude de atividade nociva ao interesse nacional;

d) poderá ser extraditado, desde que haja condenação pelo cometimento de crime comum praticado anteriormente à naturalização;

e) poderá ser extraditado, ainda que o envolvimento com o tráfico ilícito de entorpecentes seja posterior à naturalização.

---

[1] **Crime político:** não há regra que defina o que é crime político, tanto que o STF entende que caberá à Corte analisar, em cada caso, se se trata ou não de crime político. Em termos gerais, é o crime praticado por motivação política e que não atinge bens jurídico-penais comuns, como a vida ou a liberdade. Por isso mesmo, terrorismo não é crime político, mas comum. Observe-se que crime eleitoral é crime comum: nada tem a ver com crime político.

Gabarito comentado: E.
Em se tratando de brasileiro naturalizado, pode ele ser extraditado (CF, art. 5º, LI, parte final), caso seja acusado de ou condenado por tráfico de drogas. Nesse caso, inclusive, o ato de traficância pode ser ter sido cometido antes ou depois do momento da naturalização.

⚠️ Atenção!

A jurisprudência predominante do STF considera que o fato de o brasileiro nato possuir também a nacionalidade do país requerente (dupla nacionalidade) não autoriza a extradição. Assim, pouco importa que um cidadão brasileiro nato tenha também a nacionalidade italiana: se a Itália requerer a extradição, o pedido deverá ser negado, pois o brasileiro nato não pode ser extraditado pelo Brasil.

📝 Questões de Concurso

(FGV – MPE GO – Promotor de Justiça Substituto – 2022) Johan nasceu em território brasileiro quando seus pais, de nacionalidade alemã, aqui se encontravam com visto de turistas. Após o nascimento, foi levado para a Alemanha, onde era legalmente reconhecida sua nacionalidade alemã nata pelo critério do *jus sanguinis*. Ao completar 25 anos de idade, foi acusado de tráfico ilícito de substâncias entorpecentes na Alemanha, tendo retornado pela primeira vez ao Brasil, o que ocorreu na condição de fugitivo.

À luz dessa narrativa, é correto afirmar que Johan:

a) apenas tem a nacionalidade alemã, sendo possível o acolhimento do pedido de extradição eventualmente formulado pelo governo da Alemanha;

b) além de ter a nacionalidade alemã, é brasileiro nato, não sendo passível de ser acolhido eventual pedido de extradição formulado pelo governo da Alemanha;

c) em razão do princípio da unicidade, teve a nacionalidade brasileira, de caráter nato, cancelada, assim que reconhecida a alemã, sendo cabível, portanto, eventual extradição;

d) apesar de ter a nacionalidade alemã, pode requerer a brasileira, por ter atingido a maioridade, assim que ingressar no território nacional, o que obstará eventual extradição;

e) apesar de ter a nacionalidade alemã, pode requerer a brasileira, por ter atingido a maioridade, assim que ingressar no território nacional, o que não obstará eventual extradição.

Gabarito comentado: B (art. 12, I, *a*: são brasileiros natos "os nascidos na República Federativa do Brasil, ainda que de pais estrangeiros, desde que estes não estejam a serviço de seu país" e os brasileiros natos não podem ser extraditados pelo Brasil, ainda que possuam dupla nacionalidade: art. 5º, LI "nenhum brasileiro será extraditado, salvo o naturalizado, em caso de crime comum, praticado antes da naturalização, ou de comprovado envolvimento em tráfico ilícito de entorpecentes e drogas afins, na forma da lei")

(FGV/CGU/Técnico de Finanças e Controle/2022) Mariah nasceu no território brasileiro quando seus pais, de nacionalidade búlgara, aqui se encontravam a trabalho em uma sociedade empresária da área de cosméticos. Poucos meses depois do nascimento, a família deixou o país e passou a morar em caráter definitivo na Bulgária. Quando completou 25 anos de idade, Mariah foi acusada da prática de crime, teve sua prisão decretada e fugiu para o Brasil. A Bulgária requereu a sua extradição. À luz da sistemática constitucional, o Brasil:

a) não pode deferir a extradição em hipótese alguma, pois Mariah é brasileira nata;

b) pode deferir a extradição, salvo se Mariah tiver feito a opção pela nacionalidade brasileira quando completou 21 anos de idade;

c) pode deferir a extradição, salvo se o caso versar sobre crime político ou de opinião, já que Mariah não tem a nacionalidade brasileira;

d) não pode deferir a extradição, salvo se Mariah, brasileira nata, for acusada da prática de tráfico ilícito de substâncias entorpecentes e drogas afins;

e) pode deferir a extradição, pois, caso Mariah tenha a naturalização brasileira deferida, isso não obsta a extradição em razão de crimes praticados em momento anterior

Gabarito comentado: A (explicação idêntica à questão anterior).

Veja Bem!

A análise **jurídica** do pedido de extradição cabe ao STF (CF, art. 102, I, g), que avaliará se o sujeito pode sofrer extradição (se não é brasileiro nato etc.), bem como se estão presentes outros requisitos, tais como a dupla tipicidade (o fato ser definido como crime também no Brasil), a inexistência de causa impeditiva (prescrição, cumprimento da pena), a compatibilidade da pena imposta com o ordenamento brasileiro (não se defere a extradição para que o extraditando receba a pena de morte, ou a pena de prisão perpétua), bem como a existência de tratado bilateral de extradição ou, pelo menos, de compromisso de reciprocidade.

Se deferido o pedido pelo STF, o caso é encaminhado ao Presidente da República, a quem cabe a **análise política**, deferindo ou não (por critérios de conveniência e oportunidade) a extradição, visto que é ele o Chefe de Estado (CF, art. 84, VII).

Trata-se da regra (reafirmada no "Caso Cesare Battisti" – Extradição n. 1085/Itália) do **"se não, não; se sim, talvez"**. Isto é: se o STF indeferir o pedido de extradição, haverá o arquivamento ("se não, não"); mas, em caso de deferimento, isso não obriga o Presidente da República a deferir a extradição (ato discricionário – "se sim, talvez").

Aprofundamento:
causas que impedem a concessão da extradição

O art. 82 da Lei de Migração estabelece algumas condições que vedam a concessão de extradição pelo Brasil:

> **Art. 82.** Não se concederá a extradição quando:
>
> I – o indivíduo cuja extradição é solicitada ao Brasil for brasileiro nato;
>
> II – o fato que motivar o pedido não for considerado crime no Brasil ou no Estado requerente;
>
> III – o Brasil for competente, segundo suas leis, para julgar o crime imputado ao extraditando;
>
> IV – a lei brasileira impuser ao crime pena de prisão inferior a 2 (dois) anos;
>
> V – o extraditando estiver respondendo a processo ou já houver sido condenado ou absolvido no Brasil pelo mesmo fato em que se fundar o pedido;
>
> VI – a punibilidade estiver extinta pela prescrição, segundo a lei brasileira ou a do Estado requerente;
>
> VII – o fato constituir crime político ou de opinião;
>
> VIII – o extraditando tiver de responder, no Estado requerente, perante tribunal ou juízo de exceção; ou
>
> IX – o extraditando for beneficiário de refúgio, nos termos da Lei n. 9.474, de 22 de julho de 1997, ou de asilo territorial.

🔍 Aprofundamento:
aplicação da lei penal brasileira ao brasileiro nato que cometer crime no exterior

O art. 7º do Código Penal estabelece as hipóteses de extraterritorialidade da lei penal brasileira (isto é, a aplicação da lei penal brasileira a crimes cometidos fora do território nacional). No caso de crime cometido por brasileiro nato, como não pode ser concedida a extradição (CF, art. 5º, LI), a solução jurídica para evitar a impunidade é que o agente que cometeu o delito seja julgado de acordo com a lei brasileira (CP, art. 7º, II, *b*), cumpridas determinadas condições (extraterritorialidade condicionada).

8.5.2. Cargos privativos de natos

Outra distinção entre brasileiro nato e naturalizado diz respeito a alguns cargos que somente o nato pode ocupar: são aqueles previstos no art. 12, §3º: Presidente da República, Vice-Presidente da República, Presidente da Câmara dos Deputados, Presidente do Senado Federal, Ministro do STF, membro da carreira diplomática, oficial das Forças Armadas e Ministro da Defesa.

Observe-se: esse rol é **taxativo**. Existem outros cargos ocupados apenas por brasileiros natos, mas não em virtude do cargo em si, mas apenas da pessoa que os ocupa. Explica-se: o cargo de Presidente do CNJ só pode ser ocupado por um brasileiro nato; não por causa do CNJ, mas porque a CF prevê que quem exerce esse cargo é o Presidente do STF. Da mesma forma, existem cargos de Ministro do Tribunal Superior Eleitoral (TSE) que só podem ser ocupados por brasileiros natos, mas por serem recrutados entre os ministros do STF.

✋ Cuidado!

Dentre os Ministros de Estado (membros do Executivo – CF, art. 87), o único que precisa ser brasileiro nato é o da **Defesa**. O Ministro das Relações Exteriores não precisa ser brasileiro nato, pois não se trata de cargo da **carreira** diplomática, mas sim cargo de livre nomeação e exoneração do Presidente da República.

📋 Veja Bem!

Brasileiro naturalizado pode ser Deputado ou Senador: não pode é ser Presidente dessas Casas. Do STF, porém, ele sequer pode ser Ministro.

⚠️ Atenção!

Brasileiro naturalizado pode ocupar cargos na Mesa da Câmara dos Deputados e do Senado Federal? Sim, pode, *exceto* o cargo de Presidente da Casa. Pode até mesmo ocupar o posto de Primeiro-Vice (e, nessa qualidade, exercer interinamente a Presidência da Casa), só não pode ocupar o posto de Presidente (titular) da Casa, pois esse cargo ocupa a linha de substituição do Presidente da República.

📝 Questões de Concurso

(Cespe/TCE-PE/Auditor/2017) Estrangeiro que resida no Brasil há mais de quinze anos ininterruptos e não tenha condenação penal poderá tornar-se, após requerimento, brasileiro naturalizado e, nessa condição, candidatar-se a deputado federal ou senador, mas, se eleito, estará impedido de presidir a casa legislativa à qual pertencer.

> **Gabarito comentado: Correto.**
> (Realmente, o estrangeiro em questão preenche os requisitos previstos no art. 12, II, *b*, da CF. Se fizer tal requerimento, deverá ser reconhecido como brasileiro naturalizado – e, como tal, pode ser deputado ou senador, mas não presidente da Câmara nem presidente do Senado Federal (art. 12, § 3º), pois esses cargos de presidência das Casas são privativos de brasileiros natos).

(Cespe/PC-MT/Delegado/2017) O boliviano Juan e a argentina Margarita são casados e residiram, por alguns anos, em território brasileiro. Durante esse período, nasceu, em território nacional, Pablo, o filho deles. Nessa situação hipotética, de acordo com a CF, Pablo será considerado brasileiro,
a) naturalizado, não podendo vir a ser ministro de Estado da Justiça.
b) nato e poderá vir a ser ministro de Estado da Defesa.
c) nato, mas não poderá vir a ser presidente do Senado Federal.
d) naturalizado, não podendo vir a ser presidente da Câmara dos Deputados.
e) naturalizado e poderá vir a ocupar cargo da carreira diplomática.

> **Gabarito comentado: B.**
> Como a questão não afirma que os pais – estrangeiros – estariam aqui a serviço do país de origem, pode-se afirmar que Pablo é, sim, brasileiro nato (CF, art. 12, I, a). Afinal, para que alguém não tenha a nacionalidade brasileira, seria preciso que a questão afirmasse que os pais estavam a serviço do seu país. Sendo Pablo brasileiro nato, poderá vir a ocupar qualquer cargo, inclusive de Ministro da Defesa.

[Analista Judiciário – Área Administrativa TRT 24ª Região 2017 FCC]
Cravo Carvalho, 50 anos de idade, é brasileiro naturalizado, brilhante advogado com seis livros publicados e mais de quinze anos de efetiva atividade profissional, com notável saber jurídico e reputação ilibada. De acordo com a Constituição Federal, Cravo Carvalho poderá ocupar cargo de
a) Ministro de Estado da Defesa.
b) Oficial das Forças Armadas.
c) Ministro do Supremo Tribunal Federal.
d) Ministro do Superior Tribunal de Justiça.
e) Presidente do Senado Federal.

> **Gabarito comentado: D.**
> O cargo de Ministro do STJ não é privativo de brasileiro nato. Há, aliás, um Ministro do STJ na ativa que é brasileiro naturalizado (Ministro Felix Fischer). Lembre-se de que o único cargo do Judiciário que é privativo de brasileiro nato é o de Ministro do STF (e suas decorrências, como o de Presidente do CNJ, por exemplo).

8.5.3. Função de cidadão no Conselho da República

Uma terceira distinção entre brasileiros está no art. 89, VII: a função de cidadão (6 vagas) no Conselho da República só pode ser ocupada por brasileiros natos.

Há vários membros nesse Conselho (que integra o Poder Executivo e tem caráter meramente consultivo). Alguns devem ser brasileiros natos (Vice-Presidente da República, por exemplo), outros não (líder da minoria da Câmara, p.ex.). Mas a função de cidadão (seis cidadãos participam desse conselho) só pode ser exercida por brasileiros natos.

8.5.4. Propriedade de empresa jornalística, de rádio ou TV

Ao cabo, há uma quarta hipótese de tratamento diferenciado entre brasileiros natos e naturalizados: o art. 222 da CF prevê que: "A propriedade de empresa jornalística e de radiodifusão sonora e de sons e imagens é privativa de brasileiros natos ou naturalizados há mais de dez anos [...]".

Note-se: o brasileiro nato pode ser proprietário a qualquer tempo; o naturalizado, só depois de dez anos de obter a condição de brasileiro.

Mesmo nos casos de propriedade por pessoa jurídica, esta deve ter pelo menos 70% de capital social (do total e do votante) de propriedade de brasileiros (natos ou naturalizados há mais de dez anos), e a programação deve ser de responsabilidade de pessoa física que atenda aos requisitos já citados (brasileiro nato ou naturalizado há mais de dez anos): art. 222, § 1º, já cobrado em prova da FGV.

8.6. PERDA DA NACIONALIDADE (ART. 12, § 4º)

8.6.1. Cancelamento, na forma da lei, da naturalização, por sentença judicial, em caso de fraude ou atentado ao Estado de Direito

Esse caso de perda da nacionalidade, obviamente, só atinge o brasileiro naturalizado. Essa sentença que decreta o cancelamento da naturalização precisa ser transitada em julgado? Sim. O inciso I do § 4º do art. 12 não faz essa exigência, mas o inciso I do art. 15; ao se referir à mesma hipótese, prevê que a perda dos direitos políticos ocorre no caso de "cancelamento da naturalização por sentença transitada em julgado". Se, para perder os direitos políticos, é preciso o trânsito em julgado, com mais motivo o será para a perda da nacionalidade. Antigamente, as hipóteses de cancelamento da naturalização eram mais amplas (atividade nociva ao interesse nacional). Após a EC n. 131, de 2023, passaram a ser mais específicas: a) fraude no processo de naturalização; ou b) atentado ao Estado Democrático de Direito (tentativa de golpe de Estado).

A ação de cancelamento da naturalização deve ser movida pelo Ministério Público Federal (Lei Complementar n. 75/93, art. 6º, IX, c/c art. 37), e seu julgamento compete à Justiça Federal (CF, art. 109, X).

🖐 Cuidado!

O STF decidiu que o cancelamento de naturalização, mesmo em caso de apresentação de documentos falsos, só pode ser feito por meio de sentença judicial, não podendo ser realizada por decisão administrativa. Essa questão já foi cobrada, inclusive, em prova do Cespe (Câmara dos Deputados/Consultor Legislativo/2014).

⚠ Atenção!

O cancelamento da naturalização e a extradição são medidas distintas e independentes entre si. Pode a pessoa ser extraditada e não ter a naturalização cancelada; sofrer o cancelamento da naturalização e não ser extraditado; ou ambas as medidas.

Questão de Concurso

[FCC.TRF-3.Analista Judiciário-Área Administrativa.2016] Abenebaldo, originariamente holandês, solicitou e obteve a sua naturalização brasileira no ano de 2014. Após o decurso de um mês do encerramento do processo de naturalização, apurou-se que em 2011, em seu país natal, Abenebaldo esteve comprovadamente envolvido em tráfico ilícito de entorpecentes. Sendo assim,

a) a naturalização será automaticamente cassada, devendo Abenebaldo ser imediatamente extraditado.
b) a naturalização será automaticamente cassada, devendo Abenebaldo ser imediatamente deportado.
c) Abenebaldo poderá ser extraditado, vez que o crime ocorreu antes de sua naturalização, o que não seria possível caso o delito tivesse sido praticado após tal ato.
d) Abenebaldo não poderá ser extraditado, vez que o crime ocorreu antes de sua naturalização.
e) Abenebaldo poderá ser extraditado, independentemente de o crime ter sido praticado antes ou após a sua naturalização.

Gabarito comentado: E.
Como se trata de tráfico de drogas, e Abenebaldo é brasileiro naturalizado, poderá ele ser extraditado (e não deportado, como afirma a letra "B"). Nesse caso, não interessa o momento do cometimento do crime, que pode ter sido praticado antes ou depois da naturalização (motivo do erro das letras "C" e "D"). Demais disso, o caso não é de cassação (na verdade, cancelamento) da naturalização, pois não se trata de atividade nociva ao interesse nacional.

8.6.2. A pedido, desde que não gere apatridia (art. 12, § 4º, II, na redação da EC n. 131, de 2023)

Trata-se de perda que pode ocorrer tanto com o brasileiro nato como com o naturalizado. A regra é: o brasileiro pode solicitar ao Brasil seu desligamento, deixando de ser brasileiro (nato ou naturalizado). Isso, contudo, só pode ocorrer se a pessoa possuir outra nacionalidade, já que a CF veda a situação de apatridia (ficar sem nacionalidade alguma). Essa mudança foi incluída em 2023, por meio da EC n. 131. Antigamente, o brasileiro podia perder a nacionalidade apenas por adquirir outra (naturalização, por exemplo), algo que não mais acontece.

8.7. REAQUISIÇÃO DA NACIONALIDADE BRASILEIRA

No caso do art. 12, § 4º, I (cancelamento da naturalização), entende-se que o naturalizado só pode voltar a ser brasileiro se conseguir reverter a ação de cancelamento, o que se faz, quando possível, por meio da **ação rescisória**.

Mas e o brasileiro nato que perder a nacionalidade a pedido, nos termos do art. 12, § 4º, II, na redação da EC n. 131/2023? Pode voltar a ser brasileiro? A resposta é sim.

Se voltar a ser brasileiro, voltará com o *status* que tinha antes. Nesse sentido, a EC n. 131/2023 parece ter posto fim a uma controvérsia doutrinária sobre o tema, ao afirmar que a reaquisição da nacionalidade, na forma da lei, pode gerar inclusive o retorno à nacionalidade originária (art. 12, § 5º).

De acordo com a Lei de Migração, "o brasileiro que, em razão do previsto no inciso II do § 4º do art. 12 da Constituição Federal, houver perdido a nacionalidade, uma vez cessada a causa, poderá readquiri-la ou ter o ato que declarou a perda revogado, na forma definida pelo órgão competente do Poder Executivo".

Aprofundamento:

Quadro 8.3 – Situação Jurídica do Estrangeiro

Conceitos Fundamentais			
	Expulsão	Mandar embora um estrangeiro que cometeu crime no Brasil	Tem natureza jurídica de medida punitiva
	Deportação	Mandar embora um estrangeiro que está em situação migratória irregular no Brasil (art. 50 da Lei de Migração)	Tem natureza jurídica de medida administrativa
	Extradição	Entregar alguém a outro país, para que lá seja julgado ou cumpra pena, em virtude de um crime lá cometido	Tem natureza jurídica de medida administrativa de cooperação jurídica internacional
	Banimento	Expulsar do Brasil um brasileiro. **Observação:** o banimento é proibido atualmente (art. 5º, XVLII, d)	Tem natureza jurídica penal Proibido no Brasil

Esquema 8.1 – SITUAÇÃO JURÍDICA DO ESTRANGEIRO

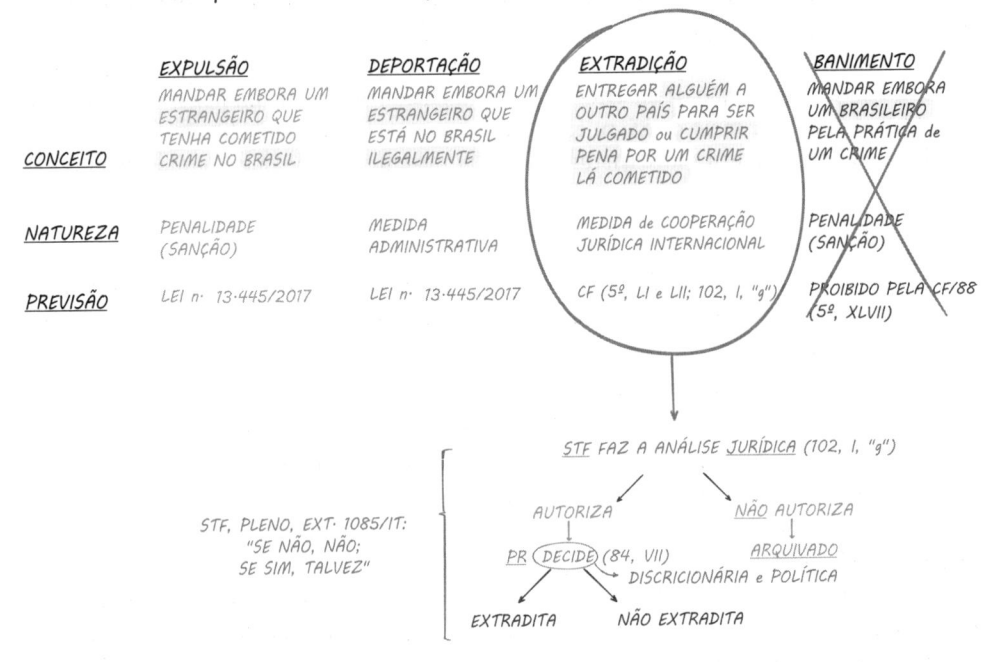

	EXPULSÃO	DEPORTAÇÃO	EXTRADIÇÃO	BANIMENTO
CONCEITO	MANDAR EMBORA UM ESTRANGEIRO QUE TENHA COMETIDO CRIME NO BRASIL	MANDAR EMBORA UM ESTRANGEIRO QUE ESTÁ NO BRASIL ILEGALMENTE	ENTREGAR ALGUÉM A OUTRO PAÍS PARA SER JULGADO ou CUMPRIR PENA POR UM CRIME LÁ COMETIDO	MANDAR EMBORA UM BRASILEIRO PELA PRÁTICA de UM CRIME
NATUREZA	PENALIDADE (SANÇÃO)	MEDIDA ADMINISTRATIVA	MEDIDA de COOPERAÇÃO JURÍDICA INTERNACIONAL	PENALIDADE (SANÇÃO)
PREVISÃO	LEI nº 13.445/2017	LEI nº 13.445/2017	CF (5º, LI e LII; 102, I, "g")	PROIBIDO PELA CF/88 (5º, XLVII)

STF FAZ A ANÁLISE JURÍDICA (102, I, "g")

AUTORIZA → PR DECIDE (84, VII) → DISCRICIONÁRIA e POLÍTICA → EXTRADITA / NÃO EXTRADITA

NÃO AUTORIZA → ARQUIVADO

STF, PLENO, EXT. 1085/IT: "SE NÃO, NÃO; SE SIM, TALVEZ"

> ⚠️ **Atenção!**
>
> Enquanto durarem os efeitos da expulsão, o estrangeiro não poderá reingressar no Brasil (Lei de Migração – Lei n. 13.445/2017, art. 45, I), configurando-se crime a burla a tal proibição (reingresso de estrangeiro expulso, crime definido no art. 338 do Código Penal).

> 📑 **Veja Bem!**
>
> Embora o brasileiro nato não possa ser extraditado pelo Brasil (CF, art. 5º, LI), pode ele ser entregue pelo Brasil ao Tribunal Penal Internacional (CF, art. 5º, § 4º), para fins de ser julgado pela prática de crime contra a humanidade. Trata-se do instituto da *entrega*, previsto no art. 59 do Estatuto de Roma do Tribunal Penal Internacional.

8.8. IDIOMA E SÍMBOLOS OFICIAIS

De acordo com o *caput* do art. 13 da CF, a Língua Portuguesa é o idioma oficial da República Federativa do Brasil. Assim, ao contrário de outros países, que reconhecem como oficiais várias línguas, o Brasil adota apenas o idioma português.

Em decorrência dessa previsão, o § 2º do art. 210 da CF estabelece que "O ensino fundamental regular será ministrado em língua portuguesa, assegurada às comunidades indígenas também a utilização de suas línguas maternas e processos próprios de aprendizagem".

No mesmo sentido, a jurisprudência do STF considera que uma das poucas exigências formais para a impetração de *habeas corpus* é que o pedido seja feito por escrito e em Língua Portuguesa (cf, por exemplo, HC n. 72.391-QO, Rel. Min. Celso de Mello).

A CF reconhece também outros símbolos nacionais (hino, armas, bandeira e selos nacionais), sem prejuízo da adoção de símbolos específicos na esfera estadual (art. 13, §§ 1º e 2º).

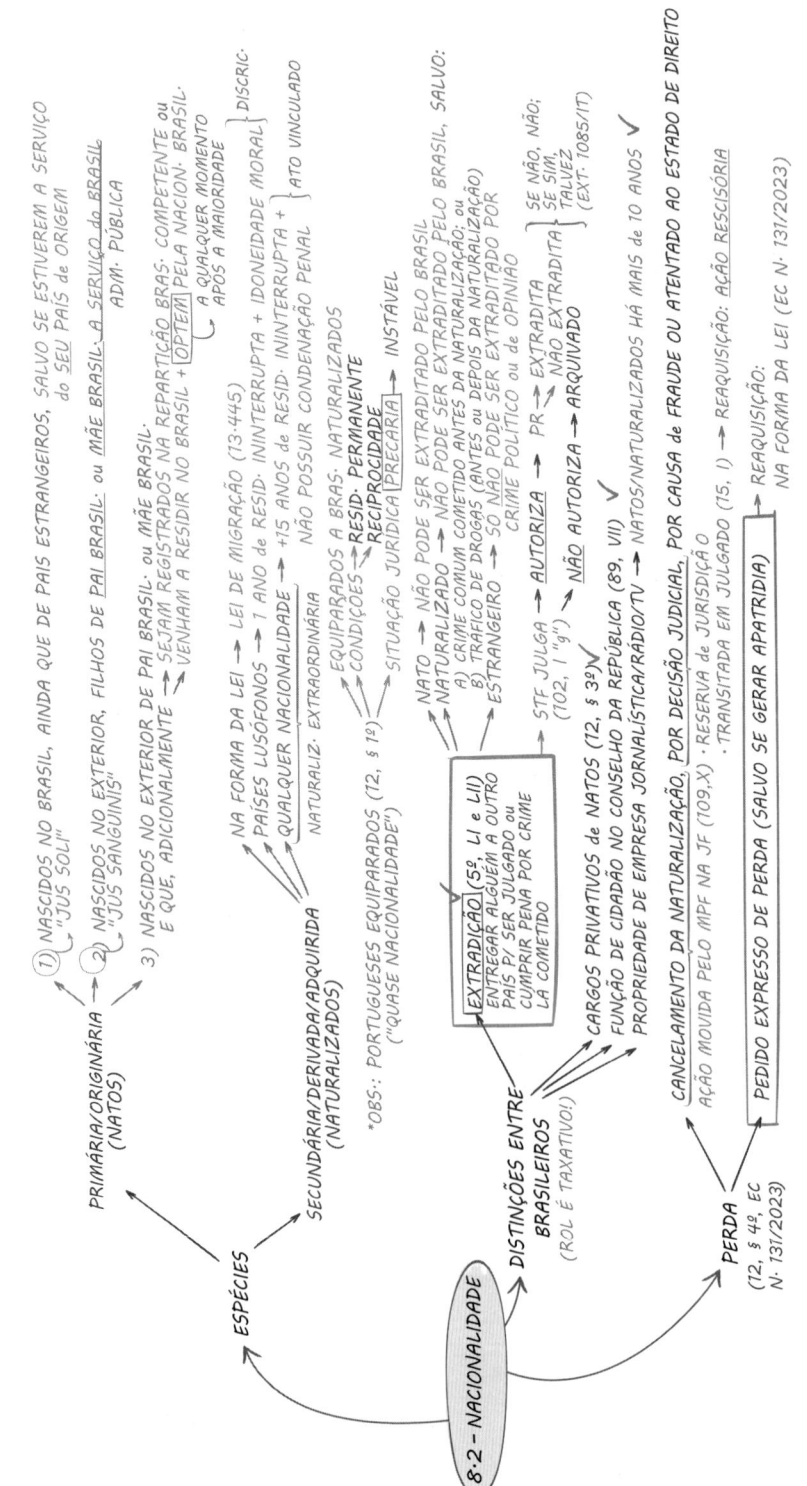

Esquema

8.2 - NACIONALIDADE

ESPÉCIES

- **PRIMÁRIA/ORIGINÁRIA (NATOS)**
  1) NASCIDOS NO BRASIL, AINDA QUE DE PAIS ESTRANGEIROS, SALVO SE ESTIVEREM A SERVIÇO DO SEU PAÍS DE ORIGEM → "JUS SOLI"
  2) NASCIDOS NO EXTERIOR, FILHOS DE PAI BRASIL. ou MÃE BRASIL. A SERVIÇO DO BRASIL → "JUS SANGUINIS" ADM. PÚBLICA
  3) NASCIDOS NO EXTERIOR DE PAI BRASIL. ou MÃE BRASIL. E QUE, ADICIONALMENTE → SEJAM REGISTRADOS NA REPARTIÇÃO BRAS. COMPETENTE ou VENHAM A RESIDIR NO BRASIL + OPTEM PELA NACION. BRASIL.
     - A QUALQUER MOMENTO APÓS A MAIORIDADE
     - DISCRIC / ATO VINCULADO

- **SECUNDÁRIA/DERIVADA/ADQUIRIDA (NATURALIZADOS)**
  - NA FORMA DA LEI → LEI DE MIGRAÇÃO (13.445)
  - NATURALIZ. EXTRAORDINÁRIA → PAÍSES LUSÓFONOS → 1 ANO DE RESID: ININTERRUPTA + IDONEIDADE MORAL
  - QUALQUER NACIONALIDADE → +15 ANOS DE RESID: ININTERRUPTA + NÃO POSSUIR CONDENAÇÃO PENAL
  - *OBS.: PORTUGUESES EQUIPARADOS (12, § 1º) ("QUASE NACIONALIDADE") → EQUIPARADOS A BRAS: NATURALIZADOS
     - CONDIÇÕES → RESID: PERMANENTE + RECIPROCIDADE
     - SITUAÇÃO JURÍDICA PRECÁRIA / INSTÁVEL

DISTINÇÕES ENTRE BRASILEIROS (ROL É TAXATIVO!)

- **EXTRADIÇÃO** (5º, LI e LII) ENTREGAR ALGUÉM A OUTRO PAÍS P/ SER JULGADO ou CUMPRIR PENA POR CRIME LÁ COMETIDO
  - NATO → NÃO PODE SER EXTRADITADO PELO BRASIL
  - NATURALIZADO → NÃO PODE SER EXTRADITADO PELO BRASIL, SALVO:
    A) CRIME COMUM COMETIDO ANTES DA NATURALIZAÇÃO; ou
    B) TRÁFICO DE DROGAS (ANTES ou DEPOIS DA NATURALIZAÇÃO)
  - ESTRANGEIRO → SÓ NÃO PODE SER EXTRADITADO POR CRIME POLÍTICO ou DE OPINIÃO
  - STF JULGA (102, I "g") → AUTORIZA → PR → EXTRADITA / NÃO EXTRADITA → SE NÃO, NÃO; SE SIM, TALVEZ (EXT.1085/IT)
  - NÃO AUTORIZA → ARQUIVADO
- CARGOS PRIVATIVOS de NATOS (12, § 3º) ✓
- FUNÇÃO DE CIDADÃO NO CONSELHO DA REPÚBLICA (89, VII)
- PROPRIEDADE DE EMPRESA JORNALÍSTICA/RÁDIO/TV → NATOS/NATURALIZADOS HÁ MAIS DE 10 ANOS ✓

PERDA (12, § 4º, EC N. 131/2023)

- CANCELAMENTO DA NATURALIZAÇÃO, POR DECISÃO JUDICIAL, POR CAUSA DE FRAUDE OU ATENTADO AO ESTADO DE DIREITO
  - AÇÃO MOVIDA PELO MPF NA JF (109,X) · RESERVA DE JURISDIÇÃO
  - TRANSITADA EM JULGADO (15, I) → REAQUISIÇÃO: AÇÃO RESCISÓRIA (EC N. 131/2023)
- PEDIDO EXPRESSO DE PERDA (SALVO SE GERAR APATRIDIA) → REAQUISIÇÃO: NA FORMA DA LEI (EC N. 131/2023)

Capítulo 9

Direitos Políticos

9.1. CIDADANIA

A questão dos chamados direitos políticos (arts. 14 a 16 da CF) envolve basicamente três temas, a saber: a questão da cidadania ativa (ou capacidade eleitoral ativa), entendida como o direito de participar da vida política *votando*; a cidadania passiva, ou capacidade eleitoral passiva, consistente no direito de participar da vida política sendo candidato, sendo votado; e, finalmente, aquilo que a doutrina denomina como "direitos políticos negativos", isto é, o estudo da perda e da suspensão dos direitos políticos.

Fala-se, assim, num *status civitatis* (*status* de cidadão), que abrange o *status activae civitatis* (capacidade eleitoral ativa) e o *status passivae civitatis* (capacidade eleitoral passiva).

Trata-se de um tema abordado pela CF de forma bastante detalhada, o que se reflete numa grande quantidade de questões de prova acerca dele.

9.1.1. Ativa (capacidade eleitoral ativa)

É o direito de votar, de participar *escolhendo* a via política a ser adotada pelo país. Exerce-se por aqueles que estão alistados como eleitores.

9.1.2. Passiva (capacidade eleitoral passiva)

É o direito de ser votado, se ser candidato. Traduz-se na prerrogativa de colocar o nome à disposição dos concidadãos para ser votado e, por conseguinte, se vitorioso, exercer um mandato eletivo. Perceba-se que, apesar de muitas vezes as bancas não adotarem uma nomenclatura clara e adequada, a rigor não existe um direito de *ser eleito*: o que existe é o direito de ser *votado* – e que, ainda assim, obviamente não é absoluto, pois é preciso que se preencham todas as condições de elegibilidade e, ainda assim, o candidato não incida em nenhuma hipótese de inelegibilidade, mais à frente estudadas.

A análise do preenchimento das condições de elegibilidade e da não incidência de nenhuma hipótese de inelegibilidade é verificada num ato administrativo-judicial chamado de "registro de candidatura" - ato vinculado (preenchidos os requisitos, é obrigatório o deferimento) – de responsabilidade dos juízes e tribunais eleitorais, conforme o âmbito da candidatura.

9.2. SUFRÁGIO

É o direito de participar da vida política nacional, de influir nas decisões políticas. De acordo com a doutrina, especialmente de José Afonso da Silva, trata-se de um direito público subjetivo: subjetivo porque consiste no direito de exigir de outra pessoa que faça ou permita algo (participar da eleição), e público porque o sujeito passivo (pessoa que tem obrigação de respeitar o direito) é o Estado.

O sufrágio deve ser universal, isto é, não se admite qualquer hipótese de sufrágio restrito (= discriminatório), tais como o sufrágio de gênero, censitário (= pela renda), racial (étnico) ou capacitário (= pelo grau de instrução). Aliás, o sufrágio universal é cláusula pétrea (art. 60, § 4º, II), não sendo lícita sua abolição nem mesmo por meio de emenda à Constituição.

Aprofundamento:
a evolução histórica do sufrágio no Brasil

Ressalte-se que nem sempre o Brasil adotou a regra do sufrágio universal. Ao contrário: entre nós, infelizmente já foram adotadas todas as formas de sufrágio restrito, ou discriminatório (o que, aliás, não é um caso isolado entre as nações do mundo ocidental).

Assim, por exemplo, a Constituição Imperial de 1824 adotava o sufrágio censitário, já que se exigia dos eleitores a comprovação de uma renda mínima; para ser candidato a deputado, a renda era ainda maior, e a candidatura ao Senado exigia uma comprovação de renda num patamar ainda mais acima. Se lembrarmos que nessa constituição também se adotava o sufrágio étnico, capacitário e de gênero, logo se percebe que a participação restringia-se a um corpo eleitoral muito diminuto.

Aliás, a ideia de sufrágio censitário constava já do primeiro projeto de constituição do Brasil, formulado pela Assembleia Constituinte (dissolvida por Dom Pedro) de 1823, que elaborou um texto cuja previsão era de um sufrágio condicionado à comprovação de renda mínima contada em alqueires de mandioca – por isso mesmo tendo ficado conhecida como a "Constituição da Mandioca".

A Constituição de 1891 pôs fim ao sufrágio censitário, e o sufrágio étnico tinha sido abolido pela Lei Áurea, ainda no final do Império. Contudo, o sufrágio feminino só foi conquistado, por meio de ações individuais, na década de 20 do século passado, mediante reivindicações das chamadas "sufragistas" (dentre elas, a mais conhecida talvez seja Nísia Floresta); somente no Código Eleitoral de 1932 e na Constituição de 1934 se permitiu às mulheres que votassem; a primeira eleição presidencial com sufrágio feminino efetivo foi apenas a de 1946!

Finalmente, o sufrágio capacitário só foi extinto na década de 80, quando se permitiu aos analfabetos que votassem. Na CF de 1988, foi-lhes permitido o voto, embora facultativo.

9.3. VOTO

É um dos instrumentos para o exercício do sufrágio; o mecanismo por meio do qual o povo influencia nas decisões políticas. Com efeito, o sufrágio (direito de participar das decisões políticas) é exercido por diversas formas: por meio de grupos de pressão, manifestações (reuniões), assim como por meio de consultas à população, sejam elas de forma prévia à pretendida mudança legislativa (plebiscito) ou para saber se a população aprova ou desaprova determinada lei já elaborada (referendo). Embora em vários países se adote uma diferença entre plebiscito e referendo de acordo com a matéria, vale lembrar que, no Brasil, a diferença está no momento da consulta (prévia – plebiscito; posterior – referendo, conforme já cobrado na prova Cespe/Abin/Oficial de Inteligência/2018). Há, ainda, outras formas de participação, tais como a apresentação de projetos de lei ao Legislativo, subscritos por uma parcela do eleitorado (iniciativa popular), a denúncia ao Judiciário da ilegalidade de atos (ação popular), a participação na gestão pública (conselhos, etc.) e até na elaboração orçamentária (orçamento participativo, que não tem previsão constitucional expressa, mas é estabelecido na Lei de Responsabilidade Fiscal).

Destaque-se ainda a existência de outras formas de participação popular direta não adotadas no Brasil, tais como o direito de revogação individual de mandatos (*recall*) ou até mesmo a revogação coletiva de mandatos, adotada em alguns cantões (Estados) da Suíça.

Questão de Concurso

(Cespe/TJBA/Juiz/2019) Assinale a opção que indica o instrumento da democracia direta ou participativa que constitui consulta popular ao eleitorado sobre a manutenção ou revogação de um mandato político.
a) *impeachment*
b) referendo
c) plebiscito
d) *recall*
e) moção de desconfiança

Gabarito comentado: D.
O *recall*, não adotado no Brasil, consiste na possibilidade de revogação de mandato por decisão popular, realizada mediante consulta (por isso mesmo conhecido, em outros ordenamentos, também como referendo revocatório).

No direito brasileiro atual, o voto tem as seguintes características:

9.3.1. Direto

Nós elegemos diretamente todos os representantes, e não algumas pessoas que vão eleger os representantes. Todos os mandatos eletivos, no Brasil, são preenchidos mediante eleição da população, ainda que variem os sistemas eleitorais (majoritário simples, majoritário absoluto, proporcional de lista aberta etc.).

Cuidado!

Na esfera federal, só existe um caso de voto indireto, mas que foi criado pelo próprio constituinte originário. É a hipótese do § 1º do art. 81 (quando houver vacância dos cargos de Presidente e de Vice-Presidente da República nos dois últimos anos do mandato).

Aprofundamento:
o voto indireto para Presidente da República

Na vigência da Constituição de 1967, com a EC n. 1/1969, a eleição para Presidente da República não se fazia de forma direta, mas sim indiretamente. O Presidente era eleito por um colégio eleitoral, formado, entre outros, por Deputados e Senadores. Na prática, porém, a Chefia de Estado e de Governo era definida pelos militares, cabendo ao colégio eleitoral apenas "referendar" essa escolha. Exceção seja feita ao último pleito realizado por esse sistema, em 1985, quando a chapa "civil" formada por Tancredo Neves e José Sarney derrotou, no colégio eleitoral, a chapa de apoio ao regime, liderada por Paulo Maluf. Isso aconteceu, porém, já no contexto da chamada "transição negociada" do Regime Militar para a democracia.

Aprofundamento:
o voto indireto nas demais esferas federativas

O STF entende que a regra do art. 81, § 1º (que define eleições presidenciais indiretas, feitas pelo Congresso Nacional, em caso de dupla vacância nos dois últimos anos do mandato) **não é de observância obrigatória**. Assim, os Estados podem, por exemplo, prever eleição direta nesses casos, porque não incide, nessa hipótese, o chamado princípio da simetria

9.3.2. Secreto

O voto é sigiloso; a cabine eleitoral é indevassável.

Aprofundamento:
o "voto de cabresto" na República Velha

Durante o período da chamada "República Velha" (1891-1930), a administração das eleições era feita pelo Poder Legislativo (não havia sido criada ainda a Justiça Eleitoral), o que levava à ocorrência de muitas fraudes eleitorais. Além disso, o voto era praticado "a descoberto", ou seja, era público. Essa característica jurídica levou a um fenômeno social conhecido como "voto de cabresto", uma das bases do chamado "coronelismo" (muito bem analisado na clássica obra de Victor Nunes Leal, "Coronelismo, Enxada e Voto"). Basicamente, o fato de o voto ser público permitia aos "coronéis" (pessoas com poder político e/ou econômico na região) controlar os votos que a população dava, ameaçando ou realizando represálias caso não se votasse no candidato desejado pela elite política local.

9.3.3. Periódico

O voto deve ser exercido em intervalos definidos de tempo, até porque os mandatos são temporários.

Perceba-se, no entanto, que a periodicidade do voto é definida de acordo com a própria duração dos mandatos, não havendo um determinado período fixo para que se exerça o direito de votar. Basta imaginar que, por exemplo, se se retomasse o mandato presidencial de cinco anos, a atual coincidência de eleições para Presidente, Governador, Deputados e Senadores (muitas vezes referida na legislação infraconstitucional como "eleição geral") deixaria de ocorrer.

9.3.4. Paritário ou igualitário

Voto com valor igual para todos. Trata-se da famosa fórmula americana do "one man, one vote". Infelizmente, nem sempre o voto teve essa característica, havendo notícias de países que adotava o voto múltiplo para pessoas com nível superior ou com muitos filhos (Inglaterra, por exemplo).

9.3.5. Obrigatório

Para a maioria da população, o voto é, ao mesmo tempo, um direito e um dever.

⚠ Atenção!

As quatro primeiras características são cláusulas pétreas, ou seja, não podem ser abolidas nem mesmo por emenda à Constituição (art. 60, § 4º, I, II e IV – o voto paritário decorre do direito à igualdade, que é um direito individual). No entanto, a obrigatoriedade do voto não é cláusula pétrea: pode ser extinta, desde que o seja por emenda constitucional.

📝 Questão de Concurso

(Cespe/TRT 21ª Região/Analista Judiciário – Execução de Mandados/2011) O voto, que deve ser exercido de forma direta, apresenta os caracteres constitucionais de personalidade, obrigatoriedade, liberdade, sigilosidade, igualdade e periodicidade. A igualdade revela-se no fato de que todos os cidadãos têm o mesmo valor no processo eleitoral.

Gabarito comentado: Correto.
As demais características do voto, todas corretas, são citadas pela doutrina do Direito Eleitoral.

🔎 Aprofundamento:
o voto no Brasil é mesmo obrigatório?

Claro que, em termos jurídicos, o voto no Brasil é obrigatório. Mas, na prática, dificilmente se pode defender a força normativa dessa disposição. Realmente, seja por questões culturais (baixo interesse em eleições) ou institucionais (valor irrisório da multa em caso de não comparecimento, possibilidade de justificar a ausência, etc.), os índices de abstenção no Brasil, mesmo em eleições presidenciais (que tradicionalmente tendem a mobilizar mais o eleitorado) são muito maiores do que várias nações que adotam o voto facultativo. Daí o questionamento, por exemplo, sobre a efetividade de muitas Propostas de Emenda à Constituição que pretendem abolir a obrigatoriedade do voto.

9.4. ESCRUTÍNIO

É o modo de exercício do sufrágio, a forma como se colhem os votos. É o que se chama, na linguagem comum, de eleição (na verdade, a eleição é um procedimento: o escrutínio – votação + apuração – é apenas uma das fases desse procedimento).

Na verdade, o voto é uma manifestação individual e personalíssima de vontade, e o escrutínio é o modo (a forma, a maneira) por intermédio da qual se pode mensurar essa vontade, chegando à vontade da maioria (uma das questões basilares, embora não a única, do próprio conceito de democracia).

Questão de Concurso

(FCC/DPE-PR/Defensor/2008) Percebe-se que o sufrágio universal, o voto e o escrutínio são sinônimos que integram a teoria dos direitos políticos positivos e a ideia nuclear da democracia.
Gabarito comentado: Errado.
Sufrágio, voto e escrutínio não são sinônimos.

Em resumo:

Portanto, o sufrágio é o *direito* de influenciar nas decisões políticas, ao passo que o voto é um dos *instrumentos* para o exercício desse direito, e o escrutínio é o *modo* de exercício do direito de sufrágio constitucionalmente assegurado.

9.5. ALISTAMENTO ELEITORAL

9.5.1. Proibido

Não podem alistar-se como eleitores os chamados inalistáveis:

a) os estrangeiros;

b) e, durante o serviço militar obrigatório, os conscritos.

Ressalva seja feita aos estrangeiros que detêm a chamada "quase nacionalidade", isto é, os portugueses equiparados (CF, art. 12, § 1º), que, conforme a literalidade do texto, são tratados assim como os brasileiros naturalizados. Para fins de provas de concursos, obviamente, estará correta a afirmativa de que os estrangeiros são inalistáveis, a não ser que se fale expressamente também dos portugueses equiparados.

Outra questão de aprofundamento diz respeito aos militares: os militares de carreira são alistáveis e até mesmo elegíveis (CF, art. 14, § 8º); os que são inalistáveis (e, por conseguinte inelegíveis) são os *conscritos*, isto é, os que estão prestando o serviço militar de natureza obrigatória (CF, art. 143) – que, vale lembrar, só atinge os homens, e, a depender da legislação ordinária, pode ser exercido no ano em que se completa dezoito anos ou posteriormente. De qualquer sorte, enquanto a pessoa estiver prestando o serviço militar obrigatório, qualquer que seja a idade em que isso aconteça, não poderá alistar-se como eleitor (ou, se já estiver inscrito, ficará com o título de eleitor suspenso durante tal período).

9.5.2. Obrigatório

O alistamento eleitoral e o voto são obrigatórios para quem tem entre 18 e 70 anos *e* é alfabetizado.

Note-se que a questão é puramente etária, nada tendo a ver com a capacidade civil ou penal. Logo, mesmo o menor que venha a ser emancipado civilmente não passará a ter o voto obrigatório, até chegar à idade constitucionalmente prevista (dezoito anos).

9.5.3. Facultativo

O alistamento eleitoral e o voto são facultativos para:

a) menores de 18 anos (e que sejam maiores de 16);
b) maiores de 70 anos;
c) analfabetos (qualquer que seja a idade).

Questão de Concurso

(FCC/TRF 3ª Região/Oficial de Justiça/2014) Sobre o alistamento eleitoral e o direito do voto, a Constituição Federal estabelece que

a) a facultatividade aplica-se apenas aos analfabetos, aos maiores de 70 anos e aos maiores de 16 e menores de 18 anos.
b) a facultatividade aplica-se somente aos analfabetos.
c) o voto no sistema eleitoral brasileiro é obrigatório a todos.
d) o alistamento eleitoral no sistema brasileiro é obrigatório a todos.
e) o alistamento é obrigatório, mas o voto é facultativo aos estrangeiros residentes no Brasil.

Gabarito: A.

9.6. CONDIÇÕES DE ELEGIBILIDADE (ART. 14, § 3º)

São os requisitos que qualquer pessoa deve preencher para poder ser eleito. O preenchimento dessas condições é, como dissemos, verificado no momento do registro de candidatura. De acordo com o art. 14, § 3º, são condições de elegibilidade (tema a ser regulamentado por meio de lei ordinária, e não lei complementar, que é o caso das hipóteses de inelegibilidade): a) o alistamento eleitoral (só pode ser candidato quem já seja eleitor, isto é, a capacidade eleitoral ativa é pressuposto para a capacidade eleitoral passiva); b) pleno gozo dos direitos políticos (quem está com os direitos perdidos ou suspensos, nos termos do art. 15 da CF, não pode ser candidato); c) nacionalidade brasileira (não se exige a condição de nato, apenas de brasileiro, exceto em relação aos chamados cargos privativos de brasileiros natos, listados no art. 12, § 3º, da CF); d) domicílio eleitoral na circunscrição; e) filiação partidária; e f) idade mínima. Entre eles, podemos destacar:

9.6.1. Filiação partidária

No Brasil, é preciso estar filiado a um partido político para poder ser eleito a um mandato eletivo. Não se admite, portanto, candidatura avulsa. Advirta-se, aliás, que essa não é uma constante nas democracias, verificando-se casos em que o Presidente pode ser eleito sem partido (EUA) ou até casos em que lhe é vedada a filiação partidária (Uruguai, por exemplo).

De qualquer forma, é preciso também registrar que, mesmo nos países que adotam as chamadas candidaturas avulsas, a quantidade de candidatos efetivamente eleitos sem a filiação a um partido ou sem apoio de uma máquina partidária costuma ser baixíssima.

Foi com base nessa regra que o TSE e o STF decidiram que a troca injustificada de partido (infidelidade partidária) durante o mandato gera a perda do cargo. Causas justificadas, segundo a jurisprudência, são, por exemplo: mudança de ideologia partidária, fundação de novo partido, perseguição etc.

⚠️ Atenção!

A perda do cargo em caso de infidelidade partidária aplica-se somente aos eleitos pelo sistema proporcional (deputados e vereadores), pois, nesse caso, o voto é dado na legenda e no candidato (o mandato é do "casal", partido + candidato, e, em caso de "divórcio", em regra fica com o partido, a não ser que este tenha "dado causa" ao "divórcio")[1].

Diferentemente, nos casos dos que são eleitos pelo sistema majoritário (prefeitos, governadores, presidente e senadores), a troca de partido não gera perda do mandato, pois este pertence apenas ao próprio candidato, já que no sistema majoritário vota-se na pessoa. Se de um divórcio se tratasse, seria como se o caso fosse de um regime de separação de bens, e o mandato pertencesse ao candidato.

📝 Questão de Concurso

(Cespe/TJBA/Juiz/2019) A CF prevê a proteção à fidelidade partidária, de modo que, nos cargos alcançados pelo sistema majoritário, a arbitrária desfiliação partidária implica renúncia tácita do mandato.

Gabarito comentado: Errado (os titulares de mandato eleitos pelo sistema majoritário não perdem o cargo por mudarem de partido).

9.6.2. Domicílio eleitoral na circunscrição

O candidato deve ter domicílio eleitoral na circunscrição em que pretende concorrer (Município, nas eleições para prefeito ou vereador; Estado, para Governador, Deputado ou Senador; e Brasil, para Presidente da República).

Segundo a jurisprudência do TSE e do STF, o domicílio eleitoral **não corresponde, necessariamente, ao domicílio civil** (o candidato pode ter residência em Brasília, por exemplo, mas ter mantido seu domicílio eleitoral no estado de origem).

9.6.3. Idade mínima

Quadro 9.1 – Idade mínima para o exercício de cargos

Idade (anos)	Cargo
18	Vereador
30	Governador Vice-Governador
35	Presidente da República Vice-Presidente da República Senador
21	Demais cargos eletivos: • Deputado (federal, estadual ou distrital) • Prefeito • Juiz de Paz • Ministro de Estado

---

[1] Trata-se da chamada teoria do mandato representativo partidário, desenvolvida em detalhes na obra doutrinária de Augusto Aras, Procurador-Geral da República.

⚠️ Atenção!

A capacidade eleitoral ativa é adquirida de uma só vez (facultativamente, aos dezesseis anos; obrigatoriamente, aos dezoito anos, sempre se a pessoa for alfabetizada), mas a capacidade eleitoral *passiva* é adquirida gradual e gradativamente (começa a ser conquistada aos dezoito anos, mas só termina de ser adquirida aos trinta e cinco anos, quando se passa a poder concorrer aos mandatos de Presidente da República, Vice-Presidente da República e Senador).

✋ Cuidado!

A idade mínima constitucionalmente definida deve estar preenchida na data prevista para a posse (e não no registro de candidatura, ou da eleição), exceto para o cargo de vereador: em relação a esse caso, a Lei n. 13.165/2015, passou a exigir os dezoito anos já no momento do registro de candidatura, a fim de evitar candidatos que não fossem penalmente imputáveis (lembre-se de que, à luz do art. 228 da CF, são penalmente inimputáveis os menores de dezoito anos).

Essa questão já foi cobrada em prova da FCC (AL-MS/Assistente Legislativo/2016).

📝 Questão de Concurso

(Cespe/MPPI/Promotor/2019) Conforme a Constituição Federal de 1988 quanto às condições de elegibilidade, o candidato está dispensado de comprovar

a) o alistamento eleitoral.
b) o domicílio eleitoral.
c) a nacionalidade.
d) a filiação sindical.
e) o pleno exercício de direitos políticos.

Gabarito comentado: D.
O que se exige do candidato é a filiação partidária, não a filiação sindical.

9.7. INELEGIBILIDADE

Acesse e assista à aula explicativa sobre este assunto.
http://uqr.to/1yj9g

São hipóteses que impedem a pessoa de ser candidato. Para ter a candidatura deferida, o pretendente a candidato (porque de candidato tecnicamente só se trata após o deferimento do pedido de registro de candidatura) deve preencher todas as condições de elegibilidade *e também* provar que não incide em nenhuma hipótese de elegibilidade.

Não se confundem as inelegibilidades com as condições de elegibilidade:

Quadro 9.2 – Distinções entre Inelegibilidades e Condições de elegibilidade

	Inelegibilidades	Condições de elegibilidade
Conteúdo	Situações em que a pessoa não pode incidir, sob pena de não poder ser eleita	Requisitos que a pessoa deve cumprir para poder ser eleita
Regulamentação	Por lei **complementar** (LC n. 64/90 e alterações)	Por lei **ordinária** (Lei n. 9.504/97 e alterações)
Previsão	Art. 14, §§ 5º a 9º	Art. 14, § 3º

9.7.1. Inelegibilidades absolutas

Impedem a pessoa de concorrer a qualquer cargo e em qualquer eleição. Enquanto durarem, essas hipóteses de inelegibilidade atingem todo e qualquer mandato eletivo.

9.7.1.1. *Inalistáveis*

Não podem registrar-se como eleitores os inalistáveis (relembre-se, os estrangeiros e os conscritos, isto é, os que prestam o serviço militar obrigatório); logo, não podem ser eleitos.

9.7.1.2. *Analfabetos*

Podem votar (o voto lhes é facultativo), mas não podem ser votados para cargo algum; são **alistáveis**, mas **inelegíveis**; possuem capacidade eleitoral **ativa**, mas não capacidade eleitoral **passiva**. Como não podem ser candidatos a cargo algum em eleição alguma, enquanto não forem alfabetizados, trata-se de uma hipótese de inelegibilidade absoluta.

✋ Cuidado!

O analfabetismo que acarreta a inelegibilidade absoluta é o analfabetismo propriamente dito (não saber ler nem escrever), e não o analfabetismo funcional (não saber compreender o que lê).

9.7.2. Inelegibilidades relativas

Impedem a candidatura a determinados cargos, e apenas durante um período determinado. Podem estar previstas na própria Constituição ou na legislação infraconstitucional (o rol pode ser ampliado – não é taxativo – desde que por meio de lei **complementar**).

9.7.2.1. *Inelegibilidade em virtude de exercício prévio de dois mandatos seguidos no Executivo (art. 14, § 5º)*

A reeleição (art. 14, § 5º) é permitida aos titulares de cargos do Executivo (Presidente/Governador/Prefeito) para **um só** período **subsequente (consecutivo)**. Até pode haver o exercício de três (ou mais) mandatos do Executivo, desde que não mais do que dois consecutivos. Note-se que a restrição à reeleição para um mandato subsequente constava da redação original da Constituição, mas a EC n. 16/1997 permitiu **uma** reeleição para um mandato seguido. É preciso perceber, também, que, **para cargos do Poder Legislativo, não há qualquer limitação à reeleição**.

Se o Chefe do Executivo desejar se candidatar novamente ao mesmo cargo, para um mandato subsequente (reeleição), não precisará se afastar das funções. Se, porém, desejar candidatar-se a **outros cargos**, deverá promover a desincompatibilização (art. 14, § 6º), isto é, deverá licenciar-se do cargo que ocupa até **seis** meses antes do pleito.

Algumas situações hipotéticas podem ajudar a fixar esses conceitos:

Quadro 9.3 – Hipóteses de candidaturas

Cargo ocupado	Cargo pretendido	Limite de reeleição	Necessidade de desincompatibilização
Presidente da República	Presidente da República (reeleição)	Sim	Não (só é necessária quando se candidatar a outros cargos)
Presidente da República	Senador	Não (no cargo de destino)	Sim
Senador	Senador	Não	Não
Senador	Presidente da República	Sim (no cargo de destino)	Não (pode ser candidato no exercício do mandato)
Governador	Governador (reeleição)	Sim	Não
Governador	Deputado	Não (no cargo de destino)	Sim
Deputado	Governador	Sim (no cargo de destino)	Não (pode ser candidato no exercício do mandato)
Prefeito	Prefeito (reeleição)	Sim	Não
Prefeito	Deputado	Não (no cargo de destino)	Sim
Vereador	Vereador	Não	Não
Vereador	Prefeito	Sim (no cargo de destino)	Não (pode ser candidato no exercício do mandato)

Perceba-se que a necessidade ou não de se desincompatibilizar não depende do cargo de origem (se do Legislativo ou do Executivo), mas sim do cargo ocupado: quem ocupa cargo do Poder Executivo precisa se desincompatibilizar para ser candidato a qualquer outro cargo (do Legislativo ou do Executivo).

Aprofundamento:
a reeleição do Vice

Interessante notar que não há limite de reeleição no cargo de vice, uma vez que não é titular de mandato. Assim, pode alguém exercer quatro (ou mais) vezes consecutivas o posto de Vice-Presidente da República, por exemplo. Mas, se suceder o titular ("herdar" o mandato"), isso já contará como um mandato: poderá ser candidato na eleição seguinte, mas já à reeleição (o período em que sucede o titular conta como se fosse um mandato inteiro).

Alguém pode ser Presidente da República duas vezes consecutivas e, na eleição imediatamente seguinte, ser candidato a Vice em uma chapa? A resposta é negativa, já que isso poderia permitir uma fraude à Constituição (atingimento de finalidade inconstitucional por meios aparentemente legítimos): bastaria o novo titular eleito renunciar ao mandato, para que o Vice (anterior Presidente) assumisse e, assim, conseguisse um terceiro mandato consecutivo.

Cuidado!

O STF considerou **inconstitucional** a situação do chamado "prefeito itinerante", por meio da qual alguém que foi duas vezes seguidas prefeito de um Município mudava de domicílio eleitoral para tentar um terceiro mandato seguido, só que em outro Município.

Confira: "O art. 14, § 5º, da Constituição deve ser interpretado no sentido de que a proibição da segunda reeleição é absoluta e torna inelegível para determinado cargo de chefe do Poder Executivo o cidadão que já exerceu dois mandatos consecutivos (reeleito uma única vez) em cargo da mesma natureza, **ainda que em ente da Federação diverso**".
Embora o caso concreto fosse de candidatura ao cargo de Prefeito, a mesma lógica aplica-se aos governadores.

9.7.2.2. Inelegibilidade em virtude do parentesco (inelegibilidade reflexa) (art. 14, § 7º)

Os cônjuges, companheiros ou parentes (consanguíneos – ascendente em comum - ou afins – adquiridos com o casamento, no mesmo grau que o cônjuge, ou por adoção) dos Chefes do Executivo ou de quem os haja sucedido ou substituído nos seis meses anteriores à eleição não podem candidatar-se a cargos (do Legislativo ou do Executivo) na mesma circunscrição do titular. Trata-se da chamada inelegibilidade reflexa, pois o inelegível não está nessa situação por si só, mas por causa de outra pessoa, seu parente. Observe que a inelegibilidade fica restrita ao território de circunscrição do titular. Se o parente foi Governador, a pessoa não poderá ser candidato a cargo cuja eleição ocorra no Estado (inclusive Senador e Deputado Federal). Se for o Presidente da República, não poderá o parente ser candidato a cargo algum no Brasil.

Ademais, essa inelegibilidade diz respeito aos parentes de titulares de cargos do **Executivo** (Presidente, Governador e Prefeito). Parentes de Deputados, Senadores e Vereadores não são alcançados pela regra restritiva. Há outra ressalva: se o parente em questão já for titular de mandato eletivo, pode ele, se for o caso, candidatar-se à reeleição.

Pode-se, então, estruturar a análise a partir de regras do "se-então" e das respectivas ampliações e exceções:

Regra: *se* alguém é titular de mandato do Poder Executivo (Presidente, Governador ou Prefeito), *então* seu cônjuge, seu companheiro (inclusive homoafetivo) ou seus parentes (consanguíneos, afins ou por adoção) não poderão ser candidatos a nada (nem do Legislativo, nem do Executivo) dentro do mesmo território do titular.

Vejamos exemplos:

Quadro 9.4 – Inelegibilidade Reflexa

Cargo	Gera inelegibilidade para os parentes?	Quais os cargos aos quais os parentes não poderão ser candidatos?
Vereador	Não (é cargo do Legislativo)	Não se aplica
Prefeito	Sim	Vereador (no mesmo Município) Prefeito (a não ser que seja "em substituição" ao parente)
Deputado Estadual	Não (é cargo do Legislativo)	Não se aplica
Deputado Federal	Não (é cargo do Legislativo)	Não se aplica
Senador	Não (é cargo do Legislativo)	Não se aplica
Governador	Sim	Vereador (em qualquer Município dentro do mesmo Estado) Prefeito (em qualquer Município dentro do mesmo Estado) Deputado Estadual ou Federal (pelo mesmo Estado) Senador (pelo mesmo Estado)
Presidente da República	Sim	Todos os cargos, em todo o território nacional (a não ser que seja "em substituição" ao titular)

✋ Cuidado!

Para ser candidato num território *mais amplo*, não há qualquer tipo de inelegibilidade. Assim, por exemplo, o marido da Governadora pode ser candidato a Presidente da República, porque se trata de um território *mais amplo* (isto é, não está *dentro* do território da titular). Da mesma forma, a esposa do Prefeito pode ser candidata a Governadora, porque o Estado não está *dentro* do Município (e sim o contrário).

📝 Questão de Concurso

(Cespe/TJES/Analista Judiciário – Área Administrativa/2011) Considere a seguinte situação hipotética. José, que jamais exerceu qualquer cargo eletivo, é irmão de Josias, que, por sua vez, é prefeito de determinado município. Nessa situação, caso José pretenda lançar-se candidato a vereador, sua candidatura não poderá ser apresentada no mesmo município em que seu irmão Josias é prefeito.

Gabarito comentado: Correto.
Como Josias é prefeito (cargo do Executivo), seus parentes não podem ser candidatos a cargo algum no mesmo território em que ele exerce o mandato (regra geral). Como José não era titular de mandato eletivo, não se enquadra na exceção prevista no final do art. 14, § 7º, sendo realmente inelegível.

⚠️ Atenção!

As inelegibilidades pelo parentesco aplicam-se mesmo às eleições suplementares (extemporâneas), realizadas em caso de vacância do cargo de titular e de seus substitutos, conforme já decidiu o STF: "As hipóteses de inelegibilidade previstas no art. 14, § 7º, da Constituição Federal, inclusive quanto ao prazo de seis meses, são aplicáveis às eleições suplementares." (Tema n. 781 da Repercussão Geral do STF).

✋ Cuidado!

Se alguém já é titular de mandato eletivo, pode concorrer à reeleição, mesmo que o cônjuge ou parente seja titular de cargo do Executivo: trata-se da ressalva final do art. 14, § 7º ("salvo se já titular de mandato eletivo e candidato à reeleição").

🔍 Veja Bem!

A dissolução da sociedade ou do vínculo conjugal, no curso do mandato, não afasta a inelegibilidade prevista no § 7º do art. 14 da Constituição Federal (Súmula Vinculante 18). Porém, essa regra só se aplica aos casos de dissolução da sociedade conjugal por divórcio, não por morte de um dos cônjuges, sendo o cônjuge sobrevivente, portanto, elegível (Tema n. 678 da Repercussão Geral do STF).

📝 Questão de Concurso

FGV – OAB – Advogado – XXXI Exame de Ordem Unificado – 2020) José Maria, no ano de 2016, foi eleito para exercer o seu primeiro mandato como Prefeito da Cidade Delta, situada no Estado Alfa. Nesse mesmo (ano, a filha mais jovem de José Maria, Janaína (22 anos), elegeu-se vereadora e já se organiza para um segundo mandato como vereadora. Rosária (26 anos), a outra filha de José Maria, animada com o sucesso da irmã mais nova e com a popularidade do pai, que pretende concorrer à reeleição, faz planos para ingressar na política, disputando uma das cadeiras da Assembleia Legislativa do Estado Alfa. Diante desse quadro, a família contrata um advogado para orientá-la. Após analisar a situação, seguindo o sistema jurídico-constitucional brasileiro, o advogado afirma que:

a) as filhas não poderão concorrer aos cargos almejados, a menos que José Maria desista de concorrer à reeleição para o cargo de chefe do Poder Executivo do Município Delta;

b) Rosária pode se candidatar ao cargo de deputada estadual, mas Janaína não poderá se candidatar ao cargo de vereadora em Delta, pois seu pai ocupa o cargo de chefe do Poder Executivo do referido município;

c) as candidaturas de Janaína, para reeleição ao cargo de vereadora, e de Rosária, para o cargo de deputada estadual, não encontram obstáculo no fato de José Maria ser prefeito de Delta;

d) Janaína pode se candidatar ao cargo de vereadora, mas sua irmã Rosária não poderá se candidatar ao cargo de deputada estadual, tendo em vista o fato de seu pai exercer a chefia do Poder Executivo do município.

> Gabarito comentado: C (art. 14, § 7º: "São inelegíveis, no território de jurisdição do titular, o cônjuge e os parentes consanguíneos ou afins, até o segundo grau ou por adoção, do Presidente da República, de Governador de Estado ou Território, do Distrito Federal, de Prefeito ou de quem os haja substituído dentro dos seis meses anteriores ao pleito, salvo se já titular de mandato eletivo e candidato à reeleição"; assim, Janaína é elegível porque, já sendo vereadora, pode concorrer à reeleição; e Rosária também é elegível porque candidata num território mais amplo do que aquele em que o pai é Prefeito, escapando à inelegibilidade).

9.7.2.3. *Outros casos previstos em lei complementar (art. 14, § 9º)*

Os casos de inelegibilidade previstos na CF não são taxativos: podem ser previstas outras hipóteses, desde que a previsão se faça por meio de lei **complementar**. Um exemplo é a chamada "Lei da Ficha Limpa" (Lei Complementar n. 135, de 2010, que alterou a Lei n. 64, de 1990), que previu novas hipóteses de inelegibilidade (basicamente, para os condenados por órgão colegiado (júri, tribunal de 2ª instância) por determinados crimes.

Questão de Concurso

> (Cespe/TRF 5ª Região/Juiz Federal/2011) As hipóteses de inelegibilidade, por configurarem circunstâncias que impedem o cidadão de exercer total ou parcialmente a capacidade eleitoral passiva, constam de rol taxativo previsto na CF.
>
> Gabarito comentado: Errado.
> As hipóteses de inelegibilidade formam um rol meramente exemplificativo. Podem ser ampliadas por lei complementar.

Aprofundamento:
a Lei da Ficha Limpa é constitucional?

O STF teve que se debruçar sobre diversos questionamentos contra a chamada "Lei da Ficha Limpa". O principal deles, em relação a eventual violação ao princípio da presunção de inocência, uma vez que se impede a candidatura mesmo antes do trânsito em julgado "total". A Corte terminou por considerar que é constitucional prever esse impedimento da candidatura antes do trânsito em julgado, uma vez que o § 9º do art. 14 (obra, em linhas gerais, do constituinte originário) já prevê a inelegibilidade para proteger a moralidade administrativa, *considerada a vida pregressa*.

Mais ainda: o STF considerou que a lei citada pode se aplicar mesmo a fatos anteriores à sua vigência (como, por exemplo, ao prever a inelegibilidade para quem renunciasse "para evitar punição").

9.8. PERDA E SUSPENSÃO DOS DIREITOS POLÍTICOS – A VISÃO DAS BANCAS

9.8.1. Considerações teóricas

Como quaisquer direitos, os relativos à participação política também não são absolutos. Ao contrário, podem ser restringidos, seja por meio da perda ou da suspensão.

A cassação de direitos políticos é vedada (proibida) no Brasil. Tal instituto consistia na declaração unilateral do Poder Executivo, por motivos ideológicos, de que a pessoa por ela atingida não mais poderia exercer os direitos políticos, geralmente de modo definitivo. Justamente por isso, seria, hoje, inconstitucional, por violar a garantia da proibição das penas de caráter perpétuo e a cláusula do devido processo legal.

Cuidado!

O que pode haver é a cassação do mandato, mas que configura uma espécie do que a CF chama de perda do mandato (art. 55). A cassação dos direitos políticos é proibida pelo *caput* do art. 15.

As restrições possíveis no ordenamento brasileiro são a perda e a suspensão dos direitos políticos. Costuma-se dizer que a perda ocorre de modo definitivo, com o que não concordamos, pois, dessa forma, estaríamos diante de uma pena de caráter perpétuo. Na realidade, existem duas distinções entre a perda e a suspensão dos direitos políticos.

Primeiramente, a perda ocorre por prazo **indeterminado** (o que não quer dizer definitivo), ao passo que a suspensão pode ocorrer por prazo **determinado** ou **indeterminado**. Por outro lado, a perda permite, sim, a reaquisição dos direitos políticos, mas essa reaquisição não se dá de forma automática (é preciso alistar-se novamente como eleitor). Ao revés, a suspensão permite a reaquisição automática dos direitos políticos. Por exemplo: a condenação criminal transitada em julgado é causa de suspensão, pois, uma vez cessada a condenação, a pessoa readquire automaticamente os direitos políticos. Já no caso do cancelamento da naturalização (hipótese de perda), mesmo que a pessoa consiga anular o cancelamento da naturalização, será necessário alistar-se novamente como eleitor (pois a reaquisição dos direitos não é automática).

São hipóteses de **suspensão dos direitos políticos**:

a) **a incapacidade civil absoluta (art. 15, inciso I)**

Tome cuidado porque a incapacidade civil meramente relativa não afeta o exercício dos direitos políticos. Apenas a incapacidade civil *absoluta* que causa a restrição aos direitos políticos.

b) **improbidade administrativa (art. 15, V), nos termos do art. 37, § 4º, da CF**

> ⚠️ **Atenção!**
>
> A condenação por improbidade administrativa acarreta a *perda* da *função pública*, mas a *suspensão* dos direitos políticos – mas isso apenas depois do trânsito em julgado da condenação, nos termos do art. 22 da Lei de Improbidade Administrativa (Lei n. 8.429/1992).

c) **condenação criminal transitada em julgado (art. 15, III), enquanto durarem seus efeitos**

> ✋ **Cuidado!**
>
> A condenação penal transitada em julgado acarreta a suspensão dos direitos políticos, enquanto durarem seus efeitos, independentemente de a condenação ser por crime hediondo ou de menor potencial ofensivo, na forma tentada ou consumada, por conduta dolosa ou culposa, ou mesmo uma contravenção penal, ainda que a pena de prisão (privativa de liberdade) seja substituída por sanção restritiva de direitos ("pena alternativa"): "A suspensão de direitos políticos prevista no art. 15, inc. III, da Constituição Federal aplica-se no caso de substituição da pena privativa de liberdade pela restritiva de direitos." (Tema n. 370 da Repercussão Geral do STF).

📝 Questão de Concurso

(FGV/TJPR/Juiz/2021) João requereu o registro de sua candidatura, perante a Justiça Eleitoral, para concorrer a cargo eletivo no âmbito da União. Maria ingressou com ação de impugnação ao registro, sob o argumento de que João estaria com a sua cidadania passiva restringida, por estar cumprindo pena restritiva de direitos, em substituição à pena privativa de liberdade, aplicada, pela Justiça Estadual, em processo penal no qual fora condenado com sentença transitada em julgado. A tese de Maria:

a) deve ser acolhida, pois a condenação penal, ainda que aplicada pena restritiva de direitos nos termos descritos, configura óbice, enquanto produzir efeitos, a que João concorra a um cargo eletivo;

b) não deve ser acolhida, pois a cidadania passiva, por ter estatura constitucional, é insuscetível de ser restringida, sendo certo que a condenação criminal produz efeitos outros que não este;

c) não deve ser acolhida, pois a condenação penal, para que produza os efeitos pretendidos por Maria, deve ser proferida por órgão jurisdicional do mesmo nível federativo do cargo em disputa;

d) não deve ser acolhida, pois apenas o cumprimento de pena privativa de liberdade constitui óbice a que o agente concorra a mandato eletivo, qualquer que seja o nível federativo;

e) deve ser acolhida, pois, para que uma pessoa concorra a cargo eletivo, não pode ter qualquer condenação penal inscrita em sua folha de antecedentes criminais.

Gabarito comentado: A (art. 15, III: é causa de suspensão dos direitos políticos "condenação criminal transitada em julgado, enquanto durarem seus efeitos", o que ocorre "independentemente da natureza da pena imposta [privativa de liberdade, restritiva de direitos, suspensão condicional da pena, dentre outras hipóteses]" STF, Pleno, RE 601.182, voto do red. do ac. min. Alexandre de Moraes, j. 8-5-2019, *DJe* de 2-10-2019, Tema 370 da Repercussão Geral).

> ⚠️ **Atenção!**
>
> Costuma-se dizer que "preso não vota", o que é falso. Na realidade, o fato de estar preso ou solto é irrelevante: pode-se estar preso e votar (é o caso dos presos provisórios), assim como é possível estar solto e não votar (no caso de alguém que esteja em regime aberto, ou mesmo cumprindo livramento condicional – está com uma condenação transitada em julgado produzindo efeitos).

Por outro lado, a **perda** ocorrerá nos casos de cancelamento de naturalização por sentença transitada em julgado (art. 15, I) e recusa de cumprir obrigação legal a todos imposta ou prestação social alternativa (art. 15, IV).

Quadro 9.5 – Distinções entre perda e suspensão dos direitos políticos

Restrição	Prazo	Reaquisição dos direitos	Hipóteses
Perda	Indeterminado	Não automática (o sujeito deve alistar-se novamente)	Art. 15, I e IV (para a doutrina)
Suspensão	Determinado ou indeterminado	Automática	Art. 15, II, III e V; art. 15, IV (segundo a lei)

Aprofundamento:
existem causas de perda ou suspensão dos direitos políticos não previstas no art. 15?

A resposta é sim (e isso já caiu em prova de concurso: Cespe/DPE-PE/Defensor/2018). Segundo Gilmar Ferreira Mendes, o caso é a perda da nacionalidade decorrente de naturalização voluntária em outro país. Isso porque, conforme o art. 12, § 4º, II, o caso é de perda da nacionalidade, mas o art. 15 não refere a hipótese como causa de perda dos direitos políticos. Contudo, obviamente, se ocorre a perda da nacionalidade, só pode ocorrer também a perda dos direitos políticos, pois a nacionalidade é pressuposto para a cidadania.

Questões de Concurso

(Cespe/DPE-PE/Defensor/2018) A recuperação dos direitos políticos é possível na hipótese de suspensão, mas não em caso de perda desses direitos.
Gabarito comentado: Errado.
Mesmo no caso de perda dos direitos políticos, é possível que haja a reaquisição dos direitos perdidos. A diferença entre a perda e a suspensão está na forma de reaquisição: automática, no caso de suspensão; não automática, no caso de perda. Imagine-se, por exemplo, alguém que tem a naturalização cancelada por sentença transitada em julgado (CF, art. 12, § 4º, I, c/c art. 15, I), mas consegue anular a sentença (por meio de ação rescisória). Conseguirá, também, desfazer a perda dos direitos políticos, embora de forma não automática.

(Cespe/DPE-PE/Defensor/2018) Tanto na perda quanto na suspensão dos direitos políticos, somente a capacidade eleitoral ativa é atingida.
Gabarito comentado: Errado.
Em ambos os casos, há a restrição aos direitos políticos – tanto ativos (direito de votar) quanto passivos (direito de ser votado). É justamente por atingirem também o direito de votar que a perda e suspensão dos direitos políticos são consideradas mais amplas que a inelegibilidade, que atinge apenas a capacidade eleitoral passiva.

(Cespe/DPE-PE/Defensor/2018) A perda dos direitos políticos corresponde à cassação dos direitos políticos.
Gabarito comentado: Errado.
A cassação era um procedimento arbitrário, por meio do qual o Presidente da República tirava os direitos políticos de alguém, sem possibilidade de recurso ao Judiciário, por um determinado período. Esse instituto foi proibido pela CF de 1988 (art. 15, caput).

> (Cespe/DPE-PE/Defensor/2018) Condenação criminal transitada em julgado motiva a perda dos direitos políticos.
>
> **Gabarito comentado: Errado.**
> A condenação criminal transitada em julgado, como tem prazo necessariamente determinado, gera a suspensão dos direitos políticos, e não a perda.

> (Cespe/DPE-PE/Defensor/2018) A aquisição voluntária de outra nacionalidade implica perda da nacionalidade brasileira e, consequentemente, dos direitos políticos.
>
> **Gabarito comentado: Correto.**
> O caso é a perda da nacionalidade decorrente de naturalização voluntária em outro país. Isso porque, conforme o art. 12, § 4º, II, o caso é de perda da nacionalidade, mas o art. 15 não refere a hipótese como causa de perda dos direitos políticos. Contudo, obviamente, se ocorre a perda da nacionalidade, só pode ocorrer também a perda dos direitos políticos, pois a nacionalidade é pressuposto para a cidadania.

Divergência: doutrina majoritária x lei!

*No caso do art. 15, IV (recusa em cumprir obrigação legal a todos imposta), há divergência entre a doutrina e a legislação. Segundo a quase unanimidade da doutrina, **trata-se de um caso de perda** (posição, entre outros, de José Afonso da Silva, Alexandre de Moraes, Gilmar Ferreira Mendes, André Ramos Tavares, Pedro Lenza, entre outros). Afinal, mesmo que a pessoa cumpra a obrigação não adimplida, será necessário alistar-se novamente como eleitor (a reaquisição não é automática). Já as leis que tratam do serviço militar obrigatório e da participação no tribunal do Júri falam em suspensão dos direitos políticos.*

E na prova? O que marcar (perda ou suspensão)? As bancas elaboradoras não costumam cobrar esse tema, já por causa da divergência.

9.8.2. Posição do Cespe

O Cespe cobrou esse tema na prova da Abin para Agente de Inteligência (2008) e deu como resposta a suspensão. Houve recurso, sugerido por nós, e o Cespe anulou a questão, o que dava a entender que o tema não deveria ser cobrado novamente.

Contudo, na prova Cespe/TRF 5ª Região/Juiz Federal/2011, o gabarito **oficial definitivo** considerou correta a afirmação de que se trata de um caso de **perda** dos direitos políticos. Veja a questão:

Questão de Concurso

> (Cespe/TRF 5ª Região/Juiz Federal/2011) Apesar de a prestação de serviço militar ser obrigatória, a recusa em cumpri-la é admitida sob a alegação do direito de escusa de consciência, cabendo, nesse caso, às Forças Armadas atribuir àquele que exercer esse direito serviço alternativo em tempo de paz, cuja recusa enseja como sanção a declaração da perda dos direitos políticos.
>
> **Gabarito: Certo.**

9.8.3. Posição da FCC

A FCC, na prova TJRR/Juiz/2008, considerou correta a alternativa que dizia ser tal hipótese de **suspensão**. Vejamos:

📝 Questão de Concurso

(FCC/TJRR/Juiz Substituto/2008) A recusa de cumprimento de obrigação a todos imposta ou prestação alternativa, acarreta
a) somente a imposição de pena pecuniária.
b) a cassação dos direitos políticos.
c) a perda dos direitos políticos.
d) a suspensão dos direitos políticos.
e) somente a aplicação de pena privativa de liberdade.

Gabarito: D.

Contudo, a mesma banca (FCC), em questão de 2012, afirmou que a mesma hipótese acarretaria a **perda** dos direitos políticos. Vejam só:

📝 Questão de Concurso

(FCC/TCE-AP/Técnico de Controle Externo/2012) Em relação à liberdade de crença, estabelece a Constituição que
a) o Estado brasileiro, por ser laico, não pode prestar assistência religiosa em entidades de internação coletiva.
b) uma pessoa perderá direitos políticos caso alegue motivo de crença religiosa para se livrar do cumprimento de obrigação a todos imposta e se oponha a cumprir prestação alternativa.
c) a garantia do livre exercício dos cultos religiosos não abrange a proteção do estrangeiro por motivos de segurança nacional.
d) as igrejas, para professarem seus cultos, dependem de autorização administrativa, a qual será negada a instituições que utilizam práticas de curandeirismo.
e) as igrejas, para serem proprietárias de bens imóveis, devem adquirir personalidade jurídica que as equipare às fundações.

Gabarito: B.

É bem verdade que a primeira questão tem um **peso** maior, em termos de indicar a posição da banca, pois tratou especificamente desse tema (perda e suspensão dos direitos políticos), e, na questão de 2012, as demais alternativas eram absurdas. Mas, de qualquer forma, trata-se de questão recente.

Ao que parece, a melhor posição a adotar, no caso da FCC, é considerar que, em regra, trata-se de suspensão, mas deve-se olhar com atenção as alternativas, para, até por eliminação, chegar-se à resposta. Não necessariamente a correta, mas aquela que a banca deseja.

9.8.4. Posição da FGV

Veja essa questão da FGV:

(FGV/CGU/Auditor/2022) Maria foi convocada, pelo poder público, para desempenhar determinada atividade de interesse coletivo prevista em lei, uma única vez, em determinado dia da semana. De posse do instrumento de convocação, compareceu à repartição e comunicou que não iria participar da referida atividade, que considerava injustificável à luz da razão humana, afrontando, com isso, a filosofia racionalista da qual era prosélita. À luz da sistemática constitucional, é correto afirmar que Maria agiu de maneira:

a) lícita, mas deve cumprir prestação alternativa prevista em lei, sob pena de ter os direitos políticos suspensos em caso de recusa;

b) lícita, mas somente se a lei prever uma prestação alternativa passível de ser cumprida, caso contrário, deve sofrer as sanções previstas em lei;

c) ilícita, pois a objeção de consciência deve estar lastreada em crença religiosa, não em convicção filosófica, estando sujeita às sanções cominadas em lei;

d) lícita, desde que a lei que instituiu a obrigação preveja expressamente a faculdade de não ser cumprida, daí decorrendo a incidência das sanções cominadas;

e) ilícita, pois a recusa em cumprir obrigação legal a todos imposta, em qualquer caso, afronta a isonomia, devendo ser privada de sua cidadania nas acepções ativa e passiva.

A resposta dada pela banca foi a letra A (art. 5º, VIII: "ninguém será privado de direitos por motivo de **crença religiosa ou de convicção filosófica ou política**, salvo se as invocar para eximir-se de obrigação legal a todos imposta e recusar-se a cumprir **prestação alternativa, fixada em lei**"; a dupla recusa é que é considerada ato ilícito, levando à suspensão ou perda – há divergência doutrinária – dos direitos políticos: art. 15, IV: "É vedada a cassação de direitos políticos, cuja perda ou suspensão só se dará nos casos de: (...) IV – recusa de cumprir obrigação a todos imposta ou prestação alternativa, nos termos do art. 5º, VIII"). Como se percebe, a FGV tem considerado que tal hipótese é de **suspensão** dos direitos políticos.

Quadro 9.6 – Posição das Bancas de Concursos

Banca	Cespe	FCC	FGV
Posição	Perda	Suspensão (?)	Suspensão
Prova	TRF 1ª Região/Juiz/2011	TJ-RR/Juiz/2008 (questão específica: gabarito **suspensão**) TCE-AP/Técnico/2012 (gabarito: **perda**)	CGU/Auditor/2022

9.9. ANTERIORIDADE DA LEI ELEITORAL (ART. 16)

Por questões de segurança jurídica e de estabilidade das regras democráticas, a CF estabelece que a lei que alterar o processo eleitoral (ou seja, as regras de eleição, *inclusive sobre campanha eleitoral e inelegibilidades*) entra em vigor na data de sua publicação, mas não se aplica às eleições realizadas há menos de um ano de sua vigência. Ou seja:

Lei eleitoral:
Entrada em vigor – data de sua publicação
Aplicação – pelo menos um ano após a sua vigência

Quadro 9.7 – Direitos Políticos (Resumo)

Cidadania	Ativa	Direito de votar
	Passiva	Direito de ser votado
Sufrágio	Direito de participação	É universal (cláusula pétrea)
Voto	Instrumento para o exercício do sufrágio	Direito (cláusula pétrea)
		Secreto (cláusula pétrea)
		Periódico (cláusula pétrea)
		Paritário (cláusula pétrea)
		Obrigatório (não é cláusula pétrea)
Escrutínio	Modo de exercício do sufrágio	Corresponde a votação + eleição
Alistamento eleitoral	Proibido	Inalistáveis (estrangeiros e conscritos)
	Obrigatório	Pessoas entre 18 e 70 anos que forem alfabetizadas
	Facultativo	Menores de 18 anos (e maiores de 16 anos); maiores de 70 anos; analfabetos
Condições de elegibilidade	14, § 3º (regulados por lei ordinária)	Idade mínima, filiação partidária etc.
Inelegibilidades (art. 14, §§ 5º a 9º): reguladas por lei complementar	Absolutas	• Analfabetos • Inalistáveis
	Relativas	• Prévio exercício por duas vezes consecutivas de mandato do Executivo • Reflexa (parentesco): lembrar que a dissolução do vínculo não vale para a eleição imediatamente seguinte (Súmula Vinculante nº 18) • Outros casos previstos em lei complementar (o rol não é taxativo)
Perda e suspensão	Perda	Cancelamento da naturalização e recusa em cumprir obrigação legal
	Suspensão	Incapacidade civil absoluta, condenação criminal transitada em julgado ou improbidade administrativa

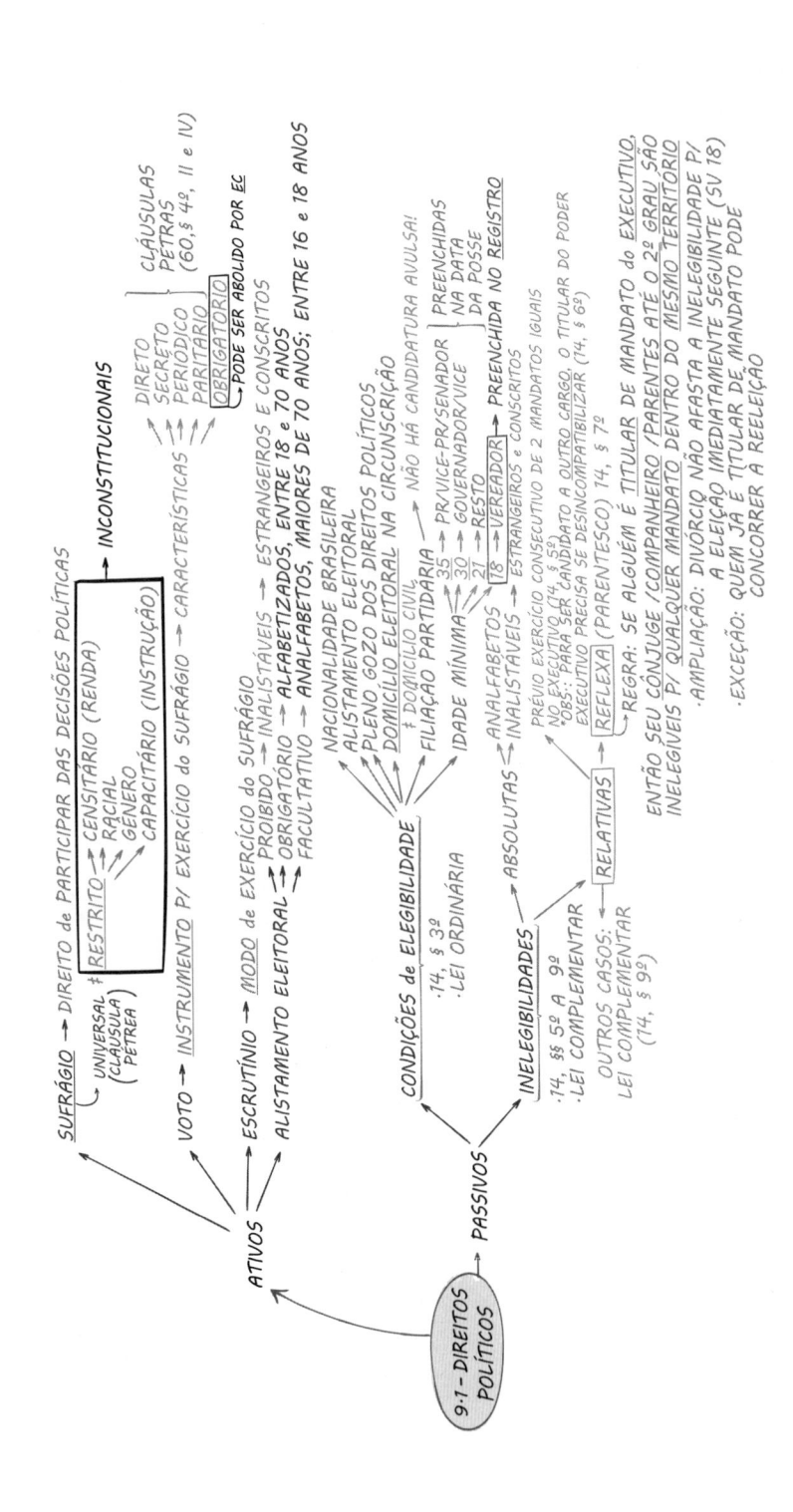

Esquemas

9.1 - DIREITOS POLÍTICOS

ATIVOS
- SUFRÁGIO → DIREITO de PARTICIPAR DAS DECISÕES POLÍTICAS
  - UNIVERSAL (CLÁUSULA PÉTREA)
  - RESTRITO ⇄ CENSITÁRIO (RENDA) / RACIAL / GÊNERO / CAPACITÁRIO (INSTRUÇÃO) → INCONSTITUCIONAIS
- VOTO → INSTRUMENTO P/ EXERCÍCIO do SUFRÁGIO → CARACTERÍSTICAS:
  - DIRETO
  - SECRETO
  - PERIÓDICO
  - PARITÁRIO
  - OBRIGATÓRIO → PODE SER ABOLIDO POR EC
  - CLÁUSULAS PÉTREAS (60, § 4º, II e IV)
- ESCRUTÍNIO → MODO de EXERCÍCIO do SUFRÁGIO
- ALISTAMENTO ELEITORAL
  - PROIBIDO → INALISTÁVEIS → ESTRANGEIROS E CONSCRITOS
  - OBRIGATÓRIO → ALFABETIZADOS, ENTRE 18 e 70 ANOS
  - FACULTATIVO → ANALFABETOS, MAIORES DE 70 ANOS; ENTRE 16 e 18 ANOS

PASSIVOS
- CONDIÇÕES de ELEGIBILIDADE
  - NACIONALIDADE BRASILEIRA
  - ALISTAMENTO ELEITORAL
  - PLENO GOZO DOS DIREITOS POLÍTICOS
  - DOMICÍLIO ELEITORAL NA CIRCUNSCRIÇÃO ≠ DOMICÍLIO CIVIL
  - FILIAÇÃO PARTIDÁRIA → NÃO HÁ CANDIDATURA AVULSA!
  - IDADE MÍNIMA
    - 35 → PR/VICE-PR/SENADOR
    - 30 → GOVERNADOR/VICE
    - 27 → RESTO
    - 18 → VEREADOR
    - PREENCHIDAS NA DATA DA POSSE
    - PREENCHIDA NO REGISTRO (14, § 6º)
- INELEGIBILIDADES
  - 14, §§ 5º A 9º
  - LEI ORDINÁRIA
  - ABSOLUTAS → ANALFABETOS / INALISTÁVEIS → ESTRANGEIROS e CONSCRITOS
  - RELATIVAS
    - PRÉVIO EXERCÍCIO CONSECUTIVO DE 2 MANDATOS IGUAIS
    - NO EXECUTIVO (14, § 5º). PARA SER CANDIDATO A OUTRO CARGO, O TITULAR DO PODER EXECUTIVO PRECISA SE DESINCOMPATIBILIZAR (14, § 6º)
    - OBS.:
    - REFLEXA (PARENTESCO) 14, § 7º
      - REGRA: SE ALGUÉM É TITULAR DE MANDATO do EXECUTIVO, ENTÃO SEU CÔNJUGE / COMPANHEIRO / PARENTES ATÉ O 2º GRAU SÃO INELEGÍVEIS P/ QUALQUER MANDATO DENTRO DO MESMO TERRITÓRIO
      - AMPLIAÇÃO: DIVÓRCIO NÃO AFASTA A INELEGIBILIDADE P/ A ELEIÇÃO IMEDIATAMENTE SEGUINTE (SV 18)
      - EXCEÇÃO: QUEM JÁ É TITULAR DE MANDATO PODE CONCORRER À REELEIÇÃO
- OUTROS CASOS: LEI COMPLEMENTAR (14, § 9º)

continuação

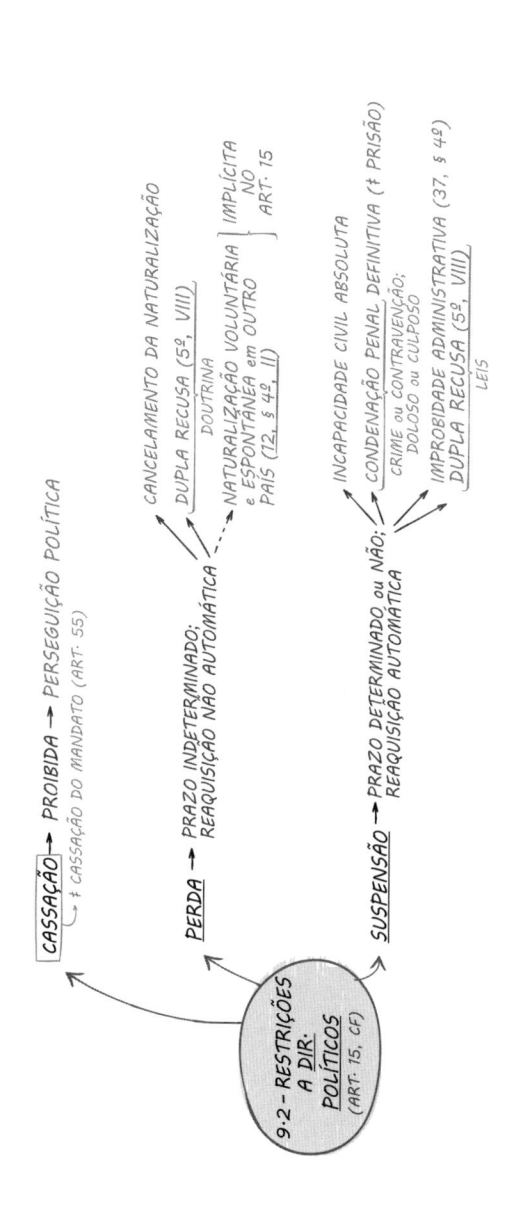

[Capítulo 9] Direitos Políticos **335**

continuação ▷▷

9.2 – RESTRIÇÕES A DIR. POLÍTICOS (ART. 15, CF)

- **CASSAÇÃO** → PROIBIDA → PERSEGUIÇÃO POLÍTICA
  ↳ ≠ CASSAÇÃO DO MANDATO (ART. 55)

- **PERDA** → PRAZO INDETERMINADO: REAQUISIÇÃO NÃO AUTOMÁTICA
  - CANCELAMENTO DA NATURALIZAÇÃO
    - DUPLA RECUSA (5º, VIII)
    - DOUTRINA
  - NATURALIZAÇÃO VOLUNTÁRIA E ESPONTÂNEA em OUTRO PAÍS (12, § 4º, II) } IMPLÍCITA NO ART. 15

- **SUSPENSÃO** → PRAZO DETERMINADO ou NÃO: REAQUISIÇÃO AUTOMÁTICA
  - INCAPACIDADE CIVIL ABSOLUTA
  - CONDENAÇÃO PENAL DEFINITIVA (≠ PRISÃO)
    - CRIME ou CONTRAVENÇÃO; DOLOSO ou CULPOSO
  - IMPROBIDADE ADMINISTRATIVA (37, § 4º)
  - DUPLA RECUSA (5º, VIII)
  - LEIS

Capítulo 10

Partidos Políticos

10.1. NATUREZA, CRIAÇÃO E REGISTRO DOS PARTIDOS POLÍTICOS

É controversa – não apenas no Brasil, mas no Direito Comparado – a questão da personalidade jurídica dos partidos políticos.

Veja-se, por exemplo, o caso alemão. O art. 21 da *Grundgesetz* (Lei Fundamental) adotou a chamada teoria parlamentar-estatal, que coloca os partidos políticos, em linhas gerais, como entidades semi-estatais, ou para-estatais: numa espécie de "terceiro setor", os partidos medeiam a vontade política da sociedade civil, de modo a forma a vontade estatal. Nos Estados Unidos da América, como a Constituição Americana de 1787 não faz referência às agremiações partidárias, estas são, por conseguinte, tratadas como pessoas jurídicas privadas (reguladas pela cláusula da liberdade de associação)[1].

Entre nós, antes da Constituição Federal de 1988 (CF), e sob a égide da revogada Lei Orgânica dos Partidos Políticos (Lei n. 6.767, de 20 de dezembro de 1979), os partidos políticos eram considerados pessoas jurídicas de direito público (integrantes, portanto, da Administração Pública).

A CF de 1988 os considerou pessoas jurídicas de direito *privado* (CF, art. 17, § 2º), orientação reafirmada pela Lei Orgânica dos Partidos Políticos de 1995 (Lei n. 9.096/1995) e no Código Civil de 2002 (Lei n. 10.406/2002). Tanto assim, que a CF prevê que as agremiações partidárias, *após adquirirem personalidade jurídica,* **na forma da lei civil**, *registrarão seus estatutos no Tribunal Superior Eleitoral*".

Aqui surge, aliás, um tema bastante relevante: a distinção entre a *criação* dos partidos políticos – que se dá mediante o registro em cartório, isto é, na forma da lei civil – e a aquisição da capacidade eleitoral – o que só ocorre com o registro dos estatutos no TSE (CF, art. 17, § 2º). Nesse sentido, o art. 7º, § 2º, da Lei Orgânica dos Partidos Políticos (Lei n. 9.096/1995) dispõe que "Só o partido que tenha registrado seu estatuto no Tribunal Superior Eleitoral pode participar do processo eleitoral, receber recursos do Fundo Partidário e ter acesso gratuito ao rádio e à televisão, nos termos fixados nesta Lei".

---

[1] GOODWIN-GILL, Guy S. *Free and Fair Elections*. Genebra: Inter-Parliamentary Union, 2006. p. 140.

10.2. LIBERDADE PARTIDÁRIA

Conforme se depreende do art. 17, *caput*, da Constituição Federal, aos partidos é assegurada ampla e irrestrita liberdade de criação, fusão, incorporação e extinção. Além das liberdades conferidas à agremiação, cumpre ressaltar as concedidas aos próprios membros desta, quais sejam: filiar-se e permanecer filiado ao partido ou dele se desligar. Embora pareçam direitos mínimos, básicos, é mister recordar os obscuros períodos de ditadura vividos pelo Brasil, causa de constante temor no constituinte que, saído de um período de terror, prefere pecar pelo excesso de minúcia na enumeração dos direitos que pela abertura de brechas, o que possibilitaria atitudes de nova violência à democracia.

10.2.1. Condicionamentos à liberdade Partidária

Da mesma forma que condena e busca evitar os abusos do Estado sobre as agremiações políticas e destas sobre os respectivos filiados, o texto constitucional dispõe, ainda no *caput* do art. 17, sobre os condicionamentos impostos à liberdade partidária.

Os partidos políticos têm por obrigação resguardar: a soberania nacional, o regime democrático, o pluripartidarismo e os direitos fundamentais da pessoa humana. Ou seja, não será registrado no TSE o estatuto de partido que fira qualquer dos princípios fundamentais elencados na Constituição Brasileira. Além disso, reputa-se obrigatório ao partido o caráter nacional, diferentemente do regionalismo partidário vigente em outras épocas da nossa história (na República Velha, por exemplo).

A Lei Maior, entretanto, não define o que seja esse "caráter nacional"; deixa a cargo da legislação ordinária regular as exigências para reconhecer um partido como efetivamente nacional. De acordo com a Lei Orgânica dos Partidos Políticos, o caráter nacional é reconhecido ao partido que, no ato do registro no TSE, comprovar "o apoiamento de eleitores não filiados a partido político, correspondente a, pelo menos, 0,5% (cinco décimos por cento) dos votos dados na última eleição geral para a Câmara dos Deputados, não computados os votos em branco e os nulos, distribuídos por um terço, ou mais, dos Estados, com um mínimo de 0,1% (um décimo por cento) do eleitorado que haja votado em cada um deles" (Lei n. 9.096/1995, art. 7º, § 1º). Além disso, a mesma lei restringe o registro aos partidos com um número de fundadores "nunca inferior a cento e um, com domicílio eleitoral em, no mínimo, um terço dos Estados" (art. 8º, *caput*).

Veja Bem!

O caráter nacional dos partidos políticos não implica que tais agremiações devam respeitar as mesmas coligações em todas as esferas federativas. Esse entendimento (conhecido como "verticalização") foi trazido pelo TSE, mas foi superado com a nova redação dada ao § 1º do art. 17 pela EC n. 52/2006, que incluiu a expressão "sem obrigatoriedade de vinculação entre as candidaturas em âmbito nacional, estadual, distrital ou municipal" (mantida na nova redação dada ao dispositivo pela EC n. 97/2017).

Questão de Concurso

(FGV – CBM AM – Soldado Bombeiro Militar – 2022) Um grande número de eleitores, com elevado prestígio junto à sociedade civil, decidiu criar o Partido Político WW. Esse partido teria caráter regional, atuando apenas na região norte do país. À luz da sistemática constitucional, é correto afirmar que o objetivo almejado é:

a) inconstitucional, pois os partidos políticos não podem ter caráter regional;

b) constitucional, pois os partidos políticos podem ter caráter regional, atuando em apenas uma região;

c) inconstitucional, pois os partidos políticos, embora possam ter caráter regional, devem estar vinculados a ao menos três regiões;

d) inconstitucional, pois os partidos políticos, embora possam ter caráter regional, devem estar vinculados a ao menos duas regiões;

e) constitucional, desde que o partido político tenha o seu caráter regional previamente autorizado pelo Tribunal Superior Eleitoral.

Gabarito comentado: A (art. 17, I: "É livre a criação, fusão, incorporação e extinção de partidos políticos, resguardados a soberania nacional, o regime democrático, o pluripartidarismo, os direitos fundamentais da pessoa humana e observados os seguintes preceitos: I – caráter nacional (...)")

10.2.1.1. Cláusula de barreira "original": a Lei n. 9.096/95

Há, porém, uma questão interessante acerca do caráter nacional dos partidos políticos: a cláusula de barreira, prevista na LOPP e declarada inconstitucional pelo Supremo Tribunal Federal.

Trata-se de mecanismo não desconhecido no Direito Comparado (Paulo Bonavides registra a utilização na atual Alemanha[2]) e que foi positivado no Brasil no art. 13 da Lei Orgânica dos Partidos Políticos, segundo o qual "Tem direito a funcionamento parlamentar, em todas as Casas Legislativas para as quais tenha elegido representante, o partido que, em cada eleição para a Câmara dos Deputados obtenha o apoio de, no mínimo, cinco por cento dos votos apurados, não computados os brancos e os nulos, distribuídos em, pelo menos, um terço dos Estados, com um mínimo de dois por cento do total de cada um deles".

Cuida-se, então, de condicionar o funcionamento parlamentar (participação em comissões, recebimento de recursos do fundo partidário) ao atingimento de um percentual mínimo (barreira) de votos pelos candidatos do partido na eleição proporcional. Tal preceito foi aplicado nas eleições de 2006, o que levou partidos tradicionais (PDT, PV, entre outros) a ficarem impedidos de exercer plenamente as atividades parlamentares. A constitucionalidade dessa medida já era objeto de duas Ações Diretas de Inconstitucionalidade (Adi n. 1.351-3 e 1.354-8), ambas de relatoria do Ministro Marco Aurélio, as quais o STF julgou logo após o pleito de 2006.

No julgamento, o Pretório Excelso considerou inconstitucional tal restrição à participação dos pequenos partidos, com base principalmente no argumento de que o pluralismo político, fundamento da República Federativa do Brasil (CF, art. 1º, V), determina igualdade de condições e competição eleitoral entre partidos grandes e pequenos, em prol da correta manifestação das ideias democráticas.

Essa decisão, porém, produziu efeitos ruins para a vida política nacional, inclusive por reforçar o já grave quadro de fragmentação partidária entre nós.

10.2.1.2. A EC n. 97/2017 – vedação das coligações nas eleições proporcionais e "ressurreição" da cláusula de barreira

A EC n. 97/2017, resultou da tramitação de diversas Propostas de Emenda à Constituição (PEC) que, aprovadas na Câmara dos Deputados na forma de emendas aglutinativas, foram

---

[2] BONAVIDES, Paulo. *Ciência Política*. São Paulo: Malheiros, 2003. p. 296.

igualmente aprovadas pelo Senado Federal. No âmbito da Câmara, havia a expectativa de aprovação de uma reforma muito mais ampla, com alterações inclusive no sistema eleitoral proporcional em si; contudo, a versão aprovada – como sempre, a reforma *possível* – terminou por ser substancialmente mais tímida e pontual, não obstante seja, como já dissemos, uma das mais profundas alterações legislativas no panorama eleitoral brasileiro em muitos anos.

10.2.1.2.1. Vedação das coligações nas eleições proporcionais

A primeira modificação realizada foi a inclusão da expressão "vedada a sua celebração nas eleições proporcionais", no dispositivo em que a CF se refere às coligações partidárias.

Para muitos – inclusive para nós mesmos – essa é a principal modificação, o mais relevante aspecto da reforma política, por tentar corrigir uma das principais distorções de nosso sistema eleitoral e partidário. Explica-se.

É de há muito conhecida a fragilidade institucional dos partidos políticos brasileiros, assim como os problemas decorrentes do assustador crescimento do número total de agremiações e, mais especialmente, daquelas com representação no Congresso Nacional. De um lado, é inegável que os partidos políticos, no Brasil, sofreram com as diversas quebras de continuidade da legislação que os rege e da própria existência das agremiações[3]. É sintomático que o mais antigo partido político brasileiro em atividade (MDB) remonte à década de 60 do século passado. Essa instabilidade é inclusive digna de nota em estudos estrangeiros. O índice de Pedersen, utilizado para medir a estabilidade do quadro partidário, e que varia de 0 (total estabilidade) a 100 pontos (total instabilidade) atinge, entre nós, a impactante marca de 42 pontos[4] (para se ter uma ideia, a média do índice nos países da Europa ocidental é de 8,1)[5]. Esse é apenas um dos fatores que, aliado à crise da democracia representativa verificada em quase todos os países do mundo ocidental, faz com que os partidos brasileiros tenham pouca ou nenhuma relevância em períodos não eleitorais.

Outros fatores, logicamente, contribuem para tanto, tais como os recentes escândalos de corrupção envolvendo praticamente todas as grandes e médias agremiações, assim como a inacreditável dispersão das forças eleitorais, com nada menos que 28 partidos representados na Câmara dos Deputados[6].

Nesse contexto, as coligações eleitorais – especialmente nas eleições proporcionais – sempre foram um fator desestabilizador (porque, afinal de contas, eram muito mais coligações *para a eleição*, e não para o governo) ou estimulador da criação de partidos "nanicos" (que, sem a possibilidade de atingirem sozinhos o quociente eleitoral, só poderiam mesmo sobreviver por meio de coligações). Some-se a isso a confusão ideológica que se fazia.

A EC n. 97 simplesmente proibiu a perpetuação desse quadro. Pode-se mesmo dizer que ela, sozinha, já (re)instituiu uma cláusula de barreira (qual seja, o quociente eleitoral), o que

---

[3] MAINWARING, Scott. *Brazil: weak parties, feckless democracy*. In: MAINWARING, Scott; SCULLY, Timothy R. (orgs). *Building Democratic Institution:* Party Sistems in Latin America. Stanford: Stanfor University Press, 1995. p. 374.
[4] Idem, ibidem. Na América Latina, apenas o Peru tem índice maior.
[5] PEDERSEN, Mogens N. The Dynamics of European Party Systems: Changing Pattners of Electoral Volatility. In: *European Journal of Political Research*, n. 7, a. 1, 1979, p. 1-26.
[6] Estudos já da década de 90 apontavam o quadro partidário brasileiro como o mais fragmentado de toda a América Latina. MAINWARING, Scott. Op. cit., p. 372.

tornará muito difícil (para não dizer impossível) a sobrevivência dos partidos nanicos ou das legendas de aluguel. Com efeito, a partir do momento em que fica vedada a realização de coligações em eleições proporcionais, das duas uma: ou o partido alcança *sozinho* o quociente eleitoral, ou não elegerá nenhum representante naquela eleição – o que terá, inclusive, consequências desfavoráveis para a agremiação na questão da distribuição de recursos financeiros do fundo partidário, do fundo eleitoral e do acesso gratuito ao rádio e à televisão.

Esse é, para nós, o principal avanço trazido pela EC n. 97/2017, e por toda a gama de alterações promovidas pela reforma político-eleitoral de 2017. De se lamentar apenas o fato de que a aplicabilidade da norma foi bastante diferida (o que tem, inclusive, levado alguns a acreditarem numa possibilidade de revogação a médio prazo): o art. 2º da EC n. 97/2017, estabeleceu que "A vedação à celebração de coligações nas eleições proporcionais, prevista no § 1º do art. 17 da Constituição Federal, aplicar-se-á a partir das eleições de 2020". Nas eleições seguintes, já se verificou uma sensível redução da quantidade de partidos com representação no Congresso Nacional.

10.2.1.2.2. Reinstituição da cláusula de barreira

Já comentamos os efeitos deletérios da decisão do STF que declarou a inconstitucionalidade da cláusula de barreira, que fora instituída pela Lei Orgânica dos Partidos Políticos (Lei n. 9.096/95, art. 13). Trata-se das Ações Diretas de Inconstitucionalidade (ADI) n. 1351 e 1354. Naquela oportunidade, a Corte entendeu que uma tal previsão contrariaria o fundamento da República do pluralismo político (CF, art. 1º, V). Citada muitas vezes como uma decisão ativista e cujas consequências foram ruins (foi um dos fatores para o crescimento do já enorme número de partidos no Brasil), esse precedente foi, agora, superado pela EC n. 97/2017, ao menos parcialmente.

Como se sabe, mesmo o fato de uma legislação ordinária anterior ter sido declarada inconstitucional em sede de controle abstrato de constitucionalidade não impediria a produção de uma nova lei de idêntico conteúdo e nível hierárquico, já que o chamado efeito vinculante do julgamento de mérito na ADI (CF, art. 102, § 2º) não atinge o legislador. O Congresso Nacional, porém, no que pode ser considerado um caso de diálogo institucional, resolveu (re)instituir a cláusula de barreira por meio de uma norma de escalão hierárquico maior (EC) e, ainda assim, com regras substancialmente menos intensas que a versão original da cláusula de desempenho.

Com efeito, a primeira versão da cláusula de barreira impunha um patamar quantitativo de votos bastante elevado (5% dos votos válidos para a Câmara dos Deputados, distribuídos em um terço dos Estados, com pelo menos 2% em cada um deles). A consequência do não atingimento era o partido ser impedido de ter funcionamento parlamentar (Lei n. 9.096/95, art. 13).

Na nova versão (§ 3º do art. 17 da CF, na redação dada pela EC n. 97/2017), o partido atinge a cláusula de desempenho se conseguir obter 3% dos votos válidos, na eleição para a Câmara dos Deputados, distribuídos em um terço dos Estados, com pelo menos 2% em cada um deles (2 pontos percentuais a menos, no total, em relação à Lei de 1995) *ou então* se conseguir eleger quinze deputados federais, distribuídos em pelo menos um terço dos Estados). A regra é mais flexível do que a declarada inconstitucional, além de ter sido instituída por EC (o que só poderia ser invalidado se o STF entendesse que houvera violação a algum dos limites ao poder constituinte derivado reformador – inclusive cláusulas pétreas –, o que não parece ser o caso).

Mesmo a consequência do descumprimento foi um pouco atenuada: o partido que não tiver desempenho suficiente poderá ter funcionamento parlamentar (*a contrario sensu* das disposições da EC), mas não receberá recursos do fundo partidário (do fundo eleitoral sim), nem terá acesso gratuito ao rádio e à TV.

Mesmo reconhecendo-se a existência já de uma espécie de cláusula de desempenho no Direito Brasileiro – o já citado quociente eleitoral, como muito bem adverte Monica Caggiano –, parece-nos um inegável avanço que a EC n. 97/2017, tenha reinstituído a cláusula de barreira. Com efeito, até mesmo vários Ministros do STF reconheceram que a decisão da Corte foi uma das mais problemáticas, pelas consequências. Nesse contexto, o Congresso Nacional – no exercício do poder constituinte derivado reformador – ter tido a coragem de fazer frente aos partidos nanicos/legendas de aluguel mostra-se algo digno de louvor. Resta-nos torcer para que não haja um movimento de revogação dessa regra, antes de vir a ser aplicada.

Ressalte-se, ademais, que a implementação dessa cláusula de desempenho não se dará de forma abrupta, como previa originalmente o art. 13 da Lei n. 9.096/95. Ao contrário, o art. 3º da EC n. 97/2017, prevê a gradativa exigência de um mínimo de votos, de modo que a plenitude da exigência acima citada só ocorrerá nas eleições de 2030.

Nas eleições de 2018, o desempenho exigido será de 1,5% dos votos válidos, em um terço das unidades da Federação, com pelo menos 1% dos votos em cada um deles, *ou* a eleição de pelo menos nove Deputados Federais, em um terço das unidades da Federação. Note-se que mesmo esse critério ainda um tanto tímido já seria capaz de limitar o acesso ao rádio e TV e aos recursos do Fundo Partidário por vários dos partidos hoje representados no Congresso Nacional.

Para as eleições de 2022, o percentual mínimo de votos aumenta para 2%, alternativamente preenchido com a eleição de doze Deputados Federais. Finalmente, em 2026, o percentual passa a ser de 2,5% dos votos válidos, distribuídos em pelo menos um terço das Unidades da Federação, com pelo menos 1,5% dos votos em cada uma delas, *ou* a eleição de treze Deputados Federais. Como se disse, apenas em 2030 serão plenamente aplicáveis as cláusulas de desempenho de 3% dos votos válidos, em um terço das unidades da Federação, com pelo menos 2% em cada uma delas, *ou* a eleição de quinze Deputados Federais.

Um quadro pode resumir essa questão:

Quadro 10.1 – Hipóteses para a reinstituição da cláusula de barreira

Eleições (ano)	Alternativa 1	Alternativa 2
2018	1,5 % dos votos 1/3 das unidades da Federação 1% em cada uma delas	9 Deputados Federais, em 1/3 das unidades da Federação
2022	2% dos votos válidos 1/3 das unidades da Federação 1% em cada uma delas	12 Deputados Federais, em 1/3 das unidades da Federação
2026	2,5% dos votos válidos 1/3 das unidades da Federação 1,5% em cada uma delas	13 Deputados Federais, em 1/3 das unidades da Federação
2030	3% dos votos válidos 1/3 das unidades da Federação 2% em cada uma delas	15 Deputados Federais, em 1/3 das unidades da Federação

De qualquer forma, embora muitos tenham atacado a EC n. 97/2017, essa implementação gradual foi, inclusive, derivada de uma salutar preocupação com a segurança jurídica, de modo a não realizar uma mudança brusca das regras eleitorais e partidárias.

10.3. DISCIPLINA E FIDELIDADE PARTIDÁRIAS

São duas determinantes estatutárias, e não legais. Devem, portanto, estar claramente previstas no estatuto do partido, inclusive as sanções em caso de não cumprimento por parte de filiado.

A disciplina partidária consiste no respeito às instituições e diretrizes partidárias, ou seja: acatamento do estatuto e dos objetivos do partido, cumprimento dos deveres partidários, probidade nos exercícios de mandatos e funções partidárias e aceitação das decisões tomadas pela maioria dos filiados. Questão eminentemente disciplinar é, também, a não observância às diretrizes programáticas, fato que, juntamente com o já citado acatamento das decisões legitimamente tomadas pelo diretório.

Fidelidade partidária é um tema controverso, por conta da história desse tipo de exigência (muito utilizada durante o período da Ditadura Militar), seja por falta de compromisso ideológico com a legenda, seja por arbitrariedade da executiva do partido. De acordo com a CF, o estatuto do partido deve conter a cominação de penalidade em caso de infidelidade partidária.

Interessante perceber que a Constituição Federal não prevê, expressamente, a perda do mandato para o titular que cometa infidelidade partidária (art. 55). Não obstante essa falta de previsão, o Tribunal Superior Eleitoral, respondendo consulta (1.398/DF, realizada pelo DEM), entendeu que "os partidos políticos e as coligações partidárias têm o direito de preservar a vaga obtida pelo sistema eleitoral proporcional, se, não ocorrendo razão legítima que o justifique, registrar-se ou o cancelamento de filiação partidária ou a transferência para legenda diversa, do candidato eleito por outro partido".

O STF, instado a se manifestar sobre o assunto, entendeu "correta a tese acolhida pelo TSE. Inicialmente, expôs-se sobre a essencialidade dos partidos políticos no processo de poder e na conformação do regime democrático, a importância do postulado da fidelidade partidária, o alto significado das relações entre o mandatário eleito e o cidadão que o escolhe, o caráter eminentemente partidário do sistema proporcional e as relações de recíproca dependência entre o eleitor, o partido político e o representante eleito" (Informativo STF 482).

Em suma: o Supremo Tribunal Federal entendeu que, como a eleição para os cargos de Deputado é feita pelo regime proporcional (CF, art. 45) e a filiação partidária é condição de elegibilidade (CF, art. 14, §3º, V), correta estaria a perda do mandato para aquele que, após a eleição, mudar de partido sem plausível justificativa.

⚠ Atenção!

Há causas excludentes de perda do mandato, quando a mudança de partido é justificada. O art. 22-A da Lei dos Partidos Políticos (Lei n. 9.096/95) – incluído pela Lei n. 13.165/2015 – dispõe que:

> Art. 22-A. Perderá o mandato o detentor de cargo eletivo que se desfiliar, sem justa causa, do partido pelo qual foi eleito.
>
> Parágrafo único. Consideram-se justa causa para a desfiliação partidária somente as seguintes hipóteses:
>
> I – mudança substancial ou desvio reiterado do programa partidário;
>
> II – grave discriminação política pessoal; e

III – mudança de partido efetuada durante o período de trinta dias que antecede o prazo de filiação exigido em lei para concorrer à eleição, majoritária ou proporcional, ao término do mandato vigente.

Essa redação na verdade veio a positivar o que a jurisprudência já considerava justa causa para a desfiliação.

✋ Cuidado!

O STF decidiu que a perda de mandato por infidelidade partidária só se aplica aos eleitos pelo sistema proporcional (deputados e vereadores). Logo, não se submetem a essa regra os prefeitos, governadores, Presidente da República e os Senadores. Esse posicionamento foi positivado pela inclusão do § 6º do art. 17 da CF pela EC nº 111/21 e tem sido, desde então, MUITO cobrado em provas de concursos.

10.4. CONTROLE EXTERNO

O controle faz parte dos princípios que regem a atividade partidária. Pode existir sob três formas básicas: o controle quantitativo, que pressupõe, para o reconhecimento do partido, o cumprimento de certas exigências formais (carta orgânica, programa, número mínimo de fundadores); o controle qualitativo ou ideológico, que exige "conformidade ideológica das postulações do partido com os fins do Estado constitucional que o há de reconhecer"; por último, o controle financeiro, que garante a fiscalização, por parte do poder público, das finanças do partido.

A Constituição atual não estabelece explicitamente controle quantitativo, deixando-o a cargo da legislação ordinária. A CF estipula, ao contrário, um forte controle qualitativo sobre os partidos, o que já analisamos neste mesmo capítulo. Finalmente, o controle financeiro, pressuposto, entre outros, para o partido receber os recursos do Fundo Partidário e ter direito ao horário eleitoral gratuito, vem normatizado tanto na Constituição quanto na LOPP.

O inciso III do art. 17 prevê, genericamente, a obrigação dos partidos de prestarem contas à Justiça Eleitoral.

Aprofundamento:
os partidos políticos submetem-se ao controle do TCU?

Sim, em relação aos recursos públicos que receberem (CF, art. 70, parágrafo único), tais como os recursos do Fundo Partidário e do Fundo Especial de Financiamento de Campanha (FEFC, o chamado "Fundo Eleitoral").

10.5. ACESSO A RÁDIO E TV

A rigor, pelo menos uma forma de financiamento público é expressamente prevista na CF. Trata-se do acesso "gratuito" ao rádio e à TV, assegurado pelo art. 17 da CF. Como se trata de acesso gratuito para os partidos, mas que tem um custo para o Estado (que compensa as concessionárias do serviço de radiodifusão sonora e de sons e imagens mediante renúncia fiscal – e, portanto, mediante recursos públicos), pode-se dizer que um financiamento ao menos parcialmente público já é estabelecido na própria CF.

10.6. VEDAÇÕES

Aos partidos brasileiros são impostas várias vedações, entre elas: a) receber recursos de entidades ou governos estrangeiros (art. 17, II); b) subordinar-se a entidades ou governos estrangeiros (art. 17, II); c) violar o regime democrático, o pluripartidarismo e os direitos da pessoa humana (art. 17, *caput*); e d) utilizar organização paramilitar (art. 17, § 4º).

10.7. DESTINAÇÃO DOS RECURSOS

A EC n. 117, de 2022, incluiu os §§ 7º e 8º no art. 17, obrigando os partidos a:

a) Aplicar no mínimo 5% do Fundo **Partidário** para estimular a **participação política das mulheres**;

b) Aplicar no mínimo 30% do Fundo Eleitoral, da **parcela do Fundo Partidário utilizada para campanha eleitoral** e do tempo de **rádio e TV** para **candidaturas femininas**.

Trata-se de um mecanismo para evitar as chamadas "candidaturas laranjas", em que candidatas eram lançadas apenas para "cumprir tabela" da legislação, mas não recebiam efetivamente recursos para a campanha eleitoral.

Questões de Concurso

(FGV/CGU/Técnico de Finanças e Controle/2022) Pedro, político de projeção nacional, almeja iniciar os preparativos para constituir um partido político. Para tanto, consultou sua assessoria a respeito das relações que a agremiação, por imperativo constitucional, deveria manter com a Justiça Eleitoral. Foi corretamente informado a Pedro que os partidos políticos:

a) somente se relacionam com a Justiça Eleitoral por ocasião das eleições, momento em que devem registrar seus candidatos e se ajustar aos balizamentos estabelecidos em suas resoluções;

b) após adquirirem personalidade jurídica, devem necessariamente registrar seus estatutos no órgão competente da Justiça Eleitoral, além de lhe prestar contas;

c) são órgãos da Justiça Eleitoral, devendo cumprir suas determinações para viabilizar a realização das eleições e o cumprimento dos objetivos do princípio democrático;

d) são totalmente independentes da Justiça Eleitoral, que somente fiscaliza as eleições, não a sua constituição ou qualquer aspecto decorrente de sua existência;

e) somente podem ser constituídos a partir de prévia permissão da Justiça Eleitoral, que avaliará o quantitativo de partidos existentes e sua identidade ideológica.

Gabarito comentado: B (art. 17, III e § 2º: "É livre a criação, fusão, incorporação e extinção de partidos políticos, resguardados a soberania nacional, o regime democrático, o pluripartidarismo, os direitos fundamentais da pessoa humana e observados os seguintes preceitos: (...) III - prestação de contas à Justiça Eleitoral; (...)" e "Os partidos políticos, após adquirirem personalidade jurídica, na forma da lei civil, registrarão seus estatutos no Tribunal Superior Eleitoral").

(FGV/Sefaz-AM/Auditor/2022) Um grupo de pessoas, com destacada vida pública e elevado prestígio social, decidiu adotar as providências necessárias para constituir um partido político e lançar candidatos nas eleições que seriam realizadas dois anos depois. Um(a) advogado(a) informou corretamente ao grupo que, observados os demais requisitos estabelecidos pela ordem jurídica, os partidos políticos

a) adquirem personalidade jurídica com o registro dos seus estatutos no Tribunal Superior Eleitoral, sendo a filiação partidária uma condição de elegibilidade.

b) adquirem personalidade jurídica na forma da lei civil, devendo posteriormente registrar seus estatutos no Tribunal Superior Eleitoral, sendo a filiação partidária uma condição de elegibilidade.

c) adquirem personalidade jurídica com o registro dos seus estatutos no Tribunal Superior Eleitoral, sendo a filiação partidária condição de elegibilidade, mas não requisito para o recebimento de cotas do fundo partidário.

d) adquirem personalidade jurídica com o seu reconhecimento pelo Tribunal Superior Eleitoral, não sendo a filiação partidária uma condição de elegibilidade, mas requisito para o recebimento de cotas do fundo partidário.

e) adquirem personalidade jurídica na forma da lei civil, devendo comunicar o início de atividades ao Tribunal Superior Eleitoral, sendo admitidas candidaturas autônomas, sem filiação partidária, apenas para o Executivo.

Gabarito comentado: B (os partidos políticos adquirem personalidade jurídica na forma da lei civil, devendo seus estatutos ser registrados no TSE – CF, art. 17, § 2º), e a filiação partidária é condição de elegibilidade para todos os cargos, não se admitindo candidaturas avulsas (CF, art. 14, § 3º, V).

Capítulo 11

Organização do Estado (Parte Geral)

11.1. FEDERAÇÃO

A Federação é uma forma de Estado, é dizer, um dos modelos de organização territorial do poder adotados por países do mundo. Embora haja uma multiplicidade de formas intermediárias, a maioria das nações adota ou um modelo de poder politicamente centralizado (Estado Unitário) ou a descentralização do poder político, com a existência de vários níveis de governo (Estado Federal, ou Federação – que vem do latim, *foedere*, fundir).

Como exemplos de países que adotam a forma federativa de Estado, podemos citar Estados Unidos da América, México, Argentina, Brasil, Austrália, Canadá, Bélgica, Holanda, Alemanha, Suíça, Índia, Rússia...

Na realidade, o que caracteriza uma federação é a existência de vários níveis ou degraus de governo, *sem hierarquia uns em relação aos outros*, todos eles dotados de um poder de autodeterminação limitada, chamado de *autonomia política*. Em termos simples, pode-se considerar que o Estado Unitário pode ser representado por uma casa "sozinha no lote" (1 terreno = 1 casa); ao contrário, a Federação pode ser comparada a um condomínio, em que dentro de um mesmo terreno há várias casas ou unidades habitacionais. Claro que nenhuma dessas casas é soberana, nenhuma dessas casas tem poder absoluto de se autodeterminar; mas, dentro das regras básicas da convenção de condomínio, cada casa decide seu próprio rumo (autonomia política).

Na Federação brasileira (condomínio), teríamos a União ("síndica" do condomínio, tanto que fala em nome dele, embora com ele não se confunda), os Estados (blocos) e os Municípios (apartamentos). A "convenção de condomínio" é a Constituição Federal, mas cada "bloco" elabora sua convenção específica (constituições estaduais), e cada apartamento também deve elaborar suas regras de convivência (lei orgânica).

Aprofundamento:
outros tipos de organização de Estados

A doutrina registra ainda formas "intermediárias" de organização de estados, tais como o Estado Regional. Esse modelo, adotado, por exemplo, na França e na Espanha, reconhece alguma esfera de poder político às entidades regionais, embora não cheguem a constituir um Estado-membro politicamente autônomo. Têm elas alguns dos poderes de autonomia (especialmente em relação à autoadministração e, eventualmente, autolegislação), mas não todos (não possuem, por vezes, o poder de eleger os próprios governantes, isto é, o autogoverno).

Há também quem cite como outra forma de Estado a Confederação. Tecnicamente, porém, a Confederação é uma União de Estados, e não uma forma de estado: não existe um país que seja uma confederação (a Suíça, apesar de se autodenominar uma "Confederação", na realidade tem todas as características de uma Federação): a Confederação é, por definição, uma *união de países soberanos*, ligados entre si mediante um *tratado internacional*, e que, portanto, admite a retirada (secessão). Um exemplo seria a União Europeia, conjunto de países vinculados entre si pelos Tratados de Maastrich I e II, e que tanto admite a retirada, que tal fato se verificou recentemente, com a aprovação da saída do Reino Unido (o chamado "brexit").

Aprofundamento:
a relação entre Federação, pluralismo e democracia

Konrad Hesse (em sua famosa obra, *Elementos de Direito Constitucional da República Federal da Alemanha*) comenta sobre a conexão íntima entre federalismo e democracia. Segundo ele, a descentralização do poder político (federalismo) tende a aproximar o poder dos cidadãos, fortalecendo, assim, o princípio democrático. Em outras palavras, a questão é: é mais fácil para o cidadão cobrar algo do Prefeito do que do Presidente da República; ao menos em tese, a federação tende a fortalecer a participação social e, assim, a democracia.

Especificamente em relação à Alemanha, registra-se que o Federalismo alemão, como atualmente estabelecido, remonta à elaboração da Grundgesetz (Lei Fundamental) de 1949, que reintroduziu o princípio no ordenamento daquele país. Segundo Ute Koczy, "ao lado da tradicional separação entre legislativo, executivo e judiciário ('separação horizontal de poderes'), a divisão de funções entre a federação e os Länder ('separação vertical de poderes') foi intentada como uma efetiva salvaguarda contra o abuso de poder e foi ainda conveniente aos interesses dos três ex-inimigos de guerra da Alemanha [Inglaterra, EUA e França]"[1].

A segunda mais antiga Federação do Mundo (embora se autointitule "Confederação"), a Suíça teve a Constituição promulgada em 1847, e reformada em 1999. O art. 1 da Constituição Federal dispõe que a Confederação Suíça é formada pelos cidadãos suíços e pelos Cantões (verdadeiros estados-membros), que são "soberanos", à exceção dos poderes expressamente atribuídos à Confederação. Por outro lado, os arts. 51 e 52 asseguram aos cantões o direito a estatuírem uma constituição democrática.

De qualquer forma, a adoção da forma federativa de estado muitas vezes atende a questões históricas, como a existência de vários países ou reinos independentes que, para aceitarem se unir como um país só, não abrem mão de manterem alguns poderes (caso dos Estados Unidos e da Alemanha). Por outro lado, é bastante frequente que a Federação seja uma técnica usada para equilibrar tensões étnicas, geográficas, culturais e até linguísticas, por meio da possibilidade de a divisão geográfica do poder facilitar a convivência (é o caso da Bélgica, da Suíça, da Holanda e especialmente da Índia e da ultracomplexa Federação Russa).

Com efeito, a Constituição da Federação Russa, de 12 de dezembro de 1993, estabeleceu uma federação de estrutura extremamente complexa, composta pela União, Repúblicas, Territórios, Regiões, Cidades de Importância Federal, Regiões Autônomas e Áreas Autônomas – sete es-

---

[1] KOCZY, Ute. Federalism in Germany. In: *The constitutional status of the regions in the Russian Federation and in other European Countries*. Conseil de l'Europe: Strasbourg, 2003. p. 83.

pécies de entidades federativas "igualmente sujeitas à Federação Russa" (art. 5, 1, parte final). Dentre as entidades regionais, apenas as Repúblicas – equivalentes aos estados-membros – possuem constituição própria (art. 5, 2). A questão se torna ainda mais complicada em virtude dos conflitos étnicos e políticos que permeiam toda a região. Assim, por exemplo, as Constituições do Tartaristão e da Chechênia declaram a absoluta soberania dessas Repúblicas, sem qualquer subordinação à Federação Russa[2].

Já a Constituição Indiana estabelece uma Federação também extremamente complexa em termos estruturais, em que diversos níveis federativos convivem com entidades territoriais destituídas de autonomia política, paralelamente a divisões étnicas regionais.

11.1.1. Origens

A forma federativa de Estado tal como hoje a entendemos surgiu nos Estados Unidos da América, em 1787, como um meio-termo à adoção de um Estado Unitário ou de uma mera confederação.

Na verdade, o que hoje são os Estados Unidos da América eram, na origem, 13 colônias inglesas. Após a Declaração de Independência, de 4 de julho de 1776, cada uma das 13 colônias passou a constituir um país soberano (inclusive com a edição de várias constituições). Uniram-se, em primeiro lugar, formando uma *Confederação* (união de países soberanos), com a finalidade de enfrentar a guerra contra a Inglaterra. Percebeu-se, porém, a fragilidade desse primeiro arranjo, pois a possibilidade de secessão tornava muito tênue o vínculo entre os países. Começaram, então, a ser publicados artigos em jornais, defendendo, sob o pseudônimo *Publius*, que os Estados abrissem mão de sua soberania para formarem um país só (os chamados "artigos federalistas", ou *federalist papers*). Não se desejava, contudo, formar um Estado centralizado, com poder absoluto, como acontecia na Inglaterra. O meio-termo encontrado foi a adoção de uma Federação, por meio da qual os Estados abriam mão de sua soberania, mas resguardavam para si um "pedaço" de poder, a autonomia política. Nasciam, então, os *Estados Unidos* da América (vários Estados que se uniram para formarem um país só).

Um quadro pode ajudar a compreender as principais diferenças e semelhanças entre o Estado Unitário, o Estado Federal e a Confederação:

Quadro 11.1 – Comparação entre Estado Unitário, Estado Federal e Confederação

Estado Unitário	Estado Federal	Confederação
Um só país	Um só país	Vários países unidos
Entes regionais possuem apenas autonomia	Entes regionais possuem autonomia política	Entes regionais possuem soberania (países independentes)
Indissolúvel	Indissolúvel	Dissolúvel
União de Direito Constitucional (interno)	União de Direito Constitucional (interno)	União de Direito Internacional
Exemplo atual: Portugal	Exemplo atual: Brasil	Exemplo atual: Mercosul e União Europeia

---

[2] LESAGE, Michel. Constitution of the Russian Federation os the Status of Regions: problems of the common legal area – diversity in unity of the regional structures in the Russian Federation. In: *The constitutional status of the regions in the Russian Federation and in other European Countries.* Conseil de l'Europe: Starsbourg, 2003, p. 27-28.

11.1.2. Modelos

11.1.2.1. *Federalismo centrípeto (por agregação): EUA*

No caso dos EUA, como vimos, o federalismo se formou por centralização ou por agregação (federalismo centrípeto). Esse é o modelo clássico, no qual vários Estados independentes se reúnem para dar origem a um Estado Federal. Em tal situação, é comum que os Estados-membros resguardem para si uma grande parcela de competências e atribuições, se comparadas ao plexo de matérias atribuídas à União.

11.1.2.2. *Federalismo centrífugo (por desagregação): Brasil*

Já no caso do Brasil, o federalismo se formou de maneira diametralmente oposta.

Havia, aqui, um só Estado unitário (Império, Constituição de 1824), que, por força de movimentos autonomistas internos (tais como a Revolução Farroupilha e a Revolução Praieira), terminou subdividindo-se, transformando-se em um Estado Federal. Veja-se que, com a Proclamação da República (1889) e a posterior promulgação da Constituição Republicana de 1891, as antigas províncias do Império (cujos governadores eram de livre nomeação e exoneração do Rei) fizeram por assim dizer o "upgrade", transformando-se em Estados-membros, com autonomia política (inclusive o autogoverno, isto é, o poder de elegerem os próprios governantes).

Esse é o movimento conhecido como federalismo por desagregação, ou centrífugo, no qual é comum que a União tenha mais competências do que os Estados-membros.

Questão de Concurso

(Cespe/Câmara dos Deputados/Consultor Legislativo – Área de Direito Constitucional, Eleitoral e Municipal/2014) O federalismo no Brasil é caracterizado como federalismo por agregação, tendo surgido a partir da proclamação da República e se consolidado por meio da Constituição de 1891.

Gabarito comentado: Errado.
O modelo brasileiro é o federalismo por desagregação. O restante da afirmativa está certo.

11.1.3. Características de qualquer Federação

Existem algumas características que são comuns (constantes) em todos os países que adotam a forma federativa de estado. Pode-se mesmo dizer que seria possível fazer uma espécie de *check list*: um país que preencher todas as condições listadas a seguir poderá ser qualificado como uma federação.

11.1.3.1. *Autonomia política*

Em primeiro lugar, tem-se o reconhecimento da autonomia política dos entes federativos. Essa característica, aliás, é específica da Federação, já que os Estados Unitários asseguram apenas a autonomia administrativa às regiões (autonomia semelhante àquela que é reconhecida às autarquias e fundações, por exemplo), ao passo que, nas Confederações, os países membros têm soberania (poder absolutamente livre, inclusive de se retirarem da federação), e não apenas a autonomia política.

O poder da *autonomia* abrange quatro aspectos, todos eles cobrados insistentemente em provas de concursos públicos e OAB:

a) **autolegislação** – é o poder de editar as próprias leis, dentro da sua esfera de competência. É por conta desse poder que existem, no Brasil, as leis federais, as leis estaduais, as leis distritais e as leis municipais. Esse poder é exercido pelo Legislativo de cada unidade da Federação.

b) **autogoverno** – trata-se do poder de escolher (eleger) os próprios governantes, isto é, os governadores, deputados e senadores (Estados e DF) e os prefeitos e vereadores (Municípios). Note que, na época do Império, as províncias não tinham esse poder, justamente porque não lhes era reconhecida a autonomia política.

c) **auto-organização** – é o poder de organizar os próprios poderes constituídos (Legislativo, Executivo e, se for o caso, Judiciário), por meio da edição de uma Constituição (no caso da União e dos Estados) ou de uma Lei Orgânica (caso do DF e dos Municípios). Trata-se não do exercício de um poder de legislação "comum", mas de uma verdadeira função constituinte (o *poder constituinte derivado decorrente*), embora juridicamente limitada pela Constituição Federal (e embora também exista controvérsia doutrinária sobre a qualificação do poder de auto-organização do DF e dos Municípios como um verdadeiro poder constituinte).

d) **autoadministração** – é o poder de cada ente federativo de manter sua própria estrutura administrativa, inclusive mediante a instituição e arrecadação de seus tributos, a elaboração do próprio orçamento, a contratação dos seus servidores e a criação e manutenção dos seus próprios órgãos e entidades administrativas (autarquias, fundações etc.).

Questão de Concurso

(MPE-PR/Promotor/2019) No Estado Federal, as ordens jurídicas central e periféricas gozam de soberania.
Gabarito comentado: Errado.
Apenas a ordem jurídica total (Federação) é dotada de soberania, sendo as ordens jurídicas parciais (União, Estados, DF e Municípios, no caso brasileiro) dotadas apenas de autonomia política.

Um quadro pode resumir especialmente a questão da auto-organização dos entes federativos[3]:

Quadro 11.2 – Auto-organização dos entes federativos

Nível federativo	Lei fundamental	Legislativo	Executivo	Judiciário	Ministério Público	Defensoria Pública	Tribunal de Contas
União	Constituição Federal	Congresso Nacional = Câmara dos Deputados + Senado Federal	Presidente da República + Vice-Presidente + Ministros de Estado	Tribunais (STF, STJ, STM, TST, TRTs, TSE, TREs, TRFs, TJDFT) e juízes da União	Ministério Público da União = Ministério Público Federal + Ministério Público do Trabalho + Ministério Público Militar + Ministério Público do Distrito Federal e Territórios	Defensoria Pública da União	Tribunal de Contas da União

▷▷ *continuação*

---

[3] Algumas questões sobre a existência ou não de determinados órgãos serão abordadas na questão relativas à organização dos poderes, sendo aqui citadas apenas a título introdutório.

continuação

Nível federativo	Lei fundamental	Legislativo	Executivo	Judiciário	Ministério Público	Defensoria Pública	Tribunal de Contas
Estados	Constituição Estadual	Assembleia Legislativa	Governador de Estado + Vice-Governador + Secretários de Estado	Tribunais (TJ e eventualmente TJMilitar) e juízes estaduais	Ministério Público Estadual	Defensoria Pública Estadual	Tribunal de Contas Estadual
DF	Lei Orgânica do Distrito Federal	Câmara Legislativa do Distrito Federal	Governador do DF + Vice-Governador + Secretários de Estado do DF	Não há (a Justiça no DF, inclusive o TJDFT, é organizada, custeada e mantida pela União)	Não há (O MPDFT integra o MPU)	Defensoria Pública do Distrito Federal (organizada, custeada e mantida pelo DF desde a EC n. 69/12)	Tribunal de Contas do Distrito Federal
Municípios	Lei Orgânica	Câmara Municipal	Prefeito + Vice-Prefeito + Secretários Municipais	Não há (o Judiciário no Município é exercido pela Justiça Estadual)	Não há (o Ministério Público no Município é exercido pelo Ministério Público Estadual)	Não há (a Defensoria Pública no Município é exercida pela Defensoria Pública Estadual)	Só há Tribunal de Contas Municipal nos municípios que os haviam criado antes da CF de 1988 (São Paulo e Rio de Janeiro)

11.1.3.2. *Inexistência de direito de secessão*

O direito de secessão (direito de se retirar do grupo) não é reconhecido nas federações (só nas confederações). Em outras palavras: a federação é *indissolúvel*, ao passo que a confederação é *dissolúvel*. Isso acontece porque, na federação, a soberania (poder ilimitado) só é assegurado ao todo, ao conjunto, e não a qualquer de suas partes. Na verdade, a maioria das federações – assim como é o caso também do Brasil – preveem que, caso algum Estado-membro tente a secessão, poderá até mesmo sofrer a providência grave da intervenção federal.

11.1.3.3. *Possibilidade de intervenção federal*

Como os entes federativos têm autonomia política, mas não soberania, seus poderes têm que ser submetidos a um limite. Esse limite é justamente não poder colocar em risco a própria existência da Federação. Por isso, todos os países que adotam a forma federativa preveem, de alguma maneira, a possibilidade de a União intervir nos Estados-membros. Trata-se, logicamente, de um procedimento excepcionalíssimo, manejado apenas nos casos previstos expressamente no ordenamento – e, ainda assim, por prazo determinado. No Brasil, não é diferente, tanto que os arts. 34 e 35 dispõem, respectivamente, sobre a intervenção da União nos Estados e no DF, e sobre a intervenção nos Municípios.

11.1.3.4. Existência de uma Constituição Federal

Nas confederações, o documento jurídico que une os Estados-membros é um tratado (por definição, um documento entre sujeitos de direito internacional e que pode ser denunciado, "rompido"). Ao contrário, nas federações os Estados se unem entre si por um documento de direito interno, de direito constitucional, e nascido para vigorar por prazo indeterminado, sem possibilidade de ser superado, a não ser por meios revolucionários: a Constituição. É necessário, ademais, que essa Constituição traga uma repartição de competências (divisão de tarefas) entre os entes da Federação.

Aliás, é por isso que alguns autores classificam as Uniões de Estados em uniões de direito constitucional (federação) e uniões de direito internacional (confederação).

⚠️ Atenção!

Para alguns autores, nas federações não basta o fato de haver uma constituição; é preciso que se trate de uma constituição rígida (mais difícil de alterar do que a legislação ordinária), embora nem todos os países adotem a técnica de considerar a federação uma cláusula pétrea, como acontece no Brasil (CF, art. 60, § 4º, I).

11.1.3.5. Existência de um órgão legislativo representativo dos Estados

Todas as federações do mundo possuem, no âmbito do Poder Legislativo, um órgão que represente os Estados-Membros, atuando como uma espécie de "assembleia condominial" da Federação. O nome desse órgão naturalmente varia (a nomenclatura mais comum é "Senado"). O importante é que a função dos seus membros seja representar os membros da Federação, inclusive no âmbito do processo legislativo (embora, em alguns países, nem todos os projetos de lei passem pelo crivo do órgão representativo dos Estados, como é o caso da Alemanha).

Nesse sentido, pode-se dizer que o bicameralismo (existência de duas casas no âmbito do Poder Legislativo Federal) é uma consequência natural da adoção da forma federativa de Estado. A recíproca, porém, não é verdadeira: nem todos os países que adotam o bicameralismo são federações (um caso notável de estado unitário que adota o bicameralismo é a Inglaterra).

No Brasil, o órgão que exerce esse papel de representar os Estados e o Distrito Federal é o Senado Federal (CF, art. 46). Tanto assim que os Territórios Federais – que, conforme veremos, não são entes federativos – não têm poder de eleger Senadores.

11.1.3.6. Existência de um Tribunal Federativo

Em toda e qualquer federação, é necessário que exista um Tribunal incumbido de resolver os conflitos entre os entes da federação, um tribunal federativo, com uma espécie de "função arbitral". No caso brasileiro, esse órgão é o Supremo Tribunal Federal (CF, art. 102, I, f), a quem cabe resolver originariamente (ações que já nascem direto na Corte) as causas e os conflitos entre: a) a União e um Estado (exemplo: Pet 3388/RR, conhecida como o "Caso Raposa/Serra-do-sol", que envolvia conflito entre a União e o Estado de Roraima, acerca do critério de demarcação de terras indígenas); b) a União e o DF; c) um Estado e outro Estado (por exemplo, no caso de disputas territoriais); ou d) um Estado e o DF.

✋ Cuidado!

Embora os Municípios sejam entes federativos, um conflito envolvendo-os não atrai a competência originária do STF, já que não é um caso que possa colocar em risco a existência da federação. Um conflito entre a União e um Município será resolvido na primeira instância da Justiça Federal (CF, art. 109, I), ao passo que um conflito entre um Estado e um Município será de competência originária da Justiça Estadual comum (CF, art. 125).

⚠️ Atenção!

Essa competência originária do STF aplica-se não apenas aos casos de conflito entre a Administração Pública direta de qualquer dos entes listados acima, mas também no caso de disputa entre entidades da Administração Indireta, tais como autarquias, fundações públicas, empresas públicas e sociedades de economia mista. Assim, por exemplo, serão de competência originária do STF as causas e os conflitos entre: a) sociedade de economia mista federal e autarquia estadual; b) autarquia federal e autarquia estadual; c) empresa pública de um Estado e empresa pública de outro Estado etc.

⚠️ Atenção!

Com a entrada em vigor da Reforma Tributária (EC n. 132/2023), foram criados dois tributos sobre o consumo (para substituir os diversos tributos que incidiam nessa hipótese). Nasceram, assim, o Imposto sobre Bens e Serviços – IBS (art. 156-A), a ser compartilhado entre Municípios, Estados e Distrito Federal; e a Contribuição sobre Bens e Serviços – CBS (art. 195, V), pertencente à União.

Diante do fato de que os detalhes sobre a repartição desses tributos devem ser definidos em lei complementar da União, e ainda à luz do fato de que o intérprete maior da lei federal é o STJ, a EC n. 132/2023 estabeleceu que cabe ao STJ processar e julgar, originariamente, o conflito entre entes federativos quando o motivo da disputa for o IBS ou a CBS (CF, art. 105, I, *j*).

Assim, a partir da EC n. 132/2023, o STF continua a julgar os conflitos federativos, **exceto aqueles relacionados ao IBS e à CBS**, já que, nessa última hipótese, a competência originária passou a ser do STJ.

Em resumo:
- **Conflito federativo (regra geral)** – competência originária do STF (art. 102, I, *f*);
- **Conflito federativo acerca do IBS ou da CBS (caso específico)** – competência do STJ (art. 105, I, *j*).

11.1.3.7. *Nacionalidade única*

Não é tolerável que, numa federação, existam várias nacionalidades distintas. Isso é possível apenas numa confederação (veja-se o caso da União Europeia, em que há livre tráfego de pessoas e até passaporte comum, mas a nacionalidade é a de cada País-membro). Já na Federação, é necessário assegurar o mesmos *status* de nacional a qualquer pessoa que tenha nascido no território de qualquer dos Estados-membros. Não à toa, o art. 12, I, *a*, da Constituição Federal declara serem brasileiros natos os nascidos *na República Federativa do Brasil* (isto é, independentemente do Estado-membro), e o inciso III do art. 19 proíbe qualquer ente federativo de criar distinções entre brasileiros (veja subitem abaixo).

11.1.3.8. *Vedações federativas*

Em toda e qualquer federação, existem algumas práticas que os entes federativos não podem adotar, sob pena de que isso cause o desequilíbrio do próprio conjunto do Estado Soberano. No Brasil, essas *vedações federativas* estão previstas no art. 19 da CF (e são insistentemente cobradas em prova!!!):

I – estabelecer cultos religiosos ou igrejas, embaraçar-lhes o funcionamento, ou subvencioná-los, ou manter com eles ou seus representantes relações de dependência ou de aliança, ressalvada, na forma da lei, a colaboração de interesse público;

Trata-se do princípio do Estado laico, ou leigo, segundo o qual não cabe ao Poder Público adotar esta ou aquela religião, pois essa questão é de foro íntimo do indivíduo. Além dessa questão de direitos fundamentais, há também uma inspiração federativa nessa regra: evitar conflitos entre entes da Federação, por terem adotado religiões distintas. Perceba-se, contudo, que a norma é de eficácia contida (produz todos os seus efeitos imediatamente de regulamentação, mas admite que a lei crie exceções), já que a lei pode prever situações excepcionais em que o Poder Público pode colaborar com entidades religiosas, a fim de promover o interesse público (ex.: colaboração com uma Santa Casa de Misericórdia, para fazer atendimento aos enfermos).

II – recusar fé a documentos públicos;

Isso significa que o documento expedido por um ente da federação é válido para ser utilizado perante os demais, pois nenhuma entidade integrante da federação pode recusar-se a reconhecer a validade de um documento expedido em outro local do país. Um exemplo claro dessa questão diz respeito à identificação civil (RG), que é documento expedido pelos Estados e pelo DF, mas é válido para a utilização na esfera federal, municipal, ou de outros Estados.

III – criar distinções entre brasileiros ou preferências entre si;

Uma regra que decorre do fato de que a nacionalidade é única: logo, não pode um brasileiro ser tratado de forma diferenciada de acordo com o local de nascimento. Por conta disso, são inconstitucionais regras que reservam cotas em vestibulares de universidades estaduais para pessoas nascidas no Estado; ou que exigem, em concurso público, que o candidato tenha nascido neste ou naquele Estado. Essa questão – que deriva até mesmo do próprio princípio da isonomia – também se aplica às pessoas jurídicas (ex.: não se pode exigir, numa licitação para aquisição de bens, que a empresa seja situada num determinado Estado).

Da mesma maneira, os entes da federação não podem tratar-se uns aos outros de forma desigual. Por exemplo: a União pode delegar competências privativas a Estados (CF, art. 22, parágrafo único), mas tem que fazê-lo de forma igualitária (não pode delegar uma competência apenas para alguns Estados, por exemplo); a alíquota do ICMS (imposto sobre a circulação de mercadorias e serviços) é definida pelo próprio Estado, segundo alíquotas máximas e mínimas fixadas pelo Senado Federal – casa da Federação, lembra-se? –, mas o Estado não pode prever alíquotas diferenciadas pela origem do produto (queijo vindo de Goiás, alíquota "x", vindo de Minas Gerais, alíquota "2x").

Quadro 11.3 – As principais características de uma Federação

Característica	Significado	Caso brasileiro
Autonomia política dos entes federativos	• Autolegislação (poder de editar suas próprias leis) • Autogoverno (poder de eleger os próprios governantes) • Auto-organização (poder de elaborar a própria Constituição estadual ou lei orgânica municipal) • Autoadministração (poder de gerenciar os próprios recursos e elaborar o próprio orçamento)	União, Estados, DF e Municípios possuem todas essas quatro prerrogativas

continuação ▷▷

Característica	Significado	Caso brasileiro
Indissolubilidade do vínculo	Não há direito de secessão	A Federação é cláusula pétrea. Se qualquer ente tentar retirar-se, deverá sofrer intervenção
Existência de um órgão legislativo representativo da vontade dos Estados-membros	Por isso, o Poder Legislativo Federal deve ser bicameral	O Senado Federal é a Casa da Federação, formada por representantes dos Estados e do DF
Existência de um Tribunal Federativo	Tribunal para resolver conflitos da Federação	Cabe ao STF processar e julgar "as causas e os conflitos entre a União e os Estados, a União e o Distrito Federal, ou entre uns e outros, inclusive as respectivas entidades da Administração indireta" (art. 102, I, *f*)
Nacionalidade única	A nacionalidade é uma só, independentemente do lugar dentro do país em que a pessoa nasceu	Nacionalidade brasileira: art. 12

⚠ Atenção!

De acordo com a jurisprudência do STF, é **inconstitucional** a reserva de vagas de acordo com a origem (local de nascimento) do candidato, pois o art. 19, III, proíbe União, Estados, DF e Municípios de criar distinções entre brasileiros. Mais ainda: até a bonificação na nota em virtude do local de nascimento ou residência é considerada inconstitucional, inclusive por violar a isonomia. Veja-se, por exemplo, o que decidiu o STF:

"É inconstitucional – por violar o princípio da igualdade – o estabelecimento de bonificação de inclusão regional incidente sobre a nota final do Exame Nacional do Ensino Médio (Enem), no Sistema de Seleção Unificada (Sisu), para o ingresso em universidade federal, a beneficiar os alunos que concluíram o ensino médio nas imediações da instituição de ensino, mesmo que o bônus seja fixado tão somente para o ingresso no curso de medicina, sob a justificativa da dificuldade de arregimentação de médicos para a localidade." (STF, 1ª Turma, Reclamação n. 65.976/MA, Relatora Ministra Cármen Lúcia, j. 21-5-2024.)

11.2. ENTES FEDERATIVOS

São as pessoas políticas, isto é, os entes que compõem a Federação. Distinguem-se das pessoas administrativas (autarquias, fundações públicas, empresas públicas e sociedades de economia mista) porque possuem autonomia política (autogoverno, autolegislação, auto-organização e autoadministração), e não apenas administrativa. São entes federativos: a União, os Estados, o DF e os Municípios.

Lembre-se!!!

Não há hierarquia entre os entes da Federação!

✋ Cuidado!

Adota-se, no Brasil, o federalismo de terceiro grau, pois DF e Municípios também são reconhecidos como entes federativos. A Federação brasileira era de segundo grau, até a promulgação da CF/1988, quando o DF e os Municípios ganharam autonomia política, e a nossa Federação passou a adotar o federalismo de terceiro grau.

Divergência doutrinária!

Existe divergência doutrinária sobre considerar os Municípios como entidades federativas (José Afonso da Silva, por exemplo, não os considera assim, apesar da expressa referência a eles na Constituição, inclusive no caput do art. 1º). De qualquer forma, a doutrina amplamente majoritária entende que, ao menos a partir da CF de 1988, os Municípios ganharam autonomia política, tendo sido alçados à categoria de entes federativos autônomos.

Para fins de provas de concursos e OAB, se a questão perguntar se os Municípios são entes federativos, a resposta será que sim; se, porém, afirmar que a doutrina é pacífica nesse sentido, estará incorreta.

Aprofundamento:
o DF e os Municípios antes da CF de 1988

Costuma-se considerar que o DF e os Municípios só ganharam autonomia política com a promulgação da CF de 1988. Com efeito, no ordenamento jurídico anterior, o DF não tinha lei orgânica, nem Câmara Legislativa (as leis para o DF eram elaboradas pelo Senado Federal), nem elegia os próprios governantes (época em que o chefe do Executivo distrital era chamado de "Prefeito do DF" e nomeado diretamente pelo Presidente da República). De forma semelhante, os Municípios antes de 1988 não elegiam os próprios prefeitos (ou, pelo menos, nem todos os Municípios o faziam) e a Lei Orgânica não era elaborada pelas Câmaras Municipais, mas sim votada pela Assembleia Legislativa estadual, para aplicar-se a todos os Municípios daquele Estado. Por isso, diz-se que o Brasil adotava um federalismo de segundo grau (União e Estados) até a promulgação da CF/1988, e só após ela que passou a adotar um federalismo de terceiro grau (União, Estados, DF e Municípios).

⚠ Atenção!

Os territórios federais – que atualmente não existem, mas podem vir a ser criados por lei complementar (art. 33) – não são entes federativos; não possuem autonomia política, mas meramente administrativa; são meras autarquias da União.

Questão de Concurso

(Esaf/MPOG/Especialista/2008) Assinale a opção que contempla todos os entes da organização político-administrativa da República Federativa do Brasil, nos termos da Constituição.
a) União, Estados, Distrito Federal e Municípios, todos soberanos.
b) União, Estados, Distrito Federal, Territórios Federais e Municípios, todos soberanos.
c) União, Estados, Distrito Federal, Territórios Federais e Municípios, todos independentes.
d) União, Estados, Distrito Federal, Territórios Federais e Municípios, todos autônomos.
e) União, Estados, Distrito Federal e Municípios, todos autônomos.

Gabarito comentado: E.
Nenhum ente federativo é soberano (são apenas autônomos). E os territórios não são entes federativos.

Temos, então, os seguintes níveis federativos:

União – ente de 1º grau (mais extenso em termos territoriais, nível nacional);

Estados – entes de 2º grau (nível regional);

Municípios – entes de 3º grau (nível local);

DF – ente *sui generis*, uma espécie de grau "2,5", pois mistura características de Estados com características de Municípios, inclusive acumulando as competências de ambos os níveis.

Veja Bem!

A União pode, mediante lei complementar, criar territórios federais (art. 33) – entes meramente administrativos (autarquias territoriais), sem autonomia política (os governadores de território, por exemplo, são nomeados pelo Presidente da República, com aprovação do Senado Federal (CF, art. 84, XIV, e art. 52, III, *c*), governados como se fossem um "braço" da União. Atualmente, não existem territórios federais, porque os que havia em 1988 ou ganharam autonomia e foram transformados em Estados (Amapá e Roraima: art. 14 do ADCT) ou reincorporados a Estado (Fernando de Noronha: art. 15 do ADCT); mas nada impede que venham a ser criados, desde que o sejam mediante lei complementar federal.

Da mesma forma que a União pode criar territórios federais, os Estados podem criar (mediante lei complementar estadual) regiões metropolitanas, aglomerações urbanas e microrregiões (CF, art. 25, § 3º), formadas pelo agrupamento de municípios limítrofes, com a finalidade realizar o planejamento e a execução integradas de serviços públicos. Imagine-se, por exemplo, como fazer coleta de lixo ou transporte coletivo em Municípios conurbados (em que não há mais fronteira natural, pois já há a interligação da malha urbana): é mais racional que as licitações e contratos sejam feitos em nome de uma região metropolitana (que não é ente federativo, mas ente meramente administrativo; não tem autonomia política, mas apenas autonomia administrativa).

Finalmente, os Municípios podem criar distritos (mediante lei ordinária municipal, observados os critérios previstos em lei estadual: CF, art. 30, IV), uma espécie de "subprefeitura", para aproximar a gestão municipal de povoados ou localidades distantes da sede da prefeitura. Assim como os territórios federais e as regiões metropolitanas, os distritos não são entes federativos, não têm autonomia política; mas, diferentemente dos dois primeiros, são criados por lei ordinária, e não complementar.

Quadro 11.4 – Distinções entre Território federal, Região metropolitana e Distrito

Pessoa Política	Natureza	Autonomia	Competência para criar	Instrumento de criação	Previsão Legal
Território federal	Ente administrativo (não é ente federativo)	Administrativa (não possui autonomia política)	União	Lei complementar federal	Art. 18, § 2º, e art. 33
Região metropolitana	Ente administrativo (não é ente federativo)	Administrativa (não possui autonomia política)	Estados	Lei complementar estadual	Art. 25, § 3º
Distrito	Ente administrativo (não é ente federativo)	Administrativa (não possui autonomia política)	Municípios	Lei (ordinária) estadual	Art. 30, IV

Aprofundamento:
os Municípios situados em território federal

Embora os territórios federais não sejam entes federativos, a CF prevê expressamente a possibilidade de que dentro dos territórios haja Municípios – esses, sim, Municípios como outros quaisquer, inclusive dotados dos quatro poderes decorrentes da autonomia política (autolegislação, autogoverno, auto-organização e autoadministração). É o que dispõe o art. 33, §1º, da CF. Eventual intervenção nesses Municípios será feita diretamente pela própria União (é a única hipótese em que a União pode intervir diretamente em Município: art. 35, *caput*).

Aprofundamento:
regiões envolvendo mais de um Estado

O art. 43 da CF ainda prevê um outro tipo de entidade administrativa: são as regiões criadas pela União, envolvendo Municípios de mais de um Estado. Sua criação se dá mediante lei complementar federal (ao contrário das regiões metropolitanas, que são criadas por lei complementar *estadual* e envolvem Municípios de um mesmo Estado). Um exemplo de região criada pela União, na forma do art. 43 da CF é a Região Integrada de Desenvolvimento do Distrito Federal e do Entorno – RIDE (criada pela Lei Complementar n. 94/1998, envolvendo o DF e Municípios dos Estados de Goiás e Minas Gerais).

11.3. ALTERAÇÕES NA ESTRUTURA DA FEDERAÇÃO

Embora a Federação seja indissolúvel, pode haver alterações na sua estrutura interna. Imagine que a Federação é um "quebra-cabeça": nenhuma peça pode ser retirada do jogo, mas pode uma peça ser quebrada em outras três, ou duas peças serem "coladas" para virarem uma só etc.). Essas alterações – tanto em nível estadual quanto em nível municipal – são regidas pelo art. 18 da CF.

11.3.1. Alteração na estrutura dos Estados (art. 18, § 3º)

Pode haver a fusão (dois Estados se fundem para dar origem a um terceiro ente), a incorporação (um Estado engole o outro), a subdivisão (um Estado desaparece, dando origem a dois novos Estados) ou o desmembramento (um Estado perde um pedaço, que passa a constituir novo ente federativo).

Fusão	A + B = C (novo Estado)
Incorporação	A + B = B (Estado A desaparece)
Subdivisão	A = B + C (o Estado original desaparece)
Desmembramento	A = A + B (o Estado A continua a existir)

Questão de Concurso

(Cespe/AGU/Advogado/2009) No tocante às hipóteses de alteração da divisão interna do território brasileiro, é correto afirmar que, na subdivisão, há a manutenção da identidade do ente federativo primitivo, enquanto, no desmembramento, tem-se o desaparecimento da personalidade jurídica do Estado originário.

Gabarito comentado: Errado.
Na subdivisão, o Estado original desaparece, enquanto no desmembramento, há a manutenção da personalidade jurídica original.

Requisitos para alteração nos Estados:
- Aprovação da proposta pelas populações diretamente interessadas, em plebiscito convocado pelo Congresso Nacional.
- Criação do Estado pelo Congresso Nacional, por meio de lei complementar federal.

Cuidado!

Segundo o STF, devem ser ouvidas todas as populações envolvidas: tanto a que quer se separar quanto a que sofrerá a separação.
Isso ficou claro no caso do plebiscito que decidiu a proposta de desmembramento do Estado do Pará (previa-se a criação de dois novos Estados, Carajás e Tapajós), mas, como tinha que ser ouvido todo o Estado, e a proposta contava com oposição da maior cidade (a capital Belém), a proposta terminou por ser rejeitada.

Atenção!

Mesmo que a proposta seja aprovada em plebiscito, o Congresso não é obrigado a aprovar a lei complementar.

Questão de Concurso

(Cespe/CPRM/Analista Jurídico/2013) Um dos requisitos constitucionais exigidos do estado da Federação que pretenda se subdividir é a realização de consulta direta à população interessada, por meio de referendo.
Gabarito comentado: Errado.
A manifestação do povo se dá mediante plebiscito, não referendo.

Cuidado!

Essa competência dos Estados para criarem Municípios (art. 18, § 4º) não se estende ao DF, uma vez que esta unidade da Federação é expressamente proibida de se dividir em Municípios.

11.3.2. Municípios (art. 18, § 4º)

Em relação aos Municípios, podem ser realizadas as mesmas alterações previstas na esfera estadual (fusão, incorporação, subdivisão ou desmembramento). O que vai mudar é o procedimento, que é quadrifásico.

Requisitos para a alteração na estrutura dos Municípios:

1) Edição de lei complementar estipulando o período em que poderá ser feita a criação dos Municípios.

Cuidado!

O STF já decidiu que o § 4º do art. 18 é norma constitucional de eficácia limitada (só produzirá todos os efeitos quando for regulamentado: ADI n. 2.240/BA).
Como tal lei complementar não foi criada ainda, atualmente não pode haver a criação de novos municípios.

2) Realização de Estudo de Viabilidade Municipal (EVM) atestando que o município é viável.
   a) **Se não for considerado viável** – proposta arquivada.
   b) **Se for considerado viável** – próxima etapa.
3) Aprovação da proposta pelas populações diretamente envolvidas, por meio de plebiscito.
   a) **Se no plebiscito ganhar o "não"** – proposta arquivada.
   b) **Se no plebiscito ganhar o "sim"** – próxima etapa.
4) Aprovação pela Assembleia Legislativa Estadual, por meio de lei (ordinária) estadual, da alteração pretendida.

Cuidado!

A aprovação pela Assembleia Legislativa configura um ato discricionário. Assim, mesmo a população apoiando a mudança, pode o Estado (por meio da Assembleia) rejeitá-la.

⚠️ Atenção!

A consulta à população é feita mediante plebiscito (consulta prévia) e não referendo (consulta posterior). Deve, além disso, abranger todos os Municípios envolvidos.

📝 Questões de Concurso

(Cespe/MPCE/Analista Jurídico/2020) Pesquisas de opinião, abaixo-assinados e declarações de organizações comunitárias favoráveis à criação, à incorporação ou ao desmembramento de municípios são capazes de suprir o rigor e a legitimidade do plebiscito exigido pela Constituição Federal de 1988.

Gabarito comentado: Errado.
Para a modificação estrutural de Municípios (criação, fusão, incorporação etc.) exige-se a consulta formal e prévia à população dos Municípios envolvidos, mediante plebiscito, não sendo suficientes pesquisas de opinião, enquetes, entre outras maneiras informais de consulta.

(Esaf/Receita Federal/Analista Tributário/2012) A fusão de municípios far-se-á por lei estadual, dentro do período determinado por lei complementar federal, e dependerá de consulta prévia, mediante plebiscito, às populações dos municípios envolvidos, sendo prescindível a realização de Estudo de Viabilidade Municipal.

Gabarito comentado: Errado.
A realização de Estudo de Viabilidade Municipal é indispensável, imprescindível.

🔎 Aprofundamento:
o caso dos "Municípios putativos"

Na redação original da CF, a criação de Municípios era bastante fácil, pois era feita por lei complementar estadual, mediante critérios previstos em lei do próprio Estado (e não em lei complementar federal, como ocorre hoje). Além disso, não havia qualquer exigência de que fossem realizados Estudos de Viabilidade Municipal. Por conta disso, entre 1988 e 1996, o Brasil presenciou um verdadeiro *boom* de Municípios – muitos deles, inclusive, criados sem qualquer viabilidade, especialmente econômica.

Para fazer frente a essa situação, o Congresso Nacional aprovou a EC n. 15/1996, que passou a prever a realização de Estudos de Viabilidade Municipal, além de atribuir à lei complementar *federal* a tarefa de definir o período e os critérios para a alteração na esfera municipal. Porém, só em 2006 o STF pacificou o entendimento de que o § 4º do art. 18 é norma constitucional de eficácia limitada (só aplicável após a regulamentação). Restou a dúvida, então, sobre o que fazer com os diversos Municípios que haviam sido criados entre 1996 e 2006? Desfazê-los era impossível, mas também não se poderia simplesmente convalidar a criação de forma inconstitucional.

Isso levou o STF a utilizar-se da técnica da *declaração de inconstitucionalidade sem pronúncia de nulidade* (como foi no caso da ADI n. 2.240/BA, em que se analisou a criação, em 2000, do Município de Luís Eduardo Magalhães-BA, por desmembramento do Município de Barreiras--BA). Por meio dessa técnica de controle de constitucionalidade, o Tribunal reconhece o vício da norma (declaração de inconstitucionalidade), mas não a anula, não a retira do mundo jurídico (não pronuncia a nulidade).

Ao final, em 2008, o Congresso Nacional editou a EC n. 57/2008, que convalidou as alterações em nível municipal realizadas entre 1996 e 2006 (art. 96 do ADCT: "Ficam convalidados os atos de criação, fusão, incorporação e desmembramento de Municípios, cuja lei tenha sido publicada até 31 de dezembro de 2006, atendidos os requisitos estabelecidos na legislação do respectivo Estado à época de sua criação").

Em resumo:

Podemos fazer uma linha do tempo sobre esse caso dos Municípios:

1988-1996	1996-2006	2006-presente
Válidos	Convalidados	Inconstitucional (só será possível quando editada a lei complementar)

11.4. BENS DA UNIÃO E DOS ESTADOS (ARTS. 20 E 26)

A Constituição Federal cuidou não apenas de repartir as competências federativas, mas também de promover a distribuição dos bens públicos. Por isso, os arts. 20 e 26 tratam, respectivamente, de enumerar (em rol meramente exemplificativo) os bens que pertencem à União e os bens que pertencem aos Estados. Logicamente, os bens dos Municípios serão elencados nas suas próprias leis orgânicas.

Esse assunto não cai sempre em provas de concursos e OAB. Mas, quando aparece, as questões são geralmente das que fazem a diferença.

Aqui comentaremos os principais dispositivos dos arts. 20 e 26, em conjunto.

Quadro 11.5 – Características dos bens da União

Bens da União (art. 20)	Explicação
Os que atualmente lhe pertencem e os que lhe vierem a ser atribuídos	O rol de bens da União não é taxativo: é meramente exemplificativo
As terras devolutas indispensáveis à defesa das fronteiras, das fortificações e construções militares, das vias federais de comunicação e à preservação ambiental, definidas em lei	Terras devolutas: não estão registradas em nome de nenhum particular, logo são públicas • Só são da União as terras devolutas indispensáveis a uma dessas quatro finalidades: as demais pertencem aos Estados-membros (art. 26, IV) • Toda terra devoluta é pública, mas nem toda terra devoluta é da União
Os lagos, rios e quaisquer correntes de água em terrenos de seu domínio, ou que banhem mais de um Estado, sirvam de limites com outros países, ou se estendam a território estrangeiro ou dele provenham, bem como os terrenos marginais e as praias fluviais	Regra: só pertencem aos Estados-membros os rios que nascem e morrem dentro do mesmo Estado; os demais pertencem à União

continuação

continuação

Bens da União (art. 20)	Explicação
As ilhas fluviais e lacustres nas zonas limítrofes com outros países; as praias marítimas; as ilhas oceânicas e as costeiras, excluídas, destas, as que contenham a sede de Municípios, exceto aquelas áreas afetadas ao serviço público e a unidade ambiental federal, e as referidas no art. 26, II	• Ilhas oceânicas: longe da costa • Ilhas costeiras: perto da costa • Ilhas oceânicas e costeiras pertencem à União, mas, nas costeiras, pode haver a sede de Municípios (esses terrenos serão, então, bens municipais)
O mar territorial	Faixa de 12 milhas náuticas ao longo da costa que é considerada território brasileiro
Os recursos naturais da plataforma continental e da zona econômica exclusiva	ZEE: faixa que vai das 12 até as 200 milhas náuticas e, embora não seja território nacional, só a União pode explorar
Terrenos de marinha e seus acrescidos	Faixa de 33 metros ao longo das praias marítimas e aterros que pertencem à União
Os potenciais de energia hidráulica	Mesmo que a corrente de água seja estadual ou particular, a energia dela gerada pertence à União
Os recursos minerais, inclusive os do subsolo	O proprietário do solo tem direito à participação no produto da lavra, ou compensação financeira (*royalties*)
As cavidades naturais subterrâneas e os sítios arqueológicos e pré-históricos	Grutas, cavernas, sítios com pinturas rupestres etc.
As terras tradicionalmente ocupadas pelos índios	As terras indígenas não pertencem aos índios: pertencem à União. As comunidades indígenas têm apenas o usufruto desses bens (art. 232)

Questões de Concurso

(Cespe/MS/Agente/2008) Na definição dos bens da União, o rol enumerado na CF é exemplificativo, podendo outros lhes serem atribuídos.

Gabarito comentado: Correto.
Ver art. 20, I.

(Cespe/TJ-AL/Juiz Substituto/2009) São bens da União as terras devolutas.

Gabarito comentado: Errado.
Não necessariamente: as terras devolutas podem pertencer à União ou aos Estados.

(Esaf/Receita Federal/Analista Tributário/2012) Os recursos minerais do subsolo são bens dos municípios.

Gabarito comentado: Errado.
Os recursos minerais pertencem à União (art. 20, IX).

(Esaf/Receita Federal/Auditor Fiscal/2014) Em razão de sua localização, as ilhas oceânicas e costeiras são de propriedade da União, sem exceção.

Gabarito comentado: Errado.
Em relação às ilhas costeiras, há exceções.

QUADRO-RESUMO
ORGANIZAÇÃO DO ESTADO

11.5. FEDERAÇÃO

11.5.1. Modelos: centrípeto (agregação) – modelo americano; centrífugo (desagregação) – modelo brasileiro

11.5.2. Características

- Autonomia política dos entes federativos
- Indissolubilidade do vínculo
- Existência de um órgão legislativo representativo da vontade dos Estados-membros
- Existência de um Tribunal Federativo
- Nacionalidade única

11.6. ENTES FEDERATIVOS

União, Estados, DF e Municípios (federalismo de terceiro grau).

União pode criar territórios federais, mediante lei complementar federal.

Estados podem criar regiões metropolitanas, mediante lei complementar estadual.

Municípios podem criar distritos, mediante lei (ordinária) municipal.

DF não pode ser dividido em Municípios.

11.7. ALTERAÇÕES NA ESTRUTURA

Estados	Municípios
Procedimento bifásico	Procedimento quadrifásico
Plebiscito + criação pelo Congresso	Lei complementar federal (prevendo o período) + EVM + plebiscito + criação pela Assembleia
Atualmente já é possível a alteração	Só será possível alteração quando for feita a lei complementar federal
Criação se dá por lei complementar federal	Criação se dá por lei ordinária estadual

11.8. BENS DA UNIÃO

Principais tópicos:
- Rol exemplificativo
- Rios: só são dos Estados se nascerem e morrerem no território do Estado
- Terras devolutas: podem ser da União ou dos Estados
- Terras indígenas: pertencem à União
- Recursos minerais, inclusive do subsolo: pertencem à União

Esquemas

11.1 - BENS PÚBLICOS

UNIÃO — ART. 20 — ROL (EXEMPLIF.)

- **TERRAS DEVOLUTAS** INDISPENSÁVEIS
  - FRONTEIRAS
  - FORTIF. MILITARES
  - VIAS FEDERAIS DE COMUNICAÇÃO
  - ÁREAS DE PRESERV. AMBIENTAL
- NÃO REGISTRADAS
- RIOS QUE NÃO PERTENCEM AOS ESTADOS
- PRAIAS MARÍTIMAS + ILHAS OCEÂNICAS + ILHAS COSTEIRAS (EXCETO AS QUE CONTÊM SEDE DE MUNICÍPIO) + MAR TERRITORIAL
- TERRENOS DE MARINHA + ACRESCIDOS
  - PROPRIEDADE É DA UNIÃO QUE PODE INTITUIR ENFITEUSE EM FAVOR DE TERCEIROS (ADCT, 49, § 3º)
- TERRAS TRADICIONALMENTE OCUPADAS PELOS ÍNDIOS
  - MODO TRADICIONAL: 231, § 1º
  - OCUPADAS EM 5·10·1988
  - NÃO ABRANGE ALDEAMENTOS EXTINTOS
  - PROPRIEDADE → UNIÃO
  - POSSE PERMANENTE: COMUNIDADES INDÍGENAS
  - USUFRUTO DAS RIQUEZAS de SOLO: COMUNIDADES INDÍGENAS
- RIQUEZAS MINERAIS (INCLUSIVE do SUBSOLO) → PROPRIETÁRIO do SOLO TEM DIREITO A PARTICIPAÇÃO ou A COMPENSAÇÃO

ESTADOS — ART. 26 — ROL (EXEMPLIF.)

- TERRAS DEVOLUTIVAS QUE NÃO PERTENCEM À UNIÃO
- RIOS QUE NASCEM E MORREM DENTRO do ESTADO

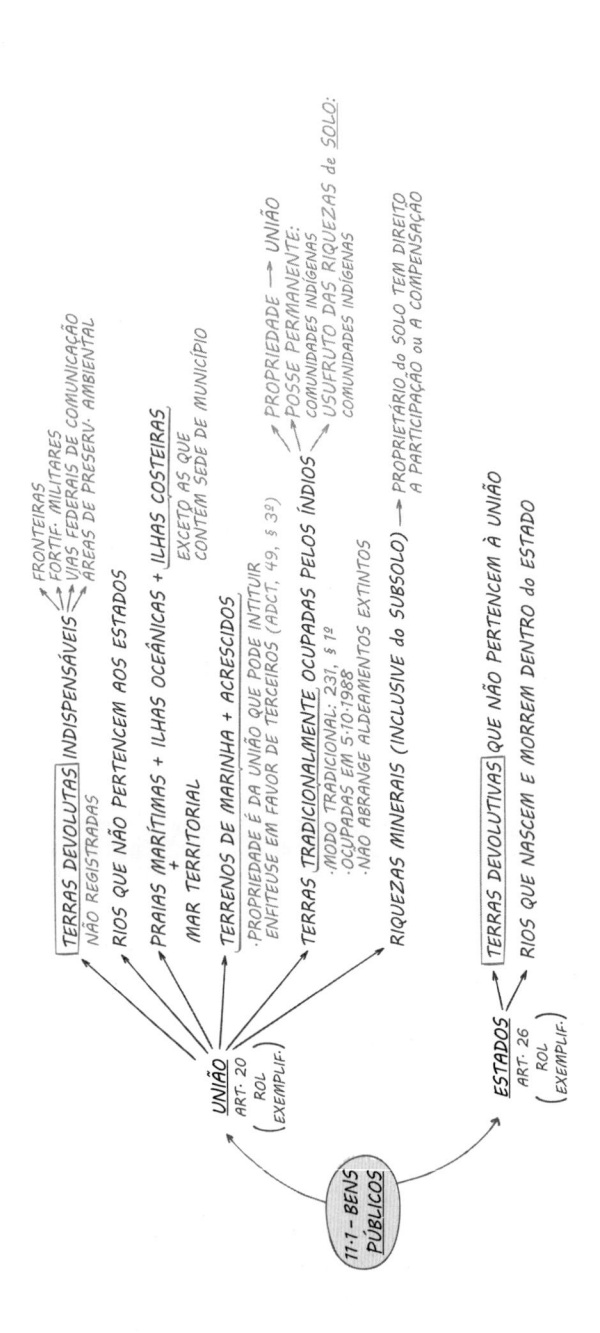

▷▷ *continuação*

[Capítulo 11] Organização do Estado (Parte Geral) 367

continuação ▷▷

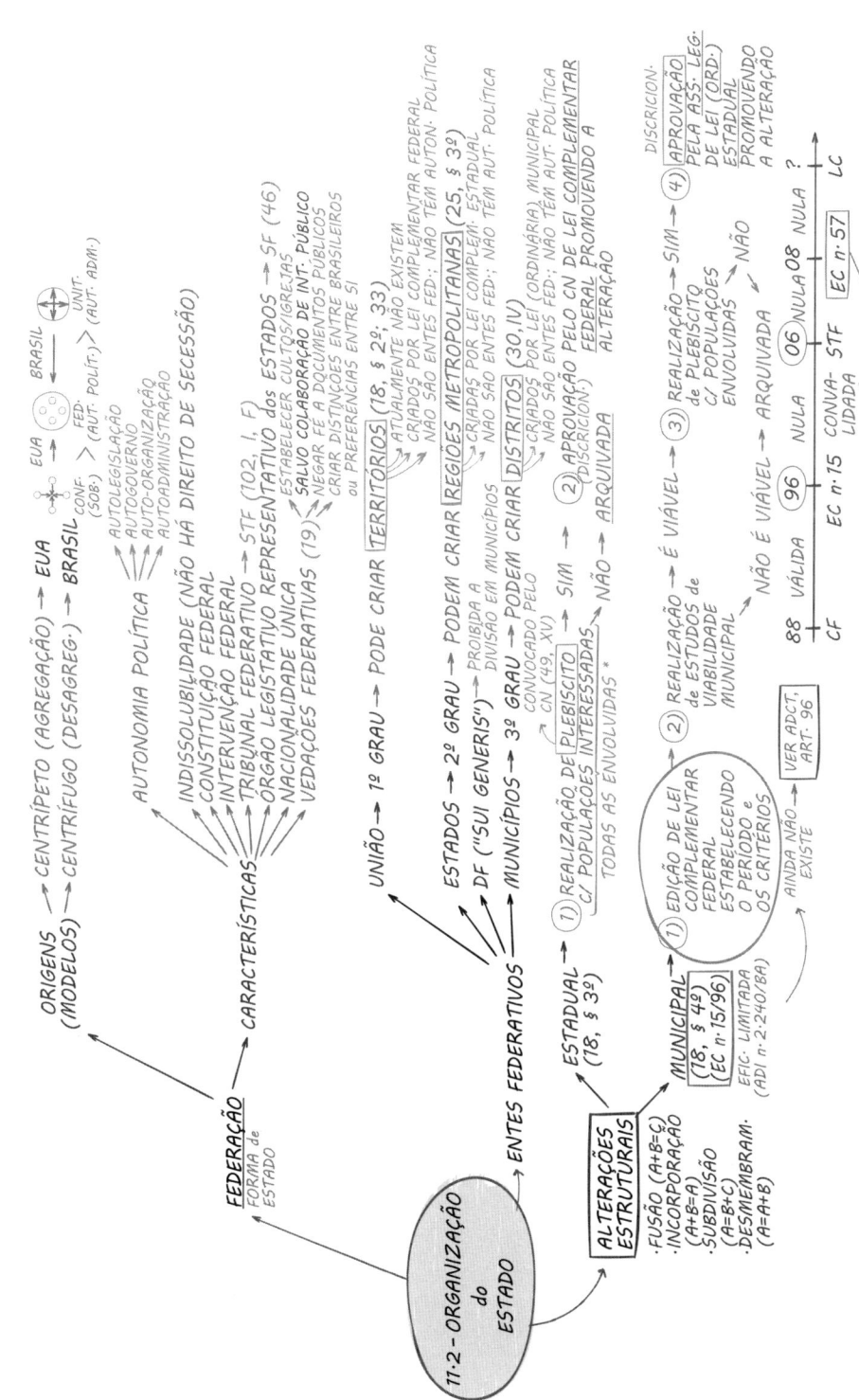

11.2 - ORGANIZAÇÃO do ESTADO

- **FEDERAÇÃO** (Forma de Estado)
  - **ORIGENS (MODELOS)**
    - CENTRÍPETO (AGREGAÇÃO) → EUA
    - CENTRÍFUGO (DESAGREG.) → BRASIL
      - CONF. (SOB.) > FED. (AUT. POLÍT.) > UNIT. (AUT. ADM.)
      - EUA / BRASIL
  - **CARACTERÍSTICAS**
    - AUTONOMIA POLÍTICA
      - AUTOLEGISLAÇÃO
      - AUTOGOVERNO
      - AUTO-ORGANIZAÇÃO
      - AUTOADMINISTRAÇÃO
    - INDISSOLUBILIDADE (NÃO HÁ DIREITO DE SECESSÃO)
    - CONSTITUIÇÃO FEDERAL
    - INTERVENÇÃO FEDERAL
    - TRIBUNAL FEDERATIVO → STF (102, I, F)
    - ÓRGÃO LEGISLATIVO REPRESENTATIVO dos ESTADOS → SF (46)
    - NACIONALIDADE ÚNICA
    - VEDAÇÕES FEDERATIVAS (19)
      - ESTABELECER CULTOS/IGREJAS, SALVO COLABORAÇÃO DE INT. PÚBLICO
      - NEGAR FÉ A DOCUMENTOS PÚBLICOS
      - CRIAR DISTINÇÕES ENTRE BRASILEIROS OU PREFERÊNCIAS ENTRE SI

- **ENTES FEDERATIVOS**
  - UNIÃO → 1º GRAU → PODE CRIAR TERRITÓRIOS (18, § 2º, 33) — ATUALMENTE NÃO EXISTEM; CRIADOS POR LEI COMPLEMENTAR FEDERAL; NÃO SÃO ENTES FED.: NÃO TEM AUTON. POLÍTICA
  - ESTADOS → 2º GRAU → PODEM CRIAR REGIÕES METROPOLITANAS (25, § 3º) — CRIADAS POR LEI COMPLEM. ESTADUAL; NÃO SÃO ENTES FED.; NÃO TEM AUT. POLÍTICA
  - DF ("SUI GENERIS") — PROIBIDA A DIVISÃO EM MUNICÍPIOS
  - MUNICÍPIOS → 3º GRAU → PODEM CRIAR DISTRITOS (30, IV) — CRIADOS POR LEI (ORDINÁRIA) MUNICIPAL; NÃO SÃO ENTES FED.: NÃO TEM AUT. POLÍTICA

- **ALTERAÇÕES ESTRUTURAIS**
  - FUSÃO (A+B=C)
  - INCORPORAÇÃO (A+B=A)
  - SUBDIVISÃO (A=B+C)
  - DESMEMBRAM. (A=A+B)

  - **ESTADUAL** (18, § 3º)
    1. REALIZAÇÃO DE PLEBISCITO C/ POPULAÇÕES INTERESSADAS → SIM → 2) APROVAÇÃO PELO CN DE LEI COMPLEMENTAR FEDERAL PROMOVENDO A ALTERAÇÃO
       - TODAS AS ENVOLVIDAS *
       - NÃO → ARQUIVADA

  - **MUNICIPAL** (18, § 4º) (EC n:15/96) — EFIC. LIMITADA (ADI n: 2.240/BA)
    1. EDIÇÃO DE LEI COMPLEMENTAR FEDERAL ESTABELECENDO O PERÍODO e OS CRITÉRIOS
       - AINDA NÃO EXISTE → VER ADCT, ART. 96
    2. REALIZAÇÃO de ESTUDOS de VIABILIDADE MUNICIPAL → É VIÁVEL → 3) REALIZAÇÃO de PLEBISCITO C/ POPULAÇÕES ENVOLVIDAS → SIM → 4) APROVAÇÃO PELA ASS. LEG. DE LEI (ORD.) ESTADUAL PROMOVENDO A ALTERAÇÃO (DISCRICION.)
       - NÃO É VIÁVEL → ARQUIVADA
       - NÃO

88	96	06	08	?
VÁLIDA	NULA	NULA	NULA	LC
CF	EC n:15	CONVA-LIDADA STF	EC n:57	

Capítulo 12

Repartição de Competências Federativas

12.1. CRITÉRIOS

> Acesse e assista às aulas explicativas sobre este assunto.
> http://uqr.to/1yj9h

A partir de agora, passaremos a estudar a repartição de competências entre os entes da Federação – isto é, a distribuição de tarefas (prevista na CF) entre a União, os Estados, o DF e os Municípios. Logicamente, esse é um problema típico do Estado Federal (nos países que adotam a forma unitária o tema sequer se coloca). Mais ainda: é *o* problema central de qualquer Federação, já que distribuir as responsabilidades entre as várias partes que compõem o todo é um ponto que pode gerar concentração de poderes ou excessiva variação de legislação, por exemplo.

Nesse primeiro item, vamos estudar os critérios que foram usados **pelo constituinte originário** na hora de distribuir as competências. Isso porque a chamada **repartição de competências federativas** nada mais é que a distribuição de tarefas entre os entes da Federação ("quem vai fazer o quê").

Logicamente, a distribuição de competências não foi feita de forma aleatória: obedece a uma lógica interna, não obstante algumas decisões do constituinte sejam evidentemente políticas. Basicamente, dois critérios nortearam a escolha na Constituinte de 1987/88 sobre *quem deve fazer o quê* dentro da nossa Federação: os critérios do *interesse predominante* (ou *predominância do interesse*) e o critério da *subsidiariedade*. Esses critérios não se excluem – pelo contrário, se complementam.

12.1.1. Interesse predominante (ou predominância do interesse)

De acordo com esse critério, considera-se que a competência para desempenhar determinada atividade deve ser atribuída ao ente federativo cujo interesse **predomine** naquela matéria. Quando o interesse for predominantemente **nacional ou federal**, a competência será da **União**; quando for predominantemente **regional**, será do **Estado**; quando for preponderantemente **local**, a competência será do **município**. E quando o interesse for igualmente de todos os entes da Federação? Nesse caso, a competência foi atribuída de forma comum a todos eles.

Exemplos:

Quadro 12.1 – Competências e Interesses dos Entes Federativos

Competência	Interesse predominante	Ente competente
Legislar sobre assuntos de interesse **local** Explorar serviços públicos de interesse local, tais como coleta de lixo, iluminação pública, transporte coletivo urbano, serviços funerários, etc.	Local	Município (art. 30, I e V)
Manter o serviço postal e o correio aéreo **nacional** Explorar/manter serviços como radiodifusão sonora (rádio) e de sons e imagens (TV), telecomunicações, além de manter portos, aeroportos, etc.	Nacional	União (art. 21, X, XI e XII)
Instituir regiões metropolitanas, aglomerações urbanas e microrregiões, constituídas por agrupamentos de município limítrofes	Regional	Estados (art. 25, § 3º)
Proporcionar os meios de acesso à cultura, à educação, à ciência, à tecnologia, à pesquisa e à inovação	Todos os entes	Competência comum (art. 23, V, na redação da EC n. 85/2015)

✋ Cuidado!

Nas chamadas competências comuns (art. 23), em que se atribui uma tarefa a todos os entes da Federação, pode-se dizer que foi adotada pelo constituinte a lógica do **quanto mais entes atuando, melhor**. Nessas hipóteses, em que a atuação de mais de um ente federativo pode ajudar a prestar um serviço de forma mais efetiva, você pode marcar na prova com tranquilidade que a competência é comum de todos os entes federativos. Quer ver alguns exemplos?

a) Cuidar do patrimônio público, histórico e cultural
b) Proteger o meio ambiente
c) Proporcionar cultura e educação
d) Organizar o abastecimento alimentar
e) Prestar saúde
f) Construir moradias e promover o saneamento básico

Todas essas são competências comuns! Se cair na sua prova dizendo que qualquer dessas competências é **exclusiva** de algum ente federativo (questão clássica!), a afirmação estará **errada**!

📝 Questão de Concurso

(Cespe/MPE-ES/Promotor/2010) É da competência exclusiva da União promover programas de construção de moradias e a melhoria das condições habitacionais e de saneamento básico.
Gabarito comentado: Errado. A competência é comum.

⚠ Atenção!

Em matéria de competências comuns, em geral, e da tarefa de cuidar da saúde, em particular (CF, art. 23, II), o STF entende que, como a responsabilidade é de todos os níveis federativos, todos eles (União, Estados, DF e Municípios) podem ser judicialmente demandados para cumprir tais deveres constitucionais de proteção: "Os entes da Federação, em decorrência da competência comum, são solidariamente responsáveis nas demandas prestacionais na área da saúde, e diante dos critérios constitucionais de descentralização e hierarquização, compete à autoridade judicial direcionar o cumprimento conforme as regras de repartição de competências e determinar o ressarcimento a quem suportou o ônus financeiro." (Tema n. 793 da Repercussão Geral do STF).

> Porém, a própria Corte tem relativizado esse entendimento quando se trata da questão específica do fornecimento de medicamentos. Assim, para os termos do Tema n. 1234 da Repercussão Geral, ver o tópico "Aprofundamento: a questão da judicialização da saúde e do fornecimento de medicamentos", no Capítulo 7 (Direitos Sociais).

Aprofundamento:
a cooperação entre os entes, no exercício das competências comuns

Quando se prevê que a competência para executar determinada tarefa seja comum de todos os entes federativos, isso pode causar alguns conflitos, algumas sobreposições indevidas de atuação. Por conta disso, o art. 23, após listar as competências em comum, prevê que "leis complementares fixarão normas para a cooperação entre a União e os Estados, o Distrito Federal e os Municípios, tendo em vista o equilíbrio do desenvolvimento e do bem-estar em âmbito nacional".

Perceba-se o uso do plural: não é *uma só* lei complementar, mas sim diversas *leis complementares* (uma para cada assunto) que deverão estabelecer critérios de cooperação entre os entes, para o desempenho das tarefas previstas no art. 23.

Muitas vezes, tal lei complementar é dispensável, uma vez que a própria CF já estabelece tais critérios norteadores da atuação em comum dos entes da Federação. No caso da educação, por exemplo, o art. 211 já traz uma detalhada lista de prioridades de atuação para a União, os Estados e os Municípios:

> **Art. 211.** A União, os Estados, o Distrito Federal e os Municípios organizarão em regime de colaboração seus sistemas de ensino.
>
> § 1º A União organizará o sistema federal de ensino e o dos Territórios, financiará as instituições de ensino públicas federais e exercerá, em matéria educacional, função redistributiva e supletiva, de forma a garantir equalização de oportunidades educacionais e padrão mínimo de qualidade do ensino mediante assistência técnica e financeira aos Estados, ao Distrito Federal e aos Municípios; (Redação dada pela Emenda Constitucional n. 14/1996)
>
> § 2º Os Municípios atuarão prioritariamente no ensino fundamental e na educação infantil. (Redação dada pela Emenda Constitucional n. 14/1996)
>
> § 3º Os Estados e o Distrito Federal atuarão prioritariamente no ensino fundamental e médio. (Incluído pela Emenda Constitucional n. 14/1996)
>
> § 4º Na organização de seus sistemas de ensino, a União, os Estados, o Distrito Federal e os Municípios definirão formas de colaboração, de modo a assegurar a universalização do ensino obrigatório.

De maneira semelhante, a própria CF, quando trata da saúde, já prevê a instituição de um sistema unificado (Sistema Único de Saúde – SUS) – art.198.

Nos demais setores das competências comuns, no entanto, tais leis complementares são bastante úteis, para evitar conflitos. Foi o caso, por exemplo, da Lei Complementar n. 140/2011, que "fixa normas, nos termos dos incisos III, VI e VII do *caput* e do parágrafo único do art. 23 da Constituição Federal, para a cooperação entre a União, os Estados, o Distrito Federal e os Municípios nas ações administrativas decorrentes do exercício da competência comum relativas à proteção das paisagens naturais notáveis, à proteção do meio ambiente, ao combate à poluição em qualquer de suas formas e à preservação das florestas, da fauna e da flora", tratando da repartição de competências e da atuação dos entes federativos na matéria de licenciamento ambiental.

> **Aprofundamento:**
> conflitos entre os entes federativos, no âmbito das competências comuns (e o caso do combate à pandemia de Covid-19)

Ao comentar sobre as competências comuns, André Ramos Tavares registra que "fica evidente que o conflito de atuações, nessas circunstâncias [art. 23] é praticamente inafastável. Portanto, impõe-se afirmar uma diretriz que seja capaz de solucionar os óbices decorrentes da atribuição de competência simultânea a diversas entidades federativas"[1]. Portanto, impõe-se afirmar uma diretriz que seja capaz de solucionar os óbices decorrentes da atribuição de competência simultânea a diversas entidades federativas".

Esse problema, como se imagina, não é exclusivo do Brasil nem específico da área de saúde. Ao contrário, outros países que adotam o chamado "federalismo cooperativo" (em oposição ao "federalismo dual", que traz divisões mais claras de atuação entre União e Estados) também enfrentam discussões, inclusive jurisprudenciais, sobre os limites da atuação da União em face dos Estados, bem como sobre a superposição de legislações ou atuações administrativas muitas vezes distintas ou até mesmo conflitantes. Logicamente, porém, a existência desses conflitos (e a urgência em resolvê-los) ficou ainda mais clara com a divergência aberta entre o Presidente da República e vários Governadores, em relação ao enfrentamento à Covid-19.

É bem verdade que a CF já traz algumas diretrizes sobre o tema, e a Lei n. 13.979, de 6 de fevereiro de 2020 (Lei de Enfrentamento à Covid-19), terminou por também trazer uma espécie de "repartição de competências" *ad hoc* (art. 3º). Ambos os regramentos, contudo, vêm precisando ser interpretados e concretizados pelo Supremo Tribunal Federal (STF), como exemplifica a cautelar na Arguição de Descumprimento de Preceito Fundamental (ADPF) n. 672/DF, do Ministro Alexandre de Moraes, e na qual se reconhece a prevalência de atos de Estados e Municípios em face da União, quando no exercício de determinadas competências de sua esfera específica.

12.1.2. Subsidiariedade

De acordo com esse critério, uma competência só foi atribuída (pelo constituinte) aos Estados se se considerou que os municípios não poderiam exercê-la bem; e só foi atribuída à União se se constatou que os Estados não poderiam exercê-la a contento.

Assim, sempre que o constituinte achou que os municípios **dariam conta** de exercer uma tarefa, a competência foi atribuída a eles; caso contrário, a competência foi dada pelo constituinte aos Estados; no caso de o constituinte entender que estes também não teriam condições de prestar o serviço, a competência foi dada à União.

Nesse sentido, o STF já decidiu:

"Nos casos em que a dúvida sobre a competência legislativa recai sobre norma que abrange mais de um tema, deve o intérprete acolher interpretação que não tolha a compe-

---

[1] TAVARES, André Ramos. *Curso de Direito Constitucional*. São Paulo: Saraiva, 2015. p. 878.

tência que detêm os entes menores para dispor sobre determinada matéria (*presumption against preemption*). Porque o federalismo é um instrumento de descentralização política que visa realizar direitos fundamentais, se a lei federal ou estadual claramente indicar, de forma adequada, necessária e razoável, que os efeitos de sua aplicação excluem o poder de complementação que detêm os entes menores (clear statement rule), é possível afastar a presunção de que, no âmbito regional, determinado tema deve ser disciplinado pelo ente menor. Na ausência de norma federal que, de forma nítida (clear statement rule), retire a presunção de que gozam os entes menores para, nos assuntos de interesse comum e concorrente, exercerem plenamente sua autonomia, detêm Estados e Municípios, nos seus respectivos âmbitos de atuação, competência normativa."[2].

Exemplos:

- **Emitir moeda:**
    a) Municípios têm condição de exercer? **Não**.
    b) Estados têm condição de exercer? **Não**.
    Competência da União (art. 21, VII).

- **Transporte urbano de passageiros:**
    a) Municípios têm condição de exercer? **Sim**.
    Competência municipal (art. 30, V).

- **Transporte rodoviário intermunicipal (de um Município de um Estado para outro Município do mesmo Estado) de passageiros**
    a) Municípios têm condição de exercer? **Não**.
    b) Estados têm condição de exercer? **Sim**.
    Competência estadual (art. 25, § 1º).

- **Transporte rodoviário interestadual e internacional de passageiros:**
    a) Municípios têm condição de exercer? **Não**.
    b) Estados têm condição de exercer? **Não**.
    Competência da União (art. 21, XII, *e*).

Nesse sentido: "Os Estados-membros são competentes para explorar e regulamentar a prestação de serviços de transporte **intermunicipal**. (...) A prestação de transporte urbano, consubstanciando serviço público de interesse local, é matéria albergada pela competência legislativa dos Municípios, não cabendo aos Estados-membros dispor a seu respeito"[3].

📝 Questão de Concurso

(Cespe/CNJ/Analista Judiciário – Área Judiciária/2013) De acordo com o princípio da subsidiariedade, a autoridade estatal mais afastada da comunidade apenas poderá atuar quando a esfera de poder inferior não tiver condições de desempenhar suas funções eficazmente.

---

[2] STF, Pleno, RE n. 194.704, redator para o acórdão Ministro Edson Fachin.
[3] STF, Pleno, ADI n. 2.349, rel. min. Eros Grau.

> **Gabarito comentado:** Correto.
> É a definição do princípio da subsidiariedade.

⚠ Atenção!

A decisão de dar ou não uma competência a um ente federativo, embora tenha sido orientada pelos critérios da subsidiariedade e da predominância do interesse, é também uma decisão política. Por isso, às vezes o constituinte fugiu desses princípios. É o caso, por exemplo, da tarefa de organizar e manter a Polícia Civil do DF, a Polícia Penal do DF (EC n. 104/2019), a Polícia Militar do DF, o Corpo de Bombeiros Militar do DF, o Judiciário no DF e o Ministério Público do DF. Pela lógica, a competência deveria ser do próprio DF; mas, por critérios históricos e políticos, essas tarefas foram deixadas para a União (art. 21, XIII e XIV).

✋ Cuidado!

Desde a EC n. 69/2012, a tarefa de manter e organizar a Defensoria Pública do DF não é mais da União, e sim do próprio DF!

12.2. CLASSIFICAÇÃO

O sistema brasileiro de repartição de competências é influenciado, simultaneamente, pelos modelos americano (repartição horizontal de competências), alemão (repartição de vertical de competências)[4] e indiano (previsão exaustiva de competências)[5].

No sistema de repartição **horizontal** de competências (modelo americano), são atribuídas competências para cada nível federativo atuar **sozinho**. Em geral, enumeram-se as competências de um ente e as dos demais são deixadas implícitas. No caso brasileiro, tal sistema foi adotado quando se instituíram competências **exclusivas, privativas** e **reservadas/remanescentes**.

Por outro lado, no sistema de repartição **vertical** de competências (modelo alemão), tem-se a *cooperação* (no sentido original da palavra: operação conjunta) dos entes federativos (competências atribuídas à União e aos Estados – **concorrentes**; ou à União, aos Estados e aos Municípios – competências **comuns**).

Já no sistema das competências exaustivas (sistema indiano), são enumeradas todas as competências de todos os entes federativos, prevendo-se que as possíveis omissões caberão a algum dos níveis (sistema adotado no Brasil na repartição de competências tributárias).

---

[4] SILVA, José Afonso da. *Curso de Direito Constitucional Positivo*. São Paulo: Malheiros, 2006. p. 477.
[5] KANTH, T. Krishna; KUMARI, K. Lalita. Indian Federalism: its dynamics and salient features: a comparative analysis. In: RAMOS, Dirceo Torrecillas. *O federalista atual*. Belo Horizonte: Arraes, 2013. p. 563.

Questões de Concurso

(FCC/DPE-PR/Defensor/2017) A repartição horizontal de competências se dá quando, observada a inexistência de hierarquia e respeitada a autonomia dos entes federados, outorgam-se competências concorrentes entre a União, os Estados, o Distrito Federal e Municípios.

Gabarito comentado: Errado.
As competências concorrentes (que, ademais, em regra não incluem os Municípios, como adiante se comentará) representam a adoção da técnica da repartição vertical, e não horizontal.

(Cespe/SEFAZ-AL/Auditor/2020) A passagem do sistema dual para o sistema cooperativo caracteriza a evolução do federalismo no Brasil.

Gabarito comentado: Correto.
A necessidade de cooperação entre os entes, de atuação conjunta, é o que caracteriza o chamado *federalismo cooperativo* (entes cooperando, operando juntos), em oposição ao clássico *federalismo dual*, em que os entes federativos atuam de forma separada, isolada. Assim, por exemplo, o federalismo americano se baseia na ideia de que União e Estados possuem competências distintas, separadas, ao passo que o federalismo de modelo alemão exige que os entes cooperem, atuem em conjunto. O Brasil evoluiu de um federalismo puramente dual (na Constituição de 1891) para um federalismo cooperativo, reforçado com a previsão de diversas competências comuns na CF de 1988.

12.2.1. Classificação das competências quanto à matéria (conteúdo)

12.2.1.1. *Competências materiais (administrativas)*

São atribuições para fazer algo, para desempenhar determinada atividade, para explorar um serviço público. *Ex.*: competência para manter o serviço educacional; competência dos Estados para explorarem o serviço de gás natural canalizado. Na CF, geralmente são previstas na forma de verbos (**explorar**, **autorizar**, **emitir** etc.).

12.2.1.2. *Competências legislativas*

Competências para **legislar** sobre determinada matéria, para normatizar determinado ramo do Direito (Civil, Penal, Financeiro, Desapropriação). São competências por meio das quais se atribui a um ente federativo que possa editar leis (ordinárias ou complementares) sobre um determinado assunto.

⚠ Atenção!

Geralmente (mas nem sempre!) as competências materiais (administrativas) e legislativas são atribuídas de forma conjunta ao mesmo ente federativo, de modo que é bastante frequente se atribuir, por exemplo, à União **explorar** o serviço de telecomunicações (leiloando frequências fiscalizando a prestação do serviço, celebrando contratos de concessão etc.) e também **legislar** sobre esse assunto (editar a lei que estabelece o marco regulatório do setor). Todavia, isso não ocorre 100% das vezes: há situações em que a competência para **legislar** sobre o tema é da União, mas a **prestação do serviço** cabe a outros entes federativos, por exemplo.

Tema	Legislar (editar a legislação setorial)	Explorar (prestar o serviço)
Telecomunicações	União	União
Energia	União	União
Educação	Concorrente (U/E/DF)	Comum de todos
Saúde	Concorrente (U/E/DF)	Comum de todos
Trânsito	União	Comum (dependendo do aspecto)
Transporte de passageiros	União	Depende
Desapropriação	União	Comum de todos

12.2.2. Quanto à titularidade

Aqui se analisa quem é o titular da competência e em que regime se dá essa titularidade. Nesse sentido, as competências são classificadas quanto a quem é o titular (apenas um ente federativo, ou vários ao mesmo tempo), quanto à previsão (competências expressas ou implícitas) e quanto à possibilidade ou não de delegação.

12.2.2.1. *Competências atribuídas a um só nível federativo (só União, só Estados ou só municípios)*

Aqui se tem a chamada **técnica da repartição horizontal de competências**, inspirada nos EUA, em que se atribuem competências a um só nível federativo, com exclusão dos demais.

- **Competências exclusivas**

São enumeradas (explícitas) e indelegáveis – não podem ser delegadas a outros entes federativos, em virtude de não existir autorização constitucional para tanto. *Ex.*: competência da União para emitir moeda; competência dos Municípios para legislarem sobre assuntos de interesse local.

⚠️ Atenção!

No âmbito da *União*, as competências exclusivas são todas elas *materiais, administrativas*. Isso, porém, não se repete na esfera estadual (há competências estaduais *legislativas* e *exclusivas*: por exemplo – criar regiões metropolitanas, mediante lei complementar) nem municipal (as competências legislativas dos Municípios são indelegáveis – e, portanto, exclusivas).

Veja Bem!

Quando se diz que determinada competência é indelegável, fala-se da *titularidade* do serviço, que não pode ser transferida a outro ente federativo. A *execução* do serviço pode, sim, ser delegada, mediante concessão, permissão ou autorização – precedida, nos dois primeiros casos, de licitação, nos termos do art. 175 da CF.

✋ Cuidado!

Ao contrário do direito administrativo, em que a regra é a delegabilidade (ou seja, uma competência pode ser delegada, a menos que haja proibição), no direito constitucional a regra é a **indelegabilidade** de competências, isto é: uma competência só pode ser delegada quando isso for expressamente previsto na CF. No atual texto, só é prevista a delegabilidade das competências legislativas privativa da União (art. 22), adiante estudados.

- **Competências privativas**

São também enumeradas (explícitas), só que delegáveis (por meio de lei complementar). *Ex.:* competência da União para legislar sobre Direito Civil, Penal, Eleitoral, entre outros.

Nesses casos, a União pode delegar aos Estados e ao DF (mas não aos municípios) a competência para legislarem sobre questões específicas das hipóteses listadas no art. 22 da CF. Essa delegação se faz por **lei complementar**. É ato discricionário (a União delega se quiser) e revogável (a União pode retomar a competência quando quiser, editando uma nova lei complementar).

📝 Questões de Concurso

(Cespe/MPE-TO/Promotor/2012) A repartição de competências entre as entidades que compõem o Estado federal é baseada no princípio geral da predominância do interesse. As matérias objeto da competência legislativa privativa da União podem ser delegadas aos estados e ao DF, desde que a delegação seja feita por lei ordinária federal.

Gabarito comentado: Errado.
A delegação precisa ser feita por lei complementar, e não ordinária.

(Cespe/MPE-AC/Promotor/2014) O princípio geral que norteia a repartição de competência entre os entes federativos é o da predominância do interesse, em decorrência do qual seria inconstitucional delegação legislativa que autorizasse os estados a legislar sobre questões específicas das matérias de competência privativa da União.

Gabarito comentado: Errado.
Ao contrário do que se afirma, a possibilidade de delegação de competência não só é constitucional, como está expressamente prevista na CF (art. 22, parágrafo único).

✋ Cuidado!

Na CF, somente a União possui competências privativas (delegáveis). Não há, portanto, competências privativas estaduais, distritais ou municipais.

🔍 Veja Bem!

A delegabilidade diz respeito não à competência "por inteiro", mas sim apenas em relação a questões específicas dentro daquele assunto. Assim, por exemplo, a União não pode delegar aos Estados fazerem o próprio Código Penal, mas pode (mediante lei complementar) autorizá-los a legislar sobre o crime específico de apropriação indébita de contribuição previdenciária.

⚠ Atenção!

De acordo com a doutrina, a União, se resolver delegar uma determinada competência legislativa, não pode fazê-lo em relação a apenas alguns Estados, sob pena de violar a vedação federativa do inciso III do art. 19 da CF (proibição de dar tratamento diferenciado aos entes federativos). Em suma: no âmbito das competências legislativas privativas, a União **ou delega para todos**, **ou não delega para ninguém**.
Esse aspecto já foi cobrado em prova de concurso (Cespe/TCDF/Procurador/2013).

- **Competências reservadas ou remanescentes**

São implícitas (remanescentes) e atribuídas aos estados. A CF enumera as competências federais e municipais, as restantes serão estaduais (art. 25, § 1º), seja em relação às competências materiais (administrativas), seja em relação às competências legislativas.

Por exemplo: a CF não cita quem deve ser o responsável pelo transporte rodoviário intermunicipal de passageiros. Se não fala, a competência é estadual, por implicitude (está reservada aos Estados).

📝 Questão de Concurso

(FCC/AL-SE/Analista Legislativo – área processo legislativo/2018) São reservadas aos Estados as competências que não lhes sejam vedadas pela Constituição da República.

Gabarito comentado: Correto (CF, art. 25, § 1º).

Para a maioria dos autores (e das bancas de concurso) essas competências podem também ser chamadas de **residuais**.

12.2.2.2. Competências atribuídas a mais de um nível (União, Estados, DF e Municípios ou União, Estados e DF)

Aqui, a utilização é da **técnica da repartição vertical de competências**, de inspiração alemã, e em que há uma competência dada simultaneamente a mais de um nível federativo (aplicando-se as técnicas do *federalismo cooperativo*). Também é referida por vezes como a lógica do "condomínio legislativo", pois mais de um ente federativo tem domínio sobre a legislação naquele tema.

- **Competências comuns**

São de todos os entes ao mesmo tempo, simultaneamente. Trazem para todos os entes federativos uma obrigação solidária (comum) de efetivar as competências, de modo que a omissão de um não desobriga os demais de cumprirem completamente a obrigação. A CF atribui como competências comuns funções importantes, tais como saúde, educação, preservação do meio ambiente, do patrimônio histórico e cultural.

⚠️ Atenção!

O STF possui entendimento consolidado de que, nas matérias de competência comum (art. 23), eventual demanda judicial exigindo o cumprimento de obrigações do poder público pode ser ajuizada contra **qualquer dos entes federativos,** à escolha do autor da ação (chama-se, em termos processuais, um caso de litisconsórcio passivo – mais de uma pessoa entre os réus da demanda – facultativo. Isso porque, como a obrigação de implementar as competências do art. 23 é de todos os entes da Federação, solidariamente, o inadimplemento pode ser cobrado de qualquer dos "devedores" (e o ente federativo demandado pode, depois, buscar ressarcimento junto aos demais, se for o caso). **Esse tema já foi cobrado na prova FGV/DPE-MS/Defensor/2022.**

📝 Questão de Concurso

(FGV – DPE MS – Defensor Público Substituto – 2022) Marta procurou a Defensoria Pública levando documentos médicos que revelam que seu pai necessita urgentemente de tratamento médico, que demanda o fornecimento de medicamentos com registro na Anvisa, mas a família não tem condições financeiras de arcar com os custos. Não obstante ter buscado internação e tratamento para seu genitor em unidades de saúde municipal, estadual e federal, diante da negativa dos órgãos públicos, Marta não conseguiu sequer que seu pai iniciasse o tratamento. O defensor público lhe explicou que é viável o imediato ajuizamento de ação judicial com pedido de tutela de urgência, sendo certo que, consoante jurisprudência do Supremo Tribunal Federal, os entes da Federação, em decorrência da competência:

a) concorrente, são solidariamente responsáveis nas demandas prestacionais na área da saúde, e diante dos critérios constitucionais de descentralização e hierarquização, não compete à autoridade judicial direcionar o cumprimento conforme as regras de repartição de competências, pois todos os entes devem arcar com os custos;

b) concorrente, são subsidiariamente responsáveis nas demandas prestacionais na área da saúde, e diante dos critérios constitucionais de centralização, compete à autoridade judicial direcionar o cumprimento conforme as regras de repartição de competências e determinar o ressarcimento a quem suportou o ônus financeiro;

c) comum, são subsidiariamente responsáveis nas demandas prestacionais na área da saúde, e diante dos critérios constitucionais de descentralização, compete à autoridade judicial direcionar o cumprimento conforme as regras de repartição de competências, mas não lhe cabe determinar o ressarcimento a quem suportou o ônus financeiro;

d) comum, são solidariamente responsáveis nas demandas prestacionais na área da saúde, e diante dos critérios constitucionais de descentralização e hierarquização, compete à autoridade judicial direcionar o cumprimento conforme as regras de repartição de competências e determinar o ressarcimento a quem suportou o ônus financeiro.

Gabarito comentado: D (Cuidar da saúde é competência comum de todos os entes – CF, art. 23, II – o que, segundo o STF, permite a formação de litisconsórcio passivo entre eles em se tratando de ações fundadas na exigência de implementação de políticas de saúde).

- **Competências concorrentes (art. 24)**

Trata-se do método alemão das chamadas "competências-quadro". A União legisla sobre normas gerais, diretrizes (quadro), e os Estados e o DF legislam sobre normas específicas (competência suplementar). Difere da competência comum porque, na legislação concorrente, cada ente atua em uma esfera específica. Inexistindo norma federal, os Estados e o DF exercem a competência legislativa plena, isto é, na omissão federal, os Estados legislam sobre normas específicas e gerais.

Questões de Concurso

(Cespe/SEFAZ-AL/Auditor/2020) Diante da inexistência de lei federal pertinente, os estados possuem capacidade plena para legislar sobre normas gerais em direito tributário.

Gabarito comentado: Correto.
A competência para legislar sobre direito tributário é concorrente (CF, art. 24, I). Assim sendo, caso não exista lei federal sobre noras gerais, abre-se aos Estados a possibilidade de exercerem a competência legislativa plena (CF, art. 24, § 3º), pelo menos até que sobrevenha a lei federal sobre normas gerais (CF, art. 24, § 4º).

(FGV – PC RJ – Investigador de Polícia – 2022) Pedro, deputado federal, decidiu apresentar projeto de lei em matéria de competência legislativa concorrente da União, dos Estados e do Distrito Federal. Nesse caso, o referido projeto:
a) deve incursionar apenas nas normas gerais sobre a respectiva matéria;
b) deve disciplinar de modo exauriente a matéria, mas apenas no plano federal;
c) deve disciplinar de modo exauriente a matéria em todos os níveis federativos, revogando as demais normas existentes;
d) pode permanecer adstrito à esfera da União e também indicar os demais entes federativos nos quais será aplicado;
e) pode permanecer adstrito à esfera da União e também disciplinar a matéria, de modo exauriente, nos demais níveis.

Gabarito: A (CF, art. 24, § 1º).

Caso, depois, sobrevenha lei federal, as leis estaduais **que veiculem normas gerais** ficam com a eficácia suspensa, se forem contrárias às normas gerais da União. Perceba-se que a lei federal não **revoga** nem **anula** a lei estadual. Não anula porque a lei estadual não possuía qualquer defeito ou vício; não revoga a lei porque só uma lei estadual pode revogar outra lei estadual. A lei apenas fica com a eficácia e a executoriedade suspensas, enquanto houver normas gerais da União que lhe sejam contrárias.

E se a lei da União for revogada e não for substituída por outra? A lei estadual volta a valer, pois voltou a existir a omissão federal. Trata-se de repristinação? Não, pois a repristinação é a volta da lei **revogada**, e a lei estadual estava apenas suspensa.

Cuidado!

A principal diferença entre as competências comuns (art. 23) e as concorrentes (art. 24) é que as comuns são competências materiais (administrativas), ao passo que as concorrentes são competências legislativas.

📝 Questão de Concurso

(Cespe/TRE-PA/Analista Judiciário – área administrativa/2017) A respeito das competências dos entes federados, assinale a opção correta

a) Inexistindo lei federal sobre normas gerais, os estados exercerão a competência legislativa residual para atender às suas peculiaridades
b) A eficácia de lei estadual vigente não será suspensa na hipótese de superveniência de lei federal sobre normas gerais, mesmo que a lei federal traga disposições contrárias à lei estadual
c) Compete privativamente à União zelar pela guarda da CF, das leis e das instituições democráticas
d) A competência da União para legislar sobre normas gerais afasta a competência suplementar dos estados
e) No âmbito da legislação concorrente, a competência da União limitar-se-á a estabelecer normas gerais.

Gabarito: E.
Comentários item a item:
A alternativa "A" está errada porque a competência dos estados para, no âmbito da competência concorrente, adaptar as normas gerais às suas peculiaridades independe de omissão da União (CF, art. 24, § 2º). Já a letra "B" contraria o que dispõe o § 4º do art. 24 da CF (a superveniência de lei federal sobre normas gerais suspende, sim, a eficácia da lei estadual, no que houver contrariedade). A letra "C" está errada porque essa competência é comum de todos os entes da Federação, e não exclusiva da União (CF, art. 23, I). Finalmente, na letra "D" há uma total contrariedade ao que dispõe o § 2º do art. 24 da CF. A alternativa "E" repete o § 3º do art. 24 da CF, e está portanto correta.

⚠️ Atenção!

Os Municípios podem participar das competências concorrentes, mas apenas nas matérias em que tenham peculiar interesse (tributos, direito urbanístico, mas não matérias judiciárias ou policiais, por exemplo) e, ainda assim, de forma suplementar à União e aos Estados (CF, art. 30, II) – isto é, se "sobrar" algum espaço de atuação. Foi o que decidiu o STF, em recurso extraordinário com repercussão geral: "**O Município é competente para legislar sobre meio ambiente com União e Estado, no limite de seu interesse local e desde que tal regramento seja e harmônico com a disciplina estabelecida pelos demais entes federados (art. 24, VI, c/c 30, I e II, da CRFB)**." (STF, Pleno, RE n. 586.224, rel. min. Luiz Fux).

Quadro 12.2 – Distinções de competências quanto à titularidade

COMPETÊNCIA	UM SÓ ENTE	EXPLÍCITA (enumerada)	**Delegável:** PRIVATIVA **Indelegável:** EXCLUSIVA
		IMPLÍCITA	**Estados-membros:** RESERVADA/REMANESCENTE **União (matéria tributária):** RESIDUAL (cobrada em Direito Tributário)
	MAIS DE UM ENTE	**Cada um com uma tarefa:** CONCORRENTE	**União:** NORMAS GERAIS **Estados/DF:** NORMAS ESPECÍFICAS
		Responsabilidade compartilhada: COMUM (União/Estados/DF/Municípios)	

Quadro 12.3 – Classificação das competências

Dispositivo (artigo)	Titular	Classificação quanto à matéria	Classificação quanto à titularidade
21	União	Material	Exclusiva (indelegável)
22	União	Legislativa	Privativa (delegável aos Estados, mediante lei complementar – art. 22, parágrafo único)
23	União, Estados, DF e Municípios	Material	Comum
24	União, Estados e DF	Legislativa	Concorrente
25, § 1º	Estados	Legislativa e Material	Reservada/Remanescente
25, § 2º	Estados	Material	Exclusiva
25, § 3º	Estados	Legislativa	Exclusiva
30	Municípios	Legislativa e Material	Exclusiva
154, I	União	Legislativa	Residual
153	União	Legislativa	Exclusiva (matéria tributária)
155	Estados	Legislativa	Exclusiva (matéria tributária)
156	Municípios	Legislativa	Exclusiva (matéria tributária)

⚠ Atenção!

Alguns estudiosos – assim como, por conseguinte, algumas provas de concursos – costumam fazer a distinção entre leis *nacionais* e leis (meramente) *federais*. Leis **nacionais** são aquelas editadas pela União, mas que **se aplicam a todos os demais entes da Federação** (ex.: Lei de Improbidade Administrativa – Lei n. 8.429/92), ao passo que as **leis (meramente) federais** são aquelas editadas pela União, mas que **se aplicam apenas na própria esfera federal** (ex.: Lei de Processo Administrativo Federal – Lei n. 9.784/99; Lei n. 8.112/90, que institui o regime jurídico dos servidores públicos *da União*).

📖 Aprofundamento:
a "extensão" de leis federais por decisão do ente regional ou local

Pode um Estado decidir, por exemplo, "estender" a aplicação de uma lei meramente federal à sua esfera de poder? Sim, pois isso deriva do poder de autolegislação de cada ente. É o caso, por exemplo, do Distrito Federal, que editou lei determinando a aplicação, no âmbito distrital, da Lei de Processo Administrativo Federal (Lei n. 9.784/99).

E se houver alteração na lei federal, tal mudança se aplica automaticamente ao ente que a adotou? Não, não existe essa "atualização automática", devendo, se for o caso, o ente federativo local ou regional editar nova norma "de imitação".

Esse tema – bastante interessante e aprofundado – já foi objeto de cobrança em prova de concurso (Cespe/TCU/Procurador/2015).

Aprofundamento:
tópicos especiais sobre competências em matéria de saúde (direito sanitário)

a) a competência para exercer o poder de polícia administrativa em matéria de saúde é comum a todos os entes federativos (CF, art. 23, II)

O poder de polícia é definido legalmente como a:

> Atividade da administração pública que, limitando ou disciplinando direito, interesse ou liberdade, regula a prática de ato ou abstenção de fato, em razão de interesse público concernente à segurança, à higiene, à ordem, aos costumes, à disciplina da produção e do mercado, ao exercício de atividades econômicas dependentes de concessão ou autorização do Poder Público, à tranquilidade pública ou ao respeito à propriedade e aos direitos individuais ou coletivos (Código Tributário Nacional – CTN, art. 78, *caput*).

Trata-se, portanto, da verdadeira limitação ao direito de liberdade dos cidadãos, em benefício da segurança (*lato sensu*)[6], mas que deve ser exercido no âmbito da competência federativa. Assim, por exemplo, a polícia de profissões compete apenas à União (CF, art. 21, XXIV), mas o poder de polícia em matéria ambiental cabe a todos os entes (CF, art. 23, VI e VII). Em relação à área de saúde, o exercício do poder de polícia é compartilhado por todos os níveis federativos (CF, art. 23, II), o que significa dizer que União, Estados, Distrito Federal e Municípios podem, genericamente, impor restrições ao direito de liberdade em prol da saúde pública.

b) a competência para legislar em matéria de saúde é concorrente (CF, art. 24, XII)

Para além da competência material (administrativa) para formular, executar e monitorar políticas públicas de saúde, há também a competência para *legislar* (editar leis ordinárias e complementares) sobre proteção e defesa da saúde. Tal atribuição integra o rol das chamadas competências concorrentes, de modo que, nessa matéria, a União deve limitar-se a estabelecer as normas gerais (CF, art. 24, § 1º), como é o caso da Lei n. 13.979/2020, mas isso "não exclui a competência suplementar dos Estados" (art. 24, § 2º).

Sem adentrar na complexa discussão sobre o conteúdo das "normas gerais", é possível afirmar que os Estados e o Distrito Federal podem editar leis *mais específicas* e especialmente *mais protetivas* que as da União, no uso da competência que lhes é atribuída pelo inciso XII do art. 24 da CF. Em relação aos Municípios, como se trata de matéria que afeta também o interesse local, e dada a competência comum para a defesa da saúde, também podem, em relação aos seus territórios e respeitada a legislação federal e estadual, suplementá-las com a edição de normas específicas[7].

---

[6] PIETRO, Maria Sylvia Zanella Di. *Direito Administrativo*. São Paulo: Atlas, 2009. p. 116.

[7] CF, art. 30, II; STF, Pleno, Recurso Extraordinário n. 586.224/SP, Relator Ministro Luiz Fux, *DJe* de 8-5-2015, Tema n. 145 da Repercussão Geral.

c) a competência para legislar sobre horário e condições para o funcionamento do comércio é exclusiva dos Municípios (CF, art. 30, I)

De acordo com o art. 30, I, da CF, compete com exclusividade aos Municípios legislar sobre matérias de interesse local. Apesar da aparente indefinição desse dispositivo, há sedimentada jurisprudência do STF sobre o que se inclui – ou não – nessa esfera de atuação municipal.

Assim, por exemplo, compete ao Município legislar sobre o horário de funcionamento do comércio (Súmula Vinculante 38)[8]. Essa autorização pode afetar o comércio como um todo, ou apenas parte dele (determinada categoria de estabelecimentos, ou determinada região, por exemplo). Na mesma linha, compete ao Município definir normas de segurança de agências bancárias[9] e de equipamentos de segurança em geral em locais de atendimento ao público[10], bem como tempo máximo de espera em fila[11] e outras normas sanitárias locais, mas não legislar sobre horário de funcionamento de agências bancárias, por ser esta última matéria afeta ao sistema financeiro nacional – e, portanto, de competência da União (CF, art. 192). Também competem exclusivamente aos Municípios as funções relacionadas à circulação em vias e logradouros públicos (acesso a praias, ruas, praças, parques e monumentos públicos, por exemplo)[12].

Nos casos, aliás, em que a matéria compete exclusivamente aos Municípios, nenhum outro ente da Federação pode imiscuir-se, ainda mais pelo fato de que não há hierarquia entre os níveis de governo da República Federativa do Brasil. Assim, por exemplo, se o Município, no âmbito de sua competência e obedecidos a constitucionalidade material, proibir por motivos sanitários (como ocorreu durante a pandemia de Covid-19, em 2020-2021) o funcionamento de academias de ginástica, salões de beleza ou barbearias, eventual decreto presidencial que as qualifique como serviço essencial não teria o condão de permitir o funcionamento de tais estabelecimentos. No conflito de normas de diferentes entes federativos, prevalece aquela cujo emissor está no exercício de uma competência constitucionalmente definida: obviamente, o art. 30 da CF prevalece.

d) a competência para dispor sobre funcionamento de aeroportos, portos e ferrovias é exclusiva da União (CF, art. 21, XII)

Diferentemente do que diz respeito ao transporte rodoviário, compete com exclusividade à União explorar "a navegação aérea, aeroespacial e a infraestrutura aeroportuária" (CF, art. 21. XII, c), independentemente da abrangência geográfica do voo. Assim, questões relativas ao funcionamento de aeroportos devem obedecer às regras de polícia administrativa federais.

---

[8] "É competente o Município para fixar o horário de funcionamento de estabelecimento comercial".
[9] STF, 1ª Turma, Agravo Regimental (AgR) no Agravo em Recurso Extraordinário n. 784.981, Relatora Ministra Rosa Weber, *DJE* de 7-4-2015.
[10] STF, 1ª Turma, AgR no Agravo de Instrumento n. 491.420, Relator Ministro Cezar Peluso, *DJ* de 24-3-2006.
[11] Tema n. 272 da Repercussão Geral: "Compete aos Municípios legislar sobre assuntos de interesse local, notadamente sobre a definição do tempo máximo de espera de clientes em filas de instituições bancárias".
[12] É o caso, por exemplo, do controverso "rodízio ampliado" decretado pela Prefeitura de São Paulo. Pode-se discutir a eficácia da medida, e até mesmo sua constitucionalidade material (possível restrição excessiva ao direito à liberdade de locomoção em vias públicas), mas, a nosso ver, não a competência municipal. Disponível em: https://www1.folha.uol.com.br/cotidiano/2020/05/covas--anuncia-rodizio-de-veiculos-mais-restrito-a-partir-de-segunda-feira.shtml

Na mesma toada, os serviços de transporte ferroviário; o funcionamento dos portos; e o transporte aquaviário que transponha limites de Estado são competências exclusivas da esfera federal (CF, art. 21, XII, *d* e *f*).

e) a competência para legislar em matéria penal é privativa da União

Compete privativamente à União legislar sobre direito penal (CF, art. 22, I). Tal competência, embora possa, em tese, ser delegada aos Estados e ao Distrito Federal (parágrafo único do mesmo dispositivo), não o foi (inexiste lei complementar com tal autorização), de modo que, na atualidade, qualquer lei penal que defina crimes ou comine penas precisa ser aprovada pelo Congresso Nacional.

Nesse contexto, permanece em vigor o art. 268 do Código Penal (CP), que tipifica o crime de "infração de medida sanitária preventiva", nos termos seguintes:

> **Art. 268.** Infringir determinação do poder público, destinada a impedir introdução ou propagação de doença contagiosa:
>
> Pena – detenção, de um mês a um ano, e multa.
>
> Parágrafo único. A pena é aumentada de um terço, se o agente é funcionário da saúde pública ou exerce a profissão de médico, farmacêutico, dentista ou enfermeiro.

Aprofundamento:
as competências federativas em matéria de transporte

d) a competência para o transporte rodoviário de passageiros depende da abrangência geográfica do serviço

A competência para *legislar* sobre trânsito e transporte é privativa da União (CF, art. 22, XI). Todavia, a competência *material* para explorar o serviço de transporte de passageiros (e, por conseguinte, o respectivo poder de polícia) é segmentada em vários níveis federativos, a depender da abrangência geográfica do serviço.

Assim, por exemplo, compete:

d.1) à União explorar os serviços de transporte rodoviário *internacional* ou *interestadual* (CF, art. 21, XII, e); são inconstitucionais atos de governadores, por exemplo, que visem a "fechar as divisas" do Estado, justamente por invadirem essa competência federal;

d.2) aos Estados explorar os serviços de transporte intermunicipal, por se tratar de competência remanescente, já que não atribuída expressamente a outros níveis da Federação (CF, art. 25, § 1º); dessa maneira, embora não possam fechar as divisas estaduais, os governadores podem editar normas administrativas que restrinjam a circulação de linhas de transporte coletivo entre Municípios de seus Estados;

d.3) aos Municípios explorar o transporte urbano (CF, art. 30, V), cabendo-lhes instituir, se for o caso, restrições ao funcionamento de linhas de ônibus urbanos, metrôs (desde que não ultrapassem a divisa municipal) e outros modais de transporte terrestre de passageiros nos limites do Município (veículos leves sobre trilhos ou sobre pneus etc.).

Aprofundamento:
as razões da complexidade do sistema brasileiro de repartição de competências

O sistema brasileiro de repartição de competências é um dos mais complexos do mundo, inclusive porque foi influenciado, simultaneamente, pelos modelos americano (repartição horizontal de competências), alemão (repartição de vertical de competências)[13] e indiano (previsão exaustiva de competências)[14]. Isso leva a uma convivência – nem sempre tão harmoniosa – entre competências atribuídas com exclusividade a um ente federativo (Constituição Federal – CF, arts. 21; 25, §§ 2º e 3º; 30, entre outros) e aquelas outras tarefas em que se impõe, se exige uma cooperação entre os vários níveis da Federação (como é o caso dos arts. 23 e 24 da CF).

Aprofundamento:
o caráter (ainda) centralizador da repartição de competências na CF de 1988

Nossa Constituição de 1988 – não obstante tenha significado um avanço na atribuição de relevantes tarefas aos entes subnacionais, especialmente aos Municípios (CF, art. 30) – é considerada uma das mais centralizadoras, em termos de competências estaduais, dentre os países que adotam a forma federativa de Estado:

> (...) a federação brasileira, não obstante a previsão de formas de cooperação legislativa entre os entes federativos, comparativamente, aparece como sendo o país mais centralizado em matéria legislativa e, ao lado da Áustria, como a federação, em termos gerais, mais centralizada, colocando em evidência a tendência das últimas Constituições brasileiras em ampliar as atribuições do poder central ao sacrifício da autonomia dos Estados. No extremo oposto, situam-se os Estado Unidos, Austrália e Suíça, que se colocam como exemplos de experiências de descentralização legislativa[15].

A jurisprudência do Supremo Tribunal Federal (STF), por exemplo, apresenta uma nítida tendência centralista – mitigada, é verdade, em recentes julgados[16] – e tende a invalidar leis estaduais por considerar que instituíram normas gerais[17].

---

[13] SILVA, José Afonso da. *Curso de Direito Constitucional Positivo*. São Paulo: Malheiros, 2006. p. 477.
[14] KANTH, T. Krishna; KUMARI, K. Lalita. Indian Federalism: its dynamics and salient features: a comparative analysis. In: RAMOS, Dircêo Torrecillas. *O federalista atual*. Belo Horizonte: Arraes, 2013. p. 563.
[15] TOMIO, Fabrício Ricardo Limas; ORTOLAN, Marcelo Augusto Biehl. O sistema de repartições das competências legislativas da Lei Fundamental Alemã após a reforma federativa de 2006 em perspectiva comparada com o Estado Federal Brasileiro. In: *Revista Direito, Estado e Sociedade*, n. 38, 2014, p. 99.
[16] STF, Pleno, Ação Direta de Inconstitucionalidade (ADI) n. 4.060/SC, Relator Ministro Luiz Fux, DJe de 4-5-2015.
[17] RAMOS, Elival da Silva. Autonomia do Estado-membro no Federalismo Brasileiro. In: CAGGIANO, Monica Herman; RANIERI, Nina (orgs.). *As novas fronteiras do federalismo*. São Paulo: Imprensa Oficial do Estado de São Paulo, 2008. p. 170.

Além disso, as competências expressamente atribuídas pela CF à União e aos Municípios são numerosas e extensas, de modo que as tarefas "reservadas" aos Estados restam poucas. Sobre o tema, Fernanda Dias Menezes de Almeida destaca *a vastidão das matérias* de competência legislativa da União[18]. E, para Elival da Silva Ramos, *o rol de competências legislativas da União é exageradamente amplo e, sendo assim, o que sobra como resíduo [para os Estados] é muito pouco*[19].

Demais disso, é preciso levar em conta que a esfera de atuação dos entes de segundo grau é ainda limitada pela adoção, entre nós, da teoria americana dos poderes implícitos[20], o que termina por relativizar a regra segundo a qual as competências implícitas caberiam aos Estados[21].

Nesse sentido, Alexandre de Moraes sustenta que:

> Ao verificarmos as matérias do extenso rol de 29 incisos e um parágrafo do artigo 22 da Constituição Federal 88, é facilmente perceptível o desequilíbrio federativo no tocante à competência legislativa entre União e Estados-membros, uma vez que, há a previsão de quase a totalidade das matérias legislativas de maior importância para a União (direito civil, comercial, penal, processual, eleitoral, agrário, marítimo, aeronáutico, espacial e do trabalho, desapropriação, águas, energia, informática, telecomunicações, radiodifusão, serviço postal, comércio exterior e interestadual, diretrizes da política nacional de transportes, regime de portos, navegação lacustre, fluvial, marítima, aérea e aeroespacial, trânsito e transporte, diretrizes e bases da educação nacional, registros públicos, etc). Além disso, a tradicional interpretação política e jurídica que vem sendo dada ao artigo 24 do texto constitucional, no sentido de que nas diversas matérias de competência concorrente entre União e estados, pode discipliná-las quase integralmente, teremos o resultado da diminuta competência legislativa dos Estados-membros; gerando a excessiva centralização nos poderes legislativos na União, o que caracteriza um grave desequilíbrio federativo[22].

Como se não bastasse, ainda temos as origens históricas da Federação brasileira, cuja tradição centralista difere da origem soberana dos Estados-membros da federação americana[23].

Aprofundamento:
os princípios (implícitos) da conduta amistosa federativa e da preponderância da norma mais protetiva

No direito comparado, já de há muito tempo se sustenta deverem as normas que atribuem competências "em condomínio" aos entes federativos ser interpretadas de forma a obedecer

---

[18] ALMEIDA, Fernanda Dias Menezes de. *Competências na Constituição de 1988*. São Paulo: Atlas, 2013. p. 85.
[19] RAMOS, Elival da Silva. Op. cit., p. 170.
[20] A título de exemplo: STF, Pleno, ADI n. 2.995/PE, Relator Ministro Celso de Mello, *DJe* de 28-9-2007.
[21] SILVA, José Afonso da. *Comentário Contextual à Constituição*. São Paulo: Malheiros, 2010. p. 292.
[22] MORAES, Alexandre de. Federação brasileira: necessidade de fortalecimento das competências dos Estados-membros. In: *Liberdade e Cidadania*, ano II, n. 7, jan./mar. 2010, p. 17.
[23] MEYER-PFLUG, Samantha Ribeiro; COUTO, Monica Bonetti. O federalismo brasileiro. In: RAMOS, Dircêo Torrecillas (org.). *O Federalista atual*: Teoria do Federalismo. Belo Horizonte: Arraes, 2013. v. 1, p. 491.

ao princípio implícito da "conduta amistosa federativa". Fala-se mesmo desse norte como um princípio jurídico imanente ao federalismo, significando que:

> A Constituição pede ao estado-total [Federação] e aos estados-membros não só correção exterior no cumprimento de seus deveres jurídico-estatais, mas também a procura constante e a produção de uma conduta boa, amistosa federativa; (...) a não observância desses deveres e restrições por um ato da federação ou de um estado deixa esse ato tornar-se inconstitucional[24].

Existem ainda autores que vão além, defendendo até mesmo que, em matérias de competências comuns, prevaleça a norma jurídica mais protetiva ao bem jurídico em questão (educação, meio ambiente, saúde etc.). Seria uma espécie de "princípio da maior proteção"[25], de acordo com o qual, em caso de conflito entre a atuação federal e a estadual, por exemplo, prevaleceria a norma que mais protegesse a saúde da população. Essa tese chega a ser aventada por Ingo Wolfgang Sarlet e seria especialmente interessante na aplicação ao combate à covid-19 (prevaleceria, por exemplo, a norma que mais protegesse a saúde, ainda que fosse estadual, em face de uma atuação mais permissiva da União).

12.3. HIPÓTESES MAIS COBRADAS DE REPARTIÇÃO DE COMPETÊNCIAS

12.3.1. Legislar sobre Direito Civil, Penal, Processual, Comercial, do Trabalho, Agrário, Marítimo, Aeronáutico e Espacial

Trata-se de vários ramos do Direito cuja legislação é atribuída de forma privativa (delegável) à União (art. 22, I).

12.3.1.1. *Direito Processual x procedimentos em matéria processual*

Compete privativamente à União legislar sobre *direito processual* (ações, competência, recursos, prazos, provas etc.) – art. 22, I[26] – ao passo que é competência concorrente da União e dos Estados legislar sobre *procedimentos em matéria processual* (art. 24, XI: basicamente, regras sobre tempo e lugar dos atos processuais, em que a União estabelece as normas gerais, e os Estados adaptam às suas especificidades). Registre-se, porém, que a própria distinção entre "direito processual" e "procedimentos em matéria processual" já é, por si só, objeto de algumas perplexidades. Ademais, é por vezes dificultoso identificar, na legislação federal, quais as normas sobre direito processual – e que são privativas da União – daquelas que trazem normas gerais sobre procedimentos – e em relação às quais os Estados podem produzir normatização específica. A

---

[24] HESSE, Konrad. *Elementos de Direito Constitucional da República Federal da Alemanha*. Trad. Luís Afonso Heck. Porto Alegre: Sergio Antonio Fabris, 1998. p. 212-213.
[25] Construção semelhante existe no Direito do Trabalho, em que tradicionalmente se flexibiliza a hierarquia das normas, para dar prevalência àquela que mais proteja o trabalhador.
[26] Nem sempre foi assim, contudo. durante toda a Primeira República, cabia aos Estados legislar – com exclusividade – sobre Direito Processual. ROSAS, Roberto. *Direito Processual Constitucional*. São Paulo: RT, 1997. p. 34. Autores de renome, inclusive, defendem o retorno a esse regime jurídico: FERREIRA FILHO, Manoel Gonçalves. *Comentários à Constituição Brasileira de 1988*. v. 1. São Paulo: Saraiva, 1990. p. 171.

doutrina, aliás, reconhece que há uma certa "discricionariedade judicial" em enquadrar uma competência como "direito processual" ou como "procedimentos em matéria processual"[27].

Segundo a Corte, por exemplo, os Estados não invadem competência da União ao editarem legislação suplementar sobre inquérito, ou ao apenas indicar como determinado processo existente será executado[28].

> Por outro lado, há vasta jurisprudência do STF declarando a inconstitucionalidade de leis estaduais que teriam invadido a competência privativa da União sobre direito processual. Pode-se até afirmar que o Pretório Excelso é restritivo quanto ao que seria a competência estadual e distrital para legislar sobre procedimentos em matéria processual. A título de exemplo, podemos mencionar leis estaduais sobre: processo e julgamento de crimes de responsabilidade; nova hipótese de prioridade de tramitação processual; uso de videoconferência para interrogatório do réu[29].

---

[27] TAVARES, André Ramos. Aporias acerca do "condomínio legislativo" no Brasil: uma análise a partir do STF. *Revista Brasileira de Estudos Constitucionais (RBEC)*. Belo Horizonte, ano 2, n. 6, abr./jun. 2008.

[28] "(...) A legislação que disciplina o inquérito policial não se inclui no âmbito estrito do processo penal, cuja competência é privativa da União (art. 22, I, CF), pois **o inquérito é procedimento subsumido nos limites da competência legislativa concorrente, a teor do art. 24, XI, da Constituição Federal de 1988, tal como já decidido reiteradamente pelo Supremo Tribunal Federal**. (...) (Ação Direta de Inconstitucionalidade – ADI n. 2.886, Relator: Min. Eros Grau, Relator para Acórdão: Min. Joaquim Barbosa, Tribunal Pleno, julgado em 3-4-2014, *DJe* 4-8-2014) (...) O Estado do Rio de Janeiro disciplinou a homologação judicial de acordo alimentar nos casos específicos em que há participação da Defensoria Pública, **não estabelecendo novo processo, mas a forma como este será executado**. Lei sobre procedimento em matéria processual. 4. A prerrogativa de legislar sobre procedimentos possui o condão de transformar os Estados em verdadeiros 'laboratórios legislativos'. **Ao conceder-se aos entes federados o poder de regular o procedimento de uma matéria, baseando-se em peculiaridades próprias, está a possibilitar-se que novas e exitosas experiências sejam formuladas**. Os Estados passam a ser partícipes importantes no desenvolvimento do direito nacional e a atuar ativamente na construção de possíveis experiências que poderão ser adotadas por outros entes ou em todo território federal. (...)" (ADI n. 2.922, Relator: Min. Gilmar Mendes, Tribunal Pleno, j. em 3-4-2014, *DJe* 29-10-2014).

[29] "(...) 1. A competência para dispor legislativamente sobre **processo e julgamento por crimes de responsabilidade é privativa da União, que o fez por meio da Lei 1.079/50, aplicável aos Governadores e Secretários de Estado**, razão pela qual são inconstitucionais as expressões dos arts. 54 e 89 da Constituição do Estado do Paraná que trouxeram disciplina discrepante na matéria, atribuindo o julgamento de mérito de imputações do tipo à Assembleia Legislativa local. Precedentes. (...) (Ação Direta de Inconstitucionalidade – ADI n. 4.791, Relator: Min. Teori Zavascki, Tribunal Pleno, j. em 12-2-2015, *DJe* 23-4-2015). (...) Fixação de **nova hipótese de prioridade, em qualquer instância, de tramitação processual para as causas em que for parte mulher vítima de violência doméstica**. Vício formal. Procedência da ação. 1. A definição de regras sobre a tramitação das demandas judiciais e sua priorização, na medida em que reflete parte importante da prestação da atividade jurisdicional pelo Estado, é aspecto abrangido pelo ramo processual do Direito, cuja positivação foi atribuída pela Constituição Federal privativamente à União (art. 22, I, CF/88). 2. A lei em comento, conquanto tenha alta carga de relevância social, indubitavelmente, ao pretender tratar da matéria, invadiu esfera reservada da União para legislar sobre direito processual. 3. A fixação do regime de tramitação de feitos e das correspondentes prioridades é matéria eminentemente processual, de competência privativa da União, que não se confunde com matéria procedimental em matéria processual, essa, sim, de competência concorrente dos estados-membros. 4. **O Supremo Tribunal Fe-**

> **Atenção!**
>
> O "direito processual" que é de competência legislativa privativa da União refere-se apenas ao *processo judicial* (civil, penal, trabalhista, eleitoral, etc.), já que a competência para legislar sobre *processo administrativo* (assim como para legislar sobre *direito administrativo*, em geral, salvo quando a CF dispuser de forma específica) é de cada ente federativo, no uso de sua autonomia federativa (CF, art. 18, *caput*).

12.3.1.2. Direito do Trabalho

As normas de direito do trabalho devem ser nacionalmente unificadas. Há, porém, a possibilidade de a União, mediante lei complementar, autorizar os Estados e o DF (delegar) a instituírem leis sobre questões específicas do tema.

Ressalte-se: não pode a União delegar aos Estados elaborarem a própria CLT; pode, sim, atribuir-lhes o poder de legislar sobre algum ponto específico de direito do trabalho.

Foi o que aconteceu com a Lei Complementar n. 103, de 2000: essa norma delegou aos Estados (e ao DF) a competência para legislarem sobre piso salarial, instituindo (se assim quiserem) a obrigatoriedade de ser pago piso salarial acima do salário mínimo. É o que se chama, de forma juridicamente inadequada, de "salário mínimo regional".

> **Questão de Concurso**
>
> (Cespe/TRT7/Analista Judiciário – área administrativa/2017) Considere que determinado estado da Federação tenha editado lei estadual fixando o piso salarial de determinada categoria profissional do estado. A respeito da competência estadual para legislar acerca da matéria em apreço, assinale a opção correta:
> a) O estado possui competência para legislar sobre o assunto, nos limites de delegação conferida por lei complementar federal.
> b) O estado possui competência concorrente com a União para legislar sobre o assunto, podendo legislar plenamente sobre o assunto até a superveniência de lei federal.
> c) O estado possui competência de legislar sobre o assunto: trata-se de matéria reservada aos estados-membros.

---

deral, por diversas vezes, reafirmou a ocorrência de vício formal de inconstitucionalidade de **normas estaduais que exorbitem de sua competência concorrente para legislar sobre procedimento em matéria processual, adentrando aspectos típicos do processo, como competência, prazos, recursos, provas, entre outros**. Precedentes. 5. Ação julgada procedente. (ADI n. 3.483, Relator: Min. Dias Toffoli, Tribunal Pleno, julgado em 3-4-2014, *DJ* 14-5-2014). A exigência de **depósito recursal prévio aos recursos** do juizado especial cível, criada pelo art. 7º da Lei estadual (AL) 6.816/2007, constitui requisito de admissibilidade do recurso, **tema próprio de direito processual civil, e não de 'procedimentos em matéria processual'** (art. 24, XI, CF). Medida cautelar deferida para suspender a eficácia do art. 7º, *caput*, e respectivos parágrafos, da Lei 6.816/2007 do Estado de Alagoas (ADI 4.161MC, Rel. Min. Menezes Direito, julgamento em 29/10/2008, Plenário, *DJe* de 17-4-2009). (...) Processual penal e constitucional. Interrogatório do réu. **Videoconferência**. Lei n. 11.819/05 do Estado de São Paulo. Inconstitucionalidade formal. Competência exclusiva da União para legislar sobre matéria processual. Art. 22, I, da Constituição Federal. 1. A Lei n. 11.819/05 do Estado de São Paulo **viola, flagrantemente, a disciplina do art. 22, inciso I, da Constituição da República, que prevê a competência exclusiva da União para legislar sobre matéria processual**. 2. *Habeas corpus* concedido. (HC n. 90.900, Relator: Min. Ellen Gracie, Relator para Acórdão: Min. Menezes Direito, Tribunal Pleno, j. em 30-10-2008, *DJe* 22-10-2009)". [grifamos].

d) O estado não possui competência para legislar a respeito do assunto: a matéria é de competência legislativa exclusiva da União.

> **Gabarito comentado: A.**
> A competência privativa da União para legislar sobre direito do trabalho inclui a questão do piso salarial, que foi objeto da Lei Complementar n. 103, de 2000, que autoriza os Estados a legislarem sobre o assunto, nos termos do parágrafo único do art. 22 da CF.

De forma correlata, cabe privativamente à União legislar sobre a **regulamentação de profissões** (CF, art. 22, XVI), motivo pelo qual o STF considera formalmente inconstitucionais leis estaduais ou municipais que buscam regular condições para o exercício de uma profissão ou atividade.

Ainda no âmbito do direito do trabalho, verifica-se que os Estados, DF e Municípios não podem legislar sobre o regime jurídico dos seus *empregados* públicos, já que sujeitos às regras *trabalhistas*, que são de competência legislativa privativa da União.

✋ Cuidado!

> Cada ente federativo pode legislar sobre o regime jurídico dos seus *servidores estatutários* (autonomia legislativa e administrativa), mas não sobre o regime jurídico dos seus *empregados* (matéria de competência legislativa privativa da União).

12.3.1.3. Direito Civil

A CF atribui à União a competência privativa para legislar sobre direito civil (CF, art. 22, I). Obviamente, essa competência é amplíssima, abrangendo tudo o que diga respeito diretamente a pessoas (naturais ou jurídicas), bens, negócios jurídicos, obrigações, contratos, direitos reais (posse, propriedade, usufruto etc.), família, sucessões...

Um dos pontos mais importantes da jurisprudência do STF diz respeito à inconstitucionalidade de leis estaduais ou municipais sobre cobrança por vaga de estacionamento em *shopping center*, que invade a competência legislativa da União para legislar sobre direito civil (especificamente, sobre contratos).

📝 Questão de Concurso

> (Iades/CFM/Advogado/2018) A regulação de preço de estacionamento é matéria de direito civil, inserindo-se na competência privativa da União para legislar.
>
> **Gabarito comentado: Correto.**
> De acordo com a jurisprudência do STF, a definição sobre a cobrança por vaga de estacionamento é matéria de contratos – e, portanto, afeta ao Direito Civil, e submetida à competência privativa da União (CF, art. 22, I).

12.3.1.4. Direito Penal

A definição de crimes e penas é matéria de competência legislativa privativa da União. Isso abrange os crimes propriamente ditos, mas também a definição das contravenções penais, a classificação dos delitos (crimes hediondos, crimes de menor potencial ofensivo etc.), e, de acordo com a jurisprudência do STF, até mesmo a definição dos crimes de responsabilidade (condutas autorizadoras de *impeachment*), mesmo que cometidas por autoridades estaduais/distritais/municipais (Súmula Vinculante 46).

Nesse sentido, registre-se que a Lei (federal) n. 1.079, de 1950, define crimes de responsabilidade de várias autoridades, inclusive governadores e secretários de Estado, ao passo que o Decreto-lei (federal) n. 201, de 1967, define os crimes de responsabilidade dos prefeitos.

✋ Cuidado!

Embora os crimes de responsabilidade (hipóteses autorizadoras de *impeachment*) não tenham natureza de infração penal propriamente dita, o STF, para fins de definição de competência legislativa, considera que tal atribuição é **privativa da União**, por estar inserida na competência federal para legislar sobre direito penal (Súmula Vinculante n. 46). Por conta disso, mesmo que se trate de autoridades estaduais ou municipais, a definição das condutas qualificadas como crime de responsabilidade, bem como o estabelecimento das respectivas regras de processo e julgamento **competem apenas à União**. Ainda que o julgamento (competência material) caiba a um ente estadual ou municipal, isso deve ser feito de acordo com a legislação federal a respeito. **Isso é cobrado com muita frequência em provas de concursos públicos e da OAB.**

📝 Questões de Concurso

(Cespe/TCE-PR/Auditor/2016) Será constitucional lei estadual que discipline os crimes de responsabilidade dos conselheiros do respectivo tribunal de contas, bem como o procedimento de sua apuração e de seu julgamento.

Gabarito comentado: Errado (ver Súmula Vinculante 46).

(Cespe/TRF1/Oficial de Justiça/2017) Compete exclusivamente à União legislar sobre normas de processo e de julgamento de crimes de responsabilidade.

Gabarito comentado: Correto (ver Súmula Vinculante 46).

(FGV/PCRN/Delegado/2021) Sensível à necessidade de zelar pela probidade administrativa, a Assembleia Legislativa do Estado Alfa promulgou a Emenda Constitucional n. XX/2019, de iniciativa parlamentar, dispondo sobre as infrações político-administrativas passíveis de serem praticadas pelo Governador do Estado, as quais poderiam acarretar, na hipótese de condenação, a perda do mandato eletivo e a inabilitação para o exercício de outra função pública. A Emenda Constitucional n. XX/2019 é:
a) formalmente inconstitucional, pois a matéria deve ser disciplinada em lei ordinária estadual, de iniciativa exclusiva do chefe do Poder Executivo;
b) formalmente inconstitucional, pois a matéria só pode ser disciplinada pela Constituição da República de 1988, não pela legislação infraconstitucional;
c) formal e materialmente constitucional, considerando o disposto na Constituição da República de 1988 e o princípio da simetria;
d) materialmente inconstitucional apenas em relação à sanção de inabilitação, que não pode ser cominada;
e) formalmente inconstitucional, pois a matéria é de competência legislativa privativa da União.

Gabarito comentado: E (Súmula Vinculante n. 46: A definição dos crimes de responsabilidade e o estabelecimento das respectivas normas de processo e julgamento são da competência legislativa privativa da União.)

12.3.2. Legislar sobre Direito Tributário, Econômico, Financeiro, Penitenciário, Urbanístico, Ambiental, Consumidor

São todos casos de competência concorrente entre a União, os Estados e o DF.

Com efeito, em todas essas matérias, a União fixará as diretrizes (normas gerais), ao passo que os Estados e o DF (e, se for pertinente, também os Municípios) estabelecerão as regras específicas para adaptarem a legislação de normas gerais às peculiaridades de cada lugar.

Em matéria tributária, a União edita o Código Tributário Nacional, e cada unidade da federação edita sua legislação tributária específica (obedecida a repartição de competências legislativas tributárias: arts. 153 a 156 da CF).

Também ocorre o mesmo em matéria de direito penitenciário (execução penal). Realmente, legislar sobre direito penal e processual penal é competência legislativa privativa da União (CF, art. 22, I), mas as regras sobre o cumprimento da pena são previstas em lei federal-nacional (a conhecida LEP – Lei de Execução Penal: Lei n. 7.210/84), cabendo aos Estados e ao DF (municípios aqui não legislam) estabelecer seu regulamento penitenciário específico.

12.3.3. Cuidar da natureza, da saúde, da educação, do patrimônio público, construção de moradias

Competência comum de todos os entes federativos. Aplica-se aqui o princípio de que a redundância não prejudica (quanto mais entes atuando, melhor).

Questão de Concurso

(Cespe/MPE-ES/Promotor/2010) É da competência exclusiva da União promover programas de construção de moradias e a melhoria das condições habitacionais e de saneamento básico.
Gabarito: Errado.

12.3.4. Legislar sobre sistemas de consórcios e sorteios, inclusive bingos e loterias

Compete privativamente à União legislar sobre sistemas de consórcios e sorteios (CF, art. 22, XX), inclusive sobre bingos e loterias (Súmula Vinculante 2).

Vários Estados chegaram a editar legislações regulamentando bingos, pretensamente com base em sua competência legislativa reserva (remanescente). Todas elas foram declaradas inconstitucionais pelo STF, por invadirem competência legislativa da União. A quantidade de declarações de inconstitucionalidade foi tão grande que o STF se viu praticamente obrigado a editar uma súmula vinculante sobre o tema.

Cuidado!

O STF, posteriormente, passou a fazer o *distinguishing* (distinção do precedente) em relação à Súmula Vinculante 2 e à competência dos Estados para **explorar** bingos e loterias **à luz da legislação editada pela União**. Assim, cabe **apenas à União** a tarefa de **legislar** sobre bingos e loterias; nada impede, no entanto, que os Estados e o DF exerçam a competência residual (implícita) para **explorar loterias**, inclusive por meio da criação de empresas para explorar **loterias estaduais**.

Questão de Concurso

(Cespe/TCE-PB/Procurador/2014) Uma lei dispondo sobre sistemas de consórcio e sorteios, inclusive bingos e loterias, pode ser editada pela União, pelos estados ou pelo DF, em virtude da competência legislativa concorrente.

> Gabarito comentado: Errado.
> A competência não é concorrente, e, sim, privativa da União.

12.3.5. Fixar horário de funcionamento do comércio (em geral)

De acordo com a Súmula Vinculante 38, "É competente o Município para fixar o horário de funcionamento de estabelecimento comercial". Trata-se de decorrência do poder municipal para legislar sobre assuntos de interesse local (CF, art. 30, I).

📝 Questão de Concurso

> (FGV – PC RJ – Investigador de Polícia – 2022) Um grupo de moradores do Município Alfa decidiu iniciar uma grande mobilização para alterar a Lei municipal n. XX, que estabelecia o horário de funcionamento do comércio local de modo, a seu ver, inadequado. Nesse caso, de acordo com a ordem constitucional:
> a) o grupo apenas pode solicitar que a Assembleia Legislativa uniformize a matéria em todo o Estado;
> b) pode ser apresentado projeto de lei de iniciativa popular por, pelos menos, 5% do eleitorado;
> c) o grupo apenas pode sugerir aos vereadores que alterem a lei, o que exige que algum deles apresente o projeto;
> d) o grupo apenas pode sugerir ao prefeito municipal que apresente o projeto de lei de alteração, pois apenas ele pode fazê-lo;
> e) pode ser apresentada a requisição de realização de plebiscito sobre a matéria, a ser obrigatoriamente organizado pela Câmara Municipal de Alfa.
>
> Gabarito comentado: B (a matéria é de competência legislativa municipal – Súmula Vinculante 38: "É competente o Município para fixar o horário de funcionamento de estabelecimento comercial" – e a iniciativa popular legislativa municipal pode ser exercida por 5% dos eleitores do Município, conforme o art. 29, XIII, da CF).

Isso, porém, não inclui a competência para legislar sobre horário de funcionamento de agências bancárias, como veremos.

12.3.6. Fixar horário de funcionamento dos bancos

Compete privativamente à União legislar sobre horário de funcionamento de agências bancárias (porque afeta o sistema financeiro nacional).

Perceba-se que a legislação federal concede até mesmo uma certa flexibilidade para as agências definirem seus horários, mas isso sempre dentro das balizas fixadas pela própria legislação federal – não estadual nem municipal.

📝 Questões de Concurso

> (Cespe/TRF 5ª Região/Juiz Federal/2013) A definição do horário de funcionamento das instituições bancárias é da competência legislativa do município, por constituir matéria de interesse local.
> Gabarito comentado: Errado.
> Como afeta o sistema financeiro nacional, a competência é da União.

> (Cespe/TRF1/Oficial de Justiça/2017) As peculiaridades de cada cidade determinam a competência dos municípios para fixar horários de funcionamento de estabelecimentos comerciais e bancários.
> **Gabarito comentado: Errado.**
> Os Municípios podem legislar sobre horário de funcionamento do comércio (Súmula Vinculante 38), mas não de estabelecimentos bancários.

12.3.7. Estipular tempo máximo de espera em fila de banco (ou em cartório etc.)

Competência exclusiva dos municípios (assunto de interesse local). Os precedentes do STF referem-se a fila (tempo máximo de atendimento) em agências bancárias[30], mas a mesma lógica pode ser usada para justificar a competência municipal para legislar sobre tempo máximo de espera em fila de hospitais, de cartórios[31] etc.

Questão de Concurso

> (Cespe/Bacen/Procurador/2013) Os municípios não podem legislar sobre o período máximo de atendimento de clientes em instituições bancárias, sob pena de afronta à competência legislativa privativa da União e de conflito com as prerrogativas fiscalizadoras do Bacen.
> **Gabarito comentado: Errado.**

12.3.8. Exigir a instalação de equipamentos de segurança em agência bancária (detector de metais, porta giratória etc.)

Compete exclusivamente aos Municípios (por ser assunto de interesse local: CF, art. 30, I) legislar sobre equipamentos de segurança em edificações, inclusive agências bancárias.

Nesse sentido: "O Município pode editar legislação própria, com fundamento na autonomia constitucional que lhe é inerente (CF, art. 30, I), com o objetivo de determinar, às instituições financeiras, que instalem, em suas agências, em favor dos usuários dos serviços bancários (clientes ou não), equipamentos destinados a proporcionar-lhes segurança (tais como portas eletrônicas e câmaras filmadoras) ou a propiciar-lhes conforto, mediante oferecimento de instalações sanitárias, ou fornecimento de cadeiras de espera, ou, ainda, colocação de bebedouros" (Agravo Regimental no Agravo de Instrumento n. 347.717, rel. min. Celso de Mello).

12.3.9. Explorar os serviços de gás canalizado

Competência estadual, nos termos do art. 25, § 2º. Trata-se de tema bastante cobrado em provas de concursos, especialmente por conta de uma falha redacional da CF: fala-se que cabe aos Estados explorar, diretamente ou mediante concessão (admite-se a delegação do serviço à iniciativa privada, mas não mediante contrato de permissão, apenas concessão), os serviços **locais** de gás canalizado. Ora, se os serviços fossem mesmo locais, a competência deveria ter sido dada aos Municípios, conforme expressamente prevê a própria CF (art. 30, I). Na verdade, onde se lê "serviços locais", dever-se-ia ler "serviços regionais" de gás canalizado.

De qualquer forma, a competência para a prestação de tal serviço é dos Estados.

---

[30] STF, RE n. 610.211 (Repercussão Geral), Relatora Ministra Ellen Gracie.
[31] STF, RE n. 397.094/DF, Relator Ministro Sepúlveda Pertence.

Questão de Concurso

(MPE-MS/Promotor/2018) Cabe à União explorar os serviços de gás canalizado, na forma em que dispuser a lei.
Gabarito comentado: Errado.
A competência para a exploração desse serviço é estadual (CF, art. 25, § 2º).

12.3.10. Legislar sobre trânsito e transporte

A Constituição prevê que compete à União legislar, privativamente, sobre diretrizes da política nacional de transportes (art. 22, IX), trânsito e transporte (art. 22, XI).

A jurisprudência do STF sobre normas estaduais que invadem o poder-dever da União de legislar sobre trânsito e transporte é vasta. Eis alguns exemplos de julgados que declararam a inconstitucionalidade de leis estaduais por tratarem da referida matéria: obrigatoriedade de instalação de cinto de segurança em veículos de transporte coletivo[32]; serviço de mototáxi[33]; disciplina sobre a colocação de barreiras eletrônicas[34]; e limites de velocidade nas rodovias estaduais[35].

Questão de Concurso

(Cespe/Câmara dos Deputados/Policial Legislativo/2014) Será constitucional lei estadual que obrigue a instalação de cinto de segurança em veículos de transporte coletivo.
Gabarito comentado: Errado.
De acordo com a jurisprudência do STF, uma lei estadual com tal conteúdo invade a competência privativa da União para legislar sobre trânsito e transporte.

---

[32] "Ação direta de inconstitucionalidade. Lei 6.457/1993 do Estado da Bahia. **Obrigatoriedade de instalação de cinto de segurança em veículos de transporte coletivo. Matéria relacionada a trânsito e transporte.** Competência exclusiva da União (CF, art. 22, XI). Inexistência de lei complementar para autorizar os Estados a legislar sobre questão específica, nos termos do art. 22, parágrafo único, da CF. (ADI n. 874, Rel. Min. Gilmar Mendes, julgamento em 3-2-2011, Plenário, *DJe* de 28-2-2011)."

[33] "Ação direta de inconstitucionalidade. Lei distrital n. 3.787, de 2-2-2006, que cria, no âmbito do Distrito Federal, o sistema de moto-service – **transporte remunerado de passageiros com uso de motocicletas**: inconstitucionalidade declarada por usurpação da **competência privativa da União para legislar sobre trânsito e transporte** (CF, art. 22, XI). Precedentes: ADI n. 2.606, Pleno, Rel. Min. Maurício Corrêa, *DJ* de 7-2-2003; ADI n. 3.136, 1º-8-2006, Rel. Min. Ricardo Lewandowski; ADI n. 3.135, 1º-8-2006, Rel. Min. Gilmar Mendes (ADI n. 3.679, Rel. Min. Sepúlveda Pertence, julgamento em 18-6-2007, Plenário, *DJ* de 3-8-2007.) *Vide*: ADI n. 3.610, Rel. Min. Cezar Peluso, julgamento em 1º-8-2011, Plenário, *DJe* de 22-9-2011)."

[34] "Lei n. 11.824, de 14-8-2002, do Estado do Rio Grande do Sul. Inconstitucionalidade. O **disciplinamento da colocação de barreiras eletrônicas para aferir a velocidade de veículos**, por inserir-se na matéria trânsito, **é de competência exclusiva da União** (art. 22, XI, da CF/1988). (ADI n. 2.718, Rel. Min. Joaquim Barbosa, julgamento em 6-4-2005, Plenário, *DJ* de 24/6/2005)."

[35] "Trânsito: competência legislativa privativa da União: **inconstitucionalidade da lei estadual que fixa limites de velocidade nas rodovias do Estado-membro** ou sob sua administração." (ADI n. 2.582, Rel. Min. Sepúlveda Pertence, julgamento em 19-3-2003, Plenário, *DJ* de 6-6-2003)."

Basicamente, pode-se dizer que a competência é privativa da União (art. 22, XI), em relação a tudo o que se refere a trânsito: infrações, multas, equipamentos de segurança etc. O STF considerou que invade a competência legislativa federal até mesmo lei distrital que tratava do parcelamento de multas de trânsito!

Questões de Concurso

(Cespe/TRF 1ª Região/Juiz Federal/2013) Incide competência concorrente entre a União, os estados e o DF para legislar sobre trânsito e transporte.

Gabarito comentado: Errado. A competência é privativa da União.

(FCC/TRT 1ª Região/Juiz/2014) Com objetivo de diminuir a ocorrência de acidentes de trânsito causados por motoristas que dirigem alcoolizados, determinado Estado-Membro da Federação promulgou lei estadual que tipifica infrações de trânsito para condutores em situação de flagrante embriaguez, aplicando-lhes sanções mais severas do que as previstas no Código de Trânsito Nacional. Neste caso, a referida lei estadual é,

a) constitucional, pois a competência para legislar sobre trânsito e transporte é de natureza remanescente estadual.

b) inconstitucional, pois a competência para legislar sobre trânsito e transporte é privativa da União, sendo que o Estado-Membro apenas poderia legislar sobre questões específicas dessa matéria e desde que autorizado por lei complementar federal.

c) constitucional, pois suplementa a legislação federal ao acrescentar medidas preventivas para diminuir acidentes de trânsito.

d) inconstitucional, pois a competência para legislar sobre trânsito e transporte é privativa do Município.

e) constitucional, pois integra uma política de educação para a segurança do trânsito e, portanto, refere-se a uma competência federativa comum.

Gabarito comentado: B.
Como a competência é privativa da União, o Estado só poderia legislar se tivesse recebido expressa delegação por meio de lei complementar federal (CF, art. 22, XI e parágrafo único).

(FCC/Detran-MA/Analista/2018) Lei estadual que disponha sobre questões específicas em matéria de trânsito e transporte será

a) incompatível com a Constituição Federal, por se tratar de matéria de competência legislativa privativa da União, sendo vedado à União delegá-la aos Estados.

b) compatível com a Constituição Federal, desde que haja lei complementar federal que autorize os Estados a legislarem sobre questões específicas da matéria.

c) incompatível com a Constituição Federal, por se tratar de matéria de competência legislativa privativa dos Municípios.

d) compatível com a Constituição Federal, por se tratar de matéria de competência legislativa concorrente de União, Estados e Distrito Federal.

e) compatível com a Constituição Federal, por se tratar de matéria de competência legislativa suplementar dos Estados, que estão inclusive autorizados a exercer competência legislativa plena na matéria, para atender a suas peculiaridades, na hipótese de ausência de lei federal.

Gabarito comentado: B.
Como legislar sobre trânsito e transporte é competência privativa da União (CF, art. 22, XI), os Estados poderão legislar sobre o tema, se (e somente se) forem expressamente autorizados mediante a edição de lei complementar federal.

⚠️ Atenção!

A competência para **legislar** sobre **trânsito é privativa da União (art. 22, XI)**. Porém, a competência para **estabelecer e implantar políticas educativas para a segurança do trânsito** – ou seja, fazer campanhas educativas – é **comum de todos os entes da Federação (art. 23, XII)**, seguindo a lógica de que, nessa seara, "quanto mais entes atuando, melhor". Assim, por exemplo, um Estado não pode ditar regras de trânsito, mas pode – e deve – realizar campanhas educativas sobre o tema.

12.3.11. Legislar sobre propaganda comercial

Compete à União legislar, privativamente, sobre propaganda comercial (art. 22, XXIX, da CF/88). Essa norma, por exemplo, obstou lei estadual que vedava, em peças publicitárias, fotos de natureza erótica ou pornográfica[36].

12.3.12. Legislar sobre normas gerais de licitações e contratos administrativos

Trata-se de competência privativa da União (art. 22, XXVII), cabendo aos Estados, ao DF e aos Municípios adaptar tais regras nacionais às suas peculiaridades.

Porém, se cabe à União apenas estabelecer normas gerais sobre o tema, por que não foi essa disposição incluída entre as matérias sujeitas à competência concorrente? Simples: para não permitir a atuação legislativa dos Estados, em caso de omissão da União. Com efeito, a doutrina adverte que a lógica da atual previsão do inciso XXVII do art. 22, para que a União legisle privativamente sobre normas gerais de licitação e contratos, é excluir, mesmo em caso de omissão, a competência suplementar dos Estados[37].

Dessa forma, como se trata de uma competência legislativa privativa da União, os Estados só poderão estabelecer normas gerais sobre o tema *se* a União expressamente delegar tal tarefa, mediante a edição de uma lei complementar. Ao contrário, se a matéria fosse de competência concorrente, a mera omissão federal em estabelecer normas gerais já autorizaria a atuação supletiva dos Estados (art. 24, § 3º).

12.3.13. Competência para desapropriar *versus* competência para legislar sobre desapropriação

Não confunda a competência para desapropriar (competência *material* atribuída a todos os entes federativos, a depender do fundamento, do motivo da desapropriação) com a competência para *legislar sobre desapropriação*, que é privativa da União (CF, art. 22, II), até mesmo porque afeta questões de direito civil (propriedade).

No mesmo mote, compete privativamente à União legislar sobre requisições (CF, art. 22, III).

12.3.14. Competência para legislar sobre telecomunicações

Nos termos do inciso IV do art. 22 da CF, compete privativamente à União legislar sobre águas, energia, informática, telecomunicações e radiodifusão.

---

[36] ADI n. 2.815, Relator(a): Min. Sepúlveda Pertence, Tribunal Pleno, j. em 8-10-2003, *DJ* 7-11-2003.
[37] Nesse sentido: DEZEN JÚNIOR, Gabriel. *Constituição Federal*. Brasília: Alumnus, 2015. p. 489.

Especialmente em relação a telecomunicações, há vários julgados do STF invalidando leis estaduais que, sem qualquer delegação da União, dispõem sobre cobrança de assinatura básica (valor fixo mínimo) em telefonia (por exemplo: STF, Pleno, ADI n. 4.369, Relator Ministro Marco Aurélio), cobrança por ponto adicional de TV a cabo/internet (STF, Pleno, ADI n. 4.083, Relatora Ministra Cármen Lúcia) e sobre a obrigação das companhias telefônicas de instalarem bloqueadores de telefones celulares em presídios (STF, Pleno, ADI n. 5.253/BA, Relator Ministro Dias Toffoli).

Questão de Concurso

(Cespe/TJ-RJ/Juiz/2017) Segundo o STF, embora seja da União a competência legislativa pertinente aos serviços de telecomunicações e energia elétrica, não será inconstitucional lei estadual que impeça a cobrança da tarifa de assinatura básica pelas prestadoras do serviço.

Gabarito comentado: Errado.
Tal lei seria, sim, inconstitucional, por afronta ao inciso IV do art. 22 da CF.

Cuidado!

O Estado-membro pode instalar bloqueadores de celular em presídios (competência material), mas não tem competência para *legislar* sobre o tema, muito menos impondo obrigações a concessionárias que mantêm contrato com a União.

12.3.15. Competência para legislar sobre polícias do DF

Embora não exista previsão expressa na CF, a jurisprudência do STF considera que cabe *apenas à União* (privativamente) legislar sobre vencimentos (ou, mais precisamente, subsídios) dos policiais do Distrito Federal (Súmula Vinculante 39), uma vez que já cabe à União a manutenção dessas corporações (CF, art. 21, XIV) – entendimento que se aplica, inclusive, à Polícia Penal do DF, criada pela EC n. 104, de 2019. Como se trata de competência privativa da União, o DF não pode legislar sobre o tema, mesmo que omissa a União, a não ser que tenha recebido expressa delegação, mediante a edição de lei complementar federal.

Questão de Concurso

(Cespe/Abin/Oficial de Inteligência/2018) A competência para legislar sobre os vencimentos das polícias civil e militar do Distrito Federal (DF) é privativa da União, podendo o DF legislar sobre a matéria somente no caso de inexistência da lei federal.

Gabarito comentado: Errado.
Como a competência é privativa da União (Súmula Vinculante 39), o DF não pode legislar sobre o tema, mesmo em caso de omissão federal (só se recebesse expressa delegação, mediante lei complementar federal).

12.3.16. Competência para legislar sobre proteção de dados pessoais

A EC n. 115, de 2022, ao mesmo tempo em que previu expressamente o direito fundamental individual à proteção de dados pessoais (art. 5º, LXXIX), também estabeleceu que compete privativamente à União legislar sobre esse tema (art. 22, XXX).

> **Veja Bem!**
>
> Para revisar, vamos ver alguns Temas da Repercussão Geral do STF sobre o assunto de repartição de competências federativas:
>
> Tema n. 145: O Município é competente para legislar sobre o meio ambiente com a União e o Estado, no limite do seu interesse local e desde que tal regramento seja harmônico com a disciplina estabelecida pelos demais entes federados (art. 24, VI, c/c 30, I e II, da Constituição Federal).
>
> Tema n. 272: Compete aos Municípios legislar sobre assuntos de interesse local, notadamente sobre a definição do tempo máximo de espera de clientes em filas de instituições bancárias.
>
> Tema n. 430: É incompatível com a Constituição lei municipal que impõe sanção mais gravosa que a prevista no Código de Trânsito Brasileiro, por extrapolar a competência legislativa do Município.
>
> Tema n. 491: Os Estados-membros e o Distrito Federal têm competência legislativa para estabelecer regras de postagem de boletos referentes a pagamento de serviços prestados por empresas públicas e privadas.
>
> Tema n. 849: Compete aos Municípios legislar sobre a obrigatoriedade de instalação de hidrômetros individuais nos edifícios e condomínios, em razão do preponderante interesse local envolvido.

12.3.17. Competência para legislar sobre material bélico

Compete privativamente à União legislar sobre material bélico (art. 22, XXI) e direito penal (art. 22, I), o que significa serem inconstitucionais leis estaduais que pretendem conceder porte de arma de fogo a determinadas categorias de servidores. Assim, só quem pode conceder porte de arma é a lei federal, como reafirmado pelo STF ao invalidar diversas leis estaduais capixabas que concediam porte de arma a defensores públicos, agentes socioeducativos, entre outros (STF, Pleno, ADI n. 7424/ES, Relator Ministro Gilmar Mendes, *DJe* de 20-2-2024).

12.3.18. Competência para legislar sobre diretrizes e bases da educação nacional

Como compete privativamente à União legislar sobre diretrizes e bases da educação nacional – o que inclui a definição da Língua padrão –, são inconstitucionais leis estaduais ou municipais que permitam ou proíbam a utilização da chamada "linguagem neutra" ("todes", por exemplo) em escolas ou concursos públicos.

Confira:

> "Compete privativamente à União legislar sobre diretrizes e bases da educação nacional, conforme estabelecido no art. 22, XXIV, da Constituição Federal, sendo formalmente inconstitucional lei estadual ou municipal que permita ou proíba a utilização de linguagem neutra nos estabelecimentos de ensino." (STF, Pleno, ADPF n. 1.166/SP, Relator Ministro Gilmar Mendes, *DJe* de 19-11-2024.)

No mesmo sentido:

> "CONSTITUCIONAL E ADMINISTRATIVO. AÇÃO DIRETA DE INCONSTITUCIONALIDADE. LEI DO ESTADO DE RONDÔNIA N. 5.123/2021. PROIBI-

ÇÃO DE LINGUAGEM NEUTRA NAS ESCOLAS. COMPETÊNCIA DA UNIÃO. LEI DE DIRETRIZES E BASES. INCONSTITUCIONALIDADE. PROCEDÊNCIA DA AÇÃO. 1. Norma estadual que, a pretexto de proteger os estudantes, proíbe modalidade de uso da língua portuguesa viola a competência legislativa da União. 2. Ação direta julgada procedente." (STF, Pleno, ADI n. 7.019/RO, Relator Ministro Edson Fachin, *DJe* de 10-4-2023.)

Questão de Concurso

(FGV/TRF 1/Juiz Federal Substituto/2023) A Lei Beta do Estado Gama proibiu a denominada linguagem neutra em instituições de ensino e editais de concursos públicos. Diante do exposto e de acordo com a jurisprudência predominante do Supremo Tribunal Federal, a Lei é:

a) inconstitucional, pois viola a competência legislativa da União para editar normas gerais sobre diretrizes e bases da educação;

b) constitucional, pois a competência legislativa dos Estados é concorrente para editar normas sobre educação, bem como para definir regras de ingresso na carreira dos respectivos servidores;

c) inconstitucional, pois viola o princípio da vedação ao retrocesso ao proibir o uso da denominada linguagem neutra em instituições de ensino e editais de concursos públicos;

d) constitucional, pois observa o princípio da proporcionalidade ao proibir o uso da denominada linguagem neutra em instituições de ensino e editais de concursos públicos;

e) inconstitucional, pois viola o princípio da igualdade ao proibir o uso da denominada linguagem neutra em instituições de ensino e editais de concursos públicos.

Gabarito comentado: A.
Perceba que a lei é inconstitucional do ponto de vista formal (invasão de competência federativa), sendo certo que o STF, ao julgar a matéria, não ingressou na discussão sobre a (in)constitucionalidade material (violação à isonomia, à dignidade humana etc.).

Aprofundamento:
a excessiva centralização da federação brasileira e perspectivas de reforma

É consabido e reconhecido que, no sistema brasileiro de repartição de competências, o espaço para a legislação estadual é extremamente restrito.

Tomio, Ortolan e Camargo, por exemplo, defendem a necessidade de rever os mecanismos de cooperação entre a União e os Estados, no contexto da repartição de competências:

> (...) ante a percepção do déficit de instrumentos de cooperação administrativa na federação brasileira, poder-se-ia cogitar, como futura linha de pesquisa, a investigação de alternativas para uma maior institucionalização de relações de cooperação administrativas entre os entes federativos[38].

---

[38] TOMIO, Fabricio Ricardo de Lima; ORTOLAN, Marcelo Augusto Biehl; CAMARGO, Fernando Santos de. Op. cit., p. 98.

Isso porque nossa Constituição é considerada uma das mais centralizadoras, em termos de competências estaduais, dentre os países que adotam a forma federativa de Estado:

> (...) a federação brasileira, não obstante a previsão de formas de cooperação legislativa entre os entes federativos, comparativamente, aparece como sendo o país mais centralizado em matéria legislativa e, ao lado da Áustria, como a federação, em termos gerais, mais centralizada, colocando em evidência a tendência das últimas Constituições brasileiras em ampliar as atribuições do poder central ao sacrifício da autonomia dos Estados. No extremo oposto, situam-se os Estado Unidos, Austrália e Suíça, que se colocam como exemplos de experiências de descentralização legislativa[39].

Essa concentração de tarefas na esfera federal deriva de causas diversas. Em primeiro lugar, porque, no âmbito da competência concorrente, cabem-lhes apenas as normas específicas, em regra. E o Supremo Tribunal Federal (STF), por apresentar uma nítida tendência centralista – mitigada, é verdade, em recentes julgados[40] – tende a invalidar leis estaduais por considerar que instituíram normas gerais[41].

Além disso, as competências expressamente atribuídas pela CF à União e aos Municípios são numerosas e extensas, de modo que as tarefas "reservadas" aos Estados restam poucas. Sobre o tema, Fernanda Dias Menezes de Almeida destaca *a vastidão das matérias* de competência legislativa da União[42]. E, para Elival da Silva Ramos, *o rol de competências legislativas da União é exageradamente amplo e, sendo assim, o que sobra como resíduo [para os Estados] é muito pouco*[43].

Demais disso, é preciso levar em conta que a esfera de atuação dos entes de segundo grau é ainda limitada pela adoção, entre nós, da teoria americana dos poderes implícitos[44], o que termina por relativizar a regra segundo a qual as competências implícitas caberiam aos Estados[45].

Nesse sentido, Alexandre de Moraes sustenta que:

> Ao verificarmos as matérias do extenso rol de 29 incisos e um parágrafo do artigo 22 da Constituição Federal 88, é facilmente perceptível o desequilíbrio federativo no tocante à competência legislativa entre União e Estados-membros, uma vez que, há a

---

[39] Idem, ibidem, p. 99.
[40] STF, Pleno, Ação Direta de Inconstitucionalidade (ADI) n. 4.060/SC, Relator Ministro Luiz Fux, *DJe* de 4-5-2015.
[41] RAMOS, Elival da Silva. Autonomia do Estado-membro no Federalismo Brasileiro. In: CAGGIANO, Monica Herman; RANIERI, Nina (orgs.). *As novas fronteiras do federalismo*. São Paulo: Imprensa Oficial do Estado de São Paulo, 2008. p. 170.
[42] ALMEIDA, Fernanda Dias Menezes de. *Competências na Constituição de 1988*. São Paulo: Atlas, 2013. p. 85.
[43] RAMOS, Elival da Silva. Op. cit., p. 170.
[44] A título de exemplo: STF, Pleno, ADI n. 2.995/PE, Relator Ministro Celso de Mello, *DJe* de 28-9-2007.
[45] SILVA, José Afonso da. *Comentário Contextual à Constituição*. São Paulo: Malheiros, 2010. p. 292.

previsão de quase a totalidade das matérias legislativas de maior importância para a União (direito civil, comercial, penal, processual, eleitoral, agrário, marítimo, aeronáutico, espacial e do trabalho, desapropriação, águas, energia, informática, telecomunicações, radiodifusão, serviço postal, comércio exterior e interestadual, diretrizes da política nacional de transportes, regime de portos, navegação lacustre, fluvial, marítima, aérea e aeroespacial, trânsito e transporte, diretrizes e bases da educação nacional, registros públicos, etc). Além disso, a tradicional interpretação política e jurídica que vem sendo dada ao artigo 24 do texto constitucional, no sentido de que nas diversas matérias de competência concorrente entre União e estados, pode discipliná-las quase integralmente, teremos o resultado da diminuta competência legislativa dos Estados-membros; gerando a excessiva centralização nos poderes legislativos na União, o que caracteriza um grave desequilíbrio federativo[46].

Como se não bastasse, ainda temos as origens históricas da Federação brasileira, cuja tradição centralista difere da origem soberana dos Estados-membros da federação americana[47]. Torna-se necessário, portanto, rever o atual sistema – ou pelo menos, a lista de tarefas atribuídas a cada ente federativo, o que demanda, obviamente, uma Proposta de Emenda à Constituição (PEC).

Para Alexandre de Moraes, o melhor caminho seria:

> (...) a edição da emenda constitucional com a migração de algumas competências definidas atualmente como privativas da União para o rol de competências remanescentes dos Estados-membros e outras para as competências concorrentes entre União e Estados-membros, para que nesses assuntos, as peculiaridades regionais sejam consideradas[48].

Esse caminho, registre-se, consta da PEC n. 47, de 2012, de iniciativa das Assembleias Legislativas (CF, art. 60, III).

Aprofundamento:
um pouco de Direito Constitucional Comparado – a Reforma Federativa na Alemanha

A Reforma Constitucional realizada na Alemanha no ano de 2006 – conhecida como "Reforma Federativa I" – foi considerada, por alguns autores, *a mais importante mudança constitucional desde 1949*, ou seja, desde a própria promulgação da LF[49]. Por meio dessa alteração, foi

---

[46] MORAES, Alexandre de. Federação brasileira: necessidade de fortalecimento das competências dos Estados-membros. In: *Liberdade e Cidadania*, ano II, n. 7, jan./mar. 2010, p. 17.
[47] MEYER-PFLUG, Samantha Ribeiro; COUTO, Monica Bonetti. O Federalismo Brasileiro. In: RAMOS, Dirceo Torrecillas. Op. cit. p. 491.
[48] MORAES, Alexandre de. Op. cit., p. 18.
[49] REUS, Iris. *The impact of the german federalism reform 2006 on the 'länder' (states)*. p. 2. Disponível em: http://ecpr.eu/Filestore/PaperProposal/f612b93f-0051-45ed-82d8-d20fc3a295b7.pdf. Acesso em 21.09.2015.

parcialmente reformulado o sistema constitucional de repartição de competências verticais entre a União e os Estados-membros.

Antes da Reforma, havia duas espécies de competências exercidas cumulativamente entre a União e os Estados. As primeiras eram as chamadas "competências-quadro" (art. 75 da LF) – que, de forma semelhante às nossas competências concorrentes, atribuíam a legislação paralelamente à União e aos Estados, cabendo àquela apenas a edição de diretrizes.

De outra parte, havia também as "competências concorrentes" (que não equivalem às competências concorrentes do art. 24 da Constituição Federal brasileira). Nessas últimas, cabia à União legislar sobre o tema, o que impediria a legislação estadual (competências de núcleo, previstas no art. 72, 1), o que só seria possível, em alguns casos, se demonstrada a necessidade de uma legislação uniforme no território nacional (competências de necessidade: art. 72, 2). Após a Reforma, passaram a existir, portanto, três modalidades de competência concorrente (com a inclusão das competências de divergência).

Nesse sistema (pré-Reforma), portanto, *o exercício da competência concorrente pelo ente central interditava a a atuação do legislador estadual*[50]. Os Estados tinham a competência, nessa matéria, só enquanto e na medida em que a federação não utilizou suas competências legislativas[51].

Com a Reforma de 2006, foram extintas as competências-quadro (revogação dos arts. 74a e 75). Demais disso, foi inserido um terceiro parágrafo no art. 72, para criar as chamadas "competências de divergência"[52]. Nessa última modalidade de competência concorrente, a legislação

---

[50] REZENDE, Renato Monteiro de. *Repartição de competências legislativas e a questão das normas ambientais*: o que a Reforma Federativa alemã nos tem a dizer. p. 1. Brasília: Senado Federal/Núcleo de Estudos e Pesquisas da Consultoria Legislativa, 2012. Texto para Discussão n. 155.

[51] HESSE, Konrad. *Elementos de Direito Constitucional da República Federal da Alemanha*. Porto Alegre: Sergio Antonio Fabris, 1998. p. 192.

[52] Eis a nova redação do art. 72:

"[Legislação concorrente]

(1) No domínio da legislação concorrente, cabe aos Estados a faculdade de legislar, enquanto e na medida em que a Federação não faça uso, através de lei, da sua competência legislativa.

(2) Em matéria concernente ao art. 74 §1, alíneas 4, 7, 11, 13, 15, 19a, 20, 22, 25 e 26, a Federação tem o direito de legislação, quando e na medida em que se fizer necessário um regulamento legislativo federal, no interesse do Estado em seu todo, para o estabelecimento de condições equivalentes de vida no território federal ou a preservação da unidade jurídica ou econômica.

(3) Se a Federação fizer uso da sua competência legislativa, os Estados podem adotar, por lei, regulamentos distintos sobre:

1. a caça (sem o direito de expedir licença de caça);

2. a proteção da natureza e a preservação da paisagem (sem os princípios gerais da proteção da natureza, o direito de proteção das espécies ou da proteção da natureza marítima);

3. a distribuição do solo;

4. a estruturação do território;

5. o regime hidráulico (sem regulamentos referentes a substâncias ou instalações);

6. a admissão às universidades e os certificados de conclusão das universidades.

Leis federais nestas matérias só entrarão em vigor seis meses após a sua promulgação, salvo determinação distinta com a aprovação do Conselho Federal. Nas matérias da primeira frase, prevalece, na relação entre Direito federal e estadual, a lei respectivamente mais recente.

federal passou a não ter mais um "efeito paralisante" da competência estadual. Em suma, nas hipóteses elencadas no art. 72, 3, passou a viger *a regra da prevalência da lei posterior, possibilitando que legislação mais recente de um Estado suspenda a vigência da lei federal em seu território, podendo igualmente uma nova lei federal suspender a vigência daquela lei estadual*[53]. Em outras palavras: nas matérias previstas no art. 72, 3 (competências de divergência), vale a lei mais recente, seja ela federal ou estadual[54] – embora não se possa, tecnicamente, falar em revogação de uma pela outra, mas apenas suspensão de eficácia[55 e 56].

Trata-se, como se percebe, de uma modificação realmente sem precedentes no direito ocidental[57]. Daí não se pode concluir, porém, que a mudança tenha um cunho necessariamente descentralizador.

Ao contrário: como afirmam Tomio e Ortolan, *a reforma parece não ter pretendido afastar a tendência ao unitarismo do Estado Federal alemão, identificada desde os primeiros anos*

---

(4) Por lei federal pode ser determinado que um regulamento legal da Federação, não mais necessário de acordo com o §2, possa ser substituído por legislação dos Estados".

[53] Idem, ibidem, p. 2.

[54] "Trata-se de verdadeira competência legislativa plena dupla (*doppelte Vollkompetenz*) para o Bund e para os Länder. No âmbito dessas matérias, podem os Länder estabelecer leis próprias e divergentes das leis federais, o que não impede que o Bund volte a legislar sobre a mesma matéria. O critério de prevalência entre lei federal e estadual é temporal: *Lex posteriori derrogat priori*." TOMIO, Fabricio Ricardo de Lima; ORTOLAN, Marcelo Augusto Biehl; CAMARGO, Fernando Santos de. Análise comparativa dos modelos de repartição de competências legislativas nos Estados Federados. In: *Revista da Faculdade de Direito UFPR*, v. 51, p. 82.

[55] "(...) as competências de divergência, relacionadas no art. 72, § 3º, da Lei Fundamental, sujeitam-se a um critério diferenciado de determinação de prevalência normativa: o da lei mais recente (*lex posterior*). Significa dizer que, havendo lei federal sobre um dado assunto, a edição de lei estadual afastará a sua vigência, naquilo em que dispuser de modo diferente. Analogamente, a lei federal posterior afastará a vigência de lei estadual, nos pontos em que as duas colidirem, devendo a lei federal, em todas as matérias de competência de divergência, obedecer a uma *vacatio legis* de seis meses, salvo se o Bundesrat dispuser de forma distinta. Esse período para a lei federal entrar em vigor foi previsto com o objetivo de possibilitar que os Estados estudem o impacto da legislação federal e possam, se julgarem conveniente, editar novas leis que se contraponham à lei federal.

A colisão entre lei federal e lei estadual, no âmbito da competência de divergência, não redunda na revogação da mais antiga pela mais recente, mas tão-somente em uma perda de eficácia reversível, algo semelhante ao que ocorre, no ordenamento constitucional brasileiro, com a lei estadual editada anteriormente à lei federal estipuladora de normas gerais" (REZENDE, Renato Monteiro de. Op. cit., p. 20).

[56] Outra modificação relevante foi a alteração do art. 84 da LF para proibir que leis federais atribuam "tarefas" (Aufgaben) para os municípios (Gemeinden), entendendo-se aquilo que gera custos.

[57] O modelo de competências divergentes também é adotado na Índia (TOMIO, Fabricio Ricardo de Lima; ORTOLAN, Marcelo Augusto Biehl; CAMARGO, Fernando Santos de. Op. cit., p. 80). Sobre esse sistema altamente complexo e parcialmente influenciador do Direito Brasileiro, KANTH, T. Krishna; KUMARI, K. Lalita. Indian Federalism – its dynamics and salient features: a comparative analysis. In: RAMOS, Dircêo Torrecillas. *O federalista atual*. Belo Horizonte: Arraes, 2013. p. 563. Na verdade, o sistema indiano é bastante peculiar nesse sentido, uma vez que as leis estaduais podem prevalecer sobre as federais, se cumpridas algumas formalidades (art. 254, 2, da Constituição Indiana), ou após o fim da vigência de lei federal excepcionalmente regulamentadora de matérias estaduais, em casos de emergência (art. 251).

da *Lei Fundamental de 1949*[58]. Segundo os autores, a Reforma *não afastou a tendência à centralização legislativa na União, tendo, até mesmo, reforçado as características do chamado federalismo administrativo ou executivo alemão (Verwaltungsföderalismus ou Vollziehungsföderalismus)*[59].

Isso porque, como advertem Kommers e Miller, *a reforma federativa de 2006 alterou significativamente o esquema tradicional de divisão de competências*, em alguns pontos reagindo a decisões do Tribunal Constitucional Federal que haviam favorecido os Estados[60].

No mesmo sentido, Renato Rezende contextualiza os motivos que levaram à Reforma:

> Nos anos 2000, (...) o Governo Federal passou a enfrentar, ao lado do já existente problema de reunir maioria no Bundesrat para a aprovação de determinadas leis, a resistência da Corte Constitucional ao exercício, sem restrições, das competências legislativas concorrentes e de quadro. Tornou-se cada vez mais visível a ineficiência do sistema político em dar respostas rápidas à demanda por novas leis. Como os temas ligados ao meio ambiente constituíam objeto de competência concorrente e de legislação de quadro, os reflexos negativos nesse setor foram patentes, máxime em face da necessidade de oferecer respostas legislativas às novas questões.
>
> (...)
>
> A justificação do projeto de reforma constitucional apresentado em 2006 foi incisiva em apontar que as regras de competência para legislação de quadro se revelavam inefetivas na implementação do Direito Comunitário e, em assuntos ambientais, a repartição de competências entre União e Estados impedia uma produção normativa materialmente abrangente, como um código ambiental. Acentuou, ainda, que figuravam entre os objetivos da reforma: o fortalecimento da União e dos Estados, através da clara ordenação da competência legislativa e da eliminação da competência para legislação de quadro, e a redução dos mecanismos recíprocos de obstrução pela redefinição dos requisitos de aprovação das leis federais pelo Bundesrat. Em suma, objetivava-se tornar mais clara a repartição de competências legislativas entre União e Estados e mais ágil e efetivo o processo legislativo federal.
>
> (...)
>
> A reforma teve, pois, um caráter ambivalente, e representou uma solução de compromisso, não podendo ser vista unidirecionalmente como apenas fortalecedora das competências legislativas federais. De qualquer modo, foi facilitada a produção de leis federais destinadas a internalizar o Direito Comunitário, sobretudo em assuntos relacionados ao meio ambiente.

---

[58] TOMIO, Fabrício Ricardo Limas; ORTOLAN, Marcelo Augusto Biehl. O sistema de repartições das competências legislativas da Lei Fundamental Alemã após a reforma federativa de 2006 em perspectiva comparada com o Estado Federal Brasileiro. *Revista Direito, Estado e Sociedade*, n. 38, 2014, p. 69.

[59] Idem, ibidem, p. 76.

[60] KOMMERS, Donald P.; MILLER, Russell A. *The Constitutional Jurisprudence of the Federal Republic of Germany*. Durham: Duke University Press, 2012, p. 122.

(...) os primeiros anos pós-reforma federativa têm revelado: (i) a ação intensa da União na aprovação de leis em quase todas as áreas nas quais sua competência foi ampliada (a quantidade de leis federais sobre meio ambiente que sofreram alterações recentes é prova disso); (ii) a parcimônia dos Estados em fazer uso de sua competência de divergência, havendo poucos casos concretos de legislação estadual contrária à federal, como a lei da Baviera referente às estações de caça[61].

Como se nota, é perigoso considerar que a Reforma de 2006 veio a necessariamente fortalecer (materialmente) o poder estadual de legislar, ainda mais se se levar em conta a não tão grande relevância das matérias incluídas no rol do art. 72, 3[62] – submetidas, além disso, a restrições materiais expressas[63].

Advirta-se, a propósito, que os efeitos da Reforma na própria Alemanha ainda são uma incógnita. Os resultados da Reforma não são claros ainda, e há o temor fundado de que a convivência de legislações estaduais e federais possa levar à existência de uma confusa e pouco clara variedade de leis[64].

É para o que atenta, por exemplo, Beatriz Horbach:

> A introdução da competência legislativa de divergência é um dos aspectos mais polêmicos e inovadores da Reforma Federativa. A possibilidade de ser promulgada lei estadual que contrarie lei federal, em algumas áreas, tendo prioridade frente a esta, é uma inovação sem precedentes na esfera mundial. Suas consequências, com isso, ainda não são claras, havendo discordâncias, tanto do ponto de vista jurídico, como do ponto de vista técnico. São muitos os problemas apontados. O uso ou não da prudência quando da utilização da competência de divergência, os rumos que um

---

[61] REZENDE, Renato Monteiro de. Op. cit., p. 16-17/24-29 (original sem grifos).

[62] "Furthermore some of these policies possess no or only marginal political relevance. But if there is little or even no space for political designing and party arguments, a competence does not really offer substantial scope for the states – no matter how farreaching the legal possibilities are. Several of the competences listed above comprise such 'unpolitical' items that can regularly be found within more technical fields of legislation where the knowledge of experts is predominant to party positions". REUS, Iris. Op. cit., p. 14.

[63] "A Reforma Federal de 2006 trouxe a novidade do art. 72 III LF, que diz que a competência legislativa é da União para as matérias ali listadas (caça, proteção à natureza e à paisagem, ordenação do espaço, processo de ingresso na universidade, formatura, entre outros), mas os estados podem legislar em desacordo. Aboliu-se, assim, o poder da União de estabelecer diretrizes gerais sobre algumas matérias, dando-se liberdade legislativa completa aos estados para divergir, mesmo se existente legislação federal. Importante notar que as matérias são bastante específicas, como, por exemplo, a proteção à natureza não inclui em seu conceito, no caso, os princípios gerais da proteção ao meio-ambiente, nem a proteção da diversidade biológica ou proteção da natureza marinha. No mesmo sentido caça não inclui permissão para caçar." LIMONGI, Dante Braz; PEREIRA, Diogo Modesto; BORGES, Diogo Njaine. Breve estudo sobre a estrutura constitucional alemã, o federalismo no país e sua última reforma. *Revista Direito, Estado e Sociedade*, n. 39, 2014, p. 61-62.

[64] MICHAEL, Lothar. El Estado federal experimental. In: *Revista de derecho constitucional europeo*, n. 6, p. 11-30, 2006, p. 12.

federalismo competitivo pode tomar, assim como a possibilidade de um aumento de distância entre os Estados-membros que possuem melhores meios financeiros e os mais pobres, são alguns pontos igualmente polêmicos. Também, as consequências na esfera comunitária, ou seja, a dificuldade de órgãos da União Europeia em saber se suas diretrizes foram implementadas com eficácia pelo direito alemão[65].

Aprofundamento:
a dificuldade para definir o que são "normas gerais", no âmbito da competência concorrente

Reside um desafio interpretativo na competência legislativa concorrente quanto ao delineamento dos limites entre a competência legislativa da União (normas gerais) e a dos Estados e do Distrito Federal (normas específicas). A literatura, de forma geral, define as normas gerais nacionais como dotadas de maior grau de abstração, que orientam a ação do legislador estadual, sem adentrarem em pormenores:

> José Afonso da Silva observa que as normas gerais "não regulam diretamente situações fáticas, porque se limitam a definir uma normatividade genérica a ser obedecida pela legislação específica federal, estadual e municipal: direito sobre direito, normas que traçam diretrizes, balizas, quadros, à atuação legislativa daquelas unidades da Federação" (*Comentário Contextual à Constituição*. São Paulo: Malheiros, 2007. p. 280). Ainda na vigência da Emenda Constitucional n. 1, de 1969, Elival da Silva Ramos sustentava: "Embora o conceito de normas gerais seja timbrado por uma certa dose de imprecisão, não faculta ao legislador federal a regulação exaustiva da matéria, posto que importa em circunscrever as normas federais ao campo da generalidade, dos princípios básicos" (Normas gerais de competência da União e competência supletiva dos Estados: a questão dos agrotóxicos. In: *Revista de Direito Público*. ano XIX, n. 77, jan./mar. 1986, p. 130). Manoel Gonçalves Ferreira Filho, não sem reconhecer a dificuldade de se discernir, nos casos concretos, as normas gerais das particularizantes, também identifica as primeiras com "princípios, bases e diretrizes que hão de presidir todo um subsistema jurídico" (*Comentários à Constituição Brasileira de 1988*. São Paulo: Saraiva, 1990. vol. 1, p. 195). Para Uadi Lammêgo Bulos, "normas gerais são declarações principiológicas, dirigidas aos legisladores, condicionando-lhes a ação legiferante. Recebem a adjetivação de 'gerais', porque possuem um alcance maior, uma generalidade e abstração destacadas, se comparadas àquelas normatividades de índole local. Consequência disso, elas não se prestam a detalhar minúcias, filigranas ou pormenores" (*Constituição Federal Anotada*. São Paulo: Saraiva, 2009. p. 575). Walber de Moura Agra, citando o estudo de Moreira Neto, assinala que as normas gerais não podem ser exaustivas, "devendo apresentar acentuado critério de generalidade e abstração" (Delineamento das competências federativas no Brasil. In: NOVELINO, Marcelo; ALMEIDA FILHO, Agassiz. *Leituras complementares de Direito Constitucional: Teoria do Estado*. Salvador: JusPodivm,

---

[65] HORBACH, Beatriz Bastide. A modernização do sistema federativo alemão: um estudo da reforma constitucional de 2006. p. 348. In: *Revista de Direito constitucional e internacional*. São Paulo: Revista dos Tribunais, v.16, n. 62, jan. 2008.

2009. p. 202). André Luiz Borges Netto, igualmente apoiado no estudo de Moreira Neto, sustenta que as normas gerais "são preceitos jurídicos editados pela União Federal, no âmbito de sua competência legislativa concorrente, restritos ao estabelecimento de diretrizes nacionais e uniformes sobre determinados assuntos, sem descer a pormenores ou detalhes" (*Competências Legislativas dos Estados Membros*. São Paulo: Revista dos Tribunais, 1999. p. 135-6). Segundo Paulo Gustavo Gonet Branco, normas gerais são "normas não exaustivas, leis-quadro, princípios, amplos, que traçam um plano, sem descer a pormenores" (In: MENDES, Gilmar Ferreira; COELHO, Inocêncio Mártires; BRANCO, Paulo Gustavo Gonet. Curso de Direito Constitucional. São Paulo, Saraiva, 2007. p. 775). E Paulo Luiz Neto Lobo afirma que as normas gerais estabelecem princípios fundamentais e pressupostos a serem observados pela legislação específica estadual, não podendo ser exaustivas (Competência Legislativa concorrente dos Estados na Constituição de 1988. In: *Revista de Informação Legislativa*, Brasília, ano 26, n. 101, jan/mar. 1989, p. 98)[66].

Para Paulo Gustavo Gonet Branco, normas gerais são aquelas "normas não exaustivas, leis-quadro, princípios amplos, que traçam um plano, sem descer a pormenores"[67].

Já Diogo de Figueiredo Moreira Neto, após investigar a opinião de diversos autores estrangeiros e nacionais, chega à conclusão de que as normas gerais são:

> (...) declarações principiológicas que cabe à União editar, (...) restrita ao estabelecimento de diretrizes nacionais sobre certos assuntos, que deverão ser respeitadas pelos Estados-membros na feitura de suas respectivas legislações, através de normas específicas e particularizantes[68].

Por outro lado, Renato Monteiro de Rezende, advertindo para as peculiaridades do sistema de repartição de competências brasileiro, considera que:

> O que sejam normas gerais permanece um ponto ainda sujeito a controvérsias, havendo quem as circunscreva a princípios e diretrizes de elevado grau de abstração e quem admita possam elas regular um dado campo material em maiores detalhes, para assegurar a obediência a valores protegidos constitucionalmente. O que não se disputa é a legitimidade da União para aprovar legislação principiológica ou de diretrizes nacionais, bastando que a norma se revista de tais características para que o legislador nacional possa editá-la[69].

---

[66] REZENDE, Renato M. de. *Normas gerais revisitadas*: a competência legislativa em matéria ambiental. Brasília: Núcleo de Estudos e Pesquisas do Senado, 2013. p. 15-16. Disponível em: http://www12.senado.gov.br/publicacoes/estudos-legislativos/tipos-de-estudos/textos-para-discussao/td-121-normas-gerais-revisitadas-a-competencia-legislativa-em-materia-ambiental. Acesso em: 10 jun. 2021.

[67] BRANCO, Paulo Gustavo Gonet; MENDES, Gilmar Ferreira. *Curso de Direito Constitucional*. São Paulo: Saraiva, 2011. p. 853.

[68] MOREIRA NETO, Diogo de Figueiredo. Competência Concorrente Limitada. O problema da conceituação das normas gerais. In: *Revista de Informação Legislativa*. Brasília, a. 25, n. 100, out./dez. 1988, p. 159.

[69] REZENDE, Renato Monteiro de. *Repartição de Competências Legislativas e a Questão das Normas Ambientais*: o que a reforma federativa alemã nos tem a dizer. Brasília: Senado Federal – Núcleo de Estudos e Pesquisas do Senado, 2012. p. 5.

No plano da interpretação jurisprudencial, o Supremo Tribunal Federal (STF) já decidiu que a "norma geral, a princípio, é aquela que emite um comando passível de aplicabilidade federativamente uniforme"[70]. Porém, mesmo esse critério não é uniforme, pois, em outras oportunidades, a Corte considerou que "norma geral", para fins de legislação concorrente, "tem o sentido de diretriz, de princípio geral", configurando "a moldura do quadro a ser pintado pelos Estados e Municípios no âmbito de suas competências"[71].

Como se percebe, embora o próprio conceito de normas gerais seja obscuro, é certo que se trata de um limite à atuação legislativa da União, na competência concorrente[72]. Dessa forma, a legislação federal não pode regulamentar a matéria de forma tão minudente que não deixe espaço para a legislação estadual. Tal fato deriva não só da regra do art. 24, § 1º, da CF, mas também do próprio poder de autolegislação atribuído pelo Constituinte originário aos Estados-membros, ao investi-los do chamado "poder constituinte decorrente" (art. 25, *caput*)[73].

Foi exatamente nesse sentido que o STF suspendeu cautelarmente, em relação aos demais entes federativos, as restrições contidas na parte final da alínea *b* do art. 17, I, da Lei n. 8.666, de 21 de junho de 1993[74]. Idêntico entendimento foi adotado quanto à alínea *c* do mesmo art. 17, I, e à parte final da alínea *b* do art. 17, II[75].

Nesse julgamento, o STF considerou que o nível de detalhamento da norma, impondo condições específicas para a doação e/ou permuta de bens pelos Estados-membros, terminaria

---

[70] STF, Pleno, Ação Direta de Inconstitucionalidade (ADI) n. 3.645/PR, Relatora Ministra Ellen Gracie, *DJ* de 1º-9-2006, trecho do voto do Ministro Ayres Britto.
[71] STF, Pleno, Medida Cautelar (MC) na ADI n. 927/RS, Relator Ministro Carlos Velloso, *DJ* de 11-11-1994, trecho do voto do Relator.
[72] Justamente por conta disso, autores como Diogo de Figueiredo Moreira Neto classificam esse tipo de competência como competência concorrente *limitada*, para distingui-la da competência concorrente "clássica", em que a legislação federal pode dispor livremente sobre a matéria, cabendo às leis locais adaptarem-se ao conteúdo preestabelecido. MOREIRA NETO, 1988, p. 159. Disponível em: http://www2.senado.leg.br/bdsf/handle/id/181992.
[73] TAVARES, André Ramos. *Curso de Direito Constitucional*. São Paulo: Saraiva, 2010. p. 79.
[74] A Lei n. 8.666, de 1993, está sendo substituída gradualmente pela nova Lei de Licitações, Lei n. 14.133, de 1º de abril de 2021, mas, na parte cível, ambas encontram-se em vigor, simultaneamente (art. 193, II, da Lei n. 14.133/2021.
[75] Os citados dispositivos previam, na redação original, o seguinte (em itálico, os trechos suspensos por decisão do STF):
"Art. 17. A alienação de bens da Administração Pública, subordinada à existência de interesse público devidamente justificado, será precedida de avaliação e obedecerá às seguintes normas:
I – quando imóveis, dependerá de autorização legislativa para órgãos da administração direta e entidades autárquicas e fundacionais, e, para todos, inclusive as entidades paraestatais, dependerá de avaliação prévia e de licitação na modalidade de concorrência, dispensada esta nos seguintes casos:
(...)
b) doação, *permitida exclusivamente para outro órgão ou entidade da administração pública, de qualquer esfera de governo*;
c) *permuta, por outro imóvel que atenda aos requisitos constantes do inciso X do art. 24 desta Lei*;
(...)
II – quando móveis, dependerá de avaliação prévia e de licitação, dispensada esta nos seguintes casos:
(...)
b) permuta, *permitida exclusivamente entre órgãos ou entidades da Administração Pública*;".

[Capítulo 12] Repartição de Competências Federativas 411

pode ferir a autonomia destes entes federativos, exorbitando da competência da União para estabelecer normas gerais.

Na ocasião, o Relator considerou que:

> (...) a lei trataria mal a autonomia estadual e a autonomia municipal, se interpretada no sentido de proibir a doação a não ser para outro órgão ou entidade da Administração Pública. Uma tal interpretação constituiria vedação aos Estados e Municípios, de disporem de seus bens, a impedir, por exemplo, a realização de programas de interesse público[76].

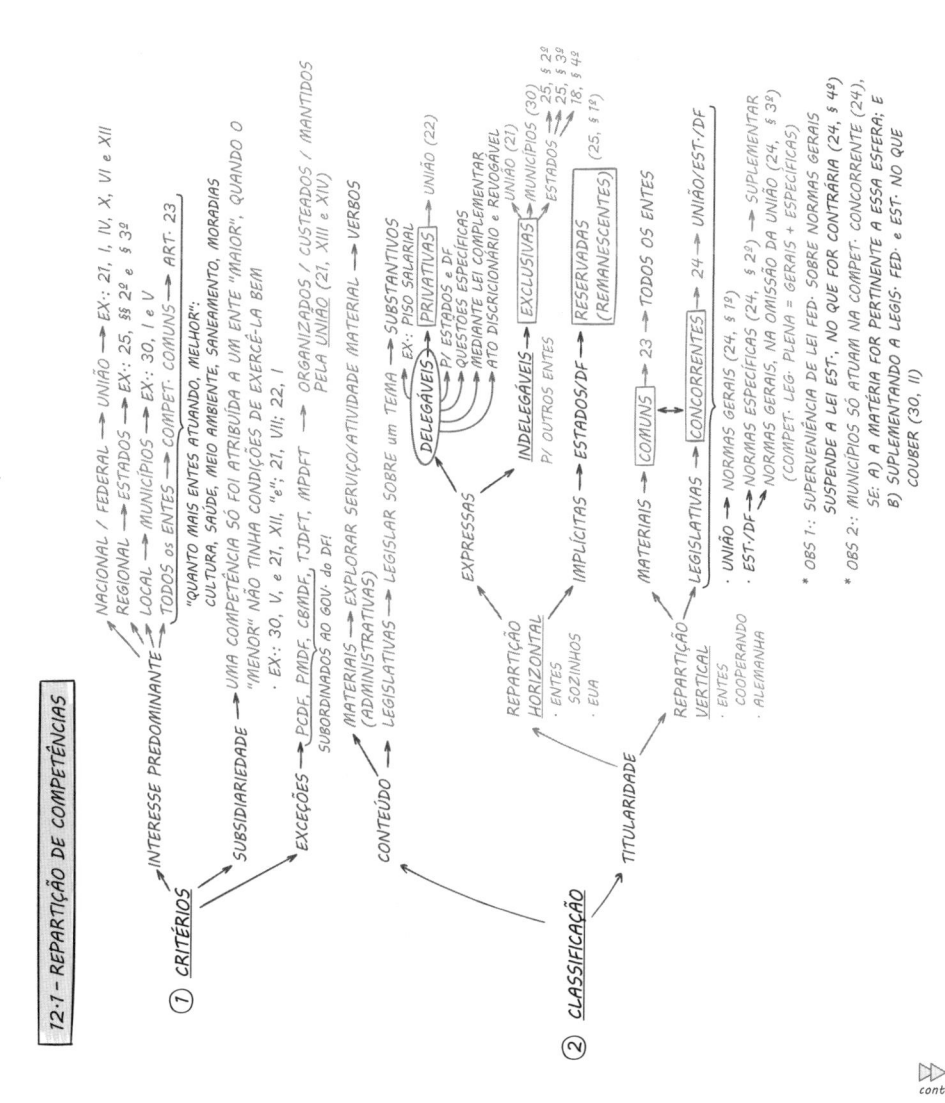

Esquemas

12.1 – REPARTIÇÃO DE COMPETÊNCIAS

① **CRITÉRIOS**

- **INTERESSE PREDOMINANTE**
  - NACIONAL / FEDERAL → UNIÃO → EX.: 21, I, IV, X, VI e XII
  - REGIONAL → ESTADOS → EX.: 25, §§ 2º e 3º
  - LOCAL → MUNICÍPIOS → EX.: 30, I e V
  - TODOS os ENTES → COMPET. COMUNS → ART. 23

- **SUBSIDIARIEDADE** → "QUANTO MAIS ENTES ATUANDO, MELHOR": CULTURA, SAÚDE, MEIO AMBIENTE, SANEAMENTO, MORADIAS
  → UMA COMPETÊNCIA SÓ FOI ATRIBUÍDA A UM ENTE "MAIOR", QUANDO O "MENOR" NÃO TINHA CONDIÇÕES DE EXERCÊ-LA BEM
  - EX.: 30, V, e 21, XII, "e"; 21, VII; 22, I

- **EXCEÇÕES** → PCDF, PMDF, CBMDF, TJDFT, MPDFT → ORGANIZADOS / CUSTEADOS / MANTIDOS PELA UNIÃO (21, XIII e XIV) SUBORDINADOS AO GOV. do DF

- **CONTEÚDO**
  - MATERIAIS → EXPLORAR SERVIÇO/ATIVIDADE MATERIAL → VERBOS (ADMINISTRATIVAS) SUBSTANTIVOS
  - LEGISLATIVAS → LEGISLAR SOBRE um TEMA → EX.: PISO SALARIAL

② **CLASSIFICAÇÃO**

- **REPARTIÇÃO HORIZONTAL**
  - ENTES SOZINHOS
  - EUA

  - **EXPRESSAS**
    - DELEGÁVEIS → PRIVATIVAS → Pr ESTADOS e DF QUESTÕES ESPECÍFICAS MEDIANTE LEI COMPLEMENTAR ATO DISCRICIONÁRIO e REVOGÁVEL → UNIÃO (22)
    - INDELEGÁVEIS → EXCLUSIVAS → UNIÃO (21) P/ OUTROS ENTES → MUNICÍPIOS (30) → ESTADOS 25, § 2º / 25, § 3º / 18, § 4º
  - IMPLÍCITAS → ESTADOS/DF → RESERVADAS (REMANESCENTES) (25, § 1º)

- **REPARTIÇÃO VERTICAL**
  - ENTES COOPERANDO
  - ALEMANHA

  - **TITULARIDADE**
    - MATERIAIS → COMUNS → 23 → TODOS OS ENTES
    - LEGISLATIVAS → CONCORRENTES → 24 → UNIÃO/EST./DF
      - UNIÃO → NORMAS GERAIS (24, § 1º)
      - EST.-DF → NORMAS ESPECÍFICAS (24, § 2º) → SUPLEMENTAR
      - NORMAS GERAIS, NA OMISSÃO DA UNIÃO (24, § 3º)
      - (COMPET. LEG. PLENA = GERAIS + ESPECÍFICAS)

* OBS 1: SUPERVENIÊNCIA DE LEI FED. SOBRE NORMAS GERAIS SUSPENDE A LEI EST., NO QUE FOR CONTRÁRIA (24, § 4º)
* OBS 2: MUNICÍPIOS SÓ ATUAM NA COMPET. CONCORRENTE (24), SE: A) A MATÉRIA FOR PERTINENTE A ESSA ESFERA; E B) SUPLEMENTANDO A LEGIS. FED. e EST. NO QUE COUBER (30, II)

▷▷ *continuação*

---

[76] STF, Pleno, ADI n. 927/RS, trecho do voto do Relator.

continuação ▷▷

12.2 - COMPETÊNCIAS (CASUÍSTICA)

- LEGISLAR SOBRE DIR. CIVIL → INCLUSIVE CONTRATOS → EX.: COBRANÇA POR VAGA DE ESTACIONAMENTO EM SHOPPING

- DIR. PENAL e DIR. do TRABALHO É COMPET. PRIVATIVA DA UNIÃO (22, I)
  → INCLUSIVE EMPREGADOS PÚBL. ESTADUAIS / DISTRIT. / MUNICIPAIS
  → INCLUSIVE CRIMES DE RESPONSABILIDADE DE QUALQUER AUTORIDADE (SV 46)

- LEGISLAR SOBRE TELECOMUNICAÇÕES É COMPET. PRIVATIVA DA UNIÃO (22, IV)
  → INCLUSIVE ⇄ ASSINATURA BÁSICA em TELEFONIA
  PONTO ADICIONAL DE TV A CABO E INTERNET
  INSTALAÇÃO DE BLOQUEADOR DE CELULAR EM PRESÍDIO

- LEGISLAR SOBRE CONSÓRCIOS e SORTEIOS É COMPET. PRIVATIVA DA UNIÃO (22, XX)
  → INCLUSIVE BINGOS e LOTERIAS (SV 2)

- LEGISLAR SOBRE TRÂNSITO e TRANSPORTE É COMPET. PRIVATIVA DA UNIÃO (22, XI)
  → INCLUSIVE → MULTAS / INFRAÇÕES / EQUIP. DE SEGURANÇA EM VEÍCULOS
  → INCLUSIVE MOTOTÁXI e APLICATIVOS de TRANSPORTE

- REALIZAR CAMPANHAS EDUCATIVAS P/ SEGURANÇA do TRÂNSITO É COMPET. COMUM (23, XII)
  → INCLUSIVE: AÇÕES / RECURSOS / NULIDADES / COMPETÊNCIA / PARTES

- LEGISLAR SOBRE DIR. PROCESSUAL É COMPET. PRIVATIVA DA UNIÃO (22, I), MAS
  LEGISLAR SOBRE PROCEDIMENTOS EM MATÉRIA PROCESSUAL É COMPET. CONCORRENTE
  (22, I; 24, XI)
  → TEMPO e LUGAR DOS ATOS PROCESSUAIS

- COMPETE AOS MUNICÍPIOS LEGISLAR SOBRE ASSUNTOS DE INTERESSE LOCAL (30, I)
  → INCLUSIVE ⇅ HORÁRIO DE FUNCIONAMENTO DO COMÉRCIO
  TEMPO MÁXIMO EM FILA
  EQUIPAM. DE SEGURANÇA EM AGÊNCIA BANCÁRIA
  → EXCETO → HORÁRIO DE FUNCIONAMENTO DE AGÊNCIA BANCÁRIA

Capítulo 13

Intervenção

13.1. INTRODUÇÃO

13.1.1. Conceito

É uma medida de exceção, somente justificável nos casos previstos exaustivamente na Constituição (trata-se de um rol fechado, *numerus clausus*). Cuida-se de reduzir **temporariamente** a **autonomia** de um ente federativo em prol da unidade nacional e da estabilidade das instituições. A intervenção é, portanto, um ato **político**, e é justamente por isso que, de acordo com o STF, da decisão do TJ que dá provimento à ação interventiva de Estado em Município não cabe recurso extraordinário (Súmula 637 do STF: "Não cabe recurso extraordinário contra acórdão de tribunal de justiça que defere pedido de intervenção estadual em município").

13.1.2. Princípios

São **princípios** da intervenção:
a) Temporariedade (pois não existe intervenção que dure para sempre, sob pena de se suprimir a própria autonomia do ente federativo);
b) Excepcionalidade (a intervenção não é a regra, é a exceção; logo, só pode ser decretada nos casos expressamente previstos na CF em rol taxativo – e, ainda assim, quando se provar que outros instrumentos de gestão são insuficientes para fazer frente ao problema);
c) Caráter político (mesmo quando requisitada pelo Judiciário, a intervenção é um ato de natureza política, o que significa que envolve sempre algum grau de discricionariedade – seja de quem a decreta, o Presidente da República, seja de quem a requisita);
d) Razoabilidade e proporcionalidade: são princípios aplicáveis à intervenção, de acordo com a jurisprudência do STF, de modo que só se deve proceder à medida extrema quando for absolutamente impossível solucionar a questão por meio de qualquer outra providência (princípio da subsidiariedade).

⚠️ Atenção!

A decretação de intervenção federal produz, imediatamente, um efeito importante no âmbito do processo legislativo: impede a aprovação de Emendas à Constituição (CF, art. 60, § 1º). Trata-se do que a doutrina chama de uma limitação circunstancial ao poder de reforma da CF.

Existe, no entanto, divergência sobre a extensão desse limite.

O art. 60, § 1º, impede que a CF seja emendada durante os estados de excepcionalidade. Mas o que significa "ser emendada"? Ora, significa aprovar uma emenda. Seria um contrassenso admitir a aprovação da PEC, mas aguardar o término do estado de emergência apenas para promulgá-la. Mesmo porque a promulgação é um ato meramente declaratório de uma alteração que já aconteceu. Por outro lado, não vemos óbice constitucional para que a PEC seja discutida durante a vigência de Estado de Defesa, Estado de Sítio ou Intervenção Federal, desde que não seja iniciada sua votação (embora seja difícil imaginar que o Congresso tenha pauta para discutir uma emenda durante situação tão grave). Em suma: o que o art. 60, § 1º, impede, é, a nosso ver, a votação da PEC, mas não sua discussão.

Nesse sentido, Paulo Napoleão Nogueira da Silva defende que:

"(...) qualquer proposta de emenda em tramitação no Congresso Nacional terá sua decisão positiva – aprovação – e promulgação sobrestadas, se superveniente a decretação de qualquer das mencionadas medidas. Quanto à hipótese de a tramitação ser alcançada no seu curso por tal superveniência, a rigor não precisará ela ser suspensa ou interrompida: apenas a decisão final ficará em suspenso".

É de se registrar, porém, a opinião contrária de Pontes de Miranda, que, comentando a Constituição de 1967, anotava que a PEC não poderia sequer ser proposta durante a vigência do Estado de Sítio (na época, essa era a única limitação circunstancial):

"É preciso que não se esteja em estado de sítio durante a iniciativa, a apresentação do projeto, sua discussão e votação. Se um momento houve de estado de sítio, nula é a emenda, pelo vício da inconstitucionalidade. A emenda que foi discutida e votada fora do estado de sítio, mas em estado de sítio foi proposta, é contra a Constituição".

Em sentido semelhante, Ives Gandra da Silva Martins defende que, uma vez decretada a intervenção federal, "fica paralisado o processo de emenda à Constituição, qualquer que seja seu estágio". Esse é o entendimento, também, de Sérgio Valladão Ferraz, André Ramos Tavares e Leo Van Holthe. Como já afirmamos, discordamos desse ponto de vista, pelas razões já expostas, mas reconhecemos que nossa posição é isolada, pois a imensa maioria da doutrina considera que, durante a vigência de um dos estados de emergência citados no § 1º do art. 60, não pode haver nenhum tipo de tramitação de emenda constitucional.

Para fins de prova de concurso, esse seria um ótimo tema para a prova discursiva.

13.1.3. Competência para decretar a intervenção

A intervenção é instaurada por meio de Decreto do Presidente da República (CF, art. 84, X), que atua, nesse caso, como chefe de Estado. O decreto, quando necessário, determina o temporário afastamento das autoridades estaduais e nomeia o interventor federal (um cargo de natureza civil, ainda que seja exercido por militar, pois substitui – ainda que temporariamente – uma autoridade civil, o Governador).

É obrigatório ao Presidente da República, antes de decretar a intervenção, ouvir o Conselho da República e o Conselho de Defesa Nacional, que opinarão sobre a providência (mas a decisão dos conselhos não é vinculativa para o Presidente).

Por simetria, a competência para decretar a intervenção *estadual* nos Municípios é do Governador.

Essa competência (tanto do Presidente da República quanto do Governador) pode ser discricionária (com análise de conveniência e oportunidade) ou vinculada (obrigatória), a depender da hipótese que autoriza a intervenção.

13.1.4. Entes que intervêm x entes que sofrem a intervenção

De acordo com a CF, a União pode (em situações excepcionais, relembre-se) intervir *nos Estados ou no DF* (art. 34). Por outro lado, os Estados podem (em situações excepcionais) intervir *nos Municípios neles situados* (art. 35).

Disso se podem tirar algumas conclusões:

a) o DF pode sofrer intervenção, mas não pode intervir, já que não pode ser dividido em Municípios;
b) somente os Estados podem intervir nos Municípios neles situados, não havendo que se falar em intervenção da União em Município situado em Estado;
c) a única hipótese em que a União pode intervir em Município é se este estiver situado num Território Federal (art. 35); como, atualmente, os territórios federais não existem, então essa hipótese continua sendo apenas teórica.

Esquema 13.1 – ENTES QUE INTERVÊM X ENTES QUE SOFREM A INTERVENÇÃO

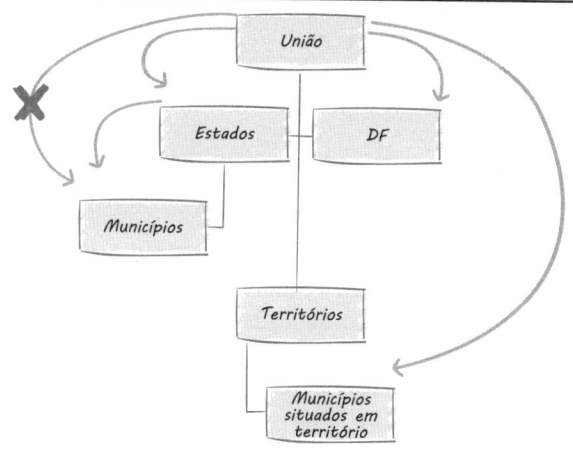

13.2. INTERVENÇÃO DA UNIÃO NOS ESTADOS E NO DF (ART. 34)

A União – diz o art. 34 da CF – *não pode* intervir nos Estados, nem no DF, *a não ser* nas hipóteses taxativamente listadas no próprio dispositivo constitucional.

Neste momento, analisaremos os casos que autorizam a intervenção, já indicando o procedimento a ser adotado (e que será mais detalhado no item 2.1).

Quadro 13.1 – Hipóteses de intervenção da União nos Estados e no DF

MOTIVO DA INTERVENÇÃO (ART. 34)	PROCEDIMENTO
Manter a integridade nacional (I) – quando, por exemplo, um Estado tenta se separar da Federação.	**Intervenção espontânea**
Invasão estrangeira ou de uma unidade em outra (II).	**Intervenção espontânea**
Grave comprometimento da ordem pública (III) – casos, por exemplo, em que uma epidemia ou uma onda de violência causa instabilidade institucional tão grave que justifique a medida extrema de intervenção.	**Intervenção espontânea**

continuação

continuação

MOTIVO DA INTERVENÇÃO (ART. 34)	PROCEDIMENTO
Garantir o livre exercício dos Poderes (IV) – quando um dos poderes estaduais ou distritais coage os demais (por exemplo, o Executivo que deixa de repassar os duodécimos aos demais poderes).	**Intervenção por solicitação** (ao Presidente da República) do poder **Legislativo ou Executivo**; **intervenção por requisição**, caso o poder coato seja o Judiciário, a intervenção se dá por **requisição do STF**
Reorganizar as finanças em caso de (V): a) não pagamento da dívida fundada por MAIS de dois anos consecutivos; ou b) não repasse aos Municípios das receitas tributárias.	**Intervenção espontânea**
Não execução de ordem ou decisão judicial (VI).	**Intervenção por requisição** do STF, STJ ou TSE
Não execução de lei federal (VI).	**Intervenção por requisição do STF**, a pedido do PGR (representação interventiva)
Desrespeito aos princípios sensíveis (VII): forma republicana, sistema representativo e regime democrático; direitos da pessoa humana; autonomia municipal; prestação de contas; aplicação da receita mínima em educação e saúde.	**Intervenção por requisição do STF**, a pedido do PGR (representação interventiva)

Aprofundamento:
o conceito de "dívida pública fundada"

"A dívida fundada compreende os compromissos de exigibilidade superior a 12 meses, contraídos para atender a desequilíbrio orçamentário ou a financiamentos de obras e serviços públicos" (Lei n. 4.320/1967, art. 98); "dívida pública consolidada ou fundada: montante total, apurado sem duplicidade, das obrigações financeiras do ente da Federação, assumidas em virtude de leis, contratos, convênios ou tratados e da realização de operações de crédito, para amortização em prazo superior a doze meses" (LC n. 101/2000 – Lei de Responsabilidade Fiscal, art. 29, I).

13.2.1. Procedimento da intervenção federal nos Estados ou no DF

O procedimento da intervenção tem algumas características constantes, outras que variam de acordo com a modalidade (espontânea, por solicitação ou por requisição).

Uma constante é a decretação realizada pelo chefe do Executivo (no caso de intervenção federal, o Presidente da República), *antecedida de consulta* aos Conselhos da República e de Defesa Nacional. O que pode variar é se o ato presidencial é vinculado ou discricionário; se há ou não necessidade de apreciação pelo Congresso Nacional; e se o Presidente pode agir de ofício (sem ser provocado), ou apenas mediante provocação.

13.2.1.1. *Intervenção espontânea*

Ocorre por iniciativa do Presidente da República sem a necessidade de provocação. É um ato *ex officio* e *discricionário*, no qual o próprio Presidente da República resolve decretar a Intervenção Federal.

Será o procedimento adotado nas hipóteses do art. 34, incisos I, II, III e V: ou seja, para manter a integridade nacional; repelir invasão; por termo a grave comprometimento da ordem pública; ou para reorganizar finanças de unidade da federação.

Haverá, após a decretação (e já com a execução sendo realizada) *controle Legislativo*, que será feito pelo Congresso Nacional. Cabe ao Legislativo analisar tanto a constitucionalidade da medida (se estão presentes os pressupostos autorizadores) quanto sua conveniência e oportunidade. O decreto de intervenção deve ser submetido ao Congresso Nacional no prazo de 24h, mas não se prevê prazo para que este delibere sobre a questão. O entendimento predominante é de que a apreciação é feita pelas Casas separadamente (primeiro a Câmara dos Deputados, depois o Senado Federal), exigindo-se apenas maioria simples para a aprovação do decreto (já que a CF não especifica qualquer quórum, vale a regra geral do art. 47). Se o Congresso Nacional aprovar o decreto, a intervenção prossegue; se o rejeitar, cessam imediatamente os atos restritivos da autonomia.

Existe divergência sobre a possibilidade ou não de o Congresso Nacional emendar (alterar) o decreto de intervenção. Sendo a edição do decreto ato privativo do Presidente da República, entende-se que pode o Legislativo alterá-lo, sob pena de estar, na prática, usurpando a competência presidencial. Cabe, portanto, aprová-lo ou rejeitá-lo. Pode-se sustentar, contudo, o cabimento de emendas supressivas (para retirar determinado dispositivo inconstitucional, por exemplo).

13.2.1.2. *Intervenção por solicitação*

É provocada por solicitação do Poder Executivo ou Legislativo e decretada Pelo Presidente da República, nas hipóteses do art. 34, inciso IV (garantir o livre exercício dos poderes estaduais, quando o poder coacto – aquele que está sofrendo a violência – for o Legislativo ou o Executivo). A iniciativa ocorrerá por solicitação do Chefe do Poder coacto. Ex.: Presidente da Assembleia Legislativa ou Governador do Estado. Este solicita a intervenção ao Presidente da República, que *discricionariamente* decidirá se é caso ou não de intervenção. Decretada a intervenção, o ato estará sujeito a controle legislativo.

Perceba-se que, em termos estritamente procedimentais, a única diferença da intervenção por solicitação para a intervenção espontânea é o fato de que, na primeira, o Presidente da República só pode agir se provocado (não pode agir *ex officio*).

13.2.1.3. *Intervenção por requisição*

Na intervenção por requisição, o Presidente da República vê-se *obrigado* (vinculado) a decretar a intervenção, caso assim o requisite algum órgão do Judiciário. O controle legislativo pode ou não ocorrer, a depender da hipótese de intervenção.

Temos, então, subtipos da intervenção por requisição, quais sejam:

13.2.1.3.1. Por requisição do STF, a pedido do TJ local

Trata-se da intervenção baseada no art. 34, inciso IV – para garantir o livre exercício de qualquer um dos poderes, quando um Poder intervenha no poder de outro Poder. Nesse caso, o Poder coacto (Poder que está sendo coagido) for o Poder Judiciário, a haverá a *intervenção* na modalidade Requisição.

A iniciativa é do Supremo Tribunal Federal (STF), que requisitará a intervenção federal. O STF não tomará essa medida de ofício; ele será provocado pelo Poder Judiciário estadual, que solicitará ao Tribunal a requisição para fins interventivos. O STF irá julgar se realmente é necessário intervir; se considerar que sim, requisitará a intervenção ao

Presidente da República, que será obrigado a decretá-la (ato vinculado). Mesmo em se tratando de ato vinculado do Presidente da República, esta hipótese é sujeita a controle legislativo, nos mesmos moldes já vistos.

🖐 Cuidado!

Quando a intervenção tem por fundamento garantir o livre exercício dos poderes estaduais, ela pode ocorrer tanto por solicitação quanto por requisição. Será por *solicitação* quando o poder coato for o Legislativo ou o Executivo (poderes políticos), mas por *requisição* quando o poder que está sendo coagido for o Judiciário estadual.

13.2.1.3.2. Por requisição do TSE, do STJ ou do TSE

Trata-se da intervenção decretada para garantir o cumprimento das decisões judiciais (CF, art. 34, VI, segunda parte).

A requisição, nesse caso, será do Superior Tribunal Eleitoral – TSE (se estiver sendo descumprida uma decisão judicial eleitoral), Superior Tribunal de Justiça – STJ (se estiver sendo descumprida uma decisão judicial do próprio STJ) ou do Supremo Tribunal Federal – STF (no caso de descumprimento de decisão de qualquer outro órgão jurisdicional, seja da Justiça Militar, Trabalhista, Estadual ou Federal comum). A intervenção é instrumentalizada por um decreto vinculado do Presidente da República, sendo ele obrigado a decretar a intervenção federal.

Neste caso, a CF dispensa o controle legislativo!

13.2.1.3.3. Requisição do STF, por iniciativa do PGR (representação interventiva ou "ADI interventiva")

A intervenção mediante a chamada "representação interventiva" (ou "ADI interventiva") é a única que é precedida de uma ação judicial, a fim de que possa ser decretada. Não se trata de um exercício de função jurisdicional propriamente dita (lembre-se de que a intervenção é um ato **político**), mas existe um procedimento judicial a ser exercido como uma **etapa**, uma **condição** para que seja decretada a intervenção.

Esse procedimento é aplicável nos casos de descumprimento de lei federal pelo Estado ou DF (art. 34, VI, primeira parte) ou quando há desrespeito aos chamados "princípios sensíveis" (nomenclatura que remonta a Pontes de Mirada).

⚠ Atenção!

Princípios sensíveis (art. 34, VII): são aqueles que, quando violados, autorizam a intervenção federal:
a) forma republicana, sistema representativo e regime democrático;
b) direitos da pessoa humana;
c) autonomia municipal;
d) prestação de contas da Administração Pública, direta e indireta;
e) aplicação do mínimo exigido da receita resultante de impostos estaduais, compreendida a proveniente de transparências, na manutenção e desenvolvimento do ensino e nas ações e serviços públicos de saúde.

A iniciativa da representação interventiva é exclusiva do **Procurador-Geral da República** (Lei n. 12.562, de 2011, art. 2º; CF, art. 36, III), e a petição inicial deve conter: a) a indicação do princípio constitucional que se considera violado ou, se for o caso de recusa à aplicação de lei federal, das disposições questionadas; b) a indicação do ato normativo, do ato administrativo, do ato concreto ou da omissão questionados; c) a prova da violação do princípio constitucional ou da recusa de execução de lei federal; e d) o pedido, com suas especificações. **O pedido pode ser a requisição ao Presidente da República de decretação de intervenção federal, com a respectiva nomeação de interventor, ou, quando isso bastar, apenas a suspensão do ato impugnado.**

Pode o Pleno do STF, por maioria absoluta, deferir medida liminar (emergencial), antes do julgamento de mérito, medida essa que "poderá consistir na determinação de que se suspenda o andamento de processo ou os efeitos de decisões judiciais ou administrativas ou de qualquer outra medida que apresente relação com a matéria objeto da representação interventiva" (Lei n. 12.562, de 2011, art. 5º, § 2º).

O julgamento de mérito da representação interventiva cabe ao Pleno do STF, por maioria absoluta, presentes pelo menos oito Ministros (arts. 9º e 10 da Lei n. 12.562, de 2011). Se o pedido for julgado **improcedente**, a ação será **arquivada**. Se for julgado **procedente**, então "o **Presidente do Supremo Tribunal Federal**, publicado o acórdão, levá-lo-á ao conhecimento do **Presidente da República** para, no prazo improrrogável de até 15 (quinze) dias", **decretar** a intervenção (Lei n. 12.562, de 2011, art. 11).

A decisão proferida (seja pela procedência ou pela improcedência) é irrecorrível.

Quadro 13.2 – Procedimentos da intervenção federal

Modalidade	Hipótese	Iniciativa	Decreto (PR)	Controle
Espontânea	Art. 34, I, II, III e V	*Ex officio*	Discricionário	Há controle legislativo
Solicitação	Art. 34, IV, quando o Poder coacto for o Executivo ou o Legislativo	Chefe do Executivo ou do Legislativo Estadual		
Requisição	Art. 34, IV, quando o coacto for o Judiciário	TJ solicita ao STF, que requisita	Vinculado	Há controle
	Art. 34, VI (2ª parte)	TSE, STJ ou STF requisita		Dispensa controle legislativo
	Art. 34, VI (1ª parte), Art. 34, VII.	PGR representa ao STF que, se julgar a ação procedente, requisita a intervenção		

Esquema 13.2 – HIPÓTESES e PROCEDIMENTOS

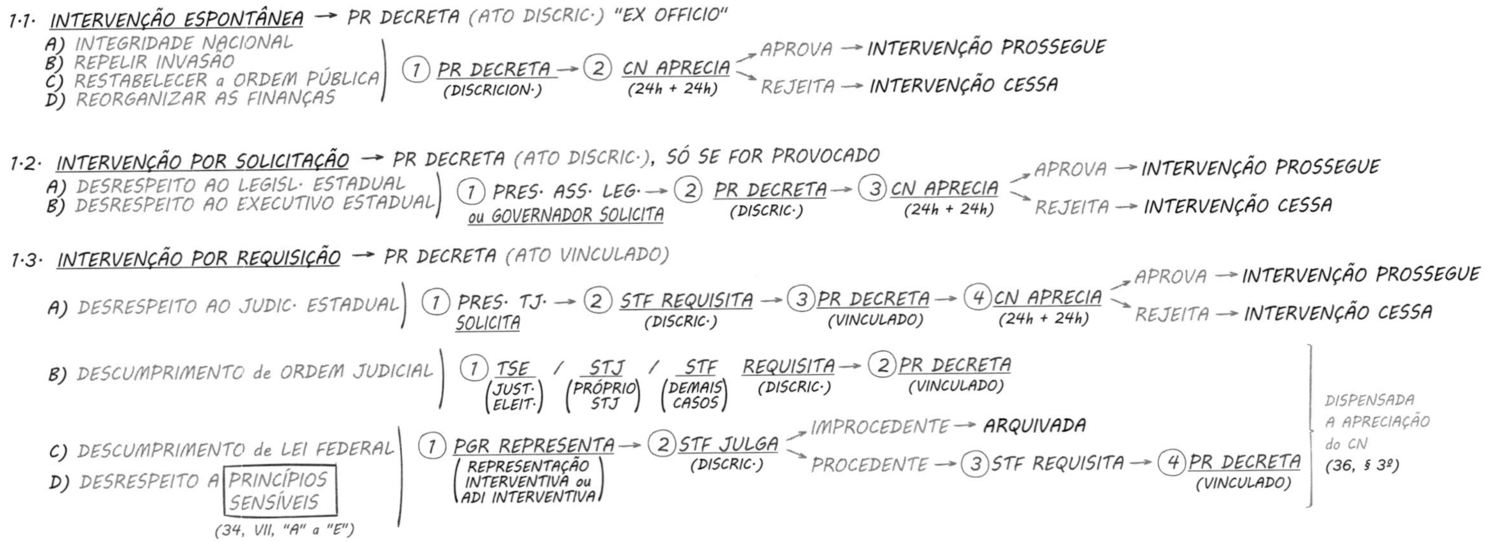

1.1. INTERVENÇÃO ESPONTÂNEA → PR DECRETA (ATO DISCRIC.) "EX OFFICIO"
 A) INTEGRIDADE NACIONAL
 B) REPELIR INVASÃO
 C) RESTABELECER a ORDEM PÚBLICA
 D) REORGANIZAR AS FINANÇAS

① PR DECRETA (DISCRICION.) → ② CN APRECIA (24h + 24h)
  • APROVA → INTERVENÇÃO PROSSEGUE
  • REJEITA → INTERVENÇÃO CESSA

1.2. INTERVENÇÃO POR SOLICITAÇÃO → PR DECRETA (ATO DISCRIC.), SÓ SE FOR PROVOCADO
 A) DESRESPEITO AO LEGISL. ESTADUAL
 B) DESRESPEITO AO EXECUTIVO ESTADUAL

① PRES. ASS. LEG. ou GOVERNADOR SOLICITA → ② PR DECRETA (DISCRIC.) → ③ CN APRECIA (24h + 24h)
  • APROVA → INTERVENÇÃO PROSSEGUE
  • REJEITA → INTERVENÇÃO CESSA

1.3. INTERVENÇÃO POR REQUISIÇÃO → PR DECRETA (ATO VINCULADO)

A) DESRESPEITO AO JUDIC. ESTADUAL
  ① PRES. TJ. SOLICITA → ② STF REQUISITA (DISCRIC.) → ③ PR DECRETA (VINCULADO) → ④ CN APRECIA (24h + 24h)
   • APROVA → INTERVENÇÃO PROSSEGUE
   • REJEITA → INTERVENÇÃO CESSA

B) DESCUMPRIMENTO de ORDEM JUDICIAL
  ① TSE / STJ / STF (JUST. ELEIT.) (PRÓPRIO STJ) (DEMAIS CASOS) REQUISITA (DISCRIC.) → ② PR DECRETA (VINCULADO)

C) DESCUMPRIMENTO de LEI FEDERAL
D) DESRESPEITO A PRINCÍPIOS SENSÍVEIS
  (34, VII, "a" a "e")

  ① PGR REPRESENTA → REPRESENTAÇÃO INTERVENTIVA ou ADI INTERVENTIVA → ② STF JULGA (DISCRIC.)
   • IMPROCEDENTE → ARQUIVADA
   • PROCEDENTE → ③ STF REQUISITA → ④ PR DECRETA (VINCULADO)

   DISPENSADA A APRECIAÇÃO do CN (36, § 3º)

13.3. INTERVENÇÃO ESTADUAL NOS MUNICÍPIOS (OU FEDERAL NOS MUNICÍPIOS SITUADOS EM TERRITÓRIO FEDERAL)

Quadro 13.3 – Hipóteses de intervenção da União nos Municípios

MOTIVO (art. 35)	PROCEDIMENTO
Não pagamento da dívida fundada por dois anos consecutivos (I).	**Intervenção espontânea**
Falta de prestação de contas (II).	**Intervenção espontânea**
Não aplicação da receita mínima em educação e saúde (III).	**Intervenção espontânea**
Inobservância dos princípios da Constituição Estadual ou desrespeito a lei (federal ou estadual) ou ordem/decisão judicial (IV).	**Intervenção por requisição do TJ, após julgar procedente representação interventiva feita pelo Procurador-Geral de Justiça**

Perceba-se que a intervenção estadual nos Municípios segue, por simetria, regras da intervenção federal nos Estados. Assim, a intervenção estadual é decretada pelo Governador (em vez do Presidente da República), e, quando necessário, existe controle legislativo feito pela *Assembleia Legislativa* (em lugar do Congresso Nacional).

A representação interventiva *estadual* (no caso de desrespeito a lei, ou descumprimento de decisão judicial, ou descumprimento de princípios sensíveis) é julgada pelo TJ (em lugar do STF), por iniciativa exclusiva do PGJ (e não do PGR). Se julgada improcedente, a ação é arquivada; se procedente, o TJ requisita ao Governador que decrete a intervenção.

✋ Cuidado!

Costuma cair em provas de concursos e de OAB que a representação interventiva estadual é de iniciativa do Procurador-Geral do Estado. Isso está errado! O PGE é o chefe da advocacia pública estadual. A iniciativa da representação interventiva é sempre do Chefe do Ministério Público, seja ele do Federal (PGR, no caso da representação feita ao STF para a intervenção nos Estados ou no DF) ou do MP Estadual (PGJ, no caso de representação feita ao TJ para a intervenção nos Municípios).

⚠ Atenção!

A decisão do TJ é de natureza política, e não jurisdicional; por isso, dela não cabe qualquer tipo de recurso, nem mesmo recurso extraordinário para o STF (Súmula 637/STF).

Aprofundamento:
o caso da intervenção federal na segurança pública do Estado do Rio de Janeiro

Na vigência da CF de 1988, nunca havia sido decretada intervenção federal. Até que, em 16 de fevereiro de 2018, o Presidente da República, Michel Temer, decretou-a no setor de segurança pública no Estado do Rio de Janeiro, com fundamento no inciso III do art. 34 da CF (para por termo a grave comprometimento da ordem pública). Além das polemicas políticas sobre a real intenção da decretação da medida, houve questionamentos quanto ao fato de a intervenção ter sido imposta de forma parcial: apenas na área de segurança pública.

Não houve, com efeito, afastamento total do Governador, Luiz Fernando Pezão, mas apenas de sua gestão na área de segurança. Assim, setores como saúde e educação continuaram sob a gestão local, mas a União assumiu o controle da pasta da segurança pública. Tal procedimento, porém, embora estranho, é perfeitamente constitucional, uma vez que, se a intervenção pode ser total, nada impede que seja também decretada de forma parcial (pelo princípio da excepcionalidade, tal medida é até menos restritiva do que a intervenção "total").

Aprofundamento:
diferenças entre intervenção federal e estados de emergência

Muitas vezes se confunde a intervenção, que é mecanismo de *gestão* (restrição temporária da autonomia de um ente federativo), com os estados de emergência (estado de defesa e estado de sítio), que são mecanismos de *restrição temporária aos direitos fundamentais*.

O objetivo da intervenção é governar diretamente um ente federativo cuja conduta está colocando em risco a federação; atinge o ente, e apenas indiretamente as pessoas que nele vivem. Já os estados de emergência afetam diretamente tanto o ente federativo (no caso de estado de defesa, que é decretado em locais determinados) e também as pessoas, cujos direitos fundamentais passam a sofrer limitações (estado de defesa) ou até suspensão (estado de sítio). Finalmente, os pressupostos que autorizam a intervenção (arts. 34 e 35) são também distintos daqueles que autorizam a decretação de estados de emergência (arts. 136 e 137). Ademais, nada impede que se utilizem cumulativamente um instrumento de gestão e um de emergência (decretação de intervenção federal cumulada com estado de defesa, por exemplo) – obviamente, se estiverem preenchidos os pressupostos constitucionais que autorizam a ambos.

Capítulo 14

Poder Legislativo (Parte Geral)

14.1. ORIGEM

O Poder Legislativo surgiu, tal como hoje entendido, com o nome de Parlamento (lugar de debate) na Inglaterra, durante a Idade Média, como órgão de controle financeiro e tributário. Com efeito, até 1066 (data da invasão normanda na Grã-Bretanha), ainda não havia um órgão com tais características. E, em 1215, com a assinatura da Carta Magna pelo Rei João Sem-Terra, já existia tal órgão, o que significa que o Parlamento surgiu em qualquer data entre esses dois períodos.

Perceba-se que o Parlamento Inglês não surgiu para legislar, e sim para fiscalizar. Somente após as Revoluções Puritana e Gloriosa (1688) é que o Parlamento passou a ter funções legislativas propriamente ditas.

Nas palavras de Rosah Russomano: "a função das Câmaras, pertinentes ao consentimento dos tributos, antecedeu sua função legislativa".

O Parlamento Inglês é, e assim surgiu, bicameral. Compõe-se de uma Câmara Alta (Câmara dos Lordes) e uma Câmara Baixa (Câmara dos Comuns), embora seja um Estado Unitário. O poder do Parlamento na Inglaterra é tão grande que Blakstone chegou a afirmar que "o poder do Parlamento é absoluto e sem limites". Na Idade Média, também teve voga a teoria da Constituição Mista, na qual o poder era compartilhado pelo Rei e pelo Parlamento. Aliás, foi inspirado nessa configuração política que Montesquieu sistematizou a teoria da separação dos poderes.

Em suma: o Poder Legislativo surgiu na baixa Idade Média (1066-1215), na Inglaterra (Parlamento inglês), com a função primordial de fiscalizar as finanças do Rei; só depois é que agregou a função de legislar.

14.2. ESTRUTURA

A estrutura do Legislativo de um país pode ser **unicameral** (existe apenas uma Casa Legislativa) ou **bicameral** (há duas Casas Legislativas). Nos Estados federais, geralmente, adota-se o bicameralismo (quanto à Federação), para que uma Casa possa representar a população da Federação e a outra, os Estados federados. A Inglaterra é um dos raros exemplos em que um Estado unitário adota o bicameralismo.

Por sua vez, o bicameralismo é classificado em: **igual** (ambas as Casas estão em absoluta igualdade) ou **desigual** (uma das Casas, ainda que momentaneamente, possui certa superioridade sobre a outra). No Brasil, é adotado o bicameralismo (art. 44, *caput*) igual (embora, quanto ao processo legislativo, haja certa supremacia da Casa iniciadora, que pode ser tanto a Câmara quanto o Senado – mas que é, normalmente, a Câmara dos Deputados).

Essa estrutura, porém, não se repete nos Legislativos estadual e municipal unicamerais, exercidos, respectivamente, pelas Assembleias Legislativas e Câmaras Municipais (no DF, o Legislativo fica a cargo da Câmara Legislativa). Diz-se que, na esfera federal, o Brasil adota um bicameralismo igual ou paritário. Isso porque ambas as Casas (Câmara e Senado) encontram-se no mesmo patamar hierárquico e possuem atribuições semelhantes, quanto ao processo legislativo.

Podemos apontar, contudo, a existência de distinções importantes entre a Câmara dos Deputados e o Senado Federal:

Quadro 14.1 – Distinções entre a Câmara dos Deputados e o Senado Federal

	Câmara dos Deputados	Senado Federal
Representação	Povo	Estados e DF
Número de representantes por unidade da Federação	Variável, de acordo com a população (respeitado o mínimo de oito e o máximo de 70 Deputados por Estado) – a quantidade é fixada em **lei complementar**	Fixo (três por Estado)
Sistema de eleição	Proporcional	Majoritário
Mandato	quatro anos	oito anos
Renovação	Total a cada quatro anos	Parcial, alternadamente, por 1/3 e 2/3 (isto é, em uma eleição, é eleito um Senador; na outra, dois; e assim sucessivamente)
Suplente	É o próximo mais votado da legenda (partido ou coligação)	Dois suplentes são eleitos juntamente com o titular (como se fossem vices)
Idade mínima	21 anos	35 anos

Veja Bem!

Caso sejam criados, os territórios elegerão número fixo de Deputados (quatro), **mas não elegerão Senadores!**

Cuidado!

Como a Câmara dos Deputados representa o povo, os projetos de lei de iniciativa popular obrigatoriamente iniciam-se por aquela Casa.

Atenção!

A CF não prefixou o número exato de Deputados, nem o número de deputados por estado. Delegou essa decisão a uma lei complementar. Atualmente, vigora a Lei Complementar n. 78/93, que estabelece em 513 o número de deputados federais, fixando, também, o quantitativo por estado e pelo DF. Como essa lei complementar nunca foi revista (como manda o art. 45 da CF), o STF declarou que o Congresso Nacional encontra-se em mora legislativa (omissão legislativa inconstitucional), fixando o prazo de junho de 2025 para que seja revisada a lei complementar citada, sob pena de, persistindo a omissão inconstitucional, seja o Tribunal Superior Eleitoral (TSE) autorizado a modificar o número de deputados por estado mediante a edição de uma resolução[1].

Aprofundamento:
a relação entre bicameralismo e Federação

Nas palavras de Soraya Locatelli: "Ao contrário do que muitos pensam, a forma de organização do Poder Legislativo em bicameral ou unicameral não se caracteriza apenas pela existência de uma ou duas Câmaras distintas, mas, também, pelo fato de ambas as Câmaras desempenharem um mesmo papel no então chamado bicameralismo paritário.

> A adoção de duas Casas, com peso e valor iguais, consagra, em princípio, a ideia de Federação, na medida em que há no processo legislativo a participação permanente e igualitária de todos os Estados federativos. Em síntese, o bicameralismo mantém a ideia de Federação reforçada pelo fato de que todas as leis são elaboradas pelo povo e pelos estados federados.

Essa estrutura bicameral, porém, deriva não apenas da forma federativa, já que o Senado no Brasil existia desde o Império, quando ainda éramos era um Estado Unitário. Pode-se afirmar, assim, que a existência de uma "Câmara Alta" deriva não apenas da necessidade de representação dos Estados da Federação, mas também como instrumento democrático de revisão (na maioria das vezes) das decisões legislativas da Câmara dos Deputados. Ao contrário do que acontece em outros países – como a Alemanha, por exemplo, em que o Bundestag apenas participa do processo legislativo em determinados assuntos –, pelo Senado Federal brasileiro devem ser aprovados todos os projetos, para que se tornem lei.

14.3. FUNCIONAMENTO PARLAMENTAR

14.3.1. Legislatura

Legislatura: é o período de quatro anos em que Deputados e Senadores exercem seus mandatos (art. 44, parágrafo único). Coincide com o mandato de um Deputado Federal e com meio mandato de um Senador.

Questão de Concurso

(Cespe/TJDFT/Juiz/2016) Os trabalhos do Congresso se desenvolvem ao longo da legislatura, que compreende período coincidente com o mandato dos senadores.

Gabarito comentado: Errado.
Embora o mandato dos Senadores seja, realmente, de oito anos, isso não corresponde a uma legislatura (4 anos), e sim a duas legislaturas.

---

[1] STF, Pleno, Ação Direta de Inconstitucionalidade por Omissão n. 38, Relator Ministro Luiz Fux, *DJe* de 9-10-2023.

14.3.2. Sessão legislativa

Segundo a jurisprudência do STF, é o ano parlamentar (ADI n. 2.010/DF, Relator Ministro Celso de Mello).

Pode ser ordinária ou extraordinária. A sessão legislativa ordinária é o período de um ano em que se desenvolvem as atividades parlamentares; vai de 2-2 a 17-7 e de 1º-8 a 22-12 (*caput*) – na redação da EC n. 50/2006 –, ou nos respectivos dias úteis subsequentes, se alguma data recair em sábado, domingo ou feriado (§ 1º). A sessão legislativa ordinária não será interrompida se não houver sido aprovado o projeto da Lei de Diretrizes Orçamentárias (§ 2º).

Quadro 14.2 – Períodos de atividades das Sessões Legislativas Ordinárias (SLO)

1º-2	2-2	17-7-18	Recesso de meio de ano	1º-8	22-12	Recesso de fim de ano
Sessão preparatória (anos ímpares da legislatura)	Início da SLO	Fim do 1º período da SLO	De 18 de julho a 31 de julho	Início do 2º período da SLO	Fim da SLO	De 22 de dezembro a 1º de fevereiro ou a 31 de janeiro (quando há sessão preparatória)

Já a sessão legislativa extraordinária é instalada quando há convocação extraordinária do Congresso durante o recesso, para tomar o compromisso de posse do Presidente e do Vice-Presidente da República, ou para deliberar sobre intervenção federal, estado de defesa ou estado de sítio, ou em outros casos de relevante interesse público.

Questão de Concurso

(FCC/MPE-PA/Promotor/2014) A intervenção federal, nos termos da Constituição da República, enseja a convocação extraordinária do Congresso Nacional, pelo Presidente do Senado Federal, se decretada.

Gabarito comentado: Correto.
A convocação é feita pelo Presidente do Senado, nesse caso, por ser ele o Presidente da Mesa do Congresso Nacional.

14.4. IMUNIDADES PARLAMENTARES

14.4.1. Imunidade material – inviolabilidade (art. 53, *caput*)

É a garantia de que alguns atos relativos ao mandato não sejam punidos como ilícitos civis ou penais. Traduz-se na inviolabilidade **civil e penal** por **opiniões, palavras e votos** (exercício do mandato) (*caput*) e na não obrigatoriedade de testemunhar sobre informações recebidas em razão do exercício do mandato (§ 6º). Assim, se um Senador usar da palavra, ainda que fora do Senado, atribuir ao Presidente da República a compra de votos para aprovar uma medida provisória, não terá cometido o crime de calúnia, pois possui **imunidade material**. Trata-se de uma regra que visa assegurar ao parlamentar a livre expressão de ideias. Tal imunidade, como se vê, abrange apenas **opiniões, palavras e votos**, e **não crimes de resultado material**.

✋ Cuidado!

Segundo a jurisprudência do STF, a imunidade material (inviolabilidade) pode abranger opiniões, palavras e votos proferidos **dentro ou fora do Congresso Nacional,** dependendo do caso concreto. Assim, quando se trata de atos praticados **dentro do Congresso Nacional** (não interessa se na tribuna, nas comissões etc.), o parlamentar **estará protegido (há presunção absoluta de que estava no exercício da função)**. Já quanto às opiniões, palavras e votos proferidos **fora do Congresso Nacional, é preciso analisar se há nexo de causalidade (ligação) com o mandato – se sim, o parlamentar estará protegido; se não, poderá ser responsabilizado.**

⚠️ Atenção!

Ao contrário das imunidades formais (processuais), que têm início quando da **diplomação** (antes da posse, portanto), a imunidade material (inviolabilidade) só começa com o efetivo exercício do cargo (com a **posse**, portanto).

Aprofundamento:
a possibilidade de punição interna por quebra de decoro parlamentar

A jurisprudência do STF considera que, embora o parlamentar seja imune por opiniões, palavras e votos **tanto na esfera civil (não há obrigação de indenizar) quanto penal (não responde por crime contra a honra), isso não exclui a possibilidade de punição disciplinar (administrativa). Assim, o parlamentar que abusar dessa prerrogativa pode ter o mandato cassado por quebra de decoro parlamentar, nos termos do art. 55, II e § 1º** (STF, Pleno, Inq. n. 1.958, Relator Ministro Ayres Britto).

Aprofundamento:
o "Caso Bolsonaro" (quando era Deputado Federal)

Em 21 de junho de 2016, a Primeira Turma do STF julgou o "Caso Bolsonaro" (Inquérito n. 3.932/DF, Relator Ministro Luiz Fux), em que o polêmico Deputado Federal Jair Bolsonaro é acusado de incitação ao crime de estupro, por declarar que a sua colega Maria do Rosário "Não merecia ser estuprada".

A Turma, embora não tenha superado a jurisprudência tradicional do STF, relativizou-a, por considerar que: *a)* embora as palavras tenham sido proferidas no gabinete parlamentar, foram veiculadas pela imprensa, de modo que só incidiria a imunidade material se houvesse ligação com o exercício do mandato; e *b)* não haveria ligação entre as ofensas proferidas e o exercício do mandato. Por conta disso, foi aceita a denúncia e aberta a ação penal para apurar eventual cometimento do delito de incitação ao crime.

Perceba-se que a decisão é de Turma, não do Plenário (11 Ministros); de toda forma, a própria decisão expressa que não busca rever a jurisprudência tradicional de que a imunidade incide em relação a palavras proferidas no parlamento. Apenas – sustenta a decisão – nesse caso, é preciso fazer a distinção, pois as palavras foram dirigidas à imprensa, ainda que proferidas no gabinete.

Para provas de concursos, continua a valer, como regra, a jurisprudência tradicional do STF (palavras proferidas no parlamento – incide a imunidade; palavras proferidas fora do parlamento – tem que se verificar o nexo com o exercício do mandato).

✋ Cuidado!

A imunidade material por opiniões, palavras e votos estende-se aos deputados estaduais e distritais, na mesma extensão do que ocorre com os deputados federais e senadores (isto é, em qualquer lugar do Brasil), nos termos dos arts. 27, § 1º, e 32. Já os vereadores só gozam de tal imunidade em relação às opiniões, palavras e votos proferidos no território do seu Município (art. 29, VIII) : "Nos limites da circunscrição do município e havendo pertinência com o exercício do mandato, garante-se a imunidade ao vereador" (Tema n. 469 da Repercussão Geral do STF)..

📝 Questão de Concurso

(Cespe/TCE-PA/Procurador/2019) A imunidade constitucional sobre opiniões, palavras e votos proferidos por vereador no exercício do mandato estende-se além do limite territorial do município ao qual ele esteja funcionalmente vinculado.

Gabarito comentado: Errado (ver art. 29, VIII).

14.4.2. Imunidades formais (procedimentais)

São hipóteses que **não excluem a possibilidade de punição**, mas apenas **trazem regras específicas de processo e julgamento**.

A primeira **imunidade processual** dos congressistas é o foro por prerrogativa de função. Nas infrações penais comuns, os Deputados e Senadores têm o julgamento perante o STF (art. 53, § 1º; art. 102, I, *b*). Trata-se de uma imunidade processual (o que o parlamentar cometer é crime, mas sofre um processo especial). Assim, se um Deputado chamar um desafeto de ladrão, não terá cometido o crime de injúria, pois se trata de opinião (imunidade material). Todavia, se atirar em alguém como *animus necandi* (intenção de matar), terá cometido o crime de homicídio (tentado). Deverá responder pelo ato, pois não há, nesse caso, imunidade **material**, mas o processo será diferenciado (**imunidade formal**): será julgado perante o STF (foro por prerrogativa de função).

Dessa forma, ao contrário do cidadão comum, que é processado e julgado, em regra, na Justiça de primeira instância, os Deputados Federais e Senadores possuem a prerrogativa de só serem processados e julgados, durante o mandato, nas infrações penais comuns, pelo Supremo Tribunal Federal (art. 102, I, *b*).

✋ Cuidado!

Extensão do foro por prerrogativa de função (QO na AP n. 937/RJ)

Recentemente, o STF, alterando a interpretação que tradicionalmente dava às regras da CF, passou a entender que o foro por prerrogativa de função dos parlamentares abrange apenas os crimes cometidos em razão do cargo; não atinge, portanto, fatos anteriores ao mandato, ou que não guardem relação com este. Como isso importou uma mudança de entendimento (já que, anteriormente, o STF considerava que o foro se aplicava a todo e qualquer processo criminal contra parlamentares), sem que tenha havido qualquer mudança formal no texto (até existe PEC aprovada pelo Senado Federal restringindo o foro, mas aguarda deliberação da Câmara dos Deputados), esse é um belo exemplo de uma mutação constitucional.

Dessa forma, agora temos a seguinte situação:

a) crime cometido antes do mandato – continua na primeira instância;

b) crime cometido após o mandato – primeira instância;

c) crime cometido durante o mandato, mas sem relação com as funções – primeira instância;

d) crime cometido durante o mandato e relacionado às funções – STF

e) crime cometido durante o mandato e relacionado às funções, mas o mandato encerrou-se: processo vai para a primeira instância, *a não ser que* **já tenha sido encerrada a instrução criminal (já tenha havido o interrogatório do acusado, o processo já esteja na fase de alegações finais), quando então o processo continuará no STF.**

Veja Bem!

Se o enunciado copiar o art. 53, § 1º, da CF, obviamente a questão será dada como certa: "Os Deputados e Senadores, desde a expedição do diploma, serão submetidos a julgamento perante o Supremo Tribunal Federal". O enunciado só estará errado se a questão se referir a crimes estranhos ao exercício das atribuições.

Atenção!

A regra que prevê o foro especial para Deputados e Senadores, por ser norma específica, prevalece sobre a regra geral do Tribunal do Júri. Portanto, **se um Deputado Federal ou Senador cometer crime doloso contra a vida (relacionado ao exercício do cargo, claro), deverá ser julgado, durante o mandato, pelo STF, e não pelo Júri**. A competência constitucional do Tribunal do Júri não prevalece sobre foro por prerrogativa de função previsto na Constituição Federal (mas prevaleceria se esse foro estivesse previsto apenas em Constituição estadual – STF, Súmula 721; Súmula Vinculante 45).

Outra imunidade processual de que gozam os parlamentares federais diz respeito à possibilidade de prisão. Deputados Federais e Senadores podem ser presos, mas apenas em duas hipóteses:

a) flagrante de crime inafiançável (caso em que a Casa respectiva deliberará sobre a prisão, por maioria absoluta e voto aberto): art. 53, § 2º;

b) sentença penal condenatória transitada em julgado.

Na verdade, a CF só prevê a primeira hipótese de prisão, mas a jurisprudência do STF também admite, por óbvio, a prisão decorrente de condenação penal definitiva. Não é demais lembrar que, mesmo no caso de prisão em flagrante, o auto de prisão será enviado em 24 horas à Casa respectiva (Câmara ou Senado), que deliberará sobre a custódia, podendo relaxá-la, pelo voto da maioria absoluta dos seus membros.

Finalmente, existe mais uma imunidade processual dos parlamentares federais: se forem processados por crime posterior à diplomação, a Casa poderá sustar (suspender) a tramitação do processo (§ 3º), o que também suspenderá a prescrição (§ 5º).

O STF – a quem compete processar e julgar, nos crimes comuns, os Deputados Federais e Senadores – quando instaurar o processo criminal contra um parlamentar (recebendo a denúncia ou a queixa), deve comunicar o fato à Casa. Esta poderá suspender o curso do processo (o que, consequentemente, também suspende a prescrição), mas, para isso, terá que arcar com o ônus político de tal ato.

Essa regra deriva de modificação da EC n. 35/2001, que trouxe grandes reformas nas imunidades formais dos parlamentares, diminuindo a impunidade. Com efeito, antes da referida modificação, o processo só poderia ser instaurado se houvesse **licença** (autorização prévia) da Casa respectiva. Hoje, não: o que a Casa pode fazer é suspender o andamento do processo, que não necessita de qualquer manifestação do Congresso para ser instaurado. Em suma: antigamente, a regra era a impunidade; agora, isso é (ou deve ser) a exceção. Antes, a omissão da Casa beneficiava o parlamentar; agora, o prejudica.

Atenção!

A possibilidade de a Casa a que pertence o parlamentar sustar o processo refere-se apenas aos crimes cometidos **após** a diplomação!

Questões de Concurso

(FCC/TCM-GO/Procurador/2015) A Casa à qual pertence o parlamentar que responde a processo criminal poderá, pelo voto da maioria de seus membros, sustar o andamento da ação penal se o crime tiver sido praticado antes da diplomação.

Gabarito comentado: Errado.
Se o crime tiver sido praticado antes da diplomação, não existe possibilidade de a Casa sustar o andamento do processo.

(FGV – TJ PR – Juiz Substituto – 2021) Francisco, que tomou posse como Deputado Federal, a fim de exercer livremente o seu mandato como representante do povo, consultou advogado para se informar das prerrogativas e imunidades às quais faria jus, em razão do exercício do cargo para o qual foi eleito. Sobre o tema, é correto afirmar que:
a) a manifestação oral imune à censura penal e cível deve ter sido praticada pelo congressista, ainda que alheia ao exercício do seu mandato e fora do parlamento e, por essa razão, a imunidade parlamentar não se estende ao suplente de Francisco;
b) as imunidades formais garantem a Francisco não ser preso, salvo a prisão civil ou a prisão em flagrante por crime inafiançável, desde que haja anuência da Câmara de Deputados, por voto da maioria dos seus integrantes, também não sendo autorizada a prisão decorrente de sentença judicial transitada em julgado;
c) a prerrogativa de foro de Francisco se limita aos crimes cometidos no exercício do cargo e em razão dele, e a jurisdição do Supremo Tribunal Federal se perpetua caso tenha havido o encerramento da instrução processual antes da extinção do mandato;
d) o Supremo Tribunal Federal é o Tribunal competente para processar e julgar Francisco e a competência abrange todas as modalidades de infrações penais, estendendo-se aos delitos eleitorais. Entretanto, o foro por prerrogativa de função de Francisco não prevalece sobre a competência do júri;
e) as imunidades de Deputados subsistirão durante o estado de sítio, só podendo ser suspensas mediante o voto de dois quintos dos membros da Casa respectiva, nos casos de atos praticados dentro do recinto do Congresso Nacional que sejam incompatíveis com a execução da medida.

Gabarito comentado: C (STF, Pleno, QO na AP 937/RJ): "(i) O foro por prerrogativa de função aplica-se apenas aos crimes cometidos durante o exercício do cargo e relacionados às funções desempenhadas; e (ii) Após o final da instrução processual, com a publicação do despacho de intimação para apresentação de alegações finais, a competência para processar e julgar ações penais não será mais afetada em razão de o agente público vir a ocupar cargo ou deixar o cargo que ocupava, qualquer que seja o motivo"; as demais alternativas estão erradas porque a imunidade material não atinge atos estranhos ao mandato, porque a prisão civil por dívidas não é cabível para parlamentares em função do art. 53, § 2º, porque o foro previsto na CF prevalece sobre a competência do júri – Súmula Vinculante 45 – e porque as imunidades só podem ser levantadas na vigência o estado de sítio por decisão de 2/3, não de 2/5).

(FGV – PM AM – Oficial da Polícia Militar – 2022) Determinado Senador foi denunciado perante o Supremo Tribunal Federal por ter alegadamente praticado uma infração penal no exercício e em razão de sua função. À luz da sistemática constitucional, é correto afirmar que a referida denúncia:

a) deve ser apreciada pelo Tribunal e, caso seja recebida, a relação processual terá o seu curso normal sem qualquer ingerência do Poder Legislativo;

b) somente pode ser apreciada pelo Tribunal caso haja prévia autorização do Congresso Nacional, conforme deliberação da maioria simples dos seus membros;

c) somente pode ser apreciada pelo Tribunal caso haja prévia autorização do Senado Federal, conforme deliberação da maioria absoluta dos seus membros;

d) não pode ser apreciada pelo Tribunal enquanto estiver em curso o mandato eletivo do Senador, permanecendo o prazo prescricional suspenso durante esse período;

e) deve ser apreciada pelo Tribunal e, uma vez recebida, poderá o Senado Federal sustar a sua tramitação, permanecendo suspensa a prescrição enquanto durar o mandato.

Gabarito: Resposta: E (CF, art. 53, §§ 3º a 5º)

14.5. ÓRGÃOS INTERNOS DAS CASAS

A organização interna das Casas Legislativas é matéria que deve ser tratada em seus regimentos internos, cuja elaboração é de competência privativa de cada uma delas, mediante a edição de uma Resolução (CF, arts. 21, III, e 52, XII). A própria CF, contudo, já prevê a existência de alguns órgãos que deverão compor internamente as Casas, quais sejam:

a) Plenário: trata-se do órgão máximo de cada Casa Legislativa, formado por todos os membros em atividade. Ao Plenário cabe discutir e votar projetos de lei, exceto aqueles sujeitos ao poder terminativo ou conclusivo das Comissões (CF, art. 58, § 2º, I); cassar mandatos de parlamentares (veja o item 5); bem como decidir, em grau de recurso, as questões de ordem apreciadas pelo Presidente da Casa (atribuição regimental constante de praticamente todos os regimentos internos de órgãos legislativos do Brasil);

b) Mesa: é o órgão administrativo de cada Casa; a ela compete exercer a iniciativa de projetos de lei sobre remuneração dos servidores das Casas (CF, arts. 51, IV, e 52, XIII), bem como exercer a direção dos trabalhos da Casa; na esfera federal, a Mesa de cada Casa compõe-se de 1 Presidente, 2 Vice-Presidentes e 4 Secretários (todos parlamentares);

c) Comissões: são órgãos fracionários da Câmara, do Senado ou do Congresso Nacional. Têm funções diversas, entre elas: apreciar projetos de lei, representar as Casas etc. O Brasil adota o sistema das comissões fortes, no qual esses órgãos fracionários têm poder inclusive para votar projetos de lei, quando for dispensada a participação do Plenário (art. 58, §2º, I). Nesses casos, diz-se que o projeto tramita em caráter conclusivo ou terminativo. As comissões devem, desde que possível, respeitar a proporcionalidade partidária (art. 58, §1º). Podem ser instituídas pelo Senado, pela Câmara ou conjuntamente por ambos (RICD, arts. 22 e seguintes; Regimento Interno do Senado Federal, arts. 71 e seguintes; Regimento Comum do Congresso Nacional, art. 9º e seguintes). Podem ser de diferentes espécies:

c.1) comissões Permanentes: "têm por finalidade apreciar os assuntos ou proposições submetidos ao seu exame e sobre eles deliberar, assim como exercer o acompanhamento dos planos e programas governamentais e a fiscalização orçamentária da União, no âmbito dos respectivos campos temáticos e áreas de atuação" (RICD, art. 22, I): v. RISF, art. 72. Ex.: Comissão de Constituição, Justiça e Cidadania do Senado.

c.2) comissões Temporárias: "criadas para apreciar determinado assunto", e se "extinguem ao término da legislatura, ou antes dele, quando alcançado o fim a que se destinam ou expirado seu prazo de duração" (RICD, art. 22, II). Ex.: Comissão para Estudos sobre a Transposição do Rio São Francisco. Outro exemplo de comissão temporária são as comissões parlamentares de inquérito (CPIs), que serão estudadas em separado.

c.3) comissão representativa comum (§4º): como o próprio nome já deixa claro, é a comissão que representa o Congresso Nacional durante os períodos de recesso.

Aprofundamento:
a impossibilidade de reeleição dos membros da Mesa dentro da mesma legislatura

A controvérsia sobre a recondução dos membros das Mesas das Casas do Congresso Nacional deve ser analisada à luz do texto do § 4º do art. 57 da Constituição Federal (CF), segundo o qual:

> Art. 57.
>
> (...)
>
> § 4º Cada uma das Casas reunir-se-á em sessões preparatórias, a partir de 1º de fevereiro, no primeiro ano da legislatura, para a posse de seus membros e eleição das respectivas Mesas, para mandato de 2 (dois) anos, vedada a recondução para o mesmo cargo na eleição imediatamente subsequente.

A redação do dispositivo foi dada pela Emenda Constitucional n. 50, de 14 de fevereiro de 2006 – mas que, nesse ponto, limitou-se à mudança redacional do numeral "2".

No âmbito do Senado Federal, foi levantada dúvida interpretativa sobre a extensão da proibição da reeleição, quando há mudança de legislatura. Esse questionamento foi levado à CCJ, mediante Consulta (n. 3, de 1998) formulada pelo então Senador Eduardo Suplicy. O colegiado aprovou o relatório do então Senador Lúcio Alcântara (e que se transformou, por conseguinte, no Parecer n. 555, de 1998[2]).

No documento, registra-se que:

---

[2] *Diário do Senado Federal* n. 142, 7 nov. 1998, p. 15.295 (s). Disponível em: https://legis.senado.leg.br/diarios/ver/13572?sequencia=24. Acesso em: maio 2021.

> (...) expressão final vedada a recondução para o mesmo cargo no período imediatamente subsequente (sic) gera pelo menos uma dúvida importante. De fato, a vedação de recondução abrange apenas o segundo período da legislatura? Ou também se aplica na passagem de uma legislatura para outra?
>
> 31. Tomada a expressão final (sublinhada) isoladamente, parece-nos que, de fato, ela veda a recondução de membro da Mesa de qualquer das Casas do Congresso Nacional para período imediatamente posterior, qualquer que seja ele. Contudo, como é sabido, não se procede a interpretação de preceptivo legal, de natureza constitucional ou não, analisando-se isoladamente, os períodos ou trechos que o compõem.

Para, após lançar seus argumentos hermenêuticos, concluir que:

> (...) quando a expressão final do § 4º do art. 57 da Constituição Federal veda a recondução de membro da Mesa para o mesmo cargo no período imediatamente subsequente ela está **vedando a recondução do membro da Mesa eleito no primeiro ano da legislatura para o período que se inicia no terceiro ano da legislatura**.
>
> 37. Isso porque eleição subseqüente à ocorrida no primeiro ano da legislatura é a eleição que ocorre no terceiro ano da legislatura, pois conforme dita o normativo de que tratamos, o período de mandato das Mesas da Câmara dos Deputados e do Senado Federal é de dois anos. Assim, **há dois períodos de mandato para as Mesas Diretoras das Casas do Congresso Nacional durante cada legislatura: um primeiro, que se inicia no primeiro ano da legislatura; e um segundo, que se inicia no terceiro ano da legislatura. Sobre esse último período incide a vedação contida no § 4º do art. 57 da lei Maior**, *in fine*. (original sem grifos)

Como se percebe, a CCJ adotou, portanto, a interpretação restritiva da redação do § 4º do art. 57, que veda a recondução apenas dentro da mesma legislatura. Dessa forma, embora na doutrina nunca se tenha chegado a um consenso sobre o tema, pode-se afirmar que, por meio desse precedente, "a regra [vedação da reeleição para cargos da Mesa], conforme decidido pelo Congresso Nacional, não se aplica aos membros da segunda Mesa de uma legislatura para os cargos da primeira Mesa da legislatura seguinte"[3 e 4].

Nesse sentido, por exemplo, explica André Ramos Tavares: "Ficou assente o entendimento (nas praxes do Congresso Nacional[5]) de que a restrição só poderia aplicar-se dentro da mesma legislatura. Realmente, encerrada esta, não há mais qualquer restrição constitucional"[6].

Em síntese, temos:

---

[3] DEZEN JÚNIOR, Gabriel. *Constituição Federal*. Brasília: Alumnus, 2015. p. 819.
[4] Vale registrar que o Regimento Interno da Câmara dos Deputados, ao concretizar a norma constitucional, dispõe que "não se considera recondução a eleição para o mesmo cargo em legislaturas diferentes, ainda que sucessivas" (art. 5º, § 1º).
[5] Com a reeleição de Michel Temer e Antônio Carlos Magalhães para a presidência da Câmara dos Deputados e do Senado Federal, respectivamente.
[6] TAVARES, André Ramos. *Curso de Direito Constitucional*. São Paulo: Saraiva, 2015. p. 968 (grifamos).

Reeleição	Comentário
Do 2º período de uma legislatura para o 1º período da legislatura seguinte	Interpretação literal do § 4º do art. 57 da CF proíbe Parecer n. 555, de 1998, da CCJ, permite
Do 1º período de uma legislatura para o 2º período da mesma legislatura	Qualquer interpretação do § 4º do art. 57 da CF, inclusive a do Parecer da CCJ, proíbe

Recentemente, no julgamento da ADI n. 6524/DF, o STF, por apertada maioria, corroborou a aplicação do § 4º do art. 57, vedando a reeleição de membros da Mesa da Câmara dos Deputados ou do Senado Federal para o mesmo cargo, dentro da mesma legislatura. No momento de fechamento desta edição, ainda não houve a publicação do acórdão, mas, pelo que se colheu das discussões, a questão da possibilidade de reeleição em outra legislatura não foi objeto de decisão, pelo que, aparentemente, continua a valer o entendimento do Parecer n. 555, de 1998, da CCJ do Senado Federal.

14.6. PERDA DE MANDATO (ART. 55)

A CF prevê, no art. 55, as hipóteses em que o Deputado Federal e o Senador podem perder o mandato. **Esse tema vem caindo bastante nas últimas provas, especialmente da FCC!**

Essa perda do mandato (gênero) pode seguir dois diferentes procedimentos (espécies). A primeira é a **extinção do mandato**, que são as hipóteses em que a perda é **automática**, cabendo à Mesa Diretora de cada Casa (que é o órgão diretor máximo) apenas **declarar** que o mandato está extinto (nem vai à votação em Plenário). A segunda espécie é o procedimento da **cassação do mandato**, caso em que a perda **não é automática, cabendo ao Plenário da Casa (Câmara ou Senado) decidir se a falta foi suficiente ou não para tirar o mandato do parlamentar**.

Vejamos as diferenças, junto com as hipóteses de extinção ou cassação do mandato:

	Extinção do mandato (art. 55, § 3º)	Cassação do mandato (art. 55, § 2º)
Forma como ocorre	Automática	Depende de decisão do Plenário da Casa
Espécie de ato de perda	Declaratório (apenas confirma que a perda ocorreu) e vinculado	Constitutivo (a Casa decide tirar o mandato) e discricionário
Competência	Mesa Diretora	Casa (Plenário), por voto **aberto** (não é mais secreto desde a EC n. 76/2013) da **maioria absoluta** dos membros da Casa
Hipóteses	1) Faltar a 1/3 das sessões deliberativas em uma sessão legislativa (ano parlamentar) sem justificativa – art. 55, III 2) Decisão da Justiça Eleitoral (infidelidade partidária, por exemplo) – art. 55, V 3) Suspensão dos direitos políticos, nos casos do art. 15 da CF, **exceto condenação criminal transitada em julgado** (esse caso foi tratado à parte pelo constituinte) – art. 55, IV	1) Violar as vedações do art. 54 da CF – art. 55, I 2) Quebra de decoro parlamentar (art. 55, II), assim entendido o abuso das prerrogativas do cargo ou o recebimento de vantagens ilícitas (art. 55, § 1º) 3) Condenação criminal transitada em julgado – art. 55, VI

✋ Cuidado!

Após várias idas e vindas de jurisprudência, o STF entende, atualmente, que **a condenação criminal transitada em julgado gera, automaticamente, a suspensão dos direitos políticos (CF, art. 15, III); mas, em se tratando de parlamentar, a decisão sobre a perda do mandato cabe à Casa (art. 55, § 2º).**

📝 Questão de Concurso

(FCC/TCM-GO/Procurador/2015) A perda do mandato do Deputado ou Senador que, depois de empossado, se mantém como sócio controlador de empresa que goza de favor decorrente de contrato com seu Estado de origem, será declarada pela Mesa da Casa respectiva, de ofício ou mediante provocação de partido político com representação no Congresso Nacional.

Gabarito comentado: Errado.
Nesse caso, o que se tem é uma violação das vedações aplicáveis ao parlamentar (art. 54); logo, a perda não é automática (declarada pela Mesa), mas depende de decisão da Casa a que pertence o parlamentar, pelo voto da maioria absoluta dos membros da Casa (art. 55, § 2º).

Aprofundamento:
condenação criminal x suspensão dos direitos políticos

A doutrina majoritária entende que, em caso de condenação criminal transitada em julgado, embora haja a suspensão dos direitos políticos (CF, art. 15, III), a perda do mandato depende de decisão (discricionária e constitutiva) da Casa a que pertence o parlamentar. Isso porque existe previsão específica quanto à perda por condenação criminal definitiva no inciso VI do art. 55, e o § 2º do mesmo artigo submete, em casos tais, a perda do mandato à decisão da Casa (ato constitutivo e discricionário), exigindo-se o quórum de maioria absoluta.

Com essa linha de pensamento concordam, por exemplo, José Afonso da Silva[7], Leo Van Holthe[8], Paulo Gustavo Gonet Branco e Gilmar Mendes[9], José Cretella Júnior[10], Dirley da Cunha Júnior[11], entre outros.

Por outro lado, considerando que a perda do mandato em caso de condenação criminal definitiva ocorre automaticamente (mediante conjugação, a nosso ver indevida, entre os incisos VI e IV), posicionava-se Celso Ribeiro Bastos[12].

Essa divergência já se apresentou também no âmbito da jurisprudência do STF. A Corte já decidiu que a perda do mandato em caso de condenação criminal era praticamente efeito da condenação (AP n. 470/MG), mas voltou atrás em julgados posteriores.

---

[7] SILVA, José Afonso da. Op. cit., p. 541.
[8] HOLTHE, Leo Van. *Direito Constitucional*. Salvador: JusPodivm, 2010. p. 674.
[9] BRANCO, Paulo Gustavo Gonet; MENDES, Gilmar Ferreira. Op. cit., p. 932-933.
[10] CRETELLA JÚNIOR, José. *Comentários à Constituição Brasileira de 1988*, v. V. Rio de Janeiro: Forense, 1997. p. 2664.
[11] CUNHA JÚNIOR, Dirley da. *Curso de Direito Constitucional*. Salvador: JusPodivm, 2010. p. 1023-1024.
[12] BASTOS, Celso Ribeiro de Seixas; MARTINS, Ives Gandra da Silva. *Comentários à Constituição do Brasil*, v. 4. t. I. São Paulo: Saraiva, 1995. p. 221.

Atualmente, o que se tem é uma divergência entre a 1ª Turma e a 2ª Turma da Corte:

1ª Turma – entende que a perda de mandato em caso de condenação criminal é automática, se a condenação for à pena de reclusão, em regime fechado, por período superior a 120 dias (nesse caso, o parlamentar necessariamente estará ausente de mais de 1/3 das sessões deliberativas – ainda que a Casa tivesse sessões 360 dias no ano – o que leva à perda automática do mandato, nos termos do inciso III do art. 55); nos demais casos, a perda depende de decisão do Plenário da Casa.

2ª Turma – entende que a perda do mandato em caso de condenação criminal *não é* automática, dependendo *sempre* de decisão do Plenário da Casa.

Cuidado!

Após a Emenda Constitucional n. 76/2013, todas as deliberações do Legislativo passaram a ocorrer mediante voto aberto (e não mais por voto secreto). Atualmente, só há voto secreto no Legislativo na deliberação sobre escolha (e destituição, se for o caso) de autoridades.

Questão de Concurso

(FCC/MPE-PA/Promotor/2014) A Constituição da República prevê que se dê por votação secreta a

a) deliberação, pela Casa legislativa respectiva, sobre a prisão de parlamentar em flagrante de crime inafiançável.

b) apreciação, em sessão conjunta do Congresso Nacional, do veto total ou parcial do Presidente da República a projeto de lei.

c) decisão da Câmara dos Deputados ou do Senado Federal sobre a perda de mandato de parlamentar que sofrer condenação criminal em sentença transitada em julgado.

d) eleição de três juízes, dentre os membros do Superior Tribunal de Justiça, para composição do Tribunal Superior Eleitoral.

e) aprovação, pelo Senado Federal, da exoneração, de ofício, do Procurador-Geral da República antes do término de seu mandato.

Gabarito comentado: E.
A aprovação de escolha/destituição de autoridades continua, mesmo após a Emenda Constitucional n. 76/2013, a ocorrer mediante voto secreto. As alternativas *a, b* e *c* estão erradas porque, nesses casos, o voto é aberto (= público). Na alternativa *d,* o erro é que, embora essa votação (no Judiciário) seja realmente secreta, o art. 121 prevê que participam do TSE *dois* (e não três) Ministros do STJ.

14.7. ATRIBUIÇÕES DAS CASAS

O Congresso Nacional, em conjunto ou por meio de uma das duas Casas, possui atribuições exclusivas (embora a Constituição, às vezes, utilize a nomenclatura "privativas", mas não há possibilidade de delegação).

As atribuições do Legislativo federal estão previstas principalmente nos arts. 48, 49, 51 e 52. O art. 48 traz o rol meramente exemplificativo das atribuições que o Congresso Nacional exerce por meio de lei, com a sanção do Presidente da República.

O art. 49 elenca as competências que o congresso nacional exerce por meio de decretos legislativos, sem a sanção do Presidente da República.

Por outro lado, os arts. 51 e 52 enumeram as competências que a Câmara e o Senado, isoladamente (e respectivamente), exercem por meio de resoluções (da Câmara ou do Senado), sem a necessidade de sanção do Presidente da República.

Em relação às competências exercidas por meio de lei (competências legislativas propriamente ditas, do art. 48), cabe ao Congresso dispor, mediante lei, sobre todas as matérias de competência da União (v. arts. 22, 23 e 24), especialmente sobre: Tributação, matérias orçamentárias em geral (PPA, LDO, LO, operações de crédito, dívida pública e emissões de curso forçado), financeira, cambial e monetária, bem como sobre emissão de moeda e limites da dívida pública (incisos I, II, XIII e XIV); planos e programas nacionais, regionais e setoriais de desenvolvimento (IV); concessão de anistia (inciso VIII); cargos, empregos e funções públicas, criação e extinção de Ministérios e órgãos e fixação do subsídio mensal dos Ministros do STF (incisos X, XI e XV) – matéria que são de *iniciativa privativa de outros poderes*, mas que cabe ao Congresso Nacional *aprovar ou não* (votar).

Também há competências a serem exercidas pelo Congresso Nacional de forma *exclusiva* (sem sanção do Presidente da República), mediante a edição de decreto legislativo (art. 49). Em geral, trata-se de competências para o relacionamento do Legislativo com outros poderes, por exemplo:

a) Conceder eficácia interna a tratados, acordos e outros atos internacionais (I), referendando-os;

b) autorizar:

b.1) o Presidente a declarar guerra, celebrar a paz e permitir o ingresso,

permanência ou trânsito de forças estrangeiras no território brasileiro (II);

b.2) o Presidente e o Vice a se ausentarem do país por mais de quinze dias (III), sob pena de renúncia tácita destes;

b.3) a decretação de Estado de Sítio (IV);

b.4) a exploração e aproveitamento de recursos hídricos e pesquisa e lavra de recursos minerais, nas **terras indígenas** (XVI);

c) Aprovar a decretação de intervenção federal ou estado de defesa, ou suspender qualquer dessas medidas ou o estado de sítio (IV);

d) Fixar o subsídio de seus membros, do Presidente e do Vice-Presidente da República e dos Ministros de Estado (VII e VIII);

🖐 Cuidado!

Trata-se de uma exceção ao princípio da reserva legal: diferentemente de todos os outros subsídios e remunerações, os subsídios destas autoridades não são fixados por lei (CN + sanção do PR), mas sim por mero decreto legislativo (aprovação do CN).

e) Mudar temporariamente a própria sede (VI);

f) controlar o Poder Normativo (Regulamentar) do Executivo e do Judiciário (V e XI). Trata-se da competência do Congresso de sustar (suspender) os atos do Presidente da República que exorbitem do Poder Regulamentar (um decreto, por exemplo, que, a pretexto de regulamentar uma lei, termina por inovar na ordem jurídica). Nesses casos, o Legislativo, como titular da função tipicamente legislativa, deve mover-se para fazer cessar essa "usurpação";

g) Julgar as contas do Chefe do Executivo e fiscalizar e controlar os atos da Administração Federal (direta ou indireta);

h) Autorizar plebiscito e convocar referendo (XV);

i) Aprovar:

i.1) alienação ou concessão de terras públicas com área superior a 2500 ha (XVI);

i.2) iniciativas relativas a atividades nucleares (XIV);

j) apreciar atos de concessão de emissoras de rádio e TV (XII): v. arts. 48, XII, 223 e 224;

k) Escolher 2/3 dos membros do TCU (XIII): v. art. 73, §2º, II.

Já as atribuições privativas (mas que, na verdade, não são delegáveis) da Câmara dos Deputados (art. 51) são exercidas por meio de resolução, e incluem, basicamente:

a) autorizar (discricionária e politicamente) a instauração de processo criminal contra o Presidente da República (por crime comum ou de responsabilidade), contra o Vice-Presidente da República (idem) ou contra os Ministros de Estado (nesse caso, apenas nos crimes de responsabilidade julgados pelo Senado Federal, isto é, naqueles conexos com os do Presidente ou do Vice-Presidente da República);

b) elaborar seu regimento interno;

c) auto-organizar-se, inclusive em relação à iniciativa para o projeto de lei sobre remuneração dos seus servidores;

d) tomar as contas do Presidente da República, quando não apresentadas no prazo legal (quem julga é o Congresso Nacional);

e) eleger três membros do Conselho da República.

Em termos qualitativos e quantitativos, as competências privativas (embora indelegáveis) do Senado Federal são substancialmente maiores que as da Câmara dos Deputados (por isso serão objeto de estudo em um dos tópicos de aprofundamento). De qualquer forma, cabe agrupá-las em categorias:

a) julgar autoridades por crimes de responsabilidade;

b) fixar alíquotas máximas e mínimas de alguns impostos estaduais (para fins de manter o equilíbrio federativo);

c) aprovar escolha e destituição de autoridades;

d) dispor sobre limites da dívida pública;

e) suspender a execução de lei declarada inconstitucional pelo STF em sede de controle difuso;

f) elaborar seu regimento interno;

g) eleger três membros do Conselho da República;

h) auto-organizar-se.

Quadro 14.3 – Atribuições (por artigo)

	art. 48	art. 49	art. 51	art. 52
Tipo	Atribuições Legislativas do Congresso	Atribuições Exclusivas do Congresso	Atribuições Privativas da Câmara	Atribuições Privativas do Senado
Titularidade	Congresso	Congresso	Câmara dos Deputados	Senado Federal
Instrumento de Manifestação	Lei	Decreto Legislativo	Resolução da Câmara	Resolução do Senado
Necessidade de Sanção do Presidente da República	Sim (salvo a hipótese de veto rejeitado)	Não	Não	Não

Questão de Concurso

(FCC.TRT-6/Analista Judiciário-Área Judiciário/2018) A competência para resolver definitivamente sobre tratados, acordos ou atos internacionais que acarretem encargos ou compromissos gravosos ao patrimônio nacional é exclusiva:

a) do Presidente da República;

b) da Câmara dos Deputados;

c) do Congresso Nacional;

d) do Senado Federal;

e) do Supremo Tribunal Federal.

Gabarito comentado: C (ver art. 49, I, da CF).

Aprofundamento:
a aplicação das cautelares diversas da prisão (CPP, art. 319) a parlamentares e a necessidade de deliberação da Casa

A Constituição Federal (CF) não dispõe expressamente sobre a possibilidade de que o STF aplique aos parlamentares federais a medida cautelar de afastamento do exercício de função pública. Com efeito, o § 2º do art. 53 trata apenas da prisão, permitida somente em caso de flagrante de crime inafiançável, ou, por criação jurisprudencial, em razão de condenação penal transitada em julgado[13 e 14].

Isso se dá pelo fato de que, até 2011, o sistema processual penal brasileiro vivia uma verdadeira polaridade "prisão/liberdade"[15], pois a legislação processual previa apenas, como medida

---

[13] Cf., por todos, o que decidido pela Corte na Ação Penal (AP) n. 396/RO.

[14] Alguns doutrinadores posicionam-se em sentido contrário a essa possibilidade de prisão para cumprimento de pena, por considerarem que a CF excepciona, entre todos os tipos de restrição da liberdade, apenas a prisão cautelar na espécie flagrante. MORAES, Alexandre de. *Constituição do Brasil Interpretada e Legislação Constitucional*. São Paulo: Atlas, 2013. p. 1038. No mesmo sentido: FERNANDES, Bernardo Gonçalves. *Curso de Direito Constitucional*. Salvador: JusPodivm, 2012. p. 812.

[15] GOMES, Luiz Flávio; MARQUES, Luís Ivan (orgs.). *Prisão e medidas cautelares*. São Paulo: Revista dos Tribunais, 2012. p. 25.

cautelar à disposição do juiz, as prisões preventiva, temporária e em flagrante – e, com natureza controversa, a fiança. Com o advento da Lei n. 12.403, de 4 de maio de 2011, foi conferida nova redação ao art. 319 do Código de Processo Penal (CPP), a fim de criar as chamadas *medidas cautelares diferentes da prisão*.

Quando da apreciação pelo Senado Federal do Projeto de Lei da Câmara (PLC) n. 111, de 2008, que originou a citada Lei, a Comissão de Constituição, Justiça e Cidadania (CCJ) afirmou que:

> A alteração mais importante trazida no projeto é a previsão de medidas cautelares diversas e mais brandas do que a prisão preventiva, o que possibilitará ao juiz optar pela constrição que for mais adequada ao caso concreto.
>
> A proposição estabelece ainda que a liberdade provisória tem cabimento quando ausentes os requisitos autorizadores da prisão preventiva, hipótese em que o juiz deverá, se for o caso, impor uma dessas medidas cautelares alternativas, que são listadas no art. 319.
>
> Se aprovadas as modificações pretendidas, o Título IX do CPP passará a conter um sistema lógico, compreendendo medidas cautelares com diferentes graus de restrição (Parecer CCJ n. 110, de 2009, Relator Senador Demóstenes Torres).

Dessa maneira, é possível afirmar que as medidas cautelares diferentes da prisão constituem medida menos gravosa do que a própria prisão preventiva[16]. Nesse sentido, consideramos ser possível a aplicação do art. 319 do CPP aos parlamentares federais, apesar da falta de previsão constitucional – que, segundo nossa leitura, derivou da inexistência desse tipo de medida na época da redação da CF. Aliás, em se tratando de parlamentares que, como já dito, não podem sofrer prisão preventiva, as medidas cautelares como a "suspensão do exercício de função pública" (CPP, art. 319, VI) mostram-se ainda mais justificáveis, sob pena de se enfraquecer o poder geral de cautela de que dispõem os juízes, a fim de impedir a perpetuação de condutas criminosas ou impeditivas do curso normal do processo penal (CF, art. 5º, XXXV).

Ao mesmo tempo em que – e pelos mesmos motivos – consideramos ser possível a aplicação do art. 319 do CPP aos parlamentares, apesar da falta de previsão expressa na CF, também consideramos ser possível às Casas Legislativas apreciarem a legalidade e a própria conveniência[17] desse tipo de medida, por aplicação analógica do § 2º, *in fine*, do art. 53 da CF.

De acordo com o citado dispositivo, em caso de prisão, *os autos serão remetidos dentro de vinte e quatro horas à Casa respectiva, para que, pelo voto da maioria de seus membros, resolva sobre a prisão*. Consideramos ser essa regra aplicável também aos casos em que o STF imponha medidas cautelares diferentes da prisão, uma vez que tais providências podem afetar – às vezes até mais que a própria prisão – a independência do Legislativo, em geral, e da Casa e do parlamentar, em especial.

---

[16] MENDES, Gilmar Ferreira; BRANCO, Paulo Gustavo Gonet. *Curso de Direito Constitucional*. São Paulo: Saraiva, 2015. p. 589.

[17] "(...) a Casa decidirá politicamente a conveniência da manutenção, ou não, da prisão" (FERRAZ, Sérgio Valladão. *Curso de Direito Legislativo*. Rio de Janeiro: Elsevier, 2007. p. 57. Igual entendimento é perfilhado por Gabriel Dezen Júnior, para quem "a decisão de Plenário sobre a prisão é eminentemente política e *interna corporis*, não podendo ser discutida ou contrastada (...) na via judiciária" (DEZEN JÚNIOR, Gabriel. *Constituição Federal*. Brasília: Alumnus, 2015. p. 788.)

Realmente, a doutrina do direito constitucional comparado indica, praticamente, a universalidade da exigência de aprovação da Casa Legislativa quanto à responsabilização de seus membros.

Sobre o tema, Giuseppe de Vergottini leciona que:

> Por longa tradição, os membros da assembleia parlamentar gozam de um *status* jurídico particular, que tende a assegurar uma autonomia no confronto com o Executivo, com o fim de poderem realizar livremente as próprias funções. Surgiu na experiência parlamentar inglesa a afirmação do princípio da liberdade de palavra e da liberdade contra a prisão, consolidada no século XVII (...). Sucessivamente, a Constituição francesa de 1791 (título III, capítulo I, seção V, art. 8) garantia a liberdade pessoal dos representantes da Nação salvo por deliberação da Assembleia, numa fórmula que até hoje é adotada na maior parte dos textos constitucionais.
>
> (...) Essa forma de proteção [*freedom from arrest*] não é reconhecida, em geral, em caso de flagrante delito. Normalmente, pois, os vários ordenamentos permitem a remoção, caso a caso, da imunidade, mediante a prévia intervenção de um órgão parlamentar que consente a que se possa normalmente proceder contra o parlamentar[18].

No caso brasileiro, inclusive, a necessidade de autorização prévia para a abertura de processo criminal foi revogada pela Emenda Constitucional n. 35, de 2001. Assim, o Senado Federal e a Câmara dos Deputados já dispõem de um âmbito menor de controle dos atos judiciais contra seus membros do que boa parte dos Parlamentos mundiais, o que justifica, mais ainda, a interpretação analógica que atribui às Casas o poder de apreciar as medidas cautelares diferentes da prisão.

Com efeito, se a teleologia da norma é proteger os parlamentares contra prisões indevidas, assim como assegurar à própria Casa[19] meios para se defender de intromissões judiciais em sua composição e funcionamento, então tal regra deve ser aplicada, por analogia, também às hipóteses do art. 319 do CPP[20].

---

[18] VERGOTTINI, Giuseppe de. *Diritto Costituzionale Comparato*. Padova: Cedam, 1991. p. 393-395, (tradução livre).

[19] Trata-se, evidentemente, não só de garantia do parlamentar, mas de verdadeira garantia institucional de independência do Parlamento, derivada, portanto, do próprio princípio da separação de poderes (CF, art. 2º).

[20] "É a analogia um procedimento quase lógico, que envolve dois procedimentos: a constatação (empírica), por comparação, de que há uma semelhança entre fatos-tipos diferentes, e um juízo de valor que mostra a relevância das semelhanças sobre as diferenças, tendo em vista a decisão jurídica procurada. Encontra-se, portanto, modernamente, na analogia uma averiguação valorativa (...).

Percebe-se que o problema da aplicação analógica não está na averiguação das notas comuns entre o fato-tipo e o não previsto, mas sim em verificar se, valorativamente, essa coincidência justifica um tratamento jurídico idêntico para fatos examinados." DINIZ, Maria Helena. *Curso de Direito Civil Brasileiro*: Teoria Geral do Direito Civil. v. 1. São Paulo: Saraiva, 38. ed., 2021. p. 85-86.

Imagine-se, por exemplo, a situação em que boa parte dos membros de uma das Casas do Congresso Nacional sofresse afastamento, nos termos do art. 319 do CPP. Não haveria, nesse caso, forma de o órgão parlamentar reagir? Poderia ele desconstituir até mesmo uma prisão em flagrante, mas não uma cautelar que teoricamente tem menos intensidade de restrição aos direitos do indivíduo, mas que, em termos institucionais, pode até ser mais afrontosa à independência do Parlamento?[21]

Em conclusão, é possível sustentar que, embora aplicáveis aos parlamentares federais as medidas cautelares diferentes da prisão (CPP, art. 319), após a decretação deverão os autos ser remetidos à Casa Legislativa, para que, por aplicação analógica do § 2º do art. 53 da CF, delibere sobre a providência judicial.

O STF adotou exatamente esse posicionamento, no julgamento da ADI n. 5526/DF (Caso Aécio Neves). Previu-se apenas uma restrição à necessidade de apreciação da Casa: ela só será necessária no caso de medidas cautelares que dificultem ou impeçam, direta ou indiretamente, o exercício do mandato.

Aprofundamento:
Poderes Legislativo e Executivo – sistemas eleitorais

Existem, no Brasil, dois grandes sistemas eleitorais: o sistema **proporcional** e o sistema **majoritário** (e esse segundo pode ser **simples** ou **absoluto**).

No sistema **majoritário**, vota-se no candidato (= na pessoa), e aquele que for o mais votado está eleito (sistema majoritário simples, também conhecido como **"majoritário de turno único"**). Porém, para alguns cargos, exige-se que, além de ser o mais votado, tenha mais votos que a soma dos outros postulantes, isto é, que tenha a maioria **absoluta** dos votos válidos (= total de votos, excluídos os nulos e os brancos). Esse último é o chamado sistema majoritário **absoluto**, ou **de dois turnos**. Nele, se um dos candidatos não alcançar a maioria absoluta dos votos válidos no primeiro escrutínio (**turno**), será feito um segundo turno só com os dois candidatos mais votados.

Já o sistema proporcional é substancialmente mais complicado. Na modalidade adotada no Brasil (proporcional de lista aberta), o eleitor dá um voto duplo: na legenda (partido ou coligação) e, secundariamente, no candidato. Assim, por exemplo, quando alguém vota para Deputado Distrital n. 12.512 (apenas para fins de exemplo), a mensagem é a seguinte: prefiro que o maior número de cadeiras (= vagas) seja dada ao partido 12 (ou, se ele estiver coligado, à coligação a que ele pertence); dentro dessa legenda (legenda = partido, se estiver concorrendo sozinho, ou coligação, se estiver coligado com outros), **prefiro** o candidato 12. Dessa maneira, em linhas gerais, as vagas serão distribuídas por legenda, e, dentro de cada legenda, o candidato mais votado tem preferência para ocupar a vaga. É possível votar apenas no partido (voto de legenda).

---

[21] É bem verdade que já houve caso em que o STF relativizou a necessidade de deliberação parlamentar, até mesmo em caso de prisão, por considerar que a maioria dos membros do Legislativo estadual estava envolvida em delitos (STF, 1ª Turma, HC n. 89.417/RO, Relatora Ministra Cármen Lúcia). Esse julgado, porém, recebe críticas doutrinárias severas e, a nosso ver, procedentes. Cf., por todos, STRECK, Lênio Luiz *et al*. Comentários ao art. 53 da Constituição Federal. In: CANOTILHO, J. J. Gomes *et al*. *Comentários à Constituição do Brasil*. São Paulo: Saraiva, 2014. p. 1075.

No sistema proporcional, existem alguns conceitos básicos, como **quociente eleitoral** (= número de votos que uma legenda precisa alcançar para ter direito a uma vaga) e **quociente partidário** (= número de vagas obtidas pela legenda).

Em linhas gerais, os cálculos são:

a) Quociente eleitoral = total de votos válidos/número de vagas em disputa.

Cuidado!

Votos válidos = total de votos, menos nulos e brancos. O Código Eleitoral ainda considera que os votos brancos contam para o quociente, mas essa norma não foi recepcionada pela CF/88. Votos nulos e brancos, para fins jurídicos, são a mesma coisa: vão para o **lixo**, são desconsiderados.

b) Quociente partidário = votos dados à legenda (votos dos candidatos da legenda + votos na legenda)/quociente eleitoral.

Atenção!

O partido que não atinge o quociente eleitoral ordinariamente não ocupa nenhuma vaga. Ocorrendo sobras de vagas, contudo, pode o partido concorrer, dentro de algumas condições previstas na legislação eleitoral.

Claro que temos, aqui, uma explicação muito simples, em que não estamos tratando de peculiaridades do Direito Eleitoral (essa matéria empolgante), como **sobras, cálculo das sobras, fórmula de D'Hondt** etc.

Mas vejamos um exemplo hipotético:

Imaginemos uma eleição, para Vereador (10 vagas, por exemplo), com o seguinte resultado, sendo que o total de votos válidos foi de 100 mil:

Legenda	Votos
PT	33.000
PSDB	32.000
PSTU	4.000
PSB	21.000
PV	10.000
Nulos/brancos	20.000
Total	120.000

O quociente eleitoral será de 100.000 (= votos válidos) dividido por 10 vagas, o que dá 10.000 votos. Em outras palavras: a cada 10.000 votos, a legenda tem direito a eleger um representante.

Nesse exemplo, adicionando o cálculo do quociente partidário, teríamos:

Legenda	Votos	Quociente partidário
PT	33.000	3
PSDB	32.000	3
PSTU	4.000	0 (não tem vaga, pois não atingiu o quociente eleitoral)
PSB	21.000	2
PV	10.000	1
Nulos/brancos	20.000	
Total	120.000	9

Pelo critério das sobras (que não comentaremos aqui, por ser específico do Direito Eleitoral), a vaga restante (pois foram distribuídas apenas nove) seria do PT, por ter a maior média.

O quadro das vagas (após a definição do quociente e das sobras) ficaria, então:

Legenda	Cadeiras
PT	3+1
PSDB	3
PSTU	0
PSB	2
PV	1
Total	10

Só então é que veremos quais candidatos estarão eleitos. No PT, os quatro candidatos mais votados estarão eleitos (o quinto mais votado fica como primeiro suplente, o sexto como segundo, e, assim, sucessivamente). Veja que, no caso do PV, apenas o mais votado estará eleito.

Esse sistema leva a algumas **distorções**. Por exemplo: pode ocorrer de o quinto mais votado do PT (primeiro suplente) ter mais votos que o mais votado do PV, que estará eleito. Pode-se pensar que isso seria um absurdo, mas só se esquecermos que o voto é prioritariamente na legenda, não no candidato! Também é costumeiro ouvir que se vota em um candidato e se elege outro. Tecnicamente, não é verdade: vota-se na legenda, e não apenas no candidato. Quando se vota em Tiririca e ele tem 1 milhão de votos, foram um milhão de votos para a legenda... É que, muitas vezes, o eleitor esquece disso, ou nem sabe.

Ambos os sistemas (majoritário ou proporcional) têm vantagens e desvantagens.

a) **Vantagem do sistema majoritário (e desvantagem do proporcional):** a simplicidade. O majoritário é muito simples, ao passo que o proporcional é complicado até para especialistas.

b) **Desvantagem do sistema majoritário (e vantagem do proporcional):** pluralismo. No sistema majoritário, se um candidato tiver 50,00001% dos votos válidos, leva o mandato inteiro, enquanto o que teve 49,99999% fica de mãos abanando. No sistema proporcional, as vagas seriam distribuídas de forma proporcional, o que equilibra mais as forças políticas, além de permitir que partidos pequenos consigam representação (mesmo que pequena, claro), algo que dificilmente conseguiriam numa eleição majoritária.

Diante das vantagens e desvantagens de cada sistema, o constituinte resolveu adotar a ambos, da seguinte forma:

Quadro 14.4 – Distinção entre sistemas eleitorais por cargos

Cargo	Sistema eleitoral	Previsão
Presidente da República	Majoritário absoluto	CF, art. 77, §§ 2º e 3º
Governador	Majoritário absoluto	CF, art. 28, *caput*, e 32, § 2º
Prefeito (municípios com mais de 200 mil eleitores)	Majoritário absoluto	CF, art. 29, II
Prefeito (municípios com até 200 mil eleitores)	Majoritário simples (não há segundo turno)	CF, art. 29, II
Senador	Majoritário simples (não há segundo turno)	CF, art. 46, *caput*
Deputado Federal	Proporcional	CF, art. 45, *caput*
Deputado Estadual	Proporcional	CF, art. 27, § 1º
Deputado Distrital	Proporcional	CF, art. 32, § 3º
Vereador	Proporcional	Código Eleitoral, art. 105

É recomendável memorizar qual o sistema aplicável a cada tipo de cargo, pois essa matéria é bastante cobrada em prova

✋ Cuidado!

(FCC/TJPE/Juiz/2011) Determina-se o quociente eleitoral dividindo-se o número de votos válidos apurados (aí incluídos os votos em branco) pelo de lugares a preencher em cada circunscrição eleitoral.

Aprofundamento:
as atribuições privativas do Senado Federal

A função de casa participante do processo legislativo, cabe ainda ao Senado Federal o exercício de importantes tarefas, de forma privativa, é dizer, sem a participação de outros órgãos. Trata-se de atribuir a essa Casa um papel de protagonismo em determinados assuntos que dizem respeito mais detidamente à Federação em si.

Não é à toa que decisões relevantes para a Federação *e para a democracia* são atribuídas constitucionalmente ao Senado Federal, de forma privativa (isto é, sem a participação da Câmara dos Deputados *nem* do Presidente da República). Incumbe-lhe, por exemplo, aprovar a nomeação e (e, quando cabível, a destituição) de pessoas para os mais importantes cargos do Judiciário e do Ministério Público (CF, art. 52, III e IV).

As competências privativas do Senado Federal estão elencadas pela Constituição Federal no art. 52 – embora algumas delas sejam esmiuçadas em outros dispositivos (é o caso da competência para fixar alíquotas máximas de determinados tributos, como o ICMS – art. 155, § 1º, IV) – e são exercidas por meio da edição de uma Resolução do Senado Federal (RSF). Tais atos normativos primários (CF, art. 59, VII) têm força de lei, embora não sejam submetidos à aprovação da Câmara dos Deputados nem à sanção presidencial (CF, art. 48, *caput*).

A multiplicidade e a heterogeneidade de matérias atribuídas privativamente ao Senado Federal derivam do seu papel de Casa representativa dos Estados e do Distrito Federal. Assim, tudo o que necessita da aprovação da Federação passa pelo crivo do Senado, que representa, dessa maneira, uma espécie de "assembleia geral" dos entes federados. Muitas dessas funções, aliás, não são novas; remontam a várias constituições anteriores, como é o caso da competência senatorial para sustar a execução de lei declarada inconstitucional pelo STF, em decisão definitiva (art. 52, X) – que, criada sob a égide da Constituição de 1934, sobrevive até hoje.

Para fins de sistematização, podemos classificar as competências do Senado Federal nos seguintes grupos: a) julgamento de autoridades por crimes de responsabilidade (função julgadora); b) aprovação de escolha e destituição de autoridades; c) modulação subjetiva dos efeitos das decisões em controle difuso de constitucionalidade; d) atuação na matéria tributária; e e) fixação de limites de endividamento. Passaremos, ora em diante, a analisar detalhadamente cada uma dessas funções.

PROCESSAMENTO E JULGAMENTO DE AUTORIDADES POR CRIMES DE RESPONSABILIDADE

Cabe ao Senado Federal julgar várias autoridades federais, quando acusadas da prática de crimes de responsabilidade. Em alguns desses casos, a abertura do processo pelo Senado, porém, depende de autorização prévia, discricionária e política da Câmara dos Deputados (CF, art. 51, I). São julgados por crimes de responsabilidade pelo Senado Federal:

- **após autorização da Câmara dos Deputados:** o Presidente da República, o Vice-Presidente da República e os Ministros de Estado (esses últimos, apenas nos casos de crimes de responsabilidade conexos com os do Presidente ou Vice, na forma do art. 52, I, c/c art. 102, I, *c*);

- **independentemente de autorização da Câmara dos Deputados:** os Ministros do Supremo Tribunal Federal (STF), o Procurador-Geral da República, o Advogado-Geral da União, os Conselheiros do Conselho Nacional de Justiça e os do Conselho Nacional do Ministério Público.

a) *Impeachment* do Presidente da República e o Senado Federal como "tribunal político"

- **Natureza do processo por crime de responsabilidade**

No sistema presidencialista adotado no Brasil, o Presidente da República é eleito pelo voto direto dos cidadãos, para mandato de quatro anos. A destituição do cargo, antes do termo do mandato, é situação excepcional, que ocorre apenas em circunstâncias extraordinárias, como no caso de condenação pela prática dos chamados "crimes" de responsabilidade (previstos no parágrafo único do art. 85 da CF e regulamentados pela Lei n. 1.059, de 1950).

Todavia, nesse ponto importa questionar: a quem compete avaliar a gravidade dos crimes de responsabilidade? Qual o órgão constitucionalmente legitimado para decidir se a infração político-administrativa é grave e séria o suficiente para lesar aqueles bens jurídicos constitucionalmente protegidos e para iniciar o processo de responsabilização? Pela leitura do texto constitucional, temos que esta análise compete unicamente ao Poder Legislativo, mais especificamente ao Senado Federal, órgão composto por parlamentares, submetidos à aprovação de seu eleitorado e subordinados aos vínculos partidários.

Isso significa que o processo de *impeachment*, tal como desenhado pelo constituinte originário, possui um inegável caráter político. Uma vez constado o atentado à Constituição, mediante uma das figuras presentes no rol do art. 85, especificadas em Lei (atualmente a Lei n. 1.079, de 1950), atendida está a exigência de ordem jurídica de que a perda do mandato pressupõe a prática de um crime de responsabilidade. A partir daí, toda a análise de gravidade da infração estará afeta ao Poder Legislativo. Trata-se de um processo de natureza jurídica verdadeiramente mista, híbrida: político *e* jurídico. Situa-se justamente num daqueles acoplamentos estruturais entre o Direito e a Política, a que se referia a Teoria dos Sistemas de Niklas Luhmann[22].

Corrobora a tese acima o fato do Supremo Tribunal Federal (STF) se inclinar para assentar que o mérito do processo de *impeachment* não pode ser avaliado pelo Poder Judiciário.

Nesse sentido, o *impeachment* resulta como um mecanismo de concretização da própria independência e harmonia entre os Poderes (CF, art. 2º). Trata-se de, nas palavras célebres de Montesquieu, evitar o abuso e o arbítrio de um dos órgãos da soberania[23]. Obviamente, não se está aqui defendendo o crime de responsabilidade como instituto meramente político. Não. Se assim fosse, o que teríamos seria um verdadeiro voto de desconfiança ou, quando muito, um *recall* parlamentar. Na realidade, o *impeachment*, por sua natureza jurídica híbrida, exige a base jurídica (a existência de uma conduta tipificada como crime de responsabilidade) e o fator político (o entendimento de que a conduta tipificada se qualifica como um atentado à Constituição)[24].

b) Duas experiências brasileiras de *impeachment*

Nos países de origem do instituto do *impeachment*, sua utilização tem sido rara ou nenhuma[25]. Entretanto, estudos de Ciência Política apontam a utilização do *impeachment* como verdadeiro mecanismo de solução de crises do presidencialismo latino-americano, com o consequente aumento de frequência de recurso a esse instituto que seria, em tese, excepcional[26]. Nas últimas duas décadas, Presidentes de diferentes países da região, com estilos e políticas diversas, foram cassados pelos respectivos parlamentos.

De acordo Aníbal Pérez-Liñan, o aumento da frequência com que se tem recorrido ao *impeachment* em países da América Latina demonstra uma nova roupagem do presidencialismo, com a relativa aproximação do impedimento com o voto de desconfiança do parlamentarismo. Tanto assim que o autor aponta alguns fatores presentes em todos os

---

[22] Para Luhmann, a Constituição (não por acaso, a sede em que previsto o instituto do *impeachment*) é o acoplamento estrutural entre Direito e Política. Faz a "ponte" entre os dois sistemas, permitindo a estabilização da Política e a legitimação do Direito. Integra, ao mesmo tempo, os dois sistemas. LUHMANN, Niklas. *El derecho de la sociedad*. Ciudad de México: Herder, 2005. p. 548.
[23] MONTESQUIEU, Charles-Louis de Secondat, Barão de la Brède e de. *O espírito das leis*. Trad. Cristina Murachco. São Paulo: Martins Fontes, 2000. p. 168.
[24] Cf. a ampla e aprofundada discussão sobre a natureza jurídica do *impeachment* no Direito brasileiro trazida por Luís Fernando Bandeira de Mello: BANDEIRA DE MELLO, Luiz Fernando. Impeachment *à brasileira*. Brasília: Senado Federal, 2024.
[25] CRETELLA JÚNIOR, José. *Do Impeachment no Direito Brasileiro*. São Paulo: RT, 1992. p. 19.
[26] PÉREZ-LIÑAN, Aníbal. *Presidential* Impeachment *and the New Political Instability in Latin America*. New York: Cambridge University Press, 2007. p. 35.

casos de cassação recentes na região: um grande escândalo de corrupção, baixa popularidade, protestos de grande escala e a perda de apoio no Legislativo[27].

No Brasil, a experiência historicamente recente de dois processos de *impeachment* concluídos contra Presidentes da República eleitos pelo voto popular (Fernando Affonso Collor de Mello, em 1992, e Dilma Vana Rousseff, em 2016) evidenciou a relevância do processo por crimes de responsabilidade no esquema brasileiro de organização funcional. Demais disso, a Denúncia (DEN) n. 1, de 2016, contra a então Presidente Dilma Rousseff, mostrou as vicissitudes de um procedimento complexo e demorado, que não se havia evidenciado por completo quando do processamento de Fernando Collor, em virtude da existência de uma base política e social mais aguerrida em favor daquela do que deste. Isso porque, ao passo que o primeiro foi cassado em um processo absurdamente célere, em virtude acusações de corrupção, a segunda foi condenada, após um longo e debatido processo de *impeachment*, não por ato de corrupção, mas por infringência às normas constitucionais orçamentárias (CF, art. 85, parágrafo único, VII).

Esses dois episódios trouxeram o Legislativo, em geral, e o Senado, em particular, para o centro das atenções do mundo político-jurídico, pelo poder constitucionalmente atribuído de decidir pela condenação ou absolvição de um Presidente da República, atuando como verdadeiro "tribunal político".

c) Procedimento do *impeachment*

Analisaremos agora as relações do poder senatorial de processar e julgar o Presidente da República, dentro da visão maior sobre o procedimento completo do *impeachment*.

Após a apresentação de denúncia, formulada por qualquer cidadão (Lei n. 1.079, de 1950, art. 14), será necessário verificar a existência de uma condição de procedibilidade consistente na autorização da Câmara dos Deputados (CF, arts. 51, I, e 86, *caput*). Na interpretação dada pelo STF, no julgamento da Arguição de Descumprimento de Preceito Fundamental (ADPF) n. 378/DF, cabe à Câmara dos Deputados, em decisão "eminentemente política", apenas autorizar a instauração do processo, cabendo ao Senado Federal a análise técnico-jurídica sobre a admissibilidade ou não do processo.

Nesse sentido, a Câmara dos Deputados, formada por representantes do povo, realiza uma análise de oportunidade política e de conveniência do processamento da denúncia. Ainda que existam fortes indícios de crime de responsabilidade, competirá a Câmara analisar se o *impeachment* agravará a situação político-econômica do país e se provocará ainda mais tensões entre os membros da sociedade civil. A efetiva ocorrência das infrações, por mais graves que sejam, pode ser desprezada pela Câmara dos Deputados, se assim entender ser politicamente melhor para o país.

A autorização da Câmara dos Deputados vincula negativamente o Senado Federal: se a denúncia, por exemplo, abranger várias acusações, mas se só foi autorizada a abertura em relação a alguns dos fatos (como efetivamente ocorreu com a Denúncia contra Dilma Rousseff), é sobre esses objetos que o Senado deve se debruçar, para instaurar ou não o processo. Caso contrário, o acusado estaria sendo processado pelo Senado por fatos em relação aos quais não houve autorização da Câmara, em desrespeito à regra do inciso I do art. 51 da CF e à importância da atuação daquela Casa.

---

[27] Idem, ibidem, p. 13.

Autorizada a abertura de processo pela Câmara dos Deputados, a denúncia é encaminhada ao Senado Federal, que designará uma comissão composta por 21 membros para dar parecer sobre a admissibilidade da acusação. Após a *opinio* da Comissão Especial de *Impeachment* (CEI), o juízo de admissibilidade é submetido ao Plenário do Senado Federal, que, por maioria simples, decidirá sobre a instauração do processo. Caso seja positivo o juízo de admissibilidade, o Presidente estará automaticamente suspenso do exercício de suas funções (CF, art. 86, § 1º, II); a CEI se transformará em comissão processante, incumbida de colher provas (inclusive tomar depoimentos, realizar perícias, analisar documentos, etc.) e emitirá parecer sobre a pronúncia do acusado. Se o Plenário do Senado, novamente por maioria simples, decidir pela pronúncia, o acusado será levado a julgamento, novamente em Plenário, cabendo ao Senado Federal, se entender culpado o réu, condená-lo (o quórum, então, será de 2/3), lavrando o acórdão sob a forma de Resolução do Senado Federal.

De acordo com o parágrafo único do art. 52 da CF, caberia ao Presidente do STF presidir a sessão final de julgamento. O entendimento do Senado Federal, no entanto, tanto no caso Collor quanto no caso Dilma, é o de que a presidência do Senado, para fins de todo o processo de *impeachment*, desde a instauração até o julgamento final, caberá ao Presidente da Corte Suprema.

No caso do *impeachment* de Fernando Collor, a renúncia realizada pouco antes do julgamento definitivo pelo Senado Federal foi entendida pela Casa como fato que não impediria o seguimento do processo.

Julgou-se o réu mesmo assim, e, após o reconhecimento da prática de crimes de responsabilidade, foi considerada prejudicada a pena de perda do cargo, sendo-lhe aplicada a sanção de inabilitação por oito anos para o exercício de função pública (CF, art. 52, parágrafo único), conforme a Resolução n. 4, de 1993.

Esse proceder foi questionado perante o STF, que considerou adequada a leitura do Senado Federal[28]. Firmou-se, então, o entendimento de que as penas de perda do cargo e de inabilitação para o exercício de função pública são ambas penas principais (é dizer, a segunda não é efeito da primeira, de modo que, mesmo prejudicada a perda do cargo, em virtude da denúncia, seria possível prosseguir no julgamento para aplicar somente a inabilitação), não obstante não pudessem ser aplicadas isoladamente[29].

d) Penas aplicáveis pelo crime de responsabilidade

As penas que podem ser aplicadas, em caso de condenação por crime de responsabilidade, são as já previstas, de forma taxativa, no parágrafo único do art. 52: a perda do cargo (*impeachment* propriamente dito) com a inabilitação para o exercício de cargo ou função pública.

Quanto à segunda dessas penas, registre-se que não se confunde com a suspensão dos direitos políticos, nem com a mera inelegibilidade. Na verdade, a inabilitação para o exercício de cargo ou função pública é uma sanção de natureza intermediária entre as duas outras citadas. É mais que a mera inelegibilidade, uma vez que impede não apenas o exercício de mandatos eletivos, mas também a própria designação para cargos de provimento em comissão, ou mesmo para cargos de provimento efetivo (exceto, claro, nos casos em que a investidura era anterior ao próprio

---

[28] STF, Pleno, MS n. 21.689/DF, Relator Ministro Carlos Velloso, *DJ* de 7-4-1995.
[29] A discussão sobre o "fatiamento" das penas no caso da então Presidente Dilma Rousseff será abordada logo abaixo, em item específico.

mandato cassado). Mas é menos do que a suspensão dos direitos políticos, já que não atinge a capacidade eleitoral ativa: o Presidente deposto pode votar normalmente, apenas não pode se candidatar a qualquer mandato, nem exercer cargo público de natureza alguma.

e) É possível aplicar separadamente as penas?

Um dos aspectos que, na reta final do processo, geraram mais discussões e controvérsias, quando do julgamento da então Presidente Dilma Rousseff, foi o "fatiamento" da pena.

Ao contrário do caso Collor, em que se procedeu a julgamento específico da inabilitação para o exercício de cargo ou função por oito anos, uma vez que já tinha havido renúncia, no caso de Dilma Rousseff houve requerimento de destaque apresentado por Senadores de seu partido, a fim de que fossem julgados separadamente: a) a existência dos crimes de responsabilidade que lhe eram imputados, com a consequente aplicação da pena de perda do cargo; e b) a inabilitação para o exercício de cargo ou função pública, por oito anos (parte destacada).

O Presidente da sessão, Ministro Ricardo Lewandowski, admitiu a apresentação de destaque. E o fez, aliás, independentemente de votação em Plenário, aplicando o art. 313 do RISF, que prevê o chamado "destaque de bancada"[30]. Assim, foi votado o quesito previsto no art. 68 da Lei n. 1.079, de 1950 ("cometeu o acusado F. os crimes..."), ressalvada a expressão "com inabilitação...".

A decisão do Presidente da sessão lastreou-se no RISF, aplicado subsidiariamente, e integrado, por sua vez, pelo RICD (aplicação subsidiária de segundo grau). Alguns Senadores chegaram a sustentar que a apresentação de destaque seria "um direito subjetivo do parlamentar".

Não adentraremos o mérito regimental do assunto. *En passant*, contudo, consideramos que, em se tratando de normas de julgamento, deveria ser aplicado o CPP, e não o RISF. O caso seria de integração da Lei n. 1.079, de 1950, com a quesitação a que se referem os arts. 482 e 483 do CPP. Demais disso, a admissibilidade do destaque refere-se às proposições legislativas, o que, a nosso ver, não é o caso do *impeachment*. Vota-se o fato, com o Senado Federal convertido em tribunal, em órgão judicante. A Resolução editada pelo Senado Federal ao final do processo é apenas o resultado, a forma que toma a sentença, e não uma proposição legislativa propriamente dita.

De qualquer sorte, a questão tem que ser resolvida à luz da CF – e, apenas se se concluir possível a separação das penas em nível constitucional é que se deve passar à análise dos aspectos processuais ou regimentais de como fazê-lo. Não se pode analisar a CF à luz das leis; deve-se, isso sim, ler e interpretar as leis e os Regimentos em conformidade com as normas constitucionais, sob pena de se subverter toda a lógica e a hierarquia do sistema jurídico[31]. Com efeito, o destaque só constitui um direito subjetivo do parlamentar se as partes destacadas forem passíveis de aprovação em separado. Do contrário, o destaque deve ser recusado, não por questões formais, mas por impedimento de ordem lógica e, no caso, constitucional.

---

[30] Trata-se de alteração recentíssima do RISF, realizada já em 2016, e segundo a qual o requerimento de destaque formulado por uma certa quantidade de Senadores seja admitido (isto é, a matéria seja votada separadamente) independentemente de aprovação do Plenário.

[31] CANOTILHO, José Joaquim Gomes. *Direito Constitucional e Teoria da Constituição*. Coimbra: Almedina, 2003. p. 1336.

Poder-se-ia argumentar que, sendo o Senado Federal o juiz soberano dos casos de *impeachment*, a aplicação de apenas uma das sanções (como ocorreu no caso Dilma Rousseff) representa *a interpretação constitucionalmente válida do preceito*. Todavia, essa afirmação só seria correta se a decisão senatorial não pudesse, quanto aos procedimentos, ser revista pelo STF – e pode –; e se se confundisse a *existência jurídica* dessa interpretação com sua *correção* ou *validade hermenêutica*. Em outras palavras: a decisão do Senado Federal existe e produz efeitos, mas isso não significa que seja juridicamente correta[32].

f) Levantamento crítico sobre o instituto do *impeachment*

Há quem defenda a mudança das regras constitucionais do processo por crime de responsabilidade, para torná-lo mais dificultoso. A nosso ver, o procedimento de *impeachment* adotado no Brasil já parece, à luz do Direito Comparado, bastante rígido e exigente, não se revelando necessário o empréstimo de institutos penais para torná-lo ainda mais rigoroso[33]. O quórum exigido, de 2/3 dos membros do Senado Federal (o quórum mais alto previsto em toda a CF, aliás, maior até mesmo que o mínimo de votos necessários à reforma constitucional) – antecedido, no caso de algumas autoridades, pela autorização de 2/3 dos membros da Câmara dos Deputados – já oferece, *a priori*, uma proteção bastante relevante contra a formação de maiorias eventuais.

Aliás, a própria instituição do quórum de dois terços para o julgamento de mérito não é isenta de críticas, já que, em Constituições anteriores, era exigida apenas a maioria absoluta. Nesse sentido, "Paulino Jacques lembra que a inovação do quórum de dois terços já havia sido incluída no texto original da Constituição de 24 de janeiro de 1967 e que a nossa tradição era o estabelecimento do quórum de maioria absoluta, o que dificulta sem dúvida alguma a concretização do *impeachment*"[34]. A adoção de requisitos mais rígidos para o *impeachment* apro-

---

[32] Na teoria hermenêutica de Kelsen, a interpretação é um ato de vontade, e não de conhecimento. O intérprete escolhe, dentre as várias possibilidades de significado, aquela que considere mais adequada. Dito em termos "modernos": o intérprete "constrói" a norma a partir do enunciado (=texto). Todavia, ao intérprete não é dado escolher significados que não estejam abarcados pela moldura da norma. Interpretar não pode significar violentar a norma. Todavia, o grande paradoxo da teoria de Kelsen é o reconhecimento de que, se o intérprete "violar" o texto da norma, decidindo "além" da moldura, ainda assim a interpretação será válida. Ora, em assim entendendo, Kelsen torna irrelevante a moldura normativa. Na verdade, como aponta Dimoulis, trata-se de um problema de prisma teórico. É certo que a interpretação abusiva dada por um juiz será juridicamente existente. Mas isso não significa que seja válida ou adequada. Não significa que a teoria da interpretação deva referendar esse procedimento. DIMOULIS, Dimitri. *Positivismo Jurídico*. São Paulo: Método, 2006. p. 220.

[33] Rcl 2138 DF. Relator Nelson Jobim; j. 13-6-2007; Órgão Julgador: Tribunal Pleno.

Adotou-se, desde a Constituição de 1891 e posteriormente em legislação infraconstitucional, modelo quase idêntico ao americano. Nos EUA, o processo de *impeachment* contra o Presidente da República é autorizado pela Câmara dos Representantes, que fará o indiciamento (artigo I, seção 2, parágrafo 5). Cabe ao Senado julgar o processo, dependendo a condenação do voto favorável de 2/3 dos membros presentes (artigo I, seção 3, parágrafo 6). A pena limita-se à perda do cargo e à inabilitação para o exercício de função pública remunerada, mas não impede o julgamento em outras esferas (parágrafo 7). De acordo com o artigo II, seção 4, o Presidente é afastado de suas funções quando indiciado (decisão da Câmara) ou condenado (pelo Senado) por traição, suborno ou outros delitos graves. CRETELLA JÚNIOR, José. *Do impeachment no Direito Brasileiro*. São Paulo: RT, 1992. p. 11. Também a Argentina acolhe modelo praticamente idêntico ao sistema americano (arts. 59º e 60º da Constituição Federal argentina, de 1994).

[34] GALLO, Carlos Alberto Provinciano. *Crimes de responsabilidade: do* Impeachment. Rio de Janeiro: Freitas Bastos, 1992. p. 71.

ximaria por demais o sistema brasileiro das disposições constantes da Constituição russa, em que o desenho institucional praticamente impossibilita a deposição constitucional do Presidente da República[35].

Talvez a grande mudança que o instituto do *impeachment* reclame seja mesmo na legislação infraconstitucional, para rever o procedimento arcaico da Lei n. 1.079, de 1950, bem como para dar aos tipos nela previstos uma textura mais fechada, impedindo que qualquer Presidente atue com o risco constante de sofrer a condenação por crime de responsabilidade, caso perca dramaticamente o apoio no Legislativo.

APROVAÇÃO DE ESCOLHA E DESTITUIÇÃO DE AUTORIDADES

Cabe ao Senado Federal, em nome da Federação, aprovar a escolha de autoridades – e, no caso do PGR, também a destituição, quando proposta a interrupção do mandato. Procede-se, nesse caso, à arguição pública (sabatina), realizada em uma das comissões temáticas da Casa (por exemplo: Comissão de Constituição, Justiça e Cidadania, no caso dos indicados a tribunais, ao CNJ e ao CNMP; Comissão de Assuntos Econômicos, no caso do Presidente do Banco Central, etc.). Somente no caso da arguição de indicados para chefiar missão diplomática permanente é que a arguição, realizada na Comissão de Relações Exteriores, ocorre de forma secreta (CF, art. 52, IV).

Após a arguição (sabatina), a indicação é encaminhada ao Plenário do Senado Federal. Lá, mediante votação secreta, o nome será aprovado, se alcançar o voto "sim" da maioria absoluta dos Senadores (41 votos, portanto). Ressalve-se o caso dos indicados para Ministros do STM e dos chefes de missão diplomática, em que a CF exige apenas a maioria simples dos votos. Essa deliberação continuará a ser tomada pelo voto secreto, pois a EC n. 76, de 2013, que instituiu o voto aberto para todas as deliberações parlamentares, manteve essa votação de escolha e destituição de autoridades no regramento original, até mesmo para impedir eventuais retaliações futuras a quem votasse "não" a um indicado que visse a ser aprovado para um cargo de Ministro, por exemplo.

Além das autoridades cuja aprovação senatorial é exigida pela própria Constituição Federal (Ministros do STF, dos Tribunais Superiores, do Tribunal de Contas da União, Governador de

---

[35] Em relação à esfera federal, a Constituição Russa dispõe que o Presidente da República ("cabeça" da nação, nos termos do art. 80, 1) é eleito por voto direto, igual, universal e secreto, para mandato de seis anos, permitida uma reeleição (arts. 80 e 81).

O art. 91 prevê genericamente que o Presidente deve possuir imunidade. Por outro lado, o art. 93 dispõe sobre o processo de *impeachment* do Presidente. As causas que o justificam são apenas traição ou crimes graves, sempre que praticados no exercício da função.

O procedimento de *impeachment* envolve quatro órgãos de estatura constitucional: a Duma (Câmara dos Deputados, formada por 450 membros) decreta a acusação, por 2/3 dos membros, e por iniciativa de 1/3 destes (art. 93, 2); o Conselho Federal (equivalente a um Senado) julga a acusação e decreta o impedimento (art. 93, 2, c/c art. 102, 1, f), também por 2/3 do total de membros; a acusação da Duma, porém, depende de conclusão da Suprema Corte (instância última da Justiça Ordinária – art. 126) sobre o cometimento de crime, além de a Corte Constitucional confirmar a regularidade do procedimento de acusação (art. 93, 1). Em suma: a) a Suprema Corte conclui pelo cometimento de crime; b) a Duma decreta a acusação; b) a Corte Constitucional confirma a regularidade formal da acusação; d) o Conselho julga o *impeachment*. Entre a acusação decretada pela Duma e o julgamento pelo Conselho, não podem transcorrer mais do que três meses, sob pena de arquivamento do processo (art. 93, 3).

Território, membros do CNJ e do CNMP, chefe de missão diplomática permanente), pode a lei exigir que o indicado a algum posto seja aprovado pelo Senado Federal. É o caso, por exemplo, dos dirigentes de agências reguladoras federais e do Presidente do Banco Central. Pode-se afirmar, portanto, que o rol constitucional de autoridades sabatinadas pelo Senado Federal é meramente exemplificativo.

Ultimamente, vem-se questionando a efetividade desse procedimento de aprovação, uma vez que raras são as vezes em que o Senado Federal rejeita algum nome. Houve casos recentes de rejeição a indicados ao CNMP, com suspeita de que o veto deveu-se a uma espécie de retaliação ao então Procurador-Geral da República. Também foi rejeitado o nome de um indicado para a direção da Agência Nacional de Transportes Terrestres, por suspeita de ter atuado em benefício de empresas do setor ferroviário. Os casos são bastante pontuais, contudo.

Ao longo de toda a história republicana, o Senado Federal somente recusou cinco nomes, todos no governo de Floriano Peixoto: o cardiologista Barata Ribeiro, Inocêncio Falcão, Ewerton Quadros, Antônio Sève Navarro e Demóstenes Lobo. Nesse sentido: "Em 21.10.1893, foi nomeado para Ministro do STF, no recesso parlamentar, para a vaga do Ministro Barradas, o médico clínico Cândido Barata Ribeiro, que tomou posse e exerceu o cargo por quase um ano (1893-1894), enquanto se aguardava a confirmação de sua nomeação pelo Senado Federal, que afinal a rejeitou"[36].

De qualquer sorte, as mais recentes sabatinas de indicados ao cargo de Ministro do STF geraram algum tipo de tensão ou expectativa. Embora não tenha havido risco real de derrota do indicado, é de se reconhecer que a mera existência da sabatina já faz com o que Presidente da República tenda a selecionar candidatos mais equilibrados, menos radicais. Mesmo não tão efetiva, a necessidade de aprovação da escolha pelo Senado Federal tem cumprido, ao menos, um papel intimidatório de escolhas mais arriscadas.

SUSPENSÃO DA EXECUÇÃO DE LEI DECLARADA INCONSTITUCIONAL EM SEDE DE CONTROLE DIFUSO (52, X)

A decisão em controle difuso é, tradicionalmente, eficaz apenas em relação às pessoas que tomaram parte na controvérsia deduzida em juízo. Isso é assim porque o controle difuso tem, no Brasil, caráter nitidamente concreto (incidental), devendo ser resolvida a lide posta em juízo em relação às pessoas que participam do processo.

De outra parte, questões de coerência sistêmica também impõem os efeitos *inter partes* como regra no controle difuso. Afinal, se qualquer juiz ou tribunal pode deixar de aplicar uma lei, por entendê-la inconstitucional, tal decisão deve, ao menos num primeiro momento, atingir apenas as partes envolvidas, sob pena de desconstrução da própria hierarquia do sistema judiciário.

Quando se trata, porém, de decisão tomada pelo próprio STF – ainda que em sede de controle difuso-concreto –, existe certa controvérsia sobre se os efeitos dessa decisão seriam, por si sós, *erga omnes*. É nesse contexto que se insere o inciso X do art. 52 da CF, segundo o qual compete privativamente ao Senado "suspender a execução, no todo ou em parte, de lei declarada inconstitucional por decisão definitiva do Supremo Tribunal Federal".

---

[36] MORAES, Alexandre. *Jurisdição Constitucional e Tribunais Constitucionais*. São Paulo: Saraiva, 2000. p. 216.

A doutrina tradicional sustenta que, em regra, mesmo as decisões do STF, quando tomadas ao se decidir caso concreto, têm efeitos entre as partes. Só em casos excepcionais – mandado de injunção, recurso extraordinário em ação civil pública, edição de súmula vinculante, ou quando o Senado suspender a execução da lei – é que a declaração de inconstitucionalidade passaria a valer para todos[37]. Ao revés, para alguns outros autores – atualmente majoritários, defensores da chamada tese da "abstrativização dos efeitos" do controle difuso –, a decisão do STF já teria, por si só, efeitos *erga omnes*, cabendo ao Senado apenas dar publicidade a essa decisão[38].

Coube ao próprio STF enfrentar o tema, no julgamento da Reclamação (RCL) n. 4.335/AC, em que se buscava atribuir eficácia *erga omnes* a decisão da Corte Suprema em sede de *habeas corpus*.

No voto vencedor, em divergência aberta pelo Ministro Teori Zavascki, ficou registrada a lição de que:

> Embora vários aspectos do instituto ainda despertem alguma controvérsia doutrinária, estabeleceu-se consenso quanto ao seu conteúdo essencial, que permanece o mesmo desde 1934: a suspensão da execução da norma, pelo Senado, confere eficácia erga omnes à decisão do STF que, em controle difuso, declara a sua inconstitucionalidade. A Resolução do Senado tem, nesse aspecto, natureza normativa, já que universaliza um determinado status jurídico: o do reconhecimento estatal da inconstitucionalidade do preceito normativo. "Ao suspender a execução da norma questionada", escreveu em sede doutrinária o Ministro Paulo Brossard, o Senado "faz valer para todos o que era circunscrito às partes litigantes, confere efeito geral ao que era particular, em uma palavra, generaliza os efeitos de uma decisão singular" (Brossard, Paulo. O Senado e as leis inconstitucionais. Revista de Informação Legislativa. vol. 13. n. 50. p. 61. Brasília: Senado Federal, abr. 1976)."Com efeito", explica, "entre o sistema americano do julgamento *in casu* e o sistema europeu do julgamento *in thesi*, o constituinte de 1934, sem abandonar o sistema de inspiração norte-americana, tradicional entre nós, deu um passo no sentido de aproveitar algo da então recente experiência europeia; fê-lo conferindo ao Senado, órgão político, então denominado de 'coordenação entre poderes', a faculdade de, em face de e com base em julgamento definitivo do STF, que vincula apenas os litigantes, estender os seus efeitos, obviamente no que tange à inconstitucionalidade da norma, a quantos não foram parte no litígio, mediante a suspensão da lei ou decreto" (op. cit., p. 61).

Esse, portanto, o sentido e o alcance que foram atribuídos, desde a Constituição de 1934, a essa peculiar intervenção do Senado: sua finalidade, de cunho eminentemente prático, sempre foi a de ampliar a força vinculativa das decisões de declara-

---

[37] Veja-se, por exemplo, o caso do art. 16 da Lei de Ação Civil Pública (Lei n. 7.347, de 24 de julho de 1985).

[38] MENDES, Gilmar Ferreira; BRANCO, Paulo Gustavo Gonet. *Curso de Direito Constitucional*. São Paulo: Saraiva, 2015. p. 1136. BITTENCOURT, Lúcio. *O controle jurisdicional de constitucionalidade das leis*. Brasília: Ministério da Justiça, 1997. p. 145.

ção de inconstitucionalidade tomadas pelo STF em controle difuso, conferindo-lhes, assim, eficácia erga omnes semelhante à do instituto do *stare decisis*.[39]

Ao final, a maioria dos membros da Corte rejeitou a tese da "abstrativização dos efeitos" da declaração de inconstitucionalidade em sede de controle difuso – embora tenha ficado reconhecido existirem outras formas de a decisão ter efeitos *erga omnes* ou *ultra partes*. Registrou-se, porém, na esteira da jurisprudência tradicional do STF, que a competência atribuída ao Senado "é um poder político discricionário" (intervenção do Ministro Teori Zavascki durante os debates na RCL n. 4.335/AC).

Em suma, pode-se afirmar que, atualmente, a decisão do Senado Federal baseada no art. 52, X, possui caráter constitutivo, de suspender a lei com efeitos *erga omnes*. Não há, entretanto, obrigação de que a Casa da Federação exerça essa suspensão, configurando-se ato discricionário editar a resolução suspensiva. Registre-se, ademais, que o Senado não pode suplantar a decisão do STF, estando a ela adstrito: pode ampliar seus efeitos subjetivos (pessoas atingidas) ou os manter iguais, mas não dar à declaração de inconstitucionalidade eficácia maior que a decidida pela Corte Maior.

Um exemplo concreto em que essa competência foi recentemente exercida é a Resolução n. 5, de 2012. Esse ato normativo deu efeitos *erga omnes* à decisão do STF que, em sede de controle difuso (HC n. 97.256/RS) declarara inconstitucional a parte do § 4º do art. 33 da Lei de Drogas (Lei n. 11.343, de 2006), nas partes em que vedava a substituição da pena privativa de liberdade por restritiva de direitos. A decisão do STF no *habeas corpus* teria, por si só, efeitos *inter partes* e não vinculantes. Porém, o Senado Federal editou a citada Resolução n. 5, de 2012, estendendo essa decisão a todos, tornando, portanto, suspensa a expressão "vedada a substituição da pena" constante do referido § 4º do art. 33 da Lei de Drogas.

Porém, no final de 2017, em julgado bastante peculiar, (amianto), o STF julgou ADIs nas quais se discutia a constitucionalidade de lei estadual do RJ que proibia o uso de amianto. Naquela ocasião, a Corte declarou a lei estadual constitucional, mas se deparou com um problema: a lei federal que a contrariava, porque permitia o uso do amianto. Nesse caso, resolveu o Tribunal declarar incidentalmente (porque, embora em sede de ADI, a norma objeto não era a lei federal) a inconstitucionalidade da lei federal, dando a essa decisão efeitos *erga omnes* e vinculantes. Para alguns, isso representou a adoção da tese de que a decisão em sede de controle difuso já tem efeitos *erga omnes* (abstrativização do controle difuso), mas esse não parece ser bem o caso, porque: a) a decisão não foi tomada em sede de controle difuso, mas sim concentrado; e b) obviamente, se se declara a constitucionalidade de uma norma com efeitos *erga omnes* e vinculantes, a consequência lógica é a declaração de inconstitucionalidade de qualquer lei que a contrarie, e com os mesmos efeitos. Em outras palavras: é precipitado dizer que, em virtude da ADI n. 3.406 e 3.470, o STF adotou a tese de abstrativização dos efeitos do controle difuso. Só será possível afirmar isso quando – e se – o STF aplicar efeitos *erga omnes* a uma decisão de caso concreto.

Resta, agora, abordar um tema polêmico: trata-se de saber quais os efeitos temporais (retroativos, ou *ex tunc*; prospectivos, ou *ex nunc*; ou a partir de data futura, ou *pro futuro*) da resolução senatorial.

A doutrina majoritária aponta que o ato do Senado de suspender a execução da lei possui eficácia dali por diante (*ex nunc*), atingindo a todos, mas com eficácia a partir de sua publica-

---

[39] STF, Pleno, RCL n. 4.335/AC, voto do Ministro Teori Zavascki.

ção: não seriam desconstituídos fatos passados[40]. Todavia, há estudiosos que defendem a possibilidade de a resolução suspensiva da lei ter efeitos *ex tunc*, retroativos, desfazendo todos os atos praticados com base na lei (exceto casos adiante tratados)[41] – desde que, obviamente, a decisão prolatada pelo STF tenha tido essa mesma eficácia para o passado.

Foi nesse último sentido que se posicionou a Comissão de Constituição, Justiça e Cidadania do Senado Federal (CCJ), quando editou, entre outros, o Parecer n. 282, de 1971, do Senador Aciolly Filho. Desde então, tem prevalecido nesta Casa o entendimento de que a resolução pode ter efeitos *ex tunc*. A propósito, citamos como precedente de data relativamente nova a Resolução n. 3, de 28 de fevereiro de 2008, que de forma expressa "Suspende a execução, com efeitos *ex tunc*, do parágrafo único do art. 11 da Lei n. 9.639, de 25 de maio de 1998".

Caso se dê à suspensão efeitos *ex tunc*, no entanto, vale lembrar que não serão desconstituídas, em regra, decisões judiciais transitadas em julgado, além do que eventuais prejudicados pela lei suspensa não poderão ajuizar ações judiciais buscando reparação, caso a pretensão esteja prescrita – em resumo, a desconstituição *ex tunc* da lei precisa respeitar as chamadas "fórmulas de preclusão", até mesmo em respeito à segurança jurídica.

Cabe, assim, ao próprio Senado decidir: a) se estende ou não os efeitos da declaração de inconstitucionalidade a todos; ou b) se mantém a decisão com efeitos apenas entre as partes do processo. Caso opte pela alternativa *a*, cabe à Comissão de Constituição, Justiça e Cidadania (CCJ) apresentar projeto de resolução (art. 388 do Regimento Interno do Senado Federal), que poderá dar à decisão efeitos *ex tunc*, *ex nunc* ou até *pro futuro* (desde que respeitados os limites de eventual modulação de efeitos feita pelo próprio STF).

AUTO-ORGANIZAÇÃO E AUTONOMIA ADMINISTRATIVA

De acordo com o inciso XII do art. 52, cabe ao Senado Federal dispor sobre sua organização administrativa interna (inclusive a criação de sua polícia), bem como sobre a criação de cargos, empregos e funções.

Isso significa que a criação e extinção de cargos públicos no Senado se dá por resolução, e não por lei, como é a regra geral. Porém, mesmos nesses casos, embora a criação não exija lei em sentido formal, a fixação da remuneração tem que ser feita por meio de lei, votada pelo Congresso (ambas as Casas) e sancionada pelo Presidente da República, mas cuja iniciativa é reservada à Mesa Diretora (órgão administrativo da Casa).

Nessa mesma linha, cabe ao Senado Federal, por meio de resolução, editar seu regimento interno. Atualmente, o Regimento Interno do Senado Federal é o instituído pela Resolução n. 3, de 1970, com as alterações posteriores.

OUTRAS ATRIBUIÇÕES

Também compete ao Senado Federal aprovar operações de crédito externo, celebradas por quaisquer dos entes da Federação. Trata-se, aqui, de exigir que toda a Federação autorize que uma de suas partes assuma obrigações financeiras perante sujeitos de direito internacional.

---

[40] MORAES, Alexandre de. *Constituição Federal Interpretada*. São Paulo: Atlas, 2013. p. 1235.
[41] BARROSO, Luís Roberto. *O controle de constitucionalidade no direito brasileiro*. São Paulo: Saraiva, 2014. p. 211.

Nesse mesmo diapasão, cabe ainda ao Senado Federal estabelecer limites do endividamento externo de qualquer dos entes federativos; estipular limites e condições para a União oferecer garantia de pagamento de operações de crédito celebradas pelos entes subnacionais; fixar limites para a dívida pública consolidada dos entes da Federação, além de impor limites também à dívida mobiliária dos Estados, do Distrito Federal e dos Municípios.

Demais disso, o Senado Federal também exerce importante papel na matéria tributária, ao fixar alíquotas máximas do imposto sobre a transmissão *causa mortis* e doações de quaisquer bens ou direitos (ITCMD); ao fixar alíquotas mínimas do ICMS em operações internas; avaliar periodicamente a funcionalidade do sistema tributário nacional etc.

Esquemas

Esquema 14.1 – PODER LEGISLATIVO → FEDERAL

① ESTRUTURA → BICAMERAL → CN = CD + SF
↳ DECORRÊNCIA DA FEDERAÇÃO

	CD	SF
A) REPRESENTAÇÃO	POVO	ESTADOS/DF
B) Nº DE MEMBROS POR UF	• VARIÁVEL • FIXADO em LC (RESERVA LEGAL ABSOLUTA) • PROPORCIONAL À POPULAÇÃO • MÍN: 8; MÁX: 70	FIXO (3 por UF)
C) SISTEMA ELEITORAL	PROPORCIONAL (LISTA ABERTA)	MAJORITÁRIO (SIMPLES) → TURNO ÚNICO
D) SUPLENTES	PRÓXIMO MAIS VOTADO DA LEGENDA PARTIDO ou COLIGAÇÃO ATÉ 2022 (EC n· 97)	2 SUPLENTES ELEITOS JUNTAMENTE COM O TITULAR (CHAPA)
E) IDADE MÍNIMA (↗ PREENCHIDAS NA DATA DA POSSE)	21 ANOS	35 ANOS
F) MANDATO	4 ANOS (1 LEGISLATURA)	8 ANOS (2 LEGISLATURAS)
G) RENOVAÇÃO	TOTAL, A CADA 4 ANOS	PARCIAL → 1/3 ou 2/3

* OBS.: TERRITÓRIOS NÃO ELEGEM SENADORES, MAS ELEGEM DEPUTADOS (4)

▷▷ *continuação*

② **FUNCIONAMENTO PARLAMENTAR:**

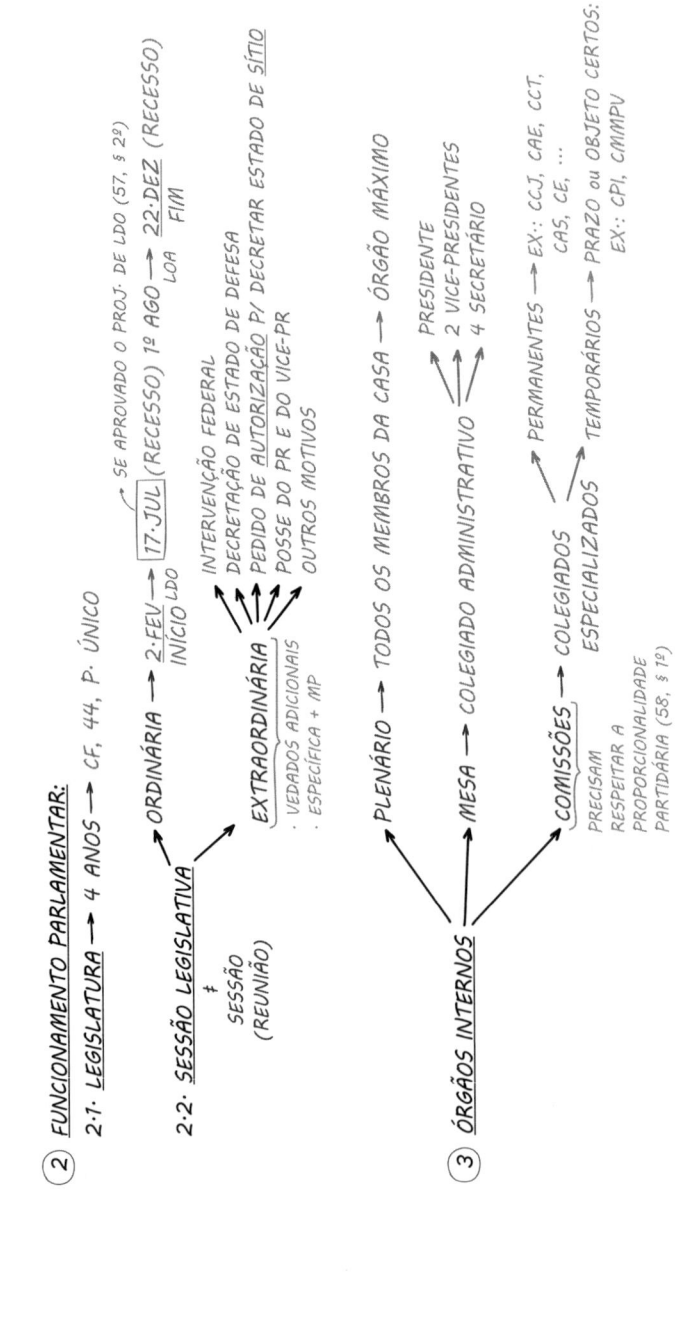

2.1. LEGISLATURA → 4 ANOS → CF, 44, P. ÚNICO

2.2. SESSÃO LEGISLATIVA ≠ SESSÃO (REUNIÃO)
- ORDINÁRIA → 2·FEV → 17-JUL (RECESSO) 1º AGO → 22·DEZ (RECESSO)
  - INÍCIO LDO ↑ SE APROVADO O PROJ. DE LDO (57, § 2º)
  - LOA FIM
- EXTRAORDINÁRIA
  - INTERVENÇÃO FEDERAL
  - DECRETAÇÃO DE ESTADO DE DEFESA
  - PEDIDO DE AUTORIZAÇÃO P/ DECRETAR ESTADO DE SÍTIO
  - POSSE DO PR E DO VICE-PR
  - OUTROS MOTIVOS
  - · VEDADOS ADICIONAIS
  - · ESPECÍFICA + MP

③ **ÓRGÃOS INTERNOS**
- PLENÁRIO → TODOS OS MEMBROS DA CASA → ÓRGÃO MÁXIMO
- MESA → COLEGIADO ADMINISTRATIVO
  - PRESIDENTE
  - 2 VICE-PRESIDENTES
  - 4 SECRETÁRIO
- COMISSÕES
  - COLEGIADOS ESPECIALIZADOS
  - PERMANENTES → EX.: CCJ, CAE, CCT, CAS, CE, ...
  - TEMPORÁRIOS → PRAZO ou OBJETO CERTOS: EX.: CPI, CMMPV
  - PRECISAM RESPEITAR A PROPORCIONALIDADE PARTIDÁRIA (58, § 1º)

[Capítulo 14] Poder Legislativo (Parte Geral)

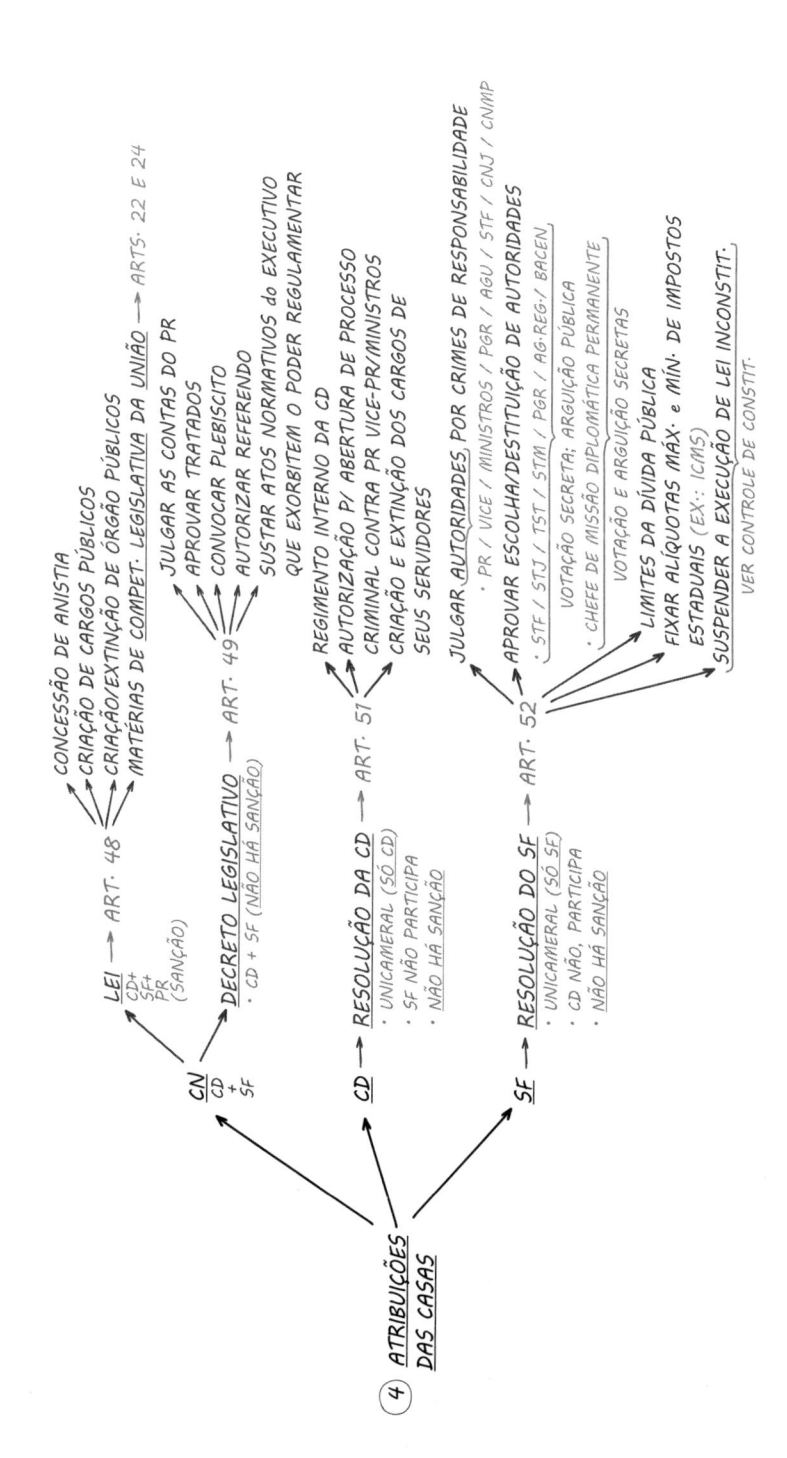

continuação

④ **ATRIBUIÇÕES DAS CASAS**

- **CN** (CD + SF)
  - **LEI** → ART. 48
    - CD+
    - SF+
    - PR
    - (SANÇÃO)
    - CONCESSÃO DE ANISTIA
    - CRIAÇÃO DE CARGOS PÚBLICOS
    - CRIAÇÃO/EXTINÇÃO DE ÓRGÃO PÚBLICOS
    - MATÉRIAS DE COMPET. LEGISLATIVA DA UNIÃO → ARTS. 22 E 24
  - **DECRETO LEGISLATIVO** → ART. 49
    - CD + SF (NÃO HÁ SANÇÃO)
    - JULGAR AS CONTAS DO PR
    - APROVAR TRATADOS
    - CONVOCAR PLEBISCITO
    - AUTORIZAR REFERENDO
    - SUSTAR ATOS NORMATIVOS do EXECUTIVO QUE EXORBITEM O PODER REGULAMENTAR

- **CD**
  - **RESOLUÇÃO DA CD** → ART. 51
    - UNICAMERAL (SÓ CD)
    - SF NÃO PARTICIPA
    - NÃO HÁ SANÇÃO
    - REGIMENTO INTERNO DA CD
    - AUTORIZAÇÃO P/ ABERTURA DE PROCESSO CRIMINAL CONTRA PR VICE-PR/MINISTROS
    - CRIAÇÃO E EXTINÇÃO DOS CARGOS DE SEUS SERVIDORES

- **SF**
  - **RESOLUÇÃO DO SF** → ART. 52
    - UNICAMERAL (SÓ SF)
    - CD NÃO PARTICIPA
    - NÃO HÁ SANÇÃO
    - JULGAR AUTORIDADES, POR CRIMES DE RESPONSABILIDADE
      - PR / VICE / MINISTROS / PGR / AGU / STF / CNJ / CNMP
    - APROVAR ESCOLHA/DESTITUIÇÃO DE AUTORIDADES
      - STF / STJ / TST / STM / PGR / AG·REG·/ BACEN
      - VOTAÇÃO SECRETA; ARGUIÇÃO PÚBLICA
      - CHEFE DE MISSÃO DIPLOMÁTICA PERMANENTE
      - VOTAÇÃO E ARGUIÇÃO SECRETAS
    - LIMITES DA DÍVIDA PÚBLICA
    - FIXAR ALÍQUOTAS MÁX· e MÍN· DE IMPOSTOS ESTADUAIS (EX·: ICMS)
    - SUSPENDER A EXECUÇÃO DE LEI INCONSTIT·
      - VER CONTROLE DE CONSTIT·

continuação

⑤ **IMUNIDADES** PRERROGATIVAS ≠ PRIVILÉGIOS

- **MATERIAL (INVIOLAB.)** → 53, CAPUT → OPINIÕES, PALAVRAS e VOTOS → INCIDE A IMUNIDADE, SE HOUVER LIGAÇÃO C/ FUNÇÃO
  - IMPEDEM A PUNIÇÃO
  - INICIA-SE NA POSSE
  - A) DENTRO DO CN → INCIDE A IMUNIDADE
  - B) FORA DO CN → INCIDE A IMUNIDADE, SE HOUVER LIGAÇÃO C/ FUNÇÃO
  - CIVIL e PENAL
  - NÃO IMPEDE A PUNIÇÃO DISCIPLINAR POR QUEBRA DE DECORO
  - EXCLUI AÇÕES CÍVEIS
  - INCLUI QUALQUER CRIME ou CONTRAVENÇÃO

- **FORMAIS (PROCESSUAIS)**
  - PREVEEM UM PROCESSO DIFERENCIADO
  - INICIAM-SE NA DIPLOMAÇÃO

  - OBJETO → INFRAÇÕES PENAIS COMUNS COMETIDAS NO EXERCÍCIO DA FUNÇÃO
    - QO NA AP n. 937/RJ
    - EXCETO: CASOS ANTERIORES AO MANDATO; CASOS DURANTE O MANDATO, MAS NÃO RELACIONADOS ÀS FUNÇÕES
  - FORO → STF (102, I, b)
  - DURAÇÃO
    - INÍCIO → DIPLOMAÇÃO
    - FIM → REGRA: FORO CESSA IMEDIATAM. C/ FIM DO MANDATO
    - EXCEÇÃO: PROCESSO CONTINUA NO STF SE O MANDATO TERMINAR QUANDO JÁ CONCLUÍDA A INSTRUÇÃO
  - PRISÃO → CONDENAÇÃO PENAL TRANSITADA EM JULGADO / FLAGRANTE DE CRIME INAFIANÇÁVEL
    - CASA DECIDIRÁ SOBRE A PRISÃO POR M. ABS. e VOTO ABERTO
    - * CAUTELARES DIVERSAS DA PRISÃO (CPP, ART. 319): PODEM SER APLICADAS AOS PARLAMENTARES FED. MAS, SE AFETAREM O MANDATO, A CASA DECIDIRÁ POR M. ABS. e VOTO ABERTO
  - SUSTAÇÃO DO PROCESSO ≠ LICENÇA-PRÉVIA (EXTINTA: EC n. 35/2001)
    - ABERTO: PROCESSO POR CRIME COMETIDO APÓS A DIPLOMAÇÃO
    - DECISÃO: CASA (M. ABS. e VOTO ABERTO)
    - EFEITOS: SUSPENSÃO DO PROCESSO / SUSPENSÃO DA PRESCRIÇÃO
  - IMUNIDADE TESTEMUNHAL

* OBS.:
A) DEP. EST. e DISTRITAIS: MESMAS IMUNIDADES (27, § 1º)
B) VEREADORES: SÓ POSSUEM IMUNIDADE MATERIAL LIMITADA (29, VIII)

continuação ▷▷

14.2 – PERDA do MANDATO (ART. 55)

EXTINÇÃO → 55, § 3º → AUTOMÁTICA; VINCULADO; DECLARADA PELA MESA
 A) FALTAR 1/3 DAS SESSÕES DENTRO DA MESMA SESSÃO LEGISLATIVA, SEM JUSTIFICATIVA
 B) DECISÃO DA JUSTIÇA ELEITORAL
 C) PERDA ou SUSPENSÃO DOS DIR. POLÍTICOS (ART. 15)
  EXCETO CONDENAÇÃO PENAL

CASSAÇÃO → 55, § 2º → NÃO AUTOMÁTICA; DISCRICIONÁRIA; DECIDIDA PELA CASA (PLENÁRIO)
  • MAIORIA ABSOLUTA
  • VOTO ABERTO
 A) VIOLAÇÃO DAS VEDAÇÕES do ART. 54
 B) QUEBRA de DECORO PARLAMENTAR (55, § 1º)
 C) CONDENAÇÃO PENAL TRANSITADA EM JULGADO

GILMAR ← C·1) 2ª TURMA do STF → PERDA SEMPRE DEPENDE DA CASA
BARROSO ← C·2) 1ª TURMA do STF → PERDA É AUTOMÁTICA SE A CONDENAÇÃO FOR A UMA PENA DE RECLUSÃO EM REGIME FECHADO POR MAIS DE 120 DIAS

Capítulo 15

Fiscalização Contábil

15.1. CONTROLE DA ATIVIDADE FINANCEIRA DO ESTADO

Faz parte da ideia de República (forma de governo) e de Estado de Direito que a atividade do Estado seja controlada, inclusive – e principalmente – no aspecto financeiro.

Em nossa Constituição, a prestação de contas da administração pública é tão decisiva, que foi considerada um princípio sensível (CF, art. 34, VII, *d*), isto é: se violado, justifica até mesmo a intervenção federal nos Estados ou no DF.

Existe, porém, uma concomitância entre os mecanismos de controles externo e interno, como veremos:

15.1.1. Controle externo

É aquele exercido por um poder (Legislativo) sobre os demais. O controle externo é exercido pelo Congresso Nacional, com o auxílio do Tribunal de Contas da União (art. 71, *caput*). No Direito Comparado, registram-se dois grandes sistemas de controle financeiro, quais sejam: o sistema das auditorias e o sistema das cortes de contas. No Brasil, a CF de 1988 adotou uma concomitância o segundo desses sistemas.

15.1.2. Controle interno (autocontrole) e controle externo

É exercido de forma integrada por todos os Poderes (art. 74, *caput*), de modo que cada poder controla suas atividades, por intermédio de seus órgãos de corregedoria ou controladoria.

O controle externo está a cargo do Congresso Nacional, com o auxílio do TCU. Já o controle interno é exercido no âmbito de cada poder (no caso do Executivo, pelo Ministério da Transparência, Fiscalização e Controladoria-Geral da União, que é o órgão central do Sistema de Controle Interno do Poder Executivo Federal). Da mesma maneira, é órgão de controle interno o Conselho Nacional de Justiça (CNJ), uma vez que é órgão do poder Judiciário (CF, art. 92, I-A) e fiscaliza esse mesmo poder (CF, art. 103-B, § 4º). Nesse sentido, aliás, já decidiu o STF, no julgamento da ADI n. 3.367/DF (Relator Ministro Cezar Peluso).

Questões de Concurso

(Cespe/TJDFT/Juiz/2016) Por ser um órgão externo de controle do Poder Judiciário, o CNJ não integra a estrutura orgânica desse Poder.
Gabarito comentado: Errado.
A questão está duplamente errada: o CNJ é órgão do Poder Judiciário, por isso mesmo que é considerado um órgão de controle interno, e não externo.

(Cespe/TCE-PR/Auditor/2016) A Controladoria-Geral da União exerce, juntamente com o TCU, o controle externo do Poder Executivo.
Gabarito comentado: Errado.
A CGU exerce controle interno, não externo.

⚠ Atenção!

"Os responsáveis pelo controle interno, ao tomarem conhecimento de qualquer irregularidade ou ilegalidade, dela darão ciência ao Tribunal de Contas da União, sob pena de responsabilidade solidária." (art. 74, § 1º).

Questão de Concurso

(FGV – PM RJ – Oficial da Polícia Militar – 2021) A Secretaria de Polícia Militar do Estado Gama, após procedimento licitatório fraudado, firmou contrato superfaturado com a sociedade empresária Beta. O contrato administrativo foi objeto de análise pelo órgão de controle interno do próprio Estado Gama. De acordo com o texto da Constituição Estadual, que reproduz integralmente a norma da Constituição Federal sobre o tema, os responsáveis pelo controle interno, ao tomarem conhecimento da mencionada ilegalidade, dela darão ciência ao:
a) Tribunal de Contas estadual, sob pena de responsabilidade solidária;
b) Tribunal de Contas estadual, sob pena de responsabilidade subsidiária;
c) Tribunal de Justiça estadual, sob pena de responsabilidade subsidiária;
d) Ministério Público estadual, sob pena de responsabilidade subsidiária;
e) Controladoria-Geral estadual, sob pena de responsabilidade supletiva.
Gabarito: A (CF, art. 74, § 1º)

15.1.3. Parâmetros de controle (art. 70, *caput*)

Como qualquer fiscalização, para que seja efetiva, é preciso que sejam estabelecidos parâmetros de controle. De acordo com o *caput* do art. 70 da CF, a fiscalização contábil deverá analisar:

a) **Legalidade:** conformidade à lei e à Constituição (art. 37, *caput*); aqui, verifica-se a análise da regularidade formal da despesa ou do ato, de modo a certificar sua subsunção à lei ("encaixe" no enquadramento legal).

b) **Legitimidade:** aqui se analisa a conformidade do ato ao interesse público. Não basta que a despesa, por exemplo, seja legal (esteja previamente autorizada no orçamento). Mais que isso, é preciso que seja justificável. Existem autores que sustentam ser lícito ao controle (interno ou externo), com base na legitimidade, ingressar até mesmo na análise do mérito do ato administrativo (posição, por exemplo, de Regis Fernandes de Oliveira). Em geral, contudo, defende-se uma intromissão um pouco menor na autonomia do administrador, de forma que se pode, com base na legitimidade, analisar a congruência entre a motivação, o objeto e a finalidade do ato – sem que seja lícito ao mecanismo de controle substituir-se ao administrador no seu âmbito de discricionariedade.

c) **Economicidade:** analisa-se o aspecto do custo-benefício, ligado que está também à concretização do princípio constitucional da eficiência (v. art. 37, *caput*). Para fins de concursos, é preciso ter cuidado para lembrar que o princípio da economicidade está expresso: não no art. 37, mas no art. 70 da CF.

d) **Renúncia de receitas:** deve ser sempre motivada de forma concreta, uma vez que, com a renúncia fiscal, recursos deixam de entrar nos cofres públicos. Nesse quadrante, serão analisados os fundamentos para a concessão de renúncia fiscal e, principalmente, o cumprimento das contrapartidas pelo particular, para que se justifique a renúncia.

e) **Concessão de subvenções:** sob esse aspecto, analisa-se se a concessão de estímulos econômicos (inclusive empréstimos a juros subsidiados) atende ao interesse público, além de ser realizada de forma motivada. Sobre esse tema, o STF recentemente julgou o Mandado de Segurança (MS) n. 33.340/DF, que comentaremos mais à frente, dentro do estudo das atribuições do TCU.

15.1.4. Extensão subjetiva do controle (sujeitos passíveis de controle)

De acordo com o parágrafo único do art. 70, prestará contas qualquer pessoa – física ou jurídica, pública ou privada – que utilize, administre, guarde, gerencie ou arrecade dinheiros, bens ou valores da União ou a ela relativos. Logo, é irrelevante a personalidade – se física ou jurídica – ou o regime jurídico – se de direito público ou de direito privado: quem quer que "toque" em recursos públicos deverá prestar contas aos mecanismos responsáveis pelo controle.

Essa obrigação de prestar contas abrange, inclusive, as estatais (empresas públicas e sociedades de economia mista), mesmo sendo pessoas jurídicas de direito privado, e ainda que sejam exploradoras de atividade econômica. Realmente, de acordo com reiterada jurisprudência do STF, compete ao TCU fiscalizar as contas dessas empresas, já que seus bens são considerados, para essa finalidade, integrantes do patrimônio público. Foi o que decidiu a Corte, entre outros casos, no julgamento do MS n. 25.092.

Questão de Concurso

(Cespe/TCE-PR/Auditor/2016) Compete ao tribunal de contas fiscalizar a administração direta, autárquica ou fundacional, mas não as empresas públicas e as sociedades de economia mista.

Gabarito comentado: Errado.
Segundo o parágrafo único do art. 70 e a jurisprudência do STF, as empresas públicas e as sociedades de economia mista submetem-se, sim, à fiscalização contábil.

Outra situação interessante diz respeito às entidades "paraestatais", integrantes do chamado "Sistema S", tais como o Serviço Social da Indústria (SESI) e assemelhados. Apesar de criadas por lei, tais entidades são privadas, não integram a administração pública. Mas, por receberem recursos públicos – as chamadas "contribuições parafiscais", recolhidas pelas empresas de forma compulsória e, portanto, consideradas recursos públicos – precisam prestar contas ao TCU. A mesma lógica é seguida em relação às Organizações Sociais (OS) e às Organizações da Sociedade Civil de Interesse Público (OSCIP): devem prestar contas dos recursos públicos (financeiros, humanos etc.) que receberem.

15.2. TRIBUNAL DE CONTAS DA UNIÃO

O controle externo é exercido e titularizado pelo Congresso Nacional. Porém, sendo o Congresso um órgão político, precisa do auxílio de um órgão técnico para que possa exercer bem essa atribuição: trata-se, justamente do TCU.

Questão de Concurso

(Cespe/TJDFT/Juiz/2016) O TCU, mediante controle externo que lhe cabe por competência exclusiva, exerce a fiscalização da atividade contábil, financeira, orçamentária, operacional e patrimonial da União.
Gabarito comentado: Errado.
Embora o TCU realmente exerça controle externo, não o faz de maneira exclusiva, mas sim em auxílio ao Congresso Nacional, que é o titular dessa função.

15.2.1. Natureza jurídica

O TCU é instituição permanente de controle técnico-jurídico e contábil, vinculada ao Legislativo (há divergência doutrinária) e detentora de poderes administrativos (não exerce jurisdição, apesar de o art. 73 da CF, equivocadamente, dizer que tal órgão exerce "jurisdição" em todo o território nacional). **Não é órgão do Poder Judiciário.** Há doutrinadores que o situam como instituição autônoma (Edson Simões), outros como vinculado ao Legislativo (André Ramos Tavares, José Afonso da Silva, Paulo Gustavo Gonet Branco, Ives Gandra da Silva Martins), mas nunca ao Judiciário.

No julgamento do MS n. 33.340/DF, o Ministro Luiz Fux, em *obiter dictum* (dito de passagem) demonstrou aderir ao entendimento de que o TCU é instituição autônoma, não vinculada a nenhum dos três poderes, mas esse assunto não foi objeto de decisão específica do Tribunal.

Para o CESPE, considera-se que o Tribunal é uma instituição autônoma (ou, na classificação dos órgãos de Hely Lopes Meirelles, um órgão independente). Já para as outras demais grandes bancas (FCC e FGV), predomina a tese da vinculação (mas não subordinação!) do TCU ao Legislativo.

Para o CESPE o TCU é uma **instituição autônoma**, é um órgão fora da estrutura tradicional dos Poderes (para fins de provas do TCU, é recomendável adotar o entendimento do CESPE). Um consenso na doutrina é que o TCU **não** é um órgão do Poder Judiciário, apesar de ter o nome de "Tribunal", apesar de a lei orgânica do TCU falar em "jurisdição", apesar de seus ministros terem as mesmas garantias dos ministros do STJ.

Divergência doutrinária!

Como dissemos, existe divergência sobre a natureza jurídica do TCU. No Direito Constitucional, a maioria dos doutrinadores o considera integrante do Legislativo (embora não subor-

dinado ao Congresso Nacional). É a posição, por exemplo, de: José Afonso da Silva, Paulo Gustavo Gonet Branco (em obra escrita em coatoria com um dos autores deste Livro, prof. Gilmar Mendes), Ives Gandra da Silva Martins, José dos Santos Carvalho Filho, André Ramos Tavares e Alexandre de Moraes.

Por outro lado, doutrinadores de renome defendem sua posição como instituição autônoma: Carlos Ayres Britto, Diogo de Figueiredo Moreira Neto, Marcelo Novelino e Bernardo Gonçalves Fernandes.

Para provas do Cespe, adota-se a tese de que o TCU é instituição autônoma, não vinculada a nenhum dos três poderes. Em certames organizados por outras bancas, recomenda-se adotar a tese majoritária no direito constitucional. De qualquer forma, esse é um tipo de questão que, quando cai em prova, sempre suscita controvérsias e recursos.

15.2.2. Sede: Distrito Federal (art. 73, *caput*)

Assim como os Tribunais Superiores do poder Judiciário (CF, art. 92, § 1º), o TCU tem sede na Capital Federal. Possui, além disso, "jurisdição" (o correto seria "competência" ou, melhor ainda, "atribuição") em todo o território nacional.

15.2.3. Autoadministração

O TCU possui quadro próprio de pessoal e goza de atribuições administrativas semelhantes, no que couber, às dos Tribunais Judiciários (CF, art. 96, I e II). Cabe-lhe, portanto, propor ao Legislativo (Congresso Nacional) "a criação e a extinção de cargos e a remuneração dos seus serviços auxiliares (...), bem como a fixação do subsídio de seus membros" (art. 73, *caput*, c/c art. 96, II, *b*).

15.2.4. Composição: 9 Ministros (art. 73, *caput*)

O Tribunal compõe-se de nove Ministros, que possuem os mesmos direitos, garantias e prerrogativas dos Ministros do Superior Tribunal de Justiça (STJ).

Cuidado!

Costuma cair em prova afirmando que os Ministros do TCU são equiparados a Ministros do STF, o que está errado! Eles são equiparados aos Ministros do STJ!

Questão de Concurso

(Cespe/AL-ES/Consultor/2011) A CF assegura aos ministros do TCU as mesmas garantias e prerrogativas conferidas aos ministros do STF.

Gabarito: Errado.
Observação: o Auditor, quando substituindo Ministro, gozará das mesmas prerrogativas e impedimentos; quanto às atribuições de judicatura, prerrogativas e impedimentos equivalentes às de Juiz de TRF (§4º).

15.2.4.1. Requisitos para escolha (§ 1º)

Para ser Ministro do TCU, independentemente de quem for o órgão a realizar a escolha, será preciso preencher os seguintes requisitos:

a) Nacionalidade brasileira e gozo dos direitos políticos.
b) **Idade mínima:** 35 anos; máxima: 70 anos (idade máxima alterada pela EC n. 122/2022).
c) Idoneidade moral e reputação ilibada.
d) Conhecimentos notórios de Direito, Contabilidade, Economia, Finanças **ou** Administração Pública e 10 anos de efetivo exercício de função ou atividade que os exija.

15.2.4.2. Recrutamento dos Ministros do TCU

De acordo com o art. 73 da CF, os Ministros do TCU serão escolhidos da seguinte maneira:

a) 2/3 – isto é, seis Ministros – pelo **Congresso Nacional**, livremente (desde que atendidos os requisitos mínimos já citados).

⚠️ Atenção!

Existe um Decreto Legislativo (norma infraconstitucional) que, ao regular a escolha de Ministros do TCU pelo Congresso Nacional, prevê que, das seis vagas, três serão escolhidas por iniciativa do Senado Federal, com a aprovação da Câmara dos Deputados; e as outras três, por iniciativa da Câmara dos Deputados, com aprovação do Senado Federal. Formalmente, porém, todas as seis vagas são de escolha do conjunto, isto é, do Congresso Nacional.

b) 1/3 – isto é, três Ministros – pelo Presidente da República, alternadamente entre auditores e membros do Ministério Público junto ao Tribunal, indicados por lista tríplice elaborada pelo próprio TCU, mediante os critérios de antiguidade e merecimento; desse modo, teremos as vagas de indicação do Presidente da República distribuídas da seguinte forma:

1 dentre auditores;

1 dentre membros do Ministério Público junto ao TCU;

1 de livre escolha do Presidente da República (obedecidos os requisitos mínimos de acesso ao cargo).

⚠️ Atenção!

Os membros que são escolhidos pelo Presidente da República precisam ser aprovados, após arguição pública (sabatina), pelo Senado Federal, mediante votação secreta. É muito comum cair em provas de concursos afirmando que a aprovação das escolhas presidenciais cabe ao Congresso Nacional – o que está errado, já que não há participação da Câmara dos Deputados.

📝 Questão de Concurso

(Cespe/TCU/Auditor Federal de Controle Externo/2013) Compete exclusivamente ao Congresso Nacional escolher dois terços dos membros do Tribunal de Contas da União, além de aprovar, por voto secreto, a escolha dos ministros do TCU indicados pelo Presidente da República.

> **Gabarito comentado: Errado.**
> A aprovação das escolhas presidenciais cabe ao Senado Federal, não ao Congresso Nacional.

Veja Bem!

O "Ministério Público junto ao TCU" (CF, art. 130) ou "Ministério Público de Contas" **não é um órgão com autonomia institucional**, mas sim uma carreira interna do TCU. Não se confunde com o Ministério Público da União, não é um Ministério Público comum. Seus membros, embora possuam os mesmos direitos, garantias e prerrogativas dos membros do Ministério Público da União, não são a ele vinculados, nem podem ser por eles substituídos. Aliás, o STF várias vezes já declarou inconstitucionais normas de constituições estaduais que permitiam aos membros do Ministério Público Estadual (comum) exercerem o papel de MP junto ao Tribunal de Contas.

Questões de Concurso

(Cespe/TCE-ES/Analista/2013) Ministério Público junto ao Tribunal de Contas da União qualifica-se como órgão estatal dotado de identidade e de fisionomia próprias. Por estar vinculado ao TCU, são inaplicáveis a seus membros os direitos e as vedações constitucionalmente previstos para o Ministério Público da União e dos estados.

> **Gabarito comentado: Errado.**
> Estão erradas ambas as partes da afirmação. Nem o MP junto ao TCU tem identidade e fisionomia próprias, nem lhe são inaplicáveis os direitos e vedações do MP comum (são aplicáveis, sim). A única parte correta é a que afirma ser o MP junto ao TCU vinculado à corte de contas.

(Cespe/MPE-AC/Promotor/2014) Desde que previsto em lei estadual, o membro do MPE pode atuar como procurador do MP junto ao tribunal de contas estadual.

> **Gabarito comentado: Errado.**
> Como o MP junto ao TCE não se confunde com o MPE, uma disposição de que um pode substituir o outro é flagrantemente inconstitucional.

15.3. TCU – ATRIBUIÇÕES

As tarefas atribuídas pelo Constituinte originário ao TCU estão previstas nos arts. 70 a 75 da CF, que tratam da fiscalização contábil, financeira e orçamentária.

Cabe, então, ao Congresso Nacional, com o auxílio do TCU, exercer o controle externo dos Poderes Executivo e Legislativo Federais, além das contas do Ministério Público da União.

O TCU e os TCEs não são órgãos jurisdicionais; não exercem jurisdição propriamente dita. Logo, suas decisões podem ser questionadas no Poder Judiciário, mas por meio de uma ação autônoma (mandado de segurança, ação ordinária etc.), e não por de recurso, que é um instrumento utilizado para impugnar decisão **judicial** da qual se discorda.

Especificamente, o art. 71 traz as competências do TCU. Analisemo-las:

1) Apreciar as contas prestadas anualmente pelo Presidente da República, mediante parecer prévio que deverá ser elaborado em sessenta dias a contar de seu recebimento:

    Perceba-se que o TCU apenas dá parecer sobre as contas que devem anualmente ser prestadas pelo Presidente ao Congresso. Quem efetivamente julga essas contas, para acatá-las ou rejeitá-las, é o Congresso Nacional (CF, art. 49, IX). Trata-se, portanto, de um julgamento político (fiscalização política) que pode até se sobrepor ao juízo técnico (parecer) elaborado pelo TCU (CF, art. 49, IX).

⚠️ Atenção!

O parecer do TCU é de existência obrigatória (tem que ser colhido, uma vez que não pode o Congresso Nacional julgar as contas presidenciais sem essa oitiva do órgão técnico), mas seu conteúdo não é vinculante. Pode, portanto, o TCU opinar pela rejeição das contas presidenciais, mas essas serem aprovadas pelo Congresso Nacional, ou vice-versa.

📝 Questão de Concurso

(Cespe/Câmara dos Deputados/Consultor Legislativo – área Administração Pública/2014) No julgamento das contas do presidente da República, cabe ao Tribunal de Contas da União (TCU) emitir parecer prévio, que deverá ser encaminhado ao Congresso Nacional.
Gabarito comentado: Correto (CF, art. 71, I, c/c art. 49, IX).

2) Julgar as contas dos administradores e demais responsáveis por dinheiros, bens e valores públicos da administração direta e indireta, incluídas as fundações e sociedades instituídas e mantidas pelo Poder Público federal, e as contas daqueles que derem causa a perda, extravio ou outra irregularidade de que resulte prejuízo ao erário público.

Aqui, sim, o TCU efetivamente julga as contas dos administradores – pois se trata de atividade eminentemente técnica, e não política, ao contrário do que ocorre com as contas do Presidente da República. Esse poder do TCU de – sem a participação do Congresso Nacional – julgar regulares ou irregulares as contas dos demais administradores de recursos federais abrange, até mesmo, o poder de julgar as contas dos Presidentes dos demais poderes (Presidente da Câmara dos Deputados, Presidente do Senado Federal, Presidente do STF).

📝 Questão de Concurso

(Cespe/Sefaz-AL/Auditor/2020) A competência do Tribunal de Contas da União para julgar as contas dos responsáveis por dinheiros, bens e valores públicos não abrange as contas do presidente da República.
Gabarito comentado: Certo.
As contas do Presidente da República são julgadas pelo Congresso Nacional (CF, ar. 49, IX), e não pelo TCU. O Tribunal de Contas julgar apenas as contas dos demais administradores de recursos federais (Presidentes da Câmara dos Deputados, do Senado Federal, do STF, PGR, etc.), já que, em relação às contas presidenciais, o TCU emite apenas parecer.

3) Apreciar, para fins de registro, a legalidade dos atos de admissão de pessoal, a qualquer título, na administração direta e indireta, incluídas as fundações instituídas e mantidas pelo Poder Público, excetuadas as nomeações para cargo de provimento em comissão,

bem como a das concessões de aposentadorias, reformas e pensões, ressalvadas as melhorias posteriores que não alterem o fundamento legal do ato concessório.

Nesse ponto, o TCU exerce um papel de homologar ("registrar") ou não os atos de admissão de pessoal, aposentadoria (de servidores federais), reforma (de militares das Forças Armadas) ou pensão (de dependentes dos dois últimos).

Apesar da péssima redação do dispositivo, é de se lembrar que o TCU só não aprecia a admissão para cargos em comissão, mas aprecia a legalidade da concessão de aposentadoria, reforma ou pensão. A exceção se refere apenas aos cargos em comissão. A expressão "bem como" diz respeito a "incluídas".

O Tribunal, portanto, só não aprecia para fins de registro as nomeações para cargos de provimento em comissão, já que, nesses casos, além de ser ter vagas de livre nomeação e exoneração, a rotatividade é bem maior. Em relação às nomeações para cargos de provimento efetivo, cabe ao TCU registrar essa admissão, validando-a ou não, inclusive ao analisá-la para verificar o respeito à regra do concurso público e à vedação à acumulação ilícita de cargos ou funções públicas.

Questão de Concurso

(Cespe/TJ-AM/Juiz/2016) Compete ao TCU apreciar, para fins de registro, a legalidade dos atos de admissão de pessoal, a qualquer título, na administração direta e indireta, inclusive nomeações para cargo de provimento em comissão, bem como a das concessões de aposentadorias, reformas e pensões.

Gabarito comentado: Errado (o erro está na expressão "inclusive nomeações para cargo de provimento em comissão").

É importante notar que, para a verificação inicial de legalidade dos atos de aposentadoria, reforma e pensão, o TCU não precisa dar contraditório e ampla defesa aos interessados; mas, caso venha a anular ou revogar um ato benéfico aos administrados, terá que lhes garantir contraditório e ampla defesa. É o que se colhe da Súmula Vinculante 3 do STF: "Nos processos perante o Tribunal de Contas da União asseguram-se o contraditório e a ampla defesa quando da decisão puder resultar anulação ou revogação de ato administrativo que beneficie o interessado, excetuada a apreciação da legalidade do ato de concessão inicial de aposentadoria, reforma e pensão".

Atenção!

Alterando sua jurisprudência tradicional, o STF passou – em 2020 – a entender que **o TCU não pode negar registro a um ato de aposentadoria realizado há mais de 5 anos**, salvo má-fé do administrado, uma vez que já ocorreu a decadência do direito da Administração Pública em anular ou revogar (ou, no caso, em não registrar) o ato.

Tema n. 445 da Repercussão Geral do STF: "Em atenção aos princípios da segurança jurídica e da confiança legítima, os Tribunais de Contas estão sujeitos ao prazo de 5 anos para o julgamento da legalidade do ato de concessão inicial de aposentadoria, reforma ou pensão, a contar da chegada do processo à respectiva Corte de Contas."

Questão de Concurso

(FGV/TJPR/Juiz/2021) Os Tribunais de Contas, no exercício da competência constitucional que lhes outorga a atribuição para o registro dos atos de concessão inicial de aposentadoria, reforma e pensão dos servidores dos órgãos e entidades submetidos à sua jurisdição, devem observar que a fluência do prazo:

a) decadencial de cinco anos para julgamento da legalidade de tais atos tem início a contar da chegada do processo à respectiva Corte de Contas;

b) prescricional de cinco anos para julgamento da legalidade de tais atos tem início com a instauração do contraditório junto ao servidor que figura como parte interessada;

c) prescricional de três anos para julgamento da legalidade de tais atos tem início a contar da publicação do ato de passagem do servidor para a inatividade;

d) decadencial de cinco anos para julgamento da legalidade de tais atos tem início com a instauração do contraditório junto ao servidor que figura como parte interessada;

e) prescricional de cinco anos para julgamento da legalidade de tais atos tem início com a chegada do processo à respectiva Corte de Contas, interrompendo-se pelo contraditório junto à parte interessada.

Gabarito comentado: A (Tema 445 da repercussão geral, STF, RE n. 636.553, Relator Ministro Gilmar Mendes: "Em atenção aos princípios da segurança jurídica e da confiança legítima, os Tribunais de Contas estão sujeitos ao prazo de 5 anos para o julgamento da legalidade do ato de concessão inicial de aposentadoria, reforma ou pensão, a contar da chegada do processo à respectiva Corte de Contas").

Cuidado!

Tema n. 47 da Repercussão Geral do STF: "A competência técnica do Tribunal de Contas do Estado, ao negar registro de admissão de pessoal, não se subordina à revisão pelo Poder Legislativo respectivo".

4) Realizar, por iniciativa própria, da Câmara dos Deputados, do Senado Federal, de Comissão técnica ou de inquérito, inspeções e auditorias de natureza contábil, financeira, orçamentária, operacional e patrimonial, nas unidades administrativas dos Poderes Legislativo, Executivo e Judiciário, e demais entidades, da Administração Indireta (autarquias, empresas públicas, fundações públicas e sociedades de economia mista).

Temos, aqui, o poder geral de fiscalização do TCU, que pode, inclusive, atuar de ofício, ou por determinação do Congresso Nacional. Aqui também está incluída a competência do TCU para instaurar tomadas de contas ordinárias ou especiais, instrumentos importantes de fiscalização e de cooperação com os demais Poderes e o Ministério Público.

Perceba-se que o TCU pode agir de ofício. Logo, se é impossível admitir uma denúncia anônima (CF, art. 5º, IV), é possível admitir que com base nela o TCU instaure, *ex officio*, uma tomada de contas, se houver indícios da prática de irregularidades.

5) Fiscalizar as contas nacionais das empresas supranacionais de cujo capital social a União participe, de forma direta ou indireta, nos termos do tratado constitutivo.

Perceba-se que, conforme entende o STF, a atribuição fiscalizatória do TCU estende-se até as empresas *supranacionais* (multinacionais) das quais participe o Brasil, mesmo de forma minoritária, mas não abrange as empresas brasileiras das quais o Estado detenha o controle acionário, se não forem constituídas sob a forma de empresas públicas ou sociedades de economia mista.

6) Fiscalizar a aplicação de quaisquer recursos repassados pela União mediante convênio, acordo, ajuste ou outros instrumentos congêneres, a Estado, ao Distrito Federal ou a Município.

A "jurisdição" do TCU é sobre todo o território nacional, mas apenas no âmbito federal. Todavia, abrange também os dinheiros e valores repassados aos demais entes da Federação em virtude de acordo, convênio, contrato, consórcio etc.

Veja Bem!

Só cabe ao TCU fiscalizar os recursos repassados **voluntariamente** pela União aos demais entes, em virtude de convênio, contrato, ou qualquer acordo de vontades. Os recursos que a União entrega aos Estados, ao DF e aos Municípios por **obrigação constitucional** (fundo de participação dos estados, fundo de participação dos Municípios, royalties do petróleo e dos minérios) são receitas originárias desses entes, e que cabe, portanto, aos seus respectivos tribunais de contas fiscalizar!

7) Prestar as informações solicitadas pelo Congresso Nacional, por qualquer de suas Casas, ou por qualquer das respectivas Comissões, sobre a fiscalização contábil, financeira, orçamentária, operacional e patrimonial e sobre resultados de auditorias e inspeções realizadas.

Aqui o TCU atua como verdadeiro órgão auxiliar e informativo do Congresso Nacional, podendo (e devendo) colaborar, inclusive, com as Comissões Parlamentares de Inquérito (CPIs) – art. 58, §3º.

8) Aplicar aos responsáveis, em caso de ilegalidade de despesa ou irregularidade de contas, as sanções previstas em lei, que estabelecerá, entre outras cominações, multa proporcional ao dano causado ao erário.

É preciso perceber que o TCU pode impor multa (sanção) e imputar débito (recomposição ao Erário), e essas decisões poderão ser executadas sem necessidade de processo de conhecimento, pois "as decisões do Tribunal de que resulte imputação de débito ou multa terão eficácia de título executivo" (art. 71, §3º). Em outras palavras: as decisões do TCU podem ser cobradas por meio de ação de execução fiscal, sem necessidade de se provar a origem da obrigação. Essa ação, segundo a jurisprudência do STF, deve ser ajuizada não pelo próprio Tribunal, nem pelo MP junto ao TCU, nem pelo MPU, mas sim pela advocacia pública, mais precisamente a AGU, mais especificamente a Procuradoria da Fazenda Nacional.

Quando se diz que as decisões do TCU têm força de título executivo, está-se a afirmar que tais decisões são documentos que autorizam o ajuizamento de ação de execução contra o devedor. Existem, no entanto, dois tipos de títulos executivos: os títulos executivos *judiciais* (sentença, acordo homologado em juízo) e os *extrajudiciais* (cheque, nota promissória etc.). Em relação às decisões do TCU, trata-se, obviamente, de título executivo *extrajudicial*, pois o TCU não exerce jurisdição propriamente dita.

📝 Questão de Concurso

(Cespe/TCE-ES/Analista/2013) As decisões das cortes de contas que impõem condenação patrimonial aos responsáveis por irregularidades no uso de bens públicos têm eficácia de título executivo, porém não podem ser diretamente executadas por iniciativa dos tribunais de contas, que não terão legitimidade para o ajuizamento das respectivas ações de cobrança.

Gabarito comentado: Correto.
Realmente, a legitimidade para ajuizar a ação de execução fiscal não é do Tribunal de Contas, mas da advocacia pública.

✋ Cuidado!

A decisão dos tribunais de contas ter eficácia de título executivo não autoriza as próprias cortes a ajuizarem as ações de execução: quem tem legitimidade ativa para ajuizar essa ação é o próprio ente lesado (União, autarquia etc.), por meio de seu órgão de representação judicial (AGU, PGE etc.). Confira: "Somente o ente público beneficiário possui legitimidade ativa para a propositura de ação executiva decorrente de condenação patrimonial imposta por Tribunais de Contas (CF, art. 71, § 3º)." (Tema n. 768 da Repercussão Geral do STF).

📝 Questões de Concurso

(Cespe/TJ-SE/Notário/2014) De acordo com o STF, o MP que atua em tribunal de contas estadual possui legitimidade para executar as decisões do respectivo tribunal que resultem em imputação de débito ou multa, pois essas decisões têm eficácia de título executivo.

Gabarito comentado: Errado.
A legitimidade é da advocacia pública, não do Ministério Público junto ao Tribunal de Contas.

(Cespe/TCDF/Procurador/2013) As decisões dos TCs não são imunes à revisão judicial, mas, quando imputarem débito ou multa, constituirão título executivo extrajudicial.

Gabarito comentado: Correto.
Como vimos, as decisões dos tribunais de contas têm força de título executivo – e, como não são oriundas do Judiciário, são extrajudiciais.

9) Assinar prazo para que o órgão ou entidade adote as providências necessárias ao exato cumprimento da lei, se verificada ilegalidade. Por exemplo: pode o TCU, ao verificar ilegalidade em edital de licitação, determinar ao órgão ou entidade licitante que corrija os erros e republique o instrumento convocatório. Caso não seja atendido, poderá adotar a providência a seguir elencada. Ressalte-se que as decisões do TCU são obrigatórias e autoexecutáveis, pois têm eficácia de título executivo extrajudicial (art. 71, §3º). Logo, as autoridades sujeitas à fiscalização da Corte não podem desrespeitar tais decisões.

10) Sustar, se não atendido, a execução do ato impugnado, comunicando a decisão à Câmara dos Deputados e ao Senado Federal.

Perceba-se que o TCU pode sustar a execução de **ato administrativo ato unilateral praticado pela Administração, por exemplo, edital de licitação**), mas não pode determinar diretamente a sustação de execução de contrato administrativo, pois essa atribuição é do Congresso Nacional (art. 71, §1º). Somente quando o Congresso quedar-se inerte durante 90 dias, após a provocação do TCU, é que esse órgão poderá adotar diretamente a suspensão da execução do contrato (art. 71, §2º).

Questões de Concurso

(Cespe/TCDF/Auditor/2014) Caso constate ilegalidade na execução de contrato administrativo, o tribunal de contas deverá assinar prazo para a adoção das providências necessárias ao cumprimento da lei, podendo sustar, se não atendido, a execução do referido contrato.

Gabarito comentado: Errado (o TCU não pode sustar a execução de contrato, de modo que a parte final da alternativa a torna incorreta).

(Cespe/TRE-PI/Analista Judiciário – área administrativa/2016) Caso seja constatada irregularidade de natureza contábil em contrato celebrado pelo poder público federal, o Tribunal de Contas da União deverá sustar o contrato imediatamente, a fim de evitar lesão ao erário.

Gabarito comentado: Errado.
O TCU não tem poder de sustar contrato administrativo.

11) Representar ao Poder competente sobre irregularidades ou abusos apurados.

É com base nessa atribuição que o TCU pode, por exemplo, encaminhar ao Ministério Público (Federal) cópias de tomadas de contas ordinárias ou especiais, para eventual responsabilização criminal dos envolvidos em desvios de recursos públicos.

12) Realizar controle incidental de constitucionalidade: nos termos da Súmula 347 do STF, "O Tribunal de Contas, no exercício de suas atribuições, pode apreciar a constitucionalidade das leis e dos atos do poder público". É a atribuição do TCU para deixar de aplicar as leis, no caso concreto, quando entendê-las inconstitucionais – controle incidental, então, com efeitos apenas entre as partes (*inter partes*). OBS.: em julgados de 2021, o STF passou a entender pela não aplicação da Súmula 347, de maneira que o TCU não pode, ele mesmo, por decisão exclusivamente sua, deixar de aplicar uma lei por entendê-la inconstitucional. Contudo, em julgados de 2023, o STF esclareceu que a Súmula 347 continua válida, mas apenas permite que o TCU deixe de aplicar leis que o próprio STF já tenha declarado inconstitucionais.

13) Outras funções constitucionais. Também cabe ao TCU: a) dar parecer sobre as contas do Territórios Federais, quando (e se) forem criados (art. 33, §2º); b) receber notícia de irregularidades percebidas pelos sistemas de controle interno de cada Poder (art. 74, §1º); c) receber denúncias de ilegalidades ou irregularidades, sendo legitimado qualquer cidadão, partido político, sindicato ou associação (art. 74, §2º).

De acordo com a jurisprudência do STF, o TCU também possui poderes cautelares; pode, para assegurar a eficácia de suas decisões, suspender atos que possam causar lesão ao Erário.

Veja Bem!

O poder do TCU de expedir medidas cautelares (ex.: suspensão provisória de licitação) já foi reconhecido pelo STF como um dos poderes implícitos da Corte de Contas: "O Tribunal de Contas da União tem competência para fiscalizar procedimentos de licitação, determinar suspensão cautelar (art. 4º e 113, § 1º e 2º da Lei n. 8.666/93), examinar editais de licitação publicados e, nos termos do art. 276 do seu Regimento Interno, possui legitimidade para a expedição de medidas cautelares para prevenir lesão ao erário e garantir a efetividade de suas decisões)" (MS n. 24.510/DF, Relatora Ministra Ellen Gracie).

TCU E SIGILO BANCÁRIO
Não é demais lembrar que o TCU não possui poderes jurisdicionais, pois não exerce jurisdição propriamente dita. Assim, providências que se encontrem sob reserva de jurisdição, como a quebra de sigilo bancário ou a determinação de escuta telefônica, não poderão ser realizadas diretamente pela Corte.

Esse entendimento foi reafirmado pelo STF, quando do julgamento do MS n. 33.340/DF. Nesse caso, a Corte Suprema decidiu que o TCU pode requisitar ao Banco Nacional de Desenvolvimento Econômico e Social (BNDES) cópia de contrato de financiamento firmado com empresa privada – mas não porque o TCU possa quebrar sigilo bancário, mas porque, no entender do STF, esse contrato **não está coberto pela cláusula de sigilo**.

15.4. FISCALIZAÇÃO CONTÁBIL NAS ESFERAS ESTADUAL, DISTRITAL E MUNICIPAL

Nos Estados, o controle externo cabe à Assembleia Legislativa (titular), com o auxílio do Tribunal de Contas Estadual. No Distrito Federal, o controle externo é titularizado pela Câmara Legislativa, com o auxílio do Tribunal de Contas do DF.

Nos Municípios, o controle externo cabe à Câmara Municipal, com auxílio dos Tribunais de Contas dos Estados e, onde houver, pelo Tribunais de Contas dos Municípios, vedada a criação de novos Tribunais de Contas Municipais (§4º); o parecer do órgão de julgamento de contas que só pode ser derrubado por 2/3 dos vereadores (art. 31, §2º) – logo, pode-se dizer que, em relação aos Municípios, o parecer do órgão de contas, embora não seja vinculante, tem uma certa presunção de ser mantido.

⚠️ Atenção!

Tema n. 157 da Repercussão Geral do STF: "O parecer técnico elaborado pelo Tribunal de Contas tem natureza meramente opinativa, competindo exclusivamente à Câmara de Vereadores o julgamento das contas anuais do chefe do Poder Executivo local, sendo incabível o julgamento ficto das contas por decurso de prazo". Isso é muito cobrado em provas da FGV!!!

📝 Questões de Concurso

(FGV/TJ-AP/Juiz/2022) Ao disciplinar o procedimento a ser observado no julgamento das contas do chefe do Poder Executivo, o Regimento Interno da Câmara dos Vereadores do Município Alfa, situado na Região Norte do país, dispôs o seguinte: (1) a Câmara somente julga as contas de governo, não as de gestão, prevalecendo, em relação às últimas, o juízo de valor do Tribunal de Contas do respectivo Estado; (2) as contas não impugnadas por qualquer vereador, partido político ou cidadão, no prazo de sessenta dias, a contar do recebimento do parecer prévio do Tribunal de Contas, são tidas como aprovadas; (3) o parecer prévio do Tribunal de Contas somente deixará de prevalecer pelo voto da maioria de dois terços dos membros da Câmara Municipal. Considerando a disciplina estabelecida na Constituição da República de 1988 a respeito da matéria, é correto afirmar que:

a) apenas o comando 1 é constitucional;

b) apenas o comando 3 é constitucional;

c) apenas os comandos 1 e 2 são constitucionais;

d) os comandos 1, 2 e 3 são constitucionais;

e) os comandos 1, 2 e 3 são inconstitucionais.

Gabarito comentado: B (conforme o art. 31 da CF, cabe ao Tribunal de Contas emitir parecer sobre as contas do Prefeito, sem exceções; cabe à Câmara Municipal realizar o julgamento dessas contas, que não pode ocorrer por mero decurso de prazo; e o parecer do TC só pode ser contrariado pela Câmara Municipal por 2/3 dos seus membros).

(FGV – OAB – Advogado – XXXIII Exame de Ordem Unificado – 2021) Ao apreciar as contas anuais do chefe do Poder Executivo do Município Y, o Tribunal de Contas emitiu parecer técnico contrário à sua aprovação, por entender que diversos dispositivos da Lei de Responsabilidade Fiscal teriam sido violados. Ainda assim, em contrariedade a tal entendimento, a Câmara Municipal, por decisão dos seus membros, com apenas um voto vencido, julgou e aprovou tais contas. À luz da hipótese narrada, com fundamento no texto constitucional, assinale a afirmativa correta.

a) A aprovação das contas do Prefeito do Município Y se deu em conformidade com o disposto no texto constitucional, já que parecer prévio do Tribunal de Contas não possui caráter vinculante, deixando de prevalecer por voto de, ao menos, dois terços dos membros da Câmara Municipal.

b) O parecer técnico emitido pelo Tribunal de Contas possui, excepcionalmente, caráter vinculante, de modo que, no caso em análise, as contas anuais apresentadas pelo chefe do Executivo não poderiam ter sido aprovadas pela Câmara Municipal.

c) O Tribunal de Contas, órgão de controle externo auxiliar do Poder Legislativo, tem competência para analisar, julgar e rejeitar, em caráter definitivo, as contas anuais apresentadas pelo chefe do Executivo local; portanto, é desnecessária a submissão do seu parecer à Câmara Municipal.

d) Como corolário da autonomia financeira e orçamentária inerente aos três Poderes, as contas anuais do chefe do Executivo municipal não se submetem à aprovação da Câmara local, eis que tal situação implica em indevida ingerência do Poder Legislativo sobre o Poder Executivo.

Gabarito comentado: A (CF, art. 31, § 2º: "O parecer prévio, emitido pelo órgão competente sobre as contas que o Prefeito deve anualmente prestar, só deixará de prevalecer por decisão de dois terços dos membros da Câmara Municipal").

Cuidado!

De acordo com a Constituição Federal (CF), não pode ser criado Tribunal de Contas **municipal** (integrante da estrutura do Município, com a função de fiscalizar apenas aquele Município), mas pode ser criado **Tribunal de Contas dos Municípios**, órgão estadual de natureza semelhante ao Tribunal de Contas Estadual, só que com competência para fiscalizar apenas os Municípios daquele Estado::

	Tribunal de contas municipal	Tribunal de contas dos Municípios	Tribunal de contas estadual
Natureza	Órgão municipal	Órgão estadual	Órgão estadual
Competência	Fiscalização das contas de UM Município	Fiscalização das contas de TODOS os Municípios de determinado Estado	Fiscalização das contas do Estado e, onde não houver Tribunal de Contas dos Municípios, também dos Municípios situados em determinado Estado
Criação	Vedada pela CF	Facultativa	Obrigatória

Por outro lado, a temática da extinção dos Tribunais de Contas dos Municípios foi objeto de processo de controle abstrato pelo STF, a ADI n. 5.763 – julgada na sessão plenária de 26 de outubro de 2017 –, ocasião em que o Tribunal julgou **constitucional** a unificação do sistema de Controle Externo em Estado da Federação, com a extinção do Tribunal de Contas dos Municípios eventualmente criado[1]. Ou seja, praticamente se afirmou que os Estados têm discricionariedade para criar ou extinguir Tribunais de Contas dos Municípios[2].

Veja Bem!

Os Tribunais de Contas dos Estados (art. 75) seguem a regra de simetria com a composição do TCU; mas, como são compostos por apenas 7 conselheiros, o procedimento de escolha dos seus membros ocorre da seguinte forma: "No Tribunal de Contas estadual, composto por sete Conselheiros, quatro devem ser escolhidos pela Assembleia Legislativa e três pelo Chefe do Poder Executivo estadual, cabendo a este indicar um dentre auditores e outro dentre membros do Ministério Público, e um terceiro à sua livre escolha" (Súmula 653 do STF).

Questão de Concurso

(Cespe/TJ-CE/Técnico/2014) A criação de conselhos de contas municipais depende de autorização legal específica.

Gabarito comentado: Errado.
A criação de tribunais de contas municipais (de cada Município) foi proibida pela CF, restando apenas os que já existiam antes de 1988 (diferentemente dos tribunais de contas municipais, que são órgãos estaduais de criação permitida e facultativa).

Quadro 15.1 – Comparação das fiscalizações nos diversos âmbitos federativos

Fiscalização	Titular do controle externo	Órgão auxiliar
Federal	Congresso Nacional	TCU
Estadual	Assembleia Legislativa	TCE
DF	Câmara Legislativa	TCDF
Município	Câmara Municipal	TCE ou TC dos Municípios (onde houver) ou TC Municipal (onde já havia antes de 1988)

---

[1] "A interpretação sistemática dos §§ 1º e 4º do art. 31 da Constituição Federal revela ser possível a extinção de Tribunal de Contas responsável pela fiscalização dos Municípios mediante a promulgação de emenda à Constituição estadual, sendo impróprio afirmar que o Constituinte proibiu a supressão desses órgãos".

[2] Não se tratou, aliás, de caso isolado, pois, como registrou em seu voto o Ministro Luiz Fux: "Na ADI n. 154 e na ADI n. 867, se concluiu que os Estados-membros, diante de sua capacidade de auto-organização e consequente autonomia, têm a prerrogativa de criar os Tribunais de Contas dos municípios, como também de extingui-los. Cito também essa ADI n. 5.636, do Ministro Celso de Mello, que traz mais fundamentos e que revela que não há nenhum *distinguishing* em relação a todas essas ADIs e o caso ora sob nosso julgamento. Aqui, eu transcrevo, nas minhas anotações, o que o Ministro Celso de Mello em essência afirmou sobre a induvidosa possibilidade de a Assembleia deflagrar processo legislativo de emenda constitucional para a extinção do Tribunal de Contas do Município."

Questão de Concurso

(Cespe/TRF5/Juiz Federal/2015) A fiscalização do município compete à assembleia legislativa do respectivo estado, mediante controle externo, com o auxílio dos tribunais de contas dos estados ou do município ou dos conselhos ou tribunais de contas dos municípios, onde houver.

Gabarito comentado: Errado.
Nos Municípios, o titular do controle externo é a Câmara Municipal, não a Assembleia Legislativa estadual.

15.5. ESTUDO AVANÇADO: O PODER DE SUSTAÇÃO DE ATOS E CONTRATOS

Como já vimos, o TCU não pode, em regra, sustar a execução de **contratos administrativos**, uma vez que essa competência é do titular do controle externo, ou seja, do Congresso Nacional (CF, art. 71, § 1º). Se o Congresso Nacional for comunicado da irregularidade pelo TCU e decidir não sustar o contrato, a corte de contas nada pode fazer. Porém, se o Congresso, comunicado da irregularidade pelo TCU, não tomar decisão alguma no prazo constitucional (90 dias), só então caberá ao TCU decidir a respeito (sustar ou não).

Para provas de concursos, tome cuidado! Se se afirmar que o TCU pode sustar **ato** administrativo ilegal, a questão estará **certa**. Por outro lado, caso se diga que o TCU pode sustar a execução de **contrato administrativo**, a questão estará **errada**, a não ser que diga expressamente que essa decisão da corte de contas deu-se após o Congresso Nacional, informado da ilegalidade, permanecer inerte.

A questão para estudo é a seguinte: se o TCU não pode sustar a execução de contratos administrativos, mas pode proferir decisões cautelares, inclusive a suspensão do pagamento ao contratado, isso não seria também um poder de sustação contratual? Suspender o pagamento de um contrato não equivaleria, de certa forma, a sustar, de maneira indireta, o próprio contrato?

Esquema

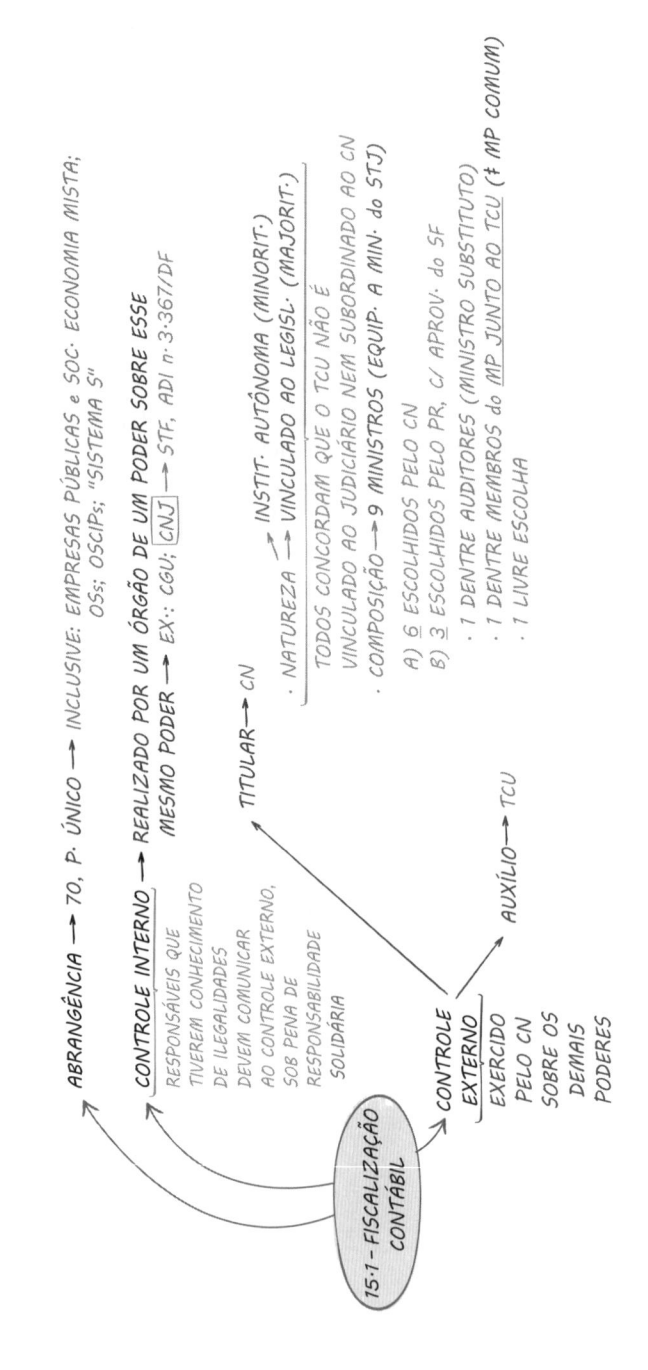

15.1 – FISCALIZAÇÃO CONTÁBIL

- ABRANGÊNCIA → 70, P. ÚNICO → INCLUSIVE: EMPRESAS PÚBLICAS e SOC. ECONOMIA MISTA; OSs; OSCIPs; "SISTEMA S"

- CONTROLE INTERNO → REALIZADO POR UM ÓRGÃO DE UM PODER SOBRE ESSE MESMO PODER → EX.: CGU; [CNJ] → STF, ADI n. 3.367/DF

  RESPONSÁVEIS QUE TIVEREM CONHECIMENTO DE ILEGALIDADES DEVEM COMUNICAR AO CONTROLE EXTERNO, SOB PENA DE RESPONSABILIDADE SOLIDÁRIA

- CONTROLE EXTERNO
  EXERCIDO PELO CN SOBRE OS DEMAIS PODERES

  - TITULAR → CN
  - AUXÍLIO → TCU
    - NATUREZA → INSTIT. AUTÔNOMA (MINORIT.)
      → VINCULADO AO LEGISL. (MAJORIT.)

      TODOS CONCORDAM QUE O TCU NÃO É VINCULADO AO JUDICIÁRIO NEM SUBORDINADO AO CN
    - COMPOSIÇÃO → 9 MINISTROS (EQUIP. A MIN. do STJ)
      A) 6 ESCOLHIDOS PELO CN
      B) 3 ESCOLHIDOS PELO PR, C/ APROV. do SF
        - 1 DENTRE AUDITORES (MINISTRO SUBSTITUTO)
        - 1 DENTRE MEMBROS do MP JUNTO AO TCU (≠ MP COMUM)
        - 1 LIVRE ESCOLHA

Capítulo 16

Comissões Parlamentares de Inquérito

16.1. ORIGEM

É certo que as comissões parlamentares de inquérito surgiram – assim como o próprio parlamento, tal como nós modernamente o entendemos – surgiram na Inglaterra. Todavia, a doutrina controverte sobre o momento desse surgimento.

Paulo Gustavo Gonet Branco noticia que:

> Se a doutrina converge em situar na Inglaterra o berço das Comissões Parlamentares de Inquérito, controverte-se sobre o momento em que teriam surgido. Há quem diga que a primeira comissão do gênero foi a que o Parlamento Britânico instituiu, em 1689, para investigar circunstâncias da guerra contra a Irlanda. Outros autores entendem que a comissão pioneira foi instituída ainda antes, em 1571, embora os trabalhos inquisitivos do legislador tenham, realmente, ganhado maior vulto depois de 1688, quando o Parlamento assumiu posição de supremacia na Inglaterra[1].

16.2. NATUREZA JURÍDICA

As comissões parlamentares de inquérito (CF, art. 58, § 3º), como o próprio nome já diz, são comissões, é dizer, órgãos fracionários do Congresso Nacional. Enquadram-se na categoria de comissões temporárias[2], visto funcionarem por prazo determinado.

Tais comissões exercem função típica do Legislativo (fiscalização) e têm natureza inquisitorial: não há, em regra, ampla defesa e contraditório em seu procedimento, embora o advogado do investigado possa acompanhá-lo, assessorá-lo e ter vista dos autos, em relação às provas já produzidas (por aplicação analógica da Súmula Vinculante 14[3]).

---

[1] BRANCO, Paulo Gustavo Gonet; MENDES, Gilmar Ferreira. *Curso de Direito Constitucional*. São Paulo: Saraiva, 2011. p. 883.
[2] HOLTHE, Leo Van. *Direito Constitucional*. Salvador: JusPodivm, 2010. p. 650.
[3] "É direito do defensor, no interesse do representado, ter acesso amplo aos elementos de prova que, já documentados em procedimento investigatório realizado por órgão com competência de polícia judiciária, digam respeito ao exercício do direito de *defesa*".

A doutrina parece divergir sobre a natureza jurídica do inquérito parlamentar. Denise Vargas sustenta que "não se configura como uma investigação penal, judicial nem administrativa", pois "possui natureza de investigação político-administrativa"[4]. Porém, não se pode desconhecer uma semelhança com a investigação de natureza criminal e civil (inquérito policial e inquérito civil).

Aliás, caso não se admita ao menos a semelhança do inquérito parlamentar com a investigação criminal, sequer se poderia cogitar da possibilidade de quebra (por decisão judicial) do sigilo das comunicações telefônicas para instruir apuração feita por CPI, pois o art. 5º, XII, da CF, só admite a interceptação telefônica "para fins de investigação criminal ou instrução processual penal".

A CPI instaura um inquérito parlamentar, de natureza política (e não especificamente criminal), embora guarde semelhança com (e possa ser equiparada a) uma investigação criminal. Ademais, não custa lembrar que o relatório final da comissão deve – se for o caso – ser remetido ao Ministério Público, para que o *Parquet* promova a responsabilização civil e criminal dos infratores.

Nesse mesmo sentido, Sérgio Valladão Ferraz sustenta que:

> Na sua função fiscalizadora, as CPIs fazem inquérito, produzindo provas para que se forme a convicção a respeito da ocorrência de ilícitos. Sua atuação é similar e paralela ao inquérito policial e à investigação feita pelo Ministério Público[5].

Dirley da Cunha Júnior também aponta a semelhança do inquérito parlamentar com o inquérito policial, embora ressalte a natureza política do primeiro:

> [As CPIs] São órgãos que instauram um procedimento administrativo de feição política, de cunho investigatório, semelhante ao inquérito policial e ao inquérito civil público. Distingue-se destes, todavia, não só em razão dos poderes de investigação que têm os seus membros (equiparados aos poderes de investigação dos juízes), como também em razão de as CPI's não assumirem necessariamente natureza preparatória de ações judiciais (...). Podem até servir de arrimo para ações penais e ações civis públicas, mas não necessariamente, reitere-se, haja vista que este não é o seu objetivo[6].

Em sentido diverso, defendendo a total distinção entre o inquérito parlamentar e as investigações de natureza criminal ou civil, Uadi Lammêgo Bulos afirma que:

> (...) enquanto o inquérito policial é deflagrado no primeiro instante da *persecutio criminis*, o inquérito parlamentar não. Apenas num segundo momento é que ele participa da persecução penal, por meio da remessa de suas conclusões ao Ministério Público. Só aí o *Parquet* irá desenvolver a *persecutio criminis*[7].

---

[4] VARGAS, Denise. *Manual de Direito Constitucional*. São Paulo: RT, 2010. p. 549.
[5] FERRAZ, Sérgio Valladão. *Curso de Direito Legislativo*. Rio de Janeiro: Campus/Elsevier, 2007. p. 40.
[6] CUNHA JÚNIOR, Dirley da. *Direito Constitucional*. Salvador: JusPodivm, 2009. p. 989.
[7] BULOS, Uadi Lammêgo. *Comissão Parlamentar de Inquérito: técnica e prática*. São Paulo: Saraiva, 2001. p. 9.

O Supremo Tribunal Federal, ao se manifestar sobre o tema, já teve a oportunidade de salientar a natureza *sui generis* do inquérito parlamentar, como demonstra precedente de relatoria do Ministro Celso de Mello:

> O inquérito parlamentar, realizado por qualquer CPI, qualifica-se como procedimento jurídico-constitucional revestido de autonomia e dotado de finalidade própria, circunstância esta que permite à Comissão legislativa – sempre respeitados os limites inerentes à competência material do Poder Legislativo e observados os fatos determinados que ditaram a sua constituição – promover a pertinente investigação, ainda que os atos investigatórios possam incidir, eventualmente, sobre aspectos referentes a acontecimentos sujeitos a inquéritos policiais ou a processos judiciais que guardem conexão com o evento principal objeto da apuração congressual. Doutrina. Precedente: MS n. 23.639-DF, Rel. Min. CELSO DE MELLO (Pleno)[8].

Em resumo:

Pode-se então afirmar que as comissões parlamentares de inquérito são órgãos fracionários do Poder Legislativo, de natureza temporária, e que instauram um procedimento investigatório de natureza política, embora possua alguns pontos de semelhança com as investigações criminais.

Questão de Concurso

(Cespe/Sefaz-AL/Auditor/2020) A atuação das comissões parlamentares de inquérito insere-se no âmbito da função fiscalizatória do Poder Legislativo, considerada função típica desse poder.

Gabarito comentado: Correto.
As CPIs inserem-se no âmbito de uma das funções típicas do Poder Legislativo (função fiscalizatória), juntamente com a fiscalização contábil (arts. 70 a 75) e com o poder de convocação de autoridades (art. 50). Vale recordar que, historicamente, antes mesmo de ter a prerrogativa de legislar, já era papel do Parlamento Inglês (modelo do Legislativo tal como nós hoje o entendemos) fiscalizar as finanças do Rei (exercer a função fiscalizatória).

16.3. OBJETO

De acordo com o art. 58, § 3º, do Texto Constitucional – fonte normativa básica de qualquer estudo acerca do tema – as comissões de inquérito devem ter por objeto a apuração de fato determinado. Claro está, portanto, que não se pode instaurar uma CPI com objeto genérico ou excessivamente amplo, como adverte a doutrina.

---

[8] STF, Pleno, MS n. 23.652/DF, Relator Ministro Celso de Mello, *DJ* de 16-2-2001. No mesmo sentido: "A existência de procedimento penal investigatório, em tramitação no órgão judiciário competente, não impede a realização de atividade apuratória por uma Comissão Parlamentar de Inquérito, ainda que seus objetos sejam correlatos, pois cada qual possui amplitude distinta, delimitada constitucional e legalmente, além de finalidades diversas. Precedentes" (STF, Pleno, HC n. 100.341/AM, Relator Ministro Joaquim Barbosa, *DJe* de 2-12-2010).

É de se registrar que o Regimento Interno da Câmara dos Deputados estabelece, no art. 35, § 1º, o que se entende por "fato determinado": "o acontecimento de relevante interesse para a vida pública e a ordem constitucional, legal, econômica e social do País, que estiver devidamente caracterizado no requerimento de constituição da Comissão".

Essa exigência de que se apure em fato determinado não impede, contudo, a ampliação do objeto da CPI, durante os trabalhos, caso se descubram fatos ilícitos conexos ao primitivo motivador das investigações[9]. Necessário se faz, porém, o aditamento ao pedido inicial de instauração da comissão[10].

16.3.1. Limites materiais ao inquérito parlamentar

Existem temas sobre os quais a CPI não pode debruçar-se, em respeito ao princípio federativo e à separação de poderes[11].

16.3.1.1. *Limites decorrentes da separação de poderes*

Não pode a CPI investigar decisões tipicamente (estritamente) jurisdicionais dos magistrados[12], sob de desrespeito à independência constitucional do julgador, e de indevida invasão da atividade típica do Judiciário[13]. Nada impede, todavia, a investigação de atos administrativos dos juízes, caso haja fundada suspeita de irregularidade.

Nesse sentido, a doutrina costuma afirmar que:

> O princípio da separação de Poderes constitui outro limite à ação das Comissões Parlamentares de Inquérito. O acervo de jurisprudência da Suprema Corte registra precedentes assentando que a CPI não pode investigar decisões judiciárias e as circunstâncias em que foram proferidas, embora os atos administrativos praticados pelos juízes estejam sob a esfera de sindicância dessas comissões[14].

Igualmente, não pode a CPI investigar eventuais ilícitos atribuídos ao Presidente da República, já que, como nota André Ramos Tavares, para esse tipo de apuração a Constituição exige um procedimento especial:

> (...) outro limite competencial diz respeito à investigação da Presidência da República, porque há a prerrogativa constitucional de que o Presidente da República só seja investigado na forma do art. 86 da CF, que exige a autorização de 2/3 (dois terços) da Câmara dos Deputados e o julgamento perante o STF (reserva de jurisdição total) ou perante o Senado (conforme o caso)[15].

---

[9] STF, Pleno, HC n. 100.341/AM, Relator Ministro Joaquim Barbosa, *DJe* de 2-12-2010.
[10] MORAES, Alexandre de. *Direito Constitucional*. São Paulo: Atlas, 2009. p. 424.
[11] Idem, ibidem, p. 425.
[12] STF, Pleno, HC n. 100.341/AM, Relator Ministro Joaquim Barbosa, *DJe* de 2-12-2010.
[13] "Comissão Parlamentar de Inquérito. Não se mostra admissível para investigação pertinente às atribuições do Poder Judiciário, relativas a procedimento judicial compreendido na sua atividade-fim (processo de inventário)" (STF, Pleno, HC n. 79.441/DF, Relator Ministro Octavio Galotti, *DJ* de 6-10-2000).
[14] BRANCO, Paulo Gustavo Gonet; MENDES, Gilmar. Op. cit., p. 895.
[15] TAVARES, André Ramos. *Curso de Direito Constitucional*. São Paulo: Saraiva, 2011. p. 1229.

"Essa questão voltou a ser analisada no âmbito da CPI da Covid-19, instalada no Senado Federal em 2021, em que se chegou a apresentar requerimento para ouvir o Presidente da República – algo que a doutrina majoritária considera inconstitucional".

16.3.1.2. *Limites relacionados à competência federativa*

Como uma *longa manus* do Legislativo, a comissão submete-se à mesma competência do órgão por ela integrado[16]. Assim, por exemplo, uma CPI do Congresso Nacional não pode investigar ato ilícito que afete apenas o erário estadual, e vice-versa.

De forma bastante didática, Dirley da Cunha Júnior explica que:

> (...) as Casas Legislativas da União, dos Estados-membros, do Distrito Federal e dos Municípios só podem investigar os fatos que se inserirem no âmbito de suas competências legislativas e materiais, não podendo umas se intrometerem nos assuntos confiados às outras. Sem a necessária competência, inexiste, por natural consequência, o poder de investigação[17].

Há precedentes do Supremo Tribunal Federal seguindo o mesmo norte[18]. Aliás, já se consignou, inclusive, que, em relação a autoridades federais, a CPI não possui poder de convocação para depor, podendo apenas convidar a testemunha (que não é, nesse caso, obrigada a comparecer)[19].

Na CPI da Covid-19, instalada no âmbito do Senado Federal em 2021, chegou-se a discutir a possibilidade de serem investigadas autoridades estaduais por possíveis desvios de verbas federais – o que parece mesmo cabível, por aplicação analógica do art. 71, VI, da CF, que atribui a fiscalização de tais recursos ao TCU.

16.4. MARCO NORMATIVO

O marco normativo básico no estudo das Comissões de Inquérito é, obviamente, o art. 58, § 3º, da CF. Apesar disso, esse mesmo dispositivo atribui às CPIs poderes de investigação próprios de autoridade judicial, "além de outros previstos nos regimentos das respectivas Casas".

Não há que se cogitar, porém, da existência de uma espécie de "reserva de regimento", de modo que esse tema só pudesse ser tratado por resolução (instrumento normativo adequado a veicular regras regimentais)[20]. Ao contrário: a jurisprudência do STF assevera que, em se tratando da regulamentação de direitos fundamentais (que podem, eventualmente, ser atingidos por decisões da CPI), a lei (ordinária ou complementar, conforme o caso) é o instrumento adequado para a normatização[21].

---

[16] STF, Primeira Turma, RHC n. 32.678/DF, Relator Ministro Mário Guimarães, *DJ* de 17-9-1953.
[17] CUNHA JÚNIOR, Dirley. Op. cit., p. 996. No mesmo sentido: BRANCO, Paulo Gustavo Gonet; MENDES, Gilmar Ferreira. Op. cit., p. 887.
[18] Confiram-se, por exemplo: Pleno, ACO 730/RJ, Relator Ministro Joaquim Barbosa, j. em 22-9-2004.
[19] STF, Presidência, SS 4147/SP, decisão do Ministro Gilmar Mendes, *DJe* de 30-3-2010.
[20] De forma minoritária, Luiz Carlos dos Santos Gonçalves defende que somente por regimento pode ser tratado o tema. CUNHA JÚNIOR, Dirley. Op. cit., p. 992.
[21] Confira-se, por exemplo, o voto do Ministro Marco Aurélio na citada ACO n. 730/RJ.

Com base nisso, utiliza-se, na definição dos poderes e do funcionamento da CPI, a Lei Complementar n. 105/2001 (que trata sobre sigilo bancário) e, principalmente, a Lei n. 1.579/52, que "[d]ispõe sobre as Comissões Parlamentares de Inquérito".

Autores há que defendem não ter sido esse diploma legal recebido pela Constituição em vigor[22]. Também há quem entenda que a Lei n. 1.579/52 só foi recepcionada na parte em que tipifica infrações criminais[23]. Entretanto, A maioria da doutrina considera que tal norma foi recepcionada, pois nada tem de incompatível com o atual regramento constitucional. Na jurisprudência, o Supremo Tribunal Federal não só aplica com tranquilidade a Lei citada, como a faz prevalecer, em determinados temas, até mesmo sobre regras regimentais[24].

A Lei n. 13.367, de 2016, modificou alguns pontos da antiga Lei de CPI, inclusive para adaptá-la à CF de 1988 e à jurisprudência do STF.

16.5. CRIAÇÃO

A criação da CPI depende de requerimento subscrito por 1/3 dos Deputados, ou dos Senadores ou de ambos, em caso de CPMI (comissão parlamentar mista de inquérito).

Trata-se, como já decidiu o STF, de um direito subjetivo das minorias, de modo que, havendo o número mínimo de assinaturas e fato determinado, a instauração da CPI é ato vinculado.

Nesse sentido, é histórico o julgamento do MS n. 26.441/DF, de relatoria do Ministro Celso de Mello, julgado cuja ementa – não obstante longa – esmiúça a questão:

> MANDADO DE SEGURANÇA – QUESTÕES PRELIMINARES REJEITADAS – PRETENDIDA INCOGNOSCIBILIDADE DA AÇÃO MANDAMENTAL, PORQUE DE NATUREZA 'INTERNA CORPORIS O ATO IMPUGNADO – POSSIBILIDADE DE CONTROLE JURISDICIONAL DOS ATOS DE CARÁTER POLÍTICO, SEMPRE QUE SUSCITADA QUESTÃO DE ÍNDOLE CONSTITUCIONAL – O MANDADO DE SEGURANÇA COMO PROCESSO DOCUMENTAL E A NOÇÃO DE DIREITO LÍQUIDO E CERTO – NECESSIDADE DE PROVA PRÉ-CONSTITUÍDA – CONFIGURAÇÃO, NA ESPÉCIE, DA LIQUIDEZ DOS FATOS SUBJACENTES À PRETENSÃO MANDAMENTAL – COMISSÃO PARLAMENTAR DE INQUÉRITO – DIREITO DE OPOSIÇÃO – PRERROGATIVA DAS MINORIAS PARLAMENTARES – EXPRESSÃO DO POSTULADO DEMOCRÁTICO – DIREITO IMPREGNADO DE ESTATURA CONSTITUCIONAL – INSTAURAÇÃO DE INQUÉRITO PARLAMENTAR E COMPOSIÇÃO DA RESPECTIVA CPI – IMPOSSIBILIDADE DE A MAIORIA PARLAMENTAR FRUSTRAR, NO ÂMBITO DE QUALQUER DAS CASAS DO CONGRESSO NACIONAL, O EXERCÍCIO, PELAS MINORIAS LEGISLATIVAS, DO DIREITO CONSTITUCIONAL À INVESTIGAÇÃO PARLAMENTAR (CF, ART. 58, § 3º) – MANDADO DE SEGURANÇA CONCEDIDO. O ESTATU-

---

[22] Caso, por exemplo, de José Afonso da Silva, como noticia Denise Vargas. VARGAS, Denise. Op. cit., p. 549.
[23] Posição adotada por Luiz Carlos dos Santos Gonçalves.
[24] STF, Pleno, HC n. 71.261/RJ, Relator Ministro Sepúlveda Pertence, *DJ* de 24-6-1994.

TO CONSTITUCIONAL DAS MINORIAS PARLAMENTARES: A PARTICIPAÇÃO ATIVA, NO CONGRESSO NACIONAL, DOS GRUPOS MINORITÁRIOS, A QUEM ASSISTE O DIREITO DE FISCALIZAR O EXERCÍCIO DO PODER.

Existe, no sistema político-jurídico brasileiro, um verdadeiro estatuto constitucional das minorias parlamentares, cujas prerrogativas – notadamente aquelas pertinentes ao direito de investigar – devem ser preservadas pelo Poder Judiciário, a quem incumbe proclamar o alto significado que assume, para o regime democrático, a essencialidade da proteção jurisdicional a ser dispensada ao direito de oposição, analisado na perspectiva da prática republicana das instituições parlamentares. – A norma inscrita no art. 58, § 3º, da Constituição da República destina-se a ensejar a participação ativa das minorias parlamentares no processo de investigação legislativa, sem que, para tanto, mostre-se necessária a concordância das agremiações que compõem a maioria parlamentar. – O direito de oposição, especialmente aquele reconhecido às minorias legislativas, para que não se transforme numa prerrogativa constitucional inconseqüente, há de ser aparelhado com instrumentos de atuação que viabilizem a sua prática efetiva e concreta no âmbito de cada uma das Casas do Congresso Nacional. – A maioria legislativa não pode frustrar o exercício, pelos grupos minoritários que atuam no Congresso Nacional, do direito público subjetivo que lhes é assegurado pelo art. 58, § 3º, da Constituição e que lhes confere a prerrogativa de ver efetivamente instaurada a investigação parlamentar, por período certo, sobre fato determinado. Precedentes: MS 24.847/DF, Rel. Min. CELSO DE MELLO, v.g. – A ofensa ao direito das minorias parlamentares constitui, em essência, um desrespeito ao direito do próprio povo, que também é representado pelos grupos minoritários que atuam nas Casas do Congresso Nacional.

REQUISITOS CONSTITUCIONAIS PERTINENTES À CRIAÇÃO DE COMISSÃO PARLAMENTAR DE INQUÉRITO (CF, ART. 58, § 3º): CLÁUSULA QUE AMPARA DIREITO DE CONTEÚDO EMINENTEMENTE CONTRA-MAJORITÁRIO.

A instauração de inquérito parlamentar, para viabilizar-se no âmbito das Casas legislativas, está vinculada, unicamente, à satisfação de três (03) exigências definidas, de modo taxativo, no texto da Lei Fundamental da República: (1) subscrição do requerimento de constituição da CPI por, no mínimo, 1/3 dos membros da Casa legislativa, (2) indicação de fato determinado a ser objeto da apuração legislativa e (3) temporariedade da comissão parlamentar de inquérito. Precedentes do Supremo Tribunal Federal: MS 24.831/DF, Rel. Min. CELSO DE MELLO, v.g. – O requisito constitucional concernente à observância de 1/3 (um terço), no mínimo, para criação de determinada CPI (CF, art. 58, § 3º), refere-se à subscrição do requerimento de instauração da investigação parlamentar, que traduz exigência a ser aferida no momento em que protocolado o pedido junto à Mesa da Casa legislativa, tanto que, "depois de sua apresentação à Mesa", consoante prescreve o próprio Regimento Interno da Câmara dos Deputados (art. 102, § 4º), não mais se revelará possível a retirada de qualquer assinatura. – Preenchidos os requisitos constitucionais (CF, art. 58, § 3º), impõe-se a criação da Comissão Parlamentar de Inquérito, que não depende, por isso mesmo, da vontade aquiescente da maioria legislativa. Atendidas tais exigências (CF, art. 58, § 3º), cumpre, ao Presidente da Casa legislativa, adotar os procedimentos subsequentes e necessários à efetiva instalação da CPI, não se revestindo de legitimação constitucional o ato que busca submeter, ao Plenário da Casa legislativa, quer por intermédio de formulação de Questão de Ordem, quer mediante interposição de recurso ou utilização de qualquer outro meio regimental, a criação de qualquer comissão parlamentar de inquérito. – A prerrogativa institucional de investigar, deferida ao Parlamento (especialmente aos grupos minoritários que atuam no âmbito dos corpos legislativos), não pode ser comprometida pelo bloco majoritário existente no Congresso Nacional, que não dispõe de qualquer parcela de poder para deslocar, para o Plenário das Casas legislativas, a decisão final sobre a efetiva criação de determinada CPI, sob pena de frustrar e nulificar, de modo inaceitável e arbitrário, o exercício, pelo Legislativo (e pelas minorias que o integram), do poder constitucional de fiscalizar e de investigar o comportamento dos órgãos, agentes e instituições do Estado, notadamente daqueles que se estruturam na esfera orgânica do Poder Executivo. – A rejeição de ato de criação de Comissão Parlamentar de Inquérito, pelo Plenário da Câmara dos Deputados, ainda que por expressiva votação majoritária, proferida em sede de recurso interposto por Líder de partido político que compõe a maioria congressual, não tem o condão de justificar a frustração do direito de investigar que a própria Constituição da República outorga às minorias que atuam nas Casas do Congresso Nacional"[25].

Não é por outro motivo que se aponta ser inconstitucional condicionar a efetiva criação e instalação da CPI à aprovação do Plenário da Casa Legislativa, como já decidiu a Corte Suprema[26].

16.6. PRAZO

Como comissão temporária que é, a CPI não pode durar indefinidamente. A própria Constituição impõe que o funcionamento se dê por "prazo certo". Só não especifica que prazo é esse.

Instado a se manifestar, o Supremo Tribunal Federal entendeu que pode o Regimento Interno estabelecer prazo de funcionamento da CPI, embora, em se tratando de matéria que afeta direitos fundamentais (inclusive a segurança jurídica), a sede mais adequada seja a lei. Justamente por isso, declarou-se a recepção do art. 5º, § 2º, da Lei n. 1.579/52, segundo o qual "A incumbência da Comissão Parlamentar de Inquérito termina com a sessão legislativa em que tiver sido outorgada, salvo deliberação da respectiva Câmara, prorrogando-a dentro da Legislatura em curso".

Eis a ementa do julgado, na parte que aqui nos interessa:

> Comissão Parlamentar de Inquérito: prazo certo de funcionamento: antinomia aparente entre a lei e o regimento interno da Câmara dos Deputados: conciliação.
>
> 1. Eventual antinomia entre preceitos de lei e de regimento interno das câmaras legislativas, na maioria das vezes, não se resolve como questão de hierarquia ou de

---

[25] STF, Pleno, MS n. 26.441/DF, Relator Ministro Celso de Mello, *DJe* de 17-12-2009.
[26] STF, Pleno, ADI n. 3.619/SP, Relator Ministro Eros Grau, *DJ* de 20-4-2007.

conflito intertemporal de normas, mas, sim, mediante a prévia demarcação, à luz de critérios constitucionais explícitos ou implícitos, dos âmbitos materiais próprios a cada uma dessas fontes normativas concorrentes.

(...) 3. A duração do inquérito parlamentar – com o poder coercitivo sobre particulares, inerentes a sua atividade instrutória e à exposição da honra e da imagem das pessoas a desconfianças e conjecturas injuriosas – é um dos pontos de tensão dialética entre a CPI e os direitos individuais, cuja solução, pela limitação temporal do funcionamento do órgão, antes se deve entender matéria apropriada a lei do que aos regimentos: donde, a recepção do art. 5., par. 2., da Lei n. 1579/52, que situa, no termo final de legislatura em que constituída, o limite intransponível de duração, ao qual, com ou sem prorrogação do prazo inicialmente fixado, se há de restringir a atividade de qualquer comissão parlamentar de inquérito.

4. A disciplina da mesma matéria pelo regimento interno diz apenas com as conveniências de administração parlamentar, das quais cada câmara é o juiz exclusivo, e da qual, por isso – desde que respeitado o limite máximo fixado em lei, o fim da legislatura em curso –, não decorrem direitos para terceiros, nem a legitimação para questionar em juízo sobre a interpretação que lhe de a Casa do Congresso Nacional.

5. Consequente inoponibilidade pelo particular, intimado a depor pela CPI, da alegada contrariedade ao art. 35, par. 3., do Regimento da Câmara dos Deputados pela decisão plenária que, dentro da legislação, lhe concedeu segunda prorrogação de 60 dias ao prazo de funcionamento inicialmente fixado em 120 dias[27].

Perceba-se que a Corte não decidiu propriamente pela prevalência da disposição legal em detrimento da norma regimental: apenas buscou compatibilizá-las.

Assim, chega-se à conclusão de que o Regimento Interno de cada Casa pode estabelecer o prazo de duração da CPI, prazo esse que é inclusive passível de prorrogação (ou de várias prorrogações sucessivas[28]), desde que respeitada a exigência legal de que jamais se ultrapasse a legislatura – é dizer, uma CPI instaurada em uma legislatura não pode ultrapassá-la.

Nada impede, porém, que, havendo interesse político, a nova legislatura crie nova CPI, com a finalidade de investigar os mesmos fatos que eram objeto de apuração pela comissão extinta.

Registre-se, ainda, a posição de Sérgio Valladão Ferraz, defendendo que "para a prorrogação exige-se o mesmo requisito da criação da CPI, ou seja, novo requerimento de um terço dos membros da Casa respectiva"[29].

Em resumo:

Podemos afirmar que o "prazo certo" a que se refere o art. 58, § 3º, da CF, deve ser definido no regimento interno. Esse lapso pode, inclusive, ser objeto de inúmeras prorrogações, desde que a comissão não ultrapasse a duração da própria legislatura em que foi criada.

---

[27] STF, Pleno, HC n. 71.261/RJ, Relator Ministro Sepúlveda Pertence, *DJ* de 24-6-1994.
[28] BRANCO, Paulo Gustavo Gonet; MENDES, Gilmar Ferreira. Op. cit., p. 889.
[29] FERRAZ, Sérgio Valladão. Op. cit., p. 43.

16.7. DECISÕES

Sendo comissão, a CPI atua de forma necessariamente colegiada. Embora possa o regimento interno atribuir poderes específicos ao Presidente, ao Relator e até, em tese, aos membros (isoladamente), é certo que as decisões devem, em regra, atentar à regra de quórum contida no art. 47 da CF.

Trata-se do chamado "princípio da colegialidade", como ensina Sérgio Valladão Ferraz:

> Sendo órgãos colegiados, as decisões da CPI que envolvam a restrição a direitos, em especial aqueles diretamente ligados à investigação, devem ser tomadas por maioria simples (...), atendendo à regra geral insculpida no art. 47. Isto é, os membros individuais das CPIs não possuem, em si mesmos, os poderes inerentes à comissão, que só os maneja na condição de comissão, colegiadamente, pela decisão da maioria constitucionalmente determinada para a matéria – o que muitos autores designam por "princípio da colegialidade"[30].

As decisões devem, ademais, ser fundamentadas, mormente quando importem restrição a direito fundamental (decretação de quebra de sigilo, por exemplo). Essa condição, amplamente ressaltada na jurisprudência, é explicada por André Ramos Tavares:

> Já que lhe foi atribuída essa capacidade [investigação com poderes próprios de autoridade judicial], deverá também a CPI observar os limites e as condições pertinentes às decisões judiciais, v.g., o dever de fundamentar a decisão (art. 93, IX, da CF) ou de guardar sigilo, quando necessário[31].

16.8. PODERES

A comissão possui, diz a Constituição, poderes de investigação próprios de autoridade judicial (CF, art. 58, § 3º). Todavia, aqui nitidamente a lei disse mais do que queria, uma vez que a própria Carta Magna prevê hipóteses da chamada "reserva de jurisdição", ou seja, decisões exclusivas do Judiciário (art. 5º, XI, XII, XIX, LXI etc.).

Pode-se então afirmar que a CPI possui mais poderes que os órgãos policiais, por exemplo, e prerrogativas instrutórias[32] similares às de órgão judicial, excetuadas as matérias cobertas pela reserva de jurisdição.

Analisemos, ora em diante, os poderes de que pode lançar mão a CPI.

16.8.1. Convocação de testemunha

A CPI pode, por iniciativa e ato próprio, convocar testemunha para depor. A pessoa convocada será obrigada a comparecer, pois não se trata de mero convite. Obviamente, essa

---

[30] FERRAZ, Sérgio Valladão. Op. cit., p. 42.
[31] TAVARES, André Ramos. Op. cit., p. 1230.
[32] A doutrina anota a impropriedade de se falar em "poderes de investigação" de autoridade judicial. Realmente, no Brasil, com a adoção do sistema acusatório (que prevê nítida distinção entre o órgão julgador e o órgão acusador), não existe juiz investigador: quem investiga é a polícia ou, excepcionalmente, o Ministério Público. Onde se fala de "poderes de investigação", leia-se, portanto, "poderes de instrução". Cf., por todos, MORAES, Alexandre de. Op. cit., p. 427.

possibilidade deve ser entendida dentro dos limites de competência da CPI (autoridade federal, como já vimos, não pode ser convocada – mas apenas convidada – para depor em CPI[33]).

Caso a testemunha deixe de comparecer, sem apresentar plausível justificativa, pode a CPI – sem a necessidade de intervenção judicial – determinar a condução coercitiva (mediante o uso da força). É a posição da doutrina majoritária: podemos citar, por exemplo, Sérgio Valladão Ferraz[34], Paulo Gustavo Gonet Branco[35], Alexandre de Moraes[36], Leo Van Holthe[37] e Eduardo Meira Zauli[38]. É também a tese esposada pela jurisprudência do STF[39]. A nova redação do § 1º do art. 3º da Lei de CPI, dada pela Lei n. 13.367, e 2016, contudo, reacendeu a polêmica sobre a condução coercitiva de testemunhas, pois dá a entender que, em caso de comparecimento não justificado, poderia (apenas) a CPI comunicar tal fato ao juízo competente.

Esse poder de convocar testemunhas (e inclusive realizar acareações) deve obedecer às mesmas formalidades previstas no Código de Processo Penal, quando regulamenta a intimação feita por ordem judicial. Justamente por conta disso, Paulo Gustavo Gonet Branco afirma que:

> (...) a convocação de testemunhas e de indiciados deve ser feita pelo modo prescrito nos dispositivos do Código de Processo Penal sobre o chamamento de indivíduos para participar do processo. Por isso, disse o STF 'não ser viável a intimação por via postal ou por via de comunicação telefônica. [Ela] deve ser feita pessoalmente (HC n. 71.421, despacho do Ministro Celso de Mello no *DJ* de 3-5-1994).
>
> (…) admitiu-se que a CPI convoque a Brasília quem não reside na Capital, indicando-se, contudo, que 'os custos de tal deslocamento devem correr por conta do órgão que convocou [a testemunha]' (HC-MC n. 87.230, *DJ* de 28-11-2005, Rel. Min. Joaquim Barbosa).
>
> O privilégio de que gozam certas autoridades de, no processo penal, marcar dia e hora para serem inquiridos também deve ser observado pela CPI"[40].

Não custa lembrar que a testemunha tem o dever de falar a verdade sobre os fatos de que tenha conhecimento. O descumprimento desse dever importa, em tese, no cometimento do delito previsto no art. 4º, II, da Lei n. 1.579/52, que dispõe: "Constitui

---

[33] STF, Presidência, SS n. 4147/SP, decisão do Ministro Gilmar Mendes, DJe de 30.03.2010.
[34] FERRAZ, Sérgio Valladão. Op. cit., p. 44.
[35] BRANCO, Paulo Gustavo Gonet; MENDES, Gilmar Ferreira. Op. cit., p. 892. O autor acrescenta que "por isso mesmo, o STF admite, em tese, a impetração de *habeas corpus* contra intimação para depor em CPI".
[36] MORAES, Alexandre de. Op. cit., p. 427.
[37] HOLTHE, Leo Van. Op. cit., p. 652-653.
[38] ZAULI, Eduardo Meira. Judicialização da política, Poder Judiciário e Comissões Parlamentares de Inquérito no Brasil. In: *Revista de Informação Legislativa*. Brasília: ano 47, n. 185, jan./mar. 2010, p. 18.
[39] Nesse sentido, por exemplo: 1) STF, Pleno, HC n. 71.261/RJ, Relator Ministro Sepúlveda Pertence, *DJ* de 24.06.1994; 2) HC n. 71.039/RJ, Relator Ministro Paulo Brossard, *DJ* de 06-12-1996; 3) HC n. 79.244-8/DF (decisão monocrática do Relator, Ministro Sepúlveda Pertence); 4) Presidência, SS n. 4147/SP, decisão do Ministro Gilmar Mendes, *DJe* de 30-3-2010.
[40] BRANCO, Paulo Gustavo Gonet; MENDES, Gilmar Ferreira. Op. cit., p. 891.

crime: (...) II – fazer afirmação falsa, ou negar ou calar a verdade como testemunha, perito, tradutor ou intérprete, perante a Comissão Parlamentar de Inquérito".

Apesar desse dispositivo, existem situações que isentam do dever de falar a verdade, de modo que eventual silêncio – ou mesmo negação de fatos verídicos[41] – pode não configurar crime.

Assim, mesmo a testemunha compromissada não está obrigada a narrar fatos que a incriminem[42] (direito à não autoincriminação e direito ao silêncio, normalmente afetos apenas ao investigado, por ser estendidos, nessa situação). O advogado intimado a depor como testemunha, embora obrigado a comparecer, não pode ser coagido a contar fatos cobertos pelo sigilo profissional[43]. Do mesmo modo, o jornalista não pode ser obrigado a quebrar o sigilo da fonte (CF, art. 5º, XIV)[44].

Embora qualquer pessoa tenha capacidade para ser testemunha (CPP, art. 202), mas as pessoas da família do investigado não são obrigadas a prestar compromisso de falar a verdade: falam apenas como depoentes (CPP, art. 206), não como testemunhas, na acepção própria do termo.

16.8.2. Decretação de busca e apreensão

A busca e apreensão (CPP, art. 240), em geral, até pode ser decretada pela CPI[45]. Porém, não pode o órgão investigador determinar a realização de busca e apreensão *domiciliar*, pois a inviolabilidade do domicílio (em sentido amplo, abrangendo até mesmo quarto de hotel ocupado e estabelecimento profissional privado: CP, art. 150, § 3º) está protegida constitucionalmente com expressa reserva de jurisdição (CF, art. 5º, XI)[46].

16.8.3. Quebra de sigilo telefônico (dados)

As CPIs podem quebrar o sigilo telefônico do acusado (acesso à lista de ligações), mas não podem quebrar o sigilo das *comunicações* telefônicas (interceptação telefônica), pois essa última hipótese encontra-se sob reserva de jurisdição.

---

[41] "O réu tem o direito constitucional de permanecer calado (CF, art. 5º, LXIII), tem direito ao silêncio, direito de permanecer calado – e, óbvio, esse silêncio não pode ser interpretado em prejuízo da defesa, como decorrência do direito de não produzir provas contra si mesmo. O STF considera, inclusive, que o acusado pode até mesmo mentir acerca do fato criminoso, de negar a verdade, sem que com isso cometa qualquer irregularidade, pois a defesa tem de ser ampla. Advirta-se que é diferente a situação da testemunha, a qual tem o dever de dizer a verdade e responder a todas as perguntas que lhe são feitas, sob pena de cometer o delito de falso testemunho (CP, art. 342)" (CAVALCANTE FILHO, João Trindade. *Roteiro de Direito Constitucional*. Brasília: Grancursos, 2011. p. 287). STF, Pleno, HC n. 68.929, Relator Ministro Celso de Mello, *RTJ* 141/512.

[42] TAVARES, André Ramos. Op. cit., p. 1228. No mesmo sentido: 1) BRANCO, Paulo Gustavo Gonet; MENDES, Gilmar Ferreira. Op. cit., p. 893; 2) HOLTHE, Leo Van. Op. cit., p. 652-653; 3) MORAES, Alexandre de. Op. cit., p. 429.

[43] BRANCO, Paulo Gustavo Gonet; MENDES, Gilmar Ferreira. Op. cit., p. 894. Igualmente: STF, Pleno, HC n. 71.231/RJ, Relator Ministro Carlos Velloso, *DJ* de 31-10-1996.

[44] Idem, ibidem, p. 894.

[45] STF, Pleno, HC n. 71.039/RJ, Relator Ministro Paulo Brossard, *DJ* de 6-12-1996.

[46] MORAES, Alexandre de. Op. cit., p. 428.

Consulte-se, por exemplo, a lição de Denise Vargas:

> O sigilo das comunicações telefônicas não se confunde com o sigilo telefônico. Este envolve o extrato das ligações (hora, duração, origem, destino). Aquele envolve o teor da conversa telefônica (voz).
>
> (...) A quebra do sigilo telefônico tem sido aceita quando realizada, dentro dos limites da proporcionalidade, pelo Judiciário, pelas Comissões Parlamentares de Inquérito e por requisição do Ministério Público[47].

No mesmo norte, a jurisprudência vem alertando que:

> (...) A quebra do sigilo fiscal, bancário e telefônico de qualquer pessoa sujeita a investigação legislativa pode ser legitimamente decretada pela Comissão Parlamentar de Inquérito, desde que esse órgão estatal o faça mediante deliberação adequadamente fundamentada e na qual indique, com apoio em base empírica idônea, a necessidade objetiva da adoção dessa medida extraordinária. Precedente: MS n. 23.452-RJ, Rel. Min. CELSO DE MELLO (Pleno).
>
> PRINCÍPIO CONSTITUCIONAL DA RESERVA DE JURISDIÇÃO E QUEBRA DE SIGILO POR DETERMINAÇÃO DA CPI.
>
> – O princípio constitucional da reserva de jurisdição – que incide sobre as hipóteses de busca domiciliar (CF, art. 5º, XI), de interceptação telefônica (CF, art. 5º, XII) e de decretação da prisão, ressalvada a situação de flagrância penal (CF, art. 5º, LXI) – não se estende ao tema da quebra de sigilo, pois, em tal matéria, e por efeito de expressa autorização dada pela própria Constituição da República (CF, art. 58, § 3º), assiste competência à Comissão Parlamentar de Inquérito, para decretar, sempre em ato necessariamente motivado, a excepcional ruptura dessa esfera de privacidade das pessoas[48].

Em resumo:

CPI pode quebrar *sigilo telefônico*, mas não pode quebrar sigilo das *comunicações* telefônicas.

16.8.4. Quebra de sigilo bancário e fiscal

Como se colhe do precedente citado pouco acima, a CPI pode quebrar, por decisão sua, sigilo bancário e fiscal. Aliás, a Lei Complementar n. 105/2001 autoriza expressamente essa decretação (art. 4º[49]). André Ramos Tavares adverte, com percuciência, que essa prerrogativa

---

[47] VARGAS, Denise. *Manual de Direito Constitucional*. São Paulo: RT, 2010. p. 337.
[48] STF, Pleno, MS n. 23.652/DF, Relator Ministro Celso de Mello, *DJ* de 16-2-2001.
[49] "O Banco Central do Brasil e a Comissão de Valores Mobiliários, nas áreas de suas atribuições, e as instituições financeiras fornecerão ao Poder Legislativo Federal as informações e os documentos sigilosos que, fundamentadamente, se fizerem necessários ao exercício de suas respectivas competências constitucionais e legais.

abrange até mesmo dados de administradoras de cartões de crédito, nos termos do art. 1º, § 1º, da mesma Lei[50].

16.8.5. Prisão em flagrante

A CPI não pode decretar prisão, a não ser em caso de flagrante delito, quando qualquer pessoa do povo pode fazê-lo (CPP, art. 301). Realmente, a Constituição estabelece que *"ninguém será preso senão em* flagrante delito ou *por ordem escrita e fundamentada de autoridade* judiciária *competente"* (art. 5º, LXI). Sendo assim, a CPI não pode determinar nenhuma prisão cautelar (preventiva, temporária). Pode apenas, reitere-se, determinar a prisão em flagrante (pelos delitos de falso testemunho ou desacato, por exemplo).

Sérgio Valladão Ferraz entende que a prisão, porém, é decretada pelo Parlamentar (pessoa física), e não propriamente pela comissão[51].

16.8.6. Impossibilidade de decretar medidas cautelares

O poder de investigar não se confunde com o poder cautelar. Aquele é deferido à CPI por expresso mandamento constitucional. Este configura monopólio jurisdicional, está sob reserva de jurisdição.

Como explica Dirley da Cunha Júnior:

> Esses poderes de investigação (...) não se confundem com a adoção de medidas cautelares. Enquanto estas visam a assegurar o resultado útil do processo ou procedimento ou até mesmo o êxito da investigação, aqueles objetivam levantar informações para a demonstração de uma dada situação. Essa distinção é importante, porque a Carta Magna só autoriza as CPI's a exercerem os poderes de investigação das autoridades judiciais, não as medidas cautelares de incumbência destas, muito menos outras que importam em processar e julgar[52].

Dessa maneira, a CPI não tem poder de decretar bloqueio ou indisponibilidade de bens do investigado (sequestro, arresto, especialização de hipoteca legal ou outros procedimentos cautelares previstos no CPP)[53]; nem para determinar prisão domiciliar (ou outras prisões cautelares), nem mesmo as cautelares previstas no art. 319 do CPP.

---

§ 1º As comissões parlamentares de inquérito, no exercício de sua competência constitucional e legal de ampla investigação, obterão as informações e documentos sigilosos de que necessitarem, diretamente das instituições financeiras, ou por intermédio do Banco Central do Brasil ou da Comissão de Valores Mobiliários.

§ 2º As solicitações de que trata este artigo deverão ser previamente aprovadas pelo Plenário da Câmara dos Deputados, do Senado Federal, ou do plenário de suas respectivas comissões parlamentares de inquérito".

[50] TAVARES, André Ramos. Op. cit., p. 1228.
[51] FERRAZ, Sérgio Valladão. Op. cit., p. 45.
[52] CUNHA JÚNIOR, Dirley da. Op. cit., p. 993.
[53] STF, Pleno, MS n. 23.480/RJ, Relator Ministro Sepúlveda Pertence, *DJ* de 15-9-2000.

16.8.6.1. Procedimento para requerer cautelares

A questão que aqui se desenha é a seguinte: já que não pode decretar medidas cautelares, a CPI pode requerê-las diretamente ao Judiciário? A resposta afirmativa se impõe.

Em primeiro lugar, porque o Código de Processo Penal admite que as medidas cautelares sejam decretadas até mesmo de ofício pelo Juiz[54] (CPP, art. 282, § 1º[55]); ou a requerimento do Ministério Público, do ofendido ou da autoridade policial (por exemplo, arts. 127, 133). Ora, admitir-se a possibilidade de a Polícia requerer diretamente medidas cautelares ao Juiz, mas alijar a CPI desse poder revelaria contradição insanável, segundo entendemos.

> Ademais, essa é a posição da doutrina majoritária. Sérgio Valladão Ferraz, por exemplo, defende que: "*As medidas cautelares estão sob reserva de jurisdição, exclusivas dos juízes. Por isso, se forem essenciais,* as CPIs devem solicitá-las aos juízes"[56]. Idêntico é o entendimento de Alexandre de Moraes, como se colhe do trecho seguinte: "*Nessas hipóteses [reserva de jurisdição], as CPIs carecem de competência constitucional para a prática desses atos,* devendo solicitá-los ao órgão jurisdicional competente"[57].

Com o mesmo teor encontramos manifestações de Ministros do STF. Por exemplo: no julgamento da ACO n. 730/RJ (Relator Ministro Joaquim Barbosa), os Ministros Carlos Velloso (hoje aposentado) e Cezar Peluso deixaram clara tal posição. O Ministro Velloso afirmou que a CPI "*se deve dirigir à autoridade Judiciária para quebra do sigilo*". Já o Ministro Peluso asseverou que "*ninguém nega o poder [da CPI] de investigar; basta requerer ao Judiciário autorização para quebra do sigilo*".

Dessas manifestações colhe-se, portanto, a possibilidade de requerimento direto pela CPI ao poder Judiciário com o fim de que este decrete medidas cautelares. Esse entendimento restou positivado no art. 3º-A da Lei de CPI, incluído pela Lei n. 13.367, de 2016.

Questão de Concurso

FGV – TJ-PR – Juiz Substituto – 2021) No âmbito da Assembleia Legislativa do Estado Alfa, foi instaurada Comissão Parlamentar de Inquérito (CPI), norteada pelas seguintes diretrizes: (1) o objetivo era identificar as razões pelas quais as vias terrestres do bairro central da capital estavam constantemente engarrafadas, o que, ao ver dos parlamentares, prejudicava sobremaneira a atuação do Poder Legislativo estadual; (2) foi ainda determinada a interceptação das comunicações telefônicas dos agentes envolvidos; e (3) foi expedido, pela CPI, mandado de busca e apreensão dos documentos objeto da investigação que se encontravam em poder de particulares. Considerando que todas as deliberações tomadas pela referida CPI foram fundamentadas, é correto afirmar que:

---

[54] STJ, Corte Especial, MC n. 18.145/AP, Relator Ministro João Otávio de Noronha.
[55] "As medidas cautelares serão decretadas pelo juiz, de ofício ou a requerimento das partes ou, quando no curso da investigação criminal, por representação da autoridade policial ou mediante requerimento do Ministério Público".
[56] FERRAZ, Sérgio Valladão. Op. cit., p. 45.
[57] MORAES, Alexandre de. Op. cit., p. 430.

a) apenas o item 1 é compatível com a ordem constitucional;
b) apenas os itens 1 e 2 são compatíveis com a ordem constitucional;
c) os itens 1, 2 e 3 são compatíveis com a ordem constitucional;
d) apenas os itens 2 e 3 são compatíveis com a ordem constitucional;
e) os itens 1, 2 e 3 são incompatíveis com a ordem constitucional.

Gabarito comentado: E (CPI estadual não pode investigar tema de competência municipal, como é a questão local dos engarrafamentos; não pode determinar interceptação telefônica, por ser questão submetida à reserva de jurisdição, conforme art. 5º, XII, da CF; e, pelo mesmo motivo, não pode determinar busca e apreensão)

16.9. CPIS EM ÂMBITO ESTADUAL

Em alguns julgados, o Supremo Tribunal Federal delineou alguns aspectos sobre a necessidade de observância pelos Estados dos parâmetros federais de criação das CPIs, bem como afirmou o poder das comissões estaduais de inquérito de decretar a quebra de sigilo bancário dos investigados.

Todavia, a doutrina não costuma enfrentar esses temas com profundidade. E, mesmo no âmbito da jurisdição constitucional, os precedentes nem sempre se pautam em fundamentação aprofundada.

Nesse ponto de nosso trabalho, serão analisados dois aspectos centrais: os requisitos para a criação das comissões e os poderes de que são investidas.

16.9.1. Relação entre federalismo e democracia

Todo estudo que toque a questão federalista deve ter por embasamento duas observações.

Uma, a de Konrad Hesse, para quem o federalismo é uma forma de assegurar a democracia, uma vez que o reconhecimento dos poderes locais é uma forma de aproximar o cidadão e a comunidade das esferas públicas de governo[58].

Outra, a de Raul Machado Horta, que assegura deverem ser reconhecidos aos Estados-membros toda a autonomia possível, dentro dos princípios estabelecidos na Constituição Federal.

16.9.2. Requisitos para a criação de CPIs estaduais

O art. 58, §3º, da Constituição Federal, estabelece que, para a criação de CPIs em âmbito federal, é necessário o apoio de 1/3 dos Deputados Federais ou Senadores (ou ambos, no caso de CPI mista). A questão principal consiste em saber se essa regra é de observância obrigatória para os Estados-membros.

Boa parte das Constituições Estaduais repete, *mutatis mutandi*, os termos da Constituição Federal. É o caso, por exemplo, da Constituição do Acre (art. 49, §3º)[59], de Minas Gerais

---

[58] HESSE, Konrad. *Elementos de Direito Constitucional da República Federal da Alemanha*. Porto Alegre: Sergio Antonio Fabris, 1998. p. 113.

[59] Uma questão interessante na Constituição acreana é a constitucionalização da regra de limitação ao número de CPIs simultâneas (art. 48, §6º, III), regra que não consta da Constituição Federal, mas apenas do Regimento Interno da Câmara dos Deputados e do Senado Federal.

(art. 60, §3º), do Rio de Janeiro (art. 109, §3º), de Sergipe (art. 53, §3º), do Rio Grande do Sul (art. 56, §4º), do Piauí (art. 71, *caput*)[60], de Rondônia (art. 36, §3º)[61] da Paraíba (art. 60, §3º) e da Lei Orgânica do Distrito Federal (art. 68, §3º).

Todavia, isso não significa que a regra seja de observância obrigatória. Com efeito, pode ser meras *normas de imitação*, para usar a nomenclatura de Raul Machado Horta[62].

O Supremo Tribunal Federal teve oportunidade de se manifestar sobre a criação de requisitos diferentes para a criação de CPI estadual. Na ADI n. 3619/SP (Pleno, Relator Ministro Eros Grau, *DJ* de 20-4-2007), o Tribunal considerou inconstitucional previsão do Regimento Interno da Assembleia Legislativa paulista, que exigia confirmação do Pleno sobre a instauração de CPI.

Nesse julgamento, o Tribunal decidiu que "o modelo federal de criação e instauração das comissões parlamentares de inquérito constitui matéria a ser compulsoriamente observada pelas casas legislativas estaduais"[63].

Para justificar esse posicionamento, o Tribunal usou como singelo fundamento o vetusto princípio da simetria, sem maiores considerações. Essa decisão, inclusive, mereceu a crítica de parte da doutrina, que assegurou ser constitucionalmente mais adequado argumentar pela inconstitucionalidade material da norma, por desrespeito ao princípio da proteção das minorias. É a posição adotada, por exemplo, por André Ramos Tavares[64].

Interessante notar que o Regimento Interno também poderia ser considerado inconstitucional em face do art. 13, §2º, da própria Constituição paulista, que repetiu as regras federais para a instauração das CPIs.

Na verdade, são parcos os fundamentos para considerar os requisitos federais de criação de CPI como sendo de observância obrigatória para os Estados-membros.

Com efeito, é preciso lembrar que a realidade do legislativo federal é substancialmente distinta em comparação com os Estados, até mesmo em termos de número de membros. Vejamos: no Senado Federal, 1/3 dos membros equivale a 27 membros. Por outro lado, nos menores Estados da Federação, 1/3 dos membros equivale a apenas 8 membros – o que pode ter efeitos problemáticos para a política estadual, permitindo a criação de CPI com um número absoluto muito pequeno.

Ademais, é preciso ressaltar sempre que a autonomia dos Estados é a regra geral, e que só deve, portanto, ser excluída, quando haja motivos fortes para impor determinados limites.

No mesmo sentido é a crítica de Paulo Gustavo Gonet Branco:

> A exuberância de casos em que o princípio da separação de Poderes cerceia toda a criatividade do constituinte estadual, levou a que se falasse num princípio da sime-

---

[60] Essa Constituição parece ampliar os poderes investigatórios da CPI, ao dispor que possuem poderes de investigação próprios de autoridade judicial *ou política* (art. 71, *caput*).
[61] A Constituição previa ser crime de responsabilidade do membro do Ministério Público não se manifestar, em 30 dias, sobre as conclusões da CPI, mas o STF declarou a norma inconstitucional, por ser de competência da União legislar sobre crimes de responsabilidade (STF, Pleno, ADI n. 132/RO, Relator Ministro Sepúlveda Pertence, *DJ* de 30-5-2003, p. 28).
[62] HORTA, Raul Machado. *Direito Constitucional*. Belo Horizonte: Del Rey, 2003. p. 333.
[63] STF, Pleno, ADI n. 3.619/SP, Relator Ministro Eros Grau.
[64] TAVARES, André Ramos. *Curso de Direito Constitucional*. São Paulo: Saraiva, 2011. p. 1227.

tria para designar a obrigação do constituinte estadual de seguir fielmente as opções de organização e de relacionamento entre os poderes acolhidas pelo constituinte federal.

Esse princípio da simetria, contudo, não deve ser compreendido como absoluto. Nem todas as normas que regem o Poder Legislativo da União são de absorção necessária pelos Estados. As normas de observância obrigatória pelos Estados são as que refletem o interrelacionamento entre os Poderes[65].

Tudo isso serviria para justificar a possibilidade de os Estados-membros adotarem regras específicas para a instauração de CPI, ao contrário do que decidiu o STF. Todavia, a decisão foi tomada por ampla maioria, o que serve então de parâmetro para afirmar, de forma pragmática, que as CPIs estaduais devem obedecer às mesmas regras de criação referentes às comissões na esfera federal.

16.9.3. Poderes investigatórios das CPIs estaduais: o caso da quebra de sigilo bancário

Outra questão polêmica diz respeito à possibilidade de as CPIs estaduais determinarem a quebra de sigilo bancário dos indiciados.

A Lei Complementar n. 105/2001 silencia sobre a matéria, o que ocasionou a profusão de ações cíveis originárias no Supremo Tribunal Federal, pois as instituições bancárias públicas federais se recusavam a fornecer os dados requeridos.

Ao julgar as ações, o Supremo considerou ser intrínseco ao poder investigatório das CPIs o poder de decretar a quebra do sigilo bancário dos indiciados[66].

Andou bem, nesse ponto, o Tribunal Supremo.

Realmente, a função de fiscalizar é, desde a origem[67], função típica do Poder Legislativo[68]. E, segundo a doutrina dos poderes implícitos, devem ser asseguradas todas as competências instrumentais necessárias à realização da competência implícita.

Nesse contexto, pode-se afirmar que a função fiscalizatória a ser exercida pelas CPIs traz, como consequência inarredável, a possibilidade de quebrar sigilo bancário dos investigados, desde que respeitados os princípios gerais de reserva de jurisdição e inafastabilidade do controle jurisdicional[69].

---

[65] BRANCO, Paulo Gustavo; COELHO, Inocêncio Mártires; MENDES, Gilmar Ferreira. *Curso de Direito Constitucional*. São Paulo: Saraiva, 2008. p. 812.
[66] Por exemplo: STF, Pleno, ACO n. 730-5/RJ, Relator Ministro Joaquim Barbosa; 1ª Turma, MS n. 27.351/SP, Relator Ministro Celso de Mello.
[67] Vejam-se os comentários de Soraya Locatelli e Rosah Russomano sobre a origem do Parlamento Inglês como um poder financeiro, de fiscalização das contas do Rei.
[68] CUNHA JÚNIOR, Dirley da. *Curso de Direito Constitucional*. Salvador: JusPodivm, 2010.
[69] Luís Roberto Barroso considera que a quebra de sigilo bancário estaria submetida a reserva de jurisdição, não podendo ser determinada por CPIs – tanto na esfera federal quanto na estadual. BARROSO, Luis Roberto. Comissões Parlamentares de Inquérito e suas competências: política, direito e devido processo legal. *Revista Eletrônica sobre a Reforma do Estado (RERE)*. Salvador, Instituto Brasileiro de Direito Público n. 12, dez./jan./fev. 2008. Disponível em: www.direitodoestado.com.br/rere.asp.

É a posição, entre outros, de José Alfredo de Oliveira Baracho:

> A investigação parlamentar, em qualquer dos seus níveis, federal, estadual, e municipal estabelece mecanismos de controle sobre pessoas, instituições, empresas ou órgãos. A fiscalização do Poder Executivo é inerente à própria existência das instituições parlamentares. A investigação, que tem como sujeito ativo o Poder Legislativo, ocorre sob os aspectos político-administrativo, financeiro e orçamentário.
>
> Certos autores fundamentam a faculdade investigativa nos poderes "implícitos" do Congresso. Compreende um meio e não um fim em si mesmo, desde que a investigação serve como o objetivo de alcançar algo: nunca se esgota nela própria. É o caminho para conseguir elementos indispensáveis para que o Congresso possa assumir, com plenitude, as funções que lhe são designadas pelo sistema constitucional.
>
> A faculdade investigativa é justificada com poder necessário que tem o órgão de chegar a seus fins, através dos meios para executá-los. Ela parte do desenvolvimento normal e lógico dos poderes do Congresso[70].

16.9.4. Conclusões parciais

Ante o que foi exposto, percebe-se que a importância das CPIs estaduais para o bom funcionamento da democracia e dos poderes regionais é inconteste.

Segundo a jurisprudência do STF, a criação de tais comissões deve seguir, em regra, as disposições aplicáveis à esfera federal. Embora esse entendimento seja criticável, parece já encontrar-se consolidado.

Por outro lado, embora não haja previsão expressa na LC n. 105/2001, a Corte Suprema considera que as CPIs estaduais podem determinar a quebra de sigilo bancário e fiscal, uma vez que se trata de matéria intrínseca à própria atuação do Poder Legislativo.

16.10. CPIS EM ÂMBITO MUNICIPAL

É possível a criação de comissões parlamentares de inquérito pelas Câmaras Municipais[71]. Utilizando-se, por analogia, o mesmo raciocínio aplicado pelo STF no julgamento da citada ADI n. 3.619/SP, pode-se chegar à conclusão de que tais CPIs também deve seguir o modelo estabelecido para a criação e instalação das CPIs do Congresso Nacional.

Questão polêmica diz respeito à extensão dos limites das CPIs municipais.

Paulo Gustavo Gonet Branco parece admitir para tais órgãos poderes semelhantes aos da esfera federal/estadual[72]. Já Dirley da Cunha Júnior noticia a existência de controvérsia sobre o tema[73].

---

[70] BARACHO, José Alfredo de Oliveira. *Teoria geral das comissões parlamentares*: comissões parlamentares de inquérito. Rio de Janeiro: Forense, 2001. p. 6.
[71] STF, Primeira Turma, RE n. 96.049, Relator Ministro Oscar Corrêa, *DJ* de 30-6-1983.
[72] BRANCO, Paulo Gustavo Gonet; MENDES, Gilmar Ferreira. Op. cit., p. 885.
[73] CUNHA JÚNIOR, Dirley da. Op. cit., p. 997.

O Supremo Tribunal Federal não chegou a decidir sobre o tema. No julgamento da citada ACO n. 730/RJ, a Corte chegou a tangenciar o tema. A maioria dos Ministros posicionou-se pela impossibilidade de a CPI municipal – ao contrário da federal e da estadual – decretar a quebra de sigilo bancário do investigado (posição dos Ministros Joaquim Barbosa, Gilmar Mendes, Marco Aurélio, Ayres Britto e Sepúlveda Pertence). Utilizavam dois argumentos principais: a) o Município não possui Poder Judiciário, logo, a CPI não poderia ter poderes próprios de autoridade judicial; b) os vereadores possuem menos prerrogativas que os Deputados (Federais e Estaduais).

Já os Ministros Cezar Peluso e Carlos Velloso defendiam que, ou não se concedia o poder de quebrar sigilo bancário às CPIs estaduais, ou essa prerrogativa teria que ser estendida também à esfera municipal. Sustentavam que os poderes de investigação da CPI independem da existência, ou não, de Judiciário na esfera federativa específica. Aduziam, ainda, que o princípio da simetria não poderia ser aplicado a uma esfera federativa, e a outra não.

Para provas de concursos, recomenda-se adotar o entendimento de que as CPIs municipais não têm os mesmos poderes das demais. Isso, inclusive, foi cobrado na prova Cespe/TJCE/Juiz/2018.

Capítulo 17

Processo Legislativo

17.1. INTRODUÇÃO

O processo legislativo – assim entendido como o processo de formação das leis – tem sua matriz prevista na Constituição Federal (CF, arts. 59 a 69). Todavia, não se esgota nos procedimentos mencionados na Carta Magna, uma vez que é regulamentado por diversos outros instrumentos normativos, tais como os regimentos internos das Casas legislativas e a Lei Complementar n. 95/98.

O procedimento é o modo como se desenrola o processo, os vários caminhos que podem ser tomados. Assim, o processo legislativo é o mecanismo de formação das leis, que, por sua vez, abrange vários procedimentos legislativos (caminhos que o projeto de lei pode tomar).

Os procedimentos dividem-se em **comum** e **especiais**. O procedimento comum é a regra, o padrão, o *standard*. No nosso contexto, procedimento comum é o procedimento de aprovação das leis ordinárias. O procedimento comum pode ainda subdividir-se em:

a) procedimento ordinário;

b) procedimento sumário;

c) procedimento abreviado.

O procedimento comum ordinário constitui a tramitação completa do projeto de lei ordinária, ou seja, em todas as fases possíveis (inclusive discussão em Plenário) e sem prazo definido. Já o procedimento sumário (ou procedimento da urgência constitucional) caracteriza-se por ter as mesmas fases do procedimento ordinário, mas prevê a existência de prazos para a deliberação do Congresso Nacional (CF, art. 64, §§ 1º e seguintes). Por fim, o procedimento abreviado dispensa a apreciação do projeto de lei ordinária pelo Plenário da Câmara ou do Senado, considerando-se aprovado se for aceito pelas comissões de cada Casa (diz-se que o projeto tramita em caráter terminativo ou conclusivo: CF, art. 58, § 2º, I).

Por outro lado, os chamados procedimentos especiais regulam a tramitação que não segue totalmente os padrões da aprovação de uma lei ordinária comum. Desse modo, qualquer diferenciação substancial no trâmite de uma proposição legislativa significa que se trata de um procedimento especial. Temos, então, como procedimentos especiais:

a) leis orçamentárias (embora sejam leis ordinárias, a matéria de que tratam é tão específica que determina várias diferenças de tramitação, previstas principalmente no art. 166 da CF);

b) emendas constitucionais;
c) leis complementares;
d) leis delegadas;
e) medidas provisórias;
f) decretos legislativos;
g) resoluções.

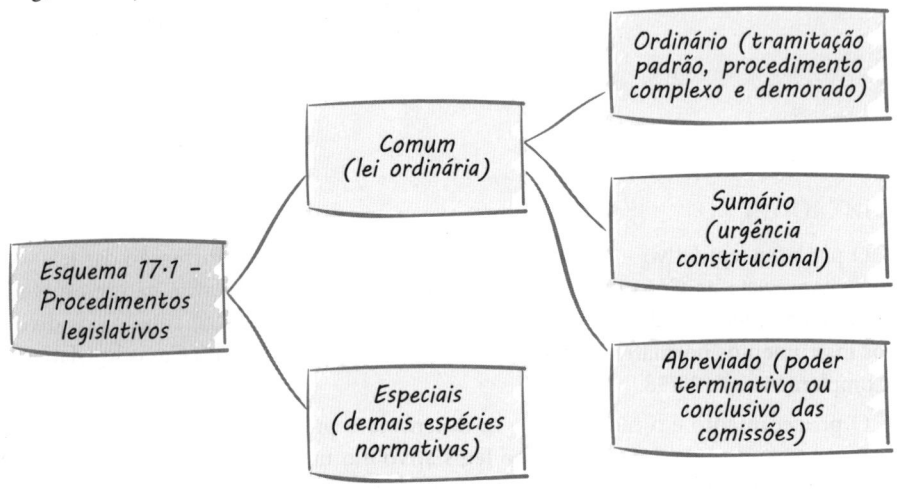

Esquema 17.1 – Procedimentos legislativos

- Comum (lei ordinária)
  - Ordinário (tramitação padrão, procedimento complexo e demorado)
  - Sumário (urgência constitucional)
  - Abreviado (poder terminativo ou conclusivo das comissões)
- Especiais (demais espécies normativas)

17.2. PROCEDIMENTO COMUM ORDINÁRIO

O procedimento comum ordinário é o procedimento-padrão de aprovação das leis ordinárias. Trata-se de um procedimento complexo, completo e demorado. A elaboração de leis, como se sabe, é algo sério, que demanda longo tempo de maturação, sob pena de se editarem atos com defeitos, ou mal redigidos etc. No procedimento comum ordinário (ou, simplesmente, procedimento ordinário), não há prazo para a deliberação do Congresso Nacional, e o projeto precisa passar tantos pelas comissões (órgãos fracionários que analisam aspectos específicos) quanto pelo Plenário.

O procedimento comum ordinário compõe-se de três fases básicas (isso já foi cobrado em prova oral!):

a) fase pré-parlamentar, ou preliminar, composta pela etapa da **iniciativa**;
b) fase constitutiva, em que a lei é efetivamente produzida, por meio de decisões (deliberações):
   b.1) deliberação legislativa (discussão e votação);
   b.2) deliberação executiva (sanção ou veto);
c) fase complementar, que serve para dar eficácia a uma lei já existente (promulgação e publicação).

✋ Cuidado!

A lei nasce (passa a ter **existência** no mundo jurídico) com a **sanção** (ou com a rejeição do veto, que a substitui), mas não pode ainda entrar em vigor, porque isso só pode acontecer após a **publicação** (que é condição para a **eficácia** da lei).

Caso se cobre em prova que a lei nasce com a promulgação, isso estará **errado**. A promulgação é ato meramente formal e **declaratório**, que apenas confirma que uma nova lei nasceu (o que já ocorreu, no momento da sanção). Para usarmos uma metáfora, poderíamos dizer que a sanção é o parto (nascimento da lei), ao passo que a promulgação é a certidão de nascimento dela.

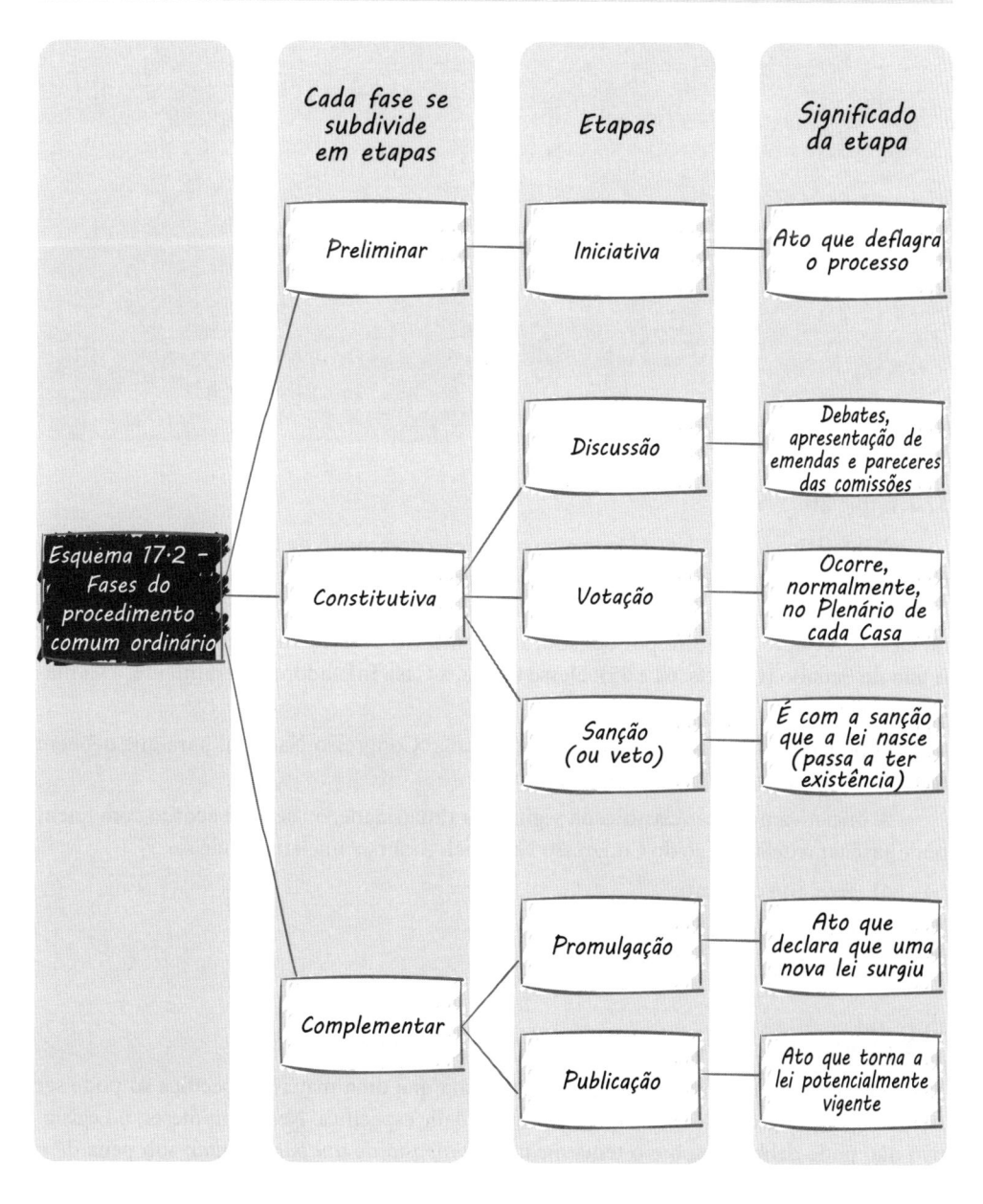

Esquema 17.2 – Fases do procedimento comum ordinário

Cada fase se subdivide em etapas	Etapas	Significado da etapa
Preliminar	Iniciativa	Ato que deflagra o processo
Constitutiva	Discussão	Debates, apresentação de emendas e pareceres das comissões
Constitutiva	Votação	Ocorre, normalmente, no Plenário de cada Casa
Constitutiva	Sanção (ou veto)	É com a sanção que a lei nasce (passa a ter existência)
Complementar	Promulgação	Ato que declara que uma nova lei surgiu
Complementar	Publicação	Ato que torna a lei potencialmente vigente

Questão de Concurso

(Cespe/DPDF/Defensor/Prova Oral/2013) Identifique as três fases básicas do processo legislativo ordinário ou comum, explicitando as diversas etapas em que se desdobram e o significado de cada uma dessas etapas.

Gabarito:
A doutrina classifica as fases do processo legislativo em fase preliminar (propositura, isto é, iniciativa), constitutiva (discussão, votação e sanção/veto) e complementar (promulgação e publicação). A segunda fase trata da existência da lei (que só passa a existir após a sanção), enquanto a terceira fase serve para dar eficácia a uma lei já existente.
Assim, pode-se afirmar que o procedimento comum ordinário se compõe de três fases básicas: a) fase pré-parlamentar, ou preliminar, ou iniciativa; b) a fase constitutiva, em que a lei é efetivamente produzida, por meio de decisões (deliberações): b.1) deliberação legislativa (discussão e votação); b.2) deliberação executiva (sanção ou veto); c) fase complementar, que serve para dar eficácia a uma lei já existente (promulgação e publicação).
A iniciativa é o ato que dá início à tramitação do projeto de lei – PL (que recebe número quando é protocolado na Mesa da Casa respectiva – Câmara ou Senado). É o ato que deflagra o processo legislativo.
A discussão é o momento em que o projeto de lei é encaminhado para que o Poder Legislativo possa apreciá-lo, analisá-lo. É nessa fase que o PL pode sofrer emendas e recebe os pareceres das comissões.
A votação, realizada em regra em Plenário, constitui a decisão parlamentar sobre a rejeição ou aprovação do PL.
Como último ato da fase constitutiva, tem-se a sanção ou veto, dois atos do Presidente da República em que ele declara, respectivamente, sua concordância ou discordância em relação ao PL.
Finalmente, a promulgação é o ato que declara que a ordem jurídica foi inovada, ao passo que a publicação consiste na divulgação oficial do conteúdo da lei, tornando-a potencialmente eficaz.

17.2.1. Iniciativa

A iniciativa é o ato que dá início à tramitação do projeto de lei – PL (que recebe número quando é protocolado na Mesa da Casa respectiva – Câmara ou Senado). É o ato que deflagra o processo legislativo. A iniciativa geralmente se desenvolve na Câmara; apenas no caso de projeto proposto por Senador ou Comissão do Senado é que a tramitação terá início no Senado (CF, arts. 64 e 65). Dessa forma, a Casa Iniciadora é, geralmente, a Câmara dos Deputados.

O poder de iniciativa é o poder de provocar o Congresso Nacional para que delibere sobre uma determinada proposição legislativa.

A iniciativa pode ser classificada segundo a titularidade, ou seja, de acordo com quem pode suscitar a deliberação do Congresso Nacional. Assim, a iniciativa pode ser:

a) geral (ou comum);
b) privativa (ou reservada ou exclusiva);
c) popular.

17.2.1.1. Iniciativa "privativa" (ou reservada ou exclusiva)

Verifica-se quando a Constituição determina que uma matéria específica só pode ser suscitada ao Congresso Nacional por uma autoridade específica. Nessas hipóteses, o Legislativo não pode deliberar sobre o tema *mediante proposta de um parlamentar*, sob pena de o projeto ser considerado formalmente inconstitucional (pelo chamado vício de iniciativa que, segundo o STF, não se convalida nem mesmo com a sanção presidencial[1]).

Questão de Concurso

(Cespe/TRE-PI/Analista Judiciário – área judiciária/2016) Convalida o vício de iniciativa a sanção presidencial a projeto de lei de autoria de senador acerca de matéria de iniciativa privativa do presidente da República.
Gabarito comentado: Errado. O vício de iniciativa não se convalida, nem mesmo com a sanção presidencial.

Atenção!

No processo legislativo, são usadas como sinônimas as expressões "iniciativa exclusiva" ou "iniciativa privativa" ou "iniciativa reservada", uma vez que a propositura de um projeto de lei nunca pode ser delegada. Assim, quando falamos em iniciativa privativa, exclusiva ou reservada se está a dizer uma coisa só: que o projeto de lei sobre aquele determinado tema só pode ser apresentado ao Legislativo por uma autoridade específica.

A iniciativa reservada é atribuída ao Presidente da República, aos Tribunais, ao Ministério Público e até mesmo à própria Câmara dos Deputados e ao Senado Federal. Vale ainda ressaltar que, segundo a jurisprudência, as hipóteses de iniciativa privativa previstas na CF aplicam-se por simetria aos Estados, DF e Municípios. Assim, por exemplo, os casos em que a CF atribui a iniciativa privativamente ao Presidente da República serão, na esfera estadual, de iniciativa privativa do governador.

17.2.1.1.1. Presidente da República

De acordo com o § 1º do art. 61, são de iniciativa privativa do Presidente da República (na condição de Chefe de Governo, isto é, de Chefe do Poder Executivo) as leis que:

I – fixem ou modifiquem os efetivos das Forças Armadas;

II – disponham sobre:

a) criação de cargos, funções ou empregos públicos na Administração direta e autárquica ou aumento de sua remuneração;

b) organização administrativa e judiciária, matéria tributária e orçamentária, serviços públicos e pessoal da Administração dos territórios;

c) servidores públicos da União e Territórios, seu regime jurídico, provimento de cargos, estabilidade e aposentadoria;

---

[1] Por isso a Súmula 5 (segundo a qual a sanção convalidaria o vício de iniciativa), apesar de não formalmente cancelada, não é mais aplicada pelo STF: Pleno, ADI n. 2.867, Relator Ministro Celso de Mello, *DJ* de 9-2-2007.

d) organização do Ministério Público e da Defensoria Pública da União, bem como normas gerais para a organização do Ministério Público e da Defensoria Pública dos Estados, do Distrito Federal e dos Territórios;

e) criação e extinção de ministérios e órgãos da Administração Pública, observado o disposto no art. 84, VI;

f) militares das Forças Armadas, seu regime jurídico, provimento de cargos, promoções, estabilidade, remuneração, reforma e transferência para a reserva.

Vamos estudar agora, uma a uma, essas diversas matérias que só podem ser propostas pelo Presidente da República.

A) Fixação ou modificação dos efetivos das Forças Armadas

As *Forças Armadas* são o Exército, a Marinha e a Aeronáutica. O Presidente da República é seu Comandante Supremo – até por ser o Chefe de Estado. Dessa forma, qualquer lei que altere o efetivo dessas forças (= número de homens que integram cada uma das Forças) será votada pelo Congresso, por meio de lei, mas esse projeto de lei só pode ser proposto pelo Presidente da República.

B) Criação de cargos, funções ou empregos públicos na administração direta e autárquica ou aumento de sua remuneração

Cargos públicos são geralmente criados por meio de lei de iniciativa reservada ao Poder respectivo. Trata-se de uma decorrência do princípio da separação de poderes. Assim, a criação e extinção de cargos no Poder Executivo (bem como a fixação da respectiva remuneração) serão votadas pelo Congresso, mas por meio de lei que só pode ser proposta pelo Presidente da República.

Ressalte-se que a expressão "administração direta e autárquica" deve ser entendida em sentido estrito: refere-se apenas à administração do Poder *Executivo*.

✋ Cuidado!

Na esfera estadual e municipal, muitas vezes o Legislativo tratava de "driblar" essa iniciativa privativa do chefe do Executivo inserindo regras sobre servidores públicos na Constituição Estadual ou lei Orgânica Municipal (normas para as quais, em regra, entendia-se não se aplicar a reserva de iniciativa). O STF, no entanto, considerou que esse agir representa um desvirtuamento do poder de iniciativa e é inconstitucional: "É inconstitucional, por afrontar a iniciativa privativa do chefe do Poder Executivo, a normatização de direitos dos servidores públicos em lei orgânica do Município." (Tema n. 223 da Repercussão Geral do STF).

⚠ Atenção!

Também é de iniciativa privativa do chefe do Executivo o projeto de lei sobre a revisão geral anual dos servidores públicos (art. 37, X) – tema esse já cobrado na prova FGV/CGU/Auditor/2022. Sobre o assunto, aplicam-se os seguintes entendimentos, todos da Repercussão Geral do STF:

> Tema n. 19: O não encaminhamento de projeto de lei de revisão anual dos vencimentos dos servidores públicos, previsto no inciso X do art. 37 da CF/1988, não gera direito subjetivo a indenização. Deve o Poder Executivo, no entanto, se pronunciar, de forma fundamentada, acerca das razões pelas quais não propôs a revisão.
>
> Tem n. 624: O Poder Judiciário não possui competência para determinar ao Poder Executivo a apresentação de projeto de lei que vise a promover a revisão geral anual da remuneração dos servidores públicos, tampouco para fixar o respectivo índice de correção.
>
> Tema n. 864: A revisão geral anual da remuneração dos servidores públicos depende, cumulativamente, de dotação na Lei Orçamentária Anual e de previsão na Lei de Diretrizes Orçamentárias.

C) Organização administrativa e judiciária, matéria tributária e orçamentária, serviços públicos e pessoal da administração dos Territórios

Os Territórios Federais (que atualmente não existem, mas podem vir a ser criados por lei complementar: art. 33) não são entes federativos, não possuem autonomia política. Integram a União, são meras *autarquias territoriais* da União. Por isso mesmo, as leis que tratam sobre as matérias básicas relativas aos Territórios só podem ser votadas pelo Congresso Nacional a pedido do Presidente da República.

Perceba-se, porém, que as matérias aqui citadas só dependem de iniciativa reservada do Presidente da República quando se referirem aos Territórios. Tais matérias, *no âmbito da União*, não são de iniciativa reservada, mas geral (comum): podem ser propostas por qualquer legitimado citado no art. 61, *caput*.

De todas as matérias citadas nesse dispositivo (art. 61, § 1º, II, *b*) a única que é de iniciativa privativa do Presidente tanto na esfera dos Territórios quanto da União é a matéria orçamentária, nos termos do art. 165.

Quadro 17.1 – Distinção de titularidade da iniciativa por matéria (Presidente da República)

Matéria	Territórios	União
Organização administrativa	Iniciativa privativa do Presidente da República	Iniciativa privativa do Presidente da República, quando se referir a órgãos do Executivo
Organização judiciária	Iniciativa privativa do Presidente da República	Iniciativa privativa dos Tribunais (art. 96)
Serviços públicos	Iniciativa privativa do Presidente da República	Iniciativa geral (comum)
Matéria tributária	Iniciativa privativa do Presidente da República	Iniciativa geral (comum)
Matéria orçamentária	Iniciativa privativa do Presidente da República	Iniciativa privativa do Presidente da República (art. 165)

Uma repetição é necessária. Matéria tributária da União não é de iniciativa privativa do Presidente da República; a iniciativa reservada prevista no art. 61, § 1º, II, *b*, trata da matéria tributária dos territórios. Em outras palavras: matéria tributária da união é conteúdo de iniciativa geral, e não privativa. O Supremo Tribunal Federal já decidiu que "a Constituição de 1988 admite a iniciativa parlamentar na instauração do processo legislativo em tema de direito tributário" (STF, Pleno, ADI n. 724/RS, Relator Ministro Celso de Mello, *DJ* de 27-4-2001).

Confira: "Inexiste, na Constituição Federal de 1988, reserva de iniciativa para leis de natureza tributária, inclusive para as que concedem renúncia fiscal." (Tema n. 682 da Repercussão Geral do STF).

Questão de Concurso

(FGV/Prefeitura de Cuiabá/Auditor Fiscal/2016) Um grupo de deputados federais, sensíveis à crise financeira que assola certos setores da economia, com o objetivo de diminuir o custo de produção e evitar o aumento de preços, apresentou proposição legislativa reduzindo a alíquota de determinados tributos da União. O projeto foi aprovado em ambas as Casas do Congresso Nacional, com estrita observância da sistemática constitucional, sendo convertido em lei, após sanção do Chefe do Poder Executivo.
À luz da sistemática constitucional, assinale a afirmativa correta:
a) Não há qualquer vício formal na lei, já que os deputados federais têm poder de iniciativa legislativa em matéria tributária.
b) Há vício formal na lei, já que somente o Presidente da República pode iniciar o processo legislativo em matéria tributária.
c) A lei somente terá vício formal se a proposta de lei orçamentária anual não tiver previsto a redução de alíquota.
d) A ausência de iniciativa legislativa dos parlamentares foi superada com a sanção do projeto pelo Chefe do Poder Executivo.
e) Os parlamentares somente teriam poder de iniciativa legislativa, em matéria tributária, caso a lei fosse direcionada a Território Federal.

Gabarito comentado: A.
Como vimos, a iniciativa de projetos de lei sobre matéria tributária da União é geral ou comum, podendo ser exercida por qualquer Deputado ou Senador.

D) **Servidores públicos da União e Territórios, seu regime jurídico, provimento de cargos, estabilidade e aposentadoria**

Cabe ao Presidente da República propor ao Congresso Nacional projetos de lei que regulamentem o regime jurídico dos servidores públicos, pois a administração pública é função típica do Poder Executivo. Violaria a separação de poderes a alteração do regime jurídico-administrativo aplicável aos agentes públicos sem a participação do Chefe do Executivo.

Note-se que, nessa hipótese, é de iniciativa privativa do Presidente projetos de lei sobre o regime jurídico dos servidores *da União* – de todos os poderes e Ministério Público, e não apenas do Executivo (como ocorre na alínea *a*). Assim, uma lei que altere a Lei n. 8.112/90 só pode ser votada pelo Congresso caso haja a solicitação do Presidente da República[2].

---

[2] É preciso ter cuidado, porém, para diferenciar as leis sobre o regime jurídico dos servidores federais – caso em que o projeto é de iniciativa privativa do Presidente da República (art. 61, § 1º, II, *c*), das outras leis que tratam igualmente de servidores públicos, mas são válidas para todas as esferas da Federação (as leis nacionais). Nesse último caso, a tendência doutrinária e jurisprudencial é em considerar que, se a lei for aplicável a todos os entes da Federação, não há que se falar em iniciativa privativa presidencial. É o caso, por exemplo, das leis que tratam de regime de aposentadoria dos servidores públicos (art. 40, especialmente §§ 1º e 4º da CF).

E) Organização do Ministério Público e da Defensoria Pública da União, bem como normas gerais para a organização do Ministério Público e da Defensoria Pública dos Estados, do Distrito Federal e dos Territórios

Aqui é preciso distinguir quatro temas diferentes.

E.1) Organização do Ministério Público da União

Projeto de lei complementar sobre organização (estruturação) e funcionamento (atribuições) do MPU pode ser proposta ao Legislativo pelo *Presidente da República* (sozinho), ou pelo Procurador-Geral *da República* (sozinho) ou por *ambos em conjunto*. Trata-se de um caso de iniciativa legislativa *concorrente*.

Realmente, se lêssemos o art. 61 isoladamente, poderíamos pensar que só o Presidente da República poderia propor tais projetos de lei. Todavia, a Constituição deve ser interpretada com base no princípio hermenêutico da unidade, e o art. 128, § 5º, permite ao Procurador-Geral da República exercer tal poder de iniciativa[3].

Interpretando conjuntamente o art. 61, § 1º, II, *d*, e o art. 128, § 5º, chegamos à conclusão de que a iniciativa de leis complementares sobre organização e funcionamento do MPU é compartilhada. Não se trata de iniciativa *conjunta*, pois não é necessário que o Presidente e o PGR atuem juntos; a iniciativa pode ser exercida também pelas autoridades isoladas.

Não custa lembrar que essa concorrência só existe quanto ao projeto de lei complementar para a organização do MPU. Quanto à criação de cargos dessa instituição, o STF já afirmou que se trata de iniciativa privativa do PGR (STF, MS n. 21.239).

Por simetria, projetos de lei complementar sobre organização e funcionamento dos Ministérios Públicos *Estaduais* são de iniciativa concorrente entre o Governador do Estado e o Procurador-Geral de Justiça (Chefe do MP Estadual). Quanto ao Ministério Público do Distrito Federal e Territórios, faz parte do MPU (art. 128).

Veja Bem!

Projeto de lei complementar sobre organização (estruturação) e funcionamento (atribuições) do MPU pode ser proposto ao Legislativo pelo **Presidente da República (sozinho), ou pelo Procurador-Geral da República (sozinho), ou por ambos em conjunto**. Trata-se de um caso de iniciativa legislativa concorrente (arts. 61, § 1º, II, *d*, e 128, § 5º).

Atenção!

Quanto à criação de cargos dessa instituição, o STF já afirmou que se trata de iniciativa privativa do PGR (STF, MS n. 21.239).

Interessante anotar que boa parte da doutrina critica a atribuição ao Presidente da República da iniciativa de lei complementar sobre o MPU, pois tal instituição não é mais, segundo a opinião majoritária, vinculada ao Poder Executivo.

---

[3] "Leis complementares da União e dos Estados, cuja iniciativa é facultada aos respectivos Procuradores-Gerais, estabelecerão a organização, as atribuições e o estatuto de cada Ministério Público".

E.2) Defensoria Pública da União

A regulamentação da DPU (organização e funcionamento) se dava por lei complementar (art. 134, § 1º) de iniciativa privativa do Presidente da República. Porém, com a promulgação da EC n. 80/2014, que deu autonomia às Defensorias Públicas, a mesma prerrogativa do PGR passou a ser aplicável ao Defensor Público-Geral Federal. Dessa forma, a iniciativa de lei complementar para tratar do regime jurídico da DPU passa a ser **concorrente entre o PR (art. 61, § 1º, I, d, ainda vigente) e o chefe da DPU (art. 134, § 4º, c/c art. 96).**

E.3) Ministérios Públicos Estaduais

Aqui, é preciso fazer a distinção entre a iniciativa para tratar de *normas gerais* e a para cuidar de *normas específicas (organização e funcionamento)* dos MPEs.

Com efeito, a regulamentação de *normas gerais* sobre os Ministério Públicos Estaduais se dá por lei ordinária *federal*, de iniciativa *privativa do Presidente da República*. Essa lei já existe: é a Lei Orgânica Nacional dos Ministérios Públicos Estaduais (Lei Federal n. 8.625/93).

Já as leis específicas sobre *organização e funcionamento* dos MPEs são leis complementares estaduais, cuja iniciativa é *concorrente* entre o Governador do Estado e o Procurador-Geral de Justiça, por simetria com a regra federal.

Quadro 17.2 – Distinção de titularidade da iniciativa por matéria (MPEs)

Matéria	Competência para legislar	Instrumento legislativo	Iniciativa
Organização e funcionamento do MPU (normas gerais e específicas)	União	Lei Complementar	Concorrente (PR e PGR)
Normas gerais sobre Ministérios Públicos Estaduais	União	Lei Ordinária	Privativa do PR
Normas específicas sobre Ministérios Públicos Estaduais (organização e funcionamento)	Estados	Lei Complementar	Concorrente (Governador e PGJ)

E.4) Defensorias Públicas Estaduais

Nesses casos, há também duas leis: uma lei *complementar* com normas gerais sobre as Defensorias Públicas Estaduais – lei essa elaborada pela União e de iniciativa privativa do Presidente da República.

Já as normas específicas (organização e funcionamento) das Defensorias Públicas Estaduais são regulamentadas em lei complementar estadual, de iniciativa concorrente entre o Governador do Estado e o Defensor Público-Geral Estadual (por simetria com o modelo federal).

F) Criação e extinção de Ministérios e órgãos da administração pública, observado o disposto no art. 84, VI

Pelos mesmos motivos já expostos quando comentamos o art. 61, § 1º, II, *a*, qualquer lei que crie ou extinga órgãos do *Poder Executivo* ou Ministérios só pode partir da iniciativa presidencial.

A observação quanto ao art. 84, VI, diz respeito à figura dos chamados *decretos autônomos*, atos de competência exclusiva do Presidente da República com força de lei, mas que apenas podem alterar o funcionamento, mas não a estrutura da Administração Pública, uma vez que a criação/extinção de órgãos ou ministérios está sob reserva legal (art. 88[4]).

> ## ⚠️ Atenção!
>
> Não há iniciativa privativa de leis que criem despesas para o Executivo, nem que instituam políticas públicas, desde que não alterem diretamente o orçamento e não promovam a criação, a extinção ou o redesenho (alteração radical) de órgãos do Executivo. Confira:
>
> – "Leis que tratam dos casos de vedação a nepotismo não são de iniciativa exclusiva do chefe do Poder Executivo" (Tema n. 29 da Repercussão Geral do STF);
>
> – "Não usurpa competência privativa do chefe do Poder Executivo lei que, embora crie despesa para a Administração, não trata da sua estrutura ou da atribuição de seus órgãos nem do regime jurídico de servidores públicos (art. 61, § 1º, II, "a", "c" e "e", da Constituição Federal)." (Tema n. 917 da Repercussão Geral do STF);
>
> – "Surge constitucional lei de iniciativa parlamentar a criar conselho de representantes da sociedade civil, integrante da estrutura do Poder Legislativo, com atribuição de acompanhar ações do Executivo" (Tema n. 1040 da Repercussão Geral do STF).

> ## 📝 Questão de Concurso
>
> (FGV/TJAP/Juiz/2022) Um grupo de deputados da Assembleia Legislativa do Estado Beta apresentou projeto de lei dispondo sobre a obrigatoriedade de instalação de duas câmeras de segurança em cada unidade escolar mantida pelo Estado. O projeto foi aprovado no âmbito da Casa Legislativa e sancionado pelo governador do Estado, daí resultando a promulgação da Lei estadual n. XX. À luz dos aspectos do processo legislativo descrito na narrativa e da sistemática constitucional, a Lei estadual n. XX:
>
> a) apresenta vício ao dispor sobre o funcionamento dos órgãos da rede educacional estadual, matéria de iniciativa privativa do chefe do Poder Executivo, vício não convalidado pela sanção;
>
> b) ao acarretar aumento de despesa, sem indicação da respectiva fonte de custeio, apresenta vício de inconstitucionalidade material;
>
> c) ao acarretar aumento de despesa, apresenta vício de iniciativa, o qual foi convalidado pela posterior sanção do chefe do Poder Executivo;
>
> d) não apresenta vício de iniciativa, pois a criação de atribuições e de obrigações, para o Poder Executivo, configura atividade regular do Legislativo;
>
> e) não apresenta vício de iniciativa, pois, embora tenha criado obrigação para o Poder Executivo, não instituiu nova atribuição para os seus órgãos.
>
> **Gabarito comentado:** E (segundo a leitura do STF, só há invasão da iniciativa privativa do Presidente prevista no art. 61, § 1º, II, e, quando a lei de iniciativa parlamentar cria diretamente ou promove o redesenho de atribuições de órgãos do Executivo; é lícita, portanto, a criação de políticas públicas mediante lei de iniciativa parlamentar, ainda que gere aumento de despesas, pois a vedação nesse sentido dirige-se apenas às emendas parlamentares nos projetos de iniciativa privativa, na forma do art. 63, I).

G) Militares das Forças Armadas, seu regime jurídico, provimento de cargos, promoções, estabilidade, remuneração, reforma e transferência para a reserva

Valem, nesse ponto, as mesmas observações que fizemos em relação ao inciso I do § 1º do art. 61 e à alínea *c* do inciso II do mesmo dispositivo.

---

[4] "A lei disporá sobre a criação e extinção de Ministérios e órgãos da administração pública".

H) Leis orçamentárias (plano plurianual, diretrizes orçamentárias e orçamento anual)

Por tradição constitucional, as finanças públicas são matérias reservadas à gerência do Poder Executivo, desde o instituto da Coroa Real até a Fazenda Pública dos dias atuais. Mas essa tarefa, no Estado de Direito, será exercida com o controle (=fiscalização) do Poder Legislativo.

Por conta disso, as leis orçamentárias são votadas pelo Congresso (CF, art. 166), mas este só pode deliberar sobre projetos de lei nesse tema se for provocado pelo Presidente da República, que tem a iniciativa privativa dos projetos de lei (ordinária) que disponham sobre o plano plurianual (PPA), a lei de diretrizes orçamentárias (LDO) e a lei orçamentária anual (LOA).

Observe-se que tal regra é aplicável, por simetria, nas demais esferas federativas.

17.2.1.1.2. Tribunais

A iniciativa do projeto de lei **complementar** sobre as garantias, deveres e vedações da magistratura nacional (LOMAN) é privativa do Supremo Tribunal Federal, nos termos do art. 93, *caput*.

Veja Bem!

Os juízes – ainda que federais – não são regidos pelo estatuto dos servidores públicos (Lei n. 8.112, de 1990, na esfera federal), a não ser de forma subsidiária. Seu regime jurídico especial é previsto em lei complementar, cuja iniciativa cabe apenas ao STF.

Questão de Concurso

(Cespe/STM/Juiz Auditor/2013) A iniciativa para a elaboração da lei complementar sobre o Estatuto da Magistratura não é exclusiva do STF, sendo possível que o presidente da República encaminhe projeto de lei de sua iniciativa sobre esse assunto para apreciação do Congresso Nacional.

Gabarito comentado: Errado. A iniciativa é exclusiva do STF (CF, art. 93, *caput*).

São de iniciativa privativa dos Presidentes dos Tribunais Superiores e do TCU os projetos de autoadministração, nos termos do art. 96 da CF. Segue-se, então, a regra geral já exposta: a criação/extinção de cargos, bem como a fixação das respectivas remunerações, dá-se por lei votada pelo Congresso, mas de iniciativa privativa de cada Poder (no caso, o Judiciário). Essa regra se aplica também à criação de cargos no TCU, por expressa previsão constitucional (art. 73, que, por sua vez, manda aplicar ao TCU as regras do já estudado art. 96 da CF).

17.2.1.1.3. Ministério Público da União

A iniciativa de projetos de lei complementar sobre organização e funcionamento do MPU é concorrente entre o Presidente da República e o chefe da instituição (Procurador-Geral da República). Não é disso, contudo, que agora tratamos. O que aqui se estuda é a iniciativa para propor ao Congresso a criação/extinção de cargos no MPU e a fixação das respectivas remunerações ou subsídios. Nesse caso, a iniciativa é privativa do próprio MPU, por meio do chefe da instituição: o Procurador-Geral da República.

Com efeito, o § 2º do art. 127 assim dispõe: "Ao Ministério Público é assegurada autonomia funcional e administrativa, podendo, observado o disposto no art. 169, propor ao Poder Legislativo a criação e a extinção de seus cargos e serviços auxiliares [...]".

17.2.1.1.4. Câmara dos Deputados e Senado Federal

A criação e a extinção de cargos públicos da Câmara e do Senado se dá por resolução de cada Casa, e não por lei, como é a regra geral. No entanto, mesmo nesses casos, embora a criação não exija lei em sentido formal, a fixação da remuneração dos servidores tem que ser feita por meio de lei, votada pelo Congresso (ambas as Casas) e sancionada pelo Presidente da República, mas cuja iniciativa é reservada à Câmara dos Deputados ou ao Senado Federal, respectivamente (essa iniciativa é exercida pela Mesa da Casa respectiva). A fixação dos vencimentos dos membros (parlamentares) é feita por decreto legislativo (art. 49, VI).

Podemos, então, resumir a iniciativa para projetos de lei sobre criação/extinção de cargos e fixação de remunerações nos diversos Poderes da República, no quadro a seguir:

Objeto	Iniciativa	Instrumento
Criação de cargos no Executivo	Presidente da República	Lei
Criação de cargos no Legislativo	Mesa de cada uma das Casas	Resolução
Criação de cargos no Judiciário	Tribunais	Lei
Aumento dos vencimentos dos cargos do Executivo	Presidente da República	Lei
Aumento dos vencimentos dos cargos dos servidores do Legislativo	Mesa de cada uma das Casas	Lei
Aumento dos vencimentos dos cargos do Judiciário	Tribunais superiores (âmbito federal)	Lei
Revisão geral anual dos servidores de todos os Poderes (art. 37, X)	Presidente da República	Lei
Criação de cargos no Ministério Público e respectivo aumento dos vencimentos	Procurador-Geral da República	Lei

Questão de Concurso

(Cespe/STF/Analista Judiciário – área judiciária/2008) Considerando que os servidores do Poder Judiciário e do Poder Legislativo pretendam iniciar um movimento em prol da aprovação de um plano de cargos e salários que preveja a recuperação das perdas salariais do período, elabore um texto dissertativo, abordando, em relação às diversas esferas federativas, necessariamente, os seguintes aspectos: a) proposição legislativa adequada para dispor acerca de remuneração dos servidores dos Poderes Judiciário e Legislativo; b) iniciativa dessa proposição legislativa; c) possibilidade ou não de veto, pelo chefe do Poder Executivo.

> **Gabarito:**
> A criação dos cargos dos servidores do Judiciário dá-se por meio de lei (CF, art. 96, II), diferentemente do que ocorre no Poder Legislativo, em que os cargos públicos são criados por meio de resolução de cada uma das Casas Legislativas (CF, arts. 51, IV, e 52, XIII). Porém, em relação à remuneração, a fixação deve ser feita sempre por meio de lei, em ambos os casos, pois há reflexo orçamentário e previsão específica da Constituição Federal nesse sentido.
> No caso do Judiciário, a iniciativa da lei caberá ao Tribunal ao que forem vinculados os servidores (STF, STJ, TST, TSE, STM ou TJ, conforme o caso; só não os tribunais regionais, que não dispõem de poder de propor leis, em vista do inciso II do art. 96 da CF). Já em relação ao Poder Legislativo, a iniciativa legislativa é reservada à Mesa de cada Casa (Câmara dos Deputados ou Senado Federal, na esfera federal; Assembleia Legislativa, no âmbito estadual; Câmara Legislativa do Distrito Federal; ou Câmara Municipal).
> Por fim, é certo que, devendo o aumento ser conferido por meio de lei, para ambas as categorias, será possível ao Presidente da República vetar o projeto de lei, nos termos do art. 84 (V), da Constituição Federal.

17.2.1.2. Iniciativa geral ou comum

Todos os casos que não sejam de iniciativa reservada ou concorrente (em sentido estrito) são de iniciativa geral, ou comum, ou seja: podem ser propostos pelo Presidente da República, ou por qualquer Senador, ou qualquer Deputado Federal, ou por alguma das comissões da Câmara, do Senado ou do Congresso Nacional. É a regra do art. 61, *caput*, de modo que as hipóteses de iniciativa comum são encontradas por exclusão.

Os principais exemplos de matérias de iniciativa geral ou comum são: a) direito penal; b) direito tributário (tributos da União); c) direito do consumidor; d) direito administrativo (no que não disser respeito ao regime jurídico dos servidores ou à organização administrativa); e) direito ambiental; f) saúde; g) educação; h) trânsito etc.

17.2.1.3. Iniciativa popular

17.2.1.3.1. Introdução

A iniciativa popular é um instituto da democracia semidireta (CF, arts. 14, III, 27, § 4º, 29, XIII, e 61, § 2º). Consiste no direito de que dispõem os cidadãos de propor um projeto de lei para a apreciação do Poder Legislativo.

Controverte-se, porém, acerca dos limites que essa iniciativa impõe ao Poder Legislativo. Há alguns ordenamentos jurídicos em que a soberania popular é mais valorizada, chegando-se mesmo a estabelecer que, uma vez apresentado o projeto por proposta do eleitorado, não poderá o Legislativo rejeitá-lo, sem consultar a população, mediante referendo. Outros países há em que a prerrogativa popular não passa de mera provocação ao Parlamento, a fim de que ele delibere, como entender de direito, acerca do tema objeto da provocação.

O Brasil, assim como a Itália, a Argentina e a Espanha, adota o modelo da iniciativa popular **não vinculante**. Logo, entre nós a iniciativa popular nada mais é que uma provocação, uma exortação ao Legislativo para que delibere sobre determinado tema. Não há vinculação do Congresso Nacional, que pode inclusive rejeitar ou emendar o projeto.

17.2.1.3.2. Esfera federal

Na esfera federal, a iniciativa popular será exercida mediante a apresentação à Câmara dos Deputados de projeto de lei (**ordinária ou complementar**), desde que subscrito por 1% do eleitorado nacional, distribuídos em pelo menos cinco Estados, e com não menos do que 0,3% do eleitorado *de cada Estado*.

Aprofundamento:
para provas discursivas e orais

Na experiência pós-1988, o único projeto de iniciativa popular a tramitar dessa forma, na esfera federal, foi o que pretendia criar o Fundo Nacional de Moradia Popular – PL n. 2710, de 1992 (Diário do Congresso Nacional de 8 de abril de 1992, p. 6355). Aprovado na forma de substitutivo, o Projeto deu origem à Lei n. 11.124, de 2005 (que cria o Sistema Nacional de Habitação de Interesse Social).

Talvez por darem um sentido muito lato ao termo "iniciativa popular", ou mesmo por confusão factual, parte da doutrina aponta também como exemplos de leis oriundas da iniciativa popular as Leis n. 8.930, de 6 de setembro de 1994 (que inseriu o homicídio qualificado no rol dos crimes hediondos); 9.840, de 18 de setembro de 1999, que inseriu a compra de votos ("captação ilícita de sufrágios") entre as hipóteses de cassação do mandato eletivo pela Justiça Eleitoral; e a Lei Complementar n. 135, de 4 de junho de 2010 ("Lei da Ficha Limpa"), que criou novas hipóteses de inelegibilidade. Nenhum desses três, porém, decorreu tecnicamente de iniciativa popular. Senão, vejamos.

A Lei n. 8.930, de 1994, derivou da aprovação do PL n. 4.146, de 1993, que foi autuado como de autoria do Poder Executivo. Assim, embora a legislação tenha derivado de inspiração popular, não se pode afirmar tecnicamente ser um caso de exercício da prerrogativa do § 2º do art. 61 da CF. Quanto à Lei n. 9.840, de 1999, o sítio da Câmara registra como autor o Deputado Albérico Cordeiro. Talvez o caso mais lembrado seja o da chamada "Lei da Ficha Limpa" (Lei Complementar n. 135, de 2010). Na tentativa de moralizar o exercício da atividade política, a sociedade civil organizou-se para propor ao Congresso Nacional um projeto de lei (complementar) impondo a inelegibilidade das pessoas que fossem condenadas por um órgão colegiado, tanto pela prática de improbidade administrativa, quanto pelo cometimento de determinados delitos. Na verdade, o Projeto foi apresentado em nome de um Deputado (Antonio Carlos Biscaia – PT/RJ) e outros 21 Deputados (Projeto de Lei Complementar – PLP n. 518, de 2009), para não ser preciso conferir todas as assinaturas populares e, assim, acelerar a tramitação. No sítio eletrônico da Câmara dos Deputados, consta a imagem da versão original do PLP, subscrito por 22 Deputados; que não faz referência à inspiração popular; e que não contém sequer justificação. Recentemente, no caso das chamadas "10 Medidas contra a Corrupção", aconteceu fenômeno semelhante aos casos anteriormente analisados. O PL n. 4.850, de 2016, tem como autores formais os Deputados Mendes Thame e outros. Mas, diante de decisão liminar do Ministro Luiz Fux no MS n. 34.530/DF (depois extinto sem resolução do mérito), resolveu-se contar todas as mais de 2 milhões de assinaturas, a fim de que o PL tramite como de iniciativa popular).

17.2.1.3.3. Esferas estadual, distrital e municipal

Poucos lembram, mas é preciso ressaltar que a Constituição Federal previu a iniciativa legislativa também em âmbito estadual (art. 27, § 4º[5]) e municipal (art. 29, XIII[6]).

Na esfera municipal, a CF, em nítida norma de preordenação, já estabeleceu que a iniciativa popular será exercida mediante a apresentação de projeto subscrito por 5% do eleitorado municipal. Não há espaço, portanto, para regulamentação distinta por parte da Lei Orgânica municipal.

Situação distinta ocorre em relação à esfera dos Estados. Nesse caso, o § 4º do art. 27 da CF prevê apenas que a iniciativa popular será regulada na forma da lei. "Lei" de qual ente federativo? Federal ou estadual? Entendemos que deva ser de cada Estado, tanto por privilegiar a autonomia estadual – valor básico de uma federação –, mas também pelo fato de o dispositivo estar incluído no artigo que trata da estrutura dos poderes estaduais. Cada Estado-membro será livre, portanto, para definir as regras de iniciativa popular em seu âmbito, o que leva alguns deles até a – de forma diversa do que ocorre na esfera federal – prevê iniciativa popular até de propostas de emenda à Constituição. O que se tem, com o § 4º do art. 27, é uma verdadeira exceção constitucional expressa ao princípio da simetria.

E o DF? Enquadra-se na regra municipal (5%) ou estadual (livre definição)? Entendemos que, nesse caso, deva o DF ser equiparado a Estado, podendo definir livremente os percentuais para o exercício da iniciativa popular na esfera distrital.

🖐 Cuidado!

Na esfera federal, não existe iniciativa popular de emendas à Constituição (PEC). Nada impede, porém, que os estados e o DF adotem, em seus respectivos âmbitos, essa forma de propositura para emenda à Constituição estadual (ou lei orgânica, no caso do DF).

⚠ Atenção!

A iniciativa popular, em qualquer esfera da federação, só pode ser usada quando a matéria não seja de iniciativa privativa. Pode-se dizer, então, que a iniciativa popular é aplicável nas mesmas hipóteses da iniciativa geral ou comum.

📝 Questão de Concurso

(FGV/TJ-BA/Técnico/2015) Diante dos recentes protestos da população por todo o Brasil, muito se tem discutido sobre a participação mais ativa do cidadão no processo legislativo. Como instrumento de manifestação da soberania popular, é correto afirmar que a iniciativa popular:

---

[5] "A lei disporá sobre a iniciativa popular no processo legislativo estadual".

[6] "O Município reger-se-á por lei orgânica, votada em dois turnos, com o interstício mínimo de dez dias, e aprovada por dois terços dos membros da Câmara Municipal, que a promulgará, atendidos os princípios estabelecidos nesta Constituição, na Constituição do respectivo Estado e os seguintes preceitos: (...) XIII – iniciativa popular de projetos de lei de interesse específico do Município, da cidade ou de bairros, através de manifestação de, pelo menos, cinco por cento do eleitorado".

a) consiste na apresentação, ao Senado Federal, de projeto de lei subscrito por, no mínimo, um por cento do eleitorado nacional, distribuído pelo menos por três Estados, que trate de matérias especificadas na Constituição, relacionadas aos direitos e garantias fundamentais;
b) somente pode ocorrer em âmbito federal, já que o texto constitucional não trata de iniciativa popular em nível estadual e municipal, sendo vedada às constituições estaduais e às leis orgânicas dispor sobre a matéria;
c) consiste na possibilidade de o eleitorado nacional deflagrar processo legislativo de lei complementar, lei ordinária, emenda à Constituição ou medida provisória mediante proposta de, no mínimo, um por cento de todo o eleitorado nacional, distribuído por pelo menos sete Estados;
d) é espécie de processo legislativo realizado diretamente pela população que apresenta o projeto de lei ao Congresso Nacional, que deve analisar apenas aspectos formais de sua constitucionalidade, vedada a rejeição do projeto em seu mérito, para não desnaturar a essência do instituto;
e) pode ser exercida pela apresentação à Câmara dos Deputados de projeto de lei subscrito por, no mínimo, um por cento do eleitorado nacional, distribuído pelo menos por cinco Estados, com não menos de três décimos por cento dos eleitores de cada um deles.

Gabarito comentado: E (ver art. 61, § 2º, da CF).
Comentários item a item:
A – Errado. A proposta começa a tramitar pela Câmara dos Deputados; o percentual e o número de estados estão errados; e a iniciativa popular pode tratar de quaisquer temas que não sejam de iniciativa privativa, e não apenas de "matérias especificadas na Constituição".
B – Errado. Há previsão expressa de iniciativa popular nas esferas estadual (CF, art. 27, § 4º) e municipal (CF, art. 29, XIII).
C – Errado. O número mínimo de estados está errado; e não existe iniciativa popular de PEC nem de medida provisória.
D – Errado. O PL de iniciativa popular é um projeto como outro qualquer; pode ser emendado e até rejeitado.

17.2.2. Discussão

Nessa fase, o projeto será analisado pelas duas Casas do Congresso Nacional (ou apenas por uma delas, se for rejeitado, pois não precisa, nesse caso, seguir à deliberação da Casa Revisora). É o momento em que o projeto de lei é encaminhado para que o Poder Legislativo possa apreciá-lo, analisá-lo.

Primeiramente, o projeto será encaminhado à análise das comissões, órgãos fracionários de cada uma das Casas Legislativas (existem, portanto, comissões tanto da Câmara dos Deputados quanto do Senado Federal).

Antes, porém, é preciso analisar em qual das Casas o projeto iniciará sua tramitação. Isso será determinado pela iniciativa do projeto. Com efeito, o art. 64, *caput*, dispõe: "A discussão e votação dos projetos de lei de iniciativa do Presidente da República, do Supremo Tribunal Federal e dos Tribunais Superiores terão início na Câmara dos Deputados".

Como se vê, a regra geral é que a Casa Iniciadora seja a Câmara, atuando, então, o Senado Federal como Casa Revisora. Essa regra, porém, admite exceções: iniciam sua tramitação pelo Senado Federal (que, nesses casos, atuará como Casa Iniciadora) os projetos de lei propostos por Senador ou por comissão do Senado Federal.

Iniciativa	Casa Iniciadora
Deputado	Câmara dos Deputados
Comissão da Câmara	Câmara dos Deputados
Presidente da República	Câmara dos Deputados
Procurador-Geral da República	Câmara dos Deputados
STF	Câmara dos Deputados
Iniciativa popular	Câmara dos Deputados
Senador	Senado Federal
Comissão do Senado	Senado Federal

Questão de Concurso

(Cespe/TRE-MT/Analista Judiciário – área administrativa/2015) Iniciam-se no Senado Federal a discussão e a votação de projetos de lei de iniciativa do presidente da República, do STF e dos tribunais superiores.
Gabarito comentado: Errado.
Todos esses projetos começam a tramitar pela Câmara dos Deputados.

17.2.2.1. O poder de emendas

Na etapa da discussão, poderão as comissões oferecer pareceres ao projeto (esses pareceres, em geral, não vinculam, salvo se o PL tramitar no procedimento abreviado). Também é nessa etapa que o PL é debatido. No entanto, em nível constitucional, o que de mais importante acontece nessa etapa é o **emendamento** (apresentação de emendas ao PL).

Com efeito, é no momento da discussão que o Poder Legislativo poderá propor modificações ao projeto. **Emendas (ao PL)** são proposições legislativas acessórias ao projeto principal, e que buscam, de alguma forma, alterá-lo (não confunda com as Propostas de Emenda à Constituição, que são proposições principais que visam a alterar a CF).

As emendas podem ser de vários tipos, entre elas (RICD, art. 118):

a) **Supressiva:** é a que suprime qualquer parte do projeto (§ 2º);

b) **Aglutinativa:** funde dois ou mais projetos num só (§ 3º);

c) **Substitutiva:** é a emenda que altera o projeto na essência, no conjunto, formal ou substancialmente (§ 4º); quando altera todo o projeto, ganha o nome de substitutivo.

d) **Modificativa:** altera parte do projeto, mas não altera o conjunto (§ 5º);

e) **Aditiva:** adiciona algo ao projeto (§ 6º);

f) **De redação:** visa a corrigir erro ou impropriedade linguística no projeto (§ 8º)[7];

g) **Subemenda:** é a emenda a uma emenda (§ 7º).

---

[7] É fundamental conhecer o conceito de emendas de redação, pois, segundo a jurisprudência do STF, se a emenda apresentada não modificar o *conteúdo* do projeto, mas apenas questões formais de redação, não fica afetada a sua tramitação, como veremos adiante.

O poder de emendar um projeto é, em regra, atribuído exclusivamente aos parlamentares e às comissões. Com efeito, mesmo nos casos de iniciativa privativa, uma vez proposto o projeto, não mais pode ser alterado pela autoridade iniciadora.

17.2.2.1.1. Limitações ao poder de emenda

Existe, porém, uma limitação ao poder do Congresso de emendar projetos de lei (art. 63), assim redigido:

Não será admitido aumento da despesa prevista:

I – nos projetos de iniciativa exclusiva do Presidente da República, ressalvado o disposto no art. 166, §§ 3º e 4º;

II – nos projetos sobre organização dos serviços administrativos da Câmara dos Deputados, do Senado Federal, dos Tribunais Federais e do Ministério Público.

Dessa forma, não poderão sofrer **aumento** das despesas previstas os projetos:

a) de iniciativa exclusiva do Presidente da República, a não ser as modificações no projeto de Lei Orçamentária Anual (desde que compatíveis com o PPA e com a LDO compensem o aumento com o corte de outras despesas ou emendas de redação ou meramente modificativas) ou de Lei de Diretrizes Orçamentárias (desde que respeitado o PPA); ou

b) sobre organização dos serviços administrativos da Câmara, do Senado, dos Tribunais Federais (STF, STJ, TSE, TST e STM) e do Ministério Público.

Perceba-se que, nessas hipóteses, o poder de emenda não é suprimido, mas restringido. Em outras palavras: não é que não se admitam emendas, mas que não são possíveis emendas para aumentar a despesa prevista.

Questiona-se, então, quais os tipos de projeto de lei que podem ser modificados pelo Congresso? Todos os tipos de projeto de lei, toda e qualquer proposição legislativa em tramitação no Congresso Nacional podem ser modificados, porque o Congresso é o titular da função legislativa. Por outro lado, até que ponto pode haver emendas em projetos de lei? não poderá haver para aumentar despesas nos projetos de iniciativa privativa (CF, art. 63). Perceba-se, uma vez mais: tais projetos poderão sofrer emendas, **desde que** não se aumente a despesa prevista.

⚠ Atenção!

"I – Há reserva de iniciativa do chefe do Poder Executivo para edição de normas que alterem o padrão remuneratório dos servidores públicos (art. 61, § 1º, II, a, da CF);
II – São formalmente inconstitucionais emendas parlamentares que impliquem aumento de despesa em projeto de lei de iniciativa reservada do chefe do Poder Executivo (art. 63, I, da CF)." (Tema n. 686 da Repercussão Geral do STF).

Outra limitação ao poder de emenda parlamentar, aplicável aos projetos de iniciativa privativa, diz respeito à chamada pertinência temática. Dessa forma, são inadmissíveis emendas que não guardem relação com o objeto original da proposição, sob pena de inconstitucionalidade da emenda e, se aprovada, da parte indevidamente incluída na lei. Foi o que decidiu o STF, ao julgar a ADI n. 5.127/DF, relator para o acórdão Ministro Luiz Fux, em decisão que abordou a temática em relação às medidas provisórias, mas que se aplica, pelas mesmas razões, aos projetos de lei de iniciativa privativa. São vedados, portanto, os **jabutis** ou **contrabando legislativos**, isto é, as emendas sobre temas totalmente estranhos ao objeto original da proposição.

17.2.3. Votação

Terminada a discussão do projeto, com a apresentação das emendas (se for o caso), o projeto entra na fase de votação (deliberação propriamente dita, decisão).

17.2.3.1. *Espécies de quórum*

No processo legislativo, há que se distinguir dois tipos de quórum:

a) o quórum de presença, número mínimo de parlamentares presentes para que a sessão de votação tenha início;
b) o quórum de aprovação, número mínimo de votos **sim** para que se considere aprovado o projeto.

Quanto às leis ordinárias, vale a regra geral do art. 47 da CF, que assim dispõe: "Salvo disposição constitucional em contrário, as deliberações de cada Casa e de suas Comissões serão tomadas por maioria dos votos, presente a maioria absoluta de seus membros".

Perceba-se que a Constituição separou claramente o quórum de aprovação do projeto (maioria simples, também chamada maioria relativa, isto é, a **maioria dos votos**) do quórum de presença (maioria absoluta, ou seja, a sessão de votação em uma Casa só se inicia se estiver **presente a maioria absoluta de seus membros**).

Maioria simples (ou relativa) é a maioria dos **votos** dos presentes. Trata-se de um número variável, que depende da quantidade de parlamentares que compareceram à sessão. Por isso chama-se relativa. Para a aprovação da lei ordinária, o quórum necessário é essa maioria simples, isto é, basta que o número de votos **sim** suplante os votos **não**.

Perceba-se que, ao menos em teoria, existe a possibilidade de uma lei ser aprovada com apenas um voto favorável. Basta que todos os demais parlamentares presentes à sessão se abstenham. A abstenção é uma espécie de "voto branco".

Por exemplo: numa sessão do Senado (total de 81 membros), compareceram 50 Senadores (mais que a metade=maioria absoluta=quórum de instalação preenchido). Desses 50 membros, 49 se abstiveram de votar e um votou "sim". A lei está aprovada, pois o número de votos "sim" foi maior que o de votos "não". Por isso dizemos que a abstenção é uma espécie de "voto branco", é o parlamentar "abrir mão" do seu voto[8].

---

[8] É o que explica, também, Sérgio Valladão Ferraz: "Se apenas 40 Senadores tentaram impedir a formação de quórum de instalação da sessão, os 41 presentes são o suficiente para sua instauração. Dos 41 presentes, é possível que dez tenham votado pela abstenção, porque não querem se comprometer com nenhuma das linhas, conquanto não tivessem o desejo de postergar a deliberação. Haverá, no caso, apenas 31 votos para o sim e o não, somados. Digamos que, destes, 16 tenham votado sim e 15 tenham escolhido não. Nesta hipótese, a matéria foi aprovada por maio-

Isso significa que a noção corrente de que a maioria simples é a "maioria dos presentes" não é necessariamente verdadeira, já que os presentes podem abster-se. Mais correto é definir a maioria simples como faz o art. 47 da CF: "maioria dos votos".

17.2.3.2. Resultados

Da votação na Casa Iniciadora podem surgir dois resultados: aprovação ou rejeição do projeto.

a) **Projeto rejeitado**

Se o projeto de lei for rejeitado, será arquivado. Perceba-se que, nesse caso, o projeto não precisa ser encaminhado à Casa Revisora.

Cuidado!

O conteúdo de um projeto de lei que foi rejeitado pode ser objeto de novo projeto de lei? Essa questão é respondida pelo art. 67 da CF, que dispõe:

> A matéria constante de projeto de lei rejeitado somente poderá constituir objeto de novo projeto, na mesma sessão legislativa, mediante proposta da maioria absoluta dos membros de qualquer das Casas do Congresso Nacional.

Trata-se do chamado princípio da irrepetibilidade. De acordo com esse princípio, um projeto de lei rejeitado não pode ser reapresentado na mesma sessão legislativa (= ano parlamentar). O projeto rejeitado só pode ser reapresentado na mesma sessão legislativa se o for por iniciativa da maioria absoluta dos membros de uma das Casas do Congresso.

Atenção!

A irrepetibilidade do conteúdo do projeto de lei rejeitado é limitada à sessão legislativa (= ano parlamentar) e, mesmo assim, é uma proibição relativa, pois pode ser derrubada pela manifestação da maioria absoluta dos membros de qualquer das Casas Legislativas.

Questão de Concurso

(Cespe/TJDFT/Notário/2014) Em nenhuma hipótese, a matéria constante de projeto de lei rejeitado poderá constituir objeto de novo projeto na mesma sessão legislativa.

Gabarito comentado: Errado.
A expressão "em nenhuma hipótese" tornou a questão errada, já que a matéria constante de PL rejeitado pode ser objeto de novo PL, na mesma sessão legislativa, desde que esse novo PL seja assinado pela maioria absoluta dos membros de qualquer das Casas do Congresso Nacional (art. 67).

---

ria simples, já que a maioria dos presentes votantes (presentes que não se abstiveram) escolheram aprovar a matéria" . FERRAZ, Sérgio Valladão. *Curso de Direito Legislativo*. Rio de Janeiro: Elsevier, 2007. p. 93.

Divergência doutrinária!

Há uma questão polêmica a ser resolvida: quando a Constituição fala em sessão legislativa, ela está se referindo a todo o ano parlamentar ou apenas à sessão legislativa ordinária (2 de fevereiro a 22 de dezembro)? Em outras palavras: em caso de convocação extraordinária do Congresso (sessão legislativa extraordinária), poderia um projeto ser reapresentado mesmo sem a iniciativa da maioria absoluta de uma das Casas?

Pontes de Miranda entendia que sim, pois "não se trata da mesma sessão legislativa". No entanto, o Supremo Tribunal Federal decidiu de forma um pouco mais restritiva. Realmente, no julgamento do pedido de medida cautelar na ADI n. 2.010/DF, a Corte Suprema decidiu que o projeto de lei rejeitado em uma sessão legislativa ordinária poderia ser objeto de nova proposta na sessão legislativa extraordinária desde que fosse apresentado no mês de janeiro, pois estaria em outro ano parlamentar (sessão legislativa). Perceba-se: o STF não afirmou que a sessão legislativa extraordinária é outra sessão; afirmou que o projeto poderia ser reapresentado (mesmo sem a maioria absoluta) no mês de janeiro, por se tratar de outra sessão legislativa (outro ano parlamentar).

b) Projeto aprovado

Se o projeto atingir a maioria simples de votos "sim", será, então, encaminhado à outra Casa Legislativa, para a revisão (nova discussão e nova votação, desta vez na Casa Revisora).

O projeto de lei aprovado por uma Casa será revisado pela outra, em turno único de discussão e de votação (art. 65). Trata-se de uma regra decorrente do próprio regime bicameral adotado no Brasil. Com isso, vigora a regra de que um projeto de lei só se transforma em lei com a concordância de ambas as Casas do Congresso.

Na fase de revisão, o projeto será novamente discutido e votado, só que, dessa vez, pela outra Casa Legislativa (denominada, então, Casa Revisora). Por óbvio, quando a Casa Iniciadora for a Câmara dos Deputados (essa é a regra geral), a Casa Revisora será o Senado Federal – e vice-versa.

Na Casa Revisora, o projeto poderá ser aprovado ou rejeitado. Mesmo a aprovação, porém, pode ocorrer com ou sem emendas, em relação ao teor do projeto que veio da Casa Iniciadora. Vejamos o que acontece em cada uma dessas hipóteses.

b.1) Projeto rejeitado na Casa Revisora

Caso o projeto seja rejeitado na Casa Revisora, as consequências serão as mesmas da rejeição na Casa Iniciadora: a proposição será arquivada, e a matéria dela constante só poderá ser objeto de novo projeto de lei na próxima sessão legislativa (= próximo ano parlamentar), ou, na mesma sessão legislativa, apenas por iniciativa da maioria absoluta dos membros de uma das Casas do Congresso Nacional. Em outras palavras: incide, normalmente, o princípio da irrepetibilidade (art. 67).

b.2) Projeto aprovado na Casa Revisora

Se o projeto for aprovado pela Casa Revisora, duas situações podem ocorrer: ou o projeto foi aprovado do jeito que veio da Casa Iniciadora (aprovado sem emendas da Casa Revisora), ou, ao contrário, a Casa Revisora aprovou o projeto, mas com modificações (com emendas em relação ao que foi aprovado pela Casa Iniciadora).

b.2.1) **Projeto aprovado pela Casa Revisora** sem **emendas**

Nessa hipótese, o projeto seguirá para a próxima fase, qual seja, a deliberação executiva (sanção ou veto). Será remetido, portanto, ao Presidente da República, sendo desnecessário o retorno da proposição à Casa Iniciadora.

b.2.2) **Projeto aprovado pela Casa Revisora** com **emendas**

Se a Casa Revisora aprovar o projeto, mas com modificações de conteúdo, será preciso que ele retorne à deliberação da Casa Iniciadora, para que se colha a manifestação sobre se concorda ou não com as modificações feitas ao projeto de lei, tal como fora por ela aprovado.

É dizer: se houver emendas por parte da Casa Revisora, o projeto deverá ser remetido de volta à Casa Iniciadora, para resolver esse **conflito bicameral**. A Casa Iniciadora, nessa hipótese, não irá apreciar novamente todo o conteúdo do projeto de lei, mas apenas aquilo que foi alterado pela Revisora, ou seja, apenas as emendas. Ao apreciá-las, a Casa Iniciadora pode acatá-las ou rejeitá-las. Em qualquer caso, o projeto não retornará à Casa Revisora (sob pena de tornar infindável sua tramitação): seguirá, com o texto final aprovado pela Casa Iniciadora, à sanção ou ao veto do Presidente da República.

✋ Cuidado!

Se houver emendas meramente redacionais – assim entendidas aquelas que apenas corrigem erro gramatical, desfazem ambiguidade ou corrigem erro de técnica legislativa –, não há necessidade de retorno do projeto à Casa Iniciadora. Cf. art. 135 do Regimento Comum do Congresso Nacional. No mesmo sentido: STF, Pleno, ADI n. 2.238-MC, Relator para o acórdão Ministro Ayres Britto, *DJE* de 12-9-2008. Esse assunto é especialmente cobrado em provas da FCC e da FGV – essa última até já questionou acerca desse aspecto específico em provas da OAB (tanto objetiva quanto discursiva).

📝 Questões de Concurso

(FGV – ALE RO – Analista Legislativo – Área Processo Legislativo – 2018) O Presidente da República encaminhou projeto de lei complementar de sua iniciativa privativa ao Senado Federal, o qual foi aprovado pela maioria absoluta dos membros da Casa Legislativa, sendo, ato contínuo, remetido à Câmara dos Deputados. A Casa Revisora, também por maioria absoluta, aprovou emendas de redação, mas sem comprometer a essência do projeto recebido. O projeto, por fim, foi encaminhado ao Presidente da República, que sancionou e promulgou a Lei n. 123. Sobre a narrativa acima, com base na sistemática constitucional afeta ao processo legislativo, assinale a afirmativa correta.

a) Não apresenta nenhuma irregularidade.
b) Apresenta irregularidade em relação à Casa Iniciadora.
c) Apresenta irregularidade em relação ao quórum de aprovação.
d) Apresenta irregularidade em relação à sanção e à promulgação.
e) Apresenta irregularidade em relação ao não retorno do projeto à Casa Iniciadora.

Gabarito comentado: B (havendo meras emendas de redação, não há necessidade de retorno à Casa Iniciadora, nos termos da jurisprudência do STF; há, porém, vício em relação à Casa Iniciadora – que, em se tratando de PL de autoria do Presidente da República, deveria ser a Câmara dos Deputados, na forma do art. 64, *caput*).

(FGV/OAB/2015.1) Projeto de lei aprovado pela Câmara dos Deputados, contendo vício de iniciativa, foi encaminhado ao Senado Federal. Na Casa revisora, o texto foi aprovado com pequena modificação, sendo suprimida determinada expressão, sem, contudo, alterar o sentido normativo objetivado pelo texto aprovado na Câmara. O projeto foi, então, enviado ao Presidente da República, que, embora tenha protestado pelo fato de ser a matéria disciplinada pelo Parlamento, de iniciativa privativa do Chefe do Poder Executivo, sancionou-o por concordar com os termos ali estabelecidos, originando a Lei L.

Diante dos fatos narrados, responda aos itens a seguir.

a) A não devolução do processo à Casa Iniciadora sempre configurará violação ao devido processo legislativo? Justifique. (Valor: 0,75)

b) No caso em tela, a sanção presidencial possuiria o condão de suprir o vício de iniciativa ao projeto de Lei? Justifique. (Valor: 0,50)

Gabarito:

a) Não, quando as emendas forem apenas de redação, e não alterarem o conteúdo normativo, não há necessidade de nova deliberação da primeira Casa. De acordo com o parágrafo único do art. 65 da CF, em respeito ao bicameralismo, os projetos aprovados com emendas pela Casa Revisora devem retornar à Casa Iniciadora. Porém, a jurisprudência do Supremo Tribunal Federal considera – de forma acertada – que as emendas meramente redacionais (que não alterem o conteúdo do projeto de lei) não determinam o retorno da proposição à Casa Iniciadora. Assim, por exemplo, se a Casa Revisora alterar apenas uma vírgula, por motivos meramente gramaticais, sem alteração do significado do projeto, a proposição pode ser encaminhada diretamente à sanção presidencial, pois "o parágrafo único do art. 65 da CF só determina o retorno do projeto de lei à Casa iniciadora se a emenda parlamentar introduzida acarretar modificação no sentido da proposição jurídica" (STF, Pleno, ADI n. 2.238-MC, Relator para o acórdão Ministro Ayres Britto, *DJE* de 12-9-2008).

b) Não, a sanção não supre o vício de iniciativa do projeto. As nulidades (=vícios, defeitos, falhas) do processo legislativo são insanáveis (não são corrigíveis, não podem ser convalidadas). Isso significa que as nulidades do processo de formação das leis são absolutas, não podem ser objeto de correção posterior. Trata-se do princípio da não convalidação das nulidades. Por isso, ainda que o Chefe do Executivo concorde com o teor do projeto, sancionando-o, isso não tem o condão de convalidar o vício de iniciativa. Foi por isso que o STF deixou de aplicar a Súmula 5, que determinava a convalidação do vício de iniciativa pela sanção.

⚠ Atenção!

A Casa Iniciadora não poderá rever outro ponto a não ser os que foram alterados na Casa Revisora. A Casa Iniciadora, quanto às emendas, somente poderá aceitar ou rejeitar, não pode fazer mais qualquer alteração.

Em resumo:

1 Projeto é rejeitado pela Casa Iniciadora: **arquivado**.

1.1 Pode ser proposto novamente na próxima sessão legislativa (ano parlamentar)? **Sim**.

1.2 Pode ser proposto novamente na mesma sessão legislativa (ano parlamentar)? Em regra, **não**, a não ser que a iniciativa decorra da maioria absoluta dos membros de uma das Casas (princípio da irrepetibilidade: art. 67).

2 Projeto é aprovado pela Casa Iniciadora: segue para a **revisão**.

2.1 Na Casa Revisora, o projeto é rejeitado: **arquivado**.

2.1.1 Pode ser proposto novamente na próxima sessão legislativa (ano parlamentar)? **Sim**.

2.1.2 Pode ser proposto novamente na mesma sessão legislativa (ano parlamentar)? Em regra, **não**, a não ser que a iniciativa decorra da maioria absoluta dos membros de uma das Casas (princípio da irrepetibilidade: art. 67).

2.2 Na Casa Revisora, o projeto é aprovado sem emendas: segue para **sanção** ou **veto**.

2.3 Na Casa Revisora, o projeto é aprovado com emendas (que alterem o conteúdo): o projeto **volta para a Casa Iniciadora**.

2.3.1 Casa Iniciadora acata as emendas: o projeto segue para **sanção** ou **veto** com a nova redação sugerida pela Casa Revisora.

2.3.2 Casa Iniciadora rejeita as emendas: o projeto segue para **sanção** ou **veto** com a redação antiga.

17.2.4. Sanção e veto

Aprovado o projeto de lei pelo Congresso, a Casa em que tiver sido concluída a votação enviará o texto final aprovado para o Presidente da República, na forma de autógrafos. A partir do recebimento dos autógrafos, o Chefe do Executivo terá o prazo de 15 dias (úteis) para enunciar concordância ou não com o conteúdo do projeto de lei, sob pena de ocorrer a sanção tácita.

Sanção designa o ato de competência exclusiva do Chefe de Governo por meio do qual ele declara sua concordância com o conteúdo do projeto de lei, transformando-o em lei propriamente dita. Bem se vê, desde logo, que a sanção é o divisor de águas entre o projeto e a lei: o Presidente sanciona um projeto de lei, integrando a vontade do Legislativo, transformando o projeto em lei já existente. É a sanção que transforma o projeto de lei em lei.

A sanção pode ser classificada em expressa ou tácita. Realmente, a sanção demonstra aquiescência do Presidente com o entendimento do Legislativo, seja de forma expressa, seja de forma tácita, deixando transcorrer em branco o prazo constitucional.

Já o veto pode ser classificado quanto à extensão e aos motivos. De acordo com esse critério, o veto pode ser classificado em total ou parcial. O veto parcial só pode atingir texto inteiro de artigo, inciso, alínea ou parágrafo. Perceba-se: ainda se adota o veto parcial no Brasil? Sim. Esse poder é ilimitado? Não. Se o Presidente desejar vetar apenas um inciso, poderá fazê-lo? Sim, mas terá que vetar todo o inciso, e não apenas as palavras ou expressões que lhe desagradem.

Quanto aos motivos, o veto pode ser classificado em veto político ou veto jurídico. O veto (por motivo) jurídico se verifica quando o Presidente nega sanção a um projeto de lei por entendê-lo inconstitucional. Já o veto (por motivo) político é aquele em que o Chefe do Executivo nega sua sanção ao projeto por achá-lo contrário ao interesse público (ou seja, por motivo de mérito – conveniência e oportunidade).

Esquema 17.3 – CARACTERÍSTICAS DA SANÇÃO E DO VETO

Classificação
- Sanção
  - Expressa
  - Tácita (após 15 dias úteis do recebimento do projeto)
- Veto
  - Extensão
    - Total
    - Parcial
  - Motivos
    - Político (veto por questão de mérito)
    - Jurídico (veto por motivo de inconstitucionalidade)

É preciso registrar, porém, que nem toda proposição legislativa submete-se à sanção (ou ao veto) do Presidente da República. Algumas espécies normativas produzem-se (ou podem produzir-se) sem a aquiescência (e até sem a participação) do Chefe do Executivo. Só há sanção ou veto para projetos de lei (ordinária ou complementar). Não existe essa fase (o Presidente não é consultado) para emendas constitucionais, leis delegadas, medidas provisórias (a não ser que sofram emendas no Congresso), decretos legislativos e resoluções.

Questão de Concurso

(Cespe/PC-PE/Escrivão/2016) Leis ordinárias e complementares são espécies do processo legislativo federal que, aprovadas pelo Congresso Nacional, prescindem da sanção do presidente da República.

Gabarito comentado: Errado.
As leis ordinárias e complementares necessitam de sanção ou veto, e, portanto, não prescindem (dispensam) essa fase.

O principal efeito da sanção é transformar o projeto de lei em lei. Como vimos, contudo, esse ato não convalida eventuais vícios do projeto, nem mesmo vício de iniciativa.

Questão de Concurso

(FGV/Senado Federal/Consultor de Orçamentos/2022) O parlamentar federal XX estava muito sensibilizado com a reivindicação de reajuste remuneratório insistentemente apresentada por diversas associações de servidores públicos federais. Por essa razão, solicitou que sua assessoria jurídica elaborasse o respectivo projeto de lei, o qual tinha convicção que seria aprovado, sequencialmente, por cada Casa do Congresso Nacional e sancionado pelo Presidente da República. Caso fosse promulgada uma lei resultante do processo legislativo descrito na narrativa, seria correto afirmar que ela:
a) não apresentaria qualquer vício, tendo total higidez jurídica perante a ordem constitucional;
b) apresentaria apenas vício de iniciativa, que seria suprido pela sanção do Presidente da República;
c) apresentaria apenas vício procedimental, em relação à sanção do Presidente da República;
d) apresentaria apenas vício de iniciativa, que não seria suprido pela sanção do Presidente da República;
e) não apresentaria qualquer vício, desde que o projeto tenha sido aprovado pela maioria de três quintos de cada Casa.

Gabarito comentado: D (A iniciativa de PL para conceder aumento é privativa do chefe do Executivo – CF, art. 61, § 1º, II, *a* – e a eventual sanção dele não convalida vícios do PL, nem mesmo o vício de iniciativa, conforme a jurisprudência do STF).

O principal efeito do veto, no Brasil, é devolver o projeto à análise do Congresso Nacional (efeito meramente suspensivo). Realmente, o § 1º do art. 66 impõe ao Presidente da República a tarefa de, no prazo de até quarenta e oito horas depois de vetar o projeto, comunicar sua decisão – e os respectivos motivos – ao Presidente da Mesa do Congresso Nacional (que é o Presidente do Senado Federal).

Ciente do veto, o Presidente do Senado deverá convocar sessão conjunta (Câmara + Senado) para deliberar sobre a manifestação presidencial. O que acontece se o Congresso não apreciar o veto no prazo de 30 dias? Sobrestar-se-ão todas as demais tramitações do Plenário do Congresso Nacional (CF, art. 66, § 3º). Trata-se do conhecidíssimo fenômeno do trancamento de pauta. O veto não apreciado tranca a pauta do Plenário do Congresso Nacional, e não das comissões do Congresso, nem do Plenário da Câmara dos Deputados ou do Senado Federal.

Percebe-se, então, que o veto devolve o projeto de lei para a deliberação do Poder Legislativo. Se o parlamento concordar com as razões do Presidente e acatar o veto, o projeto estará rejeitado. Se, porém, o Legislativo derrubar o veto presidencial, o projeto estará mantido, e nesse momento transformado em lei, seguindo para a próxima fase do procedimento comum ordinário (promulgação pelo Presidente da República).

⚠ Atenção!

A rejeição do veto pelo Congresso exige que assim se posicione a maioria absoluta dos Deputados e dos Senadores (se não for alcançada a maioria absoluta entre os membros de ambas as Casas, o veto estará mantido).

📝 Questão de Concurso

(FGV – CGU – Auditor Federal de Finanças e Controle – Área: Auditoria e Fiscalização – 2022) Com o objetivo de amenizar a grave crise financeira que assolava o Município Alfa, um grupo de vereadores apresentou projeto de lei instituindo um imposto que a Constituição da República de 1988 outorgou aos Municípios, mas que, até aquele momento, não fora instituído. O projeto, que contava com forte oposição popular, veio a ser vetado pelo prefeito municipal sob o argumento de ser inconstitucional, sendo o veto rejeitado pela maioria absoluta dos membros da Casa Legislativa. Desse processo legislativo, resultou a Lei municipal n. XX, que é:

a) inconstitucional, considerando o quórum observado na Casa Legislativa para a rejeição do veto;

b) inconstitucional, por afronta à iniciativa legislativa privativa do chefe do Poder Executivo em matéria tributária;

c) inconstitucional, por afronta à iniciativa legislativa privativa do chefe do Poder Executivo, em relação à receita e à despesa pública;

d) constitucional, considerando que a narrativa não apresenta qualquer incompatibilidade com a Constituição da República de 1988;

e) constitucional, considerando que, em relação aos Municípios, a simetria permanece adstrita aos balizamentos oferecidos pela Constituição Estadual.

Gabarito comentado: D (o quórum para derrubada do veto é mesmo de maioria absoluta, e, conforme o art. 61, aplicável por simetria aos Municípios, não há reserva de iniciativa para o chefe do Executivo em matéria tributária, exceto dos territórios – CF, art. 61, § 1º, II, b).

Vale lembrar, ainda, que, após a EC n. 76/2013, a deliberação sobre o veto passou a ocorrer pelo voto aberto, e não mais voto secreto, de Deputados e Senadores.

📑 Veja Bem!

Quando o chefe do Executivo veta parcialmente um PL, ocorre uma cisão entre a parte vetada e aquela não vetada (que foi, portanto, sancionada). A parte não vetada é considerada desde já sancionada – devendo ser promulgada pelo chefe do Executivo (se não o fizer em 48 horas, a competência passa ao Presidente do Senado, que, se também não o fizer em 48 horas, transfere a atribuição ao Vice-Presidente do Senado), podendo logo entrar em vigor. Já a parte vetada deve ser submetida á apreciação do Legislativo, que pode: a) aceitar o veto, quando então essa parte estará arquivada; ou b) rejeitar o veto, por maioria absoluta, devendo então essa parte ser promulgada pelo chefe do Executivo (mesma regra anterior) e inserida na mesma lei originada pela parte sancionada.

Confira: "É constitucional a promulgação, pelo chefe do Poder Executivo, de parte incontroversa de projeto da lei que não foi vetada, antes da manifestação do Poder Legislativo pela manutenção ou pela rejeição do veto, inexistindo vício de inconstitucionalidade dessa parte inicialmente publicada pela ausência de promulgação da derrubada dos vetos." (Tema n. 595 da Repercussão Geral do STF).

Foi o que aconteceu, por exemplo, com a Lei de Licitações: a parte sancionada deu origem à Lei n. 14.133, de 1º de abril de 2021; depois, em junho, o Congresso Nacional rejeitou os vetos presidenciais às outras partes, que foram então promulgadas, publicadas e integraram-se à mesma Lei n. 14.133.

Questões de Concurso

(FGV – TCE AM – Auditor – Área: Ministério Público de Contas – 2021) O chefe do Poder Executivo do Estado Alfa vetou de modo expresso parte do Projeto de Lei n. XX/2021, aprovado pela Assembleia Legislativa, tendo silenciado em relação à parte restante. O veto à parte do projeto foi devidamente comunicado ao Poder Legislativo, que decidiu derrubá-lo em sessão realizada três meses depois. À luz da sistemática constitucional vigente, em relação ao silêncio do chefe do Poder Executivo quanto à parte do projeto, tal importa em:

a) veto tácito, enquanto a parte do veto derrubado será promulgada pelo Presidente da Assembleia Legislativa;

b) sanção tácita, devendo ser promulgado, ao final do processo legislativo, pelo Presidente da Assembleia Legislativa, após a derrubada do veto;

c) sanção tácita, devendo ser a lei promulgada; enquanto a parte do veto derrubado será encaminhada para a promulgação do referido agente;

d) sanção tácita, devendo ser promulgada pelo referido agente, ao final do processo legislativo, juntamente com a parte do veto derrubado;

e) sanção tácita, devendo ser a lei promulgada; enquanto a parte do veto derrubado será promulgada pelo Presidente da Assembleia Legislativa.

Gabarito comentado: C (interpretação do art. 66 da CF: em caso de veto parcial, a parte não vetada é sancionada e deve ser logo promulgada pelo chefe do Executivo; a parte vetada deve ser encaminhada à análise do Congresso, que, se derrubar o veto por maioria absoluta, deve remeter a lei para promulgação do chefe do Executivo, integrando-se ao mesmo corpo da lei original)

(FGV – IMBEL – Advogado – Reaplicação – 2021) O Senado Federal, Casa revisora, após aprovar o Projeto de Lei n. XX, o enviou ao Presidente da República. Ato contínuo à devida análise dos Ministérios que atuavam nas temáticas envolvidas, o chefe do Poder Executivo concordou com uma parte do Projeto e entendeu que a outra contrariava o interesse público, devendo ser vetada. Nesse caso, o Presidente da República deve:

a) promulgar a parte incontroversa do projeto, que não foi vetada, antes mesmo da manifestação ou da rejeição do veto pelo Poder Legislativo;

b) aguardar o desenvolver do processo legislativo, com a manifestação do Poder Legislativo a respeito da rejeição, ou não, do veto, de modo que este Poder promova a promulgação do projeto;

c) promulgar a parte incontroversa do projeto, que não foi vetada, sendo que a rejeição do veto, pelo Poder Legislativo, dará origem a diploma normativo diverso;

d) aguardar o desenvolver do processo legislativo, com a manifestação do Poder Legislativo a respeito da rejeição, ou não, do veto, e promulgar, juntas, a parte incontroversa do projeto e a que teve o veto derrubado;

e) aguardar a manifestação do Poder Legislativo a respeito da manutenção, ou não, do veto, caso os respectivos preceitos estejam relacionados, por arrastamento, à parte incontroversa, o que exigirá a promulgação em ato único.

Gabarito comentado: A (ver comentário à questão anterior)

17.2.4.1. *Características do veto*

17.2.4.1.1. Relativo

Diz-se que o veto, no Brasil, é relativo, porque pode ser derrubado pelo Congresso Nacional (por maioria absoluta). Aliás, isso é relevante até mesmo para definir em que momento o projeto de lei transforma-se em lei propriamente dita: se for sancionado, vira lei nesse exato momento; se for vetado, converte-se em lei no momento em que o veto for derrubado pelo Congresso.

17.2.4.1.2. Motivado

Todos os atos têm que ter motivo (= causa), embora nem sempre seja exigida a motivação (= explicação, explicitação dos motivos). O veto deve ter motivo e motivação, pois o Presidente é vinculado a apontar os motivos pelos quais está vetando a deliberação legislativa.

17.2.4.1.3. Irretratável

Diz-se que o veto é irretratável porque, uma vez aposto, não pode mais ser desfeito. Assim, quando o Presidente da República veta um projeto de lei, não mais é possível "desvetá-lo". O máximo que pode fazer é rogar ao Congresso para que rejeite o veto do qual ele (Presidente) se arrependeu.

No mesmo sentido, Pontes de Miranda ensinava que "o fato de se comunicar ao Senado Federal o veto, por si só, exaure o poder de aquiescer e integrar o projeto".

17.2.4.1.4. Expresso

Como o silêncio do Presidente da República, no prazo de quinze dias úteis, importa a sanção tácita do projeto de lei, chega-se à lógica conclusão de que o veto só pode ser exercido de forma expressa. Ademais, como o Presidente é obrigado a expor os motivos do veto, outra característica não poderia ser mais apropriada.

📝 Questão de Concurso

(FGV/OAB/2015.2) Aprovado apenas pela Comissão de Relações Exteriores e de Defesa Nacional da Câmara dos Deputados, assim como no âmbito da mesma Comissão em razão dessa matéria do Senado Federal, determinado projeto de lei, que versava sobre política externa brasileira, foi levado à apreciação do Presidente da República, que resolveu vetá-lo, ao argumento de que nenhum projeto de lei pode ser aprovado sem a respectiva votação do Plenário de cada uma das casas legislativas.

Diante do relato acima, responda aos itens a seguir.
a) O veto apresentado pelo Chefe do Executivo encontra amparo constitucional? (Valor: 0,65)
b) É correto afirmar que, de acordo com o processo legislativo brasileiro, o veto do Presidente da República deve ser apreciado pela Casa Inicial e revisto pela Casa Revisora, dentro do prazo de quarenta e cinco dias, a contar do seu recebimento? (Valor: 0,60)

Gabarito:
a) Não, o veto presidencial escora-se em motivos incorretos. No chamado procedimento comum abreviado, previsto no art. 58, § 2º, I, da Constituição Federal, é realmente suprimida uma fase do processo legislativo, qual seja, a votação em Plenário. Dessa maneira, quando um projeto de lei tramita em caráter terminativo (no Senado Federal: RISF, art. 91) ou conclusivo (nomenclatura usada na Câmara dos Deputados), é discutido e votado apenas nas comissões, e, caso seja aprovado, segue direto para a outra Casa Legislativa ou para a Presidência da República, conforme o caso. Por isso se diz abreviado porque o fato de não ser necessário entrar na pauta sempre congestionada do Plenário diminui sobremaneira o tempo de tramitação do projeto de lei. Veja-se o que dispõe a Constituição Federal: "Às comissões, em razão da matéria de sua competência, cabe: discutir e votar projeto de lei que dispensar, na forma do regimento, a competência do Plenário, salvo se houver recurso de um décimo dos membros da Casa".
b) Não, nenhuma das duas informações está correta. De acordo com o art. 66, § 4º, da CF, "O veto será apreciado em sessão conjunta, dentro de trinta dias a contar de seu recebimento, só podendo ser rejeitado pelo voto da maioria absoluta dos Deputados e Senadores". Logo, não se trata de matéria que seja apreciada por uma Casa e depois pela outra, devendo sê-lo em sessão do Congresso Nacional. Quanto ao prazo para deliberação congressual, na verdade é de 30, e não de 45 dias, a teor do que dispõe o citado dispositivo constitucional.

17.2.5. Promulgação

É o ato que declara que a ordem jurídica foi inovada. Em outras palavras: é o ato que declara (faz saber) que surgiu uma nova lei no ordenamento. Pode-se, para ter uma ideia mais concreta do que é a promulgação, dizer que se trata da própria montagem do texto final da lei, inclusive com a respectiva cláusula de sanção ("O Presidente da República faço saber [...]"). Assim, quando o Presidente recebe o projeto do Congresso, trata-se ainda de um projeto de lei. Com a sanção, surge uma nova lei, que terá seu texto final **montado** por meio da promulgação. Justamente por isso, a promulgação antecede a publicação.

O Presidente dispõe de 48 horas para promulgar a lei. E se o Presidente da República se recusar a promulgar o projeto de lei? A atribuição passará para o Presidente do Senado Federal, que disporá, igualmente, de 48 horas. E se ele também não promulgar a lei? Então, a competência passará para o Vice-Presidente do Senado Federal, que terá a obrigação constitucional de efetuar a promulgação.

17.2.6. Publicação

É a divulgação oficial do conteúdo da lei, verdadeira condição para que a norma possa ser conhecida, cumprida e exigida. A publicação é o ato que torna a lei potencialmente obrigatória. Diz-se potencialmente porque a lei pode ser obrigatória desde a sua publicação (vigência imediata), mas pode, também, começar a vigorar num momento posterior (vigência diferida ou adiada). Nesse último caso, o período em que a lei já publicada ainda não está em vigor chama-se *vacatio legis*.

17.3. PROCEDIMENTO COMUM SUMÁRIO (REGIME DE URGÊNCIA CONSTITUCIONAL – ART. 64, §§ 1º A 4º)

Depois de analisarmos como se dá a tramitação dos projetos de lei pelo procedimento comum ordinário (padrão), é hora de estudarmos outro caminho (procedimento) que os projetos de lei ordinária podem tomar dentro do Congresso Nacional: o procedimento da urgência constitucional (procedimento comum sumário).

17.3.1. Legitimidade para requerer a urgência

De acordo com o texto constitucional, somente o Presidente da República (na esfera federal, obviamente) está autorizado a requerer ao Congresso Nacional que determinado projeto de lei tramite em caráter de urgência constitucional.

17.3.2. Projetos em que pode ser requerida urgência

Segundo a Constituição Federal (art. 64, § 1º), o Presidente da República só pode solicitar urgência nos projetos de lei **de sua iniciativa**, isto é, dele mesmo, Presidente. Assim, o Chefe do Executivo não pode requerer, por exemplo, que tramite em caráter de urgência projeto de lei de autoria de um Deputado Federal ou de um Senador.

Também não é admitida a urgência em relação a projetos de código, em virtude da complexidade e extensão do seu objeto.

Questão de Concurso

(FGV – OAB – Advogado – XXVI Exame de Ordem Unificado – 2018) O deputado federal Alberto propôs, no exercício de suas atribuições, projeto de lei de grande interesse para o Poder Executivo federal. Ao perceber que o momento político é favorável à sua aprovação, a bancada do governo pede ao Presidente da República que, utilizando-se de suas prerrogativas, solicite urgência (regime de urgência constitucional) para a apreciação da matéria pelo Congresso Nacional. Em dúvida, o Presidente da República recorre ao seu corpo jurídico, que, atendendo à sua solicitação, informa que, de acordo com o sistema jurídico-constitucional brasileiro, o pleito da base governista:

a) é viável, pois é prerrogativa do chefe do Poder Executivo solicitar o regime de urgência constitucional em todos os projetos de lei que tramitem no Congresso Nacional;

b) não pode ser atendido, pois o regime de urgência constitucional somente pode ser solicitado pelo presidente da mesa de uma das Casas do Congresso Nacional;

c) viola a CRFB/88, pois o regime de urgência constitucional somente pode ser requerido pelo Presidente da República em projetos de lei de sua própria iniciativa;

d) não pode ser atendido, pois, nos casos urgentes, o Presidente da República deve veicular a matéria por meio de medida provisória e não solicitar que o Legislativo aprecie a matéria em regime de urgência.

Gabarito comentado: C (art. 64, § 1º).

17.3.3. Prazos

Nos termos do art. 64, §§ 2º e 3º, da CF, os prazos aplicáveis para a discussão e votação de projetos de lei, quando há requerimento de urgência apresentado pelo Presidente da República, são de:

a) 45 dias para apreciação do projeto na Casa Iniciadora (que, nessa hipótese, será necessariamente a Câmara, pois se trata de projeto de iniciativa do Presidente da República);

b) 45 dias para apreciação na Casa Revisora (que, nesse caso, será sempre o Senado Federal);

c) 10 dias para apreciação, na Câmara, de eventuais emendas apresentadas pelo Senado Federal.

Desde já, nota-se que o prazo constitucional máximo para a tramitação do projeto de lei em regime de urgência, no Congresso Nacional, é de 90 dias (45+45), se não houver emendas no Senado, ou 100 dias (45+45+10), caso haja tais modificações na Casa Revisora.

E qual a consequência jurídica em caso de desrespeito, por parte do Congresso, a esses prazos constitucionais? Como não existe mais (felizmente) aprovação por decurso de prazo, a consequência será o trancamento de pauta da Casa responsável pelo descumprimento (isto é, da Casa que violou os prazos constitucionais).

📝 Questão de Concurso

(Cespe/TCU/Procurador/2015) Não observado o prazo para deliberação congressual de projeto de lei apresentado pelo presidente da República com pedido de urgência, a proposta estará automaticamente aprovada.

Gabarito comentado: Errado.
A consequência do descumprimento de prazos pelo Congresso Nacional nunca é a aprovação do projeto. Nesse caso específico, o descumprimento do prazo gerará o sobrestamento das demais deliberações legislativas da Casa que tenha desrespeitado o mandamento constitucional.

Como em todos os demais prazos do processo legislativo, ocorre a suspensão desses prazos durante o recesso, isto é, o início do recesso faz para a contagem, que volta (de onde tinha sido suspensa) com o retorno dos trabalhos.

✋ Cuidado!

NÃO CONFUNDA – No caso de **projeto de lei** em regime de **urgência constitucional, cada Casa tem 45 dias para apreciar a proposição**, diferentemente do que ocorre com as **medidas provisórias**, em que o prazo de 45 dias refere-se à apreciação **em ambas as Casas do Congresso Nacional**.

17.4. PROCEDIMENTO (COMUM) ABREVIADO

17.4.1. Característica

O procedimento abreviado, previsto no inciso I do § 2º do art. 58 da CF, tem como principal característica **dispensar a apreciação em Plenário**, de modo que o projeto é discutido **e votado apenas nas comissões**.

Veja a diferença: no procedimento ordinário, o projeto é discutido nas comissões e depois discutido e votado em Plenário. Isso, porém, demora muito, em especial porque a pauta do Plenário de cada Casa (a chamada "Ordem do Dia") é muito cheia de matérias. Por isso, quando um projeto tramita em caráter abreviado, ele pega um "atalho", passando apenas pelas comissões.

17.4.2. Objeto

O chamado procedimento abreviado – caracterizado "poder terminativo" (Regimento Interno do Senado Federal – RISF, art. 91) ou conclusivo (Regimento Interno da Câmara dos Deputados – RICD, art. 28, II) das comissões – é utilizado nos casos previstos no Regimento Interno de cada Casa Legislativa. Por exemplo: no Senado Federal, tramitam em procedimento abreviado os projetos de lei de autoria de Senador (RISF, art. 91, III).

Como isso é uma matéria que depende de cada regimento interno, pode até mesmo acontecer de que um projeto tramite em procedimento abreviado em uma Casa e em procedimento ordinário em outra.

Pode um projeto que tramita em caráter de urgência constitucional ser submetido ao poder terminativo das comissões? Sim, nada impede a cumulação dos procedimentos sumário (fixação de prazo) com o abreviado (dispensa da discussão e votação em Plenário).

No procedimento abreviado, a decisão tomada pela comissão (aprovação ou rejeição) se tornará definitiva, sem necessidade de apreciação do projeto em Plenário. Se, porém, no prazo regimental, houver recurso apresentado por 1/10 (10%) dos membros da Casa, a matéria precisará ser votada em Plenário, saindo do procedimento abreviado.

17.4.3. Recurso

Se alguns parlamentares da Casa em que o PL estiver tramitando discordarem da decisão das comissões (seja a decisão pela aprovação, seja pela rejeição), poderão, no prazo previsto no regimento interno, apresentar **recurso**. Esse **recurso** precisa ser assinado (subscrito) por **1/10 dos membros da Casa** (9 Senadores ou 52 Deputados, conforme o caso), e seu pedido é de que a matéria seja apreciada em Plenário.

Sendo apresentado recurso, o PL, na prática, "sai" do procedimento abreviado, voltando ao procedimento comum ordinário.

📝 Questão de Concurso

(Cespe/DPDF/Defensor Público/2013) O projeto de lei aprovado nas comissões para as quais tenha sido enviado, na forma e prazo regimentalmente estabelecidos, deve, necessariamente, seguir para votação no plenário da respectiva Casa legislativa, pois o modelo constitucional brasileiro não admite a aprovação de leis por meio de órgãos fracionários da Câmara dos Deputados ou do Senado Federal.

Gabarito comentado: Errado.
O modelo constitucional brasileiro admite, sim, a aprovação de projetos de lei por órgãos fracionários: é o procedimento abreviado previsto no art. 58, § 2º, I, da CF. Por isso mesmo, não se pode afirmar que a proposição vá obrigatoriamente ao Plenário.

17.5. PROCEDIMENTOS LEGISLATIVOS ESPECIAIS

17.5.1. Emendas à Constituição

17.5.1.1. *Iniciativa*

A iniciativa de leis ordinárias é atribuída, em geral, a qualquer Deputado (isoladamente), Senador (idem) ou Comissão (da Câmara, do Senado ou do Congresso Nacional), ao Presidente da República, aos Tribunais Superiores, ao Procurador-Geral da República e até mesmo ao povo (CF, art. 61, *caput*).

Esse procedimento não acontece com a iniciativa de propostas de emendas à Constituição (PEC). De acordo com o rol taxativo (fechado) do art. 60, podem propor emendas à Constituição Federal:

a) 1/3 dos Deputados (=171 Deputados);
b) 1/3 dos Senadores (= 27 Senadores);
c) o Presidente da República;
d) a maioria absoluta (= mais da metade) das Assembleias Legislativas estaduais (incluindo a Câmara Legislativa do DF[9]), manifestando-se, cada uma delas, pela maioria relativa (= maioria simples) dos seus membros.

🖐 Cuidado!

Não há iniciativa popular de emenda constitucional!
Realmente, por absoluta falta de previsão constitucional, não há iniciativa popular de emendas à Constituição Federal. Há doutrinadores – como José Afonso da Silva – que defendem essa possibilidade, mas a corrente é francamente minoritária.
Para provas de concursos e OAB, recomendamos adotar a negativa pura e simples, ainda que, se se tratar de prova discursiva, seja recomendável registrar a existência da posição minoritária.

⚠ Atenção!

Ainda sobre o tema da iniciativa de PEC, o STF já decidiu, diversas vezes, que as hipóteses de iniciativa privativa não se aplicam às propostas de emenda à CF: o *leading case* foi a ADI n. 3.367/DF, em que se questionava a criação de órgão do Poder Judiciário (Conselho Nacional de Justiça) por PEC de iniciativa parlamentar.
Na esfera **estadual/distrital**, contudo, a jurisprudência do STF considera que **não se pode, por meio de PEC, "driblar" a iniciativa privativa do Governador** para criar órgãos no Executivo ou dispor sobre regime jurídico dos servidores públicos (ex.: STF, Pleno, ADI n. 5.075/DF).

17.5.1.1.1. Definição da Casa Iniciadora

Assim como ocorre com os projetos de lei, as propostas de emenda à Constituição tramitam por ambas as Casas do Congresso Nacional, podendo ser propostas em qualquer uma delas, de acordo com o legitimado que a inicia.

---

[9] Quatorze Assembleias, portanto. Há, até hoje, um só caso de PEC apresentada pelas assembleias estaduais; trata-se da PEC n. 47, de 2012, em tramitação no Senado Federal, e que busca ampliar as competências legislativas estaduais.

Assim, se a proposta nascer da vontade de 1/3 dos Deputados, terá início, obviamente, na Câmara dos Deputados, funcionando o Senado Federal como Casa Revisora. Ao revés, se for proposta de 1/3 dos Senadores, a situação se inverte, e a PEC começará a tramitar no Senado Federal, funcionando a Câmara dos Deputados como Casa Revisora. No caso de PEC de iniciativa do Presidente da República, a Casa Iniciadora será a Câmara, ao passo que, no caso de PEC proposta pelas Assembleias Legislativas, caberá ao Senado o papel de se pronunciar primeiramente sobre a PEC.

17.5.1.2 *Número de turnos*

Enquanto as demais proposições legislativas só precisam, em regra, ser aprovadas em um turno em cada Casa do Congresso, as propostas de emenda à Constituição devem ser apreciadas por cada Casa duas vezes (dois turnos), totalizando quatro votações. A proposta será considerada aprovada se for acatada em todas as quatro votações. Perdendo em uma delas, estará rejeitada e será arquivada, expondo-se à limitação do § 5º do art. 60, adiante explicada.

Perceba-se que os turnos devem ser consecutivos, isto é, primeiro vota-se a PEC em dois turnos na Casa Iniciadora; se for aprovada, segue para votação também em dois turnos na Casa Revisora.

A PEC pode sofrer emendas? Sim, como qualquer proposição legislativa, a PEC também pode sofrer emendas. Elas precisam, porém, ser subscritas por 1/3 dos Deputados (se a proposição estiver tramitando na Câmara dos Deputados) ou por 1/3 dos Senadores (caso a PEC esteja no Senado Federal).

Aprofundamento:
os interstícios

Não há, na Constituição, exigência de um lapso temporal – interstício – entre os turnos de votação, mas essa salutar providência é prevista em sede regimental[10].

Questiona-se sobre a possibilidade de superação dessa norma regimental, com a chamada "quebra de interstício" ou "calendário especial" (votação dos dois turnos da PEC sem respeitar o intervalo regimental). Há quem sustente tratar-se a questão de tema meramente regimental, verdadeira matéria interna corporis, sobre a qual o Parlamento seria soberano para deliberar. Com essa tese, aliás, alinhou-se o STF, no julgamento da ADI n. 4.425/DF, quando ficou decidido que:

> A Constituição Federal de 1988 não fixou um intervalo temporal mínimo entre os dois turnos de votação para fins de aprovação de emendas à Constituição (CF, art. 62, § 2º), de sorte que inexiste parâmetro objetivo que oriente o exame judicial do grau de solidez da vontade política de reformar a Lei Maior. A interferência judicial no âmago do processo político, verdadeiro locus da atuação típica dos agentes do Poder Legislativo, tem de gozar de lastro forte e categórico no que prevê o texto da Constituição Federal. Inexistência de ofensa formal à Constituição brasileira[11].

---

[10] O Regimento Interno do Senado Federal dispõe que o "interstício entre o primeiro e o segundo turno será de, no mínimo, cinco dias úteis" (art. 362). Já o Regimento da Câmara prevê que: "A proposta será submetida a dois turnos de discussão e votação, com interstício de cinco sessões" (art. 202, § 6º).

[11] STF, Pleno, ADI n. 4.425/DF, Relator Ministro Luiz Fux, *DJe* de 18-12-2013.

Dessa forma, pode-se dizer que, à luz da jurisprudência do STF, não há inconstitucionalidade em aprovar uma PEC em dois turnos na mesma sessão, por exemplo, sendo isso uma questão interna *corporis*. Na doutrina, porém, há quem sustente que o intervalo mínimo entre os dois turnos (interstício) é norma constitucional implícita (posição de Gabriel Dezen Júnior e Heraldo Pereira de Carvalho), ou até mesmo uma norma "interposta" (norma do Regimento, mas que concretiza a Constituição, posição de Leonardo Augusto Barbosa). Para provas de concursos, recomenda-se adotar a posição do STF, ainda que, se for prova discursiva ou oral, com a ressalva da doutrina especializada.

17.5.1.3. *Quórum*

O quórum exigido para a aprovação de emendas à Constituição é substancialmente maior que o necessário para aprovar as demais proposições legislativas. Enquanto para as leis ordinárias basta o apoio da maioria dos votos dos presentes (maioria simples ou relativa), e para aprovar leis complementares exige-se a maioria do total de membros da Casa (maioria absoluta, mais de 50% do total), as PECs só podem ser consideradas aprovadas se obtiverem pelo menos 3/5 (=60%) do total de votos dos membros da Casa em que se dá a votação.

Isso significa que são necessários votos favoráveis de pelo menos 49 Senadores e 308 Deputados, sem o que a proposta será considerada rejeitada, ainda que não haja nenhum voto "não".

Essa exigência de quórum explica-se pela necessidade de evitar que maiorias eventuais tenham o poder de alterar a Constituição. Ainda assim, a realidade brasileira tem demonstrado que o alto quórum não tem conferido a necessária segurança jurídica ao texto constitucional, que, em pouco mais de 27 anos, já foi emendado nada menos que 95 vezes, fora as emendas de revisão.

17.5.1.4. *Irrepetibilidade absoluta na mesma sessão legislativa*

A PEC rejeitada ou havida por prejudicada não pode ter seu conteúdo objeto de nova proposta na mesma sessão legislativa. É o que se depreende do § 5º do art. 60: "A matéria constante de proposta de emenda rejeitada ou havida por prejudicada não pode ser objeto de nova proposta na mesma sessão legislativa".

Trata-se de uma aplicação do princípio da irrepetibilidade que se aplica aos projetos de lei rejeitados (art. 67), só que muito mais rígida: aqui, a PEC não pode ser reeditada na mesma sessão legislativa em hipótese alguma. A irrepetibilidade na mesma sessão legislativa é absoluta, ao contrário do que ocorre com os projetos de lei, em que se cuida de uma proibição relativa, que pode ser derrubada com o apoio da maioria absoluta dos membros de qualquer das Casas do Congresso.

	Projeto de Lei	PEC
Irrepetibilidade na mesma sessão legislativa	Sim	Sim
Previsão	Art. 67	Art. 60, § 5º
Característica da irrepetibilidade	Relativa (pode ser derrubada com o apoio da maioria absoluta dos membros de qualquer das Casas)	Absoluta

📝 Questão de Concurso

(Cespe/TRF1/Juiz Federal/2015) A matéria constante de proposta de emenda constitucional rejeitada ou havida por prejudicada não pode ser novamente apresentada na mesma legislatura.

Gabarito comentado: Errado.
No lugar de "legislatura" (cada período de 4 anos que marca o funcionamento do Congresso Nacional), deveria constar o termo "sessão legislativa".

✋ Cuidado!

O STF já decidiu, todavia, que a irrepetibilidade se aplica apenas à proposta de emenda que foi rejeitada ou tida por prejudicada (a PEC principal), e não àquela que foi objeto de substitutivo que restou rejeitado. Com efeito, se é proposta uma emenda, na forma de um substitutivo, e este é rejeitado, a PEC original volta a tramitar normalmente, podendo ser imediatamente votada. Não se aplica a irrepetibilidade, já que esta só incide quando a PEC principal é rejeitada. Por exemplo: foi apresentada a PEC A, que recebe o Substitutivo B; em Plenário, o Substitutivo B é rejeitado; a PEC A pode ser votada na mesma sessão? Sim. Eis o precedente: STF, Pleno, MS n. 22.503/DF, Relator Ministro Marco Aurélio, *DJ* de 6-6-1997.

Veja como esse assunto já foi cobrado em prova objetiva de concurso:

📝 Questão de Concurso

(FGV/Prefeitura de Niterói-RJ/Fiscal Tributário/2015) O Presidente da República apresentou, ao Congresso Nacional, uma proposta de emenda constitucional, a qual, por ocasião de sua análise no âmbito da Comissão de Constituição e Justiça da Câmara dos Deputados, foi alvo de substitutivo, aprovado pela Comissão e posteriormente rejeitado pelo Plenário da Casa Legislativa. À luz da sistemática constitucional, com a rejeição do substitutivo:

a) a proposta de emenda constitucional não pode continuar a tramitar, devendo ser arquivada;
b) a proposta original pode ser votada, desde que na sessão legislativa seguinte;
c) a proposta, em respeito ao bicameralismo, deve seguir para a apreciação do Senado Federal;
d) a proposta original pode ser votada na mesma sessão legislativa;
e) o substitutivo rejeitado pode ser desarquivado na sessão legislativa seguinte.

Gabarito: D

17.5.1.5. *Inexistência da fase de deliberação executiva*

Como já afirmamos, ao tratar do procedimento comum ordinário, a fase de deliberação executiva (sanção ou veto) só existe na tramitação de projetos de lei (ordinária ou complementar). Logo, não existe a fase de sanção ou veto no caso das propostas de emenda à Constituição – que, uma vez aprovadas, seguem direto à promulgação e publicação.

📝 Questões de Concurso

(Cespe/TCU/Procurador/2015) Propostas de emenda à CF não estão sujeitas a sanção ou veto do presidente da República, salvo quando versarem sobre matéria em que o poder de iniciativa para o respectivo projeto de lei seja do chefe do Poder Executivo.

> **Gabarito comentado:** Errado.
> As PECs não são sujeitas a sanção ou veto do Presidente da República em hipótese alguma.

> (Cespe/MPCE/Promotor/2020) Uma vez aprovada proposta de emenda constitucional pelo Congresso Nacional em exercício do seu poder constituinte derivado reformador, não haverá sanção ou veto pelo presidente da República.
> **Gabarito comentado:** Correto.
> Na PEC, não existe a fase de sanção ou veto, de modo que, aprovada em ambas as Casas do Congresso Nacional, já segue direto para a promulgação pelas Mesas das duas Casas, em conjunto (CF, art. 60, § 3º).

17.5.1.6. Promulgação

Como a PEC não é encaminhada ao Presidente da República (pois não há sanção nem veto), a promulgação não será tarefa do Chefe de Governo. Na verdade, segundo o texto constitucional, a "emenda à Constituição será promulgada pelas Mesas da Câmara dos Deputados e do Senado Federal, com o respectivo número de ordem" (art. 60, § 3º). A CF silencia sobre quem deve publicar a EC, por isso entendemos que deva ser essa competência atribuída à mesma autoridade que a promulga (Mesas da CD e do SF).

Questão de Concurso

> (FGV – FUNSAÚDE – Advogado – 2021) Sensíveis às manifestações populares realizadas em diversos Estados da Federação, um grupo de 25 Senadores apresentou Proposta de Emenda Constitucional suprimindo a atividade legislativa realizada pelas Câmaras Municipais, que passaria a ser exercida pelas Assembleias Legislativas, de modo a reduzir as despesas de pessoal decorrentes dos cargos de Vereador.
> A proposta, que foi apresentada durante uma calamidade de grandes proporções na natureza, veio a ser aprovada por ambas as Casas do Congresso Nacional, em dois turnos de votação, pelo voto de dois terços dos membros de cada qual, daí resultando a promulgação, pelo Presidente da República, da Emenda Constitucional n. XX/2021.
> Essa narrativa se apresenta em desacordo com a Constituição da República, infringindo-a, em relação:
> a) à autoria da proposição, aos limites materiais de reforma, aos limites circunstanciais de reforma e ao quórum de aprovação;
> b) à autoria da proposição, aos limites materiais de reforma e à autoridade responsável pela promulgação;
> c) aos limites materiais de reforma, ao quórum de aprovação e à autoridade responsável pela aprovação;
> d) à autoridade responsável pela promulgação e aos limites circunstanciais de reforma;
> e) aos limites circunstanciais de reforma e ao quórum de aprovação.
> **Gabarito comentado:** B (a iniciativa não poderia ser de 25 Senadores, pois isso não perfaz 1/3 do Senado, nos termos do art. 60, I; não se pode abolir a competência legislativa municipal, sob pena de se violar a cláusula pétrea da Federação – art. 60, § 4º, I; a promulgação cabe às Mesas da Câmara e do Senado, não ao Presidente da República – art. 60, § 3º; o quórum foi observado, já que 2/3 é maior que os 3/5 constitucionalmente exigidos – art. 60, § 2º; e, finalmente, a situação de calamidade, por si só, não impede a PEC, se não houver decretação de estado de defesa, estado de sítio ou intervenção federal – art. 60, § 1º).

17.5.2. Leis complementares

17.5.2.1. Objeto (matéria)

Não é qualquer matéria que pode ser regulamentada por meio de lei complementar. É dizer: o legislador não é livre para definir quais os casos em que regulamentará o tema por meio de lei complementar. Só se deve aprovar lei complementar nas hipóteses **taxativamente** previstas no texto da Constituição.

Assim, por exemplo, o § 3º do art. 14 da CF prevê que "são condições de elegibilidade, na forma da lei (...)": então, a lei a regulamentar essa matéria deve ser ordinária. Ao revés, o mesmo art. 14 (já no § 9º) dispõe que "lei complementar estabelecerá outros casos de inelegibilidade": nesse caso, a matéria é tratada por lei complementar, pois há expressa previsão constitucional. Realmente, o STF já decidiu que, "quando a Constituição exige lei complementar para disciplinar determinada matéria, essa disciplina só pode ser feita por essa modalidade normativa"[12].

⚠ Atenção!

O STF decidiu, na ADI n. 5.003, que os Estados não podem criar novas hipóteses de temas reservados à lei complementar, devendo ser seguida à risca a simetria com o modelo federal. Assim, se um tema pode, à luz da CF, ser tratado por lei ordinária, não é lícito à constituição estadual reservar o tratamento desse assunto à lei complementar.

17.5.2.2. *Quórum*

O quórum exigido para a aprovação de leis complementares é substancialmente mais elevado que o necessário para se aprovar uma lei ordinária. Na realidade, no procedimento comum ordinário, o quórum de aprovação é de maioria simples (relativa) – art. 47 –, ao passo que, na tramitação dos projetos de lei complementar, exige-se a aprovação por maioria absoluta. A maioria absoluta não varia de acordo com o número de presentes. E é um número sempre maior que a maioria simples, ou pelo menos igual a ele.

Isso significa que, se uma lei foi aprovada como complementar (maioria absoluta), necessariamente também conseguiria ser aprovada se fosse uma lei ordinária (maioria simples), mas a recíproca não é verdadeira.

Façamos um quadro comparando as duas votações (lei ordinária, maioria simples; lei complementar, maioria absoluta) em situações hipotéticas no Senado Federal (lembrando que o total de Senadores, atualmente, é igual a 81, e imaginando que todos os votos sejam **sim** ou **não**, isto é, caso não haja abstenções):

Senadores presentes	Maioria simples (relativa)	Maioria absoluta
50	26	41
60	31	41
70	36	41
81	41	41

Como se percebe, a maioria absoluta não varia de acordo com o número de presentes. E é um número sempre maior que a maioria simples, ou pelo menos igual a ele. Simbolicamente: $MA \geq MS$

Isso significa que, se uma lei foi aprovada como complementar (maioria absoluta), necessariamente também conseguiria ser aprovada se fosse uma lei ordinária (maioria simples), mas a recíproca não é verdadeira.

---

[12] Pleno, ADI n. 2.436-MC/DF, Relator Ministro Moreira Alves, *DJ* de 9-5-2003.

Divergência doutrinária!

Quanto à hierarquia das leis complementares, existe grande controvérsia na doutrina. Uma corrente clássica defende que as leis ordinárias seriam inferiores às leis complementares. Já a corrente mais moderna, capitaneada por Celso Bastos, considera que tanto as leis complementares quanto as ordinárias encontram-se no mesmo patamar hierárquico, apenas tratam de matérias distintas.

Defendem a teoria clássica, por exemplo: Pontes de Miranda, Manoel Gonçalves Ferreira Filho, Geraldo Ataliba, Alexandre de Moraes. Já a favor da teoria moderna posicionam-se, entre outros; Michel Temer e Celso Bastos.

Esquema 17.4 – TEORIAS DE HIERARQUIA DAS LEIS COMPLEMENTARES

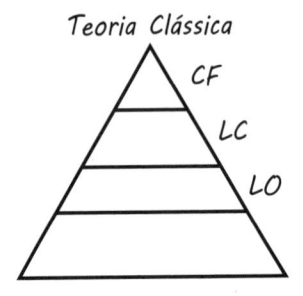

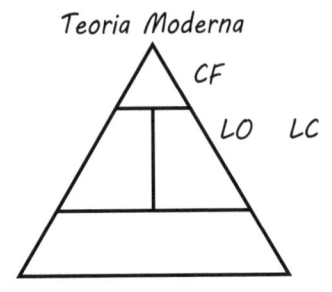

Teoria Clássica: CF / LC / LO

Teoria Moderna: CF / LO LC

O STF perfilhou a teoria moderna (não há hierarquia entre leis complementares e leis ordinárias), como se pode concluir a partir do julgamento do RE n. 377.457/PR (Pleno, Relator Ministro Gilmar Mendes). E essa é a posição que deve ser adotada em concursos públicos.

17.5.2.3. Conflitos entre lei ordinária e lei complementar

17.5.2.3.1. Primeiro conflito: lei ordinária invade o assunto de lei complementar

Pode acontecer (e acontece!) de o Congresso Nacional (por erro ou má-fé) aprovar uma lei ordinária para tratar de um assunto que a Constituição reserva para a lei complementar. Nesse caso, a lei ordinária será inválida, inconstitucional, porque violou a regra constitucional que reserva a matéria ao tratamento por lei complementar (na teoria clássica, a lei ordinária seria declarada ilegal).

Deverá, então, ser declarada inconstitucional pelo Poder Judiciário, por provocação de qualquer prejudicado pela legislação, ou, especificamente, pelo STF, em ação direta de inconstitucionalidade (CF, art. 102, I, *a*), por provocação de qualquer dos legitimados para tanto (CF, art. 103, I a IX).

17.5.2.3.2. Segundo conflito: lei complementar invade assunto de lei ordinária

Também pode ocorrer de o Congresso regulamentar por meio de lei complementar um assunto a ela não reservado pelo constituinte, ou seja, aprovar uma lei complementar que invade o assunto de lei ordinária. Ao se adotar a lógica geral citada no item anterior, a lei complementar deveria ser declarada inconstitucional, por violar a regra constitucional que deixou o assunto à disposição da lei ordinária.

Todavia, por uma questão de utilidade, a lei complementar será aproveitada. Realmente, se a normatização foi aprovada por maioria absoluta, então fatalmente também teria sido aprovada por maioria simples. Nada impede, portanto, que se **aproveite** a manifestação de vontade do Legislativo em aprovar aquela normatização. A lei complementar, nesse caso, será considerada válida, constitucional.

Entretanto, caso a lei ficasse valendo como complementar, estar-se-ia permitindo ao legislador dar maior estabilidade a um assunto ao qual o constituinte não desejou conferir tal atributo. Por isso, a lei complementar aprovada com **invasão** de assunto reservado à lei ordinária é válida (é constitucional), mas com força de lei ordinária (com *status* de lei ordinária): será uma lei formalmente complementar (terá nome e número de lei complementar), mas materialmente ordinária (terá *status* de lei ordinária, valerá como se fosse uma lei ordinária, podendo até ser revogada por outra lei ordinária).

Essa é a única hipótese em que uma lei ordinária pode revogar uma lei (formalmente) complementar: quando esta (complementar) tiver invadido o assunto da lei ordinária. E poderá revogar porque, em tais hipóteses, a lei é apenas formalmente complementar: na prática, vale como se fosse uma lei ordinária, podendo ser revogada por outra lei ordinária (STF, RE n. 377.457/PR).

Questões de Concurso

(Cespe/Câmara dos Deputados/Consultor de Orçamentos/2014) Se o Congresso Nacional editar uma lei complementar (LC) instituidora de certa obrigação tributária, posteriormente, uma lei ordinária poderá revogar dispositivos dessa LC, desde que tais dispositivos sejam materialmente ordinários.

Gabarito comentado: Correto.
Se a LC invadiu o assunto da lei ordinária, ela será formalmente complementar, mas materialmente ordinária; pode, depois, ser revogada por outra lei ordinária.

(FGV – OAB – Advogado – XXIX Exame de Ordem Unificado – 2019) Em 2005, visando a conferir maior estabilidade e segurança jurídica à fiscalização das entidades dedicadas à pesquisa e à manipulação de material genético, o Congresso Nacional decidiu discipliná-las por meio da Lei Complementar X, embora a Constituição Federal não reserve a matéria a essa espécie normativa. Posteriormente, durante o ano de 2017, com os avanços tecnológicos e científicos na área, entrou em vigor a Lei Ordinária Y prevendo novos mecanismos fiscalizatórios a par dos anteriormente estabelecidos, bem como derrogando alguns artigos da Lei Complementar X. Diante da situação narrada, assinale a afirmativa correta.

a) A Lei Ordinária Y é formalmente inconstitucional, não podendo dispor sobre matéria já tratada por Lei Complementar, em razão da superioridade hierárquica desta em relação àquela.

b) Embora admissível a edição da Lei Ordinária Y tratando de novos mecanismos a par dos já existentes, a revogação de dispositivos da Lei Complementar X exigiria idêntica espécie normativa.

c) A Lei Complementar X está inquinada de vício formal, já que a edição dessa espécie normativa encontra-se vinculada às hipóteses taxativamente elencadas pela Constituição Federal de 1988.

d) A Lei Complementar X, por tratar de matéria a respeito da qual não se exige a referida espécie normativa, pode vir a ser revogada por Lei Ordinária posterior que verse sobre a mesma temática.

Gabarito comentado: D (lei complementar que invade tem de lei ordinária é válida, porém com força de lei ordinária, podendo inclusive ser revogada por outra lei ordinária: STF, Pleno, RE n. 377.547/PR)

Quadro 17.3 – Diferenças entre lei complementar e lei ordinária

LEI	MATÉRIA	QUÓRUM	INVASÃO
Lei complementar	Taxativa	Maioria absoluta Mais da metade do total de membros (invariável)	Lei complementar que invade assunto de lei ordinária é válida, mas com força de lei ordinária
Lei ordinária	Residual	Maioria simples ou relativa – maioria dos votos dos presentes	Lei ordinária que invade assunto de lei complementar é inválida e inconstitucional

17.5.3. Leis delegadas

A elaboração das leis delegadas é responsabilidade do Presidente da República, por delegação do Congresso Nacional, verdadeiro detentor da função legislativa ordinária. Assim, a delegação legislativa deve ser solicitada pelo Chefe do Executivo, por meio de mensagem enviada ao Poder Legislativo. A delegação legislativa – como qualquer forma de legislação pelo Executivo – é tingida pela marca da excepcionalidade. Isso induz duas características: a temporariedade (afinal, a delegação se exaure na elaboração da lei objeto de transferência temporária de competência, e o Legislativo pode sempre, a qualquer momento, legislar sobre a matéria) e a restrição material.

Com efeito, a delegação de função típica não é a regra no esquema constitucional de separação dos Poderes (CF, art. 2º). Por isso, há determinadas matérias que não podem ser objeto de delegação, assim como existem temas que não podem ser veiculados por medida provisória (art. 62, § 1º, entre outros dispositivos).

Segundo o § 1º do art. 68 da CF, não podem ser objeto de delegação as matérias a seguir enumeradas.

1) Matérias de competência exclusiva do Congresso Nacional ou de competência privativa da Câmara dos Deputados ou do Senado Federal (art. 68, § 1º, *caput*).
2) Matérias reservadas à regulamentação por lei complementar (art. 68, § 1º, *caput*).
3) Organização do Poder Judiciário e do Ministério Público e as garantias dos seus membros (art. 68, § 1º, I).
4) Nacionalidade, cidadania, direitos individuais, políticos e eleitorais (art. 68, § 1º, II).
5) Planos plurianuais, diretrizes orçamentárias e orçamentos (art. 68, § 1º, III).

Segundo o § 3º do art. 68, a delegação legislativa "terá a forma de resolução do Congresso Nacional, que especificará seu conteúdo e os termos de seu exercício". Assim sendo, a mensagem presidencial solicitando a delegação converter-se-á em verdadeira iniciativa de resolução do Congresso, que será votada em sessão conjunta do Congresso.

Quando aprova a resolução, o Congresso Nacional deverá especificar os termos e limites da delegação, isto é, quando delega a tarefa de legislar ao Presidente da República, o Legislativo deverá especificar: *a)* sobre qual matéria o Chefe do Executivo poderá legislar por delegação; *b)* qual o prazo que o Presidente terá para editar a lei delegada; *c)* se elaborada a lei delegada, será necessária a aprovação posterior do Congresso.

Há dois tipos de delegação:

a) **delegação própria (ou típica):** o Congresso Nacional, ao delegar a tarefa de legislar ao Presidente da República, poderá prever que a lei delegada deva, antes de ser promulgada, ser aprovada pelo Plenário do Parlamento. Quando essa exigência não constar expressamente da resolução, não será necessária a apreciação da lei delegada pelo Congresso. Nesses casos, uma vez elaborada a lei delegada pelo Presidente, ela será diretamente promulgada e publicada. É a chamada delegação própria (= típica);

b) **delegação imprópria (ou atípica):** o Congresso pode exigir que a lei delegada só seja promulgada se for aprovada pelo Plenário do Parlamento. Nesses casos, fala-se em delegação imprópria. Para tanto, será preciso que tal necessidade de aprovação pelo Congresso esteja expressamente prevista na resolução. Sobre o tema, a Constituição dispõe que: "Se a resolução determinar a apreciação do projeto pelo Congresso Nacional, este a fará em votação única, vedada qualquer emenda". Como se vê, ao deliberar sobre o projeto, o Congresso não pode emendar o projeto: ou o aprova ou o rejeita[13].

Questão de Concurso

(FGV/OAB/2015.2) O Congresso Nacional autorizou o Presidente da República a normatizar, por via de lei delegada, na sua forma típica ou própria (sem necessidade de posterior aprovação pelo Congresso), matéria que trata de incentivo ao parque industrial brasileiro. Ocorre, porém, que o Chefe do Poder Executivo, ao elaborar o diploma normativo, exorbitou dos poderes a ele conferidos, deixando de respeitar os limites estabelecidos pelo Congresso Nacional, por via de Resolução.

A partir dessa narrativa, responda aos itens a seguir.

a) No de caso em tela, o aperfeiçoamento do ato de delegação, com a publicação da Resolução, retira do Congresso Nacional o direito de controlar, inclusive constitucionalmente, o conteúdo da Lei Delegada editada pelo Presidente da República? Justifique. (Valor: 0,75)

b) Caso a Resolução estabelecesse a necessidade de apreciação do projeto pelo Congresso Nacional (delegação atípica ou imprópria), poderia a Casa legislativa alterar o texto elaborado pelo Presidente da República? Justifique. (Valor: 0,50)

Gabarito:

a) A delegação ao Presidente da República não retira do Congresso Nacional o poder de controlar o respeito aos limites desse ato delegatório. O Congresso Nacional, como titular da função legislativa, tem o poder de controlar o exercício da legislação delegada, para verificar se se atém aos limites traçados na resolução. Esse controle pode ser feito de forma preventiva, apreciando o projeto, antes de tornar-se lei (é o que se dá na delegação imprópria ou atípica); ou de modo repressivo, isto é, sustando (=suspendendo) eventual lei delegada editada pelo Presidente em desrespeito à resolução delegante. Incide, no caso, o art. 49, V, da Constituição, segundo o qual cabe ao Congresso Nacional "sustar os atos normativos do Poder Executivo que exorbitem do poder regulamentar ou dos limites de delegação legislativa". Trata-se de verdadeira suspensão da lei delegada. Como tal, produzirá efeitos erga omnes (=contra todos) e ex nunc, isto é, a partir do momento da sustação, não atingindo os eventuais efeitos já produzidos pela lei. Não custa acrescentar, ainda, que a suspensão da lei delegada que exorbite os limites da delegação será feita por meio de decreto legislativo, já que esse é o instrumento legislativo adequado para veicular as matérias de competência exclusiva do Congresso Nacional, citadas no art. 49 da Carta Magna.

b) O Congresso pode exigir que a lei delegada só seja promulgada se for aprovada pelo Plenário do Parlamento. Nesses casos, fala-se em delegação imprópria. Para tanto, será preciso que tal necessidade de aprovação pelo Congresso esteja expressamente prevista na resolução. Sobre o tema, a Constituição dispõe que: "Se a resolução determinar a apreciação do projeto pelo Congresso Nacional, este a fará em votação única, vedada qualquer emenda". Como se vê, ao deliberar sobre o projeto, o Congresso não pode emendar o projeto: embora possa votar destacadamente as partes do projeto, rejeitando-o ou aprovando-o em partes, o Congresso não pode emendá-lo.

---

[13] Existe a possibilidade, porém, de destaques supressivos, a fim de excluir do projeto de lei delegada algum tema que extrapolou os limites da delegação.

17.5.4. Decretos legislativos e resoluções

Os decretos legislativos e as resoluções guardam entre si várias semelhanças e algumas diferenças. Por isso mesmo, preferimos tratar de ambas as espécies conjuntamente, deixando para depois as distinções mais relevantes.

É importante notar que a Constituição nada estabelece acerca da tramitação dos decretos legislativos e das resoluções, de modo que a regulamentação da matéria é dada de forma quase exclusiva, pela doutrina e pelos regimentos internos das Casas Legislativas e do Congresso Nacional.

Normalmente, decretos legislativos e resoluções possuem hierarquia legal, isto é, situam-se no mesmo patamar hierárquico das leis (ordinárias, complementares e delegadas). A distinção entre decretos legislativos e resoluções e as leis é apenas a matéria de que cada espécie trata, mas o *status* que ocupam na hierarquia do ordenamento jurídico é igual.

Tanto no caso de decreto legislativo quanto em relação à resolução não existe a fase de deliberação executiva. Não há sanção nem veto em nenhuma das duas espécies normativas. Realmente, só cabe ao Presidente da República sancionar ou vetar projetos de lei (arts. 84, IV e V, e 66), o que não abrange os decretos legislativos e resoluções, que, uma vez aprovados, seguem direto para a promulgação.

17.5.4.1. *Distinções entre decretos legislativos e resoluções*

É tradicional na doutrina definir o decreto legislativo como sendo o ato normativo primário editado pelo Congresso Nacional, sem a participação do Presidente da República, para regulamentar as matérias de competência exclusiva do Poder Legislativo, e geralmente com efeitos externos. Já as resoluções são normalmente definidas como atos normativos primários de cada Casa do Congresso Nacional, isoladamente, com efeitos internos (*interna corporis*), que servem para regulamentar as matérias de competência privativa da Câmara dos Deputados ou do Senado Federal.

17.5.4.1.1. Competência

Enquanto os decretos legislativos são editados pelo Congresso Nacional, como um todo (ambas as Casas, conjuntamente), as resoluções são atos de cada Casa do Congresso, isoladamente (atos da Câmara dos Deputados, sozinha, ou do Senado Federal, sozinho).

Embora haja exceções a essa regra, é um parâmetro seguro para diferenciar, num primeiro momento, essas duas espécies normativas.

17.5.4.1.2. Matéria

Essa diferença já apontada traz, por conseguinte, outra distinção: a matéria (conteúdo) a ser tratada individualmente por esses dois instrumentos normativos.

17.5.4.1.3. Efeitos

Mais uma vez, estamos diante de uma regra geral, que admite exceções, é verdade, mas que pode ser útil no estudo da matéria, no quadro a seguir:

	Decretos Legislativos	Resoluções
Competência	Congresso Nacional	Câmara ou Senado (exceto nos casos de delegação legislativa, em que a resolução é do Congresso)
Matéria	Art. 49 e art. 62, § 3º	Arts. 51, 52, 68 e 155, § 1º, IV, e § 2º, V, *b*
Efeitos	Externos	Internos (*interna corporis*), exceto alguns casos, como delegação legislativa, matéria tributária, suspensão da eficácia da lei declarada inconstitucional pelo STF em controle difuso etc.

✓ Observação!

Há casos excepcionais de resoluções que possuem efeitos externos: delegação legislativa (art. 68, § 2º); matéria tributária (art. 155, § 1º, IV, § 2º, IV e V, *b*); suspensão da eficácia de lei declarada inconstitucional pelo STF em controle difuso (art. 52, X), entre outras.

📝 Questão de Concurso

(Cespe/Instituto Rio Branco/Diplomata/2016) Como atos normativos primários, as resoluções destinam-se a regular matéria de competência da Câmara dos Deputados ou do Senado Federal, razão por que desempenham tão somente efeitos internos a ambas as Casas.

Gabarito comentado: Errado.
Embora as resoluções tenham, em regra, efeitos internos, há exceções. Logo, a questão errada ao afirmar que elas produzem tão somente efeitos internos.

17.5.5. Medidas provisórias

Pode-se conceituar medida provisória como um ato normativo primário, excepcional no quadro da separação de Poderes, editado pelo Presidente da República em matérias relevantes e situações de urgência, e sujeita a condição resolutiva. Primeiramente, fica claro que a medida provisória é um ato normativo primário, isto é, retira seu fundamento de validade diretamente da Constituição; pode criar direitos e obrigações; tem, no dizer da Constituição, **força de lei** (art. 62, *caput*). Não é lei, pois nela só se transformará se for aprovada pelo Congresso Nacional; mas, enquanto isso, vale como se lei fosse. Dito de outra forma: é um projeto de lei que já vale como lei.

Ademais, está sujeita a condição resolutiva. Editada pelo Presidente da República, deve ser imediatamente publicada e remetida ao Congresso para apreciação. A partir daí, começará a correr o **prazo de validade** (ou melhor, de vigência) da MP (sessenta dias, prorrogáveis por mais sessenta). Se, nesse período, o Congresso rejeitar a medida ou não a apreciar, o ato deixará de produzir efeitos (condição resolutiva). Caso, porém, a medida seja votada e aprovada pelo Congresso, pode-se dizer, grosso modo, que deixará de ser uma medida provisória para se transformar em lei, definitivamente (quer dizer, até que seja revogada por outra lei).

Por fim, deve ficar claro que a medida provisória, uma espécie de legislação pelo Executivo, não é a regra no esquema da separação de Poderes. Realmente, a função de legislar é prerrogativa principal do Legislativo. Qualquer ato editado pelo Presidente da República no exercício da função legislativa, ou com força de lei (lei delegada, medida provisória, decreto autônomo), configura uma exceção, e como exceção deve ser interpretado (ou seja, deve ser encarado de forma restritiva).

17.5.5.1. Pressupostos de validade

A medida provisória, com a natureza excepcional que tem, só deve (ou deveria) ser utilizada pelo Presidente da República em situações absolutamente (permita-se a repetição) excepcionais.

Por isso mesmo, as medidas provisórias, no Brasil, só podem ser utilizadas para tratar de matérias relevantes, importantes, fundamentais. É inconstitucional, por violação ao art. 62 da Constituição, medida provisória que trate, por exemplo, de matérias secundárias, como instituição de loteria para auxiliar os clubes de futebol (como infelizmente já tivemos).

Contudo, existe outro pressuposto constitucional para a edição de MPs que deve ser preenchido cumulativamente com aquele já citado (relevância): é a urgência. Com efeito, o normal é que o Presidente da República, como detentor da iniciativa de projetos de lei (art. 61, *caput* e § 1º), remeta as matérias que julgar pertinentes, de regulamentação ao Congresso, por meio de projeto de lei. Nos casos em que considere essa aprovação absolutamente urgente, poderá remeter o projeto com a mensagem de urgência, o que fará com que o Legislativo delibere sobre o projeto no prazo máximo de 100 dias (descontados os períodos de recesso) – ver art. 64, §§ 2º a 4º. Apenas nos casos em que nem mesmo esse prazo de 100 dias pudesse ser respeitado é que o Presidente estaria autorizado a editar medidas provisórias, com vigência imediata.

Em um primeiro momento, o Supremo Tribunal Federal entendeu que, por se tratar de ato político, a medida provisória não se submeteria à análise do Judiciário, quanto aos pressupostos de relevância e urgência. Numa evolução jurisprudencial, a Corte passou a entender que, embora os conceitos de relevância e urgência sejam discricionários, pode a medida provisória ser declarada inconstitucional, quando evidentemente não preenchesse os pressupostos constitucionais. Porém, essa apreciação deve resguardar-se a casos excepcionais (Pleno, ADI-MC n. 4.048/DF, Relator Ministro Gilmar Mendes).

Questão de Concurso

(Cespe/PC-GO/Agente/2016) Por força do princípio da separação de poderes, é vedado ao Poder Judiciário examinar o preenchimento dos requisitos de urgência e de relevância por determinada medida provisória.
Gabarito comentado: Errado.
O Judiciário pode, embora excepcionalmente, analisar a existência dos requisitos de relevância e urgência de uma MP.

17.5.5.2. Competência

A edição de medidas provisórias é atribuição exclusiva do Presidente da República, na qualidade de chefe de governo (Chefe do Executivo). Segundo a doutrina majoritária e a jurisprudência predominante, **governadores e prefeitos podem editar MP, desde que haja previsão expressa na respectiva constituição estadual ou lei orgânica municipal** (e desde que respeitado o mesmo regramento previsto na Constituição Federal).

Questão de Concurso

(Cespe/MP-PA/Analista Jurídico/2019) A edição de medida provisória por governador de estado é estritamente vedada.
Gabarito comentado: Errado.
A edição de MP por governador é permitida, desde que haja previsão expressa na Constituição Estadual.

17.5.5.3. Limitações materiais

Como ato de natureza excepcional que é, a MP não pode tratar de quaisquer temas. Ao contrário, há uma série de restrições materiais esparsas na CF, ou até mesmo implícitas:

Matérias em que não pode ser editada medida provisória			
		Regulamentação do Fundo Social de Emergência	ADCT, art. 73
		Exploração de gás canalizado pelos Estados-membros	Art. 25, § 2º
		Regulamentação de artigo da Constituição cuja redação foi alterada entre 1º de janeiro de 1995 e 11 de setembro de 2001	Art. 246
	Vedações explícitas	Nacionalidade, cidadania, partidos políticos e Direito Eleitoral	Art. 62, § 1º, I, a
		Direito Penal, Processual Penal e Processual Civil **Observação:** Direito Civil **pode**!	Art. 62, § 1º, I, b
		Garantias dos membros do Judiciário e do MP	Art. 62, § 1º, I, c
		Matéria orçamentária (só pode autorizar a abertura de créditos extraordinários: ADI n. 4.048/DF)	Art. 62, § 1º, I, d Art. 167, § 3º
		Matéria reservada a lei complementar	Art. 62, § 1º, III
		Detenção ou sequestro de ativos financeiros	Art. 62, § 1º, II
		Matéria constante de projeto de lei pendente de sanção ou veto do Presidente	Art. 62, § 1º, IV
	Vedações Implícitas	Matérias de iniciativa exclusiva dos demais Poderes	Arts. 96, 93, 51, IV, e 127
		Matérias de decreto legislativo ou resolução	Arts. 49, 51 e 52

Questões de Concurso

(Cespe/PRF/Policial/2019) O presidente da República, em caso de extrema relevância e urgência, pode editar medida provisória para agravar a pena de determinado crime, desde que a aplicação da pena agravada ocorra somente após a aprovação da medida pelo Congresso Nacional.
Gabarito comentado: Errado (ver art. 62, § 1º, I, b).

(FCC.TRT-6.Analista Judiciário-Área Judiciário.2018) O Presidente da República, em caso de urgência e relevância, pode editar medida provisória relat va a direito Eleitoral.

Gabarito comentado: Errado (ver art. 62, § 1º, I, a).

(FGV – OAB – Advogado – XXXI Exame de Ordem Unificado – 2020) Diante das intensas chuvas que atingiram o Estado Alfa, que se encontra em situação de calamidade pública, o Presidente da República, ante a relevância e urgência latentes, edita a Medida Provisória n. XX/2019, determinando a abertura de crédito extraordinário para atender às despesas imprevisíveis a serem realizadas pela União, em decorrência do referido desastre natural. A partir da situação hipotética narrada, com base no texto constitucional vigente, assinale a afirmativa correta.

a) A Constituição de 1988 veda, em absoluto, a edição de ato normativo dessa natureza sobre matéria orçamentária, de modo que a abertura de crédito extraordinário deve ser feita por meio de lei ordinária de iniciativa do chefe do Executivo.

b) A Constituição de 1988 veda a edição de ato normativo dessa natureza em matéria de orçamento e créditos adicionais e suplementares, mas ressalva a possibilidade de abertura de crédito extraordinário para atender a despesas imprevisíveis e urgentes, como as decorrentes de calamidade pública.

c) O ato normativo editado afronta o princípio constitucional da anterioridade orçamentária, o qual impede quaisquer modificações nas leis orçamentárias após sua aprovação pelo Congresso Nacional e consequente promulgação presidencial.

d) O ato normativo editado é harmônico com a ordem constitucional, que autoriza a edição de medidas provisórias que versem sobre planos plurianuais, diretrizes orçamentárias, orçamento e créditos adicionais, suplementares e extraordinários, desde que haja motivação razoável.

Resposta: B (CF, art. 62, § 1º, I, d, c/c art. 167, § 3º).

Cuidado!

Há doutrinadores de direito penal que defendem poder uma MP tratar de matéria penal, caso o regramento seja benéfico ao réu. Esse entendimento é inaceitável, do ponto de vista constitucional. Em primeiro lugar, porque fere frontalmente a alínea b do inciso I do § 1º do art. 62 da CF. E, além disso, porque traz indevidamente para a lógica da validade dos atos normativos uma questão que só diz respeito à sua aplicabilidade temporal. Expliquemos: uma coisa é uma lei **válida** ser **retroativa** porque **benéfica ao réu** (CF, art. 5º, XL); outra coisa, inviável, é uma lei inválida ser aceita porque **benéfica ao réu**. Há até mesmo autores que citam um precedente do STF admitindo essa possibilidade (STF, Pleno, RE n. 254.818, Relator Ministro Sepúlveda Pertence, j. em 8-11-2000), mas que é **anterior a existência dessa vedação expressa, que foi incluída pela EC n. 32, de 2001**.

Costuma-se citar, como pretenso exemplo de MP em matéria penal, a chamada "*abolitio criminis* temporária" trazidas pelas diversas MPs que alteraram o Estatuto do Desarmamento (Lei n. 10.826/2003), para prorrogar o prazo de entrega de armas de fogo, com garantia de não punição. Apesar disso, não se trata de MP em matéria penal. O que as MPs alteraram foi a parte administrativa do Estatuto (prazo de regularização das armas de fogo, constantes dos arts. 30 e 32), e não os dispositivos penais dessa norma (o Capítulo IV da Lei, cujos arts. 12 a 21 tratam dos crimes e das penas, não foi alterado). Logo, não se pode citar esse exemplo como um pretenso precedente de MP em matéria penal. O que se tem, na verdade, é um caso de **MP sobre matéria administrativa**, mas com **reflexos penais**, e não uma MP sobre direito penal.

Para provas de concursos, na parte de direito constitucional, não há dúvida: **não se admite MP em matéria penal, ainda que seja benéfica ao réu** (entendimento que já foi cobrado, por exemplo, na prova Cespe/PC-BA/delegado/2013).

Medida provisória pode criar tributos ou majorar-lhes a alíquota?

Sim, exceto para aqueles tributos que tenham de ser instituídos por lei complementar (CF, art. 154, c/c/ art. 62, § 1º, III). O § 2º do art. 62 afirma que "Medida provisória que implique instituição ou majoração de impostos, exceto os previstos nos arts. 153, I, II, IV, V, e 154, II, só produzirá efeitos no exercício financeiro seguinte se houver sido convertida em lei até o último dia daquele em que foi editada".

Questões de Concurso

(Cespe/TCU/Procurador/2015) Em caso de omissão do Congresso Nacional em legislar sobre determinado tema, medida provisória poderá dispor sobre matéria de lei complementar, cuja edição for requerida para pôr em execução a CF.

Gabarito comentado: Errado.
MP não pode tratar de matéria reservada a lei complementar (CF, art. 62, § 1º, III), ainda que haja omissão do Congresso Nacional.

(Cespe/TRT8/Técnico/2016) Permite-se a edição de medidas provisórias concernentes a matéria de direito eleitoral.

Gabarito comentado: Errado.
É vedada a edição de MP sobre matéria eleitoral (CF, art. 62, § 1º, I, a).

(Cespe/PC-PE/Escrivão/2016) Dispositivo do Código Penal relativo ao inquérito policial não pode ser alterado por medida provisória.

Gabarito comentado: Errado.
Matéria penal e processual penal não pode ser tratada por meio de MP (CF, art. 62, § 1º, I, b).

17.5.5.4. *Efeitos*

A medida provisória é, ao mesmo tempo, ato normativo (tem força de lei) e proposição legislativa (submetida à apreciação do Congresso Nacional, que pode aprová-la com ou sem emendas, ou rejeitá-la). Logo, produz, segundo a explicação de Paulo Gustavo Gonet Branco, dois efeitos básicos: inova a ordem jurídica imediatamente, e provoca o Congresso Nacional a deliberar sobre o assunto.

17.5.5.5. *Prazos*

Quanto às medidas provisórias, é preciso destacar a existência de dois prazos diferentes que correm em paralelo:

a) um prazo de vigência, que é de 60 dias, prorrogáveis automaticamente por mais 60;

b) um prazo de trancamento de pauta do Congresso, que corresponde a 45 dias.

Esses dois prazos correm em paralelo, de forma independente, e têm o mesmo termo inicial: a edição da MP. O término de cada um deles produz diferentes efeitos jurídicos:

a) escoado o prazo de vigência da MP, sem apreciação do Congresso, considera-se que ela perdeu os efeitos: foi tacitamente rejeitada pelo Legislativo;

b) esgotado o prazo de trancamento de pauta, a Casa Legislativa em que a MP esteja tramitando sofrerá o sobrestamento das demais deliberações, enquanto não apreciar a MP (**trancamento** de pauta).

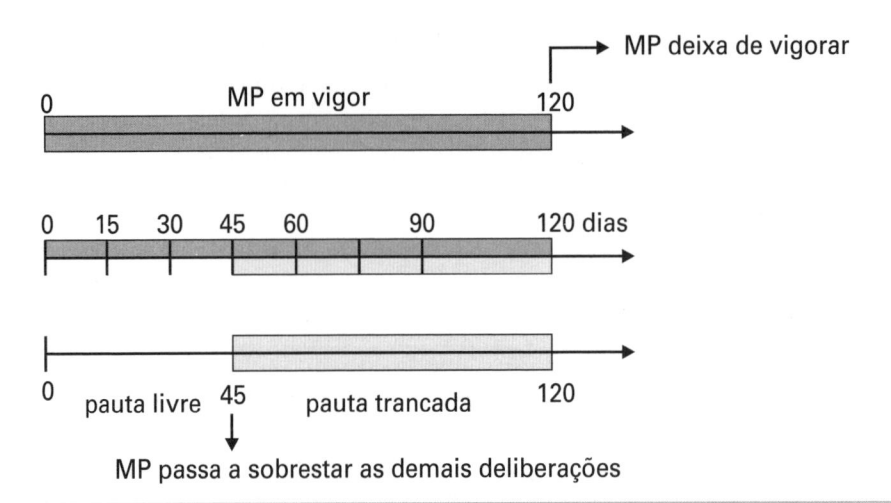

550 MANUAL DIDÁTICO DE DIREITO CONSTITUCIONAL

```
                                          ┌──▶ MP deixa de vigorar
   0            MP em vigor          120
   ├──────────────────────────────────┤──────▶

   0   15  30  45  60      90     120 dias
   ├───┬───┬───┬───┬───────┬───────┤──────▶

   ├───────────┬───────────────────┬──────▶
   0  pauta livre 45  pauta trancada  120
                  │
                  ▼
        MP passa a sobrestar as demais deliberações
```

Dia 1: MP está em vigor e não tranca a pauta.
Dia 46: MP está em vigor, mas já tranca a pauta.
Dia 90: MP ainda está em vigor e ainda está trancando a pauta.
Dia 121: MP deixa de vigorar e, consequentemente, de trancar a pauta.

Vale registrar que tais prazos não correm durante o recesso do Congresso Nacional. Também merece advertência o fato de que existe medida provisória sem prazo: as que estavam em vigor quando da edição da EC n. 32, de 11 de setembro de 2001, foram atingidas pelo art. 2º desta EC: permanecerão em vigor até que sejam revogadas, ou até que o Congresso sobre elas delibere.

📝 Questão de Concurso

(FGV – TCE AM – Auditor de Controle Externo – Área Auditoria de Obras Públicas – 2021) O Presidente da República editou a Medida Provisória n. XX/2021 e a encaminhou para a apreciação do Congresso Nacional. À luz da sistemática constitucional, o referido ato normativo, preenchidos os demais requisitos exigidos:

a) se tornará definitivo, sendo convertido em lei, caso não seja apreciado em sessenta dias;

b) perderá a eficácia se não for apreciado em trinta dias, prorrogáveis por igual período;

c) perderá a eficácia se não for convertido em lei em sessenta dias, prorrogáveis por igual período;

d) somente não será convertido em lei pelo voto contrário da maioria absoluta do Congresso Nacional;

e) começará a produzir efeitos no momento em que for iniciada a sua apreciação pelo Congresso Nacional.

Gabarito comentado: C (art. 62, § 3º)

17.5.5.5.1. Extensão do trancamento de pauta e "solução Temer"

O art. 62, § 6º, dispõe o seguinte: "Se a medida provisória não for apreciada em até quarenta e cinco dias contados de sua publicação, entrará em regime de urgência, subseqüentemente, em cada uma das Casas do Congresso Nacional, ficando sobrestadas, até que se ultime a votação, todas as demais deliberações legislativas da Casa em que estiver tramitando".

Embora o dispositivo diga que ficam sobrestadas "todas as demais deliberações legislativas", foi (e é) adotada no Congresso a interpretação, capitaneada pelo então Presidente da Câmara dos Deputados, Michel Temer, de que só ficam sobrestados os projetos de lei ordinária – e, mesmo assim, apenas em relação a matérias que possam ser tratadas por medida provisória. As demais espécies normativas poderiam ser discutidas e votadas mesmo com medida provisória trancando a pauta da Casa Legislativa.

Essa interpretação foi referendada pelo STF (MS n. 27.931/DF, Relator Ministro Celso de Mello). Para provas de concursos e de OAB, portanto, é de se levar em conta a tese de que **a MP tranca apenas projetos de lei ordinária sobre matéria que possa ser objeto de MP, nesses termos: "O regime de urgência previsto no art. 62, § 6º, da Constituição da República – que impõe o sobrestamento das deliberações legislativas das Casas do Congresso Nacional – incide, tão somente, sobre aquelas matérias que se mostram passíveis de regramento por medida provisória, excluídos, em consequência, do bloqueio procedimental imposto por mencionado preceito constitucional as propostas de emenda à Constituição e os projetos de lei complementar, de decreto legislativo, de resolução e, até mesmo, tratando-se de projetos de lei ordinária, aqueles que veiculem temas pré-excluídos do âmbito de incidência das medidas provisórias (CF, art. 62, § 1º, I, II e IV)".**

17.5.5.6. *Tramitação*

A medida provisória, uma vez editada, deve ser imediatamente submetida pelo Presidente da República à apreciação do Congresso Nacional. A apreciação se dá pela Câmara dos Deputados e pelo Senado Federal, isolada e sucessivamente. Entre as Casas do Congresso, fica claro que a função de Casa Iniciadora caberá à Câmara dos Deputados (art. 62, § 8º), até mesmo por se tratar de ato do Presidente da República (art. 64, *caput*).

Antes mesmo do encaminhamento à Câmara, porém, a MP precisa ser apreciada por uma comissão mista do Congresso Nacional. A própria Constituição estabelece que a "deliberação de cada uma das Casas do Congresso Nacional sobre o mérito das medidas provisórias dependerá de juízo prévio sobre o atendimento de seus pressupostos constitucionais" (art. 62, § 5º). Esse parecer prévio é dado por uma comissão mista de Deputados e Senadores, designada, caso a caso, para analisar se a medida provisória preenche os requisitos de relevância e urgência (e, nos termos da Resolução n. 1/2002-CN, também sobre o mérito da MP e sua compatibilidade financeira).

No julgamento da ADI n. 4.029/DF, o STF considerou inconstitucional, com efeitos prospectivos (da decisão em diante), a aprovação de MP sem que a Comissão Mista emita parecer.

As medidas provisórias podem, como as proposições em geral, sofrer emendas (propostas de alteração). Porém, essas emendas precisam tratar do mesmo tema objeto da MP. Ou seja: exige-se pertinência temática entre a emenda e o objeto da MP. Foi o que o STF decidiu no julgamento da ADI n. 5.127/DF, ocorrido em 15-10-2015, em que se considerou, **dali por diante**, inconstitucional a prática (até então comum no Congresso) de se inserirem matérias estranhas à MP por meio de emendas (os chamados **jabutis** ou **contrabandos legislativos**).

Após o parecer da comissão mista, a MP será encaminhada diretamente ao Plenário da Câmara dos Deputados (sem passar pelas comissões desta Casa, portanto) e, se aprovada, ao Plenário do Senado Federal (também sem passar pelas comissões no Senado). Sua tramitação segue, em linhas gerais, a lógica dos projetos de lei: se rejeitada em qualquer Casa, será arquivada; se aprovada em ambas as Casas na mesma versão, seguirá à próxima fase (veja os itens seguintes); se aprovada pelo Senado com alteração em relação ao que foi aprovado na Câmara, retornará a esta Casa, que decidirá a respeito.

Esquema 17.5 – TRAMITAÇÃO DA MEDIDA PROVISÓRIA (MP)

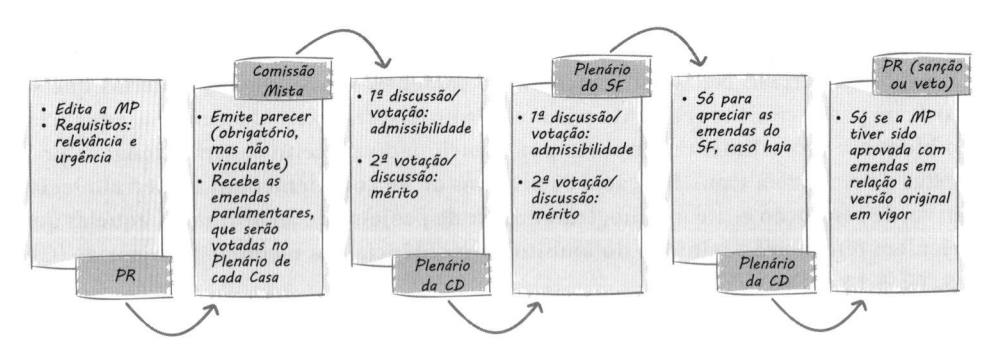

PR
- Edita a MP
- Requisitos: relevância e urgência

Comissão Mista
- Emite parecer (obrigatório, mas não vinculante)
- Recebe as emendas parlamentares, que serão votadas no Plenário de cada Casa

Plenário da CD
- 1ª discussão/votação: admissibilidade
- 2ª votação/discussão: mérito

Plenário do SF
- 1ª discussão/votação: admissibilidade
- 2ª votação/discussão: mérito

Plenário da CD
- Só para apreciar as emendas do SF, caso haja

PR (sanção ou veto)
- Só se a MP tiver sido aprovada com emendas em relação à versão original em vigor

🔍 Veja Bem!

Estas são as principais peculiaridades da tramitação de uma MP em relação a um PL: a) não há apreciação nas comissões da Câmara e do Senado (esse papel é exercido com exclusividade pela Comissão Mista); b) a discussão e votação no Plenário de cada Casa é feita em duas etapas: primeiro vota-se a admissibilidade (relevância e urgência, não tratar de matéria vedada, etc.) e só depois, se for o caso, o mérito da MP (aprovação ou rejeição); c) as emendas à MP são **votadas no Plenário de cada Casa**, mas são **apresentadas (propostas) na Comissão Mista**.

✋ Cuidado!

Se um Deputado ou Senador quiser apresentar emendas à MP quando ela já estiver no Plenário, não conseguirá, pois terá havido a **preclusão**. O momento adequado à apresentação das emendas à MP é quando da sua análise na Comissão Mista.

📝 Questão de Concurso

(Cespe/PC-PE/Escrivão/2016) É de competência do Senado Federal examinar as medidas provisórias e emitir parecer sobre elas, antes que sejam apreciadas pelo plenário de cada uma das Casas do Congresso Nacional.

Gabarito comentado: Errado.
Nos termos do § 9º do art. 62, o papel de examinar as MPs e sobres elas emitir parecer é da comissão mista.

17.5.5.7. Rejeição

Se a medida provisória for rejeitada pela Câmara ou pelo Senado, estará definitivamente arquivada, nos termos do que ocorre com os projetos de lei. Quanto às MPs, porém, a rejeição pode ser expressa ou tácita: esta última se verifica quando o Congresso deixa escoar o prazo de 60+60 dias sem votar o ato. Nesse caso, a medida perderá seus efeitos, isto é, será tida como rejeitada tacitamente.

Uma vez rejeitada a MP (repita-se, seja de forma tácita ou expressa), deixará imediatamente de produzir efeitos. Deixará de existir. E mais: a matéria constante da MP rejeitada não poderá ser objeto de nova medida provisória na mesma sessão legislativa, em hipótese alguma. Confira-se o § 10 do art. 62 da CF: "É vedada a reedição, na mesma sessão legislativa, de medida provisória que tenha sido rejeitada ou que tenha perdido sua eficácia por decurso de prazo".

1	PROJETO DE LEI REJEITADO		
	1.1	A matéria dele constante pode ser objeto de nova proposição:	
		1.1.1	Em outra sessão legislativa? Sim.
		1.1.2	Na mesma sessão legislativa (ano parlamentar)?
			1.1.2.1 Em regra: não.
			1.1.2.2 Existe exceção: sim (maioria absoluta dos membros de uma Casa).

2	MEDIDA PROVISÓRIA REJEITADA		
	2.1	A matéria dele constante pode ser objeto de nova proposição:	
		2.1.1	Em outra sessão legislativa? Sim.
		2.1.2	Na mesma sessão legislativa (ano parlamentar)?
			2.1.2.1 Em regra: não.
			2.1.2.2 Existe exceção: não (vedação absoluta na mesma sessão legislativa).

Lembre-se!!!

A irrepetibilidade da MP rejeitada é igual à da PEC (CF, arts. 60, § 5º, e 62, § 10).

Questão de Concurso

(Cespe/PC-PE/Escrivão/2016) Uma medida provisória somente poderá ser reeditada no mesmo ano legislativo se tiver perdido sua eficácia por decurso de prazo, mas não se tiver sido rejeitada.

Gabarito comentado: Errado.
De acordo com o § 10 do art. 62, a irrepetibilidade ocorre tanto se a MP for expressamente rejeitada, quanto se ela sofrer a perda de eficácia por decurso de prazo (rejeição tácita).

17.5.5.7.1. Efeitos da rejeição

O que acontece com os efeitos que a MP já produziu?

Rejeitada a medida provisória (ou perdida a eficácia pelo escoamento do prazo, o que equivale a uma rejeição tácita), deixa imediatamente de produzir novos efeitos. Quanto aos efeitos já produzidos, a regra geral é que a MP continuará aplicável, a não ser que o Congresso, em 60 dias (a contar da rejeição), edite decreto legislativo dispondo de forma diversa.

A rejeição (expressa ou tácita) da MP pelo Congresso produz, em regra, efeitos *ex nunc* (de agora em diante, daqui para frente), a não ser que o Congresso resolva dar efeitos retroativos à rejeição (efeitos *ex tunc*) – para tanto, deverá, em até 60 dias, editar um decreto legislativo específico.

Outros efeitos que decorrem da rejeição de MP são: a) sua imediata perda de vigência; b) a volta automática da legislação anterior, o que a doutrina tem chamado de "efeito repristinatório"; e c) a irrepetibilidade (art. 62, § 10).

Questão de Concurso

(FGV/OAB/2015.2) A Medida Provisória Z (MP Z), editada pelo Governador do Estado H com o propósito de diminuir o alto grau de evasão escolar, regulou a concessão de bolsas escolares a alunos carentes matriculados em escolas públicas estaduais. Em virtude de crise política que surgiu entre o Executivo e o Legislativo, a referida Medida Provisória não foi convertida em lei. Ultrapassado o prazo de 60 dias, a Casa Legislativa não disciplinou as relações jurídicas surgidas no período em que a MP Z vigorou. João, que se beneficiou por três meses da referida bolsa, apreensivo, relatou a Carlos, um amigo, servidor da Assembleia Legislativa, que teme ter de devolver a totalidade do valor recebido.

Carlos tranquilizou-o e informou-lhe que a crise política fora debelada, de modo que a Assembleia apenas aguarda a reedição da Medida Provisória, a fim de convertê-la em lei, ainda no mesmo ano legislativo em que a MP Z perdeu a eficácia.

Considerando que a Constituição do Estado H regulou o processo legislativo em absoluta simetria com o modelo usado pela Constituição Federal, responda aos itens a seguir.

a) João terá de devolver aos cofres públicos o dinheiro recebido a título da bolsa? Fundamente. (Valor: 0,75)
b) A informação passada por Carlos a João encontra-se em harmonia com a sistemática constitucional? Justifique. (Valor: 0,50)

Gabarito:
a) Não será necessário que João devolva quaisquer valores. Rejeitada a medida provisória (ou perdida a eficácia pelo escoamento do prazo, o que equivale a uma rejeição tácita), ele deixa imediatamente de produzir novos efeitos. Quanto aos efeitos já produzidos, a regra geral é que a MP continuará aplicável, a não ser que o Congresso, em 60 dias (a contar da rejeição) edite decreto legislativo dispondo de forma diversa. É o que se colhe da interpretação conjunta dos §§ 3º e 11 do art. 62 da CF. Assim, nesse caso, não será necessário devolver quaisquer valores recebidos, uma vez que, não editado o decreto legislativo no prazo constitucional, os efeitos produzidos pela MP se tornaram definitivos.
b) Não, a informação prestada por Carlos está incorreta. Uma vez rejeitada a MP (seja de forma tácita – por decurso de prazo – ou expressa), a matéria constante da MP rejeitada não poderá ser objeto de nova medida provisória na mesma sessão legislativa, em hipótese alguma. Confira-se o § 10 do art. 62 da CF: "É vedada a reedição, na mesma sessão legislativa, de medida provisória que tenha sido rejeitada ou que tenha perdido sua eficácia por decurso de prazo". Trata-se de uma aplicação do princípio da irrepetibilidade que se aplica aos projetos de lei rejeitados (art. 67), só que muito mais rígida: aqui, a MP não pode ser reeditada na mesma sessão legislativa em hipótese alguma. A irrepetibilidade na mesma sessão legislativa é absoluta, ao contrário do que ocorre com os projetos de lei, em que se cuida de uma proibição relativa, que pode ser derrubada com o apoio da maioria absoluta dos membros de qualquer das Casas do Congresso. Assim, tendo a MP sido rejeitada (não convertida em lei), não poderá ser reeditada na mesma sessão legislativa em que se deu a rejeição.

17.5.5.8. *Aprovação*

17.5.5.8.1 Aprovação sem emendas (de conteúdo)

Uma vez aprovada a medida provisória sem emendas que alterem a essência, o conteúdo do ato originalmente editado pelo Presidente da República, a MP estará automaticamente convertida em lei. Não é necessário retornar à Presidência para sanção ou veto. A MP foi confirmada, e deixará, então, de existir, para dar lugar à lei objeto de sua conversão.

17.5.5.8.2. Aprovação com emendas (de conteúdo)

Se a medida provisória for aprovada, na essência, mas o Congresso fizer emendas (de conteúdo) ao texto originalmente editado pelo Presidente da República, a MP não estará definitiva e automaticamente convertida em lei. Nesse caso, a MP se transforma num projeto de lei de conversão (PLV), que deverá ser encaminhado (como qualquer projeto de lei) à sanção ou ao veto do Presidente da República.

Entretanto, deve ser lembrado que o prazo para sanção ou veto é de 15 dias úteis. Durante esse tempo, o que acontece com a MP? O texto originalmente editado pelo Presidente continua a valer **(ainda que ultrapasse os 120 dias de vigência!)**, enquanto o Chefe do Executivo não se manifestar sobre o PLV, sancionando-o ou vetando-o. A partir da sanção ou veto, o texto original da MP deixa definitivamente de vigorar, e o PLV seguirá a tramitação normal de um projeto de lei.

Questão de Concurso

(FGV – PC RN – Delegado de Polícia Substituto – 2021) Com o objetivo de atender aos anseios da população e à impostergável necessidade de se conferir maior celeridade ao processo e julgamento dos crimes de racismo, o Presidente da República, no início da sessão legislativa, editou a Medida Provisória n. XX. Apreciada por uma comissão mista de deputados e senadores, recebeu parecer desfavorável. Iniciada a sua votação no Senado Federal, foi aprovada sem modificações, o mesmo ocorrendo na Câmara dos Deputados. Ato contínuo, foi encaminhada ao Presidente da República, que a sancionou e promulgou, daí seguindo a publicação. Esse iter procedimental foi concluído em sessenta dias. A narrativa acima somente se mostra incompatível com a ordem constitucional em relação:

a) à edição da medida provisória no início da sessão legislativa, à apreciação por uma comissão mista e ao tempo de conclusão do iter procedimental;

b) à aprovação da proposição após o parecer desfavorável da comissão e à participação final do Presidente da República;

c) à matéria tratada na medida provisória, à Casa iniciadora da votação e à participação final do Presidente da República;

d) à apreciação por uma comissão mista, à Casa iniciadora da votação e ao tempo de conclusão do iter procedimental;

e) à matéria tratada na medida provisória e ao tempo de conclusão do iter procedimental.

Gabarito comentado: C (MP não pode tratar de matéria penal – CF, art. 62, § 1º, II, *b* –; deve ter como Casa Iniciadora a Câmara dos Deputados – art. 62, § 8º – e só são submetidas à sanção ou ao veto se aprovadas com emendas – art. 62, § 12)

Estudo de caso:
isenção de Cofins às sociedades profissionais (LC n. 70/91)

Empreenderemos, agora, um estudo de caso, para expor a importância *prática* da resolução de conflitos entre leis complementares e ordinárias.

O caso a ser analisado é a discussão que desembocou no Recurso Extraordinário n. 377.457/PR, julgado pelo Supremo Tribunal Federal em 17 de setembro de 2008.

A questão fática era a seguinte: a Lei Complementar n. 70/91 instituiu, no art. 6º, II, isenção de Cofins para as sociedades simples (antigamente chamadas "sociedades civis") de profissionais liberais. Contudo, a Lei (Ordinária) n. 9.430/96 revogou tal isenção. Inconformadas, algumas sociedades (notadamente escritórios de advocacia) questionaram judicialmente a validade dessa revogação, sustentando, em suma, que uma isenção dada por lei complementar não poderia ser revogada por meio de lei ordinária.

O caso chegou ao Supremo Tribunal Federal, por meio do citado recurso extraordinário, julgado pelo Tribunal Pleno e relatado pelo Ministro Gilmar Mendes.

No julgamento, o STF conheceu, mas desproveu o recurso, considerando constitucional a lei ordinária que revogara a isenção dada pela LC n. 70/91.

Ocorre que a instituição da Contribuição Social para o Financiamento da Seguridade Social (Cofins) foi feita mediante lei complementar, mas em matéria reservada para ser tratada por meio de lei ordinária. Realmente, o art. 195, I, da CF, dispõe que a seguridade social será financiada por meio de contribuição "do empregador, da empresa e da entidade a ela equiparada na forma da lei (...)". Ora, como já vimos, quando a Constituição diz "na forma da lei", apenas, entende-se ser caso de regulamentação por lei *ordinária*, e não *complementar*.

Porém, o Congresso Nacional tratou da Cofins por meio de lei *complementar* (LC n. 70/91), diploma no qual inseriu a isenção às sociedades de profissionais liberais. Mais tarde, em 1996, o próprio Congresso aprovou lei *ordinária* revogando tal isenção. O Superior Tribunal de Justiça possuía enunciado da Súmula, aprovada em 2003, prevendo a isenção de Cofins às sociedades de profissionais liberais ("As sociedades civis de prestação de serviços profissionais são isentas da Cofins, irrelevante o regime tributário adotado", Súmula 276).

No julgamento, então, o STF (vencidos, no mérito, os Ministros Marco Aurélio e Eros Grau) assentou que: a) a Cofins é matéria de tratamento reservado à lei ordinária, e não complementar; b) a LC n. 70/91, ao tratar de assunto reservado à lei ordinária, é de ser considerada válida (constitucional), mas *com força de lei ordinária* – é uma lei formalmente complementar, mas *materialmente ordinária*; c) assim sendo, a LC n. 70/91 pode ser revogada por outra lei ordinária; d) logo, foi constitucional a revogação da isenção prevista na LC n. 70/91 pela Lei Ordinária n. 9.430/96, devendo os contribuintes recolher retroativamente os valores não pagos ao fisco.

Esse julgamento é de grande importância, dentre vários outros motivos, porque: a) envolvia grandes somas em tributos devidos; b) serviu para o STF reafirmar sua jurisprudência no sentido de que não há hierarquia entre lei complementar e lei ordinária, de modo que a LC "invasora" pode ser considerada válida, mas como lei ordinária – podendo inclusive – como foi – ser revogada por outra lei ordinária; c) terminou gerando o cancelamento pelo STJ da Súmula 276, que previa a manutenção da isenção.

Eis a ementa do julgado:

"Contribuição social sobre o faturamento – Cofins (CF, art. 195, I). 2. Revogação pelo art. 56 da Lei 9.430/96 da isenção concedida às sociedades civis de profissão regulamentada pelo art. 6º, II, da Lei Complementar 70/91. Legitimidade. 3. Inexistência de relação hierárquica entre lei ordinária e lei complementar. Questão exclusivamente constitucional, relacionada à distribuição material entre as espécies legais. Precedentes. 4. A LC 70/91 é apenas formalmente complementar, mas materialmente ordinária, com relação aos dispositivos concernentes à contribuição social por ela instituída. ADC 1, Rel. Moreira Alves, *RTJ* 156/721. 5. Recurso extraordinário conhecido mas negado provimento" (*DJe* de 18-12-2008).

Para discussão: você concorda com a decisão do STF? O fato de uma lei complementar ter um quórum maior não lhe dá uma hierarquia diferenciada?

[Capítulo 17] Processo Legislativo 557

Esquemas

17.6 – VOTAÇÃO/SANÇÃO e VETO/FASE COMPLEMENTAR

(61, 64, CAPUT)
INICIATIVA ⟶ **CASA INICIADORA**

SERÁ a CD, EXCETO SE o PL FOR de AUTORIA de SENADOR ou COMISSÃO do SF

* **OBS. 1:** QUÓRUM de PRESENÇA: MAIORIA ABSOLUTA
* **OBS. 2:** QUÓRUM de APROVAÇÃO: MAIORIA SIMPLES (RELATIVA): MAIORIA dos VOTOS (EXCLUÍDAS AS ABSTENÇÕES)

DISCUSSÃO e VOTAÇÃO | APROVADO (1 e 2) → PODEM SER APRESENT. EMENDAS AO PL (65, CAPUT) → CASA REVISORA → DISCUSSÃO e VOTAÇÃO
QUÓRUM: ART. 47 | QUÓRUM: ART. 47

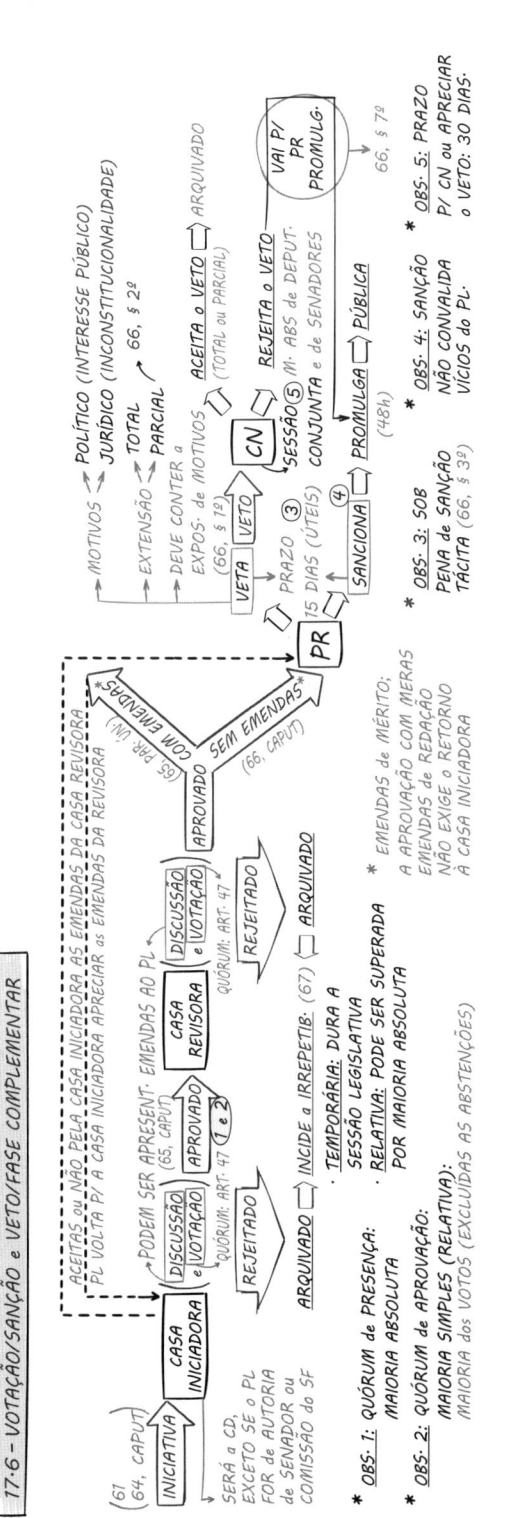

REJEITADO → ARQUIVADO ⟹ INCIDE a IRREPETIB. (67) ⟹ ARQUIVADO
· TEMPORÁRIA: DURA A SESSÃO LEGISLATIVA
· RELATIVA: PODE SER SUPERADA POR MAIORIA ABSOLUTA

REJEITADO → ARQUIVADO

ACEITAS ou NÃO PELA CASA INICIADORA AS EMENDAS DA CASA REVISORA: PL VOLTA P/ A CASA INICIADORA APRECIAR as EMENDAS DA REVISORA

APROVADO *COM EMENDAS* (65, PAR. ÚN.) / APROVADO *SEM EMENDAS* (66, CAPUT) → **PR**

* EMENDAS de MÉRITO; A APROVAÇÃO COM MERAS EMENDAS de REDAÇÃO NÃO EXIGE o RETORNO À CASA INICIADORA

PR → VETA / SANCIONA
VETO → MOTIVOS ⟶ POLÍTICO (INTERESSE PÚBLICO) / JURÍDICO (INCONSTITUCIONALIDADE)
EXTENSÃO ⟶ TOTAL / PARCIAL 66, § 2º
DEVE CONTER a EXPOS. de MOTIVOS (66, § 1º)
PRAZO ③ 15 DIAS (ÚTEIS)
SANCIONA ④

CN → SESSÃO ⑤ M. ABS. de DEPUT. CONJUNTA e de SENADORES
ACEITA o VETO ⟹ ARQUIVADO (TOTAL ou PARCIAL)
REJEITA o VETO → VAI P/ PR PROMULG. 66, § 7º
PROMULGA ⟹ PÚBLICA (48h)

* **OBS. 3:** SOB PENA de SANÇÃO TÁCITA (66, § 3º)
* **OBS. 4:** SANÇÃO NÃO CONVALIDA VÍCIOS do PL.
* **OBS. 5:** PRAZO P/ CN ou APRECIAR o VETO: 30 DIAS.

▷▷ *continuação*

continuação ▷

17.7 - MEDIDAS PROVISÓRIAS

1. **COMPETÊNCIA P/ EDITAR** → PR
   * OBS.: GOVERNADORES e PREFEITOS PODEM EDITAR MP, DESDE QUE: A) HAJA PREVISÃO EXPRESSA NA CONST. ESTAD. ou LEI ORGÂNICA MUNICIPAL; e B) RESPEITADO o MODELO FEDERAL.

2. **PRESSUPOSTOS** → RELEVÂNCIA e URGÊNCIA (QUALIFICADA)

   2.1. **CONTROLE**
   - LEGISLATIVO → A) NA COMISSÃO MISTA QUE EMITE PARECER SOBRE a MP (62, § 9º)
   - B) NO PLENÁRIO DE CADA CASA, ANTES DA VOTAÇÃO DE MÉRITO (62, § 5º)
   - JUDICIAL → É POSSÍVEL, EMBORA EXCEPCIONAL (STF, ADI-MC n. 4.048/DF)

3. **PRAZOS:**

   3.1. VIGÊNCIA → 60 DIAS ⊕ 60 DIAS, SOB PENA DE REJEIÇÃO TÁCITA
   - PRORROGAÇÃO é AUTOMÁTICA

   3.2. TRANCAMENTO de PAUTA → 45 DIAS, SOB PENA de TRANCAR a PAUTA DA CASA ONDE ESTIVER TRAMITANDO

   3.2.1. EXTENSÃO: → 62, § 6º → SÓ TRANCA a PAUTA em RELAÇÃO a PL (ORDIN.) SOBRE TEMA QUE POSSA SER OBJETO de MP (SOLUÇÃO TEMER)

   3.2.2. COMPARAÇÃO: 1 — 30 — 45 — 60 — 90 — 120
   - ∿∿∿ VIGÊNCIA   ∿∿∿ PAUTA TRANCADA

4. **RESTRIÇÕES MATERIAIS:**
   - EXPLORAÇÃO dos SERVIÇOS de GÁS, CANALIZADO PELOS ESTADOS (25, § 2º)
   - NACIONALIDADE, CIDADANIA, DIR. POLÍTICOS, PARTIDOS e DIR. ELEITORAL
   - DIR. PENAL, DIR. PROCESSUAL PENAL e DIR. PROCESSUAL CIVIL (DIR. CIVIL PODE!)
     → AINDA QUE BENEFICIE o RÉU
   - CARREIRA e GARANTIAS do JUDICIÁRIO ou do MINISTÉRIO PÚBLICO
   - MATÉRIA ORÇAMENTÁRIA, SALVO CRÉDITOS EXTRAORDINÁRIOS
   - DETENÇÃO ou SEQUESTRO de POUPANÇA ou ATIVOS FINANCEIROS
   - MATÉRIA de LEI COMPLEMENTAR
   - MATÉRIA PENDENTE de SANÇÃO ou VETO
   * OBS.: MP PODE CRIAR IMPOSTO ou MAJORAR-LHE a ALÍQUOTA, DESDE QUE RESPEITE (SE FOR o CASO) o PRINCÍPIO DA ANTERIORIDADE.

5. **TRAMITAÇÃO:**

   EXISTÊNCIA OBRIGAT.: PARECER
   (STF, ADI n. 4.029/DF)

   PR → EDITA → COMISSÃO MISTA → PARECER → PLENÁRIO do CD → APROV. → PLENÁRIO do SF → APROV. → ACEITAS ou NÃO PELA CD as ALTERAÇÕES do SF
   REJEIT. → ARQUIVADA
   REJEITADA → MP VOLTA P/ CD APRECIAR as ALTERAÇÕES do SF
   ALTERANDO a VERSÃO do CD / NA MESMA VERSÃO do CD

   EFEITOS:
   A) IMEDIATA PERDA de VIGÊNCIA;
   B) VOLTA AO VIGOR DA LEGISLAÇÃO ANTERIOR (ESTAVA SUSPENSA)
   C) MATÉRIA FICA IRREPETÍVEL (62, § 10) = A PEC;
   D) CN DEVE, EM ATÉ 60 DIAS, EDITAR DECRETO LEGISL. DISPONDO SOBRE os EFEITOS DA REJEIÇÃO.

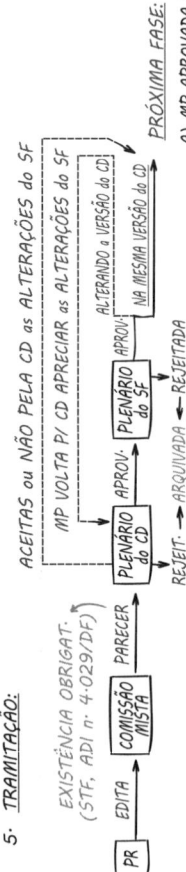

   PRÓXIMA FASE:
   A) MP APROVADA PELO CN NA REDAÇÃO ORIGINAL: É AUTOMATICAMENTE CONVERTIDA em LEI (NÃO VAI P/ SANÇÃO ou VETO do PR)
   B) MP APROVADA PELO CN COM EMENDAS: (MP + EMENDAS) = PROJ. de LEI de CONVERSÃO VAI P/ SANÇÃO ou VETO PELO PR

Capítulo 18

Poder Executivo

18.1. PRESIDENCIALISMO

Como já estudamos, ao analisar os princípios fundamentais da Constituição, o presidencialismo é o sistema de governo adotado no Brasil. Por conseguinte, o Presidente da República exerce funções tanto de chefia de Estado (representação internacional do Brasil) quanto de chefia de Governo (chefia da Administração Pública). Ademais, o Presidente da República não depende da confiança do Parlamento, embora possa ser responsabilizado por atos ilícitos que cometa.

Em um sistema presidencialista, a figura central do Poder Executivo é justamente o Presidente da República.

18.2. PRESIDENTE DA REPÚBLICA

18.2.1. Mandato

O mandato do Presidente da República e do Vice-Presidente com ele eleito é de quatro anos, nos termos do art. 82 da CF. O exercício do cargo tem início e fim em 1º de janeiro do ano seguinte àquele em que ocorrer a eleição.

Veja Bem!

É muito comum pensar que o mandato vai de 1º de janeiro a 31 de dezembro, mas o mandato de um Presidente só termina com a posse do outro mandatário.

Na redação original da CF, o mandato presidencial tinha a duração de cinco anos, mas a Emenda Constitucional de Revisão n. 5/1994 reduziu o lapso para quatro anos, a fim de fazer coincidir a eleição do Presidente com o escrutínio para os cargos estaduais. Ademais, a redação original do art. 82 também proibia a reeleição para um mandato subsequente, o que restou permitido pela EC n. 16/97.

18.2.2. Eleição

A eleição do Presidente da República deve ocorrer no ano anterior ao do término do mandato do atual Presidente (art. 77), o que só comprova que o mandato de Presidente só termina em 1º de janeiro.

A eleição do Presidente da República se dá pelo sistema majoritário absoluto. Majoritário porque o candidato mais votado é o vencedor (na improvável hipótese de empate, elege-se o mais velho); absoluto porque se exige que o candidato, para ser declarado vencedor, consiga mais da metade (maioria absoluta) dos votos válidos, isto é, mais da metade dos votos, **excluídos os votos nulos e brancos**.

Questão de Concurso

(Cespe/ABIN/Oficial Técnico/2018) Às eleições para presidente da República aplica-se o princípio majoritário, elegendo-se o candidato que obtiver a maioria absoluta de votos, incluídos os brancos e os nulos.
Gabarito comentado: Errado.
Excetuam-se da contagem os votos nulos e brancos (CF, art. 77, § 2º).

Se algum candidato alcançar a maioria absoluta já no primeiro turno (realizado no primeiro domingo de outubro), a eleição está encerrada. Se, porém, nenhum candidato conseguir tal margem, será realizado um segundo escrutínio (segundo turno), no último domingo de outubro, com os dois candidatos mais votados, no qual um dos dois fatalmente se sagrará vencedor.

Ao pé da letra, não é correto afirmar que a eleição do Presidente da República ocorre em dois turnos; ao menos não necessariamente. A eleição se dá pelo critério majoritário absoluto, que, se não for alcançado no primeiro turno, exige, só então, a realização de novo escrutínio. É o que afirma José Afonso da Silva:

> [...] o princípio não é de dois turnos, como geralmente se diz. Dois turnos constituem nada mais nada menos do que uma técnica de realização do princípio da maioria absoluta, tanto que, conseguida esta no primeiro turno, tollitur quaestio, a questão está resolvida. Não o conseguindo é que se passará ao segundo turno, com dois candidatos apenas, e aí a maioria dos votos é sempre mais da metade e isso é maioria absoluta[1].

Existe, como já explicaremos, uma hipótese de eleição indireta para Presidente da República: quando houver vacância dos cargos de Presidente e de Vice-Presidente da República, nos dois últimos anos do mandato (art. 81).

18.2.3. Sucessão e substituição

Sucessão e substituição configuram institutos distintos.

A **substituição** tem sempre natureza **temporária** (exercício da presidência em caráter interino), seja em caso de impedimento do Presidente (doença, viagem, afastamento preven-

---

[1] SILVA, José Afonso da. *Curso de Direito Constitucional*. São Paulo: Malheiros, 2007. p. 544.

tivo para responder a processo etc.), ou mesmo em caso de dupla vacância (enquanto não se realizam novas eleições). Já a **sucessão** tem caráter **definitivo,** aplicando-se nos casos de **vacância** do cargo de Presidente da República. A vacância pode decorrer de morte, condenação por crime de responsabilidade (*impeachment*), renúncia expressa ou renúncia tácita (ausência do país por mais de 15 dias, sem autorização do Congresso Nacional).

O sucessor **herda** o mandato do Presidente da República, em caso de vacância, devendo completar o mandato do antecessor. No ordenamento jurídico brasileiro atual, **somente o Vice-Presidente da República pode suceder o Presidente**; todas as demais autoridades são capazes apenas de **substituir** o Chefe de Estado.

Caso o Presidente da República esteja impedido ou suspenso, serão chamados a exercer o cargo, nessa ordem: 1) Vice-Presidente da República; 2) Presidente da Câmara dos Deputados (representante do povo); 3) Presidente do Senado Federal (representante dos Estados e do DF); 4) Presidente do Supremo Tribunal Federal. Reitere-se, porém, que apenas o Vice-Presidente é que pode **suceder** o titular.

Sobre os sucessores e substitutos do Presidente, é relevante anotar o que afirma Alexandre de Moraes: "Os substitutos eventuais do Chefe do executivo, quando convocados, exercem normalmente os poderes e atribuições do Presidente da República (por exemplo: sanção, veto, edição de medida provisória, nomeação de Ministro de Estado, iniciativa de lei etc.)"[2].

Questão de Concurso

(FCC/TRT6/Analista Judiciário – área administrativa/2018) Sobre o Poder Executivo, a Constituição Federal estabelece que:

a) o Presidente e o Vice-Presidente da República não poderão, sem licença do Congresso Nacional, ausentar-se do País por prazo superior a 10 dias, sob pena de perda do cargo.

b) o mandato do Presidente da República é de quatro anos e terá início em quinze de janeiro do ano seguinte ao da sua eleição.

c) em caso de impedimento do Presidente e do Vice-Presidente da República, ou vacância dos respectivos cargos, serão sucessivamente chamados ao exercício da Presidência o Presidente do Senado Federal, o da Câmara dos Deputados e o do Supremo Tribunal Federal.

d) o Presidente da República tomará posse em sessão do Congresso Nacional, prestando o compromisso de manter, defender e cumprir a Constituição, observar as leis e promover o bem geral do povo brasileiro, solenidade essa da qual é dispensado o Vice-Presidente da República.

e) será considerado eleito Presidente da República o candidato que, registrado por partido político, obtiver a maioria absoluta de votos, não computados os em branco e os nulos.

Gabarito comentado: E.
Na alternativa A, está errado o prazo a partir do qual é necessário pedir licença ao Congresso Nacional para se ausentar do país (são 15, e não 10 dias: art. 83). na letra B, está errada a data do início do mandato, que é o dia 1º de janeiro (art. 82). Na alternativa C, está errada a ordem da substituição (o Presidente do Senado Federal só assume se o Presidente da Câmara dos Deputados não o fizer). Finalmente, a alternativa D está incorreta porque a posse do Presidente e do Vice-Presidente ocorre de forma conjunta (CF, art. 78, *caput*). A letra E corresponde ao § 2º do art. 77, por isso é a resposta.

---

[2] MORAES, Alexandre de. *Direito Constitucional*. São Paulo: Atlas, 2008. p. 469.

18.2.3.1. A "dupla vacância"

E se, durante o mandato, o Vice-Presidente morrer? Quem o sucederá? Ninguém, o Presidente continuará governando sem um Vice.

E se morrer o Presidente e o Vice-Presidente o suceder, quem será o Vice? Ninguém, o novo Presidente terminará o mandato sem um Vice.

E se, numa das hipóteses anteriores, o titular morrer (ou renunciar ou sofrer *impeachment*), de modo que vaguem os cargos de Presidente E de Vice-Presidente da República? Então será necessário realizar **nova eleição**, para eleger novos mandatários, que completarão o mandato já em curso (o que a doutrina chama de "mandato-tampão").

Dependendo de quando ocorrer a última vaga, a eleição terá contornos diferentes. Se a última das vacâncias ocorrer nos dois **primeiros** anos do mandato, a eleição será **direta** (todos os eleitores votam), realizada no prazo de **90 dias** (art. 81, *caput*). Porém, se a última vaga se verificar quando já transcorrida mais da metade do mandato (ou seja, se ocorrer nos últimos dois anos), a eleição será **indireta** (realizada pelo Congresso Nacional), no prazo de **30 dias** (art. 81, §1º).

Perceba-se que, em ambos os casos, qualquer cidadão brasileiro nato maior de 35 anos e no pleno gozo dos direitos políticos poderá concorrer ao cargo de Presidente.

A diferença é que, caso a vacância ocorra nos dois primeiros anos do mandato, quem vai votar são todos os eleitores; se nos dois últimos anos, os eleitores serão apenas os Deputados Federais e os Senadores (eleição indireta).

Em qualquer dos casos, repita-se, os eleitos vão apenas completar o que falta do mandato dos antecessores (art. 81, §2º).

Quadro 18.1 – Diferenças de vacância para os cargos de Presidente e Vice

	Vacância dos cargos de Presidente e Vice nos dois PRIMEIROS anos do mandato	Vacância dos cargos de Presidente e Vice nos dois ÚLTIMOS anos do mandato
Eleição	**Direta** (feita pelo povo)	**Indireta** (votam apenas Deputados e Senadores)
Prazo	90 dias a contar da última vaga	30 dias a contar da última vaga

Aprofundamento:
o regramento da eleição indireta (CF, art. 81, § 2º)

Segundo o § 1º do art. 81 da CF, a eleição indireta deverá acontecer "na forma da lei". Não existe, contudo, legislação em vigor e que trate do tema.

Na realidade, a Lei n. 4.321, de 7 de abril de 1964, aborda o tema da eleição indireta para Presidente e Vice-Presidente da República, e não está expressamente revogada. Entendemos, porém – e essa foi também a leitura da Comissão Mista – que tal legislação não foi recepcionada pela CF de 1988. Explica-se.

A citada Lei foi editada sob a égide da Constituição de 1946, quando a eleição de Presidente e de Vice-Presidente da República era realizada de forma separada. Tanto assim, que é prevista uma "dupla rodada" de eleição, uma para cada cargo, em óbvio descompasso com o mandato do atual § 1º do art. 77, segundo o qual "A eleição do Presidente da República importará a do

Vice-Presidente com ele registrado". Permitia-se até mesmo a eleição por maioria simples, em claro desacordo com o mesmo art. 77 da CF.

Demais disso, tal legislação foi aprovada no contexto da "vacância" do então Presidente João Goulart, logo após o golpe militar de 1964. Como se não bastasse, dois dias depois foi editado o Ato Institucional (AI) n. 1, de 9 de abril de 1964, que representou momento de ruptura institucional e que, além disso, instituiu regra totalmente diversa da que constava da Lei n. 4.321, de 1964. Dizia o AI, in verbis:

> **Art. 1º** São mantidas a Constituição de 1946 e as Constituições estaduais e respectivas Emendas, com as modificações constantes deste Ato.
>
> **Art. 2º** A eleição do Presidente e do Vice-Presidente da República, cujos mandatos terminarão em trinta e um (31) de janeiro de 1966, será realizada pela maioria absoluta dos membros do Congresso Nacional, dentro de dois (2) dias, a contar deste Ato, em sessão pública e votação nominal.
>
> § 1º Se não for obtido o quórum na primeira votação, outra realizar-se-á no mesmo dia, sendo considerado eleito quem obtiver maioria simples de votos; no caso de empate, prosseguir-se-á na votação até que um dos candidatos obtenha essa maioria.
>
> § 2º Para a eleição regulada neste artigo, não haverá inelegibilidades.

Ora, o *caput* do art. 2º traz regra oposta à que era prevista pela Lei n. 4.321, de 1964. Logo, teve o condão de revogar tacitamente a citada Lei, que não teria, portanto, como ser considerada recepcionada pela CF de 1988.

Ainda que não se entendesse pela revogação tácita da Lei n. 4.321, de 1964, pelo AI n. 1, de 1964, teria ela sido revogada pela Constituição de 1967, cujo art. 81 previa eleição indireta para qualquer, e não apenas para a vacância ocorrida nos dois últimos anos.

Assim, seja em virtude do momento excepcional em que aprovada; seja em virtude de sua incompatibilidade com o sistema da CF de 1988; seja, ainda, por ter sido tacitamente revogada pelo AI n. 1, de 1964, e, se não, pela Constituição de 1967, deve ser afastada, a nosso ver, a alegação de que a citada Lei n. 4.321, de 1964, teria sido recepcionada pela CF de 1988.

Dessa forma, caso ocorra a necessidade de se realizar eleição indireta, nos termos do § 1º do art. 81, não haverá lei a reger o tema, devendo-se aplicar, por analogia, o Regimento Comum do Congresso Nacional e a legislação eleitoral comum.

Segundo a doutrina, essa situação da eleição indireta configura o único caso ainda em vigor na CF em que a deliberação congressual deve ser **unicameral** (Deputados e Senadores discutem e votam juntos a matéria, sem haver distinção entre membros de uma e de outra Casa).

18.2.4. Atribuições (art. 84) – rol exemplificativo

Como já vimos nos comentários ao art. 1º, o Brasil adota o sistema de governo presidencialista, em que as funções de chefia de Estado e chefia de Governo são atribuídas à mesma pessoa (no caso, o Presidente da República). Dessa forma, o art. 84 da CF, ao elencar as competências (atribuições) do Presidente, traz um rol (que não é taxativo, mas sim meramente exemplificativo) que contém tanto tarefas relativas às relações internacionais (externas) do

Brasil (atribuições de chefia de Estado) quanto competências relativas a assuntos internos de governo (atribuições de chefia de Governo).

São exemplos de atribuições de chefia de Estado: "manter relações com Estados estrangeiros e acreditar seus representantes diplomáticos" e "celebrar tratados, convenções e atos internacionais, sujeitos a referendo do Congresso Nacional".

Por outro lado, são exemplos de exemplos de atribuições de chefia de Governo: "enviar ao Congresso Nacional o plano plurianual, o projeto de lei de diretrizes orçamentárias e as propostas de orçamento previstos nesta Constituição"; "vetar projetos de lei, total ou parcialmente".

Do art. 84, podemos destacar algumas atribuições importantes:

Inciso I – Cabe ao Presidente da República nomear e exonerar Ministros de Estado. É um cargo político, para o qual pode ser nomeado qualquer brasileiro, nato ou naturalizado[3], maior de 21 anos e no pleno gozo dos direitos políticos (art. 87). Os Ministros são de livre nomeação e exoneráveis *ad nutum*.

Inciso IV, primeira parte (sancionar, promulgar e fazer publicar as leis) e **inciso V** – trata-se de uma atribuição exclusiva do Presidente (indelegável). Perceba-se que o dispositivo se refere apenas às *leis*, pois somente em projetos de lei há sanção ou veto.

Inciso IV, segunda parte (expedir decretos e regulamentos para a fiel execução das leis) – aqui temos a competência presidencial para a edição de decretos regulamentares – decretos que regulamentam, isto é, especificam e esmiúçam o conteúdo de uma lei. São atos infralegais, secundários e dependentes. Não podem inovar o ordenamento jurídico. Não podem ser *contra legem* nem *praeter legem*, mas apenas *secundum legem* (não podem contrariar nem completar as leis, mas apenas esmiuçá-las).

inciso VI (decretos autônomos) – o decreto autônomo foi criado, no ordenamento brasileiro, com a EC n. 32/2001. A redação original do dispositivo previa a competência de dispor, mediante decreto, *na forma da lei* [...]. A EC n. 32/2001 retirou a expressão "na forma da lei" e instituiu a possibilidade de o Presidente da República editar decretos com hierarquia e força de lei. Há setores da doutrina que consideram que a criação desse tipo de decreto foi inconstitucional, pois isso teria violado a separação de poderes e o princípio da legalidade. Porém, a doutrina majoritária de Direito Constitucional considera válida essa criação. O STF também possui um *obter dictum* (dito de passagem) no qual considera constitucional essa espécie de decreto (Adi 3.254, Pleno, Relatora Ministra Ellen Gracie). Os decretos autônomos só podem ser utilizados em duas hipóteses **taxativamente** previstas na CF: a) para dispor sobre a organização da Administração Pública Federal, desde que isso não cause aumento de despesa (pois essa matéria só pode ser tratada por lei, por ter reflexos orçamentários) nem criação ou extinção de órgãos públicos (matéria que também está sob reserva legal, como se vê no art. 88); ou b) para extinguir cargo ou função pública, QUANDO VAGOS.

---

[3] PRADO, Luiz Régis. *Comentários ao Código Penal*. 4. ed. São Paulo: RT, 2007. p. 362.

⚠ Atenção!

Cargos públicos são, geralmente, criados por lei (exceto os cargos da Câmara e do Senado, criados por resolução). Assim, devem ser extintos também por lei. Cargos ocupados só podem ser extintos por lei; porém, se es- tiverem vagos, poderão ser extintos por lei OU por decreto autônomo do Presidente da República. Embora a CF não diga isso expressamente, os cargos que podem ser extintos são os do Poder EXECUTIVO, em respeito ao princípio da separação de poderes.

Quadro 18.2 – Decretos autônomos X Decretos regulamentares

	Decreto regulamentar	Decreto autônomo
Natureza	Secundário	Primário
Inova o ordenamento jurídico	Não	Sim
Hierarquia	Infralegal	Legal
Matéria	Em tese, qualquer lei	Taxativa (art. 84, VI)
Previsão	Art. 84, IV	Art. 84, VI
criação	CF/1988	EC n. 32/2001

Atenção para a diferença!

	Modificação pretendida	Instrumento
Órgãos (Ministérios e Secretarias)	Criação	Só lei, decreto não
	Extinção	Só lei, decreto não
Cargos (postos de trabalho)	Criação	Só lei, decreto não
	Extinção	Lei ou decreto (se estiverem vagos)

As mesmas regras valem para governadores e prefeitos, por simetria: "A Constituição da República não oferece guarida à possibilidade de o Governador do Distrito Federal criar cargos e reestruturar órgãos públicos por meio de simples decreto." (Tema n. 48 da Repercussão Geral do STF).

📝 Questões de Concurso

(FCC/Detran-MA/Analista/2018) Nos termos da Constituição Federal, a adoção, pelo Presidente da República, de medidas de reorganização da Administração federal, que impliquem a extinção de cargos e funções vagos

a) é incabível, por se tratar de matéria privativa de lei, não passível de delegação legislativa, vedada a edição de medida provisória sobre o tema.

b) cabe ser tomada mediante decreto, independentemente de edição prévia de lei que o autorize a tanto.

c) cabe ser tomada apenas mediante medida provisória, desde que presentes requisitos de urgência e relevância.

d) cabe ser tomada apenas mediante delegação legislativa do Congresso Nacional.

e) cabe ser tomada mediante decreto, desde que mediante a edição prévia de lei que o autorize a tanto.

> **Gabarito comentado:** B.
> A *extinção* de cargos ou funções vagos pode ser feita por meio de lei (mecanismo ordinário), medida provisória (que tem força de lei) ou por decreto autônomo (CF, art. 84, VI, *b*).

> (Cespe/Sefaz-AL/Auditor/2020) É viável a extinção de órgãos públicos por meio de decreto do presidente da República na hipótese de redução de despesa para a União.
> **Gabarito comentado:** Errado.
> De acordo com o art. 84, VI, *a*, da CF, admite-se a adoção pelo Presidente da República de decretos autônomos, "quando não implicar aumento de despesa nem criação ou extinção de órgãos públicos", já que a criação e extinção de órgãos (ministérios) exige lei (aprovada pelo Congresso Nacional, embora por iniciativa privativa do Presidente da República), nos termos dos arts. 88 e 61, § 1º, II, *e*.

Inciso VII (manter relações com Estados estrangeiros) – trata-se de atribuição do Presidente da República para, na qualidade de Chefe de Estado, "falar" em nome do Brasil. É por conta disso, aliás, que cabe ao Presidente da República conceder ou não a extradição (ato discricionário), depois de autorizada pelo STF.

Inciso VIII (celebrar tratados internacionais) – aqui o Presidente atua como Chefe de Estado, e não como Chefe de Governo. Os tratados internacionais, para entrarem em vigor no Brasil, submetem-se a um procedimento trifásico: 1) o Presidente celebra o tratado (o que gera a obrigação do Brasil no âmbito internacional, mas não torna o ato executório em solo brasileiro); 2) o Congresso Nacional aprova o tratado (art. 49, I), autorizando a aplicabilidade interna no Brasil; 3) o Presidente expede um decreto pondo em vigor o tratado no Brasil.

Inciso XII (conceder indulto e comutar penas) – o Presidente pode "perdoar" penas, de forma genérica e coletiva, por meio de decreto (é o instituto do indulto). Pode, também, "descontar" a pena de alguns condenados, quando teremos o instituto da comutação de pena.

A comutação de penas, decorrência do chamado indulto parcial, não é benefício comum da execução penal. Ao revés, situa-se em plano constitucional, ao lado da anistia e da graça, de modo que "todos esses atos configuram manifestação de indulgência soberana"[4]. Justo por isso, a competência para conceder tal benesse é privativa do Presidente da República, nos termos do art. 84, XII, da Constituição.

🖐 Cuidado!

> "Reveste-se de legitimidade jurídica a concessão, pelo Presidente da República, do benefício constitucional do indulto (CF, art. 84, XII), que traduz expressão do poder de graça do Estado, mesmo se se tratar de indulgência destinada a favorecer pessoa que, em razão de sua inimputabilidade ou semi-imputabilidade, sofre medida de segurança, ainda que de caráter pessoal e detentivo." (Tema n. 371 da Repercussão Geral do STF).

⚠ Atenção!

> Os crimes hediondos e equiparados (terrorismo, tráfico de drogas e tortura) são insuscetíveis de graça, indulto e anistia (CF, art. 5º, XLIII).

---

[4] SILVA, José Afonso da. *Curso de Direito Constitucional Positivo*, p. 545.

> **Questão de Concurso**
>
> (Cespe/ABIN/Oficial Técnico/2018) Conforme o entendimento do Supremo Tribunal Federal, a Constituição Federal de 1988 autoriza a concessão de indulto, pelo presidente da República, a pessoas condenadas pela prática de crimes hediondos.
>
> Gabarito comentado: Errado (ver CF, art. 5º, XLIII).

Inciso XXV (prover [nomear] e extinguir cargos públicos, na forma da lei) – aqui, o Presidente pode prover ou extinguir cargos, não por meio de decreto autônomo, mas com base em lei (na forma da lei).

> **Questão de Concurso**
>
> (Cespe/DPE-PE/Defensor/2018) A Constituição Federal de 1988 elenca como atribuição do presidente da República
>
> a) dispor, por decreto, sobre o funcionamento da administração pública federal, ainda que isso implique aumento de despesa.
> b) conceder indulto e comutação de penas.
> c) autorizar empréstimos contraídos pela União no exterior.
> d) celebrar e referendar acordos internacionais, na condição de chefe de Estado.
> e) celebrar a paz, com referendo do Senado Federal.
>
> Gabarito: B (ver art. 84, XII da CF).
> Comentários item a item:
> Na letra A, o erro está no fato de que os decretos autônomos não podem acarretar aumento de despesa (art. 84, VI, a). A atribuição da letra C cabe ao Senado Federal, não ao Presidente da República. Na letra D, o erro está na palavra "referendar" (quem o faz é o Congresso Nacional). Finalmente, a alternativa E está errada porque o Presidente da República celebra a paz autorizado (previamente) ou com referendo (a *posteriori*) do Congresso Nacional (e não apenas do Senado Federal: CF, art. 84, XX).

18.2.4.1. *Atribuições delegáveis*

O art. 84, *caput*, dispõe que as atribuições do Presidente são privativas, o que significa que pelo menos algumas delas podem ser delegadas. Na verdade, só são delegáveis três atribuições (parágrafo único): a) inciso VI (decretos autônomos); b) inciso XII – conceder indulto e comutar penas; c) inciso XXV, primeira parte – prover os cargos públicos federais, na forma da lei.

Como o parágrafo único se refere ao art. XXV, **primeira parte**, e o referido inciso cita "prover e extinguir", então só é delegável a atribuição de prover os cargos públicos. Por implicitude, a competência de prover (nomear) inclui, também, a competência para exonerar (desprover) – isso já foi cobrado em provas de concursos públicos.

Nesse sentido há decisão do STF: "Presidente da República: competência para prover cargos públicos (CF, art. 84, XXV, primeira parte), que abrange a de desprovê-los, a qual, portanto é susceptível de delegação a Ministro de Estado (CF, art. 84, parágrafo único): validade da Portaria do Ministro de Estado que, no uso de competência delegada, aplicou a pena de demissão ao impetrante" (MS n. 25.518, Relator Ministro Sepúlveda Pertence, *DJ* de 10-8-2006).

Essas atribuições poderão ser delegadas aos **Ministros de Estado**, ao **Procurador-Geral da República** ou ao **Advogado-Geral da União**.

Em resumo:

Quadro 18.2 – Principais atribuições do Presidente

	Conteúdo	Função	Delegável
Principais atribuições do Presidente	Nomear e exonerar Ministros de Estado	Chefia de Governo	Não
	Exercer a direção superior da Administração Pública Federal	Chefia de Governo (José Afonso da Silva diz ser atribuição de chefia administrativa)	Não
	Sancionar, promulgar e fazer publicar as leis	Chefia de Governo	Não
	Expedir decretos e regulamentos para a fiel execução das leis (decretos regulamentares)	Chefia de Governo	Não
	Editar decretos autônomos (para reorganizar a Administração ou extinguir cargos vagos do Executivo)	Chefia de Governo	Sim
	Manter relações com Estados estrangeiros	Chefia de Estado	Não
	Celebrar tratados internacionais, sujeitos a referendo do Congresso	Chefia de Estado	Não
	Conceder indulto e comutar penas	Chefia de Governo (há divergência na doutrina)	Sim
	Prover (e desprover) cargos públicos na forma da lei	Chefia de Governo	Sim
	Extinguir cargos públicos na forma da lei	Chefia de Governo	Não

Questão de Concurso

(Cespe/Câmara dos Deputados/Policial Legislativo/2014) A CF autoriza o Presidente da República a criar cargos e extinguir órgãos públicos por meio de decreto.

Gabarito comentado: Errado.
O Presidente da República não pode, por decreto, nem criar cargos (só os extinguir) nem criar ou extinguir órgãos.

Cuidado!

O rol constitucional de atribuições presidenciais não é taxativo (meramente exemplificativo).

Questão de Concurso

(Cespe/TJDFT/Juiz/2014) As atribuições do Presidente da República estão taxativamente previstas em dispositivo específico da CF.

Gabarito comentado: Errado.
O rol é meramente exemplificativo.

18.3. VICE-PRESIDENTE DA REPÚBLICA

O Vice-Presidente da República é autoridade que ainda não teve muito bem definido o papel no sistema presidencialista de Governo. Não à toa, a doutrina americana considera o Vice "o homem esquecido na história". Benjamin Frankiln chegou a alcunhar o Vice-Presidente como "Sua Alteza Supérflua".

Eleito juntamente com o titular, dentro da mesma **chapa**, cabem ao Vice-Presidente algumas atribuições constitucionais, tais como participar do Conselho da República e do Conselho de Defesa Nacional. Ademais, exerce as competências previstas em Lei Complementar (art. 79) – lei essa ainda inexistente –, além de auxiliar o Presidente em assuntos especiais.

O Vice-Presidente é eleito conjuntamente com o candidato a Presidente da chapa na qual foi registrado. Não precisa, porém, pertencer ao mesmo partido do Presidente, mas apenas à mesma coligação. Como diz José Afonso da Silva, essa "foi a mecânica que o sistema constitucional engendrou para evitar que o Vice-Presidente eleito pertença a partido de oposição ao Presidente, como não poucas vezes acontecera, desde Floriano Peixoto".

18.4. MINISTROS DE ESTADO

Auxiliam o Presidente da República no exercício das atribuições do Poder Executivo (art. 76). Podem, inclusive, receber delegações para a prática de algumas das competências presidenciais (art. 84, parágrafo único).

Trata-se de um cargo eminentemente político, de livre nomeação e exoneração; tanto que não há, quanto aos Ministros, de nomeação de parentes, nos termos da Súmula Vinculante 13. Basta ser brasileiro (não é necessário ser nato, salvo o Ministro da Defesa) e maior de 21 anos, no pleno gozo dos direitos políticos.

As atribuições dos Ministros de Estado estão previstas no art. 87 da CF.

Reina grande controvérsia acerca do art. 87, parágrafo único, I, parte final, que prevê a atribuição dos Ministros para "referendar os atos e decretos assinados pelo Presidente da República". A questão é: a falta de referendo do Ministro torna o ato nulo, ou se trata de mera ratificação?

Alguns autores entendem que o ato sem referendo do Ministro é nulo (Alexandre de Moraes, Michel Temer, Pinto Ferreira, Vidal Serrano Nunes e Luiz Alberto David Araújo), enquanto outros autores de nomeada consideram que a falta da formalidade não macula de nulidade o ato (José Afonso da Silva). O Pleno do STF ainda não se manifestou sobre o assunto, mas existe decisão monocrática do Ministro Celso de Mello na qual se afirma: "no que concerne à função da referenda ministerial, que esta não se qualifica como requisito indispensável de validade dos decretos presidenciais" (MS n. 22.706, *DJ* de 5-2-1997).

André Ramos Tavares não se posiciona sobre o tema, mas afirma: "Nessas hipóteses de coparticipação nos atos presidenciais tornam-se, solidariamente, responsáveis pelas medidas adotadas"[5].

---

[5] TAVARES, André Ramos. *Curso de Direito Constitucional*. São Paulo: Saraiva, 2003. p. 956.

18.5. PRERROGATIVAS (IMUNIDADES) DO PRESIDENTE DA REPÚBLICA

O Presidente da República, assim como outras autoridades dos demais Poderes, possui prerrogativas (imunidades). É de se lembrar, todavia, que o Presidente **não possui imunidades materiais**, mas apenas imunidades **processuais** (formais) – ao contrário dos Deputados Federais e Senadores, que possuem imunidades formais e materiais.

Podemos citar como imunidades (processuais) do Presidente da República: 1) foro por prerrogativa de função; 2) impossibilidade de prisão, salvo por sentença condenatória; 3) necessidade de autorização da Câmara dos Deputados para a instauração de processo criminal; 4) imunidade processual temporária (irresponsabilidade temporária). Estudemo-las.

18.5.1. Foro por prerrogativa de função

> Acesse e assista à aula explicativa sobre este assunto.
> http://uqr.to/1yj9i

O Presidente da República, *durante o mandato*, só pode ser processo por crimes comuns perante o STF (art. 102, I, *b*) e, por crimes de responsabilidade, no Senado Federal (art. 52, I).

Perceba-se que não há prerrogativa de foro quanto a questões cíveis, tais como ação de execução, ação popular, notificação extrajudicial cível, reclamação trabalhista, questões essas que devem ser tratadas nos órgãos judiciários de primeira instância, tal como as "pessoas comuns". Só existe foro por prerrogativa de função para infrações penais comuns (crimes e contravenções) *relacionados ao exercício do cargo*[6] e para os crimes de responsabilidade.

Por outro lado, tal prerrogativa de foro só existe enquanto a pessoa ocupar o cargo. Por isso mesmo, o STF declarou inconstitucional Lei que prorrogava o foro por prerrogativa de função mesmo para ex-autoridades.

18.5.2. Restrições à prisão

O Presidente não pode sofrer prisões cautelares, tais como a prisão em flagrante, prisão preventiva ou prisão temporária. O Chefe de Estado só pode ser preso por sentença penal condenatória, isto é, sentença de mérito. É o que dispõe o art. 86, §3º: "Enquanto não sobrevier sentença condenatória, nas infrações comuns, o Presidente da República não estará sujeito a prisão".

A pergunta que aqui cabe é: para a prisão, é preciso que se trate de sentença penal transitada em julgado, ou pode ser qualquer sentença condenatória?

Na doutrina, não é costumeiro abordar o assunto; mas, como se trata de norma restritiva de poderes do Judiciário, deve também ser interpretada de forma restritiva, não se exigindo o trânsito em julgado.

---

[6] Até porque, em relação aos fatos estranhos ao mandato, o Presidente da República nem sequer pode ser processado, em virtude da incidência da imunidade processual temporária, adiante comentada (CF, art. 86, § 4º).

18.5.3. Necessidade de autorização da câmara dos deputados para a instauração de processo criminal

Durante o mandato, o Presidente da República só pode ser processado por infração penal comum ou por crime de responsabilidade se houver **prévia autorização** da Câmara, por 2/3 dos membros da Casa do povo. Realmente, segundo o inciso I do art. 51 é competência privativa da Câmara "autorizar, por dois terços de seus membros, a instauração de processo contra o Presidente e o Vice-Presidente da República e os Ministros de Estado".

Trata-se de um verdadeiro juízo político de admissibilidade do processo, que só pode começar se tiver o aval da Casa, **tanto quanto aos crimes comuns quanto com relação aos crimes de responsabilidade**.

Veja Bem!

No julgamento da ADPF n. 378/DF, o STF considerou que a apreciação da Câmara dos Deputados e exclusivamente política e discricionária. Assim, os votos não precisam ser fundamentados, ou ter fundamentação congruente: a decisão da Câmara dos Deputados analisa a *conveniência e oportunidade* de se processar (por crime comum ou de responsabilidade) o Presidente da República. Não atingido o quórum de 347 Deputados (2/3 dos 513 membros da Câmara dos Deputados), a denúncia é arquivada; atingido, a denúncia é encaminhada ao Supremo Tribunal Federal (crime comum) ou ao Senado Federal (crime de responsabilidade).

Atenção!

A autorização da Câmara dos Deputados vincula negativamente o Senado Federal e o Supremo Tribunal Federal: se só foi autorizada a abertura em relação a dois fatos, é sobre esses objetos que o Senado ou o STF deve se debruçar, para instaurar ou não o processo.

18.5.4. Imunidade processual temporária (irresponsabilidade temporária)

O art. 86, §4º, dispõe que "O Presidente da República, na vigência de seu mandato, não pode ser responsabilizado por atos estranhos ao exercício de suas funções". Essa é a chamada imunidade processual temporária, regra segundo a qual o Presidente, Chefe de Estado, fica, durante o mandato, imune a processos relativos a crimes comuns que não tenham a ver com o exercício das funções presidenciais.

Assim, por exemplo: se o Presidente injuriar um Deputado de oposição, poderá ser responsabilizado durante o mandato (trata-se de crime comum que tem a ver com o exercício das atribuições). Entretanto, se injuriar um porteiro de um clube, quando para lá se dirija em férias, só poderá ser criminalmente processado após o término do mandato.

Como assinalado pela doutrina e jurisprudência: 1) não se trata de imunidade material, pois não exclui a punição do fato, mas de prerrogativa processual, que apenas aplica uma regra diferenciada ao processo; 2) durante esse período, a prescrição fica suspensa; 3) após o mandato, o ex-Presidente será julgado na primeira instância e independentemente de autorização da Câmara, pois não exerce mais o mandato e não pode, portanto, gozar das prerrogativas de cargo que não mais ocupa.

Em suma: o Presidente, se cometer crime comum que tenha a ver com o exercício das atribuições, será julgado no STF após autorização da Câmara dos Deputados, por 2/3 dos membros da Casa; se, porém, cometer crime comum que nada tem a ver com o exercício das atribuições, só será processado após deixar o cargo (mas a prescrição do crime fica suspensa).

Questões de Concurso

(FCC/TRT6/Analista Judiciário – área judiciária/2018) Acerca do que dispõe a Constituição Federal sobre o chefe do Poder Executivo Federal
a) compete privativamente ao Presidente da República a concessão de anistia.
b) o Presidente da República, na vigência de seu mandato, não pode ser responsabilizado por atos estranhos ao exercício de suas funções.
c) o Presidente da República possui a mesma imunidade material prevista para os Deputados e Senadores.
d) admitida a acusação contra o Presidente da República, será ele submetido a julgamento perante o Senado Federal, nas infrações penais comuns, ou perante o Supremo Tribunal Federal, nos crimes de responsabilidade.
e) o Presidente da República poderá dispor, mediante decreto, sobre extinção de órgãos públicos, quando vagos.

Gabarito comentado: B (ver art. 86, § 4º da CF).
A letra A está errada porque a anistia é concedida pelo Congresso Nacional. A alternativa C está incorreta porque o Presidente da República não dispõe de imunidades materiais. Na letra D, está trocada a competência para julgar crimes comuns (na verdade, é o STF) e de responsabilidade (Senado Federal). Finalmente, está errada a letra E porque o Presidente da República não pode, mediante decreto, extinguir *órgãos*, mas apenas cargos (art. 84, VI, a e *b*).

(Cespe/Cade/Economista/2014) Se o Presidente da República, que possui prerrogativa de foro em razão da função, praticar crime de responsabilidade, será julgado pelo Senado Federal, porém, se praticar qualquer crime comum, independentemente de ter sido praticado em razão da função, será julgado pelo STF.

Gabarito comentado: Errado.
A parte final torna a questão errada, já que o Presidente da República só será julgado no STF por crimes comuns cometidos em razão da função, já que, em relação aos crimes comuns não ligados ao exercício das atribuições, ele só será julgado após o mandato (e, consequentemente, na primeira instância, e não no STF).

(FGV – OAB – Advogado – XXXII Exame de Ordem Unificado – 2021) No dia 1º de janeiro de 2015, foi eleito o Presidente da República Alfa, para um mandato de quatro anos. Pouco depois, já no exercício do cargo, foi denunciado pelo Ministério Público de Alfa por ter sido flagrado cometendo o crime (comum) de lesão corporal contra um parente. Embora o referido crime não guarde nenhuma relação com o exercício da função, o Presidente da República Alfa mostra-se temeroso com a possibilidade de ser imediatamente afastado do exercício da presidência e preso. Se a situação ocorrida na República Alfa acontecesse no Brasil, segundo o sistema jurídico-constitucional brasileiro, dar-se-ia:
a) o afastamento do Presidente da República se o Senado Federal deliberasse dessa maneira por maioria absoluta;
b) a permanência do Presidente da República no exercício da função, embora tenha que responder pelo crime cometido após a finalização do seu mandato;
c) o afastamento do Presidente da República se, após autorização da Câmara dos Deputados, houvesse sua condenação pelo Supremo Tribunal Federal;
d) a autorização para que o Presidente da República finalizasse o seu mandato, caso o Senado Federal assim decidisse, após manifestação da Câmara dos Deputados.

Gabarito comentado: B (CF, art. 86, § 4º)

Aprofundamento:
o que acontece com a imunidade processual temporária em caso de reeleição?

O § 4º do art. 86 da CF prevê a chamada imunidade processual temporária, segundo a qual o Presidente da República não pode ser processado, durante a vigência do mandato, por atos estranhos ao exercício das funções.

Essa regra, bastante criticada pela doutrina[7], já causara polêmica durante a própria Constituinte, "tendo sido decidida a sua manutenção após a rejeição de emendas que pretendiam suprimi-lo [o § 4º do art. 86]"[8]. É inequívoca, contudo, a origem ditatorial do dispositivo, já que "o Constituinte de 1988 buscou inspiração no texto da Carta outorgada de 1937, que, por sua vez, buscara inspiração na Constituição ditatorial portuguesa, de 1933"[9]. Realmente, o art. 90 da Carta de 1937 dispunha que "[o] Presidente da República não pode, durante o exercício de suas funções, ser responsabilizado por atos estranhos às mesmas"[10]. Mesmo no texto constitucional atual, a previsão foi inserida já no Projeto "B", após a fase das comissões.

Trata-se, sem dúvida, de norma derrogatória do princípio da responsabilidade, devendo, portanto, ser interpretada restritivamente, como inclusive já reconheceu o STF, ao decidir pela inaplicabilidade dessa regra a Governadores e Prefeitos[11].

No direito comparado, encontramos disposição semelhante, em relação aos membros do Executivo Estadual, na Constituição do Cantão Suíço de Neuchâtel (de 24 de setembro de 2000). Prevê-se a eleição dos membros do Conselho de Estado, cujos membros não podem ser processados por atos praticados no exercício da função (art. 50, 1).

A regra da imunidade processual temporária já constava, como vimos, da redação original da CF. Porém, com a promulgação da Emenda Constitucional nº 17, de 4 de junho de 1997, instituiu-se a reeleição para esse mandato eletivo, sem que se tenha feito qualquer alteração formal na imunidade processual do Chefe de Estado.

A partir daí, desenharam-se duas interpretações. A primeira, mais atenta à finalidade da norma, de que o mandato da pessoa reeleita é prorrogado, o que não impede a investigação, no segundo período, de ilícitos cometidos, em tese, quando dos primeiros quatro anos de presidência. Há, contudo, quem sustente – com base numa leitura literalista e, a nosso ver, reducionista – que, havendo reeleição, simplesmente são "superados" os ilícitos cometidos no primeiro mandato, só podendo ser investigados quando o mandatário deixar a Presidência da República.

Consideramos, reitere-se, mais adequada a primeira interpretação, uma vez que maximiza aquele que é um verdadeiro dogma do sistema representativo – a possibilidade de responsa-

---

[7] Cf., a título meramente exemplificativo: 1) GALLO, Carlos Alberto Provenciano. *Crimes de Responsabilidade – Do Impeachment*. Rio de Janeiro: Freitas Bastos, 1992. p. 80; 2) SOARES, Humberto Ribeiro. Impeachment – *Crimes de Responsabilidade do Presidente da República*. Rio de Janeiro: Lumen Juris, 1993. p. 52; 3) FERREIRA FILHO, Manoel Gonçalves. *Comentários à Constituição Brasileira de 1988*, v. 2. São Paulo: Saraiva, 1992. p. 176.
[8] GALLO, Carlos Alberto Provenciano. Op. cit., p. 79.
[9] Idem, ibidem, p. 80.
[10] ALVARENGA, Aristides Junqueira. Ministro de Estado-Crime comum-Autorização legislativa. *Revista de Direito Administrativo*, v. 194, p. 147.
[11] STF, HC n. 80.511, Rel. Min. Celso de Mello.

bilização dos eleitos por atos cometidos no exercício da função. Os fatos do primeiro mandato não são "estranhos ao exercício de suas funções" presidenciais. Ademais, em se tratando de norma que restringe a responsabilização, obviamente deve ser, também, interpretada de forma restritiva.

18.5.5. Simetria e extensão das imunidades aos Governadores de Estado

Os Governadores de Estado, assim como o Presidente da República, dispõem apenas de imunidades *processuais*. São processados e julgados, por crimes comuns, no STJ (art. 105, I, *b*), e, por crime de responsabilidade, perante órgão especial (composto por cinco desembargadores do TJ e cinco deputados estaduais: § 3º do art. 78 da Lei n. 1.079, de 1950).

Contudo, as prerrogativas do Presidente são extensíveis aos Governadores: segundo o STF, as Constituições estaduais não podem estender aos Governadores as prerrogativas do Presidente da República, pois são inerentes à Chefia de Estado.

Em resumo:

Das quatro imunidades processuais do Presidente (foro, prisão, processo e autorização legislativa), nenhuma delas é extensível aos Governadores: o foro por prerrogativa de função dos chefes do Executivo estadual não é no STF, mas sim no STJ.

Até 2017, o STF aceitava que a Constituição Estadual estendesse aos governadores a necessidade de autorização do Legislativo para a abertura de processo criminal (aplicação simétrica do *caput* do art. 86 da CF). Porém, em mudança jurisprudencial, a Corte passou a entender que compete ao STJ processar e julgar os governadores pela prática de crimes comuns, **independentemente de qualquer deliberação da Assembleia Legislativa estadual (ADI n. 5.540)**.

Questão de Concurso

(Cespe/STJ/Oficial de Justiça/2018) De acordo com o Supremo Tribunal Federal, o princípio da simetria na organização dos poderes autoriza que um estado da Federação condicione a instauração de ação penal contra o seu governador à prévia autorização da respectiva assembleia legislativa.

Gabarito comentado: Errado.
De acordo com a nova orientação do STF, a abertura de processo criminal contra governador independe de autorização da Assembleia Legislativa, ainda que assim disponha a Constituição Estadual.

18.6. RESPONSABILIDADE DO PRESIDENTE DA REPÚBLICA

Ao contrário do Absolutismo, em que o governante era irresponsável pelos atos que praticava, o Estado de Direito traz como corolário a responsabilização dos governantes por eventuais ilícitos que estes venham a praticar.

O Presidente da República responde por atos ilícitos, que se trate de infrações penais comuns ou "crimes" de responsabilidade.

18.6.1. "Crimes" de responsabilidade

Os "crimes" de responsabilidade são assim chamados de forma imprópria, porquanto o art. 86 da Constituição os aparta dos crimes comuns expressamente. Ademais, a maior parte da doutrina os considera verdadeiras infrações político-administrativas que mais se aproximam das punições por improbidade administrativa do que por crimes comuns.

Cuida-se de infrações político-administrativas, referidas em rol aberto no art. 85 da CF e definidas na Lei n. 1.079/50. Reitere-se: a lista de bens jurídicos protegidos pelo art. 85 da CF é meramente exemplificativa.

Como se trata de infração político-administrativa, o julgamento é também político, feito pelo Senado Federal (art. 52, I), após a autorização da Câmara dos Deputados (juízo de admissibilidade político: art. 51, I).

Após a autorização da Câmara dos Deputados, o Senado analisará a instauração do processo contra o chefe de Estado – que, caso se torne réu, por decisão da maioria simples dos Senadores (CF, art. 47), ficará suspenso das atribuições por até 180 dias.

Cuidado!

Em 17 de dezembro de 2015, o STF, por maioria de votos, decidiu que, mesmo se a Câmara autorizar a abertura do processo, o Senado não é obrigado a instaurar o processo de *impeachment* (ADPF n. 378/DF). Dessa forma, após a decisão de autorização política da Câmara dos Deputados, cabe ao Senado Federal realizar nova análise de admissibilidade, dessa vez sob o aspecto jurídico-político.

As punições aplicáveis não têm natureza criminal, restringindo-se à perda do mandato (*impeachment*) e à inabilitação para o exercício de qualquer cargo, emprego, mandato ou função pública por oito anos (art. 52, parágrafo único).

Quem tem legitimidade para propor a ação de *impeachment* perante a Câmara é qualquer **cidadão** (brasileiro eleitor, nos mesmos moldes da ação popular), tanto que alguns autores chegam a falar na existência de uma ação penal popular. Nas palavras de Eugênio Paccelli Oliveira: "[...] o que se estará exercitando é a chamada jurisdição política [...] responsável pelo processo e julgamento de infrações políticas [...]. Tais infrações, embora historicamente tratadas por crimes de responsabilidade, não constituem, a rigor, infrações penais, abarcadas pelo Direito Penal. [...] Assim, os crimes de responsabilidade têm muito de responsabilidade (política) e nada de crime"[12].

Aprofundamento:
a natureza jurídica dos crimes de responsabilidade

Trata-se de um processo de natureza jurídica verdadeiramente mista, híbrida: político *e* jurídico. Situa-se justamente num daqueles acoplamentos estruturais entre o Direito e a Política, a que se referia a Teoria dos Sistemas de Niklas Luhmann[13]. Corrobora a tese acima

---

[12] OLIVEIRA, Eugênio Paccelli de. *Curso de Processo Penal*. Belo horizonte. Del Rey, 2008. p. 101.
[13] Para Luhmann, a Constituição (não por acaso, a sede em que previsto o instituto do *impeachment*) é o acoplamento estrutural entre Direito e Política. Faz a "ponte" entre os dois sistemas, permitin-

o fato do Supremo Tribunal Federal (STF) se inclinar para assentar que o mérito do processo de *impeachment* não pode ser avaliado pelo Poder Judiciário.

Nesse sentido, o *impeachment* resulta como um mecanismo de concretização da própria independência e harmonia entre os Poderes. Trata-se de, nas palavras célebres de Montesquieu, evitar o abuso e o arbítrio de um dos órgãos da soberania[14].

O *impeachment*, por sua natureza jurídica híbrida, exige a base jurídica (a existência de uma conduta tipificada como crime de responsabilidade) e o fator político (o entendimento de que a conduta tipificada se qualifica como um atentado à Constituição)[15].

Aprofundamento:
o *impeachment* no Direito Comparado e na Ciência Política

Nos países de origem do instituto do *impeachment*, sua utilização tem sido rara ou nenhuma[16]. Entretanto, estudos de Ciência Política apontam a utilização do *impeachment* como verdadeiro mecanismo de solução de crises do presidencialismo latino-americano, com o consequente aumento de frequência de recurso a esse instituto que seria, em tese, excepcional[17]. Nas últimas duas décadas, Presidentes de diferentes países da região, com estilos e políticas diversas, foram cassados pelos respectivos parlamentos.

De acordo Aníbal Pérez-Liñan, o aumento da frequência com que se tem recorrido ao *impeachment* em países da América Latina demonstra uma nova roupagem do presidencialismo, com a relativa aproximação do impedimento com o voto de desconfiança do parlamentarismo. Tanto assim que o autor aponta alguns fatores presentes em todos os casos de cassação recentes na região: um grande escândalo de corrupção, baixa popularidade, protestos de grande escala e a perda de apoio no Legislativo[18].

O procedimento de *impeachment* adotado no Brasil é à luz do Direito Comparado, bastante rígido e exigente[19]. O quórum exigido, de 2/3 dos membros do Senado Federal (o quórum mais

---

do a estabilização da Política e a legitimação do Direito . Integra, ao mesmo tempo, os dois sistemas. LUHMANN, Niklas. *El Derecho de la Sociedad*. Ciudad de México: Herder, 2005. p. 548.

[14] MONTESQUIEU, Charles-Louis de Secondat, Barão de la Brède e de. *O Espírito das Leis*. Tradução de Cristina Murachco. São Paulo: Martins Fontes, 2000. p. 168.

[15] Cf. a ampla e aprofundada discussão sobre a natureza jurídica do *impeachment* no Direito brasileiro trazida por Luís Fernando Bandeira de Mello: BANDEIRA DE MELLO, Luiz Fernando. Impeachment *à brasileira*. Brasília: Senado Federal, 2024.

[16] CRETELLA JÚNIOR, José. Op. cit., p. 19.

[17] PÉREZ-LIÑAN, Aníbal. *Presidential* Impeachment *and the New Political Instability in Latin America*. New York: Cambridge University Press, 2007. p. 35.

[18] Idem, ibidem, p. 13.

[19] Adotou-se, desde a Constituição de 1891 e posteriormente em legislação infraconstitucional, modelo quase idêntico ao americano. Nos EUA, o processo de *impeachment* contra o Presidente da República é autorizado pela Câmara dos Representantes, que fará o indiciamento (artigo I, seção 2, parágrafo 5). Cabe ao Senado julgar o processo, dependendo a condenação do voto favorável de 2/3 dos membros presentes (artigo I, seção 3, parágrafo 6). A pena limita-se à perda do cargo e à inabilitação para o exercício de função pública remunerada, mas não impede o julgamento em outras esferas (parágrafo 7). De acordo com o artigo II, seção 4, o Presidente é afastado de suas funções quando indiciado (decisão da Câmara) ou condenado (pelo Senado) por traição, suborno ou outros delitos graves. CRETELLA JÚNIOR, José. *Do* Impeachment *no Direito Brasileiro*. São

alto previsto em toda a CF, aliás, maior até mesmo que o mínimo de votos necessários à reforma constitucional) – antecedido, no caso de algumas autoridades, pela autorização de 2/3 dos membros da Câmara dos Deputados – já oferece, a priori, uma proteção bastante relevante contra a formação de maiorias eventuais.

Aliás, a própria instituição do quórum de dois terços para o julgamento de mérito não é isenta de críticas, já que, em Constituições anteriores, era exigida apenas a maioria absoluta. Nesse sentido, "Paulino Jacques lembra que a inovação do quórum de dois terços já havia sido incluída no texto original da Constituição de 24 de janeiro de 1967 e que a nossa tradição era o estabelecimento do quórum de maioria absoluta, o que dificulta sem dúvida alguma a concretização do *impeachment*"[20].

Aprofundamento:
quais tipos de condutas configuram crime de responsabilidade

Existe alguma controvérsia doutrinária sobre as modalidades de condutas que podem configurar crimes de responsabilidade. Há quem sustente, por exemplo, que condutas culposas ou mesmo omissivas não se amoldariam à definição de "atentado à Constituição" que configura esse tipo de ilícito. É a posição, por exemplo, de André Ramos Tavares[21].

Consideramos que possa haver a definição típica de condutas dolosas ou culposas, omissivas ou comissivas, inclusive com punibilidade da mera tentativa. Para Paulo Brossard[22], no *impeachment* "o essencial não é a figura do presidente, mas a eficácia e o decoro da função política"; se trata de afastar do cargo aquele agente político que, tendo em mãos o poder de decisão, faz uma escolha inequivocamente errada, gera severos danos à sociedade e macula de forma irrevogável sua função. O resultado danoso pode advir de uma conduta dolosa e consciente, bem como de um descuido grosseiro, um não agir desidioso, uma negligência aviltante, enfim, de uma culpa grave.

18.6.2. Crimes comuns

O Presidente da República, caso cometa infrações penais comuns (crimes ou contravenções previstas nas leis penais comuns e no Código Penal), será processado e julgado pelo STF, após autorização da Câmara dos Deputados.

Nesse caso, o Procurador-Geral da República (em casos de crimes de ação penal pública) ou a vítima/família da vítima (para os crimes de ação penal privada) oferecerá, respectivamente, denúncia ou queixa perante o STF. Se a Câmara autorizar o processo (juízo de admissibilidade político) e o STF receber a denúncia ou queixa (juízo de admissibilidade jurídico), então, a partir daí, o Presidente ficará suspenso das atribuições, pelo prazo de até 180 dias.

Paulo: RT, 1992. p. 11. Também a Argentina acolhe modelo praticamente idêntico ao sistema americano (arts. 59º e 60º da Constituição Federal argentina, de 1994).

[20] GALLO, Carlos Alberto Provinciano. *Crimes de Responsabilidade – Do Impeachment*. Rio de Janeiro: Freitas Bastos, 1992. p. 71.

[21] TAVARES, André Ramos. *Parecer Jurídico [sobre a possibilidade de impeachment de Dilma Rousseff]*. Disponível em: http://d2f17dr7ourrh3.cloudfront.net/wp-content/uploads/2015/10/Parecer_Andre_Ramos_Tavares.pdf, p. 22. Acesso em: 5-9-2016.

[22] BROSSARD, Paulo. *O Impeachment*. São Paulo: Saraiva, 1991. p. 46.

As punições aplicáveis serão as previstas na legislação penal comum (reclusão, detenção, multa etc.), inclusive com o efeito secundário de perda do cargo de Presidente, pois a condenação criminal transitada em julgado acarreta a suspensão dos direitos políticos (art. 15, III).

18.6.3. Comparação entre os crimes comuns e os de responsabilidade

Quadro 18.3 – Comparação entre processo por crime comum e por crime de responsabilidade (Presidente da República)

Natureza	Infração penal – crime (= delito)	Infração político-administrativa
Penas possíveis	Reclusão, detenção, perda de bens etc.	Perda do mandato (*impeachment*) com inabilitação para o exercício da função pública, por oito anos
Provocação	Procurador-Geral da República, por meio de denúncia	Qualquer **cidadão (brasileiro eleitor)**
Juízo prévio de admissibilidade	Câmara dos Deputados (2/3)	Câmara dos Deputados (2/3)
Juízo definitivo de admissibilidade da acusação	Supremo Tribunal Federal (decisão de recebimento da denúncia ou queixa)	Senado Federal
Competência para o julgamento	STF	Senado Federal
Afastamento das funções	A partir da decisão do STF (recebimento da denúncia ou queixa)	A partir da instauração de processo pelo Senado

EM FORMA DE ESQUEMA, TEMOS:

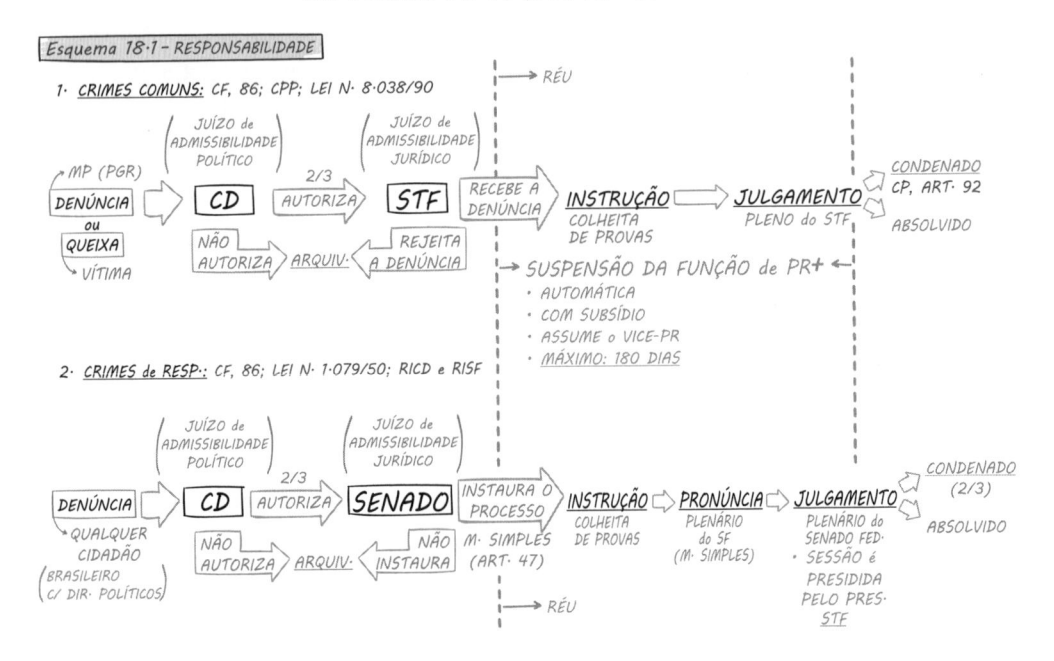

Esquema 18.1 – RESPONSABILIDADE

1. **CRIMES COMUNS:** CF, 86; CPP; LEI N. 8.038/90

MP (PGR) DENÚNCIA ou QUEIXA (VÍTIMA) → CD (JUÍZO de ADMISSIBILIDADE POLÍTICO) 2/3 AUTORIZA → STF (JUÍZO de ADMISSIBILIDADE JURÍDICO) RECEBE A DENÚNCIA → INSTRUÇÃO (COLHEITA DE PROVAS) → JULGAMENTO (PLENO do STF) → CONDENADO (CP, ART. 92) / ABSOLVIDO

NÃO AUTORIZA → ARQUIV. ← REJEITA A DENÚNCIA

→ RÉU

SUSPENSÃO DA FUNÇÃO de PR:
- AUTOMÁTICA
- COM SUBSÍDIO
- ASSUME o VICE-PR
- MÁXIMO: 180 DIAS

2. **CRIMES de RESP.:** CF, 86; LEI N. 1.079/50; RICD e RISF

DENÚNCIA (QUALQUER CIDADÃO BRASILEIRO C/ DIR. POLÍTICOS) → CD (JUÍZO de ADMISSIBILIDADE POLÍTICO) 2/3 AUTORIZA → SENADO (JUÍZO de ADMISSIBILIDADE JURÍDICO) INSTAURA O PROCESSO → INSTRUÇÃO (COLHEITA DE PROVAS) → PRONÚNCIA (PLENÁRIO do SF) (M. SIMPLES) → JULGAMENTO (PLENÁRIO do SENADO FED.) → CONDENADO (2/3) / ABSOLVIDO
- SESSÃO é PRESIDIDA PELO PRES. STF

NÃO AUTORIZA → ARQUIV. ← NÃO INSTAURA (M. SIMPLES) (ART. 47)

→ RÉU

Questão de Concurso

(FCC/TCE-GO/Auditor/2014) Considere a seguinte situação hipotética: X é Presidente da República e está sendo acusado pela prática de crime de responsabilidade. Neste caso, no tocante às suas funções, X

a) ficará suspenso após o recebimento da denúncia pelo Congresso Nacional.
b) ficará suspenso após o recebimento da denúncia pelo Supremo Tribunal Federal.
c) não ficará suspenso, uma vez que a Constituição Federal veda a suspensão de funções do cargo de Presidente da República.
d) ficará suspenso após a instauração do processo pelo Senado Federal.
e) ficará suspenso após a instauração do processo pelo Supremo Tribunal Federal.

Gabarito comentado: D.
Como se trata de crime de responsabilidade, o início da suspensão se dá com a instauração do processo pelo Senado Federal (CF, art. 86, § 1º, II).

Aprofundamento:
a duração do afastamento do Presidente da República

O Presidente fica automaticamente afastado por até cento e oitenta dias, a partir do momento em que for cientificado da decisão do Senado Federal de instaurar o processo por crime de responsabilidade (CF, art. 86, § 1º, II; STF, Pleno, ADPF n. 378/DF). A CF prevê, ainda, que esse lapso temporal não se confunde com a própria duração do processo, já que, se o procedimento durar mais que esse período, o Presidente deverá retomar o exercício da função, sem prejuízo do regular prosseguimento do feito.

Oportuno lembrar que, no regime constitucional anterior, o prazo era de apenas sessenta dias, após os quais o processo era arquivado (art. 85, § 2º, da Constituição de 1967)[23]. Constituições anteriores, como a de 1946, sequer previam limite temporal para a suspensão (art. 88, parágrafo único, da CF de 1946)[24]. Sob a égide da Carta de 1967, a propósito, o prazo de sessenta dias já sofria críticas de Pontes de Miranda, por ser considerado demasiado exíguo[25].

Aprofundamento:
a tormentosa questão das penas do crime de responsabilidade

No caso do *impeachment* do então Presidente Fernando Collor, a renúncia realizada pouco antes do julgamento definitivo pelo Senado Federal foi entendida pela Casa como fato que não impediria o seguimento do processo. Julgou-se o réu mesmo assim, e, após o reconhecimento da prática de crimes de responsabilidade, foi considerada prejudicada a pena de perda do cargo, sendo-lhe aplicada a sanção de inabilitação por oito anos para o

---

[23] SOARES, Humberto Ribeiro. Impeachment – *Crimes de Responsabilidade do Presidente da República*. Rio de Janeiro: Lumen Juris, 1993. p. 110.
[24] CAVALCANTI, Themístocles Brandão. *A Constituição Federal Comentada*, v. II. Rio de Janeiro: José Konfino, 1952. p. 268.
[25] MIRANDA, Francisco Cavalcanti Pontes de. *Comentários à Constituição de 1967*, t. 3. São Paulo: RT, 1968. p. 358.

exercício de função pública (CF, art. 52, parágrafo único), conforme a Resolução n. 4, de 1993. Esse proceder foi questionado perante o STF, que considerou adequada a leitura do Senado Federal[26].

Por outro lado, um dos aspectos que, na reta final do processo, geraram mais discussões e controvérsias, quando do julgamento da então Presidente Dilma Rousseff, foi o "fatiamento" da pena.

Ao contrário do caso Collor, em que se procedeu a julgamento específico da inabilitação para o exercício de cargo ou função por oito anos, uma vez que já tinha havido renúncia, no caso de Dilma Rousseff houve requerimento de destaque apresentado por Senadores de seu partido, a fim de que fossem julgados separadamente: a) a existência dos crimes de responsabilidade que lhe eram imputados, com a consequente aplicação da pena de perda do cargo; e b) a inabilitação para o exercício de cargo ou função pública, por oito anos (parte destacada).

O Presidente da sessão, Ministro Ricardo Lewandowski, admitiu a apresentação de destaque. E o fez, aliás, independentemente de votação em Plenário, aplicando o art. 313 do RISF, que prevê o chamado "destaque de bancada"[27]. Assim, foi votado o quesito previsto no art. 68 da Lei n. 1.079, de 1950 ("Cometeu o acusado F. o crime que lhe é imputado", ressalvada a expressão "e deve ser condenado à perda do seu cargo?").

A decisão do Presidente da sessão lastreou-se no RISF, aplicado subsidiariamente, e integrado, por sua vez, pelo RICD (aplicação subsidiária de segundo grau). Alguns Senadores chegaram a sustentar que a apresentação de destaque seria "um direito subjetivo do parlamentar".

Não adentraremos o mérito regimental do assunto. *En passant*, contudo, consideramos que, em se tratando de normas de julgamento, deveria ser aplicado o CPP, e não o RISF. O caso seria de integração da Lei n. 1.079, de 1950, com a quesitação a que se referem os arts. 482 e 483 do CPP. Demais disso, a admissibilidade do destaque refere-se às proposições legislativas, o que, a nosso ver, não é o caso do *impeachment*. Vota-se o fato, com o Senado Federal convertido em tribunal, em órgão judicante. A Resolução editada pelo Senado Federal ao final do processo é apenas o resultado, a forma que toma a sentença, e não uma proposição legislativa propriamente dita.

De qualquer sorte, a questão tem que ser resolvida à luz da CF – e, apenas se se concluir possível a separação das penas em nível constitucional é que se deve passar à análise dos aspectos processuais e/ou regimentais de como fazê-lo[28]. Não se pode analisar a CF à luz das leis; deve-se, isso sim, ler e interpretar as leis e os Regimentos em conformidade com as normas constitucionais, sob pena de se subverter toda a lógica e a hierarquia do sistema jurídico[29]. Com efeito, o destaque só constitui um direito subjetivo do parlamentar se as partes destacadas

---

[26] STF, Pleno, MS n. 21.689/DF, Relator Ministro Carlos Velloso, *DJ* de 7-4-1995.
[27] Trata-se de alteração do RISF, realizada já em 2016, e segundo a qual o requerimento de destaque formulado por uma certa quantidade de Senadores seja admitido (isto é, a matéria seja votada separadamente) independentemente de aprovação do Plenário.
[28] Ressalte-se que, na Nota Informativa do Consultor Legislativo Roberto da Silva Ribeiro, foi abordada a questão exclusivamente sob o prisma regimental, uma vez que esse foi o teor da consulta que lhe foi formulada. Não há registro de qualquer solicitação de trabalho da Consultoria, na época, sobre o aspecto constitucional da possibilidade de aplicação separada das penas.
[29] CANOTILHO, José Joaquim Gomes. *Direito Constitucional e Teoria da Constituição*. Coimbra: Almedina, 2003. p. 1336.

forem passíveis de aprovação em separado. Do contrário, o destaque deve ser recusado, não por questão formais, mas por impedimento de ordem lógica e, no caso, constitucional.

Poder-se-ia argumentar que, sendo o Senado Federal o juiz soberano dos casos de *impeachment*, a aplicação de apenas uma das sanções (como ocorreu no caso Dilma Rousseff) representa *a* interpretação constitucionalmente válida do preceito. Todavia, essa afirmação só seria correta se a decisão senatorial não pudesse, quanto aos procedimentos, ser revista pelo STF – e pode –; e se se confundisse a *existência jurídica* dessa interpretação com sua *correção* ou *validade hermenêutica*. Em outras palavras: a decisão do Senado Federal existe e produz efeitos, mas isso não significa que seja juridicamente correta[30]. Foi nesse sentido, aliás, que o STF decidiu o tema, ao julgar os Mandados de Segurança impetrados contra o julgamento (por exemplo: MS 34.378/DF, rel. Min. Rosa Weber, j. 23-9-2023).

Ao contrário, a hermenêutica deve propor critérios para, de um lado, permitir o pleno desenvolvimento da atividade criativa e volitiva do intérprete, mas, de outra parte, impondo-lhe limites.

As penas de perda do cargo e de inabilitação para o exercício de cargo ou função não têm como ser aplicadas separadamente (ou, mais precisamente, ser aplicada a primeira, *mas não a segunda*).

De lege ferenda, até concordamos que a inabilitação pode ser sanção muito gravosa para alguns crimes de responsabilidade. Realmente, sua aplicação impede o condenado até de ocupar cargos em comissão, ou de exercer funções públicas temporárias, como a de mesário e jurado. A rigor, poder-se-ia interpretar a norma até mesmo no sentido de o condenado perder o cargo efetivo que eventualmente detivesse, ainda que obtido antes de assumir o cargo de Presidente. Nesse último caso, em virtude de considerarmos inadequado punir o servidor por fatos posteriores e praticados no exercício de outra função (Presidente da República), entendemos que seria o caso de prever na nova lei uma cláusula de exceção em relação ao fato de se estar inabilitado. É de se lembrar, no entanto, de sua previsão derivada do próprio Poder Constituinte Originário, que, na visão da doutrina majoritária e da própria jurisprudência do STF, é juridicamente ilimitado.

Para se verificar se as penas podem ser aplicadas separadamente, é inevitável recorrermos a uma interpretação literal[31] do parágrafo único do art. 52 da CF, segundo o qual:

---

[30] Na teoria hermenêutica de Kelsen, a interpretação é um ato de vontade, e não de conhecimento. O intérprete escolhe, dentre as várias possibilidades de significado, aquela que considere mais adequada. Dito em termos "modernos": o intérprete "constrói" a norma a partir do enunciado (=texto). Todavia, ao intérprete não é dado escolher significados que não estejam abarcados pela moldura da norma. Interpretar não pode significar violentar a norma. Todavia, o grande paradoxo da teoria de Kelsen é o reconhecimento de que, se o intérprete "violar" o texto da norma, decidindo "além" da moldura, ainda assim a interpretação será válida. Ora, em assim entendendo, Kelsen torna irrelevante a moldura normativa. Na verdade, como aponta Dimoulis, trata-se de um problema de prisma teórico. É certo que a interpretação abusiva dada por um juiz será juridicamente existente. Mas isso não significa que seja válida ou adequada. Não significa que a teoria da interpretação deva referendar esse procedimento. DIMOULIS, Dimitri. *Positivismo Jurídico*. São Paulo: Método, 2006. p. 220.

[31] E o fazemos porque "a letra da lei constitui sempre ponto de referência obrigatória para a interpretação de qualquer norma" (BASTOS, Celso Ribeiro. *Hermenêutica e Interpretação Constitucional*. São Paulo: IBDC, 1999. p. 110).

> Nos casos previstos nos incisos I e II, funcionará como Presidente o do Supremo Tribunal Federal, **limitando-se a condenação**, que somente será proferida por dois terços dos votos do Senado Federal, à perda do cargo, com inabilitação, por oito anos, para o exercício de função pública, sem prejuízo das demais sanções judiciais cabíveis. (grifamos)

Ora, o que temos é, primeiramente, uma regra de exclusão: ao contrário do que ocorre em outros ordenamentos, em que no processo de impedimento se pode até aplicar a pena de prisão[32], no Direito brasileiro a condenação pelo Senado Federal limita-se aos aspectos políticos. Não podem ser aplicadas pela Casa da Federação quaisquer outras penas que não as de perda do cargo (*impeachment*) e de inabilitação para o exercício de cargo ou função pública. Caso haja juízo condenatório, porém, as duas sanções precisam ser aplicadas conjuntamente, em virtude do conectivo "com" que as liga e une indissociavelmente. A única possibilidade de se aplicar uma e não a outra reprimenda seria o caso em que uma delas esteja prejudicada, como ocorreu no caso Collor.

Dito ainda de outra forma: o Senado Federal está limitado à aplicação de sanções políticas, mas uma deve ser aplicada *com* a outra. Não há espaço, a partir de uma interpretação literal, para aplicar a perda do cargo, mas deixar de impor a inabilitação.

Essa leitura literal é confirmada pela interpretação histórica do dispositivo. Com efeito, o § 3º do art. 62 da Constituição de 1946 (sob a égide da qual foi editada a Lei n. 1.079, de 1950), dispunha que:

> Não poderá o Senado Federal impor outra pena que não seja a da perda do cargo com inabilitação, até cinco anos, para o exercício de qualquer função pública, sem prejuízo da ação da Justiça ordinária.

O texto confirma nossa leitura inicial do atual parágrafo único do art. 52 da CF, no sentido de que a intenção do vocábulo "limitando-se" é vedar ao Senado Federal a aplicação de outra pena, e não de trazer qualquer tipo de dosimetria das penas. A dosimetria – que era possível na Constituição de 1946 – vinha do termo "até cinco anos", pois que isso, sim, permitiria aplicar a inabilitação por qualquer intervalo até esse teto. Note-se que, de forma sintomática, o termo "até" desapareceu das Constituições posteriores, dando lugar ao termo "*por* oito anos", na CF de 1988.

Essa substituição, aliás, foi gradual. Veja-se o que dispunha o parágrafo único do art. 44 da Constituição de 1967:

> Nos casos previstos neste artigo, funcionará Como Presidente do Senado o do Supremo Tribunal Federal; somente por dois terços de votos poderá ser proferida a sentença condenatória, e a pena limitar-se-á à perda do cargo com inabilitação, **por cinco anos**, para o exercício de função pública, sem prejuízo de ação da Justiça ordinária (grifamos).

---

[32] Para o caso italiano, ITÁLIA. CAMERA DEI DEPUTATI. Op. cit., p. 37. Naquele país, porém, essa possibilidade deriva de o processo de *impeachment* ser julgado por órgão misto, composto de membros da Corte Constitucional e do Parlamento.

Apenas a título de ilustração, a Constituição de 1934 previa a condenação "com inabilitação até o máximo de cinco anos" (art. 58, § 7º). A mesma regra foi repetida na Constituição de 1937 (art. 86, § 1º). Na Constituição de 1891, a matéria era remetida à lei ordinária (art. 54, § 2º); o Decreto n. 27, de 7 de janeiro de 1892, previa a possibilidade de aplicação isolada da perda do cargo, ou cumulada (usava-se o termo "agravada") com a "incapacidade para exercer qualquer outro [cargo]" (art. 24)[33].

Como se percebe, o texto passou de "perguntará o presidente si a pena de perda do cargo deve ser aggravada com a incapacidade para exercer qualquer outro" (sic) (1892), para "com inabilitação até o máximo de cinco anos" (1934/37). Daí para "com inabilitação, *até cinco anos*" (1946), e para "com inabilitação, *por cinco anos*" (1967) e, finalmente, para "com inabilitação, *por oito anos*" (1988).

Retirou-se, assim, qualquer espaço de dosimetria da pena pelo Senado Federal, ao contrário do que havia na Constituição de 1946. Isso explica o fato de o art. 68 da Lei n. 1.079, de 1950, dar a entender que são formulados dois quesitos[34] – norma que até poderia ser compatível com a Constituição da época em que a Lei foi editada, mas que não foi recepcionada pelas normas constitucionais que a sucederam, e que se encontra, por conseguinte, tacitamente revogada.

O STF, no julgamento do já citado MS n. 21.689/DF, decidiu nesse mesmo sentido (com a peculiaridade, porém, de considerar que já desde 1934 não se poderia aplicar a perda do cargo sem a inabilitação). Restou consignado, naquele julgado, que:

> No sistema do direito anterior à Lei n. 1.079, de 1950, isto é, no sistema das Leis n. 27 e 30, de 1892, era possível a aplicação tão somente da pena de perda do cargo, podendo esta ser agravada com a pena de inabilitação para exercer qualquer outro cargo, (...) emprestando-se à pena de inabilitação o caráter de pena acessória. (...) No sistema atual, da Lei n. 1.079, de 1950, não é possível a aplicação da pena de perda do cargo, apenas, nem a pena de inabilitação assume caráter de acessoriedade.

Aprofundamento:
a suspensão do Presidente da República processado criminalmente e o impedimento de substitutos que também sejam réus

O partido Rede Sustentabilidade ajuizou a Arguição de Descumprimento de Preceito Fundamental (ADPF) n. 402/DF, na qual pleiteava a aplicação *por analogia in malam partem* do § 1º do art. 86 da Constituição Federal (CF) – regra que prevê a suspensão do exercício das funções do Presidente da República, caso se torne réu – a todos os integrantes da "linha sucessória" (*rectius*, linha de substituição) do Presidente da República – a saber, o Vice-Presidente da República, o Presidente da Câmara dos Deputados, o Presidente do Senado Federal e o Presidente do STF.

---

[33] "Vencendo-se a condemnação nos termos do artigo precedente, perguntará o presidente si a pena de perda do cargo deve ser aggravada com a incapacidade para exercer qualquer outro" (sic).

[34] Aliás, a regra do art. 68 nem é aplicável ao julgamento do Presidente da República: este é (ou era) regulamentado pelos arts. 31 e 33 da Lei n. 1.079, de 1950. Contudo, o STF, na já citada ADPF n. 378/DF, determinou a não aplicação de quaisquer normas da Lei n. 1.079, de 1950, sobre julgamento do Presidente da República, pois que editadas na época em que a Câmara dos Deputados atuava como tribunal de pronúncia. Por isso, e só por isso, é que se aplicou no julgamento de Dilma Rousseff a regra do art. 68 da citada Lei.

Tal construção – que impede réus de assumirem a Presidência da República – é bastante controversa. Com efeito, a interpretação ampliativa de uma regra restritiva de direitos/prerrogativas já não configura uma aplicação da hermenêutica ortodoxa; ainda mais, quando se trata de uma regra (ainda que processual) a ser aplicada analogicamente e *em prejuízo do réu*.

Ademais, o Presidente da República, se por um lado fica suspenso automaticamente quando se torna réu, por outro lado tem a prerrogativa de só ser processado com autorização de 2/3 da Câmara dos Deputados (CF, art. 86, *caput*, c/c art. 51, I). Seria o caso de estender também, *por analogia*, essa prerrogativa aos ocupantes de cargos da linha de substituição presidencial? Ou a interpretação analógica não só se aplica *in malam partem*, como também *só* se aplica se for para prejudicar o réu?

Outra questão que foi discutida pelo STF diz respeito à impossibilidade de se confundir o acessório (quem exerce a Presidência de uma das Casas Legislativas *também* ocupa lugar na linha de substituição do Presidente da República) com o principal (a função de presidir um dos órgãos legislativos federais). Nesse sentido, ainda que se admitisse (como fez o STF) a possibilidade de aplicação analógica do § 1º do art. 86 aos ocupantes da linha de substituição do Presidente da República, tal aplicação deveria apenas impedi-los de exercer a Chefia de Estado; nunca, em hipótese alguma, de presidir a Casa Legislativa para a qual foram eleitos.

A maioria aderiu ao voto do Ministro Celso de Mello, que reformulou o voto que proferira na decisão sobre o mérito da ADPF:

> O Tribunal referendou, em parte, a liminar concedida, para assentar, por unanimidade, que os substitutos eventuais do Presidente da República a que se refere o art. 80 da Constituição, caso ostentem a posição de réus criminais perante esta Corte Suprema, ficarão unicamente impossibilitados de exercer o ofício de Presidente da República, e, por maioria, nos termos do voto do Ministro Celso de Mello, negou referendo à liminar, no ponto em que ela estendia a determinação de afastamento imediato desses mesmos substitutos eventuais do Presidente da República em relação aos cargos de chefia e direção por eles titularizados em suas respectivas Casas, no que foi acompanhado pelos Ministros Teori Zavascki, Dias Toffoli, Luiz Fux, Ricardo Lewandowski e Cármen Lúcia (Presidente), vencidos os Ministros Marco Aurélio (Relator), Edson Fachin e Rosa Weber, que referendavam integralmente a liminar concedida. Prosseguindo no julgamento, o Tribunal, também por votação majoritária, não referendou a medida liminar na parte em que ordenava o afastamento imediato do senador Renan Calheiros do cargo de Presidente do Senado Federal, nos termos do voto do Ministro Celso de Mello, vencidos os Ministros Marco Aurélio (Relator), Edson Fachin e Rosa Weber, restando prejudicado o agravo interno. O Ministro Celso de Mello ajustou a parte dispositiva de seu voto de mérito, proferido na assentada anterior, aos fundamentos dele constantes, para julgar parcialmente procedente o pedido formulado na presente arguição de descumprimento de preceito fundamental, mantidos os termos de seu voto.

Dessa forma, pode-se dizer que, atualmente, os integrantes da linha de substituição do Presidente da República que respondam a ações penais não poderão exercer a função presidencial, sem prejuízo de continuarem a desempenhar as atribuições inerentes aos respectivos cargos de origem.

Esquemas

18.2 - PODER EXECUTIVO

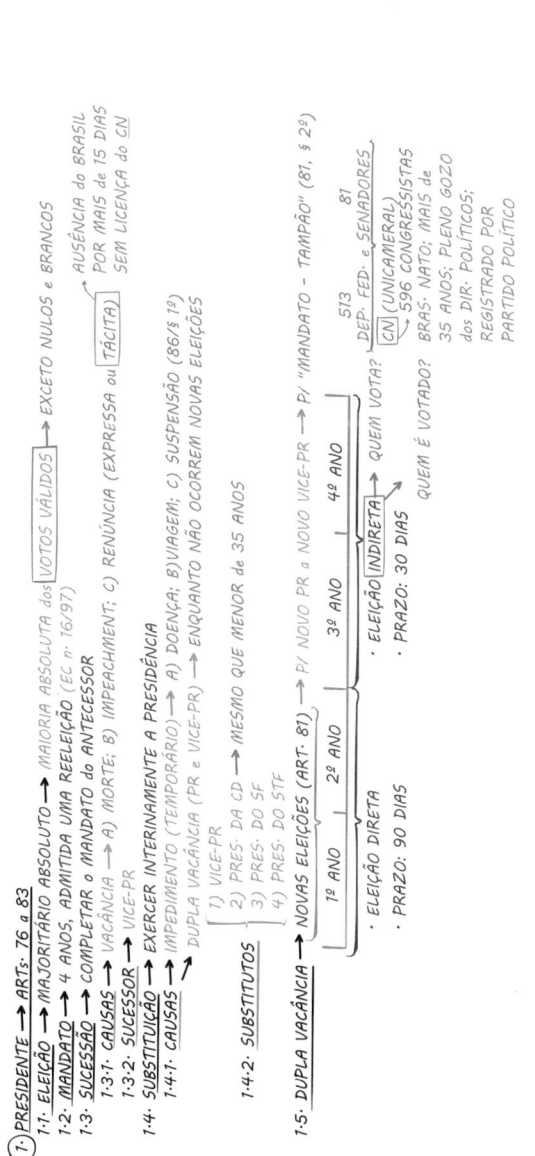

1. **PRESIDENTE** → ARTs. 76 a 83
   - 1.1. **ELEIÇÃO** → MAJORITÁRIO ABSOLUTO → MAIORIA ABSOLUTA dos VOTOS VÁLIDOS → EXCETO NULOS e BRANCOS
   - 1.2. **MANDATO** → 4 ANOS, ADMITIDA UMA REELEIÇÃO (EC n° 16/97)
   - 1.3. **SUCESSÃO** → COMPLETAR o MANDATO do ANTECESSOR
     - 1.3.1. CAUSAS → VACÂNCIA → A) MORTE; B) IMPEACHMENT; C) RENÚNCIA (EXPRESSA ou TÁCITA) → AUSÊNCIA do BRASIL POR MAIS de 15 DIAS SEM LICENÇA do CN
     - 1.3.2. SUCESSOR → VICE-PR
   - 1.4. **SUBSTITUIÇÃO** → EXERCER INTERINAMENTE A PRESIDÊNCIA
     - 1.4.1. CAUSAS → IMPEDIMENTO (TEMPORÁRIO) → A) DOENÇA; B) VIAGEM; C) SUSPENSÃO (86/§ 1º) → ENQUANTO NÃO OCORREM NOVAS ELEIÇÕES
     - DUPLA VACÂNCIA (PR e VICE-PR)
     - 1.4.2. SUBSTITUTOS:
       1) VICE-PR
       2) PRES. DA CD → MESMO QUE MENOR de 35 ANOS
       3) PRES. DO SF
       4) PRES. DO STF
   - 1.5. **DUPLA VACÂNCIA** → NOVAS ELEIÇÕES (ART. 81) → P/ NOVO PR a NOVO VICE-PR → P/ "MANDATO - TAMPÃO" (81, § 2º)

   | 1º ANO | 2º ANO | 3º ANO | 4º ANO |

   - ELEIÇÃO DIRETA
   - PRAZO: 90 DIAS

   - ELEIÇÃO INDIRETA
   - PRAZO: 30 DIAS

   - QUEM VOTA? 513 DEP. FED. e 81 SENADORES → CN (UNICAMERAL) 596 CONGRESSISTAS
   - QUEM É VOTADO? BRAS. NATO; MAIS de 35 ANOS; PLENO GOZO dos DIR. POLÍTICOS; REGISTRADO POR PARTIDO POLÍTICO

▷▷ *continuação*

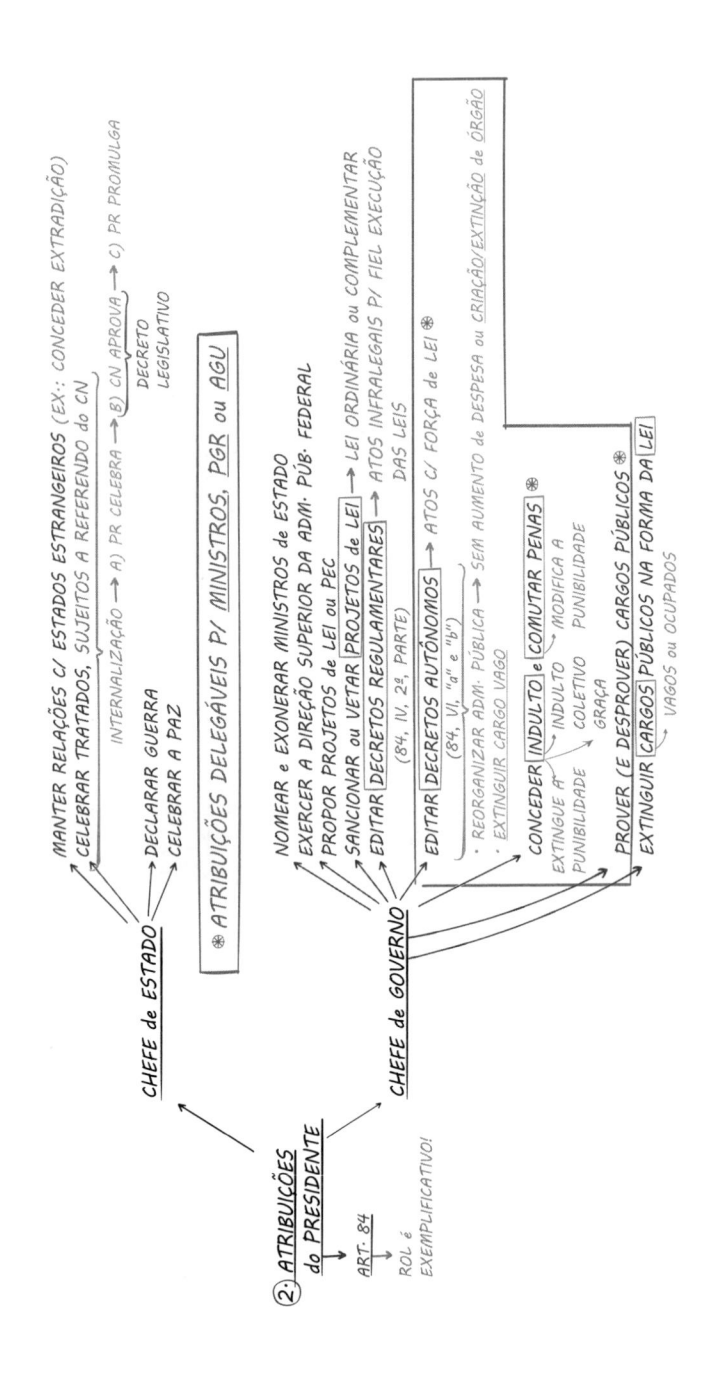

continuação
▷▷

② **ATRIBUIÇÕES do PRESIDENTE**
ART. 84
ROL é EXEMPLIFICATIVO!

CHEFE de ESTADO
→ MANTER RELAÇÕES C/ ESTADOS ESTRANGEIROS (EX.: CONCEDER EXTRADIÇÃO)
→ CELEBRAR TRATADOS, SUJEITOS A REFERENDO do CN
  INTERNALIZAÇÃO → A) PR CELEBRA → B) CN APROVA → C) PR PROMULGA
                                        DECRETO LEGISLATIVO
→ DECLARAR GUERRA
→ CELEBRAR A PAZ

✻ **ATRIBUIÇÕES DELEGÁVEIS P/ MINISTROS, PGR ou AGU**

CHEFE de GOVERNO
→ NOMEAR e EXONERAR MINISTROS de ESTADO
→ EXERCER A DIREÇÃO SUPERIOR DA ADM· PÚB· FEDERAL
→ PROPOR PROJETOS de LEI ou PEC
→ SANCIONAR ou VETAR PROJETOS de LEI → LEI ORDINÁRIA ou COMPLEMENTAR
→ EDITAR DECRETOS REGULAMENTARES → ATOS INFRALEGAIS P/ FIEL EXECUÇÃO
  (84, IV, 2ª PARTE)   DAS LEIS
→ EDITAR DECRETOS AUTÔNOMOS → ATOS C/ FORÇA de LEI ✻
  (84, VI, "a" e "b")
  • REORGANIZAR ADM· PÚBLICA → SEM AUMENTO de DESPESA ou CRIAÇÃO/EXTINÇÃO de ÓRGÃO
  • EXTINGUIR CARGO VAGO
→ CONCEDER INDULTO e COMUTAR PENAS ✻
  EXTINGUE A   INDULTO   MODIFICA A
  PUNIBILIDADE COLETIVO   PUNIBILIDADE
                GRAÇA
→ PROVER (E DESPROVER) CARGOS PÚBLICOS ✻
→ EXTINGUIR CARGOS PÚBLICOS NA FORMA DA LEI
  VAGOS ou OCUPADOS

▷▷
continuação

continuação ▷▷

③. IMUNIDADES → SÓ FORMAS (PROCESSUAIS) → ART. 86

- **3.1. FORO**
  - **CRIMES COMUNS** → STF (102, I, b) → PENAS: RECLUSÃO/DETENÇÃO/MULTA/ETC.
    - INFRAÇÃO PENAL COMUM
  - **"CRIMES" de RESPONSABILIDADE** → SF (52, I) → **PENAS:** PERDA DA FUNÇÃO → "IMPEACHMENT"
    - 2/3
    - 52, PAR. ÚNICO: COM INABILITAÇÃO P/ EXERCER CARGO/FUNÇÃO POR 8 ANOS
    - • INFRAÇÃO POLÍTICO-ADMINISTRATIVA
    - • ATENTADO À CF
    - • CONDUTAS → ART. 85 (ROL EXEMPLIFICATIVO);
      - LEI Nº 1.079, 10.4.1950

- **3.2. AUTORIZAÇÃO P/ ABERTURA de PROCESSO** → CD (2/3) → P/ CRIMES COMUNS e CRIMES de RESP.
  - ATO DISCRICIONÁRIO e POLÍTICO
  - { STF, PLENO, ADPF nº 378/DF, RED. p/ ACÓRDÃO MIN. ROBERTO BARROSO

- **3.3. PRISÃO** → 86, § 3º → SÓ PODE SER PRESO POR CONDENAÇÃO PENAL
  - (NÃO PODE SOFRER PRISÃO PREVENTIVA/TEMPORÁRIA/FLAGRANTE)

- **3.4. IMUNIDADE PROCESSUAL TEMPORÁRIA** → 86, § 4º → NÃO SER PROCESSADO POR ATOS ESTRANHOS À FUNÇÃO DURANTE O MANDATO
  - **3.4.1. "CRIMES de RESP."** → TEM LIGAÇÃO C/ FUNÇÃO → (SÓ) PODE SER PROCESSADO DURANTE O MANDATO
    - TEM LIGAÇÃO C/ FUNÇÃO → PODE SER PROCESSADO DURANTE O MANDATO
  - **3.4.2. CRIMES COMUNS**
    - NÃO TEM LIGAÇÃO C/ FUNÇÃO → SÓ PODE SER PROCESSADO DURANTE O MANDATO
      - (NA 1ª INSTÂNCIA, SEM NECESSIDADE de AUTORIZAÇÃO DA CD)

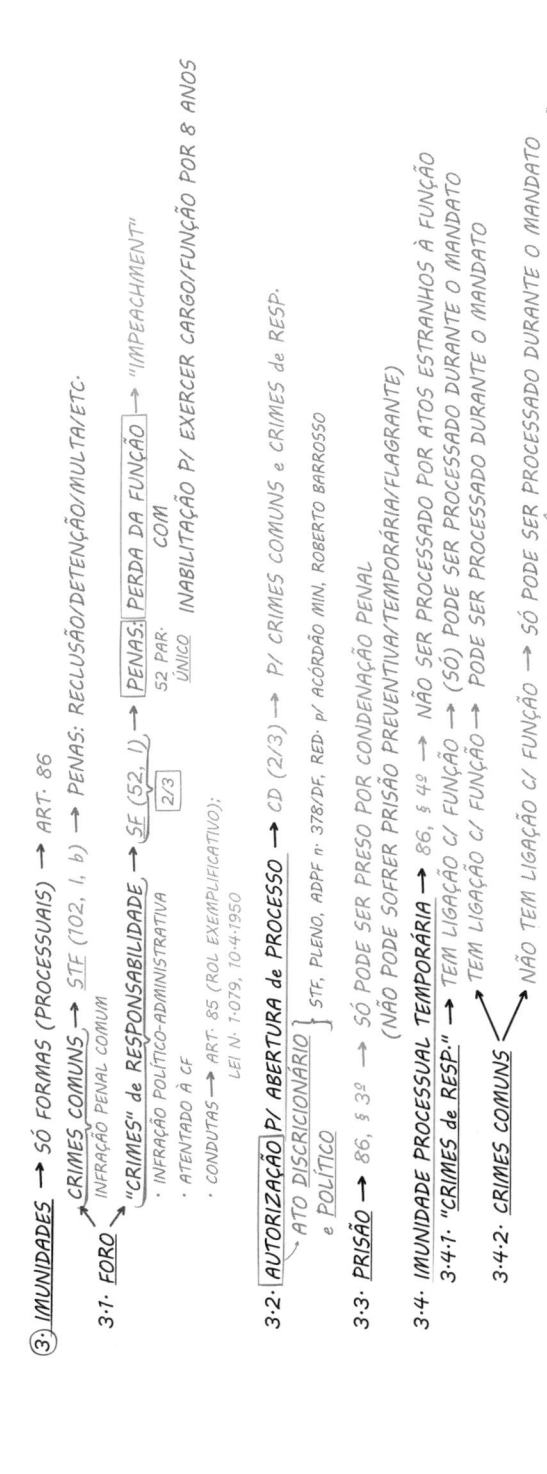

* OBS.: SEGUNDO o STF, IMUNIDADES de PR NÃO SÃO EXTENSÍVEIS AOS GOVERNADORES!

▷▷ continuação

continuação
▷▷

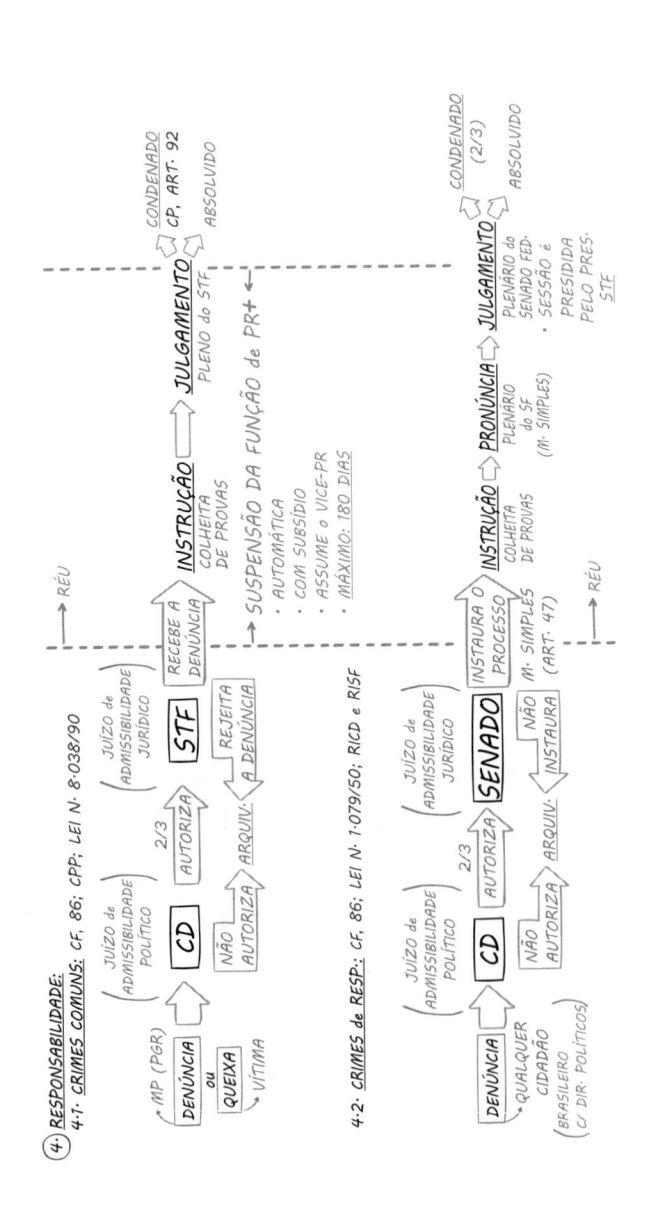

④ **RESPONSABILIDADE:**

4.1. CRIMES COMUNS: CF, 86; CPP; LEI N. 8.038/90

```
                    (JUÍZO de              (JUÍZO de
                   ADMISSIBILIDADE        ADMISSIBILIDADE
                     POLÍTICO)              JURÍDICO)
                          2/3
  • MP (PGR)                    AUTORIZA                RECEBE A                                    CONDENADO
                ⇧         ⇨            ⇨        ⇧        DENÚNCIA       ⇨          ⇨           ⇧  → CP, ART. 92
  DENÚNCIA         CD                                       STF          INSTRUÇÃO   JULGAMENTO
      ou                   NÃO                          REJEITA                                        ABSOLVIDO
  QUEIXA                 AUTORIZA  →  ARQUIV.           A DENÚNCIA       COLHETA   PLENO do STF
  • VÍTIMA                                                               DE PROVAS
                                                                   → RÉU
                                            SUSPENSÃO DA FUNÇÃO de PR ←
                                            • AUTOMÁTICA
                                            • COM SUBSÍDIO
                                            • ASSUME o VICE-PR
                                            • MÁXIMO: 180 DIAS
```

4.2. CRIMES de RESP.: CF, 86; LEI N. 1.079/50; RICD e RISF

```
                    (JUÍZO de              (JUÍZO de
                   ADMISSIBILIDADE        ADMISSIBILIDADE
                     POLÍTICO)              JURÍDICO)
                          2/3
                                AUTORIZA                 INSTAURA O                                  CONDENADO
                ⇧         ⇨            ⇨        ⇧        PROCESSO    ⇨         ⇨         ⇨       ⇧  → (2/3)
  DENÚNCIA         CD                                     SENADO      INSTRUÇÃO  PRONÚNCIA JULGAMENTO
                           NÃO                          NÃO          COLHETA    PLENÁRIO   PLENÁRIO do    ABSOLVIDO
  • QUALQUER            AUTORIZA  →  ARQUIV.            INSTAURA     DE PROVAS  do SF      SENADO FED-
   CIDADÃO                                              M. SIMPLES               (M. SIMPLES)  SESSÃO é
  (BRASILEIRO                                           (ART. 47)                              PRESIDIDA
   c/ DIR. POLÍTICOS)                                                                          PELO PRES.
                                                                     → RÉU                     STF
```

Capítulo 19

Poder Judiciário (Disposições Gerais)

19.1. AUTONOMIA, FUNÇÕES E ESTRUTURA DO JUDICIÁRIO

19.1.1. Funções

O Poder Judiciário, assim como os demais Poderes da União (art. 2º), possui funções típicas e atípicas.

Função típica do Judiciário é a jurisdição, ou função jurisdicional, a tarefa de resolver de maneira definitiva e imparcial os conflitos da sociedade. Assim, o Legislativo faz as leis, o Executivo as põe em prática e o Judiciário resolve os conflitos que da aplicação da lei ao caso concreto possam surgir. Aliás, a palavra jurisdição vem do latim, e significa justamente "dizer o Direito".

Perceba-se que a jurisdição é exercida de maneira definitiva (as decisões judiciais tendem a transitar em julgado) e imparcial (justo por isso, a Constituição prevê garantias e vedações para os membros do Judiciário).

Além disso, o Judiciário exerce também funções atípicas: de maneira anormal, atípica, incomum, o Judiciário também legisla (edita normas que, embora não sejam leis em sentido formal, são normas gerais e abstratas) – quando os Tribunais elaboram seus regimentos internos, na forma do art. 96 – e administra – quando fiscaliza o exercício da jurisdição pelos órgãos de primeira instância, quando realiza licitação, admite servidores, quando elabora a proposta orçamentária etc.

19.1.2. Autonomia funcional e administrativa (art. 96)

É o poder do Judiciário de exercer sua função típica (julgar) com independência em relação aos demais Poderes, bem como se autoadministrar. Assim, cabe ao próprio Judiciário definir as suas regras internas de funcionamento, inclusive mediante a elaboração do seu regimento interno e a eleição dos Presidentes de cada tribunal. Além disso, cabe ao Judiciário nomear e exonerar seus servidores, celebrar seus próprios contratos administrativos, além de propor ao Legislativo projetos de lei sobre: a) cargos e remunerações dos seus membros e servidores; b) criação de tribunais inferiores e varas; e c) estatuto dos magistrados.

Num quadro, podemos citar os principais casos de iniciativa de projetos de lei por órgãos do Judiciário:

Tribunal	Tipo de projeto	Matéria
STF	Projeto de lei complementar	Estatuto da Magistratura (art. 93, *caput*)
TSE	Projeto de lei ordinária	Estrutura da justiça eleitoral
STJ	Projeto de lei ordinária	Estrutura da justiça federal comum
STM	Projeto de lei ordinária	Estrutura da justiça militar da União
TST	Projeto de lei ordinária	Estrutura da justiça do trabalho
TJ	Projeto de lei ordinária	Estrutura da justiça estadual

Cuidado!

Os Tribunais Regionais (TRTs, TREs e TRFs) não possuem iniciativa de projetos de lei, nos termos do inciso II do art. 96 da CF!

Atenção!

Em 24 de setembro de 2024, foi publicada EC n. 134, que trouxe modificação que atinge apenas tribunais de justiça muito grandes (RJ e SP), ao dispor que "Nos Tribunais de Justiça compostos de mais de 170 (cento e setenta) desembargadores em efetivo exercício, a eleição para os cargos diretivos (...) será realizada entre os membros do tribunal pleno, por maioria absoluta e por voto direto e secreto, para um mandato de 2 (dois) anos, vedada mais de 1 (uma) recondução sucessiva".

Dessa forma, nesses tribunais, passou o próprio texto constitucional a regrar a limitação à recondução de seus dirigentes, que não podem ser reeleitos para mais de um mandato consecutivo (assim como ocorre, por exemplo, quanto aos titulares dos cargos do Poder Executivo). Quanto aos outros tribunais, os regimentos internos continuam livres para definir as regras de reeleição/recondução.

19.1.3. Autonomia financeira e orçamentária (arts. 99 e 168)

O Judiciário elabora sua própria proposta orçamentária – respeitados os limites (teto de gastos) previstos na Lei de Diretrizes Orçamentárias (LDO) –, que deve, então, ser encaminhada ao Executivo (autonomia orçamentária).

Além disso, gerencia seus próprios recursos, que são recebidos do Executivo até o dia 20 de cada mês, na forma de duodécimos (art. 168). É a chamada **autonomia financeira**.

Cuidado!

De acordo com a CF (art. 99), se o Judiciário enviar a proposta acima dos limites previstos na LDO, o Executivo procederá aos devidos ajustes (cortes). Contudo, se o Judiciário não enviar a proposta dentro do prazo estabelecido na LDO, o Executivo deverá replicar a proposta atualmente vigente, isto é, a que havia sido enviada no ano anterior. Não confunda!

Questão de Concurso

(Cespe/TJAC/Juiz/2012) Aos tribunais de justiça é assegurada autonomia para elaborar sua proposta orçamentária, respeitados os limites estipulados na Lei de Diretrizes Orçamentárias, que deve ser encaminhada dentro do prazo convencionado com o Poder Executivo; caso contrário, serão considerados, para fins de consolidação da proposta orçamentária anual, os valores médios dos orçamentos do tribunal nos três últimos anos.

Gabarito comentado: Errado.
Há dois erros na questão: primeiro, a proposta orçamentária deve ser encaminhada no prazo previsto na LDO, e não no prazo convencionado com o Executivo. Além disso, se o Judiciário não enviar a proposta, deve ser repetida a proposta atualmente vigente, e não fazer a média das últimas três.

19.1.4. Estrutura do Judiciário brasileiro

19.1.4.1. *Órgãos do Poder Judiciário*

O art. 92 da CF enumera os órgãos que compõem a estrutura central do Judiciário, embora muitos outros, secundários, sejam referidos pela Constituição, tais como o Conselho da Justiça Federal (CJF).

Note-se que nem todos os órgãos do Judiciário elencados neste art. 92 exercem jurisdição. É dizer: nem todos os órgãos do Poder Judiciário são órgãos jurisdicionais. O exemplo mais premente é o do Conselho Nacional de Justiça (CNJ) – tanto não exerce a jurisdição, que o §2º a ele não se refere como tendo jurisdição em todo o território nacional.

Importante lembrar, também, que não existe hierarquia entre os órgãos do Judiciário, quando no exercício da jurisdição. Ou seja: um juiz de primeira instância é tão magistrado quanto um Ministro do STF. Em outras palavras: existe hierarquia no poder Judiciário, mas apenas quando no exercício das atividades-meio (administração e legislação).

A organização judiciária básica brasileira pode ser visualizada no Esquema 20.1 – Poder Judiciário (Estrutura e Competências).

Observação!

O art. 92, I-A (EC n. 45/2004), inclui o Conselho Nacional de Justiça – que, porém, não possui atribuições jurisdicionais, mas apenas administrativas (controle interno).

19.1.4.2. *Conceitos importantes da organização judiciária*

a) Instância:

É a posição do órgão na estrutura do Poder Judiciário. Assim, os juízes federais são órgãos de primeira instância, enquanto os Tribunais de Justiça são órgãos de segunda instância.

b) Grau de jurisdição:

É a numeração ordinal dos órgãos que já analisaram um processo específico. Normalmente, os processos nascem na primeira instância (primeiro grau) e vão, por meio de recurso, aos tribunais de segunda instância (TRFs, TJs etc.) – que, nesse caso funcionam como segundo grau. Porém, existem processos de competência originária do STJ, por exemplo – e, nesse caso, o STJ funcionará como primeiro grau de jurisdição, embora seja um órgão da instância superior.

Obs.: para concursos públicos, especialmente de carreiras não jurídicas, muitas vezes a afirmativa utiliza os conceitos de instância e grau de jurisdição como se fossem sinônimos.

c) Comarca:

É a divisão territorial da jurisdição na esfera estadual. Assim, por exemplo, o Estado de Goiás possui várias comarcas (Goiânia, Abadiânia de Goiás etc.). Na Justiça Federal, as comarcas são chamadas de Seções Judiciárias. Uma comarca abrange um ou mais de um Município, de acordo com a Lei de Organização Judiciária de cada Estado-membro.

d) Entrância:

É a classificação de importância das comarcas (o que serve também para a promoção dos juízes de primeira instância). Assim, uma comarca de pouca movimentação é chamada "de primeira entrância", e assim sucessivamente. É também a Lei de Organização Judiciária de cada Estado que vai classificar as Comarcas em importância.

Trata-se de conceito muito importante, pois o art. 93 da CF prevê que, na primeira instância, os juízes serão promovidos de entrância para entrância, isto é, de comarcas menos "movimentadas" para outras "maiores".

e) Justiças ("ramos" do Poder Judiciário ou "segmentos de Justiça"):

Obs.: não existe Poder Judiciário municipal (tema muito cobrado em provas de concursos). Assim, nos Municípios, o Poder Judiciário é exercido pelos juízes e tribunais estaduais.

Obs.: além da Justiça Estadual, existe também a Justiça Federal. A Justiça Federal se divide em: Justiças Federais Especializadas (do Trabalho, Eleitoral e Militar) e Justiça Federal Comum.

Obs.: as Justiças Federais especializadas possuem competência temática, *ratione materiae* (em razão da matéria). Dessa forma, a Justiça do Trabalho julga as causas relativas à relação de trabalho; a Justiça Eleitoral, as causas cíveis e criminais relativas às eleições e ao exercício de mandatos eletivos; e a Justiça Militar Federal julga os crimes militares. As demais competências serão da Justiça Comum – Federal, se se incluírem nas taxativas hipóteses do art. 109 da CF, ou da Justiça Estadual, nos demais casos (art. 125). Por isso se diz que a competência da Justiça Comum é residual em relação à Justiça Especializada; e, dentro da Justiça Comum, a competência da Justiça Estadual é residual em relação à Justiça da União.

19.2. INGRESSO

19.2.1. Concurso público

Concurso público de provas e títulos, com participação da OAB em todas as fases, exigindo-se do bacharel em Direito ao menos três anos de atividade jurídica (art. 93, I) – essa é a forma de se ingressar na **carreira** de membro do Judiciário. Nesse caso, o cargo inicial é o de **juiz substituto**. Depois, o membro vai sendo promovido (por antiguidade ou merecimento) para:

a) juiz titular de comarca de primeira entrância;
b) juiz titular de comarca de segunda entrância;
c) juiz titular de comarca de terceira entrância (ou entrância especial, a nomenclatura depende da lei de organização judiciária estadual).

Só após chegar a esse degrau da carreira – ainda como juiz, isto é, como órgão de primeira instância do Judiciário – é que o membro concursado (juiz togado) poderá concorrer a desembargador do TJ etc.

Cuidado!

Segundo o STF, a atividade jurídica deve compreender apenas funções exercidas após a colação de grau; além disso, como se trata de requisito do concurso, e não do cargo, precisa estar comprovada na data da inscrição definitiva, e não da posse: "A comprovação do triênio de atividade jurídica exigida para o ingresso no cargo de juiz substituto, nos termos do inciso I do art. 93 da Constituição Federal, deve ocorrer no momento da inscrição definitiva no concurso público." (Tema n. 509 da Repercussão Geral do STF).

19.2.2. Nomeação direta para os tribunais (arts. 101, 104, 94 etc.)

Existe a possibilidade de se ingressar no Judiciário sem concurso, por meio da chamada nomeação direta. Nesses casos, o membro não começa como juiz de primeira instância: ele já ingressa como membro de um tribunal.

Veja as hipóteses:

TRIBUNAL	COMPOSIÇÃO	PREVISÃO
STF	Onze Ministros, nomeados pelo Presidente da República, depois de aprovada a escolha pela maioria absoluta do Senado. Integrantes devem ser brasileiros natos, maiores de 35 e menores de 70 anos, de notável saber jurídico e reputação ilibada	Art. 101, *caput* e parágrafo único
STJ	No mínimo, 33 Ministros (1/3 entre desembargadores de TJ, 1/3 entre membros de TRF e 1/3, alternadamente, entre membros de Ministério Público e da advocacia)	Art. 104
TJs, TRFs e TRTs	Número variável 1/5 entre membros do MP e da advocacia, alternadamente (**quinto constitucional**)	Art. 94, *caput* e parágrafo único

19.2.2.1. *"Quinto" constitucional (art. 94)*

Trata-se da previsão de que um quinto (20%) dos lugares nos TRFs e nos TJs sejam ocupados por pessoas oriundas da carreira de advogado ou do Ministério Público. Perceba-se que a fração é de um quinto para as duas carreiras, o que não quer dizer um décimo para cada uma, pois a jurisprudência mais recente do STF aponta que, quando a fração de 1/5 corresponder a um número não inteiro, deve-se arredondá-la para cima. Assim, por exemplo, em um TJ que possua 35 membros, haverá 7 vagas para o quinto, e essas vagas serão repartidas (três para a advocacia, três para o MP e uma alternadamente para advocacia e MP).

A escolha é feita em três etapas: a) a entidade (OAB ou MP, conforme o caso) faz uma lista de seis nomes; b) desses seis nomes, o tribunal escolhe três; c) o Chefe do Executivo (Presidente da República ou Governador de Estado) escolhe um dos três e o nomeia. Perceba-se que o ato de escolha pelo Presidente da República ou Governador é um ato discricionário – não quanto a nomear ou não, mas na liberdade de escolher qualquer dos três integrantes da lista enviada pelo tribunal.

Cuidado!

A regra do quinto aplica-se aos TJs, TRFs, TRTs e TST (art. 94, c/c art. 111-A, I, c/c art. 115, I), mas não se aplica aos seguintes tribunais: a) TSE e TREs (composição fixa); b) STM (composição fixa); c) STF (todos via nomeação direta); d) STJ (ao qual se aplica a rega do "terço", e não do "quinto"). **Isso é muito cobrado em provas de concursos!!!**

Atenção!

Caso o número de vagas não seja divisível por 5 (para se achar um "quinto" exato), deve-se arredondar o número de vagas do quinto **sempre para cima**, mesmo que a fração seja menor do que 0,5. Por exemplo:

Total de vagas	1/5 (fração exata)	Número de vagas para o quinto
30	6	6
31	6,2	7
34	6,8	7
35	7	7
36	7,2	8

Veja Bem!

Em relação aos tribunais da União, o chefe do Executivo (que fará a escolha do novo membro) é o Presidente da República. Em relação aos TJs, tal escolha caberá ao Governador do Estado. Mas, caso se trate do TJDFT, a escolha dos membros do quinto caberá ao Presidente da República, uma vez que cabe à União organizar, custear e manter a justiça no DF. **Esse tema já foi cobrado em várias provas de concursos, tais como Cespe/TJDFT/Juiz/2016.**

19.2.3. Eleição

Existe um cargo do Judiciário que é provido mediante eleição: o juiz de paz, que, nos termos do art. 98, II, é eleito pelo voto direto da população.

19.3. GARANTIAS DOS MEMBROS

A fim de garantir a independência na atuação dos membros do Poder Judiciário, lhes são atribuídas algumas garantias *adicionais* em relação à categoria dos servidores públicos.

É preciso cuidado para não confundir as garantias institucionais do Poder Judiciário (autonomia financeira e orçamentária etc.), com as garantias dos seus membros (vitaliciedade, inamovibilidade e irredutibilidade de subsídios). As primeiras visam a garantir a independência e a imparcialidade da *instituição*; as segundas, a imparcialidade dos *membros*, dos *juízes* que a compõem.

19.3.1. Vitaliciedade (art. 95, I)

É a garantia do membro de não perder o cargo, salvo por sentença judicial transitada em julgado.

Assim, um membro que ainda não tenha alcançado a vitaliciedade pode perder o cargo mediante sentença judicial *ou* mediante decisão administrativa do Tribunal ao qual esteja vinculado. Já um juiz vitalício só poderá perder o cargo por sentença judicial (reserva de jurisdição) e definitiva (transitada em julgado). É nesse sentido que constantemente se afirma que "a maior penalidade para um juiz é a disponibilidade[1]", o que é uma meia-verdade. Afinal, juízes vitalícios podem ser demitidos, mas apenas pela via judicial, e ainda assim com trânsito em julgado. Já os juízes em estágio probatório podem perder o cargo por sentença judicial *ou* por decisão administrativa.

A vitaliciedade é conquistada pelos membros que ingressaram por concurso, após dois anos de efetivo exercício. Para os membros que ingressaram por nomeação direta, a vitaliciedade é adquirida imediatamente na data da **posse** (não é na nomeação, nem no exercício!).

📝 Questão de Concurso

(Cespe/STM/Analista Judiciário – Área Administrativa/2011) Advogado nomeado desembargador de um tribunal de justiça estadual adquire vitaliciedade imediatamente a partir dessa nomeação.
Gabarito comentado: Errado.
Como o membro ingressou no Judiciário por nomeação direta, adquire a vitaliciedade na data da posse (e não a partir da nomeação).

19.3.2. Inamovibilidade (art. 95, II), salvo por motivo de interesse público, decisão da maioria absoluta dos membros do tribunal respectivo ou do CNJ (art. 93, VIII) ou por motivo disciplinar, por decisão da maioria absoluta do CNJ (art. 103-B, § 4º, III, c/c art. 93, VIII)

✋ Cuidado!

Para os servidores públicos em geral não existe remoção com caráter punitivo. Para os juízes, sim. A remoção pode ocorrer por motivo de interesse público, ou como punição disciplinar – mas **sempre** por decisão da **maioria absoluta** de um **órgão colegiado (CNJ ou Tribunal ao qual o Juiz é vinculado)**.

---

[1] Lembrando que existe divergência sobre se a EC n. 103/2019 (Reforma da Previdência) extinguiu a aposentadoria compulsória como penalidade para magistrados e membros do Ministério Público. Para os que defendem essa tese, a maior penalidade que pode ser aplicada aos juízes vitalícios, na via administrativa, é atualmente a disponibilidade.

⚠️ Atenção!

A EC n. 130, de 2023, passou a permitir a remoção mediante permuta ("troca") entre juízes ou desembargadores vinculados a tribunais diversos, desde que dentro do mesmo segmento de justiça.

Assim, não se pode mudar de ramo de justiça, mas é possível trocar de posto com um juiz de outro tribunal de outro Estado, por exemplo.

Isso já era possível na esfera da Justiça Federal e da Justiça do Trabalho, porque todos são vinculados à União; não era possível, contudo, em relação aos juízes estaduais, e agora é.

Veja as seguintes situações hipotéticas:
– Juiz TJ/TO – Juiz TJ/RS – agora pode
– Desembargador TJ/AC – Desembargador TJ/RJ – agora pode
– Juiz TRF1 – Juiz TJ/DFT – não pode (muda o segmento de justiça, de federal para distrital – mesmo o TJDFT sendo vinculado à Justiça da União, seu segmento de justiça é o da Justiça estadual/distrital)
– Juiz do TRT13 – Juiz do TRT12 – já podia, continua podendo
– Juiz do TRT13 – Juiz do TRF2 – não pode (muda o segmento de justiça)

📋 Questão de Concurso

(Cespe/DPU/Defensor Público Federal/2007) O art. 95, inciso II, da CF prevê como garantia dos juízes a inamovibilidade, salvo por motivo de interesse público. Sendo assim, o Conselho Nacional de Justiça não tem competência para determinar remoção de magistrados como sanção administrativa.

Gabarito comentado: Errado. Ver art. 103-B, § 4º, III.

19.3.3. Irredutibilidade de subsídios

Trata-se de garantia que, hoje, é estendida a quase todos os agentes públicos, mas que, na origem, apenas se aplicava aos membros do Judiciário. Tal garantia é equivalente à irredutibilidade de *vencimentos* dos servidores públicos.

✋ Cuidado!

A irredutibilidade não autoriza o juiz a receber mais que o teto constitucional (art. 37, X).

⚠️ Atenção!

Segundo o STF, a irredutibilidade é apenas nominal: não assegura reajustes para garantir o valor de compra, ou seja, protege-se o valor nominal (fixo) do subsídio, embora não sejam garantidos reajustes futuros.

19.4. VEDAÇÕES (ART. 95, PARÁGRAFO ÚNICO)

Art. 95. (...)

Parágrafo único. Aos juízes é vedado:

I – exercer, ainda que em disponibilidade, outro cargo ou função, salvo uma de magistério;

II – receber, a qualquer título ou pretexto, custas ou participação em processo;

III – dedicar-se à atividade político-partidária;

IV – receber, a qualquer título ou pretexto, auxílios ou contribuições de pessoas físicas, entidades públicas ou privadas, ressalvadas as exceções previstas em lei; *(Incluído pela Emenda Constitucional n. 45/2004)*

V – exercer a advocacia no juízo ou tribunal do qual se afastou, antes de decorridos três anos do afastamento do cargo por aposentadoria ou exoneração. *(Incluído pela Emenda Constitucional n. 45/2004)*

As vedações aos membros do Poder Judiciário têm a mesma razão de ser das suas garantias, isto é, assegurar a imparcialidade para o exercício da função jurisdicional. É preciso distinguir as vedações de caráter absoluto (exercer atividade político-partidária, receber custas ou participações em processos) daquelas que são relativas, ou seja, admitem que a lei crie exceções (exercer qualquer outro cargo ou função pública, *mesmo estando em disponibilidade*, **salvo uma função de magistério, quer dizer, de professor**; receber presentes ou valores, **salvo nos casos previstos em lei**).

Cuidado!

O juiz, quando na ativa, não pode advogar (vedação absoluta). Quando se aposenta ou pede exoneração, porém, as vedações desaparecer, e o ex-juiz passa a poder exercer a advocacia. Passará, contudo, três anos com uma **restrição** ao exercício dessa função: durante essa "quarentena de saída", ficará sem poder advogar no órgão ou tribunal em que atuava.

Assim, por exemplo, um ministro do STJ que se aposentar hoje poderá advogar amanhã; mas, durante os primeiros três anos após a aposentadoria/exoneração, não poderá advogar em causas do STJ.

Não é que o juiz, quando se aposenta, não possa advogar. Ele pode! Apenas ficará com uma restrição: três anos sem poder advogar no mesmo juízo ou tribunal em que atuava.

Atenção!

Segundo o STF, o juiz até pode exercer mais de uma função de magistério, desde que não prejudique a função jurisdicional. A palavra **uma** da expressão "**salvo uma**" é artigo, e não numeral.

19.5. PROMOÇÃO

A promoção – desenvolvimento do juiz na carreira – dá-se pelos critérios alternados de antiguidade e merecimento.

Na promoção por antiguidade, faz-se uma lista dos juízes mais antigos. O mais antigo na carreira deve ser promovido, salvo se o nome for rejeitado pelo quórum qualificado de 2/3 dos membros do tribunal.

Já na promoção por merecimento não há a obrigatoriedade de se promover o juiz mais antigo, embora a antiguidade também seja levada em conta. Nesse caso, faz-se uma lista com os 20% mais antigos; entre essas opções, o tribunal deve decidir, de maneira fundamentada e com base em critérios objetivos, qual juiz será promovido. Somente se pode, na promoção por merecimento, promover juiz que não está entre os 20% mais antigos se entre eles não houver quem aceite a promoção.

Vale lembrar que, em virtude da inamovibilidade, nenhum juiz é obrigado a aceitar a promoção.

Também devem ser destacadas duas regras bastante cobradas em prova sobre promoção:

a) é vedada a promoção do juiz que retenha autos em seu gabinete além do prazo legal, sem justificativa (ou seja, não se pode ser promovido deixando para trás toda uma "herança" de processos atrasados;

b) é obrigatória a promoção do juiz que integrar por três vezes consecutivas ou cinco vezes alternadas a lista de promoção por merecimento; assim, se o membro consegue integrar a lista de merecimento tantas vezes, sua promoção se torna ato vinculado.

Questão de Concurso

(FGV/Senado Federal/Consultor de Orçamentos/2022) Com o objetivo de tornar mais equânimes os critérios de promoção dos magistrados, o Estatuto da Magistratura do Estado Alfa dispôs que as promoções dos Juízes de Direito, de entrância para entrância, observariam alternadamente, conforme surgissem as vagas, os critérios do merecimento, da antiguidade e do sorteio, o que foi muito festejado pelos juízes do respectivo Estado. Insatisfeito com o teor do referido diploma normativo, o Partido Político Alfa, com legitimidade para deflagrar o controle concentrado de constitucionalidade perante o Supremo Tribunal Federal, solicitou que seu advogado se manifestasse sobre a constitucionalidade, ou não, desse diploma normativo. O advogado respondeu corretamente que o Estatuto da Magistratura do Estado Alfa é:

a) formal e materialmente constitucional;
b) formal e materialmente inconstitucional;
c) formalmente inconstitucional e materialmente constitucional;
d) formalmente constitucional e materialmente inconstitucional;
e) formal e materialmente constitucional desde que os preceitos do referido diploma normativo estejam lastreados em permissivo da Constituição Estadual.

Gabarito comentado: B (Conforme a CF, o estatuto da Magistratura deve ser lei nacional, de iniciativa do STF, logo a lei estadual é formalmente inconstitucional, por invadir competência legislativa da União: art. 93, *caput*; ademais, a criação da promoção mediante sorteio é materialmente inconstitucional, pois a CF, nos incisos II a V do art. 93, prevê a promoção por antiguidade e merecimento, apenas).

19.6. REQUISITOS DE VALIDADE DAS DECISÕES

Para que sejam consideradas válidas e eficazes, as decisões judiciárias devem cumprir alguns requisitos, tais como a publicidade e a fundamentação (motivação).

19.6.1. Publicidade

Os atos do Poder Judiciário devem, em regra, ser públicos e acessíveis ao público. Excepcionam-se apenas aquelas situações (processos que correm em segredo de justiça) em que o direito coletivo à informação deva ceder em relação ao direito individual à intimidade.

19.6.2. Fundamentação

Trata-se de uma exigência absoluta em relação às decisões judiciais. Todas elas devem ser claras, expressas e devidamente motivadas, sob pena de nulidade. A exigência de motivação tem fundamentação na própria ideia de Estado Democrático de Direito, uma vez que é a motivação que permite à sociedade o controle da qualidade das decisões judiciais.

Veja Bem!

Tema n. 339 da Repercussão Geral do STF: "O art. 93, IX, da Constituição Federal exige que o acórdão ou decisão sejam fundamentados, ainda que sucintamente, sem determinar, contudo, o exame pormenorizado de cada uma das alegações ou provas".

Cuidado!

De acordo com a jurisprudência do STF, aliás, não se aceitam fundamentações genéricas, abstratas, descoladas dos fatos e do caso concreto. Embora possa ser sucinta, a fundamentação deve ser clara, precisa, racional, razoável, específica e persuasiva.

Atenção!

Segundo a atual jurisprudência do STF, a única decisão que não precisa ser motivada é o veredicto dos jurados no Conselho de Sentença do Tribunal do Júri, pois lá impera o sigilo das votações (CF, art. 5º, XXXVIII).

19.7. REGRAS ORGANIZATÓRIAS BÁSICAS

Cabe a cada ente da Federação (União ou estados) organizar o Poder Judiciário. Todavia, existem regras impostas na CF que unificam determinados pontos.

19.7.1. Órgão especial (art. 93, XI)

Nos tribunais muito grandes (com mais de 25 membros) pode-se (é facultativo) instituir um órgão especial para exercer as competências que seriam do pleno (do conjunto de todos os membros do tribunal).

Esse órgão especial deve possuir no **mínimo** 11 e no **máximo** 25 membros, que serão escolhidos metade por eleição direta e metade dentre os membros mais antigos.

19.7.2. Reserva de plenário

O Brasil adota, também, o chamado controle difuso de constitucionalidade (veja o capítulo específico sobre esse tema), em que qualquer juiz ou tribunal pode declarar a inconstitucionalidade de uma lei.

Em relação aos juízes de primeira instância, não há problema, pois se trata de um órgão singular, mas, quanto aos tribunais, deve existir alguma regra que assegure um número mínimo de membros para declarar a invalidade de uma lei.

Por isso, existe o art. 97 da CF, segundo o qual os tribunais só podem declarar a inconstitucionalidade de uma lei por maioria absoluta dos membros do pleno (ou, onde houver, do órgão especial).

Assim, órgãos fracionários, como Turmas, Câmaras ou Seções, não podem declarar a inconstitucionalidade de uma lei (ou mesmo deixar de aplicá-la: veja-se a Súmula Vinculante nº 10), pois essa decisão está reservada ao pleno ou ao órgão especial.

Assim, por exemplo, o STJ possui seis Turmas de cinco Ministros e três Seções de 10 Ministros. Nenhuma delas pode declarar a inconstitucionalidade de uma lei: se o tema surgir, deve ser levado ao pleno (incidente de inconstitucionalidade) – ou, no caso do STJ, à Corte Especial, formada por 15 Ministros.

Cuidado!

Costuma cair em provas a afirmação de que, por conta do princípio da reserva de plenário, um juiz de primeira instância não poderia declarar a inconstitucionalidade de uma lei. Essa afirmação está errada! O que o art. 97 determina é que **nos tribunais** só se pode declarar a inconstitucionalidade por maioria absoluta, mas, em momento algum, proíbe o juiz de primeira instância de fazê-lo.

Questão de Concurso

(FCC/TRT 19ª Região/Analista Judiciário – Área Judiciária/2014) Uma das Turmas de um Tribunal Regional do Trabalho (TRT), ao julgar recurso interposto em reclamação trabalhista, declarou, incidentalmente, a inconstitucionalidade de artigo de lei federal que seria aplicável à relação trabalhista discutida em juízo. Com isso, manteve integralmente a condenação imposta pela sentença. Considerando que não houve prévia manifestação do plenário ou órgão especial do TRT sobre a questão constitucional, nem decisão do Supremo Tribunal Federal sobre a matéria constitucional, a declaração incidental de inconstitucionalidade foi realizada

a) incorretamente, uma vez que apenas o plenário ou órgão especial do TRT poderia declarar a inconstitucionalidade, pelo voto da maioria absoluta de seus membros.

b) incorretamente, uma vez que apenas o plenário ou órgão especial do TRT poderia declarar a inconstitucionalidade, pelo voto da maioria dos presentes à sessão.

c) incorretamente, uma vez que os Tribunais apenas podem declarar a inconstitucionalidade de lei ou ato normativo ao realizarem o controle concentrado e abstrato de constitucionalidade.

d) corretamente, uma vez que qualquer juiz ou Tribunal pode afastar a aplicação de lei ou ato normativo inconstitucional ao julgar um caso concreto.

e) corretamente, uma vez que apenas os Tribunais, ainda que pelo voto da maioria absoluta dos membros de suas turmas, podem declarar a inconstitucionalidade de lei ou ato normativo ao julgarem um caso concreto.

Gabarito comentado: A.
Turma (órgão fracionário) não pode declarar a inconstitucionalidade de lei, em atenção à cláusula de reserva de plenário, que exige seja essa declaração proferida pelo *Pleno* ou pelo *órgão especial* e por maioria *absoluta* (maioria dos membros do órgão, e não apenas dos presentes à sessão).

19.7.3. Férias coletivas (art. 93, XII)

A EC n. 45/2004 proibiu férias coletivas nos juízos (primeira instância) e nos tribunais **de segunda instância**. Como se vê, não estão incluídos na proibição o STF e os Tribunais Superiores (STJ, TST, TSE e STM).

19.8. PRECATÓRIOS (ART. 100)

Em virtude do princípio da continuidade do serviço público, os bens públicos são impenhoráveis. Assim, para satisfazer as pessoas que possuem créditos judiciais em relação ao

Estado (ou seja, pessoas que ganharam ações judiciais contra o Poder Público, também chamado de Fazenda Pública), criou-se o regime de precatórios – ordens judiciais para que o Poder Público inclua no orçamento do próximo período a satisfação do débito. Dessa forma, os créditos judiciais em face da Fazenda Pública serão satisfeitos mediante precatórios – ou requisição de pequeno valor (RPV), e não por penhora.

Com efeito, o *caput* do art. 100 da CF determina que os créditos titularizados por pessoas físicas ou jurídicas contra a Fazenda Pública em virtude de sentença judicial devem ser pagos exclusivamente na ordem cronológica de sua apresentação (ou seja, numa "fila"), "proibida a designação de casos ou de pessoas nas dotações orçamentárias e nos créditos adicionais abertos para este fim".

Dessa maneira, quando transita em julgado uma ação que condena o Poder Público a pagar uma determinada quantia, o processo é encaminhado para que seja expedido um precatório (ordem judicial de pagamento), a fim de que o Poder Executivo inclua num próximo orçamento dotação suficiente para quitar aquela dívida. Se o precatório for expedido até o dia 2 de abril, deve ser pago no ano seguinte (art. 100, § 5º); se não, somente no outro exercício financeiro.

Existe, contudo, um problema. Frequentemente, a dotação para o pagamento dos precatórios não é suficiente para quitar todas as dívidas. Assim, os precatórios de um ano vão sendo "rolados" para o ano seguinte, criando uma verdadeira "bola de neve", que várias emendas constitucionais já tentaram (sem sucesso) resolver. Por isso mesmo, o art. 100, § 12, estabelece que, entre a data da expedição do precatório e o efetivo pagamento deve haver atualização monetária, embora exista uma divergência gigantesca na jurisprudência sobre qual deve ser o percentual aplicado.

Veja Bem!

Outro ponto importante: além da fila "normal" dos precatórios, existem duas filas "diferenciadas":
a) a dos precatórios "preferenciais" (dívidas alimentícias, ou seja, os créditos "decorrentes de salários, vencimentos, proventos, pensões e suas complementações, benefícios previdenciários e indenizações por morte ou por invalidez, fundadas em responsabilidade civil": art. 100, § 1º); e
b) a dos precatórios "superpreferenciais" (dívidas alimentícias de pessoas idosas – ou seja, maiores de 60 anos –, com deficiência ou com doença grave: art. 100, § 2º).

Cuidado!

As obrigações de pequeno valor, assim definidas na lei de cada ente federativo, devem ser pagas imediatamente, por meio de depósito em conta: são as conhecidas Requisições de Pequeno Valor (RPV).

Atenção!

Ressalvados esses casos especiais, o pagamento dos precatórios será feito na ordem estritamente cronológica de sua apresentação, importando crime de responsabilidade do Presidente do Tribunal o pagamento ou a autorização para pagamento fora dessa ordem (art. 100, § 7º).

Veja Bem!

É possível a cessão de precatórios a terceira pessoa (conhecida na prática como "venda de precatórios", embora não se trate propriamente de compra e venda, mas sim de cessão de dívida).

Você possivelmente já se deparou com uma imagem assim:

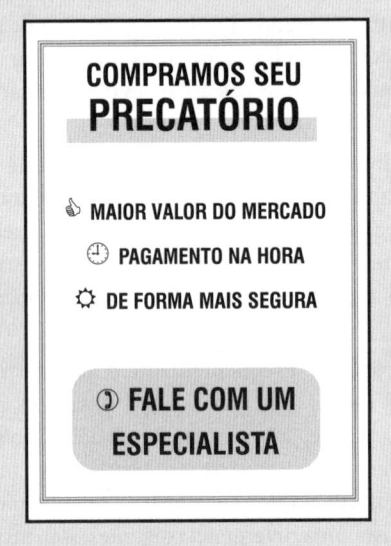

COMPRAMOS SEU PRECATÓRIO

👍 MAIOR VALOR DO MERCADO
🕐 PAGAMENTO NA HORA
☼ DE FORMA MAIS SEGURA

FALE COM UM ESPECIALISTA

Isso é especialmente vantajoso para a empresa que "compra" o precatório, pois ela paga um valor menor (ou seja, um valor com deságio), mas compensa dívidas tributárias pelo valor de face do precatório.

Por exemplo: Sinforosa tem um precatório no valor de R$ 500 mil, com previsão de pagamento para daqui a apenas sete anos; "vende" (cede) o precatório para a empresa Mutretas Malandras S/A, recebendo à vista R$ 300 mil; a empresa, então, apresenta o precatório para abater seu valor de face (R$ 500 mil) das dívidas tributárias que possui com o governo.

Essa cessão não precisa de concordância da Fazenda Pública, a entidade devedora, em virtude do que dispõe o art. 100, § 13: "O credor poderá ceder, total ou parcialmente, seus créditos em precatórios a terceiros, independentemente da concordância do devedor"; porém, a cessão "somente produzirá efeitos após comunicação, por meio de petição protocolizada, ao Tribunal de origem e ao ente federativo devedor".

Outras decisões judiciais importantes sobre o regime de precatórios:

- Tema n. 45 da Repercussão Geral do STF: "A execução provisória de obrigação de fazer em face da Fazenda Pública não atrai o regime constitucional dos precatórios".
- Tema n. 253 da Repercussão Geral do STF: "Sociedades de economia mista que desenvolvem atividade econômica em regime concorrencial não se beneficiam do regime de precatórios, previsto no art. 100 da Constituição da República".
- Tema n. 361 da Repercussão Geral do STF: "A cessão de crédito alimentício não implica a alteração da natureza".

Questões de Concurso

(Cebraspe/Cespe/Analista de TI/DataPrev/Advocacia/2023) Certos débitos de entes públicos resultantes de condenação judicial não se submetem ao regime dos precatórios.

Gabarito comentado: Correto.
O art. 100, § 3º, da Constituição Federal excepciona do regime de pagamentos via precatórios as obrigações definidas em lei de cada ente federativo como sendo de pequeno valor. Confira-se: "O disposto no *caput* deste artigo relativamente à expedição de precatórios não se aplica aos pagamentos de obrigações definidas em leis como de pequeno valor que as Fazendas referidas devam fazer em virtude de sentença judicial transitada em julgado".
Dessa forma, essa espécie de débito da Fazenda Pública realmente não se submete à "fila" dos precatórios, de forma que a afirmativa está mesmo correta.

(Cebraspe/Cespe/Auditor Conselheiro Substituto/TCE PB/2022) Na ordem dos pagamentos em virtude de sentença judicial, os precatórios de natureza alimentícia cujos titulares, originários ou por sucessão hereditária, tenham, no mínimo, sessenta anos de idade terão prioridade sobre os pagamentos considerados de pequeno valor.

Gabarito comentado: Errado.
Os precatórios relativos a dívidas alimentícias cujos titulares sejam pessoa idosa qualificam-se como superpreferenciais (art. 100, § 2º), devendo ser pagos com prioridade sobre os precatórios comuns (art. 100, *caput*) e mesmo sobre os precatórios de dívida alimentícia em geral, os preferenciais (art. 100, § 1º). Porém, esses precatórios não têm prioridade sobre as dívidas de pequeno valor, simplesmente porque essas não se submetem ao sistema de precatórios, devendo ter pagamento imediato, independentemente de inclusão em orçamento e da ordem de sua apresentação (art. 100, §§ 3º e 4º).
Assim, em outras palavras: os precatórios superpreferenciais têm prioridade de pagamento sobre quaisquer outros precatórios, mas não sobre as requisições de pequeno valor (RPV), motivo pelo qual a afirmativa está errada.

(FGV/TJMG/Juiz/2022) Sobre o regime jurídico dos precatórios, analise as afirmativas a seguir.
I. Transitada em julgado a condenação da Fazenda Pública, é devida a expedição do competente precatório, proibido o desmembramento, mas autorizada a designação de pessoas na dotação orçamentária.
II. Os débitos de natureza alimentícia serão pagos com preferência sobre os demais débitos.
III. O regime de expedição de precatório não se aplica a pagamento de pequeno valor (RPV), conforme previsto em leis próprias dos respectivos entes federados.
Está correto o que se afirma em
a) II, apenas.
b) I e III, apenas.
c) II e III, apenas.
d) I, II e III.

Gabarito comentado: C.
O item I está errado, pois, conforme o *caput* do art. 100 da CF: "Os pagamentos devidos pelas Fazendas Públicas Federal, Estaduais, Distrital e Municipais, em virtude de sentença judiciária, far-se-ão exclusivamente na ordem cronológica de apresentação dos precatórios e à conta dos créditos respectivos, proibida a designação de casos ou de pessoas nas dotações orçamentárias e nos créditos adicionais abertos para este fim".
O item II está correto, pois corresponde ao que prevê o art. 100, § 2º: "Os débitos de natureza alimentícia compreendem aqueles decorrentes de salários, vencimentos, proventos, pensões e suas complementações, benefícios previdenciários e indenizações por morte ou por invalidez, fundadas em responsabilidade civil, em virtude de sentença judicial transitada em julgado, e serão pagos com preferência sobre todos os demais débitos, exceto sobre aqueles referidos no § 2º deste artigo".
Perceba que os débitos alimentícios não têm precedência sobre os débitos cujos titulares sejam idosos, mas o item II não usou a palavra "todos", de modo que não está errado.
O item III está correto, pois corresponde à interpretação conjunta dos §§ 3º e 4º do art. 100: " O disposto no *caput* deste artigo relativamente à expedição de precatórios não se aplica aos pagamentos de obrigações definidas em leis como de pequeno valor que as Fazendas referidas devam fazer em virtude de sentença judicial transitada em julgado", sendo certo que, "para os fins do disposto no § 3º, poderão ser fixados, por leis próprias, valores distintos às entidades de direito público, segundo as diferentes capacidades econômicas, sendo o mínimo igual ao valor do maior benefício do regime geral de previdência social".
Assim, estão corretos os itens II e III, o que demonstra ser a resposta correta a alternativa C.

Aprofundamento:
o caráter nacional do Judiciário e as consequências desse princípio

A doutrina praticamente unânime reconhece o dogma do caráter nacional do Poder Judiciário – ou, como mais precisamente registra José Afonso da Silva, da "unidade da jurisdição nacional"[2]. Com efeito, isso significa que a função jurisdicional é una, qualquer que seja o órgão que a exerça, tanto que decisões da Justiça Estadual podem ser reformadas pelo STF, por exemplo; além disso, o regime jurídico dos magistrados é uno, ficado em lei complementar de iniciativa do STF (CF, art. 93, *caput*). Disso não decorre, contudo, que os órgãos do Judiciário sejam todos nacionais, sem distinção entre órgãos vinculados à União e aos Estados. Se assim fosse, não haveria leis de organização judiciária em cada Estado, aprovadas pelas respectivas Assembleias Legislativas, inclusive com estruturas de carreiras de magistrados diferenciadas. Mais ainda: não haveria orçamentos separados para TJs e Justiças da União, também. E pior: seria admitida, extrapolando-se o argumento, até mesmo a permuta entre membros de TRFs e de TJs, já que o "Judiciário tem caráter nacional". Logicamente, não é isso que se estabelece quando se afirmava, na obra clássica de Castro Nunes, o caráter nacional do Poder Judiciário.

Esmiuçando a questão da unidade da jurisdição, José Levi Mello do Amaral Júnior explica que:

> "O constitucionalismo ocidental conhece dois modos básicos de organizar o Poder Judiciário: com unidade de jurisdição ou com pluralidade de jurisdições.
>
> A unidade de jurisdição é associada ao modelo de suprema corte, ou seja, ainda que haja jurisdições especializadas identificáveis, todas elas convergem para um único órgão de cúpula. Este modelo predomina na América.
>
> A pluralidade de jurisdições desconhece um único órgão de cúpula. As eventuais jurisdições especializadas havidas atuam de modo independente. Este modelo é próprio da Europa, inclusive nos países que adotam um tribunal constitucional (que é considerado uma jurisdição especializada ou, até mesmo, um novo Poder).
>
> O modelo brasileiro é de suprema corte. Todas as jurisdições convergem para um mesmo órgão de cúpula, o Supremo Tribunal Federal. A Constituição brasileira prevê quatro jurisdições (...). Todas as quatro convergem para o Supremo Tribunal Federal, órgão de cúpula do Poder Judiciário brasileiro que, **portanto, é um poder nacional, não apenas federal ou estadual.**
>
> **A convergência aqui apontada é relativa a efeitos jurisdicionais, ou seja, refere-se ao órgão a que se deve dirigir o recurso eventualmente cabível contra determinada decisão do Poder Judiciário**"[3].

No mesmo sentido, Manoel Gonçalves Ferreira Filho esclarece que "o caráter federal ou estadual do Judiciário se liga exclusivamente à sua vinculação à estrutura constitucional e admi-

---

[2] SILVA, José Afonso da. *Curso de Direito Constitucional Positivo*. São Paulo: Malheiros, 2006, p. 557.
[3] AMARAL JÚNIOR, José Levi Mello do. Comentários ao art. 92. In: BONAVIDES, Paulo *et al.* (orgs). *Comentários à Constituição Federal de 1988*. Rio de Janeiro: Forense, 2009, pp. 1173-1174 (original sem grifos).

nistrativa da União ou dos Estados"[4]. Ou, dito de outra forma: o caráter nacional da jurisdição não significa que os **órgãos do Judiciário** não possam ser federais ou estaduais, não havendo que se falar em unidade administrativa entre eles.

Aliás, essa ressalva é feita expressamente pelo Ministro Cezar Peluso, na ADI n. 3.367/DF, quando afirma:

> "Não se quer com isso [caráter nacional do Judiciário] afirmar que o princípio federativo não tenha repercussão na fisionomia constitucional do Judiciário. Sua consideração mais evidente parece estar à raiz da norma que delega aos Estados--membros competência exclusiva para organizar sua *Justiça*, responsável pelo julgamento das causas respeitantes a cada unidade federada (art. 125). Toca-lhes, assim, definir a competência residual de seus tribunais, distribuí-la entre os vários órgãos de grau inferior, bem como **administrá-la na forma prevista no art. 96**"[5].

Já Castro Nunes, em sua clássica obra "Teoria e Prática do Poder Judiciário", atrelava o caráter nacional do Judiciário ao fato de que todos aplicam o direito federal-nacional; de que todos os juízes têm as mesmas garantias; e de que o regime jurídico (estatuto) é unificado. Designa isso, contudo, como uma "solução média" (entre um Judiciário puramente local e um totalmente vinculado à União), pois "os ônus financeiros com que iria arcar a União tomando a seu cargo todo o aparelhamento judiciário do país" desestimulou uma saída radicalmente nacional[6]. Em outros termos: não há unanimidade na doutrina sobre o caráter nacional do Judiciário estender--se até mesmo para fins orgânico-administrativos. Antes dele, Pedro Lessa – comentando a dualidade de justiça na época da Primeira República – citava que o pleito de unidade do Judiciário nacional dizia respeito a se ter uma só lei processual (competência legislativa da União)[7].

É bem verdade, porém, que há quem interprete de forma mais "radical" o dogma do caráter nacional, chegando mesmo a pregar a unidade de carreiras entre juízes vinculados a Estados e à União. É, aparentemente, a posição de Nagib Slaibi Filho[8], e a adotada pelos Presidentes de TJs na chamada "Carta de João Pessoa"[9]. Foi nesse contexto que foi promulgada a EC n. 130, de 2023, a qual permitiu a permuta entre juízes vinculados a tribunais diversos.

Aprofundamento: origens do sistema de precatórios e características essenciais

Em virtude do princípio da continuidade do serviço público, os bens públicos são impenhoráveis. Para satisfazer as pessoas que possuem créditos judiciais em relação ao Estado, criou-se o regime de precatórios – que são ordens judiciais para que o Poder Público inclua no orça-

---

[4] FERREIRA FILHO, Manoel Gonçalves. *Comentários à Constituição Brasileira de 1988*. São Paulo: Saraiva, 1992, vol. 2, p. 189.
[5] STF, Pleno, ADI n. 3.367/DF, voto do Relator, p. 47 (original sem negritos).
[6] NUNES, Castro. *Teoria e Prática do Poder Judiciário*. Rio de Janeiro: Forense, 1943, p. 466.
[7] LESSA, Pedro. *Direito Constitucional Brasileiro. Do Poder Judiciário*. Rio de Janeiro: Livraria Francisco Alves, 1915, pp. 5-6.
[8] SLAIBI FILHO, Nagib. Comentários ao art. 125. In: BONAVIDES, Paulo *et al.* (orgs). *Comentários à Constituição Federal de 1988*. Rio de Janeiro: Forense, 2009, pp. 1541-1542.
[9] Disponível em: https://www.tjdft.jus.br/institucional/imprensa/noticias/2016/dezembro/carta--de-joao-pessoa201d-reafirma-o-carater-nacional-e-unitario-do-poder-judiciario.

mento do próximo período dotação suficiente para a satisfação do débito. Assim, os créditos judiciais em face da Fazenda Pública serão satisfeitos mediante precatórios – ou requisição de pequeno valor (RPV) – e não por penhora[10].

Trata-se de sistemática de pagamentos em relação à qual o estudo do Direito Comparado pouco agrega, uma vez que *o precatório judicial, visto como ferramenta do processo civil, é instituto genuinamente arquitetado pelo direito brasileiro*[11].

Na vigência das Ordenações Filipinas – que foram aplicáveis no Brasil como legislação processual por longo período – não havia especificidade da execução por quantia certa contra devedor solvente, fosse ele particular ou o Erário. Permitia-se, assim, a execução por quantia certa incidente sobre bens, tanto particulares quanto públicos. Com a promulgação da Constituição Imperial de 1824 é que se instituiu a regra da impenhorabilidade dos bens públicos – proteção essa que poderia, porém, ser afastada mediante autorização legislativa[12].

Somente após a proclamação da República houve alteração substancial no regime de execução contra a Fazenda Pública, com a promulgação do Decreto n. 3.084, de 1898: foi o surgimento das "precatórias de vênia"[13], por meio das quais o Judiciário solicitava ao Executivo que incluísse a ordem para pagamento de pessoa determinada – sem qualquer ordem predeterminada de pagamento[14].

Esse sistema especial de pagamentos pelo Erário, instituído pelo decreto citado, trouxe, no entanto, aparentemente mais problemas do que soluções, pois, como adverte Ernesto Alessandro Tavares:

---

[10] Cf. SILVA, José Afonso da. *Comentário Contextual à Constituição*. São Paulo: Malheiros, 2008, p. 527.

[11] SOUZA, Eduardo Cristiano de. *Panorama Atual dos Precatórios Judiciais*: alternativas para amenizar a crise desse passivo público. Marília: Universidade de Marília [dissertação de mestrado], 2018. No mesmo sentido: 1) DELGADO, José Augusto. *Precatório judicial e evolução histórica: advocacia administrativa na execução contra a Fazenda Pública. Impenhorabilidade dos bens públicos. Continuidade do serviço público*. Disponível em: <www.cjf.jus.br/revista/seriecadernos/Vol23/vol23e.pdf>; 2) LEMOS, Bruno Espiñeira. *Precatório*: trajetória e desvirtuamento de um instituto. Necessidade de novos paradigmas. Porto Alegre: Sergio Antonio Fabris, 2004, p. 49.

[12] "Especificamente quanto ao processamento das ações perante os órgãos judicantes, as Ordenações Filipinas é que disciplinavam sobre o tema e, em seu Livro III, Título 86 e seguintes, dispunha sobre o rito relacionado ao processamento das execuções judiciais, que tanto se aplicava aos particulares como para os órgãos ou entidades públicas. Durante boa parte de sua vigência, tanto o patrimônio dos particulares como o dos órgãos públicos estavam sujeitos à penhora, pois as Ordenações Filipinas só colocavam à salvo de constrição os bens estritamente necessários ao trabalho, tais como cavalos, armas, livros, etc. (Título 86, parágrafos 23 e 24). Somente após a vigência da Constituição de 1824 os bens de titularidade do Poder Público passaram a ser considerados impenhoráveis, cujo óbice poderia ser ressalvado mediante prévia autorização do Legislativo (art. 15, §15)" TAVARES, Ernesto Alessandro. *Os Precatórios e a Justiça Administrativa no Brasil, Chile, Espanha e Portugal*. Curitiba: Universidade Federal do Paraná [dissertação de mestrado], 2018, pp. 122-123.

[13] Cf. CARVALHO, Vladimir Souza. Iniciação ao estudo do precatório. In: *Revista de Informação Legislativa*, ano 19, n. 76, out./dez.1982, pp. 325 e seguintes.

[14] FAIM FILHO, Eurípedes Gomes. *Evolução histórica dos precatórios no Brasil até a Constituição de 1988*. São Paulo: Escola Paulista da Magistratura, 2016. Disponível em https://epm.tjsp.jus.br/Artigo/DireitoPublico/36458?pagina=1. Acesso em 17 nov. 2021.

Mesmo diante da previsão da expedição do precatório no Decreto n. 3.084/1898, nenhuma outra norma jurídica dispunha de como processá-lo após isto, o que impeliu que os magistrados criassem práticas forenses destinadas a sanar a omissão legislativa dando origem ao que posteriormente intitulou-se "precatória de vênia", cuja nomenclatura tem origem no sinal de respeito que o Judiciário deveria ter para com o Legislativo ao solicitar a inclusão do débito no orçamento público. Por outro lado, a ausência de normas claras regulando o regime das "precatórias de vênia" deu ensejo a vários outros problemas de ordem moral e financeira para os entes públicos, instituindo no cenário do Poder Público a figura dos "advogados administrativos". Por meio da intermediação desses profissionais, a quitação dos débitos judiciais pela Fazenda Pública não seguia qualquer critério objetivo e imparcial, sendo pagos de acordo com a conveniência do administrador e do grau de influência que os mesmos detinham junto às autoridades públicas. Além disso, conforme relata Milton Flaks, tal procedimento era motivo para desorganização orçamentária com a criação das chamadas "caudas orçamentárias" que tinham origem na designação de pessoas nos créditos abertos para satisfação de credores determinados. Vigorava o critério da proximidade do interessado com o administrador público, uma vez que os pagamentos eram até mesmo identificados pelo nome dos casos ou das pessoas interessadas.[15]

Essa sistemática de inclusão no orçamento de dotações voltadas para pessoas determinadas só seria superada com a reformulação do instituto na Constituição de 1934.

Foi a Constituição de 1934 a que primeiro se referiu expressamente aos precatórios, no art. 182[16]. Mais que a mera positivação do instituto – e a adoção do vocábulo masculino, para diferenciá-lo das cartas precatórias –, o texto constitucional de 1934 trouxe importantes alterações: restou proibida a designação pessoal de destinatários no orçamento público, com a fixação da ordem cronológica de apresentação dos precatórios ao devedor[17].

A doutrina, em geral, louvou as alterações, considerando-as moralizadoras. Nesse sentido, Castro Nunes afirmava que se visou a *coibir a advocacia administrativa que se desenvolvia no antigo Congresso para obtenção de créditos destinados ao cumprimento de sentenças judiciárias*[18]. Comentando os precatórios já sob a égide da Constituição de 1988, Manoel Gonçalves Ferreira Filho defende que o mecanismo *moraliza porque impede sejam alguns credores da Fazenda*

---

[15] TAVARES, Ernesto Alessandro. Op. cit., pp. 125-126.
[16] "**Art 182.** Os pagamentos devidos pela Fazenda federal, em virtude de sentença judiciária, far-se--ão na ordem de apresentação dos precatórios e à conta dos créditos respectivos, sendo vedada a designação de caso ou pessoas nas verbas legais.

Parágrafo único. Estes créditos serão consignados pelo Poder Executivo ao Poder Judiciário, recolhendo-se as importâncias ao cofre dos depósitos públicos. Cabe ao Presidente da Corte Suprema expedir as ordens de pagamento, dentro das forças do depósito, e, a requerimento do credor que alegar preterição da sua precedência, autorizar o sequestro da quantia necessária para o satisfazer, depois de ouvido o Procurador-Geral da República."
[17] TAVARES, Ernesto Alessandro. Op. cit., p. 126.
[18] NUNES, Castro. *Da Fazenda Pública em Juízo*. Rio de Janeiro: Freitas Bastos, 1960, p. 181.

beneficiados em prejuízo de outros, recebendo preferência na satisfação de seus créditos[19]. Aparentemente, porém, já naquela época começa a surgir um problema crônico: a demora na consignação das verbas no Orçamento, pois Castro Nunes registra que, *esgotados todos os meios de que possa dispor o juiz junto ao Governo do Estado para fazer cumprir a decisão, abre-se então a via extraordinária da intervenção federal*[20].

Daí por diante, a sistemática continuaria praticamente a mesma, com pequenas alterações (a Constituição de 1967, por exemplo, instituiu a regra segundo a qual os precatórios apresentados até 1º de julho devem ser incluídos no orçamento do exercício financeiro seguinte), até a Constituição de 1988.

A Constituição Federal de 1988 (CF) tratou expressamente dos precatórios no art. 100 – sintomaticamente, um dos mais alterados desde a promulgação da CF. Já se começou, entretanto, positivando uma polêmica decisão do poder constituinte originário que viria a ser a tônica da era atual dos precatórios: a instituição de uma moratória, com parcelamento anual dos valores pendentes de quitação. O art. 33 do Ato das Disposições Constitucionais Transitórias (ADCT) previu que os precatórios pendentes de pagamento quando da promulgação da CF seriam parcelados em oito parcelas anuais, sucessivas e iguais ("oitavos") – com exceção dos créditos relativos a verbas alimentares.

Mesmo em relação ao regime ordinário de precatórios, previsto no art. 100, parte da doutrina sempre destacou a situação vulnerável do credor em relação ao Estado-devedor. Nesse sentido, por exemplo, Celso Antônio Bandeira de Mello destaca:

> Nota-se que a situação do credor de condenação judicial do Poder Público é extremamente dura, pois o tempo que levará para receber pode variar, se for obedecida a Constituição, de 18 a 30 meses. Com efeito, se o precatório for apresentado até 1º de julho de 2006, por exemplo, o valor a ser acobertado entrará no orçamento que vai vigorar no ano de 2007. Como o Poder Público paga o mais tarde que pode, e tem o direito de fazê-lo até o último dia do exercício, pode fazê-lo em dezembro de 2007, isto é, 18 meses depois da sobredita apresentação. Se, todavia, o precatório foi apresentado em 2 de julho de 2006, não entrará no orçamento de 2007, mas apenas no de 2008 – o que significa que poderá ser pago em dezembro de 2008. É dizer, 30 meses depois.[21]

No mesmo sentido, Ernesto Alessandro Tavares destaca:

> A "obrigatoriedade" da inclusão do débito judicial no orçamento, tal como dispôs a redação original do §1º, art. 100 da Constituição de 1988, em nada sensibilizou os Estados e Municípios, simplesmente porque nenhuma sanção efetiva decorria pelo seu descumprimento. Conforme relata Marçal Justen Filho "o valor correspondente aos precatórios deixava de ser liberado para pagamento, até porque era usual a

---

[19] FERREIRA FILHO, Manoel Gonçalves. *Comentários à Constituição brasileira de 1988*, vol. 2. São Paulo: Saraiva, 1992, p. 214.
[20] NUNES, Castro. Op. cit., p. 181.
[21] MELLO, Celso Antônio Bandeira de. *Curso de Direito Administrativo*. São Paulo: Malheiros, 2009, p. 1037.

prática de estimativa arbitrária de receitas". Com a previsão de receitas abstratas, que posteriormente não se verificaram no exercício seguinte, a situação complicada das dívidas com precatórios ficou dramática e de difícil equacionamento.[22]

A moratória do art. 33 do ADCT parece ter aberto a "caixa de Pandora": depois dela, outras várias vieram, ainda que parte dos estudiosos questionasse a validade de adiamentos de pagamento instituídos por obra do poder constituinte reformador. Experimentou-se aquilo que Eduardo Cristiano de Souza denominou "A Era das Moratórias"[23], com diversas modificações da norma constitucional em sequência denotando a implosão do sistema de precatórios; senão, vejamos:

a) a Emenda Constitucional (EC) n. 20, de 1998: criou a sistemática das Requisições de Pequeno Valor (RPV), prevendo a criação de uma segunda sistemática de pagamentos de débitos judiciais da Fazenda Pública – até hoje, as programações orçamentárias para pagamentos de precatórios e de RPVs são distintas e são, para todos os efeitos, somadas nas referências a valores de estoques e saldos, ora em diante citadas;

b) EC n. 30, de 2000: previu novo parcelamento de precatórios, em até dez parcelas, inclusive para ações ajuizadas até 31-12-1999, algumas das quais podem não ter transitado em julgado até hoje; permitiu a cessão de precatórios a terceiros ("compra e venda" de precatórios); definiu como crime de responsabilidade o pagamento de precatórios fora da ordem cronológica – a sistemática de parcelamento foi suspensa cautelarmente pelo STF apenas em 2010[24]; sobre tal modificação, Egon Bockmann Moreira adverte ter sido ela *que consolidou constitucionalmente o regime de incerteza jurídica a reger o pagamento dos precatórios – e assim subverteu a lógica da razão de ser de tal instituto*[25];

c) EC n. 37, de 2002: fixou provisoriamente os valores para fins de RPV no art. 87 do ADCT, caso não haja legislação em sentido diverso editada por Estados, Distrito Federal e Municípios;

d) EC n. 62, de 2009: previu o parcelamento de precatórios em até 15 anos ("décimos-quintos"), o leilão de precatórios com pagamento para quem aceitasse maior deságio, a compensação automática de precatórios com tributos vencidos, a correção dos valores pela índice da poupança e a possibilidade de cessão de precatórios a terceiros independentemente de autorização da entidade devedora – apenas a última inovação sobreviveu, pois as demais foram consideradas inconstitucionais pelo STF (ADI 4.357 e 4.425), por violação à cláusula pétrea dos direitos e garantias individuais (direito de acesso à Justiça e respeito à coisa julgada); porém, diante da impossibilidade prática de pagamento imediato, houve modulação de efeitos da decisão – para Gilmar Mendes: "não se pode pedir a um paraplégico para andar"[26];

---

[22] TAVARES, Ernesto Alessandro. Op. cit., p. 134.
[23] SOUZA, Eduardo Cristiano de. Op. cit., p. 71.
[24] STF, Pleno, Medida Cautelar (MC) na Ação Direta de Inconstitucionalidade (ADI) n. 2356, Redator para o Acórdão Ministro Ayres Britto, DJe de 19.05.2011.
[25] MOREIRA, Egon Bockmann *et al. Precatórios: o seu novo regime jurídico. A visão do direito financeiro, integrada ao direito tributário e econômico*. São Paulo: RT, 2017, p. 37.
[26] MENDES, Gilmar Ferreira. *Diálogos Institucionais entre Legislativo e Judiciário*. Palestra proferida no I Congresso Online de Direito Legislativo, da Faculdade Unyleya, maio de 2021.

e) EC n. 94, de 2016: permitiu o parcelamento de precatórios de altos valores; permitiu a utilização de saldo depósitos judiciais para a quitação de precatórios;

f) EC n. 99, de 2017: prevê que o estoque de precatórios vencidos e não pagos à época deve ser zerado até 31-12-2024 (adiamento para os entes cujo percentual da RCL com precatórios já é elevado);

g) EC n. 109, de 2021: adiou o prazo da EC n. 99, de 2017, para 31-12-2029 (nova redação do art. 101 do ADCT). Foi modificado o art. 101 do ADCT, para adiar os pagamentos pelos entes subnacionais de precatórios vencidos em 25 de março de 2015; a data limite, que era 31 de dezembro de 2024, foi adiada em cinco anos, passando a ser 31 de dezembro de 2029.

Apesar de todas essas moratórias – que, juntas, chegam a quase trinta anos de parcelamento[27] – e tentativas de mudança ou aperfeiçoamento da norma do art. 100 da CF, o estoque de precatórios (especialmente dos Estados, do Distrito Federal e dos Municípios) não experimentou grandes decréscimos, desde a promulgação da CF[28].

Justamente por isso, há quem considere que *ainda que algumas entidades federadas estejam em dia com o pagamento de seus precatórios, outras se financiam às custas de sua inadimplência*[29].

Comentando dados de 2012, Eduardo Cristiano de Souza afirma:

> Segundo dados extraídos do último estudo realizado pelo Conselho Nacional de Justiça (CNJ), em julho de 2012, apenas Estados e Municípios deviam, juntos, à época, cerca de R$ 94,3 bilhões em precatórios judiciais. Já a União, conforme dados extraídos do Balanço Patrimonial, ao final do exercício de 2012, devia cerca de R$ 6,5 bilhões a título de precatórios judiciais.[30]

No ínterim dessas mudanças de regra em sequência – que, por si sós, já indicam um grave déficit de segurança jurídica –, dois eventos marcaram decisivamente o evolver do sistema de precatórios pós-1988: a Comissão Parlamentar de Inquérito da Dívida Pública ("CPI dos Precatórios"), de 1997, e a decisão do STF indeferindo pedido de intervenção federal em Estados pelo não pagamento de precatórios, em 2003.

A "CPI dos Precatórios", criada pelo Requerimento n. 1.101, de 1996, investigou a emissão de títulos da dívida pública (por Estados e Municípios) para a rolagem de precatórios, mas que,

---

[27] "A moratória concedida pelo próprio poder constituinte originário, a primeira da ordem constitucional pátria, foi de oito anos (de 1989 a 1996); a segunda, de dez anos (de 2000 a 2009); a terceira, como aprovada, seria de quinze anos (de 2010 a 2024); declarada inconstitucional esta moratória, a Suprema Corte, em modulação dos efeitos dessa declaração, deu sobrevida ao regime especial até 2020, que seria o prazo final para os entes estatais saldar seus débitos com precatórios. No entanto, veio a lume a quarta moratória e alargou-se para 2024 tal quitação, cumprindo, assim, os desígnios originários da Emenda Constitucional 62, de 2009. Somadas, tais benesses, lamentavelmente, ultrapassam trinta anos." SOUZA, Eduardo Cristiano de. Op. cit., p. 76.

[28] "Mesmo após a primeira moratória (art. 33, do ADCT) que, diga-se, perdurou de 1988 a 1996, os estoques desses passivos judiciais pouca redução experimentaram." Idem, ibidem, p. 71.

[29] SCAFF, Fernando Facury; SCAFF, Luma Cavaleiro de Macedo. Comentários ao art. 100. In: CANOTILHO, J. J. Gomes *et al.* (orgs.). *Comentários à Constituição do Brasil*. São Paulo: Almedina/Saraiva, 2013, p. 1341.

[30] Idem, ibidem, p. 97.

na verdade, destinavam-se a outras finalidades, culminando na edição do Relatório Final n. 3, de 1997 (que deu margem a variadas discussões políticas e regimentais sobre a extensão dos pedidos de responsabilização feitos pelo Relator, o então Senador Roberto Requião). A emissão de títulos da dívida pública por entes subnacionais fora proibida pela EC n. 3, de 1993 – mas continuou permitida com a finalidade de financiar os "precatórios complementares", isto é, o pagamento de juros e atualizações decorrentes do pagamento em atraso.

Historiando a questão, Ernesto Alessandro Tavares narra:

> A respeito de mencionada regra [emissão de títulos para financiar precatórios complementares], afirmou Nelson Jobim, membro da Assembleia Constituinte de 1988, que este mecanismo era uma forma de dar fôlego às finanças públicas e que "ninguém supunha que, ao permitir que Estados e Municípios pudessem emitir títulos da dívida pública para o pagamento de precatórios, isto resultaria na utilização indevida dos recursos públicos".[265] Na verdade, o que se verificou foi exatamente o oposto do desejado pelos parlamentares, com entes públicos das esferas estadual e municipal emitindo títulos da dívida pública com base no art. 33 do ADCT para saldar débitos de natureza diversa dos precatórios, com o claro propósito de burlar a regra que vedava o endividamento público (art. 5º, EC 3/93). Esse episódio causou certa comoção no meio político e jurídico dando azo a instalação de uma Comissão Parlamentar de Inquérito no Senado Federal destinada a apurar estas irregularidades, cognominada "CPI dos Precatórios". Em referida investigação apurou-se que Estados como os de Alagoas, Santa Catarina, São Paulo, Rio Grande do Sul e Pernambuco e os Municípios de São Paulo, Campinas, Guarulhos, Osasco e Goiânia, haviam solicitado autorização ao Legislativo para emitir títulos da dívida pública para quitar precatórios em valor superior à dívida desta natureza e, em alguns casos, sequer existia débito a tal título. Além do endividamento público decorrente de outras razões, com relação aos precatórios o principal agravante do desequilíbrio fiscal foram os impactos inflacionários incidentes sobre o valor real de tais débitos.

Esse fato político-jurídico parece ter contribuído decisivamente para o início da Era das Moratórias por obra de EC, uma vez que *em razão do descontrole das finanças públicas, da má gestão no pagamento dos precatórios e do endividamento público entre outros fatores, a única alternativa vislumbrada pelo legislador constituinte foi a de instituir outras moratórias*[31].

Pouco depois disso, em 2003, houve outro acontecimento jurídico que pode ter influenciado diretamente a redução – ou não – do estoque de precatórios dos Estados e Municípios: a decisão do Pleno do STF que indeferiu pedidos de intervenção federal fundados em argumento de não pagamento de precatórios (CF, art. 34, VI, segunda parte).

O *leading case* foi a negativa de intervenção federal no Estado de São Paulo, uma vez que comprovado que o não pagamento de precatórios deriva de insuficiência de recursos:

---

[31] TAVARES, Ernesto Alessandro. Op. cit., pp. 134-135.

INTERVENÇÃO FEDERAL. 2. Precatórios judiciais. 3. Não configuração de atuação dolosa e deliberada do Estado de São Paulo com finalidade de não pagamento. 4. Estado sujeito a quadro de múltiplas obrigações de idêntica hierarquia. Necessidade de garantir eficácia a outras normas constitucionais, como, por exemplo, a continuidade de prestação de serviços públicos. 5. A intervenção, como medida extrema, deve atender à máxima da proporcionalidade. 6. Adoção da chamada relação de precedência condicionada entre princípios constitucionais concorrentes. 7. Pedido de intervenção indeferido.[32]

Ou seja: entendeu a Corte que apenas o não pagamento doloso, intencional, de precatórios é que justificaria a providência brutal da intervenção federal nos Estados. A esse julgado seguiram-se vários outros, sempre no mesmo sentido.

Por um lado, é compreensível (e até defensável) que não se pode obrigar o Estado a usar todo o orçamento com quitação de precatórios, deixando outras funções à míngua (e, possivelmente, gerando novas condenações e... novos precatórios!), fazendo-se necessário aplicar o princípio da proporcionalidade[33]. De outra parte, no entanto, é forçoso reconhecer que essa jurisprudência terminou por retirar um grande estímulo que os Estados tinham para o pagamento de precatórios: evitar o risco de sofrerem intervenção. Dado que, a partir de agora, somente o não pagamento intencional (algo praticamente impossível de se provar, diga-se de passagem) justificaria a intervenção, criou-se um desestímulo à quitação dessas dívidas.

---

[32] STF, Pleno, Intervenção Federal n. 444/SP, Redator para o Acórdão Ministro Gilmar Mendes, *DJ* de 14-11-2003.

[33] Cf. apreciação crítica desse entendimento em CUNHA, Leonardo José Carneiro da. Comentários ao art. 100. In: BONAVIDES, Paulo *et al.* (orgs.). *Comentários à Constituição Federal de 1988*. Rio de Janeiro: Forense, 2009, p. 1239.

[Capítulo 19] Poder Judiciário (Disposições Gerais) 613

Esquemas

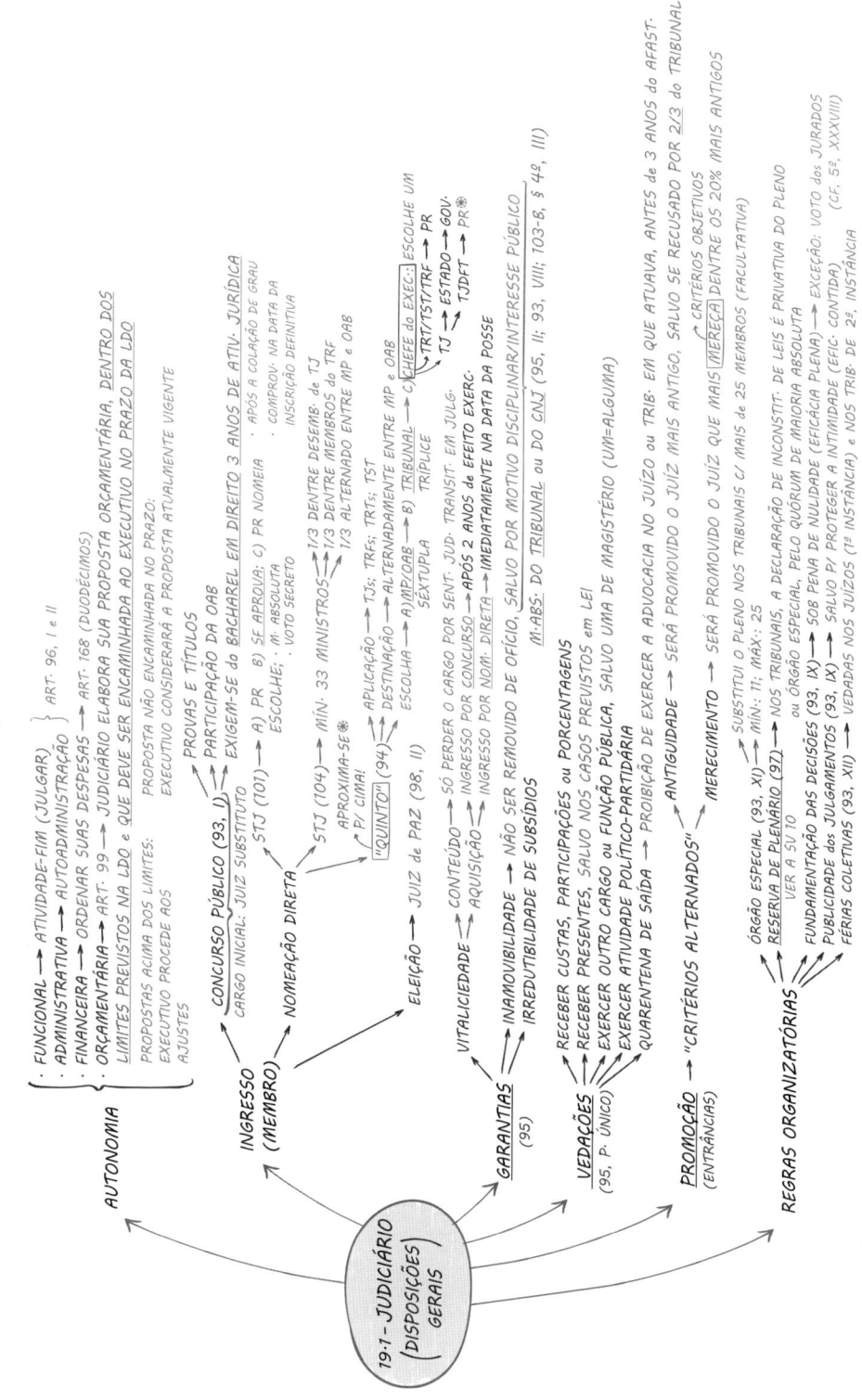

19.1 - JUDICIÁRIO (DISPOSIÇÕES GERAIS)

- **AUTONOMIA**
  - FUNCIONAL → ATIVIDADE-FIM (JULGAR)
  - ADMINISTRATIVA → AUTOADMINISTRAÇÃO } ART. 96, I e II
  - FINANCEIRA → ORDENAR SUAS DESPESAS → ART. 168 (DUODÉCIMOS)
  - ORÇAMENTÁRIA → ART. 99 → JUDICIÁRIO ELABORA SUA PROPOSTA ORÇAMENTÁRIA, DENTRO DOS LIMITES PREVISTOS NA LDO e QUE DEVE SER ENCAMINHADA AO EXECUTIVO NO PRAZO DA LDO
    - PROPOSTAS ACIMA DOS LIMITES: EXECUTIVO PROCEDE AOS AJUSTES
    - PROPOSTA NÃO ENCAMINHADA NO PRAZO: EXECUTIVO CONSIDERARÁ A PROPOSTA ATUALMENTE VIGENTE

- **INGRESSO (MEMBRO)**
  - CONCURSO PÚBLICO (93, I)
    - PROVAS E TÍTULOS
    - PARTICIPAÇÃO DA OAB
    - EXIGEM-SE do BACHAREL EM DIREITO 3 ANOS DE ATIV. JURÍDICA
      - CARGO INICIAL: JUIZ SUBSTITUTO
      - · APÓS A COLAÇÃO DE GRAU
      - · COMPROV. NA DATA DA INSCRIÇÃO DEFINITIVA
  - NOMEAÇÃO DIRETA
    - STJ (101) → A) PR B) SE APROVA: C) PR NOMEIA
      - ESCOLHE: M. ABSOLUTA: VOTO SECRETO
    - STJ (104) → MÍN. 33 MINISTROS
      - 1/3 DENTRE DESEMB. de TJ
      - 1/3 DENTRE MEMBROS do TRF
      - 1/3 ALTERNADO ENTRE MP e OAB
    - APROXIMA-SE
    - Pr CIMA!
    - "QUINTO" (94)
      - APLICAÇÃO → TJs; TRFs; TRTs; TST
      - DESTINAÇÃO → ALTERNADAMENTE ENTRE MP e OAB
      - ESCOLHA → A)MP/OAB → B) TRIBUNAL → C)CHEFE do EXEC.: ESCOLHE UM
      - TRT/TST/TRF → PR
      - TJ → ESTADO-GOV.
      - TJDFT → PR
      - SÊXTUPLA TRÍPLICE
  - ELEIÇÃO → JUIZ DE PAZ (98, II)

- **GARANTIAS (95)**
  - VITALICIEDADE → SÓ PERDER O CARGO POR SENT. JUD. TRANSIT. EM JULG.
    - INGRESSO POR CONCURSO → APÓS 2 ANOS de EFETIVO EXERC.
    - INGRESSO POR NOM. DIRETA → IMEDIATAMENTE NA DATA DA POSSE
  - INAMOVIBILIDADE → NÃO SER REMOVIDO DE OFÍCIO, SALVO POR MOTIVO DISCIPLINAR/INTERESSE PÚBLICO
    - (M. ABS. DO TRIBUNAL OU DO CNJ (95, II; 93, VIII; 103-B, § 4º, III))
  - IRREDUTIBILIDADE DE SUBSÍDIOS

- **VEDAÇÕES (95, P. ÚNICO)**
  - RECEBER CUSTAS, PARTICIPAÇÕES ou PORCENTAGENS
  - RECEBER PRESENTES, SALVO NOS CASOS PREVISTOS em LEI
  - EXERCER OUTRO CARGO ou FUNÇÃO PÚBLICA, SALVO UMA DE MAGISTÉRIO (UM=ALGUMA)
  - EXERCER ATIVIDADE POLÍTICO-PARTIDÁRIA
  - QUARENTENA DE SAÍDA → PROIBIÇÃO DE EXERCER A ADVOCACIA NO JUÍZO ou TRIB. EM QUE ATUAVA, ANTES DE 3 ANOS do AFAST.

- **PROMOÇÃO (ENTRÂNCIAS) "CRITÉRIOS ALTERNADOS"**
  - ANTIGUIDADE → SERÁ PROMOVIDO O JUIZ MAIS ANTIGO, SALVO SE RECUSADO POR 2/3 do TRIBUNAL DENTRE OS 20% MAIS ANTIGOS (FACULTATIVA)
  - MERECIMENTO → SERÁ PROMOVIDO O JUIZ QUE MAIS MEREÇA
    - CRITÉRIOS OBJETIVOS
    - EXCEÇÃO: VOTO dos JURADOS
    - SUBSTITUI O PLENO NOS TRIBUNAIS C/ MAIS DE 25 MEMBROS
    - SALVO Pr PROTEGER A INTIMIDADE (EFIC. CONTIDA)
    - (CF, 5º, XXXVIII)

- **REGRAS ORGANIZATÓRIAS**
  - ÓRGÃO ESPECIAL (93, XI)
    - MÍN.: 11; MÁX.: 25
  - RESERVA DE PLENÁRIO (97) → NOS TRIBUNAIS, A DECLARAÇÃO DE INCONSTIT. DE LEIS É PRIVATIVA DO PLENO ou ÓRGÃO ESPECIAL, PELO QUÓRUM DE MAIORIA ABSOLUTA
    - VER A SV 10
  - FUNDAMENTAÇÃO DAS DECISÕES (93, IX) → SOB PENA DE NULIDADE (EFICÁCIA PLENA)
  - PUBLICIDADE dos JULGAMENTOS (93, IX)
  - FÉRIAS COLETIVAS (93, XII) → VEDADAS NOS JUÍZOS (1ª INSTÂNCIA) e NOS TRIB. DE 2ª INSTÂNCIA

▷▷ *continuação*

continuação
▷▷

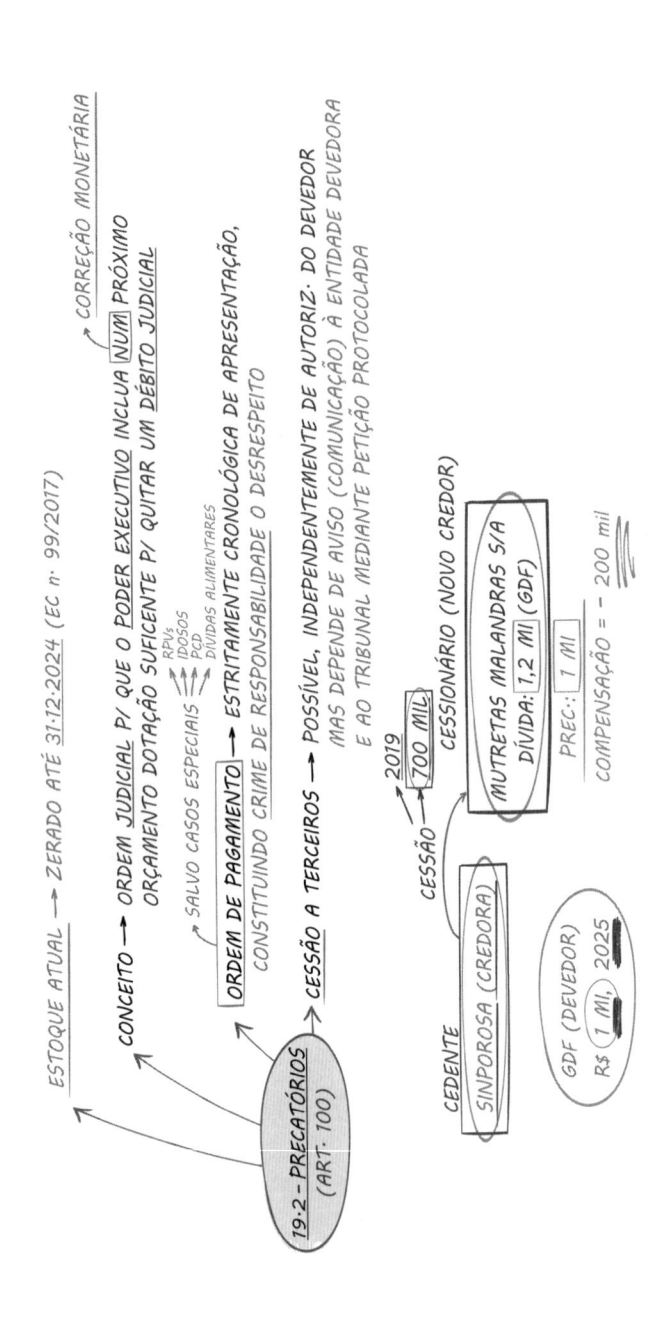

19.2 - PRECATÓRIOS (ART. 100)

- ESTOQUE ATUAL → ZERADO ATÉ 31-12-2024 (EC n. 99/2017) → CORREÇÃO MONETÁRIA

- CONCEITO → ORDEM JUDICIAL P/ QUE O PODER EXECUTIVO INCLUA NUM PRÓXIMO ORÇAMENTO DOTAÇÃO SUFICIENTE P/ QUITAR UM DÉBITO JUDICIAL
  - SALVO CASOS ESPECIAIS: RPVs / IDOSOS / PCD / DÍVIDAS ALIMENTARES

- **ORDEM DE PAGAMENTO** → ESTRITAMENTE CRONOLÓGICA DE APRESENTAÇÃO, CONSTITUINDO CRIME DE RESPONSABILIDADE O DESRESPEITO

- CESSÃO A TERCEIROS → POSSÍVEL, INDEPENDENTEMENTE DE AUTORIZ. DO DEVEDOR MAS DEPENDE DE AVISO (COMUNICAÇÃO) À ENTIDADE DEVEDORA E AO TRIBUNAL MEDIANTE PETIÇÃO PROTOCOLADA

CEDENTE: SINPOROSA (CREDORA) — CESSÃO 2019 / 700 MIL → CESSIONÁRIO (NOVO CREDOR): MUTRETAS MALANDRAS S/A — DÍVIDA: 1,2 MI (GDF)

GDF (DEVEDOR) R$ 1 MI, 2025

PREC.: 1 MI
COMPENSAÇÃO = − 200 mil

Capítulo 20

Poder Judiciário
(Estrutura e Competências)

20.1. JUSTIÇAS FEDERAIS ESPECIALIZADAS

20.1.1. Justiça do Trabalho

As competências da Justiça Trabalhista estão previstas no art. 114 da CF, e foram significativamente ampliadas com a EC n. 45/2004. Por exemplo: após a Reforma do Judiciário, passou a ser competência da JT julgar as causas decorrentes da relação de trabalho. Antes da Emenda, a competência era apenas para julgar as ações relativas à relação de emprego, o que é mais restrito. Agora, estão incluídas também as ações relativas a representantes comerciais autônomos, entre outras (art. 114, I).

✓ Observação!

Servidor público estatutário não é julgado pela Justiça do Trabalho, mas, sim, pela Justiça comum (Federal ou Estadual, confirme o caso).

Também cabe à Justiça do Trabalho julgar as causas decorrentes do exercício do direito de greve (exceto dos servidores públicos estatutários), inclusive no que se refere a ações possessórias (reintegração de posse etc.), conforme a Súmula Vinculante 23:

> (...) a Justiça do Trabalho é competente para processar e julgar ação possessória ajuizada em decorrência do exercício do direito de greve pelos trabalhadores da iniciativa privada[1].

Assim, as ações possessórias, que normalmente correriam na Justiça Estadual, passam a ser de competência da Justiça do Trabalho, caso se relacionem com o exercício do direito de

---

[1] No mesmo sentido, confira: "Compete à Justiça do Trabalho o julgamento das ações de interdito proibitório em que se busca garantir o livre acesso de funcionários e de clientes às agências bancárias interditadas em decorrência de movimento grevista." (Tema n. 74 da Repercussão Geral do STF).

greve (invasão de fábrica pelos trabalhadores grevistas, por exemplo). Assim, a greve de empregados celetistas atua como uma espécie de "ímã", atraindo todas as causas cíveis a ela relacionadas para a Justiça do Trabalho.

✋ Cuidado!

"A Justiça Comum, Federal ou Estadual, é competente para julgar a abusividade de greve de servidores públicos celetistas da Administração pública direta, autarquias e fundações públicas." (Tema n. 544 da Repercussão Geral do STF).

Em suma, portanto, temos:

Trabalhadores	Competência para julgar a greve
Celetistas (iniciativa privada)	Justiça do Trabalho
Celetistas (empresas públicas e sociedades de economia mista)	Justiça do Trabalho
Estatutários (Adm. Direta, autarquias e fundações)	Justiça Comum (Federal ou Estadual, conforme o caso)
Celestistas (Adm. Direta, autarquias e fundações)	Justiça Comum (Federal ou Estadual, conforme o caso)

A EC n. 45/2004 também ampliou a competência da Justiça do Trabalho para julgar ações sobre indenização por dano moral e material a respeito da relação de trabalho, inclusive as chamadas ações acidentárias (ações de acidente de trabalho). Então, teremos:

a) ação de acidente de trabalho do empregado contra o INSS (autarquia federal) – competência da Justiça Estadual comum (art. 109, I, parte final);

b) ação de acidente de trabalho do empregado contra o empregador (depois da EC n. 45) – competência da Justiça do Trabalho (art. 114, VI).

Súmula Vinculante 22:

> A Justiça do Trabalho é competente para processar e julgar as ações de indenização por danos morais e patrimoniais decorrentes de acidente de trabalho propostas por empregado contra empregador, inclusive aquelas que ainda não possuíam sentença de mérito em primeiro grau quando da promulgação da Emenda Constitucional n. 45/2004.

Tema n. 414 da Repercussão Geral do STF: "Compete à Justiça Comum Estadual julgar as ações acidentárias que, propostas pelo segurado contra o Instituto Nacional do Seguro Social (INSS), visem à prestação de benefícios relativos a acidentes de trabalho".

💬 Observação!

A Justiça do Trabalho não possui nenhuma competência criminal.

📝 Questão de Concurso

(Cespe/TRF 5ª Região/Juiz Federal/2009) Suponha que um juiz do trabalho tenha determinado a prisão em flagrante de uma testemunha, pelo crime de falso testemunho, nos autos de uma reclamação trabalhista. Nessa situação hipotética, compete à Justiça do Trabalho, e não à Justiça Federal, julgar o referido crime.

Gabarito comentado: Errado.
Tal crime será julgado pela Justiça Federal Comum (art. 109, IV), e não pela Justiça do Trabalho, que não possui nenhuma competência criminal!

20.1.2. Justiça Eleitoral

Julga as matérias (cíveis ou criminais) relativas às eleições, inclusive crimes eleitorais. A Justiça Eleitoral possui, então, alguma competência criminal, competindo-lhe julgar as causas cíveis relacionadas às eleições (registro de candidatura, coligações partidárias etc.) e os chamados crimes eleitorais, definidos nos arts. 289 e seguintes do Código Eleitoral.

20.1.3. Justiça Militar (da União)

Não se trata, aqui, da Justiça Militar Estadual, que pode ser criada pelos Estados (art. 125, § 3º). Fala-se, sim, da Justiça Militar da União, que julga crimes militares, nos termos do art. 124. Outra característica é que a Justiça Militar (da União) não possui órgão de segunda instância. Da decisão da Auditoria Militar cabe recurso direto para o Tribunal Superior, o STM.

20.2. JUSTIÇA FEDERAL COMUM

A competência da Justiça Comum (Federal e Estadual) é residual, ou seja, sua competência é encontrada por exclusão. Entre as competências da Justiça Comum, as da Justiça Federal são taxativas, previstas nos arts. 108 (TRFs) e 109 (juízes federais).

Podemos destacar:

a) causas em que a União, autarquias federais, fundações públicas de direito público ou privado federais e empresas públicas federais intervenham, a qualquer título (autoras, rés, assistentes, oponentes etc.).

✅ Observação!

Sociedade de economia mista federal não é julgada na Justiça Federal, mas, sim, na Justiça Estadual (STF, Súmula 556).

✋ Cuidado!

Causas de falências e de acidentes de trabalho são julgadas sempre na Justiça Estadual (art. 109, I, parte final).

b) causa entre Estado estrangeiro/organismo internacional e União/Estados/DF é julgada pelo STF (art. 102, I, *e*); Estado estrangeiro/organismo internacional e município/pessoa domiciliada no Brasil é de competência da Justiça Federal de primeira instância, com recurso ordinário direto para o STJ (art. 109, II, c/c art. 105, II, *c*).

Questões de Concurso

(FGV/TJAP/Juiz/2022) Joana, vereadora no Município Alfa, alugou imóvel de sua propriedade, situado no mesmo município, para o Estado estrangeiro XX, que ali instalou um serviço assistencial para pessoas carentes. Após alguns anos, momento em que o contrato de locação, nos termos da lei brasileira, se encontrava vigendo por prazo indeterminado, o Estado estrangeiro XX "comunicou" a Joana que ele, consoante a sua legislação, se tornara proprietário do imóvel, fazendo cessar o pagamento de aluguéis. Joana, sentindo-se esbulhada em sua propriedade, decidiu ajuizar ação em face do Estado estrangeiro XX. Consoante a ordem constitucional brasileira, a referida ação deve ser ajuizada perante:
a) a primeira instância da Justiça comum federal, com recurso ordinário para o Superior Tribunal de Justiça;
b) a primeira instância da Justiça comum estadual, com recurso ordinário para o Supremo Tribunal Federal;
c) a primeira instância da Justiça comum estadual, com recurso de apelação para o Tribunal de Justiça;
d) o Superior Tribunal de Justiça, com recurso ordinário para o Supremo Tribunal Federal;
e) o Supremo Tribunal Federal.
OBS: questão praticamente igual caiu também na prova FGV/Senado/Consultor Legislativo/2022
Gabarito comentado: A (CF, art. 109, II, c/c art. 105, II, *c*).

(FGV – CGU – Auditor Federal de Finanças e Controle – Área: Auditoria e Fiscalização – 2022) A organização internacional de cooperação XX celebrou contrato com o Município Alfa. À míngua de previsão de qualquer foro de eleição, a organização internacional procurou um advogado brasileiro e o consultou sobre a possibilidade de ajuizar uma ação, em face do Município Alfa, perante o órgão competente do Poder Judiciário brasileiro, em razão do descumprimento de cláusula contratual por parte desse ente. O advogado respondeu, corretamente, que eventual causa seria processada e julgada:
a) por juiz federal, com recurso ordinário para o Superior Tribunal de Justiça;
b) por juiz federal, com recurso ordinário para o Supremo Tribunal Federal;
c) por juiz federal, com recurso de apelação para o respectivo Tribunal Regional Federal;
d) pelo Superior Tribunal de Justiça, com recurso ordinário para o Supremo Tribunal Federal;
e) pelo Supremo Tribunal Federal, somente sendo cabíveis recursos endereçados ao próprio Tribunal.
Gabarito: A (CF, art. 109, II, c/c art. 105, II, *c*)

(FGV – PC RN – Delegado de Polícia Substituto – 2021) A Organização Internacional XX, vinculada às Nações Unidas, ajuizou ação ordinária em face do Município Alfa. Para sua surpresa, o pedido foi julgado improcedente pelo juiz federal competente, em primeira instância, em uma sentença que se apresentava como manifestamente dissonante da Constituição da República Federativa do Brasil. Nesse caso, o recurso a ser interposto pela Organização Internacional XX, visando à reforma da sentença do juízo de primeira instância, que lhe foi desfavorável, será endereçado ao:
a) Tribunal Regional Federal da respectiva região;
b) Tribunal de Justiça do respectivo Estado;
c) Superior Tribunal de Justiça;
d) Supremo Tribunal Federal;
e) Superior Tribunal Militar.
Gabarito: C (CF, art. 105, II, *c*)

c) crimes eleitorais são de competência da Justiça Eleitoral; crimes políticos são julgados pela Justiça Federal da primeira instância, com recurso ordinário direto para o STF (art. 109, IV, primeira parte, c/c art. 102, II, *b*).

Questão de Concurso

(Cespe/TRE-BA/Técnico/2010) Compete aos juízes federais processar e julgar os crimes políticos e compete ao Supremo Tribunal Federal julgar o recurso ordinário contra as sentenças advindas do julgamento desses crimes.

Gabarito comentado: Correto. Ver arts. 109, IV, e 102, II, *b*.

d) crimes contra o sistema financeiro, contra a ordem econômica, crimes previstos em tratado internacional, crimes contra a organização do trabalho, crimes cometidos a bordo de navios ou aeronaves ou em detrimento da União, autarquias, fundações públicas ou empresas públicas federais.

Cuidado!

Nos casos de crimes cometidos a bordo de navios ou aeronaves, não interessa o tipo de crime, nem se a aeronave estava em solo: a competência é da Justiça Federal.

Questão de Concurso

(Cespe/PGE-AL/Procurador/2009) A Justiça Estadual é competente para julgar denunciados pela suposta prática do crime de roubo qualificado ocorrido no interior de aeronave que se encontre em solo.

Gabarito comentado: Errado. A competência é da Justiça Federal.

Observação!

1. Crime contra sociedade de economia mista federal é de competência da Justiça Estadual.
2. Podem ser deslocados para a Justiça Federal, em qualquer fase do inquérito ou processo, os crimes que causem grave violação de direitos humanos. Trata-se do Incidente de Deslocamento de Competência, que pode ser requerido apenas pelo **Procurador-Geral da República** ao **STJ** (art. 109, § 5º).

Questão de Concurso

(Cespe/TRF 2ª Região/Juiz Federal/2009) Na hipótese de grave violação de direitos humanos, o Procurador-Geral da República ou o Advogado-Geral da União, com a finalidade de assegurar o cumprimento de obrigações decorrentes de tratados internacionais de direitos humanos dos quais o Brasil seja parte, poderão suscitar, perante o STJ, incidente de deslocamento de competência para a Justiça Federal.

Gabarito comentado: Errado.
Só quem pode suscitar o IDC perante o STJ é o Procurador-Geral da República.

e) causas relativas ao direito dos indígenas. Não se trata de qualquer causa envolvendo índios, mas sim daquelas que envolvam direitos coletivos das populações indígenas (questões de direitos culturais indígenas, terras indígenas etc.).

20.3. ÓRGÃOS DE SUPERPOSIÇÃO

20.3.1. STF

As competências do STF (taxativas) podem ser classificadas em três tipos:

a) originárias (processos que nascem direto no STF);

b) recursais ordinárias (processos que chegam ao STF em grau de recurso comum, oriundo dos Tribunais Superiores ou da Justiça Federal de primeira instância);

c) recursais extraordinárias (recurso que chega ao STF, vindo das instâncias ordinárias, quando se tratar de matéria constitucional).

Podemos destacar, das competências originárias:

a) ações de controle concentrado de constitucionalidade: ADI (**genérica** e por omissão); ADC; ADPF; Representação Interventiva (art. 102, I, *a*, e § 1º; art. 36, III);

b) causas criminais de autoridades que possuem foro por prerrogativa de função:

b.1.) só nos crimes comuns: Presidente da República, Vice-Presidente da República, Senadores e Deputados Federais, Ministros do próprio STF e o Procurador-Geral da República (art. 102, I, *b*);

b.2.) tanto nos crimes comuns quanto nos de responsabilidade: Ministros de Estado, Comandantes do Exército, da Marinha e da Aeronáutica, Ministros dos Tribunais Superiores e do TCU e chefes de missão diplomática permanente (art. 102, I, *c*).

Observação!

1. Ministro de Estado é julgado pelo STF nos crimes comuns; nos crimes de responsabilidade, depende: se conexo com o do Presidente, a competência será do Senado (art. 52, I), se não, o julgamento será no STF (art. 102, I, *c*).
2. Governadores, crimes comuns: STJ (art. 105, I, *a*); Prefeitos, crimes comuns: TJ (art. 29, X) ou TRF (nesse segundo caso, só se se tratar de crime federal).
3. Ministros do TCU são julgados no STF (art. 102, I, *c*); Conselheiros de Tribunal de Contas Estadual, no STJ (art. 105, I, *a*).

Quadro 20.1 – Foro por prerrogativa de função (principais casos)

Poder	Autoridade	Tipo de crime	Foro	Art.
Executivo	Presidente da República*	Comum	STF	102, I, *b*
	Presidente da República	Responsabilidade	Senado	52, I
	Governador	Comum	STJ	105, I, *a*
	Prefeito	Comum	TJ ou TRF (se for crime estadual ou federal)	29, X, e 108
Legislativo	Deputados Federais e Senadores**	Comum	STF	102, I, *b*

continuação

[Capítulo 20] Poder Judiciário (Estrutura e Competências)

continuação

Poder	Autoridade	Tipo de crime	Foro	Art.
Judiciário	Ministros dos Tribunais Superiores***	Comum ou responsabilidade	STF	102, I, c
	Membros de tribunal de segunda instância (TJ, TRF, TRT ou TRE)****	Comum ou responsabilidade	STJ	105, I, a
	Juízes de primeira instância	Comum ou responsabilidade	TJ (juízes de Direito) ou TRF (juízes da esfera federal)	96, III, e 108, I, a

* Seguem o mesmo foro por prerrogativa de função do Presidente da República: a) Vice-Presidente da República; b) Ministros do STF; c) PGR; d) AGU.

** Deputados Federais e Senadores não cometem crime de responsabilidade, e sim quebra de decoro (art. 55, II).

*** Ministros do TCU possuem o mesmo foro dos Ministros do STJ.

**** Conselheiros de Tribunal de Contas Estadual têm o mesmo foro de membros de tribunal de segunda instância.

✋ Cuidado!

"O foro especial por prerrogativa de função não se estende a magistrados aposentados." (Tema n. 453 da Repercussão Geral do STF).

📝 Questões de Concurso

(FGV – CGU – Auditor Federal de Finanças e Controle – Área: Auditoria e Fiscalização – 2022) Após ampla investigação da Procuradoria-Geral da República, concluiu-se que o governador do Estado Alfa praticara infração penal, consistente no desvio de recursos oriundos da União, em razão da celebração de convênio, cuja persecução penal deveria ser iniciada mediante ação penal pública incondicionada. Nesse caso, o foro competente para o processo e julgamento dessa autoridade é o:

a) Superior Tribunal de Justiça, que deve solicitar autorização à respectiva Assembleia Legislativa, ainda que a Constituição Estadual não o exija, por se tratar de norma de reprodução obrigatória, sendo o governador automaticamente afastado caso a denúncia seja recebida;

b) Superior Tribunal de Justiça, que não depende de autorização da Assembleia Legislativa, pois a Constituição Estadual não pode exigi-lo, e, com o recebimento da denúncia, o afastamento do chefe do Poder Executivo não é automático;

c) Superior Tribunal de Justiça, que deve solicitar autorização à respectiva Assembleia Legislativa, caso a Constituição Estadual o exija, sendo que o governador somente será afastado se a denúncia for recebida e o Tribunal assim deliberar;

d) Tribunal Regional Federal, que não depende de autorização da Assembleia Legislativa, pois a Constituição Estadual não pode exigi-lo, e, com o recebimento da denúncia, o afastamento do chefe do Poder Executivo não é automático;

e) Supremo Tribunal Federal, que deve solicitar autorização à respectiva Assembleia Legislativa, caso a Constituição Estadual o exija, sendo o governador automaticamente afastado caso a denúncia seja recebida.

> Gabarito comentado: B (CF, art. 105, I, *a*; o recebimento da denúncia não depende de autorização da Assembleia, conforme decisão do STF na ADI n. 5540/MG: "Não há necessidade de prévia autorização da assembleia legislativa para o recebimento de denúncia ou queixa e instauração de ação penal contra governador de Estado, por crime comum, cabendo ao Superior Tribunal de Justiça (STJ), no ato de recebimento ou no curso do processo, dispor, fundamentadamente, sobre a aplicação de medidas cautelares penais, inclusive afastamento do cargo").

(FCC/TRT 2ª Região/Analista Judiciário – Área Judiciária/2014) O julgamento do Vice-Presidente do Tribunal Regional do Trabalho por crime de responsabilidade em virtude de conduta praticada no período em que exercia, por substituição, a Presidência do Tribunal

a) somente é cabível no caso de haver expressa autorização do Conselho Nacional de Justiça ou da maioria absoluta dos membros do próprio Tribunal Regional do Trabalho integrado pelo acusado.

b) cabe originariamente ao Tribunal Superior do Trabalho em face de denúncia oferecida pelo Ministério Público do Trabalho.

c) cabe originariamente ao Superior Tribunal de Justiça em face de denúncia oferecida pelo Ministério Público Federal.

d) somente é cabível caso a infração seja enquadrada como improbidade administrativa, pois a responsabilização político-administrativa decorrente do regime dos crimes de responsabilidade é aplicável apenas aos agentes políticos expressamente designados no texto constitucional.

e) cabe originariamente ao Supremo Tribunal Federal em face de denúncia oferecida pelo Procurador-Geral da República.

> Gabarito comentado: C. Ver art. 105, I, *a*.

(FCC/Prefeitura Recife/Procurador Judicial/2008) De acordo com a Constituição Federal, compete originariamente ao Tribunal de Justiça julgar o Prefeito pela prática de crimes comuns, ainda que possam se enquadrar na competência da Justiça Federal.

> Gabarito comentado: Errado.
> Se o crime for de competência da Justiça Federal, a competência será do TRF, e não do TJ (STF, Súmula nº 702).

(Cespe/STJ/Técnico/2008) Se um conselheiro do Tribunal de Contas do Estado do Paraná cometer um crime de responsabilidade, não poderá ser processado e julgado pelo tribunal de justiça daquele Estado.

> Gabarito comentado: Correto. A competência não é do TJ, é do STJ (art. 105, I, a).

✋ Cuidado!

Súmula Vinculante 45: "A competência constitucional do Tribunal do Júri prevalece sobre o foro por prerrogativa de função estabelecido exclusivamente pela Constituição Estadual."

Logo, se o foro estiver previsto na Constituição **Federal** (como é o caso dos Deputados Federais e Senadores), prevalece até mesmo sobre a competência do júri.

Dito de outra forma:

Constituição Estadual pode dar foro especial por prerrogativa de função para autoridades que não estejam previstas na Constituição Federal? Pode, mas esse foro exclusivamente estadual não prevalecerá em caso de crime doloso contra a vida, caso em que o julgamento competirá ao tribunal do júri.

c) causa entre Estado estrangeiro/organismo internacional e União/Estados/DF é julgada pelo STF (art. 102, I, e);

d) conflitos federativos (art. 102, I, *f*);

Questão de Concurso

(FGV – TJ-RO – Analista Judiciário – Área Oficial de Justiça – 2021) Comissão Parlamentar de Inquérito (CPI) constituída no âmbito da Assembleia Legislativa do Estado Alfa deliberou, em decisão fundamentada, pela quebra do sigilo fiscal de Maria e Pedro. A instituição financeira competente, uma autarquia federal, negou-se a fornecer os dados almejados, sob o argumento de que a lei complementar federal que trata da matéria não previu essa possibilidade. Inconformada, a Assembleia Legislativa do Estado Alfa decidiu impetrar mandado de segurança para que lhe fosse assegurado o acesso às informações, havendo dúvida sobre a competência originária do Supremo Tribunal Federal para julgá-lo. À luz da sistemática constitucional, o Supremo Tribunal Federal é:

a) competente para julgar o mandado de segurança; e as informações solicitadas pela CPI, por simetria com o modelo federal, deveriam ter sido fornecidas;

b) competente para julgar o mandado de segurança, mas as informações solicitadas pela CPI exigiam prévia autorização judicial para o seu fornecimento;

c) incompetente para julgar o mandado de segurança, que deveria ser impetrado perante um juiz federal, mas as informações solicitadas pela CPI exigiam prévia autorização judicial para o seu fornecimento;

d) incompetente para julgar o mandado de segurança, que deveria ser impetrado perante um Tribunal Regional Federal, mas as informações solicitadas pela CPI exigiam prévia autorização judicial para o seu fornecimento;

e) incompetente para julgar o mandado de segurança, que deveria ser impetrado perante um juiz federal; e as informações solicitadas pela CPI, por simetria com o modelo federal, deveriam ter sido fornecidas.

Gabarito comentado: A (O STF é competente para julgar o mandado de segurança, por envolver conflito entre União – entidade da administração indireta federal – e Estado, nos termos do art. 102, I, *f*, da CF; e, por simetria com as CPIs federais, as CPIs das assembleias legislativas possuem poder de determinar a quebra de sigilo bancário, nos termos da ACO 730/RJ, STF, Pleno)

Atenção!

Com a entrada em vigor da Reforma Tributária (EC n. 132/2023), foram criados dois tributos sobre o consumo (para substituir os diversos tributos que incidiam nessa hipótese). Nasceram, assim, o Imposto sobre Bens e Serviços – IBS (art. 156-A), a ser compartilhado entre Municípios, Estados e Distrito Federal; e a Contribuição sobre Bens e Serviços – CBS (art. 195, V), pertencente à União.

Diante do fato de que os detalhes sobre a repartição desses tributos devem ser definidos em lei complementar da União, e ainda à luz do fato de que o intérprete maior da lei federal é o STJ, a EC n. 132/2023 estabeleceu que cabe ao STJ processar e julgar, originariamente, o conflito entre entes federativos quando o motivo da disputa for o IBS ou a CBS (CF, art. 105, I, *j*).

Assim, a partir da EC n. 132/2023, o STF continua a julgar os conflitos federativos, exceto aqueles relacionados ao IBS e à CBS, já que, nessa última hipótese, a competência originária passou a ser do STJ.

e) pedido de extradição solicitado por Estado estrangeiro (art. 102, I, *g*).

Atenção!

O STF autoriza ou não a extradição. Não autorizada, o processo é extinto; autorizada, a decisão sobre extraditar ou não caberá ao Presidente (caso Cesare Battisti, Extradição n. 1.085/Itália).

f) homologação de sentença estrangeira e concessão de *exequatur* às cartas rogatórias eram de competência do STF; hoje, são tarefas do STJ (art. 102, I, *h*, c/c art. 105, I, *i*).

✓ Observação!

A execução da sentença homologada pelo STJ e da carta rogatória, depois de concedido o *exequatur*, é competência da Justiça Federal de primeira instância (art. 109, X).

g) reclamação contra usurpação de sua competência por outros órgãos, ou contra desrespeito de suas decisões (art. 102, I, *l*), inclusive súmula vinculante (art. 103-A, § 3º);

Questões de Concurso

(FGV/TJAP/Juiz/2022) Maria teve uma série de produtos apreendidos em seu estabelecimento sob o argumento de a comercialização ser proibida no território brasileiro. Ato contínuo, ao receber o respectivo auto de apreensão, apresentou sua defesa, argumentando, com provas documentais, que a lista de produtos proibidos, na qual se baseara a autoridade administrativa, fora alterada em momento pretérito. Sua defesa, no entanto, não foi acolhida. Ao ser notificada da decisão, interpôs recurso administrativo endereçado à autoridade superior, que ocupava o último grau do escalonamento hierárquico. O recurso, todavia, não foi conhecido por esta última autoridade, já que Maria não atendera a um dos pressupostos de admissibilidade previstos na legislação municipal, consistente na realização de depósito prévio correspondente a 50% do valor das mercadorias. Esse quadro permaneceu inalterado em juízo de retratação. À luz da sistemática afeta à súmula vinculante, Maria:

a) deve submeter a decisão às instâncias ordinárias do Judiciário e, somente em um segundo momento, caso não seja anulada, ingressar com reclamação no Supremo Tribunal Federal;
b) pode submeter a decisão, via reclamação, ao Supremo Tribunal Federal, cabendo ao Tribunal anulá-la e determinar a prolação de outra, com aplicação da súmula vinculante;
c) somente poderá impetrar mandado de segurança, em razão da violação de direito líquido e certo, o qual tem precedência em razão do caráter subsidiário da reclamação;
d) não pode submeter a decisão à apreciação do Supremo Tribunal Federal, já que a reclamação não é cabível contra atos lastreados na lei, como é o caso;
e) não pode submeter a decisão à apreciação do Supremo Tribunal Federal, considerando que a narrativa não indica violação de súmula vinculante.

Gabarito comentado: B (em se tratando de violação a súmula vinculante – SV 21: "É inconstitucional a exigência de depósito ou arrolamento prévios de dinheiro ou bens para admissibilidade de recurso administrativo" – é cabível reclamação diretamente ao STF – CF, art. 103-A, § 3º)

h) ações contra o CNJ e o CNMP (art. 102, I, *r*);

✋ Cuidado!

Antigamente, o STF considerava que sua competência para processar e julgar originariamente as ações contra o CNJ e o CNMP restringia-se às "ações tipicamente constitucionais", isto é, aos remédios constitucionais. Todavia, no julgamento do Agravo Regimental na Petição 4770, em 18-11-2020, a Corte passou a entender que lhe compete processar e julgar quaisquer ações contra o CNJ e o CNMP, e não apenas os remédios constitucionais. Veja a diferença:

	Posição antiga	Posição atual
Mandado de segurança contra ato do CNJ	STF (102, I, r)	STF (102, I, r)
Ação ordinária contra ato do CNJ	Justiça Federal de primeira instância (109, I)	STF (102, I, r)

📝 Questão de Concurso

(FGV – MPE GO – Promotor de Justiça Substituto – 2022) Ao promotor de justiça André lotado em Promotoria da Infância e Juventude da capital do Estado Beta, após processo administrativo disciplinar (PAD) que tramitou perante o Conselho Nacional do Ministério Público (CNMP), foi aplicada sanção disciplinar em razão de ter incorrido em faltas injustificadas no órgão de execução de que é titular, prejudicando o andamento de procedimentos que por lá tramitam. Inconformado com a punição, o promotor de justiça André ajuizou ação ordinária em face da União e do Estado Beta, perante uma Vara Federal da capital do Estado Beta, pretendendo a declaração de nulidade da sanção disciplinar aplicada pelo CNMP, por ofensa ao contraditório e à ampla defesa durante o PAD. Consoante atual jurisprudência do Supremo Tribunal Federal sobre o tema, a competência para processar e julgar a ação manejada pelo promotor é do(a):

a) Supremo Tribunal Federal, pois se trata de ato praticado pelo Conselho Nacional do Ministério Público correlato a suas atividades finalísticas previstas constitucionalmente;

b) Superior Tribunal de Justiça, pois se trata de ato praticado pelo Conselho Nacional do Ministério Público correlato a suas atividades administrativas previstas constitucionalmente;

c) Vara da Fazenda Pública da capital da Justiça Estadual do Estado Beta, pois se trata de ato praticado pelo Conselho Nacional do Ministério Público correlato a suas atividades administrativas previstas constitucionalmente;

d) Vara da Fazenda Pública do Distrito Federal, local onde está sediado o CNMP, pois se trata de ato praticado pelo Conselho Nacional do Ministério Público correlato a suas atividades administrativas previstas constitucionalmente;

e) Vara Federal da capital do Estado Beta, em razão do local onde ocorreram os fatos objeto do PAD, pois se trata de ato praticado pelo Conselho Nacional do Ministério Público correlato a suas atividades finalísticas previstas constitucionalmente.

Gabarito comentado: A (CF, art. 102, I, r: "Nos termos do art. 102, I, "r", da Constituição Federal (CF), é competência exclusiva do Supremo Tribunal Federal (STF) processar e julgar, originariamente, todas as ações ajuizadas contra decisões do Conselho Nacional de Justiça (CNJ) e do Conselho Nacional do Ministério Público (CNMP) proferidas no exercício de suas competências constitucionais, respectivamente, previstas nos arts. 103-B, § 4°, e 130-A, § 2°, da CF" – STF, Pleno, Rcl 33.549-AgR)

i) edição, revisão e cancelamento de súmula vinculante, após reiteradas decisões em matéria constitucional, e pelo voto de 2/3 dos Ministros (art. 103-A).

Quanto aos recursos ordinários para o STF, são cabíveis em dois casos:

a) da decisão dos Tribunais Superiores, quando forem denegados *writs* constitucionais (exceto ação popular) que lá tiveram origem (competências originárias dos Tribunais Superiores): art. 102, II, *a*.

✓ Observação!

Ação popular é julgada sempre na primeira instância.

b) crimes políticos, julgados pelos juízes federais de primeira instância (art. 102, II, *b*).

Por fim, o STF também julga **recurso extraordinário** em matéria constitucional (art. 102, III). O recurso extraordinário (RE) possui três importantes requisitos de admissibilidade:

a) matéria estritamente jurídica (não cabe RE para discutir questões fáticas: Súmula 279/STF) e de natureza constitucional (art. 102, III, *a* a *d*);

b) prequestionamento, isto é, a matéria constitucional precisa ter sido discutida efetivamente pelo acórdão objeto do recurso;

c) repercussão geral (art. 102, § 3º).

Questão de Concurso

(Cespe/PGE-AL/Procurador/2009) Compete ao STJ julgar, em recurso especial, as causas decididas, em única ou última instância, pelos tribunais regionais federais ou pelos tribunais dos estados, do DF e territórios, quando a decisão recorrida julgar válida lei local contestada em face de lei federal.

Gabarito comentado: Errado.
A competência recursal é do STF, por meio de recurso extraordinário (art. 102, III, *d*). Apesar de se falar em conflito de lei local com lei federal, na verdade esse tema é constitucional, pois, se lei estadual e federal estão em conflito, é porque uma das duas é inconstitucional (invadiu competência do outro ente federativo). Logo, se a discussão é constitucional, o recurso é o RE para o STF, e não o REsp para o STJ.

Aprofundamento:
a competência para julgar Ministros de Estados

É preciso rememorar a competência para o julgamento de crimes de responsabilidade de Ministros de Estado. Conforme o regramento da CF, o processo e julgamento de tais ilícitos compete:

a) ao Senado Federal, caso se trate de crime de responsabilidade **conexo com ato Presidente ou do Vice-Presidente da República** (CF, art. 52, I);

b) ao Supremo Tribunal Federal (STF), caso se trate de crime de responsabilidade **não conexo com o Presidente ou o Vice-Presidente da República** (CF, art. 102, I, *c*, *a contrario sensu* do art. 52, I).

É também certo que somente no primeiro caso (julgamento perante o Senado Federal, em conjunto com o Presidente ou o Vice-Presidente da República) será necessária a autorização prévia, discricionária e política da Câmara dos Deputados, como verdadeira condição de procedibilidade[2], nos termos do entendimento do STF acerca do inciso I do art. 51 da CF.

O art. 14 da Lei n. 1079, de 1950, dispõe ser "permitido a qualquer cidadão denunciar o Presidente da República ou Ministro de Estado, por crime de responsabilidade, perante a Câmara dos Deputados". Todavia, no entender do STF, tal dispositivo só se aplica aos casos de crime de responsabilidade cujo julgamento compete ao Senado Federal (em relação aos Ministros de Estado, portanto, apenas quando a infração for conexa com ato ou omissão do Presidente ou do Vice-Presidente da República).

---

[2] STF, Pleno, Arguição de Descumprimento de Preceito Fundamental n. 378 (Medida Cautelar), redator para o acórdão Min. Roberto Barroso, *DJE* de 8-3-2016.

Nos demais casos – crimes de responsabilidade do Ministro de Estado não conexo com o Presidente ou Vice-Presidente da República, situação em que o julgamento compete constitucionalmente ao STF –, a Corte considera ser aplicável o rito do direito processual penal. Em outras palavras: em se tratando de crimes de ação penal pública (a regra no Direito brasileiro, em vista do *caput* do art. 100 do Código Penal[3]), a legitimidade ativa cabe privativamente ao Ministério Público[4]. Como se trata de oficiar perante o STF, a atribuição específica é do próprio Procurador-Geral da República (PGR), nos termos do art. 46, parágrafo único, III, da Lei Orgânica do Ministério Público da União (Lei Complementar n. 75, de 20 de maio de 1993[5]).

Nesse sentido, confira-se:

> DIREITO CONSTITUCIONAL, PENAL E PROCESSUAL PENAL. DENÚNCIA PERANTE O S.T.F., APRESENTADA POR CIDADÃOS, CONTRA MINISTRO DE ESTADO, POR CRIME DE RESPONSABILIDADE. ILEGITIMIDADE ATIVA DOS DENUNCIANTES. AGRAVO.
>
> 1. Em se tratando de ação penal pública, é do Ministério Público – e não de particulares – a legitimidade ativa para denúncia por crime de responsabilidade (artigos 129, I, e 102, I, "c" da C.F.).
> 2. Precedentes do S.T.F.
> 3. Agravo improvido[6].
>
> DENÚNCIA POPULAR. SUJEITO PASSIVO: MINISTRO DE ESTADO. CRIMES DE RESPONSABILIDADE. ILEGITIMIDADE ATIVA AD CAUSAM. RECEBIMENTO DA PEÇA INICIAL COMO "NOTITIA CRIMINIS". ENCAMINHAMENTO AO MINISTÉRIO PÚBLICO FEDERAL.
>
> 1. O processo de *impeachment* dos Ministros de Estado, por crimes de responsabilidade autônomos, não conexos com infrações da mesma natureza do Presidente da República, ostenta caráter jurisdicional, devendo ser instruído e julgado pelo Supremo Tribunal Federal. Inaplicabilidade do disposto nos artigos 51, I e 52, I da Carta de 1988 e 14 da Lei 1079/50, dado que é prescindível autorização política da Câmara dos Deputados para a sua instauração.
> 2. Prevalência, na espécie, da natureza criminal desses processos, cuja apuração judicial está sujeita à ação penal pública da competência exclusiva do Ministério Público Federal (CF, artigo 129, I). Ilegitimidade ativa ad causam dos cidadãos em geral, a eles remanescendo a faculdade de noticiar os fatos ao *Parquet*.
> 3. Entendimento fixado pelo Tribunal na vigência da Constituição pretérita (MS 20422, Rezek, DJ 29/06/84). Ausência de alteração substancial no texto ora vigente. Manutenção do posicionamento jurisprudencial anteriormente consagrado.

---

[3] "A ação penal é pública, salvo quando a lei expressamente a declara privativa do ofendido".
[4] CP, art. 100, § 1º: "A ação pública é promovida pelo Ministério Público, dependendo, quando a lei o exige, de representação do ofendido ou de requisição do Ministro da Justiça". CF, art. 129, I: "São funções institucionais do Ministério Público: I – promover, privativamente, a ação penal pública, na forma da lei; (...)".
[5] "O Procurador-Geral da República proporá perante o Supremo Tribunal Federal: (...) III – as ações cíveis e penais cabíveis".
[6] STF, Pleno, AgR na Pet n. 1104, Relator Ministro Sidney Sanches, *DJ* de 21-2-2003.

4. Denúncia não admitida. Recebimento da petição como *notitia criminis*, com posterior remessa ao Ministério Público Federal[7].

Em idêntico sentido há diversas decisões monocráticas, tais como as proferidas nas Pet n. 8708, Relator Ministro Luiz Fux, *DJe* de 8-5-2020; 8866, Relator Ministro Celso de Mello, *DJe* de 1º-9-2020; 8302, Relatora Ministra Rosa Weber, *DJe* de 4-12-2019; 8680, Relator Ministro Ricardo Lewandowski, *DJe* de 9-3-2020; 8351, Relator Ministro Edson Fachin, *DJe* de 30-10-2019.

Em suma, temos, para o processo e julgamento de crimes de responsabilidade de Ministros de Estado, as seguintes regras:

Quadro 20. 2 – Crimes de responsabilidade: regramento

Autoridade	Crime	Competência	Legitimidade Ativa	Regramento
Ministro de Estado	Responsabilidade (**conexo** com PR ou Vice-PR)	Senado Federal	Qualquer cidadão	CF, art. 52, I Lei n. 1.079/50, art. 14
Ministro de Estado	Responsabilidade (**não conexo** com PR ou Vice-PR)	STF	PGR	CF, art. 102, I, *c* LC n. 75/93, art. 46, p.u., III

20.3.2. STJ

As competências do STJ, previstas no art. 105, assemelham-se, em sistematicidade, às do STF. Além do que já destacamos, é preciso citar que o STJ recebe recursos especiais, sobre matéria de lei federal (art. 105, III). Assim, teremos: decisão de TJ/TRF que contrarie a Constituição – recurso extraordinário para o STF (art. 102, III); decisão de TJ/TRF que contrarie lei federal – recurso especial para o STJ (art. 105, III).

20.4. JUSTIÇA ESTADUAL (ARTS. 125 E 126)

A Justiça Estadual julga as matérias que não sejam de competência da Justiça Federal (comum ou especializada), inclusive controle de constitucionalidade das leis, em face da Constituição estadual (art. 125, § 2º).

20.5. CONSELHO NACIONAL DE JUSTIÇA (CNJ)

O Conselho Nacional de Justiça foi criado pela EC n. 45/2004, na esteira de anseio social por um maior controle do Poder Judiciário. Este é o único dos três Poderes cujos membros não são eleitos e gozam de vitaliciedade, o que justifica o controle disciplinar mais rígido, até mesmo no que diz respeito ao cumprimento dos deveres funcionais e às vedações do parágrafo único do art. 95.

Para exercer esse controle, foi então criado um órgão de controle **interno** do Judiciário (cuja criação já foi considerada constitucional pelo STF): o CNJ. Observe-se

---

[7] STF, Pleno, Pet n. 1954, Relator Ministro Maurício Corrêa, *DJ* de 1º-8-2003.

que o **CNJ é órgão de controle interno do Judiciário**. É um órgão do Judiciário, formado na maioria por membros do Judiciário, controlando o Judiciário. Controle interno, enfim. Justamente por isso, a criação do CNJ foi considerada constitucional pelo STF.

📝 Questão de Concurso

(Cespe/TJDFT/Analista Judiciário – Execução de Mandados/2008) O Conselho Nacional de Justiça tem natureza meramente administrativa e configura órgão de controle externo do Poder Judiciário.
Gabarito comentado: Errado. O CNJ é órgão de controle interno.

Integram o CNJ quinze Conselheiros: o Presidente do STF (membro nato e Presidente do Conselho) e mais quatorze Conselheiros eleitos (com aprovação da maioria absoluta do Senado) para um mandato de dois anos (permitida **uma** recondução), sendo: um Ministro do STJ, escolhido pelo próprio STJ (e que acumulará as funções de Conselheiro e Corregedor-Nacional de Justiça); um juiz federal e um de TRF, escolhidos também pelo STJ; um juiz estadual e um desembargador de TJ, escolhidos pelo STF; um Ministro do TST, um juiz do trabalho e um de TRT, escolhidos pelo TST; dois advogados, escolhidos pelo Conselho Federal da OAB; dois membros do Ministério Público, escolhidos pelo Procurador-Geral da República; dois cidadãos, escolhidos pela Câmara (um) e pelo Senado (outro).

A Emenda Constitucional n. 61, de 11-11-2009, alterou a redação do art. 103-B para deixar claro que o Presidente do STF é membro nato do CNJ (não precisa ser eleito nem aprovado pelo Senado).

O CNJ é um órgão de controle **interno** do Judiciário. Mesmo assim, não controla a atividade-fim, mas apenas realiza a fiscalização contábil, financeira, orçamentária, administrativa e disciplinar do Poder julgador. É responsável pelo controle administrativo-financeiro e disciplinar do Judiciário, seus membros e serviços auxiliares, além de zelar pelas prerrogativas do Poder que integra.

Recentemente, o STF decidiu que o poder correicional (investigar e punir) do CNJ pode ser exercido **concorrentemente** (isto é, cumulativa e simultaneamente) com as corregedorias de cada tribunal, não necessitando o CNJ aguardar o desfecho de eventual investigação no tribunal de origem para poder atuar.

✋ Cuidado!

O CNJ é órgão do Judiciário, mas não exerce a jurisdição. Não é órgão jurisdicional. Tem competência apenas para o controle orçamentário, contábil, financeiro, disciplinar e administrativo do Judiciário. Recentemente, porém, o STF entendeu que, à semelhança do TCU, o CNJ pode deixar de aplicar uma lei por entender que ela é inconstitucional (Pet. n. 4.656/PB).

📝 Questão de Concurso

(Cespe/TRE-MT/Analista Judiciário – Área Judiciária/2010) O Conselho Nacional de Justiça é um órgão do Poder Judiciário e tem jurisdição em todo o território nacional.
Gabarito comentado: Errado. O CNJ não exerce jurisdição.

20.6. APROFUNDAMENTO: COMPETÊNCIA PARA JULGAR ALGUNS REMÉDIOS CONSTITUCIONAIS

Falamos da competência para julgar *habeas corpus*. Vejamos, agora, os demais remédios constitucionais:

20.6.1. Mandado de segurança: é definido com base na autoridade coatora

Veja Bem!

Nos termos da jurisprudência do STF, "não compete ao Supremo Tribunal Federal conhecer originariamente de mandado de segurança contra atos de outros tribunais" (Súmula 624). É que existe "um princípio constitucional implícito, corroborado pela súmula do STF, de que o mandado de segurança contra ato do tribunal é da competência do próprio tribunal que proferiu o ato" (DIDIER JR., Fredie. *Curso de Direito Processual Civil*. Salvador: JusPodivm, 2008, v. 1. p. 154).

Atenção!

"Praticado o ato por autoridade, no exercício de competência delegada, contra ela cabe o mandado de segurança ou a medida judicial" (Súmula 510/STF). Assim, por exemplo, se um servidor público for demitido por ato de Ministro de Estado, atuando por delegação do Presidente da República (CF, art. 84, XXV, c/c parágrafo único), a competência para julgar eventual MS contra esse ato é do STJ (MS contra Ministro de Estado), e não do STF (MS contra o Presidente da República). Foi o que decidiu o STF no MS n. 32.814.

Questão de Concurso

(FGV – MPE RJ – Analista do Ministério Público – Área Processual – 2019) O Presidente da República delegou ao Ministro de Estado da Pasta WW a competência para editar decreto visando à extinção de cargos públicos, quando vagos. À luz da sistemática constitucional e da competência atribuída ao Supremo Tribunal Federal (STF) e ao Superior Tribunal de Justiça (STJ) para o julgamento de mandados de segurança, é correto afirmar que a delegação foi:

a) irregular, considerando que a matéria era insuscetível de delegação, e os mandados de segurança impetrados contra os atos do Ministro são julgados pelo STJ;

b) regular, considerando que a matéria era suscetível de delegação, e os mandados de segurança impetrados contra os atos do Ministro são julgados pelo STJ;

c) irregular, considerando que a delegação não foi ratificada pelo Legislativo, e os mandados de segurança impetrados contra os atos do Ministro são julgados pelo STF;

d) regular, considerando que a extinção de cargos vagos já é de competência dos Ministros, e os mandados de segurança impetrados contra os atos do Ministro são julgados pelo STF;

e) irregular, considerando que os cargos vagos, criados por lei, devem ser extintos por lei, e os mandados de segurança impetrados contra os atos do Ministro são julgados pelo STJ.

Gabarito comentado: A (a delegação de edição de decreto para extinguir cargo público é constitucional e pode ser feita para Ministros de Estado, conforme art. 84, VI, *b* e parágrafo único; e, nesse caso, o mandado de segurança é cabível contra a autoridade que praticou o ato – Súmula 510/STF: "Praticado o ato por autoridade, no exercício de competência delegada, contra ela cabe o mandado de segurança ou a medida judicial" – o que, em se tratando de Ministro de Estado, atrai a competência originária do STJ – CF, art. 105, I, *b*)

Aprofundamento:
questões históricas e políticas sobre a composição do STF

O Supremo Tribunal Federal, com esse nome, surgiu em 1890 (Decreto n. 510 da República), depois institucionalizado na Constituição de 1891.

É a maior Corte Judiciária brasileira. Superpõe-se a todas as Justiças e atua, também, como guardião da Constituição. Diverge-se sobre ser ele uma Corte Constitucional em sentido estrito, pois exerce várias outras atribuições, além do controle de constitucionalidade.

Quanto à composição do STF, art. 101, *caput*, dispõe que "O Supremo Tribunal Federal compõe-se de onze Ministros, escolhidos dentre cidadãos com mais de trinta e cinco e menos de setenta anos de idade, de notável saber jurídico e reputação ilibada" (idade máxima alterada pela EC n. 122/2022). Além disso, exige o art. 12, §3º, IV, que o Ministro do STF seja brasileiro nato.

Perceba-se que, dentre esses quatro requisitos, dois são de natureza objetiva (etário – idades mínima e máxima – e de nacionalidade – ser brasileiro nato) e dois de natureza subjetiva (capacitário – notável saber jurídico – e moral – reputação ilibada).

Pontes de Miranda, ao analisar esses requisitos, afirma que:

> Praticamente, o pressuposto do "notável saber", que em 1946 se explicou ser saber jurídico, [...] constitui mera recomendação. Todo bacharel de serviços políticos e alguma advocacia provinciana, ou todo juiz filho de Estado-membro que tenha, por seu tamanho, grande importância política, ou grandes padrinhos ocasionais, ou juízes politiqueiros do Distrito Federal, têm parecido preencher o que o texto supõe[8].

A escolha dos membros do Supremo Tribunal Federal não é, porém, um monopólio do Presidente da República, uma vez que o escolhido deve submeter-se ao crivo do Senado Federal, nos termos do já citado parágrafo único do art. 101 da CF.

Todavia, é de se notar que o quórum exigido para a aprovação não é tão exigente: maioria absoluta. Dificilmente se assistirá ao governo de um Presidente que não possua, sequer, mais da metade dos Senadores como aliados, até por questões de governabilidade. Aliás, em toda a história constitucional brasileira, apenas cinco vezes o Senado derrubou a escolha do Presidente, mesmo assim, em situações extremas, como nos hilários casos em que Floriano Peixoto nomeou dois generais e um médico.

Essa forma de nomeação foi "importada" (junto com diversas outras instituições – a exemplo do próprio federalismo) da Constituição americana; de um ordenamento em que é conferido

---

[8] MIRANDA, Francisco Cavalcanti Pontes de. *Comentários à Constituição de 1967 com a Emenda n. 1, de 1969*, t. IV. São Paulo: RT, 1970. p. 650.
Ao longo de 116 anos (1889 a 2005), o Senado Federal somente recusou cinco nomes, todos no governo de Floriano Peixoto: Barata Ribeiro, Inocêncio Falcão, Ewerton Quadros, Antônio Sève Navarro e Demóstenes Lobo. <www.stf.gov.br/institucional/ministros>. Nesse sentido: "Em 21.10.1893, foi nomeado para Ministro do STF, no recesso parlamentar, para a vaga do Ministro Barradas, o médico clínico Cândido Barata Ribeiro, que tomou posse e exerceu o cargo por quase um ano (1893-1894), enquanto se aguardava a confirmação de sua nomeação pelo Senado Federal, que afinal a rejeitou". (MORAES, Alexandre. *Jurisdição*, p. 216).

"todo o poder ao Presidente", como afirma a máxima republicana. Insere-se no contexto de um Executivo forte, interventor; aliás, é interessante notar a ausência da cláusula de independência entre os Poderes no mirrado texto constitucional americano.

Aprofundamento:
a alteração de composição de Tribunais no Direito comparado e a questão da independência desses órgãos

No direito comparado, o exemplo mais conhecido de tentativa de alterar a composição de Cortes é o chamado *Court Packing Plan*, apresentado ao Congresso americano em 1937 por influência do Presidente Franklin Delano Roosevelt.

Contrariado pelo fato de muitas normas integrantes do chamado *New Deal* terem sido declaradas inconstitucionais pela Suprema Corte americana, Franklin D. Roosevelt concebeu uma tentativa de alterar a lei de composição da Suprema Corte americana (nos Estados Unidos, o número de membros da Corte não tem previsão constitucional), com a finalidade de ampliar o número de juízes e, assim, realizar novas nomeações e, finalmente, conseguir a declaração de constitucionalidade das leis instituidoras de suas políticas públicas.

A proposta sofreu grande resistência na opinião pública e nos meios políticos, e, por ser considerada um ataque à independência judicial, restou rejeitada pelo Comitê de Justiça do Senado americano[9].

Aprofundamento:
deverá o STF ser provido por membros escolhidos por concurso público?

Muitas vezes se levanta a possibilidade de instituição de concurso público para a seleção de Ministros do Supremo Tribunal Federal (STF).

Pode-se defender ser possível – em termos constitucionais – a aprovação de tal mudança, desde que realizada por meio de Proposta de Emenda à Constituição (PEC) e preservadas as cadeiras dos atuais ocupantes, sem qualquer interferência que indique tentativa de alterar substancial e deliberadamente a composição concreta da Corte (o que, aliás, valeria para qualquer proposta de modificação desse aspecto).

Ser constitucionalmente possível – por não violar cláusula pétrea – não significa, contudo, que a proposta seja meritória. Ao contrário: há várias reservas quanto à adoção da sistemática do concurso público para a composição de tribunais constitucionais.

Dissertando sobre o tema em sua tese de livre-docência, o professor André Ramos Tavares explica:

> O formato concurso público, para recrutamento de integrantes do Tribunal Constitucional, conta com sérias dificuldades de implementação. Normalmente, argumenta-se favoravelmente a esse modelo por privilegiar a qualidade intelectual dos futuros componentes do Tribunal Constitucional, livrando-os do apadrinhamento e consequente relação política que a indicação por altas autoridades poderia gerar.

---

[9] Cf. KLINE, Stephan O. *Revisiting FDR's Court Packing Plan: Are the Current Attacks on Judicial Independence So Bad? In*: McGeorge Law Review, n. 30, 1999, p. 864.

> Contudo, a maior dificuldade está em selecionar os examinadores daqueles que serão os componentes do Tribunal Constitucional e que, portanto, terão a palavra final em termos de Direito. É difícil imaginar um conselho de anciãos, na sociedade moderna, respeitados por seus conhecimentos jurídicos, que pudesse funcionar como composição orgânica deliberativa sobre os futuros integrantes do Tribunal Constitucional.
>
> Ademais, como se garantirá a não ascendência de uma banca examinadora dessas (e de seus interesses) sobre os futuros componentes do Tribunal Constitucional? Ou seja, ainda que se superasse o problema da composição da banca examinadora, retornar-se-ia à mesma dificuldade inicial, vale dizer, poderia surgir um vínculo afetivo entre examinadores e examinados. Essa solução do concurso público, portanto, apenas acrescenta uma nova problemática à anterior.
>
> (...) entre justiça comum e justiça constitucional impõe-se uma substancial distinção. São âmbitos de atuação com natureza, procedimentos e objetivos totalmente diversos. (...) aos membros do Tribunal Constitucional (compreendido como tribunal especial) exige-se de seus componentes maior prestígio e independência superior do que dos membros dos tribunais comuns (cf. DUVERGER, 1948: 198)[10].

No mesmo sentido, Roberto da Silva Ribeiro, após analisar a composição de cortes constitucionais de diversos países, adverte:

> O concurso público, por sua vez, quando utilizado como meio direto para a seleção dos integrantes da Corte Constitucional também não se mostra como a forma mais adequada. Outrossim, ainda que se argumente favoravelmente, tendo em vista a comprovada capacidade intelectual dos escolhidos pelo certame, e ausência, em tese, de apadrinhamento, essa solução apresenta os mesmos inconvenientes da mera promoção de magistrados de carreira[11].

A Comissão de Constituição, Justiça e Cidadania (CCJ) do Senado Federal parece ter concordado com essa leitura. Tanto assim, que, ao apreciar a PEC n. 52, de 2015 (primeiro signatário Senador Reguffe) – que visava justamente a instituir a regra do concurso público para a escolha de ministros do STF – o colegiado concordou com a Relatora, Senador Ana Amélia, para quem *"o concurso público como único meio de acesso ao cargo de Ministro do STF pode implicar conferir um viés tecnicista ao mesmo. Ademais, não são conhecidas experiências internacionais que revelem a pertinência de tal modelo"*[12].

---

[10] TAVARES, André Ramos. *Teoria da Justiça Constitucional*. São Paulo: Saraiva, 2005, pp. 376-377.
[11] RIBEIRO, Roberto da Silva. *O Processo de Indicação dos Ministros do Supremo Tribunal Federal*: uma análise crítica. Brasília: Núcleo de Estudos e Pesquisas/CONLEG/Senado, Maio/2015 (Texto para Discussão n. 174). No mesmo sentido: PEIXOTO, Leonardo Scofano Damasceno Peixoto. *Supremo Tribunal Federal*: composição e indicação de seus ministros. São Paulo: Método, 2012, p. 56.
[12] Senado Federal. Comissão de Constituição, Justiça e Cidadania. Parecer n. 71, de 2017, Relatora Senadora Ana Amélia. *Diário do Senado Federal*, n. 132, de 14 de setembro de 2017, pp. 176 a 194.

Assim, em conclusão, pode-se afirmar que a instituição de concurso público como condição para o acesso ao cargo de Ministro do STF, por meio de PEC, seria possível; trata-se, contudo, de proposta cujo mérito é bastante questionável, tendo já sido inclusive refutada pela CCJ do Senado Federal[13].

Aprofundamento:
competência para julgar *habeas corpus* e Ministro de Estado

HABEAS CORPUS e MINISTRO DE ESTADO: a competência para o julgamento de *habeas corpus* envolvendo Ministro de Estado depende da posição por ele ocupada. Quando o Ministro for o paciente, a competência será do STF (art. 102, I, d); quando, porém, for a *autoridade coatora*, o *writ* será julgado no STJ (art. 105, I, *c*).

Quadro 20.3 – Competência para o julgamento de Ministro de Estado

Ação	Competência
Crime comum	STF
Crime de responsabilidade	Conexo com o Presidente da República: Senado Não conexo: STF
HC em que o Ministro é o paciente	STF
HC em que o Ministro é o coator	STJ

Aprofundamento:
competência do STF para julgar recurso extraordinário

Recurso extraordinário: ao contrário do recurso ordinário, aqui não basta à parte provar que perdeu. Será preciso demonstrar vários outros pressupostos sem os quais o STF sequer analisará o mérito do recurso (diz-se, então, que o recurso não foi conhecido) – são os pressupostos específicos de admissibilidade do RE (Recurso Especial).

O RE é um recurso que trata apenas de matéria constitucional. É um caso de exercício, pelo STF, de controle difuso de constitucionalidade. Note-se apenas que a alínea *d* era de competência do STJ, em grau de recurso especial. Porém, como se trata de um conflito de constitucionalidade (a decisão entre a validade da lei estadual e a da lei federal é matéria de repartição constitucional de competência), a competência foi atribuída ao STF pela EC n. 45/2004 (reforma do Judiciário).

De acordo com a doutrina, "recurso extraordinário (ou recurso excepcional, ou recurso de superposição) é gênero do qual são espécies o recurso extraordinário para o STF (art. 102, III, CF/88) e o recurso especial para o STJ (art. 105, III, CF/88)"[14]. Para não confundir o leitor, adotaremos a nomenclatura "recursos excepcionais" para nos referirmos, em conjunto, ao RE e ao REsp.

---

[13] A PEC n. 52, de 2015, permanece, porém, aguardando designação de novo relator na CCJ, desde 2019, em vista da extinção da tramitação em conjunto que vigorava quando da manifestação daquele colegiado aqui citada.

[14] Idem, ibidem, p. 217.

Existem pressupostos específicos de admissibilidade do RE. Desse modo, além de provar que perdeu, a parte recorrente terá de provar, para poder interpor RE:

1. **Prequestionamento:** é a prova de que o TJ ou TRF ou qualquer outro tribunal contra o qual se recorre debateu e decidiu a questão constitucional alegada. Não adianta, por exemplo, à parte que perdeu simplesmente "inventar" uma matéria constitucional para chegar com o processo até o STF. É preciso, para que caiba RE, que a matéria já tenha sido questionada (levantada, prequestionada) perante o tribunal *a quo*. Nesse sentido: **STF:** "É inadmissível o recurso extraordinário, quando não ventilada, na decisão recorrida, a questão federal suscitada" (Súmula 282).

Segundo Fredie Didier Jr. e Leonardo José Carneiro da Cunha, "o prequestionamento é exigência antiga para a admissibilidade dos recursos extraordinários, segundo o qual se impõe que a questão federal/constitucional objeto do recurso excepcional tenha sido suscitada/analisada na instância inferior"[15].

2. **Matéria constitucional:** o RE só é cabível nessas quatro hipóteses previstas taxativamente no art. 102, III, alíneas *a* a *d*.

a) **Jurisprudência: STF:** "Não cabe recurso extraordinário por contrariedade ao princípio constitucional da legalidade, quando a sua verificação pressuponha rever a interpretação dada a normas infraconstitucionais pela decisão recorrida" (Súmula 636); "Não cabe recurso extraordinário contra acórdão de Tribunal de Justiça que defere pedido de intervenção estadual em Município" (Súmula 637); "A controvérsia sobre a incidência, ou não, de correção monetária em operações de crédito rural é de natureza infraconstitucional, não viabilizando recurso extraordinário" (Súmula 638).

3. **Matéria de direito e não de fato:** o RE não serve à mera reanálise e revolvimento do material fático do processo. Por exemplo: em grau de recurso extraordinário, o STF não analisa se o réu efetivamente disparou ou não (matéria de fato), mas pode apreciar se a lei que previu o crime de homicídio viola ou não a Constituição (matéria de direito).

* **Jurisprudência: STF, súmula 269:** "Para simples reexame de prova não cabe recurso extraordinário".

* **STJ, súmula 7:** "A pretensão de simples reexame de prova não enseja recurso especial".

- **Repercussão geral:** a partir da EC n. 45/2004, não basta provar o prequestionamento e a matéria constitucional para interpor RE. Exige-se agora a demonstração da repercussão geral, ou seja, a prova de que a matéria interessa não só ao recorrente, mas possui uma relevância transcendente, abrangente. Busca-se, com isso, diminuir o número de REs que chegam ao STF e transformar esse tribunal num julgador de teses, não de casos específicos.

---

[15] Idem, ibidem, p. 210.

A previsão de que, no recurso extraordinário (típico instrumento do controle difuso), cabe ao recorrente demonstrar a repercussão geral das questões debatidas (art. 102, §3º), se, por um lado, objetiva reduzir o número de recursos dirigidos à Corte Suprema, por outro lado, não esconde uma intenção de tornar mais objetiva, abstrata, a discussão de uma causa por natureza subjetiva e concreta. Busca-se, em verdade, transformar o STF em um tribunal de teses, e não de casos.

Perceba-se que existe quase uma presunção de repercussão geral do recurso, já que só por 2/3 dos Ministros o STF pode rejeitar um RE por entender que a matéria não tem repercussão geral. A decisão do STF que considera não haver repercussão geral é irrecorrível (CPC, art. 543-A, *caput*).

Exige-se, ainda, para a abertura da instância extraordinária, o esgotamento dos recursos na instância de origem. Nesse sentido: STF, Súmula 281: "É inadmissível o recurso extraordinário, quando couber, na Justiça de origem, recurso ordinário da decisão impugnada".

Aprofundamento:
competência do STJ para julgar recurso especial

O recurso especial (REsp) é, ao lado do recurso extraordinário para o STF (art. 102, III), um recurso excepcional. Não basta à parte provar que perdeu: é preciso comprovar o prequestionamento e a pertinência da matéria a uma das três alíneas deste inciso.

Perceba-se que, se a matéria do RE é apenas a questão constitucional, a matéria do REsp é o desrespeito à lei federal ou a diversidade de interpretação de jurisprudência. Por isso dizemos que o STJ é o guardião da lei federal e da uniformização de jurisprudência.

No mesmo sentido, diz-se que "o STJ desempenha uma função paradigmática, na medida em que suas decisões servem de exemplo a ser seguido pelos demais tribunais, com o que se obtém a uniformização da jurisprudência nacional. [...] Enfim, o STJ desempenha função primordial de interpretar e preservar a legislação federal infraconstitucional, além de ter o papel de uniformizar a jurisprudência nacional quanto àquela mesma legislação, em decisões paradigmáticas"[16].

Igualmente explica Dinamarco: "o Superior Tribunal de Justiça é competente para o *recurso especial* (art. 105, inc. III), que é o canal pelo qual lhe chegam alegações de violação ou negativa de vigência a leis federais de âmbito nacional (não da Constituição Federal, não da lei estadual ou municipal, não do contrato, nada sobre o exame de prova)".[17]

E se a decisão do TJ ou TRF contrariar, ao mesmo tempo, a Constituição e a lei federal? Deverá a parte interpor, ao mesmo tempo, RE para o STF (sobre a matéria constitucional) e REsp para o STJ (matéria infraconstitucional – lei federal ou uniformização de jurisprudência).

Perceba-se, ainda sobre o REsp, que o STJ se comporta como guardião da Lei Federal (alíneas *a* e *b*) e da uniformização de jurisprudência (alínea *c*).

---

[16] DIDIER JR, Fredie; CUNHA, Leonardo José Carneiro da. *Curso de Direito Processual Civil*. Salvador: JusPodivm, 2007. v. 3, p. 213.

[17] Idem, ibidem, p. 250

Também não é demais lembrar que a EC n. 45/2004 passou ao STF a competência para julgar o recurso da decisão que julgar válida lei local contestada em face de lei federal. Tínhamos a competência do STJ para julgar a matéria em sede de RESp; agora, a competência é do STF, para julgar RE sobre o tema (esse ponto já foi objeto de questão de várias bancas em várias provas).

Questão de Concurso

(FGV – PM RJ – Oficial da Polícia Militar – 2021) Pedro ajuizou ação ordinária em face do Estado Alfa, sendo o pedido julgado improcedente em primeira e em segunda instâncias, situação que permaneceu inalterada até o exaurimento das instâncias ordinárias. Segundo o advogado de Pedro, o resultado lhe foi desfavorável por ter sido julgada válida lei local que ele contestara em face de lei federal. Com esse fundamento, uma vez preenchidos os demais requisitos exigidos, é possível a interposição de:
a) reclamação, a ser julgada pelo Supremo Tribunal Federal;
b) recurso especial, a ser julgado pelo Superior Tribunal de Justiça;
c) recurso ordinário, a ser julgado pelo Supremo Tribunal Federal;
d) recurso ordinário, a ser julgado pelo Superior Tribunal de Justiça;
e) recurso extraordinário, a ser julgado pelo Supremo Tribunal Federal.

Gabarito: E (CF, art. 102, III, *d*)

São requisitos específicos de admissibilidade do Recurso Especial:
a) Tratar de matéria relativa a lei federal (vigência, cumprimento ou interpretação).
b) Prequestionamento, nos termos do que já se disse quanto ao RE.
c) Tratar de matéria de direito e não de fato. Com efeito, em sede de recurso especial não se admite o revolvimento do material fático-probatório, matéria na qual é soberana a instância ordinária, nos termos da Súmula n. 7 do STJ. Em outras palavras, o REsp se dirige apenas à análise de *error juris judicando or procedendo* (erro de julgamento ou de entendimento), não sendo o correto espaço para rediscutir interpretação dada pelo tribunal *a quo* ao material fático-probatório colhido no processo.
d) Relevância da questão federal (art. 105, §§ 2º e 3º, incluídos pela EC n. 125/2022).
e) É de se notar que o requisito de **repercussão geral** é exigível apenas no RE, não no REsp (art. 102, §3º).

⚠ Atenção!

Outra diferença entre o REsp e o RE é que este (o RE) é cabível contra decisão das turmas recursais dos juizados especiais, o que não ocorre com o REsp, que só cabe contra decisão de tribunal. Isso porque o art. 105, III, fala em decisão de *tribunais* (o que exclui, portanto, as turmas recursais), ao passo que o art. 102, III, fala apenas em decisão de única ou última instância. Nesse sentido a Súmula 203 do STJ ("Não cabe recurso especial contra decisão proferida por órgão de segundo grau dos Juizados Especiais") e a Súmula 640 do STF ("É cabível recurso extraordinário contra decisão proferida por juiz de primeiro grau nas causas de alçada, ou por turma recursal de juizado especial cível e criminal").

> **Veja Bem!**
>
> "A jurisprudência assentada no STJ considera que, para efeito de cabimento de recurso especial (CF, art. 105, III), compreendem-se no conceito de lei federal os atos normativos (= de caráter geral e abstrato), produzidos por órgão da União com base em competência derivada da própria Constituição, como são as leis (complementares, ordinárias, delegadas) e as medidas provisórias, bem assim os decretos autônomos e regulamentares expedidos pelo Presidente da República (Emb.Decl. no Resp 663.562, 2ª Turma, Min. Castro Meira, DJ de 7-11-2005)".
>
> No mesmo sentido:
>
> O conceito de lei federal estampado no art. 105 da Constituição Federal de 1988, precisamente no inciso III, alínea a, também diz respeito a atos infralegais, conforme precedentes da Corte.

Em se tratando da hipótese prevista na alínea c, é preciso cotejar vários julgados em sentidos diversos, para que fique configurado o dissídio jurisprudencial: STJ:

> Por força legal, a divergência jurisprudencial, autorizativa do recurso especial interposto, com fundamento na alínea c do inciso III do artigo 105 da Constituição Federal, requisita comprovação e demonstração, esta, em qualquer caso, com a transcrição dos trechos dos acórdãos que configurem o dissídio, mencionando-se as circunstâncias que identifiquem ou assemelhem os casos confrontados, não se oferecendo, como bastante, a simples transcrição de ementas ou votos. 2. A lei estabelece pressupostos ou requisitos para a admissibilidade do recurso e, portanto, cabe à parte formulá-lo em estrito cumprimento à lei, não se constituindo tais exigências em formalismo exacerbado[18].

No mesmo sentido:

> (...) não basta a simples transcrição de ementas ou trechos do julgado divergente, de- vendo a parte realizar o confronto explanatório da decisão recorrida com o acórdão paradigma, a fim de apontar a divergência jurisprudencial existente. Não merece prosperar o recurso, neste ponto, ante o descumprimento das formalidades insculpidas nos artigos 541, parágrafo único, do Código de Processo Civil, e 255, §§1º e 2º, do Regimento Interno desta Corte[19].

Quadro 20.4 – Comparação entre Recurso Extraordinário e Recurso Especial

	RE	REsp
Competência para o julgamento	STF	STJ
Matéria	Constitucional	Lei Federal (e uniformização de jurisprudência)
Previsão	Art. 102, III, *a* a *d*	Art. 105, III, *a* a *c*

continuação

---

[18] STJ, Sexta Turma, REsp 417.871/PE, Relator Ministro Hamilton Carvalhido, DJ de 17-12-2004, p. 601.
[19] STJ, Sexta Turma, AgRg no Ag 815.097/GO, Relatora Ministra Jane Silva, DJ de 24-3-2008, p.1.

continuação

	RE	REsp
Requisitos de admissibilidade	Matéria de direito e não de fato Prequestionamento Matéria constitucional Repercussão geral	Matéria de direito e não de fato Prequestionamento Matéria de lei federal Relevância da questão federal
Cabimento quanto a decisão de turma recursal de juizados especiais	Sim	Não

Aprofundamento:
a "relevância da questão federal" trazida pela EC n. 125/2022

Com a EC n. 45/2004, buscou-se transformar o RE num recurso para construir teses, e não apenas julgar casos: passou-se a exigir do recorrente a demonstração da repercussão geral. Isso, todavia, não se estendeu ao REsp, que continuava sem qualquer requisito semelhante sendo exigido – embora a criação da sistemática do julgamento dos "recursos repetitivos", no CPC/2015, tenha ajudado já a mudar um pouco o perfil eminentemente de "caso" do REsp. Em 2022, contudo, veio a EC n. 125, por meio da qual passou-se a exigir que o recorrente demonstre, no REsp, "a relevância das questões de direito federal infraconstitucional discutidas no caso, nos termos da lei, a fim de que a admissão do recurso seja examinada pelo Tribunal, o qual somente pode dele não conhecer com base nesse motivo pela manifestação de 2/3 (dois terços) dos membros do órgão competente para o julgamento" (art. 105, § 2º).

Perceba-se que realmente a **relevância da questão federal está para o REsp assim como a repercussão geral está para o RE**: tanto que aquela já chegou a ser apelidada de "repercussão geral do STJ". A norma que instituiu esse novo requisito de admissibilidade do REsp, no entanto, é de eficácia limitada, quer dizer, a demonstração da relevância da questão no REsp só passará a ser exigida quando for editada a lei regulamentando essa questão. Tanto assim, que o próprio STJ editou o Enunciado Administrativo n. 8: "A indicação, no recurso especial, dos fundamentos de relevância da questão de direito federal infraconstitucional somente será exigida em recursos interpostos contra acórdãos publicados após a data de entrada em vigor da lei regulamentadora prevista no artigo 105, parágrafo 2º, da Constituição Federal"[20].

Vale lembrar, porém, que **a própria CF já traz alguns casos em que se presume de forma absoluta a existência de relevância, casos esses aos quais a lei deverá obediência**. Assim:

> Art. 105. (...)
>
> § 3º Haverá a relevância de que trata o § 2º deste artigo nos seguintes casos:
>
> I – ações penais;
>
> II – ações de improbidade administrativa;
>
> III – ações cujo valor da causa ultrapasse 500 (quinhentos) salários-mínimos;
>
> IV – ações que possam gerar inelegibilidade;
>
> V – hipóteses em que o acórdão recorrido contrariar jurisprudência dominante do Superior Tribunal de Justiça;
>
> VI – outras hipóteses previstas em lei.

---

[20] Cf., sobre o tema: BATISTA, Fernando Natal. *A relevância da questão federal e a reconfiguração do Superior Tribunal de Justiça como corte de precedentes*. Londrina: Thoth, 2024, p. 177 e ss.

Como se nota, o critério predominante aqui é a matéria (penal, improbidade, causas que possam acarretar inelegibilidade, violação a jurisprudência dominante), mas também se faz presente o valor da causa como critério para se presumir a relevância. A lei regulamentadora também poderá ampliar esse rol, que é meramente exemplificativo, como se percebe da leitura do inciso VI.

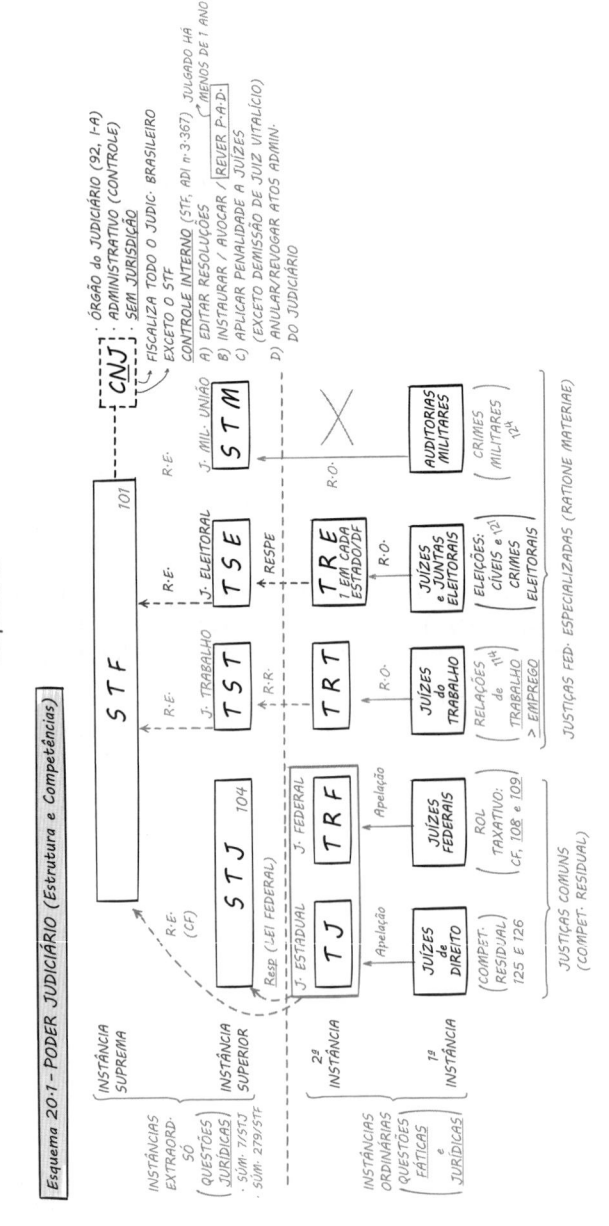

Esquemas

Esquema 20.1 – PODER JUDICIÁRIO (Estrutura e Competências)

CNJ:
- ÓRGÃO do JUDICIÁRIO (92, I-A)
- ADMINISTRATIVO (CONTROLE)
- SEM JURISDIÇÃO
- FISCALIZA TODO O JUDIC. BRASILEIRO EXCETO O STF
- CONTROLE INTERNO (STF, ADI nº 3.367)
- A) EDITAR RESOLUÇÕES
- B) INSTAURAR / AVOCAR / REVER P.A.D. / MENOS DE 1 ANO JULGADO HÁ
- C) APLICAR PENALIDADE A JUÍZES (EXCETO DEMISSÃO DE JUIZ VITALÍCIO)
- D) ANULAR/REVOGAR ATOS ADMIN. DO JUDICIÁRIO

INSTÂNCIA SUPREMA: STF (101)

INSTÂNCIA SUPERIOR:
- STJ (104) — R.E: (CF)
- TST — R.E: J. TRABALHO
- TSE — R.E: J. ELEITORAL — RESPE
- STM — R.E: J. MIL. UNIÃO

2ª INSTÂNCIA:
- TJ (J. ESTADUAL) — RESP (LEI FEDERAL) — Apelação
- TRF (J. FEDERAL) — Apelação
- TRT — R.R.
- TRE (1 EM CADA ESTADO/DF) — R.O.
- (X)

1ª INSTÂNCIA:
- JUÍZES de DIREITO (COMPET. RESIDUAL) 125 e 126
- JUÍZES FEDERAIS (ROL TAXATIVO: CF, 108 e 109)
- JUÍZES do TRABALHO (RELAÇÕES de TRABALHO 114 > EMPREGO) — R.O.
- JUÍZES e JUNTAS ELEITORAIS (ELEIÇÕES: CÍVEIS e 121 CRIMES ELEITORAIS) — R.O.
- AUDITORIAS MILITARES (CRIMES MILITARES 124) — R.O.

INSTÂNCIAS EXTRAORDINÁRIAS — SÓ (QUESTÕES JURÍDICAS)
- Súm. 7/STJ
- Súm. 279/STF

INSTÂNCIAS ORDINÁRIAS — QUESTÕES FÁTICAS e JURÍDICAS

JUSTIÇAS COMUNS (COMPET. RESIDUAL)

JUSTIÇAS FED. ESPECIALIZADAS (RATIONE MATERIAE)

continuação

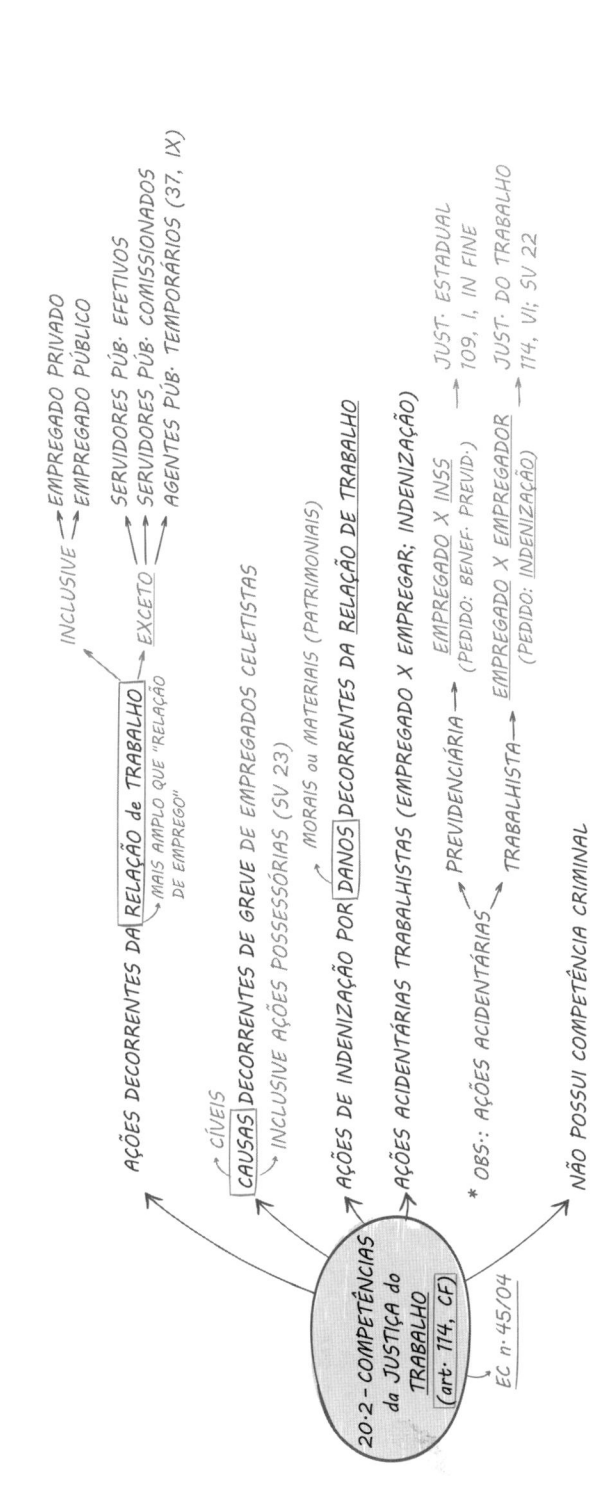

[Capítulo 20] Poder Judiciário (Estrutura e Competências) **641**

continuação

20.2 - COMPETÊNCIAS da JUSTIÇA do TRABALHO (art. 114, CF)
EC n. 45/04

- AÇÕES DECORRENTES DA RELAÇÃO de TRABALHO
  - MAIS AMPLO QUE "RELAÇÃO DE EMPREGO"
  - INCLUSIVE → EMPREGADO PRIVADO
  - EXCETO → EMPREGADO PÚBLICO
    - SERVIDORES PÚB. EFETIVOS
    - SERVIDORES PÚB. COMISSIONADOS
    - AGENTES PÚB. TEMPORÁRIOS (37, IX)

- CÍVEIS
  - CAUSAS DECORRENTES DE GREVE DE EMPREGADOS CELETISTAS (SV 23)
    - INCLUSIVE AÇÕES POSSESSÓRIAS

- AÇÕES DE INDENIZAÇÃO POR DANOS DECORRENTES DA RELAÇÃO DE TRABALHO
  - MORAIS ou MATERIAIS (PATRIMONIAIS)

- AÇÕES ACIDENTÁRIAS TRABALHISTAS (EMPREGADO X EMPREGAR; INDENIZAÇÃO)
  - * OBS.: AÇÕES ACIDENTÁRIAS
    - PREVIDENCIÁRIA → EMPREGADO X INSS (PEDIDO: BENEF. PREVID.) → JUST. ESTADUAL 109, I, IN FINE
    - TRABALHISTA → EMPREGADO X EMPREGADOR (PEDIDO: INDENIZAÇÃO) → JUST. DO TRABALHO 114, VI; SV 22

- NÃO POSSUI COMPETÊNCIA CRIMINAL

continuação

continuação ▷▷

20.3 - JUSTIÇA FEDERAL COMUM (art. 109, CF) (ROL TAXATIVO)

CÍVEIS

CAUSAS QUE ENVOLVAM → EM QUALQUER POSIÇÃO: A) AUTORAS; B) RES.; C) TERCEIRO INTERVENIENTE
- UNIÃO (ADM. DIRETA FEDERAL)
- AUTARQUIAS FEDERAIS
- FUNDAÇÕES PÚBLICAS FEDERAIS
- EMPRESAS PÚBLICAS FEDERAIS

EXCETO:
- A) SOCIEDADES DE ECO. MISTA FEDERAL
- B) FALÊNCIAS
- C) ACIDENTES de TRABALHO

CRIMES CONTRA A ORGANIZ. do TRABALHO ou COMETIDOS A BORDO de NAVIOS ou AERONAVES

CRIMES
- CONTRAVENÇÕES NÃO
- EM DETRIMENTO DE BENS/SERV./INTERESSES DESSAS ENTIDADES

CRIMES POLÍTICOS (CRIMES CONTRA A SEGURANÇA NACIONAL)
- COM RECURSO ORDINÁRIO DIRETO P/ o STF (102, II, b)
- P/ NOVO JULGAMENTO DA CAUSA; EFEITO DEVOLUTIVO AMPLO (FATOS+DIREITO)

CAUSAS ENTRE ESTADO ESTRANG. ou ORG. INTERNAC. × MUNICÍPIO ou PESSOA DOMICILIADA NO BRASIL

- ESTADO ESTRANG. ou ORGANISMO INTERNAC.
×
- UNIÃO
- ESTADOS
- DF
- TERRIT.
- MUNICÍPIO
- PESSOA

COMPET. ORIG. DO STF (102, I "e")
COMPET. ORIG. DE JF (109, II) → RECURSO ORDIN. → STJ (105, II "c")

* OBS.: CAUSAS INTERNACIONAIS

DISPUTAS SOBRE DIR. INDÍGENAS

CRIMES EM QUE HAJA GRAVE VIOLAÇÃO DE DIR. HUMANOS (IDC: 109, § 5º)

* OBS.: IDC (109, § 5º)
- CAUSA: GRAVE VIOLAÇÃO DE DIR. HUMANOS + OMISSÃO DA JUST. ESTADUAL
- PEDIDO: DESLOCAMENTO DA COMPETÊNCIA P/ JUSTIÇA FEDERAL
- QUEM SUSCITA: PGR
- QUEM JULGA o IDC: STJ

▷▷ *continuação*

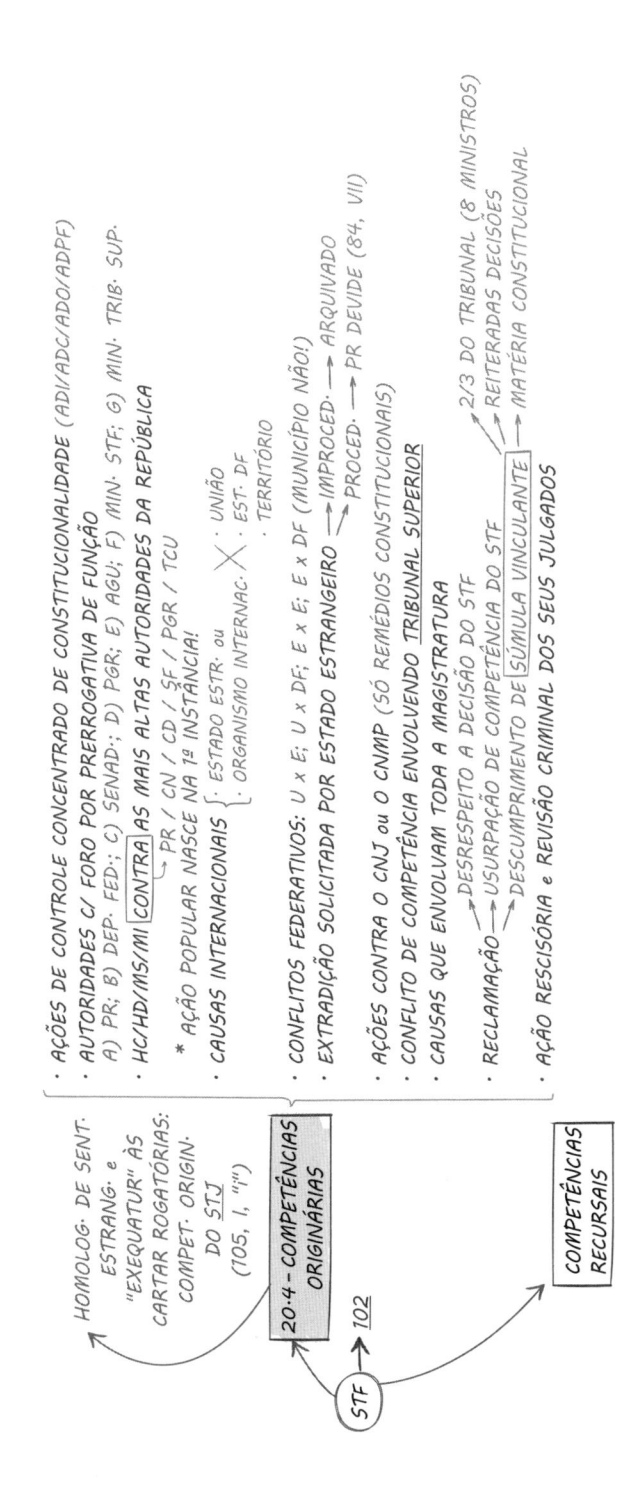

[Capítulo 20] Poder Judiciário (Estrutura e Competências) **643**

continuação ▷▷

STF → 102

20.4 - COMPETÊNCIAS ORIGINÁRIAS

- AÇÕES DE CONTROLE CONCENTRADO DE CONSTITUCIONALIDADE (ADI/ADC/ADO/ADPF)
- AUTORIDADES C/ FORO POR PRERROGATIVA DE FUNÇÃO
  A) PR; B) DEP. FED.; C) SENAD.; D) PGR; E) AGU; F) MIN. STF; G) MIN. TRIB. SUP.
- HC/HD/MS/MI [CONTRA] AS MAIS ALTAS AUTORIDADES DA REPÚBLICA
  ↳ PR / CN / CD / SF / PGR / TCU
  * AÇÃO POPULAR NASCE NA 1ª INSTÂNCIA!
- CAUSAS INTERNACIONAIS { ESTADO ESTR. ou ✕ · UNIÃO
                          ORGANISMO INTERNAC.   · EST. DF
                                                  · TERRITÓRIO
- CONFLITOS FEDERATIVOS: U x E; U x DF; E x E; E x DF (MUNICÍPIO NÃO!)
- EXTRADIÇÃO SOLICITADA POR ESTADO ESTRANGEIRO → IMPROCED. → ARQUIVADO
                                                 → PROCED. → PR DEVIDE (84, VII)
- AÇÕES CONTRA O CNJ ou O CNMP (SÓ REMÉDIOS CONSTITUCIONAIS)
- CONFLITO DE COMPETÊNCIA ENVOLVENDO TRIBUNAL SUPERIOR
- CAUSAS QUE ENVOLVAM TODA A MAGISTRATURA
- RECLAMAÇÃO → DESRESPEITO A DECISÃO DO STF
              → USURPAÇÃO DE COMPETÊNCIA DO STF
              → DESCUMPRIMENTO DE [SÚMULA VINCULANTE] → 2/3 DO TRIBUNAL (8 MINISTROS)
                                                        REITERADAS DECISÕES
                                                        MATÉRIA CONSTITUCIONAL
- AÇÃO RESCISÓRIA e REVISÃO CRIMINAL DOS SEUS JULGADOS

HOMOLOG. DE SENT. ESTRANG. e "EXEQUATUR" ÀS CARTAR ROGATÓRIAS: COMPET. ORIGIN. DO STJ (105, I, "i")

COMPETÊNCIAS RECURSAIS

▷▷ *continuação*

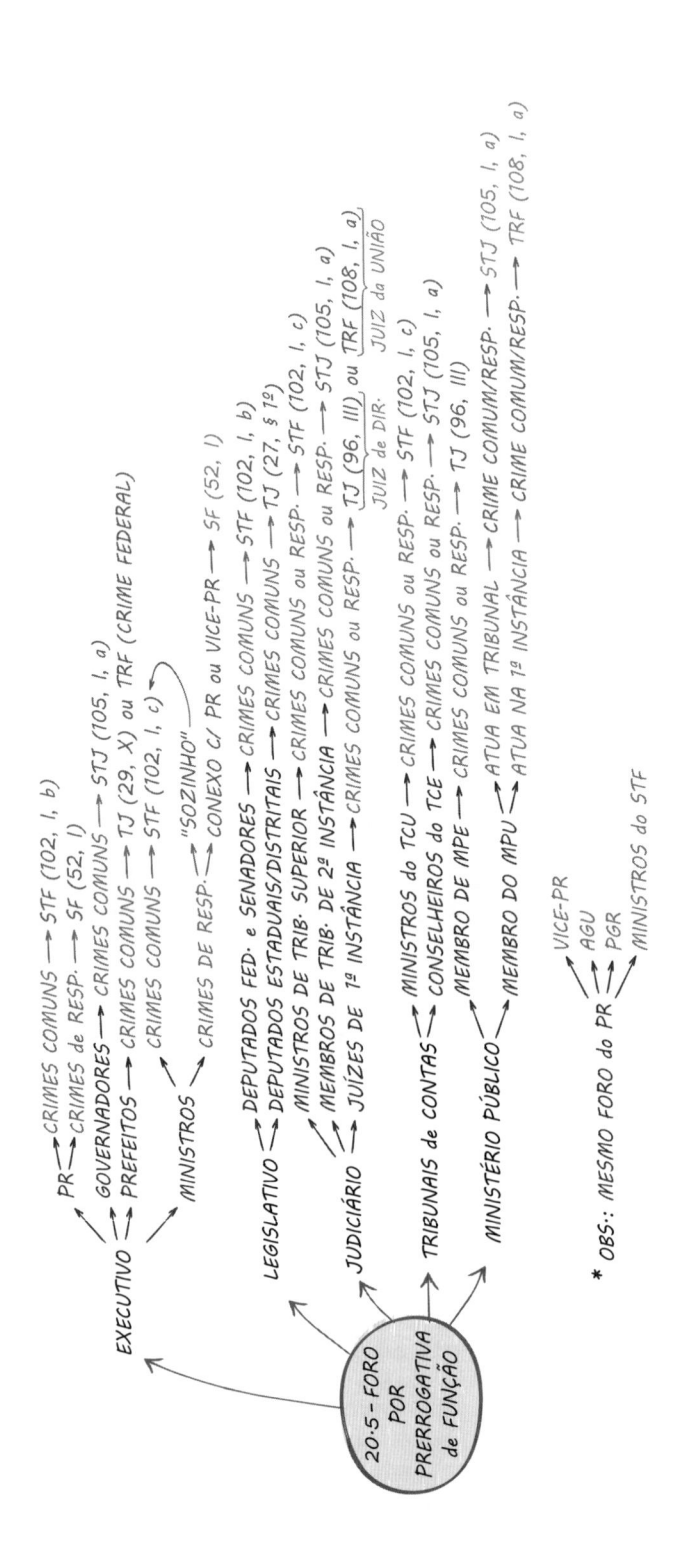

644 MANUAL DIDÁTICO DE DIREITO CONSTITUCIONAL

continuação

20.5 - FORO POR PRERROGATIVA de FUNÇÃO

- **EXECUTIVO**
  - PR ⇄ CRIMES COMUNS → STF (102, I, b)
  - PR ⇄ CRIMES de RESP. → SF (52, I)
  - GOVERNADORES → CRIMES COMUNS → STJ (105, I, a)
  - PREFEITOS → CRIMES COMUNS → TJ (29, X) ou TRF (CRIME FEDERAL)
  - PREFEITOS → CRIMES COMUNS → STF (102, I, c)
  - MINISTROS ⇄ CRIMES DE RESP. "SOZINHO"
  - MINISTROS ⇄ CONEXO C/ PR ou VICE-PR → SF (52, I)

- **LEGISLATIVO**
  - DEPUTADOS FED. e SENADORES → CRIMES COMUNS → STF (102, I, b)
  - DEPUTADOS ESTADUAIS/DISTRITAIS → CRIMES COMUNS → TJ (27, § 1º)
  - MINISTROS DE TRIB. SUPERIOR → CRIMES COMUNS ou RESP. → STF (102, I, c)
  - MEMBROS DE TRIB. DE 2ª INSTÂNCIA → CRIMES COMUNS ou RESP. → STJ (105, I, a)

- **JUDICIÁRIO**
  - JUÍZES DE 1ª INSTÂNCIA → CRIMES COMUNS ou RESP. → TJ (96, III) ou TRF (108, I, a) — *JUIZ de DIR.* / *JUIZ da UNIÃO*

- **TRIBUNAIS de CONTAS**
  - MINISTROS do TCU → CRIMES COMUNS ou RESP. → STF (102, I, c)
  - CONSELHEIROS do TCE → CRIMES COMUNS ou RESP. → STJ (105, I, a)

- **MINISTÉRIO PÚBLICO**
  - MEMBRO DE MPE → CRIMES COMUNS ou RESP. → TJ (96, III)
  - MEMBRO DO MPU ⇄ ATUA EM TRIBUNAL → CRIME COMUM/RESP. → STJ (105, I, a)
  - MEMBRO DO MPU ⇄ ATUA NA 1ª INSTÂNCIA → CRIME COMUM/RESP. → TRF (108, I, a)

* **OBS:: MESMO FORO do PR**
  - VICE-PR
  - AGU
  - PGR
  - MINISTROS do STF

continuação

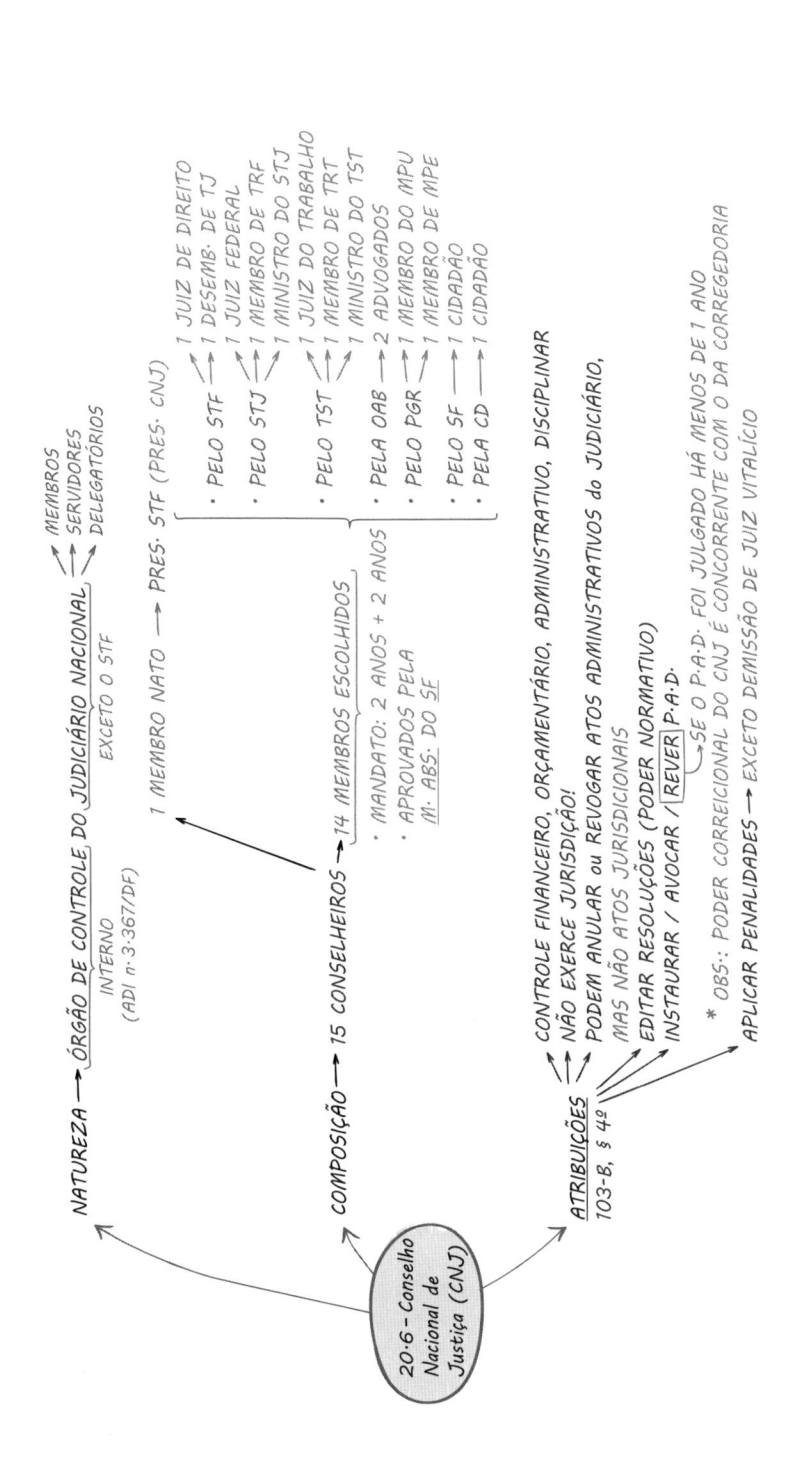

[Capítulo 20] Poder Judiciário (Estrutura e Competências)   645

continuação ▷▷

20.6 – Conselho Nacional de Justiça (CNJ)

- **NATUREZA** → ÓRGÃO DE CONTROLE DO JUDICIÁRIO NACIONAL ⤳ MEMBROS / SERVIDORES / DELEGATÓRIOS
  INTERNO (ADI n. 3.367/DF) EXCETO O STF

- **COMPOSIÇÃO** → 15 CONSELHEIROS
  - 1 MEMBRO NATO → PRES. STF (PRES. CNJ)
  - 14 MEMBROS ESCOLHIDOS
    - PELO STF ⤳ 1 JUIZ DE DIREITO / 1 DESEMB. DE TJ
    - PELO STJ ⤳ 1 JUIZ FEDERAL / 1 MEMBRO DE TRF / 1 MINISTRO DO STJ
    - PELO TST ⤳ 1 JUIZ DO TRABALHO / 1 MEMBRO DE TRT / 1 MINISTRO DO TST
    - PELA OAB → 2 ADVOGADOS
    - PELO PGR → 1 MEMBRO DO MPU / 1 MEMBRO DE MPE
    - PELO SF → 1 CIDADÃO
    - PELA CD → 1 CIDADÃO
  - MANDATO: 2 ANOS + 2 ANOS
  - APROVADOS PELA M. ABS. DO SF

- **ATRIBUIÇÕES** 103-B, § 4º
  - CONTROLE FINANCEIRO, ORÇAMENTÁRIO, ADMINISTRATIVO, DISCIPLINAR
    NÃO EXERCE JURISDIÇÃO!
  - PODEM ANULAR ou REVOGAR ATOS ADMINISTRATIVOS do JUDICIÁRIO,
    MAS NÃO ATOS JURISDICIONAIS
  - EDITAR RESOLUÇÕES (PODER NORMATIVO)
  - INSTAURAR / AVOCAR / REVER P.A.D.
    ↳ SE O P.A.D. FOI JULGADO HÁ MENOS DE 1 ANO
    * OBS.: PODER CORREICIONAL DO CNJ É CONCORRENTE COM O DA CORREGEDORIA
  - APLICAR PENALIDADES → EXCETO DEMISSÃO DE JUIZ VITALÍCIO

Capítulo 21

Funções Essenciais à Justiça (Especialmente o Ministério Público)

21.1. FUNÇÕES ESSENCIAIS À JUSTIÇA: NOÇÃO

> Acesse e assista à aula explicativa sobre este assunto.
> http://uqr.to/1yj9j

São atividades (funções) que atuam junto ao Poder Judiciário, embora não estejam vinculadas a esse poder (são funções essenciais **à** Justiça, e não **da** Justiça).

Sob esse título, a Constituição tratou de instituições diversas: instituições públicas autônomas, não vinculadas a qualquer dos três Poderes (Ministério Público e Defensoria Pública); instituições públicas vinculadas ao Executivo (Advocacia Pública); e uma função privada de relevância pública (Advocacia).

Na verdade, a linha mestra que une todas as funções essenciais à Justiça é o fato de que todas essas atividades estão intrinsecamente ligadas à função jurisdicional do Estado. Atuam em conjunto com o Poder Judiciário.

Por exemplo: a Advocacia Pública promove a defesa judicial dos interesses das entidades públicas; a Defensoria Pública defende judicialmente os interesses dos necessitados; o advogado (particular) defende judicialmente os interesses dos particulares; e o Ministério Público defende judicialmente os interesses sociais e individuais indisponíveis.

Claro que a atuação dessas funções não se restringe ao âmbito judicial, mas é isso que as une.

O Ministério Público está tratado nos arts. 127 a 130-A, e abrange os Ministérios Públicos Estaduais (MPEs) e o Ministério Público da União (MPU), o qual, por sua vez, abarca:

a) Ministério Público Federal (MPF);
b) Ministério Público do Trabalho (MPT);
c) Ministério Público Militar (MPM);
d) Ministério Público do Distrito Federal e Territórios (MPDFT).

Nesse mesmo capítulo são citados, ainda, o Conselho Nacional do Ministério Público (CNMP) e o Ministério Público junto aos Tribunais de Contas (este, como veremos, não possui fisionomia institucional própria, mas, sim, é função interna às cortes de contas).

São também funções essenciais à Justiça a Advocacia Pública (arts. 131 e 132), a Advocacia Particular (art. 133) e a Defensoria Pública (art. 134).

Quadro 21.1 – Distinções entre Ministério Público, Defensoria, Advocacia Pública e Advocacia Privada

Função	Natureza	Vinculação	Objetivos	Estrutura	Chefia
MP	Pública	Não há (instituição autônoma, segundo a doutrina majoritária)[1]	Defender: 1) ordenamento jurídico; 2) regime democrático; 3) interesses sociais e individuais indisponíveis	MPU (MPF, MPM, MPT e MPDFT) e MPEs	Procurador-Geral da República (MPU) e Procuradores-Gerais de Justiça (MPEs)
Defensoria	Pública	Não há (instituição autônoma, segundo a doutrina majoritária)[2]	Prestar assistência jurídica[3] aos necessitados	DPU DP do DF DPEs	Defensor-Público-Geral da União (DPU) e Defensores-Públicos-Gerais dos Estados (DPEs)
Advocacia Pública	Pública	Executivo	Defender o poder público em juízo e prestar consultoria jurídica ao Executivo	• AGU (Advogados da União, Procuradores Federais e Procuradores da Fazenda Nacional[4]) • Procuradorias dos Estados e do DF • Procuradorias Municipais	• Advogado-Geral da União (AGU) • Procurador-Geral do Estado (PGE) • Procurador-Geral do Município (PGM)
Advocacia privada	Privada	Não há (ADI n. 3.026/DF)	Prestar assistência jurídica aos particulares	OAB: • Conselho Federal • Seccionais	Presidente do Conselho Federal

21.2. MINISTÉRIO PÚBLICO

21.2.1. Origens

Há grande celeuma doutrinária sobre a origem do Ministério Público. Autores há que defendem a origem já no Antigo Egito, ao passo que outros doutrinadores consideram que as origens da instituição remontam à Roma Antiga. Parece prevalecer, porém, o entendimento de que a origem moderna do Ministério Público deu-se na França, com a figura dos Procuradores do Rei, membros do chamado *Parquet*.

---

[1] Ver item 21.2.3.
[2] Ver item 21.3.3.
[3] Assistência jurídica, que abrange, **também**, mas não **só**, a assistência judiciária.
[4] A AGU (advocacia pública na esfera federal) é a única que se divide, internamente, em três carreiras. Há, ainda, uma quarta carreira, prevista apenas na legislação infraconstitucional: a de Procurador do Banco Central.

Segundo noticia a doutrina:

> A hipótese mais aceita historicamente (...) atribui a origem do Ministério Público aos franceses. Inspirado na existência de "procuradores do rei" (*les gens du Roi*), o rei Felipe, o Belo, (Philippe, le Bel) na célebre Ordenança de 25 de março de 1303, regulamentou a função dos agentes do poder real que atuavam perante as cortes na função de defender os interesses do soberano. Como nessa época as guerras e os conflitos em torno do direito de propriedade se agravavam, a separação entre o juiz e o acusador tornou-se uma necessidade (...). O Ministério Público constituiu-se, então, em verdadeira magistratura diversa da dos julgadores. Até os sinais exteriores dessa proeminência foram resguardados: membros do Ministério Público não se dirigiam aos juízes do chão, mas de cima do mesmo estrado (*Parquet*) em que eram colocadas as cadeiras desses últimos[5].

No Brasil, a instituição surgiu com a República, e foi paulatinamente ganhando espaço e identidade.

21.2.2. Justificação e objetivos

Sabe-se que o Judiciário, até para que seja preservada a imparcialidade, não pode agir de ofício: só age quando provocado. Trata-se do princípio dispositivo, ou da demanda, ou princípio da inércia da jurisdição (*nemo judex sine actorem, ne procedat judex ex officio*: não há juízo sem autor, não se exerce a jurisdição de ofício).

Por isso, é necessário existir um impulso para que a atividade jurisdicional desenvolva-se, pois "o Direito não socorre aos que dormem". Em se tratando de interesses meramente individuais, particulares, cabe ao próprio titular do direito provocar o Judiciário. Mas, e em se tratando de interesses públicos, quem é que por eles deverá zelar, inclusive movendo a máquina judicial, se preciso for? O Ministério Público.

É justamente por esse motivo que se diz que o *Parquet* é o fiscal da lei (*custos legis*): atua em defesa do cumprimento da lei, inclusive movendo ações judiciais para tanto.

Segundo a Constituição de 1988, o MP é uma instituição permanente, cabendo-lhe a defesa da ordem jurídica, do regime democrático e dos interesses sociais e dos individuais indisponíveis (CF, art. 127, *caput*; LC n. 75/93, art. 1º).

Até 1988, o Ministério Público era vinculado ao Poder Executivo, e possuía uma certa (e indesejável) dualidade: defendia a lei e também as entidades públicas. Isso causava uma verdadeira "crise de identidade" no MP: e quando a entidade pública possuísse um interesse que fosse contrário à Lei? Esse problema foi resolvido definitivamente com a promulgação da Carta de Outubro, que criou uma instituição apenas para defender os interesses das entidades públicas: é a advocacia pública (Advocacia-Geral da União, na esfera federal; Procuradorias dos Estados e do Distrito Federal, e as Procuradorias dos Municípios).

Com isso, o Ministério Público ficou responsável apenas por fiscalizar o cumprimento da lei, independentemente dos interesses secundários das entidades públicas. Aliás, é justamente por isso que o art. 129, IX, parte final, proíbe ao Ministério Público defender judicialmente entidades públicas ou prestar-lhes consultoria jurídica.

---

[5] ZENCKER, Marcelo; ALVES, Leonardo Barreto Moreira. *Ministério Público*, Salvador: JusPodivm, 2009. p. 18.

Atualmente, os objetivos traçados para o Ministério Público da União (CF, art. 127, *caput*; LC n. 75/1993, art. 1º) são:

- Defender o ordenamento jurídico. "Ordenamento jurídico", na lição de Kelsen, é o conjunto das normas jurídicas, o sistema jurídico-normativo, o Direito Objetivo. Assim, cabe ao MPU zelar pelo respeito às leis e, principalmente, à Constituição. É por isso, por exemplo, que cabe ao MPU, por meio de seu chefe – o Procurador-Geral da República – mover ações de inconstitucionalidade (ADI, ADC e ADPF) perante o Supremo Tribunal Federal, defendendo a Constituição do ataque de leis que a contrariem (CF, art. 129, IV, c/c arts. 102, I, *a*, e 103, VI).

- Defender o regime democrático. O Estado Democrático é previsto constitucionalmente (art. 1º, *caput* e parágrafo único) como aquele em que todo o poder emana do povo. Cabe ao MP zelar pelo respeito a esse regime, atuando na esfera da Justiça Eleitoral, fiscalizando as eleições e o exercício do mandato pelos eleitos, propondo ações de impugnação de mandato eletivo (CF, art. 14, § 11) etc.

- Defender os interesses sociais e os individuais indisponíveis. Os direitos fundamentais costumam ser classificados em três gerações (ou dimensões). São **individuais** os direitos de **primeira geração**, de titularidade individual, e que impõem ao Estado uma obrigação de não fazer, de se abster (direitos negativos, tais como vida, propriedade, liberdade). São direitos **sociais** os de **segunda geração**, assim entendidos os direitos de grupos sociais menos favorecidos, e que impõem ao Estado uma obrigação de fazer, de prestar (direitos positivos, como saúde, educação, moradia, segurança pública e, agora, com a EC n. 64/2010, também a alimentação, além do transporte, por força da EC n. 90/2015). Por fim, os direitos de **terceira geração** são os difusos e coletivos, que são de várias pessoas, mas não pertencem a ninguém isoladamente (meio ambiente, ordem urbanística, ordem econômica, patrimônio público etc.).

Quando a CF e a Lei usam a expressão **interesses sociais**, o fazem em sentido amplo, isto é: cabe ao MP defender os interesses sociais, difusos e coletivos[6]. Também cabe à Instituição defender os interesses individuais, desde que sejam indisponíveis. Com efeito, há direitos individuais disponíveis (= renunciáveis), tais como propriedade e intimidade, que não são protegidos pelo MPU (mas, sim, individualmente por cada titular). O *Parquet* da União só defende interesses individuais se forem indisponíveis (= irrenunciáveis), como vida, liberdade de locomoção, incolumidade física, por exemplo.

Para concursos jurídicos, é preciso diferenciar os direitos coletivos *lato sensu* (coletivos em sentido estrito e difusos), dos individuais homogêneos. Direitos individuais homogêneos: são direitos de titularidade individual, mas que podem ser defendidos em conjunto, por meio de uma só ação judicial que tutele coletivamente todos os direitos individuais das pessoas envolvidas. *Ex.*: várias pessoas foram lesadas por um produto defeituoso comercializado por

---

[6] Nesse sentido, Teori Zavascki afirmava: "'Interesses sociais', como consta da Constituição, e 'interesse público', como está no art. 82, III, do CPC [antigo], são expressões com significado substancialmente equivalente". ZAVASCKI, Teori Albino. *Processo Coletivo*. São Paulo: RT, 2007. p. 232.

uma loja: cada uma tem direito a receber uma indenização (direito individual), mas tal pedido pode ser tutelado, em juízo, por meio de uma só ação civil coletiva, que proteja, de uma só vez, todos os consumidores incluídos na mesma situação fática. Esse é um direito individual homogêneo (= direito individual que pode ser protegido coletivamente). Sobre o tema, Teori Zavascki ensinava que:

> (...) os direitos individuais homogêneos são (...) um conjunto de direitos subjetivos individuais ligados entre si por uma relação de afinidade, de semelhança, de homogeneidade, o que permite a defesa coletiva de todos eles[7]. Cf. art. 81 do CDC:
>
> (...) interesses ou direitos difusos, assim entendidos, para efeitos deste código, os transindividuais, de natureza indivisível, de que sejam titulares pessoas indeterminadas e ligadas por circunstâncias de fato;
>
> II – interesses ou direitos coletivos, assim entendidos, para efeitos deste código, os transindividuais, de natureza indivisível de que seja titular grupo, categoria ou classe de pessoas ligadas entre si ou com a parte contrária por uma relação jurídica base;
>
> III – interesses ou direitos individuais homogêneos, assim entendidos os decorrentes de origem comum.

Embora haja certa controvérsia jurisprudencial sobre a extensão da legitimidade do MP para defender direitos individuais homogêneos, a melhor posição é a de que a atuação do *Parquet* será válida "nas hipóteses em que a lesão a tais direitos compromete também interesses sociais subjacentes"[8].

O STF já decidiu vários temas de Repercussão Geral acerca dos poderes e da legitimidade do MP. Eis os principais:

- Tema n. 184: O Ministério Público dispõe de competência para promover, por autoridade própria, e por prazo razoável, investigações de natureza penal, desde que respeitados os direitos e garantias que assistem a qualquer indiciado ou a qualquer pessoa sob investigação do Estado, observadas, sempre, por seus agentes, as hipóteses de reserva constitucional de jurisdição e, também, as prerrogativas profissionais de que se acham investidos, em nosso País, os Advogados (Lei n. 8.906/94, art. 7º, notadamente os incisos I, II, III, XI, XIII, XIV e XIX), sem prejuízo da possibilidade – sempre presente no Estado Democrático de Direito – do permanente controle jurisdicional dos atos, necessariamente documentados (Súmula Vinculante 14), praticados pelos membros dessa Instituição.

- Tema n. 262: O Ministério Público é parte legítima para ajuizamento de ação civil pública que vise ao fornecimento de remédios a portadores de certa doença.

- Tema n. 471: Com fundamento no art. 127 da Constituição Federal, o Ministério Público está legitimado a promover a tutela coletiva de direitos individuais homogêneos, mesmo de natureza disponível, quando a lesão a tais direitos, visualizada em seu conjunto, em forma coletiva e impessoal, transcender a esfera de interesses puramente particulares, passando a comprometer relevantes interesses sociais.

---

[7] ZAVASCKI, Teori Albino. *Processo Coletivo*. São Paulo: RT, 2007, p. 42.
[8] ZAVASCKI, Teoria Albino. Op. cit., p. 238.

- Tema n. 946: Os Ministérios Públicos dos Estados e do Distrito Federal têm legitimidade para propor e atuar em recursos e meios de impugnação de decisões judiciais em trâmite no STF e no STJ, oriundos de processos de sua atribuição, sem prejuízo da atuação do Ministério Público Federal.

21.2.3. Posição constitucional do Ministério Público

O MP já foi vinculado ao Judiciário e ao Executivo. Realmente, a instituição nasceu vinculada ao Judiciário (tanto que, na CF/1891, o Procurador-Geral da República era um dos Ministros do STF), depois ao Executivo, depois novamente ao Judiciário, logo após novamente ligada ao Executivo, para depois se transformar – como é hoje – em instituição autônoma, fora da estrutura dos três Poderes.

Desde 1988, o MP é uma instituição autônoma, por expressa previsão constitucional (art. 127). Não está vinculado a qualquer dos três Poderes, mas, também, não constitui um quarto poder: gravita fora da tradicional estrutura dos três Poderes, embora possua autonomia quase tão grande quanto, por exemplo, o Poder Judiciário.

Divergência doutrinária!

Há divergência doutrinária sobre a posição constitucional do MPU, e o STF evitou posicionar-se sobre o assunto. Existem três correntes:

1) *alguns doutrinadores mais tradicionais defendem que o MP seria ainda vinculado ao Executivo (José Afonso da Silva);*
2) *já outros consideram que o MP seria um 4º Poder (Michel Temer);*
3) *por fim, há quem diga que o MP é uma instituição autônoma, não vinculada a nenhum dos três Poderes, mas sem configurar um quarto poder (Alexandre de Moraes, Pedro Lenza, Hugo Nigro Mazzilli, Emerson Garcia). Prevalece a terceira corrente.*

Há alguns argumentos para isso:

a) *a CF fala que o MP é instituição **autônoma** (art. 127, caput);*
b) *não está tratada no capítulo do Executivo (arts. 76 a 91);*
c) *seus membros possuem independência funcional (CF, art. 127, § 1º, e LC n. 75/1993, art. 4º);*
d) *a instituição possui autonomia funcional, administrativa, financeira e orçamentária (CF, art. 127, §§ 2º e seguintes; LC n. 75/1993, arts. 22 e 23);*
e) *o PGR (chefe do MPU) é escolhido pelo Presidente da República, mas com aprovação da maioria absoluta do Senado, para mandato de dois anos, só podendo ser destituído também com aprovação da maioria absoluta do Senado (CF, art. 127, §§ 1º e 3º, e LC n. 75/93, art. 26);*
f) *o MPU possui iniciativa legislativa, por meio do PGR, para os projetos sobre sua estrutura e funcionamento (CF, art. 128, § 5º);*
g) *segundo a CF, o MPU exerce o controle **externo** da atividade policial, o que denota não ser vinculado ao Executivo (CF, art. 129, VII, e LC n. 75/93, art. 9º).*

Essa é a posição adotada pelas grandes bancas elaboradoras (Cespe, FCC, FGV etc.).

Questões de Concurso

(FCC/MPE-RS/Agente/2008) A Constituição Federal vigente situa o Ministério Público
a) dentro do Poder Judiciário.
b) dentro do Poder Executivo, em capítulo especial.
c) em capítulo especial, fora da estrutura dos demais Poderes da República.
d) dentro do Poder Legislativo.
e) como órgão de cooperação das atividades do Poder Executivo.

Gabarito comentado: C.
De acordo com a doutrina majoritária, adotada pela FCC, o Ministério Público não integra qualquer dos Poderes da República.

(Cespe/MRE/Oficial de Chancelaria/2006) O Ministério Público, que não faz parte da estrutura de nenhum dos Poderes políticos, seja do Executivo, seja do Legislativo, seja do Judiciário, detém autonomia financeira e administrativa.

Gabarito comentado: Correto.
Como vimos, o Cespe adota, atualmente, a posição da doutrina majoritária, no sentido de que o MP não integra nenhum dos três Poderes. Esse mesmo posicionamento foi cobrado, também, na prova Cespe/MPE-SE/Promotor/2010.

Observação!

O MP é uma instituição, mas não uma entidade. Não se deve confundir esses conceitos. Segundo a Lei de Processo Administrativo (Lei n. 9.784/99), os órgãos não possuem personalidade jurídica própria – o que é algo típico das entidades. O Ministério Público (assim como os Poderes Legislativo, Executivo e Judiciário) integra a estrutura da União e, por isso, é um órgão e como tal não tem personalidade jurídica. É um órgão independente, com *status* constitucional.

21.2.4. Conselho Nacional do Ministério Público – CNMP (art. 130-A)

Criado pela EC n. 45/2004, é, nos moldes do que acontece com o CNJ e o Judiciário, um órgão de controle **interno** do Ministério Público. Mesmo assim, não controla a atividade-fim, mas apenas realiza a fiscalização contábil, financeira, orçamentária, administrativa e disciplinar do MP.

Tem a natureza de órgão administrativo autônomo, fora do MPU e dos MPEs, e exerce várias funções relevantes, relativas ao controle da atuação financeira/administrativa do MP e do cumprimento dos deveres dos membros (art. 130-A, § 2º), entre elas:

a) zelar pela autonomia funcional e administrativa do MP, podendo expedir atos regulamentares de sua competência;

b) zelar pelo respeito ao art. 37 da CF, podendo, inclusive, rever/desconstituir atos, sem prejuízo da tarefa de TCU/TCEs;

c) receber e conhecer de reclamações contra membros e servidores do MP (sem prejuízo da atuação de cada órgão);

d) avocar processos disciplinares e aplicar punições, assegurada ampla defesa;

e) rever processos disciplinares contra membros do MPU ou dos MPEs julgados há menos de um ano;

f) elaborar relatório anual e sugerir providências para o melhor desempenho das funções do MP.

✋ Cuidado!

O CNMP pode, **originariamente**, receber reclamações contra **membros** do MP ou contra **servidores** da instituição (CF, art. 130-A, § 2º, III). Contudo, a atribuição do CNMP para **rever** processos disciplinares (art. 130-A, § 2º, IV) – isto é, a atribuição **recursal** – diz respeito apenas a processos disciplinares contra **membros** e não contra servidores). **Foi o que decidiu o STF no julgamento do MS n. 28.827/DF, Relatora Ministra Cármen Lúcia (*DJe* de 9-10-2012). Assim, contra decisão de MP em PAD contra servidor, não cabe recurso para o CNMP.**

Ao CNMP compete também "receber e conhecer das reclamações contra membros ou órgãos do Ministério Público da União ou dos Estados, inclusive contra seus serviços auxiliares, sem prejuízo da competência disciplinar e correicional da instituição" [CF, art. 130-A (§ 2º, III); e Regimento Interno do CNMP, art. 71, *caput*].

O CNMP compõe-se de 14 membros nomeados pelo Presidente, aprovada a escolha pela maioria absoluta do Senado (CF, art. 130-A, *caput*). São membros do CNMP:

- PGR (Presidente e membro nato);
- Quatro membros do MPU (um de cada ramo);
- Três membros de MPE;
- Dois juízes (um escolhido pelo STF e um pelo STJ);
- Dois advogados (escolhidos pela OAB);
- Dois cidadãos de notável saber jurídico e reputação ilibada (escolhidos um pela Câmara e outro pelo Senado).

O mandato é de dois anos, permitida somente uma recondução. Uma exceção diz respeito ao PGR, que, como membro nato que é, pode permanecer no Conselho por mais de dois mandatos consecutivos, já que para a função de Procurador-Geral não há limite de reconduções.

✅ Observação!

1. O Presidente da OAB oficia junto ao CNMP, mas não o integra.
2. O Corregedor Nacional do MP é escolhido pelo próprio CNMP, em votação **secreta, dentre os membros do MP que integram o Conselho, vedada a recondução** (§ 3º).
3. Com a criação do Corregedor-Nacional do Ministério Público, percebe-se que os membros do MPU passaram a ser duplamente fiscalizados, quanto ao cumprimento dos deveres funcionais e dos princípios da Administração Pública: pelos Corregedores-Gerais do respectivo ramo ao qual pertencerem e pelo Corregedor-Nacional.

Por oportuno, ressalte-se a regra do art. 130-A, § 3º, *inciso* I, parte final: ao contrário dos Corregedores-Gerais de cada um dos ramos, que podem fiscalizar apenas os **membros** do

MPU, o Corregedor-Nacional também possui atribuição para receber reclamações contra servidores do MP (serviços auxiliares).

✋ Cuidado!

O próprio Conselho tem a atribuição de eleger (em votação secreta), *dentre os membros de MP que o integram* (exceto, por implicitude, o PGR), um membro para exercer a função de **CORREGEDOR-NACIONAL DO MP**, por mandato de dois anos, **VEDADA A RECONDUÇÃO**.

QUEM PODE SER CORREGEDOR-NACIONAL DO MP?
Membros do CNMP oriundos do próprio Ministério Público.

QUEM VOTA PARA ESCOLHER O CORREGEDOR-NACIONAL?
Todos os 14 membros.

QUAL O MANDATO DE CORREGEDOR-NACIONAL DO MP?
Dois anos, vedada qualquer recondução.

MEMBRO QUE ESTÁ NO PRIMEIRO MANDATO NO CNMP E QUE FOI ESCOLHIDO CORREGEDOR-NACIONAL PODE SER RECONDUZIDO PARA MAIS DOIS ANOS?
Pode ser reconduzido na função de Conselheiro do CNMP, mas não poderá ser reconduzido na função de Corregedor-Nacional do MP.

21.3. NOÇÕES SOBRE AS OUTRAS FUNÇÕES ESSENCIAIS À JUSTIÇA

21.3.1. Advocacia Pública

A Advocacia Pública é a função essencial à Justiça responsável por defender, judicial ou administrativamente, o poder público. Essa tarefa cabia, antes de 1988, ao Ministério Público – que, de maneira bastante controvertida, exercia a um só tempo as funções de fiscal da lei e de defensor do Estado.

As instituições responsáveis pela Advocacia Pública também exercem funções consultivas (opinar sobre questões jurídicas de interesse da Administração Pública). Contudo, nesse caso, atuam apenas em relação ao Poder Executivo. Judiciário e Legislativo devem, se assim desejarem, criar órgãos próprios de consultoria jurídica (como é o caso da Câmara dos Deputados e do Senado Federal, que possuem órgãos próprios de consultoria).

Então, cuidado! A Advocacia Pública defende judicialmente o Poder Público, por ato de qualquer dos seus Poderes (atos legislativos, executivos ou judiciais). Mas, na Advocacia Consultiva, presta assessoria jurídica apenas ao Poder Executivo.

Com a Constituição de 1988, o MP passou a ser apenas o fiscal da lei, uma vez que a tarefa de defender a União, os Estados, o DF e os Municípios foi atribuída às instituições da Advocacia Pública.

Importantes as observações, contudo, feitas por Juliano Taveira Bernardes e Olavo Augusto Vianna Alves Ferreira:

    a) A representação judicial dos Estados, do Distrito Federal e dos Municípios já não era [antes de 1988] feita por membros do Ministério Público, mas por procuradores próprios;

b) A representação da União, em matéria de execuções fiscais, já se fazia pela Procuradoria da Fazenda Nacional;

c) O constituinte assegurou aos Procuradores da República [membros do MPF] o direito de optar ou em permanecer no MPF ou em ingressar na carreira da AGU (ADCT, art. 29, § 2º)[9].

Na esfera federal, a Advocacia-Geral da União (AGU) é a instituição, vinculada ao Executivo Federal, que exerce a defesa judicial e extrajudicial da União. Tem por Chefe o Advogado-Geral da União, cargo de livre nomeação e exoneração pelo Presidente da República. O AGU tem *status* de Ministro de Estado. Porém, é julgado pelo crime de responsabilidade **sempre** no Senado Federal, ao contrário do que ocorre com o Ministro de Estado (ver comentários ao art. 102, I).

Por outro lado, existem também as Procuradorias dos Estados, do DF e dos Municípios, que estão vinculadas aos respectivos Executivos (não possuem autonomia funcional) e exercem a representação judicial e a consultoria jurídica, respectivamente, dos Estados, do DF e dos Municípios.

O Chefe da Procuradoria-Geral do Estado é o Procurador-Geral do Estado, que é de livre nomeação e exoneração pelo Governador e tem *status* de Secretário de Estado.

Cuidado!

NÃO CONFUNDA!
Procurador-Geral de Justiça é o chefe do Ministério Público Estadual;
Procurador-Geral do Estado é o chefe da Advocacia Pública no âmbito estadual (Procuradoria-Geral do Estado).

Questão de Concurso

(Cespe/SEFAZ-CE/Auditor/2019) A Procuradoria-Geral da Fazenda Nacional integra o Ministério Público Federal.
Gabarito comentado: Errado.
A PGFN é instituição que integra a advocacia pública, mais especificamente a AGU.

21.3.2. Advocacia (privada)

A Advocacia (privada) é um múnus público, uma tarefa pública, uma função de relevância pública exercida por pessoas físicas privadas, os advogados. O advogado é essencial à administração da Justiça – por isso, em regra, não se pode ingressar na Justiça sem o auxílio de advogado, salvo em situações excepcionalíssimas, como no caso das ações de até 20 salários mínimos nos Juizados Especiais Cíveis estaduais (e 30 salários nos Juizados Especiais Cíveis Federais) e nas reclamações trabalhistas. Ademais, o advogado é inviolável pelos atos praticados no exercício da profissão (obviamente, nos limites da lei) – não pode, por exemplo, ser obrigado a testemunhar por fatos relativos ao sigilo profissional.

---

[9] BERNARDES, Juliano Taveira; FERREIRA, Olavo Augusto Alves Vianna. *Direito Constitucional*, t. II. Salvador: JusPodivm, 2017. p. 662.

A desvinculação da advocacia privada de qualquer dos tentáculos do Poder Público é corroborada pela jurisprudência do STF, a qual já consignou que a OAB não é uma autarquia; não se inclui na categoria dos meros Conselhos de Classe, uma vez que não se vincula nem à Administração direta nem à indireta.

Nesse sentido:

> (...) Não procede a alegação de que a OAB sujeita-se aos ditames impostos à Administração Pública direta e indireta.
>
> **3. A OAB não é uma entidade da Administração indireta da União. A Ordem é um serviço público independente, categoria ímpar no elenco das personalidades jurídicas existentes no Direito brasileiro.**
>
> 4. A OAB não está incluída na categoria na qual se inserem essas que se tem referido como "autarquias especiais" para pretender-se afirmar equivocada independência das hoje chamadas "agências".
>
> 5. Por não consubstanciar uma entidade da Administração indireta, a OAB não está sujeita a controle da Administração, nem a qualquer das suas partes está vinculada. Essa não vinculação é formal e materialmente necessária.
>
> 6. A OAB ocupa-se de atividades atinentes aos advogados, que exercem função constitucionalmente privilegiada, na medida em que são indispensáveis à administração da Justiça [art. 133 da CF/1988]. É entidade cuja finalidade é afeta a atribuições, interesses e seleção de advogados. Não há ordem de relação ou dependência entre a OAB e qualquer órgão público.
>
> 7. A Ordem dos Advogados do Brasil, cujas características são autonomia e independência, não pode ser tida como congênere dos demais órgãos de fiscalização profissional. A OAB não está voltada exclusivamente a finalidades corporativas. Possui finalidade institucional.
>
> 8. Embora decorra de determinação legal, o regime estatutário imposto aos empregados da OAB não é compatível com a entidade, que é autônoma e independente.
>
> 9. Improcede o pedido do requerente no sentido de que se dê interpretação conforme o art. 37, inciso II, da Constituição do Brasil ao *caput* do art. 79 da Lei n. 8.906, que determina a aplicação do regime trabalhista aos servidores da OAB.
>
> 10. Incabível a exigência de concurso público para admissão dos contratados sob o regime trabalhista pela OAB.
>
> 11. Princípio da moralidade. Ética da legalidade e moralidade. Confinamento do princípio da moralidade ao âmbito da ética da legalidade, que não pode ser ultrapassada, sob pena de dissolução do próprio sistema. Desvio de poder ou de finalidade[10].

Há uma tendência no STF de rever esse posicionamento, mas, até o momento, esse é o entendimento que consideramos recomendável levar para provas de concursos.

21.3.3 Defensoria Pública

A Defensoria Pública é uma instituição pública, que era vinculada ao Poder Executivo, mas que hoje constitui uma instituição autônoma, após a EC n. 80/2014 (tal como decidido

---

[10] STF, Pleno, ADI n. 3.026/DF, Relator Ministro Eros Grau, *DJ* de 29-9-2006, p. 31.

pelo STF na medida cautelar na ADI n. 5.296/DF, Relatora Ministra Rosa Weber). Tem por função prestar assistência jurídica aos necessitados nos termos do art. 5º, LXXIV.

Ademais, ressalte-se que as Defensorias Públicas possuem autonomia funcional, administrativa e orçamentária. E, por fim, é de se notar que os defensores públicos possuem a garantia de inamovibilidade, mas estão impedidos de exercer a advocacia fora das atribuições funcionais na Defensoria.

Questão de Concurso

(Cespe/SEFAZ-CE/Auditor/2019) Aos membros da Defensoria Pública e aos integrantes da Advocacia Geral da União são asseguradas as prerrogativas constitucionais da inamovibilidade e da vitaliciedade.

Gabarito comentado: Errado.
Membros da Defensoria têm inamovibilidade (art. 134, § 1º), garantia que os advogados públicos não têm. Já a vitaliciedade não é assegurada a nenhum dos dois.

Atenção!

"É inconstitucional a exigência de inscrição do Defensor Público nos quadros da Ordem dos Advogados do Brasil." (Tema n. 1074 da Repercussão Geral do STF).

"A Defensoria Pública tem legitimidade para a propositura de ação civil pública que vise a promover a tutela judicial de direitos difusos ou coletivos de que sejam titulares, em tese, pessoas necessitadas." (Tema n. 607 da Repercussão Geral do STF).

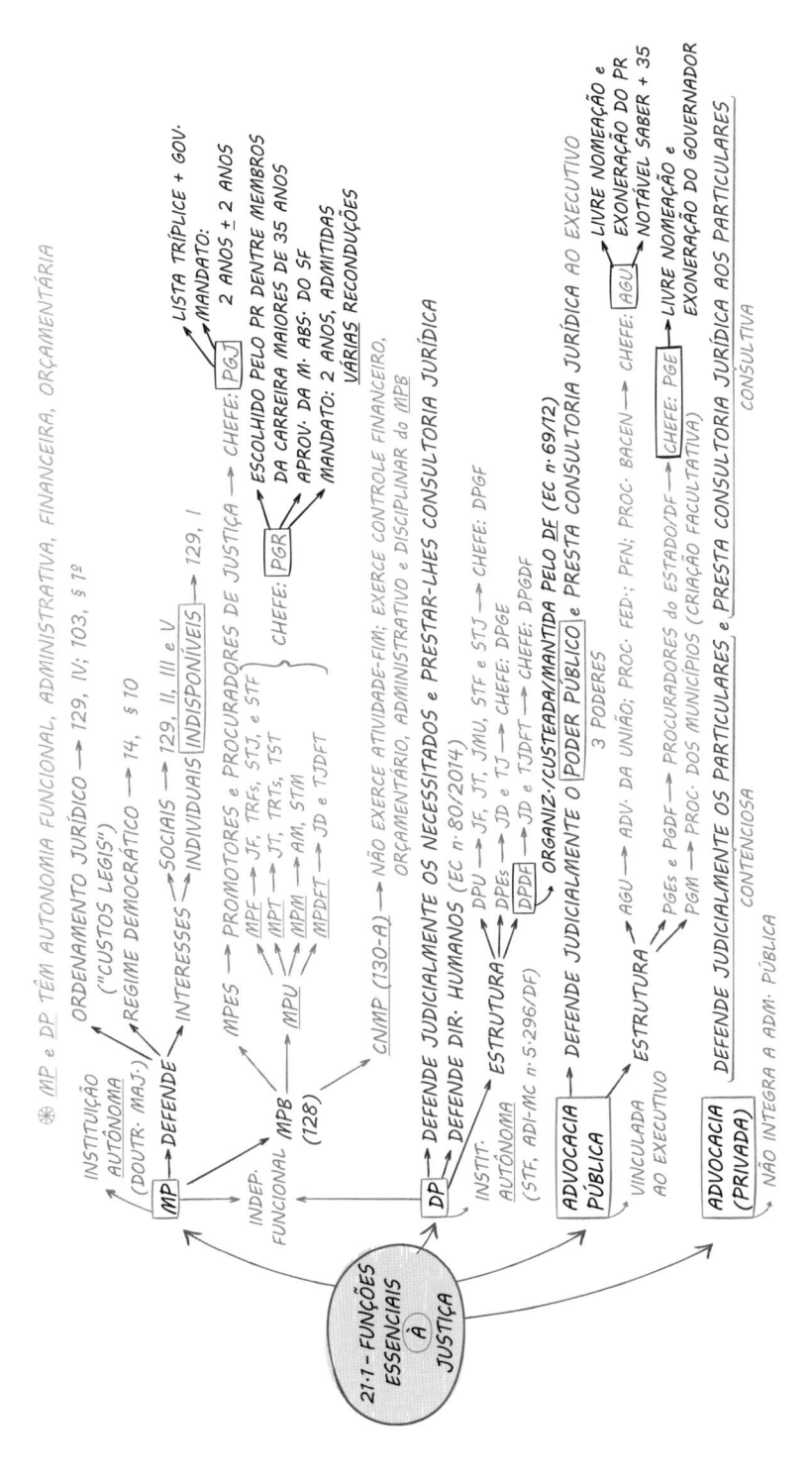

Esquemas

✱ *MP e DP TÊM AUTONOMIA FUNCIONAL, ADMINISTRATIVA, FINANCEIRA, ORÇAMENTÁRIA*

21.1 - FUNÇÕES ESSENCIAIS À JUSTIÇA

MP
- INSTITUIÇÃO AUTÔNOMA (DOUTR. MAJ.)
- INDEP. FUNCIONAL
- DEFENDE
  - ORDENAMENTO JURÍDICO → 129, IV; 103, § 1º ("CUSTOS LEGIS")
  - REGIME DEMOCRÁTICO → 14, § 10
  - INTERESSES
    - SOCIAIS → 129, II, III e V
    - INDIVIDUAIS INDISPONÍVEIS → 129, I
  - PROMOTORES e PROCURADORES DE JUSTIÇA → CHEFE: **PGJ** → LISTA TRÍPLICE + GOV.
    - MANDATO: 2 ANOS ± 2 ANOS
- MPB (128)
  - MPEs
  - MPU
    - MPF → JF, TRFs, STJ, e STF
    - MPT → JT, TRTs, TST
    - MPM → AM, STM
    - MPDFT → JD e TJDFT
  - CHEFE: **PGR** → ESCOLHIDO PELO PR DENTRE MEMBROS DA CARREIRA MAIORES DE 35 ANOS
    - APROV. DA M. ABS. DO SF
    - MANDATO: 2 ANOS, ADMITIDAS VÁRIAS RECONDUÇÕES
- CNMP (130-A) → NÃO EXERCE ATIVIDADE-FIM; EXERCE CONTROLE FINANCEIRO, ORÇAMENTÁRIO, ADMINISTRATIVO e DISCIPLINAR do MPB

DP
- DEFENDE JUDICIALMENTE OS NECESSITADOS e PRESTAR-LHES CONSULTORIA JURÍDICA
- DEFENDE DIR. HUMANOS (EC n: 80/2014)
- INSTIT. AUTÔNOMA (STF, ADI-MC n: 5.296/DF)
- ESTRUTURA
  - DPU → JF, JT, JMU, STF e STJ → CHEFE: DPGF
  - DPEs → JD e TJ → CHEFE: DPGE
  - **DPDF** → JD e TJDFT → CHEFE: DPGDF

ADVOCACIA PÚBLICA
- DEFENDE JUDICIALMENTE O PODER PÚBLICO e PRESTA CONSULTORIA JURÍDICA AO EXECUTIVO
- ORGANIZ./CUSTEADA/MANTIDA PELO DF (EC n: 69/12)
- 3 PODERES
- ESTRUTURA
  - AGU → ADV. DA UNIÃO; PROC. FED:; PFN; PROC. BACEN → CHEFE: **AGU** → LIVRE NOMEAÇÃO e EXONERAÇÃO DO PR
    - NOTÁVEL SABER + 35
  - PGEs e PGDF → PROCURADORES do ESTADO/DF → CHEFE: **PGE** → LIVRE NOMEAÇÃO e EXONERAÇÃO DO GOVERNADOR
  - PGM → PROC. DOS MUNICÍPIOS (CRIAÇÃO FACULTATIVA)
- VINCULADA AO EXECUTIVO
- CONTENCIOSA
- CONSULTIVA

ADVOCACIA (PRIVADA)
- DEFENDE JUDICIALMENTE OS PARTICULARES e PRESTA CONSULTORIA JURÍDICA AOS PARTICULARES
- NÃO INTEGRA A ADM. PÚBLICA

Capítulo 22

Controle de Constitucionalidade

22.1. SUPREMACIA DA CONSTITUIÇÃO

De acordo com a concepção jurídica (defendida por Hans Kelsen, conforme explicado no Capítulo 1), a Constituição é a norma fundamental e **suprema** do ordenamento jurídico. Ocupa o cume do ordenamento, e a ela se submetem todas as demais normas (supremacia formal), pois (se presume que) a Constituição trata dos assuntos centrais da sociedade política estatal (supremacia material). A doutrina reconhece a supremacia material em todas as Constituições, mas afirma que só existe supremacia formal nas Constituições rígidas (ou, pelo menos, nas partes rígidas das Constituições semirrígidas).

Tradicionalmente, aliás, aponta-se como um dos pressupostos para o controle de constitucionalidade das leis a rigidez constitucional. Afirma-se que não seria possível controlar a constitucionalidade das leis e demais atos normativos, se não houvesse supremacia formal da Constituição. Esse entendimento, porém, vem sofrendo relativizações, desde que a Inglaterra – mesmo com sua constituição não escrita e flexível – instituiu a Suprema Corte (*Constitutional Reform Act*, 2005, art. 23 e seguintes), com alguma competência para a realização de controle de constitucionalidade, embora obviamente muito menos ampla do que em outros países.

22.2. CONTROLE DE CONSTITUCIONALIDADE E ESPÉCIES DE CONTROLE DE VALIDADE

Controle de constitucionalidade (ou *fiscalização de constitucionalidade*) é o mecanismo previsto na Constituição para controlar (= verificar = fiscalizar) a compatibilidade de atos infraconstitucionais com a Constituição. Assemelha-se ao sistema imunológico: identifica potenciais "invasores" do sistema e os combate – no caso, os invasores são as leis inconstitucionais.

Na verdade, o chamado controle de constitucionalidade insere-se no contexto maior dos chamados "controles de validade" – mecanismos de verificação da compatibilidade das normas jurídicas com aquelas que lhe são superiores. São espécies de controle de validade: a) controle de legalidade; b) controle de constitucionalidade; c) controle de convencionalidade.

O que difere essas várias espécies de controle é a norma jurídica que se toma como referência para o controle. Assim, no controle de *legalidade* se verifica a compatibilidade de atos infralegais com as *leis* (por exemplo, se a nomeação de um servidor é compatível com a legislação de regência do tema); por outro lado, no controle de *convencionalidade* a verificação tem por objeto uma lei, a fim de analisar sua compatibilidade com *tratados e convenções internacionais*; finalmente, no controle de *constitucionalidade* verifica-se a compatibilidade (formal e material) de leis (ou quaisquer atos infraconstitucionais) com os ditames da *Constituição*.

Ou, dito de outra forma: um exemplo de controle de constitucionalidade é a ação direta de inconstitucionalidade (ADI), ajuizada perante o STF para alegar que uma lei ou ato normativo viola a CF. Exemplo de controle de legalidade é o recurso especial para o STJ, fundado na alínea *a* do inciso III do art. 105 da CF (quando se pede ao STJ que reforme uma decisão judicial que contrarie lei federal). Finalmente, exemplo de controle de convencionalidade se verificou quando o STF decidiu que o Decreto-lei n. 911/69, que previa a prisão civil do depositário infiel, fora revogado por ser incompatível com a previsão do art. 7º, 7, do Pacto de San José da Costa Rica (tratado com hierarquia supralegal reconhecida pelo próprio STF – Súmula Vinculante 25).

Para compreendermos melhor essa distinção, contudo, faz-se necessário explicar o conceito de "norma-parâmetro" e "norma-objeto", especificamente em relação ao controle sobre o qual iremos nos deter – o controle de constitucionalidade.

22.3. NORMA-PARÂMETRO DO CONTROLE DE CONSTITUCIONALIDADE

Chama-se **norma-parâmetro** a norma com fundamento na qual se exerce o controle, isto é, a norma que serve de paradigma para a verificação da constitucionalidade (= a norma com a qual se compara a lei, por exemplo, para se analisar se ela é ou não constitucional).

No Direito brasileiro, são normas-parâmetro do controle de constitucionalidade:

a) as normas da CF original (sejam elas do "articulado", do corpo permanente; ou do Ato das Disposições Constitucionais Transitórias);

b) as emendas à Constituição (normas constitucionais derivadas);

c) os princípios constitucionais implícitos (como o da proporcionalidade, ou da supremacia do interesse público, por exemplo); e

d) os tratados internacionais de direitos humanos aprovados com força de emenda à Constituição (CF, art. 5º, § 3º).

A esse grupo de normas chama-se – por influência da doutrina francesa de Louis Favoreu – **bloco de constitucionalidade**. Parte da doutrina se refere a isso como bloco de constitucionalidade em sentido amplo, uma vez que o bloco de constitucionalidade em sentido estrito seriam apenas as normas materialmente constitucionais, mas implícitas na CF[1].

---

[1] Interessante notar que tal conceito faz mesmo muito sentido no sistema constitucional francês, já que lá a Declaração dos Direitos do Homem e do Cidadão, de 26 de agosto de 1789, é considerada parte integrante da Constituição de 4 de outubro de 1958.

Questão de Concurso

(Cespe/TRF 5ª Região/Juiz Federal/2009) A expressão bloco de constitucionalidade pode ser entendida como o conjunto normativo que contém disposições, princípios e valores materialmente constitucionais fora do texto da CF formal.

Gabarito comentado: Correto.
Veja que a banca utilizou, aqui, o conceito de bloco de constitucionalidade em sentido estrito.

Cuidado!

De acordo com a jurisprudência do STF, o preâmbulo da Constituição não tem força normativa; não é norma jurídica, servindo apenas de norte para a interpretação e contextualização da Constituição; logo, **o preâmbulo não é norma-parâmetro para o controle de constitucionalidade**.

22.4. NORMA-OBJETO DO CONTROLE DE CONSTITUCIONALIDADE

Chama-se norma-objeto aquela que **sofre** o controle, ou seja, aquela cuja constitucionalidade é analisada, fiscalizada.

Podem ser objeto do controle de constitucionalidade quaisquer normas infraconstitucionais, e até mesmo atos concretos e emendas à Constituição (caso se alegue violação aos limites ao poder reformador).

Veja Bem!

As Emendas Constitucionais apenas podem sofrer controle de constitucionalidade em relação aos chamados limites ao poder reformador; isto é, só podem ser declaradas inconstitucionais se forem aprovadas na vigência de alguma limitação circunstancial (CF, art. 60, § 1º); ou se sua tramitação tiver desrespeitado algum limite formal (CF, art. 60, caput, § 2º, § 3º e § 5º); ou, ainda, se violarem alguma cláusula pétrea (CF, art. 60, § 4º).

Também merece registro a peculiar situação de que as Emendas Constitucionais podem (jamais no mesmo caso, claro) funcionar tanto como norma-parâmetro (fundamentando, por exemplo, a declaração de inconstitucionalidade de uma lei que as contrarie), quanto como norma-objeto (sofrendo controle de constitucionalidade, em face de um dos limites ao poder de emenda).

Atenção!

As normas constitucionais originárias são, de acordo com a jurisprudência do STF, **insuscetíveis de sofrer controle de constitucionalidade**. Em primeiro lugar, porque não existe hierarquia entre normas constitucionais originárias; e, demais disso, porque o poder constituinte originário é juridicamente ilimitado. Nesse sentido: STF, Pleno, ADI n. 815/MT. Com isso, pode-se dizer que o Brasil: a) admite que o poder constituinte originário é juridicamente ilimitado; e b) não admite integralmente a tese das "normas constitucionais inconstitucionais" do alemão Otto Bachof.

Esquema 22.1 – PRESSUPOSTOS PARA O CONTROLE DE CONSTITUCIONALIDADE

NORMAS-PARÂMETRO
- CF ⇄ ARTICULADO / ADCT (PREÂMBULO NÃO!)
- EC
- TRATADOS C/ FORÇA DE EC
- PRINCÍPIOS CONSTIT. IMPLÍCITOS

} BLOCO DE CONSTIT.

NORMAS-OBJETO
- EC → EM CASO DE VIOLAÇÃO AOS SEUS LIMITES (FORMAIS/MATERIAIS/CIRCUNST.)
- TRATADOS
- LEIS (SENTIDO AMPLO) → ATOS DE HIERARQUIA LEGAL
- ATOS INFRALEGAIS → SE VIOLAREM DIRETAMENTE A CF

OBS.: NO BRASIL, É IMPOSSÍVEL O CONTROLE DE CONSTIT. DAS NORMAS CONSTITUCIONAIS ORIGINÁRIAS.

22.5. COMPARAÇÃO ENTRE AS VÁRIAS ESPÉCIES DE CONTROLE DE VALIDADE

Em resumo do que estudamos, podemos afirmar que, dependendo da norma-parâmetro e da norma objeto, é possível ter vários tipos de controle de validade das normas: o controle de legalidade (= compatibilidade com a lei), o controle de constitucionalidade (= compatibilidade com a Constituição) e o controle de convencionalidade (= compatibilidade com tratados e convenções internacionais).

Esquema 22.2 – HIERARQUIA DAS NORMAS CONSTITUCIONAIS

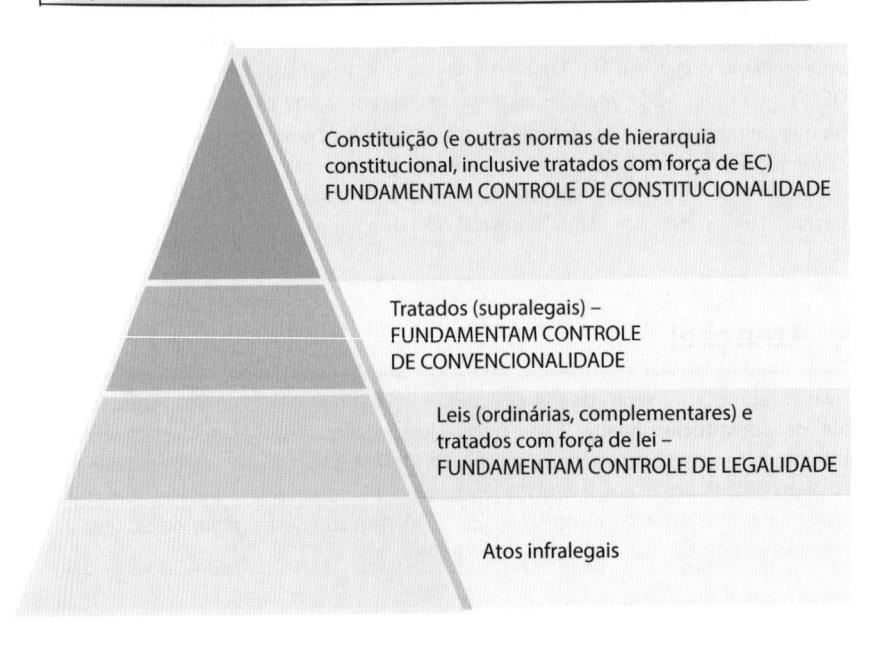

Constituição (e outras normas de hierarquia constitucional, inclusive tratados com força de EC)
FUNDAMENTAM CONTROLE DE CONSTITUCIONALIDADE

Tratados (supralegais) –
FUNDAMENTAM CONTROLE DE CONVENCIONALIDADE

Leis (ordinárias, complementares) e tratados com força de lei –
FUNDAMENTAM CONTROLE DE LEGALIDADE

Atos infralegais

Assim, teremos:

Quadro 22.1 – Comparação entre as várias espécies de controle

	Controle de legalidade	Controle de constitucionalidade	Controle de convencionalidade
Norma-parâmetro	Lei (ou outro ato de hierarquia legal)	Constituição + EC + tratados com força de EC + princípios implícitos	Tratados com força supralegal + tratados com força de EC
Norma-objeto	Atos infralegais (contratos, atos administrativos etc.)	Qualquer ato infraconstitucional (mas sempre se contrariar diretamente a CF ou outra norma do bloco de constitucionalidade)	Atos de hierarquia legal ou infralegal
Exemplo	Decreto regulamentar que exorbita o que diz a lei (deve ser declarado ilegal)	Lei ordinária que contraria a Constituição (deve ser declarada inconstitucional)	Lei ordinária que contraria um tratado de hierarquia supralegal ou constitucional (deve ser declarada ilícita ou **inconvencional**)

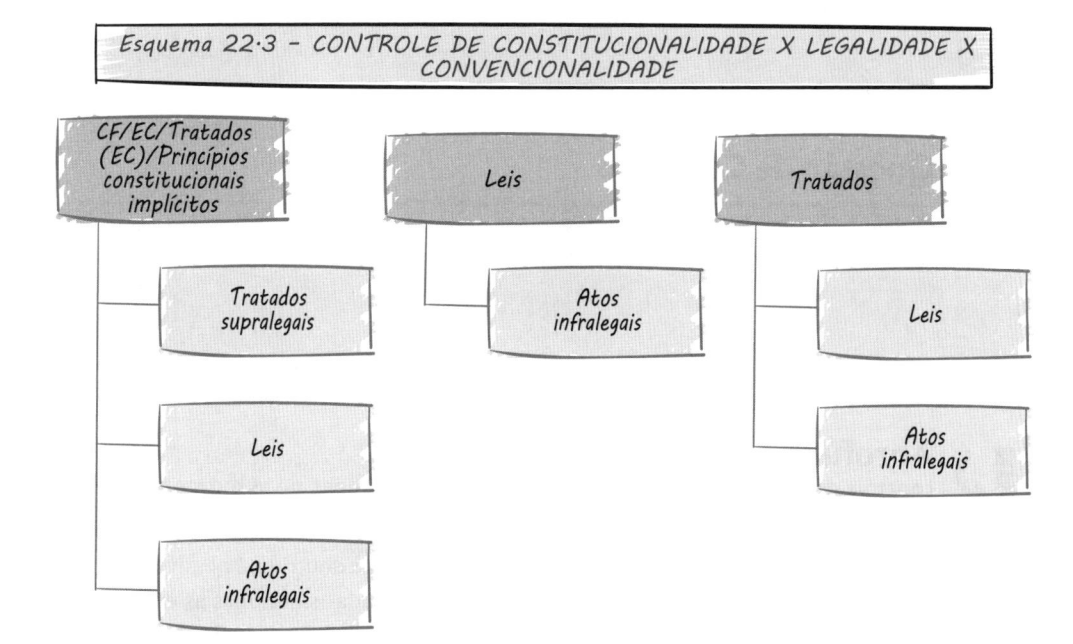

Esquema 22.3 – CONTROLE DE CONSTITUCIONALIDADE X LEGALIDADE X CONVENCIONALIDADE

- CF/EC/Tratados (EC)/Princípios constitucionais implícitos
  - Tratados supralegais
  - Leis
  - Atos infralegais
- Leis
  - Atos infralegais
- Tratados
  - Leis
  - Atos infralegais

Esquema 22.4 – CONTROLES DE VALIDADE

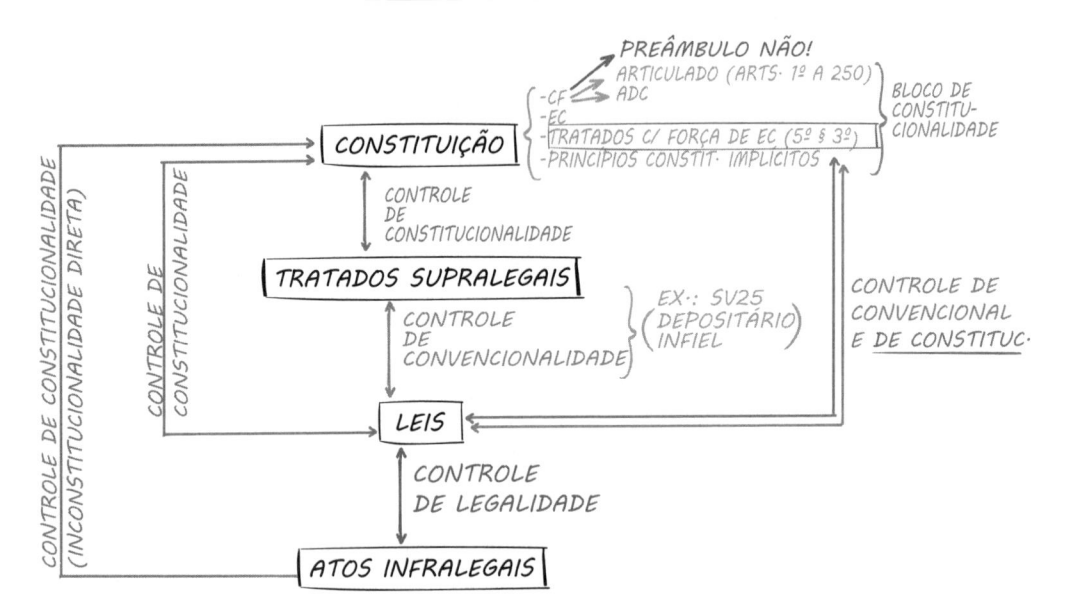

```
                    PREÂMBULO NÃO!
                    ARTICULADO (ARTS. 1º A 250)
              -CF   ADC                              BLOCO DE
              -EC                                    CONSTITU-
CONSTITUIÇÃO  -TRATADOS C/ FORÇA DE EC (5º § 3º)    CIONALIDADE
              -PRINCÍPIOS CONSTIT. IMPLÍCITOS
                    ↕
                    CONTROLE DE
                    CONSTITUCIONALIDADE
        TRATADOS SUPRALEGAIS
                    ↕           EX.: SV25           CONTROLE DE
                    CONTROLE   (DEPOSITÁRIO)        CONVENCIONAL
                    DE          INFIEL)             E DE CONSTITUC.
                    CONVENCIONALIDADE
                    LEIS ←
                    ↕
                    CONTROLE
                    DE LEGALIDADE
        ATOS INFRALEGAIS

(Lateral: CONTROLE DE CONSTITUCIONALIDADE (INCONSTITUCIONALIDADE DIRETA) | CONTROLE DE CONSTITUCIONALIDADE)
```

⚠ Atenção!

Caso se trate de verificar a compatibilidade de uma lei com um **tratado com força de emenda constitucional (CF, art. 5º, § 3º)**, nesse caso teremos, **ao mesmo tempo**, um controle de constitucionalidade (pois a lei será declarada inconstitucional) e de convencionalidade (já que o parâmetro é um tratado internacional).

📝 Questão de Concurso

(Cespe/PGDF/Procurador/2013) Segundo parte majoritária da doutrina, o Direito brasileiro conta com um controle jurisdicional de convencionalidade das leis, que se distingue do controle de constitucionalidade.

Gabarito comentado: Correto.
Realmente, os controles de constitucionalidade e de *convencionalidade* são distintos entre si, embora haja algumas interseções.

Aprofundamento:
controle de constitucionalidade e jurisdição constitucional, ou as outras funções dos Tribunais Constitucionais

Embora questões terminológicas sempre suscitem divergências na doutrina, é possível afirmar que, para a maioria dos estudiosos do tema, não são consideradas sinônimas as expressões *jurisdição constitucional* e *controle de constitucionalidade*. Na verdade, o controle da constitucionalidade das leis é apenas *uma* das funções exercidas pela jurisdição constitucional (ou "Justiça Constitucional", como preferem alguns).

André Ramos Tavares[2] ressalva que a "Justiça" constitucional não se resume à *jurisdição* constitucional, pois que a defesa da constituição vai muito além da verificação de conformidade dos atos legislativos. Abrange também funções outras, como a arbitragem de conflitos entre poderes (função arbitral), a resolução de conflitos entre entes da federação (se for caso), a defesa de direitos e liberdades constitucionais (no que a doutrina italiana, especialmente, chama de "jurisdição constitucional das liberdades"). Além disso, algumas Cortes Constitucionais, como é o caso de Portugal, também exercem funções de verificação da regularidade de processos eleitorais e de fiscalização de plebiscitos, referendos e iniciativas populares. Detalharemos, ora por diante, cada uma dessas funções incluídas na jurisdição constitucional.

Primeiramente, temos os já estudados controles de validade – assim entendidos, em sentido amplo, como quaisquer meios de verificação da conformidade formal e material de atos normativos. Existem, como vimos, três espécies de controle de validade: a) o controle de constitucionalidade, em que se comparam atos infraconstitucionais (e, no caso brasileiro, até mesmo atos de hierarquia constitucional, como as emendas constitucionais) com a Constituição (ou com o chamado *bloco de constitucionalidade*); b) o controle de legalidade, cujo objetivo é verificar a compatibilidade de atos infralegais (atos administrativos ou decisões judiciais, por exemplo) com as leis (ordinárias, complementares etc.); e c) o controle de convencionalidade, assim entendido como o mecanismo por meio do qual se verifica a compatibilidade das leis e dos atos infralegais com os tratados e convenções internacionais (qualquer que seja a hierarquia destes).

Uma segunda função que integra a jurisdição constitucional é o papel do Tribunal Constitucional de atuar como árbitro de conflitos entre poderes. Nesse sentido, a Corte exerce quase que um papel de "poder moderador". Esse papel é mais destacado nos países que adotam a Corte Constitucional em sentido estrito, um órgão que, por não integrar formalmente a estrutura de nenhum dos poderes, ficaria mais equidistante para fazer o papel de árbitro. Porém, mesmo em países nos quais o tribunal constitucional integra formalmente o Judiciário, como no Brasil, esse papel pode ser identificado – por exemplo, quando o STF julga uma ADI contra decreto legislativo (do Congresso Nacional) que, com base no inciso V do art. 49 da CF, susta atos normativos do poder Executivo, por entender que eles exorbitaram dos limites do poder regulamentar. Nesses casos, o STF, mais do que exercer um controle de constitucionalidade, está fiscalizando as relações Legislativo-Executivo e arbitrando um conflito instaurado entre os poderes de natureza política.

Nesse mesmo sentido, também faz parte da jurisdição constitucional o papel de tribunal federativo, nos países que adotem essa forma de estado. Em tais situações, cabe ao tribunal constitucional atuar como árbitro de conflitos instaurados entre os entes da federação. No Brasil, essa atribuição é expressamente conferida ao STF pela alínea *f* do inciso I do art. 102, segundo o qual compete originariamente ao STF decidir as causas e os conflitos entre a União e os Estados, a União e o DF, ou entre uns e outros. Um exemplo dessa situação foi a Pet n. 3388/RR o conhecido caos da demarcação das reservas indígenas "Raposa/Serra do Sol", em que coube ao STF processar e julgar, originariamente, o conflito instaurado entre o estado de Roraima, de um lado, e a União e a Fundação Nacional do Índio (Funai), de outro[3].

---

[2] TAVARES, André Ramos. *Teoria da Justiça Constitucional.* São Paulo: Saraiva, 2005.

[3] No caso brasileiro, desde a promulgação da EC n. 132, de 20 de dezembro de 2023 (Reforma Tributária), o papel de tribunal federativo passou a ser exercido excepcionalmente também pelo STJ, uma vez que passou a caber à Corte Superior julgar os conflitos entre entes federativos envolvendo o Imposto sobre Bens e Serviços (IBS) ou a Contribuição sobre Bens e Serviços (CBS): art. 105, I, *j*.

É parte relevante, ainda, das funções conhecidas como de "jurisdição constitucional" o papel de preservar e resguardar os direitos e liberdades fundamentais dos cidadãos. Essa função é marcante nos países em que, de uma forma ou de outra, permite-se o acesso direto dos cidadãos ao Tribunal Constitucional, para tutela de um direito seu violado ou ameaçado. É o caso do *Verfassungsbeshwerde* alemão (recurso constitucional ou queixa constitucional), do *amparo* dos países de língua espanhola e dos mandados de segurança e de injunção brasileiros. Cabe, por exemplo, originariamente ao STF processar e julgar os mandados de injunção impetrados por qualquer cidadão, quando a elaboração da norma regulamentadora faltante for competência do Presidente da República, do Congresso Nacional (ou de qualquer de suas Casas), do Procurador--Geral da República, dos Tribunais Superiores, do Tribunal de Contas da União ou do próprio STF (CF, art. 102, I, *q*). Também a ADPF contra ato concreto pode ser apontada como uma aproximação com a ideia do STF como um "tribunal das liberdades", se bem que, nesse caso, não pode essa ação ser ajuizada por qualquer pessoa (Lei n. 9.882/99, arts. 1º, *caput*, e 2º).

Finalmente, a doutrina estrangeira também registra o papel do Tribunal Constitucional como corte de verificação da regularidade das eleições e dos processos eleitorais (em Portugal, cabe ao Tribunal até mesmo fiscalizar as contas dos partidos políticos). Especificamente no Brasil, porém, até mesmo por questões históricas, essa atribuição é dada à Justiça Eleitoral, cujo órgão de cúpula é o TSE. Ainda em Portugal, cabe ao Tribunal Constitucional exercer um controle prévio de conteúdo sobre as consultas populares, como os plebiscitos, função essa que também não tem paralelo com qualquer das competências conferidas pela CF brasileira ao STF.

Em relação à Corte Constitucional como instância de defesa da constituição mediante a punição dos chamados crimes de responsabilidade, ou atentados à constituição, por meio do julgamento de autoridades em processo de *impeachment*, verifica-se multiplicidade de modelos adotados no mundo. Nos EUA, o julgamento do *impeachment* contra o Presidente da República não passa pela Suprema Corte, assim como acontece no Brasil, em que essa competência é dada ao Senado Federal (CF, art. 52, I). Não obstante, entre nós algumas autoridades são julgadas nos crimes de responsabilidade pelo próprio STF, como é o caso dos Ministros de Tribunais Superiores e dos Ministros de Estado – estes últimos, nos crimes de responsabilidade não conexos com os do Presidente da República (CF, art. 102, I, *c*). Na Áustria, há autoridades que são julgadas pelo tribunal Constitucional, pela prática de crimes de responsabilidade, e em Portugal cabe ao Tribunal Constitucional confirmar a regularidade do processo de *impeachment* julgado pelo Supremo Tribunal de Justiça (que equivaleria, no Brasil, ao STJ).

Aprofundamento:
controle de constitucionalidade fraco e forte

Jeremy Waldron, autor neozelandês crítico do sistema de controle de constitucionalidade pelo Judiciário (chamado na tradição americana de *judicial review*) defende a categorização dos modelos de fiscalização judicial de constitucionalidade em forte e fraco[4]. Idêntica qualificação é proposta por Mark Tushnet.

Nesse contexto, o controle judicial forte se verifica quando o tribunal constitucional pode anular a lei inconstitucional produzida pelo Legislativo (isto é, pode atuar como "legislador negativo", como diria Kelsen, retirando a lei inconstitucional – total ou parcialmente – do ordena-

---

[4] Waldron, Jeremy. The Core of the Case against Judicial Review. *The Yale Law Journal*, vol. 115, n. 6, 2006, pp. 1346–406. JSTOR, https://doi.org/10.2307/20455656. Acesso em: 13 dez. 2022.

mento), ou ainda negar-se a aplicar ao caso concreto uma lei inconstitucional. É o caso, por exemplo, da Alemanha, do Brasil, dos Estados Unidos. Por outro lado, o controle judicial fraco verifica-se nos países em que a decisão do tribunal constitucional não invalida a norma, mas apenas "aponta" ao Legislativo a existência de um vício que o próprio legislador deve solucionar: é o caso, por exemplo, dos modelos da Nova Zelândia e da Inglaterra. Na Inglaterra, por exemplo, a declaração de incompatibilidade de uma lei autoriza o Primeiro-Ministro a propor ao Parlamento a revisão da lei, por meio de um processo legislativo simplificado (*fast track*).

22.6. TEORIA DA INCONSTITUCIONALIDADE

- **Conceito**: inconstitucionalidade é a incompatibilidade entre uma norma e a Constituição. Pode atingir tanto uma norma concreta (ato administrativo, contrato) ou uma norma abstrata e geral (lei, emenda constitucional).
- **Duplo sentido da palavra "inconstitucionalidade"**: André Ramos Tavares defende, com base em Elival da Silva Ramos, que a expressão "inconstitucionalidade" pode ser empregada em dois sentidos diferentes:
   a) como um vício, um defeito de um ato que é incompatível com a Constituição;
   b) ou uma sanção, imposta geralmente pelo Judiciário, que torna nulo o ato defeituoso, retirando-o do ordenamento jurídico. Dessa forma, quando dizemos que "tal lei é inconstitucional", por considerarmos que ela afronta a Constituição, estamos usando o primeiro significado; ao revés, quando dizemos que "a lei tal foi declarada inconstitucional pelo STF", fazemos referência ao segundo sentido da palavra.
- **Presunção de constitucionalidade das leis**: as leis, como emanam de um poder democraticamente eleito e constitucionalmente regulado (Legislativo) e como passam por um controle prévio de constitucionalidade, devem ser presumidas constitucionais até que haja prova em contrário. Assim, ninguém pode deixar de cumprir uma lei apenas por achá-la inconstitucional. Deve-se buscar os meios judiciais de afastar a aplicação da lei, mas, enquanto isso, ela continuará valendo. De acordo com a jurisprudência do STF, só algumas instituições podem deixar de aplicar uma lei por considerá-la inconstitucional: o Presidente da República (embora haja certa controvérsia, essa é a posição que prevalece) e o Poder Judiciário (no exercício da função típica, isto é, a jurisdicional).

22.6.1. Classificação das espécies de inconstitucionalidade

22.6.1.1. *Quanto à natureza do vício*

   a) **Inconstitucionalidade material**: ocorre quando o conteúdo de um ato contraria normas da Constituição. Assim, por exemplo, quando o STF entendeu que o art. 2º, §1º, da Lei n. 8.072/90 (Lei de Crimes Hediondos), ao proibir a progressão de regime, violava o princípio da individualização da pena, considerou-se que tal lei padecia, nessa parte, de inconstitucionalidade material (conteúdo).
   b) **Inconstitucionalidade formal**: é o desrespeito do ato ao processo legislativo previsto na Constituição (seja quanto a aspectos de iniciativa, competência, trâmite etc.) ou às regras de competência federativa. Por exemplo: leis estaduais sobre uso do cinto de segurança nos automóveis declaradas inconstitucionais por se tratar de matéria de competência da União (art. 22, X) – vício de competência; leis de iniciativa do legislativo declaradas inconstitucionais por invadirem a iniciativa privativa do Presidente da República (art. 61, §1º) – vício de iniciativa; emenda constitucional declara inconstitucional pelo STF por não ter sido aprovada em dois turnos nas duas

Casas (EC n. 19/98, quanto à nova redação do art. 39) – vício de trâmite. Nesses casos, não se questiona se o conteúdo da lei é bom ou ruim, ou se é compatível com a CF – apenas se analisa se o processo legislativo respeitou o trâmite constitucional.

Quadro 22.2 – Diferenças de inconstitucionalidade quanto à natureza do vício

	Inconstitucionalidade formal	Inconstitucionalidade material
Vício	Forma	Conteúdo
Parâmetro	Normas de processo legislativo e competência	Normas de conteúdo

22.6.1.2. *Quanto à conduta configuradora*

a) **Inconstitucionalidade por ação**: ocorre quando se edita ou pratica um ato que é contrário à Constituição. Ex.: quando o Congresso aprova uma lei inconstitucional. Decorre de uma conduta positiva (o legislador faz algo).

b) **Inconstitucionalidade por omissão**: quando um dos poderes públicos deixa de fazer algo a que estava obrigado pela Constituição. Ex.: Mora (demora) do Congresso em aprovar uma lei para regulamentar uma norma de eficácia limitada (direito de greve do servidor público, por exemplo). Decorre de uma conduta negativa (o legislador deixa de elaborar uma lei imposta pela Constituição, por exemplo).

🖐 Cuidado!

A inconstitucionalidade por omissão pode ser parcial ou total. Verifica-se a inconstitucionalidade por omissão total quando não há lei alguma tratando do tema exigido pela CF (direito de greve do servidor público, por exemplo). Por outro lado, a inconstitucionalidade por omissão parcial ocorre quando a lei existe, mas é insuficiente, isto é, não preenche todos os requisitos exigidos pela CF (caso, por exemplo, da lei que fixa o valor do salário mínimo em patamar menor do que o necessário para atender a todos os requisitos exigidos pelo art. 7º, IV, da CF).

22.6.1.3. *Quanto ao momento de surgimento (edição) da lei ou ato incompatível*

a) **Inconstitucionalidade originária**: a lei é inconstitucional, pois foi produzida em desacordo com a atual Constituição (a lei já nasceu inconstitucional, na vigência da Constituição atual).

b) **Inconstitucionalidade superveniente:** a lei seria inconstitucional se confrontada com a nova Constituição: a lei se tornaria inconstitucional. Como já vimos no Capítulo 2 (Poder Constituinte), a jurisprudência do STF não aceita a tese da inconstitucionalidade superveniente decorrente de nova Constituição ou emenda constitucional, considerando que norma anterior à nova Constituição e com ela incompatível é revogada, e não inconstitucional. Pode, porém, verificar-se a inconstitucionalidade superveniente de normas quando: a) houver mudança de interpretação de norma constitucional (mutação constitucional), tornando a lei, originalmente constitucional, agora incompatível com a nova leitura da norma da CF; e b) houver alteração da base fática que torne a lei inconstitucional (assim, por exemplo, a inflação pode tornar o valor do salário mínimo, originalmente adequado, agora insuficiente).

✓ Observação!

"Processo de inconstitucionalização" ou "inconstitucionalidade em trânsito": a doutrina e a jurisprudência do STF admitem a possibilidade de que uma lei, nascida constitucional, venha a tornar-se inconstitucional na vigência de uma mesma constituição, mas em virtude de alteração dos fatos sociais ou da interpretação dada à Constituição. Foi o caso, por exemplo, da citada Lei de Crimes hediondos, que era declarada constitucional pelo Supremo, mas depois, com a mudança de entendimento da Corte, passou a ser considerada inconstitucional. Esse processo de "passagem" da lei da constitucionalidade para a inconstitucionalidade é tênue e imperceptível, muitas vezes se falando numa "inconstitucionalidade em trânsito" – uma lei ainda é constitucional, mas caminha para a inconstitucionalidade. É o caso, por exemplo, da Lei Complementar n. 80/94, que prevê prazos especiais para a Defensoria Pública recorrer ou contestar: de acordo com o STF, essa lei ainda é constitucional, mas apenas enquanto as Defensorias não estiverem devidamente estruturadas. Como veremos na parte relativa às decisões em controle de constitucionalidade, essa situação leva, muitas vezes, a uma decisão de "apelo ao legislador" para que evite a inconstitucionalidade.

22.7. CLASSIFICAÇÃO DO CONTROLE DE CONSTITUCIONALIDADE

O controle de constitucionalidade pode ser atribuído a diversos órgãos estatais e ser exercido em distintos momentos. Ademais, o ato que será objeto do controle (=da fiscalização) também pode variar. Com bases nesses parâmetros principais, podemos classificar os mecanismos de controle de constitucionalidade.

22.7.1. Quanto ao órgão

Aqui se classifica o controle quanto ao órgão responsável por analisar a constitucionalidade ou não das leis. Podemos ter:

a) **Controle político**: realizado por órgãos de fora do Judiciário (Legislativo ou Executivo); *exs.*: pareceres das Comissões do Constituição e Justiça da Câmara e do Senado, quando o Legislativo analisa a constitucionalidade de projetos de lei e propostas de emendas à Constituição; veto jurídico do Presidente da República, quando o Presidente veta um projeto de lei por considerá-lo inconstitucional (art. 66, § 1º);

b) **Controle jurisdicional:** realizado por órgão do Judiciário, juízes ou tribunais; *ex.*: quando o STF declara a inconstitucionalidade de uma lei.

c) **Controle administrativo:** realizado pelos Tribunais de Contas, que podem deixar de aplicar leis que considerem inconstitucionais (STF, Súmula n. 347). Obs.: em julgados de 2021, o STF passou a entender pala não aplicação da Súmula 347, de modo que **o entendimento atual é de que o TCU não pode mais realizar ele mesmo, por decisão sua, controle de constitucionalidade de leis. Contudo, em julgados de 2023, o STF esclareceu que a Súmula 347 continua válida, mas apenas permite que o TCU deixe de aplicar leis que o próprio STF já tenha declarado inconstitucionais.**

⚠ Atenção!

Existe controvérsia doutrinária sobre a possibilidade de o Presidente da República, na qualidade de chefe de governo, deixar de aplicar lei que seja por ele considerada inconstitucional.

22.7.2. Quanto ao momento

22.7.2.1. Preventivo (= prévio)

Essa espécie de controle é realizada durante a tramitação do projeto de lei ou proposta de emenda constitucional; ou seja, incide não sobre uma lei já pronta, mas sobre um **projeto**, evitando que surja uma lei inconstitucional.

22.7.2.2. Repressivo (= posterior)

Nesse caso, o controle é feito sobre uma lei (ou emenda constitucional) já existente, para retirá-la do ordenamento jurídico.

> ✅ **Observação!**
>
> 1. No Brasil, o controle **político** é geralmente **preventivo**, e o controle **jurisdicional** é geralmente **repressivo**.
> 2. Existem, porém, casos excepcionais de controle político e repressivo:
> a) rejeição de medida provisória inconstitucional pelo Congresso Nacional (CF, art. 62);
> b) sustação pelo Congresso Nacional de lei delegada que exorbitou os limites do que o Congresso havia delegado (CF, art. 49, V).
> Veja que, nesses dois casos, o controle é político porque é feito pelo Congresso Nacional (e não por juízes ou tribunais), mas é repressivo porque incide sobre normas já existentes (medida provisória ou lei delegada).
> 3. Também há caso excepcional de controle **jurisdicional** e **preventivo**: mandado de segurança impetrado no STF por parlamentar federal (legitimação exclusiva) para barrar a tramitação de PEC ou projeto de lei com vício formal ou atentatório a cláusula pétrea. *Leadig case*: MS n. 20.257/DF (Relator Ministro Moreira Alves). Caso recente mais importante: MS n. 32.033/DF (Relator Ministro Gilmar Mendes, Relator p/ acórdão Ministro Teori Zavascki).

Cuidado com elementos desse MS:
a) **Autor (impetrante):** parlamentar federal (Deputado ou Senador, conforme o projeto esteja na Câmara dos Deputados ou no Senado Federal); a legitimação é exclusiva!
b) **Impetrado:** Mesa da Câmara dos Deputados ou do Senado Federal, conforme o caso (órgão que deveria ter barrado a tramitação do projeto, mas não o fez);
c) **Competência para julgar o MS:** STF (porque é o STF que julga MS contra atos da Câmara dos Deputados ou do Senado Federal, conforme o art. 102, I, *d*); veja que esse MS poderia ter nascido em qualquer instância do Judiciário – só é no STF porque o impetrado é a CD ou o SF;
d) **Direito líquido e certo protegido:** o direito (dos parlamentares) ao devido processo legislativo (a que não tenham tramitação projetos nitidamente inconstitucionais ou com vício formal);
e) **Causa de pedir (justificação):** alegação de que a PEC ou PL possui vício formal (falta de assinaturas etc.) ou que contraria nitidamente uma cláusula pétrea;
f) **Pedido:** que seja barrada a tramitação do projeto.

> **Questão de Concurso**
>
> (Cespe/TRF 5ª Região/Juiz Federal/2011) O controle prévio ou preventivo de constitucionalidade não pode ocorrer pela via jurisdicional, uma vez que ao Poder Judiciário foi reservado o controle posterior ou repressivo, realizado tanto de forma difusa quanto de forma concentrada.
>
> **Gabarito comentado: Errado.**
> A regra é o Judiciário realizar o controle de constitucionalidade de forma repressiva, mas existe hipótese de controle judicial preventivo: mandado de segurança impetrado por parlamentar no STF para barrar a tramitação de projeto de lei manifestamente inconstitucional.

22.7.3. Quanto ao modo

Nesse critério, é possível classificar o controle jurisdicional quanto ao modo como é exercido (se feito por qualquer órgão jurisdicional, ou por um tribunal específico). Teremos, então:

a) **Controle difuso-concreto (modelo incidental, concreto, americano, surgido no Caso Marbury *versus* Madison):** nesse sistema, qualquer órgão jurisdicional (= qualquer juiz ou tribunal) pode declarar a inconstitucionalidade de uma lei, porque se considera que o exercício do controle de constitucionalidade é algo intrínseco à própria jurisdição (poder de julgar casos concretos); contudo, a decisão não valerá para todos (ou seja, não terá efeitos *erga omnes*), mas apenas para aquele caso concreto;

b) **Controle concentrado-abstrato (modelo direto, por ação principal, austríaco):** de acordo com esse modelo, surgido na Constituição austríaca de 1920, apenas um tribunal específico (tribunal constitucional) pode fazer o controle de constitucionalidade, analisando não um caso concreto, mas a lei em si (= lei em tese), numa decisão que valerá para todos (ou seja, terá eficácia *erga omnes* e efeito vinculante).

O controle político da constitucionalidade do processo legislativo pode ser feito por qualquer órgão legislativo (basta imaginar a hipótese de rejeição de um projeto de lei, porque a Casa o considerou inconstitucional). Todavia, existem dois momentos especialmente cunhados para tanto: a) o parecer das Comissões de Constituição e Justiça de cada Casa, que devem manifestar-se sobre a constitucionalidade e juridicidade do projeto; e b) a deliberação executiva, já que o Presidente da República pode vetar projeto de lei, caso o entenda inconstitucional (art. 66, § 1º).

Como se vê, esse controle político é, geralmente, realizado de forma preventiva (prévia). Porém, existem duas hipóteses de controle político (porque realizado pelo Congresso Nacional) e repressivo (porque incidente sobre uma lei): o Congresso Nacional pode, por decreto legislativo (art. 49, V), sustar o ato do Poder Executivo que exorbite do poder regulamentar ou dos limites da delegação legislativa; assim como pode também rejeitar Medida Provisória, por motivo de inconstitucionalidade (falta de pressupostos ou tratamento de matéria vedada, nos termos do art. 62 da CF).

Assim, caso o Presidente da República, a pretexto de editar um decreto regulamentar (art. 84, IV), invada o assunto reservado às leis, poderá o Congresso, por decreto legislativo, sustar (=suspender) a eficácia desse dispositivo (no todo ou em parte, segundo entendemos). Do mesmo modo, se o Congresso conferir ao Presidente uma delegação *típica* (em que não há necessidade de apreciação do projeto pelo Legislativo) e o Chefe do Executivo editar uma lei exorbitando os limites da matéria que lhe foi delegada, o Congresso também pode editar um decreto legislativo suspendendo a eficácia dessa lei violadora dos limites da delegação.

Ressalte-se que, se a suspensão da lei ou do decreto for realizada de forma indevida, qualquer dos legitimados constitucionais pode propor ação direta de inconstitucionalidade no Supremo Tribunal Federal, judicializando o controle de constitucionalidade sobre esse aspecto do processo legislativo[5]. Da mesma forma, qualquer dos legitimados, caso tenha interesse em ver confirmada a correção do decreto legislativo que suspende a lei delegada exorbitante, pode ajuizar ação declaratória de constitucionalidade, pois o decreto legislativo insere-se no campo de significado de "ato normativo federal", para fins de cabimento da ADC (CF, art. 102, I, *a*).

Excepcionalmente, a jurisprudência do STF admite a realização de controle *jurisdicional* e *preventivo*, na análise de casos concretos (controle difuso e concreto), quando o projeto de lei ou proposta de emenda à Constituição seja tão claramente inconstitucional que a sua própria tramitação já viole a supremacia constitucional.

Em tais hipóteses, qualquer Parlamentar federal (e somente ele, caso se trate de ação na esfera federal[6]) pode impetrar *mandado de segurança* no STF contra o ato da Mesa de sua Casa que tenha dado andamento ao projeto ou proposta de inconstitucionalidade manifesta. Chega-se a falar, em doutrina, na existência de um direito líquido e certo do Parlamentar ao *devido processo legislativo*.

Confira-se, a respeito, o precedente a seguir:

> CONSTITUCIONAL. PROCESSO LEGISLATIVO: CONTROLE JUDICIAL. MANDADO DE SEGURANÇA. I. – O parlamentar tem legitimidade ativa para impetrar mandado de segurança com a finalidade de coibir atos praticados no processo de aprovação de leis e emendas constitucionais que não se compatibilizam com o processo legislativo constitucional. Legitimidade ativa do parlamentar, apenas. II. – Precedentes do STF: MS 20.257/DF, Ministro Moreira Alves (*leading case*), RTJ 99/1031; MS 21.642/DF, Ministro Celso de Mello, RDA 191/200; MS 21.303-AgR/DF, Ministro Octavio Gallotti, *RTJ* 139/783; MS 24.356/DF, Ministro Carlos Velloso, *DJ* de 12-9-2003[7].

Em resumo:

Admite-se o controle jurisdicional preventivo, desde que pela via difusa, mediante a impetração por Parlamentar de mandado de segurança no STF contra o ato da Mesa que dá andamento a projeto de lei ou proposta de emenda constitucional ***manifestamente incompatível*** com a Constituição.

---

[5] STF, Pleno, ADI n. 748/DF, Relator Ministro Celso de Mello, *DJ* de 6-11-1992, p. 20105.
[6] Em crítica a essa legitimidade ativa exclusiva, cf., por todos, BARBOSA, Leonardo Augusto de Andrade. *Processo Legislativo e Democracia*. Belo Horizonte: Del Rey, 2010.
[7] STF, Pleno, MS n. 24.642/DF, Relator Ministro Carlos Velloso, *DJ* de 18-6-2004.

Em regra, o vício que justifica a impetração desse MS é de natureza formal (falta do número mínimo de assinaturas, quando cabível; apresentação de PEC durante estado de defesa, estado de sítio ou intervenção federal; desrespeito à irrepetibilidade; violação a cláusula pétrea (nesse caso, apenas em relação às PECs). Nesse sentido: STF, Pleno, MS n. 32.033/DF (Relator original Ministro Gilmar Mendes, relator para o acórdão Ministro Teori Zavascki).

Perceba-se que é cabível o mandado de segurança tanto contraproposta de emenda à Constituição quanto contra projeto de lei – mas, de acordo com o STF, só no primeiro caso se pode alegar violação de cláusula pétrea (controle material). Em outras palavras, pode-se via MS controlar preventivamente a constitucionalidade de PEC ou de PL, em relação a vícios formais; ou e aí apenas em relação à PEC – até mesmo em relação a vícios materiais (violação a cláusula pétrea).

Em resumo:

Em resumo, nessa situação, teríamos:

a) **impetrante:** parlamentar federal (Deputado Federal ou Senador, conforme a Casa em que a proposição esteja tramitando);

b) **impetrado:** Mesa da Casa;

c) **direito líquido e certo violado:** direito ao devido processo legislativo (implícito no princípio do devido processo legal previsto no inciso LIV do art. 5º da CF);

d) **ação:** mandado de segurança individual (CF, art. 5º, LXIX);

e) **órgão competente para julgar a ação:** STF (pois a Mesa Diretora é uma *longa manus* da própria Casa Legislativa, o que atrai a incidência do art. 102, I, *d*, da CF);

f) **pedido:** imediata sustação da tramitação da proposição legislativa;

g) **causa de pedir:** vício formal (PEC ou PL) ou violação de cláusula pétrea (nesse caso, só para PEC).

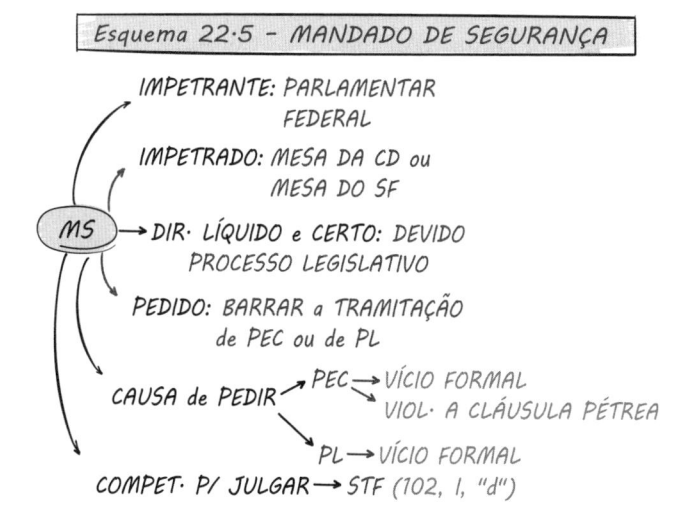

Esquema 22.5 – MANDADO DE SEGURANÇA

MS:
- IMPETRANTE: PARLAMENTAR FEDERAL
- IMPETRADO: MESA DA CD ou MESA DO SF
- DIR. LÍQUIDO e CERTO: DEVIDO PROCESSO LEGISLATIVO
- PEDIDO: BARRAR a TRAMITAÇÃO de PEC ou de PL
- CAUSA de PEDIR:
  - PEC → VÍCIO FORMAL / VIOL. A CLÁUSULA PÉTREA
  - PL → VÍCIO FORMAL
- COMPET. P/ JULGAR → STF (102, I, "d")

Podemos, ademais, resumir a classificação do controle de constitucionalidade:

```
Esquema 22·6 - CLASSIFICAÇÃO DO CONTROLE DE CONSTITUCIONALIDADE
```

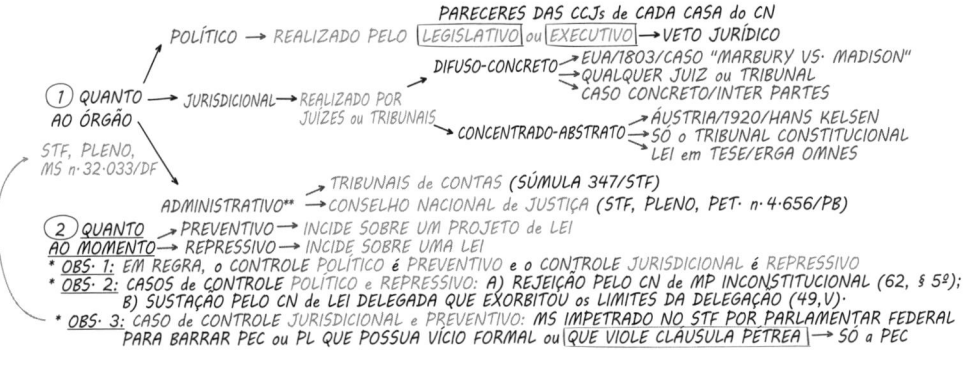

```
                                        PARECERES DAS CCJs de CADA CASA do CN
                    POLÍTICO → REALIZADO PELO LEGISLATIVO ou EXECUTIVO → VETO JURÍDICO
                                              DIFUSO-CONCRETO → EUA/1803/CASO "MARBURY VS. MADISON"
                                                             → QUALQUER JUIZ ou TRIBUNAL
    ① QUANTO → JURISDICIONAL → REALIZADO POR                 → CASO CONCRETO/INTER PARTES
       AO ÓRGÃO                JUÍZES ou TRIBUNAIS     → ÁUSTRIA/1920/HANS KELSEN
    STF, PLENO,                        CONCENTRADO-ABSTRATO → SÓ o TRIBUNAL CONSTITUCIONAL
    MS n·32·033/DF                                          → LEI em TESE/ERGA OMNES
                                → TRIBUNAIS de CONTAS (SÚMULA 347/STF)
                    ADMINISTRATIVO** → CONSELHO NACIONAL de JUSTIÇA (STF, PLENO, PET. n·4·656/PB)
    ② QUANTO → PREVENTIVO → INCIDE SOBRE UM PROJETO de LEI
       AO MOMENTO → REPRESSIVO → INCIDE SOBRE UMA LEI
    * OBS· 1: EM REGRA, o CONTROLE POLÍTICO é PREVENTIVO e o CONTROLE JURISDICIONAL é REPRESSIVO
    * OBS· 2: CASOS de CONTROLE POLÍTICO e REPRESSIVO: A) REJEIÇÃO PELO CN de MP INCONSTITUCIONAL (62, § 5º);
             B) SUSTAÇÃO PELO CN de LEI DELEGADA QUE EXORBITOU os LIMITES DA DELEGAÇÃO (49,V)·
    * OBS· 3: CASO de CONTROLE JURISDICIONAL e PREVENTIVO: MS IMPETRADO NO STF POR PARLAMENTAR FEDERAL
             PARA BARRAR PEC ou PL QUE POSSUA VÍCIO FORMAL ou QUE VIOLE CLÁUSULA PÉTREA → SÓ a PEC

** OBS·: o STF atualmente entende não ser cabível essa espécie de controle pelo TCU nem pelo CNJ
```

22.8. DISTINÇÕES ENTRE O CONTROLE DIFUSO E O CONTROLE CONCENTRADO

- **controle difuso (sistema americano)**: foi o primeiro a surgir, na decisão do *Chief Justice* Jonh Marshall, no famoso caso *Marbury v. Madison* (julgado em 1803 pela Suprema Corte americana – ver comentários à parte histórica). No voto, Marshall defendeu que, embora não houvesse qualquer norma expressa na Constituição Americana que autorizasse a revisão judicial (*judicial review*) dos atos do Legislativo, a supremacia da Constituição impunha ao juiz que deixasse de aplicar qualquer lei que confrontasse a Constituição. Para evitar uma maior perplexidade e um confronto entre os poderes, porém, Marshall advertiu que a decisão de inconstitucionalidade:

    a) poderia ser tomada por qualquer juiz ou tribunal, e não só pela Suprema Corte; b) produziria efeitos apenas entre as partes e naquele processo específico (efeitos *inter partes*), não atingindo terceiros que não tivesse sido parte na controvérsia; c) a decisão poderia ser tomada em qualquer processo, desde que a parte alegasse de maneira incidental a inconstitucionalidade e/ou o juiz percebesse que não poderia aplicar a lei, por se tratar de norma conflitante com a Constituição. Esse sistema se difundiu pelo mundo, e ainda hoje é adotado por EUA, Japão, Austrália, entre outros países.

- **controle concentrado (sistema austríaco)**: Kelsen observou, quando da discussão para a elaboração da Constituição Austríaca de 1920, que o sistema difuso americano gerava muita insegurança jurídica, pois qualquer juiz poderia deixar de aplicar uma lei por reputá-la inconstitucional. Pensava o ilustre jurista que tal sistema só tivera êxito nos países de matriz anglo-saxônica porque neles o sistema da *Common Law* (Direito Comum) se baseava no estrito respeito aos precedentes (*stare decisis*), de modo que uma decisão para um caso concreto terminava por ser aplicada em todos os outros casos. Nos países da chamada "Europa Continental", porém, o sistema da *Civil Law* (Direito Legislado) não impunha a obrigatoriedade da jurisprudência, o que terminaria por causar um caos jurídico (vários juízes tomariam decisões diferentes nas mesmas situações). Por fim, a impossibilidade de se atacar diretamente uma lei (no sistema americano só se aceitava suscitar a questão de inconstitucionalidade de maneira incidental, lembre-se) deveria ser afastado. Assim, Kelsen propôs um sistema em que:

    a) fosse criado um órgão especificamente para realizar o controle de constitucionalidade, com exclusão de todos os demais órgãos do Judiciário (Corte Constitucional ou Tribunal Constitucional, que exerceria o controle de maneira concentrada);

b) as causas submetidas a esse órgão poderiam questionar, como objeto principal e único, a constitucionalidade da lei (controle principal);

c) as decisões do Tribunal Constitucional teriam efeitos para todos (*erga omnes*), atingindo mesmo quem não tivesse sido parte no processo;

d) nem todos poderiam questionar a constitucionalidade perante o Tribunal Constitucional, pois, caso contrário, tornar-se-ia inviável o trabalho da Corte. Esse sistema é adotado em vários países, na Europa e fora desse continente, como Alemanha, Espanha, Itália etc.

Quadro 22.3 – Comparações entre Sistema Difuso e Sistema Concentrado de Constitucionalidade

	Sistema Difuso	Sistema Concentrado
"Criador" ou sistematizador	Marshall	Kelsen
Ano de "criação"	1803	1920/1929
"Surgimento"	*Marbury* versus *Madison*	Constituições Austríacas de 1920 e 1929
Local de	EUA	Áustria
Competência	Qualquer juiz ou tribunal	Só do Tribunal
Modo de suscitar	Incidental	Principal
Legitimidade para suscitar o	Qualquer pessoa	Somente alguns órgãos ou autoridades, previstos no art. 103 da CF
Efeitos da decisão	*Inter partes* (apenas entre quem foi parte no processo)	*Erga omnes* (para todos, mesmo quem não foi parte no processo)
Efeitos temporais	*Ex Nunc* (de agora em diante)	*Ex Tunc* (retroativos)
Tipo de ação que pode ser usada para suscitar o controle	Qualquer ação, se a questão de surgir de forma incidental	Somente as ações típicas do controle concentrado (no caso, brasileiro, a ADI, a ADC, a ADO e a ADPF)

Quadro 22.4 – Diferenças entre Controle Difuso e controle concentrado no Brasil

Controle	Competência	Legitimidade	Efeitos (em regra)	Objeto	Natureza	Ações
Difuso	Qualquer juiz ou tribunal	Qualquer pessoa prejudicada	Interpartes e não vinculantes	Caso concreto	Incidental	Qualquer ação
Concentrado	Só o STF	Só os legitimados do art. 103	*Erga omnes* e vinculantes	Lei em tese, abstratamente considerada	Principal	ADI, ADC, ADO e ADPF

> **Observação!**
>
> 1) O controle difuso pode ser feito por qualquer juiz ou tribunal. O juiz de primeira instância obviamente pode declarar a inconstitucionalidade de forma monocrática, já que é um órgão singular. Já os tribunais, que são órgãos colegiados, não podem declarar a inconstitucionalidade de uma lei por decisão de órgãos fracionários (Turmas, Câmaras ou Seções), mas apenas por decisão do Pleno (ou do órgão que substitui o Pleno nos tribunais muito grandes, que é o Órgão Especial – art. 93, XI) e, ainda assim, obedecido o quórum de maioria absoluta (art. 97). Trata-se da chamada cláusula de reserva de plenário, que existe para assegurar o princípio da colegialidade (= que a decisão de um órgão colegiado represente a maioria dos seus membros) e a presunção de constitucionalidade das leis.
> 2) Quando se diz que apenas o STF realiza o controle concentrado, estamos falando do controle concentrado que tem por base a Constituição **Federal**. Isso porque os TJs também realizam o controle concentrado, mas só que tendo por parâmetro a Constituição **Estadual**. Ou seja: Controle concentrado na esfera estadual – competência originária do TJ (CF, art. 125, § 2º) – com fundamento na Constituição Estadual (ou, no máximo, em normas da Constituição Federal que são de observância obrigatória pelos Estados).
> Controle concentrado na esfera federal – competência originária do STF (CF, art. 102, I, a) – tendo por parâmetro a Constituição Federal.
> 3) Diz-se que o controle difuso é incidental (= *incidenter tantum*) porque, nele, o objeto principal da ação é julgar o caso concreto; a questão constitucional surge de forma secundária, incidental. Por exemplo: uma ação em que se busca reaver valores pagos com base em uma lei inconstitucional. O pedido é a devolução do dinheiro (caso concreto), a alegação de inconstitucionalidade da lei surge de forma incidental, secundária, como argumento e motivação para o pedido (o que se chama tecnicamente de **causa de pedir**). Já o controle concentrado, por ser abstrato, não está vinculado a nenhum caso concreto: o que se busca é unicamente a declaração de inconstitucionalidade da lei; portanto, aqui, a inconstitucionalidade tem natureza principal (e não incidental); é o próprio pedido da ação (e não apenas a causa de pedir).

22.9. INSTRUMENTOS DO CONTROLE CONCENTRADO

O controle concentrado de constitucionalidade é realizado, na esfera federal, apenas pelo STF, mediante ações de sua competência originária. Essas ações, ajuizadas de forma direta no STF, geralmente trazem um questionamento em abstrato sobre a constitucionalidade de uma lei (lei em tese). Por isso mesmo, é costumeiro referir-se ao controle concentrado como controle abstrato, ou principal, ou por via de ação direta. Relembre-se que, nesses casos, a discussão sobre a constitucionalidade da norma faz parte do objeto principal da demanda (pedido), ao contrário do que acontece no controle difuso-incidental, no qual o tema constitucional aparece como mera causa de pedir.

As ações de controle concentrado são: a) Ação Direta de Inconstitucionalidade (ADI); b) Ação Declaratória de Constitucionalidade (ADC); c) Arguição de Descumprimento de Preceito Fundamental (ADPF); d) Ação Direta de Inconstitucionalidade por Omissão (ADO).

Há autores que apontam também a representação interventiva (ou "ADI" interventiva), que, na verdade, faz mais parte do tema da intervenção federal do que propriamente do controle concentrado de constitucionalidade. Por outro lado, registre-se que estudaremos a ADO à parte, juntamente com o Mandado de Injunção (MI), quando analisarmos o item especificamente destinado ao controle da inconstitucionalidade por omissão.

22.9.1. Objeto

Antes de analisarmos a legitimidade e o procedimento das ações de controle concentrado, vamos delimitar-lhes o objeto, isto é, as normas que podem ser por meio de cada uma delas combatidas. Esta é, atualmente, a principal diferença entre a ADI e a ADPF, por exemplo.

22.9.1.1. *ADI*

De acordo com a alínea *a* do inciso I do art. 102 da CF, é cabível a ADI *contra leis ou atos normativos federais ou estaduais*. Essa afirmação já contém informações bastante importantes sobre o cabimento da ADI.

22.9.1.1.1. Tipos de atos que podem ser combatidos

Em primeiro lugar, é preciso delimitar os tipos de atos que podem ser objeto de ADI: a) leis; b) atos normativos.

Na expressão "leis", o STF inclui **todos os atos normativos primários do art. 59 da CF**, ou seja: a.1) emendas à Constituição; a.2) leis complementares; a.3) leis ordinárias; a.4) leis delegadas; a.5) medidas provisórias; a.6) resoluções da Câmara dos Deputados, do Senado Federal ou do Congresso Nacional; e a.7) decretos legislativos.

⚠ Atenção!

Os tratados internacionais também podem ser atacados por meio de ADI, uma vez que são aprovados mediante decreto legislativo.
Cabe ADI os regimentos internos das Casas Legislativas?
Sim, pois são veiculados mediante resolução.

📄 Veja Bem!

No caso de ADI contra Emenda Constitucional, a causa de pedir tem que ser a contrariedade a uma cláusula pétrea (CF, art. 60, § 4º), ou à violação aos limites formais ao poder de emenda (quórum, turnos, etc.: CF, art. 60, §§ 2º e 5º) ou a sua aprovação durante a vigência de estado de defesa, estado de sítio ou intervenção federal (CF, art. 60, § 1º).
Por outro lado, na expressão "atos normativos" (b) o STF inclui qualquer tipo de ato cujo conteúdo seja geral (atinge pessoas indeterminadas) e abstrato (atinge situações indeterminadas). Podemos, então, ter o ajuizamento de ADI contra: b.1) resoluções do CNJ ou do CNMP; b.2) resoluções de agências reguladoras; c) portaria ministerial; d) regimentos internos de tribunais.

⚠ Atenção!

Como se exige que a ADI seja ajuizada contra atos *normativos*, não se admite sua utilização para impugnar atos de efeitos concretos (portaria de demissão ou nomeação de servidor etc.) – para isso existe ou a ADPF ou o controle difuso.

✋ Cuidado!

Os atos infralegais (portarias, resoluções de órgãos administrativos, etc.) também podem ser atacados por meio de ADI, **mas apenas quando violarem diretamente a própria CF**. Na ADI (como, de resto, em todos os instrumentos de controle de *constitucionalidade*) não se admite a alegação da chamada "inconstitucionalidade reflexa ou indireta", quando o ato infralegal viola a lei e apenas por tabela a CF.

Por exemplo: se uma portaria do Ministério do Trabalho violar diretamente as regras de sindicalização contidas no art. 8º da CF, poderá ser objeto de ADI; se, porém, contrariar um dispositivo da CLT e apenas indiretamente a CF, o caso não será de controle de *constitucionalidade* (resolvido mediante ADI ou recurso extraordinário), mas sim de controle de *legalidade* (resolvido por meio de Recurso Especial para o STJ ou, no caso de matéria trabalhista, mediante Recurso de Revista para o TST).

📄 Veja Bem!

Quem precisa ter conteúdo geral e abstrato são os atos, não as leis. Assim, é cabível ADI contra *leis* (normativas ou de efeitos concretos) e contra *atos* (esses, apenas se tiverem conteúdo normativo).

Com efeito, desde o julgamento da MC na ADI n. 4.048/DF, o STF passou a entender que é cabível o ajuizamento de ADI contra medida provisória (inclusive para questionar seus pressupostos de admissibilidade) e contra lei orçamentária (e outras leis de efeitos concretos). Da mesma forma, no julgamento da ADI n. 4.029/DF, admitiu-se o manejo dessa ação contra outro tipo de leis de efeitos concretos (lei de criação de autarquia).

Em suma: **Leis de efeitos concretos – *cabe* ADI; *atos* de efeitos concretos – *não cabe* ADI**.

⚠️ Atenção!

A lei ou ato normativo atacado por meio da ADI precisa estar em vigor, ao menos quando do ajuizamento da ação. Não se admite o ajuizamento de ADI contra ato que já está revogado (a norma já foi retirada do ordenamento). Polêmica, porém, é a questão da revogação da norma objeto da ADI entre o ajuizamento da ação e o julgamento do mérito; em regra, tal fato gerará a declaração de perda de objeto da ação, salvo se já iniciado o julgamento (ou seja, se algum Ministro já proferiu voto), ou se a revogação for usada como subterfúgio para obstar a jurisdição do STF (norma propositadamente revogada, justamente para impedir o julgamento da ADI).

Justamente por isso, **o STF não admite o ajuizamento de ADI contra lei pré-constitucional (ADI n. 2), sendo o caso de ADPF. Isso porque, se a lei é anterior à CF de 1988 e for com ela incompatível, deverá ser declarada revogada (e não inconstitucional).**

✋ Cuidado!

Só cabe ADI contra leis ou atos normativos federais ou estaduais anteriores à Constituição de 1988 para questionar sua compatibilidade não com a **atual CF**, mas com a **Constituição que vigorava à época da sua edição** (por exemplo: o CTN/66 pode sofrer ADI em que se alegue sua inconstitucionalidade em face da CF/46, mas não da CF/88). Para fins de provas de concursos, se a assertiva perguntar se cabe ADI contra leis pré-constitucionais, a resposta é **não**, a não ser que se especifique que o parâmetro é a Constituição antiga.

[Capítulo 22] Controle de Constitucionalidade **681**

Esquema 22.7 – COMPATIBILIDADE COM A CONSTITUIÇÃO FEDERAL DE 1988

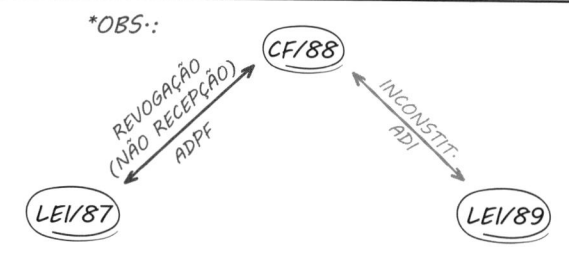

*OBS.:

CF/88

REVOGAÇÃO (NÃO RECEPÇÃO) ADPF

INCONSTIT. ADI

LEI/87   LEI/89

Não esqueça jamais!!!

Não cabe ADI: a) contra **normas constitucionais originárias,** pois o poder constituinte originário é juridicamente ilimitado; b) contra **súmulas, mesmo que vinculantes (pois são atos interpretativos, mas não atos normativos).**

Para combater uma súmula vinculante, os legitimados a propor ADI (art. 103 da CF) pode protocolar no STF pedido de revisão ou de cancelamento de súmula vinculante, mas não ADI. O STF entendeu ser cabível também ADPF contra súmula, quando ela tiver caráter geral e abstrato.

⚠ Atenção!

Esclarecimentos sobre questões fáticas não são vedados em sede de ADI, muito pelo contrário: são expressamente previstos nos §§ do art. 9º da Lei n. 9.868, de 1999, conforme inclusive reconhecida pela doutrina[8]. Trata-se, por exemplo, de verificar se a norma, em sua tramitação, seguiu os ritos do devido processo legislativo, ou de analisar se o contexto fático em que se baseou a norma realmente existe.

22.9.1.1.2. Origem federativa dos atos que podem ser combatidos

Estabelecido que é cabível ADI para combater *leis* ou *atos normativos*, é preciso verificar de qual esfera da Federação tais objetos podem ser oriundos. De acordo com o texto do art. 102, I, *a*, da CF, podem ser atacados mediante ADI no STF leis ou atos normativos das esferas *federal* ou *estadual*.

Por se tratar de um rol taxativo (competências do STF), não é cabível ADI no STF contra leis municipais. Tal fato derivou de opção do constituinte originário, temeroso de que milhares de leis municipais (lembre-se de que o Brasil possui hoje 5.570 Municípios) pudessem ser objeto de ADI, o que viria a inviabilizar o funcionamento do STF.

📄 Veja Bem!

Quais os instrumentos que são cabíveis para combater uma lei municipal inconstitucional? São cabíveis, sem prejuízo uns dos outros: a) ADPF no STF, alegando violação à Constituição Federal; b) ADI no TJ, alegando violação à Constituição Estadual (ou até mesmo a norma da CF de observância obrigatória pelo Estado); c) alegação de inconstitucionalidade (violação à CF ou à Constituição Estadual), em sede de qualquer ação judicial, em caráter incidental (controle difuso).

---

[8] MENDES, Gilmar Ferreira. Controle de Constitucionalidade: Hermenêutica Constitucional e Revisão de Fatos e Prognoses Legislativos pelo órgão judicial. In: *Revista Jurídica Virtual da Presidência da República*, n. 8, jan. 2000.

⚠️ Atenção!

Cabe ADI no STF contra lei distrital? A resposta é **depende**. Só será cabível se relacionados a uma competência estadual. Lembre-se de que o DF possui competências estaduais e municipais. Só em relação às primeiras cabe ADI no STF. Então, por exemplo, cabe ADI no STF contra lei distrital que institua o IPVA (imposto municipal), mas não contra lei distrital que institua o IPTU (imposto municipal). Nesse sentido, a Súmula n. 642 do STF prevê que **"Não cabe ação direta de inconstitucionalidade [no STF] de lei do Distrito Federal derivada da sua competência legislativa municipal"**.
Uma dica: confira o art. 30 da CF para saber se a competência é municipal.

✋ Cuidado!

Também pode ser atacada a constitucionalidade da Constituição Estadual, por violação a alguma norma constitucional federal de observância obrigatória (ex.: regras de processo legislativo, princípios da administração pública, direitos fundamentais etc).

⚠️ Atenção!

As normas expedidas pelo CNJ no exercício do seu poder normativo constitucionalmente conferido (CF, art. 103-B, § 4º, I) qualificam-se como atos normativos federais, para fins de controle abstrato de sua compatibilidade com a Constituição (CF, art. 102, I, *a*), por seu caráter de generalidade e abstração. Nesse sentido: **a)** a ADI n. 5.855/DF, ajuizada contra o Provimento n. 66, de 2018, do CNJ, sob a relatoria do Ministro Alexandre de Moraes; **b)** a ADI n. 2.415, ajuizada contra os Provimentos n. 747/2000 e 750/2001 da Corregedoria do Tribunal de Justiça do Estado de São Paulo, relator Ministro Ayres Britto.

22.9.1.2. ADC

Em relação ao tipo de ato que pode ser objeto da ação (leis ou atos normativos), aplicam-se à ADC as mesmas observações que fizemos em relação à ADI. A mudança está na questão da origem federativa dos atos: enquanto a ADI é cabível contra leis ou atos normativos *federais ou estaduais*, a ADC só cabe em relação a leis ou atos normativos *federais*.

Logo, além das hipóteses em que não é cabível ADI, *também* não cabe ADC em relação a leis ou atos normativos **estaduais** ou **distritais** (independentemente do conteúdo).

22.9.1.3. ADPF

Em relação aos atos que podem ser impugnados, a ADPF obviamente tem o maior cabimento entre todas as ações de controle concentrado. Isso porque, de acordo com a Lei n. 9.882/99 (a CF não especifica o conteúdo da ADPF), a ação é cabível para *evitar* ou *reparar* lesão a preceito fundamental da CF *decorrente de ato do poder público*. Difícil pensar numa expressão mais ampla e genérica que essa.

Claro que há uma restrição quanto à norma-parâmetro. Como a ADPF se baseia na alegação de desrespeito (descumprimento) a um preceito *fundamental*, não é toda e qualquer violação à CF que pode ser por meio dela alegada.

Divergência doutrinária!

Existe divergência doutrinária sobre quais são os "preceitos fundamentais" que podem ser alegados como violados, numa ADPF. Sobre o assunto, existem, em linhas gerais, duas correntes:

1ª corrente: preceitos fundamentais são os arts. 1º a 17 da CF (tese minoritária, defendida por Alexandre de Moraes)

2ª corrente: preceitos fundamentais estão espalhados pela CF, cabendo ao STF analisar caso a caso (tese adotada pelo STF); por exemplo: arts. 1º a 17, princípios da administração pública, direitos fundamentais, regras básicas de relação entre os poderes, etc.

De toda sorte, porém, só estão **excluídos** da ADPF, *a priori*, as normas constitucionais originárias (porque contra essas não cabe nenhuma forma de controle de constitucionalidade); e os atos de particulares.

Aliás, toda essa redação genérica utilizada para a ADPF não é à toa: é que ela foi desenhada justamente para colmatar lacunas (preencher vazios) do controle concentrado, isto é, foi pensada justamente para os casos em que não é cabível a ADI.

Por isso mesmo, o princípio norteador do cabimento da ADPF é a subsidiariedade (Lei n. 9.882/99, art. 4º, § 1º): só é cabível ADPF quando não for cabível ADI, ADC ou ADO.

22.9.1.3.1. Subsidiariedade

Como dissemos, não cabe ADPF quando couber qualquer outro meio eficaz para sanar a lesividade (art. 4º, § 1º, da Lei n. 9.882/99). Ou seja, tal ação tem cabimento subsidiário.

Sobre a extensão dessa subsidiariedade, existem três correntes:

1ª corrente: entende ser inconstitucional o princípio, de modo que a ADPF, por ser mais específica, deveria ser a regra, em detrimento de ADI e outros instrumentos (tese minoritária, adotada, por exemplo, por André Ramos Tavares);

2ª corrente: com base numa leitura literal, entende que a subsidiariedade impede o ajuizamento de ADPF se couber qualquer outra ação, mesmo que de controle difuso (tese minoritária);

3ª corrente: considera que a subsidiariedade refere-se apenas aos instrumentos de controle concentrado; assim, não cabe ADPF apenas se couber ADI, ADC ou ADO – **é a posição adotada PELO STF.**

Assim, por exemplo, o potencial cabimento de recurso extraordinário, ou de mandado de segurança, não impede a utilização da ADPF, que só não é cabível quando for o caso de outra ação de controle *concentrado*.

Pode-se dizer, a propósito, que a ADPF está para o controle concentrado assim como o mandado de segurança está para os remédios constitucionais.

Cuidado!

O STF tem admitido uma relativa fungibilidade entre ADI e ADPF. Assim, por exemplo, nos casos em que há dúvida sobre o cabimento de ADI ou de ADPF, admite-se a conversão de uma na outra, se atendidos os requisitos específicos da ação que seria realmente adequada.

Veja Bem!

Podemos elencar uma série de atos que tradicionalmente são atacados por intermédio de ADPF:
a) Leis ou atos normativos **anteriores à CF/88**, para alegar sua revogação (=não recepção), isto é, sua incompatibilidade com o novo texto constitucional – caso da ADPF n. 54/DF, contra o art. 128 do Código Penal;
b) Leis ou atos normativos **municipais**, para impugná-los diretamente no STF;
c) Leis ou atos normativos **distritais, editados com base na competência municipal**, para impugná-los diretamente no STF;
d) **Atos de efeitos concretos**, inclusive decisões judiciais (aqui se tem a ADPF "incidental", porque ajuizada no bojo de um processo judicial em curso, como foi o caso da ADPF n. 187/DF, ajuizada contra diversas decisões judiciais que proibiam a realização da "Marcha da Maconha").

Questões de Concurso

(FGV – TCE AM – Auditor – Área: Auditoria Governamental – 2021) A Lei n. XX/1987, do Estado Beta, embora seja francamente colidente com diversos comandos da Constituição da República de 1988, vem sendo regularmente aplicada pelas autoridades estaduais, daí decorrendo severas restrições à esfera jurídica dos administrados. Em razão desse estado de coisas, o Partido Político Alfa solicitou à sua assessoria jurídica que analisasse a possibilidade de submeter o referido diploma normativo ao controle concentrado de constitucionalidade perante o Supremo Tribunal Federal. A assessoria respondeu, corretamente, que tal poderia ser feito com o uso:
a) da arguição de descumprimento de preceito fundamental;
b) da representação de inconstitucionalidade;
c) da ação direta de inconstitucionalidade;
d) da reclamação constitucional;
e) do recurso extraordinário.

Gabarito comentado: A (não cabe ADI, por se tratar de lei pré-constitucional; subsidiariamente, portanto, cabe ADPF – Lei n. 9.882/99, art. 1º c/c art. 4º, § 1º)

(FGV – DPE RJ – Defensor Público – 2021) Após várias tentativas de diálogo com o Estado brasileiro para assegurar assistência à população quilombola no enfrentamento da pandemia de COVID-19, a Coordenação Nacional de Articulação das Comunidades Negras Rurais Quilombolas (CONAQ) constatou que não houve a elaboração e a implementação de um "Plano Nacional de Combate aos Efeitos da Pandemia de COVID-19 nas Comunidades Quilombolas", garantindo acesso às medidas de proteção recomendadas pela Organização Mundial de Saúde (OMS) às comunidades quilombolas, tais como itens de higiene, álcool em gel, equipamentos de segurança individual, acesso à água potável e segurança alimentar. A omissão em assegurar essas medidas acaba por inviabilizar o isolamento social para a população quilombola. Em relação à omissão indicada pela CONAQ, considera-se que:
a) cabe mandado de injunção, à medida que a falta de norma regulamentadora vem tornando inviável o exercício dos direitos e liberdades constitucionais e das prerrogativas inerentes à nacionalidade, à soberania e à cidadania;
b) cabe a propositura de Arguição de Descumprimento de Preceito Fundamental, pois a violação a direitos fundamentais só pode ser suscitada no controle concentrado por esta via;
c) cabe Ação Direta de Inconstitucionalidade para sanar todas as violações que por ação ou omissão do poder público se concretizem contra a máxima efetividade da Constituição da República de 1988;
d) cabe Ação Direta de Inconstitucionalidade por Omissão para tornar efetiva norma constitucional em razão de omissão de qualquer dos Poderes;

e) cabe a propositura de Arguição de Descumprimento de Preceito Fundamental, por se tratar de impugnação de comportamento concreto da Administração Pública.

Resposta: E (ao contrário das demais ações de controle concentrado, a ADPF pode ter caráter abstrato ou concreto, admitindo-se seu ajuizamento para discutir atos de efeitos concretos ou comportamentos concretos omissivos ou comissivos da Administração Pública: art. 1º c/c art. 4º, § 1º, da Lei n. 9.882/99)

⚠️ Atenção!

Tradicionalmente, entendia-se não ser cabível ADPF contra súmulas, ainda que de caráter vinculante, porque constituem interpretações de normas, e não propriamente atos do poder público. Contudo, no julgamento (em 16 de setembro de 2020) da ADPF n. 501/DF (Relator Ministro Alexandre de Moraes, Redator para o Acórdão Ministro Ricardo Lewandowski), o Pleno do STF decidiu rever seu posicionamento e **admitir a ADPF como meio para impugnar súmulas, quando tais enunciados forem gerais e abstratos:**
AGRAVO REGIMENTAL EM ARGUIÇÃO DE DESCUMPRIMENTO DE PRECEITO FUNDAMENTAL. SÚMULA 450 DO TRIBUNAL SUPERIOR DO TRABALHO. ENUNCIADO DE CARÁTER NORMATIVO. CABIMENTO. PRECEDENTES. PRINCÍPIO DA SUBSIDIARIEDADE. ATENDIMENTO. AGRAVO REGIMENTAL A QUE SE DÁ PROVIMENTO. I – Viabilidade da Arguição de Descumprimento de Preceito Fundamental ajuizada em face de enunciado de Súmula de Jurisprudência predominante editada pelo Tribunal Superior do Trabalho. II – Atendimento ao princípio da subsidiariedade, uma vez que não há instrumento processual capaz de impugnar ações e recursos que serão obstados com base em preceito impositivo no âmbito da Justiça trabalhista. III – Agravo regimental a que se dá provimento.

22.9.1.3.2. Legitimidade passiva

Enquanto, no controle difuso, qualquer pessoa pode suscitar a inconstitucionalidade de uma lei, no controle concentrado o *rol numerus clausus* (fechado, taxativo) é previsto no art. 103 da CF. Ocorre que o processo de controle concentrado é um processo objetivo, em que o legitimado atua não em defesa de interesse próprio (subjetivo), mas sim no interesse de proteger o próprio sistema jurídico. Apesar disso, o STF reconhece que, ao lado de legitimados universais (que podem propor ações de controle concentrado contra qualquer lei em que essa ação seja cabível), alguns legitimados devem comprovar a **pertinência temática**, ou seja, precisam demonstrar que tem interesse na declaração de inconstitucionalidade (são os chamados legitimados especiais).

É preciso destacar que, atualmente, o rol de legitimados à propositura da ação é igual para todas as quatro ações de controle concentrado (ADI, ADC, ADO e ADPF), o que facilita bastante o estudo dessa temática.

✋ Cuidado!

Até a EC n. 45/04, o rol de legitimados para a ADC era menor do que o das outras ações. Atualmente, porém, a legitimidade é igual para todas as ações de controle concentrado.

Passaremos, agora, a enumerar os legitimados ativos das ações de controle concentrado de constitucionalidade:

a) Presidente da República.

Não é preciso assinatura do Advogado-Geral da União; o próprio Presidente da República tem, nesse caso, capacidade postulatória excepcional.

b) Mesa do Senado Federal (não é Senador nem o Presidente do Senado nem a Mesa do Congresso; trata-se de um órgão colegiado formado por Presidente, Vice-Presidentes e Secretários do Senado Federal).

Não é preciso assinatura do Advogado-Geral do Senado Federal; a própria Mesa Diretora tem, nesse caso, capacidade postulatória excepcional.

c) Mesa da Câmara dos Deputados (não é Deputado nem o Presidente da Câmara nem a Mesa do Congresso; trata-se de um órgão colegiado formado por Presidente, Vice--Presidentes e Secretários da Câmara dos Deputados).

Não é preciso assinatura do Advogado-Geral da União; a própria Mesa Diretora tem, nesse caso, capacidade postulatória excepcional.

d) Mesa de Assembleia Legislativa estadual ou da Câmara Legislativa do Distrito Federal (trata-se de um órgão colegiado formado pelo Presidente, pelos Vice-Presidentes e pelos Secretários da Assembleia Legislativa ou da CLDF).

✋ Cuidado!

Esse é um legitimado especial: precisa demonstrar o interesse em impugnar a constitucionalidade do ato (interesse chamado de pertinência temática)

Não é preciso assinatura do Procurador-Geral (ou equivalente) da Assembleia ou da CLDF; a própria Mesa Diretora tem, nesse caso, capacidade postulatória excepcional.

e) Governador de Estado ou do DF

✋ Cuidado!

Esse é um legitimado especial: precisa demonstrar o interesse em impugnar a constitucionalidade do ato (interesse chamado de pertinência temática)

Não é preciso assinatura do Procurador-Geral do Estado ou do DF; o próprio Governador tem, nesse caso, capacidade postulatória excepcional.

f) Procurador-Geral da República (não precisa demonstrar pertinência temática!)

Trata-se daquele que, na qualidade de chefe do Ministério Público da União, tem por papel defender o ordenamento jurídico. É o autor da maior quantidade de ADIs.

g) Conselho Federal da OAB (não é o Presidente da OAB, nem seccional, apenas o Conselho Federal é legitimado; não precisa demonstrar pertinência temática).

h) Partido político com representação no Congresso Nacional (ou seja, partido que possua entre seus filiados pelo menos um Deputado Federal ou um Senador).

✋ Cuidado!

O partido precisa estar representado por advogado munido de procuração com poderes específicos para o ajuizamento de ADI contra o ato normativo especificamente impugnado. O outorgante é o Diretório Nacional do Partido. Não é preciso demonstrar pertinência temática.

⚠️ Atenção!

Se o partido perder a representação no Congresso depois de ajuizada a ação, isso não interferirá no julgamento da ação, que deverá prosseguir.

i) Confederação sindical (não é federação sindical, nem sindicato, nem central sindical, mas apenas a Confederação representativa de uma categoria profissional) ou entidade de classe de âmbito nacional (entidade representativa, em âmbito nacional, de uma categoria econômica).

✋ Cuidado!

A confederação sindical ou entidade de classe precisa estar representada por advogado, munido de procuração com poderes específicos para o ajuizamento de ação contra o ato normativo específico. O outorgante é a própria Confederação ou Entidade.

⚠️ Atenção!

Trata-se de legitimado especial (=precisa demonstrar pertinência temática)
Entidade de classe é uma associação (formada por apenas pessoas físicas; apenas por pessoas jurídicas – "associação de associações"; ou por pessoas físicas e jurídicas)
Para ter caráter nacional, a entidade precisa estar representada em pelo menos 9 Estados/DF, salvo se a atividade econômica por ela representada não estiver presente em tal número de entidades da Federação.

NÃO ESQUEÇA JAMAIS!!!

São legitimados **universais** (que não precisam demonstrar pertinência temática):

Presidente da República, Mesa da CD, Mesa do DF, PGR, Conselho Federal da OAB e partido político com representação no Congresso Nacional.

São, por outro lado, legitimados **especiais** (precisam demonstrar pertinência temática): os órgãos estaduais (Mesa de Assembleia e Governador) e as confederações sindicais ou entidades de classe de âmbito nacional.

📝 Questão de Concurso

(IADES/AL-GO/Procurador/2019) A legitimidade ativa da confederação sindical, entidade de classe de âmbito nacional e Mesas da Câmara dos Deputados, do Senado Federal e das Assembleias Legislativas, para a ação direta de inconstitucionalidade, vincula-se ao objeto da ação, pelo que deve ser comprovada a pertinência temática.

Gabarito comentado: Errado.
As mesas da Câmara dos Deputados e do Senado Federal são legitimados universais.

Quadro 22.5 – Legitimados para propor ADI, ADC e ADPF

Legitimados universais (não precisam demonstrar pertinência temática – interesse na matéria)	Legitimados especiais (precisam demonstrar pertinência temática – interesse na matéria)
• Presidente da República • Mesa da Câmara • Mesa do Senado • PGR • Conselho Federal da OAB • Partido político com representação no Congresso	• Mesa de Assembleia Legislativa ou da Câmara Legislativa do DF • Governador de Estado ou do DF • Confederação sindical e entidade de classe de âmbito nacional

22.9.2. Notas sobre o procedimento das ações de controle concentrado

Obviamente, um manual de Direito Constitucional não pode (nem deve) descer às minúcias de questões procedimentais de determinadas ações. Isso fica para as monografias sobre o assunto, ou para manuais de prática constitucional.

Todavia, são dignos de nota alguns aspectos principais que regem o procedimento das ações de controle concentrado. Salvo referência em contrário, as características aqui apontadas aplicam-se indistintamente à ADI, à ADC e à ADPF.

22.9.2.1. *Participação do AGU*

Na ADI, o Advogado-Geral da União – deve ser citado para defender a lei (atua como *defensor legis*), ainda que intimamente esteja convencido do contrário (trata-se de um dever constitucional). Nesse sentido, o § 3º do art. 103 da CF dispõem que, quando se questionar a constitucionalidade de uma lei em tese (controle abstrato), o AGU será previamente **citado** e **defenderá** o ato impugnado.

Cabe ao AGU atuar como curador da presunção de constitucionalidade da lei. Assim como ninguém pode ser condenado sem defesa, a lei não pode ser condenada sem alguém que defenda sua constitucionalidade. Assim, em regra, o AGU deve defender que a lei é constitucional. Apesar disso, o STF vem relativizando essa regra, admitindo que, em algumas situações excepcionais, o AGU deixe de defender a lei (podendo até se manifestar pela sua inconstitucionalidade), quando, por exemplo:

a) outra lei idêntica já tenha sido declarada inconstitucional (ninguém é obrigado a defender o indefensável);

b) a ADI é de autoria do Presidente da República (superior hierárquico do AGU).

Veja Bem!

Não há intervenção do AGU na ADC, simplesmente porque não há lei a ser defendida (já que a ADC é uma ação que visa justamente à declaração de constitucionalidade da lei). Em relação à ADPF, existe a previsão legal sobre a possibilidade de participação na ação.

22.9.2.2. *Participação do PGR*

Nas ações de controle concentrado, o papel do PGR é livre, podendo manifestar-se pela constitucionalidade ou inconstitucionalidade da lei. Emite um parecer, na qualidade de *custos legis* (fiscal da lei). Assim, ao contrário do AGU, que ocupa posição em regra vinculada, o PGR atua de forma discricionária, podendo opinar segundo seu livre convencimento (que, obviamente, não vincula o STF, embora estudo da professora Débora Costa Ferreira aponte alta correlação entre o sentido do parecer da PGR e o resultado do julgamento).

⚠️ Atenção!

O PGR opina em **todas** as ações de controle concentrado de constitucionalidade – mesmo nas ações em que ele seja o autor! Isso porque o STF faz, nesse ponto, uma interpretação literal do § 1º do art. 103 da CF, segundo o qual "o Procurador-Geral da República deverá ser previamente ouvido nas ações de inconstitucionalidade e em **todos** os processos de competência do Supremo Tribunal Federal".

22.9.2.3. *Vedação da intervenção de terceiros, salvo do* amicus curiae

Como nas ações de controle concentrado o que se discute geralmente é a lei em tese (embora, para essa análise, possa ser necessário investigar fatos concretos, como o procedimento de aprovação da norma), não se analisam situações individuais (isso é reservado ao controle difuso-incidental). Por isso mesmo, não se admite qualquer forma de intervenção de terceiros (instituto do direito processual civil por meio do qual alguém ingressa no processo de outrem para defender interesse próprio), *a não ser* na qualidade de *amicus curiae* ("amigo da Corte").

Em relação a essa figura do *amicus curiae* (pronuncia-se "cúrie", plural *amici curiae*), vale a pena citar que se trata de um especialista, um *expert* que se habilita no tribunal para esclarecer questões técnicas. Já estava previsto nas Leis n. 9.868/99 (ADI, ADC e ADO) e 9.882/99 (ADPF); porém, o tratamento jurídico mais completo e mais novo da questão veio no Código de Processo Civil de 2015 (Lei n. 13.105/2015), que dispõe:

> **Art. 138.** O juiz ou o relator, considerando a relevância da matéria, a especificidade do tema objeto da demanda ou a repercussão social da controvérsia, poderá, por decisão irrecorrível, de ofício ou a requerimento das partes ou de quem pretenda manifestar-se, solicitar ou admitir a participação de pessoa natural ou jurídica, órgão ou entidade especializada, com representatividade adequada, no prazo de 15 (quinze) dias de sua intimação.
>
> § 1º A intervenção de que trata o caput não implica alteração de competência nem autoriza a interposição de recursos, ressalvadas a oposição de embargos de declaração e a hipótese do § 3.
>
> § 2º Caberá ao juiz ou ao relator, na decisão que solicitar ou admitir a intervenção, definir os poderes do amicus curiae.
>
> § 3º O amicus curiae pode recorrer da decisão que julgar o incidente de resolução de demandas repetitivas.

22.9.3. Impossibilidade de desistência

Nas ações de controle concentrado, não se admite desistência, uma vez que a questão de constitucionalidade não pode ficar ao bel prazer do autor da ação. Assim, o STF só pode atuar quando provocado, mas, uma vez acionado, julgará a ação mesmo que o autor não mais deseje isso.

22.9.4. Não cabimento de recursos ou de ação de impugnação

O acórdão que julga as ações de controle concentrado é irrecorrível (ressalvada apenas a oposição de embargos de declaração, que têm o intuito apenas de esclarecer a decisão). Da mesma forma, não cabe ação rescisória.

22.9.5. Causa de pedir aberta

De acordo com a jurisprudência do STF, a causa de pedir (argumento que embasa o pedido) é aberta, isto é, pode o STF declarar a inconstitucionalidade por outros motivos não alegados pelo autor, na petição inicial. Assim, por exemplo, pode-se ajuizar uma ADI alegando inconstitucionalidade formal, mas o STF declarar a lei inconstitucional, por enxergar uma inconstitucionalidade material.

⚠ Atenção!

A causa de pedir é aberta, mas o pedido não; assim, se se pede a declaração de inconstitucionalidade de uma lei, o STF não pode, em regra, declarar a inconstitucionalidade de outra norma. Uma exceção a isso diz respeito à chamada inconstitucionalidade por arrastamento (ou por ricochete, ou por reverberação), que se verifica quando, da declaração de inconstitucionalidade de uma norma, deriva *necessariamente* a declaração de inconstitucionalidade de outra norma, seja ela da mesma hierarquia que a primeira (inconstitucionalidade por arrastamento horizontal), seja ela inferior à primeira (inconstitucionalidade por arrastamento vertical). Assim, por exemplo, se o STF declara a inconstitucionalidade de uma determinada lei, o decreto que a regulamenta é também declarado inconstitucional, *por arrastamento*.

📝 Questão de Concurso

(FGV – TJ RO – Analista Judiciário – Área Oficial de Justiça – 2021) Um partido político, que somente contava com representação no Senado Federal, ajuizou ação direta de inconstitucionalidade almejando o reconhecimento da invalidade da íntegra da Lei nº XX, do Estado ZZ, que dispunha sobre a concessão de determinado benefício fiscal. Na ocasião, impugnou, ainda, o Decreto nº YY, que regulamentara a forma como o benefício seria concedido. Na situação descrita, o Supremo Tribunal Federal:
a) não deve conhecer da ação, em razão da ilegitimidade do respectivo autor;
b) pode declarar a inconstitucionalidade da Lei n. XX, juntamente com a do Decreto n. YY, em razão da interdependência entre ambos;
c) pode declarar a inconstitucionalidade da Lei n. XX e a ilegalidade do Decreto n. YY, na relação processual voltada ao controle concentrado de constitucionalidade;
d) não deve conhecer da ação, em razão da acumulação indevida de pedidos, já que o Decreto n. YY não está sujeito ao controle concentrado de constitucionalidade;
e) só pode declarar a inconstitucionalidade da Lei n. XX, cabendo às instâncias ordinárias avaliar se devem, ou não, aplicar o Decreto n. YY, cujo fundamento foi suprimido.

Gabarito comentado: B (o partido é parte legítima, bastando que tenha representação em alguma Casa do CN, art. 103, VIII; e, declarada a inconstitucionalidade da lei, ela "leva junto" o decreto regulamentador, por conta da chamada inconstitucionalidade por arrastamento)

22.9.6. Quórum de decisão

É necessária a presença de oito Ministros para que se julguem as ações de controle concentrado, e qualquer decisão (seja declaratória de constitucionalidade ou de inconstitucionalidade) só poderá ser tomada pelo voto de seis Ministros.

Assim, se estiverem presentes dez Ministros, e o julgamento estiver empatado, não se profere decisão, aguardando-se que retorne o 11º Ministro, a fim de que haja seis votos no sentido da constitucionalidade ou da inconstitucionalidade.

Outro exemplo: se nove Ministros estiverem presentes, e o julgamento resultar em 5x4, não é proferida decisão, pois não houve seis votos num mesmo sentido.

Veja Bem!

A ADI e a ADC são ações dúplices (ações de "sinal trocado"); a procedência de uma equivale à improcedência da outra:
ADI julgada procedente = ADC julgada improcedente = lei declarada inconstitucional ADI julgada improcedente = ADC julgada procedente = lei declarada constitucional

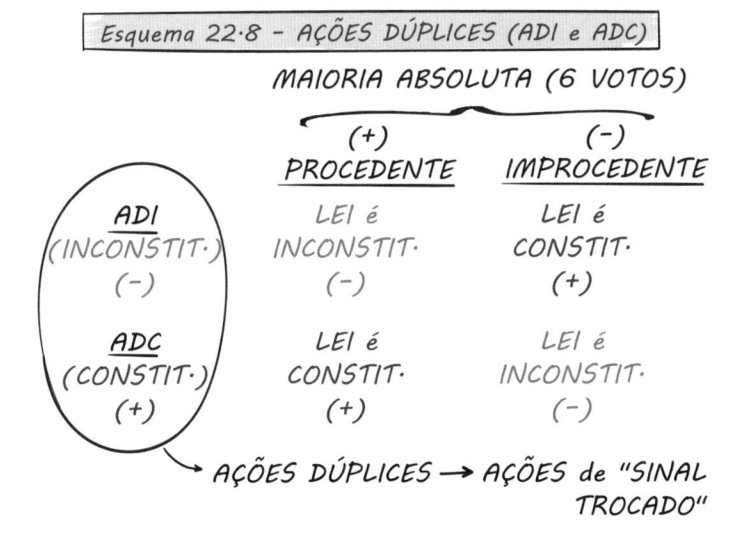

Esquema 22·8 – AÇÕES DÚPLICES (ADI e ADC)

MAIORIA ABSOLUTA (6 VOTOS)

	(+) PROCEDENTE	(−) IMPROCEDENTE
ADI (INCONSTIT.) (−)	LEI é INCONSTIT. (−)	LEI é CONSTIT. (+)
ADC (CONSTIT.) (+)	LEI é CONSTIT. (+)	LEI é INCONSTIT. (−)

→ AÇÕES DÚPLICES → AÇÕES de "SINAL TROCADO"

22.9.7. Cautelar

Cautelar: prevista no art. 102, I, *p*, da CF, pode consistir na suspensão cautelar da lei, até que seja julgado o mérito, ou ainda corresponder a qualquer decisão que possa ser ao final proferida (interpretação conforme etc). Tem efeitos *erga omnes* e vinculantes, embora, em regra, *ex nunc* (daí em diante), salvo se o STF expressamente decidir em sentido contrário (art. 11, § 1º, da Lei n. 9.868/99). É preciso, como em toda cautelar, comprovar a plausibilidade jurídica do pedido (*fumus boni juris*) e a urgência ou perigo da demora (*periculum in mora*).

Cuidado!

A concessão da cautelar tem efeitos repristinatórios, isto é, torna novamente aplicável a legislação anterior à lei suspensa pela cautelar, a não ser que o STF expressamente determine o contrário (art. 11, § 2º).

22.9.8. Especificidades da ADC

É preciso, na petição inicial da ADC, demonstrar "a existência de controvérsia judicial relevante sobre a aplicação da disposição objeto da ação declaratória" (Lei n. 9.868/99, art. 14, III). Na ADC não há citação do AGU para defender a constitucionalidade da lei, simplesmente porque na ADC, se argumenta justamente pela constitucionalidade da lei.

Quadro 22.6 – Instrumentos do controle concentrado de constitucionalidade

		ADI (art. 102, I, a, e Lei n. 9.868/99)	ADC (art. 102, I, a, na redação da EC n. 3/93, e Lei n. 9.868/99)	ADPF (art. 102, § 1º, e Lei n. 9.882/99)
Cabimento	Sim	Lei federal ou estadual, lei distrital (no exercício da competência estadual), medida provisória, lei de efeitos concretos, emenda constitucional (se violar cláusula pétrea), atos normativos	Lei ou ato normativo federal	Quando não couber ADI (exceto no caso de norma constitucional originária, quando não cabe nenhuma forma de controle)
	Não	Lei municipal, lei distrital (no exercício da competência municipal), norma constitucional originária, atos de efeitos concretos, lei anterior à Constituição	Lei ou ato normativo estadual, distrital ou municipal	Quando couber ADI (cabimento subsidiário)
Legitimidade		Art. 103	Art. 103	Art. 103

Efeitos	Erga omnes e vinculantes	Erga omnes e vinculantes	Erga omnes e vinculantes
Procedimento	1. AGU intervém como defensor legis 2. PGR intervém como custos legis 3. Não há intervenção de terceiros, salvo amicus curiae 4. Pode haver concessão de medida cautelar 5. Não pode haver desistência da ação 6. Petição inicial em duas vias	Idêntico ao da ADI, salvo porque não há intervenção do AGU	Idêntico ao da ADI

✅ Observação!

1. Na ADI, o AGU desempenha, em regra, um papel vinculado – o de defender a constitucionalidade da lei (= *defensor legis*), de atuar como curador da presunção de constitucionalidade da lei. Assim como ninguém pode ser condenado sem defesa, a lei não pode ser condenada sem alguém que defenda sua constitucionalidade. Assim, **em regra**, o AGU deve defender que a lei é constitucional. Apesar disso, o STF vem relativizando essa regra, admitindo que, em algumas situações excepcionais, o AGU deixe de defender a lei (podendo até se manifestar pela sua inconstitucionalidade), quando, por exemplo:

    a) outra lei idêntica já tenha sido declarada inconstitucional (ninguém é obrigado a defender o indefensável);

    b) a ADI é de autoria do Presidente da República (superior hierárquico do AGU).

2. O papel do PGR é livre, podendo manifestar-se pela constitucionalidade ou inconstitucionalidade da lei. Emite um parecer, na qualidade de *custos legis* (fiscal da lei) – **mesmo nas ações em que ele seja o autor!**

3. Quanto ao objeto da ação, pode-se afirmar que a ADI é mais ampla que a ADC, já que esta última não é cabível contra leis estaduais e distritais (casos em que a ADI pode ser ajuizada).

4. Quando se trata de lei distrital, é preciso ter cuidado, porque o Distrito Federal acumula competências de estado e de município. Se se tratar de uma competência estadual, cabe ADI; mas, caso se trate de competência municipal, não é cabível ADI (e, sim, ADPF).

5. A ADPF tem cabimento subsidiário, conforme o art. 4º, § 1º, da Lei n. 9.882/99. Assim, só é cabível quando não couber outro meio eficaz para sanar a lesividade (ou seja, quando não couber ADI nem ADC nem ADO).

6. Existem alguns casos em que não cabe ADI **nem** ADPF: contra norma constitucional **originária** e contra súmula (mesmo que vinculante, porque não se trata de uma norma, mas de mera interpretação, ainda que seja vinculante, repita-se).

Num esquema, podemos consolidar o objeto das ações de controle concentrado de constitucionalidade:

Esquema 22-9 – CONTROLE CONCENTRADO (continuação)

OBJETO: → ART. 59   ≠ ATO de EFEITOS CONCRETOS
ADI → CF, 102, I, "a": LEI ou ATO NORMATIVO FEDERAL ou ESTADUAL
ADC → CF, 102, I, "a" (EC n. 3/93): LEI ou ATO NORMATIVO FEDERAL
ADPF → CF, 102, § 1º; LEI n. 9.882/99. ARTs. 1º e 4º : CONTRA ATO do PODER PÚBLICO (SUBSIDIARIEDADE — EM RELAÇÃO A ADI/ADC/ADO)
ADO → CF, 103, § 2º : CONTRA A FALTA de MEDIDA P/ TORNAR EFETIVA NORMA CONSTIT.

	ADI	ADC	ADPF
LEI FEDERAL	✓	✓	JÁ REVOG./PRÉ-88
LEI ESTADUAL	✓	X	JÁ REVOG./PRÉ-88
LEI MUNICIPAL	X	X	✓
LEI do DF (EST.)	✓	X	JÁ REVOG./PRÉ-88
LEI do DF (MUN.)	X	X	✓
RESOLUÇÃO do CNJ	✓	X	X
LEI REVOGADA	X	X	✓
LEI PRÉ-CF/88	X	X	✓
SÚMULA	X	X	X
SÚMULA VINCULANTE	X	X	✓
REGIMENTO INTERNO	✓	✓	JÁ REVOG./PRÉ-88
EC	✓	✓	SE JÁ REVOGADA
NORMA CONSTIT. ORIGINÁRIA	X	X	X

*OBSERVAÇÕES:
1) NÃO CABE ADI CONTRA ATO de EF. CONCRETOS, MAS CABE CONTRA LEI de EF. CONCRETO (EX: LEI ORÇAM.): ADI-MC n. 4.048.
2) NA ADPF, É PRECISO PROVAR VIOLAÇÃO A UM PRECEITO FUNDAMENTAL.
3) NÃO CABE ADI CONTRA LEI PRÉ-CONSTIT., SALVO PARA QUESTIONÁ-LA À LUZ da CF PASSADA.
4) CONTRA SÚMULA VINCULANTE CABE PEDIDO de REVISÃO/CANCEL. (103-A, § 2º).
5) CONTRA NORMA CONSTIT. ORIGINÁRIA NÃO CABE CONTROLE ALGUM.

Pode-se, também, estudar especificamente o cabimento das ações de controle concentrado de inconstitucionalidade por ação (ADI, ADC e ADPF):

Quadro 22.7 – Cabimento das ações de controle concentrado de inconstitucionalidade por ação

	ADI	ADC	ADPF
Lei federal	SIM	SIM	NÃO
Lei estadual	SIM	NÃO	NÃO
Lei municipal	NÃO	NÃO	SIM
Lei do DF (competência estadual)	SIM	NÃO	NÃO
Lei do DF (competência municipal)	NÃO	NÃO	SIM
Lei já revogada	NÃO	NÃO	SIM
Lei pré-constitucional	NÃO	NÃO	SIM
Atos normativos (gerais e abstratos)[25]	SIM	SIM	SÓ SE NÃO COUBER ADI/ADC
Atos de efeitos concretos	NÃO	NÃO	SIM
Emendas à Constituição	SIM	SIM	NÃO
Normas constitucionais originárias	NÃO	NÃO	NÃO
Súmulas (ainda que vinculantes)	NÃO	NÃO	SIM

✋ Cuidado!

A jurisprudência do STF não admite o controle concentrado preventivo. Isto é: não se aceita o ajuizamento de ação direta de inconstitucionalidade (ADI), ação declaratória de constitucionalidade (ADC) ou arguição de descumprimento de preceito fundamental (ADPF) contra meros projetos de lei ou propostas de emenda constitucional. A única forma de questionar essas proposições legislativas é por meio de mandado de segurança (controle difuso) impetrado por parlamentar no STF: qualquer parlamentar (e somente ele) pode impetrar mandado de segurança no STF contra o ato da Mesa de sua Casa que tenha dado andamento ao projeto ou proposta de inconstitucionalidade manifesta.

📝 Questões de Concurso

(FGV – PM AM – Oficial da Polícia Militar – 2022) Após ampla mobilização popular, o Estado Alfa editou a Lei n. XX/2020, que impunha aos estabelecimentos voltados à compra e venda de mercadorias o dever de oferecerem determinadas garantias aos consumidores. Ocorre que diversos juízes, em sede de controle difuso de constitucionalidade, afastavam a aplicação da Lei n. XX sob o argumento de que ela era materialmente inconstitucional. Sensível a esse quadro, o Partido Político WW consultou o seu advogado sobre a possibilidade de ser ajuizada ação declaratória de constitucionalidade (ADC), tendo como objeto o referido diploma normativo. O advogado respondeu corretamente que:

a) é possível o ajuizamento da ADC, o que deve ser feito perante o Tribunal de Justiça do Estado Alfa, sendo exigida a demonstração da controvérsia sobre a aplicação da Lei n. XX;

b) é possível o ajuizamento da ADC, o que deve ser feito perante o Supremo Tribunal Federal, sendo exigida a demonstração da controvérsia sobre a aplicação da Lei n. XX;

c) é possível o ajuizamento da ADC, observados os requisitos exigidos, desde que não tenha sido ajuizada ação direta de inconstitucionalidade em momento anterior;

d) não é possível o ajuizamento da ADC, considerando o seu reduzido lapso temporal de vigência;

e) não é possível o ajuizamento da ADC, que não pode ter por objeto lei estadual.

Gabarito comentado: E (não é cabível ADC em relação a leis estaduais, somente em relação a leis federais: CF, art. 102, I, *a*)

(FGV – OAB – Advogado – 2022) O governador do Estado Alfa propôs, perante o Supremo Tribunal Federal, Ação Declaratória de Constitucionalidade (ADC), com pedido de tutela cautelar de urgência, para ver confirmada a legitimidade jurídico-constitucional de dispositivos da Constituição estadual, isto em razão da recalcitrância de alguns órgãos jurisdicionais na sua observância. Foi requerida medida cautelar. A partir do caso narrado, assinale a afirmativa correta.

a) A ADC pode ser conhecida e provida pelo STF, para que venha a ser declarada a constitucionalidade dos dispositivos da Constituição do Estado Alfa indicados pelo governador.

b) Embora a ADC proposta pelo governador do Estado Alfa possa ser conhecida e julgada pelo STF, revela-se incabível o deferimento de tutela cautelar de urgência nessa modalidade de ação de controle abstrato de constitucionalidade.

c) A admissibilidade da ADC prescinde da existência do requisito da controvérsia judicial relevante, uma vez que a norma sobre a qual se funda o pedido de declaração de constitucionalidade tem natureza supralegal.

d) A ADC não consubstancia a via adequada à análise da pretensão formulada, uma vez que a Constituição do Estado Alfa não pode ser objeto de controle em tal modalidade de ação abstrata de constitucionalidade.

Gabarito comentado: D (não é cabível ADC em relação a leis – ou mesmo à Constituição – estaduais, somente em relação a leis federais: CF, art. 102, I, *a*)

(FGV – SEFAZ ES – Auditor Fiscal – Tarde – 2021) A Confederação Sindical ZZ, que zelava pelos interesses dos profissionais da área de saúde, ajuizou ação declaratória de constitucionalidade (ADC) da Lei Estadual n. XX, que estabeleceu importantes medidas em prol da realização de exames, em caráter preventivo, com o objetivo de detectar a presença de patologias de natureza viral. Como esse diploma normativo gerou muita insatisfação por parte de algumas sociedades empresárias, foram ajuizadas diversas demandas que postulavam a sua não aplicação sob o argumento de ser inconstitucional, sendo atendidos em muitas delas os pedidos formulados. Em caráter cautelar, ZZ postulou a suspensão do julgamento dos processos que envolvessem a aplicação da Lei Estadual n. XX, até o julgamento definitivo da ADC. À luz da sistemática afeta à ação declaratória de constitucionalidade, é correto afirmar que a narrativa:

a) não apresenta qualquer aspecto dissonante da ordem constitucional;

b) apresenta irregularidade apenas em relação à formulação do pedido de natureza cautelar;

c) apresenta irregularidade apenas em relação à legitimidade para agir da autora, que não a possui;

d) apresenta irregularidade em relação à legitimidade para agir da autora e à formulação do pedido de natureza cautelar;

e) apresenta irregularidade apenas em relação ao objeto, qual seja, a lei cuja constitucionalidade se almeja ver reconhecida.

Gabarito comentado: E (Confederação sindical é parte legítima – art. 103, IX – e se admite cautelar em ADC – art. 102, I, *p* – mas não cabe ADC em relação a lei estadual – art. 102, I, *a*)

(FGV – TJ SC – Titular de Serviços Notariais e Registrais – Provimento – 2021) O Distrito Federal aprovou a Lei n. XX/2020, que dispôs sobre o parcelamento e a ocupação do solo urbano, o que, ao ver do partido político Alfa, era incompatível com a Constituição da República de 1988. Por tal razão, o partido político, que somente contava com representação no Senado Federal, solicitou a manifestação do seu departamento jurídico a respeito da possibilidade de impugnar o referido ato normativo diretamente perante o Supremo Tribunal Federal. O departamento jurídico respondeu, corretamente, que tal:

a) seria possível apenas por meio de ação direta de inconstitucionalidade;
b) seria possível apenas por meio de arguição de descumprimento de preceito fundamental;
c) não seria possível, já que o partido político Alfa não contava com representação na Câmara dos Deputados;
d) não seria possível, pois o controle concentrado de constitucionalidade das leis distritais fica a cargo do Tribunal de Justiça;
e) seria possível por meio da ação direta de inconstitucionalidade ou da arguição de descumprimento de preceito fundamental.

Resposta: B (parcelamento do solo urbano é matéria municipal – art. 30, VIII –, logo, não impugnável por ADI no STF, restando a possibilidade de ajuizamento da ação subsidiária, a ADPF: Súmula n. 642/STF – "Não cabe ação direta de inconstitucionalidade de lei do Distrito Federal derivada da sua competência legislativa municipal"; o partido é parte legítima, pois basta ter um representante em qualquer das Casas do Congresso Nacional – art. 103, VIII).

22.10. CONTROLE DIFUSO

Cabe a todos os órgãos jurisdicionais (arguição de inconstitucionalidade – incidental). Note-se que qualquer juiz ou tribunal pode exercer o controle difuso, mas a decisão tem efeitos meramente *inter partes* (entre as partes). Também o STF exerce controle difuso, quando analisa o recurso extraordinário (art. 102, III).

Cláusula de reserva de plenário (*full bench*): art. 97. Qualquer juiz de primeira instância pode declarar uma lei inconstitucional, com base na existência, no Brasil, do sistema difuso. Também pode haver a declaração de inconstitucionalidade por qualquer tribunal. Porém, nesse último caso (tribunal), é preciso assegurar que a decisão de inconstitucionalidade seja tomada por uma parcela representativa dos membros da Corte. Por isso, não pode uma simples turma ou câmara do Tribunal declarar a inconstitucionalidade: de acordo com o art. 97 da CF, somente se pode declarar a inconstitucionalidade em um tribunal se a decisão for tomada pela maioria absoluta dos membros do Tribunal (Pleno) ou do respectivo órgão especial. Se, por exemplo, uma turma ou câmara – ao julgar um processo qualquer – entender pela inconstitucionalidade de uma lei, deve o processo ser remetido ao Pleno ou Órgãos Especial para que decida a questão de constitucionalidade, com o posterior retorno da causa à turma ou câmara para julgamento das demais questões. A essa remessa do órgão fracionário para o Pleno chama-se "incidente de inconstitucionalidade" (CPC, arts. 948 a 950), que tem por objetivo garantir o cumprimento da cláusula de reserva de plenário do art. 97 (também conhecida como *full bench – plenário cheio,* ao pé da letra). Não se deve esquecer o teor da Súmula Vinculante 10 do STF: "Viola a cláusula de reserva de plenário (CF, artigo 97) a decisão de órgão fracionário de tribunal que, embora não declare expressamente a inconstitucionalidade de lei ou ato normativo do poder público, afasta sua incidência, no todo ou em parte".

Veja Bem!

Um órgão fracionário de tribunal desrespeita a cláusula de reserva de plenário não apenas quando *expressamente* declara a lei inconstitucional, mas também quando o faz de forma *implícita, hipócrita* ou *disfarçada,* ao "deixar de aplicar a lei" ou "afastar sua incidência" por incompatibilidade com a CF. É isso que significa a Súmula Vinculante n. 10.

Cuidado!

NÃO SE EXIGE A RESERVA DE PLENÁRIO:
a) para declarar lei anterior à CF/88 não recepcionada (porque o caso não é de declaração de inconstitucionalidade);
b) para dar interpretação conforme (porque, nesse caso, a lei será declarada constitucional);
c) quando já houver precedente do Pleno do STF ou do Pleno/Órgão Especial do Tribunal (CPC, art. 949, parágrafo único): "É desnecessária a submissão à regra da reserva de plenário quando a decisão judicial estiver fundada em jurisprudência do Plenário ou em Súmula deste Supremo Tribunal Federal" (Tema n. 856 da Repercussão Geral do STF)..

22.10.1. Instrumentos de controle difuso

Na verdade, qualquer ação pode ser utilizada para o controle difuso, pois este se dá sempre de maneira incidental. O que não se pode é "forjar" um controle difuso, isto é, "fingir" a existência de uma lide apenas para suscitar a inconstitucionalidade de um ato. Justo por isso, o STF tem pacífica jurisprudência no sentido de que não cabe mandado de segurança contra lei em tese (pois se estaria, nesse caso, usando o MS como ação de controle abstrato). É possível, então, suscitar questão de inconstitucionalidade (sempre de maneira incidental, secundária, acessória) ação ordinária, mandado de segurança, *habeas corpus*, *habeas data*, mandado de injunção, ação popular, ação civil pública etc. Um exemplo pode esclarecer a questão: se um ex-perseguido do regime militar deseja obter um registro da ditadura e tal informação lhe é negada com base em uma lei federal, é possível ao prejudicado ingressar com *habeas data* para obter a informação que lhe foi negada, alegando, incidentalmente, a inconstitucionalidade da lei federal. Seria impossível, entretanto, ingressar com *habeas data* para, como pedido principal, declarar a inconstitucionalidade da lei.

De qualquer forma, ações nas quais se tenha alegado uma questão constitucional incidentalmente (controle difuso) podem chegar ao STF via recurso extraordinário (o qual já estudamos quando da análise das competências do Poder Judiciário).

Questão de Concurso

(FGV – MPE GO – Promotor de Justiça Substituto – 2022) O Estado federado Alfa, em medida muito comemorada pela população carente, editou a Lei n. XX, que dispôs sobre regras simplificadas para a realização do Registro Civil das Pessoas Naturais, reduzindo formalidades e aumentando o nível de acesso, tudo com o objetivo de reduzir o sub-registro. A comemoração, no entanto, cedeu lugar à decepção, já que diversos órgãos jurisdicionais de primeira instância estavam decidindo pela inconstitucionalidade do referido diploma normativo, que não mais estava sendo aplicado em diversos quadrantes do Estado. À luz dessa narrativa, é correto afirmar que a Lei n. XX:
a) é inconstitucional, sendo corretas as decisões proferidas pelos órgãos jurisdicionais no sentido de não aplicá-la;
b) embora fosse inconstitucional, não poderiam os órgãos de primeira instância deixar de aplicá-la sem prévia decisão do tribunal competente;
c) é constitucional, sendo cabível o ajuizamento, por um legitimado, da ação declaratória de constitucionalidade, em razão da negativa de aplicação;
d) é inconstitucional, por ser direcionada apenas à população carente, o que permite o ajuizamento da ação direta de inconstitucionalidade por omissão;
e) é constitucional, mas, em razão da negativa de aplicação, somente é possível o ajuizamento da ação de descumprimento de preceito fundamental.

> **Gabarito comentado:** A (a lei estadual é inconstitucional porque legislar sobre registros públicos é competência privativa da União – art. 22, XXV – e juízes de primeira instância podem exercer controle difuso-incidental de constitucionalidade – art. 97)

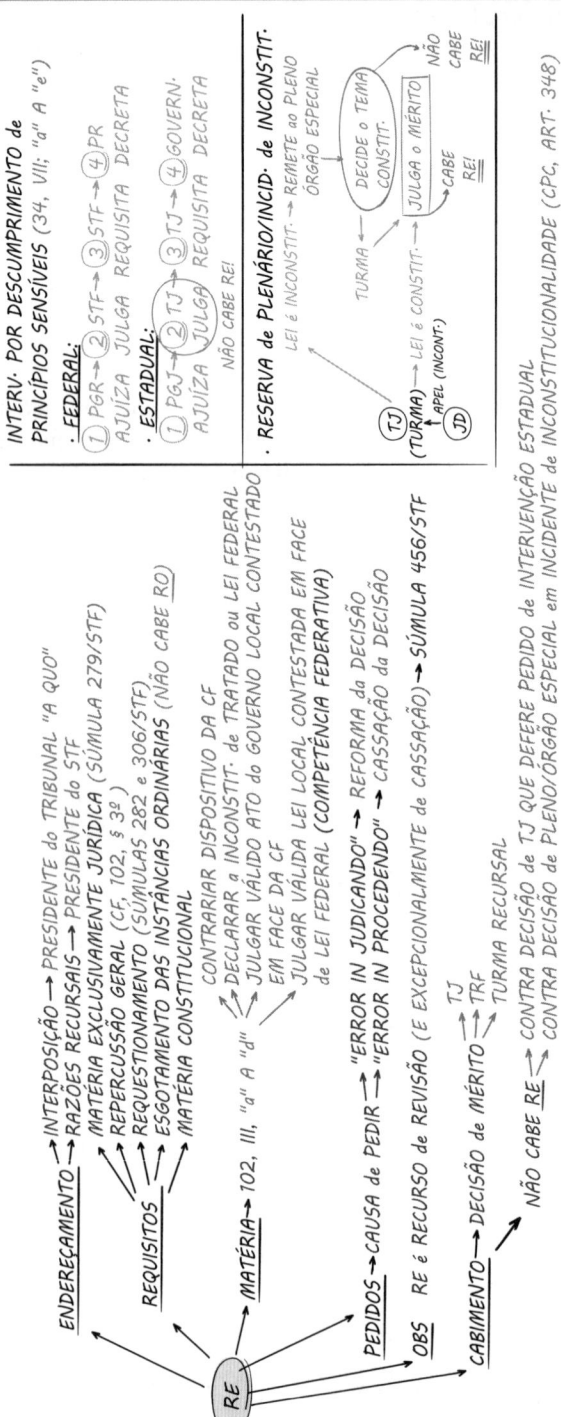

Esquema 22-10 – RECURSO EXTRAORDINÁRIO

RE

- **ENDEREÇAMENTO** → INTERPOSIÇÃO → PRESIDENTE do TRIBUNAL "A QUO"
  → RAZÕES RECURSAIS → PRESIDENTE do STF

- **REQUISITOS**
  - MATÉRIA EXCLUSIVAMENTE JURÍDICA (SÚMULA 279/STF)
  - REPERCUSSÃO GERAL (CF, 102, § 3º)
  - REQUESTIONAMENTO (SÚMULAS 282 e 306/STF)
  - ESGOTAMENTO DAS INSTÂNCIAS ORDINÁRIAS (NÃO CABE RO)
  - MATÉRIA CONSTITUCIONAL

- **MATÉRIA** → 102, III, "a" A "d"
  - CONTRARIAR DISPOSITIVO DA CF
  - DECLARAR a INCONSTIT. de TRATADO ou LEI FEDERAL
  - JULGAR VÁLIDO ATO do GOVERNO LOCAL CONTESTADO EM FACE DA CF
  - JULGAR VÁLIDA LEI LOCAL CONTESTADA EM FACE de LEI FEDERAL (COMPETÊNCIA FEDERATIVA)

- **PEDIDOS** → CAUSA de PEDIR → "ERROR IN JUDICANDO" → REFORMA da DECISÃO
  → "ERROR IN PROCEDENDO" → CASSAÇÃO da DECISÃO → SÚMULA 456/STF

- **OBS:** RE é RECURSO de REVISÃO (E EXCEPCIONALMENTE de CASSAÇÃO)

- **CABIMENTO** → DECISÃO de MÉRITO
  - TJ
  - TRF
  - TURMA RECURSAL

- **NÃO CABE RE** → CONTRA DECISÃO de TJ QUE DEFERE PEDIDO de INTERVENÇÃO ESTADUAL
  → CONTRA DECISÃO de PLENO/ÓRGÃO ESPECIAL em INCIDENTE de INCONSTITUCIONALIDADE (CPC, ART. 348)

- **INTERV. POR DESCUMPRIMENTO de PRINCÍPIOS SENSÍVEIS** (34, VII; "a" A "e")

  - **FEDERAL:**
    ① PGR → ② STF → ③ STF → ④ PR
    AJUÍZA   JULGA   REQUISITA   DECRETA

  - **ESTADUAL:**
    ① PGJ → ② TJ → ③ TJ → ④ GOVERN.
    AJUÍZA   JULGA   REQUISITA   DECRETA
    NÃO CABE REI

- **RESERVA de PLENÁRIO/INCID. de INCONSTIT.**
  - REMETE ao PLENO/ÓRGÃO ESPECIAL
  - LEI é INCONSTIT. → DECIDE o TEMA CONSTIT. → NÃO CABE REI
  - TURMA → JULGA o MÉRITO → CABE REI

  (TJ)
  (TURMA) → LEI é CONSTIT.
  (JD) ← APEL (INCONT.)

22.11. CONTROLE DA OMISSÃO INCONSTITUCIONAL

Já se disse que um comportamento inconstitucional pode ser realizado de forma positiva (produz-se um ato que é inconstitucional) ou negativa, omissiva (deixa-se de fazer um ato cuja realização é exigida pela Constituição). Na tentativa de resolver essa segunda situação, a Constituição Federal de 1988, na esteira da Constituição Portuguesa de 1976, previu dois mecanismos contra o silêncio inconstitucional: o mandado de injunção (art. 5º, LXXI) e a ação direta de inconstitucionalidade por omissão (art. 103, § 2º).

22.11.1. Mandado de injunção

O mandado de injunção (CF, art. 5º, LXXI) é cabível para sanar a omissão na elaboração de uma norma regulamentadora de um direito assegurado na Constituição. Atualmente, a ação é regulamentada pela Lei n. 13.300, de 23 de junho de 2016 (Lei do MI). De acordo com esse mesmo ato (art. 14), aplicam-se ao MI, subsidiariamente, as regras do CPC e da Lei do Mandado de Segurança (Lei n. 12.016, de 2009), ação constitucional mandamental (o objeto é uma ordem judicial de obrigação de fazer).

22.11.1.1. *Natureza*

O mandado de injunção é instrumento do controle *difuso* de constitucionalidade. Isso significa que seu julgamento não é competência exclusiva do STF (arts. 102, I, *q*, e II, *a*, 105, I, *h*, e 121, § 4º, V)[9]; o objetivo principal da ação não é propriamente tutelar a força normativa da Constituição, mas sim garantir a fruição do direito fundamental pela parte (processo subjetivo). Justamente por isso, sua regulamentação se dá não no âmbito do controle concentrado de constitucionalidade, mas no capítulo constitucional destinado aos remédios constitucionais (garantias fundamentais).

22.11.1.2. *Hipóteses de cabimento*

22.11.1.2.1. Ausência de norma regulamentadora de direito assegurado na Constituição

Em primeiro lugar, é preciso notar que não é a mera ausência de uma norma regulamentadora que justifica a impetração de mandado de injunção. É necessária uma espécie de omissão qualificada, é dizer, é preciso que se trate de uma omissão que impeça a efetivação e rea-

---

[9] A competência para o julgamento do MI depende da autoridade pública omissa. Será o STF, originariamente, quando "quando a elaboração da norma regulamentadora for atribuição do Presidente da República, do Congresso Nacional, da Câmara dos Deputados, do Senado Federal, das Mesas de uma dessas Casas Legislativas, do Tribunal de Contas da União, de um dos Tribunais Superiores, ou do próprio Supremo Tribunal Federal" (CF, art. 102, I, *q*). Compete ao STJ julgar o MI "quando a elaboração da norma regulamentadora for atribuição de órgão, entidade ou autoridade federal, da administração direta ou indireta, excetuados os casos de competência do Supremo Tribunal Federal e dos órgãos da Justiça Militar, da Justiça Eleitoral, da Justiça do Trabalho e da Justiça Federal" (CF, art. 105, I, *h*). **A Lei n. 13.300, de 2016, infelizmente, não regulou a competência para julgamento do MI, de modo que é necessário utilizar apenas as poucas regras constitucionais acerca da matéria.** Cf., sobre o tema: CASTRO, Guilherme de Siqueira; FERREIRA, Olavo Augusto Vianna Alves. *Mandado de Injunção*. Salvador: JusPodivm, 2016. p. 92 e ss.

lização/fruição de um direito assegurado pela Constituição e dependente dessa norma regulamentadora. Isso, por si só, já exclui o cabimento de MI para obter a regulamentação de normas infraconstitucionais[10] (**CF, art. 5º, LXXI; Lei do MI, art. 2º,** *caput*). Por exemplo: um direito previsto em lei, mas pendente de regulamentação por meio de decreto: nesse caso, não é cabível MI, pois tal remédio só pode ser manejado quando a omissão impeça o exercício de um direito previsto na Constituição[11]. Por outro lado, só cabe MI quando o direito fundamental violado estiver previsto em norma constitucional de eficácia limitada. Com efeito, as normas de eficácia contida e plena (para usar a sempre citada classificação de José Afonso da Silva) possuem aplicabilidade imediata: produzem, desde já, todos os seus efeitos. Logo, não necessitam de uma norma regulamentadora para que o direito nelas previsto seja usufruído. Se a norma regulamentadora (=detalhadora) não é necessária, não cabe o mandado de injunção[12].

Nesse sentido, André Ramos Tavares adverte que "não cabe o mandado de injunção se a norma constitucional invocada for autoaplicável"[13]. Dito de outra forma: só cabe MI quando a atividade normatizadora remontar diretamente à Constituição (ausência de norma regulamentadora de um direito constitucional) e possuir natureza vinculada (=regulamentação de norma de eficácia limitada, em que a atividade integradora do legislador é uma obrigação imposta pela própria Constituição).

> O mandado de injunção é cabível contra omissão total ou parcial da norma regulamentadora. Por exemplo: se não é editada a lei que defere a revisão geral anual aos servidores públicos (CF, art. 37, X), tem-se uma omissão total. Mas, se a lei é editada, mas confere a revisão a apenas algumas categorias, e a outras não, tem-se uma omissão parcial. Perceba-se, porém, que, no caso de omissão parcial, não é cabível o MI apenas para questionar o conteúdo de determinada lei (para isso existem os outros mecanismos do controle de constitucionalidade)[14], mas sim para combater a omissão do ato, o fato de não ter incluído em seu âmbito de incidência determinadas hipóteses que lá deveriam estar. ATUALMENTE, A PRÓPRIA LEI DO MI ADMITE SUA IMPETRAÇÃO CONTRA A "FALTA TOTAL OU PARCIAL DE NORMA REGULAMENTADORA" (art. 2º, *caput*), definindo ainda que se considera parcial "a regulamentação quando forem insuficientes as normas editadas pelo órgão legislador competente".

22.11.1.2.2. Espécie de norma regulamentadora cuja ausência pode ser combatida

Ressalte-se ser cabível o mandado de injunção contra a ausência de *qualquer* norma regulamentadora, não apenas de leis em sentido estrito[15]. Assim, por exemplo, embora não

---

[10] TAVARES, André Ramos. *Curso de Direito Constitucional*. São Paulo: Saraiva, 2010. p. 1007. No mesmo sentido: MORAES, Alexandre de. *Direito Constitucional*. São Paulo: Atlas, 2009. p. 171.
[11] STJ, Corte Especial, MI n. 211/DF, Relatora Ministra Nancy Andrighi, *DJe* de 14-10-2011.
[12] No mesmo sentido, de forma bastante didática: SUNDFELD, Carlos Ari. Mandado de Injunção. In: CLÈVE, Clèmerson Merlin; BARROSO, Luís Roberto. *Doutrinas Essenciais*: Direito Constitucional, v. V. São Paulo: RT, 2011. p. 582.
[13] TAVARES, André Ramos. Op. cit., p. 1007.
[14] STF, Pleno, AgRg no MI n. 751/DF, Relator Ministro Ricardo Lewandowski, *DJe* de 8-11-2007; STJ, Corte Especial, MI n. 206/DF, Relatora Ministra Laurita Vaz, *DJe* de 18-5-2009.
[15] CAVALCANTE FILHO, João Trindade. *Roteiro de Direito Constitucional*. Brasília: Grancursos,

caiba MI para obter a edição de ato administrativo de efeitos concretos (por não se tratar de *norma* regulamentadora), é possível o ajuizamento da ação constitucional para sanar a ausência de uma *outra* norma regulamentadora de dispositivo constitucional (decreto legislativo, resolução, ou mesmo decreto autônomo do Presidente da República, regimento interno etc.)[16]. Se assim não fosse, o art. 105, I, *h*, não preveria a competência do STJ para processar e julgar o mandado de injunção "quando a elaboração da norma regulamentadora for atribuição de órgão, entidade ou autoridade federal, da administração direta ou indireta"[17].

Imaginemos alguns exemplos hipotéticos[18].

Veja-se o caso do art. 12, § 1º, da Constituição: "Aos portugueses com residência permanente no País, se houver reciprocidade em favor de brasileiros, serão atribuídos os direitos inerentes ao brasileiro, salvo os casos previstos nesta Constituição". Como se vê, essa reciprocidade não precisa ser regulamentada necessariamente por lei em sentido formal: é possível imaginar a situação em que a falta de uma portaria ministerial (do Ministério da Justiça ou das Relações Exteriores) regulamentando tal dispositivo impeça o português aqui residente de gozar do tratamento igualitário em relação ao brasileiro naturalizado. Nessa hipótese, entendemos ser cabível o MI contra a omissão ministerial (e, nesse caso, a ação deveria ser ajuizada perante o STJ, a teor do que dispõe o art. 105, I, *h*).

Outro caso: o art. 218, *caput*, da CF, dispõe que "O Estado promoverá e incentivará o desenvolvimento científico, a pesquisa e a capacitação tecnológicas". Obviamente, tal direito fundamental (de natureza difusa) deve ser regulamentado, já que se trata de norma de eficácia limitada. Mas, além da lei (art. 218, § 4º), pode-se imaginar também ser cabível um ato administrativo normativo do Executivo, por exemplo, que confira a determinado órgão ou entidade as atribuições previstas neste artigo, sem as quais nenhum órgão poderá estimular a pesquisa científica. Como seria cabível, na hipótese, decreto autônomo do Presidente da República (art. 84, VI, *a*), pode-se pensar no ajuizamento de mandado de injunção para suprir a ausência da lei regulamentadora e/ou do decreto autônomo atribuindo tal competência a algum órgão administrativo.

No mesmo sentido aqui defendido, Carlos Ari Sundfeld explica que:

A norma regulamentadora, cuja falta propicia o mandado de injunção, pode ser:

a) de qualquer espécie legislativa (lei ordinária ou complementar, resolução ou decreto legislativo), o que está implícito na regra de competência contida no art. 102, I, *q* (ao falar em Congresso, Câmara e Senado);

2011. p. 230. No mesmo sentido: GOMES, Luiz Flávio. Anotações sobre o mandado de injunção. In: CLÈVE, Clèmerson Merlin; BARROSO, Luís Roberto. *Doutrinas Essenciais:* Direito Constitucional, v. V. São Paulo: RT, 2011. p. 711.

[16] Esse ponto de vista é defendido, expressamente, por Dirley da Cunha Júnior. CUNHA JÚNIOR, Dirley da. *Curso de Direito Constitucional*. Salvador: JusPodivm, 2010. p. 811.

[17] No sentido do texto, Cassio Scarpinella Bueno afirma que "O 'mandado de injunção' desempenha, assim, papel fundamental para solucionar os problemas derivados da *mora legislativa*, ou, mais amplamente, **normativa**" (grifo nosso). BUENO, Cassio Scarpinella. *Curso Sistematizado de Direito Processual Civil,* v. 2, t. III. São Paulo: Saraiva, 2010. p. 117.

[18] Alexandre de Moraes adota esse pensamento, inclusive exemplificando: "por exemplo: ausência de resolução do Senado Federal no caso de estabelecimento de alíquota às operações interestaduais. CF, art. 155, § 2º". MORAES, Alexandre de. *Direito Constitucional*. São Paulo: Atlas, 2009. p. 171.

b) ato administrativo, o que resulta da mesma norma (que se refere a órgãos ou autoridades administrativas: Presidente da República, Mesas das Casas Legislativas, Tribunal de Contas da União) e do art. 105, I, *h* (órgão, entidade ou autoridade federal, da administração direta ou indireta);

c) ato da administração indireta (art. 105, I, *h*);

d) norma regimental de Tribunal (...) (art. 96, I, *a*)[19].

A jurisprudência do STJ já admitiu, em tese, o cabimento de MI contra omissão do Conselho Nacional de Trânsito (Contran), embora, no caso concreto, tenha remetido o julgamento do caso à Justiça Federal[20]. O mesmo entendimento foi adotado quando se apontou omissão de norma regulamentadora por parte da Anatel[21] e do CADE[22]. Em sentido idêntico, o STF já decidiu que, se a omissão normativa é "imputada a autarquia federal (Banco Central do Brasil)" a competência originária é "do Juiz Federal e não do Supremo Tribunal, nem do Superior Tribunal de Justiça", por conta da "ressalva final do art. 105, I, *h*, da Constituição"[23].

22.11.1.2.3. Omissões de atos do processo legislativo

No âmbito específico do processo legislativo, é cabível o mandado de injunção contra qualquer omissão no andamento de proposição legislativa destinada a suprir a falta da norma regulamentadora.

Justamente por isso, a legitimidade passiva para o mandado de injunção será determinada pela autoridade à qual é atribuível a omissão.

Segundo o art. 3º da Lei n. 13.300, de 2016, são legitimados passivos "o Poder, o órgão ou a autoridade com atribuição para editar a norma regulamentadora".

Geralmente, em se tratando da falta de lei, o omisso será o Congresso Nacional. Porém, situações há em que a autoridade à qual é imputável a omissão é outra. Por exemplo: caso se trate de matéria cuja iniciativa é privativa de outro Poder (art. 61, § 1º – iniciativa privativa do Presidente da República; art. 93, *caput* – iniciativa privativa do STF; art. 127, § 2º – iniciativa privativa do Ministério Público da União etc.), é contra esse Poder que deve ser dirigida a impetração[24]. Isso é assim pelo simples fato de que, em casos tais, o Congresso simplesmente não pode iniciar o processo legislativo *sponte sua*[25].

---

[19] SUNDFELD, Carlos Ari. Op. cit., p. 585.
[20] STJ, Corte Especial, MI n. 193/DF, Relator Ministro Carlos Alberto Menezes Direito, *DJ* de 14-8-2006, p. 246.
[21] STJ, Corte Especial, MI n. 174/DF, Relator Ministro Sálvio de Figueiredo Teixeira.
[22] STJ, Corte Especial, AgRg no MI n. 185/DF, Relator Ministro Franciulli Neto, *DJ* de 21-3-2005, p. 200.
[23] STF, Pleno, MI n. 571-QO/SP, Relator Ministro Sepúlveda Pertence, *DJ* de 20-11-1998, p. 5.
[24] Nesse sentido: 1) TAVARES, André Ramos. *Curso de Direito Constitucional*. São Paulo: Saraiva, 2010. p. 1009; 2) MORAES, Alexandre de. *Direito Constitucional*. São Paulo: Atlas, 2009. p. 173; ARAÚJO, Luiz Alberto David; NUNES JÚNIOR, Vidal Serrano. *Curso de Direito Constitucional*. São Paulo: Verbatim, 2011. p. 237.
[25] O caso-líder: STF, Pleno, MI n. 153-AgR/DF, Relator Ministro Paulo Brossard, *DJ* de 30-3-1990, p. 2339.

Distinta é a situação em que o projeto de lei já foi proposto, mas há demora na discussão ou votação. Nessas situações, ainda que não haja prazo constitucionalmente estabelecido para o término do processo legislativo (exceto em casos extraordinários, como os arts. 64, § 1º, 62 e 57, § 2º), a demora desarrazoada na tramitação do projeto já autoriza o manejo do *mandamus*[26].

22.11.1.3. *Efeitos da decisão*

A doutrina majoritária classifica os possíveis efeitos da decisão em MI em dois grupos:

a) decisão não concretista (meramente declaratória; apenas declara, confirma a falta da norma regulamentadora, comunicando a omissão à autoridade, para que esta a supra);

b) decisão concretista (o Judiciário pode, numa decisão mandamental, ordinatória, editar uma regra provisória que permita o imediato exercício do direito fundamental). Num primeiro momento, o Supremo Tribunal Federal adotou a teoria não concretista, conferindo ao mandado de injunção caráter meramente declaratório, semelhante aos efeitos da decisão em ação direta de inconstitucionalidade por omissão[27]. Depois de certa insegurança e variação de posições, a Corte adotou, nos MI n. 721[28] e 758[29], a posição concretista individual (o Tribunal dá uma regulamentação provisória à matéria, mas que atinge apenas o impetrante, e não terceiros). Por fim, no julgamento de três mandados de injunção que tratavam do direito de greve dos servidores públicos (CF, art. 37, VII)[30], a Corte restou por adotar a teoria concretista geral, segundo a qual o Judiciário confere uma regulamentação provisória à matéria, até que seja editada a norma regulamentadora. Porém, diferentemente da teoria concretista individual, nessa teoria geral a decisão regulamenta o caso concreto com efeitos *erga omnes*. Tem-se, então, uma verdadeira sentença aditiva. Segundo a doutrina italiana, sentenças aditivas, ou modificativas, são aquelas que inovam no ordenamento jurídico, não se limitando à aplicação "passiva" de normas preexistentes. Sentenças aditivas de caráter moderado são compatíveis com a Constituição, principalmente, quando a omissão do legislador traduza um verdadeiro desrespeito à Constituição. Dessa forma, quando o Supremo Tribunal regulamenta provisoriamente questões que ficaram à margem da atividade legislativa, está, na verdade, cumprindo sua função de defender a Carta Magna. Para Gilmar Mendes, "em regra, a decisão em mandado de injunção, ainda que dotada de caráter subjetivo, comporta uma dimensão objetiva, com eficácia *erga omnes*, que serve para tantos quantos forem os

---

[26] STF, Pleno, MI n. 283/DF, Relator Ministro Sepúlveda Pertence, *DJ* de 14-11-1991, p. 16355. Em sentido idêntico, embora se tratasse de ação direta de inconstitucionalidade por omissão: ADI n. 3.682/MT, Relator Ministro Gilmar Mendes, *DJe* de 6-9-2007.

[27] O *leading case*, sempre citado, foi a questão de ordem no MI n. 107/DF, Relator Ministro Moreira Alves, *RTJ* 133.

[28] STF, Pleno, MI n. 721, Relator Ministro Marco Aurélio, *DJe* de 30-11-2007.

[29] STF, Pleno, MI n. 758/DF, Relator Ministro Marco Aurélio, *DJe* de 26-9-2008.

[30] STF, Pleno, MI n. 670/DF, Relator Ministro Maurício Corrêa, Relator para o acórdão Ministro Gilmar Mendes, *DJe* de 31-10-2008; MI n. 708/DF, Relator Ministro Gilmar Mendes, *DJe* de 31-10-2008; MI 712/PA, Relator Ministro Eros Grau, *DJe* de 31-10-2008.

casos que demandem a concretização de uma omissão geral do Poder Público"[31]. No mesmo sentido, no próprio STF, temos outros casos[32].

A Lei n. 13.300, de 2016, detalhou a questão dos efeitos da decisão – positivando, em grande medida, a jurisprudência do STF sobre o tema. De acordo com a nova Lei, teremos:

- **MI individual** – a decisão produz efeitos apenas para as partes envolvidas (art. 9º, *caput*); excepcionalmente, porém, *poderá ser conferida eficácia ultra partes ou erga omnes à decisão, quando isso for inerente ou indispensável ao exercício do direito* (art. 9º, § 1º). Efeitos *ultra partes* são os que vão além dos impetrantes (atingindo, por exemplo, todos os que tenham ajuizado idêntica ação), ao passo que os efeitos *erga omnes* atingem a todos, tenham ou não ingressado com ação judicial. Por exemplo, no julgamento do já citado caso da greve dos servidores públicos, o STF deu efeitos *erga omnes* à sua decisão. Depois que já transitado em julgado o MI, poderá o precedente ser aplicado pelo ministro relator aos casos semelhantes, sem necessidade de julgamento por órgão colegiado (art. 9º, § 2º)

Veja Bem!

Pode-se dizer que a Lei n. 13.300 adotou a teoria concretista individual COMO REGRA, e a teoria concretista geral COMO EXCEÇÃO.

- **MI coletivo** – a decisão atinge as *pessoas integrantes da coletividade, do grupo, da classe ou da categoria substituídos pelo impetrante* (art. 13) – isto é, os filiados ao partido político, ou os membros da associação, ou os integrantes da categoria substituída pelo sindicato etc[33]. Excepcionalmente, podem ser aplicadas as regras dos §§ 1º e 2º do art. 9º (efeitos *erga omnes*, *ultra partes* ou aplicação monocrática do relator aos casos idênticos – essa última situação, após o trânsito em julgado).

Em termos temporais, a decisão produzirá efeitos até que sobrevenha a lei regulamentadora da matéria (art. 9º, *caput*, segunda parte); nesse caso, a lei se aplica *ex nunc* (de agora em diante) aos beneficiados pelo MI, a não ser que a lei lhes seja mais favorável (quando, então, a nova lei retroagirá[34] – art. 11, *caput*, parte final). Se a lei sobrevier *antes* do julgamento da ação,

---

[31] MENDES, Gilmar Ferreira; BRANCO, Paulo Gustavo Gonet. *Curso de Direito Constitucional*. São Paulo: Saraiva, 2011. p. 1335. No mesmo sentido: BUENO, Cassio Scarpinella. Op. cit., p. 126.

[32] STF, Presidência, Rcl 6200/RN. Cf. também a decisão monocrática do Ministro Eros Grau no MI n. 755/DF, *DJe* de 19-5-2009.

Ressalve-se, porém, que, em se tratando do caso específico de concessão aos servidores públicos das regras de aposentadoria especial do regime geral de previdência (MI n. 721 e 758), a Corte tem adotado decisão com eficácia individual, até mesmo por conta do acórdão original (anterior à viragem jurisprudencial). Confira-se, por exemplo, Pleno, MI n. 788/DF, Relator Ministro Ayres Britto, *DJe* de 8-5-2009; MI n. 998/DF, Relatora Ministra Cármen Lúcia, *DJe* de 22-5-2009. Mesmo assim, ao apreciar questão de ordem suscitada pelo Ministro Joaquim Barbosa nesse último MI, o Pleno autorizou os Relatores a decidirem monocraticamente a questão, reconhecendo, mesmo nessas hipóteses, uma eficácia geral do MI. Esse entendimento (da possibilidade de efeitos *erga omnes*, bem como da aplicação de precedentes monocraticamente pelo Relator, foi referendado pela Lei n. 13.300, de 2016).

[33] Obviamente, essa regra terá difícil aplicabilidade quando o impetrante do MI coletivo for o Ministério Público ou a Defensoria Pública.

[34] Apesar da taxatividade do art. 11, parece-nos que essa retroatividade dependerá de previsão na lei

o MI estará prejudicado (art. 11, parágrafo único). Após o julgamento, poderá ser a decisão do MI revista, *quando sobrevierem relevantes modificações das circunstâncias de fato ou de direito* (art. 10, *caput*).

O julgamento de procedência do MI (art. 8º): a) dará "prazo razoável" para que o impetrado edite a norma; e b) determinará as condições para o exercício do direito, caso não seja cumprido o prazo estabelecido.

Se, porém, restar comprovado que o impetrado já deixou de cumprir prazo fixado em MI anterior, será desnecessária a fixação de novo prazo, podendo o judiciário determinar, desde já, as condições para o exercício do direito.

22.11.2. Ação direta de inconstitucionalidade por omissão (ADO: art. 103, § 2º)

Ao lado da ADI dita "genérica" (para combater inconstitucionalidade por ação), a Constituição de 1988, inspirada na Constituição Portuguesa, tratou de uma ação para combater a inconstitucionalidade por omissão (ADO).

O art. 103, § 2º, da CF determina que "Declarada a inconstitucionalidade por omissão de medida para tornar efetiva norma constitucional, será dada ciência ao Poder competente para a adoção das providências necessárias e, em se tratando de órgão administrativo, para fazê-lo em trinta dias".

Na verdade, o que diferencia a ADO da ADI genérica é o objeto (omissão ou ação) e os efeitos da decisão (que serão analisados em item apropriado). Desde já se registre que a decisão em ADO tem natureza híbrida: mandamental para a Administração, meramente declaratória para o Legislativo (princípio da separação de poderes).

O procedimento da ADI por omissão é praticamente igual ao da ADI genérica, com a importante diferença de que, de acordo com o STF, na ADI por omissão não é necessária a citação do AGU.

Em 27 de outubro de 2009, foi aprovada a Lei n. 12.063, que regulamenta o trâmite processual da ADI por omissão. Não houve grandes novidades, e a lei manda aplicar, subsidiariamente, o rito da ADI genérica, o que já era amplamente utilizado. A grande novidade está na possibilidade de o STF conceder medida cautelar na ADI por omissão. Tal decisão "poderá consistir na suspensão da aplicação da lei ou do ato normativo questionado, no caso de omissão parcial, bem como na suspensão de processos judiciais ou de procedimentos administrativos, ou ainda em outra providência a ser fixada pelo Tribunal" (Lei n. 9.868/99, art. 12-F, § 1º, na redação dada pela Lei n. 12.063/2009).

Autores há que defendem uma equiparação dos efeitos da ADO aos da decisão proferida em MI[35]. Embora cause uma certa perplexidade uma ação de controle concentrado possuir eficácia *menor* que um provimento do controle difuso, é certo que, bem ou mal, os efeitos da decisão em ADO já foram expressamente regulamentados pelo constituinte originário. Não enxergamos como alterar esse panorama, a não ser por emenda constitucional – ou, então, como um grande e não tão legítimo "malabarismo hermenêutico".

---

que regulamentar o tema, ou seja, apenas se isso for previsto nela ou, pelo menos, não for incompatível com seu regramento. De qualquer forma, não custa lembrar que devem ser respeitados o direito adquirido, o ato jurídico perfeito e a coisa julgada (CF, art. 5º, XXXVI).

[35] CUNHA JÚNIOR, Dirley da. Op. cit., p. 396.

22.11.3. Distinções entre ADO e MI

Não há que se confundir a ADO com o Mandado de Injunção. Sintetizemos num quadro as principais diferenças e semelhanças entre os dois institutos, tendo em vista a mudança de jurisprudência do STF quanto aos efeitos do MI:

Quadro 22.8 – Distinções entre ADO e MI

	ADI POR OMISSÃO (ADO)	MANDADO DE INJUNÇÃO (MI)
Natureza da ação	Ação de controle concentrado	Ação de controle difuso (remédio constitucional)
Objeto	Omissão na regulamentação administrativa ou legislativa de qualquer norma constitucional	Omissão na regulamentação administrativa ou legislativa de uma norma constitucional, conduta essa que torna inviável o exercício de um direito ou prerrogativa (STF,STJ ou outros juízes e tribunais)
Competência	STF	Depende da autoridade que tem o dever de regulamentar
Legitimidade	Legitimados do art. 103 (mesmos da ADI genérica)	Qualquer pessoa prejudicada pela omissão
Efeitos da decisão	Mandamentais apenas para a Administração; meramente declaratórios para o Legislativo	Mandamentais (sentença aditiva)
Natureza do processo	Objetivo (em defesa do ordenamento jurídico)	Subjetivo (em defesa de direito ou interesse pessoal do impetrante)

22.12. EFEITOS DAS DECISÕES EM CONTROLE DE CONSTITUCIONALIDADE

Em relação aos efeitos das decisões, é preciso distinguir entre os efeitos objetivos e subjetivos (quem a decisão atinge, e se possui ou não efeito vinculante) e os efeitos temporais (a partir de quando desconstitui os efeitos da lei declarada inconstitucional).

22.12.1. Efeitos temporais

As decisões geralmente possuem efeitos retroativos (*ex tunc*), desconstituindo a lei ou ato impugnado, como se nunca tivesse existido (teoria americana da **nulidade da lei inconstitucional**). Porém, o STF pode, por razões de segurança jurídica e relevante interesse social, declarar a inconstitucionalidade com efeitos a partir de agora (*ex nunc*) ou a partir de um momento futuro (*pro futuro*) – teoria europeia da **anulabilidade da lei inconstitucional** –, desde que a decisão assim seja tomada por 2/3 dos Ministros (art. 27 da Lei n. 9.868/99: "Ao declarar a inconstitucionalidade de lei ou ato normativo, e tendo em vista razões de segurança jurídica ou de excepcional interesse social, poderá o Supremo Tribunal Federal, por maioria de dois terços de seus membros, restringir os efeitos daquela declaração ou decidir que ela só tenha eficácia a partir de seu trânsito em julgado ou de outro momento que venha a ser fixado").

⚠️ Atenção!

Embora a Lei n. 9.868/99 só preveja a modulação de efeitos em sede de controle de constitucionalidade concentrado, o STF aplica também essa técnica à declaração de inconstitucionalidade em sede de controle difuso-incidental.

🖐 Cuidado!

Segundo a doutrina majoritária, somente o STF pode realizar modulação de efeitos.

📋 Veja Bem!

Mesmo no caso de decisão retroativa (*ex tunc*), devem ser respeitadas as chamadas *fórmulas de preclusão*, de maneira que decisões transitadas em julgado, por exemplo, não serão em regra afetadas pela declaração de inconstitucionalidade da lei em que se basearam.

22.12.2. Efeitos objetivos e subjetivos

22.12.2.1. *Controle concentrado (CF, art. 102, § 2º)*

As decisões em controle concentrado possuem efeitos *erga omnes* (atingem a todos, mesmo a quem não foi parte do processo), porque retiram a lei (ou a parte inconstitucional) do ordenamento (atuam, para usar a linguagem de Kelsen, como verdadeiros "legisladores negativos"). Além disso, tais decisões possuem efeito vinculante, de modo que todos os demais juízes e tribunais, assim como a Administração Pública, serão obrigados a seguir o entendimento do STF.

🔀 Divergência doutrinária!

*Há grande discussão sobre a diferença entre a eficácia erga omnes e o efeito vinculante. Para André Ramos Tavares, os efeitos são os mesmos. Para Gilmar Mendes, a distinção está no fato de que a eficácia erga omnes se refere ao dispositivo (conclusão) do acórdão, ao passo que o efeito vinculante se refere aos argumentos da decisão (ratio decidendi), que vinculariam outros juízes e tribunais em casos futuros (tese da **transcendência dos motivos determinantes**, que não é majoritariamente acolhida pelo STF). Finalmente, há quem defenda que a eficácia erga omnes refere-se ao plano normativo (retirada da lei do ordenamento), enquanto o efeito vinculante refere-se ao aspecto funcional dele derivado (proibição de juízes ou tribunais "inferiores" aplicarem aquela lei).*

🔀 Divergência doutrinária!

*Há discussão sobre qual parte do acórdão vincula. A tendência majoritária consiste em reconhecer que apenas a parte dispositiva (conclusão) é que possui efeito vinculativo, de modo que nenhum juiz, tribunal inferior ou órgão/entidade da Administração Pública poderá aplicar mais **aquela lei**. Há, porém, partidários da tese da **transcendência dos motivos determinantes**, para quem até as razões de decidir (ratio decidendi) vinculariam, o que levaria qualquer juiz, tribunal inferior ou órgão/entidade da Administração Pública a ficar proibido de aplicar qualquer lei semelhante àquela declarada inconstitucional.*

O STF tem rejeitado a aplicação da teoria da transcendência dos motivos determinantes[36].

⚠️ Atenção!

O efeito vinculante **não atinge**: a) o próprio STF, que pode mudar de ideia em casos futuros, inclusive para considerar inconstitucional lei que havia sido por ele declarada constitucional em casos anteriores; b) o legislador (isto é, qualquer poder, quando no exercício de função legislativa), pois ninguém pode impedir o legislador de legislar, e este pode "apostar" numa mudança de entendimento do STF. Isso é, aliás, um dos mecanismos para a manifestação do chamado "efeito backlash" (efeito ressaca), por meio do qual há uma reação social e dos poderes políticos a decisões judiciais polêmicas ou que contrariam a visão moral da maioria da população[37].

📝 Questões de Concurso

(FGV – PM AM – Oficial da Polícia Militar – 2022) Um grupo de vereadores do Município Alfa apresentou projeto de lei, à Câmara Municipal, em determinada temática que entendiam ser de grande relevância para a coletividade. Para a sua surpresa, a assessoria de apoio à produção normativa constatou que o projeto era totalmente contrário a uma súmula vinculante editada pelo Supremo Tribunal Federal. À luz da sistemática constitucional, é correto afirmar que a Câmara Municipal de Alfa:

a) pode aprovar o projeto de lei, pois apenas o Congresso Nacional está sujeito aos ditames da súmula vinculante;

b) não pode aprovar o projeto de lei, pois a súmula vinculante deve ser obedecida por todas as estruturas estatais de poder;

c) pode aprovar o projeto de lei, pois os órgãos do Poder Legislativo não estão sujeitos aos ditames da súmula vinculante;

d) não pode aprovar o projeto de lei, salvo se o Supremo Tribunal Federal autorizar previamente que a súmula vinculante seja excepcionada;

e) pode aprovar o projeto de lei, pois as normas municipais não estão sujeitas ao controle de constitucionalidade realizado pelo Supremo Tribunal Federal.

Gabarito comentado: C (conforme o art. 102, § 2º, e o art. 103-A, o efeito vinculante não afeta o legislador, isto é, não impede que seja editada norma contrária a súmula vinculante ou a decisão proferida pelo STF em controle abstrato)

(FGV – PC RN – Delegado de Polícia Substituto – 2021) As duas Casas Legislativas do Congresso Nacional aprovaram o Projeto de Lei n. XX, que dispunha sobre a oferta de determinado benefício pelo Poder Executivo. Ao recebê-lo, o Presidente da República vetou-o integralmente, sob o argumento de que era inconstitucional, já que afrontava Súmula Vinculante editada pelo Supremo Tribunal Federal. Embora fosse flagrante a inobservância da Súmula Vinculante, o veto veio a ser derrubado, daí resultando na promulgação, em 2020, da Lei n. XX. A Lei n. XX é suscetível de impugnação direta, perante o Supremo Tribunal Federal, apenas por meio de:

a) reclamação, ação direta de inconstitucionalidade ou arguição de descumprimento de preceito fundamental;
b) ação direta de inconstitucionalidade ou arguição de descumprimento de preceito fundamental;
c) ação direta de inconstitucionalidade ou reclamação;
d) ação direta de inconstitucionalidade;
e) reclamação.

---

[36] STF, Primeira Turma, AgR na Reclamação 22.470/MA, Relatora Ministra Rosa Weber, j. 24-11-2017; e STF, Segunda Turma, AgR na Reclamação 25880/RJ, Relator Ministro Dias Toffoli, j. 4-4-2018).
[37] Sobre o tema, FONTELES, Samuel Teles. *Direito e Backlash*. Salvador: JusPodivm, 2019.

> Gabarito comentado: D (contra lei, ainda que contrarie súmula vinculante, não cabe reclamação, por não ser o legislador afetado ou atingido pelo efeito vinculante; é cabível apenas ADI)

22.12.2.2. Decisões em sede de controle difuso

As decisões em controle difuso têm geralmente efeitos *inter partes* (apenas entre quem foi parte na controvérsia) e *ex tunc* (retroativos) apenas para as partes. Porém, se o Senado Federal, após decisão definitiva do STF, suspender a eficácia da lei por meio de resolução (art. 52, X), a decisão passa ter efeitos *erga omnes* (contra todos) e *ex nunc* (a partir de agora). De acordo com a doutrina majoritária e com a jurisprudência do STF, o Senado não é obrigado a editar a resolução suspendendo a lei: trata-se de um ato discricionário. Ademais, o próprio STF pode, por meio de súmula de efeitos vinculantes (ver comentários ao art. 103-A), estender esses efeitos de maneira *erga omnes* e com efeitos vinculantes. Por fim, verifica-se, no Brasil, uma tendência à "abstrativização" do controle difuso (veja item de aprofundamento).

✓ Observação!

> Existe uma decisão do STF em controle difuso que possui eficácia erga omnes e efeito vinculante: a decisão em sede de recurso extraordinário, quando se discute a declaração de inconstitucionalidade realizada em controle concentrado pelo TJ estadual.

⚠ Atenção!

Acerca da súmula vinculante, tome cuidado com os seguintes aspectos:

a) **competência para editar:** exclusiva do STF;
b) **matéria:** apenas a interpretação e aplicação de normas **constitucionais**;
c) **quórum:** 2/3 dos Ministros (8 votos);
d) **efeitos:** vinculantes, para os demais órgãos do Judiciário e a Administração Pública (não vincula o STF nem o legislador);
e) **edição, revisão ou cancelamento:** podem ser feitos pelo STF, de ofício; ou a requerimento de qualquer dos legitimados à propositura de ADI (Cf. art. 103), bem como de outras autoridades previstas em lei[38];
f) ação cabível contra o desrespeito ou a má aplicação de súmula vinculante: é a reclamação ao STF.

---

[38] Lei n. 11.417/2006, art. 3º: "Art. 3º São legitimados a propor a edição, a revisão ou o cancelamento de enunciado de súmula vinculante: I – o Presidente da República; II – a Mesa do Senado Federal; III – a Mesa da Câmara dos Deputados; IV – o Procurador-Geral da República; V – o Conselho Federal da Ordem dos Advogados do Brasil; **VI – o Defensor Público-Geral da União;** VII – partido político com representação no Congresso Nacional; VIII – confederação sindical ou entidade de classe de âmbito nacional; IX – a Mesa de Assembleia Legislativa ou da Câmara Legislativa do Distrito Federal; X – o Governador de Estado ou do Distrito Federal; **XI – os Tribunais Superiores, os Tribunais de Justiça de Estados ou do Distrito Federal e Territórios, os Tribunais Regionais Federais, os Tribunais Regionais do Trabalho, os Tribunais Regionais Eleitorais e os Tribunais Militares.** § 1º O Município poderá propor, incidentalmente ao curso de processo em que seja parte, a edição, a revisão ou o cancelamento de enunciado de súmula vinculante, o que não autoriza a suspensão do processo. § 2º No procedimento de edição, revisão ou cancelamento de enunciado da súmula vinculante, o relator poderá admitir, por decisão irrecorrível, a manifestação de terceiros na questão, nos termos do Regimento Interno do Supremo Tribunal Federal".

Veja Bem!

Quando se trata de decisão **judicial** que desrespeitou súmula vinculante, é cabível reclamação **independentemente dos recursos ordinários cabíveis** (não se exige esgotamento das vias ordinárias). Porém, em relação à reclamação ajuizada contra **decisões administrativas**, será necessário o prévio **esgotamento da via administrativa**, antes de se ajuizar a reclamação. *Vide* a Lei n. 11.417/2006: "Art. 7º Da decisão judicial ou do ato administrativo que contrariar enunciado de súmula vinculante, negar-lhe vigência ou aplicá-lo indevidamente caberá reclamação ao Supremo Tribunal Federal, sem prejuízo dos recursos ou outros meios admissíveis de impugnação. § 1º Contra omissão ou ato da administração pública, o uso da reclamação só será admitido após esgotamento das vias administrativas. § 2º Ao julgar procedente a reclamação, o Supremo Tribunal Federal anulará o ato administrativo ou cassará a decisão judicial impugnada, determinando que outra seja proferida com ou sem aplicação da súmula, conforme o caso."

Cuidado!

A decisão que julga recurso extraordinário tem repercussão geral, mas não propriamente eficácia *erga omnes* e vinculante. A repercussão geral atinge apenas processos judicializados (não atinge processos administrativos, por exemplo), podendo ser considerada um estágio intermediário; situa-se *entre* a decisão *inter partes* e a decisão *erga omnes* (seria uma espécie de decisão *ultra partes*).

Quadro 22.9 – Efeitos das decisões em controle de constitucionalidade

CONTROLE CONCENTRADO (Cont.):		ADI	EC n. 3/93 ADC	SUBSIDIÁRIA DPF
CABIMENTO	SIM	LEI FEDERAL (ART. 59); LEI ESTADUAL; LEI DF (ESTADUAL); EC. ATOS NORMATIVOS (EX.: REGIMENTOS INTERNOS)	LEI, ou ATO NORMATIVO FEDERAL	QUANDO NÃO COUBER ADI NEM ADC
	NÃO	LEI MUNICIPAL; LEI DF (MUNICIPAL); NORMA CONST. ORIGINÁRIA; ATO de EFEITOS CONCRETOS; LEI JÁ REVOGADA; LEI ANTERIOR À CF/88	LEI, ou ATO NORMATIVO: ESTADUAL/DF/MUNICIPAL	QUANDO FOR CABÍVEL ADI ou ADC
LEGITIMIDADE		ART. 103 da CF → UNIVERSAIS / ESPECIAIS (PRECISAM PROVAR a PERTINÊNCIA TEMÁTICA): 1) MESA de ASS. LEG. ou da CLDF; 2) GOVERNADOR; 3) CONFEDERAÇÃO SIND. ou ENTIDADE de CLASSE NACIONAL	MESMAS REGRAS DA ADi	MESMAS REGRAS DA ADi (ART. 2º da LEI N. 9.882/99)
PROCEDIMENTO		① AGU INTERVÉM COMO "DEFENSOR LEGIS" (103, § 3º) — POSIÇÃO VINCULADA → SALVO: 1) ADI PROPOSTA PELO PR; 2) QUANDO LEI IDÊNTICA JÁ FOI DECLARADA INCONSTIT. pelo STF. ② PGR ATUA COMO "CUSTOS LEGIS" → PARECER (103, § 1º) ③ NÃO HÁ INTERVENÇÃO de TERCEIROS, SALVO O "AMICUS CURIAE" ④ NÃO SE ADMITE DESISTÊNCIA	IGUAL À ADi, EXCETO; NÃO HÁ INTERVENÇÃO do AGU	IGUAL À ADi

Esquema 22.11 – EFEITOS DA DECLARAÇÃO de INCONSTITUCIONALIDADE PELO STF

- SUBJETIVOS e OBJETIVOS
  - CONCENTRADO → ERGA OMNES e VINCULANTES → VINCULA → DEMAIS ÓRGÃOS do Judiciário; ADMINISTRAÇÃO PÚBLICA
    - NÃO VINCULA → O PRÓPRIO STF; O LEGISLADOR
  - DIFUSO → REGRA → INTER PARTES e NÃO VINCULANTES
    - EXCEÇÃO → ERGA OMNES E VINCULANTES → 1) SE o STF EDITAR SÚMULA VINCULANTE (103-A); 2) SE o SF EDITAR RESOLUÇÃO SUSPENDENDO A EXECUÇÃO DA LEI (52,X) → DISCRICIONÁRIO
- TEMPORAIS
  - CONCENTRADO → REGRA → EX TUNC ⎫ 2/3 MODULAÇÃO de EFEITOS
    - EXCEÇÃO → EX NUNC ou PRO FUTURO
  - DIFUSO → PARTES → REGRA → EX TUNC ⎫ 2/3 MODULAÇÃO de EFEITOS
    - EXCEÇÃO → EX NUNC ou PRO FUTURO
    - TERCEIROS → EX TUNC

Quadro 22.10 – Efeitos da declaração de inconstitucionalidade pelo STF

Efeitos	Controle difuso	Controle concentrado
Subjetivos	*Inter Partes* (regra). Poderá ter efeitos vinculantes se a decisão for do Pleno do STF (abstratização dos efeitos)	*Erga Omnes*
Objetivos	Não vinculantes. Poderá ter efeitos vinculantes se a decisão for do Pleno do STF (abstratização dos efeitos)	Vinculantes
Temporais	Para as partes: efeitos retroativos (*ex tunc*). Se tiver efeitos para terceiros: *ex nunc*	Em regra, retroativos. Poderá ter efeitos *ex nunc* ou *pro futuro*, quando o STF modular efeitos, por decisão de 2/3 dos Ministros

Aprofundamento:
o papel do Senado Federal no controle difuso de constitucionalidade e a discussão sobre a "mutação" do inciso X do art. 52 da CF

A decisão em controle difuso é, tradicionalmente, eficaz apenas em relação às pessoas que tomaram parte na controvérsia deduzida em juízo. Isso é assim porque o controle difuso tem, no Brasil, caráter nitidamente concreto (incidental), devendo ser resolvida a lide posta em juízo em relação às pessoas que participam do processo.

De outra parte, questões de coerência sistêmica também impõem os efeitos *inter partes* como regra no controle difuso. Afinal, se qualquer juiz ou tribunal pode deixar de aplicar uma lei, por entendê-la inconstitucional, tal decisão deve, ao menos num primeiro momento, atingir apenas as partes envolvidas, sob pena de desconstrução da própria hierarquia do sistema judiciário.

Quando se trata, porém, de decisão tomada pelo próprio STF – ainda que em sede de controle difuso-concreto –, existe certa controvérsia sobre se os efeitos dessa decisão seriam, por si sós, *erga omnes*. É nesse contexto que se insere o inciso X do art. 52 da CF, segundo o qual compete privativamente ao Senado "suspender a execução, no todo ou em parte, de lei declarada inconstitucional por decisão definitiva do Supremo Tribunal Federal".

A doutrina tradicional sustenta que, em regra, mesmo as decisões do STF, quando tomadas ao se decidir caso concreto, têm efeitos entre as partes. Só em casos excepcionais – mandado de injunção, recurso extraordinário em ação civil pública, edição de súmula vinculante, ou quando o Senado suspender a execução da lei – é que a declaração de inconstitucionalidade passaria a valer para todos. Ao revés, para alguns outros autores – atualmente minoritários, defensores da chamada tese da "abstrativização dos efeitos" do controle difuso –, a decisão do STF já teria, por si só, efeitos *erga omnes*, cabendo ao Senado apenas dar publicidade a essa decisão[39].

O STF enfrentou pela primeira vez o tema na Reclamação (RCL) n. 4.335/AC, em que se buscava atribuir eficácia *erga omnes* a decisão da Corte Suprema em sede de *habeas corpus*.

No voto vencedor, em divergência aberta pelo Ministro Teori Zavascki, ficou registrada a lição de que:

---

[39] MENDES, Gilmar Ferreira; BRANCO, Paulo Gustavo Gonet. *Curso de Direito Constitucional*. São Paulo: Saraiva, 2015. p. 1136. BITTENCOURT, Lúcio. *O controle jurisdicional de constitucionalidade das leis*. Brasília: Ministério da Justiça, 1997. p. 145.

Embora vários aspectos do instituto ainda despertem alguma controvérsia doutrinária, estabeleceu-se consenso quanto ao seu conteúdo essencial, que permanece o mesmo desde 1934: a suspensão da execução da norma, pelo Senado, confere eficácia erga omnes à decisão do STF que, em controle difuso, declara a sua inconstitucionalidade. A Resolução do Senado tem, nesse aspecto, natureza normativa, já que universaliza um determinado status jurídico: o do reconhecimento estatal da inconstitucionalidade do preceito normativo. "Ao suspender a execução da norma questionada", escreveu em sede doutrinária o Ministro Paulo Brossard, o Senado "faz valer para todos o que era circunscrito às partes litigantes, confere efeito geral ao que era particular, em uma palavra, generaliza os efeitos de uma decisão singular" (Brossard, Paulo. O Senado e as leis inconstitucionais. Revista de Informação Legislativa. vol. 13. n. 50. p. 61. Brasília: Senado Federal, abr. 1976)."Com efeito", explica, "entre o sistema americano do julgamento *in casu* e o sistema europeu do julgamento *in thesi*, o constituinte de 1934, sem abandonar o sistema de inspiração norte-americana, tradicional entre nós, deu um passo no sentido de aproveitar algo da então recente experiência europeia; fê-lo conferindo ao Senado, órgão político, então denominado de 'coordenação entre poderes', a faculdade de, em face de e com base em julgamento definitivo do STF, que vincula apenas os litigantes, estender os seus efeitos, obviamente no que tange à inconstitucionalidade da norma, a quantos não foram parte no litígio, mediante a suspensão da lei ou decreto" (op. cit., p. 61).

Esse, portanto, o sentido e o alcance que foram atribuídos, desde a Constituição de 1934, a essa peculiar intervenção do Senado: sua finalidade, de cunho eminentemente prático, sempre foi a de ampliar a força vinculativa das decisões de declaração de inconstitucionalidade tomadas pelo STF em controle difuso, conferindo-lhes, assim, eficácia erga omnes semelhante à do instituto do *stare decisis*[40].

Ao final, a maioria dos membros da Corte rejeitou a tese da "abstrativização dos efeitos" da declaração de inconstitucionalidade em sede de controle difuso – embora tenha ficado reconhecido existirem outras formas de a decisão ter efeitos *erga omnes* ou *ultra partes*. Registrou-se, porém, na esteira da jurisprudência tradicional do STF, que a competência atribuída ao Senado "é um poder político discricionário" (intervenção do Ministro Teori Zavascki durante os debates na RCL n. 4.335/AC).

Assim, de acordo com a doutrina tradicional, a decisão do Senado Federal baseada no art. 52, X, possui caráter constitutivo, de suspender a lei com efeitos *erga omnes*. Não há, entretanto, obrigação de que a Casa da Federação exerça essa suspensão, configurando-se ato discricionário editar a resolução suspensiva. Registre-se, ademais, que o Senado não pode suplantar a decisão do STF, estando a ela adstrito: pode ampliar seus efeitos subjetivos (pessoas atingidas) ou os manter iguais, mas não dar à declaração de inconstitucionalidade eficácia maior que a decidida pela Corte Maior.

---

[40] STF, Pleno, RCL n. 4.335/AC, voto do Ministro Teori Zavascki.

[Capítulo 22] Controle de Constitucionalidade 713

Em 2017, porém, no entender da maioria da doutrina, o STF passou a adotar a teoria da abstrativização dos efeitos do controle difuso, no caso do Amianto, adiante analisado. Essa é a posição que deve ser levada para provas de concursos.

Resta, agora, abordar um tema polêmico e que é bastante relevante para o caso concreto, como se demonstrará: trata-se de saber quais os efeitos temporais (retroativos, ou *ex tunc*; prospectivos, ou *ex nunc*; ou a partir de data futura, ou *pro futuro*) da resolução senatorial.

A doutrina majoritária aponta que o ato do Senado de suspender a execução da lei possui eficácia dali por diante (*ex nunc*), atingindo a todos, mas com eficácia a partir de sua publicação: não seriam desconstituídos fatos passados[41]. Todavia, há estudiosos que defendem a possibilidade de a resolução suspensiva da lei ter efeitos *ex tunc*, retroativos, desfazendo todos os atos praticados com base na lei (exceto casos adiante tratados)[42] – desde que, obviamente, a decisão prolatada pelo STF tenha tido essa mesma eficácia para o passado.

Foi nesse último sentido que se posicionou a Comissão de Constituição, Justiça e Cidadania do Senado Federal (CCJ), quando editou, entre outros, o Parecer n. 282, de 1971, do Senador Aciolly Filho. Desde então, tem prevalecido nesta Casa o entendimento de que a resolução pode ter efeitos *ex tunc*. A propósito, citamos como precedente de data relativamente nova a Resolução n. 3, de 28 de fevereiro de 2008, que de forma expressa "Suspende a execução, com efeitos *ex tunc*, do parágrafo único do art. 11 da Lei n. 9.639, de 25 de maio de 1998".

Caso se dê à suspensão efeitos *ex tunc*, no entanto, vale lembrar que não serão desconstituídas, em regra, decisões judiciais transitadas em julgado, além do que eventuais prejudicados pela lei suspensa não poderão ajuizar ações judiciais buscando reparação, caso a pretensão esteja prescrita – em resumo, a desconstituição *ex tunc* da lei precisa respeitar as chamadas "fórmulas de preclusão", até mesmo em respeito à segurança jurídica.

Cabe, assim, ao próprio Senado decidir: a) se estende ou não os efeitos da declaração de inconstitucionalidade a todos; ou b) se mantém a decisão com efeitos apenas entre as partes do processo. Caso opte pela alternativa *a*, cabe à CCJ apresentar projeto de resolução (art. 388 do Regimento Interno do Senado Federal), que poderá dar à decisão efeitos *ex tunc*, *ex nunc* ou até *pro futuro* (desde que respeitados os limites de eventual modulação de efeitos feita pelo próprio STF).

Estudo de caso:
STF, Pleno, HC n. 97.256/RS

- **Caso:** denegação de pedido de substituição da pena, em virtude de vedação legal genérica (Lei n. 11.343/2006, arts. 33, § 4º, e 44).
- **Alegação:** inconstitucionalidade da lei, por violação ao princípio da individualização da pena (CF, art. 5º, XLVI).
- Pedido concedido parcialmente, com efeitos *inter partes* e não vinculantes.
- **Senado Federal:** comunicado, edita a Resolução n. 5, de 2012, dando efeitos erga omnes à decisão do STF, para suspender a execução do trecho da Lei n. 11.343/2006 que veda, em abstrato, a substituição da pena privativa de liberdade por sanção restritiva de direitos.
- **Outro caso:** Amianto (ADI n. 3.406 e 3.470).

Em 2017, o STF julgou ADIs nas quais se discutia a constitucionalidade de lei **estadual** do RJ que proibia o uso de amianto. Naquela ocasião, a Corte declarou a lei estadual **constitucional**, mas se deparou com um problema:

---

[41] MORAES, Alexandre de. *Constituição Federal Interpretada*. São Paulo: Atlas, 2013. p. 1235.
[42] Nesse sentido: BARROSO, Luís Roberto. *O Controle de Constitucionalidade no Direito Brasileiro*. São Paulo: Saraiva.

a lei **federal** que a contrariava, porque **permitia** o uso do amianto. Nesse caso, resolveu o Tribunal declarar *incidentalmente* (porque, embora em sede de ADI, a norma objeto não era a lei federal) a inconstitucionalidade da lei **federal**, dando a essa decisão efeitos *erga omnes e vinculantes*. Para alguns, isso representou a adoção da tese de que a decisão em sede de controle difuso já tem efeitos *erga omnes* (abstrativização do controle difuso), mas esse não parece ser bem o caso, porque: a) a decisão não foi tomada em sede de controle difuso, mas sim concentrado; e b) obviamente, se se declara a constitucionalidade de uma norma com efeitos *erga omnes* e vinculantes, a consequência lógica é a declaração de **in**constitucionalidade de qualquer lei que a contrarie, e com os mesmos efeitos.

Em outras palavras: é precipitado dizer que, em virtude da ADI n. 3.406 e 3.470, o STF adotou a tese de abstrativização dos efeitos do controle difuso. Só será possível afirmar isso quando – e se – o STF aplicar efeitos *erga omnes* a uma decisão de caso concreto.

Para concursos públicos, no entanto, tem-se considerado esse caso como a adoção pela Corte da abstrativização dos efeitos do controle difuso.

Técnicas de decisão em controle de constitucionalidade

A decisão em controle de constitucionalidade pode resultar nas seguintes situações:

1) Declaração de constitucionalidade
    a) **declaração de constitucionalidade pura e simples:** a lei ou ato normativo é julgado compatível com a CF;
    b) **declaração de constitucionalidade mediante interpretação conforme:** o ato normativo é declarado constitucional, desde que seja interpretado de determinada forma (ou seja, excluindo-se determinadas interpretações incompatíveis com a CF);

🖐 Cuidado!

O pedido de interpretação conforme só é possível quando cumpridas cumulativamente as seguintes condições: a) a norma seja polissêmica (possua mais de um significado possível); b) pelo menos um desses significados seja compatível com a Constituição.

   c) **declaração de constitucionalidade com apelo ao legislador (lei ainda constitucional):** nesse caso, a lei é declarada constitucional, mas o tribunal adverte que ela está em trânsito para a inconstitucionalidade, que ela se tornará inconstitucional em breve, por conta de mudanças da sociedade.

2) Declaração de inconstitucionalidade
    a) **declaração de inconstitucionalidade com redução de texto:** declara-se a lei inconstitucional e retira-se do ordenamento o trecho que é incompatível com a CF;
    b) **declaração de nulidade parcial sem redução de texto:** a aplicação da lei a determinada situação é declarada inconstitucional, mas não se retira nenhuma parte do texto, apenas se determina que aquele dispositivo não pode ser aplicado aos casos x ou y;
    c) **declaração de inconstitucionalidade sem pronúncia de nulidade:** geralmente aplicada em casos de omissão parcial, em que o legislador elabora uma lei insuficiente. Nesse caso, o STF declara que a lei é inconstitucional, mas, para não agravar a situação (o que ocorreria se a lei fosse simplesmente descartada), deixa de pronunciar a nulidade, mantendo-a no ordenamento, geralmente com um prazo determinado, até que outra norma seja elaborada.

Observação!

Estado de coisas inconstitucional – técnica de decisão utilizada pelo STF no julgamento da ADPF sobre o sistema carcerário (ADPF- MC n. 347) – consiste no reconhecimento da inconstitucionalidade generalizada, um "estado de coisas" de contrariedade à CF. Nesse caso, por exemplo, reconheceu-se que a situação de crônica omissão do Poder Público em assegurar a mínima dignidade aos presos configura não uma mera inconstitucionalidade, ou mera omissão, mas um generalizado e deliberado descumprimento da CF: "É lícito ao Judiciário impor à Administração Pública obrigação de fazer, consistente na promoção de medidas ou na execução de obras emergenciais em estabelecimentos prisionais para dar efetividade ao postulado da dignidade da pessoa humana e assegurar aos detentos o respeito à sua integridade física e moral, nos termos do que preceitua o art. 5º, XLIX, da Constituição Federal, não sendo oponível à decisão o argumento da reserva do possível nem o princípio da separação dos poderes." (Tema n. 220 da Repercussão Geral do STF).

Aprofundamento:
condições para a aplicação da técnica de interpretação conforme a Constituição

Uma condição para a aplicação dessa técnica decisória é a ambiguidade ou equivocidade ou plurivocidade da norma – ou seja, é preciso que o texto normativo comporte pelo menos duas interpretações possíveis. Mais ainda: exige-se que pelo menos uma das interpretações cabíveis para a norma seja constitucional. Dessa forma, é cabível que se dê à norma impugnada interpretação em conformidade com a Constituição.

Com efeito, se a norma for unívoca (um único significado possível), ela ou será totalmente constitucional ou totalmente inconstitucional (naquela parte). Por outro lado, se a norma possuir vários significados, mas todos eles forem inconstitucionais, também se torna impossível aplicar a técnica decisória que ora se analisa.

22.13. CONTROLE DE CONSTITUCIONALIDADE ESTADUAL

Na esfera estadual/distrital, o controle concentrado cabe ao TJ, por meio da ADI Estadual ou Representação Interventiva (CF, art. 125, § 2º). Já o controle difuso é feito por qualquer juiz ou tribunal.

A ADI estadual será regulamentada na Constituição Estadual, mas a CF preordena algumas regras, tais como:

a) o **objeto** pode referir-se tanto a leis estaduais quanto a leis municipais;
b) a **norma-parâmetro** deve ser a Constituição Estadual (qualquer norma) *ou* uma norma da CF *que seja de observância obrigatória para os estados*;
c) a competência será do TJ, originariamente;
d) os **legitimados ativos** serão **livremente definidos na Constituição Estadual** (não há obrigatoriedade de se seguir o modelo federal!!!), *desde que* não haja monopólio da legitimidade (ou seja, não se pode atribuir a ação a um único legitimado).

⚠️ Atenção!

"Tribunais de Justiça podem exercer controle abstrato de constitucionalidade de leis municipais utilizando como parâmetro normas da Constituição Federal, desde que se trate de normas de reprodução obrigatória pelos Estados" (Tema n. 484 da Repercussão Geral do STF – altamente cobrado em provas da FGV).

📝 Questões de Concurso

(FGV – TJ AP – Juiz de Direito Substituto – 2022) O Tribunal de Justiça do Estado Alfa foi instado a realizar o controle concentrado de constitucionalidade de três normas do Município Beta: (1) a primeira norma tratava do processo legislativo no âmbito da Câmara Municipal, temática sobre a qual a Constituição do Estado Alfa não versava; (2) a segunda dispunha sobre temática que a Constituição do Estado Alfa disciplinava de modo literalmente idêntico à Constituição da República de 1988; e (3) a terceira, sobre temática somente prevista na Constituição do Estado Alfa, não na Constituição da República de 1988. O Tribunal de Justiça do Estado Alfa, preenchidos os demais requisitos exigidos:

a) deve realizar o controle das normas descritas em 1, 2 e 3;

b) não deve realizar o controle das normas descritas em 1, 2 e 3;

c) apenas deve realizar o controle das normas descritas em 2 e 3;

d) apenas deve realizar o controle da norma descrita em 1;

e) apenas deve realizar o controle da norma descrita em 3.

Gabarito comentado: A (cabe ao TJ conhecer de ADI contra leis estaduais ou municipais questionadas em face: a) da Constituição Estadual (art. 125, § 2º); b) de normas da Constituição Estadual que reproduzem normas da CF; c) de normas da CF que são de observância obrigatória para os Estados – como processo legislativo – mesmo que não expressamente reproduzidas na Constituição Estadual: "Tribunais de justiça podem exercer controle abstrato de constitucionalidade de leis municipais utilizando como parâmetro normas da CF, desde que se trate de normas de reprodução obrigatória pelos Estados". (STF, Tema 484 da Repercussão Geral)

(FGV – TJ SC – Titular de Serviços Notariais e Registrais – Remoção – 2021) Certo legitimado ajuizou representação de inconstitucionalidade perante o Tribunal de Justiça do Estado Alfa, visando ao controle concentrado de constitucionalidade da Lei municipal n. XX/2020, que teria afrontado a Constituição da República de 1988. Nesse caso, a representação formulada:

a) não deve ser conhecida, sob pena de usurpação da competência do Supremo Tribunal Federal;

b) só pode ser conhecida caso se trate de preceito fundamental, de reprodução obrigatória, ou não, na Constituição Estadual;

c) só pode ser conhecida caso se trate de norma de reprodução obrigatória na Constituição Estadual e essa reprodução tenha ocorrido;

d) só pode ser conhecida caso se trate de norma de reprodução obrigatória na Constituição Estadual, mesmo que a reprodução não tenha ocorrido;

e) só pode ser conhecida caso se trate de preceito fundamental, de reprodução obrigatória na Constituição Estadual, mesmo que a reprodução não tenha ocorrido.

Gabarito comentado: E (cabe ADI contra lei municipal no TJ alegando violação de dispositivo da CF que seja de observância obrigatória, ainda que não tenha sido reproduzido: Tema n. 484 da Repercussão Geral)

Da decisão do TJ que julga a ADI estadual cabe recurso extraordinário para o STF, *se* a questão envolver norma da CF de observância obrigatória *ou* se se alegar que a decisão do TJ violou a Constituição *Federal*.

Esquema 22·12 – CONTROLE DE CONSTITUCIONALIDADE ESTADUAL

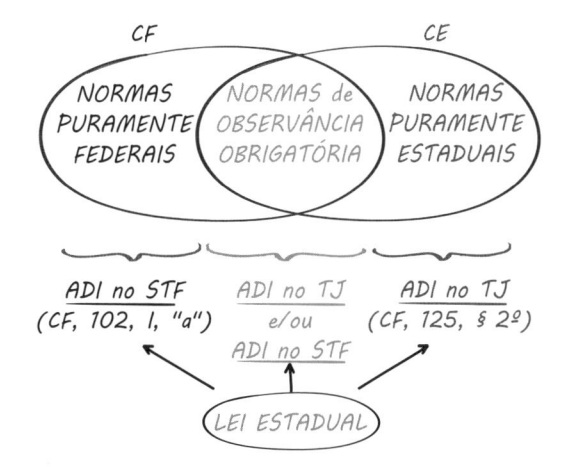

```
         CF                              CE
   ╭─────────╮  ╭───────────╮  ╭─────────╮
   │ NORMAS  │  │ NORMAS de │  │ NORMAS  │
   │PURAMENTE│  │OBSERVÂNCIA│  │PURAMENTE│
   │ FEDERAIS│  │OBRIGATÓRIA│  │ESTADUAIS│
   ╰─────────╯  ╰───────────╯  ╰─────────╯
   ‾‾‾‾‾‾‾‾‾    ‾‾‾‾‾‾‾‾‾‾‾    ‾‾‾‾‾‾‾‾‾
   ADI no STF    ADI no TJ     ADI no TJ
  (CF, 102, I, "a")  e/ou    (CF, 125, § 2º)
                 ADI no STF
         ↖          ↑          ↗
              ╭──────────╮
              │LEI ESTADUAL│
              ╰──────────╯
```

22.14. TENDÊNCIAS NO CONTROLE DE CONSTITUCIONALIDADE BRASILEIRO: A "ABSTRATIVIZAÇÃO" DO CONTROLE DIFUSO

O sistema de controle de constitucionalidade abstrato e concentrado, no Brasil, foi adotado na Constituição de 1934 (com a representação interventiva) e, desde então, tende a predominar sobre o sistema difuso e concreto. Tal fato se explica por razões políticas e jurídicas.

Em termos jurídicos, ainda prevalece a noção de Kelsen, para quem o sistema difuso seria adequado aos países do *common law*, nos quais vigora a força normativa do precedente (*stare decisis*). Todavia, nos países de matriz jurídica europeia-continental, da tradição do direito legislado, a fiscalização realizada apenas em casos concretos poderia gerar desigualdades, injustiças e insegurança jurídica.

Ademais, a crescente influência da doutrina alemã no Direito Constitucional mundial, e brasileiro em particular, também pode ser apontada como um fator a reforçar a posição de primazia desfrutada hoje pelo controle abstrato, em detrimento do sistema difuso.

Desde a adoção do controle concentrado, esse sistema não parou de crescer, em importância, ocupando espaços que antes eram reservados ao controle difuso.

Ultimamente, porém, essa "concentração" do controle difuso evoluiu de forma digna de nota. A Reforma do Judiciário (EC n. 45/2004) trouxe profundas modificações para o sistema brasileiro de controle de constitucionalidade – quase todas elas significativamente "concentradoras".

A adoção da súmula de efeitos vinculantes (art. 103-A) permitiu ao próprio Judiciário – sem a participação direta do Legislativo, ressalte-se – dar a uma decisão em controle difuso efeitos *erga omnes* e vinculantes, dispensando a participação do Senado prevista no art. 52, X. No entanto, a aprovação de vários desses enunciados tem causado uma certa perplexidade, ante a rapidez da manifestação do STF sobre os mais diversos temas.

A Constituição prevê que o STF pode editar súmula vinculante "após reiteradas decisões sobre matéria constitucional" (art. 103-A, *caput*), o que pressupõe várias decisões no mesmo sentido. Não obstante, existem situações nas quais o Tribunal chegou a aprovar súmula vinculante com base em apenas dois julgados, o que sugere que a aprovação do enunciado poderia ter esperado outras decisões, para assegurar a ampla discussão que o tema exige. Essa "ânsia" de sumular e vincular, aliás, se de um lado reafirmar um caminho inexorável em direção ao controle concentrado, de outra parte demonstra que o STF vem buscando se afirmar no esquema constitucional de independência entre os poderes, muitas vezes usando da posição de guarda da Constituição para impor seus próprios pontos de vista.

De outra parte, a previsão de que, no recurso extraordinário (típico instrumento do controle difuso), cabe ao recorrente demonstrar a repercussão geral das questões debatidas (art. 102, §3º), se, por um lado, objetiva reduzir o número de recursos dirigidos à Corte Suprema, por outro lado não esconde uma intenção de tornar mais objetiva, *abstrata*, a discussão de uma causa por natureza *subjetiva* e *concreta*. Busca-se, em verdade, transformar o STF em um tribunal de teses, e não de casos.

Ao lado dessas modificações constitucionais formais, por meio da reforma, não se pode desprezar as mutações constitucionais (principalmente as derivadas das decisões do próprio Supremo) como signo representativo desse giro em direção ao controle concentrado.

Por exemplo, a aplicação da modulação de efeitos (instrumento típico do controle abstrato, tanto que previsto no art. 27 da Lei da Adi – Lei n. 9.868/99) nas decisões em controle difuso (Caso Mira-Estrela) denota uma inegável aproximação entre os dois sistemas (concentrado-abstrato e difuso-concreto).

Na verdade, não se pode sequer falar em "aproximação", visto que não há sinais de uma efetiva "concretização" do controle abstrato, mas sim apenas o movimento contrário. O que existe é uma guinada em direção ao controle concentrado-abstrato, em detrimento, cada vez mais, do sistema difuso-concreto.

Aprofundamento:
as súmulas vinculantes "ainda respiram"?

A súmula vinculante, um instrumento que parecia fadado ao fracasso inevitável, aparentemente voltou a respirar, ainda que por aparelhos. O Supremo Tribunal Federal, ao julgar recurso extraordinário tratando sobre o inesgotável tema da judicialização da saúde, algo abordado no âmbito do Tema n. 1.234 da Repercussão Geral, encaminhou-se para a edição de uma nova súmula vinculante, algo que não ocorria há bastante tempo. Talvez isso sirva para desfazer alguns equívocos conceituais muito frequentes acerca da diferença de alcance da súmula vinculante e das decisões dotadas de caráter repetitivo ou de repercussão geral.

Explica-se. A súmula vinculante, como se sabe, surgiu com a Emenda Constitucional n. 45/2004, a qual estabeleceu no art. 103-A da Constituição que o STF pode, após reiteradas decisões em matéria constitucional, pelo voto favorável de dois terços dos seus membros, editar súmula que, após a sua publicação na imprensa oficial, terá efeito vinculante para a administração pública e os demais órgãos do Poder Judiciário em todas as esferas federativas. Paralelamente, a mesma emenda constitucional criou o instituto da repercussão geral, com a inclusão do § 3º do art. 102 do texto constitucional.

Naquele momento, entendia-se a repercussão geral mais como um novo requisito de admissibilidade do que, propriamente, como uma nova sistemática de julgamento dos recursos extraordinários. Tanto assim que, se analisarmos o § 3º do art. 102 da Constituição, fala-se que o recorrente demonstrará a repercussão geral das questões discutidas no caso. Apesar disso, com a regulamentação do instituto em 2007 e, especialmente, com o reforço do sistema de precedentes adotado a partir do Código de Processo Civil de 2015, a repercussão geral passou a ser lida e, especialmente, praticada como uma sistemática de julgamento e mesmo uma delimitação dos efeitos da tomada de decisão pelo STF.

A partir do momento em que a corte começou a transformar, de maneira salutar, os seus julgados em regime de repercussão geral em teses, começou a haver um declínio sensível da quantidade de súmulas vinculantes editadas.

Na verdade, se formos analisar, as súmulas vinculantes tiveram grande popularidade no STF até o início da década de 2010, quando então praticamente caíram em desuso. Em 2023 fora editada a Súmula Vinculante 59, mas, antes dela, a última edição de enunciado dessa natureza datava de 2015.

Esse fato, inclusive, assim como o cabimento de reclamação contra descumprimento de repercussão geral, levou algumas pessoas a confundirem a eficácia vinculante, e até poderíamos dizer *erga omnes*, que as súmulas previstas no art. 103-A da Constituição possuem, com a eficácia transubjetiva ou *ultra partes* que os julgados em sede de repercussão geral ostentam. Na realidade, mesmo à luz do art. 927 do CPC, as decisões proferidas pelo Supremo em sede de repercussão geral não possuem propriamente falando um efeito vinculante, especialmente pelo fato de não alcançarem casos não judicializados, casos que tramitam, por exemplo, perante a própria administração pública ou casos que não venham jamais a ser submetidos ao crivo do poder público.

Dessa maneira, diferentemente da súmula vinculante, que produz efeitos dessa natureza não só para o Poder Judiciário, mas também para a administração pública, os julgados em sede de repercussão geral produzem uma eficácia *ultra partes*, atingindo também outros casos, mas apenas no âmbito interno do Poder Judiciário. Como dissemos, essa diferença ficou durante certo tempo esquecida ou negligenciada. Parecia até mesmo que o STF havia desistido do instrumento da súmula vinculante em benefício de privilegiar os julgados em sede de repercussão geral[43].

Todavia, em setembro de 2024, as peculiaridades da realidade – sempre mais criativa do que qualquer tese jurídica – mostraram à Corte a necessidade, especialmente a utilidade, que o instrumento da súmula vinculante ainda pode ter. Como citado, a Corte se deparou uma vez mais com o tormentoso tema da solidariedade passiva e da competência comum dos entes federativos em matéria de judicialização da saúde. Essa competência comum, lastreada no art. 23, II, da Constituição, já havia sido reafirmada pela Corte no âmbito do Tema n. 793 da Repercussão Geral[44].

Porém, o atual objeto de comentário, o Tema n. 1.234, deslinda algumas peculiaridades. Não se trata da judicialização da saúde em geral, mas especificamente da questão de fornecimento de medicamentos. E na parte que interessa mais diretamente, o fornecimento de medicamentos não incluídos na lista de fornecimento obrigatório pelo SUS, apesar de possuírem registro na Anvisa.

---

[43] Para análise detalhada sobre o efeito vinculante, cf. PINHEIRO, Victor Marcel. *Decisões Vinculantes do STF*. São Paulo: Almedina, 2021.

[44] "Os entes da federação, em decorrência da competência comum, são solidariamente responsáveis nas demandas prestacionais na área da saúde, e diante dos critérios constitucionais de descentralização e hierarquização, compete à autoridade judicial direcionar o cumprimento conforme as regras de repartição de competências e determinar o ressarcimento a quem suportou o ônus financeiro."

Depois de uma bem-sucedida, não obstante árdua, conciliação realizada no âmbito do recurso extraordinário por condução de um dos coautores deste livro (Ministro Gilmar Mendes), o STF, por maioria de votos, e nessa parte por unanimidade, decidiu homologar os termos do acordo feito entre União, estados e municípios acerca da matéria, reconhecendo que a solidariedade passiva tem reflexos na questão competencial de natureza jurisdicional.

Foram fixados critérios para definir as situações em que as ações ajuizadas, tendo por causa de pedir e por pedido o fornecimento de medicamentos sem inclusão na lista do SUS, deveriam ou não incluir a União no polo passivo. Porém, isso também abordou a questão relacionada ao papel da Anvisa como instância regulatória do setor sanitário brasileiro.

Nesse contexto, o fato de o STF julgar o recurso extraordinário em sede de repercussão geral poderia ter eficácia pequena ou até nula em relação às entidades de natureza administrativa, não só do nível federal, mas também dos níveis estadual e municipal.

Isso levou o Ministro Relator a propor a edição de uma súmula para dar efeitos vinculantes ao julgado proferido em sede de repercussão geral. Aliás, o texto aprovado da Súmula Vinculante 60 remete expressamente ao julgamento do Tema 1.234[45].

Sobre a questão, vale ler a explicação de Viviane Ruffeil e Inês Coimbra:

> "O acordo foi homologado no âmbito de um recurso extraordinário julgado sob a sistemática da repercussão geral, o que, por si só, seria suficiente para gerar efeitos vinculantes a todo o sistema de justiça (CPC, artigo 927), mas não, em princípio, à administração pública. Isso porque não seria possível atribuir à decisão a mesma força vinculante e eficácia expressamente previstas pela Constituição às ações de controle concentrado de constitucionalidade (CF, artigo 102, §2º), por falta de previsão legal ou constitucional nesse sentido.
>
> Apesar disso, o Supremo tem externado o entendimento de que as decisões proferidas em recursos extraordinários julgados na sistemática da repercussão geral têm a mesma eficácia e força vinculante das decisões proferidas nas ações de controle concentrado de constitucionalidade. De todo modo, para que não haja dúvidas a respeito da vinculação da decisão que homologou o acordo no Tema 1.234/RG, o relator do feito optou por propor a edição de uma Súmula Vinculante (SV n. 60) para reforçar a necessidade de cumprimento dos termos pactuados, inclusive, pela administração pública (CF, artigo 103-A).
>
> Além disso, a edição da súmula vinculante permitirá que eventuais descumprimentos dos termos do acordo possam ser levados à apreciação direta do Supremo por meio de Reclamação, sem necessidade de esgotamento das instâncias ordinárias (CPC, artigo 988, § 5º, II)"[46].

---

[45] "O pedido e a análise administrativos de fármacos na rede pública de saúde, a judicialização do caso, bem ainda seus desdobramentos (administrativos e jurisdicionais), devem observar os termos dos 3 (três) acordos interfederativos (e seus fluxos) homologados pelo Supremo Tribunal Federal, em governança judicial colaborativa, no tema 1.234 da sistemática da repercussão geral (RE 1.366.243)."

[46] PRADO, Inês Maria dos Santos Coimbra de Almeida; PEREIRA, Viviane Ruffeil Teixeira. Abrangência e efeitos da conciliação federativa da judicialização da saúde no STF. In: *Consultor Jurídico*,

Isso demonstra, portanto, a utilidade ainda existente do instrumento da súmula vinculante. Na prática, o que o STF está a realizar (ainda que não necessariamente admita isso) é ampliar a eficácia subjetiva do julgado proferido em sede de repercussão geral, que é o *ultra partes*, para que a decisão passe a atingir a todos, ou seja, com efeitos vinculantes, inclusive para a administração pública, e até mesmo para casos não judicializados, por conseguinte, com os famosos efeitos *erga omnes*.

Dessa forma, resgata-se a utilidade desse instituto que, quer se queira, quer não, ainda continua em vigor com previsão no art. 103-A da Constituição, mas também a Corte, de maneira bastante empírica, fornece um exemplo da diferença entre a eficácia que, apesar de ampla, não é irrestrita, dos julgados proferidos em sede de repercussão geral, daqueles outros transformados, então, em súmula de caráter vinculante. Caem por terra as tentativas de atribuir à repercussão geral os mesmos efeitos da súmula vinculante – até porque, nesse caso, não haveria qualquer sentido em se transformar um tema de repercussão geral em súmula vinculante...

Valem aqui as advertências, inclusive do professor Ulisses Schwarz Viana, em sua obra *Repercussão geral sob a ótica da teoria dos sistemas de Niklas Luhmann*[47], para quem o surgimento do sistema de repercussão geral não pode ser lido em desacordo, em desalinho com o próprio instituto da súmula vinculante.

Com efeito, tomando por base as lições da professora Cristine Petter, a Emenda Constitucional n. 45/2004, quando criou o instituto da súmula vinculante, inclusive, denotou uma vontade do legislador de que o enunciado da súmula vinculante resultasse não apenas, mas principalmente, de julgados em sede de repercussão geral. Também vale a pena registrar aqui a ressalva segundo a qual, como adverte Lenio Luiz Streck, nenhum precedente se desvincula completamente de sua origem[48].

De maneira que as teses, sejam elas proferidas em sede de repercussão geral, sejam transformadas em súmula vinculante, não se abstrativizam, como acontece com as leis. Ao contrário, elas devem ser lidas sempre e sempre, levando-se em consideração o contexto fático e jurídico do próprio precedente que as originou.

À luz desse contexto, portanto, que se deve analisar a decisão do STF no Tema n. 1.234: não apenas por tentar resolver o tormentoso tema da judicialização do direito à saúde, que infelizmente está longe de acabar, mas pode ter um novo capítulo favorável à sua resolução, mas também como uma demonstração da utilidade dos instrumentos de conciliação no âmbito da jurisdição constitucional e, ainda assim, reavivar o instituto da Súmula Vinculante, demonstrando a sobrevivência de sua utilidade para o nosso sistema jurisdicional de precedentes, oferecendo, finalmente, um exemplo didático das diferenças técnicas que precisam ser pontuadas entre o julgamento em sede de repercussão geral e a transformação da tese em súmula vinculante.

---

27 de setembro de 2024. Disponível em: https://www.conjur.com.br/2024-set-27/conflito-federativo-saude-e-repercussao-geral-abrangencia-e-os-efeitos-da-conciliacao-federativa-da-judicializacao-de-saude-no-stf/. Acesso em: 10 dez. 2024.

[47] VIANA, Ulisses Schwarz. *Repercussão geral sob a ótica da teoria dos sistemas de Niklas Luhmann*. São Paulo: Saraiva, 2013.

[48] Cf. por exemplo: STRECK, Lenio Luiz. Por que os 'precedentes' não são obedecidos? In: *Consultor Jurídico*, 13 de junho de 2024. Disponível em: https://www.conjur.com.br/2024-jun-13/por-que--os-precedentes-nao-sao-obedecidos/. Acesso em: 10 dez. 2024.

Aprofundamento:
a decisão de "apelo ao legislador" e a "lei ainda constitucional"

1. ESCLARECIMENTOS CONCEITUAIS

Embora exista uma certa controvérsia na doutrina brasileira, o entendimento majoritário é o de que a decisão de *apelo ao legislador* encerra um julgamento de *constitucionalidade* da norma, e, em *obiter dictum*, um pedido, um apelo ao legislador para que resolva determinada situação de uma lei *ainda constitucional*, em *trânsito para a inconstitucionalidade* (MENDES, 1992).

Em sentido contrário, defendendo que a decisão de apelo encerra (ou deve encerrar) uma declaração de *inconstitucionalidade*, confira-se a posição de Celso Ribeiro BASTOS (1994) e Juliano Taveira BERNARDES (2012).

André Ramos TAVARES (2010), após noticiar a utilização ambígua da expressão, tanto para se referir a um juízo de constitucionalidade, quanto para abordar a declaração de inconstitucionalidade sem pronúncia de nulidade, afirma que:

> Na realidade, trata-se de decisão que afasta a inconstitucionalidade, reconhecendo-se a constitucionalidade da norma, à qual se soma uma espécie de 'advertência' judicial, ou, se se quiser, de reconhecimento de uma situação de imperfeição que tende a transformar-se em situação de inconstitucionalidade. Seria o reconhecimento de um processo de inconstitucionalização da norma que a Corte identifica como incompleto, realizando verdadeiro prognóstico de desenvolvimento da compreensão dessa norma.
>
> Essa técnica é o coroamento da orientação doutrinária de que a Constituição não é um documento estático, imutável, antes sofrendo os influxos da evolução normal da vida, que levam à denominada "mutação constitucional informal".
>
> (...) Reconhece-se, pois, que os fatos alteram a situação da norma jurídica em sua relação com a Constituição[49].

Acerca da efetividade prática da decisão de apelo – ao menos na Alemanha – o Ministro Gilmar Mendes afirma, em trecho do voto proferido na ADI n. 3.682/MT:

> A doutrina constitucional mais moderna considera que o apelo ao legislador (*Apellentscheidung*) configura apenas uma decisão de rejeição de inconstitucionalidade, caracterizando-se essa recomendação dirigida ao legislador como simples *obiter dictum*. **Essa qualificação não retira a eficácia desse pronunciamento, não havendo, até agora [a decisão é de 2007], registro de qualquer caso de recalcitrância ou de recusa do legislador no cumprimento do dever constitucional de legislar** (original sem grifos).

Nem sempre o apelo ao legislador deriva de uma omissão inconstitucional de caráter total. Pode ser utilizado nos casos de omissão inconstitucional de caráter parcial, para evitar o agravamento da situação de violação a direitos fundamentais, que redundaria da exclusão pura e simples da norma. Também pode ser decorrente de uma situação em que o legislador atuou,

---

[49] TAVARES, André Ramos. *Curso de Direito Constitucional*. São Paulo: Saraiva, 2010. p. 293-294.

mas, em virtude de mudanças do quadro social, sua atuação mostra-se não mais tão adequada aos fins originalmente perseguidos.

Aliás, essa última hipótese é o campo de utilização precípua do instituto no direito brasileiro. Afinal, para os casos de omissão (total ou parcial), as técnicas de declaração de nulidade parcial sem redução de texto, ou mesmo de declaração de inconstitucionalidade sem pronúncia de nulidade, mostram-se mais efetivas e adequadas.

Podemos, a propósito, apontar algumas distinções entre a decisão de apelo e a declaração de inconstitucionalidade sem pronúncia de nulidade:

Quadro 22.11 – Distinções entre a declaração de inconstitucionalidade sem pronúncia de nulidade e a decisão de apelo

	Declaração de inconstitucionalidade sem pronúncia de nulidade	Decisão de apelo ao legislador
Resultado do julgamento	Declaração de *inconstitucionalidade* (no caso da ADI, *procedência* do pedido)	Declaração de *constitucionalidade* (no caso da ADI, *improcedência* do pedido)
Situação do ato normativo	Declarado inconstitucional, mas preservado no ordenamento para evitar o agravamento da situação jurídica de contrariedade à Constituição	Declarado ainda constitucional, em trânsito para a inconstitucionalidade
Trecho da decisão em que se aponta a incompatibilidade da norma com a Constituição	*Ratio decidendi* e/ou parte dispositiva	*Obiter dictum* (fundamentação)
Efeitos para o legislador	Obrigação de legislar, sob pena e declaração de nulidade da norma (geralmente, fixa-se prazo para o exercício da legislação – *vide* a ADI n. 3.682/MT)	Recomendação/advertência para legislar, sob pena de a norma *tornar-se* inconstitucional e, com isso, ser declarada nula pelo Tribunal

2. POSSIBILIDADE DE ANÁLISE DA TÉCNICA DO APELO AO LEGISLADOR SOB O MARCO TEÓRICO DO DIÁLOGO INSTITUCIONAL

Sem necessariamente nos comprometermos com a adoção de teorias normativas dialógicas da democracia e do Direito, é inegável a importância dos diálogos *institucionais* e *institucionalizados* entre os poderes, para a resolução de problemas jurídico-constitucionais, ainda mais quando referidos aos chamados *hard cases*.

Nesse sentido, Cecília de Almeida SILVA ET AL. (2010) consideram que:

> O elemento central das teorias que têm no método judicial a sede da provocação do diálogo é o uso consciente, pelo Judiciário, de técnicas que permitem ao julgador estimular e encorajar um mais amplo debate quanto ao sentido constitucional, com e entre os poderes[50].

---

[50] SILVA, Cecília A. *et al. Diálogos Institucionais e Ativismo*. Curitiba: Juruá, 2010. p. 92.

Nesse quadro, o *apelo ao legislador* pode ser abordado como uma forma de diálogo institucional entre os poderes (Judiciário e Legislativo e, segundo sustentamos, até mesmo entre Judiciário e o Executivo). Trata-se da aplicação de um viés da chamada *teoria do "aconselhamento" judicial*, em que a decisão prolatada pelo Judiciário sugere um "mapa do caminho" (*roadmap*) constitucional:

> Conjugam-se sob esta indicação [teorias do "aconselhamento" judicial] as teorias dialógicas nas quais o Judiciário se vale de técnicas de interpretação e construção decisórias, que se revelem proativas e recomendem cursos de ação aos poderes políticos, por meio dos quais se terá afastado o risco de violar a constituição. Sob esta mesma classificação são incluídas as decisões identificadas como *constitutional roadmaps*, nas quais o Judiciário pronuncia a inconstitucionalidade, mas aponta os caminhos possíveis de tratamento da referida matéria, de modo a permitir a atuação corretiva dos demais poderes (notadamente o Legislativo). Ainda no mesmo subgrupo, **há as decisões nas quais o Judiciário não pronuncia a inconstitucionalidade, mas indica as fragilidades da solução existente, num estímulo à atuação corretiva**, ou ainda aponta os limites a partir dos quais se adentrará na zona proibida da violação constitucional.
>
> **É inequívoca a semelhança das categorias apontadas com outras que já frequentam a doutrina nacional: o apelo ao legislador (importado da jurisprudência alemã), e a pronúncia do trânsito para a inconstitucionalidade**[51].

Como se percebe, a técnica do apelo ao legislador, não obstante não se enquadrar nas tradicionais técnicas de decisão em sede de *judicial review*, não representa por si só um exercício da jurisdição de forma *ativista* – antes, pode ser até mesmo um sintoma de autocontenção, pois evita a declaração de inconstitucionalidade pura e simples.

3. DECISÕES DE APELO TOMADAS PELO STF: ANÁLISE EMPÍRICA DOS EFEITOS SOBRE O LEGISLATIVO

Uma análise empírica da eficácia para o legislador das decisões de apelo tomadas pelo STF é de difícil implementação, pois são poucos os casos em que o Tribunal adotou propriamente esse instituto como forma de decidir.

Relevando-se a segundo plano a questão terminológica (fala-se em "lei ainda constitucional" e "inconstitucionalidade progressiva"), e levando-se em conta mais o conteúdo da decisão do que o expresso reconhecimento da adoção da técnica, entendemos que só há quatro casos em que, *stricto sensu*, adotou-se a decisão de apelo.

Analisaremos tais decisões e os efeitos que produziram no poder Legislativo, para saber se o apelo foi realmente relevante, do ponto de vista da efetividade prática.

3.1. Casos em que o apelo não surtiu grande efeito prático no Legislativo

No julgamento do HC n. 70.541/RS (Relator Ministro Sydney Sanches, *DJ* de 27-6-1997), o Tribunal Pleno, deferindo o *writ*, julgou incidentalmente *constitucional* o art. 5º, § 5º, da Lei n.

---

[51] Idem, ibidem, p. 93. Original sem grifos.

1.060, de 5 de fevereiro de 1950 (na redação dada pela Lei n. 7.871, de 8 de novembro de 2011), que estabelece prazo em dobro para a interposição de recurso criminal pela Defensoria Pública.

Na parte em que interessa, restou consignado na ementa do julgado que:

> **Não é de ser reconhecida a inconstitucionalidade do § 5 do art. 1 da Lei n 1.060, de 05.02.1950**, acrescentado pela Lei n 7.871, de 08.11.1989, no ponto em que confere prazo em dobro, para recurso, às Defensorias Públicas, **ao menos até que sua organização, nos Estados, alcance o nível de organização do respectivo Ministério Público**, que é a parte adversa, como órgão de acusação, no processo da ação penal pública (sem grifos no original).

Não se fala explicitamente em *apelo ao legislador*, mas o tema permeia os debates entre os Ministros.

Idêntica solução – e mais uma vez envolvendo o dado fático da pequena institucionalização das Defensorias Públicas – foi adotada pela Corte no julgamento do RE n. 135.328/SP (Pleno, Relator Ministro Marco Aurélio, *DJ* de 20-4-2001), em que se apreciava a compatibilidade, ou não, do art. 68 do CPP, que atribui ao Ministério Público (e não à Defensoria Pública) a legitimidade ativa para a ação civil *ex delicto*. Fala-se em "inconstitucionalidade progressiva", e, na parte em que nos interessa, consigna-se que:

> **Enquanto não criada por lei, organizada** – e, portanto, preenchidos os cargos próprios, na unidade da Federação – **a Defensoria Pública, permanece em vigor o artigo 68 do Código de Processo Penal**, estando o Ministério Público legitimado para a ação de ressarcimento nele prevista (original sem grifos).

Nesses dois casos, pode-se afirmar que os efeitos do apelo ao legislador foram pequenos ou não existiram, visto que o Congresso Nacional não editou qualquer norma alterando os dois dispositivos citados, nem existe, em tramitação, projeto de lei com esse conteúdo[52].

Contudo, antes de se afirmar a inutilidade do apelo, é preciso levar em conta duas peculiaridades dessas decisões: a) a competência para instituir as Defensorias Públicas estaduais é de cada Estado-membro da Federação, segundo o art. 24, XIII, c/c §§ 1º e 2º da CF (e também do Distrito Federal, após a EC n. 69/2012); e b) a rigor, o que se tem é mais um *apelo ao administrador* do que um *apelo ao legislador*, já que a alteração da legislação federal depende da efetiva instalação das Defensorias Públicas, inclusive em âmbito estadual.

3.2. Caso em que o apelo ao legislador foi inútil porque a situação já fora alterada

No julgamento do RE n. 385.397/RS (decisão monocrática do Ministro Relator, Sepúlveda Pertence, confirmada pelo Pleno no julgamento do agravo regimental), em 28 de outubro de 2003, reconheceu-se a constitucionalidade do art. 7º, I, da Lei n. 9.380, de 1986, do Estado de Minas Gerais, que conferia o caráter de pensionista das servidoras públicas estaduais apenas aos maridos *inválidos*.

---

[52] Conforme pesquisa realizada nos sítios do Senado Federal e da Câmara dos Deputados na *internet*.

Aplicando-se o precedente firmado no RE n. 204.193/RS (ver item 3.3), considerou-se *ainda constitucional* a legislação, pois o tratamento diferenciado em detrimento do cônjuge homem seria justificável pela situação social de residual dependência econômica da mulher em relação ao homem, e não o contrário.

Todavia – e, justiça seja feita, tal fato foi consignado no próprio acórdão –, a legislação já fora alterada pela Lei Estadual n. 13.455, de 12 de janeiro de 2000[53], o que tornou inócua qualquer intenção de apelo ao legislador[54].

3.3. Caso em que o apelo ao legislador foi atendido

No citado julgamento do RE n. 204.193/RS (Relator Ministro Carlos Velloso, *DJ* de 31-10-2002), considerou-se *ainda* constitucional lei do Estado do Rio Grande do Sul que, à semelhança do caso anterior, só reconhecia a condição de dependente ao cônjuge homem se fosse *inválido*.

No voto condutor, o Relator apontou a existência de uma situação sociológica de residual dependência econômica da mulher em relação ao homem (e a falsidade da recíproca), o que ainda justificaria o tratamento desigual. Há que se fazer aqui uma crítica pontual, pois os fatos apontados como razão "sociológica" derivam do mero senso comum. Não há qualquer dado oficial ou estatístico no acórdão que confirme as premissas "sociológicas" utilizadas. Embora provavelmente fossem verdadeiras, isso dificulta o controle da veracidade dos argumentos, ainda mais em se tratando de analisar a legitimidade de uma decisão legislativa a partir de "dados" concretos.

Aliás, ressalte-se que, segundo dados do IBGE, a porcentagem de famílias do Rio Grande do Sul cuja referência econômica era o homem, em 2001, era de 73,81%, e, embora sofra constante queda desde então, ainda atingia, em 2009, o patamar de 63,59%[55]. Em Minas Gerais, as porcentagens em 2001 e 2009 eram de, respectivamente, 72,27% e 64,76%[56]. Em todos os casos, ainda muito longe de uma situação de igualdade econômica entre os sexos.

A norma (art. 9º da Lei n. 7.672, de 18 de junho de 1982) foi considerada constitucional, com um sutil apelo ao legislador para que, verificada a anunciada alteração do quadro fático que justificava a subsistência da norma, realizasse as necessárias adaptações[57].

O apelo foi efetivamente atendido: em 30 de dezembro de 2011, foi promulgada a Lei Estadual n. 13.889, que inseriu no art. 9º da Lei n. 7.672/82 um inciso VI, estabelecendo serem considerados dependentes "o marido ou o companheiro de servidora pública e o companheiro ou a companheira de pessoa do mesmo sexo que seja segurada, uma vez comprada a dependência na forma desta Lei".

---

[53] Alterou-se a redação do dispositivo, para considerar como dependentes "a esposa e o marido, a companheira e o companheiro mantidos há mais de cinco anos, os filhos de qualquer condição menores de 21 anos ou inválidos".

[54] O julgamento prosseguiu de a alteração legislativa ser posterior à morte da servidora, o que tornava a lei inaplicável ao caso concreto.

[55] Disponível em: http://seriesestatisticas.ibge.gov.br/series.aspx?vcodigo=FED307&sv=15&t=pessoas-referencia-familia-sexo. Acesso em: 6-12-2012.

[56] Disponível em: http://seriesestatisticas.ibge.gov.br/series.aspx?vcodigo=FED307&sv=15&t=pessoas-referencia-familia-sexo. Acesso em: 6-12-2012.

[57] Outro fundamento para o desprovimento do extraordinário foi a necessidade de lei específica para a concessão de benefício previdenciário, bem como a impossibilidade de criação desse benefício sem a devida fonte de custeio.

CONCLUSÕES

A partir dos dados coletados, pode-se afirmar que:

1) a utilização do *apelo ao legislador*, em sentido estrito, ainda não é quantitativamente tão utilizada pelo STF;
2) em um caso, o apelo foi efetivamente atendido, tendo resultado em alteração legislativa;
3) em um caso, o apelo não era sequer necessário, pois a legislação já havia sido alterada;
4) em dois casos, o apelo não surtiu efeitos práticos mais perceptíveis na esfera do legislativo federal, embora, na situação concreta, a atuação também dependesse dos Executivo estaduais

Aprofundamento:
breves apontamentos sobre o histórico do controle de constitucionalidade (no Mundo e no Brasil)

1) **antecedentes**:

Na **Grécia antiga (Atenas), reconhecia-se** hierarquia entre lei (*nómos*) e decreto (*pséfisma*);

> "Não é permitido apresentar uma lei que conflite com as leis existentes, e se alguém, tendo anulado uma lei existente, propuser uma nova lei não vantajosa ao povo ateniense ou que conflite com qualquer das leis existentes, contra essa pessoa podem ser feitas acusações, de acordo com a lei existente, relativa ao propositor de uma lei inadequada" (Demóstenes); "Nenhum decreto do Conselho ou da assembleia deve prevalecer sobre uma lei. Não é permitido fazer uma lei para um indivíduo se ela não se estender a todos os cidadãos atenienses e se não for votada por seis mil pessoas, por voto secreto" (Andócides).

Já na **Idade Média**, alguns autores já defendiam a superioridade do Direito Natural sobre o Direito Comum (legislado).

Especificamente na **Inglaterra**: defendia-se a superioridade do *Common Law* (Direito Comum Jurisprudencial e costumeiro) sobre o *Statute Law* (Direito Legislado) (o principal defensor dessa tese foi o Sir Edward Coke, no célebre *Dr. Bonham's Case* – 1610).

- **Surgimento do controle político:**
  - **Revoluções liberais e parlamentarismo**: o Parlamento Inglês (Câmara dos Lordes e Câmara dos Comuns) passou, após a Revolução Gloriosa, a possuir supremacia no sistema de governo inglês; essa supremacia do Parlamento e a inexistência de uma Constituição escrita e rígida impediu a Inglaterra de instituir um verdadeiro controle de constitucionalidade das leis (Blackstone: *"The power of the Parliament is absolute and without control"*).

- **Surgimento do controle jurisdicional (difuso):**
  - **EUA:** Suprema Corte e Supremacia Constitucional.
  - *Caso Marbury v. Madison*:

- **Antecedentes:** nos escritos federalistas (anteriores à Constituição), já havia artigos defendendo a possibilidade da *judicial review* (especialmente no Federalista n. 78).

- **Decisão da Suprema Corte (*Chief Justice Marshall*):** declaração de inconstitucionalidade da lei de organização judiciária; não conhecimento do *writ of mandamus* impetrado por

Marbury; reconhecimento da supremacia da Constituição e do dever de todos os juízes (controle difuso) de, em caso de conflito, dar preferência à Carta Magna; postulado da nulidade da lei inconstitucional.

- Instituição do *judicial review* (revisão judicial ou controle jurisdicional).
- Caso *McCulloch v. Maryland* (1819): declaração de constitucionalidade de uma lei federal.
- Caso *Dred Scott v. Sandford* (1857): primeira declaração de inconstitucionalidade depois de 1803; a título de curiosidade, a consequência principal dessa decisão foi a Guerra Civil (Secessão).

- **Surgimento do controle concentrado (e abstrato):**
  - **Carl Schmitt**: entendia que o defensor da Constituição deve ser o Presidente do Reich (Fuhrer) – pois só ele detém a legitimidade pela eleição.
  - **Hans Kelsen**: crítica à teoria de Schmitt; defendia a instituição de um tribunal (fora da tradicional estrutura dos três poderes) para analisar questões Constitucionais, de forma exclusiva (Tribunal Constitucional ou Corte Constitucional).
  - O Tribunal Constitucional deve atuar como legislador negativo (Kelsen), apenas retirando do ordenamento as normas inconstitucionais.
  - Adoção do modelo concentrado na Constituição Austríaca de 1920 (e na Emenda de 1929).
  - Instituição das Ações Diretas, do Incidente de Inconstitucionalidade e do Recurso Constitucional (*verfassungsbeschwerden*).

No Brasil:

- **Constituição de 1824**: não previa um sistema de controle de constitucionalidade.
- **Constituição de 1891**: por influência dos EUA, adotou-se o sistema de controle difuso.
- **Constituição de 1934**: manteve o sistema difuso, mas acrescentou a *cláusula de reserva de plenário* (que adiante estudaremos) e previu a possibilidade de o Senado emprestar efeitos *erga omnes* à decisão definitiva do STF sobre a inconstitucionalidade de uma lei. Ademais, essa Constituição incluiu a primeira ação de controle concentrado no Brasil: a ação direta de inconstitucionalidade interventiva (para fins de intervenção federal).
- **Constituição de 1937**: manteve, em linhas gerais, o sistema de controle. Porém, de acordo com a doutrina, trouxe "um verdadeiro retrocesso no sistema de controle de constitucionalidade, [...] consagrando [...] princípio segundo o qual, no caso de ser declarada a inconstitucionalidade de uma lei que, a juízo do Presidente da República, seja necessária ao bem-estar do povo, à promoção ou à defesa do interesse nacional de alta monta, poderia o Chefe do Executivo submetê-la novamente ao Parlamento. Confirmada a validade da lei por 2/3 de votos em cada uma das Câmaras, tornava-se insubsistente a decisão do Tribunal".
- **Constituição de 1946**: na redação original, apenas retomou, com aperfeiçoamentos, as características trazidas pela Constituição de 1934. Porém, a EC n. 16, de 1965, instituiu entre nós o controle abstrato, ao prever a Representação de Inconstitucionalidade, ação direta a ser julgada pelo STF, com efeitos *erga omnes*, e de iniciativa apenas do Procurador-Geral da República.
- **Constituição de 1967/1969**: não trouxe (ou trouxeram) grandes inovações, a não ser a previsão expressa de concessão de liminar em sede de controle concentrado.
- **Constituição de 1988**: trouxe profundas mudanças para o controle de constitucionalidade brasileiro, entre elas: a) ampliação do rol de legitimados a suscitar o controle concentrado

perante o STF; b) criação de outros institutos do controle concentrado, como a Ação Direita de Inconstitucionalidade por Omissão, a Arguição de Descumprimento de Preceito Fundamental e a Ação Declaratória de Constitucionalidade (essa incluída pela EC n. 3); c) criação de outros instrumentos que permitem o controle difuso, como o mandado de injunção, por exemplo; d) as Leis n. 9.868/99 e 9.882/99 regulamentaram, respectivamente, o processo da ADI/ADC e da ADPF; e) com a reforma do Judiciário (EC n. 45/2004) foram trazidas mais algumas novidades, como as súmulas de efeitos vinculantes.

Aprofundamento:
a controvérsia entre Hans Kelsen e Carl Schmitt sobre quem deve ser o guardião da Constituição; os modelos de Cortes Constitucionais (breves notas de Direito Comparado)

O próprio termo *jurisdição constitucional* traz em si já um juízo de valor. Ele embute a ideia de que a defesa da constituição e da constitucionalidade das leis deve ser feito nos mesmos moldes, ou em moldes semelhantes ao menos, daqueles estabelecidos para a jurisdição ordinária, ou comum. A terminologia em si já demonstra que, na célebre controvérsia entre Kelsen e Schmitt sobre quem deve(ria) ser o guardião da Constituição, a primeira corrente predominou.

Para Hans Kelsen, o controle de constitucionalidade, a defesa da constituição deve ser, antes de mais nada, o controle da *regularidade* da produção das leis e dos atos normativos. Regularidade, aqui, entendida como o controle de validade em sentido amplo, tanto da validade formal (procedimento de elaboração normativa) quanto material (conteúdo dos atos produzidos). Esse controle de regularidade deveria caber ao Judiciário, ou ao menos a um Tribunal, ainda que não integrante formalmente da estrutura do poder Judiciário.

Já Carl Schmitt, fiel ao seu conceito político de constituição, defendia que o papel de guardião da constituição fosse deixado para um órgão político, com legitimidade política para representar os valores e as decisões políticas fundamentais do povo. Na realidade, essa é apenas uma das justificativas possíveis para a atribuição do controle de constitucionalidade a um órgão político. Há quem aponte, por exemplo, que a França criou seu *Conselho Constitucional* – órgão político, cujos membros são escolhidos para mandato fixo, e que exerce prioritariamente um controle preventivo de constitucionalidade – mais por uma tradição de desconfiança do Judiciário, herdada desde a época da Revolução. Com efeito, há notícias de que Sieyès, durante a constituinte revolucionária, propôs a criação de um "Júri Constitucional", justamente pela desconfiança que os juízes do Antigo Regime inspiravam nos revolucionários.

Modernamente, a maioria dos países opta por um controle eminentemente jurisdicional da constitucionalidade das leis, embora ainda persistam casos de controle prioritariamente político (França) ou mesmo misto (exemplo da Suíça, em que as leis cantonais são submetidas a controle jurisdicional, ao passo que as leis da Federação estão sujeitas a controle político). Na França, aliás, após a reforma constitucional de 2008, o Conselho Constitucional passou a fazer também controle repressivo de constitucionalidade de leis, em caso de alegada violação a direitos fundamentais.

Essa predominância do controle jurisdicional não significa, por outro lado, que mesmo nos países que optam pelo controle jurisdicional isso não seja feito de diversas formas, em distintos graus, e mesmo sofra diversos questionamentos sobre a legitimidade de se atribuir a um tribunal o poder de invalidar leis.

Podemos citar, exemplificativamente, países em que o controle jurisdicional é atribuído ao poder judiciário comum, de forma difusa. Nesses casos, entende-se que o poder de negar aplicação a uma lei inconstitucional, declarando-a inválida, decorre do próprio poder de "dizer o direito", do poder da jurisdição. É o raciocínio que fundamenta todo o pensamento de Marshall no célebre caso *Marbury v. Madison*. O sistema americano, não por acaso, é sempre citado como um modelo clássico de controle jurisdicional realizado pelo Judiciário comum.

Outros ordenamentos há que preferem centralizar o poder de realizar o controle de constitucionalidade em um órgão específico, um tribunal constitucional *stricto sensu*, um órgão estranho à estrutura de qualquer dos poderes, com membros geralmente eleitos para mandato fixo. É o modelo europeu do controle concentrado, tipicamente de inspiração austríaca. Nesse contexto, a Alemanha representa um caso peculiar, já que sua Corte Constitucional (Tribunal Constitucional) é expressamente elencado como integrante da estrutura do Judiciário (art. 92 da Lei Fundamental), mas suas competências e até mesmo sua composição o aproxima de cortes constitucionais puras, como são os Tribunais Constitucionais espanhol, português e italiano, por exemplo.

Aprofundamento:
o controle não jurisdicional de constitucionalidade (parte 1) – controle pelas comissões de constituição e justiça

Tradicionalmente, tem sido reconhecida a existência, no Brasil, de mecanismos parlamentares de controle preventivo de constitucionalidade, realizado por intermédio das chamadas *comissões de constituição e justiça* (CCJs). Esse controle, aliás, antecedeu até mesmo o surgimento entre nós do controle jurisdicional de constitucionalidade das leis, já que, pouco depois da promulgação do Ato Adicional de 1834, Pimenta Bueno já noticiava a existência de mecanismos de verificação preventiva da conformidade constitucional dos projetos de lei[58].

Durante todo esse período, no entanto, a questão tem sido tratada por um prisma que nos parece incompleto. Tem-se considerado que esses mecanismos de controle preventivo são questões meramente regimentais, que dizem respeito apenas à economia interna das Casas Legislativas. Essa visão, porém, peca por não levar em conta que um controle *efetivo* da constitucionalidade de projetos de lei situa-se no campo do direito fundamental à devida elaboração normativa – e, por conseguinte, representa uma incidência da cláusula do devido processo legal, em seu aspecto material ou substantivo.

É muito comum, aliás, confundir a espécie de controle realizada (político ou jurídico) com a natureza e a composição do órgão que realiza o controle. É possível, porém, a um órgão de natureza eminentemente política (Congresso Nacional, Presidente da República) realizar controle político ou jurídico (veja-se, em especial, a dicotomia entre as espécies de veto presidencial: CF, art. 66, § 1º), assim como é possível ao Judiciário realizar também ambas as espécies de controle (afinal de contas, é a própria jurisprudência do STF que reconhece o caráter político da decisão judicial que julga procedente ação interventiva, tanto que não cabe recurso extraordinário contra as decisões dos tribunais de justiça que deferem pedido de intervenção estadual em Município). Não se admite, por exemplo, que a CCJ rejeite um projeto por inconstitucionalidade fundando-se apenas em argumentos de política. Ainda que se trate de decisão proferida por órgão composto por políticos, e portanto com grande influência política, exige-se, como condição de validade e talvez até de existência do parecer, que os argumentos lançados sejam exclusiva ou prioritariamente jurídicos.

---

[58] BUENO, José Antonio Pimenta. *Direito Publico Brazileiro e Análise da Constituição do Império*. Rio de Janeiro : Typ. Imp. e Const. de J. Villeneuve e C., 1857. p. 133.

Em suma: o órgão é composto por políticos, mas se obriga a realizar uma análise técnico-jurídica.

Interessante notar que Câmara dos Deputados e Senado Federal adotam modelos distintos de competências para suas CCJs. Com efeito, na Câmara dos Deputados adota-se um modelo "concentrado" – todos os projetos passam pela CCJ, que praticamente só faz controle de constitucionalidade, e o faz com exclusividade. Uma exceção importante, em que outra comissão também faz controle preventivo de constitucionalidade, diz respeito aos projetos submetidos a comissões especiais. Por outro lado, no Senado Federal, a CCJ não faz apenas controle de constitucionalidade (também opina sobre o mérito), e nem todos os projetos passam pela CCJ – nesse último caso, cabe à(s) comissão(ões) de mérito analisar também as questões constitucionais.

Aprofundamento:
controle não jurisdicional de constitucionalidade (parte 2) – casos polêmicos

Controle pelas cortes de contas

Previsão: poder implícito (CF, art. 71)

Reconhecimento: Súmula 347/STF

Características: controle administrativo, repressivo, indicental, *inter partes*, realizado de ofício ou por provocação

Questionamento: em 2021, o Pleno do STF passou a deixar de aplicar a Súmula 347, de modo que, atualmente, entende-se que o TCU NÃO pode mais realizar controle de constitucionalidade, isto é, o TCU não pode, ele mesmo, por decisão exclusivamente sua, deixar de aplicar uma lei por entendê-la inconstitucional. Contudo, em julgados de 2023, o STF esclareceu que a Súmula 347 continua válida, mas apenas permite que o TCU deixe de aplicar leis que o próprio STF já tenha declarado inconstitucionais.

Estudo de caso: MC no MS n. 25.888/DF

Impetrante: Petrobras; impetrado: TCU

Caso: Lei do Petróleo permite que decreto presidencial trate do regime licitatório especial da Petrobras; decreto estatui regime especial de compras; TCU considera inconstitucional a Lei (violação ao art. 37, XXI, da CF – reserva legal) e "por arrastamento" o decreto; determina aplicação da Lei n. 8.666/DF

Pedido: desconstituição da decisão do TCU (restabelecimento do regime licitatório especial da Petrobras)

Causa de pedir: TCU não possui poder de realizar controle de constitucionalidade

Estudo de caso: Pet 4.656/PB

Controle pelo CNJ (e CNMP)

Previsão: poder implícito (CF, art. 103-B, § 4º)

Reconhecimento: STF, Pleno, Pet 4.656/PB, Relatora Ministra Cármen Lúcia

Caso: Lei estadual permitia a efetivação sem concurso de titulares de delegação notarial e de registro; atos administrativos realizaram esses provimentos; CNJ desconstituiu os atos administrativos, por se basearem em lei inconstitucional (violação aos arts. 37, II, e 236, da CF)

Resultado: STF manteve a decisão do CNJ

Posteriormente, o STF passou a não aceitar mais que o CNJ possa realizar controle de **constitucionalidade** de **leis**, mas apenas controle de **legalidade** de **atos administrativos** – o que deve ser levado para concursos público e provas da OAB.

Estudo de caso: Controle pelo Chefe da Administração Pública

Divergência: pode o Chefe do Executivo, na qualidade de chefe da Administração Pública (CF, art. 84, II) determinar que os órgãos e entidades administrativas deixem de aplicar lei inconstitucional?

Argumento favorável: supremacia da CF; princípio da legalidade x princípio da juridicidade
Argumento contrário: segurança jurídica; possibilidade de o Presidente da República e os governadores ajuizarem ADI ou ADPF com pedido de cautelar (CF, art. 102, I, *a* e *p*, e § 1º)

Aprofundamento:
atos excluídos do controle jurisdicional de constitucionalidade e a questão dos atos *interna corporis*

É certo que não se pode excluir da apreciação do Judiciário lesão ou ameaça de lesão a um direito (CF, art. 5º, XXXV). Contudo, deve ser entendida em termos a existência de um direito ao *devido processo legislativo*, sob pena de se judicializar todo o processo de formação das espécies normativas. Com isso, seria desrespeitado o princípio da separação de poderes e o preceito hermenêutico da conformidade funcional[59], pois todas as discussões do Legislativo seriam revistas pelo Judiciário, subordinando aquele poder a este. Além disso, haveria sempre o risco de permitir um exacerbado e indesejável ativismo judicial, de modo que todas as discussões legislativas iriam submeter-se.

Dessa forma, existem alguns atos do processo legislativo que simplesmente não podem ser analisados em sede de controle jurisdicional, pois significariam uma verdadeira invasão das competências legislativas pelo Judiciário. Assim, *em regra* não pode o STF (ou o Judiciário, em geral) apreciar atos *interna corporis*, como a sistemática de apreciação de recursos pela Câmara dos Deputados, no procedimento abreviado (art. 58, § 2º, I)[60]; ou controvérsia puramente regimental[61] (como, por exemplo, a ordem de manifestação das comissões, ou a adequação do uso de determinada espécie de emenda ao projeto de lei[62]).

---

[59] CANOTILHO, José Joaquim Gomes. *Direito Constitucional e Teoria da Constituição*. Coimbra: Almedina, 2003. p. 1224.
[60] "Agravo regimental. Mandado de segurança. Questão *interna corporis*. Atos do Poder Legislativo. Controle judicial. Precedente da Suprema Corte. 1. A sistemática interna dos procedimentos da Presidência da Câmara dos Deputados para processar os recursos dirigidos ao Plenário daquela Casa não é passível de questionamento perante o Poder Judiciário, inexistente qualquer violação da disciplina constitucional. 2. Agravo regimental desprovido" (STF, Pleno, MS n. 25.588-AgR/DF, Relator Ministro Menezes Direito, *DJe* de 8-5-2009).
[61] "Se a controvérsia é puramente regimental, resultante de interpretação de normas regimentais, trata-se de ato interna corporis, imune ao controle judicial" (STF, Pleno, MS n. 24.356/DF, Relator Ministro Carlos Velloso).
[62] "Impugnação de ato do Presidente da Câmara dos Deputados que submeteu a discussão e votação emenda aglutinativa, com alegação de que, além de ofender ao par. único do art. 43 e ao § 3º do art. 118, estava prejudicada nos termos do inc. VI do art. 163, e que deveria ter sido declarada prejudicada, a teor do que dispõe o n. 1 do inc. I do art. 17, todos do Regimento Interno, lesando o direito dos

Não se trata aqui, obviamente, de adotar a vetusta tese da insindicabilidade das questões políticas[63], mas de reconhecer que existem alguns atos que são exclusivos do Legislativo, e que o Judiciário não pode rever, sob pena de substituir-se ao Legislador.

Realmente, os atos *interna corporis* só podem ser apreciados pelo Judiciário quando se desenhe uma questão **constitucional** posta em análise. Confira: "Em respeito ao princípio da separação dos poderes, previsto no art. 2º da Constituição Federal, quando não caracterizado o desrespeito às normas constitucionais pertinentes ao processo legislativo, é defeso ao Poder Judiciário exercer o controle jurisdicional em relação à interpretação do sentido e do alcance de normas meramente regimentais das Casas Legislativas, por se tratar de matéria *interna corporis*." (Tema n. 1120 da Repercussão Geral do STF).

Para o prof. Elival da Silva Ramos, a análise de questões *interna corporis* do parlamento representa um caso em que se permite um controle jurisdicional "médio fraco": podem esses atos sofrer controle pelo Judiciário, especialmente em relação à proteção de direitos fundamentais dos parlamentares, dos grupos parlamentares ou dos partidos políticos[64].

Aprofundamento:
a sustação de atos pelo Congresso Nacional (CF, art. 49, V)

A sustação de atos normativos pelo Poder Legislativo (CF, art. 49, V):

Nos termos do conhecido inciso V do art. 49 da CF, dentre as competências exclusivas do Congresso Nacional inclui-se a de "sustar os atos normativos do Poder Executivo que exorbitem do poder regulamentar ou dos limites de delegação legislativa".

Origem da norma

Parte da doutrina aponta como antecessora dessa norma a regra insculpida no art. 91 da Constituição de 1934. Para Gilmar Ferreira Mendes:

> O art. 49, V, da Constituição de 1988 restabeleceu, parcialmente, na ordem constitucional brasileira, instituto que havia sido introduzido entre nós na Constituição de 1934 (CF, art. 91, II), autorizando o Congresso Nacional a sustar os atos legislativos que ultrapassem os limites da delegação outorgada (lei delegada) ou os atos normativos que exorbitem do poder regulamentar ou dos limites de delegação legislativa. Trata-se de fórmula excepcional no sistema constitucional brasileiro, que, por isso mesmo, há de merecer uma interpretação estrita.

> Nas suas anotações à Constituição de 1934, observou Pontes de Miranda a propósito:

---

impetrantes de terem assegurados os princípios da legalidade e moralidade durante o processo de elaboração legislativa. A alegação, contrariada pelas informações, de impedimento do relator – matéria de fato – e de que a emenda aglutinativa inova e aproveita matérias prejudicada e rejeitada, para reputá-la inadmissível de apreciação, é questão interna corporis do Poder Legislativo, não sujeita à reapreciação pelo Poder Judiciário. Mandado de segurança não conhecido nesta parte" (STF, Pleno, MS n. 22.503/DF, Relator para o acórdão Ministro Maurício Corrêa, *DJ* de 6-6-1997, p. 24872).

[63] Afinal, é possível o "controle jurisdicional dos atos de caráter político, sempre que suscitada questão de índole constitucional" (STF, Pleno, MS n. 26.441/DF, Relator Ministro Celso de Mello, *DJe* de 18-12-2009).

[64] RAMOS, Elival da Silva. *Ativismo judicial:* parâmetros dogmáticos. São Paulo: Saraiva, 2015. p. 163-165.

"...o inciso II do art. 91 constitui atribuição importantíssima. É a primeira vez que adotamos exame dos regulamentos sem o caso concreto, exame da lei em si mesma, em sua existência (...). A Constituição brasileira vai além, posto que só se exerça o poder de exame depois de emitidos. Um pouco função de Alta Corte constitucional, como preconizamos em 1932.

O poder do Senado Federal, no caso do inciso II, é total e definitivo. Pode refugar parte ou todo o regulamento. É um intérprete da Constituição e das leis, a respeito de regulamentos do Poder Executivo"[65].

Há, porém, quem discorde parcialmente dessa afirmação, salientando que o papel exercido pelo Senado Federal, à época da Constituição de 1934, era bastante dessemelhante às funções legislativas do Congresso Nacional atual[66].

De qualquer sorte, o art. 91 da Constituição de 1934 não deixa de ser um antepassado da atual prerrogativa atribuída ao Congresso Nacional, de maneira que a experiência das polêmicas hermenêuticas sobre o alcance, a finalidade e os efeitos do dispositivo são úteis para o entendimento do regramento atual.

Natureza do controle consubstanciado no ato de sustação

De acordo com a doutrina, ambas as hipóteses (sustação de atos normativos exorbitantes do poder regulamentar e sustação de lei delegada que extrapolar os limites da delegação legislativa) constituem espécie de controle político de constitucionalidade. É a posição, por exemplo, de Gilmar Ferreira Mendes[67], Luís Roberto Barroso[68], Anna Cândida da Cunha Ferraz[69], Gabriel Dezen Júnior[70] e Marcos Aurélio Pereira Valadão[71].

---

[65] MENDES, Gilmar Ferreira. O Poder Executivo e o Poder Legislativo no controle de constitucionalidade. In: *Revista de Informação Legislativa*, a. 34, n. 134, abr./jun.1997, p. 15.
[66] FERRAZ, Anna Cândida da Cunha. Comentários ao art. 49. In: LEONCY, Léo Ferreira (org.). *Comentários à Constituição do Brasil*. São Paulo: Saraiva/Almedina, 2013. p. 1028. Para Marcos Valadão, "a doutrina cita a Constituição de 1934, que em seu art. 91, incisos I e II, atribuía ao Senado Federal competência semelhante. Contudo, o arcabouço constitucional em que estava inserido o Senado Federal, na Carta de 1934, era diferente, não se tratava de casa legislativa em sua acepção plena, mas estava mais próxima de ser um órgão de coordenação dos poderes federais. Tal dispositivo, embora a Carta de 1934 tenha tido curta duração, foi objeto de polêmica na doutrina". VALADÃO, Marcos Aurélio Pereira. Sustação de atos do Poder Executivo pelo Congresso Nacional com base no artigo 49, inciso V, da Constituição de 1988. In: *Revista de Informação Legislativa*, a. 38, n. 153, jan./mar.2002, p. 289.
[67] MENDES, Gilmar Ferreira. Op. cit., p. 14.
[68] BARROSO, Luís Roberto. *O Controle de Constitucionalidade no Direito Brasileiro*. São Paulo: Saraiva, 2014. p. 89.
[69] FERRAZ, Anna Cândida da Cunha. Op. cit., p. 1029.
[70] DEZEN JÚNIOR, Gabriel. *Constituição Federal*. Brasília: Alumnus, 2015. p. 741.
[71] VALADÃO, Marcos Aurélio Pereira. Op. cit., p. 290. O autor consigna expressamente que, "em ambas as situações, é indubitável que se configura caso de inconstitucionalidade. Se um decreto presidencial vai além do que está previsto na lei, ou seja, exorbita do poder regulamentar, trata-se de inconstitucionalidade do decreto pela via indireta. Também, se a uma lei delegada editada pelo Poder Executivo extrapolar os limites da competência legislativa delegada pelo Congresso Nacional, configura-se inconstitucionalidade da mesma lei. Assim, promovendo a sustação desses atos, o Congresso Nacional promove o controle de constitucionalidade dos mesmos".

Após análise mais detida, porém, é possível perceber que as situações são distintas. Com efeito, quando se susta a execução de lei delegada que extrapolou os limites da delegação legislativa (conferida nos termos do § 2º do art. 68 da CF), está-se a declarar a *inconstitucionalidade direta* da norma. Uma lei delegada editada sem autorização, ou além da autorização, é ato eivado de inconstitucionalidade formal, pois que editada em desrespeito aos seus pressupostos específicos (art. 68).

Não é o mesmo caso da sustação de outros atos normativos. Nessas hipóteses, suspende-se a execução de atos do Poder Executivo que, a pretexto de regulamentarem uma lei, exorbitem seus mandamentos – isto é, tenham conteúdo *contra legem* ou *praeter legem*[72]. Não se trata, aqui – ao menos não num conceito estrito – de inconstitucionalidade direta, mas sim de mera inconstitucionalidade reflexa. Em outras palavras: o caso é de controle de legalidade, e não de constitucionalidade, já que a norma-parâmetro do controle será a lei, e não a CF. Nessa hipótese, o Legislativo, por meio de decreto legislativo, retira a eficácia da norma infralegal, em virtude de sua incompatibilidade com a legislação ordinária.

Motivos da sustação de atos normativos do Poder Executivo que exorbitem os limites do poder regulamentar

O objeto do controle de constitucionalidade político previsto no inciso V do art. 49 da CF não é o mérito do ato (sua conveniência e oportunidade), nem mesmo sua inconstitucionalidade material, mas apenas sua inconstitucionalidade formal, especificamente por exorbitância do poder regulamentar[73].

Dessa forma, não podem os congressistas sustarem um ato normativo do Poder Executivo apenas por discordarem do seu conteúdo, ou das políticas por ele instituídas, ou até mesmo por considerarem o conteúdo da normatização materialmente inconstitucional. Para o primeiro caso (discordância quanto ao mérito), a solução seria, se for o caso, a aprovação de projeto de lei ordinária com conteúdo distinto ao do ato em questão[74]. Para o caso em que se identifica uma possível inconstitucionalidade material, a solução seria provocar o Poder Judiciário.

O controle por meio do ato de sustação afeta os atos normativos do Poder Executivo se, e somente se, tais atos forem violadores do princípio da legalidade (CF, arts. 5º, II, e 37, *caput*), por extrapolarem os limites da lei que buscavam regulamentar (é dizer, se não cumprirem o mandato do inciso IV do art. 84 da CF, de que devem ser "fieis" à lei).

Em outras palavras: o controle legislativo previsto no inciso V do art. 49 da CF não é um controle de mérito nem de inconstitucionalidade material. O que se controla é a constitucionalidade formal dos atos normativos do Poder Executivo. Claro que essa análise não prescinde de uma apreciação do conteúdo da lei (norma-parâmetro) e do ato objeto de controle. Essa verificação, contudo, distingue-se totalmente de um juízo de valor sobre o conteúdo do ato: trata-se, em verdade, de um juízo jurídico sobre uma questão se o ato normativo cingiu-se à lei por ele regulamentada, ou se a desrespeitou.

---

[72] MORAES, Alexandre de. *Constituição do Brasil Interpretada e Legislação Constitucional*. São Paulo: Atlas, 2013. p. 1016.
No mesmo sentido: FERRAZ, Anna Cândida da Cunha. Op. cit., p. 1030.
[73] Nesse sentido: VALADÃO, Marcos Aurélio Pereira. Op. cit., p. 292.
[74] Dizemos "se for o caso" porque, caso se trate de matéria tipicamente administrativa, de competência exclusiva do Poder Executivo, nem isso será possível, sob pena de violação ao princípio da reserva de administração, verdadeira decorrência lógica do preceito da separação de poderes (CF, art. 2º).

Com efeito, se se admitisse que o Congresso Nacional controlasse via decreto legislativo a discricionariedade do Poder Executivo, tal situação "refugiria completamente ao sistema de pesos e contrapesos entre os três Poderes, podendo derivar para uma confusão de competências"[75].

Com a mesma orientação ora apresentada, José Levi Mello do Amaral Júnior sustenta que "ainda que se trate de um controle político, a sustação somente pode ser levada a efeito quando houver (...) o desbordamento, pelo Executivo, do poder regulamentar ou dos limites da delegação legislativa"[76].

Em resumo: Portanto, pode-se afirmar que a hipótese do art. 49, V, representa um caso específico de controle de constitucionalidade/legalidade, não podendo ser exercido apenas para combater atos dos quais se desgoste, ou de cujo conteúdo se discorde.

Dessa maneira, argumentos (muitas vezes presentes na justificação de projetos de decreto legislativo embasados no inciso V do art. 49 da CF) sobre o mérito da medida que se visa a sustar são absolutamente irrelevantes. Isso porque, se o ato normativo exorbitar os limites da lei, deverá ser sustado, ainda que seu mérito seja louvável; ao revés, se o ato não desbordar dos limites da lei, não poderá ser suspenso, mesmo que se discorde da solução por ele dada ao tema.

É importante ressaltar esse fato, inclusive, porque os decretos legislativos que sustem atos do Executivo podem ser objeto de revisão judicial. É dizer: se o Congresso Nacional, sob o pretexto de sustar atos que exorbitem o poder regulamentar, extrapolar, ele mesmo, os limites que lhe são postos pelo inciso V do art. 49 da CF, poderá ter sua atuação invalidada judicialmente[77].

Atos passíveis de sustação

A competência congressual atinge mesmo atos normativos editados por outros órgãos do Executivo (federal), que não o Presidente da República. Isso porque, a partir de uma interpretação literal, vê-se que o inciso V do art. 49 trata de "atos normativos [e não apenas regulamentares] do Poder Executivo". Contra, entendendo que só podem ser sustados atos do Presidente da República, posiciona-se Marcos Valadão, para quem:

---

[75] Idem, ibidem, p. 290.
[76] AMARAL JÚNIOR, José Levi Mello do. O Poder Legislativo na democracia contemporânea: a função de controle político dos parlamentos na democracia contemporânea. In: *Revista de Informação Legislativa*, a. 42, n. 168, out./dez.2005, p. 12.
[77] Nesse sentido: MENDES, Gilmar Ferreira. Op. cit., p. 15. Para Marcos Valadão, "o decreto legislativo que veicula a sustação do ato do Poder Executivo pode ser objeto do controle concentrado de constitucionalidade, com base no art. 102, inciso I, e seu § 1º, e art. 103, § 4º, i.e., por via de ação direta de inconstitucionalidade, de arguição de descumprimento de preceito fundamental e de ação declaratória de constitucionalidade, respectivamente. (...) Já foram mencionadas as ADIs n. 748-3/RS e 1.553-2/DF, cujos objetos eram decretos legislativos estaduais editados para sustar atos regulamentares de governadores. Por via dessas ADIs, ficou estabelecido que o decreto legislativo sustador pode ser objeto de controle concentrado". O autor prossegue afirmando que, "no caso de haver constitucionalidade formal do decreto legislativo, i.e., a hipótese de sua edição é plausível e os trâmites legislativos pertinentes foram cumpridos de maneira escorreita, restará ainda por parte do STF a análise da questão de mérito, ou seja, se o ato do Poder Executivo pode ou não ter exorbitado do poder regulamentar ou dos limites da delegação legislativa" (VALADÃO, Marcos Aurélio Pereira. Op. cit., p. 294/295).

Parece-nos que a resposta é no sentido negativo. O problema aqui é que não compete ao Congresso Nacional, diretamente, por via legislativa (decreto legislativo) se imiscuir (*sic*) em atos regulamentares, melhor dizer atos normativos, editados no âmbito do Poder Executivo, por autoridades que não o Chefe do Poder Executivo. Há outros mecanismos para se proceder a esse controle, a cargo do Poder Judiciário, de maneira genérica, e, em situações específicas, do Tribunal de Contas da União (art. 71, incisos IX, X e XI). Além do que, essa modalidade de atos não se amolda, em sentido estrito, ao conceito de ato regulamentar, decorrente do poder regulamentar, mas sim ao de ato executivo, inserindo-se no âmbito dos atos normativos[78].

Anna Cândida da Cunha Ferraz também considera que o poder de sustação abrange apenas os atos do Chefe do Poder Executivo, "não alcançando atos administrativos de outras autoridades, ainda que normativos, tais como as instruções normativas ministeriais"[79]. A própria autora, contudo, reconhece que "este é ainda um ponto em aberto na doutrina e na jurisprudência, pois (...) o Supremo Tribunal Federal admitiu, em tese, que Resolução (...) pudesse ser objeto da sanção estabelecida no art. 49, V, em exame (ACO-QO 1048)"[80].

É certo, entretanto, que o STF entendeu não poderem ser sustados atos judiciais, ainda que editados pelo Tribunal Superior Eleitoral, no exercício de seu poder regulamentador da legislação eleitoral[81]. A Corte refutou, portanto, a interpretação ampliativa do disposto no inciso V do art. 49, para alcançar também atos normativos emanados do poder regulamentar *de outros Poderes da República*, ainda que tal competência seja combinada com o inciso XI do mesmo art. 49 (segundo o qual compete ao Congresso Nacional "zelar pela preservação de sua competência legislativa em face da atribuição normativa dos outros Poderes"). Nesse sentido, a jurisprudência distanciou-se de parte da doutrina, que previa a possibilidade de o ato de sustação congressual atingir outros Poderes, além do Executivo[82].

Efeitos jurídicos do ato de sustação

O conteúdo do decreto legislativo consiste na sustação do ato impugnado. Trata-se de ato definitivo (a não ser que invalidado judicialmente, por motivos lógicos), que opera no plano da eficácia da norma, retirando-lhe a possibilidade de produzir efeitos, tendo como causa a sua invalidade. Não atinge, assim, o aspecto da existência, uma vez que não possui o condão de revogar o ato do Executivo[83].

Quanto à extensão dos efeitos do ato de sustação, pode-se que são prospectivos (*ex nunc*[84]) *e para todos (erga omnes)*, a partir da publicação e entrada em vigor do decreto legislativo.

---

[78] VALADÃO, Marcos Aurélio Pereira. Op. cit., p. 293.
[79] FERRAZ, Anna Cândida da Cunha. Op. cit., p. 1030.
[80] Idem, ibidem, p. 1030.
[81] STF, Pleno, Ação Declaratória de Constitucionalidade (ADC) n. 33/DF, Relator Ministro Gilmar Mendes, *DJe* de 29-10-2014.
[82] DEZEN JÚNIOR, Gabriel. Op. cit., p. 743.
[83] Em sentido contrário, defendendo que o ato congressual ataca "a existência e a validade da norma jurídica", VALADÃO, Marcos Aurélio Pereira. Op. cit., p. 291.
[84] Nesse sentido: 1) HOLTHE, Leo Van. Comentários aos arts. 48 a 50. In: MIRANDA, Jorge *et al.* (orgs.). *Comentários à Constituição Federal de 1988*. Rio de Janeiro: Forense, 2009. p. 902; 2) DEZEN JÚNIOR, Gabriel. Op. cit., p. 742; 3) FERRAZ, Anna Cândida da. Op. cit., p. 1030.

Questão de Concurso

(FGV – MPE GO – Promotor de Justiça Substituto – 2022) O governador do Estado-membro Alfa editou o Decreto n. XX, regulamentando a Lei estadual n. YY. Por entender que o referido decreto avançara em espaço reservado à lei, tendo extrapolado, portanto, o exercício do poder regulamentar, a Assembleia Legislativa do Estado Alfa editou o Decreto Legislativo n. ZZ, suspendendo diversos dos seus preceitos. Irresignado com o ocorrido, já que, a seu ver, o Decreto n. XX limitara-se a regulamentar a Lei estadual n. YY, o governador questionou sua assessoria sobre a possibilidade de o Decreto Legislativo n. ZZ ser submetido à apreciação do Supremo Tribunal Federal, sendo-lhe respondido, corretamente, que o decreto legislativo:

a) pode ser submetido ao controle concentrado de constitucionalidade, a exemplo de todos os atos emanados das estruturas estatais de poder;

b) é ato de efeitos concretos, não tendo, portanto, conteúdo normativo, logo, não é possível submetê-lo ao controle concentrado de constitucionalidade;

c) não pode ser submetido ao controle concentrado de constitucionalidade, pois, para tanto, será preciso realizar o juízo de legalidade do regulamento, o que não é permitido nessa seara;

d) por ostentar generalidade e abstração negativa, contrapondo-se à positiva do ato sustado, possui caráter normativo e pode ser submetido ao controle concentrado de constitucionalidade;

e) pode ser submetido ao controle concentrado de constitucionalidade, mas apenas se a suspensão de preceitos do Decreto n. XX tiver ocorrido por vício de inconstitucionalidade objetivamente verificável.

Gabarito comentado: D (o decreto legislativo é ato do art. 59, contra ele cabendo ADI para se discutir o controle de legalidade realizado pela Assembleia Legislativa em relação aos atos normativos do governador: STF, Pleno, ADI n. 5740/DF, Relatora Ministra Cármen Lúcia, j. 23-11-2020)

Aprofundamento:
a distinção entre controle concentrado e abstrato e entre controle difuso e concreto

O controle judicial ou jurisdicional é comumente classificado, pela doutrina, sob diversos critérios. Assim, como já vimos, quanto ao modo de exercício (quanto à competência), o controle jurisdicional pode se dividir em: a) controle difuso (pode ser realizado por qualquer juiz ou tribunal) ou b) concentrado (somente pode ser realizado por um órgão específico, por meio das chamadas ações diretas – no caso brasileiro, esse órgão é o STF).

De outra parte, é possível também classificar o controle jurisdicional quanto ao objeto, quando, então, teríamos:

> Controle abstrato (analisa-se a compatibilidade ou não entre uma *norma em tese* – a lei "em si" – e a Constituição, sem levar em conta um caso determinado) ou concreto (quando se tem em mente um determinado ato concreto, resolve-se o conflito entre a lei e a Constituição *para aquele caso concreto*, ou ainda quando se analisa a compatibilidade entre *um ato concreto* – não normativo, como um decreto de aposentadoria – e a Constituição)[85].

É comum certa confusão entre os conceitos de controle concentrado e abstrato, de um lado, e controle difuso e concreto, de outro. Muitas vezes as expressões "concentrado" e "abstrato" são

---

[85] Idem.

tomadas como sinônimos, assim como "concreto" e "difuso". Tal fato talvez derive do fato de que, *no Brasil, geralmente* o controle concentrado é abstrato, e o controle difuso é concreto. Mas é preciso que haja um esclarecimento conceitual prévio.

Controle concentrado é, como vimos, aquele que somente o STF tem competência para exercer (por meio das chamadas ações diretas – ADI, ADC e ADPF). Por outro lado, diz-se *abstrato* o controle em que se analisa a lei *em tese*, a norma *abstratamente considerada*.

Já a fiscalização é dita difusa quando pode ser exercida por qualquer juiz ou tribunal, e concreta quando se analisa a constitucionalidade ou não de *fatos* ou de uma norma *aplicada em determinado caso concreto*.

Como dissemos, é comum, *no Brasil*, que o controle concentrado seja abstrato e o controle difuso seja concreto. Mas não se trata de uma regra absoluta, nem mesmo no ordenamento jurídico pátrio.

Realmente, é preciso esclarecer que concentrado/difuso e abstrato/concreto são categorias diferenciadas. No Direito Comparado, diversas Constituições (vg., *Grundgesetz* alemã, art. 100) expressam claramente a existência de um controle concreto processado de forma concentrada perante o Tribunal Constitucional (*abstrakte-konkret Normenkontrolle*). Em nosso próprio ordenamento, o elucidativo exemplo da ADPF pode ser invocado: só pode ser proposta perante o STF (controle concentrado) e pode incidir sobre ato do Poder Público que ameace preceito fundamental (Lei n. 9.882/99, art. 1º, *caput*), o que configura claramente um caso de controle concentrado-concreto[86].

Aliás, Carlos Velloso[87] refere-se claramente à existência de um controle concentrado-concreto, quando afirma:

> (...) tratando-se de questão constitucional controvertida, de repercussão nacional, o juiz ou o Tribunal da causa – e aqui busco inspiração no *controle concentrado em concreto*, existente no Tribunal Constitucional alemão – poderá, a requerimento do Procurador-Geral da República, suspendendo o processo, submeter a questão constitucional à decisão do Supremo Tribunal Federal (grifo nosso).

---

[86] Para conceitos sinônimos de controle concentrado e abstrato e difuso e concreto, MORAES, Alexandre de. *Curso de Direito Constitucional*. São Paulo: Atlas, 2004. p. 699. Defendendo ainda que qualquer controle concentrado se faz de forma abstrata, veja-se o que diz Cappelletti: "(...) um processo autônomo, visando, exclusivamente, a promover o julgamento da Corte sobre a constitucionalidade de uma dada lei e promovido por iniciativa de alguns órgãos não judiciários, ou mesmo por inciativa de uma determinada minoria parlamentar ou de pessoas individualmente consideradas – e fala-se, neste caso, de *abstrakte Normenkontrolle* (controle normativo abstrato, *abstract review*), exatamente por indicar que o controle de *legis legitimitate* é aqui feito pela Corte Constitucional, sem nenhuma ligação com determinados casos concretos". CAPPELLETTI, Mauro. *O Controle Judicial de Constitucionalidade das Leis no Direito Comparado*. Porto Alegre: Sergio Antonio Fabris, 1992. p. 111. *Data venia* do mestre italiano, no caso do *Verfassungsbeschwerde* ou do *Juicio de Amparo*, destinados justamente a tutelar *in casu* direitos fundamentais ameaçados de violação ou mesmo violados por ato do Poder Público, não se pode afirmar que o controle seja feito "sem nenhuma ligação com determinados casos concretos".

[87] VELLOSO, Carlos, *apud* TAVARES, André Ramos. *Teoria da Justiça Constitucional*. São Paulo: Saraiva, 2005. p. 415.

Aprofundamento:
conversão de Medida Provisória em lei e "superação" dos vícios de inconstitucionalidade

Setores da doutrina defendem que, uma vez convertida em lei a medida provisória, por decisão do Congresso Nacional, estariam superados eventuais vícios da proposição original. É a posição, por exemplo, de José Levi Mello do Amaral Júnior[88]. Isso porque, em suma, a deliberação do Congresso Nacional, aprovando a MP e convertendo-a em lei, criaria um novo ato jurídico (lei), que não seria contaminado pelos eventuais vícios da medida provisória original.

Essa não é, porém, a tese majoritária, porque o processo legislativo é regido pelo princípio da não convalidação das nulidades (que são, em regra, insanáveis)[89]. Veja-se, por exemplo, o caso da sanção aposta pelo Presidente a projeto de lei que desrespeitou sua iniciativa privativa ato esse que não sana a inconstitucionalidade congênita do projeto[90].

O Supremo Tribunal Federal tem reiteradas vezes rejeitado a tese da convalidação da medida provisória em virtude de conversão em lei. Confiram-se, por exemplo, as ADIs n. 4.049-MC/DF[91], 4.048-MC/DF[92] e 3.090-MC/DF[93]. Em casos tais, exige-se apenas que o autor da ação adite a inicial, para citar como ato impugnado a lei resultante da conversão, em substituição à apontada medida provisória já convertida, sob pena de extinção do feito[94]. Em recente julgado, porém, a Corte – num aparente retrocesso – voltou a entender que a conversão da MP em lei torna prejudicada a ADI ajuizada... Confira: "A conversão de medida provisória em lei, com absorção de conteúdo, torna prejudicado o debate sobre o atendimento dos pressupostos de sua admissibilidade"[95].

Aprofundamento:
a (polêmica) tese da utilização da ADPF para o controle preventivo de constitucionalidade

A jurisprudência do STF não admite o controle concentrado preventivo. Isto é: não se aceita o ajuizamento de ação direta de inconstitucionalidade (ADI), ação declaratória de constitucionalidade (ADC) ou arguição de descumprimento de preceito fundamental (ADPF) contra meros *projetos* de lei ou *propostas* de emenda constitucional[96].

Porém, é um pouco mais complexa a questão do cabimento de ADPF contra projeto de lei ou proposta de emenda à Constituição. Isso porque tal espécie de ação, apesar de ser modalidade do controle concentrado (só pode ser julgada, na esfera federal, pelo STF), pode configurar, quanto ao objeto de controle, uma espécie de controle abstrato ou concreto, conforme o caso. Assim, não

---

[88] AMARAL JÚNIOR, José Levi Mello do. *Medida Provisória e sua Conversão em Lei*. São Paulo: RT, 2004. p. 71.
[89] CAVALCANTE FILHO, João Trindade. *Processo Legislativo Constitucional*. Salvador: JusPodivm, 2018. p. 19.
[90] STF, Pleno, ADI n. 2.867, Relator Ministro Celso de Mello, *DJ* de 9-2-2007.
[91] STF, Pleno, ADI n. 4.049-MC/DF, Relator Ministro Carlos Britto, *DJe* de 7-5-2009.
[92] STF, Pleno, ADI n. 4.048-MC/DF, Relator Ministro Gilmar Mendes, *DJe* de 21-8-2008.
[93] STF, Pleno, ADI n. 3.090-MC/DF, Relator Ministro Gilmar Mendes, *DJe* de 25-10-2007.
[94] STF, Pleno, ADI n. 1.922/DF, Relator Ministro Joaquim Barbosa, *DJe* de 17-5-2007.
[95] STF, Pleno, ADI n. 4.980, rel. min. Nunes Marques, j. 10-3-2022.
[96] STF, Pleno, ADI n. 466/DF, Relator Ministro Celso de Mello, *DJ* de 10-5-1991.

caberá ADPF contra projeto de lei, caso se deseje analisá-lo *em tese*; mas, teoricamente, nada impede que se ajuíze ADPF quando a propositura do projeto de lei ou da proposta de emenda à Constituição já configurar uma *concreta* lesão a um determinado preceito fundamental.

Um precedente importante sobre o assunto foi a ADPF n. 45-MC/DF, em que o Ministro Relator, embora a tenha extinguido sem análise do mérito, por questões processuais, teceu longas considerações sobre a admissibilidade da ADPF para questionar o ato concreto de veto presidencial a dispositivos da lei de diretrizes orçamentárias, que determinavam a aplicação de recursos mínimos em saúde. Perceba-se, porém, que a ação não questionava a constitucionalidade do projeto de lei em si (em tese), mas sim do *ato concreto* de veto, praticado pelo Presidente da República. Tal ação, contudo, foi extinta sem resolução do mérito, uma vez que o veto contra a qual se insurgia não subsistiu.

Para fins de provas objetivas de concursos e de OAB, melhor adotar a tese tradicional, assim resumida:

Cuidado!

A jurisprudência do STF não admite o controle concentrado preventivo. Isto é: não se aceita o ajuizamento de ação direta de inconstitucionalidade (ADI), ação declaratória de constitucionalidade (ADC) ou arguição de descumprimento de preceito fundamental (ADPF) contra meros projetos de lei ou propostas de emenda constitucional. A única forma de questionar essas proposições legislativas é por meio de mandado de segurança (controle difuso) impetrado por parlamentar no STF: qualquer parlamentar (e somente ele) pode impetrar mandado de segurança no STF contra o ato da Mesa de sua Casa que tenha dado andamento ao projeto ou proposta de inconstitucionalidade manifesta.

Aprofundamento:
o controle abstrato de normas como processo objetivo

A doutrina aponta que o processo de controle abstrato é um processo objetivo, em que o legitimado atua não em defesa de interesse próprio (subjetivo), mas sim no interesse de proteger o próprio sistema jurídico.

Nessa tipologia processual (processo objetivo), relacionada ao controle abstrato de normas, o principal objeto é extirpar do ordenamento a norma que contraria a Constituição (não havendo, portanto, partes no sentido processual tradicional). O autor não alega a existência de lesão a direitos subjetivos; antes, atua como representante do interesse público.

Tal posição, embora não seja trabalhada com a amplidão que merece, não é nova. Aliás, há notícia de que, já em 1967/1969, o Supremo Tribunal Federal admitiu que a Representação de Inconstitucionalidade não era uma ação clássica, mas uma ação política, de modo que, nesse caso, o processo judicial seria uma simples forma[97]. Também Gneist, já em 1879, defendia a possibilidade de um processo que não servisse apenas à tutela de direitos subjetivos[98].

Embora, em tese, haja outras situações que instauram um verdadeiro processo objetivo (por exemplo, o conflito de competência), tal categoria é usada de maneira predominante no pro-

---

[97] MENDES, Gilmar Ferreira. *Jurisdição Constitucional*. São Paulo: Saraiva, 2006. p. 155.
[98] TAVARES, André Ramos. *Teoria da Justiça Constitucional*. São Paulo: Saraiva, 2005. p. 392.

cesso de controle abstrato de constitucionalidade. Daí a importância de se analisar esse processo, para que se possa estudar as condições da ação no controle abstrato.

Resumindo os apontamentos doutrinários, podemos citar como características do processo objetivo:

a) **finalidade:** não é proteger direitos subjetivos (individuais ou coletivos), mas sim ratificar ou manter a supremacia constitucional, a higidez e inteireza do próprio ordenamento jurídico;

b) **relação processual:** não há partes propriamente ditas (autor e réu), como no processo subjetivo, mas apenas legitimados ativos (e, eventualmente, passivos), que suscitam a questão constitucional perante o Judiciário;

c) **restrições à instrução probatória:** como se trata de um processo vinculado a uma necessidade pública de controle, a atividade instrutória/probatória, embora não inexistente, é significativamente diminuta quando compara ao processo subjetivo;

d) **não aplicação das regras processuais comuns:** têm que ser respeitadas, no processo objetivo, regras processuais propriamente ditas, mas ele não se submete por inteiro às regras comuns do Processo Civil, pois que idealizadas para um clássico processo subjetivo.

Quadro 22.12 – Comparação entre o processo objetivo e o processo subjetivo

	Processo Subjetivo	Processo Objetivo
Finalidade	Defender interesses particulares	Defender o próprio ordenamento
Relação processual	Partes (autor e réu)	Não há partes propriamente ditas, apenas
Instrução	Geralmente ampla	Restrita
Regras processuais	Aplicam-se de modo irrestrito	Aplicam-se apenas quando compatíveis com o objetivo do processo

ESQUEMAS

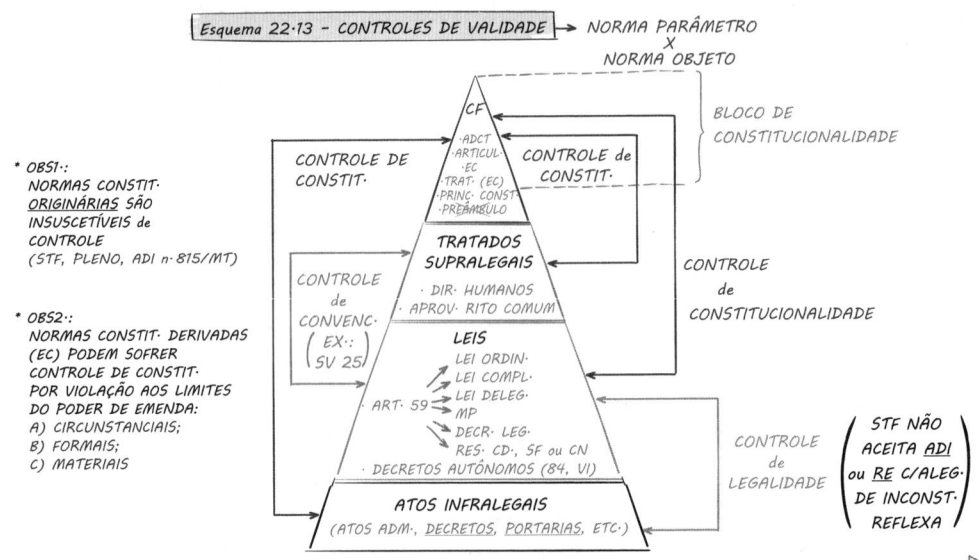

Esquema 22.13 – CONTROLES DE VALIDADE → NORMA PARÂMETRO X NORMA OBJETO

* OBS1.: NORMAS CONSTIT. ORIGINÁRIAS SÃO INSUSCETÍVEIS de CONTROLE (STF, PLENO, ADI n. 815/MT)

* OBS2.: NORMAS CONSTIT. DERIVADAS (EC) PODEM SOFRER CONTROLE DE CONSTIT. POR VIOLAÇÃO AOS LIMITES DO PODER DE EMENDA:
  A) CIRCUNSTANCIAIS;
  B) FORMAIS;
  C) MATERIAIS

CF
- ADCT
- ARTICUL.
- EC
- TRAT. (EC)
- PRINC. CONST.
- PREÂMBULO

CONTROLE DE CONSTIT.

CONTROLE de CONSTIT.

BLOCO DE CONSTITUCIONALIDADE

TRATADOS SUPRALEGAIS
- DIR. HUMANOS
- APROV. RITO COMUM

CONTROLE de CONVENC. (EX.: SV 25)

LEIS
- LEI ORDIN.
- LEI COMPL.
- LEI DELEG.
- MP
- DECR. LEG.
- RES. CD., SF ou CN
- DECRETOS AUTÔNOMOS (84, VI)

ART. 59

CONTROLE de CONSTITUCIONALIDADE

ATOS INFRALEGAIS
(ATOS ADM., DECRETOS, PORTARIAS, ETC.)

CONTROLE de LEGALIDADE

STF NÃO ACEITA ADI ou RE C/ALEG. DE INCONST. REFLEXA

continuação

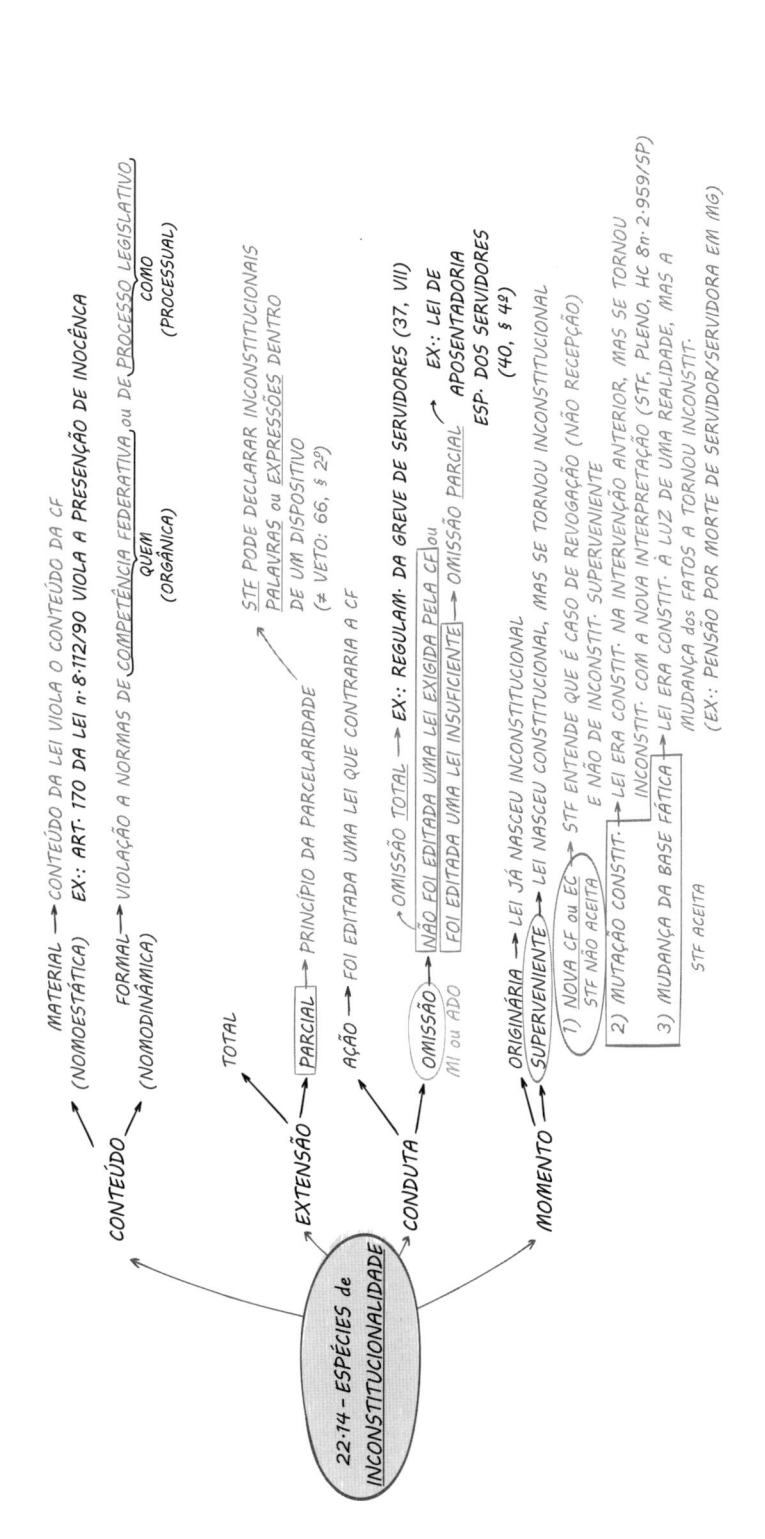

[Capítulo 22] Controle de Constitucionalidade **743**

continuação ▷▷

22.14 - ESPÉCIES de INCONSTITUCIONALIDADE

- **CONTEÚDO**
  - MATERIAL (NOMOESTÁTICA) → CONTEÚDO DA LEI VIOLA O CONTEÚDO DA CF
    - EX.: ART. 170 DA LEI n. 8.112/90 VIOLA A PRESUNÇÃO DE INOCÊNCIA
  - FORMAL (NOMODINÂMICA) → VIOLAÇÃO A NORMAS DE COMPETÊNCIA FEDERATIVA ou DE PROCESSO LEGISLATIVO
    - QUEM (ORGÂNICA)
    - COMO (PROCESSUAL)

- **EXTENSÃO**
  - TOTAL
  - PARCIAL → PRINCÍPIO DA PARCELARIDADE → STF PODE DECLARAR INCONSTITUCIONAIS PALAVRAS ou EXPRESSÕES DENTRO DE UM DISPOSITIVO (≠ VETO: 66, § 2º)

- **CONDUTA**
  - AÇÃO → FOI EDITADA UMA LEI QUE CONTRARIA A CF
  - OMISSÃO (MI ou ADO)
    - OMISSÃO TOTAL → EX.: REGULAM. DA GREVE DE SERVIDORES (37, VII)
      - NÃO FOI EDITADA UMA LEI EXIGIDA PELA CF
      - FOI EDITADA UMA LEI INSUFICIENTE → OMISSÃO PARCIAL → EX.: LEI DE APOSENTADORIA ESP. DOS SERVIDORES (40, § 4º)

- **MOMENTO**
  - ORIGINÁRIA → LEI JÁ NASCEU INCONSTITUCIONAL
  - SUPERVENIENTE → LEI NASCEU CONSTITUCIONAL, MAS SE TORNOU INCONSTITUCIONAL
    1) NOVA CF ou EC → STF ENTENDE QUE É CASO DE REVOGAÇÃO (NÃO RECEPÇÃO) E NÃO DE INCONSTIT. SUPERVENIENTE
    2) MUTAÇÃO CONSTIT. → LEI ERA CONSTIT. NA INTERVENÇÃO ANTERIOR, MAS SE TORNOU INCONSTIT. COM A NOVA INTERPRETAÇÃO (STF, PLENO, HC 8n. 2.959/SP)
    3) MUDANÇA DA BASE FÁTICA → LEI ERA CONSTIT. À LUZ DE UMA REALIDADE, MAS A MUDANÇA dos FATOS A TORNOU INCONSTIT. (EX.: PENSÃO POR MORTE DE SERVIDOR/SERVIDORA EM MG)
    STF ACEITA

▷▷ *continuação*

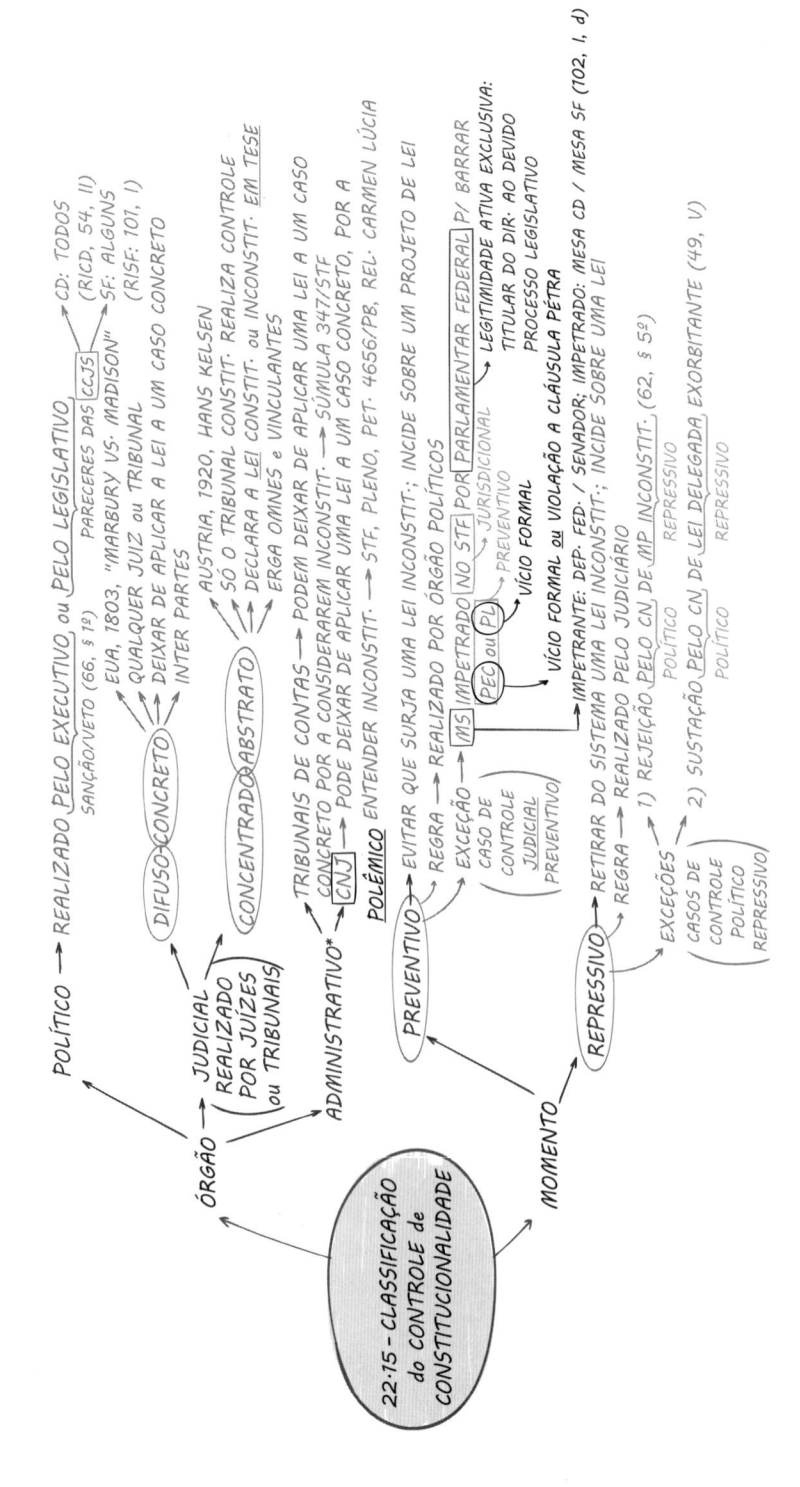

continuação ▷▷

22.15 - CLASSIFICAÇÃO do CONTROLE de CONSTITUCIONALIDADE

ÓRGÃO

- **POLÍTICO** → REALIZADO PELO EXECUTIVO ou PELO LEGISLATIVO
  - SANÇÃO/VETO (66, § 1º)
  - PARECERES DAS CCJS (RICD, 54, II) — CD: TODOS
    - SF: ALGUNS (RISF: 101, I)
  - EUA, 1803, "MARBURY VS. MADISON" → QUALQUER JUIZ ou TRIBUNAL DEIXAR DE APLICAR A LEI A UM CASO CONCRETO INTER PARTES

- **JUDICIAL** — REALIZADO POR JUÍZES ou TRIBUNAIS
  - **DIFUSO-CONCRETO**
  - **CONCENTRADO-ABSTRATO**
    - AUSTRIA, 1920, HANS KELSEN
    - SÓ O TRIBUNAL CONSTIT. REALIZA CONTROLE
    - DECLARA A LEI CONSTIT. ou INCONSTIT. EM TESE
    - ERGA OMNES e VINCULANTES

- **ADMINISTRATIVO***
  - TRIBUNAIS DE CONTAS → PODEM DEIXAR DE APLICAR UMA LEI A UM CASO CONCRETO POR A CONSIDERAREM INCONSTIT. → SÚMULA 347/STF
  - CNJ → PODE DEIXAR DE APLICAR UMA LEI A UM CASO CONCRETO, POR A ENTENDER INCONSTIT. → STF, PLENO, PET. 4656/PB, REL. CARMEN LÚCIA
  - **POLÊMICO**

MOMENTO

- **PREVENTIVO** → EVITAR QUE SURJA UMA LEI INCONSTIT.; INCIDE SOBRE UM PROJETO DE LEI
  - REGRA → REALIZADO POR ÓRGÃO POLÍTICOS
  - EXCEÇÃO → MS IMPETRADO NO STF POR PARLAMENTAR FEDERAL P/ BARRAR PEC ou PL
    - LEGITIMIDADE ATIVA EXCLUSIVA: TITULAR DO DIR. AO DEVIDO PROCESSO LEGISLATIVO
    - JURISDICIONAL PREVENTIVO
    - VÍCIO FORMAL
    - VÍCIO FORMAL ou VIOLAÇÃO A CLÁUSULA PÉTREA
    - IMPETRANTE: DEP. FED. / SENADOR; IMPETRADO: MESA CD / MESA SF (102, I, d)
  - (CASO DE CONTROLE JUDICIAL PREVENTIVO)

- **REPRESSIVO** → RETIRAR DO SISTEMA UMA LEI INCONSTIT.; INCIDE SOBRE UMA LEI
  - REGRA → REALIZADO PELO JUDICIÁRIO
  - EXCEÇÕES
    - 1) REJEIÇÃO PELO CN DE MP INCONSTIT. (62, § 5º)
      - POLÍTICO REPRESSIVO
    - 2) SUSTAÇÃO PELO CN DE LEI DELEGADA EXORBITANTE (49, V)
      - POLÍTICO REPRESSIVO
  - (CASOS DE CONTROLE POLÍTICO REPRESSIVO)

* **OBS**: O STF tende a rejeitar que o TCU e o CNJ possam realizar propriamente controle de constitucionalidade.

▷▷ *continuação*

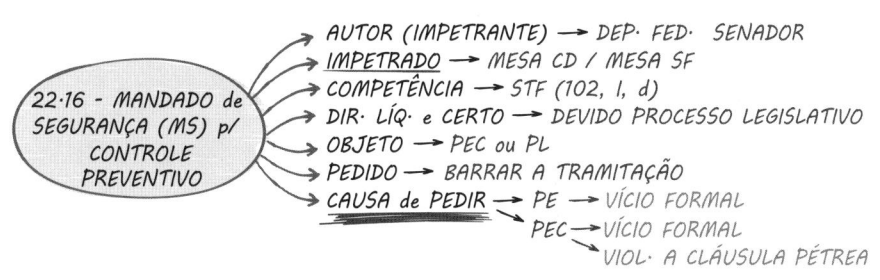

[Capítulo 22] Controle de Constitucionalidade **745**

continuação ▷▷

22.16 - MANDADO de SEGURANÇA (MS) p/ CONTROLE PREVENTIVO
- AUTOR (IMPETRANTE) → DEP. FED. SENADOR
- IMPETRADO → MESA CD / MESA SF
- COMPETÊNCIA → STF (102, I, d)
- DIR. LÍQ. e CERTO → DEVIDO PROCESSO LEGISLATIVO
- OBJETO → PEC ou PL
- PEDIDO → BARRAR A TRAMITAÇÃO
- CAUSA de PEDIR → PE → VÍCIO FORMAL
  - PEC → VÍCIO FORMAL
  - VIOL. A CLÁUSULA PÉTREA

22.17 - CONTROLE DE CONSTITUCIONALIDADE NO BRASIL — EC n° 16/65 ← CF/1891

	CONTROLE CONCENTRADO	X	CONTROLE DIFUSO
COMPETÊNCIA	• SÓ O STF (PARÂMETRO: CF) * OBS.: TJs FAZEM CONTROLE CONC. TENDO POR PARÂMETRO A CE CF — CONTR. CONC.: STF CE — CONTR. CONC.: TJ → LEI EST.		• QUALQUER JUIZ ou TRIBUNAL (SOZINHO) → PLENÁRIO ou ÓRGÃO ESPECIAL (93, XI) MAIORIA ABSOLUTA RESERVA de PLENÁRIO ("FULL BENCH") (CF, 97) + SV 10
OBJETO	• LEI EM TESE (QUESTÃO CONSTIT. É PRINCIPAL)		• CASO CONCRETO (QUESTÃO CONSTIT. É INCIDENTAL)
LEGITIMIDADE ATIVA	• SÓ OS LEGITIMADOS do ART. 103 DA CF (ROL TAXATIVO)		• QUALQUER PESSOA
EFEITOS (REGRA)	• ERGA OMNES e VINCULANTES		• INTER PARTES e NÃO VINCULANTES
AÇÕES	• AÇÕES TÍPICAS { • ADI • ADC • ADO • ADPF }		• QUALQUER AÇÃO

▷▷ *continuação*

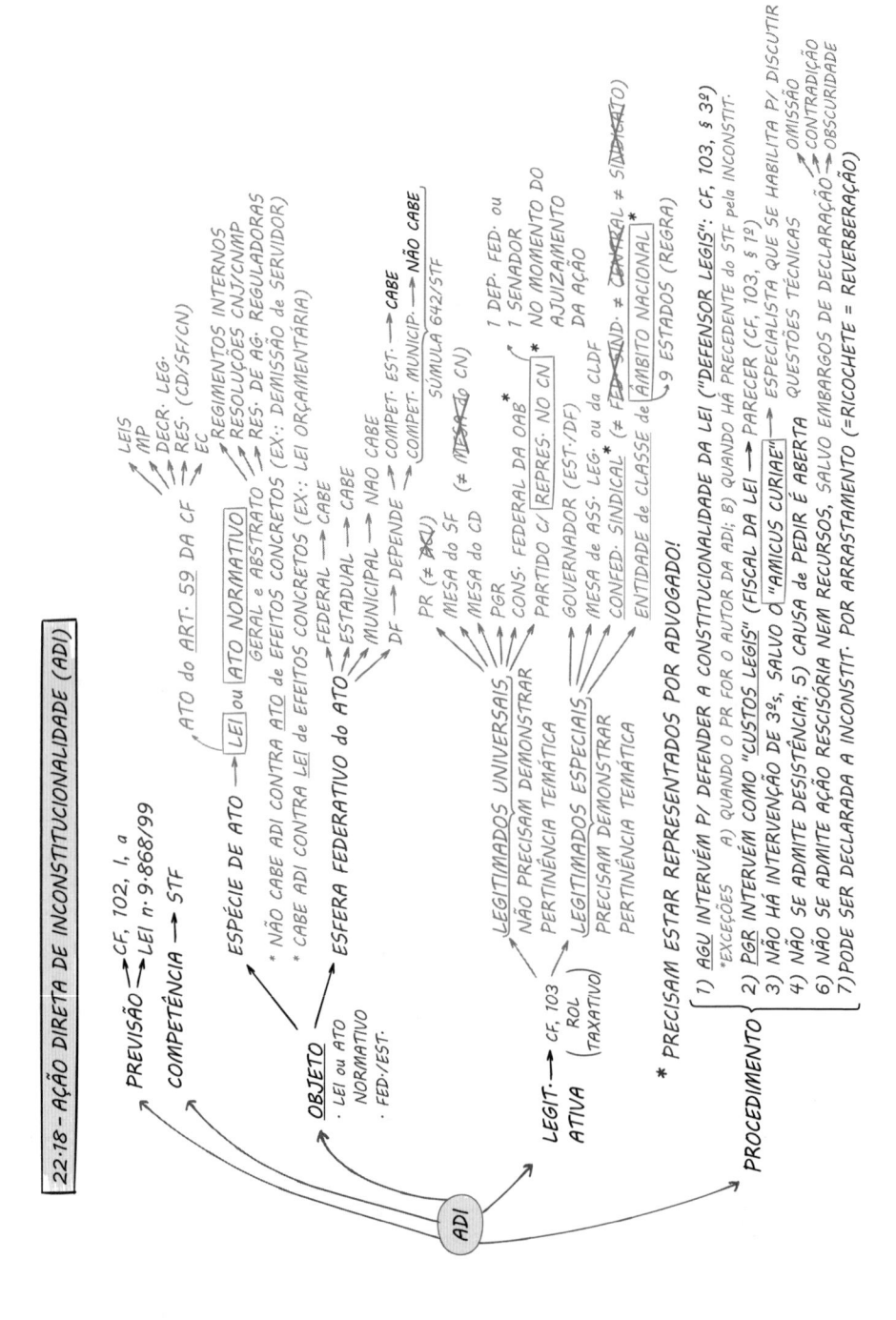

22.18 - AÇÃO DIRETA DE INCONSTITUCIONALIDADE (ADI)

PREVISÃO: CF, 102, I, a; LEI n. 9.868/99

COMPETÊNCIA: STF

OBJETO:
- LEI ou ATO NORMATIVO
- FED./EST.

ESPÉCIE DE ATO: LEI ou ATO NORMATIVO
- ATO do ART. 59 DA CF
- ATO NORMATIVO GERAL e ABSTRATO
  - LEIS
  - MP
  - DECR. LEG.
  - RES. (CD/SF/CN)
  - EC
  - REGIMENTOS INTERNOS
  - RESOLUÇÕES CNJ/CNMP
  - RES. DE AG. REGULADORAS

* NÃO CABE ADI CONTRA ATO de EFEITOS CONCRETOS (EX.: DEMISSÃO de SERVIDOR)
* CABE ADI contra LEI de EFEITOS CONCRETOS (EX.: LEI ORÇAMENTÁRIA)

ESFERA FEDERATIVA do ATO:
- FEDERAL → CABE
- ESTADUAL → CABE
- MUNICIPAL → NÃO CABE
- DF → DEPENDE
  - COMPET. EST. → CABE
  - COMPET. MUNICIP. → NÃO CABE (SÚMULA 642/STF)

LEGIT. ATIVA: CF, 103 — ROL (TAXATIVO)

LEGITIMADOS UNIVERSAIS (não precisam demonstrar pertinência temática):
- PR (≠ DEL)
- MESA do SF (≠ MESA do CN)
- MESA do CD
- PGR
- CONS. FEDERAL DA OAB
- PARTIDO c/ REPRES. NO CN *

LEGITIMADOS ESPECIAIS (precisam demonstrar pertinência temática):
- GOVERNADOR (EST./DF)
- MESA de ASS. LEG. ou da CLDF
- CONFED. SINDICAL * (≠ FED. SIND. ≠ CENTRAL ≠ SINDICATO)
- ENTIDADE de CLASSE de ÂMBITO NACIONAL * → 9 ESTADOS (REGRA)

* 1 DEP. FED. ou 1 SENADOR
* NO MOMENTO DO AJUIZAMENTO DA AÇÃO

* "DEFENSOR LEGIS": CF, 103, § 3º
* EXCEÇÕES: A) QUANDO O PR FOR O AUTOR DA ADI; B) QUANDO HÁ PRECEDENTE DO STF pela INCONSTIT.
* ESPECIALISTA QUE SE HABILITA P/ DISCUTIR QUESTÕES TÉCNICAS

* PRECISAM ESTAR REPRESENTADOS POR ADVOGADO!

PROCEDIMENTO:
1) AGU INTERVÉM P/ DEFENDER A CONSTITUCIONALIDADE DA LEI ("DEFENSOR LEGIS": CF, 103, § 3º)
   * EXCEÇÕES: A) QUANDO O PR FOR O AUTOR DA ADI; B) QUANDO HÁ PRECEDENTE DO STF pela INCONSTIT.
2) PGR INTERVÉM COMO "CUSTOS LEGIS" (FISCAL DA LEI) → PARECER (CF, 103, § 1º)
3) NÃO HÁ INTERVENÇÃO DE 3ºs, SALVO O "AMICUS CURIAE" → ESPECIALISTA QUE SE HABILITA P/ DISCUTIR QUESTÕES TÉCNICAS
4) NÃO SE ADMITE DESISTÊNCIA; 5) CAUSA de PEDIR É ABERTA
6) NÃO SE ADMITE AÇÃO RESCISÓRIA NEM RECURSOS, SALVO EMBARGOS DE DECLARAÇÃO
   - OMISSÃO
   - CONTRADIÇÃO
   - OBSCURIDADE
7) PODE SER DECLARADA A INCONSTIT. POR ARRASTAMENTO (=RICOCHETE = REVERBERAÇÃO)

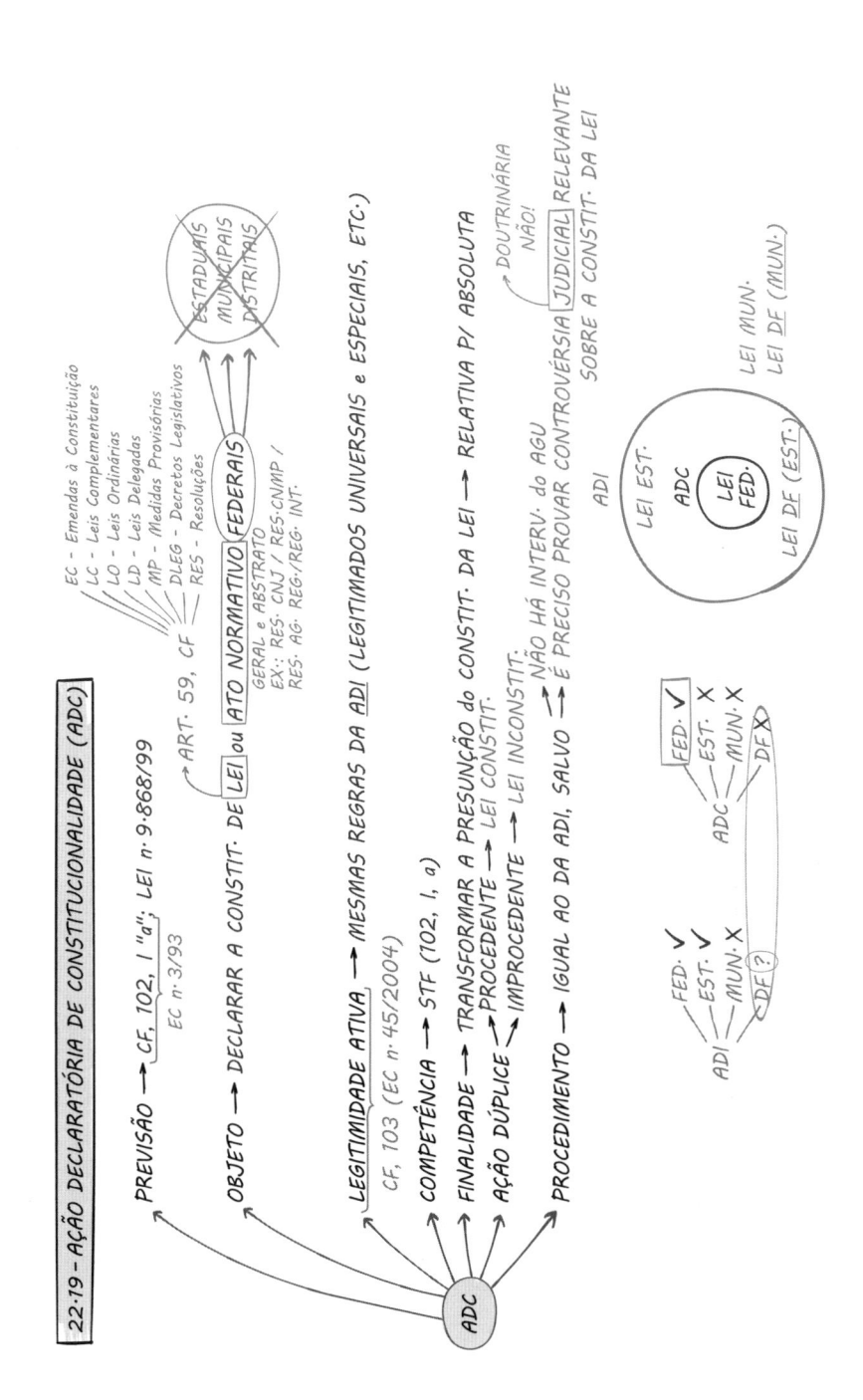

[Capítulo 22] Controle de Constitucionalidade **747**

continuação ▷▷

22.19 - AÇÃO DECLARATÓRIA DE CONSTITUCIONALIDADE (ADC)

PREVISÃO → CF, 102, I "a"; LEI n. 9.868/99
 EC n. 3/93

OBJETO → DECLARAR A CONSTIT. DE LEI ou ATO NORMATIVO FEDERAIS
 → ART. 59, CF
  - EC - Emendas à Constituição
  - LC - Leis Complementares
  - LO - Leis Ordinárias
  - LD - Leis Delegadas
  - MP - Medidas Provisórias
  - DLEG - Decretos Legislativos
  - RES - Resoluções

 GERAL e ABSTRATO
 EX: RES: CNJ / RES: CNMP /
 RES: AG: REG./REG: INT.

 ~~ESTADUAIS~~
 ~~MUNICIPAIS~~
 ~~DISTRITAIS~~

LEGITIMIDADE ATIVA → MESMAS REGRAS DA ADI (LEGITIMADOS UNIVERSAIS e ESPECIAIS, ETC.)
 CF, 103 (EC n. 45/2004)

COMPETÊNCIA → STF (102, I, a)

FINALIDADE → TRANSFORMAR A PRESUNÇÃO do CONSTIT. DA LEI → RELATIVA P/ ABSOLUTA

AÇÃO DÚPLICE → PROCEDENTE → LEI CONSTIT.
 → IMPROCEDENTE → LEI INCONSTIT.

 NÃO HÁ INTERV. do AGU
 É PRECISO PROVAR CONTROVÉRSIA JUDICIAL RELEVANTE
  SOBRE A CONSTIT. DA LEI
  DOUTRINÁRIA NÃO!

PROCEDIMENTO → IGUAL AO DA ADI, SALVO

ADI
 LEI EST.
  ADC
   LEI FED.
  LEI DF (EST.)
 LEI MUN.
 LEI DF (MUN.)

ADI
 FED. ✓
 EST. ✓
 MUN. X
 DF (?)

ADC
 FED. ✓
 EST. X
 MUN. X
 DF X

ADC

▷▷ *continuação*

22.20 – ARGUIÇÃO DE DESCUMPRIMENTO DE PRECEITO FUNDAMENTAL (ADPF)

- **PREVISÃO** → CF, 102, § 1º; LEI n. 9.882/99
- **COMPETÊNCIA** → STF (CONTROLE CONCENTRADO)
- **LEGITIMIDADE ATIVA** → MESMAS REGRAS DA ADI → CF, 103
- **PARÂMETRO** → PRECEITOS FUNDAMENTAIS DA CF
  - REGRAS
  - PRINCÍPIOS
  - ↳ DIVERGÊNCIA DOUTRINÁRIA → ARTS: 1º A 17 / ESPALHADOS NA CF
- **SUBSIDIARIEDADE** → 4º, § 1º, LEI n. 9.882/99 → SÓ É CABÍVEL QUANDO NÃO HOUVER OUTRO MEIO EFICAZ P/ SANAR A LESIVIDADE · ADI · ADC · ADO
  - LEI MUNICIPAL ✓ (ABSTRATO)
  - ATO DE EFEITOS CONCRETOS ✓ (CONCRETO)
  - LEI DF (MUNIC.) ✓ (ABSTRATO)
  - DECISÕES JUDICIAIS ✓ (CONCRETO)
  - LEI PRÉ-CF/88 ✓ (ABSTRATO)
  - SÚMULA ✗
  - SÚMULA VINCULANTE ✗ → CABE PEDIDO DE REVISÃO ou CANCELAMENTO
  - NORMA CONSTIT. ORIGINÁRIA ✗ → É IMPOSSÍVEL QUALQUER FORMA de CONTROLE da CONSTIT.
- **OBJETO** → ATO do PODER PÚBLICO
  - NORMATIVO
  - CONCRETO
- **PROCEDIMENTO** → MESMAS REGRAS DA ADI

(ADPF)

[Capítulo 22]   Controle de Constitucionalidade   **749**

continuação ▷▷

22-21 - CONTROLE DA OMISSÃO INCONSTITUCIONAL

	AÇÃO DIRETA DE INCONSTITUCIONALIDADE POR OMISSÃO (ADO)	MANDADO DE INJUNÇÃO (MI)
ESPÉCIE de CONTROLE	• CONCENTRADO • ABSTRATO (EM TESE)	• DIFUSO • CONCRETO
LEGITIMIDADE ATIVA*	• LEGITIMADOS DO ART. 103 DA CF	• PREJUDICADO (TITULAR do DIREITO)
COMPETÊNCIA*	• STF	• STF, STJ, JF, ETC... (102,I,q) (105,I,h) — DEPENDE de QUEM É O IMPETRADO
PREVISÃO	• CF, 103, § 2º; • LEI n. 9.868/9 9	• CF, 5º; LXXI • LEI n. 13.300/2016
LIMINAR*	• POSSÍVEL (LEI n. 9.868/99, 12-F)	• IMPOSSÍVEL (FALTA de PREVISÃO LEGAL)
EFEITOS	REGRA: • MERAMENTE DECLARATÓRIOS (CERTIFICA A FALTA de MEDIDA) EXCEÇÃO: • MANDAMENTAL (RESOLVER em 30 DIAS)	• FIXA PRAZO RAZOÁVEL P/ SUPRIR A OMISSÃO E • FIXA CONDIÇÕES P/ EXERCÍCIO do DIREITO, SE O PRAZO NÃO FOR CUMPRIDO — EFEITO MANDAMENTAL-ADITIVO
OBJETO	• FALTA de MEDIDA P/ TORNAR EFETIVA UMA NORMA CONSTITUCIONAL (↑ NORMA/ATO CONCRETO)	• FALTA de NORMA TORNAR INVIÁVEL O EXERCÍCIO de UM DIREITO FUNDAMENTAL

▷▷ *continuação*

continuação ▷▷

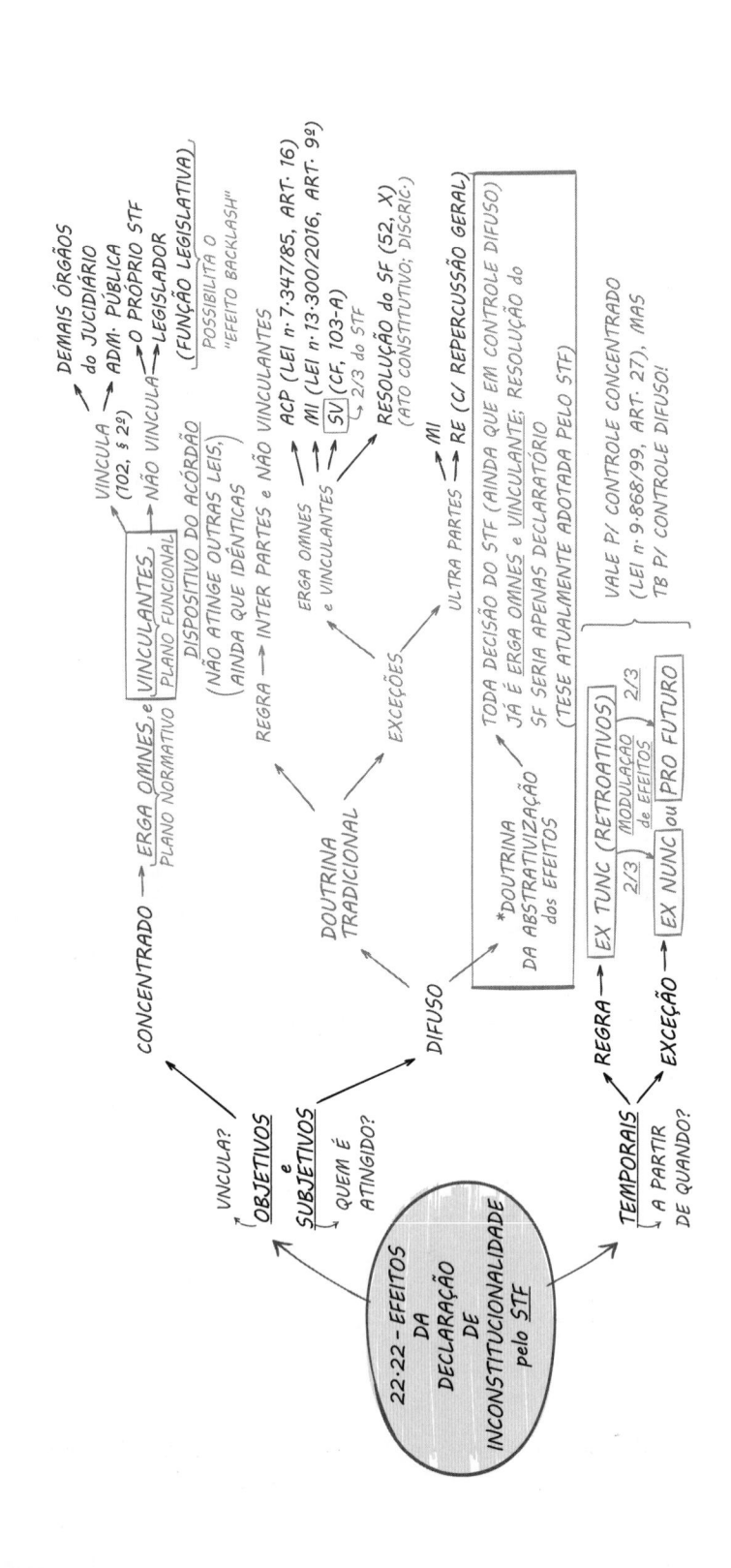

22.22 - EFEITOS DA DECLARAÇÃO DE INCONSTITUCIONALIDADE pelo STF

VÍNCULA? OBJETIVOS e SUBJETIVOS — QUEM É ATINGIDO?

- **CONCENTRADO** → ERGA OMNES e VINCULANTES
  - PLANO NORMATIVO / PLANO FUNCIONAL
  - DISPOSITIVO DO ACÓRDÃO (NÃO ATINGE OUTRAS LEIS, AINDA QUE IDÊNTICAS)
  - VINCULA (102, § 2º) → DEMAIS ÓRGÃOS do JUDICIÁRIO / ADM. PÚBLICA
  - NÃO VINCULA → O PRÓPRIO STF / LEGISLADOR (FUNÇÃO LEGISLATIVA)
    - POSSIBILITA O "EFEITO BACKLASH"

- **DIFUSO**
  - REGRA → INTER PARTES e NÃO VINCULANTES
  - EXCEÇÕES → ERGA OMNES e VINCULANTES
    - ACP (LEI nº 7.347/85, ART. 16)
    - MI (LEI nº 13.300/2016, ART. 9º)
    - SV (CF, 103-A) ↳ 2/3 do STF
    - RESOLUÇÃO do SF (52, X) (ATO CONSTITUTIVO; DISCRIC.)
  - ULTRA PARTES → MI / RE (c/ REPERCUSSÃO GERAL)
  - *DOUTRINA DA ABSTRATIVIZAÇÃO dos EFEITOS: TODA DECISÃO DO STF (AINDA QUE EM CONTROLE DIFUSO) JÁ É ERGA OMNES e VINCULANTE; RESOLUÇÃO do SF SERIA APENAS DECLARATÓRIO (TESE ATUALMENTE ADOTADA PELO STF)
  - DOUTRINA TRADICIONAL

TEMPORAIS — A PARTIR DE QUANDO?

- **REGRA** → EX TUNC (RETROATIVOS)
- **EXCEÇÃO** → MODULAÇÃO de EFEITOS 2/3 — EX NUNC ou PRO FUTURO
  - VALE P/ CONTROLE CONCENTRADO (LEI nº 9.868/99, ART. 27), MAS TB P/ CONTROLE DIFUSO!

Referências

ACKERMAN, Bruce. O Brasil precisa de uma nova Constituição. In: *Correio Braziliense*, 13-7-2020. Disponível em: https://www.correiobraziliense.com.br/app/noticia/opiniao/2020/07/13/internas_opiniao,871622/o-brasil-precisa-de-nova-constituicao.shtml. Acesso em: 10 jun. 2021.

ALEXY, Robert. *Teoria da argumentação jurídica*. Rio de Janeiro: Forense, 2013.

ALMEIDA, Fernanda Dias Menezes de. *Competências na Constituição de 1988*. São Paulo: Atlas, 2013.

ALVARENGA, Aristides Junqueira. Ministro de Estado – Crime comum – Autorização legislativa. *Revista de Direito Administrativo*, v. 194, p. 143-171, 1 abr. 1993.

AMARAL JÚNIOR, José Levi Mello do. *Medida provisória e sua conversão em lei*. São Paulo: Revista dos Tribunais, 2004.

AMARAL JÚNIOR, José Levi Mello do. O poder legislativo na democracia contemporânea: a função de controle político dos parlamentos na democracia contemporânea. In: *Revista de Informação Legislativa*, a. 42, n. 168, out./dez.2005.

AMARAL JÚNIOR, José Levi. Sobre a organização de poderes em Montesquieu. Comentários ao Capítulo VI do Livro XI de *O espírito das leis*. In: *Revista dos Tribunais*, São Paulo, v. 97, n. 868, p. 53-68, fev. 2008.

ANDRADE, José Carlos Vieira de. Os direitos fundamentais na constituição portuguesa de 1976. Coimbra: Almedina, 2009.

ARAÚJO, Fábio Roque; TÁVORA, Nestor. *Código de Processo Penal para concursos*. Salvador: JusPodivm, 2010.

ARAÚJO, Luiz Alberto David; NUNES JÚNIOR, Vidal Serrano. *Curso de Direito Constitucional*. São Paulo: Verbatim, 2011.

BARACHO, José Alfredo de Oliveira. *Teoria geral das comissões parlamentares*: comissões parlamentares de inquérito. Rio de Janeiro: Forense, 2001.

BARBOSA, Leonardo Augusto de Andrade. *História Constitucional Brasileira*: mudança constitucional, autoritarismo e democracia no Brasil pós-1964. Brasília: Câmara dos Deputados, 2012.

BARBOSA, Leonardo Augusto de Andrade. *Processo legislativo e democracia*. Belo Horizonte: Del Rey, 2010.

BARCELLOS, Ana Paula de. *Direitos fundamentais e direito à justificativa*. Belo Horizonte: Fórum, 2016.

BARROSO, Luis Roberto. Comissões parlamentares de inquérito e suas competências: política, direito e devido processo legal. In: *Revista Eletrônica sobre a Reforma do Estado (RERE)*. Salvador, Instituto Brasileiro de Direito Público n. 12, dez./jan./fev. 2008.

BARROSO, Luís Roberto. *O controle de constitucionalidade no direito brasileiro*. São Paulo: Saraiva, 2014.

BASTOS, Celso Ribeiro de Seixas; MARTINS, Ives Gandra da Silva. *Comentários à Constituição do Brasil*, v. 4, t. I. São Paulo: Saraiva, 1995.

BASTOS, Celso Ribeiro. *Curso de Direito Constitucional*. São Paulo: Saraiva, 1996.

BASTOS, Celso Ribeiro. *Hermenêutica e interpretação constitucional*. São Paulo: IBDC, 1999.

BERNARDES, Juliano Taveira; FERREIRA, Olavo Augusto Alves Vianna. *Direito Constitucional*, t. II. Salvador: JusPodivm, 2017.

BITTENCOURT, Lúcio. *O controle jurisdicional de constitucionalidade das leis*. Brasília: Ministério da Justiça, 1997.

BOBBIO, Norberto. *A era dos direitos*. Rio de Janeiro: Campus, 1992.

BONAVIDES, Paulo. *Ciência política*. São Paulo: Malheiros, 2003.

BONAVIDES, Paulo. *Curso de Direito Constitucional*. São Paulo: Malheiros, 2003.

BRANCO, Paulo Gustavo Gonet, et al. *Curso de Direito Constitucional*. São Paulo: Saraiva, 2007.

BRANCO, Paulo Gustavo Gonet; MENDES, Gilmar Ferreira. *Curso de Direito Constitucional*. São Paulo: Saraiva, 2011.

BRANDÃO, Junito de Souza. *Mitologia grega*. v. I Petrópolis: Vozes, 2009.

BRITTO, Carlos Ayres. *Teoria da Constituição*. Rio de Janeiro: Forense, 2003.

BRUGGER, Winfried. Proibição ou proteção do discurso do ódio? Algumas observações sobre o Direito Alemão e o Americano. In: *Direito Público*, Brasília, n. 15, jan./mar. 2007.

BUCCI, Maria Paula Dallari. *Direito administrativo e políticas públicas*. São Paulo: Saraiva, 2006.

BUENO, Cassio Scarpinella. *Curso sistematizado de direito processual civil*. v. 2, t. III. São Paulo: Saraiva, 2010.

BUENO, José Antonio Pimenta. *Direito publico brazileiro e análise da Constituição do império.* Rio de Janeiro: Typ. Imp. e Const. de J. Villeneuve e C., 1857.

BULOS, Uadi Lammêgo. *Comissão parlamentar de inquérito:* técnica e prática. São Paulo: Saraiva, 2001.

CABRAL, Bernardo. Poder Constituinte: fonte legítima – soberania – liberdade. In: *Revista de Direito Público,* n. 86, p. 14, abr.-jun.1988.

CÂMARA DOS DEPUTADOS. Secretaria-geral da mesa. Parecer (assinado por Leonardo Augusto de Andrade Barbosa, Roberto Carlos Martins Pontes e Alexandre Sankievicz). 3 de junho de 2020. Disponível em: https://www.camara.leg.br/midias/file/2020/06/parecer.pdf. Acesso em: maio 2021.

CANARIS, Claus-Wilhem. *Direitos fundamentais e direito privado.* Trad. Ingo Wolfgang Sarlet e Paulo Mota Pinto. Coimbra: Almedina, 2006.

CANOTILHO, José Joaquim Gomes. *Direito constitucional e teoria da Constituição.* Coimbra: Almedina, 2001.

CAPPELLETTI, Mauro. O *controle judicial de constitucionalidade das leis no direito comparado.* Porto Alegre: Sergio Antonio Fabris, 1992.

CARVALHO FILHO, Aloysio de. *Comentários ao Código Penal.* v. IV. Rio de Janeiro: Forense, 1958.

CAVALCANTE FILHO, João Trindade. *O discurso do ódio na jurisprudência alemã, americana e brasileira.* São Paulo: Saraiva, 2018.

CAVALCANTE FILHO, João Trindade. *Processo Legislativo Constitucional.* Salvador: JusPodivm, 2020.

CAVALCANTE FILHO, João Trindade. *Roteiro de Direito Constitucional.* Brasília: Grancursos, 2011.

CAVALCANTI, Themístocles Brandão. *A Constituição Federal comentada.* v. II. Rio de Janeiro: José Konfino, 1952.

COELHO, Inocêncio Mártires. *Interpretação constitucional.* Porto Alegre: Sergio Antonio Fabris, 2003.

CORREIA, Henrique. *Direito do trabalho para os concursos de analista do TRT e do MPU.* Salvador: JusPodivm, 2010.

COTRIM NETO, A. B. Constituição, poder constituinte e os participantes de sua realização. In: *Revista de Direito Público,* n. 81, p. 57, jan.-mar.1987.

CRETELLA JÚNIOR, José. *Comentários à Constituição Brasileira de 1988.* v. V. Rio de Janeiro: Forense, 1997.

CRETELLA JÚNIOR, José. *Do impeachment no direito brasileiro*. São Paulo: RT, 1992.

CUNHA JR., Dirley da. *Curso de Direito Constitucional*. Salvador: JusPodivm, 2010.

CUNHA, Luiza Fontoura da. Normas penais em branco: uma breve análise sobre a sua constitucionalidade. In: *Direito Público*. Porto Alegre, a. 8, n. 39, p. 113-134, maio/jun. 2011.

DEZEN JÚNIOR, Gabriel. *Constituição federal*. Brasília: Alumnus, 2015.

DI PIETRO, Maria Sylvia Zanella. *Direito administrativo*. São Paulo: Atlas, 2009.

DIDIER JR., Fredie; CUNHA, Leonardo José Carneiro da. *Curso de Direito Processual Civil*. Salvador: JusPodivm, 2007. v. 3.

DIDIER JR., Fredie; ZANETTI JR., Hermes. *Curso de Direito Processual Civil*. v. 4, Processo Coletivo. Salvador: JusPodivm, 2009.

DIMOULIS, Dimitri. *Positivismo jurídico*. São Paulo: Método, 2005.

DIMOULIS, Dimitri; MARTINS, Leonardo. *Teoria geral dos direitos fundamentais*. São Paulo: Revista dos Tribunais, 2007.

DINIZ, Maria Helena. *Curso de Direito Civil Brasileiro*. v. 1, Teoria Geral do Direito Civil. 38. ed. São Paulo: Saraiva, 2021.

DINIZ, Maria Helena. *Curso de Direito Civil Brasileiro*. v. 4, Direito das Coisas. 35. ed. São Paulo: Saraiva, 2021.

DWORKIN, Ronald. *O império do direito*. Trad. Jefferson Luiz Camargo. São Paulo: Martins Fontes, 1999.

FAGUNDES, Miguel Seabra. As fôrças armadas na Constituição. In: *Revista de Direito Administrativo*, n. 9, 1947.

FELIX, Renan Paes. *Estatuto do idoso*. Salvador: JusPodivm, 2008.

FERNANDES, Bernardo Gonçalves. *Curso de Direito Constitucional*. Salvador: JusPodivm, 2012.

FERRAJOLI, Luigi. *Direito e razão*. São Paulo: Revista dos Tribunais, 2002.

FERRAZ JÚNIOR, Tércio Sampaio. Convocação da Constituinte como problema de controle comunicacional. In: *Revista de Direito Público*, n. 81, p. 134, jan.-mar.1987.

FERRAZ, Anna Cândida da Cunha. Comentários ao art. 49. In: LEONCY, Léo Ferreira (org.). *Comentários à Constituição do Brasil*. São Paulo: Saraiva/Almedina, 2013.

FERRAZ, Sérgio Valladão. *Curso de Direito Legislativo*. Rio de Janeiro: Campus/Elsevier, 2007.

FERREIRA FILHO, Manoel Gonçalves. *Comentários à Constituição brasileira de 1988*. v. 1. São Paulo: Saraiva, 1990.

FERREIRA FILHO, Manoel Gonçalves. *Comentários à Constituição brasileira de 1988*. v. 2. São Paulo: Saraiva, 1992.

FERREIRA FILHO, Manoel Gonçalves. Poder Constituinte e direito adquirido. In: *Revista de Direito Administrativo*, v. 210, p. 1-9, 1 out. 1997.

FISCHER, Douglas; OLIVEIRA, Eugênio Pacelli. *Comentários ao Código de Processo Penal e sua Jurisprudência*. Rio de Janeiro: Lumen Juris, 2010.

FONTELES, Samuel Sales. Pareidolia Constitucional. In: *Migalhas*, 5 de junho de 2020. Disponível em: https://www.migalhas.com.br/coluna/olhar-constitucional/328426/pareidolia--constitucional. Acesso em: maio 2021.

FONTELES, Samuel Teles. *Direito e* backlash. Salvador: JusPodivm, 2019.

GADAMER, Hans Georg. *Verdade e método*. São Paulo: Vozes, 2007.

GALLO, Carlos Alberto Provinciano. *Crimes de responsabilidade: do* impeachment. Rio de Janeiro: Freitas Bastos, 1992.

GALLO, Carlos Arthur. O direito à memória e à verdade no Brasil pós-ditadura civil-militar. In: *Revista Brasileira de história & Ciências Sociais*, v. 2, n. 4, dez. 2010.

GARCIA, Leonardo de Medeiros. *Direito do consumidor*. Salvador: JusPodivm, 2008.

GOMES, Luiz Flávio; MARQUES, Luís Ivan (orgs.). *Prisão e medidas cautelares*. São Paulo: Revista dos Tribunais, 2012.

GOODWIN-GILL, Guy S. *Free and Fair Elections*. Genebra: Inter-Parliamentary Union, 2006.

GRECO, Luís. A relação entre o direito penal e o direito administrativo no direito penal ambiental: uma introdução aos problemas da acessoriedade administrativa. In: *Revista Brasileira de Ciências Criminais*, v. 58. São Paulo: Revista dos Tribunais, jan./2006.

GRECO, Rogério. *Curso de direito penal: parte geral*. Rio de Janeiro: Impetus, 2016.

GRINOVER, Ada Pellegrini; FERNANDES, Antônio Scarance; GOMES FILHO, Antônio Magalhães. *As nulidades no processo penal*. São Paulo: Revista dos Tribunais, 1994.

HESSE, Konrad. *Elementos de Direito Constitucional da República Federal da Alemanha*. Trad. Luís Afonso Heck. Porto Alegre: Sergio Antonio Fabris, 1998.

HOLTHE, Leo Van. *Direito constitucional*. Salvador: JusPodivm, 2010.

HORBACH, Beatriz Bastide. A modernização do sistema federativo alemão: um estudo da reforma constitucional de 2006. p. 348. In: *Revista de Direito constitucional e internacional*. São Paulo: Revista dos Tribunais, v. 16, n. 62, jan. 2008.

HORTA, Raul Machado. *Direito constitucional*. Belo Horizonte: Del Rey, 2003.

HORTA, Raul Machado. Reflexões sobre a constituinte. In: *Revista de Direito Público*, n. 79, p. 13, jul.-set.1986.

JESUS, Damásio. *Impeachment*. Disponível em: http://www.cartaforense.com.br/conteudo/colunas/*impeachment*/15958. Acesso em: 5 nov. 2015.

KANTH, T. Krishna; KUMARI, K. Lalita. Indian Federalism: its dynamics and saliente features: a comparative analysis. In: RAMOS, Dircêo Torrecillas. *O federalista atual*. Belo Horizonte: Arraes, 2013.

KOCZY, Ute. Federalism in Germany. In: *The constitutional status of the regions in the Russian Federation and in other European Countries*. Conseil de l'Europe: Strasbourg, 2003.

KOMMERS, Donald P.; MILLER, Russel A. *The constitutional jurisprudence of the federal republic of germany*. Durham: Duke, 2012.

KRELL, Andreas Joachim. *Direitos sociais e controle judicial no Brasil e na Alemanha*. Porto Alegre: SAFE, 2002.

LARIZZATTI, Rodrigo. *Compêndio de direito penal*. Brasília: Gran Cursos, 2010.

LIMA, George Marmelstein. *Curso de direitos fundamentais*. São Paulo: Atlas, 2009.

LIMONGI, Dante Braz; PEREIRA, Diogo Modesto; BORGES, Diogo Njaine. Breve estudo sobre a estrutura constitucional alemã, o federalismo no país e sua última reforma. In: *Revista Direito, Estado e Sociedade*, n. 39, 2014.

LUHMANN, Niklas. *Legitimação pelo procedimento*. Brasília: UnB, 1985.

MAINWARING, Scott. Brazil: weak parties, feckless democracy. In: MAINWARING, Scott; SCULLY, Timothy R. (orgs). *Building democratic institution:* party sistems in Latin America. Stanford: Stanfor University Press, 1995.

MARINHO, Josaphat. Constituição e poder constituinte. In: *Revista de Direito Público*, n. 75, p. 21, jul.-set.1985.

MARINONI, Luiz Guilherme. Prova Ilícita. In: MARTINS, Ives Gandra da Silva; REZEK, Francisco (orgs.). *Constituição Federal:* avanços, contribuições e modificações no processo democrático brasileiro. São Paulo: RT/CEU, 2008.

MARTINS FILHO, Ives Gandra da Silva. *Manual de Direito e Processo do Trabalho*. São Paulo: Saraiva, 2009.

MARTINS, Ives Gandra da Silva. O ativismo judicial e a ordem constitucional. In: *Revista Brasileira de Direito Constitucional – RBDC*, n. 18, jul./dez. 2011.

MELLO, Celso Antônio Bandeira de. *O conteúdo jurídico do princípio da igualdade*. São Paulo: Malheiros, 2003.

MENDES, Conrado Hübner. *Direitos fundamentais, separação de poderes e deliberação*. São Paulo: Universidade de São Paulo [Tese de Doutorado], 2008.

MENDES, Gilmar Ferreira. Controle de constitucionalidade: hermenêutica constitucional e revisão de fatos e prognoses legislativos pelo órgão judicial. In: *Revista Jurídica Virtual da Presidência da República*, n. 8, jan. 2000.

MENDES, Gilmar Ferreira. *Jurisdição constitucional*. São Paulo: Saraiva, 2006.

MENDES, Laura Schertel. *Privacidade, proteção de dados e defesa do consumidor*. São Paulo: Saraiva, 2014.

MEYER-PFLUG, Samantha Ribeiro; COUTO, Monica Bonetti. O federalismo brasileiro. In: RAMOS, Dircêo Torrecillas (org.). *O federalista atual*: teoria do Federalismo. Belo Horizonte: Arraes, 2013. v. 1.

MICHAEL, Lothar. El estado federal experimental. In: *Revista de derecho constitucional europeo*, n. 6, p. 11-30, 2006.

MIRANDA, Francisco Cavalcanti Pontes de. *Comentários à Constituição de 1967*. t. 3. São Paulo: Revista dos Tribunais, 1968.

MIRANDA, Jorge. Poder Constituinte. In: *Revista de Direito Público*, n. 80, p. 245s, out.-dez.1986.

MIRANDA, Jorge. Transição constitucional e anteprojeto. In: *Revista de Direito Público*, n. 80, p. 245, out.-dez.1986.

MONTESQUIEU, Charles-Luois de Secondat, Barão de la Brède e de. *Do espírito das leis*. Trad. Cristina Murachco. São Paulo: Martins Fontes, 2000.

MORAES, Alexandre de. *Constituição do Brasil interpretada e Legislação Constitucional*. São Paulo: Atlas, 2013.

MORAES, Alexandre de. *Direito Constitucional*. São Paulo: Atlas, 2010.

MORAES, Alexandre de. Federação brasileira: necessidade de fortalecimento das competências dos Estados-membros. In: *Liberdade e Cidadania*, a. II, n. 7, jan./mar. de 2010.

MORAES, Alexandre. *Jurisdição Constitucional e Tribunais Constitucionais*. São Paulo: Saraiva, 2000.

MOREIRA NETO, Diogo de Figueiredo. Competência concorrente limitada. O problema da conceituação das normas gerais. In: *Revista de Informação Legislativa*. Brasília, a. 25, n.100, out./dez. 1988.

NAMBA, Edison Tetsuzo. *Manual de bioética e biodireito*. São Paulo: Atlas, 2009.

NORONHA, Edgard Magalhães. *Direito Penal*. v. 1. São Paulo: Saraiva, 1978.

NUCCI, Guilherme de Souza. *Código de Processo Penal comentado*. São Paulo: Revista dos Tribunais, 2009.

NUCCI, Guilherme de Souza. *Código Penal comentado*. Rio de Janeiro: Forense, 2014.

NUCCI, Guilherme de Souza. *Código Penal comentado*. São Paulo: Saraiva, 2015.

OLIVEIRA, Eugênio Paccelli de. *Curso de Processo Penal*. Belo horizonte: Del Rey, 2008.

ORDEM DOS ADVOGADOS DO BRASIL; CONSELHO FEDERAL. Parecer assinado por Felipe Santa Cruz Oliveira Scaletski, Marcus Vinícius Furtado Coelho e Gustavo Binembojm. Disponível em: http://s.oab.org.br/arquivos/2020/06/682f58de-5b3e-46cc-bda6-7397b1a93009.pdf. Acesso em: maio 2021.

PEDERSEN, Mogens N. The dynamics of european party systems: changing pattners of electoral volatility. In: *European Journal of Political Research*, n. 7, a. 1, 1979.

PEREIRA, Thomaz; ARGUELHES, Diego Werneck. Intervenção militar é golpe: é só ler a Constituição. In: *JOTA*. Disponível em: https://www.jota.info/stf/supra/intervencao-militar-e-golpe-e--so-ler-a-constituicao-02062020. Acesso em: maio 2021.

PÉREZ-LIÑAN, Aníbal. *Presidential impeachment and the new political instability in Latin America*. New York: Cambridge University Press, 2007.

PIÇARRA, Nuno. *A separação de poderes como doutrina e como princípio*. Coimbra: Coimbra Editora, 1989.

PRADO, Luiz Régis. *Comentários ao Código Penal*. 4. ed. São Paulo: Revista dos Tribunais, 2007.

RAMOS, Elival da Silva. Autonomia do Estado-membro no Federalismo Brasileiro. In: CAGGIANO, Monica Herman; RANIERI, Nina (orgs.). *As novas fronteiras do federalismo*. São Paulo: Imprensa Oficial do Estado de São Paulo, 2008.

REIS, Jane *et al*. Why replacing the brazilian constitution is not a good idea: a response to professor bruce ackerman. Int'l J. Const. L. Blog, jul. 28, 2020. Disponível em: http://www.iconnectblog.com/2020/07/why-replacing-the-brazilian-constitution-is-not-a-good-idea-a--response-to-professor-bruce-ackerman/. Acesso em: 10 jun. 2021.

REUS, Iris. *The Impact of the German Federalism Reform 2006 on the 'Länder' (states)*. p. 2. Disponível em: http://ecpr.eu/Filestore/PaperProposal/f612b93f-0051-45ed-82d8-d20fc3a295b7.pdf. Acesso em: 21 set. 2015.

REZENDE, Renato Monteiro de. *Normas gerais revisitadas*: a competência legislativa em matéria ambiental. brasília: Núcleo de Estudos e Pesquisas do Senado, 2013, p. 15-16. Disponível em: http://www12.senado.gov.br/publicacoes/estudos-legislativos/tipos-de-estudos/textos--para-discussao/td-121-normas-gerais-revisitadas-a-competencia-legislativa-em-materia--ambiental. Acesso em: 10 jun. 2021.

REZENDE, Renato Monteiro de. *Repartição de competências legislativas e a questão das normas ambientais*: o que a reforma federativa alemã nos tem a dizer. Brasília: Senado Federal – Núcleo de Estudos e Pesquisas do Senado, 2012.

ROSAS, Roberto. *Direito Processual Constitucional*. São Paulo: Revista dos Tribunais, 1997.

ROSENFELD, Michel. Hate speech in constitutional jurisprudende: a comparative analysis. *Working Paper Series*, 41/11, 2001.

SARLET, Ingo Wolfgang. *Dignidade humana e direitos fundamentais*. Porto Alegre: Livraria do Advogado, 2001.

SARMENTO, Daniel. *A proteção judicial dos direitos sociais:* alguns parâmetros ético-jurídicos. Disponível em: http://www.danielsarmento.com.br/wp-content/uploads/2012/09/A-Protecao-o-Judicial-dos-Direitos-Sociais.pdf. Acesso em: 16 jan. 2013.

SILVA, Cecília A. et al. *Diálogos institucionais e ativismo*. Curitiba: Juruá, 2010.

SILVA, Gustavo Scatolino; CAVALCANTE FILHO, João Trindade. *Manual didático de direito administrativo*. Salvador: JusPodivm, 2018.

SILVA, José Afonso da. *Comentário contextual à Constituição*. São Paulo: Malheiros, 2010.

SILVA, José Afonso da. *Curso de Direito Constitucional Positivo*. São Paulo: Malheiros, 2006.

SILVEIRA, Aloísio Adjuto. Presidente da República – Indulto. In: *Revista de Direito Administrativo*, v. 81, 1965.

SOARES, Humberto Ribeiro. Impeachment – *Crimes de Responsabilidade do Presidente da República*. Rio de Janeiro: Lumen Juris, 1993.

SODRÉ, Eduardo. Mandado de segurança. In: DIDIER JR., Fredie (org.). *Ações constitucionais*. 2. ed. Salvador: JusPodivm, 2007.

STRECK, Lênio Luiz et al. Comentários ao art. 53 da Constituição Federal. In: CANOTILHO, J. J. Gomes et al. *Comentários à Constituição do Brasil*. São Paulo: Saraiva, 2014.

STRECK, Lenio Luiz. Ives Gandra está errado: o artigo 142 não permite intervenção militar! In: *Consultor Jurídico*, 21 de maio de 2020. Disponível em: https://www.conjur.com.br/2020--mai-21/senso-incomum-ives-gandra-errado-artigo-142-nao-permite-intervencao-militar. Acesso em: maio 2021.

SUNDFELD, Carlos Ari. Mandado de Injunção. In: CLÈVE, Clèmerson Merlin; BARROSO, Luís Roberto. *Doutrinas essenciais: Direito Constitucional*, v. V. São Paulo: Revista dos Tribunais, 2011.

TAVARES, André Ramos. Aporias acerca do "condomínio legislativo" no Brasil: uma análise a partir do STF. In: *Revista Brasileira de Estudos Constitucionais – RBEC*. Belo Horizonte, a. 2, n. 6, abr./jun. 2008.

TAVARES, André Ramos. Reflexões sobre a legitimidade e as limitações do Poder Constituinte, da Assembleia Constituinte e da Competência Constitucional Reformadora. In: *Revista de Direito Constitucional e Internacional*, n. 21, p. 221, out.-dez. 1997.

TAVARES, André Ramos. *Teoria da Justiça Constitucional*. São Paulo: Saraiva, 2005.

TOMIO, Fabrício Ricardo Limas; ORTOLAN, Marcelo Augusto Biehl. O sistema de repartições das competências legislativas da Lei Fundamental Alemã após a reforma federativa de 2006 em perspectiva comparada com o Estado Federal Brasileiro. In: *Revista Direito, Estado e Sociedade*, n. 38, 2014.

TOURINHO FILHO, Fernando da Costa. *Código de Processo Penal comentado*. v. 2. São Paulo: Saraiva, 1999.

VALADÃO, Marcos Aurélio Pereira. Sustação de atos do Poder Executivo pelo Congresso Nacional com base no artigo 49, inciso V, da Constituição de 1988. In: *Revista de Informação Legislativa*, a. 38, n. 153, jan./mar.2002.

VARGAS, Denise. *Manual de Direito Constitucional*. São Paulo: Revista dos Tribunais, 2010.

VERGOTTINI, Giuseppe de. *Diritto Costituzionale Comparato*. Padova: Cedam, 1991.

ZAULI, Eduardo Meira. Judicialização da política, poder judiciário e comissões parlamentares de inquérito no brasil. In: *Revista de Informação Legislativa*. Brasília: a. 47, n. 185, jan./mar. 2010.

ZAVASCKI, Teori Albino. *Processo coletivo*. São Paulo: Revista dos Tribunais, 2007.

ZENCKER, Marcelo; ALVES, Leonardo Barreto Moreira. *Ministério Público*. Salvador: JusPodivm, 2009.